LAROUSSE
du bricolage

LAROUSSE du bricolage

Sous la direction de **Michel Galy**

LAROUSSE

21 Rue du Montparnasse 75283 Paris cedex 06

Direction de la publication
Carola Strang

Direction éditoriale
Carole Bat

Édition
Christine Dauphant
avec la collaboration de
Françoise Maitre

Direction artistique
Emmanuel Chaspoul
avec la collaboration de
Jacqueline Bloch et Cynthia Savage

Conception graphique et mise en page
Olivier Calderon

Couverture
Anne Jolly, sous la direction de Véronique Laporte

Iconographie
Valérie Perrin, Marie-Annick Réveillon

Illustration
Laurent Blondel

Lecture correction
Chantal Pages, Madeleine Biaujeaud

Fabrication
Annie Botrel

Index
Marie-Thérèse Ménager

Malgré tout le soin apporté à la rédaction de cet ouvrage, et en raison de l'étendue des domaines embrassés, une erreur aura pu s'y glisser. Nous ne saurions être tenus pour responsables de ses conséquences ou d'une interprétation erronée.

ISBN : 2-03-582230-0

Cet ouvrage a été réalisé sous la direction de :
Michel Galy

Nouvelle édition avec le concours de :

Pascale Maes
(énergies renouvelables)
Michel Berkowicz
(bricolage écologique)
Guy Loison
(menuiserie)
et
Michel Galy

Édition originale
avec le concours de :

Élisabeth Andréani
(législation, sécurité)
Bruno Bergamaschi
(plomberie, chauffage, ventilation)
Hélène Caure
(brocante, entretien)
Patrice Guibert, dit Zarza
(encadrements)
Françoise Juéry
(décoration d'intérieur, revêtements, sécurité antieffraction)
Guy Loison
(menuiserie)
Pascale Maes
(portes et fenêtres, humidité, isolation, lutte contre les prédateurs)
Evelyne Malnic
(pose de revêtements)
Michel Marin
(maçonnerie, toiture)
Henri Ney
(électricité)

ont également collaboré aux textes :
Rupert Hasterok, Marie-Françoise Husson,
Sophie Le Callenec, Sophie Rey Lilienfeld, Christine Thubert Courme,
Sidonie Van den Dries, Pierre Vican

SOMMAIRE GÉNÉRAL

Outillage et savoir-faire de base

CHOISIR ET ENTRETENIR SES OUTILS

LES PANOPLIES DE SPÉCIALISTES

LES FIXATIONS

LA DÉCOUPE DU VERRE

LES COLLAGES

MINI-LEXIQUE DU BRICOLEUR

Le bricolage écologique

CONSTRUIRE AVEC DES MATÉRIAUX NATURELS

DES SOLUTIONS ÉCONOMIQUES ET ÉCOLOGIQUES

La maçonnerie

LES MATÉRIAUX DE CONSTRUCTION

LES RÉALISATIONS

La toiture

LES DIFFÉRENTS TYPES DE COUVERTURES

L'ENTRETIEN ET LES RÉPARATIONS

Portes, fenêtres, volets, sécurité

LES PORTES

LES FENÊTRES

LES VOLETS

LA SÉCURITÉ ANTI-EFFRACTION

Les revêtements

LES PEINTURES

LES PAPIERS PEINTS

LES AUTRES REVÊTEMENTS MURAUX

LES CARRELAGES

LES MOQUETTES

LES PARQUETS

LES AUTRES REVÊTEMENTS DE SOL

Poser des revêtements sur les plafonds et les murs

LES PLAFONDS

LA PRÉPARATION DES MURS

LA PEINTURE DES MURS ET DES BOISERIES

LA POSE DU PAPIER PEINT

LA POSE D'UN TEXTILE MURAL

LA POSE D'UN LAMBRIS

LA POSE D'UN CARRELAGE MURAL

Poser des revêtements sur les sols

La menuiserie

Humidité, ventilation, isolation, chauffage

La plomberie

Outillage et

savoir-faire de base

Boîtes à outils et rangements

Faites votre choix parmi les outils de marque, en acier de qualité (nickel, chrome, molybdène...), en vous assurant qu'ils sont adaptés à votre force et à votre main. Évitez les panoplies toutes faites, à bon marché, souvent de qualité médiocre et qui offrent parfois des outils inutiles. Procédez par étapes : achetez vos outils l'un après l'autre, en fonction des travaux auxquels vous les destinez. Ne négligez pas leur rangement. Regroupez matériels et matériaux après chaque intervention et les conservez-les hors de portée des enfants, qui risqueraient de se blesser en manipulant certains d'entre eux.

Le coin des outils

Dans l'idéal, vous rêvez d'un vaste atelier garni d'une large gamme d'outils et accessoires vous permettant d'entreprendre mille et un travaux. Dans la réalité, tout dépend de l'espace dont vous disposez. S'il est restreint, trousses ou boîtes prendront place dans un placard aménagé, un coin de garage ou de grenier. Vous pouvez également transformer l'intérieur d'une armoire.

La trousse de première urgence

La vingtaine d'outils d'une trousse de première urgence est un assortiment hétéroclite qui ne demande pas de précaution particulière. Une mallette (ou une sacoche) suffit à les regrouper. Veillez à ce qu'elle possède quelques casiers distincts afin de ranger à part les tubes de colle, les chevilles, les lunettes..., accessoires plus fragiles que les outils et qui ne doivent pas séjourner avec le marteau ou la clé à molette. Bien entendu, une poignée pour le transport est nécessaire car, l'ensemble, garni d'outils, pèse de 3 à 4 kg (→ PHOTOS 1 A ET 1 B).

© Plano

1 A. *Petite boîte à compartiments d'un transport aisé...*

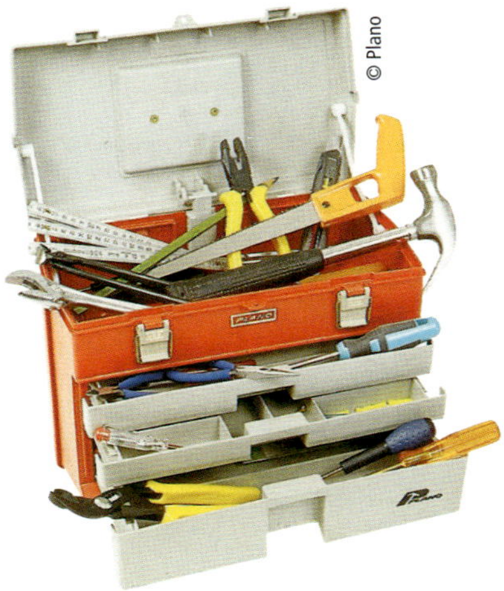
© Plano

1 B. *...Ouverte, elle dévoile ses trois tiroirs dont, par mesure de sécurité, la fermeture du couvercle bloque le coulissement.*

© Viso rangement

2. *Sur ce modèle en polypropylène, un plateau interne permet de ranger les petits outils et évite qu'ils ne se mélangent avec les plus gros.*

La boîte de l'outillage de base

En complément de la trousse de première urgence, les outils de base vous permettront d'étendre vos possibilités d'intervention. Mais il n'est pas conseillé de les adjoindre dans la trousse précédente, qui se révélerait trop exiguë. Il est préférable d'opter pour un rangement plus spacieux et de conserver alors éventuellement l'ancienne mallette pour les outils les plus fragiles.

Le choix de la boîte. Il se fait en fonction du nombre d'outils qu'elle doit contenir mais aussi de la place disponible pour la ranger (→ PHOTOS 2 ET 3). Un volume ni trop petit ni trop important semble judicieux. Peu

Superbe collection d'outils anciens de Jean-Marie Rouillon, charpentier de marine reconverti dans l'ébénisterie. La plupart des outils possèdent des manches, des montures, des socles... en bois, fabriqués, sculptés et patinés par tous ceux qui leur ont donné vie.

3. *Des casiers amovibles sont encastrés dans l'épaisseur du couvercle. Extraites de leur emplacement, ces boîtes à compartiments peuvent être posées à portée de main et servir de distributeur de clous ou de vis, ou, au contraire, recueillir toute sorte de quincaillerie, lors d'un démontage.*

importe sa forme, veillez seulement à ce qu'elle soit suffisamment longue (au minimum 50 cm) pour y loger certains grands outils (scie à métaux, limes, serre-joint, etc.). Mais ne prenez pas en compte les outils et accessoires dont la taille dépasse toutes les autres : les règles, la scie égoïne, le pied-de-biche... sont rangés et transportés à part.

Mallettes pour l'outillage électroportatif

De nombreux outils électroportatifs sont diffusés en coffret, notamment les modèles sans fil accompagnés de leur chargeur de batterie. Les autres machines électriques ne nécessitent pas de rangement particulier et, la plupart du temps, leur emballage en carton suffit à les transporter pour d'épisodiques déplacements.

En revanche, si votre perceuse ne comporte pas de coffret d'origine, procurez-vous une mallette spéciale dont l'intérieur, tapissé de mousse, mettra l'outil à l'abri des chocs (→ **PHOTO 4 A, P. 14**).

Certains modèles sont dotés de casiers compartimentés qui facilitent le rangement des vis, des chevilles, des forets, des embouts de vissage... Vous disposez ainsi d'un ensemble regroupant tout le matériel nécessaire à l'exécution des fixations (→ **PHOTO 4 B, P. 14**).

4 A. *Mallette étudiée pour le rangement des outils électroportatifs.*

4 B. *Des casiers aux couvercles transparents permettent de ranger les vis, les chevilles et les forets.*

Bien ranger les panoplies spécialisées

Les outils des différentes panoplies ont un rôle précis mais sont d'une utilisation épisodique. Et même si vous leur trouvez une certaine similitude avec d'autres accessoires, il n'est pas conseillé de les employer à d'autres fins : le balai de colleur qui doit rester propre et souple pour lisser le papier peint ne doit pas servir de balayette d'atelier !

Prévoyez des rangements fixes et peu importe qu'ils ne soient pas rapidement accessibles. Après avoir nettoyé outils et accessoires, stockez-les hors de portée, vous les ressortirez de leur « abri » le moment venu.

Regroupez les outils du maçon et rangez-les dans l'auge, les accessoires du peintre-décorateur dans le bac à peinture, les outils de carreleur ou de plombier (après les avoir légèrement huilés) dans une petite caisse en bois. Conservez la panoplie de l'électricien dans une petite boîte à outils contenant également des fusibles, des fiches, des dominos… et utilisez cet outillage exclusivement pour les dépannages électriques. La pince coupante conçue pour les fils en cuivre ne doit pas sectionner les clous ou le gros fil de fer d'un grillage !

Les outils coupants tels que les ciseaux, les mèches, les fers de rabot, etc., trouveront place dans un coffret en bois que vous fabriquerez vous-même. Évitez les boîtes métalliques, préférez le bois ou les trousses souples (tissu, cuir…) compartimentées où chaque outil tranchant est isolé de son voisin.

La boîte à outils escabeau

En version fermée, cette caisse mesure 40 cm de haut et représente un marchepied possible pour, par exemple, accrocher des cadres ou décrocher des tringles à rideaux. À l'intérieur, un bac central accepte l'outillage de base, tandis que la petite quincaillerie se trouve rangée dans les huit tiroirs latéraux.

En version ouverte, l'ensemble monte à 70 cm du sol et constitue un plan horizontal sur lequel il est possible de scier, de percer, de poncer… en ayant tous les outils à portée de main.

Le bricoleur conservateur

Le bricoleur doit son nom – péjoratif à l'origine – au fait qu'il sait se dépanner rapidement avec les moyens du bord. Pour ce faire, il a pour habitude de ne rien jeter. Il conserve des bouts de ficelle pour réaliser un serre-joint, une gomme usagée pour improviser en urgence un joint de robinet, les lames de rasoir pour gratter une surface vitrée, les chutes de bois pour confectionner des cales, des bouchons en liège pour protéger l'extrémité de ses outils pointus, etc. Il récupère aussi les récipients transparents comme les pots de yaourt dans lesquels il enferme vis et clous disparates et les pots de confiture afin de préparer et diluer la peinture…

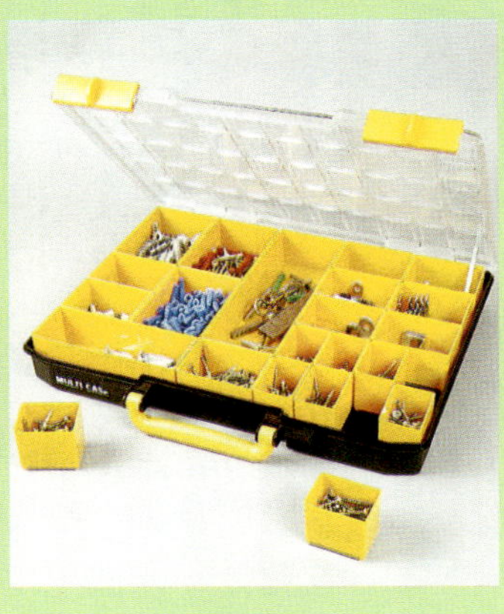

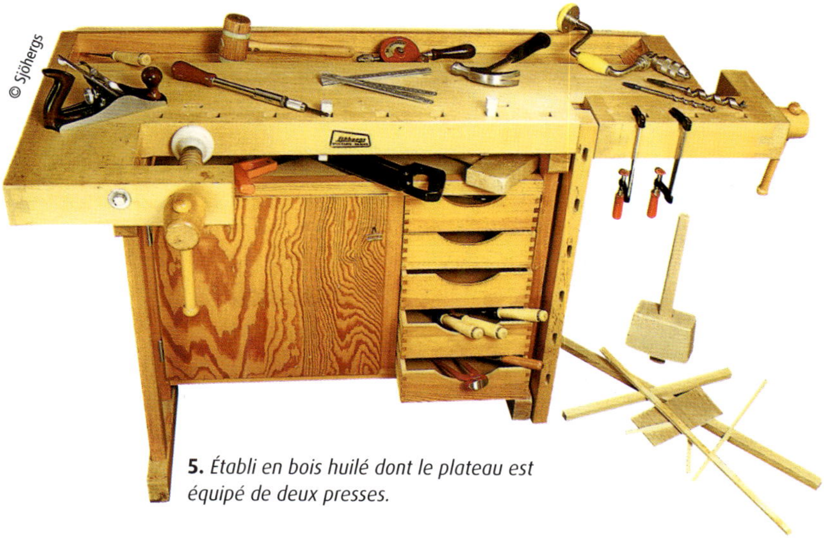
© Sjöbergs

5. *Établi en bois huilé dont le plateau est équipé de deux presses.*

6 A. *Boîte à outils escabeau, version fermée, d'une hauteur de 40 cm.*

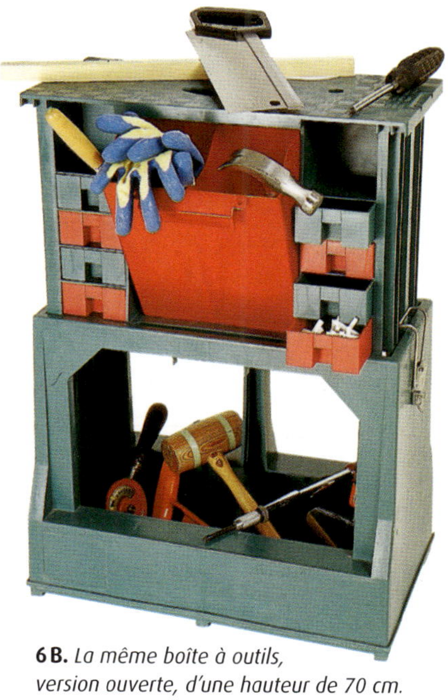

6 B. *La même boîte à outils, version ouverte, d'une hauteur de 70 cm.*

L'établi du bricoleur

Pour les privilégiés qui disposent d'un atelier, d'une cave ou d'un garage, l'établi reste la meilleure solution pour installer un poste de travail. Un modèle en bois huilé doté de casiers et de nombreux tiroirs offre un volume de rangement appréciable. De taille moyenne (1,50 m de long x 0,70 m de large), cet établi est équipé d'accessoires astucieux qui autorisent un travail polyvalent allant du rabotage du bois au sciage du métal. Les deux presses équipant le plateau et la possibilité de monter un valet multiplient les combinaisons de serrage afin d'immobiliser des pièces de tailles différentes. Par ailleurs, grâce à un petit étau, vous assurerez les petits dépannages au quotidien (collage, découpe, perçage, etc.) que l'on exécute trop souvent, faute de place, sur la table de la cuisine ! ■

Des mini-outils

Réparer des bijoux fantaisie, resserrer des branches de lunettes, régler des mécanismes d'horlogerie, construire des modèles réduits..., ces interventions posent des problèmes avec un outillage classique. Elles nécessitent des outils de qualité de petites dimensions (réduits de 30 à 50 %). Une boîte à outils a été conçue à leur échelle pour les protéger. De plus, ces instruments permettent aux juniors de s'initier aux travaux de bricolage (Mini-Bost).

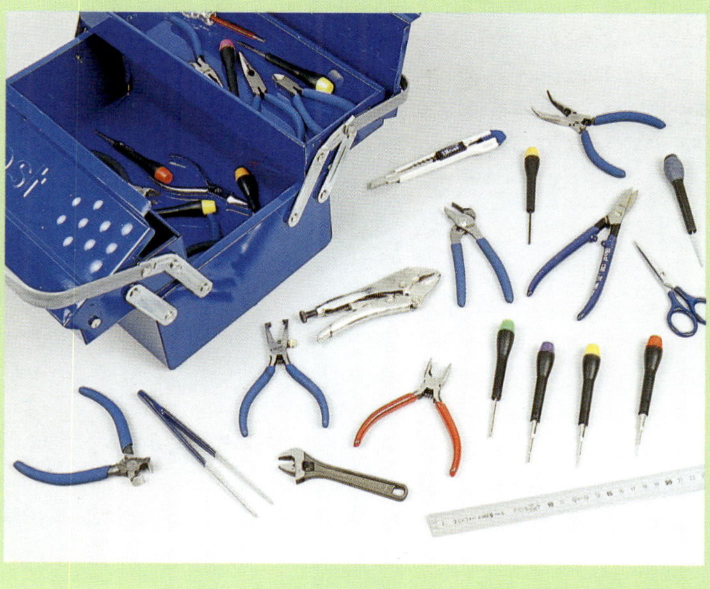

Les tout premiers outils

Planter un clou, démonter un bec de robinet, remplacer un fusible, changer un tuyau de gaz, etc., sont des actions simples, souvent exécutées dans l'urgence. Si vous êtes débutant et sans outillage, voici quelques conseils pour vous procurer les tout premiers outils et accessoires.

1. LE MÈTRE. Choisissez un mètre à ruban large d'une longueur de 3 à 4 mètres, voire 5 mètres. Vous pouvez ainsi relever les dimensions d'un local sans être contraint de reporter l'instrument plusieurs fois.

2. LE MARTEAU. Choisissez un marteau de charpentier, d'un poids de 300 à 400 g, que vous utiliserez principalement pour planter des clous. Préférez un modèle à manche souple, d'une fabrication dite «indémanchable».

3. LES TOURNEVIS. Un seul tournevis ne peut convenir à toutes les vis. Il existe des empreintes de tête qui vous conduiront à acheter autant de tournevis différents. Dans un premier temps, optez pour un tournevis à lames interchangeables : 3 ou 4 lames (ou embouts) de tailles différentes vous permettront de manœuvrer les vis, à tête fendue et à tête cruciforme.

4. LES PINCES. Deux paires de pinces suffisent à effectuer les dépannages les plus fréquents :

4 A. Paire de **pinces universelles** dont les mâchoires serrent les pièces de formes variables et permettent le cisaillement du fil métallique. Optez pour un modèle à poignées gainées, d'une utilisation plus agréable.

4 B. Paire de **pinces multiprises** dont l'axe d'articulation réglable autorise, tour à tour, le serrage de pièces de petits et de gros diamètres.

5. LA CLÉ À MOLETTE. Cet outil en acier inoxydable dont les becs s'écartent jusqu'à 30 ou 35 mm s'adapte à la plupart des écrous de la maison. Choisissez un modèle extraplat, plus aisé à glisser dans les endroits d'accès difficile tels que le dessous des machines à laver.

6. LA LIME PLATE (ou **LA RÂPE).** Elle s'utilise pour ébavurer la surface ou les arêtes des pièces comportant des irrégularités principalement dues au sciage. La lime s'emploie sur le métal, mais vous pouvez également vous en servir sur le bois à la place d'une râpe qui a tendance à arracher les fibres.

7. LA SCIE. Procurez-vous une scie à lame universelle. Sa lame à denture fine convient bien aux débutants qui peuvent couper divers matériaux tels que le bois, le métal, la fibre, etc.

Outillage : Bahco, Bost, Facom

8. LE CUTTER. Ce couteau à lame rétractable permet d'effectuer des découpes sur des matériaux très différents (papier, plastique, carton, etc.). Choisissez un modèle à lame sécable afin de posséder un tranchant toujours très coupant. Procurez-vous également un paquet de lames de rechange.

9. LA PILE ÉLECTRIQUE. Indispensable au moment d'une panne d'électricité, la pile peut aussi vous dépanner lorsqu'il s'agit de travailler dans un endroit obscur comme le fond d'un meuble ou d'un placard. Optez pour un modèle simple pouvant être posé ou accroché, ce qui vous laissera les mains libres pour agir.

10. LE RUBAN ADHÉSIF. Choisissez un ruban adhésif isolant destiné à la protection des contacts électriques, mais que vous pourrez utiliser à d'autres fins. Un ruban adhésif permet de réunir deux éléments, de les ligaturer, d'improviser une poignée, etc. Un ruban autovulcanisant vous servira à colmater les fuites d'eau.

11. LE FIL DE FER. Un petit rouleau de fil de fer convient à de nombreuses réparations et permet d'improviser des accessoires (crochet, ligature, agrafe, torsade, etc.) qui vous aideront à récurer un siphon, fermer un sac, suspendre un outil, etc.

12. LA POINTE CARRÉE. Cet outil ressemble à un tournevis dont la lame de section carrée possède une extrémité effilée. La pointe carrée sert à marquer le bois d'une profonde empreinte avant d'y introduire une vis et à perforer les métaux en feuille ou les matériaux minces.

13. JEU DE TAMPONNOIRS. Trois ou quatre tamponnoirs de diamètre différent vous permettront de percer les maçonneries (plâtre, brique, parpaing…) devant recevoir un système de fixation (vis et cheville). Tapez dessus au marteau et tournez légèrement le tamponnoir sur lui-même pour qu'il pénètre dans les matériaux. À défaut de perceuse électrique, c'est un outil de dépannage satisfaisant.

14 ET 15. GANTS et **LUNETTES DE PROTECTION.** Choisissez des gants épais évitant les coupures et les piqûres des objets métalliques. Protégez vos yeux et vos lunettes éventuelles avec des montures de type hublot.

PAPIER ABRASIF et **COLLE ÉPOXYDE**

– Procurez-vous plusieurs feuilles de papier abrasif et de toile d'émeri pour poncer divers matériaux. Utilisez le papier abrasif (ou papier de verre) sur le bois, le plâtre ou la peinture et réservez la toile d'émeri au polissage des métaux. Pour les surfaces planes, aidez-vous d'une cale rectangulaire en bois (ou en caoutchouc) pour maintenir la feuille abrasive.

– La colle époxyde se compose de deux éléments (résine et durcisseur) qu'il faut mélanger avant l'emploi. C'est un produit synthétique à fort pouvoir d'adhérence qui convient à la plupart des matériaux (bois, verre, porcelaine, métal, etc.). ■

L'outillage de base

La trousse d'urgence ne contient qu'une douzaine d'outils que nous vous conseillons de compléter par un assortiment d'outils plus spécifiques afin de pouvoir effectuer un maximum d'interventions.

1. LES MARTEAUX. Outre le marteau de charpentier (→ P. 16), choisissez deux autres modèles de taille et de poids différents :

1 A. Le marteau rivoir. D'un poids de 400 à 600 g, il sert à frapper les pièces ou les outils métalliques tels que le tamponnoir ou le burin. Son enclume et son bec sont bombés afin de pouvoir riveter un axe ou une goupille métallique.

1 B. Le marteau d'électricien. Très léger avec un bec allongé, il se révèle très pratique pour poser des petites pointes sur les moulures et autres baguettes décoratives.

2. JEU DE TOURNEVIS. Sur un tournevis de qualité, la lame est un acier forgé. Le manche en bois (ou en matériau de synthèse) possède une forme ergonomique afin de mieux transmettre les mouvements de la main. L'extrémité de la lame correspond à l'empreinte de la tête de vis.

Tournevis à lame droite. Procurez-vous trois modèles différents pour des vis à fente de 0,8, 1 et 1,2 mm de large. Optez pour des fabrications robustes à lame traversante.

Tournevis à lame cruciforme. Choisissez deux modèles pour des vis à empreinte Phillips n° 1 et 2, ainsi que deux modèles adaptés aux empreintes Pozidriv n° 1 et 2.

3. LES PINCES. Pour compléter votre trousse, procurez-vous des pinces destinées à une fonction spécifique et ne les utilisez pas pour des gros travaux.

3 A. Paire de **pinces coupantes.** En acier traité, ses mâchoires affûtées servent à sectionner les fils métalliques. Il existe des modèles de qualités différentes : certaines coupent les métaux doux (aluminium, cuivre), d'autres sont destinées à l'acier dur.

3 B. Paire de **pinces universelles.** Avec ses mâchoires striées, elle serre des pièces de formes variées.

3 C. Paire de **pinces à becs plats.** Ses becs effilés, plats et striés serrent les petits objets (écrou, circlip, rondelle, etc.) difficiles à saisir avec les doigts.

4. LA TENAILLE COUPANTE. Sorte de pince coupante appelée également **tenaille russe**. Elle sert à couper net le fil à ligaturer, par exemple celui utilisé pour attacher le grillage.

Outillage : Bahco, Bost, Facom

5. JEU DE CLÉS PLATES. Choisissez des modèles mixtes – clé à fourche d'un côté et tête polygonale de l'autre – forgés à partir d'acier au chrome-vanadium. Les clés plates existent sous une trentaine de dimensions, de 6 à 32 mm.

6. LA CLÉ À MOLETTE. Outil venant compléter la série de clés plates. Optez pour un modèle assez long permettant des travaux plus importants que ceux autorisés par le petit modèle de la trousse de première urgence.

7. LA SCIE À MÉTAUX. La monture de la scie à métaux doit être rigide et ergonomique afin de maintenir la lame tendue pendant le sciage. Une bonne scie accepte plusieurs longueurs de lame et des inclinaisons variées.

8. L'AGRAFEUSE. Une petite agrafeuse à main permet de nombreux dépannages. Elle remplace avantageusement le marteau et les clous ou le ruban adhésif lorsqu'il s'agit d'afficher du papier, du carton ou du tissu.

9. LE RIFLARD DE PEINTRE. Couteau à lame épaisse et non flexible qui s'utilise pour nettoyer, gratter, décoller, soulever les couvercles, expurger la peinture du rouleau, etc.

10. LE GRATTOIR. Un grattoir à lame amovible (lame de rasoir ou de cutter) se révèle utile pour débarrasser les vitres des taches collées en surface.

11. CHASSE-CLOU et **CHASSE-GOUPILLE.** Petits axes métalliques qui s'utilisent pour enfoncer, à l'aide d'un marteau, la tête des clous dans le bois ou pour chasser une goupille hors de son trou.

12. JEU DE CLÉS HEXAGONALES. Clés coudées de section hexagonale destinées aux vis possédant une empreinte à six pans creux. Il est recommandé de posséder un jeu complet de clés, car un outil mal adapté détériore l'empreinte de la vis.

13. LIMES et **RÂPES.** En principe, la lime s'utilise sur le métal et la râpe sur le bois. Optez pour deux ou trois modèles de limes de section différente (ronde, triangulaire, demi-ronde, etc.).

14. LA CHIGNOLE ou **PORTE-FORET.** Si vous ne possédez pas de perceuse électrique, utilisez un porte-foret pour percer des petits trous (jusqu'à 5 mm de diamètre) dans les matériaux tendres : le bois, le plastique, l'aluminium… Également très pratique pour réaliser les fraisures des têtes de vis.

15. LE SERRE-JOINTS. Petite presse portative à ouverture réglable, indispensable pour immobiliser deux pièces à usiner ou pour serrer un collage. S'utilisent souvent par deux.

16. LE CUTTER À LAME INTERCHANGEABLE. À l'inverse du cutter à lame sécable, ce modèle robuste, entièrement métallique, permet de couper sans faiblesse des revêtements durs ou très épais (dalle de vinyle, moquette…).

17. LA CARDE. Sorte de brosse métallique à fils courts destinée au nettoyage des limes dont les fines dentures s'encrassent, notamment lors de l'usinage des matériaux tendres. ■

La quincaillerie

La petite quincaillerie (clous, vis, écrous, etc.) est généralement en fer ou en acier et s'achète au poids. Pour des usages particuliers, vous trouverez des clous en laiton, en acier traité, de la visserie en acier inoxydable conditionnés en sachets et en étuis ne contenant que quelques unités.

Les clous

1. CLOU TÊTE PLATE. En fer ou en acier doux, c'est le modèle le plus répandu pour assembler deux pièces de bois dès l'instant qu'il n'y a pas d'esthétique particulière à respecter. Le clou tête plate possède parfois une tête striée évitant le glissement du marteau.

2. CLOU TÊTE D'HOMME. Également en fer ou en acier doux, il est utilisé pour des assemblages plus soignés car sa tête de faible volume se dissimule aisément dans l'épaisseur du bois. Il suffit d'enfoncer la tête avec un chasse-clou pour qu'elle disparaisse de la surface.

3. CLOU SANS TÊTE. En acier doux, c'est le clou du vitrier car, de petite taille, il se dissimule facilement sous le mastic des vitres. Vous trouverez également de la **« finette »** (clous sans tête de très faible diamètre, de 0,5 à 0,6 mm), très appréciée pour maintenir les placages de bois.

4. POINTE À CASSER. En acier trempé, cette aiguille sans tête de 30 à 35 mm de long s'utilise pour clouer discrètement des pièces fragiles comme, par exemple, les moulures décoratives d'une porte. Lorsque la fixation est obtenue, il suffit de tordre la partie dépassante de l'aiguille pour qu'elle se casse au ras de la surface, sans laisser de trace.

5. CLOU À BÉTON. En acier trempé, il est de couleur noire et peut pénétrer dans les matériaux de construction les plus durs. Il est recommandé de porter des lunettes de protection car, en cas de fausse manœuvre, ce type de clou ne se tord pas. Il casse !

6. CLOU TORSADÉ. En acier doux, la tige de section carrée est torsadée en hélice. Ainsi, le clou tourne en s'enfonçant dans le bois, ce qui améliore la fixation et permet d'obtenir des assemblages ayant plus de résistance.

7. CLOU À TÊTE DEMI-RONDE. En aluminium, en laiton ou en cuivre, il est souvent utilisé comme clou décoratif de façon que la couleur s'accorde avec la teinte de l'accessoire à fixer.

8. CLOU CAVALIER. En acier doux, ce clou en forme de U permet de maintenir un câble, un fil ou une ficelle devant être guidés ou accrochés. Sur certains modèles, la partie arrondie peut être gainée d'un matériau souple afin de fixer un câble ou un fil ne devant pas être écrasé. Les clous cavaliers sont parfois remplacés par des agrafes.

9. CLOU SEMENCE. En acier bleuté, c'est le clou du tapissier. De petite taille, sa tige très effilée pénètre dans les bois les plus durs pour maintenir les tissus et les accessoires des sièges.

10. CLOU À GARNIR. En laiton poli, il assure la finition soignée des objets tapissés. Sa tête en forme de calotte sphérique vient couvrir les semences précédemment plantées. Une guirlande d'espacement facilite l'implantation et l'alignement d'une série de clous à garnir.

Les vis

11. VIS À TÊTE RONDE. Vis à bois classique destinée au montage de la quincaillerie métallique. Sa tête proéminente reste visible mais permet un serrage efficace. Convient bien lorsque l'assemblage ne demande pas un aspect décoratif particulier.

12. VIS À TÊTE FRAISÉE. Vis à bois classique destinée au montage de la quincaillerie et des accessoires de serrurerie. Sa tête plate vient au ras de la surface à serrer car les différents accessoires métalliques comportent des fraisures pour loger ce type de vis.

13. VIS À TÊTE FRAISÉE BOMBÉE. Vis à bois décorative, dite aussi à tête **« goutte de suif »**, destinée au montage de la quincaillerie décorative. En acier chromé ou en laiton jaune, elle s'utilise pour serrer des pièces comportant des fraisures. La partie bombée reste apparente et s'harmonise avec l'aspect extérieur.

14. VIS « AGGLO ». Vis à bois à tête fraisée, spécialement étudiée pour les dérivés du bois et notamment les panneaux d'aggloméré. Son filetage, plus profond et plus coupant que celui d'une vis classique, apporte une meilleure résistance aux assemblages. Certaines vis à l'extrémité affûtée peuvent être implantées directement sans nécessiter d'avant-trou (→ ENCADRÉ P. 392).

15. VIS TIRE-FOND. Grosse vis à bois dont le filetage en hélice s'incruste dans le matériau tel un tire-bouchon dans le liège. La tête de forme carrée ou hexagonale est manœuvrée à l'aide d'une clé plate, ce qui permet un vissage puissant, plus fort qu'avec un tournevis. Pour les diamètres importants, il est recommandé de percer un avant-trou afin de limiter les risques d'éclatement des fibres de bois.

16. PITON et **GOND À VIS.** Vis à bois sans tête dont la tige est courbée en forme d'anneau (ou de crochet) pour être utilisée comme accessoire d'accrochage. Comme pour les tire-fond, les gros diamètres de piton doivent être implantés après le perçage d'un avant-trou.

17. VIS À MÉTAUX. Vis dont la tige filetée de forme cylindrique s'utilise avec un écrou de même diamètre. Ainsi les pièces à fixer sont pincées entre la tête de la vis et l'écrou vissé sur la tige. En effet, une vis à métaux ne peut pénétrer seule dans un matériau ; ce dernier doit être préalablement percé et offrir un trou de passage ou un trou taraudé. Les vis à métaux les plus courantes ont des têtes fraisées, cylindriques, hexagonales… dont le choix dépend du moyen de serrage.

18. VIS DE POÊLIER. Vis à métaux dont la large tête en forme de « goutte de suif » convient pour l'assemblage des tôles, c'est-à-dire des métaux de faible épaisseur. Elle s'utilise avec un écrou et une rondelle plate pour une bonne répartition du serrage.

19. VIS À COLLET CARRÉ. Vis à métaux dont la tête en forme de « goutte de suif » possède une section carrée à la base de sa tige. Elle s'utilise avec un écrou et une rondelle plate, pour serrer des pièces de bois. Lors du montage de la vis, introduite au maillet, le collet carré imprime son emplacement dans le bois. Ainsi, le serrage de l'écrou ne risque pas de faire tourner la tête de la vis qui, par mesure de sécurité, ne possède pas de fente ni d'empreinte qui permettraient de la desserrer.

Rondelles et écrous

20. LES ÉCROUS. Un écrou est désigné par le diamètre et le pas du filetage correspondant à la vis à métaux sur laquelle il se visse. Par exemple : écrou de 10 x 150 signifie que cet écrou se monte sur une vis de 10 mm de diamètre ayant un filet hélicoïdal au pas de 1,50 mm.

Lorsqu'une vis à métaux est équipée de son écrou on parle de **boulon**.

Pour que le montage soit possible, les diamètres de la vis et de l'écrou ainsi que le pas du filetage doivent correspondre.

21. LES RONDELLES. Les rondelles se placent sous la tête des vis ou sous les écrous et sont très utiles pour conserver une possibilité de démontage. Dans d'autres cas, la rondelle placée sous l'écrou répartit l'effort de serrage et évite à la tête de la vis (ou à l'écrou) de pénétrer dans le matériau. ■

Ciseaux à bois, scies, mèches et forets : l'affûtage des outils coupants

Les outils coupants ont un profil effilé qui s'émousse en travaillant. Lorsqu'ils sont correctement utilisés, un affûtage périodique équivaut à un « rafraîchissement » de la partie coupante afin de lui redonner une nouvelle jeunesse.

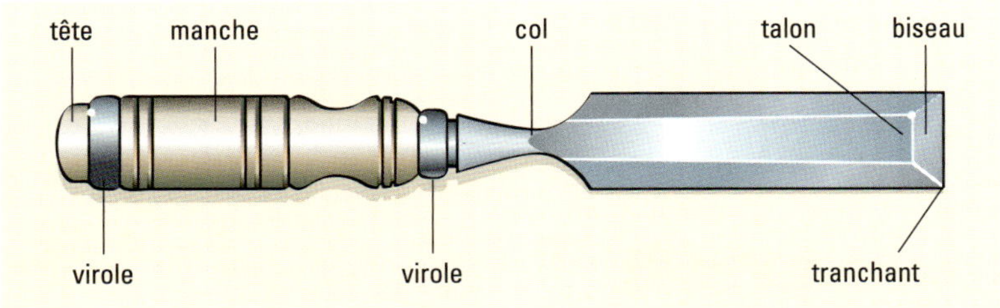

Procurez-vous trois ou quatre ciseaux à bois de largeurs différentes.

Une opération délicate

Si les outils ont été malmenés lors de leur utilisation, l'opération d'affûtage sera plus conséquente et plus difficile, voire, dans certains cas (outil voilé, acier brûlé...), impossible à mener à bien. Il est alors nécessaire d'échanger l'outil abîmé contre un neuf. Avant de vous équiper de pierres, de limes, de touret à meuler, etc., pour affûter vos outils, sachez qu'il s'agit d'un équipement onéreux et demandant un long apprentissage. Très souvent, il est préférable de confier vos outils à un affûteur professionnel. Vous y gagnerez du temps, de l'argent et des outils qui coupent !

Si toutefois vous voulez effectuer vous-même ce travail, commencez par l'affûtage de quelques outils à main afin de vous familiariser avec la précision.

Le ciseau à bois

Le ciseau à bois est une lame plate en acier trempé dont l'extrémité présente un tranchant biseauté. Pour les travaux courants, le biseau est affûté sous un angle de 25° à 30°.

▶ Posez le tranchant biseauté sur la pierre à aiguiser. Pour maintenir l'outil dans cette position, procurez-vous un guide d'affûtage qui permet de respecter l'angle du biseau pendant toute l'opération (→ PHOTO 1).

▶ Lubrifier la pierre avec un peu d'eau et effectuez des mouvements de va-et-vient, d'avant en arrière. Pendant l'affûtage, déplacez-vous légèrement vers la droite puis la gauche afin de ne pas creuser la pierre au même endroit. Si vous effectuez de nombreux affûtages, procurez-vous une pierre diamantée qui offre l'avantage de ne jamais se creuser.

Lorsque le biseau présente une surface uniformément brillante, il se forme sur le tranchant une fine bavure de métal : le morfil.

▶ Pour terminer l'affûtage, tournez le ciseau côté plat et frottez-le sur la pierre, puis remettez-le du côté biseau. Retournez-le à nouveau du côté plat et ainsi de suite... Cette succession de mouvements contrariés rabattent le morfil d'un côté puis de l'autre jusqu'à ce qu'il se détache. L'affûtage est terminé.

Les scies

Pour scier correctement, une lame de scie doit être affûtée et avoyée c'est-à-dire que :

– chaque dent doit couper ;

1. *Avec un guide d'affûtage, le ciseau conserve un angle constant pendant toute la durée de l'opération d'affûtage.*

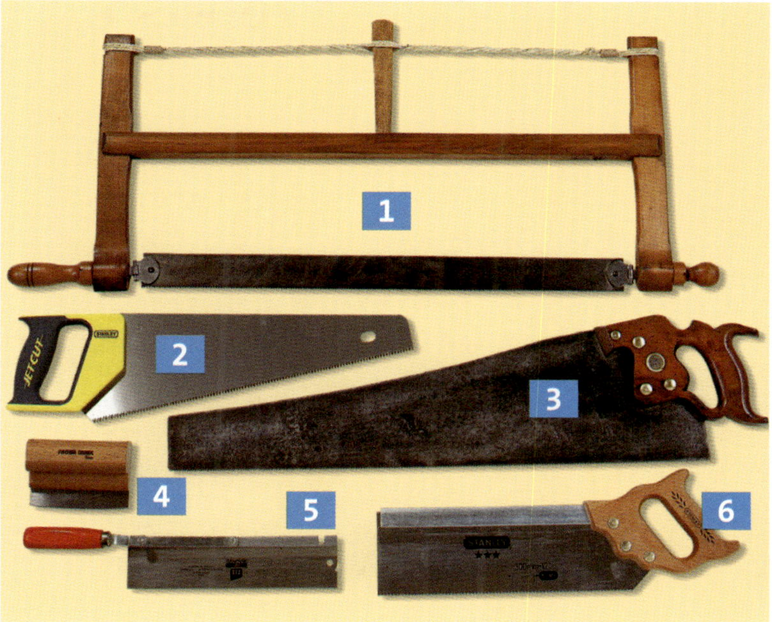

***Panoplie de scies à bois (collection privée) :** scie à cadre (1) ; scie égoïne (2) ; scie à déligner (3) ; scie à placage (4) ; scie à araser (5) ; scie à dos (6).*

2. *L'avoyage consiste à incliner les dents en alternance à droite puis à gauche.*

3. *L'affûtage s'exécute avec une lime tiers-point de section triangulaire.*

– l'ensemble de la denture doit avoir de la voie, largeur donnée par l'inclinaison latérale des dents.

Lorsqu'une lame de scie fatiguée nécessite un affûtage, il est nécessaire d'exécuter deux opérations distinctes (→ CROQUIS) :

L'avoyage. Il consiste – après avoir serré la lame dans un étau – à coucher les dents à l'aide d'un pointeau ou d'une pince spéciale. Cette opération s'effectue en alternance, une dent sur deux (→ PHOTO 2). Par exemple, toutes les dents paires sont inclinées sur la droite, puis toutes les dents impaires vers la gauche. Ainsi, la voie de la scie doit correspondre à environ une fois et demie l'épaisseur de la lame.

L'affûtage. Il s'effectue avec une lime tiers-point (section triangulaire) de taille douce dans le creux de chaque dent (→ PHOTO 3). Comme pour l'avoyage, affûtez une dent sur deux. Limez d'abord toutes les dents paires, puis retournez la lame pour raviver les dents impaires. Veillez à donner à chaque fois le même nombre de coups de lime afin qu'il n'y ait pas de déséquilibre dans l'affûtage.

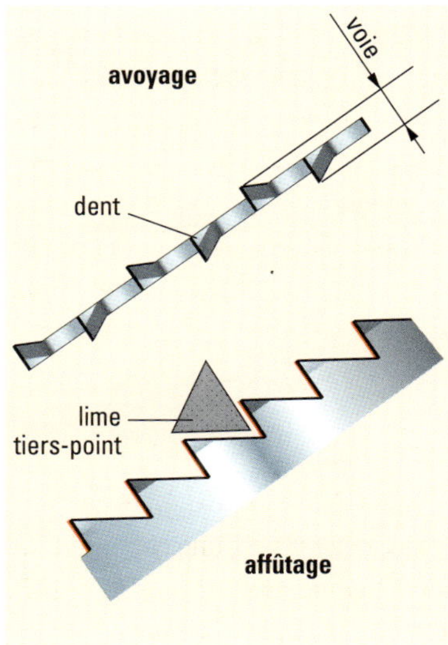

Pour couper correctement, une lame de scie doit être avoyée et affûtée.

Affûtage interdit

De nombreux modèles de scie sont équipés de lame bimétallique. Un acier à ressort pour la souplesse et un acier rapide pour la résistance sont soudés ensemble pour former une lame très performante. Mais cette amélioration de la qualité interdit l'affûtage à la main : la denture en acier trempé, reconnaissable à son aspect bleu-noir, ne peut être ni avoyée ni limée. Lorsque ce type de lame ne coupe plus, elle doit être changée.

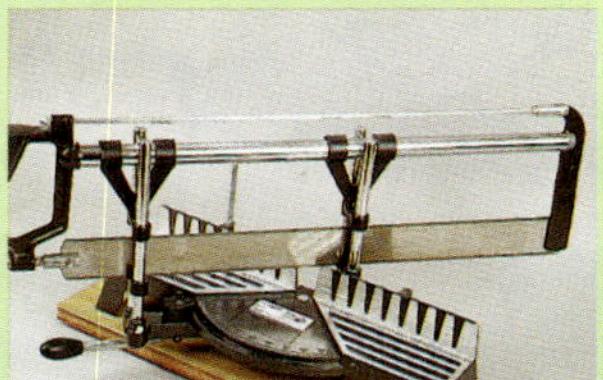

Scie guidée d'encadreur équipée d'une lame bimétallique.

Les mèches et les forets

Par tradition, une mèche désigne un outil de perçage du bois alors qu'un foret est plus souvent destiné au travail du métal. Mais il s'agit d'une convention qui n'est pas rigoureusement respectée. Pour un premier équipement, procurez-vous des coffrets de forets assortis pour percer le bois, le métal et le béton. Les diamètres proposés dans chaque coffret s'échelonnent de 4 à 12 mm et conviennent à la plupart des travaux de perçage. Pour effectuer des perçages spécifiques, achetez les forets à l'unité en choisissant le diamètre et la longueur.

Mèche à bois hélicoïdale. Elle s'emploie pour percer des trous précis et calibrés, en utilisant de préférence un vilebrequin à main. La pointe a la forme d'une vis autotaraudeuse dont la rotation tire l'outil en profondeur, ce qui facilite la pénétration de la mèche en réduisant les efforts manuels. La spirale évacue rapidement les copeaux, ce qui assure la netteté du trou. Une mèche de ce type peut être affûtée à l'aide d'une lime douce.

Mèche à bois plate. La mèche à bois plate s'utilise avec une perceuse électrique dont la vitesse de rotation est réglée en fonction du diamètre de l'outil (de 100 à 500 tours/min environ). L'extrémité coupante comporte deux tranchants inclinés et une pointe très effilée. En pénétrant dans le bois, cet ensemble dessine un cône, sorte de cratère qui guide la mèche et lui évite de dévier de l'axe de perçage.

Mèche à bois extensible. La mèche à bois extensible permet de percer des trous de tailles variées (jusqu'à 75 mm de diamètre environ). La lame graduée se règle aisément à l'aide d'une clé plate pour obtenir un trou à la dimension souhaitée. La mèche extensible s'utilise de préférence avec un vilebrequin à main car elle implique une vitesse de rotation lente, contrairement au perçage électrique.

Forets à bois (3 pointes).

Les rallonges pour mèches à bois. Pour les mèches hélicoïdales et les mèches plates, il existe des rallonges qui permettent de réaliser des trous profonds. Ne montez pas ces accessoires sur une perceuse électrique mais uniquement sur un vilebrequin à main.

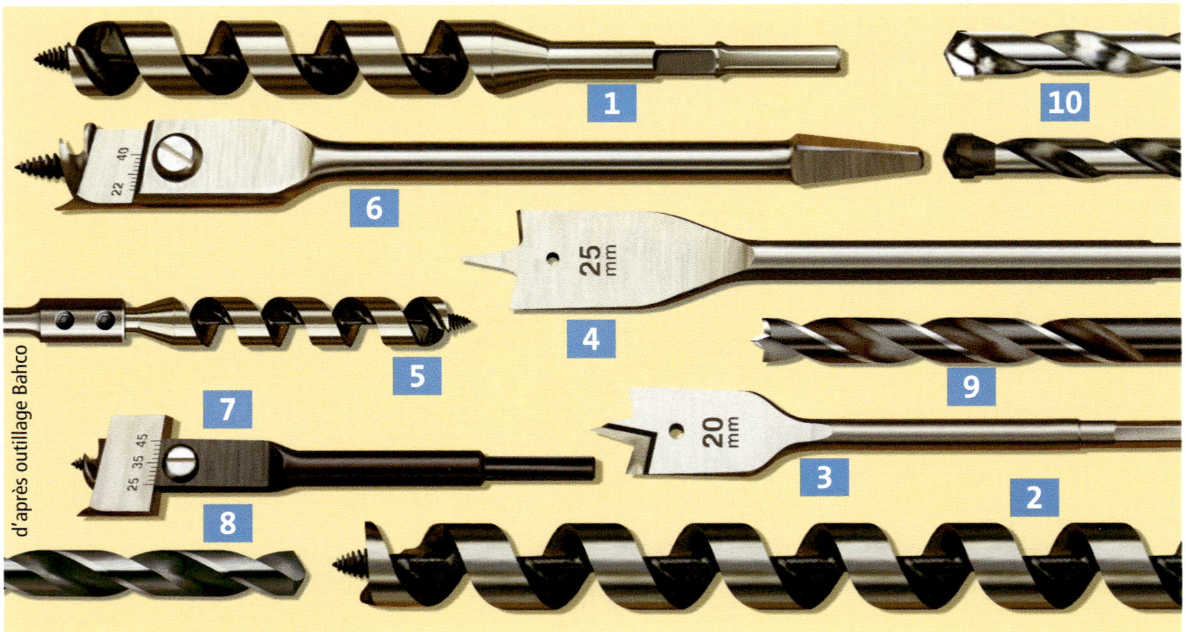

Panoplies de mèches et forets : *Mèche hélicoïdale pour perçage du bois (1). Mèche hélicoïdale longue pour perçage du bois (2). Mèches plates de différents diamètres pour perçage du bois (3, 4). Mèche à bois équipée d'une rallonge (5). Mèches à bois extensibles pour perçage du bois (6, 7). Foret à métaux (8). Foret à bois trois pointes (9). Forets à béton (10).*

Mèche à bois trois pointes. La mèche trois pointes est recommandée pour le perçage de petits diamètres (jusqu'à 20 mm) dans le bois et tous les dérivés du bois. Cet outil ressemble à un foret à métaux et possède un affûtage à trois pointes qui – comme pour la mèche plate – guide sa pénétration et produit des trous nets et calibrés. L'affûtage s'effectue à la meule.

Foret à béton. Le foret à béton s'emploie pour le perçage de la brique, de la pierre, du béton, de la céramique, etc. Son extrémité est équipée d'une plaquette en carbure de tungstène, corps d'une très grande dureté, qui assure les performances de coupe et la longévité de l'outil. Monté sur un marteau électropneumatique, ce type de foret s'utilise en rotation ainsi qu'en percussion pour pénétrer dans les matériaux les plus durs. L'affûtage du carbure de tungstène doit être effectué par un professionnel.

Foret à métaux. Le foret à métaux est un outil en acier rapide supérieur (HSS) capable de percer la plupart des métaux (fer, acier, fonte, laiton, aluminium, etc.). Il comporte deux goujures hélicoïdales et une extrémité conique affûtée à 120°. Pour une utilisation judicieuse, il doit être monté sur une perceuse électrique et tourner à une vitesse adaptée à son diamètre, les petits forets tournant plus vite que ceux de gros diamètre (➔ TABLEAU).

L'affûtage s'effectue à la meule. Plus le métal à percer est tendre, plus l'angle de pointe augmente. Par exemple : 140° pour l'aluminium, 160° pour le plastique.

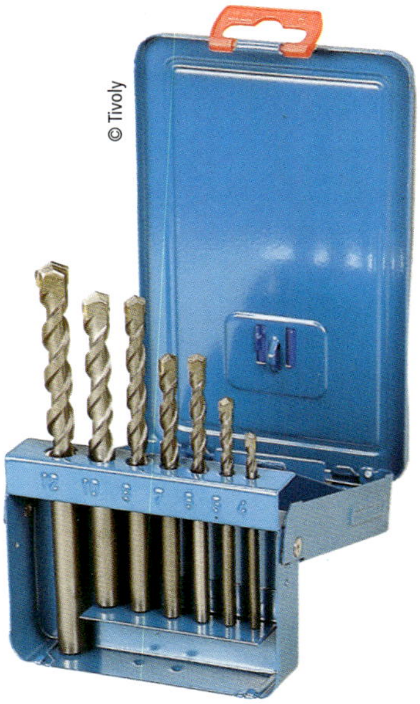

Forets à béton.

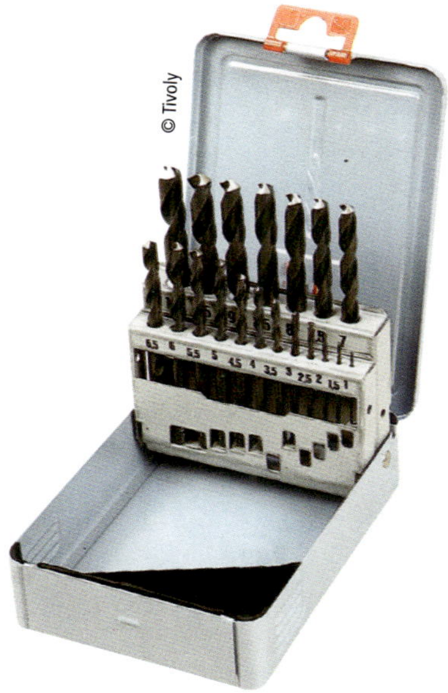

Forets à métaux.

MÈCHES TROIS POINTES (HSS)

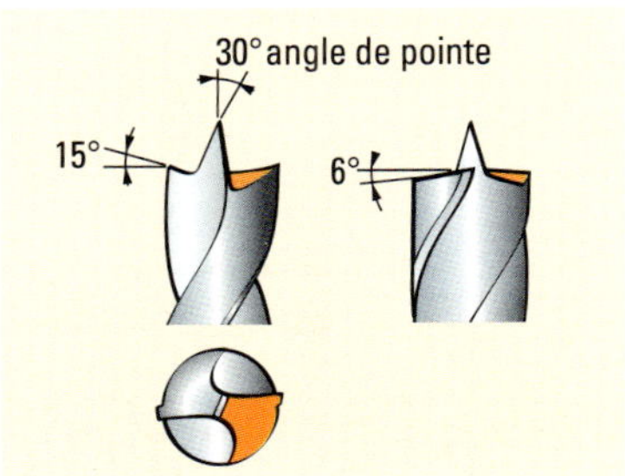

Affûtage avec un touret à meuler.
Perçage dans le bois dur

diamètre du foret	vitesse en tours/min
4	1200
8	600
12	400
16	300
20	240
22	220
24	200
30	160

FORETS À BÉTON TUNGSTÈNE

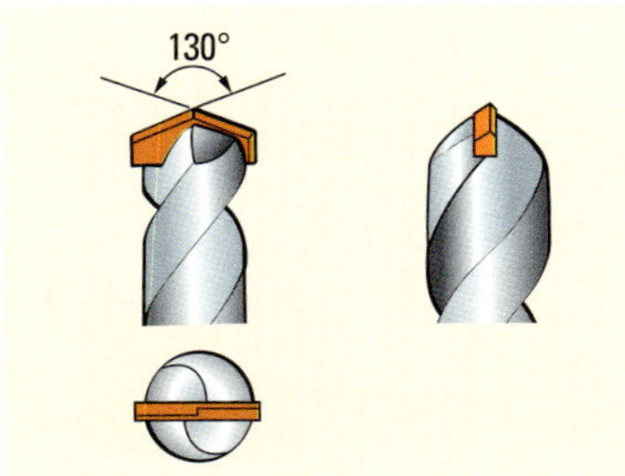

Affûtage avec une meule diamantée.
Perçage dans le béton (sans percussion)

diamètre du foret	vitesse en tours/min
4	2000
6	1320
8	1000
10	800
12	660
14	570
16	500
18	440

FORETS EN ACIER RAPIDE (HSS)

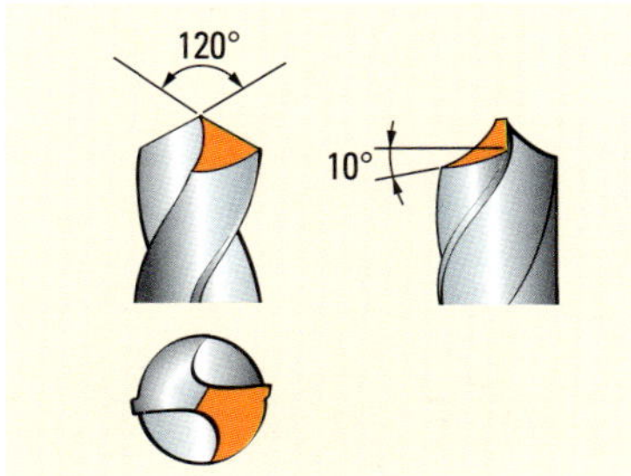

Affûtage avec un touret à meuler.
Perçage de l'acier

diamètre du foret	vitesse en tours/min
4	2000
5	1600
6	1350
7	1150
8	1000
10	800
12	670
20	400

Un affûtage symétrique

Fixé sur le côté d'un touret à meuler, ce support articulé permet d'affûter les forets de façon symétrique.
La goulotte en forme de V dans laquelle repose le foret est réglable en inclinaison, ce qui détermine la valeur de l'angle de pointe : 120°, 140°, 160°, etc.
Ensuite, le pivotement du support sur sa base place l'outil devant la meule pour l'affûtage de la première lèvre. Effectuée sous forme de va-et-vient, et répétée sur les deux lèvres du cône, cette manœuvre aboutit à l'affûtage symétrique du foret, condition indispensable pour effectuer des trous d'un diamètre précis (Spiralux).

Par ailleurs, en modifiant la position de la meule, il est possible de réaliser un affûtage trois pointes pour obtenir une mèche à bois (→ ENCADRÉ).
Lors de l'affûtage :
– veillez à ce que l'angle de pointe soit symétrique par rapport à l'axe de perçage (2 fois 60°). Dans le cas contraire, l'une des lèvres étant plus longue que l'autre, le foret se trouve déséquilibré et perce des trous ovalisés ;
– observez également un angle de dépouille (de 3 à 5°) derrière chaque lèvre : il ne faut pas que l'arrière du cône de pointe « talonne » le fond du trou lorsque le foret coupe le métal. Si c'est le cas, le foret s'échauffe et refuse de pénétrer.

Le racloir d'ébéniste

Le racloir d'ébéniste est une lame métallique rectangulaire utilisée pour unifier la surface d'un meuble avant les opérations de finition. Un racloir bien affûté produit des copeaux d'une très grande finesse et polit la surface du bois. Son affûtage se déroule de la façon suivante (→ SÉQUENCE) :

▶ Limez le chant du racloir pour éliminer les irrégularités. Cette opération crée une bavure de chaque côté sur les deux arêtes. À ce stade, vous pouvez utiliser le racloir pour dégrossir et nettoyer une surface. S'il s'agit d'une opération de finition, poursuivez l'affûtage et supprimez les bavures qui risquent de rayer le bois.

▶ Tenez la lame verticalement pour aiguiser le chant et faire disparaître les traces de la lime.
Lorsque le chant du racloir est parfaitement lisse, vous devez sentir, en passant le doigt sur chaque arête, un léger relief : le morfil. Comme pour l'affûtage d'un ciseau à bois, détachez cette fine barbe métallique afin d'obtenir une arête franche.

▶ Pour finir, placez le racloir à plat sur l'établi et, à l'aide d'une tige métallique dure (une queue de foret, par exemple), frottez les arêtes parallèlement au plat de la face, puis tenez le racloir debout et lissez l'arête dans l'autre sens. Au besoin, reprenez ces deux gestes jusqu'à ce que le morfil se détache. ■

Affûter un racloir d'ébéniste

1 **Limez le chant du racloir.** Utilisez une lime douce et déplacez-la sur toute la longueur de la lame. Tenez la lime à deux mains et dans une position parfaitement horizontale.

2 **Faites disparaître les bavures** de la lime à l'aide d'une pierre à aiguiser. Frottez les deux faces de la lame. Lubrifiez la pierre avec quelques gouttes d'eau ou de pétrole.

3 **Aiguisez le chant du racloir** en tenant la lame verticalement. Faites de nombreux allers et retours pour obtenir un chant plat. Déplacez la lame pour ne pas creuser la pierre au même endroit.

Les instruments de mesure

Les instruments de mesure s'utilisent dans toutes les disciplines. Visualisez-les et rangez-les ensemble car, comme pour les outils coupants, il faut éviter de les choquer et de les mélanger avec d'autres outils plus lourds.

1. LE MÈTRE À RUBAN. Choisissez un ruban de 4 à 5 m de long, vous pourrez mesurer les dimensions d'un local sans être contraint de reporter l'instrument plusieurs fois.

2. LE MÈTRE PLIANT. Ce type de mètre a l'avantage de rester rigide lorsqu'il est déplié. Dans sa version métallique, il accompagne le menuisier ou le maçon.

3. LE NIVEAU À BULLE. Le niveau à bulle indique la verticale et l'horizontale. Un modèle de 60 à 70 cm de long se révèle d'une meilleure précision qu'un niveau de petite taille. Sachez qu'il existe également des niveaux à affichage digital qui donnent le degré d'inclinaison et émettent un signal sonore lorsqu'ils sont à l'horizontale ou à la verticale.

4. LE FIL À PLOMB. Cordeau lesté d'un poids qui matérialise une ligne parfaitement verticale.

5. L'ÉQUERRE. Choisissez une équerre à talon avec une lame assez longue (de 25 à 30 cm) pour obtenir des tracés précis.

6. LE COMPAS. Un compas métallique équipé d'un crayon vous sera utile dans la plupart des tracés. Et il suffit de remplacer le crayon par une pointe à tracer pour disposer d'un compas à pointes sèches.

7. LE COMPAS À VERGE. Règle en bois (ou tube métallique) de grande longueur équipée de pointes réglables et servant à tracer les cercles de grands diamètres (1 m et plus).

8. LA FAUSSE ÉQUERRE. Équerre aux branches articulées qui permet de relever des angles quelconques ou des inclinaisons précises.

9. LA POINTE À TRACER. Pointe très effilée servant à rayer la surface des métaux, résultat impossible à obtenir avec un crayon. Certains modèles ont une pointe en carbure de tungstène pratiquement inusable.

10. LE RAPPORTEUR D'ANGLE. Secteur articulé permettant de lire la valeur des angles en degrés.

11. LE COMPARATEUR. Gabarit constitué d'une juxtaposition d'aiguilles métalliques dont les déplacements permettent de relever des profils sinueux.

12. LE PIED À COULISSE. Instrument de précision destiné à mesurer les diamètres, les épaisseurs et, pour certains modèles, la profondeur des trous. ■

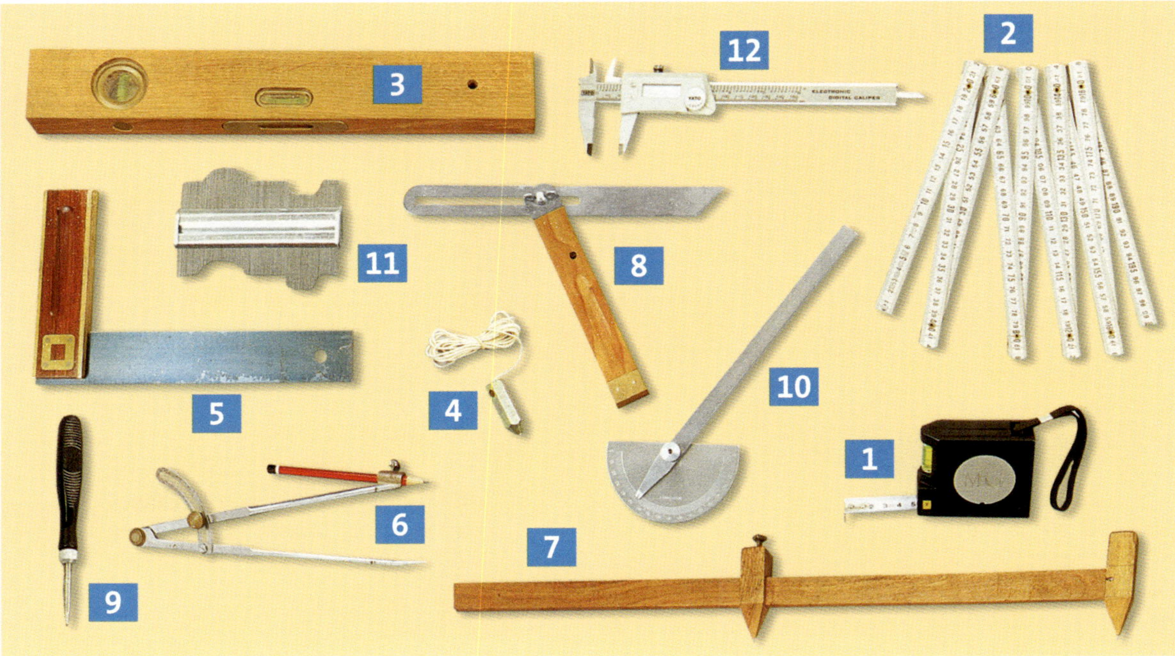

Les outils électroportatifs

Si vous choisissez de vous équiper avec des outils électroportatifs, préférez des marques ayant un service après-vente et des appareils de bonne capacité dont les puissances avoisinent celles des modèles utilisés par les professionnels, gages de longévité.

1. LA PERCEUSE-VISSEUSE SANS FIL. La disparition du fil vous permet d'emporter la perceuse partout sans nécessité de disposer d'une prise de courant. Ces outils sont légers, maniables et suffisamment puissants pour tous les travaux. Investissez dans une perceuse équipée d'une batterie de 12 volts au minimum. Présenté en coffret, l'ensemble comporte un chargeur de batterie et, pour certains modèles, une batterie de rechange. Ainsi, vous pouvez visser plus de 200 vis avant de tomber en panne d'énergie et, si vous n'avez pas la possibilité d'attendre, enclencher la seconde batterie pendant que la première se trouve sur le chargeur.

2. LE PERFORATEUR ou **MARTEAU ÉLECTROPNEUMATIQUE.** Le perforateur est destiné au perçage des maçonneries les plus dures. Il comporte un mécanisme de frappe d'une puissance élevée, directement appliqué sur le foret, ce qui a pour effet de faire progresser le perçage indépendamment de la pression exercée sur la machine.

Un variateur électronique permet de présélectionner une plage de vitesses correspondant au matériau à travailler. Ainsi, en appuyant sur la gâchette, on modifie la rotation sans jamais dépasser la vitesse critique qui échaufferait l'outil.

3. LA PERCEUSE À PERCUSSION. Choisissez une machine ayant de bonnes caractéristiques pour le perçage : une puissance de 600 à 700 W, des vitesses de rotation s'échelonnant de 0 à 3000 tours/min, un inverseur de rotation et un mandrin d'une capacité de 13 mm de diamètre sont des données qui rendent intéressant ce type de machine. Suffisamment puissante pour bloquer une vis, découper du bois ou percer du fer … elle convient à la plupart des situations.

4. LA SCIE SAUTEUSE. Après la perceuse, c'est sans doute l'outil le plus apprécié des débutants. Légère, maniable, elle s'utilise sans trop d'appréhension pour réaliser le premier bricolage. Préférez une scie équipée d'un mouvement pendulaire réglable, d'un système d'aspiration des sciures,

Outillage : Black et Decker, Bosch, Kress, M,akita, Metabo, Ryobi, Skil

d'un sélecteur de vitesses et d'un socle inclinable autorisant les coupes en biais. Certains modèles sont dotés d'un serrage de lame automatique facilitant l'échange de lame en quelques secondes, sans clé.

5. LA SCIE CIRCULAIRE. La scie circulaire est un outil de débit destiné à la découpe du bois massif et des panneaux dérivés du bois. Le diamètre de la lame (150, 160, 190 mm) détermine la profondeur de coupe de la machine. Par exemple, une lame de 160 mm de diamètre permet de scier des planches de 50 mm d'épaisseur. Choisissez votre outil en fonction des sections à débiter et sachez que plus la lame est importante, plus la machine sera lourde et puissante afin de conserver une bonne stabilité lorsque le moteur tourne à pleine vitesse, de 5 000 à 6 000 tours/min.

6. LA PONCEUSE VIBRANTE. Le ponçage est une opération obligatoire précédant de nombreuses finitions. Plusieurs modèles de ponceuse (excentrique, à bande, delta, etc.) sont capables de réaliser cette opération. Parmi les plus anciens, la ponceuse vibrante est un outil simple avec lequel vous obtiendrez une surface d'une extrême finesse. Le moteur électrique de faible puissance (250 W) imprime au plateau porte-abrasif un mouvement oscillant de déplacement rapide mais de faible amplitude, qui restitue une surface lisse, uniforme et plane.

7. LA MEULEUSE ANGULAIRE. La meuleuse angulaire est un outil polyvalent avec lequel vous pourrez tronçonner, meuler, ébarber, décaper... la plupart des matériaux, y compris les métaux. Un moteur électrique puissant de 700 à 1 000 W entraîne à grande vitesse (11 000 tours/min) un disque dont la texture change en fonction du travail à exécuter. Ainsi, il existe des disques pour tronçonner le métal, d'autres pour la pierre ; des disques diamantés pour scier le béton et la céramique ; des disques abrasifs pour meuler le caoutchouc, le liège, le vernis ; des brosses métalliques pour décaper et polir les métaux, etc.

N'oubliez pas de porter des gants et des lunettes de protection lorsque vous utilisez une meuleuse angulaire.

8. LE DÉCAPEUR THERMIQUE. Sorte de gros sèche-cheveux, le décapeur thermique pulse de l'air chaud à plus de 500 °C ! Attention, il ne s'agit pas d'un gadget mais d'un accessoire à manier avec précaution car il peut provoquer des brûlures, comme un chalumeau.

Pour votre sécurité, choisissez un modèle dont la température est régulée en continu et dont le débit peut être réglé sur plusieurs niveaux. Une température élevée et un fort débit sont utiles pour étamer le métal ou souder un tuyau en plastique, tandis qu'une température plus douce suffit pour dégivrer un tuyau d'eau, sécher une peinture ou accélérer la prise de la colle. ■

La panoplie du peintre

Les outils du peintre nécessitent une propreté parfaite et donc un nettoyage soigné. Après usage, pinceaux, brosses, spalters... doivent être débarrassés de la peinture, puis frottés au savon noir et rincés à l'eau propre. Laissez-les sécher suspendus à l'air libre pour éviter qu'ils se déforment.

1. LE BAC À PEINTURE. Ce récipient aux formes variées (rondes, rectangulaires...) est appelé **camion** par les professionnels et destiné à recevoir la peinture fraîchement diluée ou malaxée. Assurez-vous de la présence d'une grille ou d'une surface possédant un relief prononcé, sur laquelle vous déplacerez le rouleau pour égaliser la répartition de la peinture.

2. LE ROULEAU. Choisissez un rouleau léger à manchon amovible d'une largeur de 16 à 18 cm. Laissez de côté les modèles très larges qui se révèlent trop lourds à manier lorsqu'ils sont imprégnés de peinture. Évitez également les rouleaux réservoirs qui contiennent plusieurs décilitres de peinture à l'intérieur du manchon et deviennent des accessoires difficiles à tenir à bout de bras. En revanche, n'hésitez pas à doter votre rouleau d'un manche télescopique pour peindre ou vernir le sol sans devoir vous accroupir.

3. LES MANCHONS. Les manchons présentent différentes textures, qui conviennent plus spécialement à certains supports ou peintures : des mousses plastiques pour les travaux courants, des peaux de mouton pour les peintures acryliques, des mohairs pour les peintures laques, etc. (Certains fabricants donnent des conseils d'utilisation sur l'emballage.) Pour certaines textures, il existe des versions antigouttes. Vous trouverez également des mousses ondulées destinées à la peinture des plaques de toiture comportant des ondulations, des rouleaux en caoutchouc structuré dont les dessins servent à imprimer les enduits de motifs en relief, et des manchons en chamoisine chiffonnée pour l'application des peintures à effets décoratifs.

4. LE ROULEAU « QUEUE DE LAPIN ». Équipé d'un manchon amovible de petit diamètre (30 mm), ce rouleau à peindre est doté d'un long manche (40 cm) qui permet d'atteindre les endroits difficiles d'accès, comme l'arrière d'un radiateur de chauffage ou les montants latéraux d'une barrière.

5. LES BROSSES RONDES. Choisissez des brosses (c'est-à-dire des pinceaux) en soies de porc montées avec

Outillage Franpin

des viroles métalliques inoxydables, garantie de longévité. Deux ou trois tailles de diamètres différents vous permettront d'effectuer les travaux courants. Avec les fabrications récentes, il n'est plus nécessaire de faire tremper les brosses dans l'eau avant leur première utilisation.

6. LES BROSSES À RECHAMPIR. Brosses coniques, appelées également **brosses de pouce**, dont les soies sont collées pour former une touffe conique. La brosse à rechampir s'utilise pour peindre les baguettes, les moulures et toutes les parties étroites comme les petits-bois des fenêtres. Chargez la brosse de peinture jusqu'à la moitié des soies. Peignez en faisant légèrement pivoter la brosse sur elle-même.

7. LA QUEUE-DE-MORUE. Brosse plate et large en soies de porc, destinée à l'application du vernis, ce type de pinceau permettant d'obtenir plus facilement une surface lisse. Toutefois, de récentes fabrications proposent des brosses plates en fibres Nylon ou en soies synthétiques aux utilisations variées.

8. LES BROSSES POUR RADIATEUR. Brosses plates à longs manches utilisées pour peindre l'intérieur des anciens radiateurs de chauffage. Vous trouverez deux types de brosse :

– la première brosse est coudée au niveau de la virole ;

– la seconde possède un manche coudé, ce qui permet de peindre à plat ou sur chant selon la position des ailettes.

9. LE SPALTER. Brosse plate mince et très large destinée à l'application des vernis et des vitrificateurs. Vous trouverez couramment des spalters à manche de 80 à 200 mm de large, mais il existe également des modèles géants sans manche, réservés à la vitrification des parquets.

Ne confondez pas ces spalters géants avec les balais de colleur de papier peint ; ils n'ont pas les mêmes qualités de soies.

10. LA BROSSE SPÉCIALE LASURE. Grosse brosse plate et épaisse servant spécialement à l'application des produits ayant une grande fluidité. Cette amélioration est obtenue grâce à des soies synthétiques dont les extrémités doublement fourchues retiennent mieux les produits liquides. Ainsi, l'application des lasures se trouve simplifiée et le rendement amélioré.

11. LE GANT À PEINDRE. La moufle en peau de mouton est utilisée pour appliquer les peintures à effets décoratifs comme les essuyés ou les chiffonnés. Elle sert également à peindre les tuyauteries : il suffit de glisser la main dans la moufle imprégnée de peinture et de serrer le tuyau.

Ne trempez pas la moufle directement dans le bac à peinture, elle serait trop « engluée ». Étalez le produit sur la peau de mouton avec un pinceau pour que toute la surface soit également imprégnée. Il est conseillé d'enfiler un gant en latex avant de glisser la main dans la moufle. ■

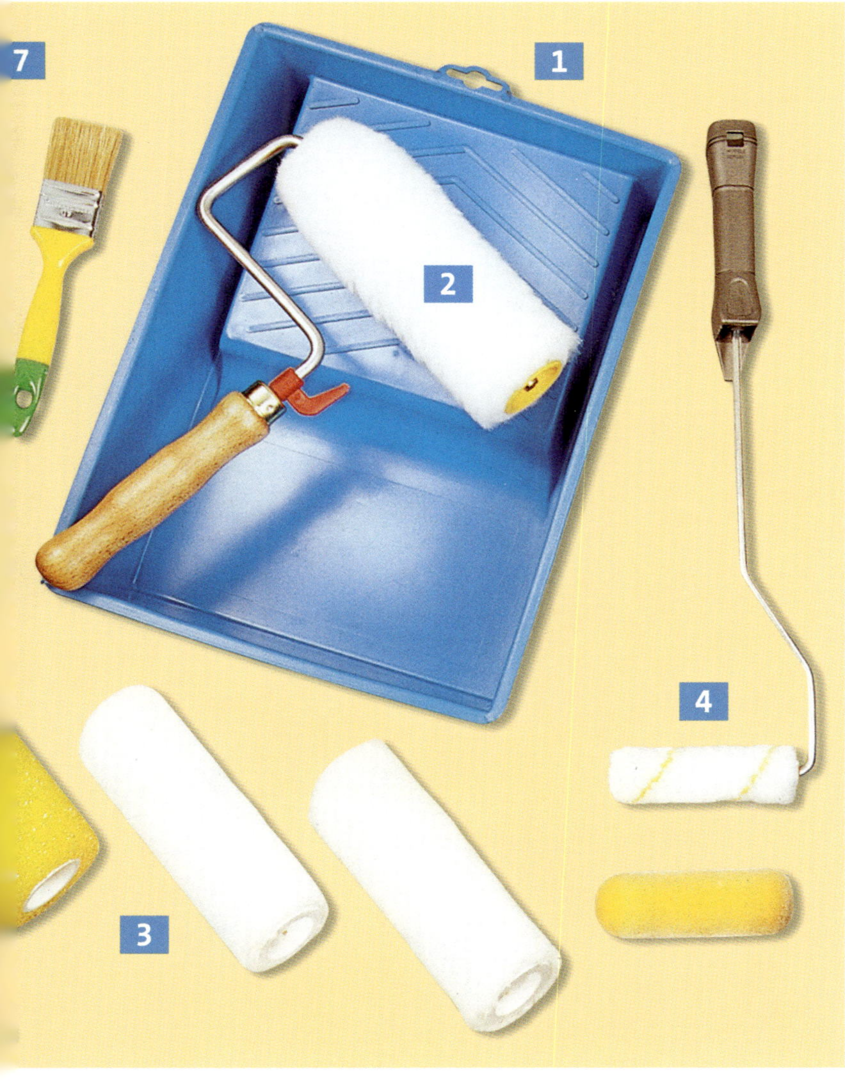

La panoplie du tapissier solier

La pose du papier peint, du vinyle, des sols plastiques... ne demande pas de posséder un outillage compliqué. Une règle, des ciseaux, un cutter suffisent. En revanche, pour procéder à la préparation des murs et des sols (rebouchage, enduisage, encollage, etc.), il est conseillé d'utiliser certains outils particuliers et de qualité.

1. LE GRATTOIR TRIANGULAIRE. Avec ses angles pointus et affûtés, le grattoir triangulaire sert à faire tomber les anciennes peintures écaillées et à ouvrir les petites fissures afin de retrouver une surface saine.

2. LE RIFLARD. Couteau de peintre à lame épaisse et non flexible qui s'utilise comme un grattoir pour nettoyer, écailler, décoller toutes les parties friables avant leur rebouchage.

3. LA LAME À ENDUIRE. Large lame en acier souple spécialement destinée à l'application de l'enduit. Deux modèles sont nécessaires : l'un sert à prendre l'enduit, l'autre s'utilise pour l'étaler sur le mur. Le peintre travaille avec les deux mains, en déplaçant plusieurs fois l'enduit d'une lame à l'autre avant de l'appliquer. Choisissez deux largeurs (par exemple 10 et 18 cm) et veillez à ne pas ébrécher les lames, ce qui laisserait des marques dans l'enduit.

4. LE COUTEAU AMÉRICAIN. Couteau de peintre en acier inoxydable existant sous plusieurs largeurs de 2 à 15 cm. Sa forme ergonomique et sa souplesse sont particulièrement appréciées par les plaquistes (poseurs de plaques de plâtre) qui doivent réaliser de nombreux enduisages et rebouchages.

5. LE GRATTE-CARREAUX. Ce grattoir équipé d'une lame de rasoir s'utilise pour nettoyer les vitres ou les carreaux émaillés (en évitant surtout de les rayer) afin de décoller toutes les éclaboussures ayant accidentellement souillé ces surfaces.

6. LE COUTEAU À LAME INTERCHANGEABLE. Modèle métallique robuste, de forme ergonomique, équipé de lames droites ou de lames crochets réversibles. Pour changer de lame, on ouvre le corps de ce cutter articulé comme une huître : la lame neuve est posée en bout et maintenue en place par un aimant avant que la fermeture du couteau assure son blocage. Le corps creux de ce couteau peut contenir une réserve de six lames afin que son utilisateur ne soit jamais pris au dépourvu.

7. LA SPATULE CRANTÉE. Sorte de peigne métallique dont les dents permettent de doser précisément la

quantité de colle étalée. Pour les petites pièces, la colle peut être appliquée au pinceau mais, pour des surfaces importantes, la spatule crantée évite de créer des surépaisseurs.

8. LE SEAU À COLLE et **LA BROSSE À ENCOLLER.** Un bac ou un seau d'une capacité de 5 à 10 litres permet de préparer la colle à papier peint et de la laisser reposer avant utilisation. Si vous interrompez la pose, pensez à couvrir le seau avec une serpillière humide. Munissez-vous également d'une grosse brosse à encoller et d'une éponge pour nettoyer les traces de colle fraîche.

9. LA PAIRE DE CISEAUX. Choisissez des ciseaux de colleur afin de disposer de grandes lames (de 25 à 28 cm), ce qui améliore la qualité de la découpe. Préférez un modèle en acier inoxydable destiné aux ambidextres.

10. LA ROULETTE DE COLLEUR. Petite roulette en ébonite utilisée pour parfaire l'adhérence des joints situés entre chacun des lés d'un revêtement. Il existe également des roulettes montées sur un support unilatéral permettant d'atteindre les angles des murs.

11. LA SPATULE À MAROUFLER. La spatule à maroufler sert à lisser la surface des revêtements venant d'être collés pour parfaire leur adhérence. Elle peut être de forme triangulaire, trapézoïdale, posséder ou non une poignée, et être réalisée en ABS, en polyéthylène ou en métal. Veillez à conserver ses arêtes propres et lisses afin de ne pas marquer les revêtements.

12. LE CUTTER À LAME CIRCULAIRE. Petit accessoire de la taille d'une roulette de colleur qui sert à découper le papier peint avant et après sa pose. S'utilise à la place du cutter à lame classique, notamment lorsqu'il s'agit d'effectuer des découpes sinueuses.

13. LE BALAI DE COLLEUR. Grande brosse d'environ 30 cm de long avec laquelle le tapissier lisse la surface du papier pour mettre le lé en place et supprimer d'éventuelles bulles d'air. Choisissez un modèle en soie, plus souple que les brosses en plastique.

14. LA RÈGLE MÉTALLIQUE. Long ruban d'acier souple et de faible épaisseur utilisé comme règle. Par exemple, installé sur le bord d'une table, ce ruban métallique offre une arête vive parfaitement rectiligne qui sert à de nombreuses découpes. La règle plate s'utilise également avec la règle bombée pour réaliser les joints vifs de certains revêtements de sol.

15. LA RÈGLE MÉTALLIQUE BOMBÉE. Longue règle métallique rigide en acier inoxydable pour la découpe des revêtements de sol (0,60 m, 1 m ou 2 m de long). Cette règle s'utilise avec un cutter à lame droite pour réaliser les joints.

16. L'ARASEUR DE MOQUETTE. Équipé d'une lame crochet (ou d'une lame droite), l'araseur de moquette s'utilise pour couper les excédents de revêtement, tout autour de la pièce. Posé sur la moquette et appuyé contre la plinthe, cet appareil est déplacé sur tout le périmètre afin de couper la moquette au ras des plinthes sans risque de dérapage. ■

Outillage : L'Outil Parfait

La panoplie du menuisier

Dans la panoplie du menuisier, nombreux sont les outils coupants. Prenez les précautions nécessaires pour les ranger séparément loin des marteaux, des limes et des râpes.

1. LA SCIE ÉGOÏNE. Longue lame métallique permettant de débiter pièces de bois ou panneaux dérivés du bois. Pour obtenir un sciage rectiligne, une lame doit être épaisse et rigide. Choisissez une scie à denture trempée ne nécessitant pas d'affûtage.

2. LA SCIE À GUICHET. Petite scie à lame étroite qui s'utilise pour réaliser des découpes sinueuses dans les panneaux minces (contreplaqué, aggloméré, etc.).

3. LA SCIE À DOS. Scie dont le dos de la lame est renforcé par une nervure métallique, disposition qui permet d'obtenir un outil rigide et lourd utilisé pour réaliser des découpes précises, principalement sur les baguettes et les tasseaux de faible section.

4. LA SCIE À CHANTOURNER. Monture de forme particulière équipée d'une lame très fine pour la découpe des tracés sinueux, telles les pièces d'un puzzle. Cet outil est aussi réservé à la découpe des minces placages de bois destinés à la marqueterie. Certains modèles sont équipés d'amortisseurs de coupe dont la souplesse augmente la durée d'utilisation des lames de scie filiformes particulièrement fragiles.

5. LE MAILLET EN BOIS. Le maillet en bois s'utilise sur des pièces en bois ou avec des outils risquant d'être marqués par l'utilisation d'un marteau classique. Les maillets en bois massif sont susceptibles d'éclater sous un choc. Préférez les modèles en lamellé-collé dont la tête cerclée ne risque pas de se fendre.

6. JEU DE CISEAUX À BOIS. Lame tranchante en bout, le ciseau à bois s'utilise pour creuser les encoches nécessaires au montage de charnières, verrous et autres quincailleries d'ameublement. Choisissez trois ou quatre outils différents afin de posséder plusieurs largeurs de lame.

7. LE VILEBREQUIN. Outil indispensable pour percer le bois avec des mèches hélicoïdales. Doté d'un mandrin à deux mors, le vilebrequin accepte les queues carrées des mèches à bois ainsi que les queues cylindriques des autres outils. Préférez un modèle à cliquet qui permet de percer dans toutes les positions, y compris près d'une cloison.

8. LE RABOT. Outil qui sert à dresser le bois par élimination de copeaux.

Le rabot reste un outil manuel indispensable pour dégrossir, ajuster, affleurer, aplanir… des portes, des huisseries, des planches. Préférez un modèle métallique, plus facile à régler qu'un rabot en bois.

9. LE RACLOIR. Simple lame métallique dont les arêtes aiguisées permettent de gratter finement la surface du bois. Avec un racloir d'ébéniste bien affûté on obtient un meilleur aspect de surface sans soulever de poussières de ponçage.

10. LA CALE À PONCER. Bloc en bois, en liège, en caoutchouc… sur lequel le papier abrasif est enroulé pour disposer d'une surface plane et rigide nécessaire pour un ponçage correct. Certains modèles sont doublés d'un textile agrippant du type Velcro, très pratique pour changer rapidement d'abrasif.

11. LA TENAILLE. La forme arrondie de ses mâchoires permet, en effectuant un mouvement de bascule, d'arracher les clous. Cet outil s'utilise également pour «déshabiller» des morceaux de bois que l'on désire récupérer et dont il faut arracher les vis, les pattes métalliques ou les agrafes.

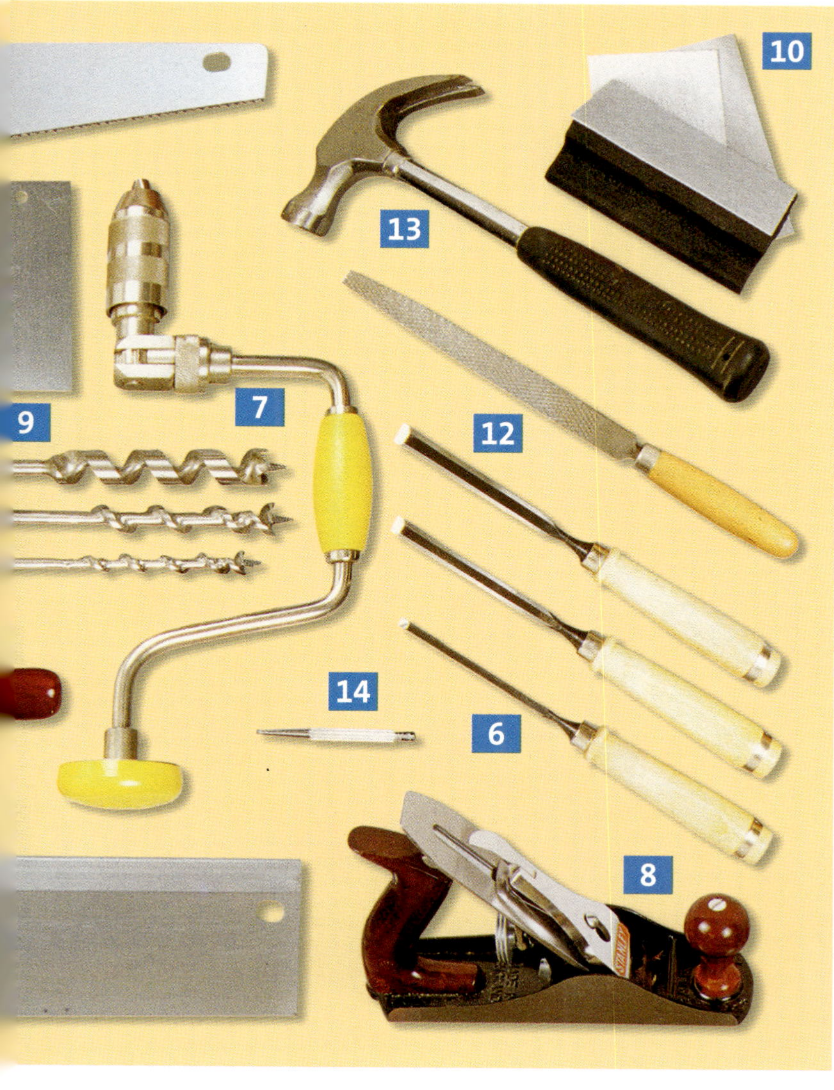

12. LA RÂPE. Outil en acier garni de petites dents pointues, utilisé pour façonner le bois, les métaux tendres, la pierre, le caoutchouc… La râpe sert à dégrossir une forme ou un volume, mais elle a tendance à arracher les fibres de bois. Il convient alors de prévoir une opération de finition pour faire disparaître les rayures du dégrossissage. À cet effet, procurez-vous une «râpe-lime» : une face pour dégrossir, l'autre pour limer et atténuer la rugosité de l'ébauche.

13. LE MARTEAU. Choisissez un marteau de menuisier d'un poids de 300 à 400 g, que vous utiliserez principalement pour planter des clous. Vous pouvez également préférer un marteau de charpentier en acier massif et dont la panne fendue permet d'arracher les clous et peut vous dispenser de l'achat d'une tenaille. N'utilisez pas le marteau rivoir pour planter des clous : sa tête bombée risque de riper sur le clou, de le tordre… et de vous blesser.

14. LE CHASSE-CLOU. Petit axe métallique effilé qui s'utilise avec un marteau, pour enfoncer la tête des clous dans le bois. Choisissez des diamètres différents en fonction de la forme des clous.

15. LES SERRE-JOINTS. Choisissez des serre-joints d'une taille plus importante que ceux prévus dans l'outillage de base. Une ouverture de 30 à 50 cm semble suffisante pour le serrage des pièces courantes. Pour des surfaces de grandes dimensions (porte, dessus de table…), le menuisier utilise des presses de grandes longueurs (1 m et plus). Préférez des modèles en bois, plus légers à manipuler.

Pensez aussi à acheter les serre-joints par paire, car ils sont la plupart du temps répartis deux par deux pour équilibrer le serrage. ■

La panoplie du maçon

Les outils du maçon sont en contact permanent avec des produits salissants et humides, d'où la nécessité de vous procurer des instruments ne craignant pas la corrosion et faciles à nettoyer.

1. LE SEAU. Le seau du maçon est en matière caoutchoutée noire. Un modèle gradué permet de mieux doser les quantités d'eau nécessaires au gâchage du mortier ou du béton.

2. LA TALOCHE. La taloche rectangulaire sert à lisser les surfaces fraîchement enduites, mais le maçon l'utilise également comme bouclier lorsqu'il travaille avec la truelle.

3. L'AUGE. En plastique noir, l'auge doit être souple et facile à nettoyer pour éliminer sans difficulté les restes de ciment ou de plâtre.

4. LE CISEAU À BRIQUE. Large burin métallique de 50 à 70 mm de large utilisé pour couper les briques.

5. LE CISEAU DE MAÇON. Burin à extrémité plate destiné aux percements des maçonneries. Forgé dans un acier au chrome manganèse, cet outil s'utilise avec une massette pour creuser des trous et des tranchées dans les murs et le sol.

6. LA BROCHE DE MAÇON. Burin à extrémité pointue. Il s'utilise avec l'aide d'une massette, comme le ciseau, pour percer les maçonneries. Pour l'un et l'autre, choisissez des modèles équipés de poignée pare-coups qui protège la main du dérapage possible du marteau.

7. LA TRUELLE BERTHELET. Grattoir métallique comportant un côté lisse et un côté denté. Le plâtrier l'utilise pour égrener (racler) la surface des murs bruts ainsi que pour égaliser le plâtre frais avant qu'il ne commence à durcir.

8. LA MARTELETTE. Sorte de piolet possédant d'un côté un tête plate et de l'autre une extrémité pointue. Sert à piqueter les joints dans une façade afin de les dégarnir, à sectionner les pierres ou les parpaings, à couper les briques…

9. LA MASSETTE. Sorte de gros marteau d'un poids de 1 kg au minimum, qui sert à frapper sur le burin, le ciseau ou la broche pour qu'ils pénètrent dans la maçonnerie. Préférez une fabrication comportant un manche en fibre de verre, celle-ci atténuant les vibrations émises par les chocs.

10. LA RÈGLE MÉTALLIQUE. Les règles du maçon sont des profilés rectangulaires d'aluminium de grande lon-

gueur (2, 2,50, 3 m et plus). En principe, trois modèles sont nécessaires pour matérialiser le niveau horizontal d'une chape de mortier.

11. LE NIVEAU À BULLE. Si vous possédez des règles métalliques de grande longueur, un niveau à bulle classique (50 cm) suffit à contrôler un plan : il suffit de poser le niveau sur la règle. En revanche, si vous ne disposez pas de longues règles, équipez-vous d'une règle-niveau (2 m) qui vous donnera l'horizontale et la verticale avec une bonne précision.

12. LE FIL À PLOMB. Il se compose d'un cordeau lesté par un poids de forme tronconique et d'une plaquette carrée. Pour contrôler la verticalité d'un ouvrage, on appuie la plaquette en haut d'un mur perpendiculairement à celui-ci et on laisse descendre le cordeau : la verticale passe par le côté de la plaquette et la périphérie du poids.

13. LE CORDEAU À TRACER ou **CORDEAU À POUDRE.** Fil de coton de 30 m de long, enroulé dans un boîtier métallique contenant une poudre de couleur. Déroulé et tendu devant une maçonnerie (mur, sol, plafond), il laisse une trace colorée qui sert de référence pour les travaux à exécuter.

14. LE FER À JOINT. La truelle fer à joint est une lame d'acier étroite qui sert à lisser les joints de mortier se trouvant entre les rangées de briques. La forme de la lame détermine la section du joint qui peut être incliné ou arrondi.

15. LA TRUELLE LANGUE DE CHAT. Outil à lame fine qui sert à déposer et à lisser le mortier dans les endroits étroits.

16. LA TRUELLE TRIANGULAIRE. Petite truelle qui sert à boucher les trous et à gratter le plâtre là où la truelle Berthelet ne peut pas accéder.

17. LA TRUELLE ITALIENNE. Outil classique du maçon que l'on utilise pour malaxer le mortier, pour gobeter, pour lisser, pour monter des briques.

18. LA TRUELLE À BRIQUETER. Outil classique du plâtrier que l'on utilise pour monter les briques au plâtre.

19. LE RIFLARD. Couteau à large lame (7 cm) en acier trempé qui sert à préparer les surfaces, gratter les enduits, faire tomber le plâtre mort.

20. LE NIVEAU À FIOLES. Une paire de fioles graduées montées aux extrémités d'un long tube en matière plastique souple constituent un niveau à eau fonctionnant sur le principe des vases communicants. Prenez la précaution de remplir l'ensemble d'eau sans emprisonner de bulles d'air et vous disposerez d'un appareil fiable.

21. LA BROSSE MÉTALLIQUE. Grosse brosse métallique destinée au nettoyage des pierres ou des briques partiellement tachées.

22. LA CHEVILLETTE. Broche de métal munie d'une tête coulissante, elle peut être considérée comme le serre-joint du maçon. Plantée au marteau dans la maçonnerie, elle sert à fixer une règle, des planches, un coffrage, etc. Il suffit de frapper sur la tête pour obtenir le serrage de l'ensemble. ■

Outillage : L'Outil Parfait

La panoplie du carreleur

Les outils du carreleur sont des instruments spécifiques qui ne peuvent servir qu'à cette technique. Nettoyez-les immédiatement après les avoir utilisés car les mortiers et les adhésifs sont des produits agressifs très difficiles à enlever après séchage.

1. LA TRUELLE DE CARRELEUR. Truelle à lame courte. La forme arrondie du manche évite à la main de glisser et permet de tenir l'outil verticalement pour tapoter la surface des carreaux, geste exécuté pour asseoir le carreau dans le mortier colle.

2. LA SPATULE CRANTÉE. Sorte de peigne métallique, cette spatule permet de doser précisément l'épaisseur de mortier colle.

3. LA TENAILLE À CÉRAMIQUE. Pince dont les deux mâchoires sont en carbure de tungstène. S'utilise pour sectionner les matériaux les plus durs, comme la céramique. Pour couper les carreaux de sol épais et robustes, le carreleur utilise un coupe-carreaux (→ P. 350). Cet outil se compose principalement d'un chariot à billes porte-roulette et d'un séparateur à levier. L'un et l'autre doivent permettre de réaliser des coupes droites et des coupes en diagonale avec les mêmes chances de réussite.

4. LA PINCE À CÉRAMIQUE. Équipée d'une molette de coupe, cette pince spéciale s'utilise pour rayer et couper les carreaux de faïence.

5. LE BEC-DE-PERROQUET. Pince dont l'une des mâchoires, recourbée, ressemble à un bec pointu. Cette disposition permet de grignoter le carreau pour suivre un tracé sinueux.

6. LA LIME EN CARBURE. Lime plate dont la surface est constellée d'éclats de carbure de tungstène. Très utile pour égaliser les arêtes ébréchées.

7. LA POINTE À TRACER. Axe métallique dont l'une des extrémités est équipée d'un morceau de diamant ou d'une pastille de carbure permettant de rayer les céramiques les plus dures.

8. LA SCIE VILEBREQUIN. Monture de scie équipée d'un foret et d'un fil scie permettant d'effectuer des opérations distinctes : le perçage du carreau de faïence et une découpe interne.

9. LA GRILLE ABRASIVE. Matière abrasive tissée sous forme de grille et utilisée pour retoucher les arêtes des carreaux en remplacement de la lime.

10. LE TRÉPAN. Outil de découpe circulaire, à diamètre réglable, utilisable avec une perceuse électrique ou dans sa version manuelle sous forme de tournette (→ N° 20).

Outillage : Tomecanic

11. LE PLATOIR. Équipé d'une semelle en caoutchouc, le platoir sert à tapoter un carrelage fraîchement posé pour l'asseoir dans le mortier de pose, sans rayer la surface.

12. LE PLATOIR DE NETTOYAGE. Ce platoir métallique à semelle amovible est doté d'une poignée agrippante du type Velcro permettant de changer le tampon abrasif en fonction du carrelage à nettoyer. Le tampon vert en Nylon s'utilise pour le gros nettoyage ; la couleur saumon correspond à une fibre polyester demi-douce ; le tampon blanc en fibre polyester douce sert au lustrage fin.

13. LE GRATTOIR. Lame abrasive de faible épaisseur destinée au grattage des joints dégradés d'un ancien carrelage mural.

14. LES CROISILLONS. Les croisillons en matière plastique existent en de nombreux modèles correspondants aux diverses largeurs de joints. Certains, très fins, s'emploient pour le carrelage mural, d'autres, très larges et ajourés conviennent aux joints plus importants du carrelage de sol.

15. LA BATTE. Grosse cale en bois servant à battre les carreaux fraîchement posés afin d'égaliser la surface. Certains modèles sont dotés d'une semelle en caoutchouc.

16. LE MAILLET EN CAOUTCHOUC. Le maillet à tête en caoutchouc s'utilise avec la batte pour obtenir un tapotement léger qui ne doit pas écraser le mortier de pose.

17. LA RACLETTE EN CAOUTCHOUC. Déplacée en diagonale à la surface d'un carrelage, cette lame de caoutchouc aide à remplir les joints de mortier.

18. LA LISSEUSE. Platoir métallique qui sert à étaler le mortier et à lisser la surface. Lorsque cet outil possède un côté cranté, il s'utilise comme une spatule crantée (→ N° 2).

19. L'AGITATEUR À HÉLICE. Monté sur une perceuse électrique, cet accessoire permet de bien malaxer les préparations, et notamment le mortier de ragréage qui doit avoir une consistance homogène.

20. LA TOURNETTE. Accessoire destiné au percement des carreaux. Le support vissé sur une planchette est équipé d'un trépan (→ N° 10) et d'une manivelle transmettant la rotation nécessaire au perçage.

21. LE BALAI CAOUTCHOUC. Racloir métallique comprenant deux lames de caoutchouc Mousse. Appelé également **pousse-l'eau**, cet accessoire doté d'un manche se révèle utile pour nettoyer les carrelages de sol après travaux.

22. LE PLATOIR-ÉPONGE dans son bac. Il sert au nettoyage des surfaces fraîchement carrelées. Le bac possède un rouleau destiné à l'essorage de l'éponge collée sous le platoir.

23. LES GENOUILLÈRES. Coquilles en matière caoutchoutée assurant la protection des genoux. Accessoires indispensables, si vous devez travailler en position agenouillée pendant plusieurs jours. ■

Outillage : Tomecanic

La panoplie du vitrier

Le verre n'est pas un matériau facile à travailler. Pour réussir dès le premier essai, choisissez des outils appropriés et, pour éviter de vous blesser lors de vos travaux, protégez-vous contre d'éventuels bris en portant des gants et des vêtements épais.

1. LE COUTEAU À DÉMASTIQUER. Lame métallique robuste utilisée avec un marteau pour évacuer l'ancien mastic d'une feuillure de fenêtre.

2. LE COUTEAU À MASTIQUER. Couteau de peintre à lame souple utilisé pour garnir la feuillure de la vitre de mastic frais.

3. LA FEUILLE DE LAURIER. Couteau à mastiquer dont la forme rappelle celle d'une feuille de laurier. S'utilise pour garnir et lisser le cordon de mastic frais.

4. LE PISTOLET À POINTES. Sorte d'agrafeuse chargée de plaquettes triangulaires destinées au maintien de la vitre dans la feuillure avant son masticage.

5. LE COUPE-VERRE À MOLETTES. Instrument équipé d'une molette en carbure de tungstène dont la dureté permet de rayer le verre. Certains modèles possèdent un barillet contenant six molettes afin d'assurer un échange immédiat en cas d'usure prématurée.

6. LE CONTOURNEUR. Outil équipé d'une molette permettant d'exécuter un trait de coupe sinueux ou contourné. La boule située à une extrémité sert à frapper le verre pour «détonner» la coupe.

7. LA TOURNETTE. Compas de vitrier qui permet d'effectuer un trait de coupe circulaire. Une ventouse sert de point fixe à la tige graduée portant la molette.

8. LA PINCE À DÉTACHER. Pince à becs plats utilisée pour détacher une lame de verre venant d'être rayée. S'utilise surtout lorsque le verre est épais.

9. LA PIERRE ABRASIVE. Pierre de carbure de silice, abrasif très dur, utilisée pour moucher les arêtes vives d'une plaque de verre venant d'être découpée. La pierre de Carborundum· s'utilise comme une cale à poncer le bois.

10. LE CRAYON GRAS. Crayon spécial à mine grasse qui permet d'écrire sur le verre.

11. LES MÈCHES À VERRE. Forets spéciaux dotés d'une plaquette en forme d'ogive destinée au perçage du verre. S'utilisent sur une perceuse à poste fixe équipée d'un système de lubrification afin d'éviter l'échauffement du verre.

12. LES GANTS. Gants spéciaux doublés d'une épaisse couche de caoutchouc afin de résister aux tranchants effilés des morceaux de verre. ■

Outillage : Adler

La panoplie de l'électricien

Constituez-vous une trousse d'électricien et n'utilisez pas ces outils à d'autres fins. Évitez-leur les contacts avec une flamme, un produit chimique ou une lame tranchante, toutes actions pouvant blesser le gainage diélectrique et endommager l'isolation de l'outil.

1. LES PINCES

1 A. La pince universelle, comme son nom l'indique, permet de serrer des pièces de formes variées.

1 B. La pince coupante est destinée principalement à sectionner les fils électriques. Selon votre préférence, vous la choisirez coupante devant ou sur le côté.

1 C. La pince à becs longs existe sous deux modèles : becs longs droits ou coudés. Très pratique pour atteindre et saisir les rondelles et les écrous logés dans les boîtiers électriques, là où il est difficile d'introduire la main.

2. LA PINCE À DÉNUDER. Pince automatique pour dénuder l'extrémité des conducteurs électriques : l'outil pince, coupe et tire l'isolant dans un même mouvement.

3. JEU DE TOURNEVIS. Tournevis à manche ergonomique et à lame gainée sur toute la longueur afin que l'intervenant soit isolé contre d'éventuels contacts électriques. Pour être conforme à la norme, ces outils sont garantis pour protéger contre un contact de 1 000 volts.

4. LE TESTEUR DE PHASE. Petit tournevis à manche transparent contenant une ampoule tubulaire qui s'allume au passage du courant électrique. En posant la lame du tournevis sur une borne d'interrupteur, sur le plot d'une prise ou dans une douille… vous pouvez contrôler la continuité d'un circuit électrique : lorsque l'ampoule s'allume, cela indique qu'il s'agit d'un fil de phase et que le courant passe.

5. LE TESTEUR DE FUSIBLES. Ce tube en matière plastique est en réalité une petite pile électrique sans interrupteur qui permet de tester les cartouches fusibles. Posez la cartouche dans le testeur, elle assure le contact et la lampe s'allume. Si le fusible est grillé, la lampe reste éteinte !

6. LA LAMPE ÉLECTRIQUE. Conservez-la toujours près du disjoncteur général.

7. LE CONTRÔLEUR UNIVERSEL. Appareil électrique polyvalent (appelé parfois multimètre) permettant de tester les circuits électriques de la maison. Suivant la position des testeurs, vous pouvez contrôler la tension, l'intensité ou la résistance. Certains modèles émettent des signaux lumineux, d'autres un signal sonore qui indique que le courant passe. ■

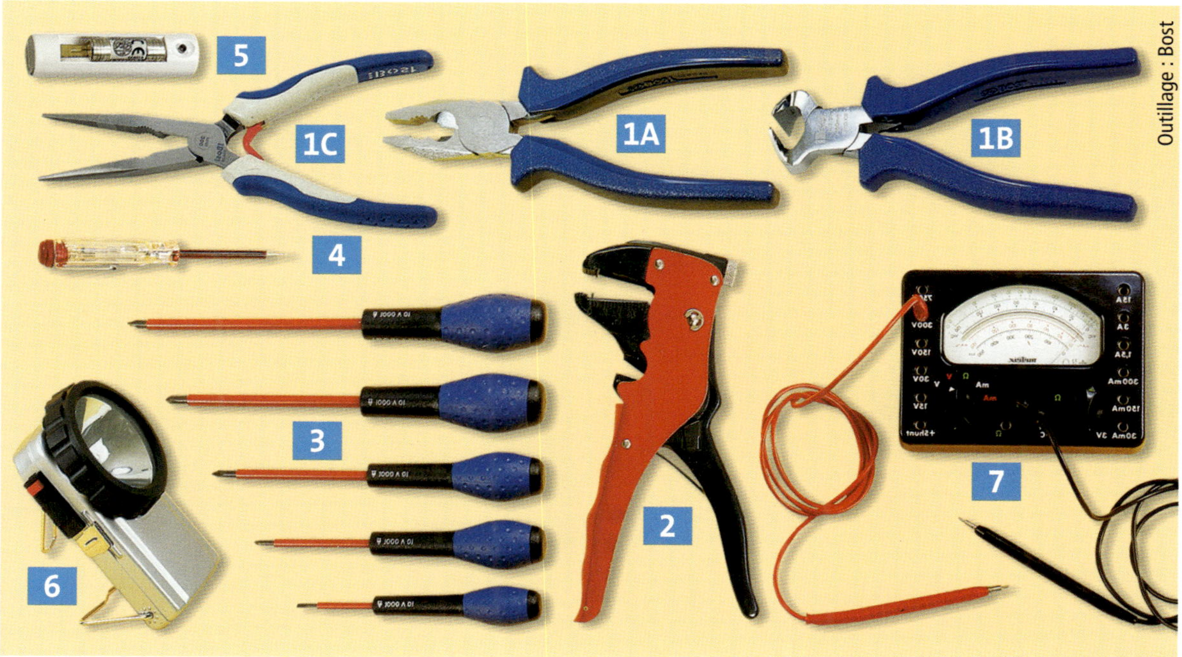

Outillage : Bost

La panoplie du plombier

L'outillage de base comprend notamment la scie à métaux, la pince multiprise, le marteau. Des outils spécifiques viendront compléter votre panoplie au fur et à mesure de vos besoins de dépannage.

1. LA LAMPE À GAZ. Mini-chalumeau à cartouche de butane dont la flamme est suffisante pour le soudage et l'étamage des métaux légers. S'utilise pour réchauffer les tuyauteries et les robinets pris par le gel. Permet aussi de brûler d'anciennes peintures, de ramollir les matières plastiques.

2. LA PINCE MULTIPRISE. Pince à tout faire dont l'axe d'articulation se place selon sept positions, ce qui permet de varier l'ouverture des becs pour serrer des écrous de 6 mm ou des tubes de 40 mm. Choisissez un outil aux branches entrepassées – c'est-à-dire dont l'une des branches passe à l'intérieur de l'autre – possédant une butée anti-pince-doigts.

3. LA PINCE MULTIPRISE GÉANTE. Pince de grandes dimensions (de 40 à 50 cm de long) dont l'ouverture des mâchoires peut accepter des diamètres importants, jusqu'à 80 mm. Cette pince est plus pratique et moins encombrante qu'une clé à molette de même dimension. Utile pour desserrer les culots de siphons.

4. LA PINCE MULTIPRISE POUR SIPHON. Pince coudée, spécialement destinée au démontage des siphons. Les mâchoires crantées sont gainées de mordache, ce qui évite d'endommager les culots des siphons.

5. LE COUPE-TUBE. Sorte de serre-joint à molette destiné à la découpe des tubes métalliques. Le serrage progressif de la molette tranchante et la rotation de l'appareil trace un sillon périphérique qui sectionne le tube perpendiculairement à son axe. Veillez à la qualité de la molette : certaines sont destinées à la coupe du cuivre rouge, d'autres, plus effilées, coupent les tubes en acier. Préférez un modèle muni d'une lame coupante qui permet – avec le même outil – d'ébavurer l'intérieur du tube venant d'être sectionné.

6. LE MINI COUPE-TUBE. Il s'utilise sur les tubes de petits diamètres (8, 10 et 12 mm) devant être sectionnés sur place. Sa rotation demande peu d'espace et permet de couper un tube fixé le long d'un mur après l'avoir sorti de ses colliers de maintien.

7. LA PINCE COUPE-TUBE. Pince dont l'une des mâchoires actionne une lame d'acier tranchante destinée à couper les tubes en matière plastique.

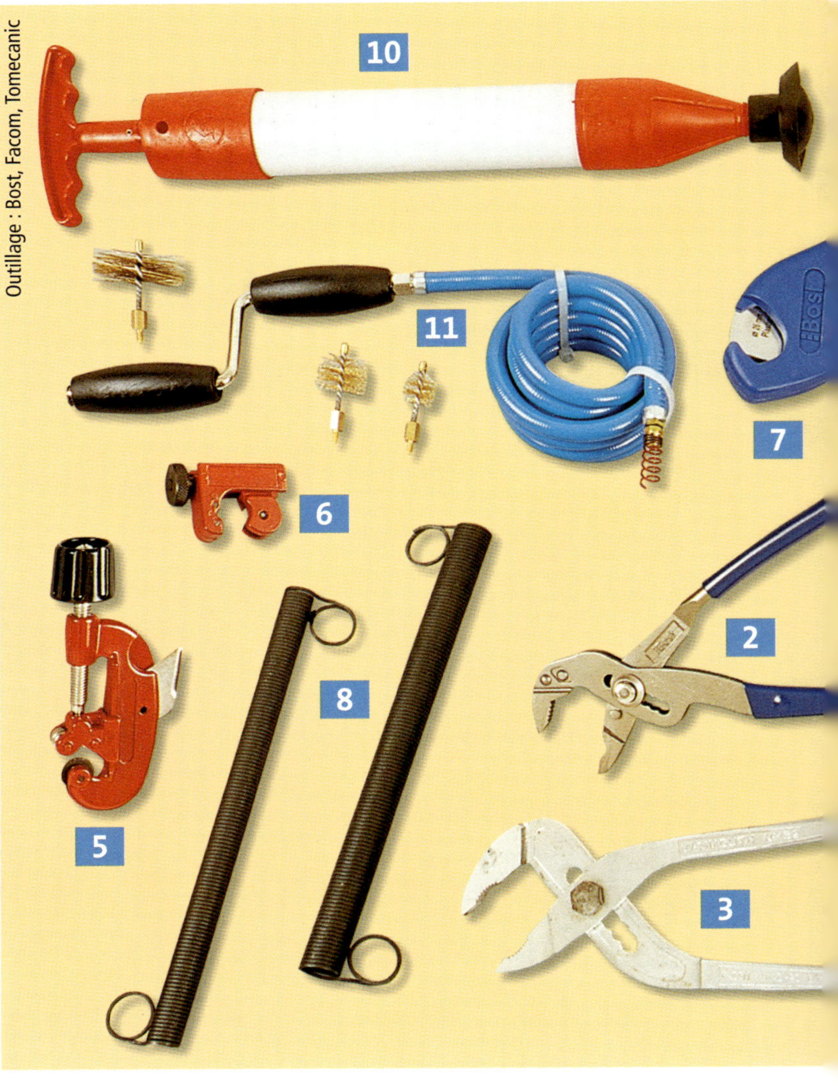

Outillage : Bost, Facom, Tomecanic

8. LE RESSORT À CINTRER. Ressort en acier calibré qui permet de cintrer un tube en cuivre rouge sans qu'il s'aplatisse. Le diamètre intérieur du ressort doit correspondre exactement à celui du tube en cuivre recuit. Lors du cintrage, le ressort sert de gainage au tube qui prend une forme arrondie sans s'ovaliser.

9. LA CINTREUSE. La cintreuse à main se compose principalement d'une poulie à gorge et d'un levier de cintrage. La rotation du levier autour de la poulie cintre le tube en cuivre selon un angle précis, indiqué par le secteur gradué, gravé sur le flasque. La gorge circulaire de la poulie correspond au diamètre extérieur du tube, condition nécessaire pour éviter l'ovalisation du cuivre.

10. LE DÉBOUCHEUR À POMPE. Cette pompe hydraulique ressemble à une grosse seringue et s'utilise pour déboucher les appareils sanitaires ayant un écoulement engorgé. Dotée d'une ventouse en caoutchouc adaptée au diamètre de la bonde, cette pompe sert à aspirer puis à refouler l'eau de l'engorgement. Répétée plusieurs fois, cette manœuvre crée un mouvement de va-et-vient qui dégage l'écoulement.

11. LE FURET. Long câble gainé dont les extrémités sont équipées respectivement d'une brosse métallique et d'une manivelle. Introduit dans une canalisation obstruée, le furet avance en tournant jusqu'à réduire l'obstacle qui nuit à l'écoulement.

12. LE RODOIR. Petit appareil composé d'un corps conique traversé par un axe muni à une extrémité d'une fraise coupante. Il s'utilise pour remettre en état les sièges des robinets imprégnés de calcaire. Monté sur le corps du robinet à la place du mécanisme, le rodoir permet de rectifier le siège interne qui retrouve ainsi une surface propre et plane.

13. LA MATRICE POUR COLLETS BATTUS. Pour l'exécution du collet battu, vous utiliserez :

13 A. Une matrice, sorte d'étau à main servant à serrer le tube sans l'écraser. Plusieurs empreintes correspondent aux différents diamètres des tubes les plus courants ;

13 B. Une toupie conique pour évaser l'extrémité du tube ;

13 C. Un mandrin pour aplatir la collerette.

14. LE MANDRIN À EMBOÎTURE. Axe en métal étagé de plusieurs diamètres utilisé pour évaser l'extrémité des tubes en cuivre. Introduit au marteau dans un tube recuit, ce mandrin agrandit le diamètre intérieur de quelques millimètres, permettant l'emboîtement d'un autre tube.

15. LA CLÉ ARTICULÉE. Clé à griffe à tête articulée dont se sert le plombier pour manœuvrer les écrous situés sous les lavabos, à la base des robinets. S'agissant d'un endroit difficile d'accès, la clé est introduite verticalement sous le lavabo et la rotation est obtenue par la broche de manœuvre. ■

L'accrochage d'un objet au plafond

Le choix d'une fixation se fait en fonction du poids de l'objet, de la structure du plafond et de la résistance du matériau à percer. Il existe différents types de plafond (→ P. 276), auxquels correspondent des méthodes d'accrochage spécifiques. Examiner ce support avec soin et faire un test de perçage sont des préalables indispensables.

Tester le plafond

Pour tester la résistance du matériau composant le plafond, munissez-vous d'une perceuse électrique et d'un foret au carbure de tungstène de 4 à 5 mm de diamètre, et faites un trou de 3 ou 4 cm de profondeur à l'emplacement de la future fixation. Les poussières évacuées et la rapidité avec laquelle le foret avance vous donneront des indications à la fois sur la nature et sur la résistance du matériau. Sachez que cet essai vous apportera des informations plus précises s'il est effectué avec un foret en bon état et bien affûté.

Dans un plafond ancien

Le foret s'enfonce d'abord, sur le premier centimètre, sans difficulté aucune, car il traverse la couche de plâtre, puis débouche brusquement dans le vide. Vous en déduirez alors que le percement s'est effectué entre deux solives et que vous avez perforé le lattis bacula. Dans ce cas, et si vous avez l'intention de suspendre un objet léger, choisissez une fixation expansible ou à bascule, comme le crochet à bascule qui se logera très bien dans le creux du plafond (→ **CROQUIS 1 A**). En revanche, si vous devez accrocher un objet lourd, mieux vaut déplacer la fixation en un autre endroit, ou renoncer, le lattis ne pouvant pas supporter, seul, de lourdes tractions.

Autre cas de figure : vous observez qu'après avoir traversé la couche de plâtre, le foret rencontre une certaine résistance et que de la sciure de bois tombe de l'orifice : vous pouvez en déduire que vous percez la solive. Un simple piton à vis ou un tire-fond offriront alors un moyen de fixation sûr pour accrocher un objet même lourd (→ **CROQUIS 1 B**).

Dans un plafond hourdé

Le perçage s'effectue d'abord sans difficulté, puis vous rencontrez une certaine résistance, et du foret tombe, mélangée au plâtre, de la poussière grise ou rouge. Il apparaît de ce fait que vous percez l'entrevous en parpaing ou en terre cuite situé entre les solives.

Si ce matériau est creux, choisissez un segment à ressort du type « parapluie » (→ **CROQUIS 2 A**). Si, lors de perçages successifs, vous tombez tantôt dans une alvéole, tantôt dans un matériau

1. POUR LES PLAFONDS DE CONSTRUCTION ANCIENNE

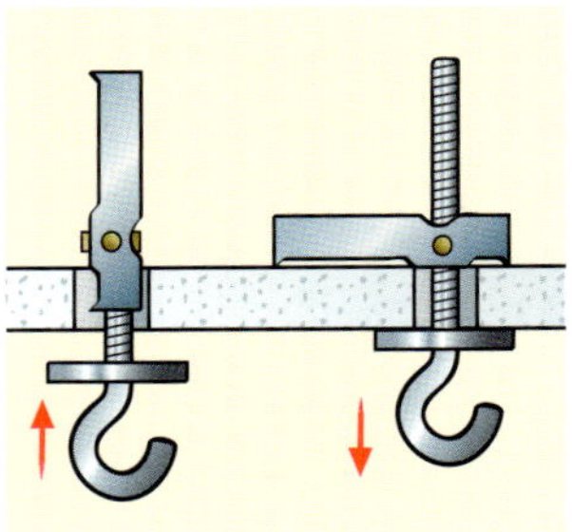

1 A. *Le crochet à bascule, à loger dans le creux du plafond.*

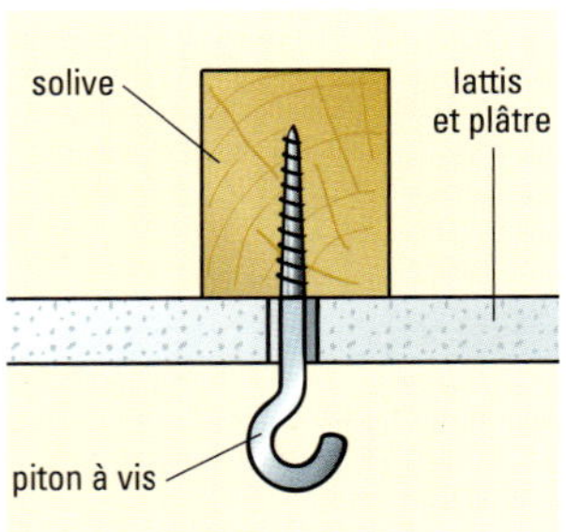

1 B. *Le piton à vis, à fixer sur une solive en bois.*

2. POUR LES PLAFONDS HOURDÉS

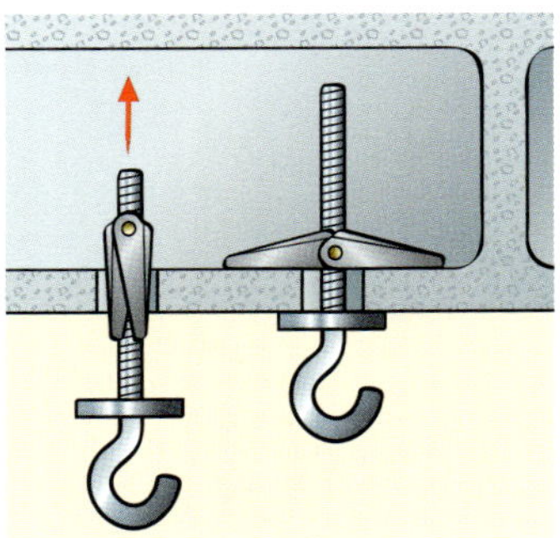

2 A. *Un segment à ressort du type parapluie.*

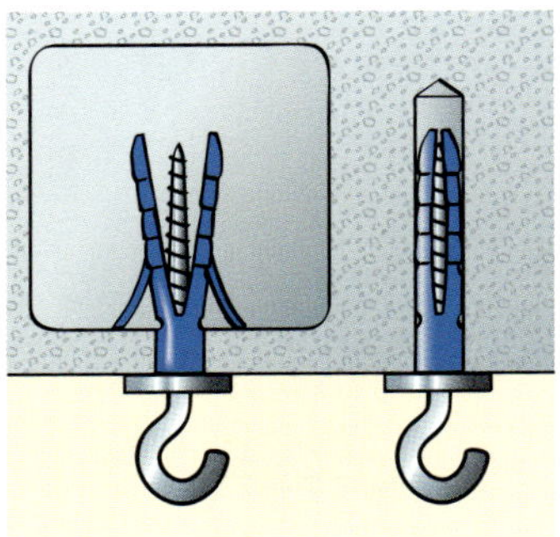

2 B. *Une cheville universelle pour plafonds pleins et creux.*

plein, choisissez une cheville universelle (→ CROQUIS 2 B).
Enfin, si le foret en carbure de tungstène se met à crisser et refuse d'avancer, c'est en général que vous vous trouvez sous une poutrelle métallique. Rebouchez le trou et déplacez l'endroit de la fixation de quelques centimètres.

Dans un plafond en béton

En principe, un plafond récent est constitué d'une dalle de béton monobloc ou de hourdis reposant sur des poutrelles en béton armé : deux techniques classiques comportant des matériaux compacts, difficiles à percer. Équipez-vous alors d'une perceuse à percussion (ou d'un marteau électropneumatique) d'une puissance confortable et de forets au carbure de tungstène bien affûtés. Pour les plafonds qui supportent d'être percés, choisissez une cheville métallique ou un piton Gollot qui vous assureront un ancrage résistant (→ CROQUIS 3 A ET 3 B).

Dans les faux-plafonds

Pour les plafonds isolés (ou faux-plafonds) constitués de matériaux résilients ne résistant pas à l'accrochage d'un objet lourd, il convient de prendre des dispositions particulières. Par exemple, dans une maison individuelle, il est parfois possible d'atteindre, sans difficulté, la partie supérieure du plafond. La solution consiste alors à accrocher l'objet à une entretoise reposant sur les structures du plancher (→ CROQUIS 4).

● **À noter :** Attention, dans un plafond chauffant, il est en principe interdit d'exécuter des percements : la solution consiste dans ce cas à réaliser un collage.

Une alternative au percement

Pour les plafonds des sous-sols, des garages, des caves, etc., composés de hourdis en béton, vous pouvez utiliser des suspentes métalliques qui vous éviteront de fastidieux percements. Insérée au marteau, cette patte métallique hérissée de picots, se coince entre le hourdis et la poutrelle en béton et permet la fixation de maints objets y compris l'accrochage d'un faux-plafond (Placostil).

Une suspente métallique hérissée de picots.

Double fixation

Si l'accrochage d'un objet lourd présente un risque, par exemple au-dessus d'une table de salle à manger, prévoyez par prudence une double fixation. Ajoutez-en une autre constituée d'un petit câble métallique attaché à ses deux extrémités par des vis et des colliers adéquats. Si le crochet principal se révèle défectueux, il est peu probable que les deux fixations cèdent au même moment : l'objet restera suspendu à son câble et vous aurez le temps de réparer avant qu'il n'y ait chute. ■

3. POUR LES PLAFONDS DE CONSTRUCTION RÉCENTE

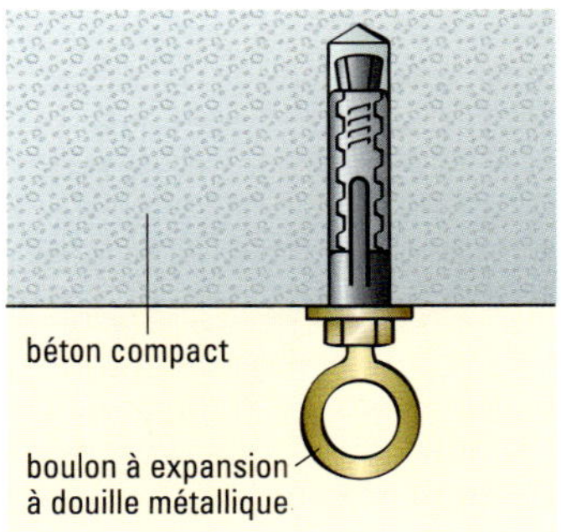

3 A. *Une cheville métallique.*

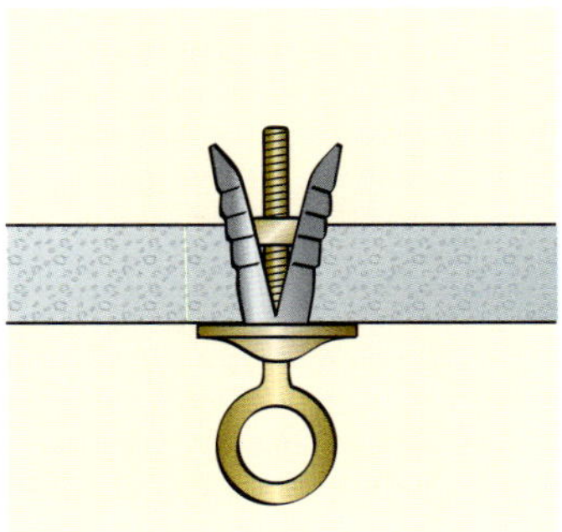

3 B. *Un piton Gollot.*

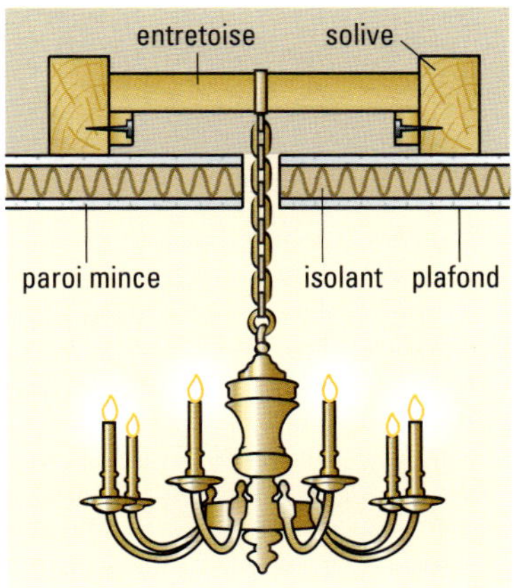

4. *L'accrochage d'un objet lourd à la structure du plancher.*

L'accrochage des cadres

D'une façon classique, les sous-verre et les cadres s'accrochent avec des crochets X, et il est très rare que cet accessoire astucieusement conçu ne puisse être implanté dans un mur, sauf si ce dernier est très dur ou, à l'inverse, creux.

Trois types de crochets

Les crochets X. Toute une gamme de crochets (du n° 0 au n° 4) permet de suspendre des tableaux d'un poids assez important : il suffit de choisir un crochet à deux ou trois aiguilles, dont la résistance est ainsi renforcée. L'aiguille en acier bleui pénètre la plupart des matériaux, et c'est l'inclinaison par rapport au mur qui plaque le crochet contre la paroi (➡ CROQUIS 1 A). Par ailleurs, quand le crochet X reste apparent, vous pouvez garnir la tête de l'épingle d'une punaise décorative coordonnée avec la teinte du cadre.

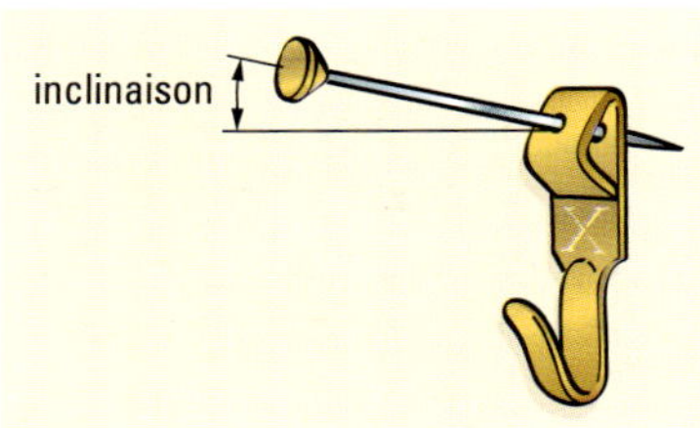

1 A. *L'inclinaison de l'aiguille permet au crochet X de supporter plus facilement le poids du cadre.*

Les crochets à béton. Si vous êtes en présence d'un mur très dur, tels certains bétons, il est possible que les longues aiguilles du crochet X refusent de pénétrer le support. Vous pouvez alors utiliser un autre type de fixation, appelé crochet à béton. Il s'agit de petits crochets dont la tête en matière plastique comporte trois ou quatre aiguilles en acier trempé. De petits coups de marteau répétés parviennent à enfoncer ces aiguilles courtes dans les matériaux très durs (➡ CROQUIS 2).

Les crochets pour parois creuses. En présence d'une cloison en briques creuses ou en parpaings, les aiguilles des crochets X pénètrent le matériau avec difficulté. Dans ce cas, il est préférable d'utiliser des crochets munis de chevilles spéciales. En effet, suivant l'emplacement de l'accrochage, le perçage s'effectue soit dans le matériau plein, face à une entretoise, soit dans une alvéole creuse (➡ CROQUIS 3).

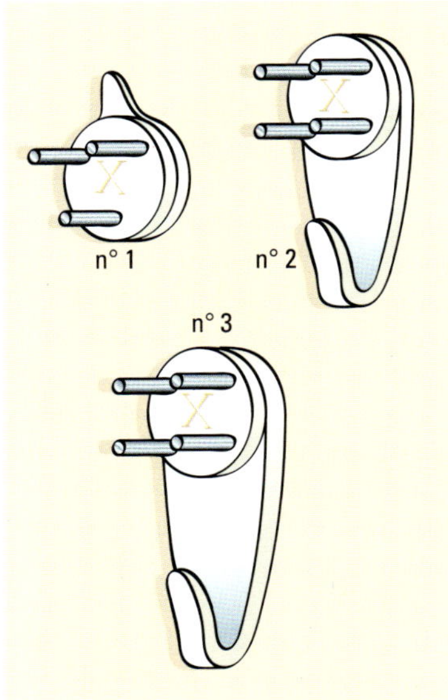

2. *Les crochets à béton, destinés aux murs très durs, sont constitués d'un support en Nylon et de plusieurs pointes en acier extradur.*

Aussi, quelle que soit la position du crochet, la cheville doit s'adapter au perçage, et le serrage de la vis aboutir à un blocage efficace.

CROCHET POUR PAROIS MIXTES

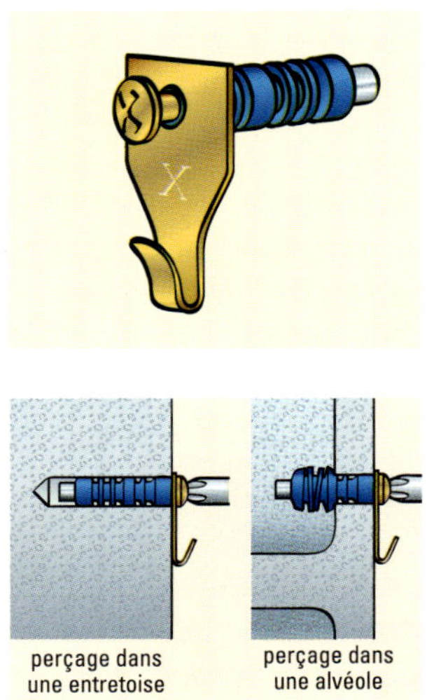

3. *Les crochets métalliques pour parois creuses, munis de chevilles spéciales, peuvent être implantés dans un matériau plein ou creux.*

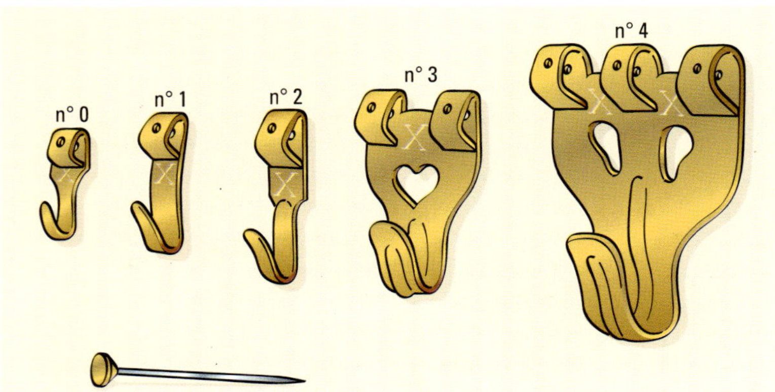

1 B. *Les véritables crochets X, les plus classiques, sont fixés au mur avec une ou plusieurs épingles en acier bleui à tête de laiton non arrachable.*

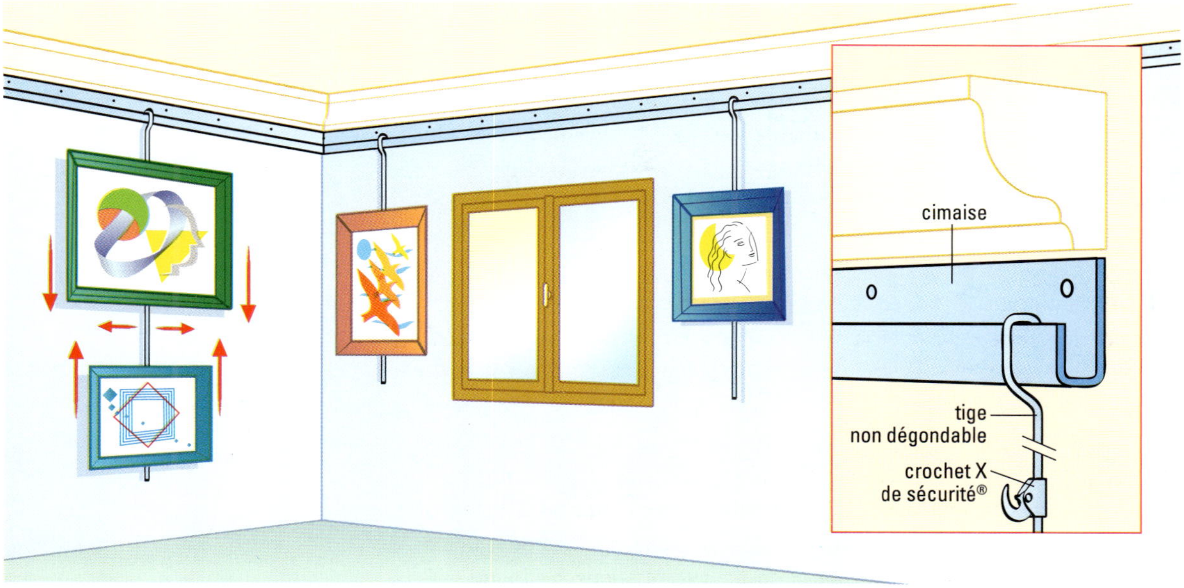

4. *Un profilé métallique fixé au ras du plafond permet d'accrocher de nombreux tableaux sans percer le mur et de les déplacer.*

Un accrochage professionnel

Si vous êtes amateur de gravures et de tableaux, vous avez sans doute plusieurs encadrements à suspendre. Or, décorer un mur avec une série d'œuvres appelle une disposition harmonieuse qui ne détruise pas l'esthétique du décor. Cette recherche oblige parfois à définir la position de chaque élément par tâtonnements, et il est évident que chaque déplacement demande un nouveau trou pour implanter le crochet. Pour éviter de détériorer le mur, vous pouvez utiliser la méthode d'accrochage des professionnels. Il s'agit de fixer en corniche un profilé métallique sur toute la longueur du mur (➡ CROQUIS 4). La forme de ce profilé permet d'y accrocher des tringlettes pour suspendre autant de tableaux qu'on le désire. Il est à noter que, avec ce principe, la position des cadres reste toujours réglable et que ceux-ci peuvent être déplacés à tout moment.

Mais les crochets sont conçus pour éviter les décrochages intempestifs. La forme des têtes de tringle ne permet pas de la dégonder du profilé et le dessin du crochet évite tout décrochage non désiré. ■

Un montage astucieux

Vous éviterez de transformer un mur en « passoire » en utilisant une tringle à rideaux. Il existe des tringles de faible encombrement que vous pouvez employez comme des moulures pour souligner la ligne d'un plafond ou d'une corniche.
Peignez la tringle de la même couleur que la corniche, elle se confondra avec le décor.
Il vous suffit ensuite de garnir cette tringle de nombreux suspendeurs auxquels vous pourrez accrocher par l'intermédiaire de fil en Nylon (fil de pêcheur) de nombreux sous-verre.
Leur position restera réglable et ils pourront être déplacés à tout moment.

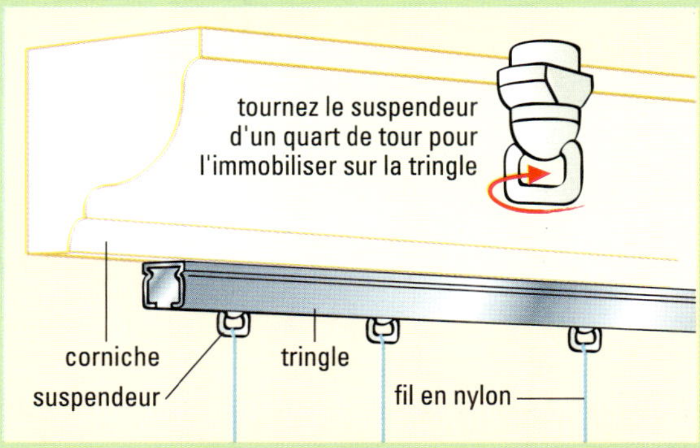

Une tringle à rideaux de faible section peut servir à accrocher de nombreux sous-verre. Tournez le suspendeur d'un quart de tour pour l'immobiliser.

L'accrochage d'une tringle à rideau

Il existe trois possibilités de fixation : en applique en façade, au plafond, en naissance (de mur à mur ou à l'intérieur d'un bois à galerie).

Avant de fixer une tringle à rideau, vous devez prendre en compte différentes données, et notamment :

– la nature du mur dans lequel vous percez, qui va déterminer le chevillage ;

– le poids et les dimensions du rideau à suspendre, déterminant la section de la tringle (→ TABLEAU P. 49) ; n'oubliez pas que la longueur de la tringle doit être supérieure à celle de la fenêtre pour que les rideaux n'empêchent pas l'ouverture des battants ;

– le type de tringle (bâton, chemin de fer, rail) que vous souhaitez adopter ;

– le principe de fonctionnement (un tirage simple, un tirage pour deux rideaux ou plusieurs types de tirage).

Les supports de fixation

Les principes de pose sont similaires pour les différents types de tringles.

Vous trouverez, en achetant la tringle choisie, les supports assortis permettant de la fixer. Ils peuvent être simples, doubles, parfois triples, selon le nombre de rideaux qui habilleront la fenêtre. Ils sont fixés directement ou à l'aide de platines munies d'un embout fileté, mais toujours solidement chevillés (→ PHOTO 1).

Le fonctionnement des tringles chemin de fer et monorail n'étant pas gêné par les supports, on peut, lorsqu'ils sont discrets, en ajouter un ou plusieurs de façon à assurer la bonne tenue de la tringle lorsque celle-ci est longue et que les rideaux sont lourds.

En revanche, les supports des tringles bâtons restent visibles et empêchent le rideau de coulisser. Leur positionnement nécessite donc une attention particulière (→ SÉQUENCE). Lorsque la tringle est très longue, il vaut mieux la fixer au plafond si c'est possible.

Ajuster la longueur d'une tringle

La tringle dont vous disposez, provenant peut-être d'un précédent logement, n'aura pas forcément la longueur qui convient à votre fenêtre. Vous devrez alors l'ajuster.

Poser une tringle bâton

1 Placez les chevilles. Marquez l'emplacement des supports en veillant à l'horizontalité. Repérez le second point de fixation de chaque support. Percez bien droit avec un foret correspondant aux chevilles.

2 Fixez les supports. Après avoir placé les chevilles, vissez dessus les platines circulaires qui constituent l'un des deux éléments du support ; puis emboîtez l'autre élément sur l'extrémité des tourillons.

3 Ajustez la tringle. Mettez la tringle en place et repérez la longueur en excédent. Retirez-la pour la couper à la bonne longueur si nécessaire.

4 Vissez les embouts latéraux. Engagez les anneaux dans la tringle en en laissant un de l'autre côté du support. Vissez les embouts et montez les agrafes sur les anneaux.

1. *Avant de visser les supports de tringle, vérifiez bien l'horizontalité des points de fixation.*

2. *Réglez la tringle à une longueur d'environ 15 cm de plus que l'encadrement.*

Si elle est trop courte. S'il s'agit d'une tringle bâton, vous devrez forcément en racheter une autre. Mais pour les tringles chemin de fer ou les rails, il existe des systèmes de manchons permettant de raccorder une tringle à une autre. Cette solution est toutefois à éviter si le manchon doit être visible.

Si elle est trop longue. Quel que soit le type de tringle, commencez, de préférence, à couper sur le dessus de la tringle ; c'est l'endroit le moins visible en cas d'erreur. Pour toutes les tringles comportant un cordon de tirage, effectuez la coupe du côté opposé à celui où il passera.

– Pour une tringle bâton en bois : à l'aide d'une cale ou d'un serre-joint, bloquez votre tringle dans une boîte à onglet, puis coupez-la à la longueur souhaitée avec une scie égoïne ou une scie à dos (→ PHOTO 3). À défaut de boîte à onglet, placez un morceau de ruban adhésif à l'endroit de la coupe afin de ne pas déraper lors du démarrage.

– Pour une tringle métallique rainurée (destinée à recevoir un cordon de tirage) : coincez une baguette de bois à l'intérieur de la rainure afin d'éviter la déformation du profilé et d'obtenir une coupe nette.

– Pour les tringles monorail (en duralumin), utilisez une scie à métaux ; pour les tringles chemin de fer ou « kirsh », une scie à métaux ou une cisaille pour tringle.

Les tringles extensibles. Il existe des tringles extensibles, plates ou rondes, destinées aux vitrages ; d'autres, plus importantes, s'adaptent aux voilages. Pour celles-ci, attention lors de la pose : les deux parties du rail n'ont pas la même section et l'une des platines-supports est plus étroite. Une tringle extensible peut s'étirer par exemple de 120 à 180 cm (→ PHOTO 2).

TRINGLES : QUEL DIAMÈTRE CHOISIR ?
(en millimètres)

Tringle bâton (bois, laiton...)	
voilages	diamètre 20
voilages, rideaux	diamètre 35
doubles-rideaux	diamètre 40
Tringle chemin de fer	
voilages, rideaux	section 24 x 16
doubles-rideaux	section 35 x 20
Rails	
voilages	section 14 x 10
rideaux	section 14 x 30

À rideaux lourds, fixations solides

Vous devez tenir compte du poids des rideaux lors de la fixation, surtout s'il s'agit de rideaux contre-doublés. Choisissez alors un type et une section de tringle appropriés ainsi que les supports et accessoires correspondants. Utilisez aussi des chevilles et des vis adéquates et, si besoin, posez des équerres ou jambes de force adaptées, qui éviteront le fléchissement prématuré de votre tringle.

● **À noter :** Pour faciliter le mouvement du rideau sur une tringle bâton, un lance-rideau, tige accrochée au premier anneau, est bien utile, en particulier lorsque les fenêtres sont hautes. ■

3. *Pour raccourcir une tringle en bois, bloquez-la dans une boîte à onglet. Il vous restera à extraire avec une pince la vis à double filetage servant à fixer l'embout et à la réintroduire dans la nouvelle extrémité de la barre.*

Les accrochages classiques

Lorsque le poids et la forme d'un objet réclament une fixation rigide et non plus une suspension, il est classique d'utiliser des vis. Mais, dès qu'il s'agit de placer une vis dans un matériau autre que le bois, il est nécessaire d'intercaler une cheville qui supportera tous les efforts de la fixation.

Vis, cheville et foret, un trio indissociable

Il existe de nombreux types de chevilles, mais, pour effectuer un assemblage résistant et durable, il faut considérer comme un tout le trio formé par la vis, la cheville et l'outil de perçage. Les diamètres de ces trois éléments doivent être en relation (➡ CROQUIS 1).

– Choisissez tout d'abord la vis. Ce sont en général les pattes ou les trous prévus dans l'objet qui vous indiquent pour quel diamètre et quelle forme de tête il est possible d'opter.

– Procurez-vous ensuite la cheville dont le diamètre intérieur doit correspondre à celui de la vis. En principe, chaque cheville accepte des vis de deux ou trois diamètres différents.

– Inquiétez-vous enfin de l'outil destiné à percer le trou. Ce dernier, qu'il s'agisse d'un tamponnoir ou d'un foret, doit présenter un diamètre correspondant au diamètre extérieur de la cheville.

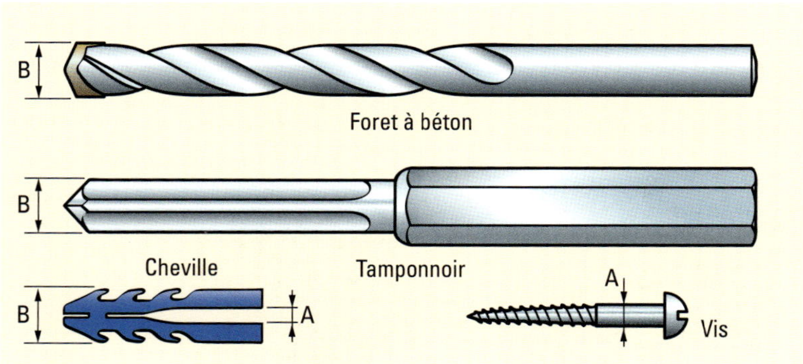

1. *Le diamètre de la vis (A) permet de définir le diamètre intérieur de la cheville, et le diamètre extérieur de la cheville (B), celui de l'outil de perçage.*

RAPPORTS ENTRE VIS, CHEVILLES ET OUTIL DE PERÇAGE (mm)

Ø des vis	Ø de perçage	Chevilles standards (Ø extérieur x longueur)
2 à 3	4	4 x 20
2,5 à 4	5	5 x 25
3,5 à 5	6	6 x 30
4,5 à 6	8	8 x 40
6 à 8	10	10 x 50
8 à 10	12	12 x 60
10 à 12	14	14 x 70
12 à 14	16	16 x 80
14 à 16	20	20 x 100

Fixer un objet au mur

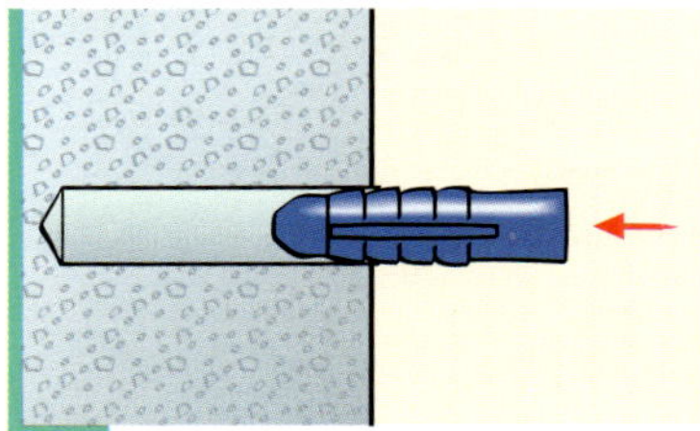

1 Après avoir percé, nettoyez l'intérieur du trou et introduisez la cheville, qui doit pénétrer sur toute sa longueur.

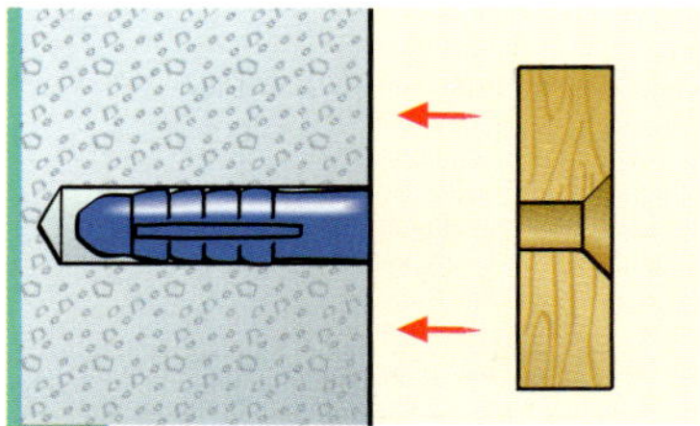

2 Alignez le trou de fixation de l'objet en face de la cheville. Passez la vis à travers l'objet et glissez son extrémité dans la cheville.

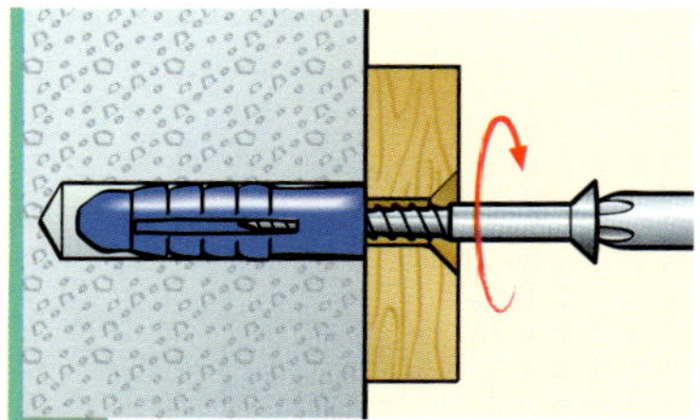

3 Serrez la vis, qui, en pénétrant dans la cheville, dilate son diamètre et assure le blocage de l'ensemble dans le mur.

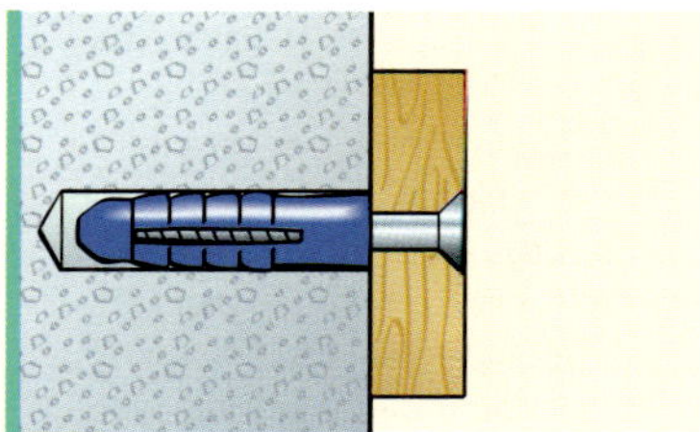

4 Quand ce montage est bien exécuté, il doit rester entre la cheville et le fond du trou un espace équivalent au diamètre de la cheville et la vis ne doit pas toucher le fond du trou.

Fixer un objet au mur

Repérez l'endroit précis où vous devez fixer l'objet et exécutez le trou. Si vous n'êtes pas équipé d'une perceuse électrique, utilisez un tamponnoir, outil de base adapté aux travaux épisodiques.

Pour ce faire, maintenez l'outil perpendiculaire au mur et frappez dessus au marteau par petits coups répétés. Entre chaque coup, faites tourner le tamponnoir d'environ un quart de tour à droite puis à gauche, pour éviter qu'il ne se coince dans le trou. Une fois le trou percé, vous pouvez passer aux prochaines étapes (→ SÉQUENCE).

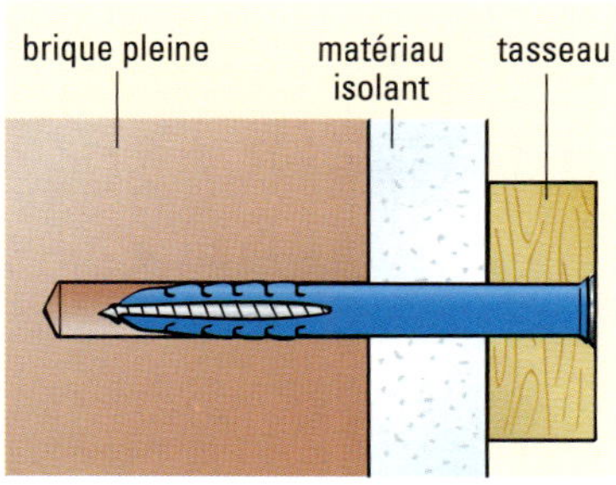

2. *Cheville et vis traversantes de grande longueur.*

Fixer à travers un isolant

Si vous devez fixer un objet dans un mur doublé d'un isolant ou recouvert d'un revêtement décoratif, utilisez des chevilles et des vis traversantes (→ CROQUIS 2). Leur longueur devra être supérieure à l'épaisseur du revêtement, la cheville devant en effet s'ouvrir dans le mur et non dans le revêtement, plus fragile. Les chevilles traversantes permettent aussi de fixer et de caler l'ossature en bois nécessaire à la pose d'un lambris. Elles sont simples de montage. En effet, leur introduction demande un perçage de même diamètre à travers le tasseau, l'isolant et le mur, ce qui évite de changer de foret. ■

Les chevilles pour vis à métaux

Si la plupart des chevilles s'utilisent avec des vis à bois, sachez qu'il existe aussi des modèles spéciaux pour vis à métaux. Même si elles sont extérieurement similaires aux autres, leurs dimensions intérieures sont adaptées pour recevoir les filetages cylindriques des vis à métaux et des tiges filetées (Fischer).

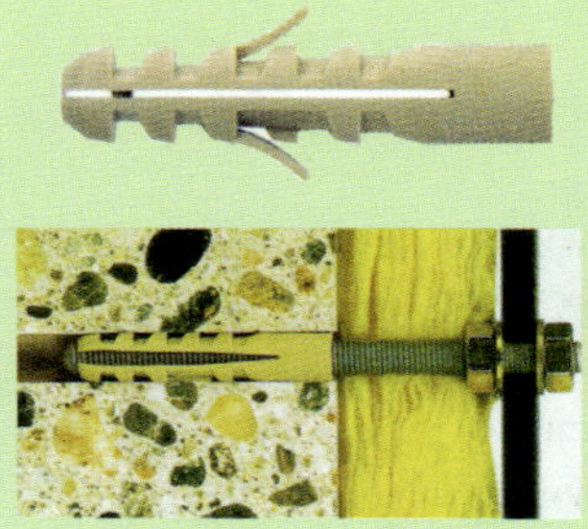

© Fischer

SCELLER AU CIMENT DANS LE MUR

Lorsqu'il s'agit de sceller des ferrures de volet, des supports de tringle ou des taquets en bois, par exemple, on utilise volontiers le plâtre ou le ciment... Voici comment procéder.

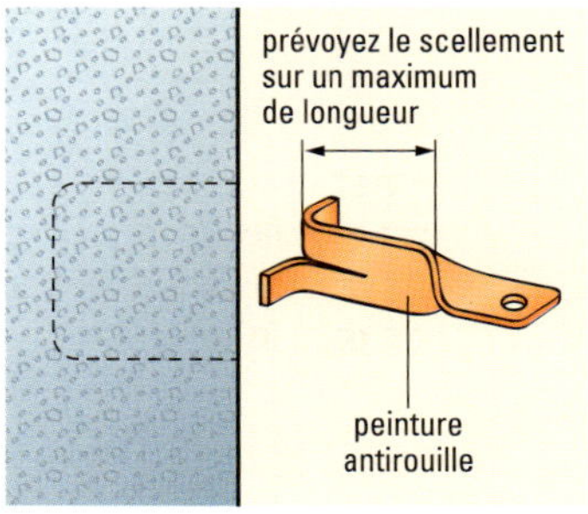

1. ***Creusez dans la maçonnerie*** *un trou dont la forme accepte largement le passage de la pièce à sceller. Il est en effet recommandé d'entourer l'accessoire d'un volume de mortier suffisant (1 à 2 cm tout autour) : une trop faible épaisseur n'assurerait pas une fixation efficace. Prévoyez également le scellement sur un maximum de longueur. S'il s'agit d'une pièce métallique en fer ou en acier, protégez sa surface par une couche de peinture antirouille.*

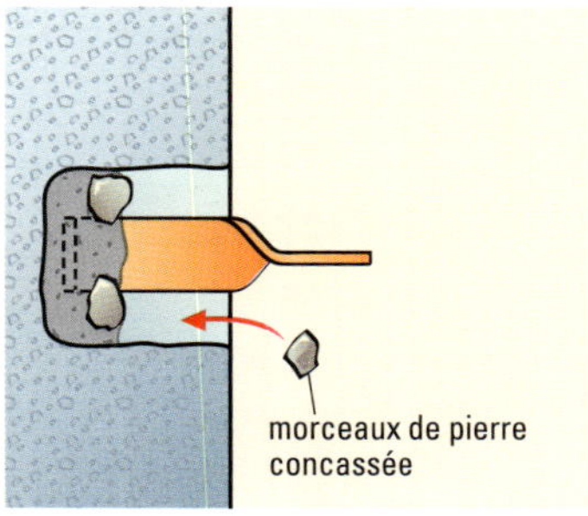

2. ***Nettoyez l'intérieur du trou*** *à l'aide d'un pinceau pour éliminer toutes les poussières, puis mouillez abondamment la cavité. Gâchez le mortier ; servez-vous d'un couteau plat ou d'une petite truelle pour projeter le mortier dans le fond du trou. Introduisez la patte métallique et glissez de chaque côté des morceaux de pierre ou de brique qui renforceront sa fixation.*

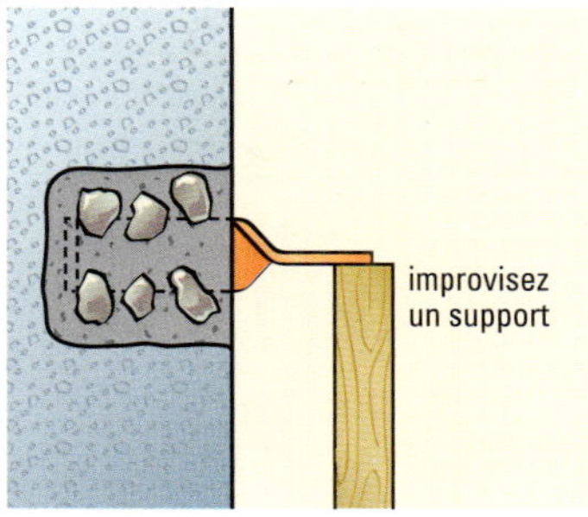

3. ***Comblez le reste du trou*** *au mortier et lissez la surface au niveau du mur. S'il s'agit de suspendre ou de fixer une pièce lourde ou de grande longueur, improvisez un support qui la maintiendra en bonne position pendant toute la durée du séchage.*
Lorsqu'il s'agit de sceller plusieurs pattes métalliques sur une même ligne, fixez-les sur la rive d'une règle afin qu'elles conservent un bon alignement.

Les accrochages dans les murs pleins

Certains meubles, tels les éléments suspendus d'une cuisine, sont destinés à supporter de lourdes charges. D'autres accessoires, non moins volumineux (chauffe-eau, miroirs, casiers...), représentent un poids important qui requiert l'emploi d'un système de fixation différent de la cheville classique.

Pour bien choisir une fixation

Avant de choisir un système de fixation, il est important de s'inquiéter de l'état du mur et de savoir comment les meubles se comporteront sous l'effet d'une charge.

- Si le meuble est totalement suspendu par sa partie supérieure, les fixations supporteront à elles seules tout le poids. On dit qu'elles « travaillent au cisaillement » (➡ **CROQUIS 1**) : elles doivent être alors d'un bon diamètre, leur longueur ayant moins d'importance.
- Si le meuble repose en partie sur sa base, la charge qu'il porte tend à l'écarter du mur. Les fixations ne supportent plus la totalité du poids mais sont tirées vers l'avant. Elles « travaillent à la traction » (➡ **CROQUIS 2**) : dans ce cas, c'est le système d'ancrage qui prime, plus que le diamètre.

Connaissant ces deux principes, il est plus aisé de choisir un mode de fixation adapté.

Utiliser un goujon à expansion

Dans un mur très compact, par exemple en béton, vous pouvez utiliser des goujons à expansion. Après avoir percé un trou avec un foret au carbure de tungstène dont le diamètre correspond à la fixation, procédez à l'implantation du goujon (➡ **CROQUIS 3**). Augmentez sans hésiter la profondeur de perçage : le goujon ne doit pas toucher le fond du trou, cela provoquerait une mauvaise expansion de l'ensemble.

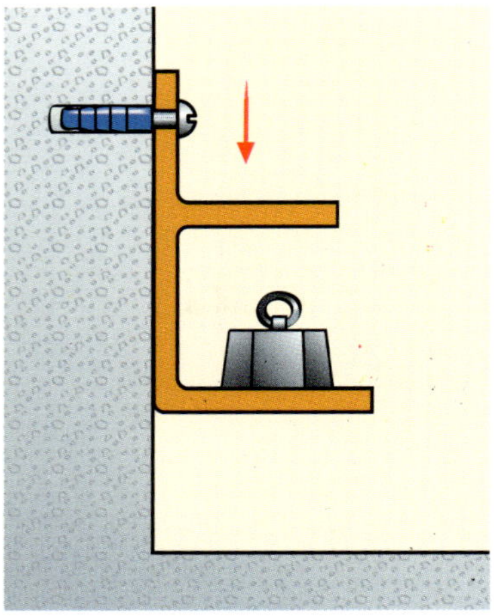

1. *L'effet de cisaillement.*

2. *L'effet de traction.*

3. UTILISER UN GOUJON D'ANCRAGE À EXPANSION

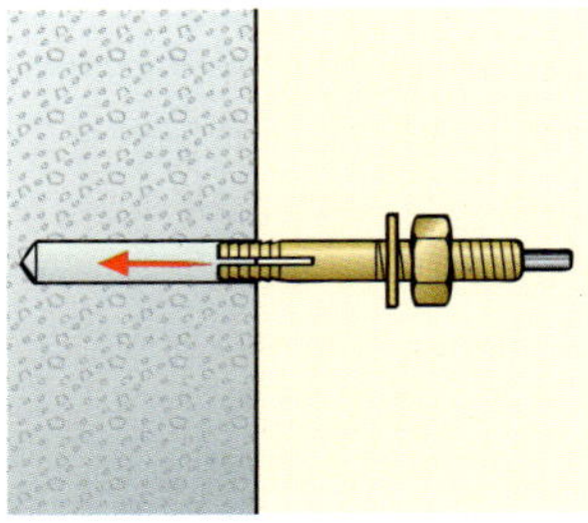

3 A. *Introduisez le goujon dans le trou en réglant sa profondeur à l'aide de l'écrou.*

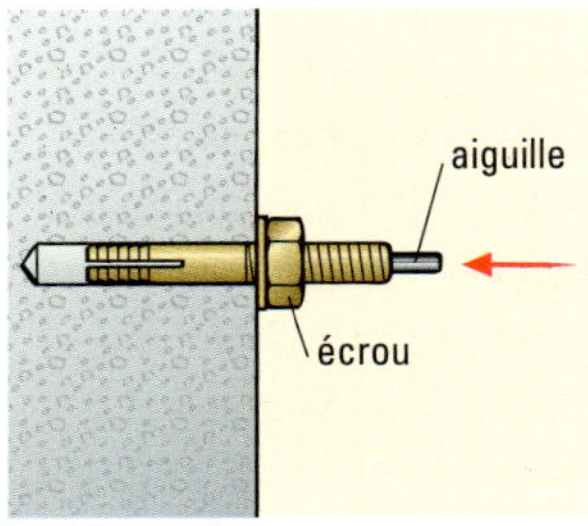

3 B. *Frappez alors au marteau sur l'aiguille centrale : sa pénétration bloquera le goujon dans le trou.*

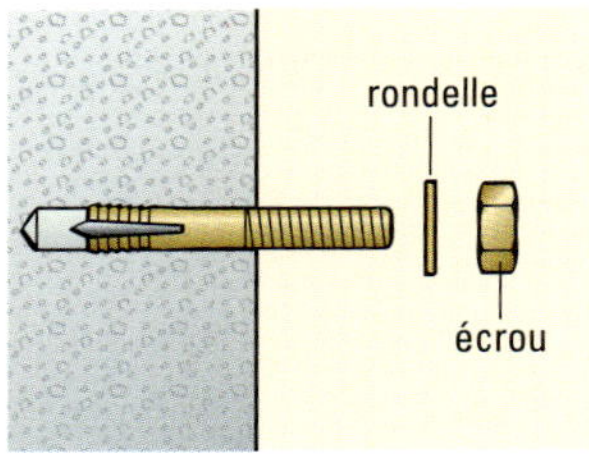

3 C. *Démontez ensuite l'écrou et sa rondelle et accrochez le meuble que vous devez fixer.*

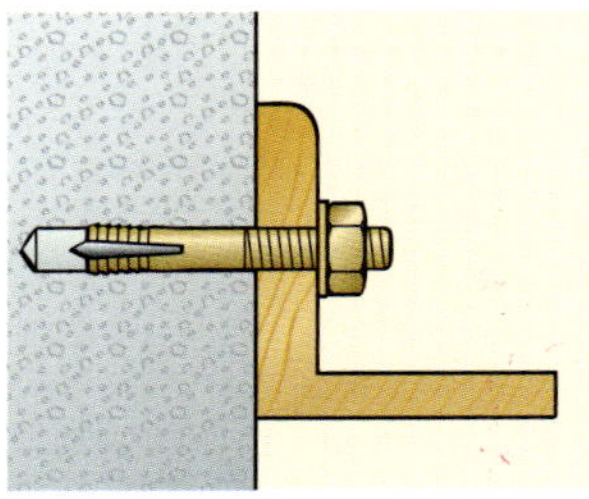

3 D. *Bloquez l'écrou. Au serrage, la partie crantée et évasée du goujon s'incruste dans le béton pour assurer une fixation d'une rigidité totale.*

Réaliser un scellement chimique

Dans une maçonnerie dense – en brique, en pierre ou en béton léger –, lorsque l'implantation d'une cheville se situe près d'un angle saillant ou dans un élément de faible section, il y a des risques de fissuration. Pour éviter ces désordres, utilisez la puissance d'un scellement chimique. Ce type de fixation se compose d'une ampoule de résine et d'une tige filetée en acier inoxydable (ou d'une douille taraudée). Le principe consiste à glisser l'ampoule de verre dans un trou de la maçonnerie puis à introduire dans ce trou la tige filetée entraînée en rotation par un marteau perforateur. Celle-ci broie l'ampoule de verre contenant du sable et de la résine synthétique dont le mélange assure le scellement de l'ensemble.

Précautions importantes :

– Nettoyez l'intérieur du trou pour supprimer les poussières qui nuiraient à l'adhérence de la résine dans la maçonnerie. Si le support est mouillé, évacuez l'eau du trou, mais l'humidité résiduelle ne gênera pas le scellement.

– Respectez le temps de durcissement imposé par la température. ■

RESPECTEZ LE TEMPS DE DURCISSEMENT

Température °C	Temps de durcissement
> 20	20 min
+ 10 à + 20	30 min
0 à + 10	1 heure
– 5 à 0	5 heures

La cheville à frappe

Dans une cloison en béton, vous pouvez également utiliser des chevilles métalliques destinées aux vis à métaux. Sur ce modèle en laiton, baptisé « cheville à frappe », l'expansion est obtenue par le déplacement d'un cône à l'intérieur de la douille.

Faites attention de ne pas utiliser des vis trop longues qui viendraient buter dans le fond de la cheville et ne permettraient pas le serrage de l'objet. Lorsque l'implantation est correcte, la vis peut être démontée et remontée sans incidence sur la rigidité de la fixation.

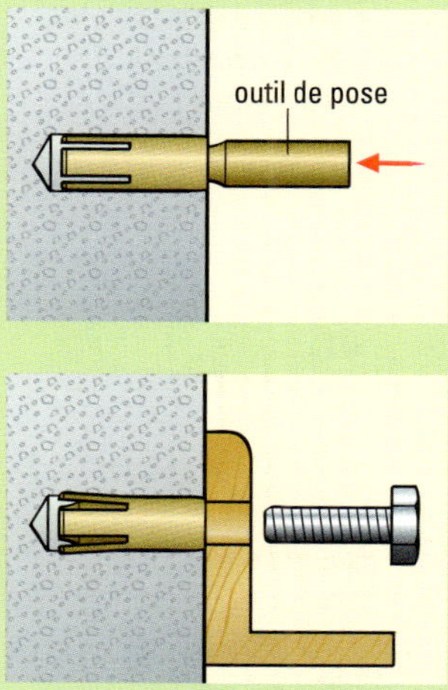

Frappez pour obtenir l'expansion.

Fixer un objet par scellement chimique

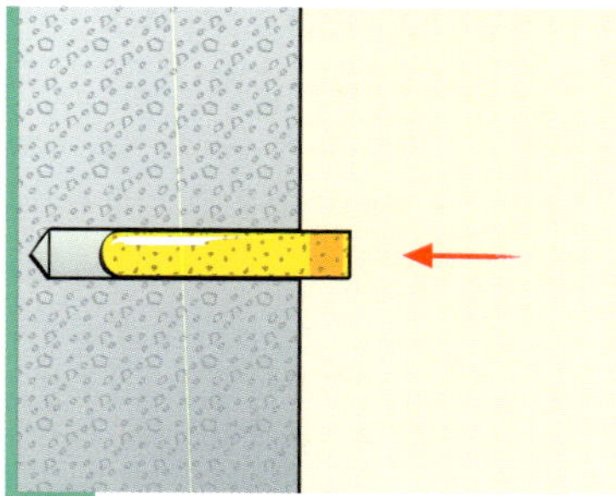

1 **Introduisez l'ampoule de résine** sur toute sa longueur dans un trou profond dont le diamètre correspond au diamètre extérieur de l'ampoule (de 10 à 30 mm). Nettoyez minutieusement au préalable l'intérieur de ce perçage.

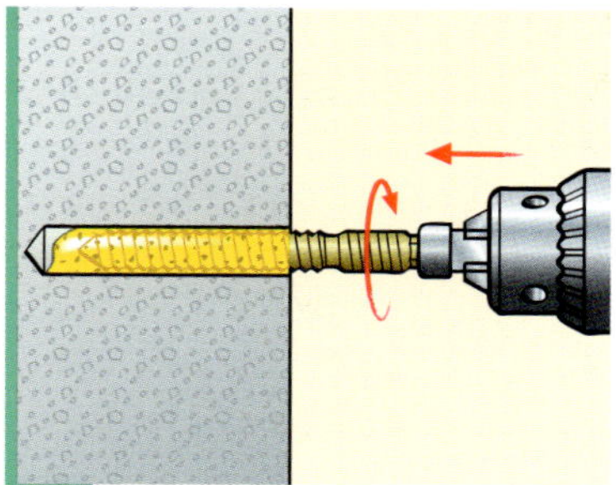

2 **Montez la tige filetée** sur le mandrin d'une perceuse et faites-la pénétrer dans le trou ; elle va ainsi broyer l'ampoule de verre et mélanger les éléments qu'elle contient pour former une pâte à base de résines et de sable de quartz.

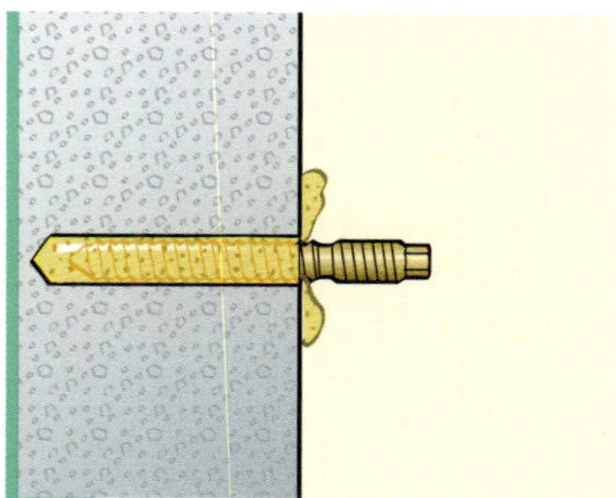

3 **Retirez la perceuse et laissez sécher** l'ensemble. En durcissant, la pâte réalise un scellement étanche et résistant.

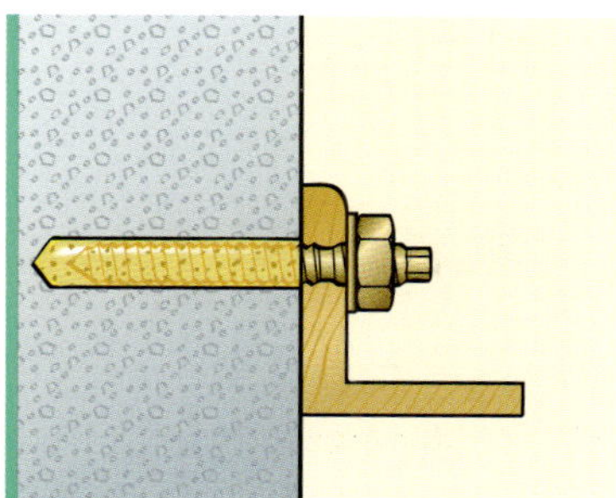

4 **Lorsque le scellement est total**, montez l'objet sur la tige filetée et serrez l'ensemble avec la rondelle et l'écrou.

Les accrochages dans les murs creux

Pour choisir une fixation, vous devez prendre en compte à la fois l'objet à accrocher mais aussi la nature du mur. Beaucoup de cloisons, surtout dans les constructions récentes, sont constituées de matériaux alvéolés – brique creuse, parpaing, contre-cloison doublée d'un isolant... : leurs parois externes sont trop minces pour supporter un tampon ou une cheville classiques. Pour résoudre le problème, il est nécessaire d'utiliser des fixations spéciales prenant appui derrière la paroi.

Tester la structure du mur

Pour savoir si vous êtes en présence d'une cloison creuse, vous pouvez réaliser un test de perçage, comme pour les plafonds (➡ P. 44). Ensuite, effectuez un sondage à l'aide d'un fil de fer coudé (➡ CROQUIS 1) pour mesurer la profondeur totale de l'alvéole et l'épaisseur de la paroi. Vous serez ainsi en mesure de choisir la fixation à utiliser. Si vous doutez de la structure interne du mur, utilisez des chevilles polyvalentes pour les supports pleins ou creux.

Les chevilles polyvalentes

Le manchon souple. Il s'agit d'un petit tube en caoutchouc à l'intérieur duquel sont fixés un écrou et une vis à métaux. Lors du serrage de la vis, l'écrou se déplace et gonfle le corps en caoutchouc (➡ CROQUIS 2). Ce montage est particulièrement recommandé pour la fixation d'objets fragiles, car le manchon en caoutchouc fait office d'amortisseur entre le support et l'objet. Il convient tout à fait, par exemple, pour fixer un miroir sur une porte.

La cheville à collerette. De forme tubulaire, cette cheville en matière plastique possède une collerette munie de crans. Lors de l'insertion de la vis à bois, ces crans la maintiennent immobile, puis, dans un effet de rotation, elle se comporte à la façon d'un tire-bouchon : le serrage de la vis torsade le corps qui gonfle et vient prendre appui sur la face arrière de la paroi (➡ CROQUIS 3).

Les systèmes d'ancrage

Les cloisons en plaques de plâtre, les portes, ainsi que certains doublages de mur présentent des parois minces – de 3 à 10 mm – dans lesquelles il est impossible d'introduire des chevilles classiques. Pour d'autres cas, la fixation prévue à l'origine s'est révélée défectueuse et, dès lors, les trous sont évasés et trop grands pour des

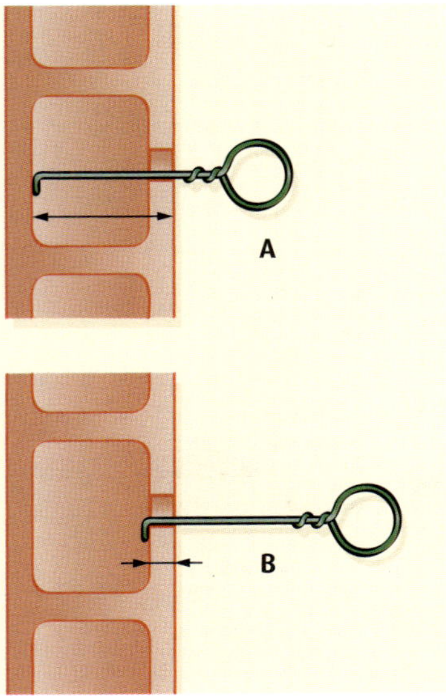

1. *Effectuez vos mesures à l'aide d'un crochet de fil de fer pour relever la profondeur totale du trou (A) et pour connaître l'épaisseur de la paroi (B).*

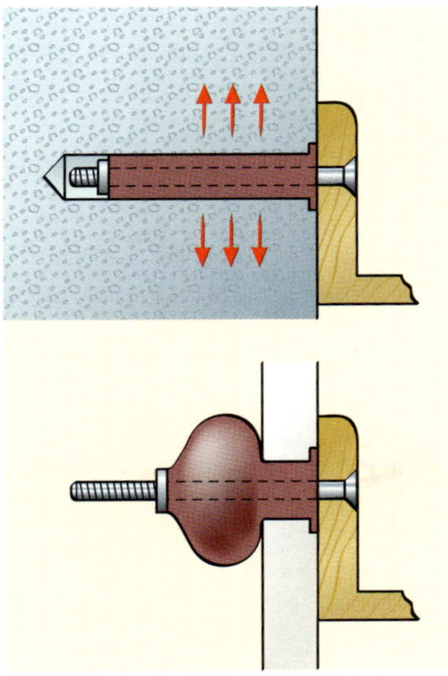

2. *Cheville polyvalente convenant aux murs pleins et aux parois creuses. Au serrage de la vis, la déformation du tube en caoutchouc assure le blocage de l'ensemble.*

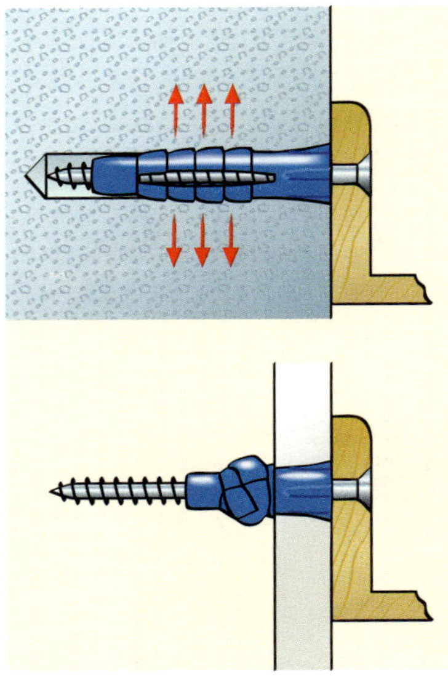

3. *La cheville à collerette se comporte différemment selon qu'on la fixe dans un mur creux ou un mur plein, et convient à ces deux types de supports.*

vis à bois. Dans ces cas précis, utilisez des segments ou des douilles métalliques.

Le segment métallique à expansion. Il s'agit d'un tube métallique préfendu qui s'utilise avec des vis à métaux. Ce segment à expansion constitue un ancrage permanent : principal avantage, la vis, et par conséquent l'objet accroché au mur, peut être enlevée, puis remise en place, autant de fois qu'on le souhaite, sans nuire à la résistance de la fixation (➡ SÉQUENCE).

Faites attention ! Avant de vous procurez un modèle de segment métallique, vérifiez l'épaisseur totale de la cloison, car, lorsque la vis provoque l'expansion des ailettes, son extrémité ne doit pas toucher le fond de l'alvéole. Par ailleurs, la longueur du collet doit correspondre à l'épaisseur de la paroi. Dans le cas contraire, vous obtiendriez une mauvaise implantation et un serrage défaillant.

Il est à noter que si la paroi est doublée d'un matériau isolant la mise en place du segment se déroule de la même façon.

Le rivet d'ancrage. Le rivet d'ancrage a pour lui plusieurs avantages : il présente un faible encombrement et peut être utilisé sur des parois minces : contreplaqué, tôle, tube métallique… Il existe différents types de rivets, avec ou sans collerette, combinés avec des vis à métaux ou des vis à bois. Mais le rivet à collerette reste le moyen le plus simple de fixer de manière discrète, et sans souci pour l'esthétique, un objet sur une paroi mince ou sur un tube métallique (➡ PHOTO ET CROQUIS 1 P. 56). Placez d'abord le corps du rivet dans le trou, positionnez l'objet à fixer et introduisez la vis ; celle-ci imprime son filetage à l'intérieur du corps du rivet, écarte ce dernier et le plaque sur la paroi du tube. Avec ce mode de fixation, l'objet et son support ne se touchent pas : la tête du rivet fait en effet office d'entretoise. De ce fait, chacune des pièces peut être par exemple peinte ou vernie de manière indépendante. Toutes les modifications restent possibles car l'ensemble est démontable.

Des pinces spéciales pour segments métalliques

Sachez que, si vous devez poser un grand nombre de segments métalliques, il existe des pinces spéciales (➡ PHOTO), qui permettent d'implanter rapidement ce type de fixation, sans devoir serrer la vis pour obtenir l'expansion des ailettes. Vous pouvez également monter les segments à l'aide d'une visseuse électrique. Effectuez en ce cas l'opération à vitesse lente ; une rotation élevée ferait tourner la douille malgré les crochets de la collerette.

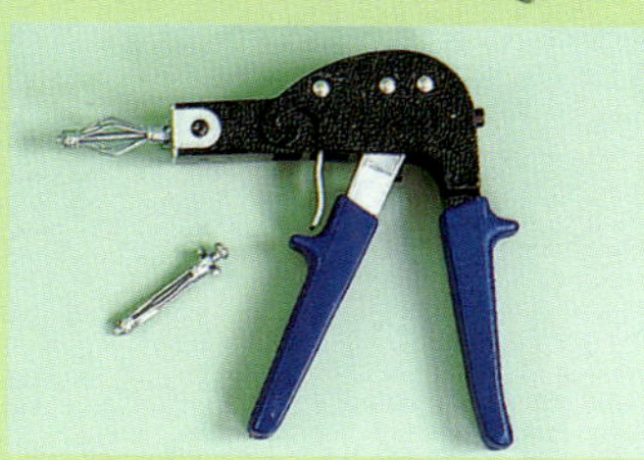
© Fischer

De la mousse expansive

Présentée en bombe aérosol, la mousse de polyuréthanne expansive est également utilisée dans les cloisons creuses pour assurer des colmatages et renforcer des fixations.

Mise en place d'un segment métallique à expansion

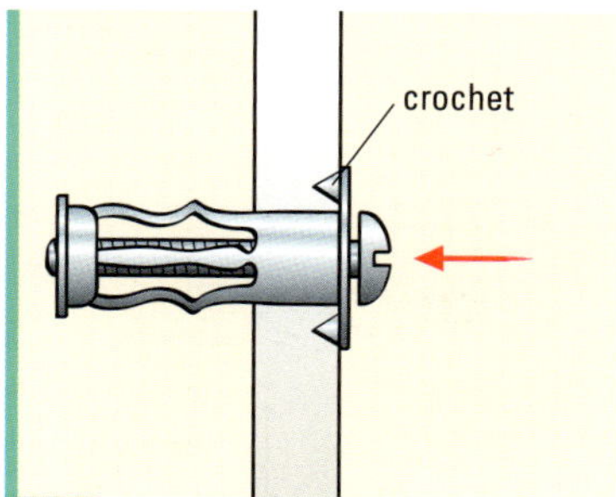

1 **Introduisez le segment** dans son trou et faites pénétrer les crochets de sa collerette dans le matériau.

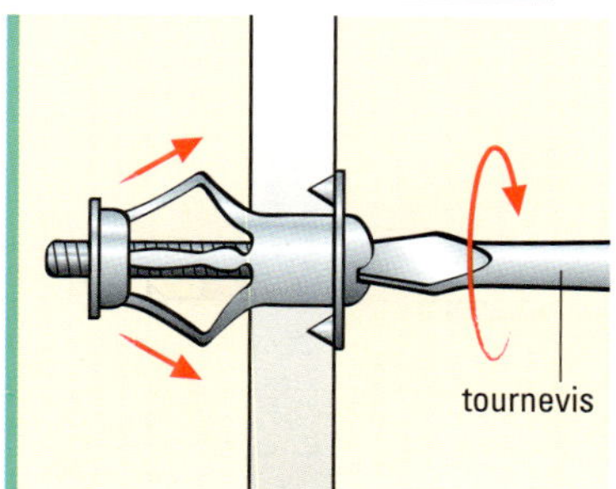

2 **Serrez la vis** pour obtenir l'épanouissement des ailettes métalliques qui prennent appui derrière la paroi. Il faut une douzaine de tours pour une expansion totale.

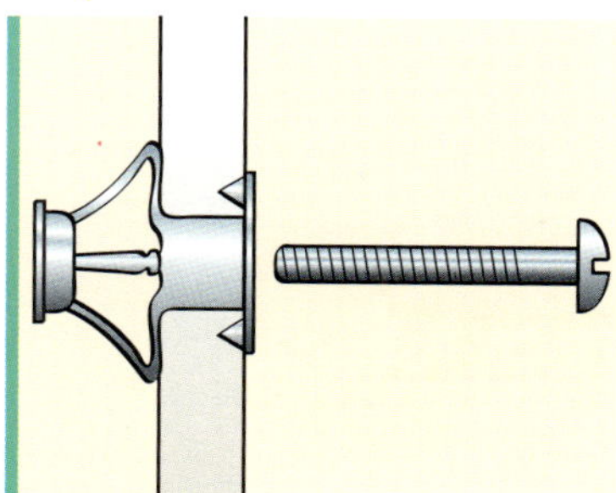
3 **Démontez ensuite la vis,** le segment métallique restera bloqué dans la paroi.

1. *Le rivet d'ancrage comprend un rivet en Nylon, une vis en laiton à tête percée et un cache-tête. Le rivet assure l'étanchéité du trou de perçage effectué dans le tube métallique.*

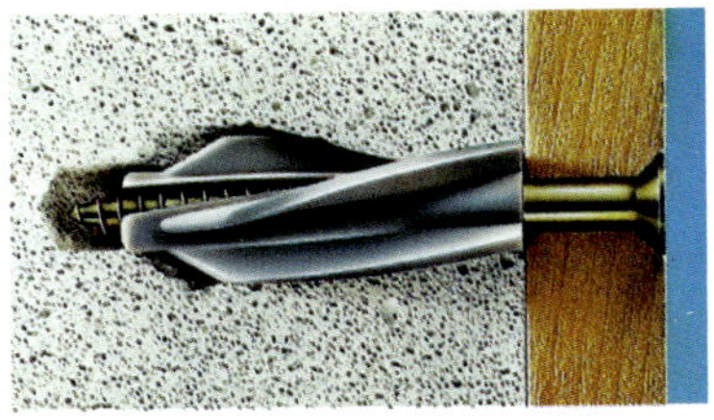

2. *Douille hélicoïdale pour béton cellulaire.*

3. *Douilles autoperceuses pour plaques de plâtre.*

Le plus souvent, elle complète les fixations mécaniques d'une porte ou d'une fenêtre en assurant le collage de l'huisserie sur tout son périmètre. Cela évite et remplace le traditionnel raccord de plâtre qui se fissure avec le temps. La mousse apporte aussi une certaine souplesse à la liaison en s'opposant à la transmission de certaines vibrations.

Il existe deux principaux types de bombe aérosol : le modèle classique, à utiliser la tête en bas, et la bombe multiposition, utilisable dans tous les sens ; toutes deux garanties sans CFC.

La mousse extrudée adhère sur tous les matériaux (sauf polyéthylène et polypropylène), s'expand et se solidifie. Une bombe de 0,5 litre fournit environ 20 litres de mousse qui, après durcissement, peut être coupée, poncée, sciée… et peinte.

Pour le béton cellulaire, des douilles hélicoïdales

Spécialement destinée au béton cellulaire, cette cheville en Nylon (→ **PHOTO 2**) possède quatre ailettes hélicoïdales qui répartissent l'effort de serrage de la vis sur toute la périphérie de la cavité. Après avoir percé un trou parfaitement calibré – le diamètre à l'extrémité de la cheville correspond au diamètre de perçage –, enfoncez la cheville au maillet. La pénétration de la vis provoque une expansion limitée de la douille sans fissurer le matériau.

Des douilles autoperceuses pour des plaques de plâtre

En Zamak, dotées d'une grosse spirale externe et d'une extrémité à trois pointes, ces douilles s'utilisent avec des vis à bois (→ **PHOTO 3**). La mise en place s'effectue à l'aide d'un tournevis cruciforme en vissant la douille à travers la plaque. Le même tournevis est ensuite utilisé pour serrer la vis. ■

Pour les carreaux de plâtre, des douilles à visser

Si vous êtes en présence d'une cloison qui a été conçue en carreaux de plâtre, vous pouvez utiliser des chevilles spéciales, sortes de douilles filetées, que l'on visse simplement dans la cloison à l'aide d'un tournevis ou d'une clé de montage. Ces douilles fonctionnent sur le principe du taraud : elles possèdent une spirale extérieure qui leur permet, en tournant, de pénétrer dans le plâtre préperçé sans l'effriter.

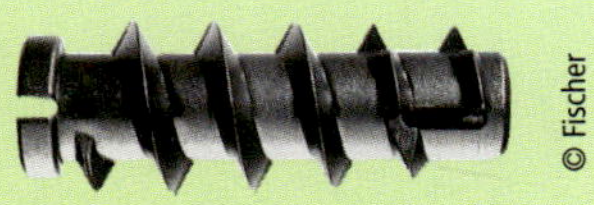

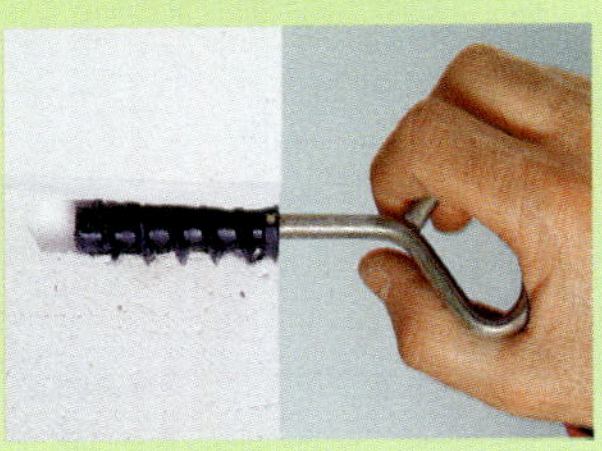

La fixation des appareils sanitaires

Pour fixer des appareils sanitaires, vous avez trois possibilités : employer des tiges filetées en passant à travers la cloison, utiliser des goujons spéciaux si la cloison est pleine ou réaliser un scellement chimique si la maçonnerie est alvéolée.

À travers une cloison

S'il est possible d'accéder aux deux faces du mur, l'accrochage d'un lavabo, chauffe-eau ou radiateur s'effectue en passant à travers la cloison. De longues tiges filetées dotées d'une large tête et d'un écrou en polyamide permettent ce montage. La tête, une large platine de tôle soudée sur la tige, prend appui derrière la cloison, ce qui autorise un serrage très efficace de l'écrou, qui immobilise le lavabo (→ PHOTO 1).

Dans un mur compact

Dans une cloison classique en briques, parpaings ou béton, utilisez des goujons spéciaux à double filetage (→ PHOTO 2). D'un côté se trouve un filetage de vis à bois et une cheville en Nylon. De l'autre, un filetage de vis à métaux qui reçoit un écrou en polyamide. Certains modèles, destinés aux accessoires dont la fixation reste apparente, possèdent un enjoliveur chromé qui coiffe l'écrou de serrage. Pour introduire les goujons dans les chevilles, utilisez de préférence un embout taraudé monté sur un vilebrequin de menuisier (→ SÉQUENCE).

Dans une maçonnerie alvéolée

Dans les maçonneries alvéolées, en briques creuses, parpaings creux ou hourdis, la résistance mécanique du matériau n'est pas suffisante pour accepter sans faillir le gonflement d'une cheville : il y a un risque de fissuration du support.

Pour éviter ces malfaçons, nous vous conseillons d'effectuer un scellement chimique. Procurez-vous un kit de pose composé d'une longue tige filetée, d'un écrou à collerette en polyamide, d'un tamis d'injection et d'une cartouche de mortier de résine. (→ CROQUIS P. 58) ■

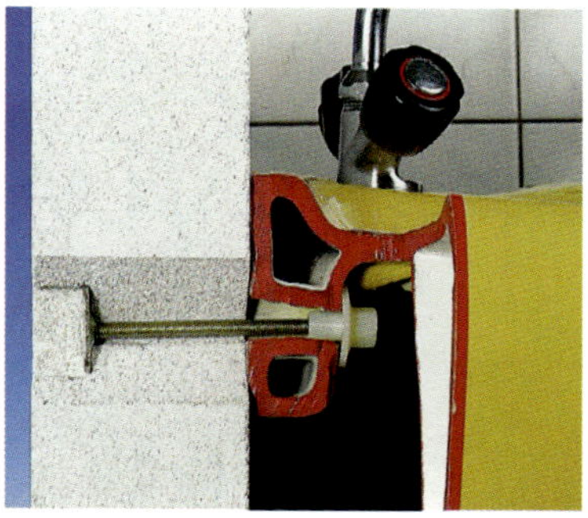

© Fischer

1. *La fixation d'un lavabo de part et d'autre d'une paroi mince.*

© Fischer

2. *La fixation dans un mur compact avec des goujons spéciaux.*

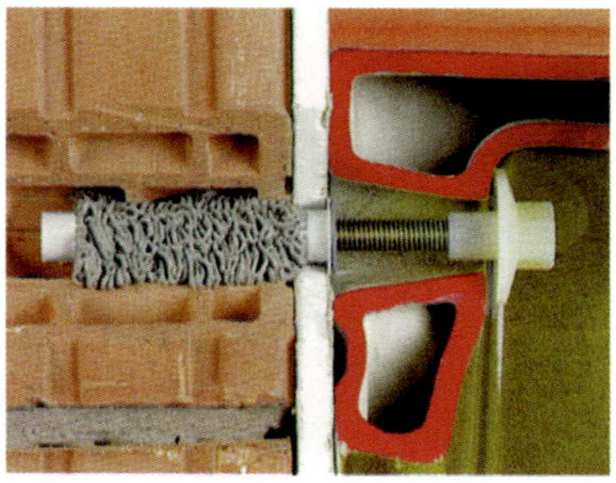

© Fischer

3. *La fixation dans une maçonnerie alvéolée avec du mortier de résine.*

Montage des goujons dans un mur compact

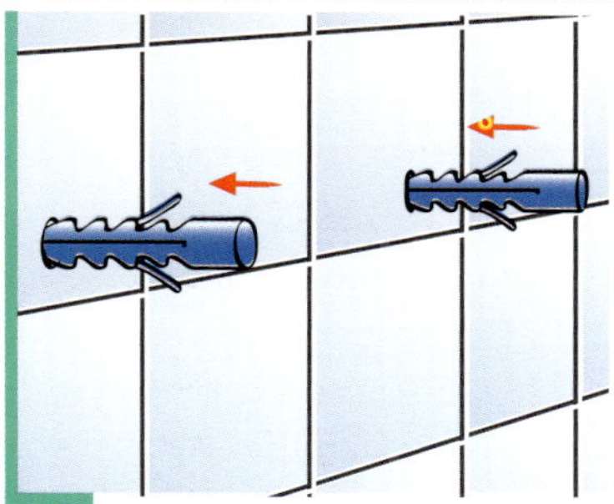

1 **Percez le support** et introduisez les chevilles sur la totalité de leur longueur en traversant l'épaisseur du carrelage.

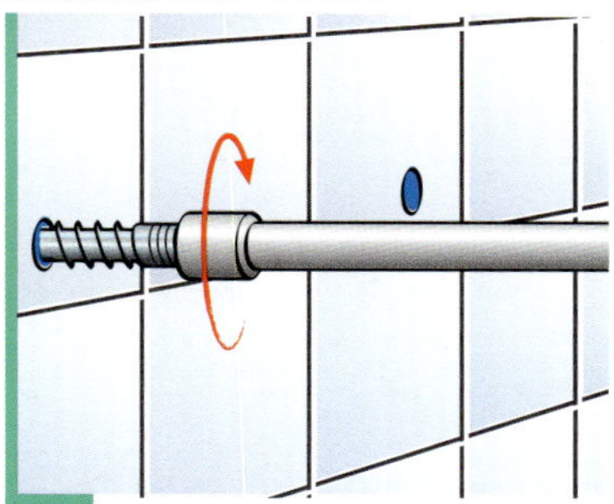

2 **Vissez les goujons** dans les chevilles à l'aide d'un embout taraudé, monté sur un vilebrequin de menuisier.

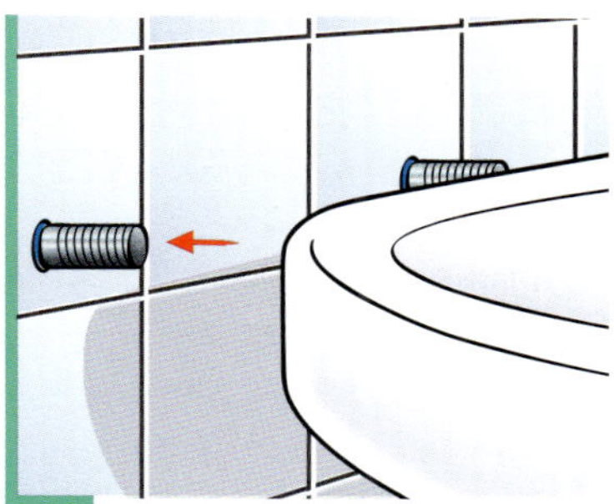

3 **Introduisez les goujons** sur une profondeur maximale et montez le lavabo sur les parties dépassant du mur. Serrez avec l'écrou.

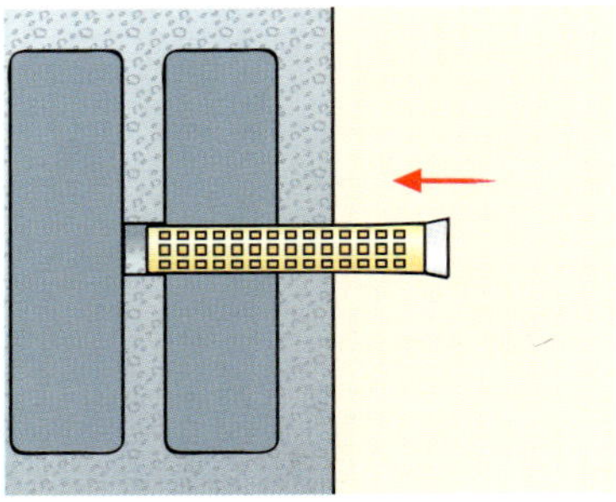

1. *Dans une maçonnerie alvéolée, percez le mur et introduisez le tamis tubulaire dans le trou. Auparavant, nettoyez l'intérieur pour supprimer les poussières de perçage.*

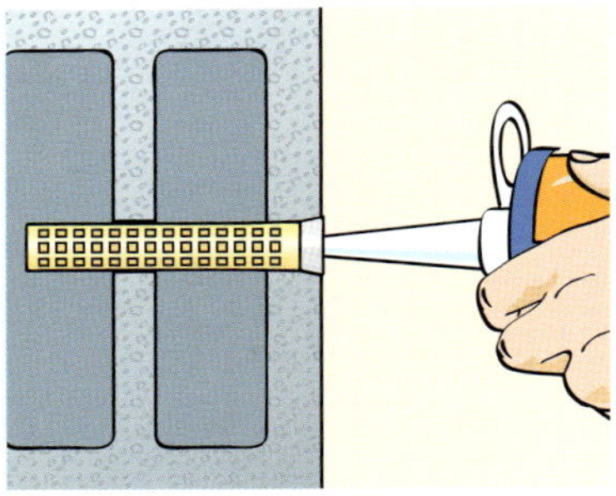

2. *Injectez le mortier de résine à l'aide d'un pistolet dans le tamis, puis enfoncez immédiatement la tige filetée sur toute la longueur du tamis.*

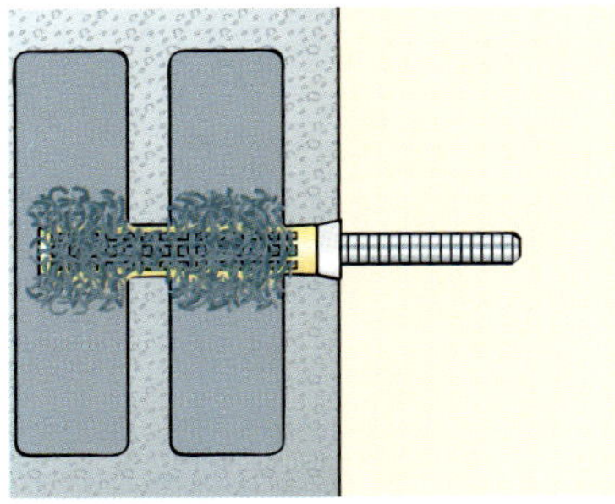

3. *Attendez de une à deux heures, suivant la température ambiante, que le scellement soit complètement dur avant de monter le lavabo.*

L'accrochage d'un miroir

Le traditionnel miroir situé au-dessus d'un lavabo pèse lourd – de 4 à 5 kg ; les pattes de fixation doivent être en métal et solidement vissées au mur (➜ CROQUIS 1 ET 2).

Le choix des fixations

Après avoir identifié la structure du mur (plein ou creux), choisissez des fixations adéquates. Un système classique se compose de quatre supports, coiffés par des cache-vis décoratifs (➜ CROQUIS 2).

Méfiez-vous des présentations sous carte blister : les vis et les chevilles fournies sont souvent trop courtes et ne peuvent pas assurer une rigidité suffisante. Il est préférable d'acheter des pattes à glace au détail et de choisir soi-même la longueur des vis, d'autant que, derrière le carrelage de la salle de bains, il y a parfois une cloison alvéolée qui requiert l'utilisation de systèmes à expansion.

Un miroir sur amortisseur

Dans une salle de bains sujette à condensation, ne collez pas le miroir à même le carrelage : éloignez-le de quelques millimètres en glissant derrière des rondelles de liège découpées dans un bouchon. Celles-ci serviront d'amortisseur et éviteront au miroir un appui en porte-à-faux.

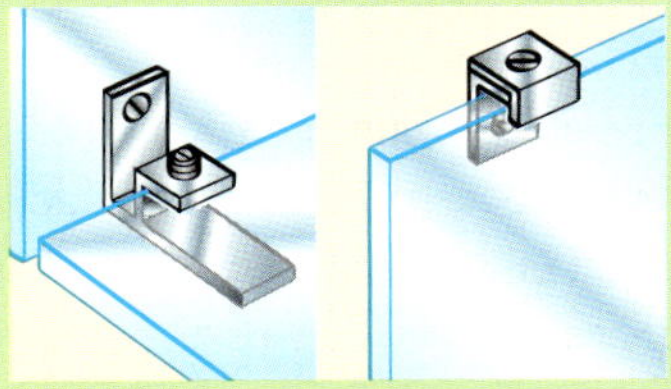

1. *Les pattes en laiton utilisées par les miroitiers autorisent toutes sortes de montages.*

La pose des pattes à glace

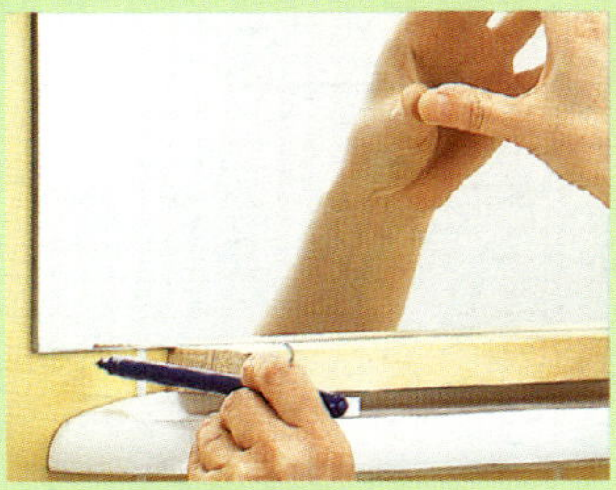

A. Positionnez le miroir à l'horizontale à l'aide d'un niveau à bulle et marquez la position des deux fixations inférieures.

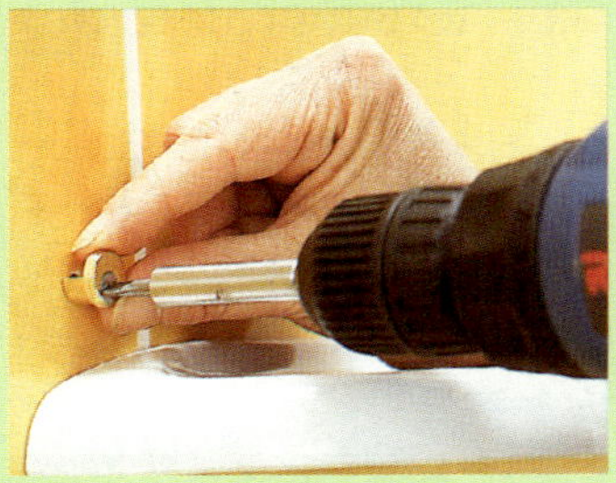

B. Percez le carrelage et vissez les deux pattes. Placez le miroir et faites-le coulisser sur la droite ou la gauche pour que ces supports soient à égale distance des angles.

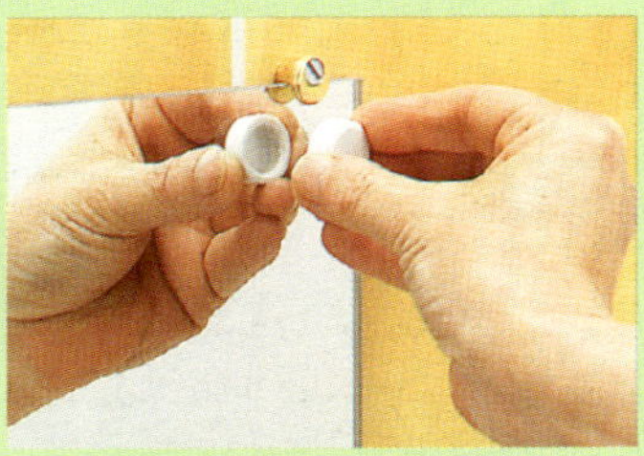

C. Posez les cache-vis décoratifs sur les têtes des quatre supports.

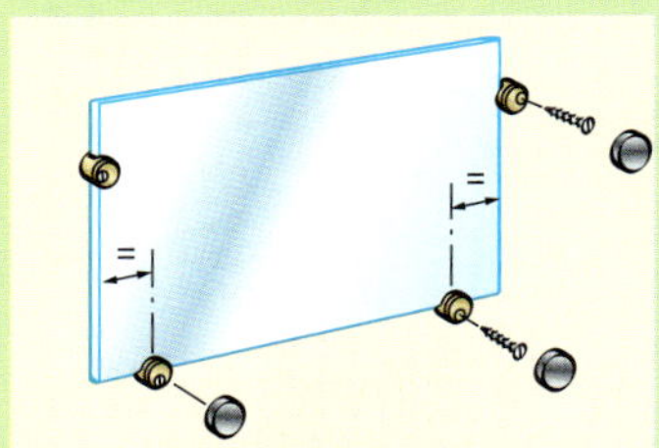

2. *Un miroir sans cadre de salle de bains s'accroche avec quatre supports répartis sur le périmètre.*

Bien couper le verre

Dès que vous faites du verre un usage assez fréquent, par exemple pour réaliser des encadrements, mieux vaut apprendre à le découper vous-même. En prenant le temps de vous entraîner, vous posséderez vite le bon tour de main, et l'opération vous semblera facile. Sachez toutefois qu'elle sera d'autant plus aisée que vous aurez veillé à la qualité de votre coupe-verre de vitrier.

La découpe droite

La découpe du verre s'effectue sur un plan horizontal rigide, une table par exemple, que vous aurez au préalable recouvert d'un molleton épais ou d'une couverture. La plaque de verre doit être posée à plat sur toute la surface et jamais en porte-à-faux sur le bord du plan de travail. Une fois prises ces quelques précautions, vous pouvez commencer la découpe (→ SÉQUENCE).

Quand le tracé a été fait au coupe-verre, mettez toujours des gants épais avant de séparer les morceaux.

En frappant sous le trait de découpe avec un quelconque outil métallique, ce qui s'appelle « détonner », vous devez voir la coupe « filer », c'est-à-dire blanchir sur l'épaisseur du verre. À ce moment-là, vous pouvez :

– déplacer le verre pour que le trait de coupe soit parallèle au bord de la table,
– saisir la chute avec une pince en intercalant un chiffon,
– et enfin tirer vers vous en abaissant la chute en un mouvement de bascule.

Lorsqu'il s'agit de couper une plaque de verre en deux parties sensiblement égales, il est inutile d'utiliser une pince. Après avoir détonné, saisissez

Bien tenir le coupe-verre

Pour bien utiliser le coupe-verre de vitrier, tenez-le entre le pouce et le majeur, tous les doigts de la main restant tendus. N'hésitez pas à vous munir d'un outil de bonne facture, doté d'une molette en carbure de tungstène, cela vous facilitera la tâche.

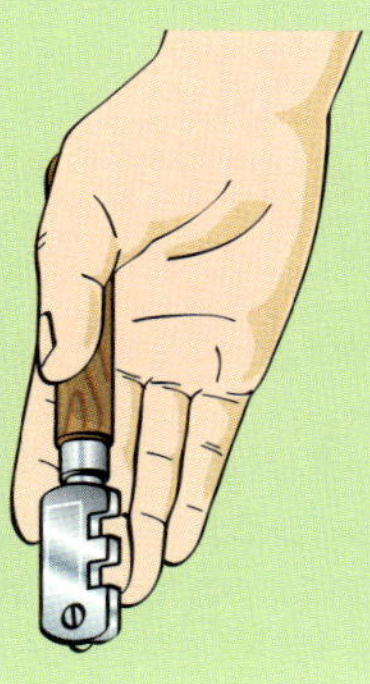

la découpe droite

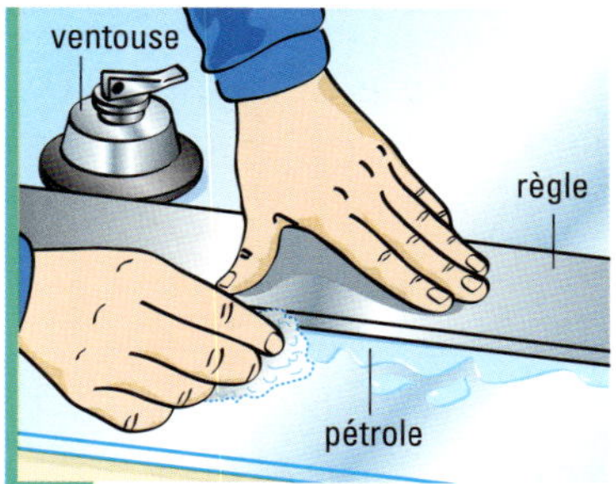

1 **Délimitez le tracé** à l'aide d'une règle appuyée sur deux ventouses collées sur le verre. Humectez le verre et la molette avec du pétrole.

2 **Rayez la surface** en un geste souple et continu avec le coupe-verre ; pour que le trait soit uniforme, il ne faut pas interrompre le mouvement.

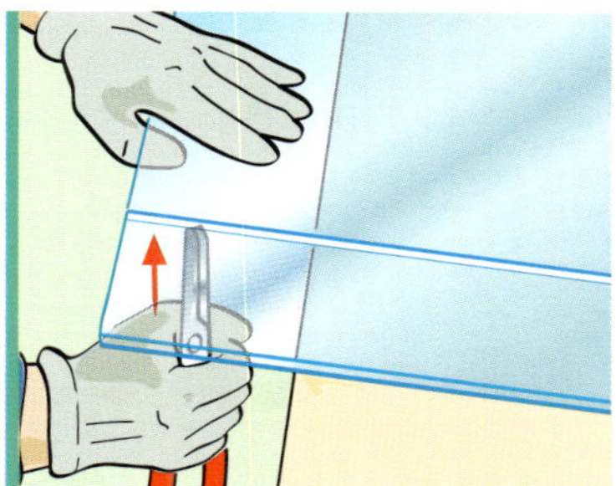

3 **Détonnez le verre.** Mettez des gants. Soulevez doucement la vitre, faites-la dépasser du plan de travail, et frappez d'un coup sec avec un outil (coupe-verre, pince) sous le trait de coupe pour « détonner » le verre.

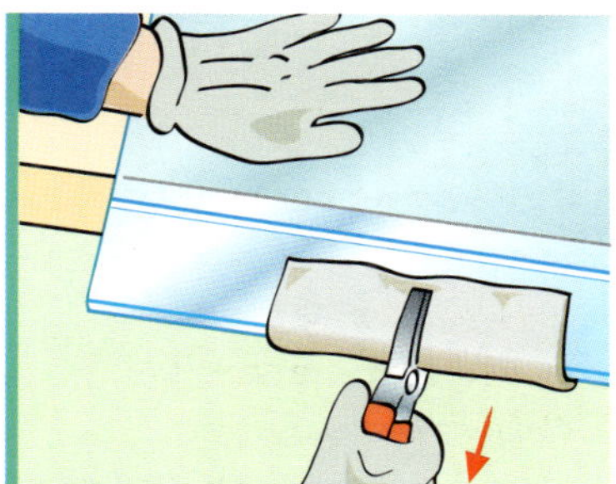

4 **Détachez la chute.** Faites glisser le verre pour que le trait de coupe soit parallèle au bord de la table et, avec une pince à bec plat, tirez la chute vers vous en l'abaissant, en un mouvement de bascule.

simplement à deux mains la partie dépassant de la table et exercez une pression vers le sol pour la détacher.

Le façonnage des arêtes

Après une découpe, les bords d'une plaque de verre sont coupants comme un rasoir. Mais vous pouvez adoucir les arêtes en utilisant une pierre de Carborundum. Lors de ce façonnage, portez des gants de protection. Avant de commencer, placez le verre à plat sur la table, l'arête à poncer légèrement en débord. Procédez ensuite comme indiqué ci-dessous. N'hésitez pas à humidifier régulièrement la pierre de Carborundum.

La découpe cintrée

Qu'il s'agisse de changer la vitre d'une imposte ou de garnir un cadre de forme cintrée, la coupe d'une vitre aux contours partiellement arrondis exige d'utiliser un contourneur (➡ CROQUIS). Cette sorte de coupe-verre de forme incurvée doit être manipulé sans marquer de temps d'arrêt. Une prise à deux mains, les

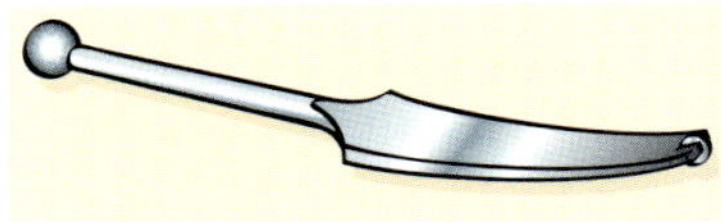

Un contourneur, destiné aux découpes cintrées.

pouces l'un sur l'autre, permet, par rotation des poignets, de mieux diriger l'outil lors de l'enchaînement des différentes courbes (➡ SÉQUENCE). Comme pour les autres découpes, travaillez à plat sur une table couverte par exemple d'une couverture. Avant de commencer, vous devrez

le façonnage des arêtes

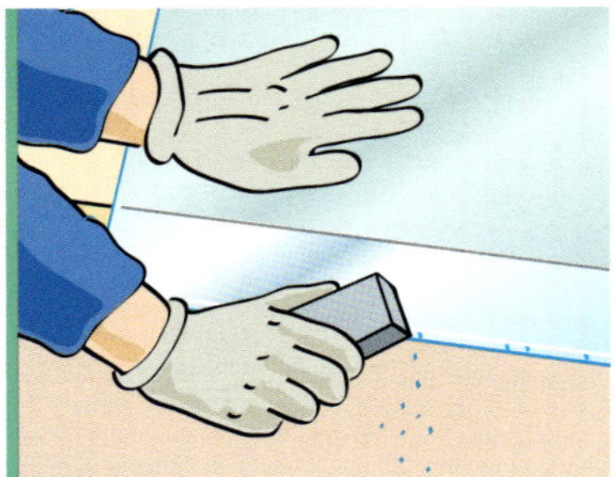

1 Poncez les arêtes. Posez une main sur la surface, et, de l'autre, façonnez les arêtes avec une pierre de Carborundum légèrement inclinée. Mouchez de cette manière l'arête supérieure, puis l'arête inférieure.

2 Façonnez le chant. Tenez la pierre à plat et décrivez des mouvements rotatifs pour égaliser le bord et éviter au Carborundum de se creuser au même endroit. Essuyez le bord du verre avec un chiffon pour contrôler le ponçage.

la découpe cintrée

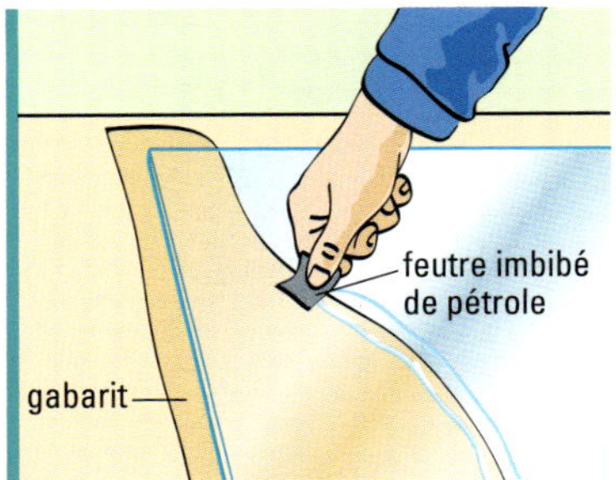

1 Établissez un gabarit en papier kraft de la forme à découper et glissez-le sous le verre. Humidifiez l'emplacement de la coupe avec du feutre imbibé de pétrole.

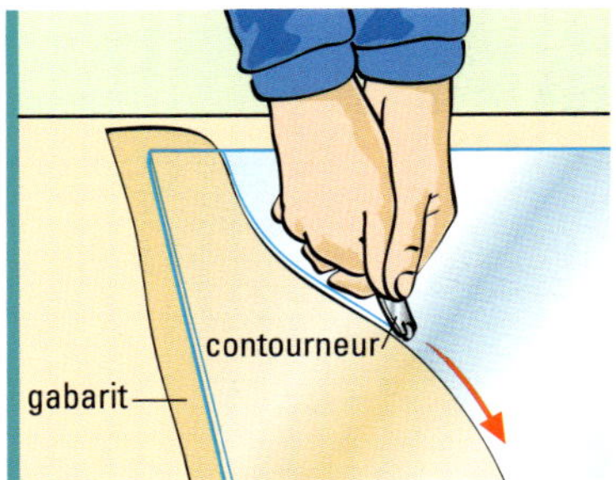

2 Exécutez le tracé au contourneur. Saisissez le contourneur d'une main, le pouce près de la molette. Superposez l'autre main, pouce sur pouce, et poussez en suivant le profil du gabarit sans vous arrêter.

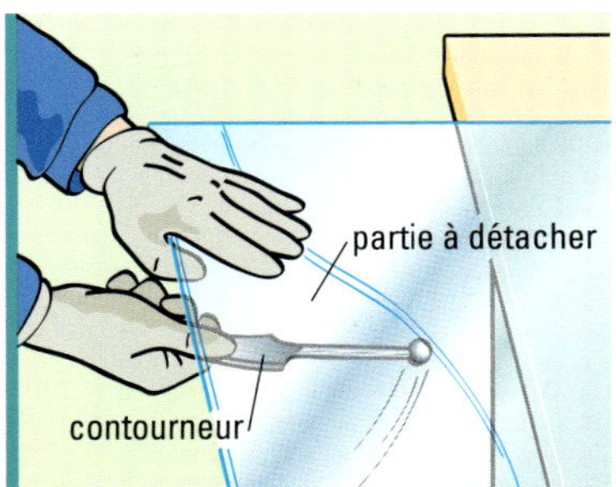

3 Détonnez la coupe. Mettez des gants et tirez la vitre pour la faire dépasser du bord de la table. Tenez le contourneur entre le pouce et l'index et frappez avec la boule sous le trait de coupe en suivant les contours.

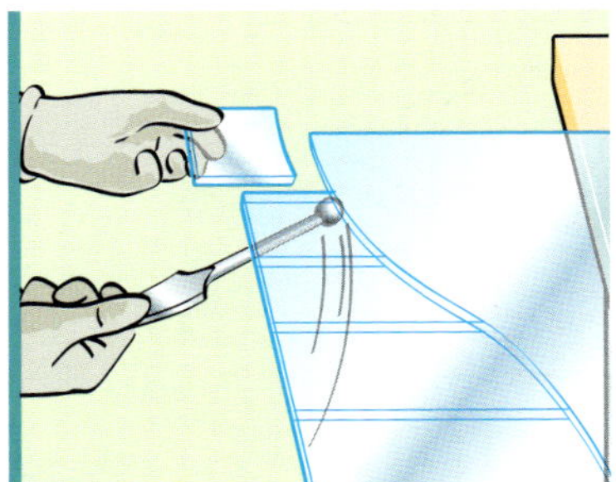

4 Détachez la chute. Si la chute ne se retire pas avec facilité, effectuez quelques traits de coupe perpendiculaires au tracé et « détonnez » les morceaux les uns après les autres pour libérer la courbe.

établir un gabarit de papier kraft à la forme voulue et le glisser sous le verre. Mettez des gants avant de séparer les morceaux.

La découpe circulaire

La découpe circulaire permet, par exemple, d'installer un aérateur à travers la vitre d'une fenêtre. Elle s'effectue à l'aide d'une tournette à ventouse (→ SÉQUENCE).

▶ Avant tout, positionnez la ventouse de la tournette au centre de la plaque de verre et assurez-vous que le cercle passera à plus de 5 cm du bord de la vitre.

▶ Fixez ensuite la ventouse en rabattant le levier. Vous devez tracer deux cercles, l'un correspondant à l'orifice souhaité, et l'autre, plus petit, à l'intérieur. Quand vous effectuez les tracés à la tournette, ne vous arrêtez pas et ne repassez pas deux fois au même endroit.

▶ Une fois ôtée la tournette, détonnez le plus grand cercle. Si le verre a été particulièrement bien coupé, il est possible qu'il se détache de lui-même. Dans le cas contraire, détonnez également le cercle intérieur, et détachez les morceaux. ■

Conseils aux débutants

– Appuyez de manière uniforme. Si la coupe est irrégulière ou quelque peu ondulée, avec des bavures par endroits, c'est que vous n'avez pas rayé le verre en exerçant sur l'outil une pression uniforme. N'oubliez pas que, pour obtenir une coupe nette, il faut appuyez sur la molette avec un effort constant du début à la fin du tracé.

– Entraînez-vous : pour effectuez vos essais, n'hésitez pas à utiliser des chutes de vitre jusqu'à ce que vous obteniez un crissement régulier de la molette.

– N'utilisez pas de vitres anciennes car, après quelques années, le verre « rassit » et devient difficile à couper, surtout pour un débutant.

la découpe circulaire

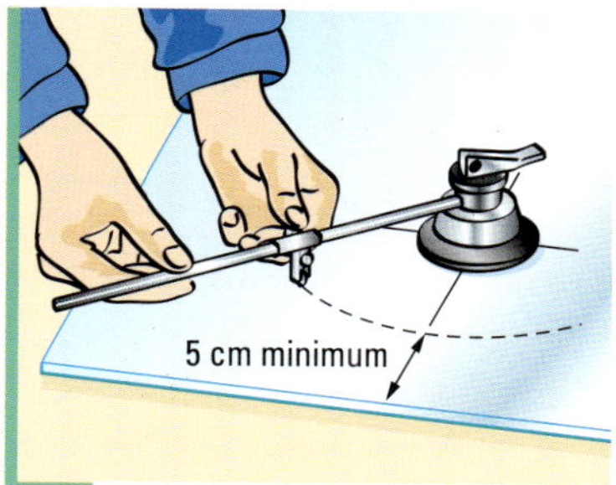

1 **Positionnez la ventouse.** Utilisez une tournette à ventouse que vous fixez en rabattant le levier de la partie supérieure. Assurez-vous que le cercle à tracer passera à plus de 5 cm du bord de la vitre.

2 **Tracez deux cercles.** Tracez un premier cercle d'un diamètre égal à celui l'appareil à installer dans la vitre, puis, sans bouger la ventouse, un cercle intérieur, d'environ 10 cm de diamètre. Enlevez la tournette.

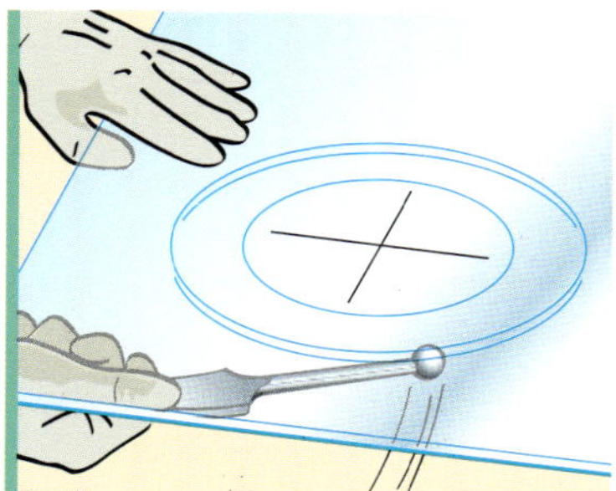

3 **Détonnez le cercle extérieur** avec un outil métallique, la boule d'un contourneur par exemple. Il est possible que le cercle se détache de lui-même. Si ce n'est pas le cas, poursuivez.

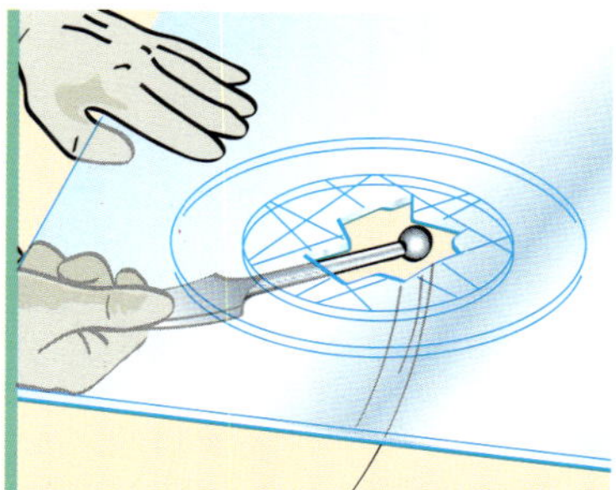

4 **Détonnez le cercle intérieur.** Striez si besoin celui-ci avec un coupe-verre et frappez dessous à l'aide d'un outil métallique pour détacher les morceaux constituant ce cercle.

5 **Ôtez la couronne restante.** Effectuez des traits de coupe en étoile sur celle-ci. Détonnez-les et enlever les pointes pour évider enfin le verre suivant le tracé du grand cercle extérieur.

Les principes du collage

Quels que soient le type de produit et la nature des matériaux à assembler, tout collage exige beaucoup de soin : une surface propre, une application parcimonieuse et le respect du temps de séchage sont indispensables.

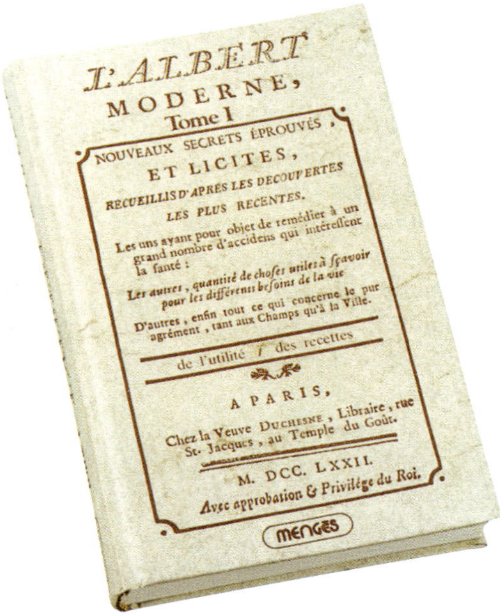

Les secrets d'Albert

Dans les secrets de *l'Albert moderne*, publié en 1772 (réédité en 1982, éd. Mengès), il est conseillé de réparer soi-même les vases en porcelaine : « Écrasez une tête d'ail pour obtenir une pâte collante avec laquelle vous assemblerez les morceaux cassés. Ensuite, faites bouillir l'ensemble dans du lait, ce qui a pour effet de solidifier la réparation, sans communiquer de goût au récipient ! » Vers 1900, la colle de peau, de poisson, de nerf… sont des colles à chaud dont l'ébéniste ne saurait se passer. De nos jours, nous utilisons surtout des produits chimiques, sans toutefois connaître la recette de la colle universelle. Chaque collage demande en effet des produits spécifiques. Sachez aussi qu'une mise en œuvre soignée est gage de réussite.

L'adhérence

Pour obtenir une adhérence maximale, il est nécessaire que la colle soit chimiquement capable de transformer le matériau au niveau de ses molécules. Le choix d'une colle dépend donc de la nature des matériaux à réunir ; c'est pourquoi vous trouverez de nombreux types de colle.

Les précautions préalables

Pour réussir un collage, il convient de prendre quelques précautions préalables, et ce quel que soit le type de colle.

Nettoyer les surfaces à assembler. Les parties à assembler doivent être saines et propres. Les poussières et les corps gras sont en effet les plus grands ennemis des colles, car ils peuvent en annuler l'adhérence. Avant chaque collage, nettoyez les pièces à l'aide d'un solvant approprié et, par la suite, évitez de les manipuler.

S'inquiéter de la température ambiante. Certains produits perdent de leur efficacité à basse température. En dessous de 10 °C, ils ne sèchent plus, ou très lentement, ce qui nuit à la solidité de l'assemblage.

Prévoir un moyen de serrage. La plupart des collages demandent un temps de séchage, pendant lequel les pièces assemblées doivent être parfaitement immobilisées l'une par rapport à l'autre (→ ENCADRÉ). Procédez à l'assemblage des pièces à sec, avant d'appliquer la colle, afin de vérifier que le serrage s'effectue correctement. Si c'est le cas, vous pourrez démonter l'assemblage et procéder à l'encollage.

Pour un collage réussi

Lors de l'encollage, le respect de certaines règles vous évitera des déconvenues…

Appliquer la colle avec parcimonie. La plupart du temps, il faut déposer une fine pellicule de colle sur chaque pièce, car un collage n'est pas un colmatage. Une trop forte épaisseur nuirait à la cohésion : même si la colle adhère parfaitement aux matériaux, elle risquerait de se dédoubler en épaisseur. Présentez les deux pièces l'une sur l'autre. Serrez-les et nettoyez immédiatement les bavures avec un solvant approprié. Après séchage, les taches sont difficiles, voire impossibles, à supprimer ; on risque de casser l'objet réparé.

Respecter le temps d'utilisation. Le mode d'emploi d'une colle contient souvent des termes techniques dont il faut tenir compte ; ils précisent, entre autres, les délais dont vous disposez pour travailler.

– Le temps ouvert : période comprise entre l'ouverture du pot et le début de la prise de la colle.

– Le temps de gommage : période pendant laquelle la colle étalée s'épaissit et augmente son pouvoir d'adhérence. Les pièces à coller ne doivent pas être mises en contact.

– Le temps de travail : période idéale pour effectuer l'assemblage. Passé ce laps de temps, le collage risque d'être défectueux.

– Le tack : pouvoir d'adhérence immédiat de la colle à l'instant où les deux pièces entrent en contact. ■

DES SERRAGES IMPROVISÉS

Inventez un montage en fonction de la pièce à recoller et de ce dont vous disposez. Voici quelques exemples.

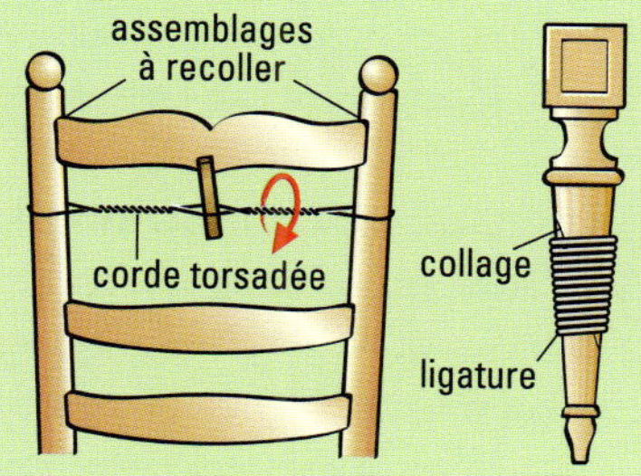

La cordelette

Torsadée en son milieu, elle aide à resserrer les montants d'une chaise; ligaturée autour d'un pied conique, elle assure le bon alignement des motifs décoratifs.

Le ruban adhésif

Il est d'une grande aide pour les objets légers. L'anse d'une théière ou le crochet de cuisine peuvent être maintenus de cette façon.

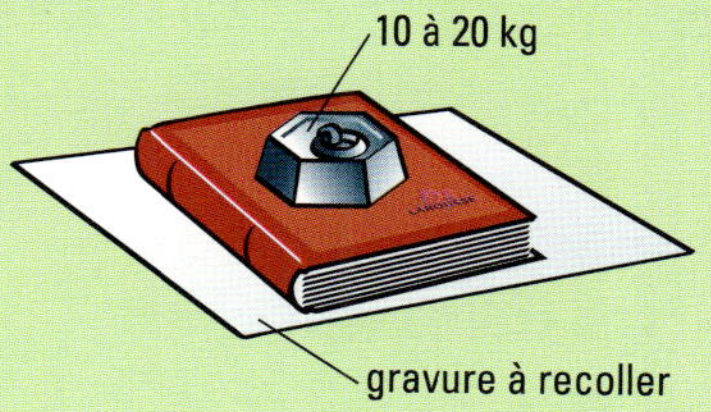

Le poids

Glissés sous un poids de 10 à 20 kg, un carton ou une gravure sont parfaitement immobilisés. Prenez la précaution d'interposer une surface rigide entre le poids et le collage pour bien répartir la charge.

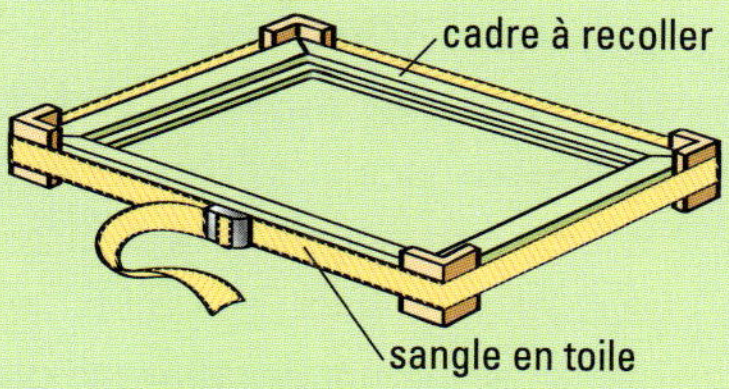

La presse à sangle

Par sa souplesse, elle convient à toutes les formes, des plus anguleuses aux plus arrondies : un cadre, le châssis d'un meuble ou un montant cylindrique... Mouillée, elle peut être tendue très fortement.

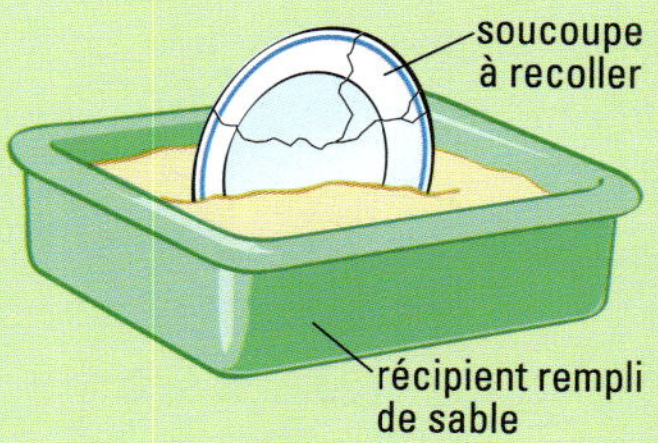

Le bac de sable

Pour des objets arrondis, telles les assiettes, un récipient rempli de sable humide permet une assise propice au sens du collage.

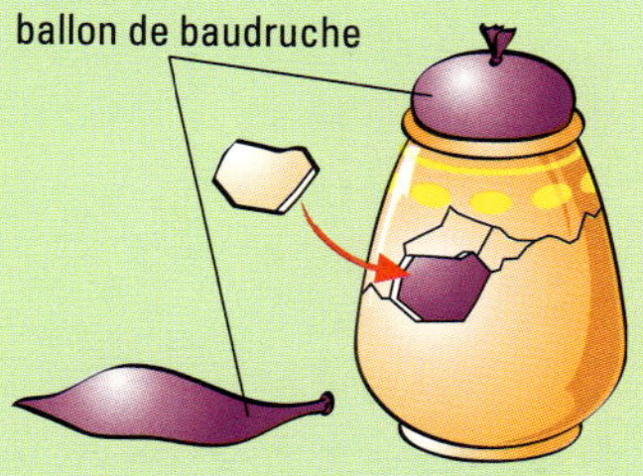

Une baudruche pour recoller un vase

Lors de la réparation d'un objet creux, un vase brisé par exemple, il est parfois difficile de recoller tous les fragments sans en faire tomber à l'intérieur. Pour éviter ce désagrément, introduisez un ballon de baudruche à l'intérieur du récipient et gonflez-le jusqu'à ce qu'il en épouse la forme interne.

Le sac de sable

Interposé entre l'objet et la presse, un petit sac rempli de sable épousera toutes les formes de la surface, ainsi soumise à un serrage bien réparti.

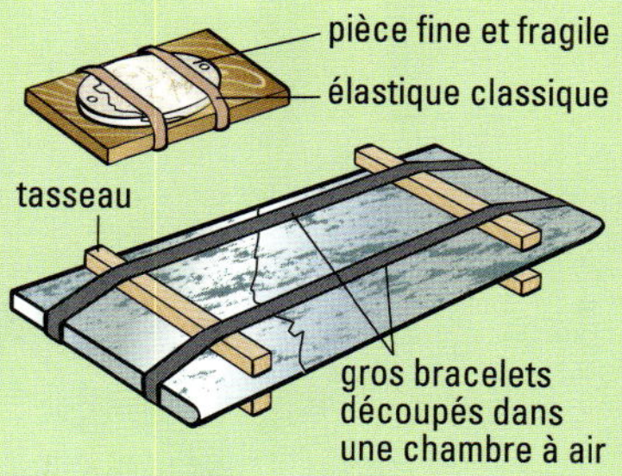

Le bracelet élastique

Il permet de serrer une pièce fine et fragile. Mais si vous découpez des bracelets dans une vieille chambre à air, vous pourrez maintenir des pièces de plus fort volume avec une réelle efficacité.

Les différentes colles

Tous les fabricants de colles proposent des fascicules ou des fiches techniques détaillées. Renseignez-vous auprès des spécialistes de la marque acquise si le produit ne vous donne pas satisfaction. Les avatars sont souvent le fait d'une mise en œuvre erronée et rarement imputables à un mauvais produit.

Les colles vinyliques, pour le bois et le carton

Les colles vinyliques sont des colles blanches se présentant sous forme d'un lait épais et destinées à l'assemblage de tous les bois et de leurs dérivés. Elles conviennent aux travaux de menuiserie intérieure et à la réparation d'objets non soumis à l'humidité. Pour coller des bois séjournant à l'extérieur et devant résister à l'eau, à la chaleur et aux intempéries, il est en effet préférable d'utiliser des colles polyuréthannes ou les produits spécifiques employés par les professionnels des travaux maritimes. Les colles vinyliques, bien que principalement utilisées sur le bois, permettent aussi de réunir d'autres matériaux, tels que le papier, le carton, le tissu… Après séchage, le film de colle devient transparent et pratiquement invisible.

Comment procéder.
L'usage d'une colle vinylique ne demande aucune préparation spéciale, hormis le nettoyage des surfaces à assembler.

▶ Pour l'encollage, utilisez un pinceau ou une spatule et étalez de manière uniforme un mince film sur les deux pièces (➡ CROQUIS 1).
Il peut arriver, si l'une des surfaces est poreuse, que la colle soit très vite absorbée ; dans ce cas, appliquez une seconde couche quelques minutes après. Ce double encollage est recommandé lorsqu'il s'agit de panneaux de particules agglomérées.

1. *La colle vinylique doit être étalée sur les deux pièces à assembler à l'aide d'une spatule ou d'un pinceau.*

2. *Durant le séchage, l'assemblage est maintenu avec des serre-joints.*

▶ Assemblez ensuite les deux pièces : leur position peut être rectifiée tant que le produit est humide.

▶ Dès que le résultat est satisfaisant, essuyez les bavures avec un linge humide et maintenez à l'aide de serre-joints (➡ CROQUIS 2).
Respectez le temps de séchage, dont la durée peut varier du simple au triple suivant la formule de la colle.

▶ Si nécessaire, après séchage, découpez les bavures de colle encore souples à l'aide d'un cutter.

● **À noter :** Un ancien collage à la colle vinylique peut être assoupli et décollé par une injection de vinaigre.

Les colles « animales », pour les meubles anciens

Les colles «animales» sont toujours d'actualité, notamment lorsqu'il s'agit de restaurer un meuble ancien en conservant son authenticité. D'autant qu'elles sont réversibles (➡ ENCADRÉ). La colle de peau est utilisée pour le cuir. La colle de poisson s'impose pour les incrustations métalliques. La colle d'os et la colle de nerf font merveille pour les placages… L'ébéniste procède parfois à des mélanges afin d'obtenir un produit sur mesure.

Réparer un placage. Pour la réparation d'un placage (➡ PP. 421-423), mélangez, par exemple, 60 % d'os et 40 % de nerf – la colle d'os se présente en perles, la colle de nerf, en poudre grossière.

▶ Faites le mélange à sec dans un récipient métallique, puis ajoutez deux volumes d'eau.

▶ Couvrez et laissez gonfler la préparation toute la nuit.

▶ Le lendemain, faites chauffer au bain-marie, afin de ne pas brûler la colle, qui perdrait ses qualités adhésives.

3. *Pour réussir une application de colle chaude, n'oubliez pas de chauffer également le bois, vous obtiendrez un collage presque immédiat. Ici, les cales placées à l'intérieur du meuble évitent à la fente du panneau de s'écarter.*

© Sader

4. *Les cordons de mastic silicone, extrudés de la cartouche, permettent, par exemple, de coller les parois de verre d'un futur aquarium.*

▶ Dès que la préparation est chaude (80 °C au maximum), utilisez-la, mais ne la laissez pas en permanence sur feu vif. Posez-la sur un réchauffeur improvisé avec une lampe d'éclairage pour éviter qu'elle se solidifie.

Travaillez dans un local tempéré, sans courant d'air, et n'oubliez pas de chauffer le bois avant d'étaler le produit : utilisez un sèche-cheveux ou un fer à repasser pour maintenir la bonne température, ce qui conserve la colle liquide et permet d'ajuster les pièces avec précision.

Le décollage des colles « animales »

Appréciées pour leur souplesse d'utilisation, les colles à chaud sont également irremplaçables pour leur réversibilité. Plusieurs années après sa fabrication, un meuble peut être ainsi désassemblé sans dommage.

– La vapeur humide dégagée par un fer à repasser posé sur une pattemouille suffit à ramollir la colle d'un ancien placage.

– L'alcool à vernir injecté à l'aide d'une seringue dans un assemblage facilite son démontage : sous l'effet de l'alcool, la colle se fissure et se fragmente en petits morceaux, ce qui permet de déboîter les pièces sans les casser.

Les mastics élastiques, pour isoler ou jointoyer

Conditionnés en cartouches, les mastics élastiques se présentent sous forme d'une pâte assez fluide qui adhère sur tous les matériaux. Élaborés à partir de caoutchouc synthétique, de résines acryliques, de silicones, de polyuréthannes, etc., ils existent sous plusieurs formules et sont destinés aux différentes disciplines du bâtiment pour jointoyer, isoler ou coller.

Extrudé de sa cartouche, le mastic forme un cordon qui, en présence de l'air, se polymérise – c'est-à-dire qu'il sèche en surface (formation de la « peau » : 20 min) – mais ne durcit jamais et conserve l'aspect compact et élastique d'un caoutchouc.

Ce type de mastic est particulièrement utile pour réunir deux matériaux différents n'ayant pas le même coefficient de dilatation : une plaque de verre et un châssis de bois peuvent ainsi être assemblés sans risque de rupture.

On distingue principalement : les mastics acryliques pour leur adhérence sur les maçonneries ; les mastics silicones pour leur grande flexibilité ; les mastics polyuréthannes pour leur adhérence et leur transparence.

La plupart de ces mastics montrent une bonne résistance aux intempéries, notamment aux ultraviolets, et acceptent d'importants changements de température (de – 50 °C à + 150 °C environ). Toutefois, soyez exigeant sur la qualité, car certaines fabrications ont tendance à durcir en vieillissant, d'autres développent des moisissures, d'autres enfin n'ont pas la transparence annoncée.

Les époxydes, pour tous les matériaux rigides

Les colles époxydes sont des résines synthétiques d'une consistance crémeuse ou pâteuse. Deux composants, l'adhésif et le durcisseur, doivent être mélangés, avant l'emploi, dans les proportions indiquées par le fabricant. Ce mélange déclenche une réaction chimique à fort pouvoir adhésif, équivalent à une véritable soudure, et permet de réaliser des assemblages très solides, qui résistent à l'humidité, aux intempéries et particulièrement bien à la chaleur (jusqu'à 250 °C). Il existe des colles époxydes opaques, d'autres translucides, mais toutes peuvent être teintées. Certaines durcissent en quelques minutes, mais attention, au-dessous de 5 °C, le collage ne se produit plus.
La plupart sont utilisées pour réparer ou assembler les matériaux rigides : bois, verre, métal, porcelaine (→ PHOTO 1)... Après séchage, le collage est irréversible et pratiquement impossible à séparer (→ PHOTO 2).

Réparer une assiette. Pour œuvrer dans de bonnes conditions, il est conseillé de maintenir une température proche de 20 °C durant l'encollage et le séchage. Éventuellement, n'hésitez pas à employer un sèche-cheveux. Avant de commencer, veillez aussi à vous munir d'un outil permettant de serrer les pièces pendant le séchage : serre-joint ou montage improvisé, suivant la forme des pièces à assembler (→ P. 63).
Ensuite, nettoyez les deux faces à l'aide d'un solvant afin de supprimer toute trace grasse et laissez reposer les pièces sans y toucher.
Préparez alors la quantité de colle nécessaire, en respectant bien le mode d'emploi. Le plus souvent, la part de résine et la part de durcisseur doivent être équivalentes (→ SÉQUENCE). Il existe d'ailleurs des seringues jumelées qui permettent de prélever deux doses égales.

1. *En ce cas précis, mieux vaut procéder en plusieurs étapes, et ne pas chercher à assembler tous les morceaux en même temps.*

2. *Lorsque vous utilisez une colle époxyde, enlevez aussitôt les bavures avec un solvant (alcool à 90° ou trichloréthylène) : après séchage, vous seriez dans l'obligation de les gratter avec un cutter sans parfois parvenir à les supprimer.*

Les thermofusibles, en menuiserie industrielle

Présentées sous forme de bâtonnets rigides, d'un diamètre de 1 cm, les thermofusibles sont des colles à chaud. Introduit dans un pistolet électrique, le bâtonnet fond au contact d'une résistance, et la colle s'écoule par le bec de l'appareil (→ PHOTO 3). Ces colles sont utilisables pour de petites réparations ou des fixations momentanées.
Soyez vigilants, car différentes couleurs de bâtonnets indiquent plusieurs qualités de colle. D'un emploi

Réparer une assiette avec une colle époxyde

1 Mélangez avec un bâtonnet. La résine et le durcisseur posés à parts égales dans une coupelle ou sur un carton doivent former une pâte bien homogène.

2 Appliquez la colle et pressez. Étalez un mince film de colle à l'aide du bâtonnet, sans surcharger, et pressez les deux pièces de façon progressive.

3 Laissez sécher. Durant le séchage, un bac plein de sable permet de caler à la verticale l'assemblage maintenu éventuellement avec du ruban adhésif.

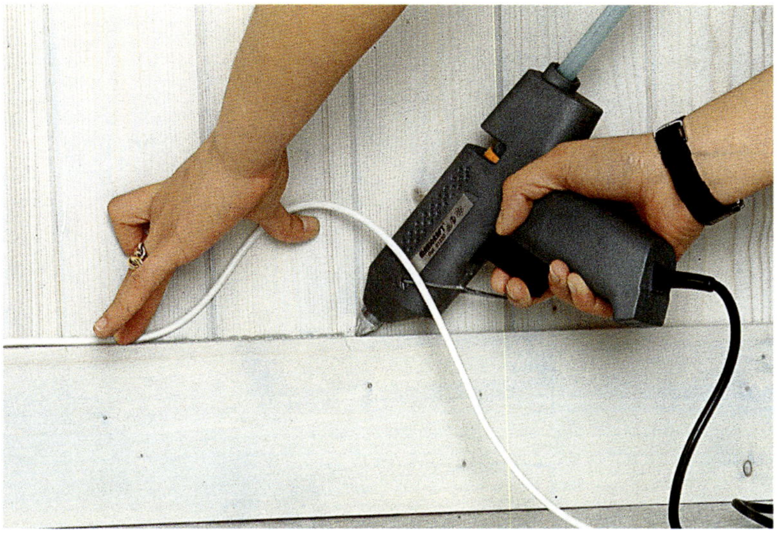

3. *Un bâtonnet thermofusible permet, par exemple, le collage rapide d'un câble sur une plinthe.*

courant en menuiserie industrielle, les colles thermofusibles proposées au particulier n'ont pas toujours les mêmes qualités d'adhérence. Par ailleurs, étant donné qu'il s'agit de colles réactivées par la chaleur, il est conseillé d'éloigner les pièces ainsi assemblées des sources chaudes : un radiateur de chauffage ou un spot d'éclairage à proximité d'un collage thermofusible suffisent à le ramollir.

Les méthacrylates, surtout pour le verre

Destinées au collage du verre et aux réparations de petites surfaces, les colles méthacrylates possèdent deux composants – deux liquides parfaitement incolores : la résine et l'activateur – ne demandant pas de mélange. Elles ont une bonne résistance à l'humidité et à la chaleur, ce qui permet de coller avec succès le rétroviseur sur son pare-brise, les accessoires d'une porte vitrée, la vaisselle cassée…

Comment procéder. Appliquez d'abord une couche d'activateur sur les deux faces de la cassure (→ PHOTO 4). Laissez sécher environ une minute. Appliquez ensuite une couche de résine sur l'une des faces, mettez en contact les deux parties, et pressez fortement pendant une minute. Enlevez les bavures immédiatement avec un chiffon imbibé d'alcool à 90°. Laissez sécher une demi-heure sans toucher au collage.

Les polyesters chargés, pour souder ou colmater

Les polyesters chargés sont des produits synthétiques adhésifs à deux composants : un matériau en poudre et une résine plastifiante liquide. Leur mélange provoque le durcissement de l'ensemble et permet d'obtenir, suivant la nature de l'élément en poudre, un bois ou un métal synthétiques. Le mélange plus ou moins pâteux adhère sur la plupart des matériaux. Ces produits, dont l'action est qualifiée de « soudure à froid », servent essentiellement à assembler deux pièces, boucher un trou, colmater une fissure ou encore reconstituer la partie manquante d'un objet.

Avant séchage, les éventuelles bavures ou les outils utilisés peuvent être nettoyés avec de l'acétone ou du trichloréthylène.

Après séchage, ces polyesters deviennent très durs et peuvent être poncés, sciés ou percés, comme le matériau d'origine.

4. *Pour réparer avec une colle méthacrylate, appliquez l'activateur sur une face, et la résine sur l'autre face. La réunion des deux composants déclenche le collage.*

Les colles de contact pour les matériaux en feuilles

On appelle « colles de contact », ou encore « colles à double encollage », des préparations liquides à base de caoutchouc synthétique du type Néoprène. Elles sont surtout utilisées pour coller des mousses plastiques, des placages, des stratifiés, des panneaux métalliques… Elles permettent en outre d'assembler des supports de nature différente – métal sur bois, liège sur plâtre, bois sur ciment –, même s'il importe de respecter une mise en œuvre particulière. Toutes ces colles montrent une capacité adhésive élevée, résistent bien à l'humidité et doivent être appliquées en couches minces.

Différentes présentations. La plupart des colles de contact se présentent sous forme liquide, d'où la présence parfois gênante, lors des manipulations, de coulures et de « fils » rappelant le gruyère fondu. Mais ces colles existent aussi sous leur formule thixotropique : le produit a alors la consistance d'une gélatine, plus facile à utiliser, surtout sur des surfaces verticales.

Les colles de contact se présentent également en tubes dans une version incolore, particulièrement recommandée pour les matériaux souples : feutre, toile, plastique, cuir, Skaï (➡ **PHOTO 1**)…

Vous trouverez aussi une version pulvérisable, en bombe aérosol. Ce type de Néoprène convient pour le papier, le carton, le liège, la mousse isolante (➡ **PHOTO 2**)… Particularité intéressante : la pulvérisation d'une couche fine permet un assemblage repositionnable, alors que l'application en deux couches – une sur chaque face – rend l'assemblage définitif.

● **À noter :** La plupart des colles de contact contenant des solvants volatils et inflammables, il est prudent de les utiliser dans un local aéré et, éventuellement, de porter un masque protégeant le nez et la bouche des émanations.

La mise en œuvre. Encollez les deux surfaces à réunir avec une spatule crantée de façon à étaler une mince couche régulière – comptez environ 150 g au mètre carré (➡ **CROQUIS 3**). Si le support est poreux, procédez à un double encollage de sa surface : la première couche pénétrera dans le support et la seconde sera à point pour le collage.

1. *Une colle de contact transparente pour matériaux souples.*

2. *Une colle de contact type Néoprène en aérosol : pour l'encollage de l'envers du revêtement (ici, le tapis d'un coffre de voiture), une fine pulvérisation suffit.*

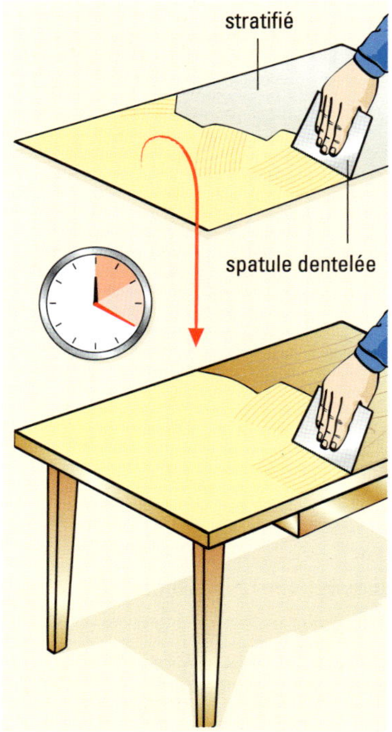

3. *Appliquez la colle sur les deux faces à assembler avec une spatule pour étaler un mince film régulier. Laissez sécher à l'abri de la poussière jusqu'à l'évaporation complète des solvants : le film de colle inerte semble alors ne plus coller. Vous pouvez assembler.*

Le séchage. Laissez sécher jusqu'à évaporation des solvants contenus dans la colle. Le temps de séchage varie, suivant les fabrications, de 10 à 20 minutes : il est primordial de le respecter afin de ne pas affaiblir le pouvoir adhésif du produit. Lorsque le séchage est correct, le film de colle ne poisse plus et semble ne plus coller. À partir de cet instant, l'assemblage est possible.

L'assemblage. Présentez les deux faces encollées l'une contre l'autre, et ce dans la position exacte qu'elles doivent occuper.

Attention ! La prise de la colle est immédiate, et, dès le premier contact, vous ne pourrez plus réajuster l'assemblage. Pour éviter les fausses manœuvres, procédez comme indiqué ci-contre (➡ **SÉQUENCE**).

Les cyanoacrylates, pour les bijoux

Lors d'une première utilisation, les propriétés de ces adhésifs sans solvant semblent incroyables. Une seule goutte suffit pour obtenir un collage immédiat d'une surprenante solidité – jusqu'à 350 kg au centimètre carré. Présentées sous forme de liquide incolore, ces colles conviennent – dans leur version standard – pour des réparations minutieuses sur presque tous les matériaux, à condition qu'ils ne soient pas poreux et que les surfaces à sceller soient en parfait contact : le film de colle doit être aussi mince que possible.

Utilisez de préférence un produit diffusé en flacon, emballage plus stable qu'un tube et souvent pourvu d'un pinceau pour une meilleure application (Loctite).

Nettoyez les surfaces à encoller. Étalez très peu de colle sur une seule face jusqu'à solidification. Faites attention, il faut trouver immédiatement la bonne position des deux pièces afin d'éviter un mauvais alignement qu'il serait impossible de rectifier. Procédez à plusieurs essais en assemblant les deux parties à sec et prenez des repères avant l'encollage. Les réparations les plus courantes s'effectuent sur les bijoux, les pièces d'horlogerie, la lunetterie… Mais vous trouverez également des cyanoacrylates pour les matériaux poreux, ainsi qu'une version destinée aux métaux possédant une grande résistance aux chocs.

Attention ! Manipulez ces produits avec précaution : une goutte serrée entre deux doigts les collerait l'un sur l'autre, et l'intervention d'un chirurgien risquerait d'être nécessaire… Après un premier usage, conservez le flacon dans un endroit frais et sec, et à l'abri de la lumière : les cyanoacrylates sont en effet sensibles aux ultraviolets, raison pour laquelle elles sont déconseillées pour recoller le verre. ■

4. *Les cyanoacrylates se présentent en tubes ou en flacons de faible contenance (de 3 à 5 g).*

Assemblage avec une colle de contact

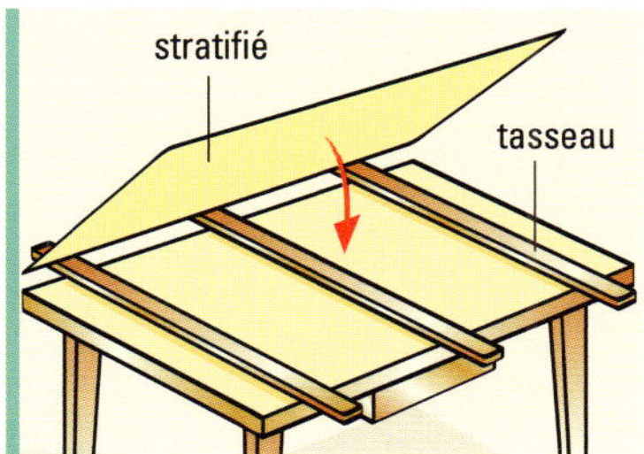

1 **Glissez entre les deux faces encollées quelques tasseaux** de faible section ; les solvants de la colle étant évaporés, les tasseaux n'adhéreront pas aux faces.

2 **Maintenez le centre du panneau d'une main** et, de l'autre, tirez doucement sur les tasseaux, ce qui permettra l'adhérence des deux faces. N'effectuez cette manœuvre que lorsque vous êtes certain de la position du stratifié.

3 **Aplanissez toute la surface à l'aide d'un rouleau** en caoutchouc dur, du centre vers les bords, pour chasser les bulles d'air et assurer une adhérence parfaite. Enlevez les éventuelles bavures de colle à l'aide d'un solvant adapté au produit.

De A à Z, les mots du bricolage

Hormis les outils, présentés dans le chapitre qui leur est particulièrement consacré, vous trouverez ici définis plus d'une centaine de mots utiles à connaître avec précision, des plus faussement simples aux plus techniques, parmi bien d'autres termes expliqués au fil des pages.

ABAQUE. Tableau graphique dont la lecture à deux entrées (horizontale et verticale) permet de trouver rapidement un résultat en évitant de nombreux et fastidieux calculs.

AGGLOMÉRÉ. Se dit d'un mélange de matériaux concassés (sable, graviers, poussier...), pilonnés, puis comprimés avec un liant.
En menuiserie, on appelle « panneau de particules agglomérées » des particules de bois concassé mélangées à une résine et comprimées à chaud pour obtenir un panneau rigide dérivé du bois.

ANGLÉSAGE. Procédé permettant d'habiller un angle, une arête, un chant... avec du tissu sans que les agrafes ou les clous utilisés apparaissent en surface. L'anglésage est une sorte de repli effectué à l'aide d'une baguette (ou d'une bande de carton) par le tapissier-décorateur.

APPAREILLAGE. Désigne la position des éléments (pierres, briques, dalles) constituant une maçonnerie. Selon la disposition (à plat, sur chant, en bout...) des briques, par exemple, le dessin de la surface du mur sera différent. Synonyme : calepinage.
En électricité, désigne l'ensemble des appareils de connexion, de commande ou de protection d'une installation électrique : boîtes de dérivation, prises, interrupteurs, commutateurs, contacteurs, fusibles, disjoncteurs...

ARASER. Couper au ras, aplanir. Exemple : araser un tourillon consiste à couper la partie dépassante pour faire disparaître toute saillie.

BARBOTINE. Mortier de ciment liquide que le carreleur prépare pour réaliser les joints d'un carrelage de sol. Se dit également d'un coulis de ciment appliqué à la brosse afin d'améliorer l'adhérence d'un nouvel enduit sur une maçonnerie ancienne.

BARDAGE. Revêtement composé d'une succession de planchettes, d'ardoises, de tôles, de tuiles... Le bardage fixé sur une ossature est utilisé pour doubler un mur de façade ; s'il recouvre un matériau isolant thermique, il est nommé bardage isolant.

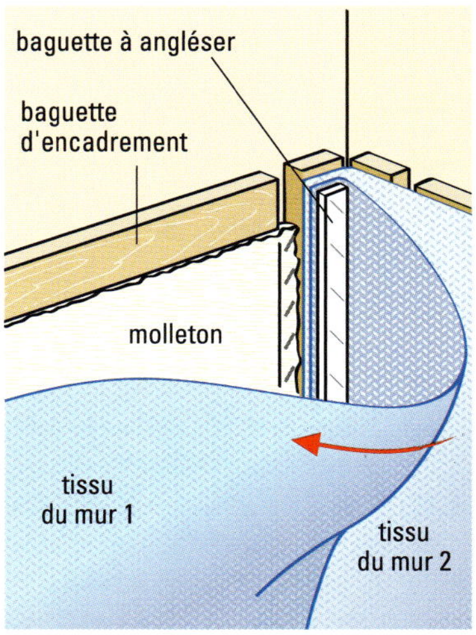

Anglésage.

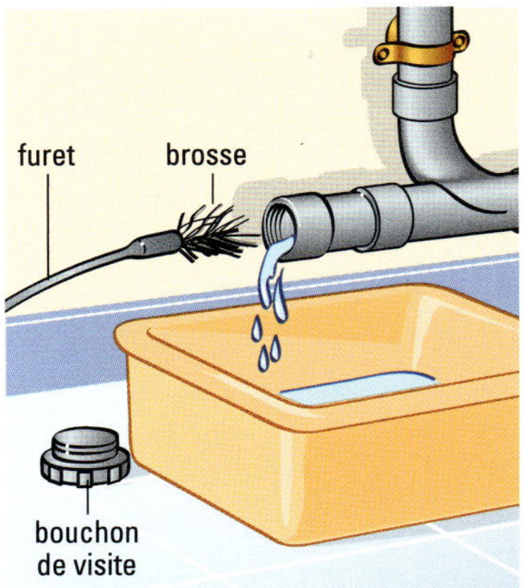

Bouchon de visite.

BOÎTE À COUPE D'ONGLET. Goulotte en forme de U comportant des fentes destinées au guidage d'une lame de scie. L'ensemble permet de scier les extrémités des baguettes, des tubes, des moulures... sous un angle de 45° ou, au contraire, parfaitement perpendiculaire.

BOUCHON DE VISITE. Bouchon amovible généralement vissé sur un raccord de tuyauterie et dont l'ouverture autorise l'introduction d'un furet destiné au débouchage de la canalisation.

BOUVETÉE. Se dit d'une lame rainurée. Un bouvet est un rabot qui sert à faire des rainures.

BRASURE. Soudure d'un métal réalisée avec un alliage de cuivre, de laiton ou de zinc. La brasure appelée aussi soudobrasage nécessite de posséder un chalumeau dont la flamme dépasse 1 000 °C.

CALEPINAGE. Réalisation d'un plan détaillé reproduisant, à échelle réduite,

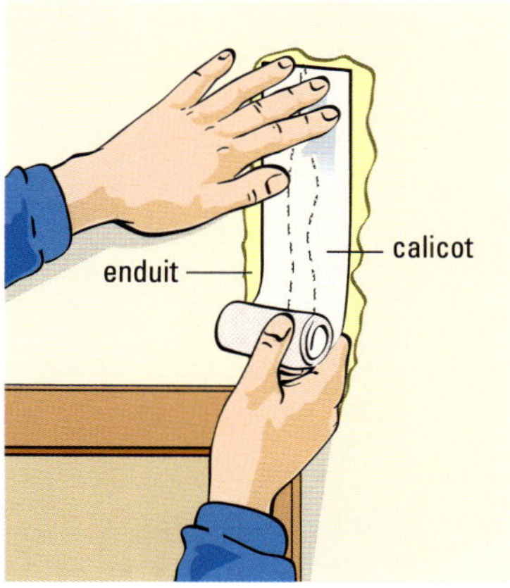

Calicot.

l'assemblage de différents éléments. Exemple : lorsqu'il s'agit d'exécuter un carrelage comportant des éléments de différentes couleurs, disposés dans un ordre bien défini, le carreleur se réfère au calepin de l'ouvrage.

CALICOT. Bande de toile de coton, ruban de papier ou tissage synthétique utilisés comme armature pour renforcer la solidité d'un joint ou le colmatage d'une fissure. Le calicot noyé dans l'enduit, à cheval sur la fissure, maintient les deux lèvres et évite à la réparation de se détériorer de nouveau.

CAPILLARITÉ. Phénomène physique observé lorsqu'on plonge verticalement un minuscule tube de verre dans un liquide. Le liquide contenu à l'intérieur du tube s'élève au-dessus de la surface laissée à l'air libre. Ce phénomène permet à l'eau de monter à l'intérieur des corps poreux. Ainsi, un mur composé de matériaux poreux, situé en milieu humide, «pompe» l'eau du sol exactement comme une éponge aspire les liquides.

CHAMBRANLE. Encadrement, partie fixe d'une porte ou d'une fenêtre. Synonymes : huisserie, dormant.

CHANFREIN. Petit pan coupé oblique façonné pour abattre un angle vif. Chanfreiner un morceau de bois, de fer, de pierre… consiste à limer ou à poncer les angles afin de casser les arêtes vives.

CHANT. Face la plus étroite et la plus large d'un parallélépipède.
Exemples : le frottoir d'une boîte d'allumettes se trouve sur le chant ; les charnières (ou paumelles) sont fixées sur le chant de la porte.

CHAPE. Surface imperméable qui protège le sol en béton. La dalle en béton est, en principe, recouverte d'une chape de mortier. Lorsque cette chape repose sur un matériau résilient (laine de roche, par exemple), elle est dite «chape flottante».

CHEVILLE. Tige de bois de section ronde ou carrée servant à consolider des assemblages de menuiserie. Par extension, douille en matière plastique, en métal, en caoutchouc… utilisée pour l'implantation de vis. Interposée entre la vis et la maçonnerie, la douille est un moyen de liaison indispensable à la bonne tenue d'une fixation.

CINTRAGE. Opération qui consiste à courber une tige, un tube, une baguette… pour réaliser un coude de forme arrondie. En principe, ce travail s'effectue avec une cintreuse, qui permet de reproduire un rayon de courbure précis, ou avec un ressort à cintrer.

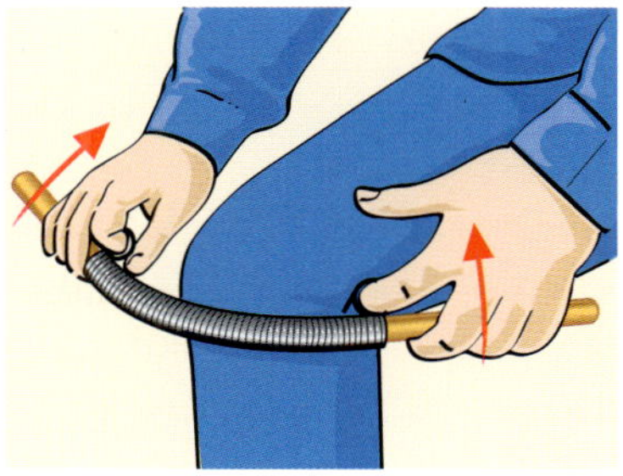

Cintrage d'un tube avec un ressort à cintrer.

CLAPET. Sorte de joint, de soupape. Monté dans une vanne, un robinet, une valve…, le clapet sert d'obturateur au passage d'un fluide. Le clapet d'un robinet – souvent en caoutchouc – permet de fermer l'eau.

CLIP. Petite pièce métallique qui permet l'assemblage, la fixation de différents éléments par simple pression, comme s'il s'agissait de boutons-pression.

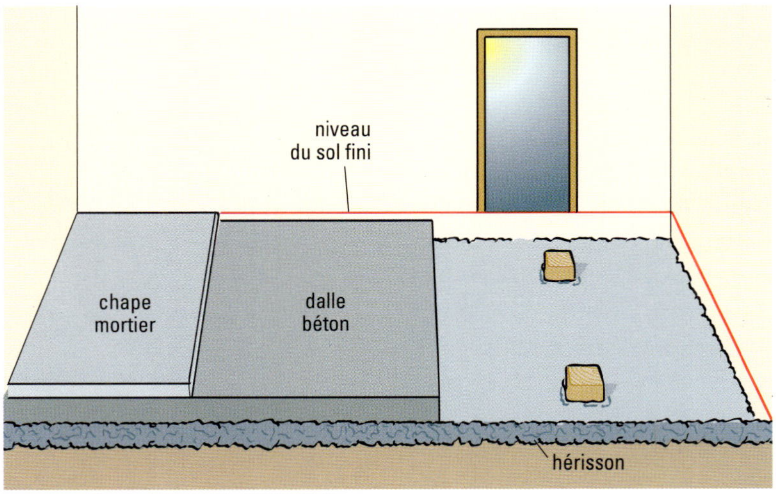

Chape. Hérisson.

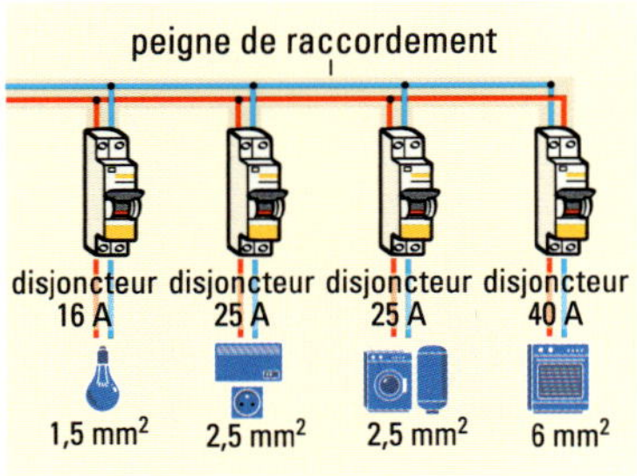

Disjoncteurs divisionnaires.

COLMATAGE. Action qui consiste à reboucher provisoirement un trou, une fente, une fuite... plus ou moins grossièrement. Exemple : colmater une brèche dans un mur.

CONTRE-CLOISON. Cloison montée devant un mur (ou une cloison) existant. Le montage d'une contre-cloison en briques, en plâtre... permet de masquer un mur dégradé ou de dissimuler un matériau isolant.

CONTRECOLLÉ. Carton rigide dont une des faces comporte un décor (couleur, motif). En encadrement, s'utilise pour confectionner des passe-partout.

CRÉMONE. Dispositif utilisé pour la fermeture ou l'ouverture d'une fenêtre. En tournant la poignée, la crémone se déplace en partie haute et basse, verrouillant ou libérant le ou les vantaux.

CUVELAGE. Réalisation d'un enduit sur les parois d'un sous-sol, d'une citerne, d'un réservoir... afin de les rendre étanches. Des peintures spéciales, des enduits hydrofuges sont spécialement destinés à la remise en état des maçonneries ayant perdu leur étanchéité.

DÉCAPAGE. Action qui consiste à mettre un support à nu afin de remplacer son revêtement de finition.

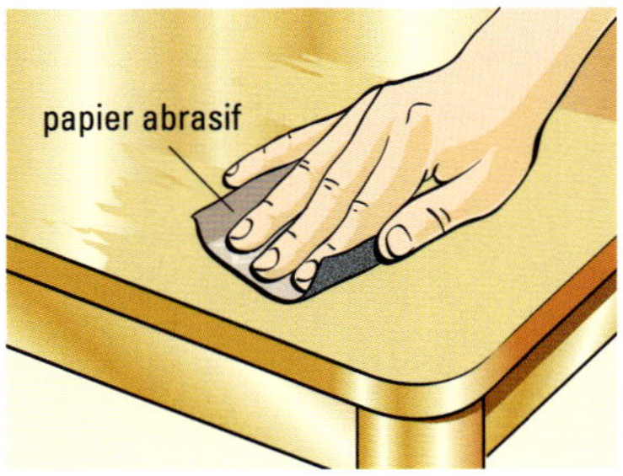

Décapage. Égrenage.

Le décapage s'effectue soit par des moyens chimiques, soit par des moyens mécaniques (brûlage, grattage, ponçage...).

DÉGONDAGE. Action qui consiste à soulever une porte pour qu'elle sorte de ses gonds.

DÉTALONNAGE. Opération consistant à meuler l'arrière d'un outil coupant pour éviter qu'il ne frotte sur la pièce. Exemple : les deux lèvres d'un foret à métaux sont détalonnées, faute de quoi le foret « talonnerait » le métal, s'échaufferait et ne couperait plus.

DÉTONNER. Opération qui consiste à frapper sous le trait de coupe d'une plaque de verre pour en faciliter la découpe.

DISJONCTEUR. Appareil de coupure de l'alimentation électrique protégeant contre les surcharges et les courts circuits l'ensemble de l'installation – disjoncteur de branchement – ou chacun des différents circuits – disjoncteurs divisionnaires ou modulaires. Les premiers assurent également une protection contre les fuites de courant ; ils sont sensibles pour un courant de fuite de 500 mA. Il existe en outre des disjoncteurs différentiels à haute sensibilité (30 mA), qui coupent le circuit qu'ils contrôlent, par exemple, en cas de fuite de courant due à un défaut d'isolement d'un appareil, ce qui protège les personnes en cas de contact indirect.

DOMOTIQUE. Ensemble de techniques tendant à intégrer à l'habitat des automatismes en matière de sécurité, de gestion de l'énergie, de communication, etc. Grâce à l'informatique, une maison peut être mise sous contrôle permanent.

DORMANT. Chambranle, huisserie. En opposition avec « ouvrant ».

ÉBARBER. Éliminer les bavures d'une pièce – quelle que soit sa nature – venant d'être découpée. L'ébarbage se fait à la lime, au grattoir, avec du papier abrasif ou encore avec un ébarbeur. Synonyme : ébavurer.

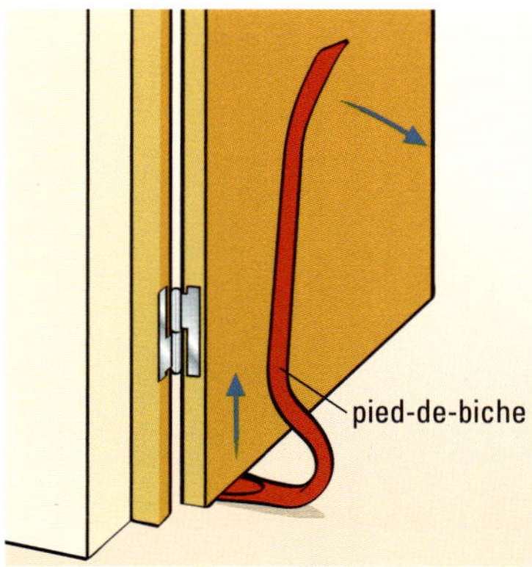

Dégondage d'une porte.

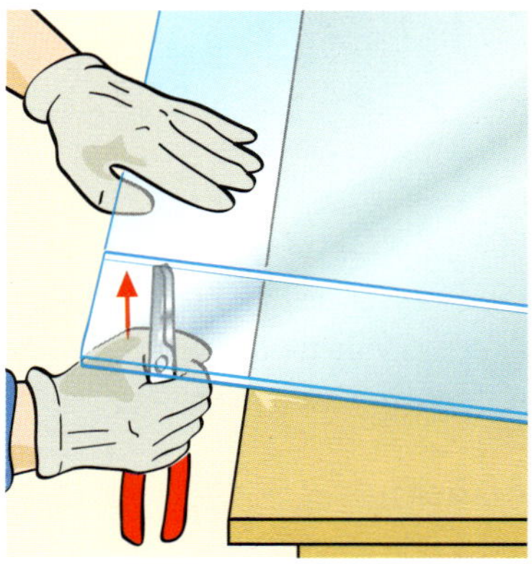

Détonner une plaque de verre.

ÉGRENER. Poncer grossièrement une surface pour supprimer les aspérités les plus apparentes. L'égrenage s'exécute de différentes façons : avec une truelle Berthelet ou un grattoir, ou du papier de verre gros grain.

EMBOUT FILETÉ. Axe dont une extrémité porte un filetage. Ce peut être le filetage d'une vis à métaux ou celui d'une vis à bois.

EMBRASSE. Cordon (ou bande de tissu) enroulé autour d'un rideau ouvert et accroché sur le côté d'une fenêtre afin de conserver les plis du tissu harmonieusement disposés.

ENTARTRAGE. Dépôt de calcaire dû à la dureté de l'eau. Plus l'eau est chaude, plus l'entartrage est rapide. Le tartre est néfaste au bon fonctionnement des appareils hydrauliques.

ENTRETOISE. Pièce de bois ou de métal qui maintient des pièces disposées parallèlement. Exemple : les barreaux d'une échelle, qui maintiennent ses deux montants à un écartement rigoureux, constituent des entretoises.

ENTREVOUS. Espace existant entre deux solives ou poutrelles d'un plancher. En général, cet espace est rempli par un élément maçonné appelé hourdis. Par extension, le mot entrevous désigne également le hourdis.

ÉQUERRAGE. Contrôler l'équerrage d'un assemblage, d'un montage, d'une construction signifie vérifier avec une équerre que les divers éléments sont bien orthogonaux.

FEUILLURE. Embrèvement (encoche) réalisé tout au long d'une pièce ou sur le périmètre d'un cadre afin d'y encastrer un autre élément. Exemples : une vitre s'encastre dans les feuillures de la fenêtre, une porte fermée se loge dans la feuillure de l'huisserie.

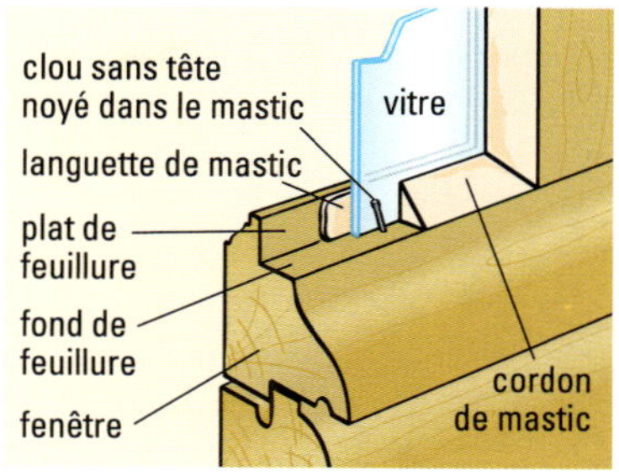

Feuillure d'une fenêtre.

FILETAGE. Spirale hélicoïdale exécutée sur le diamètre extérieur d'un axe pour réaliser une vis ou une tige filetée. Le filetage est défini par son diamètre extérieur, son profil et son pas. Exemple : vis ISO de 10 x 150 :
– ISO, profil métrique normalisé à 60° ;
– diamètre extérieur de 10 mm ;
– pas de 1,50 mm : déplacement observé pour un tour de la spirale.
La réalisation d'un filetage s'effectue à l'aide d'une filière ou d'un taraud.

FLIPOT. Mince cale de bois biseautée taillée pour obstruer une fente dans un panneau de bois. Le flipot est réalisé sur mesure, encollé puis glissé en force dans la fente.

FRAISURE. Évasement conique réalisé à l'orifice d'un trou afin d'y loger une tête de vis. La fraisure s'effectue avec un fraise, outil coupant en acier de forme conique dont l'angle de pointe est de 90°.

FRISETTE. Voir Lambris.

GÂCHE. Pièce métallique vissée sur l'huisserie d'une porte et dans laquelle s'engage le pêne de la serrure.

GÂCHER. Action qui consiste à préparer, mélanger ou malaxer le plâtre, le ciment ou le mortier.

GOBETIS. Première couche d'un enduit de ciment qui en comporte généralement trois. Le gobetis est projeté sur le mur et sa surface doit rester rugueuse afin de permettre l'accrochage de la deuxième couche.

GOMMAGE. Le gommage est la période pendant laquelle une colle étalée s'épaissit et augmente son pouvoir d'adhérence. Pendant le gommage, les solvants s'évaporent, le film de colle devient poisseux et augmente son « tack » (pouvoir d'adhérence immédiat de la colle à l'instant où les deux pièces entrent en contact). Avec une colle de contact, l'observation du temps de gommage est primordiale, faute de quoi le collage serait défectueux.

GUEULE-DE-LOUP. Assemblage de deux pièces par l'intermédiaire de deux surfaces courbes (concave et convexe). Exemple : la fermeture d'une fenêtre à la française est assurée par l'emboîtement de deux vantaux dont les chants comportent une gueule-de-loup.

HÉRISSON. En maçonnerie, désigne un lit de gros cailloux (ou de pierres concassées) disposés sur un sol préalablement damé afin de constituer

Gâcher du ciment.

une assise solide prête à recevoir un autre revêtement comme une dalle. Autrefois, les pierres concassées étaient disposées verticalement, à la main, les parties pointues vers le haut, d'où le terme de hérisson.

HOURDIS. Élément en béton, en terre cuite, en polystyrène… servant à remplir les entrevous existant entre les poutrelles d'un plancher. Les hourdis sont des corps creux et isolants dont la juxtaposition forme un plan rigide mais léger, prêt à recevoir toutes les catégories de sol.

HUISSERIE. Parties fixes des portes et des fenêtres. Les huisseries en bois, en matière plastique ou métalliques sont scellées ou vissées dans la maçonnerie. Synonymes : chambranle, dormant.

Jointoyer.

HYDROFUGE. Se dit d'un produit qui préserve de l'humidité. Exemple : un mortier hydrofuge protège des infiltrations d'eau en agissant par obturation des pores.

HYDROPHOBE. Se dit d'un produit impossible à mouiller, d'une matière qui repousse l'eau. Exemple : la paraffine est hydrophobe. Contraire : hydrophile (coton).

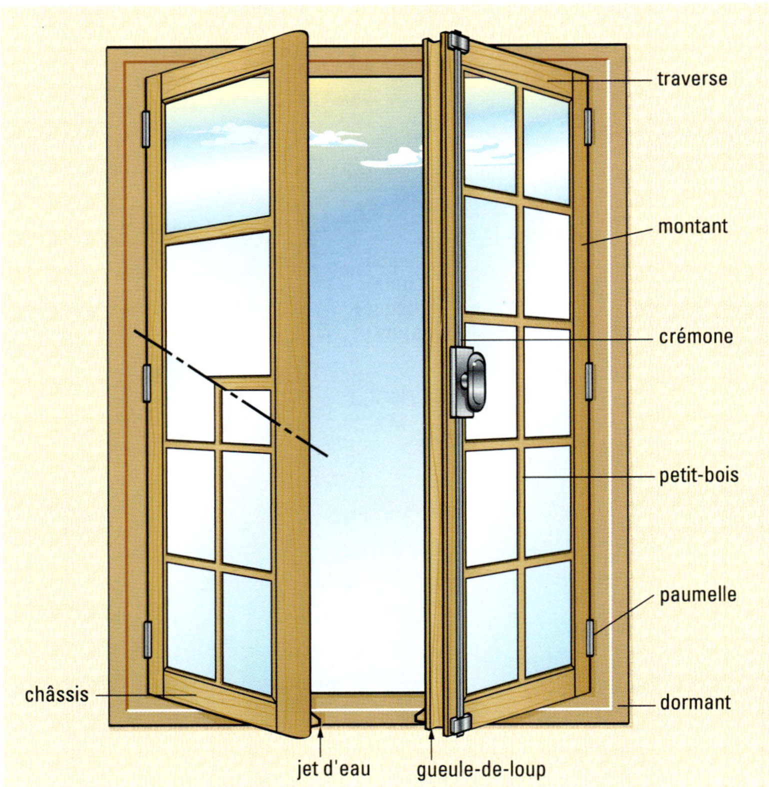

Crémone. Dormant. Gueule-de-loup. Huisserie. Paumelle. Petit-bois.

INERTIE. Propriété de la matière qui fait que les corps ne peuvent pas d'eux-mêmes modifier leur état. La force d'inertie est une sorte de résistance qui varie en fonction de la masse des corps. Exemples : vis-à-vis de la chaleur, la fonte a une bonne inertie, l'aluminium qui se refroidit plus vite a une faible inertie.

JOINTOYER. Garnir des joints. Exemples : remplir les joints d'un carrelage de barbotine, lisser les joints d'un mur en pierres, appliquer un cordon de mastic, etc.

LAMBOURDE. Pièce de bois sur laquelle sont clouées les lames d'un parquet (voir aussi solive).

LAMBRIS. Revêtement composé de panneaux de bois sculpté, de marbre, de stuc… recouvrant les murs d'une pièce. Par extension, revêtement en bois composé de lames bouvetées (appelées également « frisette »), assemblées les unes aux autres par rainure et languette.

LASURE. Produit d'imprégnation, teinté ou non, destiné à la protection des bois. Contrairement à la peinture et au vernis, la lasure pénètre dans le bois sans laisser de pellicule apparente. Elle renferme des composants fongicides, insecticides et hydrofuges.

LÉ. Largeur d'une bande de tissu mesurée entre deux lisières. Par extension, bande de papier peint, de vinyle, de contrecollé…

LIAISON ÉQUIPOTENTIELLE. Tous les éléments métalliques d'une salle de bains doivent être reliés à la terre. Pour ce faire, une tresse métallique réunit entre eux canalisations, baignoire, chauffe-eau, convecteur, huisserie de porte... : c'est la liaison équipotentielle.

LINTEAU. Pièce de métal, de bois, de pierre... posée horizontalement au sommet d'une porte ou d'une fenêtre. Le linteau soutient la maçonnerie située au-dessus de l'ouverture.

LITEAU. Latte de bois clouée horizontalement sur les chevrons et destinée à l'accrochage des tuiles ou des ardoises.

MAROUFLER. Lisser la surface d'un revêtement venant d'être collé (papier peint, stratifié, moquette...) pour obtenir un contact parfait avec le support. Le marouflage s'effectue avec une spatule, un rouleau ou un balai pour lisser la surface sans marquer le revêtement.

MARTYR. Cale en bois interposée entre un outil et une pièce afin de protéger celle-ci contre les chocs ou les empreintes susceptibles de la blesser.

MORTIER. Le mortier est constitué d'un liant hydraulique (ciment, chaux, plâtre), de granulats (sable, gravillons), d'eau et éventuellement

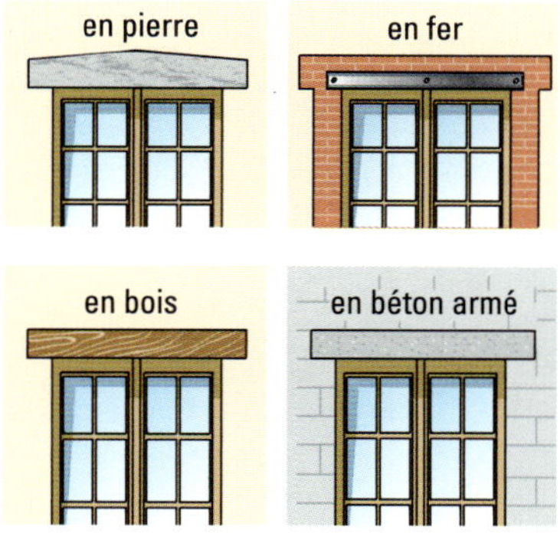

Linteaux.

de certains adjuvants (colorant, hydrofuge, adhésif). Dans sa version traditionnelle, il sert à lier entre eux les éléments d'une maçonnerie mais permet également d'enduire, de sceller, de coller, de ragréer, etc., et prend alors des dénominations diverses : mortier-colle, mortier bâtard, mortier isolant, mortier hydrofuge, etc.

MUR DE REFEND. Mur porteur placé à l'intérieur d'une construction. En principe, le mur de refend est perpendiculaire à la façade.

PAQUET. Ensemble des éléments constituant l'empilage réalisé pour l'exécution d'un sous-verre.

PARQUET FLOTTANT. Parquet mince, simplement posé sur le sol sans aucune fixation, d'où son qualificatif de « flottant ». Il peut ainsi se dilater et se rétracter en fonction de l'hygrométrie ambiante.

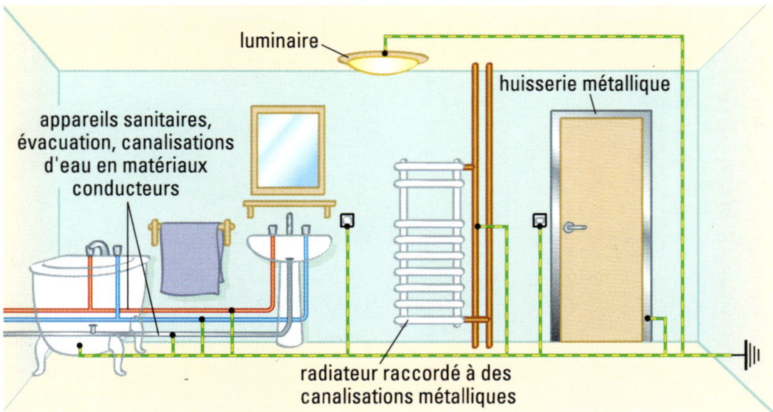

Liaison équipotentielle.

PASSE-PARTOUT. 1 : clé qui ouvre plusieurs serrures différentes ; 2 : longue lame de scie comportant une poignée à chaque extrémité manœuvrée par deux intervenants ; 3 : cadre en carton situé devant la gravure et derrière le verre d'un encadrement.

PATINE. Aspect coloré, lustré que prennent certains objets avec le temps. Par extension, coloration artificielle donnant l'illusion d'une patine ancienne.

PAUMELLE. Ferrure double qui permet le pivotement d'une porte ou d'une fenêtre : une partie, qui porte le gond, est fixée dans le chambranle, tandis que l'autre est fixée dans le chant.

PÊNE. Pièce mobile d'une serrure qui, actionnée par une clé, s'engage dans la gâche.

PER (POLYÉTHYLÈNE RÉTICULÉ). Matière plastique souple, lisse et étanche, à surface antiadhérante et dont la chaîne moléculaire a été modifiée pour renforcer sa résistance.

PETIT-BOIS. Éléments en bois, de faible section, qui quadrillent la surface vitrée d'une porte ou d'une fenêtre.

PIGE. Longueur arbitraire prise comme référence. La pige sert d'instrument de mesure pour reporter plusieurs fois une dimension précise.

PLACAGE. Mince tranche de bois décorative destinée à être collée sur une surface d'essence plus modeste.

Lorsque différentes essences de placage sont harmonieusement juxtaposées, il s'agit de marqueterie. Intéressant principalement l'ébénisterie, le terme de « placage » s'est étendu à d'autres techniques : il existe ainsi des placages en pierre, en stratifié, en céramique, etc.

POLYANE. Film de polyéthylène utilisé comme bâche ou comme barrière contre les remontées d'humidité.

POLYSTYRÈNE. Matière plastique obtenue par polymérisation (réaction chimique formant des agglomérats de molécules) du styrène. On distingue :
– le polystyrène expansé constitué d'une multitude de billes de styrène agglomérées entre elles ; selon sa densité, il est utilisé pour l'emballage ou pour le calfeutrage ;
– le polystyrène extrudé, matériau expansé par une multitude de bulles d'air, ce qui lui confère sa rigidité et ses qualités d'isolant thermique.

POLYURÉTHANNE ou **POLYURÉTHANE.** Matière plastique obtenue par condensation de polyesters. Les polyuréthannes forment un groupe de produits très divers, parmi lesquels : les mousses de polyuréthanne souples (coussins, matelas…), les mousses de polyuréthanne rigides (panneaux, emballages, isolants thermiques…), les élastomères (mastics adhésifs, vernis, vitrificateurs…).

POPOTE. Mixture de composition « secrète » avec laquelle les anciens ébénistes soignaient une patine, ravivaient un vernis ou nettoyaient une laque. Par extension, produit d'entretien employé pour nettoyer et détacher un meuble sans mettre sa finition en péril.

Placage.

PRESSE-ÉTOUPE. Dispositif assurant l'étanchéité d'un axe par compression d'un joint. Sur les anciens modèles de robinet, ce joint était confectionné avec de la filasse (ou de l'étoupe) de chanvre enroulée autour de l'axe et comprimée à l'aide d'une bague filetée qu'il fallait périodiquement resserrer, d'où le nom de presse-étoupe.

PRIMAIRE D'ADHÉRENCE. Première couche de vernis, de peinture, de résine, etc., qui facilite l'application et l'adhérence des couches suivantes.

PROFILÉ. Rail, tube, cornière métalliques de grande longueur présentant un profil constant. Exemple : les rails utilisés pour la pose des plaques de plâtre sont des profilés en forme de U.

PVC (POLYCHLORURE DE VINYLE ou **CHLORURE DE POLYVINYLE).** Matière plastique plus ou moins rigide selon les proportions de ses adjuvants. Le PVC est très utilisé pour les tuyauteries… faciles à assembler par collage. Ayant une meilleure résistance à la chaleur que le précédent, le PVC.C (polyvinyle surchloré) autorise la réalisation de canalisations dans lesquelles circulent des liquides dépassant 100 °C.

RAGRÉAGE. Opération qui consiste à enduire une surface verticale pour en niveler les défauts et la rendre apte à recevoir un revêtement (synonyme : ratissage). Par extension, le ragréage s'applique également aux sols (chapes, dalles…) sur lesquels est appliqué un mortier autolissant afin d'obtenir une surface plane et parfaitement horizontale.

RÉSILIENCE. Aptitude d'un matériau à reprendre sa forme initiale lorsqu'il a été soumis à une compression (Dicobat). Les matériaux résilients (liège, feutre, caoutchouc…) sont employés en isolation acoustique pour

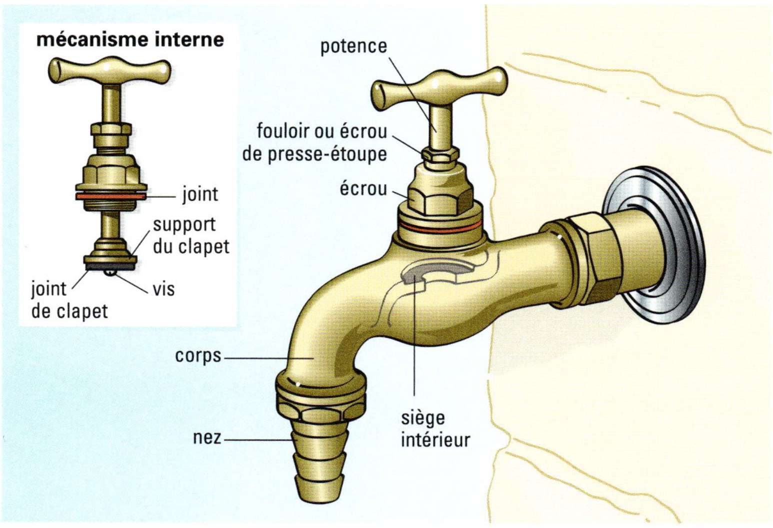

Clapet. Presse-étoupe. Siège de robinet.

désolidariser certains éléments d'une maçonnerie.

SICCATIF. Produit liquide incorporé à une peinture, un vernis… afin d'accélérer leur séchage.

SIÈGE DE ROBINET. Surface plane sur laquelle s'appuie le clapet de fermeture à l'intérieur du corps du robinet.

SIPHON. Accessoire en forme de S monté sous l'évacuation de tous les appareils sanitaires. Ce dispositif, sorte de chicane, a deux fonctions : il retient les petits objets malencontreusement tombés dans l'orifice de vidage ; il contient en permanence une petite quantité d'eau qui évite à l'air vicié des égouts de remonter vers le local.

SOLIN. Sorte de couvre-joint composé de mortier, de plâtre ou d'élastomère et qui assure la jonction et l'étanchéité de deux plans orientés différemment comme, par exemple, la pente d'un toit et la verticalité d'un mur.

SOLIVE. Longue pièce de bois, de métal ou de béton destinée à la réalisation d'un plancher. Les solives reposant sur les murs porteurs supportent les entrevous ou les lambourdes d'un plancher.

STRATIFIÉ. Revêtement élaboré à partir de feuilles superposées (papier, toile, plastique…) imprégnées de résines chauffées et agglomérées pour donner un placage rigide et décoratif. Exemple : le Formica.

SUSPENTE. Chacun des points d'accrochage (câbles ou tiges) qui soutiennent et relient une ossature à un

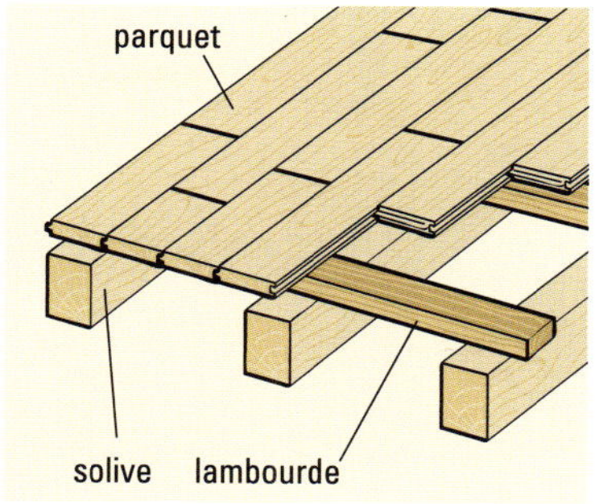

Solive.

plafond. Exemple : un faux plafond est accroché à des suspentes.

TASSEAU. Baguette de bois de faible section destinée à renforcer un angle, à supporter une tablette, à ceinturer les chants d'un panneau, etc. Généralement en bois blanc (sapin, hêtre, peuplier…), les tasseaux sont disponibles sous diverses sections carrées ou rectangulaires et sous des longueurs de 2 à 3 mètres.

TOURILLON. Petit axe cylindrique en bois dur employé en menuiserie comme cheville pour renforcer un assemblage. Dans le cas d'un assemblage collé, les tourillons ont une surface cannelée qui permet d'obtenir une meilleure répartition de la colle.

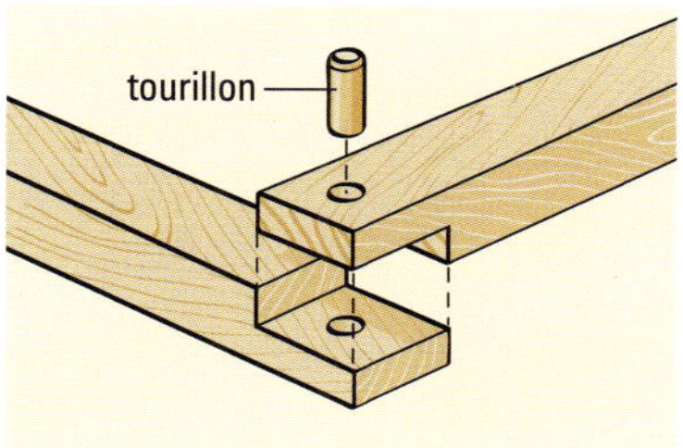

Tourillon.

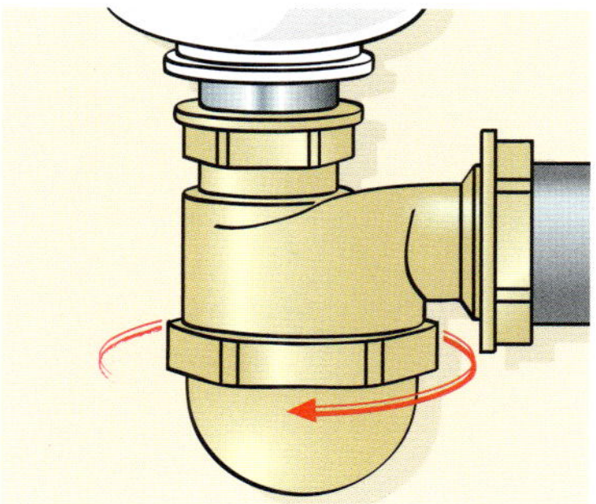

Siphon.

VANNE. Sorte de robinet dont la fonction est d'interrompre ou de laisser libre le passage de l'eau dans une canalisation.

VINYLE. Matière plastique thermoplastique, c'est-à-dire sensible à la chaleur, utilisée pour l'élaboration de nombreux produits : adhésifs, colles, gaines isolantes, peintures, tuyaux…

VITRIFICATION. 1 : transformation par fusion d'une matière cristalline en un corps très dur d'aspect transparent ou vitreux. La vitrification intervient autour de 1 300 °C. Exemples : la vitrification du sable donne du verre, celle de l'argile donne du grès cérame.
2 : application d'un vernis spécial destiné à la protection des parquets. Dans ce cas, il n'y a pas de fusion mais une solidification par la polymérisation du produit qui offre un film brillant et transparent.

VOLIGE. Planchette de bois clouée horizontalement sur les chevrons d'un toit et destinée à la fixation des ardoises. Le voligeage est constitué par l'ensemble des voliges clouées côte à côte pour former une surface uniforme, contrairement aux liteaux qui demeurent espacés.

XYLOPHAGE. Désigne un insecte ou un champignon qui se nourrit de la cellulose du bois.

ZELLIGE. Petit élément décoratif en terre cuite émaillée faisant partie d'une marqueterie en céramique.

Le bricolage

écologique

CONSTRUIRE AVEC DES MATÉRIAUX NATURELS

DES SOLUTIONS ÉCONOMIQUES ET ÉCOLOGIQUES

Le bricolage et la Haute Qualité Environnementale

Trop habitués à utiliser l'énergie (fioul, gaz, électricité…) sans modération, nous avons oublié de préserver l'avenir. Aujourd'hui, la situation écologique demande à chacun d'entre nous de surveiller nos agissements et de renoncer au gaspillage.
Dans le domaine de l'habitat, le respect de l'environnement doit nous inciter à réduire nos consommations : à utiliser des produits et des matériaux sans émission de gaz à effet de serre, sans dommage pour la planète. Des matériaux respectueux de l'environnement doivent nous aider à atteindre nos objectifs sans altérer la qualité de la construction.

Qu'est-ce que la Haute Qualité Environnementale ?

La Haute Qualité Environnementale (un concept élaboré par l'association HQE) est une démarche qui vise à maîtriser, à court et à long terme, les impacts des constructions sur l'extérieur et à créer un environnement intérieur sain et confortable.
Cette qualité intéresse chacun d'entre nous et la collectivité. Elle a pour objectifs la qualité de vie de l'occupant et la protection de notre environnement. Avec pour ambition que notre développement soit « durable », elle suppose une prise en compte de celui-ci à toutes les étapes de l'élaboration et de la vie des bâtiments : programmation, conception, construction, réhabilitation, démolition, etc.

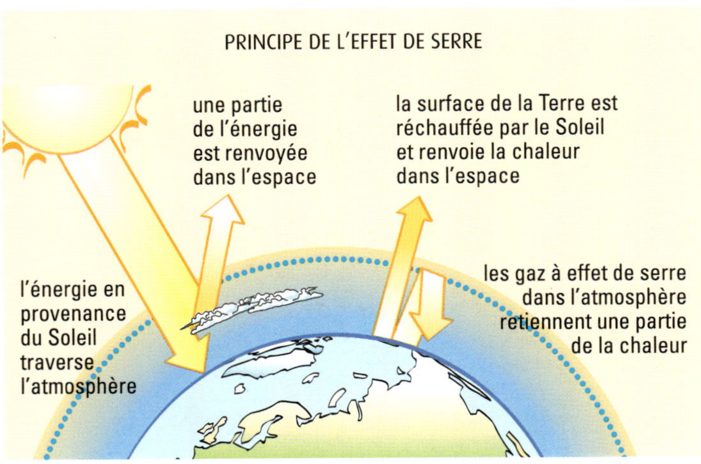

Qui est concerné ?

Tous les acteurs de la construction sont concernés et doivent agir de manière concertée. La méthode s'appuie sur 14 cibles qui permettent aux maîtres d'ouvrage de structurer leurs objectifs.
La cible n° 2 concerne notamment le choix des matériaux. Pour repérer les matériaux « sains », il convient donc de s'intéresser à leur cycle de vie et d'analyser leur impact sur l'environnement. Le but est de sélec-

La terre cuite, un matériau « sain »

Les tuiles et les briques en terre cuite sont composées de 100 % de matière minérale provenant de gisements abondants (argile et sable). Il faut peu d'énergie primaire pour le séchage et la cuisson, principalement du gaz naturel. Les déchets de fabrication sont des morceaux inertes. Du côté du confort et de la santé, la terre cuite ne dégage pas d'odeurs désagréables, n'a pas d'effets néfastes sur la qualité de l'air et, en cas d'incendie, n'émet aucune substance toxique. Véritable barrière hygrométrique, la terre cuite absorbe peu d'humidité et ne contient pas d'éléments nécessaires au développement des moisissures. En fin de vie, elle peut aisément être concassée et servir au remblaiement des chemins, sans pollution pour les sols.

Installation photovoltaïque du lycée Grésivaudan à Meylan. En service depuis l'été 2004, cette centrale solaire a été réalisée dans le cadre du projet européen Universol.

tionner des matériaux qui contribuent à un environnement intérieur sain et confortable, et dont l'impact sur l'extérieur ne compromet pas l'équilibre naturel de la planète.
La construction, la gestion, le confort et la santé sont les principaux critères de cette analyse qui se déroule sur toute la durée de vie du bâtiment (ou du produit) afin d'anticiper au mieux les impacts environnementaux. Ainsi, les choix reconnus de Haute Qualité Environnementale permettent de mieux construire pour vivre mieux. ■

LES 14 CIBLES DE LA HQE

MAÎTRISER LES IMPACTS DES BÂTIMENTS SUR L'ENVIRONNEMENT EXTÉRIEUR	CRÉER UN ENVIRONNEMENT INTÉRIEUR SAIN ET CONFORTABLE
Écoconstruction	**Confort**
Cible n° 1 : relation harmonieuse des bâtiments avec leur environnement immédiat	Cible n° 8 : confort hygrothermique
Cible n° 2 : choix intégré des procédés et des produits de construction	Cible n° 9 : confort acoustique
Cible n° 3 : chantier à faibles nuisances	Cible n° 10 : confort visuel
	Cible n° 11 : confort olfactif
Écogestion	**Santé**
Cible n° 4 : gestion de l'énergie	Cible n° 12 : conditions sanitaires des espaces
Cible n° 5 : gestion de l'eau	Cible n° 13 : qualité de l'air
Cible n° 6 : gestion des déchets d'activité	Cible n° 14 : qualité de l'eau
Cible n° 7 : gestion de l'entretien et de la maintenance	

Le renouveau des matériaux naturels

La pollution ne concerne pas seulement l'environnement. Elle affecte aussi les bâtiments et l'air que l'on y respire. Le problème est global, des matériaux de construction aux produits d'isolation et de décoration. Maintenant qu'est établi le lien santé/construction, la nécessité d'un habitat sain s'impose à tous : pouvoirs publics, professionnels, particuliers…

La vague écologiste a remis au goût du jour les matériaux de construction et de décoration traditionnels. D'origine animale, minérale, végétale, ils sont agréables à manipuler et n'émettent pas de fibres ou de gaz nocifs pendant et après la mise en œuvre.

Ces matières sont souvent abondantes à l'état naturel : argile, bois, laine, pierre, sable en particulier. D'autres proviennent d'activités agricoles (chanvre, paille…) ou d'une industrie minimisant l'impact sur l'environnement (cellulose, chaux, plâtre…).

Toutes ont en commun d'être renouvelables, recyclables… et très esthétiques ! On les emploie aussi bien pour rénover les maisons anciennes, dans les règles de l'art, que pour réaliser un habitat de qualité. ■

Une maison écologique, un ensemble homogène

Une demeure traditionnelle sait garder la chaleur en hiver et apporter une fraîcheur bienfaisante par temps chaud. L'air s'y renouvelle sans qu'il soit besoin d'un quelconque système de ventilation. La climatisation ? Un luxe superflu...

Dans la construction moderne, c'est l'inverse. Il s'agit souvent d'une combinaison de matériaux et de procédés qui réagissent mal entre eux et entraînent toutes sortes de désordres. Le logement, surchauffé et trop bien isolé, fonctionne comme un récipient isotherme (air saturé, condensation, impression de fournaise en été...).

La maison écologique privilégie les matériaux compatibles et sains. La plupart du temps, elle est conçue à partir d'une ossature de bois. Les parois sont faites de terre crue ou cuite, de torchis, de chanvre, de bottes de paille... Les parements sont microporeux (bardages, enduits à la chaux, peintures naturelles...) pour ne pas contrarier les échanges d'air et d'humidité entre l'intérieur et l'extérieur.

Isolation et planchers témoignent d'un même souci de cohérence. Ardoises, bardeaux, chaume, tuiles en terre cuite... coiffent la maison, posés sur une sous-toiture « respirante ».

1. sous toiture respirante
2. traitement des bois
3. isolation des combles
4. planchers phoniques
5. peintures et finitions murs et boiseries
6. isolation murs ossature bois
7. revêtement et finition des sols
8. isolation sous dalle
9. parement de murs et cloisons
10. isolation murs en pierres et briques

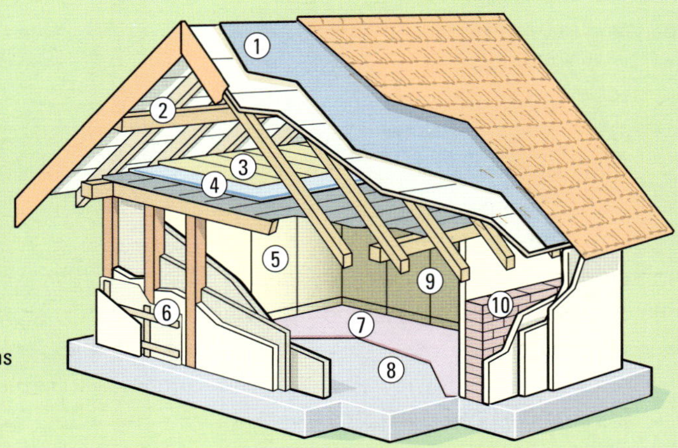

Valoriser le bois et ses dérivés

La maison à ossature bois gagne chaque année de nouveaux adeptes. Tous les styles d'architecture sont envisageables, classiques ou contemporains. Souvent, le fabricant propose un service complet, de la conception du projet à sa réalisation. Ici un exemple, proposé par PBM (Batimob).

Disponible, renouvelable, le bois assure une parfaite intégration au patrimoine architectural. Dans certaines régions, forestières surtout, il marque encore fortement l'extérieur des maisons : chalets de montagne, façades à colombage, auvents, balcons, etc. Dans la construction moderne, ses applications concernent surtout la charpenterie, la menuiserie (fenêtres, portes, escaliers…) et l'agencement intérieur.

La variété des essences de bois commercialisées, indigènes ou exotiques, permet d'obtenir un matériau constructif léger et économique à travailler. À cela s'ajoutent les nombreuses possibilités offertes par les produits dérivés : éléments préfabriqués ou panneaux standardisés.

Charpentes et structures

La châtaignier, le chêne et certains résineux se retrouvent dans la charpenterie traditionnelle (➡ TABLEAUX P. 381-382). On y observe peu ou prou les mêmes types de sections, mais les coutumes locales ont donné naissance à une grande variété de formes, de pièces et d'assemblages.

Selon les particularités architecturales, les fermes (ensemble des pièces maîtresses d'une charpente) peuvent être simples, à entrait retroussé… à forte ou faible pente. Les assemblages sont à tenons et mortaises, à double ou simple embrèvement, moisés, etc. Les maisons à ossature bois utilisent en général des pièces de plus faible section, faciles à transporter et à manipuler. Des pans entiers peuvent être préassemblés en atelier puis apportés sur le chantier, ce qui simplifie le montage final. Ce principe très rationnel permet d'intégrer à l'avance les menuiseries, l'isolation, les parements et d'autres équipements, gaines électriques par exemple.

UNE MAISON CHALEUREUSE ET CONFORTABLE

1. *De la structure aux finitions, tous les matériaux nécessaires à la construction de cette maison sont disponibles dans les différents points de vente de la marque (PBM). Cette facilité d'approvisionnement permet une bonne maîtrise des coûts.*

2. *Quatre sections de bois suffisent pour réaliser l'ossature des murs extérieurs de la maison, le chevronnage et les planchers, les parois intérieures, les supports de fixation des films protecteurs et des parements.*

3. *L'ossature est rigidifiée par des panneaux de copeaux de 9 mm d'épaisseur. Doublés de laine minérale (comme les planchers et la toiture), ils sont extérieurement revêtus de bardages garantis 10 ans.*

4. *Pare-pluie et pare-vapeur protègent la construction des agressions climatiques et de la condensation. La toiture peut recevoir une couverture classique (ardoises, tuiles...) ou végétale.*

Gare aux produits de traitement !

Matériau « vivant », le bois est exposé à différents agents destructeurs : larves xylophages, termites, champignons... Que ces dégradations soient d'ordre esthétique (bleuissement...) ou structurel (galeries, pourriture...), un traitement protecteur est souvent nécessaire. L'opération s'effectue soit par trempage, soit par imprégnation en autoclave.

Toxiques pour les insectes, les traitements chimiques le sont aussi pour l'homme. Même si les risques sont moindres avec les substances actives utilisées aujourd'hui (ammonium, pyréthrinoïdes, sels de bore...). Préférez toujours les produits certifiés, à moindre risque pour la santé et l'environnement.

Quatre grandes familles de dérivés du bois

Ces produits de l'ère moderne ont pour fonction de pallier certaines limitations du bois massif (problèmes dimensionnels, instabilité dans le temps…). Ils permettent aussi de valoriser les essences de piètre qualité, de rentabiliser les chutes et déchets autrefois inutilisables, sinon pour le chauffage.

Les fabrications, sous forme de bois reconstitué ou de panneaux, découlent :

– du sciage (aboutés, lamellés-collés…) ;

– du déroulage et du tranchage (contreplaqués, lamibois, OSB, placages…) ;

– de la trituration (agglomérés, médium, fibres tendres…) ;
– de l'association avec d'autres matières (cellulose, ciment, résines synthétiques…).
Leurs applications intéressent le bâtiment (charpenterie, cloisonnement, isolation…) et la menuiserie sous toutes ses formes.

Des réglementations pour un développement durable

Un arbre se coupe en quelques minutes, mais il met quinze à vingt ans pour atteindre une taille respectable. C'est ainsi qu'au fil des siècles des forêts entières ont disparu un peu partout dans le monde. Or, les forêts sont le poumon de la Terre. Aujourd'hui, nous le savons, l'exploitation intensive et les abattages sauvages menacent clairement l'avenir de notre planète. Donc celui de ses habitants. Souvenons-nous de la verdoyante île de Pâques, devenue un désert après qu'on l'ait déboisée inconsidérément…

Bien que tardive, la nécessité d'une gestion durable s'impose à tous en ce début de troisième millénaire. Elle passe par des réglementations gouvernementales, communautaires (CE, FSC, PEFC…) ou délivrées par des organismes accrédités. En France, le Centre technique du bois et de l'ameublement (CTBA) est le principal organisme certificateur de la filière bois.

Le CTBA. Au travers de sa marque CTB et de ses déclinaisons, le CTBA s'attache à favoriser les échanges économiques. Entre autres missions, cet organisme est mandaté par l'AFNOR pour gérer les multiples applications de la marque NF. Il est régulièrement sollicité par des industriels étrangers requérant des certifications parfois plus exigeantes que celles de leur propre pays.

Par ailleurs, le CTBA peut délivrer des certifications individuelles dans les domaines d'activité qui sont dépourvus de marque collective ; cela permet aux entreprises demandeuses d'affirmer leurs spécificités sur le marché.

Le marquage CE. Le logo CE apposé sur un produit est une garantie du respect des normes européennes. Véritable « sésame » à

© Général Marine

Un parquet en bois rétifié rehaussé par une finition huilée.

la commercialisation, il intéresse (en principe) tous les types de production – dont le bois et ses dérivés. Pour établir ce marquage, les pays membres de la Communauté ont dû harmoniser leurs règlements respectifs. Les critères retenus sont :

– la résistance mécanique et la stabilité ;
– la sécurité d'utilisation ;
– la sécurité en cas d'incendie ;
– les économies d'énergie et l'isolation thermique ;
– la protection contre le bruit ;
– l'hygiène, la santé et l'environnement.

La marque FSC. Le but de la marque FSC (Forest Stewardship Council) est de promouvoir et de garantir la gestion durable des forêts, suivant « les principes et critères de bonne gestion forestière ».

FSC accrédite les organismes certificateurs de la chaîne de contrôle des entreprises qui en font la demande. Celles-ci doivent se conformer à différents critères d'évaluation et aux réglementations en vigueur. Notamment, le respect de la convention de Washington, qui régit le commerce international de la faune et de la flore sauvages menacées d'extinction.

La marque PEFC. Système de certification international, la marque PEFC (Program for the Endorsement of Forest Certification Schemes/Programme pour l'approbation

Plage de piscine en pin maritime rétifié.

des systèmes de certification forestière) est un nouvel outil de référence de la bonne gestion forestière.
Pour résumer, le PEFC assure le suivi de la chaîne de contrôle des produits forestiers et à base de bois, depuis l'abattage jusqu'au consommateur. Cette traçabilité englobe non seulement l'exploitation mais aussi le transport et les processus de transformation. En Europe, la France vient en deuxième position (derrière l'Allemagne) pour le nombre de chaînes de contrôle, avec près de 600 entreprises titulaires.

Deux exemples de produits de nouvelle génération

L'un offre une alternative aux bois tropicaux, l'autre permet la valorisation des fibres de résineux.

Le bois rétifié, un bois plus résistant et plus stable. Apparue dans les années 1980, la rétification utilise les effets de la seule température sur les composants du bois. Efficace et durable, le traitement s'effectue à environ 240 °C, sous atmosphère inerte, dans des fours spéciaux. Il n'y a pas d'ajout de produit chimique.
Grâce à ce procédé adapté aux exigences de la HQE (➡ P. 80-81), le bois (feuillu ou résineux) voit certaines de ses caractéristiques nettement améliorées, notamment :
– une moindre sensibilité à l'humidité de l'air ;
– une amélioration de 30 à 60 % de la stabilité dimensionnelle ;
– une augmentation notable de la résistance à la dégradation biologique ;
– une dureté de surface accrue.
Les utilisations sont variées : bardages, menuiseries extérieures, planchers, etc. Le procédé est commercialisé par la société Rétitech (du groupe EPMB H).

Un panneau isolant en fibres de bois. Composé à 100 % de fibres de bois, le Thermisorel proposé par Isoroy assure une isolation thermique naturelle. Sa microporosité régule les variations de température, ce qui favorise une bonne climatisation des habitations.
Doté d'une grande souplesse d'adaptation, le matériau est destiné à tout type de construction, en particulier les maisons à ossature bois. Utilisable en isolation intérieure comme en toiture, il est proposé en panneaux de différentes épaisseurs : de 20 à 120 mm. ■

© Isoroy

Particulièrement adapté aux ossatures bois, ce type de panneau en fibres de bois dispose d'une bonne flexibilité d'adaptation sur murs grâce au large éventail d'épaisseurs disponibles.

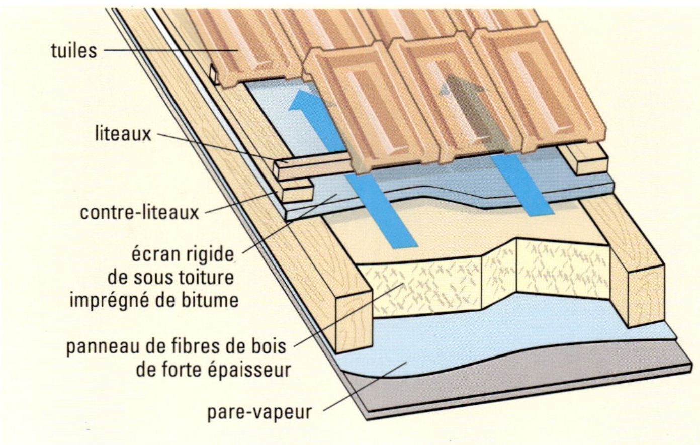

Utiliser les fibres végétales et animales

Grâce aux préoccupations écologiques contemporaines, chanvre, paille et laine vierge connaissent un nouvel intérêt chez les constructeurs et chez les particuliers.

Le chanvre

Plante ligneuse rustique, le chanvre peut se cultiver classiquement ou de façon biologique. Il se compose du chènevis (la graine), de la fibre et de la chènevotte (le bois de la tige). Seules les deux dernières intéressent la construction.

Après broyage des ballots, on obtient un mélange (30 % de fibres, 70 % de chènevotte) coupé grossièrement. Le passage au tamis permet ensuite un calibrage fin de ces éléments. La laine résiduelle peut servir en l'état ou être défibrée et transformée en panneaux ou rouleaux d'isolant.

Polyvalent, le chanvre se prête à de nombreuses applications : mortiers et bétons, enduits isolants, chapes allégées, remplissage d'ossatures en bois, etc. Suivant la spécificité de l'ouvrage, il peut être associé ou non à d'autres matériaux (chaux, sable, terre…).

● **À noter :** Le chanvre est indigeste pour les rongeurs et non irritant pour la peau des utilisateurs.

QUELQUES EXEMPLES D'UTLISATION DU CHANVRE EN CONSTRUCTION

1. *Mur double avec paroi extérieure en pierre et paroi intérieure en chanvre associé à de la chaux.*

2. *Réalisation d'un dallage pour plancher d'étage avec un mortier de chanvre et de chaux.*

3. *Réalisation d'une cloison à colombages et banchée.*

4. *Construction banchée avec liteaux destinés à recevoir un bardage.*

La paille

À l'inverse du chanvre, la paille est un déchet agricole. Il s'agit, plus précisément, des longues tiges creuses des plantes céréalières (avoine, blé, orge, riz…), que l'on brûle régulièrement. Pourtant, la paille formée en bottes constitue un matériau très avantageux à mettre en œuvre.

La construction en bottes de paille diffère plus ou moins selon les régions, ou les écoles. Mais le résultat fait l'unanimité. Lorsqu'elle est bien conçue, la maison se révèle particulièrement robuste et économe en énergie. Sur le plan esthétique, elle peut prendre une grande variété de formes, des plus simples aux plus élaborées.

L'humidité fait pourrir la paille, comme d'autres matières organiques isolantes. Il est donc indispensable de la protéger, sous toutes ses faces, par enduisage (à base de terre, de chaux) ou par bardage. Une bonne protection est en même temps dissuasive pour les animaux qui aiment s'y abriter (oiseaux, rongeurs…) ou s'en nourrir. Les

UNE CONSTRUCTION EN PAILLE EN SIX ÉTAPES

1. *L'emplacement, ratissé et nivelé, reçoit une couche de graviers sur laquelle est montée une ceinture de fondation en briques « monomur ». Avant recouvrement, le sol intérieur sera isolé par une bonne épaisseur de billes d'argile.*

2. *Coiffée d'une semelle en contreplaqué marine, la ceinture offre une assise stable et imperméable aux murs porteurs. Ceux-ci sont édifiés à partir d'une robuste ossature faite de poteaux, de planches et de tasseaux.*

3. *Après intégration des cadres de portes et de fenêtres, l'appareillage des bottes peut commencer. Elles sont posées sur chant sans trop les comprimer, en contrôlant bien leur aplomb. Les gaines électriques sont placées en attente.*

4. *La souplesse de ce mode de construction permet toutes sortes de fantaisies architecturales. Par exemple, la réalisation de parois courbes pleines ou percées de grandes surfaces vitrées.*

5. *Dès qu'une portion de mur est montée, elle est rigidifiée sous toutes ses faces par une première couche d'enduit à base de terre ou de chaux. Bien qu'ils soient parfois pratiqués, les enduits au ciment sont déconseillés.*

6. *Pour être efficace, l'isolation de la maison se poursuit jusque sous la toiture. Attention, autour des conduits de cheminée la paille doit être remplacée par un matériau ininflammable, comme la laine de roche.*

enduits au ciment sont à ce titre les plus rigides, mais ils empêchent les murs de respirer. Et ils ont tendance à craquer.

Les conditions d'une bonne botte

Des bottes de paille aptes à la construction doivent être sèches, formées de tiges fortes et souples, bien compressées et de tailles voisines.

• Une botte sèche est relativement légère à soulever : il suffit d'y enfoncer les doigts pour s'assurer qu'elle n'est pas humide en profondeur.

• La meilleure paille est récoltée par temps sec et stockée sous abri. Elle se reconnaît à sa couleur dorée.

• Une botte compacte est peu sujette à la déformation lorsqu'on la manipule par ses liens.

• La hauteur et la largeur des bottes dépendent de l'engin qui les forme. À titre d'exemple, une botte courante à deux ficelles mesure environ 35 cm de haut et 45 cm de large. Les longueurs peuvent varier de 85 à 105 cm.

Il est essentiel d'isoler également les sols, plafonds et rampants pour éviter les ponts thermiques. Une ventilation naturelle est toutefois recommandée, via des grilles d'aération hautes et basses.

La laine de mouton

Vierge, la laine de mouton employée comme isolant tire profit de sa légèreté, de son élasticité et de son comportement hygroscopique. En effet, elle a la faculté d'absorber l'humidité excédentaire (jusqu'à 33 % de son poids) en gardant intactes ses propriétés isolantes. Là encore, la bonne régulation de l'humidité entre l'air intérieur et l'isolant agit comme une climatisation naturelle.

La laine vierge existe en rouleaux ou en bandes de feutre isolant de différentes épaisseurs : 6, 8, 10 cm… Elle est également disponible en écheveaux, pour le calfeutrage des huisseries par exemple, ou en vrac pour le remplissage des parois creuses ou du solivage des planchers.

Non irritante pour la peau et les voies respiratoires, cet isolant naturel est aisé à mettre en œuvre. Selon le type de construction, il peut s'utiliser avec ou sans pare-vapeur (certaines prescriptions peuvent l'imposer). ■

LA LAINE VIERGE : UNE UTILISATION SIMPLE

1. *Les fibres de laine sont fixées debout (comme sur le dos du mouton) sur un canevas en polypropylène. Ce procédé (Natiso) permet de déchirer les bandes à la main, sans outil ni effort.*

2. *Les panneaux ainsi obtenus se fixent par simple agrafage sur les murs, plafonds et rampants. Aucune protection n'est nécessaire pour le poseur, contrairement aux laines synthétiques.*

© Daemwool

Construire en terre crue ou en terre cuite

Maison en pisé restaurée avec des adobes (ferme-musée de Saint-Cyr-sur-Menthon).

Ressource locale bon marché, riche de possibilités, la terre est un matériau de construction ancestral. Elle peut s'utiliser telle quelle dans la réalisation de structures porteuses ou, associée à d'autres matières, pour le remplissage des parois. On l'emploie couramment dans la rénovation de maisons anciennes et dans l'autoconstruction.

La terre crue

La brique crue. À l'origine était l'« adobe », premier élément de construction moulé par les hommes et séché au soleil. Les civilisations d'Asie Mineure et d'Amérique centrale ou du Sud s'en servaient massivement pour bâtir leurs cités. De même les Chinois, les Égyptiens, les Romains. En Afrique, elle se rencontre toujours dans l'habitat traditionnel. En Europe, l'adobe est fréquemment remplacée par la brique de terre crue comprimée (BTC), utilisable sans enduit pour les surfaces extérieures.

Le pisé. Ce procédé consiste à dresser des murs par portions, dans des coffrages appelés « banches ». Il utilise une terre argileuse, additionnée de sable et de graviers, que l'on compacte à l'aide d'une « dame » (ou « pisoir »), manuelle ou pneumatique. Lorsque le pan est sec, les banches sont déplacées pour effectuer le dressage d'un nouveau pan de mur.

Avec des copeaux !

La terre sèche est résistante, durable et ignifuge. Mélangée à des copeaux de bois, elle donne un matériau aux propriétés thermo-acoustiques performantes. Ces qualités, recherchées par la construction écologique, garantissent une atmosphère intérieure saine et agréable à vivre.

Autorisant des incrustations décoratives (brique, galets…), le pisé conserve bien la chaleur et assure une bonne régulation de l'humidité. Il connaît un renouveau en Australie, aux États-Unis, ainsi qu'en Europe.

La brique crue est un matériau de construction utilisable pour les structures porteuses comme pour les cloisons intérieures.

La bauge. Cette technique permet de modeler des formes, sans coffrage ni moulage, en tirant parti de la souplesse de la terre humide. Contrairement au torchis (➡ P. 144), le but n'est pas de remplir une ossature, mais de façonner les parois à la façon d'une poterie. La consistance idéale est ni trop sèche ni trop humide.

La terre cuite : la brique monomur

Pour renouer avec la tradition, les briques en terre, cuite dites « briques monomur », permettent de construire des murs épais, à la fois porteurs, isolants et bons régulateurs hygrométriques. En effet, un mur épais stocke l'énergie qu'il reçoit et son inertie ralentit les échanges de chaleur. L'hiver, il

Maison et dépendances construites en bauge. La bauge s'apparente au modelage. Utilisant la plasticité de terres humides, cette technique ne nécessite pas de coffrage ni de moulage.

évite le refroidissement rapide du logement. L'été, il amortit la pénétration des fortes chaleurs externes.

Le matériau. À l'inverse d'une brique creuse traditionnelle, la brique monomur est un élément en terre cuite à structure alvéolaire verticale, ce qui augmente sa résistance mécanique et son pouvoir isolant.

Cette nouvelle génération de briques aux faces rectifiées (c'est-à-dire parfaitement parallèles entre elles) permet de construire rapidement des murs porteurs isolés, sans utiliser d'autres matériaux isolants et sans créer de pont thermique. Ce sont les alvéoles verticales, remplies d'air inerte, qui contribuent à l'isolation de la construction. Ainsi, les briques monomur de 30 cm et 37,5 cm d'épaisseur affichent des résistances thermiques de 2,5 et 2,77 $m^2 \cdot K/W$, chiffres mesurés sans l'apport d'un doublage isolant. La technique de pose mise au point et désignée par le terme de « maçonnerie roulée » permet de réaliser tous types de bâtiments, même en région sismique.

La pose roulée. La pose s'effectue à joints minces (seulement 1 mm d'épaisseur entre chaque rangée). Le mortier-colle nécessaire à la pose est livré avec les briques. Ce mélange prédosé évite les approximations de dosage des mortiers traditionnels et limite la quantité d'eau habituellement utilisée pour la préparation et le nettoyage du matériel.

L'application du joint horizontal s'effectue à l'aide d'un rouleau mécanique, outil spécifique qui permet de déposer une mince couche de mortier uniquement sur la trame horizontale de la brique, sans obstruer les alvéoles verticales.

Pour chaque rangée, les briques monomur sont juxtaposées sans scellement des joints

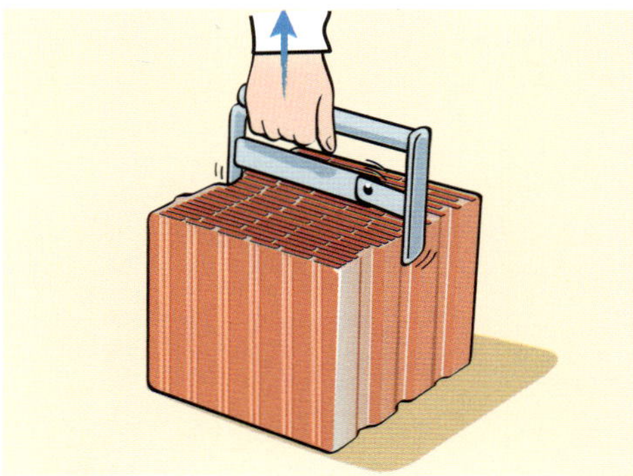

Les briques monomur sont soulevées à l'aide d'une pince spéciale.

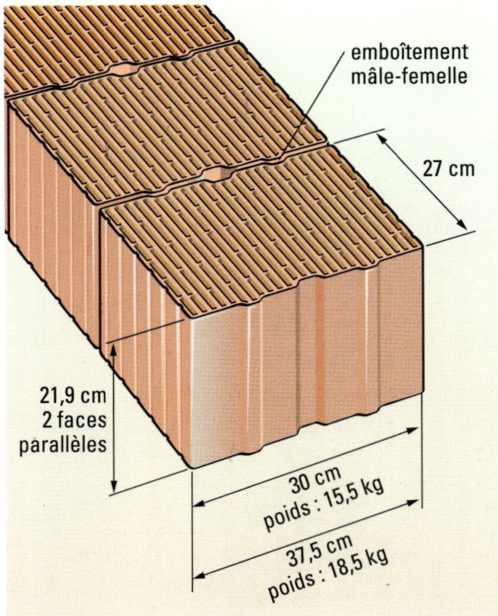

verticaux. Elles sont alignées, bout à bout, juste maintenues par un emboîtement mâle-femelle, sans mortier. Il n'y a que dans les régions sismiques où les joints verticaux sont scellés, opération effectuée avec le même mortier-colle.
Cette nouvelle façon de procéder nécessite précision et rapidité de pose. Toute la qualité de la construction repose sur la mise en place du premier rang de briques, qui doit être d'une planéité parfaite. Ensuite, le montage des rangs suivants s'effectue aisément : les faces rectifiées des briques et les joints minces assurent, sans difficultés majeures, l'horizontalité de l'ensemble et l'aplomb de la construction.
La mise en œuvre des briques monomur. Le premier rang de briques doit être d'une horizontalité parfaite, car il conditionne l'aplomb du mur. Avec des briques monomur, il n'est pas possible de tricher ou de compenser un faux aplomb en faisant varier l'épaisseur des joints.
– Sur des fondations classiques ou sur une dalle en béton, étalez un lit de mortier hydrofugé sur toute l'assise du futur mur.
– Égalisez le mortier à l'aide d'une règle pour obtenir une épaisseur de 2 ou 3 cm et vérifiez l'horizontalité avec un niveau à bulle ou, mieux, un niveau laser offrant plus de précision.
– Posez les briques du premier rang sur le mortier frais. Ajustez-les à l'aide d'un maillet en caoutchouc et vérifiez l'horizontalité de chaque élément avec un niveau.
– Juxtaposez les briques en faisant coïncider les emboîtements mâle-femelle des joints verticaux sans les remplir de mortier. Au fur et à mesure, vérifiez le parfait alignement et l'horizontalité de l'ensemble. Utilisez une grande règle (ou un long niveau) qui s'appuie sur plusieurs éléments à la fois afin d'avoir une meilleure perception du plan horizontal.
– Laissez reposer l'ensemble pendant quelques heures, puis préparez le mortier pour les joints minces du deuxième rang.
– Utilisez un malaxeur électrique pour mélanger un sac de 25 kg de poudre avec 8 ou 9 litres d'eau propre, jusqu'à l'obtention d'un mélange homogène ayant la consistance d'une pâte onctueuse. Par souci d'esthétique, cette pâte est élaborée dans une couleur brun-rouge pour que les joints soient de la même teinte que la brique.
– Versez ce mélange dans un godet à rouleau et enduisez la face supérieure des briques du premier rang. Vous constaterez que le mortier se dépose en couche mince sur la face sans obstruer les alvéoles verticales.
– Montez le deuxième rang de briques en les ajustant sur le mortier frais. Le poids de chaque élément (15 kg environ) écrase le mortier pour ne laisser subsister qu'un joint mince, assimilable à un collage. Ainsi les briques sont « assises » sur le rang précédent sans craindre de faux aplomb important. Et ainsi de suite…

● **À noter :** Suivant la hauteur de la construction, il est conseillé de mettre en place des raidisseurs verticaux, notamment aux angles des murs. La résistance mécanique des briques monomur permet d'élever des murs d'une hauteur de 7,5 m entre deux étages contre 4 m pour les maçonneries classiques. ■

BRIQUE MONOMUR : PRINCIPE DE POSE

1. *À l'aide de deux platines et d'une règle de grande longueur, déterminez un plan horizontal pour la première rangée de briques.*

2. *Étalez le mortier sur toute la surface du mur. Égalisez-le à l'aide de la règle reposant sur les deux platines pour obtenir une épaisseur de 2 ou 3 cm.*

3. *Posez les briques du premier rang sur le mortier frais. Ajustez-les avec un maillet en caoutchouc et vérifiez la mise de niveau sur les deux axes.*

4. *Juxtaposez les briques en faisant coïncider les joints verticaux. Utilisez une règle-niveau qui repose sur plusieurs éléments à la fois.*

5. *Préparez le mortier pour les joints. Malaxez mécaniquement pendant 3 minutes un sac de 25 kg avec 8 ou 9 l d'eau propre.*

6. *Versez cette pâte de couleur brun-rouge dans un godet à rouleau. Il faut environ 2 kg de liant par m².*

7. *À l'aide du godet à rouleau, enduisez la face supérieure des briques. Le mortier se dépose en couche mince sans obstruer les alvéoles verticales.*

8. *Montez le deuxième rang de briques en les posant sur le mortier frais. Commencez par les angles du mur en surveillant l'aplomb.*

Redécouvrir la chaux et le plâtre

Un enduit à la chaux est le revêtement idéal des maçonneries traditionnelles. Au fil du temps, le calcaire originel se reconstitue en renforçant son pouvoir protecteur.

Certains matériaux d'antan comme la chaux, mais aussi le plâtre, retrouvent un rôle de premier plan, avec l'avantage d'une gamme de produits qui élargissent leur champ d'applications dans la construction et la décoration.

La chaux

La chaux est un liant, nom donné aux principaux composants des mortiers et enduits (➡ P. 135). Elle est produite par cuisson du calcaire (calcination) dans des fours spéciaux, à une température d'environ 900 °C. Les chaux les plus fines s'obtiennent à partir de calcaires contenant moins de 7 % d'impuretés. Ces roches sont presque essentiellement composées de carbonate de calcium. La calcination transforme ce dernier en oxyde de calcium et en gaz carbonique. L'oxyde de calcium est de la chaux vive, fortement corrosive. Pour l'utiliser dans la construction, il est nécessaire de l'« éteindre » en l'hydratant.

La chaux pure NHL 5 peut s'utiliser pour l'enduisage manuel, le montage des maçonneries, le rejointoiement, la pose de tuiles, etc.

Tradition et modernité. L'utilisation de la chaux remonte aux premiers âges de la civilisation. Les vestiges architecturaux révèlent que son emploi était commun à de nombreux peuples de l'Antiquité. La chaux grasse produite alors servait à la construction, à l'élaboration d'enduits et de couleurs minérales pour les fresques. Les Romains, notamment, amélioraient les qualités de leurs mortiers en les additionnant de brique pilée et de pouzzolane (roche volcanique aux propriétés isolantes). Parfois aussi, ils ajoutaient du sang de bœuf pour son pouvoir collant.

Les techniques de la chaux se perpétuent en s'affinant tout au long des siècles, sous forme de mortiers pour appareiller les maçonneries, dans la fabrication des torchis (➡ P. 144) et autres revêtements de façades. C'est également l'un des principaux ingrédients du stuc, mélange servant à la confection d'ornementations en relief ou d'enduits imitant le marbre.

Le déclin s'amorce avec l'apparition des liants artificiels (au premier desquels le ciment Portland) vers le milieu du XIXe siècle. Il se confirme lors de l'Exposition des arts décoratifs de 1925 et de l'utilisation du béton à grande échelle. On en mesure désormais les effets…

Aujourd'hui, grâce au renouveau des matériaux naturels, la chaux revient au tout premier plan. Aidée en cela par les grandes tendances de la décoration actuelle et, surtout, par le dynamisme du monde associatif, soucieux de préserver le patrimoine architectural (écocentres, écomusées, Maisons paysannes de France…).

Deux sortes de chaux. La chaux éteinte durcit exclusivement au contact de l'air, d'où son ancienne appellation de « chaux aérienne éteinte pour le bâtiment » (CAEB). Depuis la mise en place des normes européennes, on la désigne désormais par deux nouveaux sigles : CL pour calcique (Calcium Lime) et DL pour dolomitique (Dolomitic Lime).

Une autre sorte de chaux est obtenue à partir de calcaires contenant de 10 à 20 % d'impuretés. Leur calcination produit une quantité importante d'aluminates et de silicates, qui durcissent d'abord au contact de l'eau puis de l'air. C'est ce que l'on appelle la prise hydraulique, qui donne au produit fini le nom de chaux hydraulique naturelle.

Hydraulique et artificielle…

En maçonnerie, on entend aussi parler de chaux hydraulique artificielle. Il s'agit en réalité d'une forme de ciment amaigri, enrichi de clinker et de fillers (calcaires en général) qui améliorent sa plasticité.

Issu de la cuisson du ciment, le clinker est prélevé à la sortie du four avant broyage. Quant aux fillers, ce sont des minéraux finement moulus (ou fines) aux capacités agglomérantes.

Ce jointement « beurré » apporte la protection voulue, tout en mettant en valeur le relief des pierres. Il est réalisé avec un mortier bâtard qui allie la résistance du ciment à la souplesse de la chaux.

Celle-ci s'accompagne également d'un nouveau sigle, NHL (Natural Hydraulic Lime), qui remplace l'ancien XHN (chauX Hydraulique Naturelle).

Le sigle NHL suivi de la lettre Z indique que la chaux est additionnée (jusqu'à 20 %). Lorsque le produit est sans additifs, son emballage porte la mention « Pure ».

Des propriétés remarquables. La chaux possède des qualités isolantes (thermiques et phoniques) naturelles. Elle est peu sensible aux variations climatiques et résiste bien au gel. Microporeuse, elle repousse l'eau de pluie tout en laissant s'évacuer l'humidité des murs (condensation, infiltrations, remontées capillaires…). Cela favorise leur respiration.

La chaux éteinte peut s'employer seule ou « bâtardisée », avec du ciment, afin de renforcer certains aspects : par exemple, sa résistance mécanique. Économiquement avantageuse, elle offre un excellent rendement volumétrique. À surface égale, son dosage est de 40 à 50 % inférieur à celui d'un ciment ordinaire.

Très agréable à travailler grâce à son onctuosité, la chaux éteinte adhère à tout type de matériau et conserve dans le temps une souplesse qui lui permet d'absorber les mouvements du support.

Autre particularité intéressante, la chaux se recarbonate en durcissant au contact du gaz carbonique de l'air. En clair, elle retrouve progressivement son état calcaire originel, renforçant ainsi son pouvoir protecteur. C'est enfin un très bon ignifuge, capable de résister à des températures élevées : jusqu'à 2 000 °C, alors que le ciment plafonne à 400 °C.

La pose d'un mortier à base de chaux. Le séchage se faisant toujours de l'extérieur vers l'intérieur, les mortiers à base de chaux durcissent lentement (plusieurs semaines). Cette contrainte apparente est en fait un atout, car cela permet de préparer de grandes quantités sans risque d'altération du mélange.

Un bon mortier doit être plus ferme en profondeur qu'en surface, sous peine de fissurations nuisibles à la tenue de l'ouvrage. Pour cette raison, il est appliqué en deux ou trois couches de résistance décroissante du cœur à la surface (→ P. 143).

La température minimale ne peut être inférieure à 5 °C. Il faut également éviter les grosses chaleurs excédant 35 °C. À cet égard, les périodes les plus favorables sont le printemps et l'automne.

Quelle eau, quel sable ? L'eau de gâchage doit être propre, vierge de toute matière organique ou chimique, de sels risquant de modifier le temps de prise. Faute de pouvoir effectuer une analyse, une eau potable tirée d'un robinet ou d'un puits convient parfaitement. Les eaux stockées en réservoir oxydable sont à bannir.

Le sable ne se choisit pas, non plus, à l'aveuglette. Il doit avoir une granulométrie adaptée (→ TABLEAU CI-DESSOUS), être propre et résistant à l'écrasement. En outre, il ne doit absolument pas être poreux. Si c'est le cas, il absorbera goulûment l'eau de gâchage, affectant alors la prise et l'adhérence du mortier.

Les sables les plus utilisés proviennent de rivières ou de carrières. Les premiers sont généralement purs avec des grains ronds. Les seconds, aux grains anguleux, exigent un lavage préalable.

CLASSE GRANULAIRE D'UN SABLE

La granulométrie d'un sable se définit à partir de deux dimensions de mailles de tamis d et D (en mm). Tous les grains d'un sable d/D passent à travers le tamis de maille D et sont retenus par le tamis de maille d.

Exemple de classes granulaires	
0 / 0,25 mm	fin
0,25 / 1 mm	fin à moyen
1 / 6,3 mm	moyen à gros

Réaliser un enduit « trois couches »

1 Couche d'accrochage mince et fluide, le gobetis doit adhérer en tout point à la maçonnerie. Sa fonction est d'assurer la liaison entre le support et le corps d'enduit, appliqué de deux à huit jours plus tard.

2 Le corps d'enduit (ou dégrossi) est la couche la plus épaisse. Gâché de manière à obtenir une pâte souple, il est chargé d'imperméabiliser le mur et de rectifier ses irrégularités de surface.

3 La couche de finition, assez mince, est surtout décorative. Dosée plus légèrement en liant, elle se met en œuvre de deux à quinze jours après le corps d'enduit, selon la température ambiante.

© Lafarge

Le plâtre protège les maçonneries, qu'il laisse respirer, en offrant des surfaces lisses prêtes à décorer. Il se marie à merveille avec les matériaux traditionnels, tels la pierre ou le bois massif.

Le plâtre

D'origine naturelle (➡ P. 134), le plâtre est un matériau respectueux de l'environnement. Non toxique, recyclable, il consomme peu d'énergie pour sa fabrication et son emploi dans la construction.

Comme la chaux, le plâtre est un bon isolant thermique et acoustique. À l'intérieur des bâtiments, son avidité pour l'eau (sa porosité) en fait un excellent régulateur de l'humidité ambiante. De même, en cas d'incendie, il protège efficacement les matériaux qu'il recouvre, sur une durée variable selon son épaisseur. L'effet retardateur est dû à la vapeur d'eau qu'il libère : aucun gaz ni dégagement toxique n'est à redouter.

À découvrir... ou à redécouvrir. Les qualités naturelles du plâtre s'expriment dans de nombreuses applications : scellement, rebouchage, enduisage, moulage... doublage en plaques (cartonnées ou non).

À l'intérieur, le plâtre à enduire offre des surfaces lisses prêtes à décorer. On peut également le teinter et l'utiliser comme revêtement décoratif à part entière. Mais, dans la construction moderne, aux murs de béton suffisamment plans, il est surtout appliqué en film mince pour masquer les défauts de surface. Le confort des habitants passe souvent après le souci de rentabiliser les coûts de mise en œuvre...

Le choix des produits. Pour l'enduisage intérieur, on utilise couramment du plâtre manuel traditionnel. Diverses références sont proposées en fonction de l'importance des surfaces et de la nature du chantier (Lutèce de BPB Placo, Ours Blanc ou Plafer de Lafarge Plâtres par exemple).

© BPB Placo

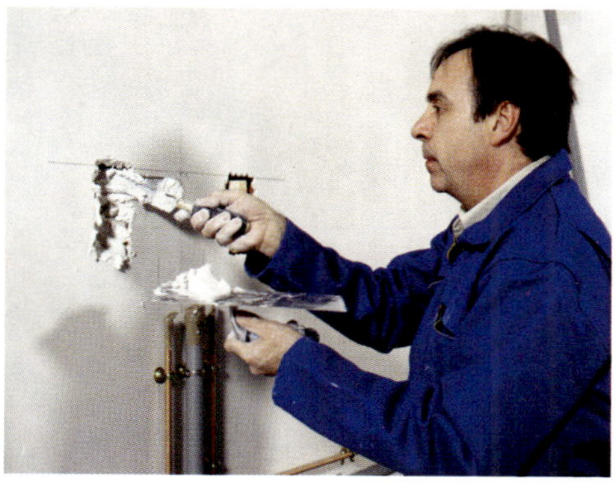

Souple et non collant à l'usage, le plâtre à prise lente est destiné à différentes utilisations : petits ou gros rebouchages, scellements, petits travaux d'enduisage.

© BPB Placo

Pour un montage aisé des parois en brique... plâtrière, on utilise un plâtre fin dont le temps de prise est d'environ cinquante minutes.

© BPB Placo

Le plâtre traditionnel à prise progressive est adapté à l'enduisage manuel sur de grandes surfaces. On peut aussi l'employer pour briqueter.

Les fabricants proposent également des plâtres manuels allégés, simples à appliquer, des plâtres à projeter et d'autres colorés… En cas de besoin, l'utilisateur peut utiliser un plâtre adjuvanté qui facilite le talochage ou, encore, une version haute dureté adaptée à la pose du carrelage.

En façade ! À l'extérieur, le plâtre fait bon ménage avec la chaux aérienne. En région parisienne en particulier, ce type d'enduit était encore très apprécié au début du XXe siècle. Il est tombé progressivement dans l'oubli, mais connaît aujourd'hui de nouveaux adeptes.

La chaux aérienne facilite la mise en œuvre, en retardant la prise, et améliore la résistance mécanique de l'ouvrage. Le mélange s'effectue avec du plâtre gros et du sable de rivière. La chaux hydraulique ne convient pas et est absolument à prohiber.

Le support, sain et sec, est humidifié juste avant l'application. Gâché à sec, le mortier est dosé à raison de trois volumes de plâtre pour un de chaux et deux de sable. Lorsque les composants sont bien mélangés, on ajoute un volume et demi d'eau et l'on malaxe intimement.

L'application s'effectue en passes successives, assez rapprochées pour ne former qu'une seule couche homogène. Son épaisseur peut varier de 3 à 8 cm sur un support irrégulier. En finition, une mince couche est appliquée en deux passes croisées (en diagonale). Il n'y a pas d'ultime lissage ni, en principe, de mise en peinture. Cela pourrait contrarier la tenue de l'enduit. ■

© BPB Placo

Disponibles en plusieurs teintes, les plâtres colorés dans la masse personnalisent un intérieur. Certains comportent du sable, ce qui renforce l'aspect minéral du revêtement. Différents effets sont possibles : gratté, structuré, taloché, ciré…

© BPB Placo

Les plâtres colorés dans la masse s'appliquent par projection mécanique : un travail de professionnel nécessitant une machine bien réglée. En une seule passe, les plâtriers réalisent un enduit de 8 à 15 mm d'épaisseur. L'un projette, l'autre lisse à la règle.

La bonne accroche

Le plâtre à enduire s'applique sur les maçonneries traditionnelles, ainsi que sur le béton. Sur la pierre ou la brique, par exemple, il suffit de bien nettoyer et brosser le support. Mais sur le béton, pour faciliter l'accrochage, il est impératif d'appliquer un primaire spécifique ou un gobetis. Ce dernier peut être à base de plâtre (1 volume pour 1 de sable gros et 3 d'eau) ou de ciment (1 volume pour 2 de sable gros et 3 d'eau).

Penser au béton... cellulaire

Les différentes épaisseurs de blocs ou carreaux permettent des agencements à la carte, très esthétiques. La finition accepte divers revêtements (y compris des enduits au plâtre ou du carrelage) sans nécessité de préparation contraignante du support.

Les pays nordiques et nos voisins d'outre-Rhin emploient le béton cellulaire depuis plus de 40 ans. En France, l'intérêt pour ce matériau de construction a été plus tardif, mais il remporte désormais un même succès.

Ses applications dans le bâtiment présentent de nombreux avantages en termes de facilité de transport et de mise en œuvre. Mais ses qualités vont bien au-delà : de la fabrication au recyclage des déchets, ce matériau s'inscrit parfaitement dans la démarche HQE (→ P. 80-81).

Un matériau écologique

Le béton naturel existe à l'état naturel sous forme de minéral : la tobermorite (un silicate de calcium hydraté). La fabrication en autoclave du béton cellulaire – à partir de sable, de chaux, de ciment et d'eau – lui donne une structure moléculaire analogue (d'où son nouveau nom de Thermopierre). Dans une perspective de développement durable, il est intéressant de constater que

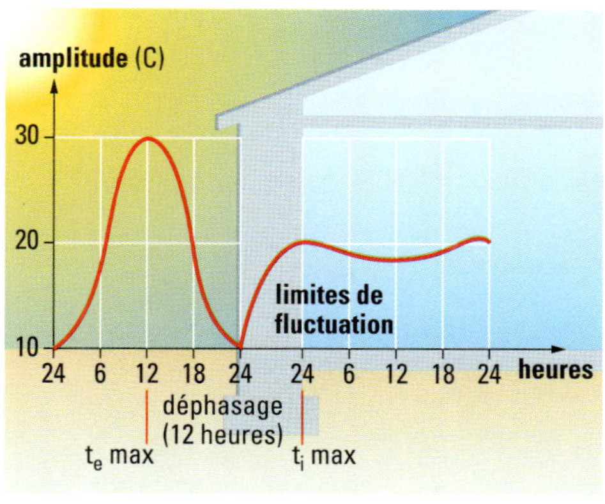

AMORTISSEMENT DE CHALEUR D'UNE PAROI EN BÉTON CELLULAIRE

L'inertie thermique du béton cellulaire contribue à de réelles économies d'énergie : chauffage bien sûr, mais aussi climatisation.

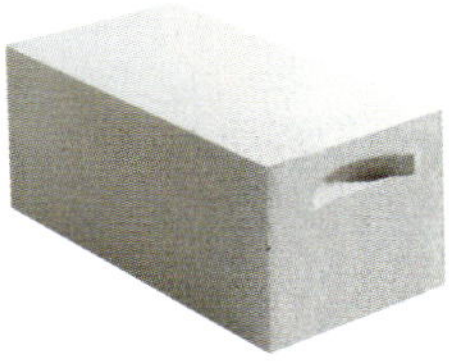

Ce système constructif propose des blocs et des carreaux de différentes dimensions : épaisseur de 5 à 30 cm, hauteur de 25 ou 50 cm, longueur de 62,5 cm. Selon leurs caractéristiques et profils, ils sont destinés aux travaux extérieurs ou intérieurs.

Deux en une

Les marques Siporex et Ytong sont bien connues des utilisateurs de béton cellulaire. La première étant même devenue, en France, le nom générique du matériau. En janvier 2003, une société allemande (Haniel Bau-Industrie) les a regroupées sous une même entité (Xella). De cette union est né le système constructif Xella-Thermopierre, qui bénéfice d'une expérience et d'un niveau d'expertise sans précédent.

le processus utilise essentiellement des matières premières qui sont abondantes dans la nature.
Le fonctionnement des usines en cycle fermé exclue tout rejet polluant, liquide ou solide. N'est libérée dans l'atmosphère que de la vapeur d'eau.
Les déchets industriels, peu conséquents, sont inertes et valorisés à 90 %, comme remblai notamment. Tout au long de son cycle de vie (estimé à une centaine d'années), le matériau ne nécessite pas de traitement chimique supplémentaire.

Une mise en œuvre simplifiée

La légèreté du béton cellulaire est particulièrement appréciée des constructeurs… et du voisinage. Moins de poids signifie moins de camions pour le transport, donc moins de gêne. De plus, les bâtisseurs utilisent un outillage léger et peu bruyant.
Les blocs se découpent aisément et proprement (avec une scie à main). Cela rentabilise le chantier, puisque les chutes sont réutilisables.
Par rapport à d'autres types de maçonnerie (parpaings, par exemple), le système constructif est économe en eau. L'appareillage des blocs s'effectuant à joints minces, les besoins sont minimes pour la préparation de la colle comme pour le nettoyage quotidien du matériel.
Le béton cellulaire se prête à tous types d'aménagement intérieurs, les éléments offrant les mêmes avantages pratiques que pour le gros œuvre.

Naturellement isolant

La structure alvéolaire du béton cellulaire (→ p. 139) lui confère des propriétés isolantes remarquables. Elle emprisonne dans sa masse, de manière homogène, des mil-

UN MONTAGE ET DES MANIPULATIONS FACILES

1. *Le montage s'effectue avec une colle spécifique, qu'il suffit de malaxer dans un seau avec un mélangeur adaptable sur perceuse (nul besoin de bétonnière).*

2. *L'encollage et la pose sont rapides : un peigne métallique calibré permet de déposer la bonne épaisseur de mortier. Trois personnes peuvent ainsi réaliser de 100 à 120 m² de gros œuvre par jour.*

3. *La légèreté et l'ergonomie des éléments facilitent grandement les manipulations. Certains sont dotés de poignées évidées, et d'emboîtements qui optimisent le parallélisme de la maçonnerie.*

© Xella-Thermopierre

Les pièces humides (cuisine, salle de bains, buanderie) tirent profit des qualités naturelles du béton cellulaire et, notamment, de sa bonne régulation hygrométrique.

lions de microcellules d'air, rendant inutile un doublage isolant.

À l'usage, la bonne inertie thermique du matériau minimise la répercussion des variations de température, de l'extérieur vers l'intérieur. Pour les habitants, les avantages économiques sont patents : le second œuvre est moins coûteux et la consommation d'énergie, maîtrisée.

Un habitat qui « respire »

Matériau neutre et non fibreux, le béton cellulaire est inoffensif pour les habitants. Exempt de composés organiques volatils (COV), il ne dégage pas de substances susceptibles de contaminer l'air intérieur. En outre, le caractère superflu d'une isolation rapportée limite l'utilisation de matières contaminantes et/ou allergisantes (acariens…). Les asthmatiques vivant dans une maison en béton cellulaire profitent donc de sa neutralité.

Dans le même ordre d'idée, grâce à ses propriétés respirantes, le béton cellulaire favorise l'évacuation de l'humidité provenant des activités domestiques (en moyenne, 17 litres d'eau par jour pour 4 personnes). Si l'humidité s'évacue bien, les moisissures ne se développent pas, ni les odeurs afférentes. ■

© Xella-Thermopierre

Le béton cellulaire peut s'utiliser en habillage de cheminée, grâce à sa résistance à la chaleur. Toutefois, n'étant pas un matériau réfractaire, il ne convient pas pour la réalisation des foyers.

Préférer les peintures et enduits naturels

La peinture écolabellisée, diluable à l'eau, est bien adaptée aux chambres d'enfants. Proposée en finition mate, satinée ou brillante, elle s'applique en deux couches.

Nous passons la majeure partie de notre temps entre quatre murs : logis, lieux de travail ou publics, etc. Or, de nombreux produits de la vie courante sont nuisibles pour la santé et la qualité de l'air. C'est le cas des peintures conventionnelles et des produits associés, issus de la chimie de synthèse. La nécessité de mieux préserver l'environnement conduit aujourd'hui les industriels à revoir sérieusement leurs procédés de fabrication.

La prise de conscience écologique profite en même temps aux produits d'origine naturelle, qui souffraient jusque-là d'une trop grande confidentialité. Seuls les puristes (particuliers ou professionnels) s'y intéressaient vraiment. Mais la situation évolue rapidement.

Des vapeurs coupables

Les composés organiques volatils (COV) contribuent massivement à la pollution atmosphérique. Ils se rencontrent en particulier dans les peintures et vernis en phase solvant (diluables, par exemple, au white-spirit). Les produits en phase aqueuse en contiennent aussi, mais dans de moindres proportions.

Des produits moins polluants

La plupart des produits conventionnels émettent des substances chimiques qui contaminent l'air intérieur, bien après la phase de séchage. Ces substances en suspension sont captées par certains matériaux (moquettes, tissus d'ameublement...), augmentant ainsi les risques d'allergies pour les habitants. Pour combattre ces nuisances, les industriels mettent au point des produits de synthèse « allégés ». Ces peintures, vernis, lasures... suivent la directive européenne

qui vise à réduire, en 2007, la teneur en composés organiques volatils (COV) des produits solvantés et aqueux.
En France, la principale référence est l'écolabel « NF Environnement », mis en place au début des années 1990. Les grandes marques s'y soumettent activement, avec des gammes grand public ou professionnelles toujours plus étendues (Aquamat ou Aquaprim de Gauthier, Aquaréthane de Syntilor, Avi 3000, Harmonie Spécial Murs de Ripolin, Sigmalys de Sigma Coatings…).

Une double garantie

L'écolabel NF Environnement couvre les peintures, les vernis et produits connexes : liants, colorants, retardateurs ou accélérateurs de séchage, etc. Ce label garantit à la fois la qualité d'usage et l'assurance d'un impact limité sur l'environnement. Pour l'obtenir, les fabricants doivent répondre à des critères écologiques (absence d'éthers de glycol…) et de performance (rendement, séchage…) exigeants. Et cela, de la production à l'élimination des produits.

Décorer bio

Dans l'absolu, les peintures et autres produits naturels (diluables à l'eau) constituent la solution écologique idéale. Hérités d'un savoir-faire ancestral, ils intéressent depuis longtemps le secteur industriel, lequel peut s'appuyer sur des procédés de fabrication modernes. En Europe, les Allemands (Biofa, par exemple) sont à la pointe de la recherche et du développement. Ces fabricants optent pour la transparence en déclinant la totalité de leurs composants, contrairement à leurs concurrents, qui ne fournissent souvent qu'une information partielle ; ce qui pose un problème de choix aux utilisateurs sensibles à certains agents allergènes. Informer essentiellement sur l'aspect, l'usage, la nature du solvant, le pouvoir couvrant et le temps de séchage reste insuffisant. Même si le produit bénéficie d'un écolabel…
Reste que les peintures naturelles ne sont pas aisément accessibles aux particuliers. L'information destinée au grand public est encore faible et les réseaux de vente, restreints. Cependant, l'engouement pour la bioconstruction et la puissance de l'outil Internet sont en passe de changer la donne. ■

UNE MAISON CHALEUREUSE ET CONFORTABLE

1. *Hautement décoratifs, les glacis muraux offrent une richesse de teintes et une profondeur incomparables.*

2. *Différents effets sont également possibles avec ces glacis muraux : brossé, épongé, roulé au chiffon…*

Renforcer l'isolation

Isoler est une obligation réglementaire en construction neuve et une sage recommandation lors d'une rénovation. Toute la maison est concernée : les murs et les fenêtres, la toiture et le sous-sol. Les isolants, leurs caractéristiques et leur pose diffèrent selon la partie à isoler et la zone géographique où vous habitez (➡ CARTE P. 107). Les produits et les techniques se sont diversifiés et améliorés pour participer plus efficacement aux économies d'énergie et à la limitation de l'effet de serre.

Une température homogène donne la possibilité de chauffer moins tout en gardant le même confort. Or, un degré en moins équivaut à 7 % d'économie. Les calories profitant du moindre point faible en isolation pour s'échapper vers l'extérieur, isoler maintient l'air chaud à l'intérieur et, de ce fait, fait baisser le montant des charges liées au chauffage. De plus, moins consommer de gaz ou de fioul réduit les émissions de CO_2, responsables de l'effet de serre et du réchauffement climatique (➡ P. 80). D'ailleurs, une nouvelle réglementation thermique (RT 2005) a vu le jour fin 2005 pour être appliquée à partir de 2006.

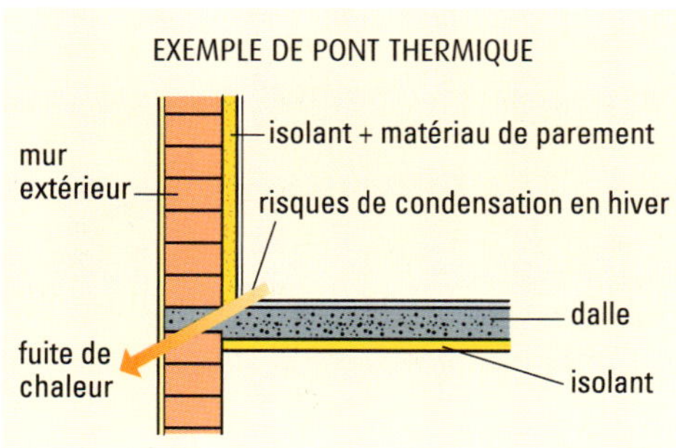

Isoler a pour but d'empêcher le plus possible la chaleur de s'échapper de l'intérieur des locaux vers l'extérieur, le chaud étant attiré par le froid. Cela consiste à augmenter la résistance thermique des parois. Celle-ci est égale au rapport entre l'épaisseur de l'isolant et sa conductivité thermique, les bons isolants étant de mauvais conducteurs de chaleur (➡ P. 106).

Pour obtenir une maison bien étanche, la pose de l'isolant doit être effectuée de manière à supprimer ou à réduire au maximum les « ponts thermiques » (➡ CROQUIS) ;

ce sont les endroits où l'isolation est interrompue et par lesquels la chaleur s'échappe vers l'extérieur, notamment aux jonctions entre les planchers et les murs. De plus, points froids, les ponts thermiques favorisent les risques de condensation et donc de dégradations. Pour les éviter, l'isolation doit être posée en continu, sans rupture ; les jonctions mur/plancher, mur/plafond et entre parois doivent être traitées avec un soin particulier, ainsi que le pourtour des châssis des ouvertures.

Isoler par l'extérieur

L'isolation par l'extérieur consiste à envelopper le bâtiment d'un manteau isolant et, de ce fait, supprime un grand nombre de ponts thermiques. Cependant, l'isolation par l'intérieur, particularité française, est une habitude difficile à abandonner, notamment parce que les fenêtres sont en retrait des façades, ce qui crée des points particuliers compliqués à traiter en isolation par l'extérieur. De plus, celle-ci renforce l'acoustique et l'inertie ; elle ne réduit pas la surface habitable et ne perturbe pas l'occupation des bâtiments lors de travaux dans l'existant. Elle associe aussi isolation et étanchéité. Isoler par l'extérieur revient plus cher, mais son efficacité permet de moins chauffer. Il existe aussi des « rupteurs de ponts thermiques » : morceaux d'isolant placés au droit des dalles de plancher avant le coulage du béton.

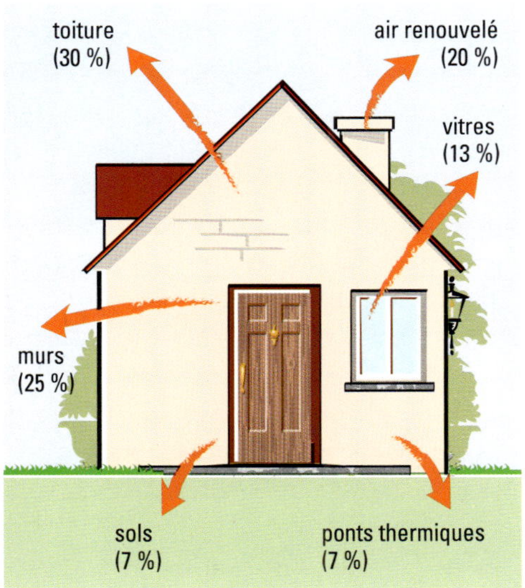

Les déperditions de chaleur sont plus ou moins importantes selon les différents points d'une maison qui n'est pas isolée.

2006 : une réglementation thermique encore plus exigeante

La réglementation thermique devant être appliquée à toute construction neuve devient encore plus exigeante (juillet 2006) : niveau d'isolation renforcé, équipements de chauffage très performants, incitation aux énergies renouvelables...
Le principal objectif est de participer activement à la lutte contre le réchauffement climatique, les consommations d'énergie des bâtiments contribuant pour plus 25 % à la production des gaz à effet de serre. De plus, la forte hausse du prix des énergies et la fin annoncée des réserves mondiales de pétrole (40 ans) ne peuvent qu'inciter à aller dans ce sens.

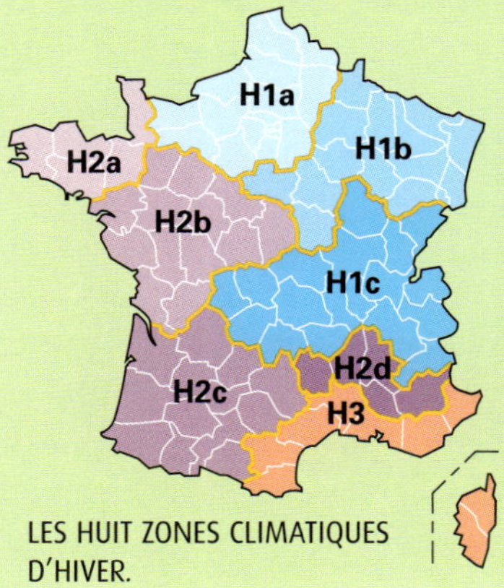

LES HUIT ZONES CLIMATIQUES D'HIVER.

Forte épaisseur ou basse conductivité thermique

Renforcer l'isolation par l'intérieur signifie augmenter l'épaisseur des parois et, par conséquent, réduire le volume habitable. Rappelons que la résistance thermique d'un isolant au passage de la chaleur, de l'intérieur vers l'extérieur, est fonction de l'épaisseur de l'isolant et de sa conductivité thermique qui doit être le plus faible possible. Vous pouvez jouer sur le rapport épaisseur/conductivité thermique. Ainsi, si le manque d'espace ne vous permet pas une épaisseur suffisante, en moyenne de 6 à 10 cm, il faut rechercher une conductivité particulièrement basse, comme celle d'une mousse isolante en polyuréthane. L'isolant sera alors plus cher, mais vous gagnerez des centimètres, qui valent parfois encore plus cher. Par ailleurs, des « superisolants» arrivent sur le marché, nettement plus coûteux mais d'une très faible conductivité thermique, de l'ordre de celle de l'air.

Les isolants minces réfléchissants

Les isolants minces réfléchissants, conditionnés en rouleau, sont constitués de une ou plusieurs couches de feuilles d'aluminium intercalées avec de la mousse souple, du feutre ou autre élément. Leur épaisseur varie de quelques millimètres à quelques centimètres. Ils ont l'avantage de ne pas «manger» l'espace habitable, mais leur efficacité est sujette à caution. Néanmoins, mieux vaut poser ce type d'isolant, par exemple sous une toiture où il aurait été difficile de mettre 20 cm de laine minérale que de ne pas isoler la toiture, surtout si l'isolant est mis en œuvre avec soin, de manière uniforme. En revanche, un isolant mince mal posé peut engendrer des ponts thermiques et provoquer des condensations.

Mise en place d'un isolant mince.

Un certificat de performance énergétique

À partir du 1er juillet 2006 lors de la vente d'un logement neuf ou existant et à partir du 1er juillet 2007 en cas de location, un certificat de performance énergétique, énoncé en kWh et en euros, devra être annexé à l'acte de vente ou au bail. Le diagnostic est à la charge du vendeur ou du bailleur et sa durée de validité est de dix ans. La performance énergétique d'un logement est la quantité d'énergie que celui-ci devrait théoriquement consommer pour un usage classique ; elle est déterminée par un diagnostiqueur thermicien. Vous pouvez ainsi savoir si le logement que vous convoitez a des performances médiocres ou correctes sur une échelle allant de 1 à 6 et ce que vous pouvez faire concrètement pour améliorer cette performance. Le certificat de performance énergétique se veut en effet un outil de sensibilisation aux économies d'énergie. Si vous vous apercevez que vous consommez plus que les valeurs indiquées sur le certificat, vous devez vous poser des questions sur vos habitudes de vie. Attention : ce diagnostic n'a qu'une valeur informative, à la différence d'autres diagnostics, comme le diagnostic termites ou le diagnostic plomb, vous ne pouvez pas vous en prévaloir à l'encontre du propriétaire. Il n'est pas opposable.

La toiture en priorité

L'air chaud, plus léger, s'élève naturellement et vient se loger sous la toiture. C'est donc elle qu'il faut isoler en priorité. Vous pouvez isoler les combles, qu'ils soient aménageables ou non. Si la réfection de la toiture est prévue, saisissez cette occasion pour l'isoler par l'extérieur, car l'impact thermo-acoustique est plus efficace et les travaux vous permettront de ne pas toucher à la charpente si vous souhaitez la laisser apparente. Ce type d'isolation est réalisé au moyen d'isolants dont les caractéristiques mécaniques confèrent une stabilité dimensionnelle : panneaux en mousse de polystyrène extrudé, de laine de roche ou de polyuréthane, caissons composites autoportants, panneaux sandwiches... Des contre-chevrons sont fixés sur l'isolant de façon à laisser une lame d'air pour ventiler la toiture.

Si vous possédez une toiture-terrasse, il ne faut jamais l'isoler par l'intérieur, car le blocage de la diffusion de la chaleur peut provoquer un choc thermique engendrant des ruptures d'étanchéité et des fissures. Les plaques d'isolant doivent être disposées sur la toiture-terrasse parée d'un pare-vapeur, recouvertes d'une ou de plusieurs couches d'étanchéité, puis de gravillons ou de dalles. Parfois, l'isolation est placée sur l'étanchéité ; c'est ce qu'on appelle une « toiture inversée ».

Une toiture végétalisée

Votre toiture-terrasse, voire même votre toiture inclinée, peut être transformée en un espace verdoyant. Au-delà de l'esthétique, les toitures végétalisées ont l'avantage de réguler l'évacuation de la pluie, de protéger la toiture et l'étanchéité, d'assurer une isolation phonique et thermique. Vous avez le choix entre différentes espèces de végétalisation : plantes vivaces, sedum, graminées, plantes à bulbes, ou simplement une pelouse. Il existe des systèmes d'étanchéité « antiracines » recouverts d'un substrat végétal permettant le développement d'une véritable végétation qui se renouvelle au rythme des saisons ou, si vous préférez une couverture végétale immédiate, des dalles précultivées qui se clipsent entre elles. ■

Dans le futur, des maisons à énergie positive

Les maisons sont de plus en plus économes en énergie et pourraient, à long terme, devenir des maisons zéro énergie et donc zéro effet de serre, ayant à peine besoin d'être chauffées et produisant elles-mêmes l'énergie qu'elles consomment. On envisage même la conception de maisons à « énergie positive », c'est-à-dire que non seulement elles assureront leurs propres besoins énergétiques, mais encore que l'énergie non consommée alimentera d'autres maisons ou bâtiments ou sera réinjectée dans le réseau. Pour cela, il est nécessaire de repenser complètement la construction, favoriser l'architecture bioclimatique et intégrer de nouvelles technologies, telles que le photovoltaïque, le stockage des énergies et des matériaux à changement de phase installés dans les parois, qui deviennent liquides ou solides en fonction de la température.

Pose de dalles végétalisées sur une toiture-terrasse.

Utiliser des isolants écologiques

Pose de panneaux semi-rigides de chanvre découpés sur mesure.

Mis à part les laines minérales (laine de verre, laine de roche) et les plastiques alvéolaires (polystyrène, polyuréthane) qui assurent 90 % des isolations, il existe d'autres isolants tels que la laine de chanvre, la laine de mouton, les plumes de canard, les fibres de bois, etc. Tous ces produits sont fabriqués à partir de matière naturelle, recyclable ou biodégradable, sans caractère nocif.

Les isolants à base de chanvre ou de lin

Le chanvre est facilement renouvelable, n'altère pas la nature du sol, pousse en quantité importante sans beaucoup d'engrais. La chènevotte, obtenue par défibrage du chanvre, offre une bonne isolation thermique et acoustique ; elle est ininflammable, imputrescible et hydrofuge. De plus, amère et indigeste, elle n'attire pas les rongeurs. Quant à sa résistance, elle a été prouvée durant des siècles, le chanvre étant utilisé pour les cordages, notamment dans la marine. Lors de sa transformation et de sa pose, le chanvre ne constitue pas un danger pour la santé et les produits sont recyclables. Les isolants en chanvre sont commercialisés en rouleaux, en panneaux ou en vrac. Ils sont utilisés pour l'isolation des toitures, murs et sols.

Les chutes industrielles de lin, fibre naturelle résistante et légère, sont transformées en produits d'isolation, aux performances similaires à celles des isolants en chanvre. Hygroscopique, le lin a la capacité d'absorber l'humidité puis de la restituer en fonction de la température et de l'hygrométrie ambiantes. Les isolants en lin se vendent sous forme de rouleaux d'ouate ou de feutre, de plaques semi-rigides en différentes largeurs et épaisseurs et en vrac. Ils ne provoquent aucune irritation de la peau.

Les isolants à base de fibres de bois

Les fibres de bois, transformées en laine de bois, procurent de bons isolants thermiques et acoustiques. Les fibres issues des résidus de scieries sont humidifiées à 98 %, puis pressées et séchées pour donner des produits à fibres tendres ou dures. La fabrication se fait sans agent ignifugé, sans fongicide et sans pesticide. Le lignite propre au bois sert de seul liant. Ces isolants sont donc recyclables.

Leur structure à assemblage rainuré permet de concevoir des panneaux semi-rigides adaptés à l'isolation entre chevrons et à l'isolation intérieure ou extérieure des murs. Ils aident aussi à se préserver des chaleurs estivales.

Pour isoler une toiture, ces panneaux de fibres de bois peuvent être posés avec un écran rigide, lui aussi en fibres de bois et imprégné de bitume (→ **CROQUIS P. 87**) ; celui-ci apporte un complément d'isolation thermo-acoustique tout en offrant une respiration naturelle permanente.

Les isolants à base de liège

Le liège provient de l'écorce renouvelable du chêne-liège, qui est prélevée (démasclée) tous les huit à dix ans. D'une structure cellulaire très légère, l'écorce est cuite à haute température pour être dilatée, et elle s'agglomère avec sa propre résine. Les produits en liège sont imputrescibles, résistants à la compression, indéformables et difficilement inflammables. Les rongeurs et les termites ne l'apprécient pas. Le liège est également un bon isolant phonique. Le liège expansé est commercialisé sous forme de plaques et de granulés. Il est bien adapté au remplissage de chapes légères.

Rouleau de plumes de canard utilisé pour isoler des combles.

Les isolants à base de cellulose

Le papier journal peut être recyclé en fibres de cellulose isolantes, mélangées à du sel de bore afin de les rendre ignifuges et résistantes aux insectes. Les produits isolants se présentent sous forme de flocons en vrac et de panneaux semi-rigides. Les flocons sont soit déversés manuellement, soit soufflés ou projetés au moyen d'une machine. Les fibres de cellulose peuvent être également comprimées de manière à former des granulés isolants, à déverser entre les lambourdes ou sur un plancher. Lors de l'isolation des murs, la cellulose peut être injectée sous pression afin de combler la cavité dans le mur en épousant les éléments de la structure. Elle est également un bon isolant acoustique.

MISE EN PLACE DE PANNEAUX DE FIBRES DE BOIS

1. *Ces panneaux de fibres de bois semi-rigides, proposés en plusieurs épaisseurs (20, 40, 60, 80, 100, 120 mm) assurent une bonne isolation thermo-acoustiques des toitures.*

2. *Les panneaux de fibres de bois sont placés entre ou sur les chevrons lors de l'isolation de la toiture. Ils doivent être précisément accolés de manière à assurer une isolation en continu et éviter les ponts thermiques.*

3. *Il est recommandé de recouvrir les panneaux avec un écran rigide, lui aussi en fibres de bois imprégnées de bitume, qui favorise le confort l'été. Pour une meilleure étanchéité, on recouvre ensuite l'ensemble d'un film souple, avant la pose de la couverture (tuiles, ardoises, chaume, lauzes...).*

Les isolants à base de plumes de canard

Non seulement les plumes emmagasinent une importante quantité d'air, ce qui leur donne un pouvoir isolant, mais elles régulent aussi l'humidité en l'absorbant quand elle est en trop grande quantité et en la restituant progressivement. L'isolant est composé de 70 % de plumes de canard sécurisées (absence de substances non désirées), de 10 % de laine hygiénisée dont la frisure donne l'élasticité et de 20 % de fibres textiles assurant le liage de la laine avec la plume après échauffement. Il est vendu sous forme de rouleaux souples pour isoler les combles ou de panneaux semi-rigides pour isoler les parois. Il se coupe facilement à l'aide de ciseaux ou d'un cutter.

Les isolants à base de laine de mouton

La pure laine vierge de mouton est par nature isolante. Après avoir été lavée au savon et aux cristaux de soude puis traitée avec un produit antimites, elle peut être utilisée pour fabriquer des rouleaux d'isolant. Une fois posée, la laine retrouve la position qu'elle avait sur le mouton et assure ainsi une isolation en continu. La laine de mouton respire, elle peut absorber de l'humidité jusqu'à 33 % de son poids et la restituer sans dégradation de ses propriétés. Les rouleaux de laine de mouton, fabriqués de manière à éliminer les risques de tassement et d'affaissement, sont découpés à la main et agrafés. Il est également possible d'utiliser des écheveaux de laine pour le calfeutrage et le colmatage des chambranles de portes et de fenêtres. ■

© Daemwool

La souplesse de la laine de mouton permet d'isoler en tout point.

© Daemwool

Avec de la laine de mouton en écheveau, il est facile de mettre en place un bon calfeutrage.

Les isolants sous vide

Dernier progrès de la technologie : des panneaux composites glissés dans un sac étanche, ensemble soudé mis en dépression, c'est-à-dire sous vide. D'une épaisseur de 1 à 3 cm, ces isolants ont une performance thermique très supérieure à tous les matériaux actuels, ce qui permet, par exemple, de fabriquer un réfrigérateur comportant des parois minces mais surisolées. Pour le moment, il y a peu d'applications dans le domaine de l'habitat, car la mise en œuvre doit être entourée de beaucoup de soins : d'une part la réalisation du panneau est exécutée sur mesure pour une surface donnée, d'autre part l'ensemble sous vide doit rester étanche sous peine de perdre toute son efficacité thermique (pas de clous dans les murs !).

Optimiser son système de chauffage

Économiser l'énergie, c'est bon pour la planète mais c'est également intéressant pour le budget de la maison. Quelle que soit l'énergie utilisée (fioul, gaz, électricité, etc.), le chauffage représente souvent le poste le plus onéreux : moderniser son mode de chauffage peut rapporter gros. Par exemple, remplacer une chaudière de plus de dix ans, même si elle fonctionne toujours, peut permettre de faire d'importantes économies.
Les progrès techniques et les nouvelles normes européennes ont contribué à améliorer les rendements des chaudières pour avoisiner les 95 %. C'est-à-dire que 95 % de l'énergie consommée par la chaudière est restituée sous forme de chaleur. Pour les nouvelles chaudières à condensation, les rendements dépassent les 100 % !

Régulation et programmation

Quel que soit votre système de chauffage, gérez-le avec précision afin de consommer juste ce qu'il vous faut d'énergie. Optez pour une régulation électronique qui réagit au dixième de degré près. Équipez les radiateurs de robinets thermostatiques pour affiner la régulation pièce par pièce. Associez une horloge de programmation au thermostat, assurant une baisse ou une hausse automatique de la température ambiante, selon des plages horaires prédéfinies : elle anticipera par exemple le réchauffement de la maison avant le retour ou le lever de ses occupants. Certaines pièces, comme la salle de bains, peuvent rester hors programmation, et une dérogation à la programmation reste toujours possible. Par ailleurs, des détecteurs placés dans les huisseries des fenêtres peuvent couper le chauffage quand celles-ci sont ouvertes.

Les nouvelles chaudières

Les nouvelles chaudières (fioul ou gaz) fonctionnent à basse température : les anciens modèles délivraient de l'eau à 80 ou 90 °C de façon constante pour alimenter le circuit de radiateurs. Aujourd'hui, elles produisent de l'eau de 40 à 60 °C et de façon modulante : juste la quantité de chaleur souhaitée au moment voulu. Cette diminution de la température réduit les pertes de rayonnement du corps de chauffe et la chaudière consomme moins d'énergie. Les nouvelles chaudières à condensation sont encore plus économiques, car elles récupèrent la chaleur contenue dans la vapeur d'eau des fumées de combustion du brûleur. En revanche, ces matériels à basse température obligent au tubage des cheminées existantes. En effet, les fumées étant à des températures moindres, leur refroidissement rapide – surtout l'hiver – dans la cheminée apporte condensation et « bistrage » du conduit. Pour combattre ce phénomène, la cheminée existante est gainée à l'aide d'un tube métallique qui accélère l'échappement des fumées et supprime le risque de bistrage.

Une des grandes révolutions dans le domaine de la chaudière a été l'arrivée de la « ventouse », qui ne rend plus obligatoire le raccordement d'une chaudière à un conduit de fumée. Une chaudière à ventouse est équipée d'un dispositif composé de deux tubes concentriques assurant l'amenée d'air nécessaire à la combustion et l'évacuation des gaz brûlés, l'une et l'autre se faisant directement sur l'extérieur.
Cette technique donne la liberté d'installer la chaudière sur n'importe quel mur du logement, sans tenir compte de l'emplacement d'un conduit de fumée, et même de l'intégrer dans un élément de cuisine ou un placard, car elle n'a plus besoin d'un espace ventilé.
Le plus simple est d'installer des chaudières à ventouse horizontale, mais une ventouse peut être également verticale et déboucher en toiture. Cette dernière solution évite la sortie de ventouse en façade, pas toujours très esthétique, et permet de fixer la chaudière sur une paroi intérieure. ■

Les chaudières à ventouse, ayant une sortie sur l'extérieur, dispensent de se raccorder à un conduit de fumée.

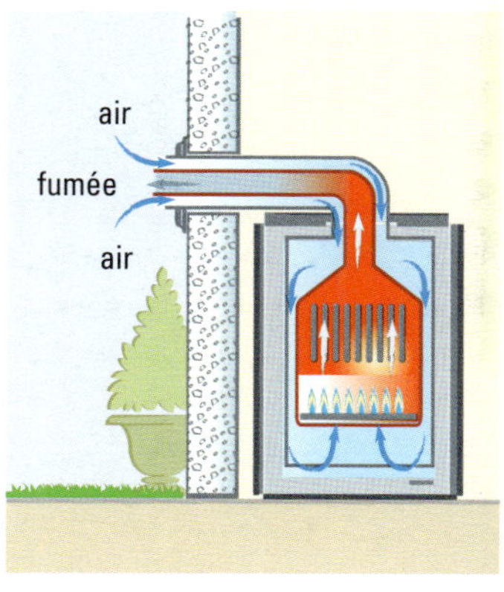

Penser aux énergies renouvelables

Produire son électricité en captant la lumière du soleil.

Trois bonnes raisons y incitent : la forte hausse du prix des énergies, la fin annoncée des réserves mondiales de pétrole (d'ici une quarantaine d'années) et la nécessité absolue de limiter les émissions de gaz à effet de serre pour lutter contre le réchauffement climatique. Le logement est un gros consommateur d'énergie et par conséquent un gros émetteur de gaz à effet de serre. Consommer moins d'énergie revient à brûler moins de combustible et donc à émettre, nécessairememt, moins de polluants.

Le crédit d'impôt « développement durable »

Pour inciter à investir dans les énergies renouvelables, un crédit d'impôt « développement durable » est applicable jusqu'en 2009 et sera sans doute prorogé au-delà (rappelons la différence entre une réduction d'impôt et un crédit d'impôt : si la somme correspondant au crédit d'impôt dépasse le montant de votre impôt, l'excédent vous est restitué et, si vous n'êtes pas imposable, vous recevez le crédit correspondant). En 2006, le crédit d'impôt est de 50 % pour les énergies renouvelables. Il concerne le matériel, fourni et posé par un professionnel, mais pas le coût de la main-d'œuvre. Renseignez-vous auprès de votre centre des impôts pour connaître les conditions précises et les plafonds.

Exemple 1

Si vous faites installer un insert bois :
Coût de l'opération (insert + pose) : 2 500 €
Dont coût de l'insert : 2 000 €
Taux du crédit d'impôt : 50 %
Montant du crédit d'impôt :
2 000 € x 50 % = 1 000 €
Coût net de l'opération : 1 500 €

Exemple 2

Si vous intégrez 4 m² de capteurs solaires en toiture pour chauffer l'eau chaude et si vous installez un ballon de stockage de 200 litres avec appoint électrique :
Coût de l'opération (matériel + pose) : 3858 €
Dont coût du matériel : 2816 €
Taux du crédit d'impôt : 50 %
Montant du crédit d'impôt :
2816 € x 50 % = 1 408 €
Coût net de l'opération : 2 450 €

Vous pouvez souvent obtenir aussi des aides auprès de votre conseil régional, de votre conseil général ou de votre commune. ■

Se chauffer au bois

Si vous habitez dans une région boisée, envisagez de vous chauffer au bois, au moins partiellement, puisque la matière première est à portée de main. Les appareils de chauffage au bois ont beaucoup évolué au niveau de leur rendement, leur facilité d'utilisation, leur propreté et leur esthétique. Choisissez un appareil à bois labellisé « Flamme verte », aux performances reconnues et indispensable pour bénéficier du crédit d'impôt.

Chauffage au bois et environnement

La forêt française couvre près de 15 millions d'hectares, ce qui représente la moitié des forêts de l'Union européenne. La raréfaction mondiale de la ressource en bois a imposé une règle : la récolte de bois de chauffage ne doit pas dépasser la possibilité du boisement. Ce problème ne se pose pas en France, où l'équilibre est conservé. De plus, l'exploitation du bois-énergie favorise des coupes d'éclaircies régulières qui sont nécessaires à la bonne croissance de la forêt. Un arbre réutilise autant de gaz carbonique que n'en dégage sa combustion. Compte tenu de l'accroissement régulier de la forêt française, l'utilisation énergétique du bois permet ainsi de réduire les émissions de gaz carbonique en se substituant à la combustion d'énergie fossile (fioul, gaz). En outre, l'utilisation de bois de rebut (emballages, palettes...) ou de produits connexes de l'industrie du bois (copeaux, écorces, sciures...) évite les mises en décharge ou le brûlage à l'air libre engendrant des émissions d'oxydes d'azote.

Dotez votre cheminée d'un insert ou d'un foyer fermé

Dans une cheminée ouverte, environ 65 % de la chaleur produite par un feu de bois s'échappe par le conduit de fumée. Cette chaleur peut être récupérée par la pose d'un récupérateur, d'un insert ou d'un foyer fermé. Un récupérateur de chaleur s'installe dans le foyer ou dans la hotte, l'air qui y circule s'y réchauffe puis se disperse dans la pièce naturellement ou aidé par un ventilateur.

Un insert ou un foyer fermé sont encore plus performants. Le rendement de la cheminée peut être augmenté de 40 à 70 %. La chaleur est mieux diffusée et répartie qu'avec un feu ouvert, tandis que la consommation de bois diminue dans un ordre de grandeur de 2 à 3. Certains modèles (type C) peuvent fonctionner en continu pendant dix heures avec un seul chargement. Un foyer ou un insert peut être utilisé pour chauffer plusieurs pièces, au moyen d'un ventilateur et d'un réseau de gaines souples répartissant la chaleur dans les différentes pièces. Ils peuvent ainsi servir réellement de chauffage d'appoint ou de base selon l'espace et le

Le chauffage au bois peut se conjuguer avec l'attrait d'une cheminée aux formes spectaculaires.

© Focus

Inserts et foyers fermés : dix commandements pour la sécurité

1. *Le conduit de fumée ne doit pas être fissuré. Il doit être ramoné avant utilisation.*
2. *Vérifier soigneusement qu'un espace minimal de 16 centimètres existe entre la paroi intérieure du conduit et tout élément en bois ou autres matériaux combustibles.*
3. *Si l'appareil est relié au conduit de fumée par un tuyau, celui-ci ne doit jamais traverser un mur, une cloison ou un plafond. Le tuyau de raccordement et l'entrée du conduit de fumée doivent toujours être situés dans la pièce où l'appareil est installé, et seulement dans celle-ci.*
4. *Le raccordement de ce tuyau au conduit doit être étanche.*
5. *Le foyer doit être placé dans la pièce en respectant les espaces de sécurité prévus par le fabricant.*
6. *Le plancher doit être protégé selon les prescriptions du constructeur.*
7. *Le mur à l'arrière de la cheminée et le plafond en partie haute de la hotte doivent être isolés. En outre, la sortie d'air chaud en partie haute doit être distante d'au moins 30 centimètres du plafond.*
8. *La poutre décorative doit être protégée selon les prescriptions du constructeur.*
9. *L'installation doit être ramonée une ou deux fois par an, selon la fréquence d'utilisation.*
10. *Éviter d'utiliser du bois « vert » et de jeter des déchets dans la cheminée.*
[Comité interprofessionnel pour la promotion du chauffage au bois]

INSERT

1. *Insert à porte vitrée intégré à une cheminée existante.*

FOYER FERMÉ

1. *Foyer fermé et vitré que l'on peut habiller à son goût.*

volume à chauffer. Du point de vue esthétique, des progrès ont été réalisés, notamment les parois vitrées sont de plus en plus grandes pour une meilleure vision du feu. La plupart des modèles vous laissent la possibilité d'utiliser votre cheminée occasionnellement à feu ouvert.

Installer un insert. Si vous possédez déjà une cheminée, une sorte de poêle à bois de forme rectangulaire, fermé par une porte vitrée, peut y être encastrée. Vous devez auparavant vérifier l'état du conduit de fumée et, si nécessaire, faire un tubage. Les gammes d'inserts donnent la possibilité de trouver des dimensions adaptées à l'âtre. Un insert comprend une double enveloppe à l'intérieur de laquelle l'air circule, se réchauffe puis se répartit dans la pièce via les sorties d'air.

Installer un foyer fermé. Si vous construisez ou si vous ne possédez pas de cheminée mais que vous disposiez néanmoins d'un conduit de fumée, installez d'abord un corps de foyer vitré puis habillez-le. L'air circule entre le corps de chauffe et la cheminée, se réchauffe puis se répartit dans la pièce via les grilles prévues dans la hotte.

Une norme (NF D-35 376) définit les types d'appareils afin de vous aider à choisir en fonction de vos besoins et souhaits.

A (comme agrément) : simple appareil d'agrément

I (comme intermittence) : appareil conçu pour fonctionner par intermittence avec une durée de combustion supérieure à 5 heures
C (comme continu) : appareil conçu pour fonctionner en continu sur une saison de chauffe, avec une durée de combustion supérieure à 5 heures.
Leurs caractéristiques correspondent à des critères d'autonomie, de puissance, de rendement.
Les inserts et foyers fermés ont connu un développement spectaculaire, mais sont aussi, malheureusement, à l'origine de graves incendies. Par conséquent, leur mise en œuvre doit respecter des exigences de sécurité très strictes. Ces règles de l'art sont détaillées avec précision dans un Document Technique Unifié (DTU-24-2-22).

© Seguin Duteriez

La plupart des modèles d'insert ou de foyer fermé laissent la possibilité d'utiliser la cheminée occasionnellement à feu ouvert.

Choisir une chaudière individuelle au bois

Une chaudière à bois possède une porte largement dimensionnée et peut emmagasiner un grand volume de chargement permettant une autonomie pouvant aller au-delà de 10 heures. La régulation de son fonctionnement est obtenue par la variation de l'admission d'air nécessaire à la combustion. Les chaudières modernes produisent moins de cendres et demandent donc moins de décendrages ; elles brûlent simultanément les goudrons, ce qui supprime les suies et réduit l'encrassement.
Une chaudière à bois peut être alimentée par des bûches, du bois déchiqueté ou des granulés. Les bûches sont, en général, vendues en stères. Le bois déchiqueté est issu de haies, de vergers, de forêts ou de déchets d'industries du bois ; il est disponible sous forme de plaquettes de 1 à 8 cm de longueur et de moins de 1 cm d'épaisseur. À vous de voir, au bout d'un moment, si vous n'avez pas intérêt à acheter ou louer une déchiqueteuse. Les granulés de bois sont des agglomérés cylindriques de sciure de bois appelés aussi « pelets » ; ils sont livrés en sacs. Certaines chaudières peuvent utiliser de la sciure ou de l'écorce broyée, en provenance d'industries du bois ; la teneur en eau de ce combustible doit être inférieure à 45 %.
Les différents systèmes de combustion. Le système le plus traditionnel consiste en un tirage naturel et une combustion montante. Le bois est empilé sur une grille et toute la charge s'enflamme ; les phases de séchage et de combustion sont confondues.
Avec une combustion horizontale en couche mince, les phases de séchage et de combustion sont dissociées, ce qui permet de différencier les arrivées d'air primaire et secondaire. La combustion est meilleure et le taux d'imbrûlés est moindre.
Quand la combustion est inversée, les flammes se développent au travers de la grille, support du bois, ou au travers d'une tuyère. Comme pour la combustion horizontale, les arrivées d'air sont localisées. Le bois introduit sèche au-dessus du foyer en dehors de la zone de combustion ; ce type de chaudière accepte un bois un peu plus humide que les autres, sans que les performances soient trop dégradées.

Les chaudières turbo, au tirage forcé, sont des chaudières à combustion inversée équipées d'un ventilateur électrique soufflant de l'air ou d'un extracteur aspirant les fumées. La régulation de l'amenée d'air permet une plus forte puissance de fonctionnement. Le tirage forcé permet des surfaces d'échangeur étendues et, par conséquent, une plus importante récupération de chaleur. Le rendement de ces chaudières peut dépasser de 30 % celui des chaudières à tirage naturel et, la combustion étant complète, le décendrage est insignifiant. Ces chaudières acceptent des bois un peu plus humides et d'origine variée (feuillus, résineux).

Les modes d'alimentation. L'alimentation d'une chaudière en bois déchiqueté et granulés peut être automatisée, ce qui évite les chargements manuels. Si le silo est au même niveau que la chaudière, le transfert du bois déchiqueté et des granulés s'effectue par vis ou par pneumatique. S'il est à l'étage supérieur, il peut se faire par gravité; vous poussez alors le combustible de l'étage dans la trémie tous les deux jours ou tous les jours selon la température extérieure. Il est possible d'adapter sur une chaudière bois existante un avant-foyer doté d'un système d'alimentation.

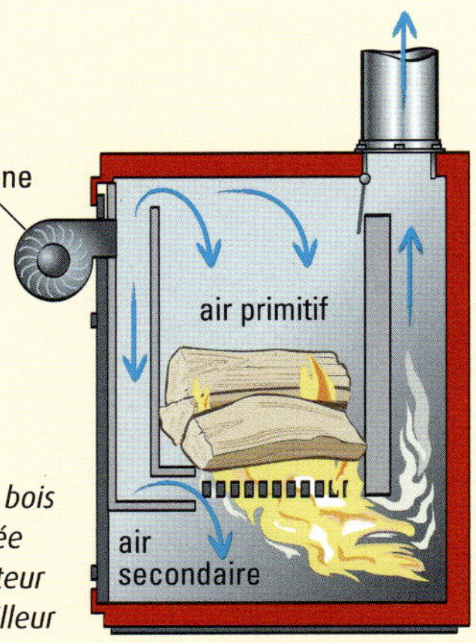

Chaudière à bois turbo équipée d'un ventilateur pour un meilleur rendement.

Vous pouvez juxtaposer à la chaudière bois un ballon pour stocker l'eau chaude sanitaire. Sa présence améliore les performances de l'installation et réduit la consommation de bois, car les besoins en chauffage sont souvent largement inférieurs à la puissance de la chaudière. Le ballon tampon permet de stocker l'eau chaude en surabondance et ainsi de limiter les régimes au ralenti.

Installer un poêle à bois

Un poêle à bois s'installe contre le mur qui intègre le conduit de cheminée ou éloigné un peu de la paroi afin qu'il puisse rayonner sur toutes ses faces. Les poêles à bois ont l'avantage d'être peu coûteux et de présenter une grande variété de styles permettant à chacun de choisir le modèle convenant le mieux au décor de sa maison. Leur puissance varie de 4 à 10 kW et leur rendement a nettement progressé.

Les poêles les plus sophistiqués, comme les appareils à feu continu, chauffent une pièce avec deux ou trois chargements par 24 heures. Les poêles intégrant une masse thermique, qui absorbe la chaleur avant de la diffuser lentement, sont encore plus performants. Ils brûlent le bois rapidement et à haute température, ce qui leur permet de brûler également les résidus de combustion. Ils consomment moins de bois qu'un poêle à combustion lente pour fournir la même chaleur. ■

Un poêle à feu continu nécessite deux ou trois chargements par 24 heures pour assurer un chauffage permanent.

Utiliser l'énergie solaire

Bénéficier des avantages de l'énergie solaire n'est pas réservé aux zones d'ensoleillement maximal.

Les capteurs solaires servent le plus souvent à produire de l'eau chaude sanitaire, mais peuvent aussi assurer une partie du chauffage. Pour capter le maximum de soleil, les panneaux solaires doivent être inclinés (de 40 à 50 °) et orientés sud. Ils peuvent être fixés au sol, contre la maison ou à proximité immédiate, disposés en auvent, en terrasse ou sur une véranda et, surtout, intégrés à une toiture inclinée ou posés sur une toiture-terrasse.

L'intégration architecturale des capteurs aux toitures, quel que soit leur style, a fait beaucoup de progrès. Les panneaux solaires ressemblent à des fenêtres de grande taille, ils peuvent même être incorporés dans la toiture comme des fenêtres de toit.

En général, les capteurs solaires sont vitrés et la température de l'eau peut atteindre 60 °C ; il existe aussi des capteurs à tubes sous vide permettant de dépasser 80 °C avec un ensoleillement plus faible, mais pour un coût supérieur. Ceux sous forme de tubes en caoutchouc noir servent essentiellement au chauffage des piscines en plein air.

La couverture solaire des besoins annuels en eau chaude est d'environ 40 à 60 % dans le Nord et de 60 à 80 % dans le Sud. En Île-de-France, 1 m² de capteurs solaires produit 200 kWh par an, soit 40 litres

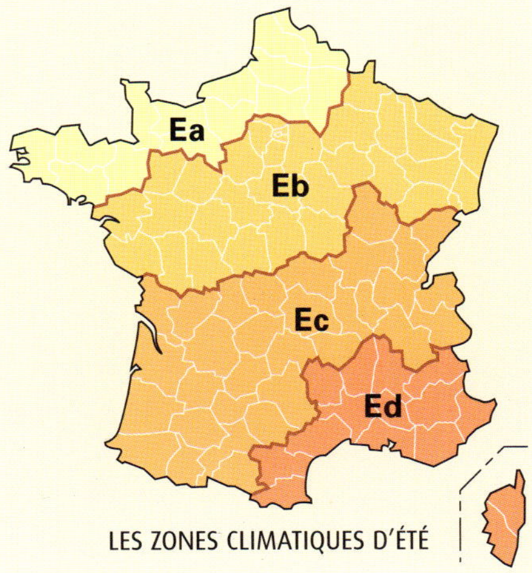

LES ZONES CLIMATIQUES D'ÉTÉ

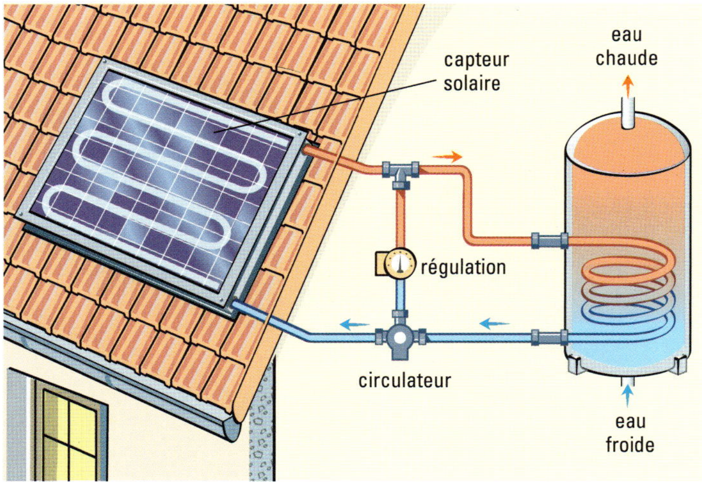

Dans le cas d'un chauffe-eau solaire à éléments séparés, le ballon est placé à l'intérieur de la maison.

d'eau chaude par jour. Si les économies d'énergie sont indéniables, l'investissement reste important. Renseignez-vous sur les aides : subventions directes, crédit d'impôt, TVA réduite, etc.

Si l'investissement est néanmoins trop lourd, vous pouvez faire installer et entretenir un chauffe-eau solaire pour lequel vous versez un dépôt de garantie et des montants mensuels fixes pendant dix ans, au terme desquels vous deviendrez propriétaire de l'installation solaire.

Comment obtenir de l'eau chaude grâce au soleil ?

Des capteurs transforment l'énergie du rayonnement solaire en chaleur pour produire de l'eau chaude. Stockée dans un ballon, celle-ci peut être utilisée de jour comme de nuit. Pour une famille de quatre personnes sous un climat moyen, il faut compter environ 3 m^2 de capteurs et un ballon de stockage de 200 litres. Il faut veiller à l'orientation des capteurs, à leur inclinaison, au calorifugeage des canalisations, à la protection antigel...

Une installation classique comporte un ou plusieurs capteurs solaires, reliés à un ballon de stockage par un système de circulation. Les rayons du soleil traversent les capteurs thermiques et cèdent leur chaleur à des absorbeurs métalliques. Celle-ci est alors transmise à un fluide dans des tuyaux en cuivre qui, réchauffé, est acheminé vers le ballon.

Après avoir à son tour réchauffé l'eau sanitaire, le fluide retourne vers les capteurs afin de se recharger en énergie. Une régulation et une pompe électrique peuvent être associées au circuit selon le type de chauffe-eau et ses conditions d'utilisation.

Le système complémentaire de production d'eau chaude peut être un chauffe-eau, un chauffe-bain, un ballon électrique ou une chaudière mixte ; le chauffe-eau solaire permet de l'arrêter en été. Au besoin, une résistance électrique peut être incorporée au stockage solaire.

Trois types de chauffe-eau solaire

Il existe trois grands types de chauffe-eau solaire individuel : stockeur, monobloc ou à éléments séparés

Le chauffe-eau capteur-stockeur. Le ballon de stockage est vitré et reçoit lui-même le rayonnement solaire. Il est posé sur un sol plat, une terrasse ou une toiture faiblement inclinée. Il est adapté aux zones très ensoleillées où il peut assurer tous les besoins l'été.

Le chauffe-eau solaire monobloc ou compact. Les capteurs et le ballon sont distincts mais solidaires via un châssis, ils forment donc un ensemble monobloc (le ballon étant en partie haute).

L'eau chauffée dans les capteurs alimente le ballon par effet thermosiphon : l'eau chaude des capteurs moins dense que l'eau tiède du ballon s'élève vers ce dernier. Le chaffe-eau solaire monobloc peut en général assurer les besoins d'eau chaude l'été et préchauffe l'eau le reste du temps.

Le chauffe-eau solaire à éléments séparés. Le ballon de stockage est dissocié du capteur et est placé à l'intérieur de la maison. La circulation du fluide peut être assurée par effet thermosiphon, le ballon devant alors être placé plus haut que les capteurs (combles), ou à l'aide d'une petite pompe

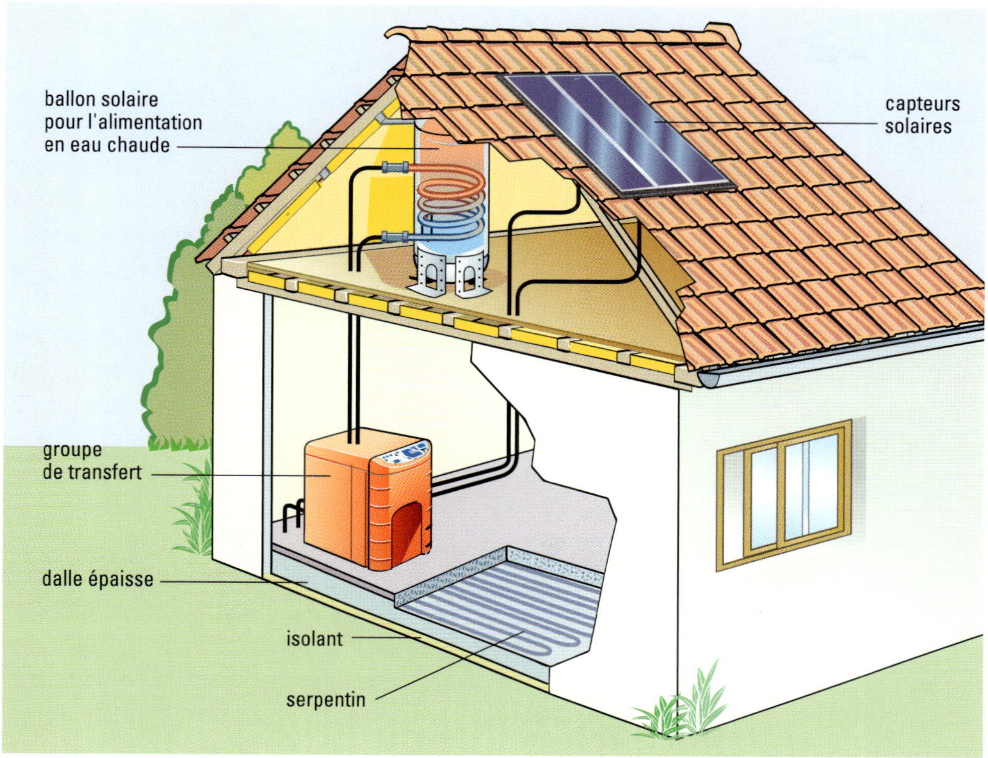

Plancher solaire direct.

électrique qui fait circuler le fluide sous les capteurs dès que sa température est supérieure à celle de l'eau dans le ballon. Ce chauffe-eau est particulièrement bien adapté aux régions où il gèle en hiver. Les deux circuits distincts permettent l'utilisation d'un fluide antigel à l'extérieur.

Le plancher chauffant solaire

Un chauffage solaire ne peut pas a priori couvrir tous les besoins de chauffage, à moins de ne pas être frileux ou de ne pas occuper votre maison l'hiver. Il peut néanmoins suffire en demi-saison. Il est donc nécessaire d'avoir un chauffage d'appoint qui peut être aussi une énergie renouvelable comme le bois.

Un chauffage solaire se concrétise par un plancher solaire direct dont le confort s'apparente à celui d'un plancher basse température qui rayonne la chaleur.

Les capteurs solaires alimentent directement en eau chaude un réseau de tubes intégrés dans le plancher de la maison. Ce plancher, constitué d'une dalle en béton épaisse de 15 à 30 cm, stocke l'énergie solaire et la diffuse lentement dans la pièce à chauffer.

La chaleur est en effet distribuée par le plancher solaire direct avec un décalage dans le temps proportionnel à l'épaisseur de la dalle : de 5 à 10 heures pour 15 à 30 cm. La dalle doit reposer sur un isolant de 4 à 12 cm selon le climat et le terre-plein.

Pour chauffer à la fois le rez-de-chaussée et l'étage d'une maison, il est possible d'alimenter une dalle d'étage (20 cm d'épaisseur sans isolant) qui diffusera alors de la chaleur par les deux faces : plafond rayonnant pour le rez-de-chaussée, plancher rayonnant pour l'étage. Ce principe peut être appliqué sur plusieurs étages.

Dès que le chauffage devient inutile, une vanne détourne l'eau chaude sur l'installation sanitaire. Produite en grande quantité, elle peut également assurer le chauffage d'une piscine ou les besoins en eau chaude de locaux voisins. ■

Pomper la chaleur

Les pompes à chaleur (PAC) puisent près des 2/3 des calories dans l'air, dans l'eau ou dans le sol, ce qui procure un chauffage bon marché. Celui-ci est d'autant plus économique que 1 kW électrique consommé par une PAC fournit 3 ou 4 kW de chaleur, alors qu'avec un convecteur 1 kW procure 1 kW. Un appoint de chauffage est parfois nécessaire en dessous de 2 °C (selon les modèles), il peut être apporté par une résistance électrique intégrée à la PAC. Une pompe à chaleur réversible peut fournir de la fraîcheur l'été.

Puiser les calories dans l'air ou dans l'eau

L'avantage d'une pompe à chaleur puisant les calories dans l'air est la disponibilité permanente et gratuite de l'air extérieur. La pompe à chaleur peut être placée en toiture, derrière une haie, sur un balcon, etc. La distribution de l'air chauffé (ou rafraîchi) se fait au moyen de gaines et de bouches de soufflage ou parfois par plénum (faux plafond). Une pompe à chaleur peut aussi récupérer les calories contenues dans l'air et transférer la chaleur à une installation à eau chaude alimentant un plancher chauffant, des radiateurs ou des ventilo-convecteurs.

Il existe également mais plus rarement des PAC eau/eau qui captent les calories dans un point d'eau souterrain (nappe phréatique, lac, rivière).

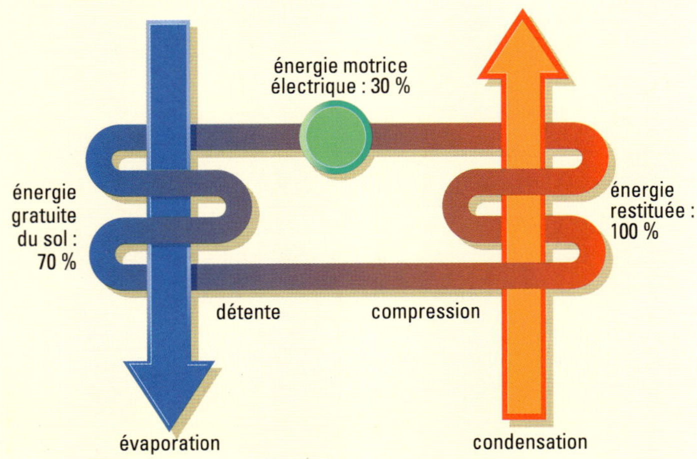

Une pompe à chaleur se compose de deux échangeurs. L'évaporateur transforme le fluide, qui a récupéré les calories dans le sol, en gaz avec absorption de la chaleur. Le condensateur fait repasser le gaz à l'état liquide, par condensation, après dégagement de chaleur. Entre les deux échangeurs, le compresseur joue le rôle de pompe afin d'assurer la circulation du fluide.

Capter l'énergie dans le sol

Une pompe à chaleur, dite « géothermique », récupère l'énergie stockée dans le sol. Les calories qui y sont accumulées sont issues du soleil, de la pluie et du vent ; elles subsistent même s'il fait froid à l'extérieur.

Les capteurs, tubes dans lesquels circule une eau glycolée, pour éviter qu'elle ne gèle, ou un fluide frigorigène, sont enterrés horizontalement (entre 0,60 m et 1,20 m) ou verticalement (très profondément).

Les capteurs se réchauffent au contact de la terre et transmettent la chaleur à la pompe à chaleur. Le chauffage est également diffusé par plancher chauffant, radiateurs ou ventilo-convecteurs.

Si vous avez un vaste jardin, optez pour des capteurs horizontaux plus économiques à l'investissement. Ils doivent pouvoir se déployer sur une surface de terrain deux à trois fois supérieure à la surface à chauffer. Mieux vaut éviter de planter des arbres aux racines profondes à cet endroit, mais pelouse, fleurs et arbustes ont tout à fait leur place. Une terrasse, une piscine, un garage doivent également être construits ailleurs, car il faut favoriser le ruissellement des eaux et donc la pénétration des calories. Vous pouvez concevoir une allée, à condition qu'elle reste perméable. En revanche, les capteurs verticaux ne demandent que 1 m^2 au sol, mais supposent un forage profond assez coûteux.

Des capteurs enterrés dans le sol récupèrent des calories qui y sont accumulées.

Plancher chauffant et ventilo-convecteur

Pour diffuser la chaleur ou la fraîcheur produite par la pompe à chaleur, la meilleure solution est un plancher constitué de tubes, posés sur un isolant et noyés dans du béton, dans lesquels circule le fluide. Ce grand émetteur, rayonnant sous toute la surface de la pièce, diffuse la chaleur ou la fraîcheur de manière homogène, ce qui permet d'abaisser la température ambiante de 2 ou 3 °C, d'où une économie d'énergie de 10 à 20 %. De plus, un chauffage par le sol libère les murs, ce qui facilite l'aménagement et augmente l'espace. Si vous avez une maison avec un étage, envisagez une installation mixte : plancher chauffant au rez-de-chaussée et radiateurs, convecteurs ou ventilo-convecteurs à l'étage. Elle répond aux besoins diffférenciés de chaleur le jour et la nuit et permet un investissement astucieux. Les ventilo-convecteurs, jusqu'alors placés dans les bureaux, commerces, restaurants, ont progressé esthétiquement et acoustiquement pour pouvoir trouver leur place dans le logement. Un ventilo-convecteur aspire l'air de la pièce, le filtre, puis le souffle à travers un échangeur alimenté en eau chaude l'hiver et en eau froide l'été. Le débit d'air peut être augmenté, en cas de nécessité, en jouant sur la vitesse de rotation du ventilateur. Une résistance électrique intégrée au ventilo-convecteur est mise en marche lorsque la température extérieure descend en dessous de 3 °C. Un ventilo-convecteur peut être installé en console, au plafond ou encastré dans un faux plafond. ■

La pompe à chaleur d'Einstein

Albert Einstein se passionna pour la technologie des pompes à chaleur. Le physicien Leo Szilard et lui rédigèrent une quinzaine de brevets pour une machine frigorifique, qu'ils croyaient avoir inventée. Mais le bureau des brevets leur signifia que la machine existait déjà ! La PAC repose sur les principes de la thermodynamique énoncés au XIXe siècle par Carnot, Clausius et lord Kelvin.

Produire son électricité

L'énergie solaire permet aussi de produire de l'électricité. Le solaire photovoltaïque consiste à transformer la lumière du soleil en électricité, tandis que l'énergie solaire thermique revient à absorber le rayonnement solaire et le transformer en chaleur.

Grâce à des capteurs solaires photovoltaïques

Le photovoltaïque est encore peu utilisé par les particuliers, mais il est promis à un grand avenir, bien entendu sur les sites isolés mais également chez toute personne qui voudra produire son électricité elle-même. Les modules photovoltaïques commencent à être utilisés comme éléments architecturaux et intégrés dès la conception de la maison. On estime que 10 m^2 de panneaux assurent une puissance-crête de 1 kilowatt, soit environ 900 kWh par an à Lille et 1 100 kWh à Nice.

Les panneaux solaires composés de cellules photovoltaïques transforment donc la lumière du soleil en électricité pouvant soit être stockée en batteries et utilisée pour la maison, après avoir été transformée en courant alternatif (220 volts) au moyen d'un onduleur, soit être revendue au réseau EDF. Il existe des kits de tuiles photovoltaïques reprenant la forme, les dimensions et les emboîtements des autres tuiles. Mieux vaut orienter les panneaux photovoltaïques plein sud et avec une inclinaison de 30 °, mais ils

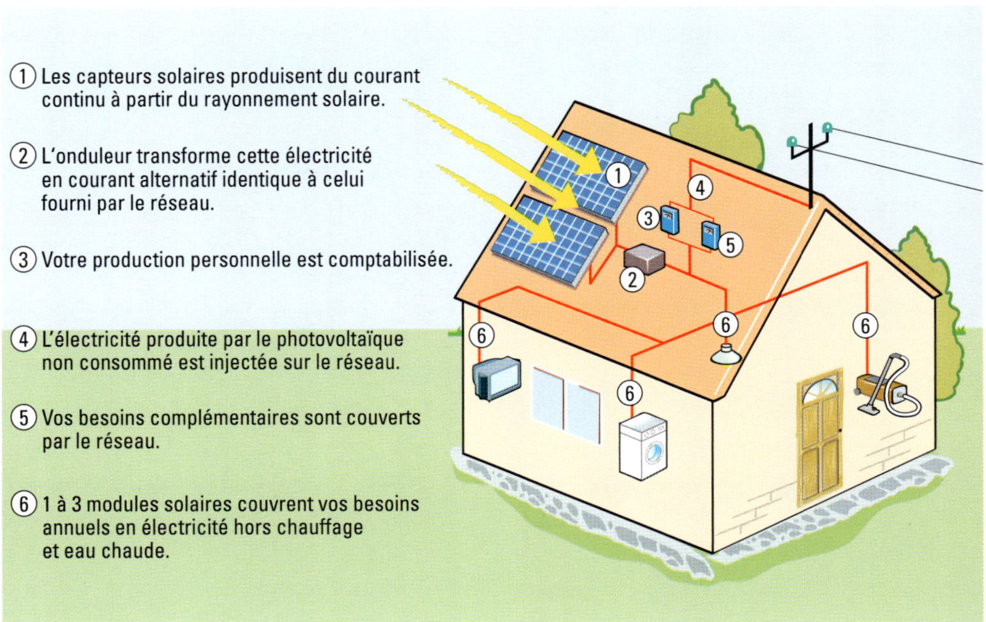

Installation photovoltaïque pour une maison individuelle. Le photovoltaïque peut alimenter l'éclairage, l'électroménager et l'audiovisuel.

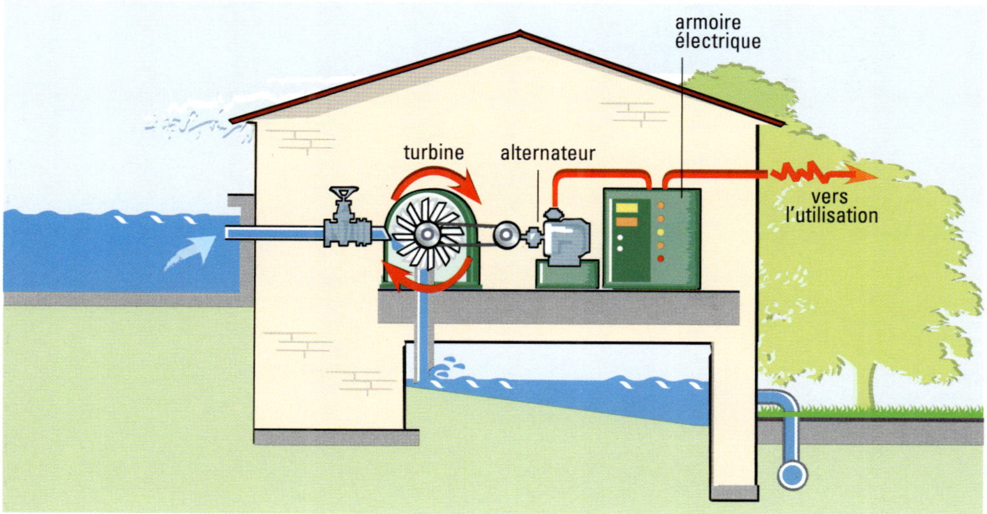

Le principe de l'hydroélectricité est de capter l'eau pour qu'elle entraîne une turbine reliée à un générateur d'électricité.

peuvent également être mis en terrasse ou en façade.

Grâce au vent

Une petite éolienne peut fournir une partie de votre électricité. Il faut bien entendu pour cela habiter une région ventée (moyenne annuelle de 17 à 20 km/h) ; renseignez-vous auprès du service météorologique local.
Une éolienne d'environ 1,5 kW peut fournir de 3 à 5 kW par jour d'électricité en courant alternatif. Elle ne doit pas être installée à proximité de la maison (pas à moins de 50 m) ou d'arbres, l'idéal étant le sommet d'une colline. Contactez un fabricant reconnu pouvant fournir des garanties de rendement et des niveaux d'émission de bruit ; vérifiez si les règlements municipaux ne mettent pas d'obstacle à l'installation d'une éolienne, même individuelle. Essayez surtout de convaincre vos voisins du bien-fondé d'une éolienne commune de l'ordre de 100 kW exploitée en coopérative, comme cela se pratique au Danemark.

Bientôt, la pile à combustible

Une pile à combustible est une technique permettant de produire à la fois de l'électricité et de la chaleur avec un excellent rendement électrique et un impact réduit sur l'environnement. La conversion directe de l'énergie chimique du combustible en énergie électrique constitue le cœur du procédé. Dans quelque temps, de l'électricité pourra donc être directement fabriquée dans la maison par la pile et la chaleur dégagée alimentera le circuit de chauffage.

Grâce à l'eau

Si vous avez à côté de chez vous une chute d'eau ou une rivière avec un courant important, vous pouvez envisager de produire une partie de votre électricité à partir de la force de l'eau. Vous pouvez aussi créer un mini-barrage sur un plan d'eau. L'arrivée d'eau actionne la roue d'une turbine qui entraîne un alternateur grâce auquel l'énergie mécanique devient de l'énergie électrique, ce qui peut vous procurer quelques centaines de watts.
Comme pour l'éolienne, mieux vaut essayer de créer une mini-centrale avec vos voisins. Certains villages réhabilitent un moulin qui devient une source locale de production d'électricité. ■

Qu'est-ce qu'un puits canadien ?

Le puits canadien, appelé aussi « puits provençal », a pour but de limiter les consommations d'énergie liées au chauffage et à la climatisation ; il permet aussi de rafraîchir la température ambiante l'été. L'air en provenance de l'extérieur, destiné au renouvellement de l'air intérieur, circule dans une canalisation enterrée à une profondeur de 1,5 à 2 m dans le sol, sur une longueur de 30 à 50 m, avant d'être introduit dans la maison. La température du sol à cette profondeur est pratiquement constante tout au long de l'année, entre 8 et 15 °C, selon les régions.
Ainsi, en hiver, l'air froid est préchauffé lors de son passage dans la canalisation. En été, le sol est à l'inverse plus froid que la température extérieure, l'air est donc rafraîchi. En intersaison, un « by-pass » peut arrêter l'arrivée d'air du puits, la maison possédant par ailleurs une ventilation mécanique contrôlée (VMC).

CRÉER UN PUITS CANADIEN

1. Creusez une tranchée d'au moins 30 m à l'aide d'une mini-pelleteuse. Lors d'une construction neuve, creusez plus profondément une tranchée d'adduction. Réalisez 2 % de pente dans le sens du passage de l'air pour favoriser l'écoulement des condensats.

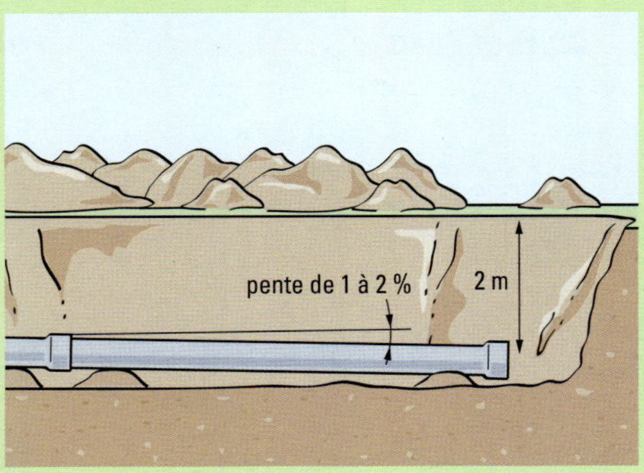

2. Posez une canalisation en PVC d'un diamètre de 200 mm et de la longueur de la tranchée, possédant une paroi intérieure lisse. Soignez bien l'étanchéité des coudes de départ et d'arrivée, afin d'éviter les infiltrations d'eau et éventuellement de radon (gaz radioactif d'origine naturelle).

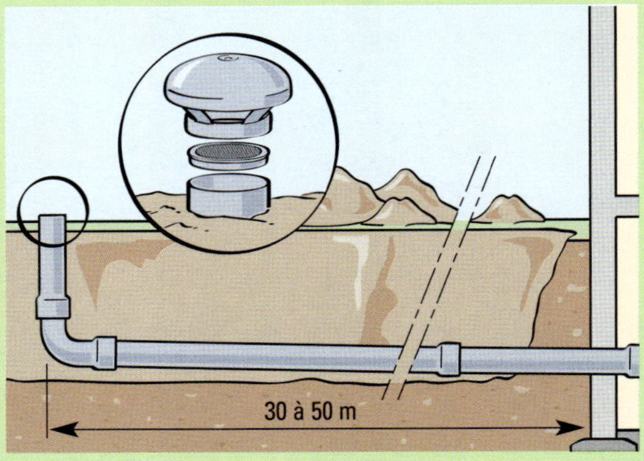

3. Équipez l'entrée d'air du puits d'un filtre pour éviter l'intrusion d'insectes, de poussières, de pollens..., et recouvrez-la d'un chapeau pour qu'elle soit protégée des intempéries (pluie, neige). Positionnez-la à l'écart des gaz d'échappement ou autres pollutions.

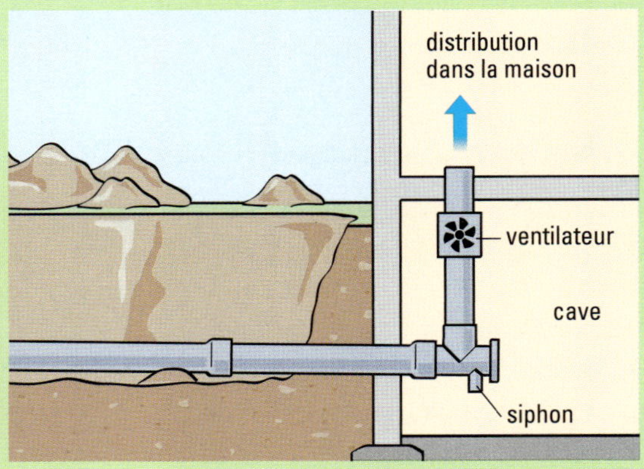

4. La canalisation débouche sous le plancher du rez-de-chaussée ou parallèlement à un des murs extérieurs, pour souffler l'air préchauffé ou rafraîchi, à l'aide d'un ventilateur et via une entrée d'air, dans la maison. Équipez la partie la plus basse d'un siphon ou d'un regard percé afin de permettre l'évacuation de l'eau des condensats.

Économiser l'eau

Un robinet qui goutte consomme inutilement 30 litres d'eau par jour, une chasse d'eau déréglée, 100 litres ! Maîtriser ce gaspillage est impératif. Souvent, des réflexes de bon sens et des actions simples suffisent à réduire les pertes et à réaliser des économies.

Soyez attentif pour détecter le plus vite possible les fuites de réseau d'alimentation d'eau et réparez-les sans tarder. Si vous habitez une maison, surveillez tout particulièrement les circuits des dépendances (buanderie, jardin, bassin, etc.) pour déceler une fuite éventuelle en dehors des points de puisage.

Il n'est pas aisé de trouver un défaut sur un circuit enterré ou sur une canalisation extérieure. Parfois il s'agit simplement d'un goutte à goutte particulièrement difficile à repérer sur certains tubes en cuivre (phénomène de pitting).

Si vous avez un jardin, récupérer les eaux pluviales vous permettra aussi de réduire sensiblement votre consommation d'eau.

Réduire la consommation sur le réseau intérieur

La pénurie d'eau est l'un des plus grands dangers qui pèsent actuellement sur notre planète. Inutile d'attendre les périodes d'« alerte sécheresse » pour modifier vos comportements, adoptez quelques gestes logiques qui vous permettront de réduire votre consommation d'eau.

Vérifier régulièrement l'étanchéité du réseau. Pour vous assurer de l'étanchéité d'un réseau d'eau, fermez la vanne générale située près du compteur. Fermez également tous les robinets de la maison et du jardin. Relevez le chiffre indiqué par le cadran du compteur, puis ouvrez lentement la vanne générale : rien ne doit bouger sur le cadran. Surveillez-le pendant quelques minutes pour vous assurer de l'immobilité des chiffres et de la petite roue du débit. Si vous constatez un mouvement de la roue ou d'un rouleau de chiffres, il indique un débit d'eau et peut-être une fuite. Pour la détecter, aidez-vous d'un stéthoscope qui amplifie les bruits et avec lequel vous pourrez percevoir plus aisément le chuintement de l'eau.

Bien choisir et savoir utiliser les appareils électroménagers. Au moment de l'achat d'un appareil électroménager, choisissez un modèle sobre en vous fiant à l'Écolabel européen (sorte de fleur de pissenlit avec des étoiles et le E européen) et à l'étiquette Énergie.

Lessive et vaisselle consomment chaque semaine de grandes quantités d'eau. Attendez que votre lave-vaisselle soit rempli pour le faire fonctionner ; programmez vos lessives pour que votre lave-linge soit suffisamment chargé.

● **À noter :** Si vous faites la vaisselle à la main, remplissez votre évier à deux reprises, plutôt que de faire couler l'eau ; vous ne consommerez en moyenne que 12 litres au lieu de 40.

Bien équiper la robinetterie et les sanitaires. En équipant votre évier et votre douche d'un robinet mitigeur, vous économiserez jusqu'à 10 % d'eau par rapport à un robinet mélangeur ; avec un robinet thermostatique, c'est 30 % d'économies qui peuvent être réalisés. Optez pour une chasse d'eau à double débit : 3 litres pour un rinçage ou 6 litres d'eau pour un nettoyage, au lieu de 10 litres. On estime que cela permet d'économiser 80 litres d'eau par jour pour un foyer de 4 personnes.

Ne pas gaspiller l'eau pour la toilette. Pour économiser l'eau (mais aussi l'énergie nécessaire pour la chauffer), prenez des douches plutôt que des bains (en moyenne 60 litres d'eau consommés au lieu de 200). Ne laissez pas l'eau couler lorsque vous vous brossez les dents ; apprenez ce geste simple à vos enfants : en utilisant un verre à dents, vous consommerez 1 litre au maximum au lieu de 15 et vous pourrez économiser jusqu'à 10 000 litres d'eau par an.

Penser à récupérer l'eau de pluie

Dans les régions tempérées, il tombe de 500 à 600 litres d'eau au m^2 par année. Sur une maison classique, un toit à double pente mesure environ 100 m^2. Il peut donc recevoir de 50 000 à 60 000 litres d'eau par an. Avec un récupérateur fixé sur une descente de gouttière (un seul versant), il est possible de récolter de 20 000 à 25 000 litres, soit au minimum 20 m^3 d'eau de pluie, totalement gratuite, qui serviront à arroser le jardin et à

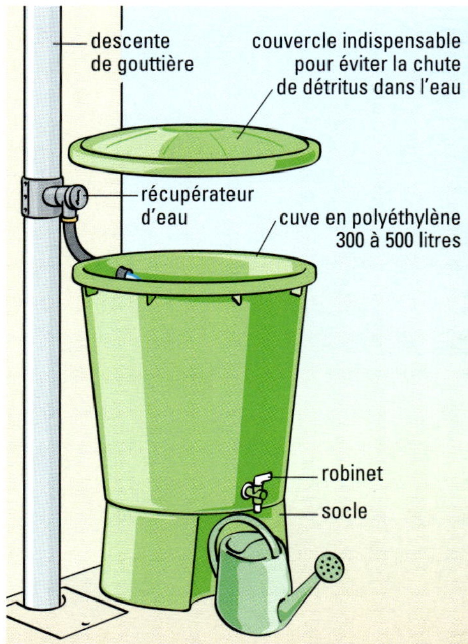

Le socle réhausse la cuve et permet de passer l'arrosoir sous le robinet de puisage de l'eau.

Exemple de récupérateur simple à installer sur une descente de gouttière.

Une douche encore plus économique !

L'eau utilisée chaque jour pour la toilette représente près de 40 % de la consommation en eau d'un ménage. Si vous préférez la douche au bain, vous êtes certain d'économiser plusieurs litres d'eau chaude par jour. Pour améliorer encore votre gain, réduisez le débit de la pomme de douche. Insérez un limiteur de débit entre la douchette et son flexible pour faire chuter le débit de 2 à 4 litres par minute. Si vous passez un quart d'heure sous la douche, vous économiserez 50 litres d'eau !

remplir les abreuvoirs pour oiseaux ! Plusieurs solutions sont envisageables.

Une installation simple. Choisissez une cuve d'une contenance de 300 à 500 litres. Disposez-la auprès de la descente de gouttière la mieux irriguée, c'est-à-dire celle qui récolte le plus grand volume d'eau.

Fixez sur cette descente verticale un récupérateur, sorte de large bracelet comportant une écope interne. Cet ensemble équipé d'un tuyau souple détourne une partie de l'eau vers la cuve, mais la gouttière n'est pas obstruée. L'eau de pluie qui n'entre pas dans le réservoir peut suivre son parcours habituel. Les réservoirs utilisés sont soit des cuves en polyéthylène, soit des dispositifs en pin traité doublés d'un sac en polyéthylène étanche. Selon les modèles, la contenance varie de 300 à 500 litres.

Une installation économique. Une installation plus sophistiquée consiste à conduire toute l'eau de pluie vers un réservoir enterré, de grande capacité, afin de disposer d'une réserve suffisante aux besoins annuels. Ces réservoirs fabriqués en polyéthylène alimentaire (capacité de 1 000 à 10 000 litres) permettent de stocker l'eau toute l'année sans observer de dégradation. Équipé d'un système de filtration et d'une pompe immergée, chaque réservoir peut alimenter les postes d'eau du jardin servant à l'arrosage, au lavage des sols et de la voiture. Il est également possible d'alimenter un circuit parallèle desservant une machine à laver, une chasse d'eau, etc. et tout accessoire n'ayant pas impérativement besoin d'eau potable. ■

Économiser l'eau au jardin

Même si c'est de l'eau de pluie récupérée dans un réservoir, elle ne doit pas être gaspillée. Arrosez de préférence le soir, pour limiter l'évaporation, au pied des plantes, et binez régulièrement pour que l'eau pénètre mieux dans la terre. Si vous avez la chance de posséder un puits, pensez à installer une pompe qui vous fournira à moindre coût de l'eau pour l'arrosage.

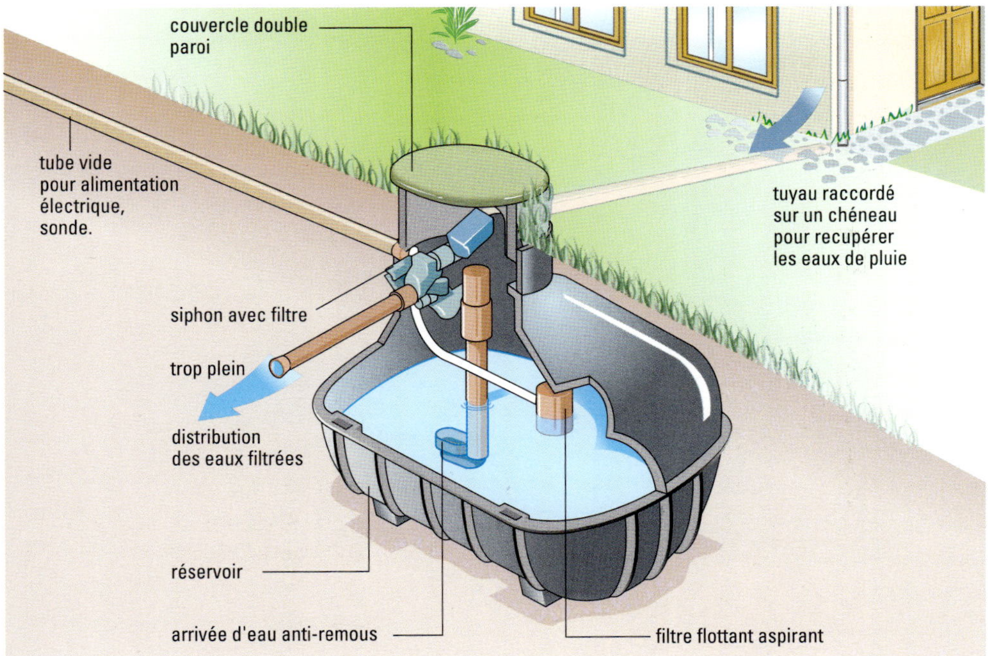

La maçonnerie

LES MATÉRIAUX DE CONSTRUCTION

LES RÉALISATIONS

Les matériaux à assembler

Autrefois, les constructions ordinaires étaient réalisées avec des matériaux locaux : seuls les gens fortunés pouvaient se faire livrer des pierres. Aujourd'hui, les matériaux de carrière demeurent coûteux ; il existe des substituts qui permettent de réaliser des constructions solides.

La pierre

La pierre de construction, impérativement résistante au gel, se présente sous différentes formes :
– à l'état brut, pour les constructions rustiques ;
– taillée, sciée en blocs parallélépipédiques ou façonnée en biseau, et posée à joints croisés comme des parpaings, pour monter murs et façades ;
– sciée en dalles carrées, rectangulaires ou de formes irrégulières, alors utilisée pour les sols, terrasses ou allées, ou en recouvrement de parois de béton ou de parpaing.

La brique

Les briques sont des blocs d'argile cuits au four. Leur couleur dépend de la qualité de l'argile et du type de cuisson. Leurs dimensions sont souvent indiquées dans le même ordre : épaisseur, largeur, longueur.

Des cloisons en terre cuite

Ces carreaux de terre cuite de grandes dimensions (trois carreaux au mètre carré) permettent de réaliser des cloisons intérieures de différentes épaisseurs (de 4 à 10 cm). Ils s'assemblent grâce à un système de rainures et de clavettes, avec une colle spéciale (Carrobric).

© Imerys Structure

Les briques pleines ordinaires. D'aspect brut et de dimensions normalisées (5,4 x 10,5 x 22 cm), on peut les laisser apparentes ou les recouvrir de plâtre, de ciment ou de crépi.

Les briques pleines apparentes. Naturellement décorées lors de la cuisson, elles existent en dimensions standards (5,4 x 10,5 x 22 cm) et en éléments plus étroits (les « mulots », 5,4 x 5,4 x 22 cm) pour les finitions en bout de rang, les appuis de fenêtre, les chaperons de piliers et de murs, etc.

Les briques et mulots réfractaires. Ils sont conçus pour résister aux hautes températures (cheminées, barbecues, fours à pain, etc.).

Les briques pleines perforées (à ne pas confondre avec les briques creuses). Elles permettent de limiter le poids d'une structure non porteuse.

Les briques plâtrières. Creuses et peu épaisses, elles servent à construire des cloisons non porteuses et à doubler des parois. Leurs dimensions les plus courantes sont : 5 x 40 x 50 cm. Lorsqu'elles sont apparentes, elles doivent être revêtues d'un parement en plâtre.

Les briques plâtrières « grand format ». Leurs grandes dimensions (66 x 50 cm) permettent de réaliser des cloisons plus solides et plus rapidement qu'avec des briques plâtrières classiques. Certains modèles doublés de laine minérale sont appréciés pour leurs performances acoustiques.

Les briques creuses. Ces blocs cloisonnés, relativement légers, sont utilisés pour la construction de cloisons et de murs. Leurs dimensions courantes sont de 20 x 40 cm, en différentes épaisseurs (8, 11, 15, 20, 25 et 30 cm). Ils constituent un bon isolant thermique. Pour une meilleure isolation, on utilise des briques creuses à rupture de joint : le mortier de liaison n'est pas étalé sur toute la surface, mais sur deux bandes séparées, ce qui permet à l'air de circuler.

Parpaings, dalles et pavés

Les parpaings en béton. Ces matériaux permettent de monter rapidement un mur, mais il faut les recouvrir. Leurs dimensions courantes sont de 20 x 50 cm, en 5, 10, 15, 20 ou 25 cm d'épaisseur. Les parpaings pleins, très lourds, servent à construire des assises, mais les plus utilisés sont les parpaings creux. La première rangée se pose sur une semelle en béton (face perforée vers le bas) reposant sur un lit de mortier.

Les dalles en béton gravillonnées. Elles pavent rapidement et à moindre coût des terrasses ou des allées. On les pose bord à bord sur un lit de sable. Leurs dimensions sont variables (30 x 30, 40 x 40 ou 50 x 50 cm) pour une épaisseur de 3 ou 4 cm.

Les pavés. Ils se posent sur un lit de sable et sont jointoyés au sable :

– les pavés en béton ou en brique ordinaire se posent en rangs, en décalant les joints ;

– les pavés autobloquants s'emboîtent pour former un pavage régulier dont les éléments sont solidarisés. En mariant des couleurs contrastées ou, à l'inverse, des camaïeux, on obtient des résultats décoratifs du plus bel effet.

DIFFÉRENTS TYPES DE BRIQUES

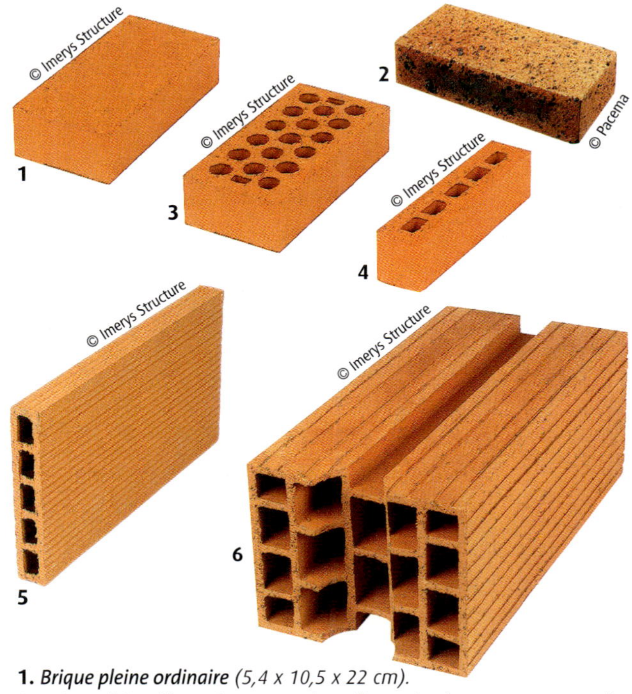

1. *Brique pleine ordinaire (5,4 x 10,5 x 22 cm).*
2. *Brique pleine décorative aux couleurs flammées (5,4 x 10,5 x 22 cm).*
3. *Brique perforée (5,4 x 10,5 x 22 cm).*
4. *Mulot ou demi-brique (5,4 x 5,4 x 22 cm).*
5. *Brique plâtrière de faible épaisseur pour cloisons intérieures.*
6. *Brique creuse classique destinée aux murs extérieurs.*

Carreaux et plaques de plâtre

Les carreaux de plâtre. Ils servent à la réalisation de cloisons. De grandes dimensions (66 x 50 cm en 4,5,6,7 et 10 cm d'épaisseur), ils s'emboîtent au moyen de rainures et de languettes et s'assemblent avec une colle spéciale à base de plâtre. Les faces parfaitement lisses acceptent tous types de revêtement mural.

Les plaques de plâtre. Elles permettent de monter rapidement des cloisons ou des doublages de murs et de plafonds. Elles se coupent à la scie ou au cutter et se vissent bord à bord sur une structure en bois ou en métal. Leurs dimensions courantes sont de 1,20 x 2,50 m ou 2,60 m, pour des épaisseurs de 13 ou 15 mm (10 mm pour les plaques doublées d'un isolant thermique, qui se collent sur les parois à isoler). ■

La brique « nid-d'abeilles »

Les matériaux de construction peuvent constituer des sources de pollution de l'air intérieur. La terre cuite ne contenant aucun polluant a souvent la préférence des constructeurs. Avec des briques « nid-d'abeilles », vous pouvez construire en isolant, sans utiliser de matériau thermique complémentaire. Seule la brique aux multiples alvéoles assure l'isolation du mur. La chaleur qui migre d'une face à l'autre doit emprunter le cloisonnement intérieur, véritable labyrinthe qui ralentit d'autant sa progression. Ainsi, un mur exposé au soleil restitue la nuit – avec un décalage de douze heures – la chaleur accumulée pendant la journée (Monomur).

Le plâtre

Le plâtre est du sulfate de calcium anhydre obtenu à partir de gypse (sulfate de calcium hydraté), réduit en poudre et déshydraté. Au contact de l'eau, une réaction physico-chimique provoque une cristallisation rapide et le durcissement du mélange.

Il existe plusieurs qualités de plâtre, qui se distinguent en fonction de leur finesse (plâtre à modeler très fin, plâtre de construction plus grossier, etc.) et de leur rapidité de prise. On utilisera, par exemple, du plâtre adhésif pour le montage des cloisons en carreaux de plâtre, tandis que le plâtre ordinaire, qui contient des ralentisseurs de prise pour faciliter son utilisation, sera destiné aux enduits.

La préparation

Le gâchage du plâtre s'effectue en trois étapes (→ SÉQUENCE). Versez d'abord l'eau, puis le plâtre en pluie, en mélangeant au fur et à mesure. Remuez l'ensemble sans geste brusque. Laissez reposer la préparation quelques minutes en la surveillant. Le début de la prise se repère à un léger échauffement et à un épaississement du mélange.

Préparez toujours le plâtre en petites quantités et utilisez-le rapidement.

La dureté finale du plâtre dépend en partie de la quantité d'eau à laquelle il est mélangé. ■

LE DOSAGE

Le volume obtenu après mélange correspond à peu près au volume eau + plâtre.

Proportion du mélange (en litres)

Densité du plâtre	Eau	Plâtre
Plâtre léger	1	1,25
Plâtre normal	1	1,75
Plâtre dense	1	2,25

LE GÂCHAGE DU PLÂTRE

1. *Utilisez un récipient propre.* *Versez-y la quantité d'eau nécessaire au mélange.*

2. *Éparpillez la poudre* *en la laissant tomber à la surface de l'eau. Versez toute la quantité de plâtre et remuez l'ensemble doucement, afin d'obtenir une bonne répartition.*

3. *Brassez lentement le mélange.* *Utilisez la truelle jusqu'au fond de l'auge. Laissez reposer quelques minutes. Lorsque le mélange s'épaissit, utilisez-le rapidement.*

Le plâtre mort

N'ajoutez jamais d'eau ni de plâtre dans une gâchée qui a commencé sa prise. Cette pratique a souvent pour effet de « tuer » le mélange et de fabriquer un plâtre mort, de moindre résistance et de peu d'adhérence.

Lors de la préparation, dosez le plâtre avec précision.

Si la consistance obtenue ne vous convient pas, n'essayez pas de la rectifier ; jetez le mélange avant son durcissement complet et procédez à un nouveau gâchage en révisant les proportions.

Le mortier

Pour réaliser des constructions solides, il faut lier entre eux pierres, briques ou parpaings à l'aide de mortier ou de béton. Pour les finitions intérieures, des produits tels que le plâtre sont nécessaires.

La composition du mortier

Un mortier ordinaire est constitué d'un liant (ciment et/ou chaux hydraulique), de granulats très fins (sable ou autres) et d'eau. L'eau rend le mélange onctueux et réagit avec le liant, qui se cristallise pour former une masse dure. L'excès d'eau s'évapore et le mortier sèche en renforçant sa dureté, qui sera maximale après trois ou quatre semaines.
Certains mortiers, constitués de liants de synthèse, de granulats choisis et/ou d'additifs, ont des caractéristiques spécifiques : mortiers adhésifs pour coller les carrelages, mortiers pour joints, mortiers à prise rapide, etc.

Les différents liants

Pour les mortiers que l'on fait soi-même, on utilise du ciment et/ou de la chaux en guise de liant.
Le ciment gris. C'est le ciment ordinaire. Artificiel (référencé C.P.A. 45 ou 55 selon sa résistance à la compression) ou composé (référencé C.P.J. 35, 45 ou 55), il donne un mortier très dur et très résistant, imperméable mais sujet aux fissures.
Le ciment blanc. Il peut remplacer le ciment gris pour assembler des matériaux de couleur claire, mais ses qualités mécaniques sont inférieures.
Le ciment prompt. Ce ciment à prise très rapide (de 10 à 30 mn) s'emploie pour les scellements.
La chaux hydraulique. La chaux naturelle (référencée X.H.N.) ou artificielle (X.H.A.) donne des mortiers gras et onctueux, moins résistants que les mortiers de ciment mais plus souples et légèrement perméables, ce qui permet aux matériaux en contact de «respirer».
Le mélange ciment-chaux hydraulique. Ce mélange donne des «mortiers bâtards» qui offrent légèrement moins de résistance mais plus de souplesse qu'un mortier de ciment pur.

Le temps est compté

Utilisez les mortiers et les bétons dans l'heure qui suit leur gâchage. Pour des travaux qui ne nécessitent pas une résistance exceptionnelle (murets en pierre, par exemple), on peut, à la limite, «ranimer» un mortier qui commence à durcir en y ajoutant un peu d'eau et en le malaxant à la truelle. Mais cette pratique diminue sa résistance mécanique.

Le sable

Il doit être le plus inerte possible : exempt de sel, de salissures, de boue ou de débris organiques. Le meilleur est le «sable de rivière», dont les grains «arrondis» ne dépassent pas 0,5 mm de diamètre.

«Trois pour un» devient «six pour trois»

Depuis le 1er janvier 2002, le sac de ciment de 50 kg disparaît au profit d'un conditionnement de 35 kg.
Cet allégement de 30 % de la charge transportée réjouit tous les utilisateurs, mais attention : ceux qui pratiquent les dosages issus de la tradition doivent réviser leurs chiffres !
S'il faut toujours ajouter 350 kg de ciment à 1 m³ de sable pour obtenir un bon mortier, 10 sacs de ciment sont alors nécessaires et non plus 7 sacs.
Et le classique «trois pour un» (trois brouettes de sable pour un sac de ciment) perd son sens mnémotechnique et devient «trois pour un et demi» ou «six pour trois» !

Attention au soleil, à la pluie et au gel !

Le mortier doit prendre et sécher dans de bonnes conditions. Sous un soleil torride, recouvrez-le de serpillières ou de sacs humides (papier, jute) ou humectez-le avec de l'eau en pluie fine pour éviter qu'il sèche trop vite. S'il pleut, protégez-le avec une bâche en plastique.

Le mortier et le béton or dinaire craignent le gel tant qu'ils ne sont pas secs à cœur. Pour éviter qu'ils éclatent et s'effritent, gâchez-les avec un additif antigel.

L'eau

L'eau de gâchage, propre et limpide, doit être dosée avec parcimonie :

– un mortier trop riche en eau n'a pas de tenue : il se rétracte au séchage et reste poreux, donc sensible aux infiltrations et au gel ;

– un mortier trop sec est peu adhérent et demeure friable après séchage.

Un mortier bien dosé en eau doit être onctueux, à l'aspect légèrement huileux, assez consistant pour tenir sur une truelle inclinée. Lors du gâchage, l'apport d'eau dépend de la tenue désirée. Il est impossible de donner une proportion précise : selon la nature du sable et sa teneur en humidité, le dosage sera différent.

Préparation du mortier

Vous pouvez gâcher manuellement le mortier avec une pelle sur un sol propre ou, si les quantités le permettent, à l'aide d'une truelle, dans un bac de gâchage en matière souple (caoutchouc, plastique, etc.).

Procédez en quatre étapes (➡ SÉQUENCE). ■

LE GÂCHAGE DU MORTIER

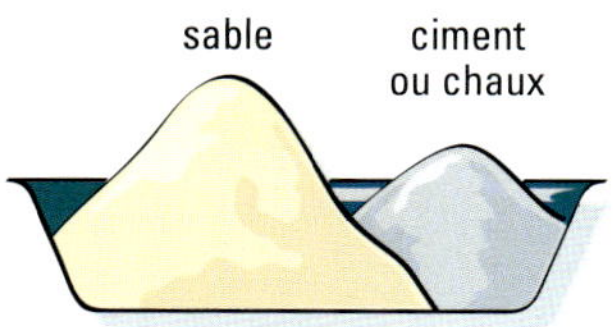

1. ***Disposez les ingrédients*** *dans un récipient propre. Soyez précis pour les dosages du ciment, de la chaux et du sable. Ce sont eux qui déterminent la solidité de la préparation.*

2. ***Mélangez à sec*** *les différents ingrédients, à l'aide d'une truelle, jusqu'à obtenir une préparation de couleur uniforme.*

3. ***Formez un cratère*** *au centre du tas et versez-y l'eau petit à petit. Veillez à utiliser le moins d'eau possible : ne dépassez pas la moitié du volume de ciment.*

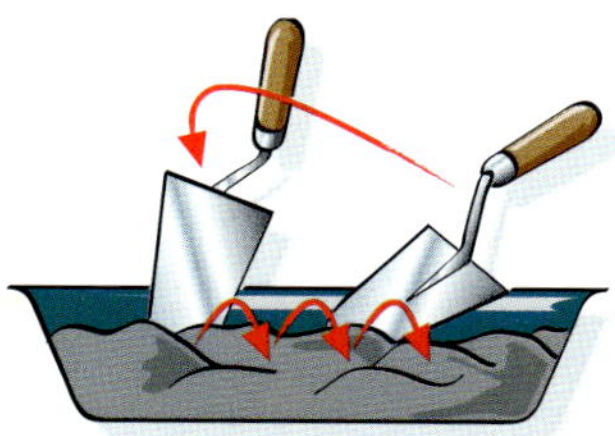

4. *Au fur et à mesure de vos apports en eau, éboulez les parois du cratère et malaxez la préparation en retournant plusieurs fois la truelle jusqu'à obtenir une pâte onctueuse et plastique.*

LES DOSAGES

Selon le choix des ingrédients et les proportions du mélange, on obtient des mortiers adaptés à différents travaux (scellement, enduisage, etc.).

• Volume de sable sec à mélanger avec un sac de ciment

Pour un sac de ciment…	de 50 kg Sable (en l)	de 35 kg Sable (en l)
Pose des matériaux		
– moellons en pierre	110	77
– briques pleines	100 à 125	70 à 88
– briques creuses	140	98
Réalisation de l'enduit		
– couche de fond	90	63
– corps d'enduit	110	77
– couche de finition	140	98

• Volume de ciment à mélanger avec 1 m³ de sable fin

Pour 1 m³ de sable…	Ciment (en kg)	Nombre de sacs de ciment de 50 kg	Nombre de sacs de ciment de 35 kg
Pose des matériaux			
– moellons en pierre	450	9	13
– briques pleines	400 à 450	8 à 9	11 à 13
– briques creuses	350	7	10
Réalisation de l'enduit			
– couche de fond	550	11	16
– corps d'enduit	450	9	13
– couche de finition	350	7	10

Le mortier antisalpêtre

Les maçonneries anciennes, humides et salpêtrées, peuvent bénéficier d'un traitement d'assainissement : l'application d'un mortier spécial (Terrasane).

La formation du salpêtre

La présence de salpêtre indique qu'il y a migration d'eau à l'intérieur de la maçonnerie. Le mur se conduit alors comme une éponge : il pompe l'eau du sol chargée de sels (carbonates, sulfates, etc.). Au fil des années, l'eau s'évapore et les sels s'accumulent à l'intérieur du mur. Lorsque ce dernier s'humidifie à nouveau, les sels gonflent et font éclater l'enduit. Les bactéries – qui se nourrissent d'ammoniaque et de carbonates – donnent naissance au salpêtre.

Le remède

Le mortier antisalpêtre possède un réseau capillaire important qui facilite l'évaporation de l'eau et stocke les sels dans des microréservoirs ; deux fonctions qui évitent l'apparition des taches et l'éclatement du revêtement. Son application s'effectue en trois couches successives (→ SÉQUENCE). ■

L'application du mortier antisalpêtre

1 **Sur un mur de pierre** abîmé par l'humidité et les remontées de salpêtre, procédez à une préparation soignée.

2 **Éliminez toutes les parties friables** et piquetez les joints sur quelques centimètres de profondeur. Lavez le mur au jet d'eau.

3 **Remplacez les pierres manquantes ou cassées** par des éléments sains que vous scellez en place au mortier.

4 **Sur un mur lisse** construit en pierres dures, non poreuses, placez un grillage galvanisé qui facilitera l'accrochage de la première couche de mortier projetée à la truelle.

5 **Gâchez à nouveau du mortier antisalpêtre.** Garnissez-en toute la surface. Le lendemain, appliquez une troisième couche pour obtenir une épaisseur de 15 à 20 mm. Pour plus d'efficacité, il est conseillé de garnir les deux faces du mur.

6 **Le mortier antisalpêtre** peut être laissé nu ou recouvert d'un enduit de finition. Plus il sera épais, plus l'efficacité du traitement durera.

Le béton

Le béton se compose d'un liant (ciment gris C. P. A. ou C. P. J.), de sable, d'eau et d'agrégats dont la grosseur varie selon l'utilisation prévue : sable à gros grains pour les bétons fins, gravillons pour les bétons de remplissage (fondations, dalles, linteaux...), cailloux et caillasses (fonds de tranchées ou sous-couches de dalles coulées à même le sol...).

Les adjuvants

On peut préparer des bétons allégés en utilisant, en guise d'agrégats, de la pouzzolane concassée (lave volcanique poreuse) ou de la vermiculite (grains de mica expansé). Ces bétons sont plus isolants que les bétons classiques, mais leur résistance mécanique est moindre.
Certains produits, ajoutés aux mortiers et aux bétons lors du gâchage, leur confèrent des caractéristiques particulières. Il peut s'agir de simples colorants en poudre ou de produits plus sophistiqués comme des antigels, des plastifiants, des accélérateurs ou retardateurs de prise, etc.

Les agrégats

Les proportions liant-sable sont généralement identiques pour le béton et les mortiers : les agrégats viennent en plus.

Le gâchage du béton

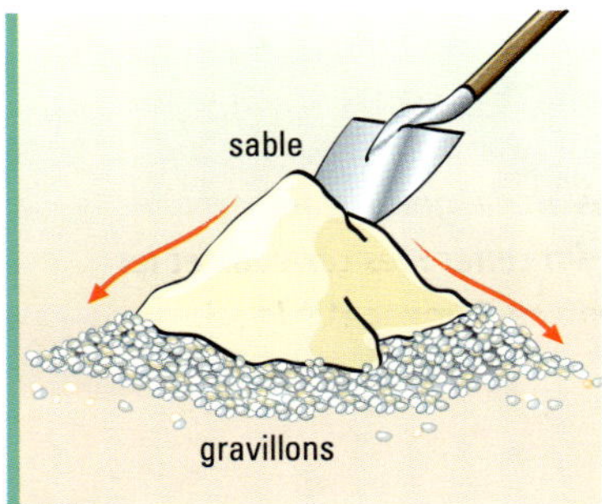

1 **Préparez le mélange.** Déposez les gravillons sur le sol ou sur une aire de gâchage, puis ajoutez la quantité de sable nécessaire.

2 **Ajoutez le liant.** Versez le ciment ou la chaux au sommet de la pyramide. Respectez bien les dosages indiqués.

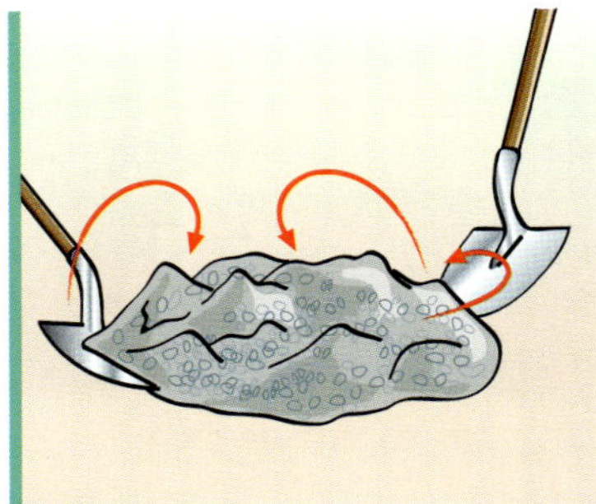

3 **Mélangez à sec.** À l'aide d'une pelle, brassez tous les ingrédients jusqu'à ce que le mélange ait une couleur uniforme.

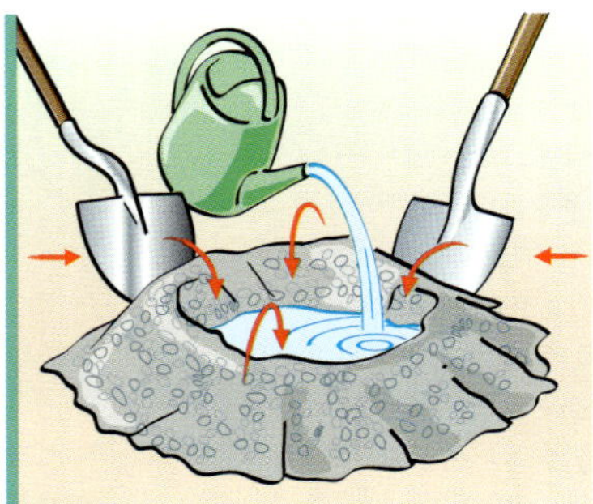

4 **Ajoutez l'eau.** Creusez un cratère au sommet du tas, versez-y un peu d'eau. Faites ébouler les parois du cratère dans l'eau et retournez les pelletées les unes sur les autres.

5 **Humidifiez autant que nécessaire.** Si le mélange est trop sec, aspergez-le d'eau et retournez-le à nouveau à la pelle, afin de mouiller toute la préparation.

6 **Donnez la bonne consistance.** Malaxez le béton jusqu'à ce qu'il soit ferme. Utilisez-le dans l'heure qui suit.

L'agrégat donne au béton sa solidité. Il est composé de particules allant de 1 à 50 mm de diamètre (gravillons, caillasses), qu'il faut choisir en fonction de la destination du béton. Sachez qu'un agrégat fait de pierres concassées aux facettes tranchantes est plus difficile à malaxer qu'un gravier de rivière aux particules arrondies.

Les dosages

Le béton étant un matériau de remplissage, les dosages sont déterminés selon le volume souhaité. Il peut paraître bizarre que le mélange d'environ 1,5 m^3 de matériaux donne 1 m^3 de béton. En fait, le sable et le liant comblent les vides entre les graviers ou les caillasses.

DOSAGES

Quantités de sable, d'agrégats et de ciment pour obtenir 1 m^3 de béton

	Sable (en l)	Agrégats* (en l)	Ciment (en kg)
Béton non armé :			
– fondations	600	600 (G)	250
– chape sur dalle	400	800 (F)	300
– dalles moulées	250	900 (F)	350
Béton armé :			
– dalles au sol	800	400 (M ou G)	350
– piliers, linteaux	450	750 (F)	400

* F : fins, petits gravillons ; M : moyens, gros gravillons ; G : gros, caillasses.

La préparation

Le gâchage du béton peut se faire à la pelle, sur un sol propre (→ SÉQUENCE) ou dans un bac de gâchage.

Si vous avez recours à une bétonnière :

▶ Mettez la cuve en marche en position inclinée et versez-y dans l'ordre le sable, les agrégats et le ciment.

▶ Lorsque le mélange est homogène, versez de l'eau petit à petit jusqu'à obtenir la consistance voulue.

▶ Laissez la bétonnière tourner quelques minutes avant d'utiliser le mortier ou le béton.

Le béton cellulaire

Le béton cellulaire est une composition (ciment, sable, chaux, etc.) durcie à la chaleur d'un autoclave. Débités en blocs, en carreaux, en panneaux... ces éléments sont destinés à la réalisation de murs, de cloisons et de plafonds pour des maisons individuelles.

© Siporex-Hebel

Une maison construite en béton cellulaire.

D'aspect blanchâtre, le béton cellulaire possède une structure alvéolaire qui lui confère ses qualités isolantes. Ininflammable, il est recommandé pour la construction des cloisons coupe-feu et des habillages de cheminée. Sa pose ne présente pas de difficultés : les carreaux et les blocs se manipulent aisément, se découpent à la scie égoïne, s'emboîtent et se collent à l'aide d'un mortier spécial. Le béton cellulaire est léger (500 kg au m^3), mais solide et résistant. Sa densité étant inférieure à 1, un bloc jeté à l'eau flotte comme un iceberg ! (Siporex ; Hebel ; Ytong).

© Siporex-Hebel

Les carreaux de béton cellulaire se découpent à la scie égoïne et s'assemblent avec un mortier spécial.

Le béton livré frais

Si vous avez besoin d'une grande quantité de béton (pour réaliser des fondations, des dalles, etc.), faites-vous livrer par toupie (camion-bétonnière). Le mélange onctueux, effectué pendant le transport, arrivera à votre porte, prêt à être coulé. ■

Monter un mur en briques pleines

© Brique de Vaugirard

LES OUTILS

- ciseau de briqueteur
- cordeaux
- fer à joint
- fil à plomb de maçon
- grande règle
- martelet
- massette
- niveau à bulle
- truelle

La construction d'un mur ou d'une cloison en briques pleines est à envisager lorsqu'on a affaire à un matériau de caractère régional que l'on désire garder apparent. Dans ce dernier cas, on utilise des briques ordinaires que l'on peint, ou des briques dites «de Vaugirard» à l'aspect flammé.

Les appareillages

Les briques permettent différents appareillages (ou assemblages). Le choix dépend de la réalisation que vous avez décidé d'entreprendre (épaisseur du mur, coutumes locales, effets décoratifs). Voici trois exemples d'appareillages :

À plat ou en panneresse. C'est l'assemblage couramment utilisé pour monter des murets simples. La construction peut atteindre une dizaine de rangées, sans risque pour sa solidité.

En travers ou en boutisse. Cette option permet de réaliser un muret de 22 cm d'épaisseur – soit la longueur d'une brique classique –, qui aura une meilleure assise que la disposition précédente mais demandera un plus grand nombre de briques.

LES APPAREILLAGES

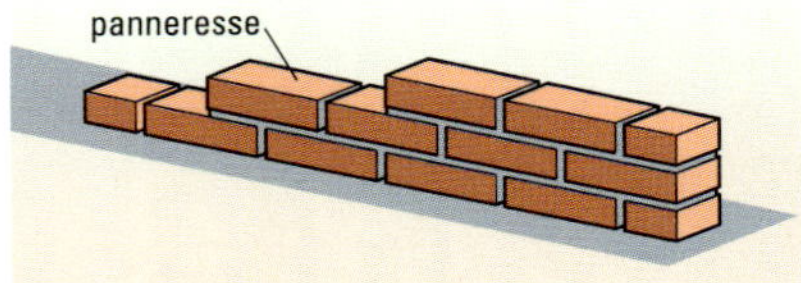

1. *À plat ou en panneresse*

2. *En travers ou en boutisse*

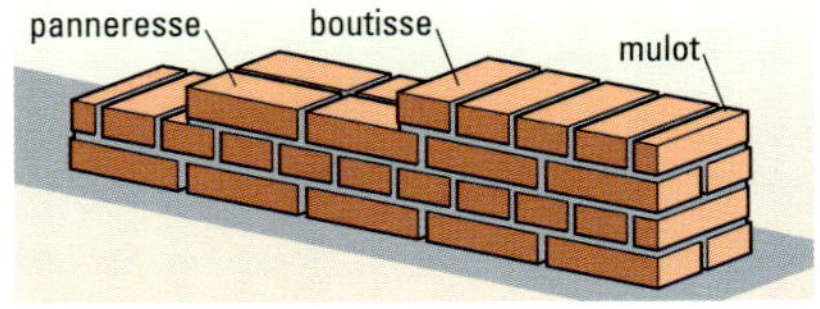

3. *En briques alternées*

En briques alternées. Cet appareillage sert, comme le précédent, à monter un mur de 22 cm d'épaisseur, mais d'un aspect moins régulier. Il consiste à intercaler une rangée en boutisse entre deux alignements en panneresse.

Couper une brique en deux

1 **Marquez la ligne de coupe.** À l'aide d'une règle et d'un crayon, tracez la ligne de coupe au milieu de la brique sur ses quatre côtés.

2 **Coupez au martelet.** Piquetez le tracé avec un martelet pour entailler légèrement les quatre faces, puis frappez un coup sec.

3 **Coupez avec un ciseau de briqueteur.** Cette autre possibilité donne le même résultat, seuls les outils changent. Après avoir piqueté le tracé, frappez un coup sec sur le ciseau à l'aide d'une massette.

La pose

Le montage d'un mur en brique nécessite une solide assise : dalle ou semelle en béton armé. Cette semelle doit être plus large que l'épaisseur du mur d'au moins 10 cm : 15 cm pour un muret, 20 à 25 cm pour un mur.
Chaque rang doit être exactement horizontal et aligné par rapport au précédent. Lorsque vous devez superposer plusieurs rangs de briques, le deuxième rang doit commencer par une demi-brique. Vous devez donc apprendre à couper une brique en deux (→ SÉQUENCE).

Le montage à blanc

▶ Tracez sur le sol l'emplacement de la construction future.
▶ Tendez des cordeaux pour matérialiser les faces extérieures du muret.
▶ Creusez une fouille d'environ 10 cm de profondeur et remplissez-la de béton.
▶ Après séchage complet, les fondations sont terminées. Placez dessus la première rangée de briques sans la sceller, juste pour évaluer l'encombrement du mur.

Montage du muret

Préparez le mortier (→ P. 136). Enlevez les briques de votre montage à blanc et mouillez-les en les trempant dans un seau rempli d'eau propre. Puis passez au montage du muret (→ SÉQUENCE). La couche de mortier séparant chaque brique doit avoir une épaisseur d'environ 1 cm. ■

Monter un muret en brique

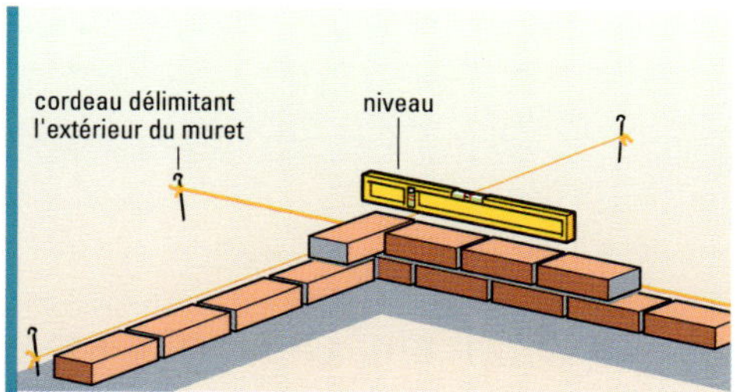

1 **Scellez la première rangée.** Disposez la première rangée de brique sur la semelle de béton. Tendez deux cordeaux pour matérialiser les faces extérieures du muret. Vérifiez l'horizontalité de votre ouvrage, puis scellez avec du mortier la deuxième rangée de briques en croisant les joints, pour renforcer l'assemblage.

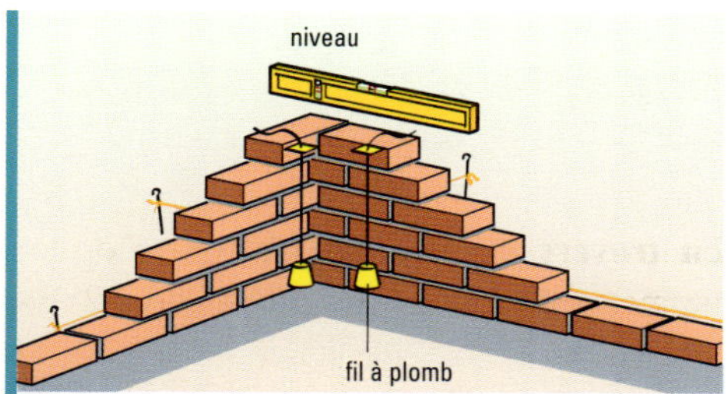

2 **Montez d'abord les extrémités (ou les angles) de la construction.** Vérifiez régulièrement l'horizontalité et la perpendicularité des angles à l'aide d'un fil à plomb et d'un niveau à bulle.

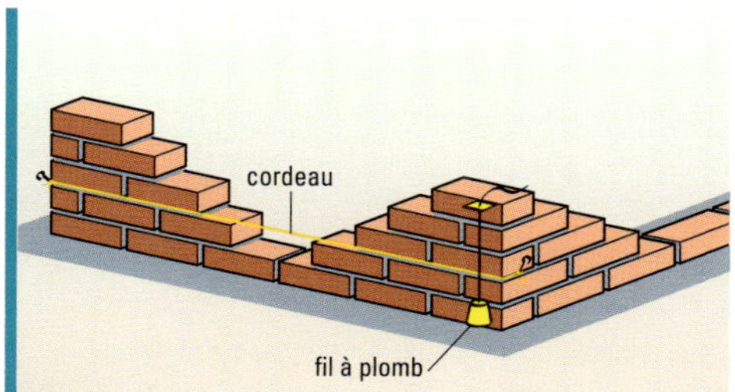

3 **Terminez par l'intérieur.** Lorsque les angles ou les extrémités sont terminés, remplissez l'intérieur du muret. Entre deux chevillettes, tendez un cordeau qui vous servira de guide pour sceller les briques d'une même rangée. Déplacez le cordeau pour la rangée suivante.

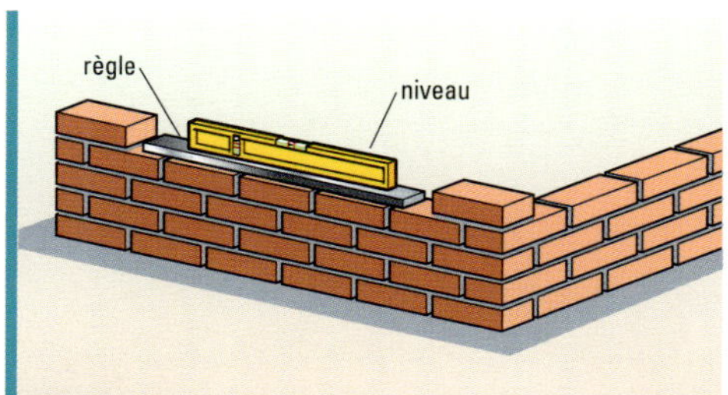

4 **Lissez les joints.** Au fur et à mesure de la construction, passez un fer à joint pour donner une forme aux joints, légèrement en retrait par rapport à la face de la brique. Nettoyez immédiatement les bavures.

Fer à joint.

Différents joints.
La section du fer à joint détermine la forme du joint.

Monter un mur en moellons ou en parpaings

LES OUTILS

- cordeaux
- fer à joint
- fil à plomb de maçon
- niveau à bulle
- truelle

Pour monter un mur, vous avez le choix entre le moellon, le parpaing et d'autres matériaux comme les blocs en terre cuite et les briques creuses.

Les appareillages en moellons

Un moellon est une pierre calcaire taillée, sciée ou d'aspect brut, qui peut être portée par un seul homme, sans moyen de levage. Les moellons sont assemblés différemment selon leurs formes :

Les moellons de formes régulières. Lorsqu'ils sont parfaitement équarris et de mêmes dimensions, les moellons se posent en alignement régulier, rang par rang, en alternant les joints verticaux.

Les moellons de formes irrégulières. Ils servent à des constructions en «opus incertum» – c'est-à-dire à des assemblages réalisés de façon que les vides provoqués par l'irrégularité des moellons soient minimes – ou en «mosaïque brouillée». Pour des raisons d'économie, on complète des constructions avec des moellons de ce type.

L'appareillage mixte ou en mosaïque brouillée. Il mêle les moellons de formes régulières et irrégulières, et revient donc moins cher qu'un assemblage composé uniquement de moellons équarris. Les moellons de formes régulières (ou équarris) forment le premier rang et sont montés en angle, en bout de mur et autour des ouvertures, tandis que le remplissage s'effectue avec des moellons de formes irrégulières. La finition est réalisée avec un rang de moellons équarris.

Monter un mur en moellons

▶ Réalisez le montage comme pour un mur en brique (➡ P. 140). Exécutez une assise en béton ou en pierres plus volumineuses et plus lourdes que les moellons utilisés pour monter le mur. Laissez sécher et durcir la fondation.

▶ Évitez d'assembler les moellons destinés à rester apparents avec un mortier de ciment gris : utilisez plutôt un mortier de chaux hydraulique ou du mortier bâtard (moitié chaux, moitié ciment blanc ou gris clair). Les joints doivent être affleurants sur les moellons équarris, légèrement creux autour des moellons bruts.

Monter un mur en parpaings

▶ Choisissez les blocs en fonction de l'épaisseur du mur désirée, car ils se posent sur une seule rangée. Des blocs de 10, 15, 20 cm correspondent à des parois de même épaisseur (plus l'épaisseur du parement).

▶ Là encore, la marche à suivre est la même que pour un mur en brique : une solide assise est indispensable. Le montage doit être guidé par un cordeau tendu à hauteur de chaque rang.

▶ Les joints verticaux se posent décalés et les angles s'assemblent en croisant les rangs – c'est le «harpage» ou le «chaînage» (➡ SÉQUENCE P. 141)

▶ Si vous utilisez des parpaings creux, préférez, pour les angles et les bords de mur, des blocs d'angle présentant une extrémité plane ; ceci vous évitera, par la suite, de remplir les creux avec du mortier lissé. Gardez toujours à l'esprit que les parpaings creux se posent face ouverte vers le bas. ■

Le traitement anti-infiltration

Les moellons, comme les joints de mortier, de chaux ou bâtards, sont plus ou moins imperméables. Pour les protéger des dégradations dues aux infiltrations, appliquez, sur les parties exposées aux intempéries, un produit protecteur de façade invisible. Avant de traiter, assurez-vous que toute la maçonnerie est parfaitement sèche (Sika ; Dip).

Réaliser un enduit au mortier

Un enduit au mortier comporte trois couches : une couche d'accrochage, une couche épaisse et une couche de finition. Il s'applique sur une surface maçonnée non sensible aux déformations.

L'application de l'enduit

La préparation des différents mortiers destinés aux trois couches successives doit se faire juste avant leur application car le séchage – surtout par temps chaud – intervient rapidement.

La couche d'accrochage (le gobetis). Le mortier riche en ciment est gâché très fluide. Projeté sur le mur à la truelle, le gobetis doit présenter une surface constellée d'aspérités. Si le mur présente un aspect friable, n'hésitez pas à clouer un grillage qui contribuera à la solidité de l'ensemble.

Le corps d'enduit. Gâchée plus épaisse, cette préparation est compacte et plastique. Jeté sur le mur par plots successifs, le mortier s'accroche au gobetis avant d'être égalisé à la règle, sans lissage.

La couche de finition. Réalisée avec un mortier maigre sous une faible épaisseur, elle se lisse avec une truelle ou une taloche, ce qui a pour effet de faire remonter l'eau de l'enduit, donnant ainsi une face uniforme.

Les techniques de finition

La couche de finition se travaille de différentes manières :
– modelée avec un large couteau, un rouleau ou une brosse pour donner du relief ;
– étalée à la truelle et lissée ou modelée avec la pointe d'une truelle à bout rond, pour obtenir un effet d'écailles ;
– étalée à la taloche puis grattée avec une palette munie de picots au moment où elle commence à prendre ;
– projetée avec une tyrolienne (outil avec peigne rotatif à lamelles d'acier qui projette des éclaboussures de mortier), pour former un enduit… tyrolien. ■

LES OUTILS
- brosse
- couteau à enduire
- palette à picots
- rouleau
- taloche
- truelle
- tyrolienne

Appliquer un enduit au mortier

1 **Projetez le gobetis.** Placez des planches de chaque côté du mur, pour obtenir une surface régulière et des angles propres. Mouillez le mur et projetez le mortier à la truelle en une couche de 3 à 4 mm qui formera une surface rugueuse. Laissez durcir quelques heures.

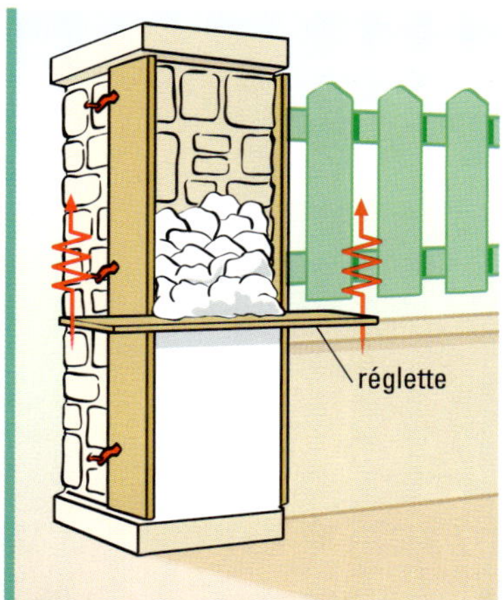

2 **Jetez le corps d'enduit.** Avec la truelle, jetez la deuxième couche, de bas en haut, sur 20 mm d'épaisseur environ. Égalisez en appuyant une réglette sur les planches des côtés ou à la taloche à sec, en laissant une surface granuleuse.

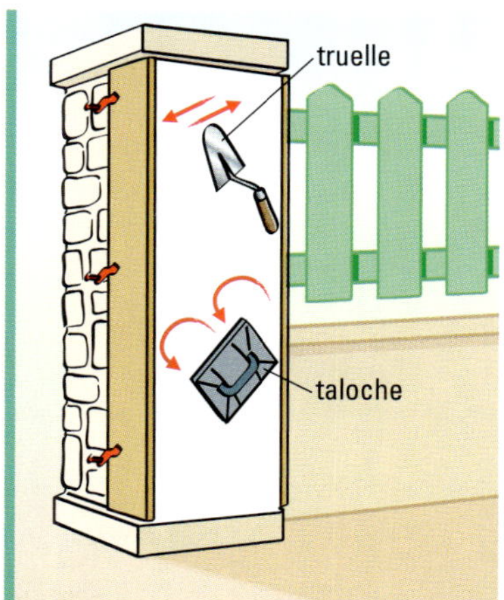

3 **Appliquez la couche de finition.** Avancez les planches des côtés d'environ 5 mm. Étalez le mortier comme précédemment et égalisez avec une réglette appuyée sur les deux planches des côtés. Lissez ou modelez la surface, selon l'effet recherché.

Monter un mur en torchis

Le torchis est un matériau d'autrefois, composé de terre argileuse, de paille, de bouse de vache et de petits graviers, avec ou sans chaux. Très isolant, il est sensible à la pluie et d'une faible résistance mécanique. On le posait en le tassant, motte par motte, sur un treillis de bois (généralement du châtaignier).

Ne remplacez jamais un torchis détérioré par un mortier qui, trop rigide, ne peut pas suivre les déformations inévitables des colombages (→ **CROQUIS**).

La préparation et la pose

Interrogez les anciens ou les comités de sauvegarde du patrimoine sur la manière de faire un torchis à l'ancienne, ou bien achetez du torchis tout prêt (sur commande selon les régions), ou encore prenez contact avec « Maisons paysannes de France ».

Ôtez toutes les parties endommagées jusqu'au lattis de bois, puis appliquez le torchis en couches successives, en le tassant avec une planchette en bois ou directement à la main (→ **SÉQUENCE**).

La finition

▶ Effectuez la finition en appliquant, avec une taloche mouillée, deux couches d'un enduit composé d'argile, de chaux et de fibres de lin (ou de chanvre) pour obtenir une épaisseur d'environ 1 cm. Maintenez la surface du torchis humide.

▶ Terminez par un lissage et en pulvérisant de l'eau sur l'enduit pour accélérer la prise de la chaux.

Le séchage du torchis et de son enduit doit être lent et progressif. Pour éviter l'apparition de fissures, ne travaillez pas le torchis en hiver ni pendant les grosses chaleurs.

Attention : les bâtiments qui ont des murs en torchis doivent posséder des avancées de toiture importantes, sans gouttières, et des caniveaux au sol pour évacuer les eaux de pluie.

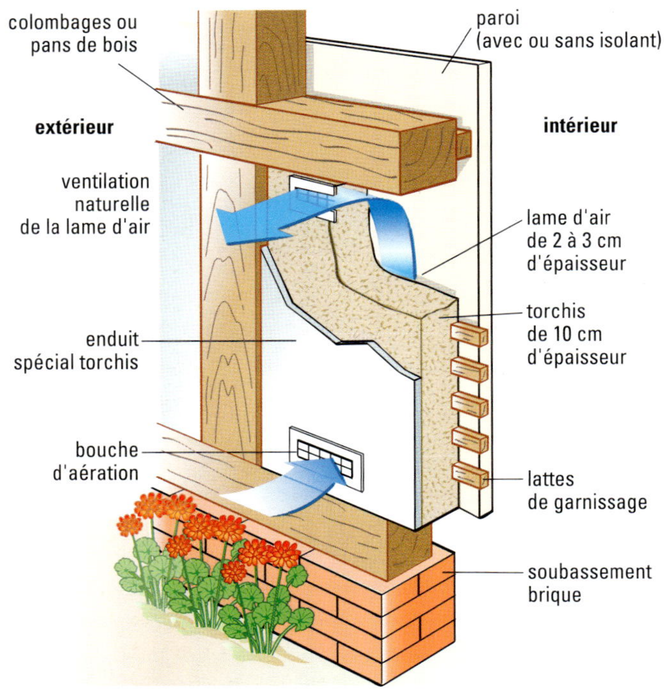

Ossature à pans de bois garnie de torchis et de son enduit. (© d'après Briquetteries d'Allone)

L'enduit à la chaux

L'enduit spécial torchis est un mélange de sable, de chaux, de fibres… issu de l'expérience des « tort'cheux » (poseurs de torchis en patois picard).

Les fibres végétales, très souvent du lin broyé, jouent un rôle d'armature qui limite les risques de fissures. Autrefois, les maçons utilisaient des poils d'animaux.

Le torchis se pose en deux couches : la première passe d'enduit (le gobetis), riche en argile, est jetée sur le mur et laisse des petites aspérités qui facilitent l'accrochage de la seconde couche. Cette dernière, plus épaisse que le gobetis et fortement dosée en chaux, forme un revêtement microporeux qui permet au mur de « respirer ».

Suivant la couleur recherchée, on utilise du sable plus ou moins foncé. Avec du sable de rivière lavé, on obtient un beige clair, tandis qu'avec du sable de carrière, l'enduit prend un ton ocre.

D'une épaisseur de 1 cm, l'enduit – comme le torchis – doit sécher lentement. Abritez la construction sous des bâches humides pour la protéger du soleil et du vent. ■

LES OUTILS

- fourche
- marteau
- martelet
- plantoir
- taloche

Poser du torchis

1 **Faites un état des lieux.** Piquetez au martelet ce qui subsiste de l'ancien remplissage en terre et vérifiez l'état des bois formant la structure porteuse de la maison.

2 **Préparez la surface.** Faites les réparations de charpente nécessaires à la solidité de l'ensemble, puis clouez des lattes de bois sur l'ossature en les espaçant régulièrement d'environ 5 cm.

3 **Posez le torchis.** Projetez le torchis à la main et tassez-le avec une planchette. Serrez la terre en progressant de bas en haut afin d'éviter qu'elle se détache.

4 **Donnez la bonne épaisseur.** Passez à l'intérieur de la maison pour rabattre le torchis dépassant à travers les lattes de bois et garnissez l'ensemble pour obtenir un torchis épais de 10 à 15 cm.

5 **Favorisez l'accrochage de l'enduit de finition.** À l'extérieur, rayez la surface du torchis avec une fourche. Surveillez le séchage de la terre qui doit se faire lentement : comptez deux à trois semaines.

6 **Appliquez l'enduit de finition à base de chaux.** Passez la première couche à l'aide d'un plantoir et laissez la surface rugueuse pour l'accrochage de la seconde couche.

Monter une cloison en panneaux

LES OUTILS

- clavettes en bois
- tournevis ou visseuse électrique

Les panneaux à âme en carton alvéolé, permettent de monter facilement et sans mortier des cloisons sèches, plus légères que les cloisons maçonnées. Ces cloisons peuvent être creuses ou remplies d'un matériau isolant.

Les panneaux se posent entre un rail fixé au plafond et une lisse (ou semelle de bois) fixée au sol, à l'aplomb du rail (→ SÉQUENCE). Avant de les monter, mettez en place le bâti de la porte matérialisant l'ouverture que vous désirez réserver dans la cloison.

Réalisez les finitions en posant des bandes de joints à la jonction des plaques, des plinthes au sol, des baguettes d'angles aux jonctions murales, une corniche au niveau du plafond et des couvre-joints autour des ouvertures. ■

Monter la cloison

1 Délimitez l'emplacement de la cloison au sol. Reportez ce tracé au plafond et sur le mur de départ. Sur ces tracés, fixez une semelle de bois au sol, un rail au plafond et un tasseau au mur.

2 Placez le premier panneau. Coupez les panneaux de la cloison à la hauteur sous plafond moins l'épaisseur de la semelle. Engagez le premier panneau dans le rail, basculez-le pour le poser sur la semelle et glissez-le vers le mur.

3 Fixez le panneau. Vissez le panneau en place au travers du rail supérieur et sur le tasseau mural. Répartissez trois clavettes en bois sur la hauteur du panneau et vissez-les à l'intérieur des chants verticaux.

4 Montez les panneaux suivants. Faites glisser le deuxième panneau vers le premier et emboîtez-le sur les trois clavettes. Vissez-le au travers du rail et des clavettes. Procédez de même pour les panneaux suivants.

Monter une cloison en plaques de plâtre

Les plaques de plâtre se vissent sur une structure en bois traité (tasseaux de section 40 x 40 mm) ou, le plus souvent, sur des profilés métalliques conçus à cet effet.

Pour réaliser le montage (→ SÉQUENCE), fixez le cadre, les supports verticaux et l'encadrement de la porte. Coupez les plaques à la hauteur sous plafond moins 1 cm puis vissez les plaques d'un côté de l'ossature. Avant de fermer la cloison en vissant les plaques de l'autre côté, passez les câbles électriques (sous gaine I.C.T. grise cannelée), posez les prises, les interrupteurs et l'isolant éventuel (plaques de laine minérale). Après avoir jointoyé les plaques entre elles, réalisez les finitions en posant les plinthes et les corniches. ■

LES OUTILS
- fil à plomb
- niveau à bulle
- tournevis ou visseuse électrique

Monter la cloison sur une ossature métallique

1 **Délimitez l'emplacement de la cloison.** Tracez la position de la cloison au sol, au plafond et sur le mur de départ. Fixez les rails sur ce tracé en les vissant tous les 40 à 50 cm, ou en les collant avec de la colle Néoprène.

© Y. Robic/BPB Placo

2 **Installez l'ossature métallique.** Disposez les entretoises verticales tous les 60 cm (les plaques font 1,20 m de large), en les vissant sur les rails supérieur et inférieur. Vérifiez leur verticalité avec un niveau à bulle ou un fil à plomb.

3 **Posez le premier côté.** Dressez la première plaque contre l'ossature métallique, soulevez-la pour qu'elle touche le plafond et vissez-la (tous les 30 cm environ) au travers des montants. Juxtaposez les plaques suivantes pour former le premier parement de la cloison.

4 **Fermez la cloison.** Posez le second parement de l'autre côté, en débutant par une demi-plaque de façon à alterner les joints verticaux. N'oubliez pas de passer les câbles électriques et de placer l'isolant avant de fermer le second parement.

Monter une cloison maçonnée

LES OUTILS

- couteau à enduire
- grande règle
- niveau à bulle
- scie

La rénovation d'un habitat ancien nécessite la maîtrise de certains matériaux traditionnels qui ont largement fait leurs preuves, comme le plâtre. Les carreaux de plâtre s'emboîtent facilement, grâce aux rainures et languettes dont ils sont pourvus.

La préparation

Tracez sur le sol, au plafond et sur le mur, l'emplacement de la cloison.

– Tirez deux traits parallèles pour matérialiser avec précision l'épaisseur des carreaux.

– Si la future cloison comporte une porte, l'huisserie doit être mise en place et calée avant le montage des carreaux.

– Pour une bonne adhérence, piquetez la surface du mur en liaison avec les carreaux.

– Si le sol n'est pas plan, réalisez une semelle avec une latte de bois ou à l'aide de mortier pour couler une assise rigide, plane et parfaitement horizontale.

La colle

Préparez la colle dans une auge. Mélangez 2,5 kg de poudre avec 1,5 litre d'eau propre. Éparpillez la poudre à la surface de l'eau et malaxez pour obtenir une pâte homogène. Vous pouvez ajouter de l'eau ou de la poudre à tout moment, pour parfaire le mélange. Comptez 2 kg de colle pour poser trois carreaux, soit environ 1 m^2 de cloison.

Une signalétique en couleur

© Y. Robic/BPB Placo

Plein ou alvéolé, le carreau de plâtre est incombustible. Il assure une protection efficace contre le feu et grâce à sa porosité, il régule l'humidité ambiante. La couleur détermine la fonction de chaque carreau : le bleu-vert désigne une fabrication hydrofugée, le mauve est un modèle pour l'isolation thermique, tandis que le blanc – plein et épais – se révèle bon isolant acoustique, etc.
Dimensions 66 x 50 cm, épaisseurs de 4 à 10 cm. (Caroplatre)

Monter des carreaux de plâtre

1 **Posez la première rangée.** Enduisez de colle un premier carreau. Posez-le avec les rainures dirigées vers le sol et le mur de départ. Dans les pièces humides, comme une salle de bains, fixez au sol un profilé en forme de U, sur lequel vous poserez la première rangée.

4 **Montez la deuxième rangée.** Débutez par la pose d'un demi-carreau, afin de respecter l'alternance des joints verticaux. Ce décalage participe également à la solidité de la cloison. Dirigez la coupe contre le mur où le revêtement a été préalablement piqué.

Le montage

Posez la première rangée sur une semelle de liège ou un profilé en U (➡ SÉQUENCE). Scellez les carreaux, en ôtant toutes les bavures au fur et à mesure. Une cloison bien posée doit être lisse des deux côtés, prête à recevoir peinture ou tapisserie. ■

Dans les pièces humides

Utilisez des carreaux hydrofugés que vous reconnaîtrez à leur couleur bleu-vert pastel. Vous poserez la première rangée de carreaux dans un profilé plastique en forme de U.

2 **Emboîtez les carreaux suivants.** Encollez le deuxième carreau et emboîtez sa rainure dans la languette du premier carreau. Serrez fortement les deux carreaux jusqu'au reflux de la colle. Essuyez et poursuivez la pose de la même façon jusqu'à la fin de la rangée.

© Y. Robic/BPB Placo

3 **Vérifiez l'alignement des carreaux.** Contrôlez régulièrement l'horizontalité de la cloison en utilisant une longue règle et un niveau à bulle. Laissez durcir la colle avant de poursuivre le montage.

5 **Évitez les surépaisseurs.** Raclez les joints au fur et à mesure de la pose, à l'aide d'un couteau de peintre. Lissez les faces avant le durcissement de la colle. Contrôlez la verticalité avec un fil à plomb ou un niveau à bulle.

6 **Terminez le montage.** Montez la dernière rangée le plus près possible du plafond. Coupez le haut des carreaux en biseau pour faciliter leur mise en place par basculement. Comblez l'espace restant avec de la mousse de scellement en bombe.

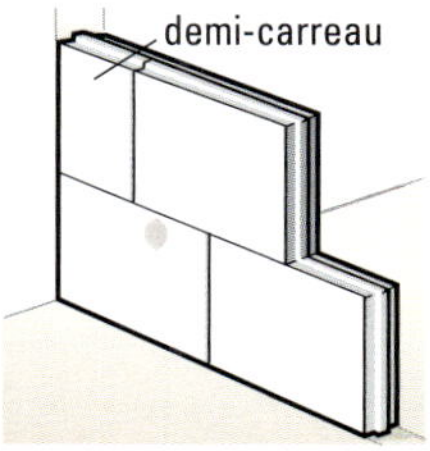

Débutez la deuxième rangée par la pose d'un demi-carreau.

Doubler un mur plan

LES OUTILS

- grande règle métallique
- niveau à bulle
- scie égoïne
- spatule à colle

Le doublage d'un mur plan par l'intérieur s'impose lorsqu'il s'agit de renforcer l'isolation thermique et d'obtenir une surface propre et lisse, apte à recevoir un revêtement décoratif.

Travaux à envisager

Cette opération entraîne parfois d'autres modifications :
– la remise en place des équipements électriques dont les fils sont trop courts (prises, interrupteurs, convecteurs, etc.) ;
– le déplacement des radiateurs de chauffage central ;
– l'habillage des huisseries de portes, de fenêtres et la pose de nouvelles plinthes ;
– la réfection totale de la décoration (peinture, papier peint, corniche, etc.).
Si vous acceptez d'effectuer ces travaux supplémentaires, vous obtiendrez une nette amélioration de votre confort.

Choix des panneaux isolants

Pour poser des panneaux isolants sur un mur sain et sec, utilisez du mortier-colle (→ SÉQUENCE).
Choisissez des plaques de plâtre doublées d'un isolant thermique (polystyrène extrudé, feutre de laine minérale, etc.), dont l'épaisseur convient à la contrée où est réalisée la construction. Par exemple, un panneau de polystyrène doit avoir une épaisseur de 50 mm à Nice, 60 mm à Bordeaux et 80 mm à Strasbourg.

Précautions à prendre

Avant de commander le matériel nécessaire, tenez compte des dimensions des panneaux (3 m x 1,2 m) et reconnaissez le parcours que vous utiliserez pour approvisionner le chantier : certains accès (sas d'entrée, escalier, etc.) sont parfois trop étroits pour laisser passer des matériaux encombrants. ■

Coller des panneaux isolants

1 **Répartissez le mortier-colle.** Disposez des plots de mortier-colle de 10 cm de diamètre environ sur le pourtour du panneau isolant, en diagonale et au centre, et espacez-les de 35 à 40 cm. Pour un panneau standard, comptez 25 à 30 plots.

2 **Mettez le premier panneau en place.** Posez la base du panneau sur deux cales en bois. Redressez-le contre la paroi et appuyez-le contre le mur pour écraser les plots de mortier-colle. Maintenez-le en place par un étai improvisé en attendant la prise de la colle.

3 **Poursuivez la pose.** Pressez sur le panneau à l'aide d'une grande règle métallique et vérifiez son aplomb avec un niveau à bulle. Posez le deuxième panneau bord à bord et contrôlez à nouveau la planéité de l'ensemble.

Doubler un mur bosselé

Lorsque vous avez affaire à un mur brut, au plan irrégulier, la technique recommandée consiste à fixer des plaques de plâtre sur une ossature métallique installée du sol au plafond, en avant de la paroi (→ SÉQUENCE).

Si vous devez renforcer l'isolation de la construction, glissez entre les entretoises de l'ossature des lés de laine minérale. En faisant varier l'épaisseur de l'isolant et celle des plaques de plâtre, vous pourrez monter une contre-cloison thermo-acoustique de haute performance.

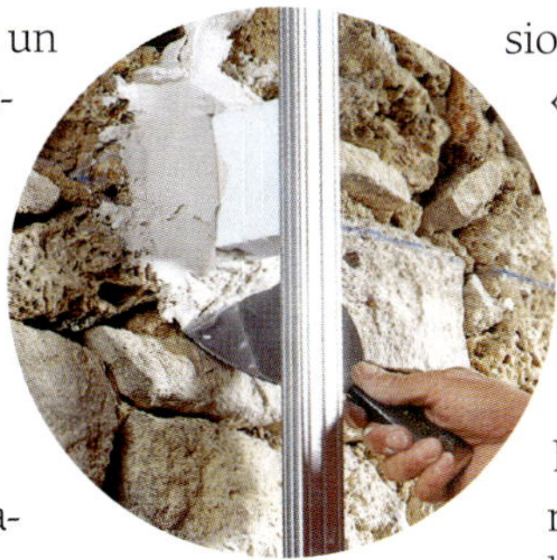

Au milieu des entretoises, scellez un appui intermédiaire au mortier-colle.

L'isolation acoustique

Le mur d'un côté, les plaques de plâtre de l'autre et la laine minérale occupant l'espace intermédiaire représentent, pour les professionnels, un système nommé « masse-ressort-masse » particulièrement efficace pour l'amélioration de l'isolation acoustique.

L'isolation thermique

L'isolation thermique est assurée en outre par l'épaisseur de laine minérale. Choisissez un modèle dont la face recouverte d'un pare-vapeur supprime les risques de condensation. Au montage, dirigez toujours le pare-vapeur vers l'intérieur du local (du côté le plus chaud). Son rôle est de dresser une barrière à la vapeur d'eau contenue dans l'air, afin qu'elle ne migre pas dans l'isolant ni le long du mur ; deux éventualités qui détruiraient le système thermo-acoustique, car un isolant humide devient conducteur. ■

LES OUTILS

- agrafeuse
- niveau à bulle
- règle métallique
- tournevis ou visseuse

Monter une contre-cloison thermo-acoustique

1 **Posez l'ossature.** Fixez un profilé métallique au sol, puis un autre au plafond. Entre les deux, agrafez des entretoises verticales espacées de 60 cm. Calez chaque entretoise, en son milieu, sur un appui intermédiaire scellé au mur avec du mortier-colle.

2 **Installez l'isolant thermique.** Déroulez des lés de laine minérale derrière les entretoises. Mettez les pare-vapeur vers l'intérieur de la pièce. Jointoyez-les bord à bord, à l'aide d'un ruban adhésif, afin d'éviter les ponts thermiques.

3 **Montez la cloison.** Vissez les plaques de plâtre sur l'ossature (une vis tous les 30 cm) en juxtaposant les panneaux. Soignez les joints verticaux, afin de garder une bonne continuité de surface.

Percer ou abattre un mur

Percer ou abattre un mur sont des travaux à envisager avec prudence ; la difficulté dépend de la nature de la paroi. En premier lieu, assurez-vous qu'il ne s'agit pas d'un mur porteur sur lequel seul un professionnel peut intervenir. Cherchez ensuite les éventuels canalisations et/ou câbles électriques encastrés dans le mur (→ ENCADRÉ CI-DESSOUS). Si vous en avez localisé, libérez-les et détournez-les en créant de nouveaux circuits.

LES OUTILS

- burin
- chandelles de maçon
- détecteur de métaux
- marteau
- marteau électro-pneumatique équipé d'un burin
- massette
- scie égoïne
- tournevis
- tronçonneuse à disque

Créer une ouverture

Si le mur n'est pas porteur, le percement ne pose pas de problème particulier. Trois cas de figure peuvent se présenter.

La cloison est en plaques de plâtre ou d'aggloméré. Découpez l'ouverture avec une scie égoïne, de préférence entre deux montants verticaux. Renforcez ensuite les bords en insérant et en vissant des tasseaux entre les plaques sur le pourtour de la découpe, pour former un cadre interne. Cette technique permet la création d'un passe-plat.

La cloison est en carreaux de plâtre. Pratiquez la découpe avec une scie égoïne à denture renforcée.

La cloison est en briques plâtrières. Utilisez une tronçonneuse à disque de grand diamètre. Pensez à protéger l'espace environnant et à vous équiper de gants et de lunettes, car cet outil dégage énormément de poussière.

Abattre une cloison

La paroi est en plaques de plâtre. Le travail se résume à un démontage. Déposez les plinthes, corniches, baguettes d'angle, etc. Repérez les emplacements des montants avec un petit détecteur de métaux. Découpez les plaques, retirez vis et clous qui les maintiennent. Démontez la structure métallique.

La cloison est maçonnée. Avant de commencer le travail, videz au maximum les pièces séparées par la cloison. Puis, assurez-vous que cette dernière ne supporte pas une partie de la construction (faux plafond par exemple). Commencez par la partie haute en vous servant d'une tronçonneuse à disque. Faites tomber les morceaux avec une masse ou avec un marteau électro-pneumatique équipé d'un burin (cet outil se loue).

Percer un mur

Ne touchez pas aux vieux murs de pierre et à ceux, plus récents, constitués d'une structure métallique supportant des plaques de béton. Faites plutôt appel à un professionnel sérieux.

Vous pouvez en revanche percer les murs non porteurs, en brique ou en parpaing, après avoir posé un linteau (→ ENCADRÉ P. 153) et pris quelques précautions (→ CROQUIS 1 ET 2).

Mettez un linteau en place. La pose d'un linteau est indispensable pour soutenir le mur que vous allez forcément fragiliser en l'ouvrant :

– Dégagez le parement pour mettre les matériaux à nu et repérer l'emplacement des joints.

Le détecteur de métaux

Utilisez un petit détecteur de métaux pour trouver les fils électriques, les conduites d'eau et les armatures métalliques cachés dans la cloison.
Marquez les emplacements repérés avec un crayon gras.
Un détecteur permet également de localiser les montants des parois en plaques de plâtre, etc., en repérant les lignes de clous ou de vis qui y sont plantés.

Différentes sortes de linteaux

Ils peuvent être en bois (grosse section en chêne), en briques (disposées en arc de cercle), en pierre (d'un seul bloc ou constitués de claveaux avec une clé centrale), en fer (étirés en forme de I ou composés de deux fers profilés en U), ou préfabriqués en béton ordinaire ou cellulaire armé.
Vous pouvez aussi fabriquer un linteau en béton armé en installant un coffrage au faîte de l'ouverture. Quelques jours d'attente sont alors nécessaires (coffrage et étais en place) avant de poursuivre la construction.

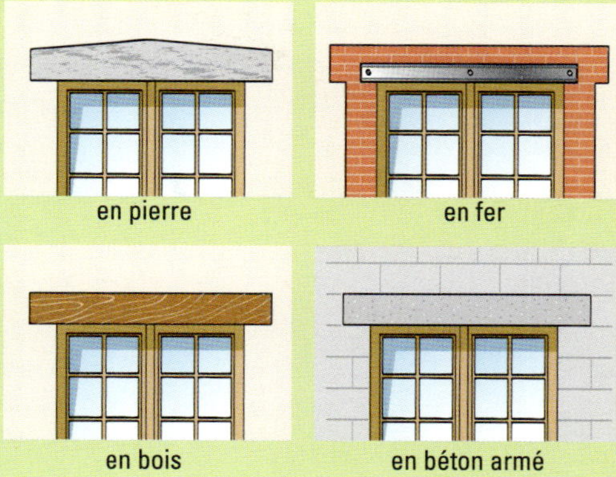

– Tracez l'ouverture à réaliser sur le mur.
– Au-dessus, percez deux trous pour y passer deux bastings.
– Étayez-les à l'aide de quatre chandelles de maçon, qui supporteront le mur se trouvant au-dessus de la future ouverture.
– Creusez le mur sur une longueur supérieure à l'ouverture (de 20 à 30 cm de chaque côté), pour y loger un linteau. Procurez-vous un linteau métallique (appelé aussi I.P.N.) d'une section en rapport avec l'ouverture.
– Glissez le linteau dans l'ouverture. Vérifiez son horizontalité. Calez-le et scellez-le aux deux extrémités.
– Remplissez la partie supérieure tout au long de l'ouverture.

Créez l'ouverture. Étendez un rideau pour éviter que les gravats se répandent dans le local contigu.
– Après le séchage du scellement du linteau, ôtez les briques ou les parpaings qui se trouvent en dessous et dégagez la totalité de l'ouverture. Ne donnez pas de grands coups de masse qui risqueraient d'ébranler la construction : travaillez plutôt avec une massette et démontez l'ensemble petit à petit.
– Reprenez la maçonnerie de l'ouverture et les faces du mur. Dissimulez le linteau sous une couche de plâtre.
– Démontez les chandelles et les bastings et rebouchez les trous de passage. ■

AVANT DE PERCER UN MUR, POSEZ UN LINTEAU

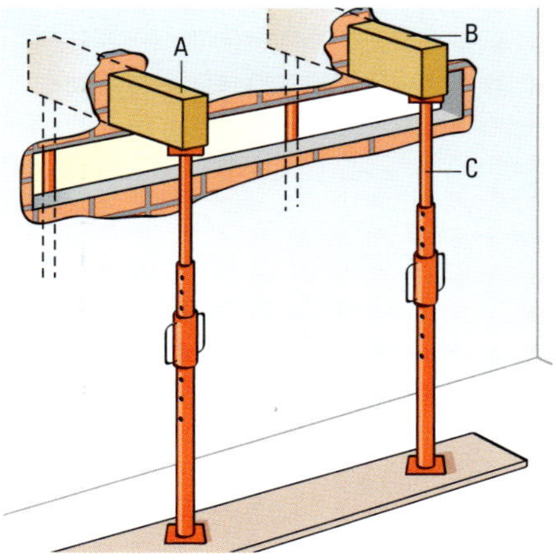

1. *Posez des bastings et étayez-les.*
A *et* **B** *bastings ;* **C** *chandelle de maçon*

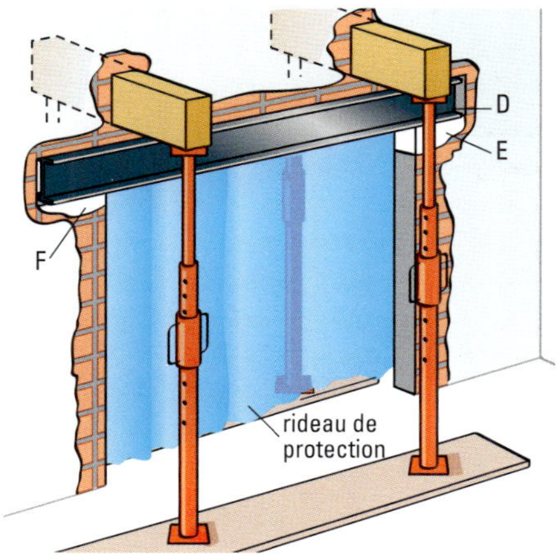

2. *Mettez le linteau en place et protégez le chantier.*
D *linteau ;* **E** *et* **F** *extrémités scellées*

Réaliser un crépi

En supprimant la fastidieuse préparation du mortier qu'exige le crépi traditionnel, les enduits plastiques à base de résines synthétiques ont profondément modifié les façons de parer et d'imperméabiliser les murs.

Réaliser un crépi plastique

Recouvrez d'un mortier de ragréage. Étalez-le en couche mince sur la surface à crépir et lissez-le à la taloche. Sans cette précaution, les joints demeureraient visibles une fois le travail terminé. Laissez bien sécher.

Appliquez un primaire d'accrochage. Vérifiez qu'il est compatible avec le crépi choisi (donc de la même marque) et respectez le temps de séchage indiqué sur la notice.

Enduisez la surface d'un crépi en couche épaisse. Pour les murs extérieurs, employez impérativement un crépi spécifique, insensible aux intempéries et aux rayons ultraviolets. Utilisez une large spatule pour l'application et, pour l'égaliser, un rouleau en mousse alvéolée, striée ou cannelée, selon l'effet recherché.

Créez des effets décoratifs. Vous pouvez laisser le crépi en l'état ou lui donner un relief personnalisé : tout est permis, à condition que l'aspect final soit régulier sur toute la surface. Adoucissez les reliefs par un léger surfaçage à la taloche ou à la truelle. Tapotez avec une éponge ou une grosse brosse ronde. Entraînez-vous en étalant de l'enduit plastique sur une plaque d'aggloméré.

Travaillez par bandes verticales de 1 m de large. Ne commencez jamais le recouvrement d'une paroi que vous n'auriez pas le temps de finir, sinon la reprise sera difficile à dissimuler.

Rénover un crépi fissuré

Le rebouchage des fissures sur les enduits de mortier a longtemps été fastidieux et laissait des traces, encore visibles sur certaines maisons anciennes. L'apparition des rénovateurs de crépis élastiques a grandement facilité la remise en état des vieux enduits. Commencez toujours par rechercher et traiter la cause de la dégradation.

Surveillez les fissures

L'apparition de fissures étroites qui ne s'élargissent pas est normale dans les années qui suivent une construction neuve (par dérision, on les appelle « fissures contractuelles »). Elles sont dues aux déformations provoquées par la stabilisation de la maison sur son terrain.

Si ces fissures évoluent, la mise en place d'une jauge graduée permet de diagnostiquer s'il s'agit d'une fissure vivante ou morte. Installez la jauge auprès de la lézarde et observez le déplacement de sa réglette graduée au dixième de millimètre (Saugnac).

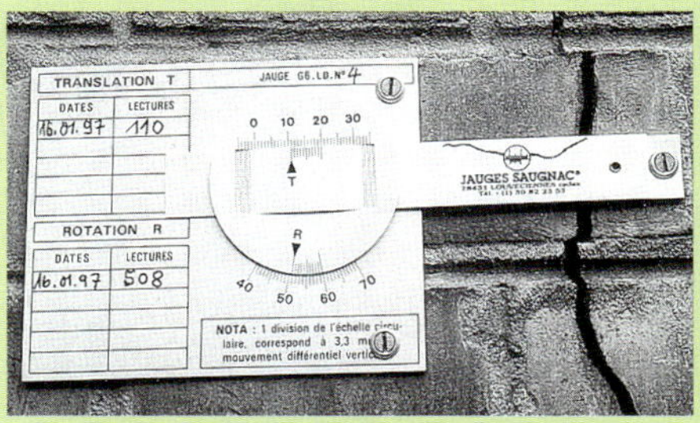

© Saugnac

– Si vous ne constatez aucun déplacement, la fissure est morte : vous pouvez la colmater par les procédés habituels (reboucheur en pâte, mastic synthétique, etc.) adaptés à l'état du mur.

– Si la réglette se déplace, la fissure est vivante : au-delà d'une variation de 0,5 mm, la réparation doit être assurée avec des produits spécifiques (→ P. CI-CONTRE).

Rénover un crépi sain mais fissuré. Lavez-le avec un nettoyeur à haute pression et traitez-le avec un produit fongicide et anti-mousses. Recouvrez-le d'une couche de rénovateur de crépi ; ce produit élastique, qui s'applique au rouleau, gomme les fissures jusqu'à 2 mm de largeur.

Colmater une crevasse. Lorsqu'une fissure s'élargit, elle devient crevasse et doit être traitée avec des produits spécifiques. Dégagez le crépi de surface sur toute la longueur de la crevasse et taillez les bords avec un burin plat ou une tronçonneuse à disque pour obtenir une saignée en forme de V. Dépoussiérez et injectez du mastic acrylique (conditionné en cartouche) dans le fond de la saignée. Faites plusieurs passages ou, par mesure d'économie, utilisez un cordon de fond de joint.

Recouvrez l'ensemble d'un calicot (tissu polyester). S'il s'agit d'un crépi-ciment, noyez le calicot entre deux couches de mortier de rebouchage. Au contraire, pour un crépi plastique, utilisez une émulsion acrylique épaisse (→ SÉQUENCE).

Après séchage complet, procédez au raccord du crépi (ciment ou plastique) pour faire disparaître la crevasse. ■

LES OUTILS

- brosse dure
- burin plat
- couteau à enduire
- meuleuse à disque
- pistolet extrudeur
- rouleau en mousse
- spatule large
- taloche
- truelle

Colmater une crevasse

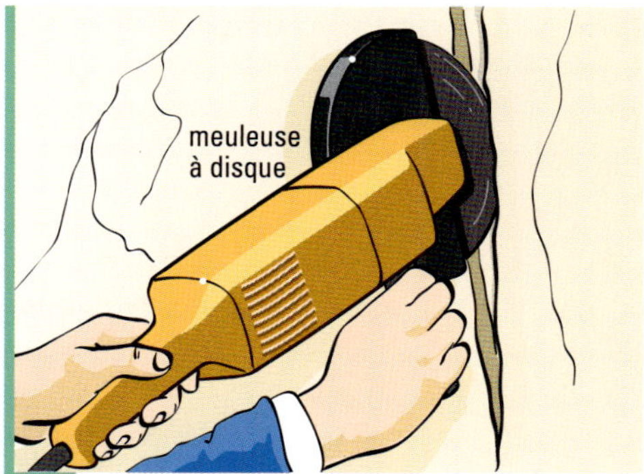

1 Ouvrez la crevasse. Piquetez-la avec un burin ou ouvrez-la à l'aide d'une meuleuse à disque. Dépoussiérez avec une brosse dure.

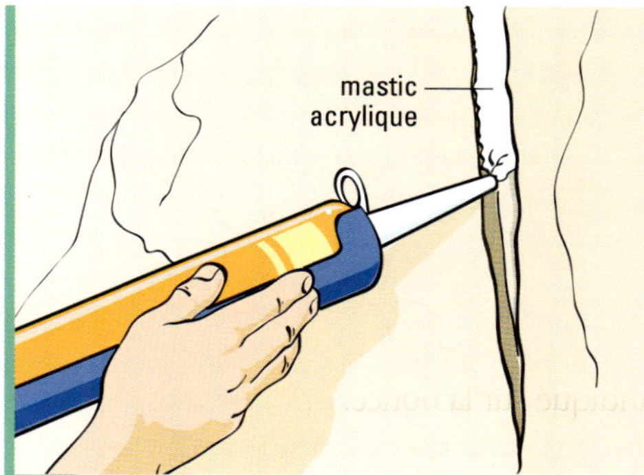

2 Comblez le trou. Injectez du mastic acrylique pour former un cordon continu qui adhère sur les deux lèvres de la crevasse. Laissez reposer pour que le mastic se polymérise.

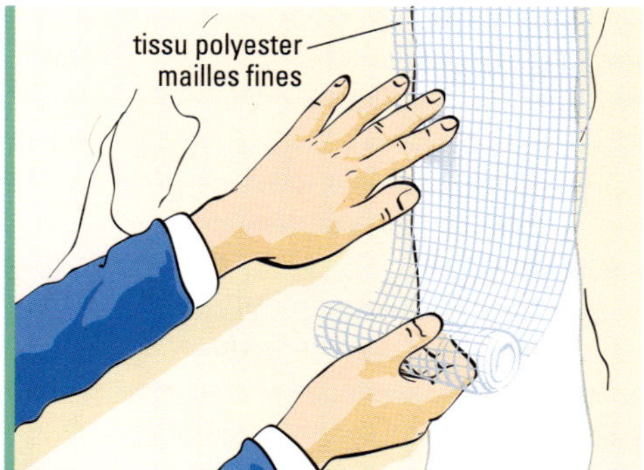

3 Posez un calicot. Appliquez une couche d'émulsion acrylique, sorte de peinture très chargée en liant, en couvrant bien la crevasse, et collez par-dessus un large calicot (tissu polyester à mailles fines). Laissez gommer une demi-heure environ.

4 Recouvrez la réparation. Appliquez une deuxième couche de peinture de même caractéristique que la précédente, afin de noyer le calicot dans l'épaisseur du revêtement. Terminez en appliquant une troisième couche de peinture sur toute la surface du support.

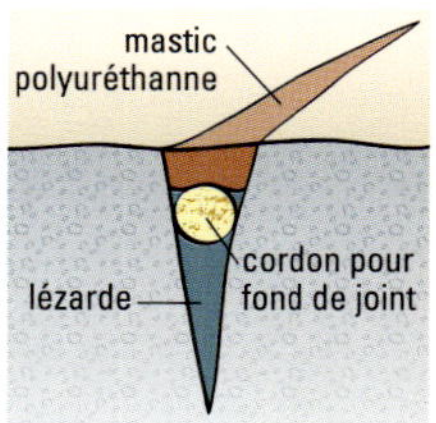

Pour colmater une lézarde vivante et profonde, utilisez un cordon de fond de joint recouvert de mastic polyuréthanne, fait d'une mousse plastique. Il comble en partie la crevasse, ce qui diminue d'autant la consommation de polyuréthanne. En outre, la section concave du mastic (en forme de ménisque) absorbe plus facilement les mouvements de la crevasse.

Couler une dalle de béton

© Lafarge Bétons

LES OUTILS

- cordeau à poudre
- dame ou dameuse
- grande règle métallique
- masse
- niveau à bulle
- niveau à fioles
- pelle
- règles en bois
- taloche

Une dalle de béton sert à stabiliser le sol d'une cave ou d'un sous-sol, ou à recouvrir celui d'un garage. L'épaisseur de la dalle dépend de la charge qu'elle a à supporter, mais aussi de la nature du sol. Sur un sol ferme, 8 à 10 cm d'épaisseur suffisent au passage ou au stationnement d'une voiture. Sur un sol meuble, 15 cm sont nécessaires.

La composition d'une dalle

Une dalle de béton se coule en trois couches (→ SÉQUENCE) :

– une couche de caillasses ou de pierres damées sur une épaisseur de 15 à 20 cm (le « hérisson ») : elle assure le drainage entre la terre et le béton ;

– une couche de béton avec granulats de grosseur moyenne ;

– une couche de surface plane : réalisée avec du mortier, elle peut être laissée nue, peinte, carrelée ou revêtue d'un parement (sol plastique, parquet flottant, moquette…).

Pour les dalles exposées à la pluie et celles qui doivent être nettoyées à grande eau (garage, atelier…), créez une pente de 2 à 3 cm par mètre linéaire vers un point d'écoulement. Dans une cave, 1 cm par mètre suffit.

À ces trois couches de base peuvent s'ajouter d'autres matériaux, adaptés à des conditions particulières (→ ENCADRÉ).

Armer et isoler une dalle

Si la dalle de béton doit supporter de lourdes charges ou si vous n'avez pas la possibilité de faire un hérisson, armez la dalle d'un grillage à grosses mailles carrées.

Si vous craignez des remontées d'humidité, coulez la dalle sur un film de polyéthylène ou interposez un matériau isolant (polystyrène extrudé, feutre minéral...).

Remontez le matériau à la base des murs pour isoler la dalle de tous les côtés.

Pour réaliser une chape de mortier sur une ancienne dalle de béton, dépoussiérez cette dernière. Utilisez une résine plastique. Mélangé à l'eau de gâchage, cet additif préparé sous forme de barbotine améliore l'accrochage du mortier.

Couler une dalle

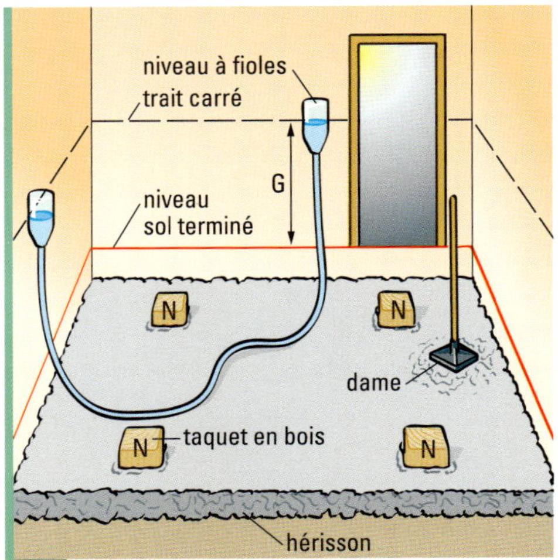

1 **Décaissez le sol.** Creusez la terre à 1,30 m de profondeur environ. Étalez une couche de caillasses et damez-la sur une épaisseur de 15 cm (hérisson). Plantez quatre taquets en bois. Ajustez leur hauteur à l'aide d'une règle et d'un niveau à bulle, puis scellez-les au ciment. Laissez sécher une nuit.

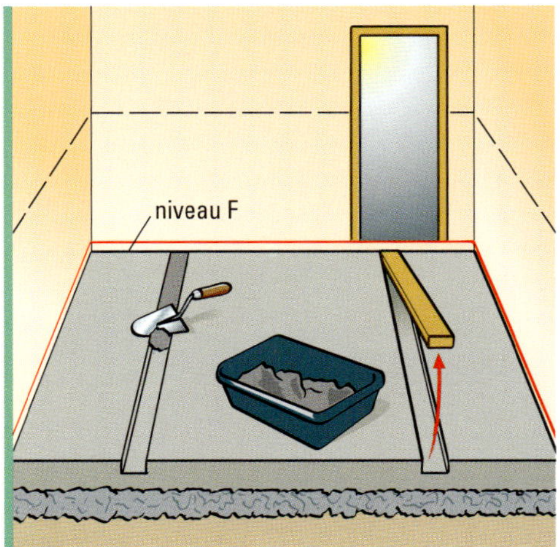

4 **Retirez les règles.** Laissez « tirer » le béton quelques instants puis, retirez les règles en bois. Comblez leurs emplacements pour égaliser la surface. Sans attendre, préparez le mortier nécessaire à la finition.

Les préparatifs

Tracez sur les murs, à l'aide d'un niveau à fioles et d'un cordeau à poudre, le « trait carré » : ligne horizontale située à 1 m au-dessus du sol fini. Partez de ce repère pour décaisser le sol et mesurer les hauteurs des différents niveaux (E, F, G). Ainsi, pour créer une pente de 2 cm, le point le plus élevé du sol se trouvera à 0,98 m du trait carré. ■

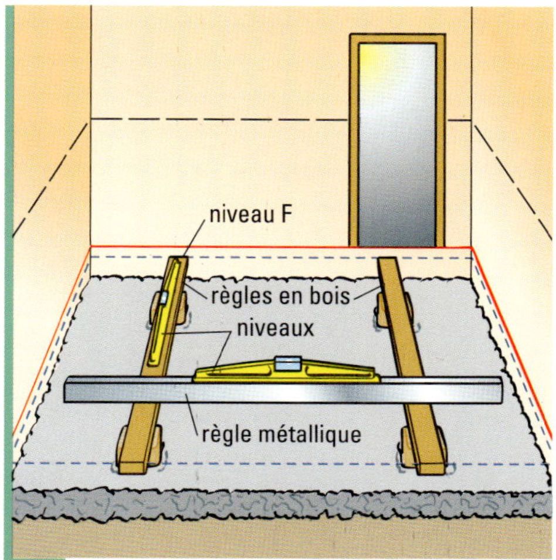

2 **Vérifiez l'horizontalité.** Posez deux règles en bois sur les piquets. Détectez les défauts de planéité avec un niveau à bulle posé sur une grande règle métallique perpendiculaire aux règles en bois. Corrigez les défauts et calez les règles pour que leurs faces supérieures soient au niveau de la future dalle de béton.

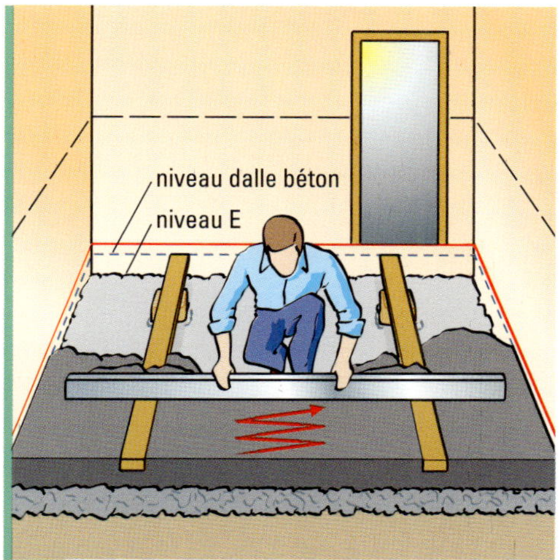

3 **Coulez le béton sur une épaisseur de 8 à 10 cm.** Commencez à l'opposé de la porte. Au fur et à mesure, raclez le béton en déplaçant une règle métallique posée sur les deux règles repères. Tirez vers vous en exerçant un mouvement de va-et-vient.

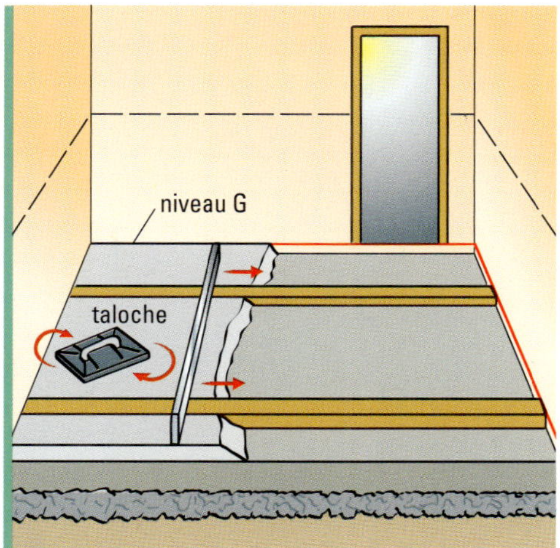

5 **Coulez la chape de finition.** Coulez une chape de mortier afin d'atteindre le niveau du sol fini. Procédez comme pour le béton. Lissez la surface avec une taloche. Laissez sécher quelques jours.

LES DIMENSIONS CLASSIQUES

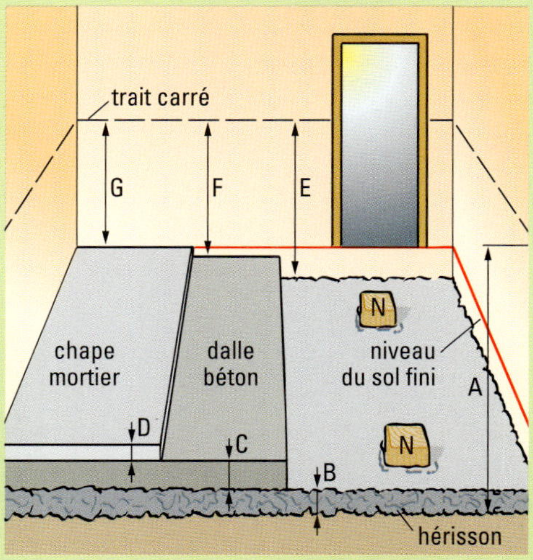

A *1,30 m de profondeur environ*
B *hérisson : 15 cm de caillasses*
C *dalle : de 8 à 10 cm de béton*
D *chape de finition : 3 à 5 cm*
E *niveau des caillasses : 1,15 m*
F *niveau de la dalle : 1,05 m*
G *niveau du sol fini : 1 m*
N *Piquets : enfoncés à 1,30 m*

La toiture

LES DIFFÉRENTS TYPES DE COUVERTURES

L'ENTRETIEN ET LES RÉPARATIONS

Chaume, ardoises, lauzes et tavaillons

Très résistantes, les couvertures en ardoises sont à la fois imperméables, insensibles à l'acide et au gel.

Parmi tous les matériaux utilisés pour la couverture des toitures, les plus anciens sont le chaume, l'ardoise, les lauzes ou encore les planchettes de bois, dites tavaillons. Tous naturels, ils caractérisent encore certaines constructions régionales. Aujourd'hui, on les privilégie surtout lors de restaurations, notamment lorsque la législation impose de respecter l'architecture traditionnelle locale.

Le chaume

Constitué traditionnellement de paille, de genêts, de joncs ou de roseaux, liés par bottes sur une charpente légère, le chaume couvrait autrefois les humbles chaumières, d'où son nom. À l'origine bon marché, il passe désormais pour un produit de luxe. Les chaumiers (ou chaumeurs) se font rares, et la matière première manque – aujourd'hui, ce sont des roseaux cultivés spécialement pour cet usage. Le matériau présente plusieurs inconvénients. Très appréciée des rongeurs ou des oiseaux qui y font leurs nids, une couverture en chaume se dégrade assez vite. En outre, les assureurs rechignent à couvrir les risques inhérents à une toiture aussi inflammable, et les primes sont élevées.

Les ardoises

Utilisées depuis le VIe siècle, les ardoises sont appréciées tant pour leur aspect esthétique que pour leur résistance ou leur imperméabilité. Leur qualité se juge à leur caractère plus ou moins friable (extraites des couches du sol les plus profondes, elles sont très compactes et pratiquement inaltérables). Leur coût varie essentiellement en fonction de ce critère. Le plus souvent gris ardoise,

Comme celui du chaume, l'usage des lauzes se fait rare, hormis lors de restaurations à l'ancienne.

avec de multiples nuances suivant leur provenance, les ardoises peuvent aussi montrer, plus rarement, une teinte brun-rouge.
La pose se fait par clouage sur un voligeage (couverture en planches jointives ou espacées) ou grâce à des crochets fixés sur des liteaux. L'ensemble forme une couverture assez légère qui s'adapte à toutes les pentes.

À noter : Il existe des plaques de petites dimensions, en fibre-ciment, qui imitent l'aspect des ardoises et se posent de la même manière ; elles sont naturellement moins coûteuses et offrent une meilleure résistance aux cassures.

Les lauzes

Matériau naturel, les lauzes sont des pierres plates, et plus précisément des schistes ou des grès micacés. Leur emploi est très localisé, et reste surtout concentré dans le Massif central, la Bretagne, les Alpes ou la Corse. Les lauzes se posent sans fixation sur des toitures à faible pente, mais nécessitent un clouage si la pente est supérieure à 20 %. La couverture ainsi obtenue, très lourde, impose une charpente des plus robustes. L'étanchéité, laissant autrefois à désirer, est aujourd'hui assurée, en cas de restauration ou de construction typique, par la pose d'une sous-couche en feutre bitumineux.

De nos jours, les lauzes offrent une meilleure étanchéité grâce à la pose d'une sous-couche de feutre bitumineux.

Les tavaillons

Nommés parfois « ancelles » dans les Alpes, « échandolles » ou « essandoles » dans d'autres

Les tavaillons, ou planchettes de bois, sont surtout bien adaptés aux régions où les hivers sont rigoureux.

régions, les tavaillons désignent des planchettes de bois, provenant le plus souvent de résineux, parfois de châtaigniers. Adaptée à toutes les pentes, la couverture en tavaillons est assez légère. La pose se fait par recouvrement avec joints croisés entre chaque rang. L'emploi du bois ne convient qu'aux régions à hivers froids où les insectes xylophages ne sont pas virulents. ■

Les fenêtres de toit

© Velux France

Pour installer une fenêtre sur le toit d'une maison particulière, vous devez effectuer une déclaration préalable de travaux à la mairie. À défaut de réponse dans un délai de un mois, l'autorisation est jugée acquise.

Avant d'installer une fenêtre sur le toit, vous devez effectuer une déclaration préalable à la mairie. Pour bien éclairer les combles, la fenêtre doit représenter environ 10 % de la surface – si besoin, optez pour deux ouvertures moyennes plutôt que pour une grande. Il est à noter que, plus la pente du toit est faible, plus la fenêtre doit présenter une hauteur conséquente.
La réglementation exige qu'elle soit placée au moins à 90 cm du plancher. Si elle éclaire une chambre d'enfant, peut-être vaut-il mieux qu'elle ne soit pas accessible, et donc dotée d'une ouverture à rotation motorisée, et non d'un système de projection. Une fenêtre de qualité est traitée contre les intempéries et munie d'un double vitrage ; feuilleté, il résiste mieux à la grêle. Les fabricants proposent souvent des fenêtres complètes prêtes à la pose, équipées de stores.

Tuiles, plaques ondulées et bardeaux bitumés

© Imerys toiture

La tuile canal a été inventée par les potiers romains il y a plus de 2 000 ans.

Si la traditionnelle tuile en terre cuite n'a rien perdu de son actualité, des matériaux bien plus modernes, comme la tuile en béton, les plaques en fibre-ciment ou les bardeaux bitumés lui font aujourd'hui concurrence. Les métaux, comme le zinc, sont, eux, rarement utilisés pour la couverture des constructions individuelles, à l'exception toutefois de la tôle ondulée en acier galvanisé.

Les tuiles plates et les tuiles canal

Qu'elles soient anciennes ou modernes, les tuiles sont toutes constituées d'argile cuite au four. Les premières se répartissent en deux catégories : les tuiles plates – parfois légèrement cintrées – et les tuiles canal, dites aussi « creuses », « rondes » ou « romaines », en forme de gouttières légèrement coniques.

– Les tuiles plates traditionnelles se posent par clouage sur des liteaux avec un recouvrement égal aux deux tiers de leur longueur. Elles conviennent donc à diverses pentes de toiture.

– Les tuiles canal, fréquentes dans les pays méditerranéens, gardent un caractère très régional et sont réservées aux faibles pentes. Elles se posent traditionnellement sans fixation sur un platelage de planches jointives ou sur des chevrons triangulaires (➡ ENCADRÉ).

Les tuiles mécaniques

Les tuiles mécaniques dites « à emboîtement » sont connues depuis un siècle et demi. Comme leur nom l'indique, elles peuvent s'emboîter côte à côte et rang par rang, grâce à leurs bords équipés de cannelures simples ou doubles. Le recouvrement

La pose des tuiles canal

© Onduline

▲ La pose de tuiles de courant lors de l'habillage du bord de toit.

◀ Un agencement en doubles rangées alternées.

Traditionnellement, les tuiles canal sont posées par doubles rangées alternées : les tuiles de courant sont installées en dessous, les tuiles de couvert au-dessus, l'ensemble formant une ondulation régulière. Pour des raisons d'économie, de rapidité, d'allégement de la couverture et de meilleure étanchéité, les couvreurs opèrent également suivant une autre méthode : ils installent les seules tuiles de couvert sur les reliefs d'une sous-toiture en plaques ondulées de même couleur ; les tuiles de courant réapparaissent toutefois pour l'habillage du bord de toit afin de dissimuler la plaque ondulée.

Les tuiles mécaniques sont équipées de cannelures simples ou doubles leur permettant de s'emboîter.

n'est pas utile et le poids de la couverture s'en trouve allégé. D'autres types de tuiles mécaniques, dites « à glissement », ne s'emboîtent, elles, que côte à côte, tandis que les rangs sont posés avec recouvrement. Toutes s'accrochent à des liteaux par des ergots présents en sous-face.

Selon les fabrications, les faces apparentes des tuiles mécaniques présentent des bourrelets, des motifs centraux en losange, ou imitent les tuiles plates. Les gammes proposées s'enrichissent souvent de divers éléments, comme les tuiles de rives pour couvrir les bordures, les faîtières, les tuiles avec manchons pour sorties d'aérateurs, les chatières pour la ventilation en sous-toiture, entre autres.

Pour chaque type de tuile mécanique à emboîtement, il existe des versions en verre permettant de créer des parties translucides fixes pour éclairer les greniers. Leur seul inconvénient est qu'elles peuvent faire effet de loupe ; il est donc important de veiller à ce qu'il n'y ait en dessous aucun matériau inflammable.

● **À noter :** Les tuiles en béton se veulent des copies conformes des tuiles en terre cuite. Fabriquées sans cuisson, elles ne présentent ni fissures ni déformations et, surtout, montrent des formes et des dimensions très régulières.

Les plaques ondulées

Les plaques ondulées n'offrent aucun caractère de noblesse et couvrent le plus souvent hangars ou bâtiments industriels. Ce type de matériau est surtout privilégié en toiture pour sa légèreté, sa rapidité de mise en œuvre et, en général, son faible coût. Ondulées ou nervurées, la plupart des plaques sont en tôle d'acier galvanisé, en aluminium laqué ou en fibre-ciment. Mais il en existe également en plastique ou en résine armée de fibres de verre. Ces dernières, transparentes ou translucides, sont très prisées par les usagers de locaux nécessitant en journée une grande luminosité. Toutes ces plaques se posent sur des pannes de bois transversales au moyen de fixations traversantes au sommet des ondulations ; les vis utilisées à cet effet sont munies de joints d'étanchéité.

Pour la couverture des serres, vérandas et marquises, on utilise souvent des plaques alvéolés transparentes en polycarbonate, plus légères et moins fragiles que le verre.

Les bardeaux bitumés

Connus aussi sous le nom de « shingles », les bardeaux bitumés sont très utilisés au Canada et aux États-Unis. Ce matériau durable et très léger se présente sous forme de plaques (90 cm x 30 ou 33 cm). Il comprend une armature en fibres de verre et un enduit de bitume, sa surface montrant des granulats de pierre naturelle ou teintés en gris, ardoise, brun ou vert foncé… Les bardeaux se posent par clouage sur une couverture en planches jointives ou en panneaux de bois. Chaque plaque est incisée sur un de ses côtés pour former trois bandes, ou « jupes », à bord inférieur droit ou arrondi. Les bandes se posent bout à bout et, à chaque rang, en recouvrement, décalées de la valeur d'une demi-jupe. L'aspect final ressemble à une couverture en ardoises. Pour éviter toute prise au vent, il est nécessaire de bien coller les bases des jupes : la bande de bitume intégrée en dessous doit être pour cela légèrement chauffée. ■

Les gouttières

Système d'écoulement en matériaux de synthèse enrichis d'oxyde de titane, teintée en noir.

La récupération des eaux pluviales nécessite l'installation de gouttières. Elles existent sous différentes formes, matières et couleurs, et sont conçues pour s'adapter à toutes les architectures. Si la traditionnelle gouttière en zinc soudé reste l'apanage des professionnels, d'autres présentations (PVC, aluminium, acier, etc.) aux possibilités de montage simplifié concernent la plupart des néophytes.

Pour récupérer l'eau ruisselant d'un toit, il faut un conduit capable d'écouler instantanément toute la précipitation. Une installation d'évacuation correctement dimensionnée tient compte de la surface du toit et de la section des gouttières.

Calculer la surface d'un toit

La surface d'un toit se calcule, sans tenir compte de la pente, en mesurant sa projection à l'horizontale, tel un toit-terrasse. Par exemple, le toit à double pente de cette maison (croquis ci-dessous) a des versants d'une surface de A x B = 6 x 12 = 72 m². Chacun d'eux devra évacuer l'eau vers un tuyau de descente, sans débordement.

Pour déterminer le diamètre et le nombre de descentes à prévoir, il convient de se reporter au tableau ci-dessous.

Pour évacuer l'eau d'un versant de 72 m² avec une gouttière demi-ronde de 33, il convient d'installer une descente d'un diamètre de 100 mm. Veillez toutefois à ce que la gouttière n'excède pas 12 m de long. Au-delà, prévoyez une seconde descente, généralement placée à l'autre extrémité du toit.

De même, si vous préférez des gouttières plus esthétiques (profil mouluré, forme de corniche, etc.), vous constaterez que les

CALCUL DE LA SURFACE D'UN VERSANT DE TOIT

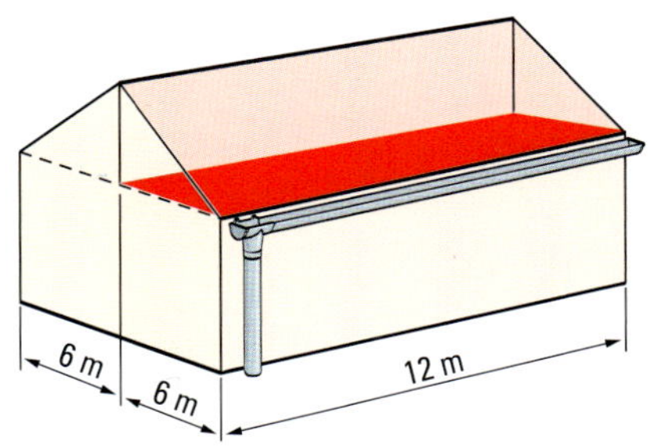

RAPPORT ENTRE LA SURFACE D'UN TOIT ET LE DIMENSIONNEMENT DES GOUTTIÈRES

Surface de toiture maximale pour pour une descente verticale en m²	Diamètre du tube de descente en mm	Section de la gouttière en cm²
20	50	demi-ronde de 16 (24,8 cm²)
65	80	demi-ronde de 25 (66,4 cm²)
100	100	demi-ronde de 33 (143 cm²)
160	125	demi-ronde de 33 (143 cm²)

tuyaux de descente de forme ovale ou carrée sont d'une section moins importante, ce qui vous obligera à augmenter leur nombre pour avoir un écoulement correct.

Principe de montage d'une gouttière

Pour déterminer les longueurs de gouttières et le nombre de descentes, il faut observer

LES RÈGLES DE MONTAGE

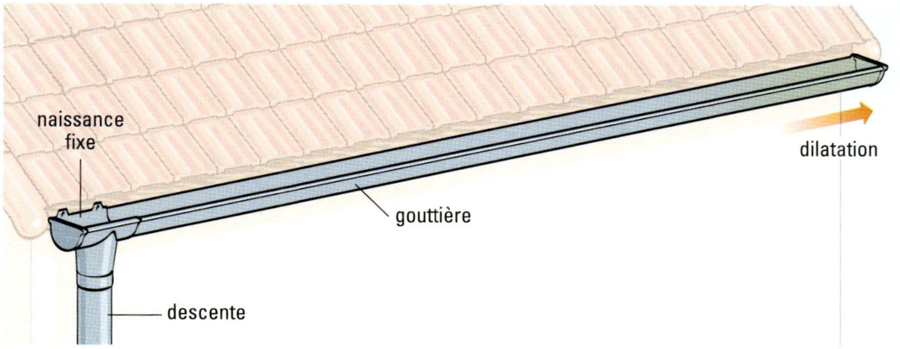

1. *La naissance fixe et la gouttière peuvent être collées ; la dilatation se produira sur l'extrémité restée libre.*

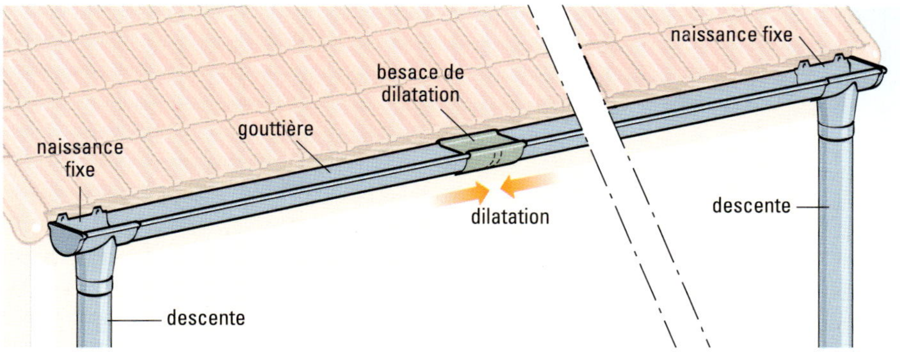

2. *Pour une grande longueur comprise entre deux descentes fixes, il faut prévoir une besace de dilatation afin de permettre aux deux moitiés de gouttière de s'allonger ou de se rétracter.*

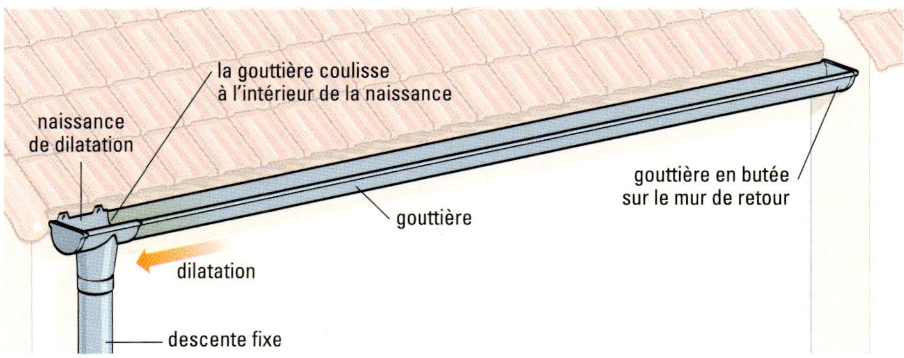

3. *Lorsque l'installation comporte un mur en épi, l'extrémité de la gouttière s'appuie sur cet obstacle. La dilatation doit se produire dans l'autre sens et elle est absorbée par une naissance de dilatation, c'est-à-dire une naissance dans laquelle la gouttière n'est pas collée et peut coulisser.*

les règles imposées par la dilatation. En effet, les matériaux soumis à des écarts de température se dilatent ou se rétractent. Par exemple, une gouttière en PVC de 20 m de long peut s'allonger (ou se rétracter) de 3 cm entre l'hiver et l'été ! Pour éviter les désordres, quelques règles doivent être respectées (→ CROQUIS P.161).

1. Si l'installation est en ligne droite et n'excède pas 12 m de long, la gouttière, la naissance et le tuyau de descente sont emboîtés et collés. La dilatation de la gouttière s'exercera sur l'extrémité opposée à l'écoulement.

2. Avec une installation en ligne droite dépassant 12 m de long, il est nécessaire d'inclure une besace de dilatation, généralement placée entre les deux descentes des extrémités.

3. Si l'installation présente un obstacle susceptible de contrarier l'allongement de la gouttière, il faut prévoir une naissance de dilatation permettant le mouvement de la gouttière.

MISE EN PLACE D'UNE GOUTTIÈRE

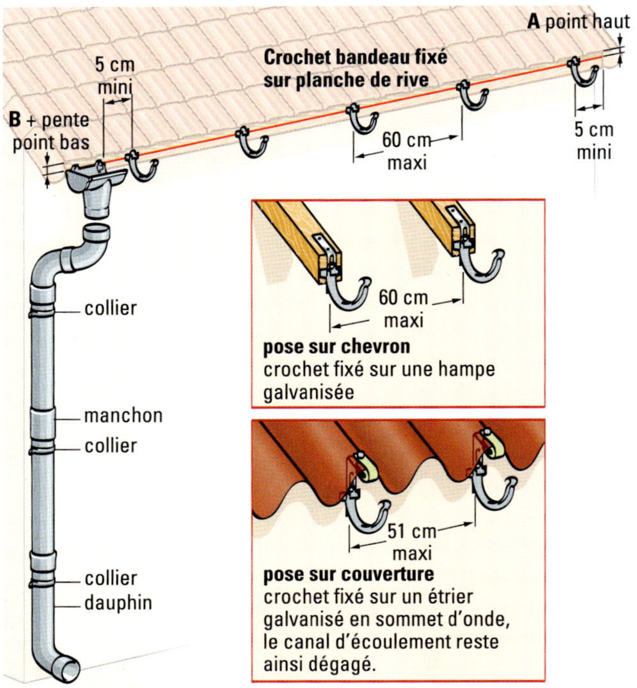

MISE EN PLACE D'UNE ESSE

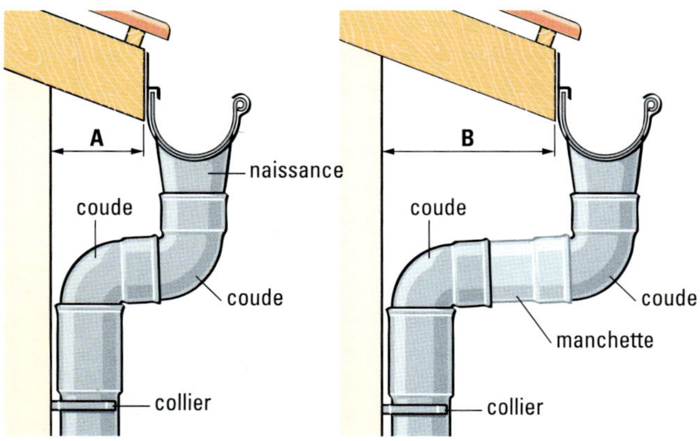

Collez deux coudes pour former une esse afin de combler le débord du toit (A). Lorsque le débord du toit (B) est important, emboîtez une manchette entre les deux coudes. Un montage identique peut être effectué avec des coudes ouverts à 45° et une manchette intermédiaire. Pour faciliter le démontage, ne collez pas le coude à la naissance. Fixez un collier juste sous le manchon pour éviter à l'ensemble de glisser verticalement.

Mise en place d'une gouttière

Après avoir déterminé l'emplacement de la naissance à l'aplomb de l'écoulement, installez le premier et le dernier crochet en respectant une pente de 3 à 5 mm par mètre linéaire. Pour ce faire, mesurez un point A auprès des tuiles, puis, à l'autre extrémité, un point B en décalant ce dernier vers le bas de la valeur de la pente.

• Tendez un cordeau entre le premier et le dernier crochet (points A et B) pour obtenir un bon alignement. Fixez les crochets en suivant le tracé et en les espaçant de 50 à 60 cm au maximum.

• Montez une longueur de gouttière et clipsez-la dans les crochets. Fermez les extrémités en collant les fonds.

• Installez la descente pluviale en partant de la naissance. Emboîtez et collez deux coudes pour former une esse afin de rapprocher le tuyau du mur de la façade. Fixez un collier sous chaque manchon pour éviter le glissement de la descente.

• Raccordez l'ensemble à l'égout, soit par l'intermédiaire d'un dauphin, soit directement dans un regard d'eaux pluviales. ■

L'entretien

Un bon entretien de la toiture garantit sa solidité et son étanchéité pour de nombreuses années. Quelques gestes simples suffisent pour s'assurer, une ou deux fois par an, que tout est en ordre, et prévenir à l'occasion fuites ou autres dommages.

Nettoyer les gouttières

Il est nécessaire de nettoyer les gouttières au moins une fois par an, à la fin de l'automne, pour éliminer les feuilles mortes. En cours d'année, vous pouvez aussi ôter les blocs de mousse ou les amas terreux. N'hésitez pas à rabattre les plantes grimpantes qui envahissent les gouttières et menacent de soulever les tuiles.

Il existe deux manières de procéder : soit en montant sur une échelle équipée d'un écarteur pour qu'elle s'appuie sur le mur, et non pas sur la gouttière ; soit à partir du sol, avec un nettoyeur à haute pression équipé d'une lance recourbée.

Surveiller la toiture

Pour inspecter l'état de la couverture, des solins ou des souches de cheminée, une bonne paire de jumelles suffit. Pour détecter les fuites dans les combles perdus et non doublés d'isolant, observez la toiture de l'intérieur un jour ensoleillé : là où passe la lumière, l'eau peut aussi passer.

Veillez à ce que des vers ou autres insectes xylophages ne logent pas dans la charpente : leur présence est signalée par de minuscules trous ou de petits tas de sciure au sol. Vous pouvez aussi sonder le bois en le piquant avec un poinçon. En cas de doute, traitez ou faites traiter par injection. ■

LES OUTILS

- balayette
- brosse
- échelle avec écarteur
- petit seau
- sécateur
- transplantoir

Garantir le bon écoulement des eaux pluviales

1 **Livrez une guerre sans pitié** à toutes les plantes grimpantes avec un sécateur.

2 **Éliminez à la brosse** les particules sur la toiture avant de nettoyer la gouttière.

3 **Dégagez à l'aide d'une balayette** tout ce qui peut encombrer la gouttière.

4 **Équipez-vous d'un transplantoir** pour décoller les débris végétaux mêlés de terre.

5 **Installez avant chaque descente de gouttière** une crapaudine qui retiendra les feuilles mortes.

6 **N'hésitez pas à ouvrir** au besoin le regard d'évacuation et, si nécessaire, à le nettoyer.

Les petites réparations

La moindre fuite d'eau ou une mauvaise ventilation suffisent à endommager la charpente, puis le reste de l'habitation, si l'on ne s'en préoccupe pas à temps. Changer une tuile ou colmater une fissure, pourtant, n'exigent pas des années d'expérience, mais seulement un peu de savoir-faire et, bien sûr, beaucoup de prudence... Toutefois, si les dégâts sont liés à la vétusté de la charpente ou encore à l'état général de la couverture, mieux vaut appeler un professionnel, sans hésiter.

ACCÉDER AU TOIT EN TOUTE SÉCURITÉ

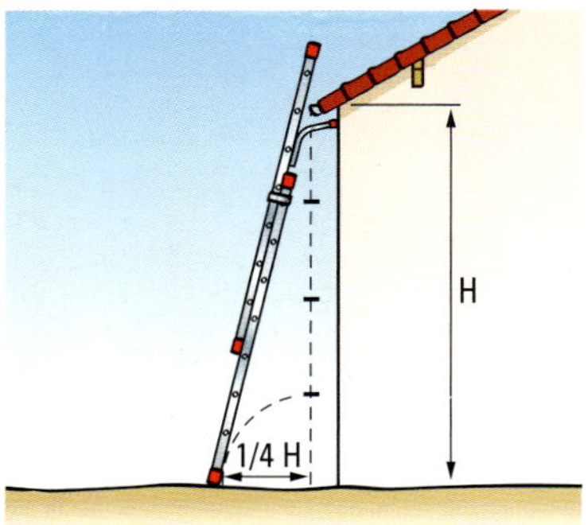

1. *Le pied de l'échelle doit être placé à une distance équivalente à environ un quart de la hauteur H du mur. L'échelle doit dépasser d'environ un mètre le niveau de la gouttière.*

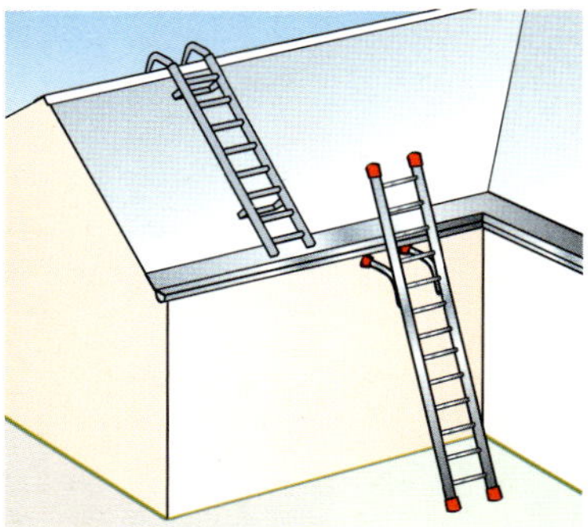

2. *À l'échelle verticale, s'ajoute, pour de bonnes conditions de travail, une échelle plate posée sur la couverture et accrochée solidement au faîtage.*

3. *Certaines échelles de toit utilisées par les couvreurs disposent de crochets incorporés pour la fixation et de roulettes pour faciliter le positionnement.*

Monter sur le toit

Travailler sur le toit est un exercice dangereux, d'où la nécessité de respecter certaines consignes de sécurité. Tout d'abord, évitez bien sûr d'effectuer vos travaux les jours de mauvais temps ou lorsque la couverture est mouillée ou glacée, et portez des chaussures légères avec semelles antidérapantes, des espadrilles par exemple. À moins que vous ne puissiez accéder au toit par une lucarne, il vous faudra ensuite veiller à bien positionner l'échelle (➡ CROQUIS 1). Cette dernière doit être équipée d'un écarteur afin de s'appuyer sur le mur plutôt que sur la gouttière, qui risque de casser si elle est en PVC. Une seconde échelle posée à plat sur la couverture (➡ CROQUIS 2 ET 3) vous permet ensuite de vous déplacer. Le mieux est de pas marcher sur les matériaux de couverture, et d'œuvrer à partir de l'échelle de toit sans trop se pencher sur les côtés.

● **À noter :** Par mesure de sécurité, ne travaillez jamais seul. L'idéal serait aussi de porter un harnais de sécurité avec attaches fixées aux barreaux de l'échelle de toit.

Réparer les souches de cheminées

Une souche de cheminée fissurée est dangereuse, a fortiori dans les régions venteuses, et doit être réparée au plus vite. Généralement, les fentes apparaissent au niveau des joints entre les pierres ou les briques. Dans ce cas, il suffit de les évider et d'y injecter un mortier relativement fluide. Si toutefois les fissures affectent également les boisseaux intérieurs, faites rapidement appel à un professionnel pour une réfection complète.

Recoller ou refaire les solins

Les solins sont les joints (généralement en mortier) qui assurent l'étanchéité entre deux plans de couverture. S'ils sont juste décollés, l'ouverture peut être remplie de mortier fin ou de mousse polyuréthanne (coupez ensuite les reflux et peignez-la pour la protéger des rayons ultraviolets). Si les solins sont fissurés, recouvrez-les avec de la bande de réparation adhésive. S'ils sont totalement effrités, éliminez les résidus et refaites-les avec du mortier fin.

Colmater les fuites

Dans la toiture. Une fuite dans la toiture peut avoir diverses causes. Si un élément est cassé, il convient de le remplacer rapidement. S'il est fendu ou s'il s'agit d'une perforation dans une couverture en zinc, par exemple, vous pouvez colmater la fissure avec du ruban adhésif hygrophobe ou bitumineux (à coller à chaud). Tous ces rubans existent en divers coloris de façon à rester le plus discrets possible. Leur choix est évidemment fonction des matériaux à réparer.

La mousse n'est pas bienvenue sur les toits, car elle peut à terme gêner l'écoulement des eaux pluviales et favoriser les infiltrations entre les tuiles.

Sur les toits en terrasse. Les fuites des toits en terrasse peuvent également être colmatées par des bandes adhésives, même les jours de pluie. Une autre solution, valable, elle, uniquement par temps sec, consiste à appliquer au rouleau un revêtement caoutchouteux : la surface doit toutefois être préalablement décapée avec un nettoyeur à haute pression, puis séchée. Dans tous les cas, pour prévenir d'éventuels problèmes, évitez que de l'eau ne stagne sur un toit en terrasse. Il suffit pour cela de veiller à ce que les tuyaux d'évacuation ne soient pas bouchés et permettent un bon écoulement des eaux pluviales.

Changer une tuile ou une ardoise

Remplacer une tuile mécanique ou plate non clouée ne présente pas de difficulté majeure (➡ SÉQUENCE). Pour vous aider, vous pouvez utiliser des cales en biseau : celles-ci maintiennent les tuiles du rang supérieur surélevées pendant que vous remplacez la tuile cassée par une neuve ; l'opération finie, retirez les cales. Dans le cas d'ardoises plates clouées, vous devrez vous munir d'un tire-clou, pour couper les attaches. Lors de la pose de la nouvelle ardoise, n'hésitez pas à tricher, car il est impossible de la reclouer à l'identique : collez alors avec une colle mastic ou bien percez et fixez avec des clous galvanisés sur la partie visible en intercalant des rondelles d'étanchéité en plomb. Il existe également une méthode utilisant des pattes de zinc (➡ CROQUIS). ■

Remplacer une tuile mécanique ou plate

1 **Otez les morceaux brisés.** Les tuiles mécaniques dites à emboîtement sont juste retenues par leurs ergots sur les liteaux.

2 **Soulevez légèrement la tuile** latérale à laquelle s'emboîtent les cannelures ainsi que la tuile située sur le rang supérieur.

3 **Procédez de la même façon** lorsqu'il s'agit de tuiles plates non clouées. Ces dernières, l'usure aidant, éclatent parfois sous l'effet du gel.

4 **Profitez-en pour vérifier** le bon état des liteaux. Si le couteau s'enfonce dans le bois, c'est signe de pourrissement : cette partie de la toiture sera à refaire…

5 **Regarnissez l'ouverture** en commençant toujours par le bas, rang après rang. Seul un tiers de la tuile sera apparent après son recouvrement.

6 **Posez la dernière tuile.** C'est l'opération la plus délicate : il faut à la fois la faire glisser et l'accrocher en soulevant légèrement celle du dessus.

ENLEVER UNE ARDOISE CLOUÉE

1. *Pour remplacer une ardoise clouée, munissez-vous d'un tire-clou de couvreur, un outil ici indispensable.*

2. *Glissez le tire-clou sous l'ardoise endommagée et tapez dessus pour sectionner les clous de fixation.*

CLOUER UNE NOUVELLE ARDOISE

1. *Éliminez tous les morceaux cassés et ajustez en place une nouvelle ardoise en la glissant sous la rangée supérieure.*

2. *Clouez l'ardoise avec des clous galvanisés qui resteront visibles. Protégez les têtes avec du mastic pour éviter les fuites.*

LES OUTILS

Pour remplacer des tuiles
- couteau
- échelle avec écarteur
- échelle de couvreur

Pour remplacer des ardoises
- échelle avec écarteur
- échelle de couvreur
- marteau
- tire-clou de couvreur

ALTERNATIVE AU CLOUAGE : UTILISER DES PATTES DE ZINC

1. *Plutôt que de clouer l'ardoise, clouez sur l'emplacement dans lequel elle devra s'insérer deux pattes de zinc.*

2. *Colmatez les têtes de clou à l'aide d'un mastic d'étanchéité, puis glissez aussitôt l'ardoise à sa place.*

3. *Repliez enfin les deux pattes de zinc vers le haut. Elles éviteront ainsi le glissement de la nouvelle ardoise.*

Portes,

fenêtres, volets, sécurité

LES PORTES

LES FENÊTRES

LES VOLETS

LA SÉCURITÉ ANTI-EFFRACTION

De quoi est faite une porte ?

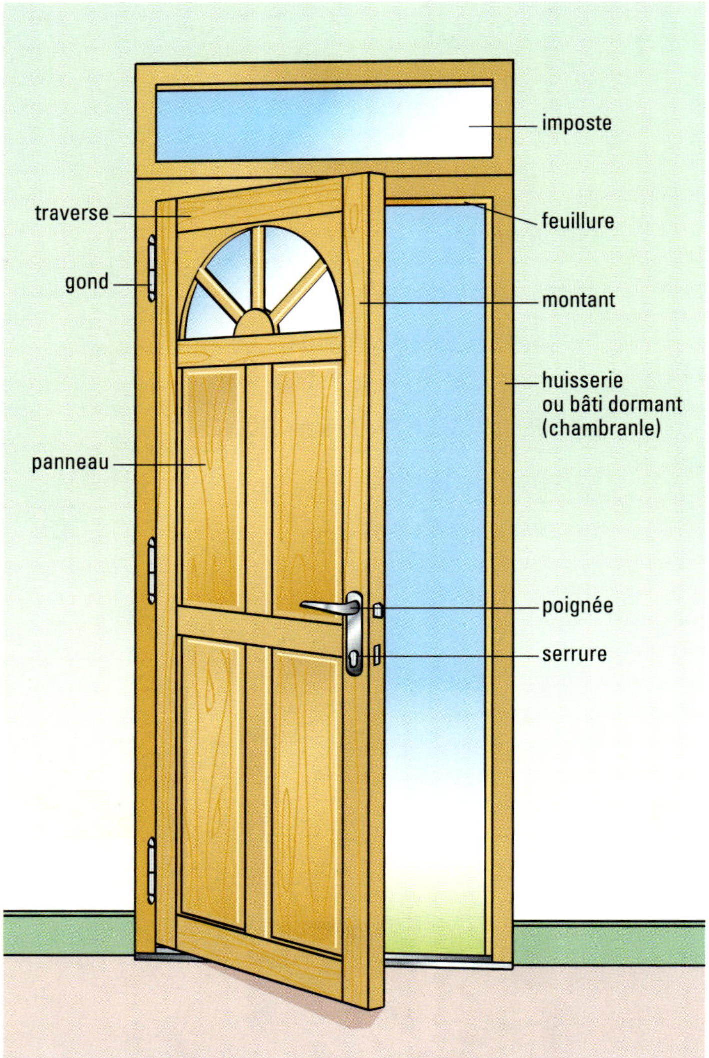

Éléments constitutifs d'une porte.

Il existe des portes de différents types selon qu'elles sont destinées à l'entrée principale, à communiquer avec les pièces à l'intérieur de l'habitation ou avec un local extérieur. Les portes des pièces intérieures ainsi que celle de l'entrée ou des dépendances ont de multiples fonctions. La première est naturellement de garantir aux occupants une intimité et un confort satisfaisants. Cela repose sur un ensemble de qualités qui se résument à un mot : isolation. Quel que soit le matériau dans lequel elles sont bâties, les portes doivent en effet offrir une bonne isolation thermique, une protection acoustique et une sécurité apréciable contre les tentatives d'effraction. Elles doivent aussi pouvoir résister à l'usure, et, si elles sont exposées à l'extérieur, à la chaleur du soleil, à l'humidité, au vent, au froid.

Les principales parties d'une porte

Une porte comporte un battant constitué de deux parties principales : le panneau, ouvragé ou pas, qui est plein, ou partiellement ou entièrement vitré, et le cadre, agrémenté ou pas de montants et de traverses (→ CROQUIS). Le tout s'articule dans un ouvrage de maçonnerie où est scellé le dormant dans lequel sont fixées les paumelles d'un côté et la gâche de la serrure de l'autre. Le matériau dont elle se compose peut être le bois, le PVC ou le métal. Les portes principales et les portes palières sont généralement équipées d'accessoires (ferrures, serrures) de bonne qualité et doivent assurer une sécurité renforcée.

Les qualités d'une porte d'entrée

C'est un peu la carte de visite de votre maison. Encore souvent en bois (en chêne par exemple), les portes d'entrée sont de plus en plus réalisées dans des matériaux modernes comme le PVC. La porte principale reçoit parfois, selon le goût de chacun, des accessoires décoratifs comme un heurtoir, une grille, une poignée (ouvragée ou simple), un vitrage en imposte, etc. Ces éléments, qui lui donnent son caractère particulier, ajoutent au charme de la façade.

Protéger des éléments. On reconnaît une bonne porte d'entrée au fait qu'elle protège contre les phénomènes atmosphériques. C'est pourquoi il est recommandé de posséder une porte d'entrée figurant en bonne place dans l'échelle des critères qui déterminent ses performances (→ TABLEAU P. 175).

En bois, en PVC ou en métal, les portes pleines qui intègrent sous leur parement

Surface du vitrage d'une porte d'entrée

Il est préférable de limiter la surface de la partie vitrée des portes d'entrée et d'utiliser des glaces plus translucides que transparentes. Car, s'il est souvent utile de voir le visiteur qui se présente derrière la porte, il peut être désagréable d'être vu en premier dans son espace privé.

une couche spéciale d'isolant assurent une meilleure protection que les portes simples. L'isolant peut être fait de mousse de polyuréthane, d'un aggloméré de haute densité ou d'une laine minérale. Celles qui possèdent une surface vitrée sont évidemment moins protectrices, mais la présence d'un double vitrage atténue les effets du froid et du bruit. D'autre part, pour les portes anciennes, il est souhaitable de poser des plinthes de bas de porte pour arrêter les courants d'air (➡ P. 178).

Isoler du bruit. Si vous habitez près d'une source de nuisances sonores, votre porte d'entrée devra être également dotée de qualités acoustiques. Les portes pleines et épaisses isolent mieux du bruit grâce à l'effet de masse que leur donne leur épaisseur. Certaines portes dites « acoustiques » sont spécialement équipées d'une laine minérale ou d'un panneau intérieur conçu dans un autre matériau, destiné à réduire les vibrations sonores provenant de l'extérieur. L'indication des performances insonorisantes, exprimées en décibels (dB), est normalement fournie par les fabricants. Leur étanchéité périphérique doit également être efficace de manière à réduire sensiblement les ondes sonores qui ont la propriété naturelle de franchir le moindre interstice.

Empêcher ou retarder les intrusions. Plus une porte est épaisse, plus elle est robuste. Mais sa composition joue aussi un rôle dans la solidité de sa structure. Si cela ne suffisait pas, il est toujours possible de renforcer l'ensemble par un blindage. Outre la porte elle-même, c'est le cadre tout entier qui doit être également consolidé. On obtient ainsi une meilleure garantie contre les effractions en posant des cornières métalliques. Enfin, les serrures ne doivent pas être négligées.

© Lapeyre

Porte en chêne, vitrée dans sa partie supérieure.

LE CLASSEMENT AEV DES PORTES SELON LEURS PERFORMANCES

Pour qu'elle jouisse de toutes les garanties souhaitables en matière d'isolation et de confort, une porte extérieure devrait au moins obtenir le classement A2, E2, V2

Critères de classement

Niveaux de performance	A = perméabilité de l'air	E = étanchéité à l'eau	V = résistance au vent
1 = normal	A1	E1	V1
2 = amélioré	A2	E2	V2
3 = renforcé	A3	E3	V3

© Technal

Porte en aluminium remplie de PVC isolant.

Isoler du feu. Les portes d'entrée, notamment les portes palières des immeubles d'habitation collective, doivent pouvoir retarder la propagation du feu pendant plusieurs heures et aussi résister aux flammes ne serait-ce que pendant un laps de temps plus court.

Les différents matériaux

Les portes en bois. Ce matériau est le plus répandu et le plus apprécié pour les portes d'entrée des maisons individuelles, traditionnelles ou rénovées. La chaleur naturelle du bois, la diversité des teintes disponibles et la variété des moulures décoratives rehaussant son aspect général confèrent une esthétique incomparable avec ce que l'on trouve habituellement dans les autres matériaux. Le panneau de bois peut être plein, ou partiellement doté d'une structure vitrée. Le bois, surtout celui des portes d'entrée, est généralement traité de manière à résister aux nuisibles et aux champignons. Le revêtement éventuel, comme la peinture, la lasure, le vernis (ajouté en usine ou par le particulier) contribue à renforcer l'efficacité de ce traitement. Si vous êtes amoureux du bois, la meilleure qualité souhaitable réside dans les essences exotiques. Leur excellente stabilité dans le temps est telle qu'elle rend inutile tout traitement préventif dans ce domaine.

Les portes métalliques. En acier, elles sont très résistantes mais lourdes. C'est cependant un gage de sécurité. Ce type de matériau convient couramment aux constructions modernes. L'acier est souvent recouvert d'une peinture décorative s'harmonisant avec l'aspect général de la façade.
En aluminium, matériau également utilisé, les portes sont en général constituées d'une structure porteuse et d'un panneau de remplissage opaque ou vitré.

Les portes en PVC. Leur mérite est de résister aux effets du soleil et de la pluie, de jouir d'une excellente performance thermique et de ne nécessiter que peu d'entretien. Les critiques visant ce matériau concernent surtout son aspect général, considéré comme moins esthétique que le bois, bien que des améliorations aient été apportées. Ce type de portes peut être solidifié en y intégrant un panneau central ainsi qu'un dormant et des profilés renforcés.

Les autres portes

Les portes palières. L'idéal est qu'elles puissent isoler des odeurs, du bruit et du froid et résister aux tentatives d'effraction et aux risques d'incendie. Selon les nouvelles normes (→ TABLEAU), elles doivent doréna-

LES PERFORMANCES DES PORTES PALIÈRES

Un label, appelé « FASTE », classe les performances des portes palières selon cinq critères de qualité.

	Qualités	Unité d'expression
F	Performance au feu	Degré pare-flammes et coupe-feu exprimé en fraction d'heure
A	Performance acoustique	Affaiblissement acoustique exprimé en décibels
S	Niveau de stabilité et de perméabilité à l'air	Mesure de la flèche du vantail en millimètres
T	Performances thermiques	W/m²
E	Résistance à l'effraction	minutes

Guidées par des rails placés en haut et en bas, ces portes coulissantes offrent l'avantage de restituer l'intégralité de l'ouverture et occupent, une fois ouvertes, un encombrement réduit à la largeur d'un vantail.

vant arrêter les flammes pendant un quart d'heure. L'épaisseur d'une porte palière de bonne qualité devrait être d'au moins 40 mm. Plus la porte est lourde, plus elle sera résistante. Il est recommandé de renforcer sa solidité par un blindage approprié.

Les portes intérieures. Point de contact entre deux espaces distincts, la porte sépare autant qu'elle relie, isole du bruit et de la vue, autorise l'entrée ou l'interdit. Elle combine donc une forte valeur symbolique, un rôle fonctionnel important et une qualité décorative non négligeable. Généralement en bois, elles sont en effet façonnées et décorées selon les goûts de chacun. Grâce aux différents systèmes d'ouverture, les portes s'adaptent à toutes les situations.

Les portes battantes sont les plus classiques, et donc les plus courantes. Le mouvement s'effectue grâce à une rotation du vantail autour d'un axe vertical. La porte dispose d'un seul sens d'ouverture (à droite ou à gauche) et d'un seul côté d'ouverture (vers l'intérieur ou vers l'extérieur de la pièce), à moins d'être équipée d'un système de va-et-vient. Son ouverture libère entièrement le passage mais nécessite un espace de dégagement important, et déterminant pour l'aménagement de la pièce.

Avec une porte coulissante, le mouvement se fait par translation le long d'un mur, supprimant ainsi l'encombrement du débattement. Souvent installées devant des placards de rangement, ces portes peuvent aussi être utilisées comme portes de communication. Elles peuvent libérer l'ensemble du passage à condition de disposer d'une longueur de mur suffisante pour s'y glisser. Le pan de mur doit alors rester libre de tout obstacle (ameublement ou élément décoratif).

Principalement utilisées devant les placards de rangement, les portes pliantes associent un mouvement coulissant avec le pliage en accordéon de leurs vantaux. Pas toujours très pratique à manipuler, elles permettent en revanche une ouverture quasi totale quand le manque d'espace interdit le débattement d'une porte classique et qu'aucun pan de mur ne peut accueillir une porte coulissante. ■

Le calfeutrage et les petites réparations

L'air qui passe sous les portes, participant à la ventilation naturelle du logement (→ p. 434), devient vite insupportable l'hiver, lorsque le froid et l'humidité pénètrent dans les habitations mal calfeutrées. Pour vous protéger, le meilleur moyen est de poser des plinthes au bas des portes. Les petits inconvénients tels que frottement intempestif dans le chambranle, grincement ou mauvaise fermeture, seront par ailleurs facilement résolus avec un peu d'astuce et de savoir-faire.

Le calfeutrage des huisseries

Si vous ne disposez pas d'une huisserie de fabrication récente, la fermeture des portes manque d'étanchéité. Pour arrêter les courants d'air et empêcher la chaleur intérieure de s'échapper au dehors, il existe divers modèles de plinthes de calfeutrement. Elles sont disponibles sous plusieurs longueurs correspondant aux dimensions standards des portes (73, 83, 93, 103 cm) pour ne pas avoir à les recouper. Si toutefois vous devez recouper une plinthe automatique, sciez-la sur quelques millimètres et toujours du côté opposé au mécanisme.

Le joint en boudin. Cloué ou vissé au bas de la porte, il est d'une efficacité éphémère, car il frotte sur le sol à chaque ouverture et fermeture.

La plinthe-balai, longue brosse à poils durs fixée par un système de clips sur la face inférieure de la porte ; elle convient parfois aux portes coulissantes. Pour les portes battantes, le système est imparfait : l'air passe entre les poils de la brosse et cette dernière s'use en frottant sur le sol.

PLINTHES ET ÉTANCHÉITÉ DES BAS DE PORTE

Votre choix dépendra de la nature du sol (carrelage, parquet, moquette...), de la qualité et de l'esthétique de la plinthe de calfeutrement.

	Types de plinthe	Fonctionnement	Remarques	Nature des sols
	Joint en boudin	Aucun mécanisme. Glisse sur le sol en manœuvrant la porte.	Ses vis restent visibles. Simple à poser. Efficacité éphémère.	Convient mieux aux sols carrelés ou aux parquets.
	Plinthe-balai	Modèle de base en PVC autocollant ou à clouer. Aucun mécanisme. Le joint souple glisse sur le sol lorsque l'on manœuvre la porte.	Simple à poser et bon marché. Le joint (bavette élastomère, feutre ou brosse en poil synthétique) ne doit pas trop frotter sur le sol au risque de s'user.	Sols lisses.
	Plinthe basculante	Agit par basculement avec une charnière lorsque l'on ferme et ouvre la porte.	Ses vis restent visibles. Bavette élastomère ou brosse. Pose délicate.	S'adapte à toutes les natures de sol.
	Plinthe automatique à guillotine	Le joint métallique tombe quand la porte est fermée, se relève quand elle est ouverte.	Plus esthétique mais plus cher. Joint élastomère intégré à un rail.	Sols parfaitement plats.

La plinthe basculante comporte une partie articulée telle une charnière équipée d'un joint de type bavette. Fixée à l'intérieur du vantail, cette plinthe ne touche le sol qu'à la fermeture de la porte : le joint bascule et épouse le sol. Un levier de manœuvre, fixé à l'extrémité de la plinthe, côté serrure, assure le basculement du joint lors de la fermeture en butant sur le chambranle (→ **SÉQUENCE**).

La plinthe automatique à guillotine est un profilé métallique à l'intérieur duquel se déplace un bourrelet de caoutchouc monté sur un ressort (→ **PHOTO 1**). Fixée sur le bas de porte, cette plinthe fonctionne en fin de fermeture, lorsqu'elle touche la butée vissée sur le dormant. À cet instant, le bourrelet descend verticalement, comme un rideau ; on peut régler la position du mécanisme interne de la butée de façon que le joint s'appuie sur le sol quel qu'en soit le profil.

Comment dégonder une porte

La rénovation d'une porte ou le remplacement de ses rondelles de friction vous oblige à la démonter, opération d'autant plus délicate voire périlleuse qu'elle est lourde et encombrante. Pour opérer sans effort, il suffit d'exercer un effet de levier sous la porte du côté des paumelles. Il existe des lève-porte spécialement conçus pour ce faire (→ **PHOTO 2**). Mais vous pouvez

Les bourrelets adhésifs

Ils se présentent en plusieurs largeurs et ont un dos adhésif. Leur film protecteur s'enlève au fur et à mesure de la pose sur l'huisserie de la porte. Une roulette de tapissier vous aidera à plaquer le bourrelet dans l'angle de la feuillure. Il existe également des bourrelets à clouer (ou à agrafer) qui se fixent sur le chant du battant. Enfin, sachez que ce type de calfeutrage n'est pas prévu pour être peint : il n'est disponible qu'en blanc ou en marron.

1. *La plinthe automatique, dite à guillotine, se compose d'un profilé métallique contenant un joint tubulaire en caoutchouc actionné par un pêne à ressort. La butée fixe sera vissée en face du pêne sur le dormant de la porte.*

2. *Ce lève-porte se règle facilement à l'espace existant sous le chant inférieur, même s'il est réduit.*

Poser une plinthe basculante

1 **Vissez la partie fixe** sur le bas de la porte après avoir calculé la hauteur de pose.

2 **Glissez ensuite la partie articulée** comportant le joint-bavette qui basculera pour épouser le sol.

3 **Fixez enfin le levier de manœuvre** à l'extrémité de la plinthe (côté serrure).

1. *Pour dégonder une porte, appuyez avec le pied sur l'extrémité du burin.*

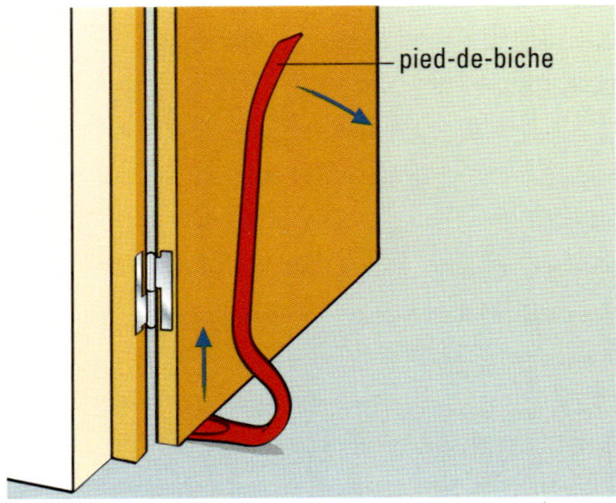

2. *Vous pouvez aussi utiliser un pied-de-biche.*

aussi simplement soulever la porte à l'aide d'un outil solide, par exemple un burin ou un pied-de-biche (→ CROQUIS 1 ET 2). Veillez cependant à ne pas abîmer le chant du bas de la porte. Voici comment procéder.

▶ Ouvrez la porte en grand en la plaçant de façon perpendiculaire au chambranle.

▶ Engagez le burin ou le pied-de-biche sous le chant inférieur, le plus près possible de l'axe des paumelles.

▶ Glissez sous le burin une cale en bois, pour former un levier.

Vérifiez l'état des rondelles de friction. Si elles sont usées, pensez à ajouter sur la rondelle en laiton un anneau en Téflon, qui supprimera frottements et grincements.

▶ Basculez le poids de votre corps sur ce levier improvisé en maintenant entre vos mains les deux côtés de la porte.

▶ La porte est dégondée lorsque les paumelles qui la maintenaient en place sont désaccouplées.

Quand une porte frotte

Si une porte ne s'ouvre qu'avec difficulté, cela signifie en général que le bois a gonflé, par suite d'humidité, ou qu'un excès de peinture sur les chants gêne son mouvement. La porte a sans doute besoin d'être rabotée, mais avant de procéder à cette opération (→ P. 184), assurez-vous que le coincement n'a pas une autre cause.

Le bas de la porte frotte sur le sol. Cela provient, en principe, d'un affaissement des paumelles. Mais, avant de démonter la porte, vérifiez son ouverture et repérez très exactement là où elle « grippe ».

– Il peut s'agir d'un léger frottement dû à un défaut du sol ou à l'existence d'une aspérité sous le chant de la porte.

▶ Posez sur le sol une feuille de gros papier de verre et glissez-la sous la porte.

▶ Maintenez cette feuille avec les pieds et manœuvrez la porte dans un mouvement de va-et-vient rapide. Cela nettoiera le dessous de la porte et supprimera peut-être le léger frottement constaté.

– Si le frottement persiste – par exemple, s'il est dû à l'humidité absorbée au contact du sol par le bas de la porte, qui souvent n'est pas peint –, il faudra dégonder la porte et raboter le chant du bas.

Le haut de la porte coince. En ce cas, il n'est pas nécessaire de dégonder la porte pour en raboter le chant supérieur. Veillez cependant à bien immobiliser le battant ouvert pendant que vous travaillez.

La porte coince sur le côté. Lorsque la porte colle au montant de l'huisserie, il est probable que la cause en soit simplement l'épaisseur de peinture sur le chant.

▶ Attendez qu'il fasse chaud et sec (l'humidité ambiante aggrave ce défaut) pour décaper la peinture ; poncez au papier de verre.

▶ Refermez la porte et vérifiez que l'espace libre est suffisant avant de repeindre : glissez une lame de couteau entre le chant et le chambranle ; aux endroits où la lame bloque encore, il faudra raboter le chant.

Il se peut aussi qu'une porte ancienne, installée depuis longtemps, coince dans son huisserie à cause d'une mauvaise fixation des paumelles. En ce cas, il faudra les changer (→ P. 183).

La porte ne ferme pas. Si vous retrouvez régulièrement l'une de vos portes ouverte alors que vous l'aviez fermée, vérifiez la fixation des paumelles et ajustez la serrure et la gâche : une porte gauchie par l'humidité peut empêcher que le pêne de la serrure entre bien dans la gâche.

Quand une porte grince

Lubrifier les paumelles. Si une de vos portes se met à grincer, songez à lubrifier ses paumelles. Il n'est pas nécessaire de dégonder la porte : il suffit simplement de la soulever et de la caler en position ouverte. Nettoyez les axes avec du white-spirit puis versez quelques gouttes d'huile.

● **À noter :** Vous éviterez d'avoir à graisser les axes des paumelles en utilisant des rondelles en Téflon (GPI). Placés sur la rondelle en laiton, ces anneaux de faible épaisseur améliorent la rotation de la porte et suppriment les grincements (→ PHOTO).

Si vous n'avez pas de rondelles de rechange

Vous pouvez vous dépanner momentanément en confectionnant un anneau avec du fil de cuivre.
Utilisez pour cela du fil électrique dénudé. Puis enlevez l'une des rondelles usées qui vous servira de modèle pour trouver, auprès de votre quincaillier, des pièces de rechange d'un diamètre adéquat.

Remplacer les rondelles. Vérifiez aussi l'état des rondelles de friction. Si le frottement est plus important, il se peut qu'elles soient usées ou endommagées ; il faudra les remplacer. Soulevez la porte et démontez-la. Sur chaque paumelle mâle, à la base de l'axe, vous trouverez une rondelle de friction, généralement en laiton, d'environ 2 mm d'épaisseur (→ CROQUIS 3). Si ces rondelles sont usées, échangez-les contre des neuves ou bien ajoutez des rondelles par-dessus les anciennes : cela aura pour effet de rehausser la porte qui retrouvera un fonctionnement correct. Faites attention à ne pas rehausser la porte d'une valeur trop importante, car elle risque de butter contre la partie supérieure de l'huisserie et sa fermeture serait compromise. Le changement des rondelles de friction doit remettre la porte dans sa position d'origine. Si vous

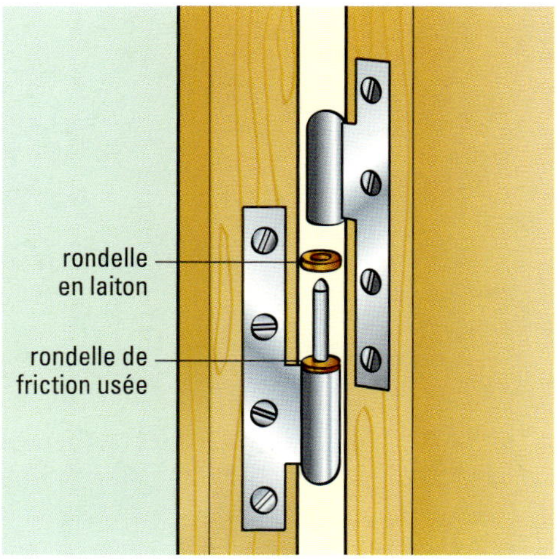

3. *Si lubrifier les paumelles ne suffit pas à supprimer un grincement, dégondez la porte et remplacez les rondelles de friction.*

Portes, fenêtres, volets, sécurité

Barre de seuil à clipser conçue pour atténuer la différence de niveau entre deux revêtements de sol.

posez une nouvelle moquette, ne calez pas les paumelles avec des rondelles supplémentaires : rabotez ou recoupez le bas de la porte.

Les barres de seuil

Le rôle d'une barre de seuil est de pincer la lisière d'un revêtement de sol (moquette, plastique, etc.) pour éviter qu'il se relève. Placée juste sous la porte fermée, la barre de seuil métallique peut être clouée, vissée ou collée.

Les barres sont disponibles dans des dimensions standards et, au besoin, se recoupent à l'aide d'une scie à métaux. La pose d'une barre classique demande l'utilisation d'une perceuse pour réaliser les fixations dans le sol généralement en béton (→ SÉQUENCE). Il faut noter que cette barre ne comporte pas de têtes apparentes, et de ce fait n'est pas démontable. Dans d'autres cas, il suffit d'utiliser des vis à bois, lorsqu'il s'agit d'une fixation sur parquet, par exemple.

Lorsque les deux revêtements de sol contigus à la même porte ne sont pas de la même épaisseur (parquet-plastique, carrelage-moquette, etc.), il est possible d'atténuer cette différence de niveaux : un rail collé à même le sol, tout au long du seuil, reçoit un profilé dont les ailes inclinées assurent une jonction en biseau entre les deux revêtements (→ CROQUIS). ■

Le ferme-porte hydraulique

Une porte lourde qui se rabat violemment en claquant sera freinée par le bras-pivot d'un ferme-porte hydraulique ; le mécanisme se fixe en haut de la porte et sur la traverse supérieure de l'huisserie.

Poser une barre de seuil

1 **Percez dans le sol en béton quatre trous** d'un diamètre correspondant à celui des chevilles prémontées sur des clous crantés, prévus par le fabricant.

2 **Glissez les têtes des clous dans la rainure centrale** de la barre de seuil et répartissez-les sur toute la longueur à intervalles réguliers.

3 **Engagez les quatre chevilles dans les trous du sol.** Frappez sur la barre à l'aide d'un maillet de caoutchouc pour que les clous pénètrent à fond dans les chevilles et assurent le blocage de l'ensemble.

L'entretien et la rénovation des portes

Qu'elles soient intérieures ou a fortiori extérieures, les portes n'échappent pas à un lent processus de dégradation, surtout si elles sont en bois. Plusieurs facteurs contribuent à leur vieillissement : leur manipulation constante, l'humidité ambiante, leur exposition aux rigueurs climatiques, leur mauvais entretien éventuel. Résultat : le bois gonfle et gauchit, les portes fonctionnent mal, les paumelles se disjoignent. Dans tous ces cas, il sera nécessaire de démonter la porte incriminée et de vérifier son état afin d'intervenir efficacement.

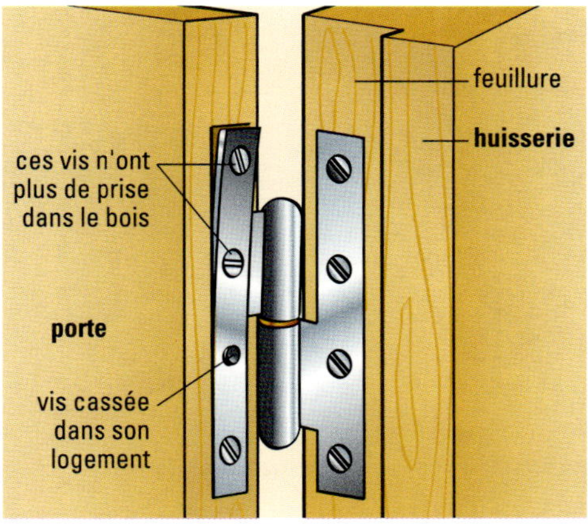

1. *Si les vis tournent sur elles-mêmes ou sont cassées, vous allez devoir les remplacer.*

Remplacer les paumelles

Il arrive qu'une porte coince dans son huisserie, soit à cause d'un gonflement du bois dû à l'humidité, soit encore par une mauvaise fixation des paumelles.

Vérifiez que ces dernières sont en bon état. Il se peut que des vis soient desserrées ou que le bois de la porte ou de l'huisserie soit fendillé (→ CROQUIS 1). Dans ce cas, la porte n'est plus maintenue correctement, elle s'affaisse d'un côté et bute contre son chambranle. Il faut alors remplacer les paumelles.

▶ Ouvrez la porte en grand pour bien dégager le chant et la feuillure dans lesquels sont implantées les vis. À l'aide d'un tournevis, vérifiez le serrage des vis. Si elles tournent à vide ou si certaines vis sont cassées dans leur logement, il vous faudra refixer la paumelle après avoir démonté la porte (→ SÉQUENCE).

▶ Retirez les vis existantes puis ôtez la paumelle de son logement.

▶ Choisissez un foret d'un diamètre supérieur à celui des vis et percez les quatre emplacements sur une profondeur d'environ 3 à 4 cm. Normalement, un foret de 6 à 8 mm de diamètre devrait convenir.

▶ Confectionnez des chevilles dans du bois dur ou procurez-vous des tourillons en bois d'un diamètre équivalent à celui du foret.

Remplacer les paumelles

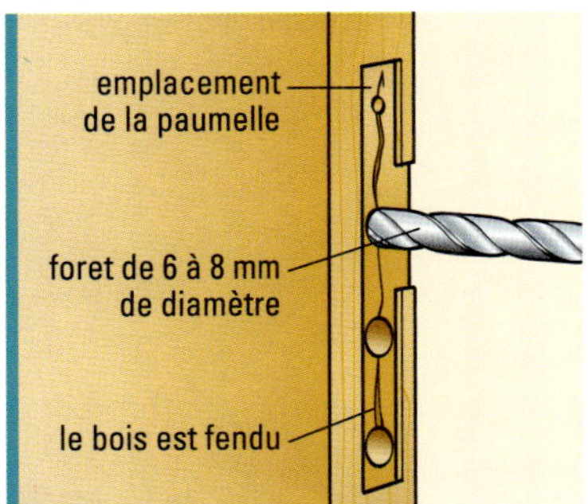

1 **Percez l'emplacement des nouvelles vis.** Ôtez les paumelles et utilisez un foret d'un diamètre supérieur à celui des vis.

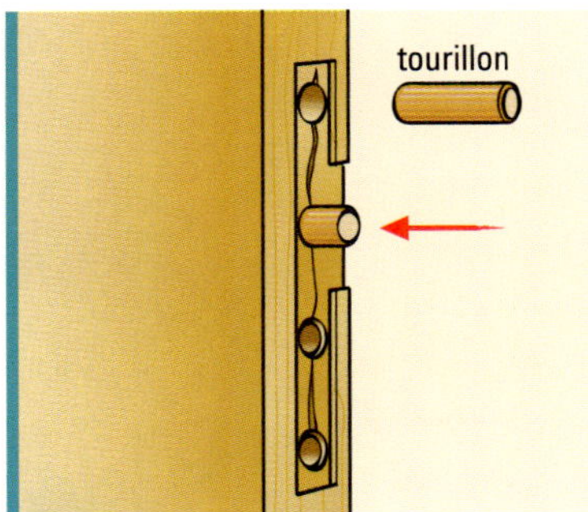

2 **Insérez des tourillons.** Auparavant, encollez-les ainsi que les fentes du bois.

3 **Remontez les paumelles.** Pratiquez des avant-trous puis vissez des vis neuves passées à la paraffine.

Attention au sens des paumelles !

Si vous devez remplacer les paumelles d'une porte vétuste, veillez à vous procurer un modèle qui correspond au sens d'ouverture de la porte.

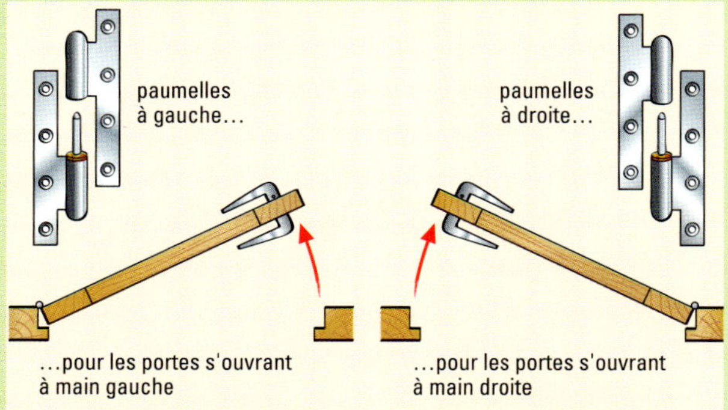

▶ Enduisez les tourillons de colle à bois et enfoncez-les au marteau dans les trous précédemment percés.

▶ Laissez sécher puis coupez la partie qui dépasse à l'aide d'une scie et d'un ciseau à bois.

▶ Refixez la paumelle dans son logement. Exécutez des avant-trous avec une pointe carrée ou une vrille et refixez l'ensemble avec des vis neuves enduites de paraffine.

▶ Après avoir nettoyé et huilé l'axe de pivotement, remontez la porte et vérifiez son fonctionnement.

Raboter le chant d'une porte

Une porte bien montée doit présenter un espace d'au moins 2 mm entre son chant et son huisserie. Mais il arrive que, en raison de l'humidité, le bois gonfle. La porte frotte alors sur l'huisserie, ce qui rend l'ouverture et la fermeture malaisées. De même, un excès de peinture sur les chants gêne son mouvement.

Pour retrouver un fonctionnement correct, il faut raboter les chants de la porte afin de rétablir l'espace de quelques millimètres nécessaires pour supprimer le frottement.

▶ Enduisez de craie le chant supérieur et celui portant la serrure.

▶ Fermez puis rouvrez la porte. Vous constaterez qu'à certains endroits les traces de craie ont disparu. C'est là qu'il faut enlever de la matière.

▶ Démontez la porte et, pour travailler avec plus de facilité, posez-la verticalement sur le sol en la maintenant entre les jambes ou en la bloquant dans un morceau de madrier (➡ CROQUIS 1).

▶ Retouchez le bois avec un rabot ou une ponceuse électrique. Inclinez légèrement l'outil vers le sens de la fermeture car le chant latéral et la partie supérieure d'une porte sont toujours « dégraissés » (légèrement inclinés) pour faciliter la fermeture (➡ CROQUIS 2).

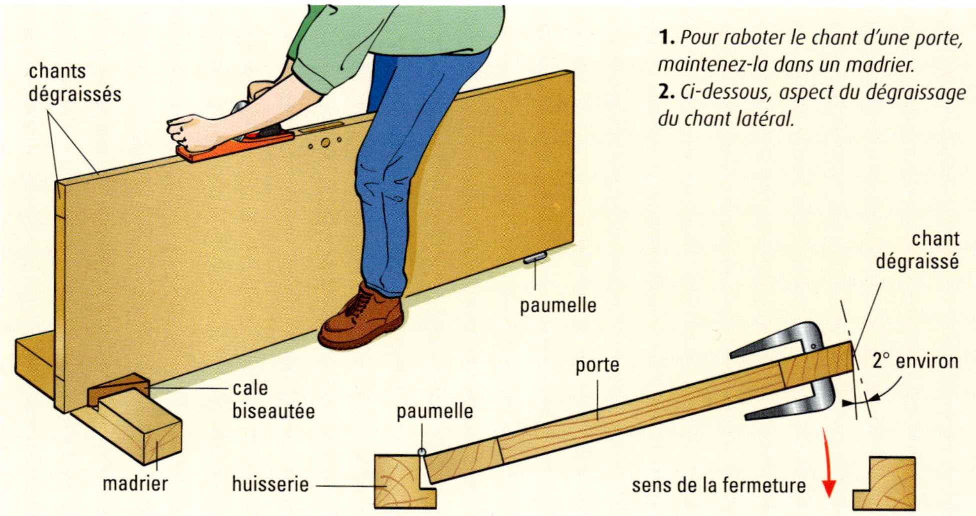

1. *Pour raboter le chant d'une porte, maintenez-la dans un madrier.*
2. *Ci-dessous, aspect du dégraissage du chant latéral.*

Décaper une ancienne porte

Si les huisseries neuves résistent bien aux rigueurs du temps, il n'en est pas de même des menuiseries plus anciennes. Le vernis extérieur finit par se craqueler, la peinture s'écaille, le parement perd ses couleurs, le bois ternit… En général, les finitions résistent de trois à quatre années, pas plus. Il faut donc entretenir régulièrement les portes extérieures, voire renouveler leur revêtement. Mais avant, il faut décaper le support.

Par ponçage et grattage. Il est difficile de poncer un vernis. Le papier de verre s'encrasse et devient vite inefficace. Un grattage est préférable, suivi d'un ponçage fin.

Par brûlage au décapeur thermique. Cette méthode, relativement courante, est envisageable pour enlever la vieille couche de peinture. Mais son efficacité pour décaper les coins de la menuiserie est relative, et la très forte température implique d'utiliser un décapeur thermique doté d'un déflecteur qui dirige le jet d'air afin d'éviter de chauffer les éventuels vitrages à proximité.

Par les décapants chimiques. Choisissez bien votre décapant et procédez d'abord à un essai sur une partie de la porte. Cela vous permettra d'évaluer l'efficacité et la rapidité d'action du produit et de déterminer quelle quantité vous allez employer.

▶ Enfilez des gants de protection pour travailler. Aérez le local.

▶ Étalez le décapant en couche épaisse avec un pinceau en Nylon. Insistez sur les moulures pour recouvrir uniformément les parties en creux.

▶ Laissez agir, et dès que le vernis commence à former des cloques, raclez délicatement avec une spatule en bois.

▶ Enlevez les particules de vernis désagrégé de préférence avec une brosse en Nylon (la laine d'acier ou une brosse métallique risquerait de laisser des particules).

▶ Nettoyez les traces de décapant avec de l'alcool à vernir ou du white-spirit.

▶ Pour finir, poncez avec un abrasif moyen. Si le panneau de la porte présente des parties difficilement accessibles à une machine, comme des moulures, utilisez une cale de bois entourée d'une feuille d'abrasif (→ P. 396) ou utilisez une feuille de papier abrasif fin plusieurs fois repliée sur elle-même (→ P. 395).

À noter : N'oubliez pas de vérifier l'état des paumelles et de la serrure.

Remédier aux défauts du bois

Les vieilles portes extérieures en bois, comme celles d'une dépendance, d'une cour ou d'un jardin, sont particulièrement exposées aux intempéries. Elles gauchissent, se fendillent ou pourrissent en se couvrant de champignons microscopiques.

▶ Pour réhabiliter une porte ainsi abîmée, procédez à un bon décapage de manière à mettre à nu le bois sain.

▶ Ensuite, vous devrez colmater les fentes avec du mastic à bois et assainir le bois.

▶ Redonnant une nouvelle solidité aux bois vermoulus, l'application d'un durcisseur bois est nécessaire avant de reconstituer les parties manquantes du panneau.

LES DIFFÉRENTS TYPES DE DÉCAPANTS

Destination	Produits	Avantages	Inconvénients	Remèdes
Peintures et vernis glycérophtaliques	Décapants alcalins se présentant en gel ou en poudre. Ils sont déjà dilués ou à diluer dans de l'eau.	Leur action lente (12 h au maximum) permet de dissoudre plusieurs couches de peinture.	Tendance à noircir le chêne.	Traiter le bois à l'eau oxygénée, à l'acide oxalique ou avec un éclaircisseur spécial.
Tout type de peinture, vernis, etc.	Décapants non alcalins, en phase aqueuse ou solvantés.	Conviennent aux bois taniques. Action lente. Moins corrosifs. Les versions « spécial bois » ne noircissent pas le support.		

LES OUTILS

- brosse métallique rotative
- brosses plates
- clé à douille
- perceuse-visseuse
- ponceuse électrique
- tournevis

Porte de buanderie réalisée avec des lames bouvetées.

Si votre porte montre des signes de pourrissement, grattez la partie concernée et ses alentours ; attendez qu'elle soit bien sèche et appliquez un mastic pour bois extérieur. Traitez ensuite avec un produit contre les champignons et les insectes nuisibles avant de procéder au durcissage.

Rénover une porte d'extérieur

La première chose à faire, quand vous aurez dégondé la porte, est de démonter ses ferrures (➡ SÉQUENCE). Vous rencontrerez peut-être des difficultés à dévisser les vieux boulons qui maintiennent en place les pentures. Si les têtes de vis sont du type «poêlier», bloquez-les avec un gros tournevis et dévissez les écrous avec un embout à douille bien ajusté.

Le décapage. Pour décaper le bois, vous pouvez utiliser un décapant, un chalumeau

La remise en peinture d'une porte de buanderie

1 **Enlevez les ferrures.** Pour travailler correctement, débarrassez la porte de ses pentures, serrures et targettes.

2 **Dévissez les pentures.** Utilisez une visseuse électrique et choisissez l'embout correct pour ne pas dégrader les fentes des têtes de vis.

3 **Passez au décapage.** L'action du ponçage électrique est efficace pour bien remettre le bois à nu avec un grain moyen puis fin.

4 **Traitez les endroits difficiles à la brosse rotative.** Avec cette méthode, vous décaperez les coins difficiles d'accès.

5 **Appliquez la peinture.** Soyez généreux pour la première couche. Garnissez bien les interstices du bois.

6 **Passez une deuxième couche de peinture.** Une fois la première couche sèche, recouvrez-la d'une autre couche.

ou une ponceuse. Si la porte a été recouverte d'une lasure, vous parviendrez à l'éliminer par deux ou trois passages successifs effectués avec une ponceuse et des disques de rugosités différentes (80, 100, 120 par exemple).

▶ S'agissant d'un assemblage de lames bouvetées (➡ PHOTO), utilisez ensuite une brosse rotative pour décaper en profondeur les rainures de la surface.

▶ Dépoussiérez l'ensemble puis traitez les parties vermoulues. Utilisez une brosse métallique ou un ciseau à bois pour creuser les zones endommagées et bouchez ces dégradations à l'aide d'un reboucheur spécifique, sorte de bois synthétique qui permet de reconstituer les parties manquantes.

▶ Laissez sécher et durcir en profondeur avant de passer aux finitions.

La finition. Choisissez une peinture extérieure « spécial bois » plus facile à appliquer et moins sujette aux écaillages. Une peinture microporeuse convient bien à ce type de porte : elle possède un film étanche à l'eau, mais sa structure laisse respirer le bois qui peut ainsi évacuer sa vapeur d'eau. Certains produits, tel le Kyriol, s'appliquent indifféremment sur le bois et sur le fer : inutile de changer de produit pour peindre les ferrures métalliques !

Peignez toute la surface. Superposez deux couches en respectant scrupuleusement le temps de séchage indiqué, car ces peintures microporeuses sèchent lentement, notamment par temps humide.

Le transformateur de rouille

Ce liquide blanchâtre, à base d'acide tannique, convertit la rouille du fer en couche de protection. Ce traitement de l'oxydation, appliqué au pinceau, prend immédiatement une coloration noire.

L'enrobage chasse les molécules d'oxygène à l'origine de la rouille et stabilise la surface du métal (➡ P. 570).

À noter : Quand une porte est très exposée aux intempéries, protégez la partie supérieure par une bande de zinc afin d'éviter les infiltrations d'eau dans le bois (➡ P. 213).

Repeindre une grille de porte

Si possible, démontez la grille car il est plus facile de travailler sur un support libre que maintenu en place. Si vous ne pouvez pas le faire, maintenez les vitres en position ouverte ou mieux, démontez-les. La remise en état d'une grille de porte, habituellement en fer forgé, comporte trois étapes principales : le dérouillage, la neutralisation et la peinture (➡ SÉQUENCE P. 188).

Le dérouillage mécanique. L'opération consiste à éliminer d'abord les traces de rouille le plus facilement accessibles qui se mêlent aux cloques des anciennes peintures. Dans un premier temps, intervenez avec la pointe d'un couteau ou d'un vieux tournevis pour gratter le métal oxydé.

Munissez-vous ensuite d'une brosse métallique pour parfaire ce nettoyage. Vous avez le choix entre une brosse à main ou mon-

DIFFÉRENTS VERNIS POUR PORTES ET FENÊTRES

Il existe des vernis « boiseries extérieures » convenant aux portes et aux fenêtres habituellement peu exposées, des vernis dits « intempéries », aux performances plus élevées, qui garantissent le bois contre les déformations et le protègent des rayons ultra-violets, ainsi que des vernis « marins » qui empêchent en outre la corrosion saline.

Composition	Teintes des vernis	Pouvoir couvrant	Qualités
Résines polyuréthanes	Tons bois, incolores, brillantes, satinées, mates	8 à 12 m² par litre	Résistent à l'eau et aux UV.
Résines alkydes-uréthanes	Incolores, brillantes	12 m² par litre	Adaptées aux conditions climatiques les plus rudes.
Vernis glycérophtaliques	Incolores, brillantes	10 à 12 m² par litre	Spécial boiseries de bateaux.

Portes, fenêtres, volets, sécurité

LES OUTILS
- brosse à épousseter
- brosse métallique
- brosses plates
- grattoir

tée sur perceuse. Le mieux est d'employer des patins abrasifs à gros grains. Vous aurez peut-être aussi besoin d'utiliser une lime pour aller dans les coins. L'opération est terminée lorsque vous aurez parfaitement dépoussiéré le métal au moyen d'une brosse plus souple puis d'un chiffon sec.

Le dérouillage chimique. Cette méthode est souvent complémentaire de la première. Des traces de rouille subsistent généralement après le dérouillage mécanique, et le décapant chimique en viendra certainement à bout. Il suffit d'appliquer le produit au pinceau sur toute la surface du métal. Le décapant agit en plusieurs heures en produisant une gangue épaisse et gluante, de couleur brune. Il faudra l'éliminer par un bon rinçage à l'eau ou avec un solvant.

La finition. Elle consiste à recouvrir le métal d'une peinture glycérophtalique associant, selon le cas, un produit curatif antirouille. Il est en effet recommandé, avant la nouvelle mise en peinture, de recouvrir le métal sain d'un neutralisateur. Une autre solution consiste à appliquer une sous-couche protectrice avant d'appliquer les couches de peinture décoratives définitives. ■

Repeindre une grille en fer forgé

1 **Attaquez la rouille** à la pointe d'un couteau. Dégrossissez en ôtant les parties friables.

2 **Continuez avec une brosse métallique.** Elle vous aidera à éliminer les vestiges de vieilles peintures qui restent accrochés.

3 **Terminez le nettoyage** au papier abrasif. Cette action complétera votre décapage.

4 **Dépoussiérez la grille.** Le métal doit être propre avant de recevoir les futurs revêtements. Employez une brosse souple.

5 **Traitez la grille au transformateur de rouille.** Insistez sur les parties oxydées puis laissez sécher une journée.

6 **Appliquez la peinture.** La plus efficace est la peinture glycérophtalique associée à de l'antirouille. La première couche est diluée à 25 %, la deuxième à 5 %.

L'entretien de la serrure

Une bonne serrure, bien entretenue de surcroît, devrait servir longtemps. Cependant, les multiples manipulations que vous lui faites subir à force d'ouvrir et de fermer la porte et les conditions souvent extrêmes auxquelles elle est soumise dans le cas d'une porte extérieure (froid, pluie, chaleur, humidité, poussières) ont souvent raison de son bon fonctionnement.

Défaut d'alignement

Lorsque la porte est légèrement gauchie, la serrure et la gâche ne sont plus alignées. Face à un défaut d'alignement minime, il peut suffire d'agrandir l'orifice de la gâche à la lime pour faciliter l'entrée du pêne. Un décalage trop important impliquera cependant de déposer la gâche et de la repositionner.

Serrure grippée

Il n'est pas nécessaire de démonter une serrure pour la graisser en injectant par ses orifices (entrée de la clé, passages des pênes) un lubrifiant en aérosol. Mais si cela n'a aucun effet, le démontage de la serrure est recommandé. Dans le cas d'un vieux modèle, faites attention à ne pas déplacer les pièces du mécanisme intérieur une fois que vous aurez ôté sa plaque de couverture. Dans le cas d'une serrure à barillet, employez de la poudre de graphite, plutôt que de la graisse, qui retient les poussières (→ SÉQUENCE). ■

LES OUTILS

- brosse plate
- tournevis

Lubrifier une serrure

1 **Démontez le barillet.** Desserrez la vis qui maintient le barillet. Cette longue vis à métaux est située sur le chant de la porte.

2 **Sortez le barillet.** Engagez la clé et tournez-la légèrement pour aligner le panneton. Poussez sur le barillet pour le sortir et le dépoussiérer.

3 **Huilez le panneton.** Profitez de ce démontage pour déposer une goutte d'huile de vaseline sur le panneton, levier qui pousse sur le pêne de fermeture.

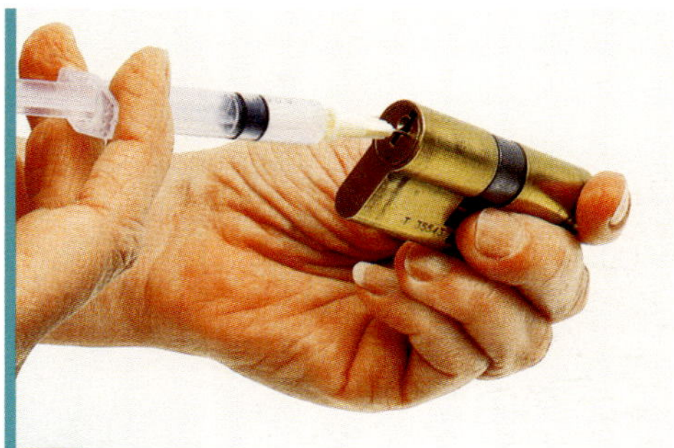

4 **Injectez de l'huile ou mieux du graphite** en poudre dans le trou de serrure. Si vous désirez changer de clé, remontez un autre barillet : leur profil standard permet cet échange.

Installer ou changer une porte

LES OUTILS

- bracelet en caoutchouc
- couteau de peintre
- marteau
- tournevis
- truelle

La pose d'une porte dans une cloison intérieure et le remplacement standard d'une porte par une autre de même dimension sont des opérations délicates qui requièrent un savoir-faire précis. Si vous envisagez d'installer une porte neuve ou de changer une porte vétuste, observez quelques règles de base qui vous permettront de ne pas commettre d'erreurs irréparables.

Monter porte et cloison ensemble

▶ Tracez au sol et au plafond l'emplacement de la future cloison. Faites deux traits parallèles pour matérialiser l'épaisseur des carreaux de plâtre et l'emplacement de la porte.

▶ Mettez la porte en place avant de monter la cloison. Ne démontez pas le vantail de son huisserie car il se trouve calé en périphérie pour résister à la pression de la maçonnerie.

▶ Dressez la porte verticalement et coincez-la entre le sol et le plafond en utilisant des tasseaux reliés entre eux par des bracelets de caoutchouc (➡ SÉQUENCE). Deux ou trois supports de ce type posés sur la largeur de la porte suffisent à la bloquer, mais permettent de rectifier sa position afin d'obtenir une bonne verticalité.

La mise en place d'une porte

1 **Installez les huisseries.** Mettez en place la future porte et maintenez-la en position par des tasseaux reliés par des bracelets de caoutchouc.

2 **Encastrez les carreaux dans le cadre de la porte. Fixez-les** avec des pattes métalliques. Vissez-les d'abord dans le bois du montant de l'huisserie, puis…

3 **… Clouez les pattes à vis dans le chant du carreau.** Fixez-en trois par montant de préférence, au niveau des gonds.

4 **Installez le dernier carreau supérieur.** Il doit venir s'imbriquer entre le chant supérieur de l'huisserie et le plafond.

▶ Montez la cloison en carreaux de plâtre (→ P. 148).

▶ Posez la première rangée de carreaux de part et d'autre de la porte. Scellez les carreaux de la deuxième rangée puis de la troisième rangée. Au fur et à mesure, imbriquez les carreaux dans le chant de l'huisserie. Faites la liaison à la colle et renforcez la fixation en utilisant des pattes métalliques vissées dans le bois et incrustées dans le plâtre.

▶ Terminez par le montage de la dernière rangée près du plafond. Coupez le haut des carreaux en biseau pour faciliter leur mise en place. Au-dessus de la porte, les carreaux constituant l'imposte doivent être découpés en angle : aucun joint vertical ne doit se trouver dans le prolongement de l'huisserie (→ CROQUIS).

Faire la liaison avec le plafond

En présence d'un plafond rigide (briques, béton), faites la liaison entre les carreaux et le plafond en injectant de la mousse de polyuréthane. Laissez durcir le produit pendant 2 heures environ, puis coupez les excédents avec la lame d'un cutter.

La mousse de polyuréthane amortit les déformations des matériaux et préserve la nouvelle cloison des fissurations.

Laissez la porte fermée et calée pendant le séchage de la colle.

Avec un plafond «souple» en plaques de plâtre, réalisez la liaison entre la cloison et le plafond avec un mélange, moitié colle, moitié plâtre, et posez ensuite une bande de calicot à la cueillie du plafond. ■

Remplacer une porte sans travaux de maçonnerie

Il est possible de changer de porte sans avoir à exécuter d'importants travaux de maçonnerie. Le bâti de la nouvelle porte sera simplement encastré dans l'ancien bâti, conservé à cet effet. La pose de la nouvelle porte réduira cependant l'ouverture de quelques centimètres, étant donné que l'ancien dormant est maintenu en place. En général, selon le matériau choisi, la diminution de passage atteint 4 cm pour les portes en bois et jusqu'à 11 cm pour les portes en PVC. L'opération est confiée à des spécialistes qui vérifieront d'abord l'état du bâti actuel. Il faut en effet que celui-ci soit sain, étanche et qu'il puisse recevoir le futur bâti. Quelques aménagements minimes seront parfois nécessaires dans la maçonnerie, mais ils n'incluent pas sa réfection complète.

Le remplacement d'une porte est facilité lorsque l'ancien bâti est conservé en place.

Les différents types de fenêtres

Une bonne fenêtre possède un ensemble de qualités propres à assurer à l'intérieur de l'habitation un minimum de confort tout en s'harmonisant avec l'esthétique de la façade. Elle devrait naturellement laisser entrer suffisamment de lumière, et ses performances thermiques et phoniques ainsi que sa résistance devraient empêcher l'humidité et le froid de pénétrer dans les pièces, atténuer les bruits extérieurs et faire obstacle aux éventuelles tentatives d'effraction.

De quoi se compose une fenêtre ?

Une fenêtre se compose en moyenne de 1/5e de bois ou d'autre matière comme le PVC ou le métal, et de 4/5e de vitrage. Cette association de menuiserie et de verre doit offrir le maximum de garanties contre les intempéries, le bruit et le vol.

Vous pourrez choisir des fenêtres ayant des caractéristiques particulières, selon que vous souhaitez être bien isolé surtout du froid ou du bruit ou bénéficier d'une meilleure sécurité. Votre choix sera en outre déterminé par la région dans laquelle vous habitez (fenêtres conformes aux traditions régionales, climat) et le style propre de votre résidence.

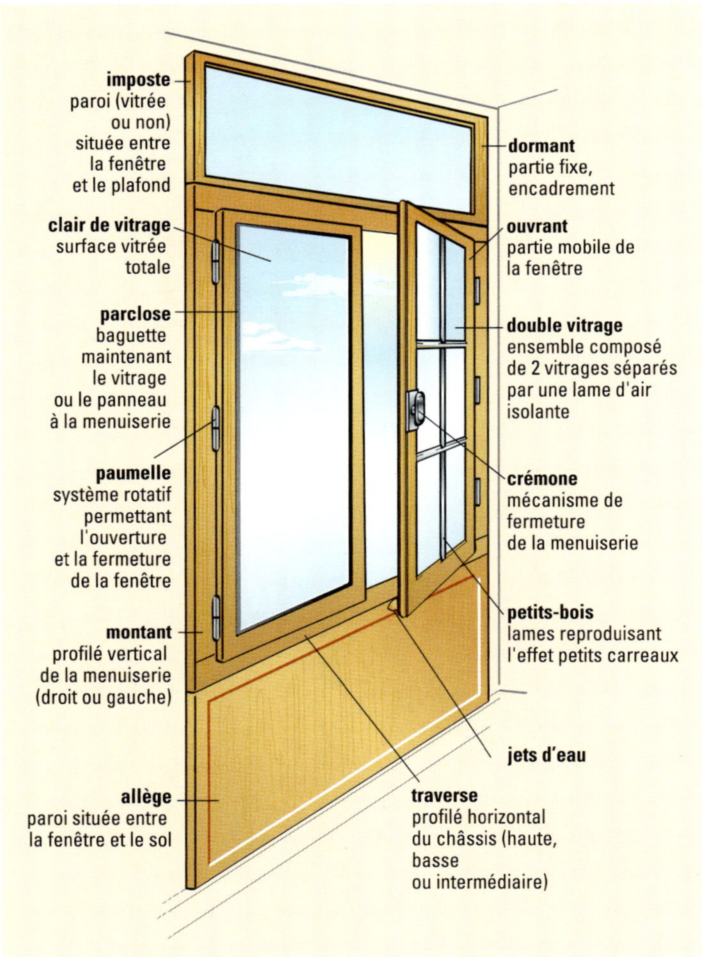

Anatomie d'une fenêtre.

● **À noter :** Avant de vous décider sur l'achat ou le remplacement de vos fenêtres, renseignez-vous sur les obligations légales. Dans certains sites classés et quartiers urbains, des normes strictes doivent être respectées en matière de rénovation de façade.

La chaleur du bois

Le bois est apprécié pour les fenêtres des maisons anciennes ou individuelles ou dans un environnement traditionnel, que ce soit à la campagne, à la mer ou à la montagne. Il existe des fenêtres en bois de bonne facture dont la qualité et l'esthétique sont tout à fait comparables, sinon supérieures, aux modèles usinés dans d'autres matériaux. Le bois des fenêtres est généralement traité et la conception des profilés est de nature à renforcer la résistance de l'assemblage aux intempéries et aux nuisibles. Autre avantage du bois : il est naturellement isolant et peut accueillir des vitrages épais, ce qui renforce encore plus l'isolation générale.

Le chêne, le pin et les bois exotiques. La solidité du chêne est recommandée sur les façades exposées à la pluie. Moins onéreuses, les essences exotiques ne requièrent pas de traitement préventif car elles possèdent une résistance naturelle à l'humidité et aux insectes. En revanche, le pin, plus fragile, doit faire l'objet d'une préparation spéciale en usine.

© Xylochimie-Bondex

Le bois reste le matériau de prédilection pour les menuiseries des fenêtres traditionnelles.

Les différentes certifications pour fenêtres

NFCSTBat. *Marque décernée par le Centre scientifique et technique du bâtiment (CSTB). Elle atteste la conformité aux normes françaises par le contrôle et la certification de la qualité de fabrication ainsi que du niveau de résistance et d'étanchéité de la menuiserie.*

ACOTHERM. *Décerné aux fenêtres bénéficiant du marquage NF-CSTBat, ce certificat atteste les performances d'isolation acoustique et thermique.*

CEKAL. *Ce label atteste la qualité des doubles vitrages isolants ainsi que leurs performances acoustiques et thermiques.*

QUALICOAT. *Label européen attestant par certification la qualité du thermolaquage de l'aluminium (résistance aux UV, à la décoloration, aux rayures, etc.).*

QUALIMARINE. *Ce label distingue les thermolaquages de l'aluminium résistants aux environnements agressifs, notamment en bords de mer (sel, sables, embruns, etc.).*

Selon vos goûts, il vous est possible de personnaliser vos fenêtres. Vous pouvez acheter soit des bois prétraités et prêts à peindre ou à vernir, soit des menuiseries peintes en blanc sur lesquelles vous n'aurez qu'à rajouter une couche de finition, soit encore des fenêtres prêtes à être posées, déjà peintes ou lasurées.

L'inaltérabilité du PVC

Résistantes aux effets de la pollution et aux rigueurs du soleil et de la pluie, les fenêtres en PVC jouissent d'un engouement certain. Imputrescible, ne nécessitant aucun entretien si ce n'est un simple lavage périodique, ce genre de matériau est particulièrement recommandé dans les régions exposées aux intempéries comme le bord de mer. En outre, les menuiseries en PVC possèdent une très bonne qualité isolante et les profilés cloisonnés sont rigidifiés par des renforts en acier pour les fenêtres de grandes dimensions.

Les fabricants, qui ont su se mettre à l'écoute de leur clientèle, offrent toute une gamme de fenêtres en PVC présentant des formes plus attrayantes que par le passé. Les profilés se sont affinés, les paumelles sont devenues discrètes, voire invisibles. Autrefois systématiquement blanches, les menuiseries adoptent dorénavant des teintes vives ou pastel, et vont jusqu'à imiter le bois. Cependant, sachez que toutes les couleurs proposées ne sont pas stables dans le temps. Demandez toujours à votre fournisseur de vous garantir la couleur choisie.

La résistance du métal

L'aluminium. À la fois élégant, résistant et léger, l'aluminium trouve facilement sa place aux fenêtres des maisons et des immeubles de construction moderne, dont il supporte bien le poids des vitrages de grandes dimensions. Son défaut, cependant, est d'être un isolant médiocre. Si vous habitez dans une région froide ou tempérée, il conviendra de prévoir des profilés à rupture de pont thermique, c'est-à-dire à isolation renforcée (→ ENCADRÉ P. 195). Si vous désirez garder l'aspect métallisé de l'aluminium, il suffit de le choisir anodisé. Ainsi protégé de l'oxydation, sa durée de vie est prolongée. En outre, ce matériau est disponible sous trois présentations : mat, satiné ou brillant. Vous avez également la possibi-

© Tryba

Fenêtres en PVC dont les faces intérieures sont habillées d'un placage bois.

© XBoymond/Technal

Fenêtre en aluminium laqué noir. L'imposte en cintre rayonné correspond à la décoration des années 1930.

lité de choisir l'aluminium thermolaqué dont la palette des coloris est très vaste.

L'acier. Les huisseries conçues dans cette matière sont très résistantes et protégées de l'oxydation. Le point faible de l'acier reste sa médiocre capacité d'isolation thermique.

● **À noter :** L'aluminium anodisé ou thermolaqué, comme les menuiseries en PVC sont d'un entretien facile. Pour les nettoyer, il suffit tout simplement de passer de l'eau tiède savonneuse avec une éponge.

Les menuiseries mixtes

Il existe des menuiseries mixtes, associant les qualités de deux matériaux différents, sorte de sandwich de bois-alu, de PVC-bois ou d'acier-PVC. Plusieurs versions sont possibles. Par exemple, sur une fenêtre en bois massif, l'extérieur est capoté par un profil d'aluminium. Vous bénéficiez ainsi de l'esthétique du métal pour l'extérieur, tout en disposant d'une fenêtre isolante en bois. Autre possibilité : sur une fenêtre en aluminium ou en PVC, la façade interne est doublée d'un parement en bois décoratif. Vous disposez ainsi du fonctionnement performant d'une huisserie très résistante au gauchissement tout en conservant l'aspect bois afin d'harmoniser la fenêtre avec la décoration intérieure.

Les différents modes d'ouverture d'une fenêtre

Les différentes modalités d'ouverture d'une fenêtre sont fonction de nombreux critères. Outre la nécessité d'assurer la sécurité de son habitation, la recherche de confort n'est pas la moindre des exigences. Le type d'ouverture favorise en effet plus ou moins sensiblement l'éclairage et la ventilation de la pièce. Il ne faut pas négliger non plus l'esthétique extérieure que confère l'aspect général des fenêtres, un critère fortement dépendant du style de l'habitat local. Dernier point à prendre en compte : les qualités acoustiques offertes par l'ouverture choisie.

Qualités et défauts de différentes ouvertures de fenêtres. Afin de pouvoir comparer judicieusement les différentes possibilités d'ouverture des fenêtres, voici la description de quelques-unes d'entre elles avec leurs qualités et leurs défauts (→ ENCADRÉ CI-CONTRE).

Placées dans la salle de bains ou dans une cuisine, les fenêtres basculantes ou oscillo-battantes se révèlent le plus pratiques et favorisent l'aération. Pour le reste des pièces principales (chambres, séjour, etc.), le choix du type d'ouverture est très vaste. Dans le garage, la cave ou une cage d'escalier, vous pouvez préférer installer en imposte une fenêtre de petites dimensions, à soufflet ou abattante. ■

Le pont thermique

Les métaux sont conducteurs de la chaleur, donc de mauvais isolants thermiques. Pour les huisseries, il faut utiliser les métaux pour leur résistance mécanique et équiper les cadres avec des profilés à rupture thermique, c'est-à-dire dotés d'une discontinuité de transmission de chaleur.

Cette disposition, adoptée par la plupart des fabricants :

– évite l'apparition des buées de condensation sur la face interne de la fenêtre (ruissellement) ;

– ralentit la migration de la chaleur interne vers l'extérieur du local (pertes d'énergie).

LES PRINCIPAUX TYPES D'OUVERTURE

À la française
Qualités
Facile d'entretien. Bon éclairage. S'ouvre entièrement : confort visuel en position ouverte.
Défauts
Les vantaux s'ouvrant vers l'intérieur sont encombrants en position ouverte.

À soufflet
Qualités
Excellente aération par tout temps. Peu d'encombrement en position ouverte.
Défauts
Pas de confort visuel en position ouverte. Nettoyage de la vitre difficile côté extérieur.

Basculante
Qualités
Facile d'entretien. Excellent éclairage. Excellente aération.
Défauts
Encombrante en position ouverte.

Pivotante
Qualités
Facile d'entretien. Excellent éclairage. Excellente aération.
Défauts
Encombrante en position ouverte.

Oscillo-battante
Qualités
Facile d'entretien. Bon éclairage. S'ouvre entièrement : bonne aération, confort visuel en position ouverte.
Défauts
Mécanisme délicat.

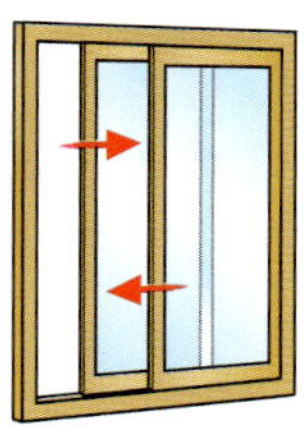

Coulissante
Qualités
Excellent confort visuel. Pas d'encombrement en position ouverte.
Défauts
Nettoyage malaisé des vitres côté extérieur.

Le calfeutrage et l'isolation des fenêtres

Il est fréquent que l'espace séparant les vantaux et le dormant d'une fenêtre laisse passer un coulis d'air. Même si ce filet paraît minime, il représente tout de même une déperdition excessive. Ainsi, un espace de 2 mm de large sur tout le périmètre d'une grande fenêtre peut laisser passer en une heure autant d'air que le permettrait une fenêtre à « petit-bois » privée d'une de ses vitres. Si cela se produit sur les quatre ou huit fenêtres que compte habituellement une grande habitation, on se rend compte que l'entrée d'air frais peut être bien supérieure à ce qui est souhaitable pour être bien isolé. Afin de limiter ce courant d'air, vous disposez, comme pour les portes, de divers moyens de calfeutrage.

Faire la chasse aux courants d'air

Avant tout, faites la chasse aux courants d'air :
– en calfeutrant les portes (→ P. 178) ;
– en doublant les faces internes des coffres de volets roulants d'un feutre isolant ;
– en obstruant les conduits de fumée inutilisés ;
– en posant une trappe dans la hotte des cheminées à feu de bois, ce qui permet d'arrêter le tirage quand le feu est éteint ;
– en vérifiant l'état des vitres : si elles sont fêlées ou mal scellées, remplacez-les ou rénovez le mastic écaillé qui n'assure plus l'étanchéité souhaitée (→ P. 202).

Faites attention cependant à ne pas obstruer les entrées d'air réglementaires nécessaires à une bonne ventilation de l'habitation (→ PP. 434-438).

Les bourrelets

Il existe différents bourrelets qui sont de simples bandes de feutre, de caoutchouc ou de matière plastique (→ PHOTOS 1 À 5). Ils se clouent ou se collent sur le chant du dormant (→ CROQUIS). Parmi les systèmes les

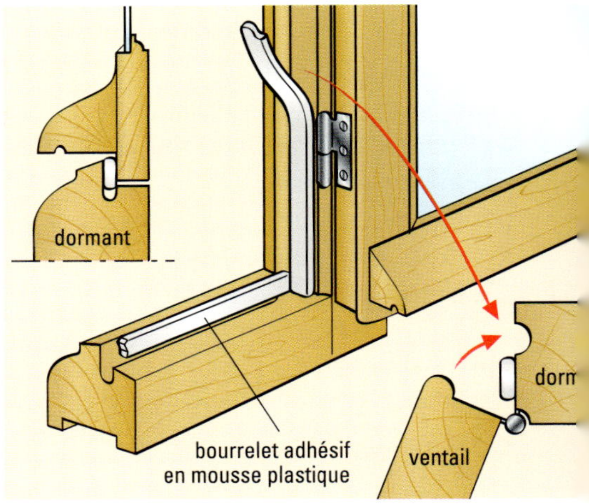

Une fois posé, le bourrelet adhésif en mousse plastique est comprimé à la fermeture des vantaux.

BOURRELETS ET JOINTS DE CALFEUTRAGE

1. *Feutre enrobé de PVC. Solide, il se place surtout au bas des vantaux.*

2. *Joint à lèvres. Il est particulièrement efficace contre les courants d'air.*

3. *Joint mousse à cellules ouvertes. Bon marché, ce modèle est fragile.*

4. *Joint tubulaire adhésif. Ce type s'adapte à différentes dimensions.*

5. *Joint mousse à cellules fermées. Ce type de joint est souvent peu épais.*

plus simples et les plus employés, les bourrelets adhésifs se présentent sous la forme d'une bande de mousse en matière plastique rectangulaire dont le dos est enduit d'un produit adhésif. Bien que leur efficacité ne soit pas éternelle, ils apportent une amélioration sensible pour un prix modique.
Si vous choisissez ce système de calfeutrage, préférez les bourrelets en mousse à cellules fermées (mousse PVC, par exemple) ou les joints à lèvres, responsables d'une meilleure étanchéité.

La pose de bourrelets autocollants.

- ▶ Nettoyez le dormant et les vantaux de la fenêtre avec une éponge humide.
- ▶ Éliminez les traces grasses, qui empêcheraient l'adhérence du produit, en passant un chiffon imbibé de trichloréthylène.
- ▶ Mettez à nu la partie adhésive sur quelques centimètres.
- ▶ Collez délicatement le bourrelet sans l'étirer.
- ▶ Poursuivez la pose en retirant petit à petit le film protecteur.

Les joints

Les joints sur mesure. Ce calfeutrage est réalisé avec des produits à base de silicones. Vous pouvez ainsi exécuter des joints remplissant exactement les interstices des huisseries, qu'elles soient en bois ou en métal. Ce mastic adhésif, séchant sans durcir, adopte la consistance d'un caoutchouc souple dont les formes épousent les inégalités de l'huisserie, garantissant une étanchéité durable à la fermeture.
Le travail de mise en œuvre ne présente pas de difficultés majeures mais demande à l'exécutant une attention particulière afin de confectionner un joint régulier (➡ SÉQUENCE).

- ▶ En plaçant le joint, évitez d'obstruer les rainures et les trous d'écoulement d'eau.
- ▶ Dès que le mastic est en place, recouvrez-le, ainsi que les chants des vantaux, d'un produit antiadhérent (large ruban de plastique spécial).
- ▶ La fermeture de la fenêtre comprime le joint et contribue à lui donner sa forme définitive : vérifiez la bonne position de l'antiadhérent et refermez la fenêtre.
- ▶ Quelques heures plus tard, ouvrez la fenêtre, enlevez le ruban antiadhérent et, s'il y a lieu, coupez les bavures du joint avec un cutter.

Les joints métalliques. Vous pouvez aussi poser des joints métalliques, sortes de fines lames de bronze ou d'acier inoxydable qui «jouent» comme des ressorts, obstruant les interstices des huisseries. Mais pour que ce moyen soit efficace, il faut que la partie inférieure de l'huisserie de la fenêtre soit parfaitement rectiligne.

Le calfeutrage au joint mastic

1 **Préparez l'huisserie.** Afin d'éliminer toute aspérité et de nettoyer la menuiserie, passez un papier de verre fin, puis un chiffon imbibé de trichloréthylène, sur la feuillure.

2 **Comblez le fond de la feuillure avec le mastic.** Extrudez-le de son tube-cartouche à l'aide du pistolet, afin de former un joint régulier tout autour de la fermeture.

3 **Posez une bande de démoulage.** Aussitôt après l'application du joint, protégez-le avec un ruban antiadhérent et fermez la fenêtre.

1. *Coupe d'une fenêtre isolante. La feuillure de la fenêtre est équipée d'un profilé spécial pouvant recevoir le double vitrage.*

Amélioration de l'isolation du double vitrage

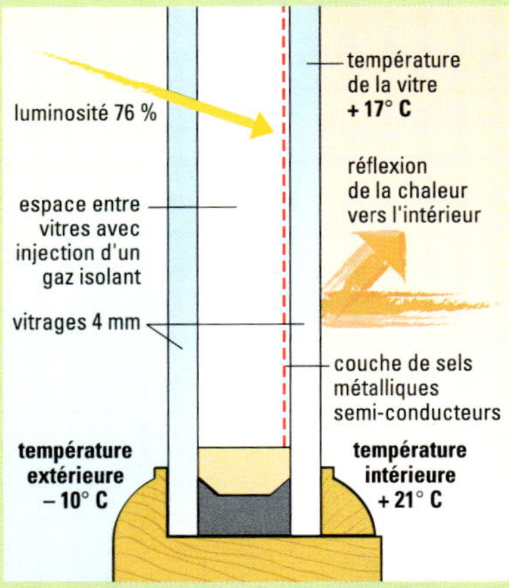

Les performances thermiques du vitrage peuvent être encore renforcées par le principe de « faible émissivité ». Une couche spéciale d'un métalloïde est pulvérisée en continu sur la face dirigée vers l'intérieur du verre intérieur du double vitrage. Cela dote la fenêtre d'une plus grande résistance aux pertes de calories. Cette couche rend la face peu émissive, qui réfléchit alors la chaleur du soleil et la piège dans la lame d'air.

Ce type de fenêtres est de plus en plus prescrit dans les constructions neuves, étant donné qu'il contribue aux économies d'énergie.

Il existe également des fenêtres comportant un gaz thermiquement plus performant que l'air : il s'agit de l'argon, plus lourd que l'air et présentant une conductivité plus faible. Injecté entre les deux verres, ce gaz améliore les performances thermiques de la fenêtre.

Isoler les surfaces vitrées

Au-delà du simple calfeutrage, l'éventuelle remise en état d'une fenêtre peut inciter à envisager une véritable isolation. Le verre, qui n'est comparable à nul autre matériau pour sa transparence, est par contre un mauvais isolant thermique. Par temps hivernal, le vitrage des fenêtres matérialise la frontière entre deux températures opposées : s'il fait, par exemple, – 10 °C à l'extérieur et + 20 °C à l'intérieur, il n'est pas rare que les vitres d'une fenêtre classique accusent une température oscillant autour de 0 °C.

Enfermer une lame d'air (inerte et sec) entre deux vitres constitue un complexe isolant. L'utilisation de ce principe permet de renforcer l'isolation thermique des fenêtres. Plusieurs solutions existent : le double vitrage, le survitrage et les doubles fenêtres.

Le double vitrage

Les vitres de la fenêtre existante sont remplacées par des vitrages isolants (➡ **CROQUIS 1**) qui se présentent sous l'aspect de deux glaces épaisses entre lesquelles est emprisonnée une lame d'air déshydratée. L'ensemble, scellé sur tout le périmètre lors de sa fabrication, est parfaitement étanche.

Avant d'équiper une fenêtre de doubles vitrages, il est nécessaire de vérifier sa solidité pour s'assurer qu'elle puisse supporter le poids, plus important, des nouvelles vitres. Il faut ensuite relever très exactement les dimensions des verres pour commander des doubles vitrages sur mesure. Cette précision est indispensable car les vitrages fournis, scellés par le fabricant, ne pourront plus être retouchés. Il n'est pas recommandé d'effectuer cette opération seul : c'est le travail d'un spécialiste. Avant de prendre une décision, contactez les fabricants afin d'apprécier la difficulté du montage.

Le survitrage

Il consiste à monter sur les vantaux de la fenêtre existante des châssis recevant un deuxième vitrage (➡ **CROQUIS 2**). Une lame d'air faisant office d'isolant se trouve alors piégée entre la vitre d'origine et la nouvelle. Nombreux sont les fabricants à offrir divers systèmes de doublage et il est peut être malaisé de déterminer ce qui sera le plus efficace. Tout d'abord, ne confondez pas survitrage et double vitrage. Si l'étanchéité du double vitrage est obtenue en usine au moment de la fabrication des fenêtres, celle du survitrage est obtenue au moment du montage. L'ensemble doit être aussi rigide que possible et pouvoir accepter une vitre épaisse (4 mm et plus) afin qu'il puisse jouer son rôle d'isolant acoustique.

La question du poids. Si vous envisagez l'option du survitrage, vérifiez la solidité de la fenêtre. En effet, la résistance mécanique de la fenêtre doit être prise en compte, la pose d'un survitrage impliquant une charge supplémentaire que les vantaux actuels doivent supporter sans fléchir. Si la fenêtre est trop ancienne, préférez une autre solution ou rénovez les vantaux.

À noter : La densité du verre étant de 2,5 kg au mètre carré par millimètre d'épaisseur, doter une fenêtre d'une surface de 2 m^2 d'un survitrage de 4 mm lui impose de supporter un poids de 20 kg. Un survitrage de 6 mm alourdira la fenêtre de 30 kg.

La qualité de l'étanchéité. Le survitrage doit être maintenu par un joint absolument étanche. Si la lame d'air emprisonné entre la vitre d'origine et le survitrage n'est pas séparée de l'air ambiant du local, la circulation qui en résulte annulera l'effet d'isolation.

De même, l'espace entre les deux vitres a une influence sur la qualité thermique de l'ensemble : il s'avère qu'une lame d'air peut atteindre son maximum d'efficacité aux environs de 20 mm d'épaisseur. Quand l'écartement est trop faible (de 3 à 5 mm par exemple), les qualités thermiques peuvent baisser d'environ 30 %. Cette remarque ne tient que pour des survitrages équipés de verres classiques.

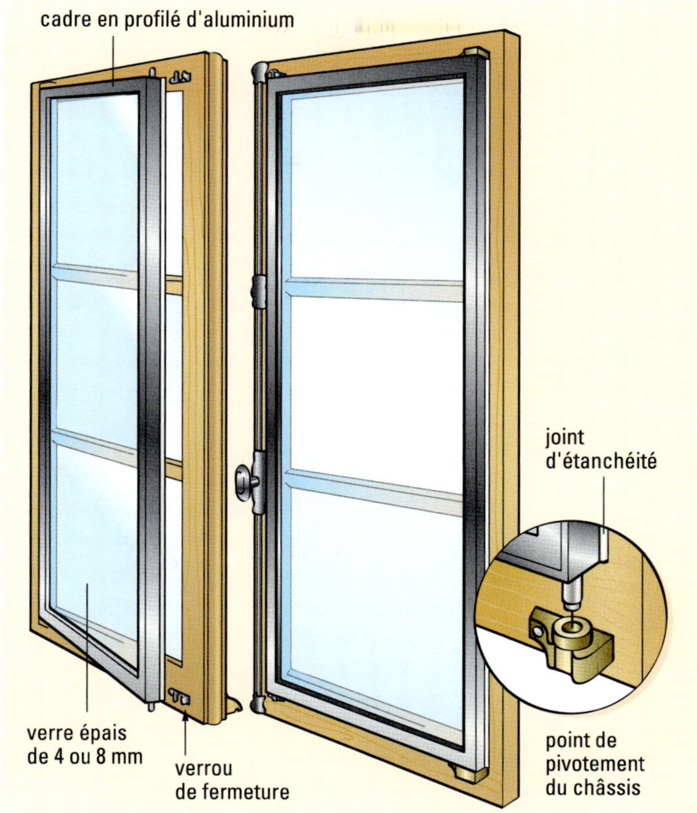

2. *Ce survitrage a été équipé de châssis pivotants.*

Pour éviter la buée. Il arrive que la lame d'air inerte emprisonné dans un survitrage contienne un certain taux d'humidité. Sans nuire aux qualités thermiques de l'ensemble, cela peut créer un phénomène de condensation. La différence de température entre la vitre intérieure et la vitre extérieure, toujours plus froide, est à l'origine de l'apparition de buée entre les deux vitres.

- L'application d'un déshydratant. Pour éviter ce risque, certains fabricants proposent d'inclure au survitrage un déshydratant, souvent du gel de silice. Cet oxyde a la particularité d'absorber l'humidité de l'air mais cette fonction n'est pas éternelle. Après plusieurs mois, il s'épuise, se sature et rejette toute son humidité créant alors sa propre buée.
- Le percement d'un trou antibuée. Pour résoudre ce problème, un autre moyen consiste à percer directement la traverse basse de la fenêtre pour faire communiquer

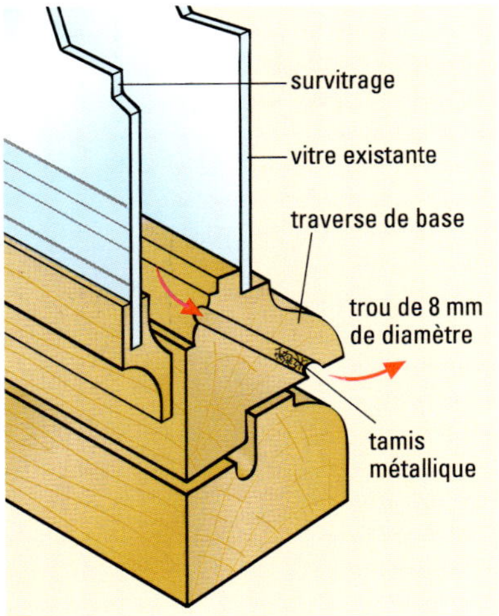

Pour réduire la condensation dans un survitrage, percez un ou deux trous dans la traverse inférieure.

la lame d'air avec l'atmosphère extérieure. Le trou aura environ 7 à 8 mm de diamètre à la base de la traverse. Pour éviter l'introduction d'insectes, obstruez-le avec un fin tamis métallique ou un bouchon de ouate non comprimé (➡ **CROQUIS**). Cette intervention équilibrera la différence de pression entre la lame d'air et l'air extérieur. Si le survitrage possède un joint étanche, cette petite modification ne diminuera pas ses qualités thermiques car il n'y aura pas de circulation d'air, seul un trou assurera l'équilibrage des pressions. Cette technique, employée pour les façades vitrées de certains bâtiments, est connue sous le nom de «lame d'air ventilée».

Les doubles-fenêtres

Cette solution existe traditionnellement dans les chalets de montagne, son efficacité est prouvée mais son encombrement important ne convient pas à tous les locaux.

Il s'agit là en effet de monter une seconde fenêtre devant la fenêtre existante qui reste en place. Lorsque l'on entreprend des travaux d'isolation sur les murs intérieurs, on en profite ainsi parfois pour ajouter une seconde fenêtre dans la nouvelle contre-cloison. Les vitres de la fenêtre existante et celles de la nouvelle doivent être d'épaisseurs différentes.

Le bruit et sa fréquence

Le bruit est une énergie qui émet des vibrations véhiculées par les couches d'air. Dans le cas d'une fenêtre, les ondes sonores extérieures frappent le vitrage qui, agissant comme une membrane, entre en vibration et retransmet à l'air situé derrière, l'énergie sonore que vous percevez. Pour que cesse ce phénomène ou qu'il soit affaibli, on interpose un écran lourd peu sensible aux vibrations. Seule l'épaisseur de la vitre peut apporter une amélioration. Une glace de 6 à 8 mm d'épaisseur suffit en principe à éliminer les sons de fréquences aiguës alors qu'il faut avoir recours à des glaces de 12 à 15 mm d'épaisseur pour atténuer les sons graves.

L'isolation acoustique

Lutter contre le froid et le bruit implique des techniques différentes bien qu'elles puissent partiellement se concilier. L'idéal est d'avoir des fenêtres répondant à ces deux exigences, ce qui est rarement le cas. On ne peut compter seulement sur la fenêtre pour donner toutes les garanties d'une bonne isolation sur les plans thermique et phonique. La qualité du mur dans lequel elle est encastrée y joue un rôle certain. De leur côté, les menuiseries peuvent être choisies de manière à amortir les vibrations sonores comme celles en PVC dotées de profils spéciaux. Il est inutile de changer de vitrage si la fenêtre est en mauvais état. L'isolation est un tout : la maçonnerie, le dormant, l'ouvrant, les verres, les joints, les volets jouent tous un rôle complémentaire dans l'isolation phonique.

▶ Vérifiez d'abord l'état des fenêtres et leur étanchéité.

▶ Essayez de déterminer le cheminement du bruit : les sons que vous percevez peuvent passer à travers un mur trop léger, une bouche d'aération, un coffre de volet roulant, etc. Il serait vain de vouloir isoler seulement la surface vitrée.

▶ De même, il faut connaître l'origine du bruit et sa fréquence : prenez contact avec un acousticien. Un bruit comporte des sons graves, des médiums et des aigus, et les vitres arrêtent certaines fréquences aux dépens des autres (➡ **ENCADRÉ**).

● **À noter :** La technique du verre feuilleté consiste à placer une ou plusieurs feuilles plastiques entre deux épaisseurs de verre, comme dans le cas des pare-brise de voitures. Ce système évite d'alourdir le vitrage par l'ajout d'une épaisseur supplémentaire de verre, atténue les vibrations sonores et renforce la solidité du vitrage. ■

L'entretien et la rénovation des fenêtres

Apprendre à réparer une vitre cassée ou à décoincer une fenêtre n'est pas très difficile. Savoir également couper le verre – technique un peu plus délicate – ou stopper une infiltration d'eau, vous permettront de résoudre les petits inconvénients qui arrivent parfois aux fenêtres.

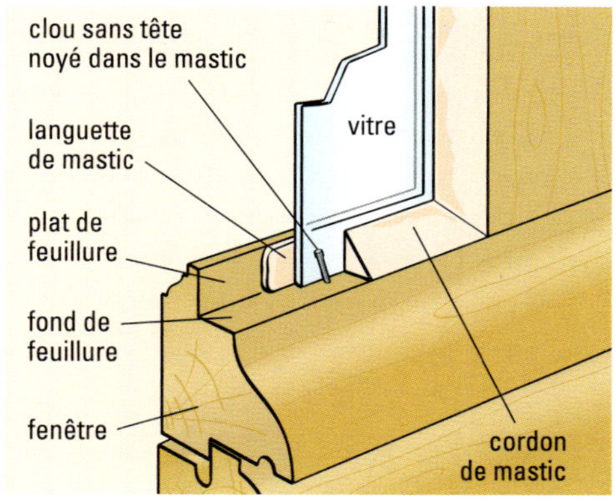

Fixation d'une vitre avec du mastic.

Les infiltrations d'eau

Une mauvaise étanchéité entre l'ouvrant et le dormant de la fenêtre peut être à l'origine d'infiltrations d'eau de pluie, faisant apparaître des traces d'humidité sur les angles et les points de fixation du dormant. Le remède consiste à colmater ces endroits avec du mastic fluide oléoplastique. Si ces traces se manifestent autour de la vitre, vérifiez s'il n'est pas temps de remplacer le mastic qui maintient le vitrage sur le plat et le fond de la feuillure (➡ CROQUIS). Le mastic durcit en vieillissant, se craquelle et s'effrite, n'adhérant plus aussi parfaitement au verre ni aux feuillures.

Avec un couteau à démastiquer, grattez la totalité de la feuillure de manière à n'y laisser aucune aspérité. Utilisez un chiffon imbibé de trichloréthylène pour dégraisser les surfaces. Le reste de l'opération est le même que s'il s'agissait de poser une nouvelle vitre (➡ SÉQUENCE P. 202), hormis le fait que vous ne remplacez pas une vitre mais renouvelez simplement le mastic de la fenêtre.

Vitre cassée : se dépanner

Vous pouvez vous dépanner avec un kit de doublage, ensemble comprenant un film en plastique thermorétractable à coller devant la fenêtre (➡ SÉQUENCE). Il vous protégera des courants d'air et vous permettra de différer la réparation.

Se dépanner quand une vitre est cassée

1 **Consolidez la vitre.** Mettez des gants de protection et, après avoir retiré les parties branlantes de la vitre, consolidez-la avec un ruban adhésif.

2 **Posez un adhésif sur le châssis.** Appliquez un ruban double-face sur tout le périmètre.

3 **Fixez le film thermorétractable.** Pressez les bords sur l'adhésif puis chauffez-le à l'aide d'un sèche-cheveux. Le film se tend sous l'effet de la chaleur.

LES OUTILS

- agrafeuse de vitrier
- coupe-verre de vitrier
- couteau à démastiquer
- couteau de peintre
- gants de protection
- marteau de vitrier ou petit marteau
- mètre
- pince à bec
- règle en bois

Remplacer une vitre

Démontez le vantail et posez-le sur une surface plane (➜ p. 205 Le dégondage d'une fenêtre). Ôtez les morceaux de verre cassés (portez des gants), grattez le mastic sec et nettoyez bien la feuillure, consolidez-la si elle est vermoulue avec du mastic à bois ou de la résine liquide. Puis relevez les dimensions pour la nouvelle vitre.

Bien couper le verre. C'est une opération délicate qui nécessite un peu de pratique (➜ p. 59). N'hésitez pas à procéder à des essais. Munissez-vous d'un coupe-verre de vitrier (molette en carbure de tungstène).

- ▶ Posez la plaque de verre bien à plat.
- ▶ Déterminez le tracé de coupe à l'aide d'une règle en bois.
- ▶ Humectez le verre et la molette avec du pétrole, puis rayez la surface dans un mouvement régulier, en exerçant une pression constante du début à la fin du tracé.
- ▶ Mettez des gants de protection et soulevez délicatement la vitre ; avec le coupe-verre, frappez d'un coup sec juste sous le tracé pour « détonner » le verre.
- ▶ Appuyez sur l'une des extrémités de la coupe ; utilisez une pince à bec plat en donnant un mouvement de bascule pour séparer les deux morceaux de verre.

Si le verre résiste, c'est qu'il n'est pas rayé en profondeur. Vous devrez recommencer en appuyant davantage avec la molette.

Le mastic de vitrier

Il existe du mastic synthétique blanc, mais le mastic traditionnel à l'huile de lin est beige. Si cette teinte n'est pas en harmonie avec celle du châssis, laissez-le sécher et durcir pendant quelques jours avant de le peindre.

Quelle quantité acheter ? On estime qu'un pot de 500 g permet de sceller une vitre de 1 m x 0,5 m, mais tout dépend de la profondeur de la feuillure. Si cela est nécessaire, sachez qu'un reste de mastic traditionnel se conserve mieux si vous le recouvrez d'une mince pellicule d'huile de lin.

Contre-mastiquer. Procédez ensuite au contre-masticage qui assure l'étanchéité de la vitre sur la fenêtre (➜ séquence). L'opération est moins fastidieuse avec du mastic en rouleau : un ruban de mastic d'une épaisseur constante à dérouler sur tout le périmètre de la vitre.

Réparer la crémone

Lorsque l'on fait pivoter la poignée, le mouvement déplace les tringles dont les extrémités pénètrent simultanément dans les gâches supérieure et inférieure et assurent le verrouillage de la fenêtre (➜ croquis). Si

Poser une nouvelle vitre

1 **Contre-mastiquez avec du mastic en pot.** Déposez à l'aide d'un couteau de peintre une mince couche de mastic sur le plat de la feuillure à l'endroit où reposera la vitre.

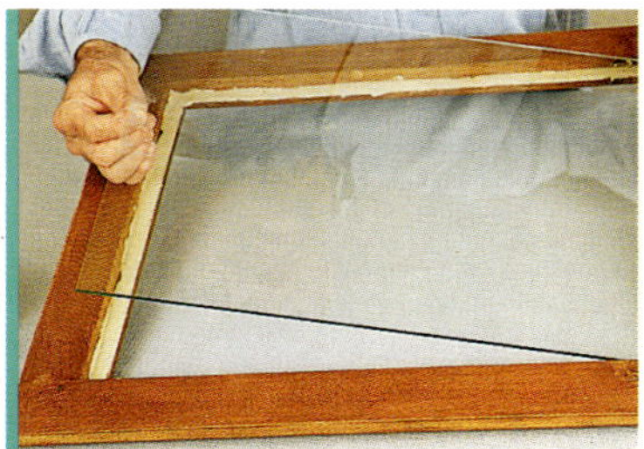

2 **Posez la vitre** sur le mastic et appuyez légèrement sur tout le périmètre pour qu'elle écrase le mastic. Enlevez l'excédent. Fixez la vitre avec des petits clous sans tête ou utilisez une agrafeuse de vitrier.

3 **Posez et extrudez.** Malaxez le mastic pour le ramollir et déposez-le dans la feuillure. Appuyez sur la lame du couteau pour l'extruder et former un chanfrein. Puis lissez le mastic à 45°.

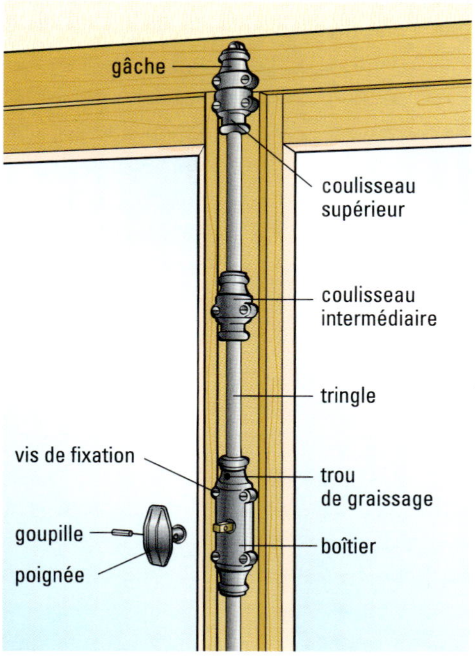

Crémone d'une fenêtre ancienne.

vous ne parvenez pas à fermer une fenêtre, manœuvrez d'abord la crémone, fenêtre ouverte.

Vérifiez les gâches. Si les deux tringles se déplacent correctement avec la rotation de la poignée, il est probable que le coincement se situe au niveau des gâches.

▶ Nettoyez l'intérieur en y insérant une aiguille à tricoter. Il se peut qu'un corps étranger empêche la fermeture de la fenêtre.

▶ Pour faciliter le déplacement des tringles, desserrez les vis des gâches.

▶ Recouvrez l'orifice des gâches d'un morceau de ruban adhésif, et manœuvrez la crémone. À la fermeture, les tringles doivent perforer le ruban et pénétrer dans les gâches.

▶ Ouvrez la fenêtre et vérifiez l'état du ruban. S'il n'est pas percé, c'est que la tringle bute sur le bord de la gâche. Ce mauvais alignement provient soit d'une fermeture incomplète de la fenêtre, soit d'un affaissement de la gâche.

▶ Vous devrez alors poncer le pourtour de la fenêtre afin de faciliter sa fermeture ou, selon le cas, changer la position de la gâche concernée pour l'aligner avec la tringle.

Faire fonctionner la crémone. Si la rotation de la poignée, fenêtre ouverte, n'entraîne pas le déplacement des tringles, le problème se situe sans doute au niveau de la crémone. Leur déplacement peut être empêché par un excès de peinture séchée ou une mauvaise lubrification.

▶ Décapez la peinture avec une brosse métallique puis du papier de verre.

▶ Nettoyez les pièces incriminées à l'aide d'une toile émeri et du pétrole.

▶ Lubrifiez le boîtier de la crémone en y versant des gouttes d'huile.

N'hésitez pas à démonter la poignée en ôtant sa goupille qui la maintient dans son axe.

● **À noter :** Le bois d'une fenêtre très ancienne a pu « travailler » au point de déformer les tringles de la crémone qui finissent par frotter dans leurs coulisseaux. Il vaut alors mieux démonter toute la crémone et remettre en état tout le châssis de fenêtre de manière que l'ensemble du mécanisme puisse fonctionner normalement.

Supprimer un coincement

Lorsqu'une fenêtre se coince dans son huisserie, évitez de tirer brutalement, vous pourriez casser une vitre. Exercez coup sur coup de petites tractions à l'opposé du point de coincement. Si les vantaux frottent sur les dormants inférieurs, procédez ainsi :

▶ Exercez une traction de bas en haut tout en tirant sur la poignée de la crémone. De l'autre main, appuyez sur la partie supérieure de la fenêtre comme pour essayer de la faire basculer.

▶ Dès que la fenêtre est ouverte, repérez l'endroit où elle coince en manœuvrant les vantaux. Vous pouvez recouvrir de craie les chants de l'huisserie pour détecter la zone de frottement.

▶ Utilisez du papier de verre pour poncer le chant inférieur du vantail récalcitrant ainsi que l'huisserie inférieure du dormant.

Nettoyer la gueule-de-loup. Très souvent, les vantaux fonctionnent librement l'un

Lasures, vernis et peintures

– Les lasures sont faciles à appliquer mais il est nécessaire de les renouveler environ tous les deux ans pour qu'elles continuent à être efficaces.

– Les vernis, le plus souvent utilisés pour les menuiseries de qualité, doivent également être renouvelés tous les trois à quatre ans, selon leur qualité et le degré d'exposition des fenêtres. N'attendez pas que le bois commence à se craqueler ou à se décoller pour intervenir, sinon vous devrez le décaper entièrement.

– Quant aux peintures, leur résistance accrue vous permet de choisir des qualités capables de prolonger la durée de vie du bois.

Mais, avant de repeindre les bois d'une fenêtre, vous devrez décaper les anciennes couches de peinture et passer une couche d'impression.

après l'autre mais la fenêtre coince quand ils sont enclenchés l'un dans l'autre. Ce problème est souvent dû à un excès de peinture ou à la présence d'un corps étranger. Vous obtiendrez une fermeture normale en ponçant, avec une brosse métallique puis du papier de verre, la gueule-de-loup. Vous en profiterez pour nettoyer également le pourtour de la fenêtre : brossez la rainure et dégagez les trous facilitant l'écoulement des eaux de pluie.

La vérification des paumelles. La plupart du temps, les fenêtres anciennes sont, comme les portes, montées sur des paumelles. Ces dernières peuvent être à l'origine d'un grincement ou d'un frottement et leur remise en état demande les mêmes précautions que celles qui sont préconisées pour les portes.

Poser un film de protection solaire

Si vous disposez d'une sous-pente comportant une baie vitrée, vous pouvez recouvrir la vitre d'un film solaire. L'avantage sera de conserver dans ce local sous le toit une température agréable, surtout l'été. Il existe différents modèles d'écran, généralement bleutés, qui réduisent près de 100 % des rayons ultraviolets et environ 50 % de la chaleur solaire.

La pose. Installez un plan de travail pour préparer et découper le film. La vitre devra être lavée puis vaporisée à l'eau savonneuse (➡ SÉQUENCE). À mesure que vous retirez la pellicule protectrice du film, aspergez la face adhésive d'un produit lave-vitres. Retournez ensuite le film, pour appliquer le côté adhésif contre la vitre. Marouflez soigneusement pour chasser les bulles d'air et l'humidité provenant du lave-vitres.

Rénover une fenêtre en bois

Les huisseries en bois des fenêtres subissent au fil du temps une lente dégradation imputable aux effets combinés du soleil, du froid, de la pluie et du vent. À la longue, la pein-

La pose d'un film de protection solaire

1 **Vaporisez de l'eau savonneuse.** Après avoir lavé la vitre, recouvrez-la d'une bonne dose de solution savonneuse.

2 **Plaquez le film à l'envers.** Le côté pellicule doit se trouver vers vous. Le film adhère à la vitre grâce à l'humidité. Retirez alors la pellicule.

3 **Retournez le film à l'endroit** et plaquez-le contre la vitre. Ajustez sa position puis marouflez en douceur à l'aide d'un chiffon sec pour chasser les bulles d'air.

ture finit par s'écailler, le bois gonfle et gauchit. Le jet d'eau, partie basse et saillante des vantaux chargée d'écouler les eaux de pluie est la partie le plus exposée (→ SCHÉMA P. 192).

Dès la belle saison revenue, dégondez vos fenêtres et posez-les sur un tréteau : ainsi sera-t-il plus commode de procéder à leur rénovation. Vous aurez pris soin de protéger auparavant le sol d'une bâche.

Le dégondage d'une fenêtre. Soulevez les vantaux afin de désaccoupler les paumelles. Tenez l'ensemble vertical et ne vous laissez pas entraîner par le poids. N'hésitez pas à vous faire aider et n'appuyez pas les mains sur les vitres.

La remise en état. Commencez par décaper la fenêtre (→ SÉQUENCE).

– Utilisez un papier de verre à grain fort puis prenez au fur et à mesure un grain plus fin.

– À l'aide d'un couteau, ôtez les parties friables du mastic puis aspirez les poussières résiduelles.

– Passez une éponge humide sur l'huisserie que vous rénovez.

– Reconstituez les parties fissurées du bois avec une pâte à bois pour usage extérieur. Certains mastics sont disponibles dans le commerce à cet effet. Après avoir comblé les vides, lissez, laissez sécher et poncez les bavures.

– Vous appliquerez un durcisseur pour renforcer la solidité du bois.

Passez ensuite à la remise en peinture ou au vernissage (→ ENCADRÉ P. 204). ■

LES OUTILS

- brosse à rechampir
- brosse métallique
- brosse plate
- grattoir
- ponceuse électrique
- riflard
- ruban adhésif de protection

La rénovation d'une fenêtre en bois

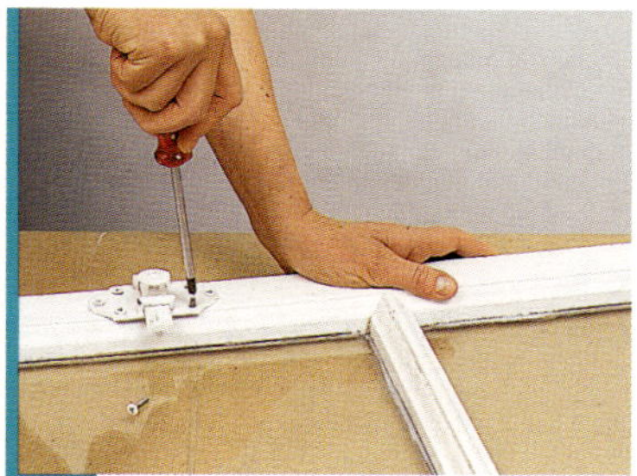

1 **Enlevez les ferrures.** Pour bien travailler, votre fenêtre doit être libre de toute partie métallique. Commencez ensuite à décaper la peinture avec une brosse métallique.

2 **Traitez le jet d'eau.** Continuez le décapage sur cette partie en employant une spatule. Profitez-en pour enlever les endroits vermoulus. Finissez à la feuille abrasive à grain fin pour égaliser.

3 **Enlevez le vieux mastic.** Utilisez un couteau, puis une petite ponceuse triangulaire (équipée d'abrasifs de moins en moins gros) sur les petits-bois. Posez le mastic frais.

4 **Appliquez un durcisseur.** Pour éviter de laisser le bois tendre en l'état, raffermissez-le avec un enduit de réparation, un mastic spécial ou une pâte à bois.

5 **Masquez le bord des vitres.** Collez un ruban de masquage avant de procéder à la mise en peinture. Attention à ne pas peindre le mastic frais.

6 **Repeignez l'huisserie.** Appliquez une première couche à l'aide d'une brosse à rechampir. Finissez par une deuxième couche qui unifiera la teinte.

Changer de fenêtre sans travaux de maçonnerie

© Tryba

Il est possible de remplacer une fenêtre vétuste par un modèle récent sans devoir refaire la maçonnerie. Cette opération n'est réalisable que si le mur portant la fenêtre est en bon état ; le cadre fixe de la fenêtre existante peut alors rester en place et recevoir la nouvelle fenêtre conçue sur mesure.

Cette solution permet d'éviter d'importants travaux, mais il convient de bien choisir le modèle de rénovation : la nouvelle fenêtre, conçue pour améliorer le confort thermique et acoustique, ne doit pas réduire la surface vitrée de l'ouverture. Ce que les professionnels nomment le « clair de vitrage » doit être sensiblement identique à l'ancien ou rester dans des limites acceptables. Ainsi, des fenêtres à deux vantaux sont parfois remplacées par des modèles à simple vantail (dépourvus de croisillons) afin de récupérer le clair de vitrage nécessaire à un bon éclairage naturel des locaux.

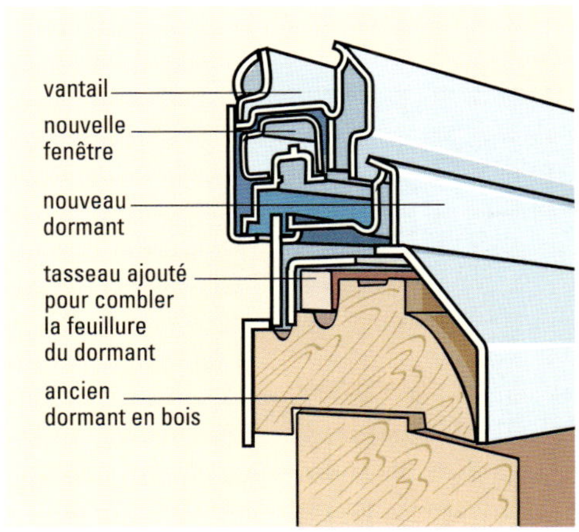

1. *Pose d'une fenêtre en PVC sur un ancien dormant en bois.*

Choisir une fenêtre en PVC ou en aluminium ?

Avec le PVC, vous disposerez d'un matériau inaltérable, qui se nettoie facilement avec une éponge. Le plus souvent de couleur blanche, la fenêtre en PVC s'adapte à toutes les architectures et reste, en France, le modèle le plus vendu. Pour plus de sécurité, choisissez un modèle renforcé par un cadre métallique : un profilé en acier traité vient alors doubler le profil en PVC. Cette armature donne de la rigidité aux vantaux, permet des verrouillages efficaces à la fermeture et autorise le vissage des paumelles dans l'acier. En fait, il s'agit d'une fenêtre en acier totalement « gainée » de PVC.

Les fenêtres en aluminium dominent les réalisations contemporaines mais s'adaptent bien à l'ancien. L'étroitesse des profilés, leur résistance et la possibilité de choisir des couleurs stables permettent d'établir des châssis esthétiques et performants avec lesquels il est aisé de conserver une large surface vitrée.

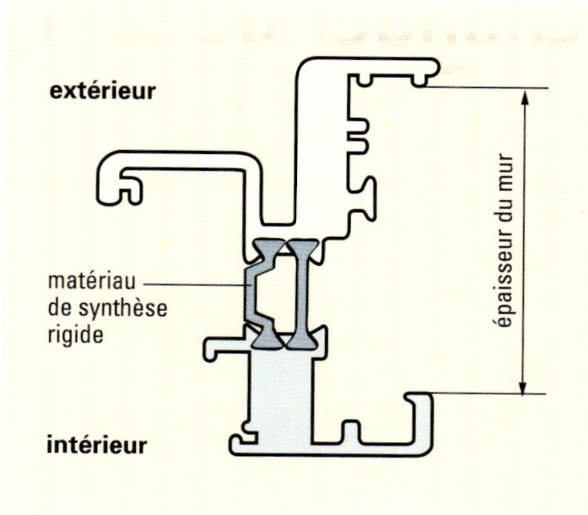

2. *Profilé en aluminium à rupture de pont thermique.*

Pour certaines rénovations, l'échange d'une fenêtre en bois avec un châssis en aluminium permet même souvent d'augmenter le « clair de vitrage ». (→ CROQUIS 1)

Montage d'une fenêtre en PVC

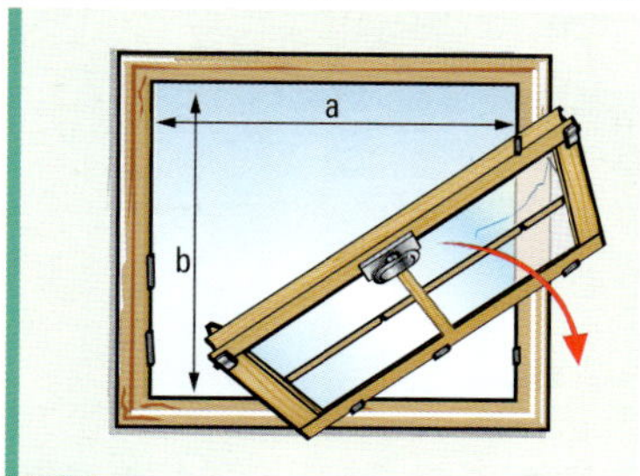

1 **Démontez les vantaux.** Relevez les dimensions pour la fabrication sur mesure de la nouvelle fenêtre.

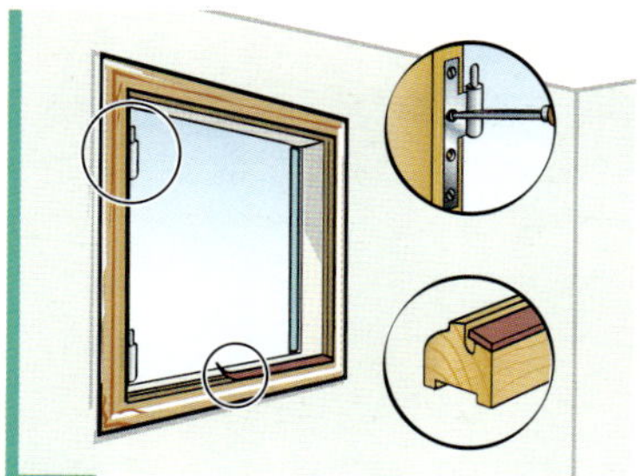

2 **Contrôlez la fixation du cadre** existant. Assurez l'étanchéité de l'ancien dormant. Démontez les paumelles.

3 **Présentez le nouveau cadre PVC,** assurez l'étanchéité au silicone. Emboîtez l'ensemble et vérifiez l'équerrage.

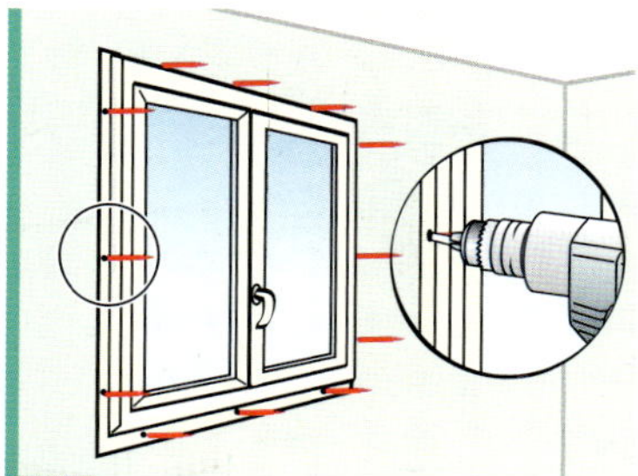

4 **Fixez le nouveau cadre** sur l'ancien bâti à l'aide de vis spéciales tous les 30 ou 40 cm.

5 **Montez les cadres** tout autour pour masquer l'ancien bâti bois et assurez l'étanchéité à l'aide d'un mastic silicone.

6 **Procédez aux finitions** extérieures, avec ou sans croisillons.

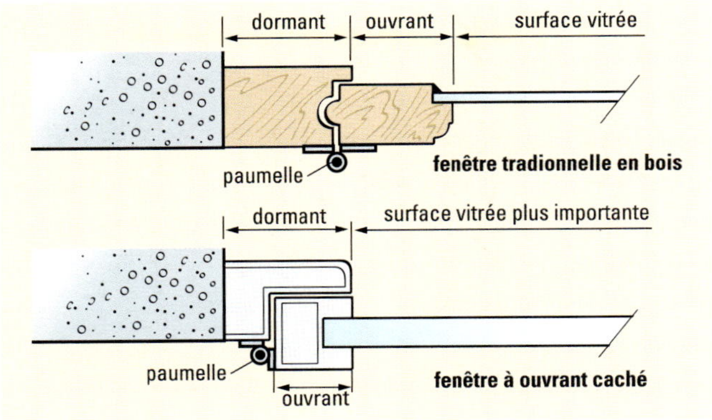

Des profilés à rupture de pont thermique

Toutes les fenêtres métalliques ont des profilés en aluminium à rupture de pont thermique, c'est-à-dire que les profilés intérieur et extérieur sont séparés par un matériau de synthèse qui supprime toute conduction de chaleur. Cette disposition élimine les condensations et la sensation de paroi froide (→ CROQUIS 2 P. 207).

À noter : Étant donné que les profilés extérieur et intérieur sont séparés, ils peuvent être d'une couleur différente. Cette possibilité de bicoloration séduit beaucoup les professionnels de la décoration. ■

Les fenêtres à ouvrants cachés

Cette astuce de fabrication apparue en 1995 permet de cacher l'ouvrant derrière le dormant lors de la fermeture de la fenêtre. Le dormant – partie fixe de l'huisserie scellée dans la maçonnerie – comporte une sorte de feuillure qui reçoit les vantaux. Ainsi, vu de l'extérieur – fenêtre ouverte ou fermée – la largeur du dormant reste identique. Cette disposition autorise un gain important de la surface vitrée (→ CROQUIS CI-DESSUS).

Attention à la réduction du « clair de vitrage » !

Avant

L'ancienne fenêtre était en bois, d'une épaisseur de 35 mm, équipée de simples vitrages. Le manque d'isolation contraint le propriétaire à changer de fenêtre.
La fixation du nouveau cadre s'effectue par vissage sur le bâti en bois existant.
Ce montage ne nécessite pas de toucher à la maçonnerie.

Après

La nouvelle fenêtre en PVC est équipée de doubles vitrages et d'un double joint périphérique à la fermeture des vantaux. L'ancienne fenêtre possédait une surface vitrée de 10 792 cm². La nouvelle présente une surface inférieure : 9 362 cm², soit une réduction de 1 430 cm², ce qui n'est pas négligeable.

Volets, persiennes et stores

Les volets et persiennes ont différentes fonctions. Ils renforcent la résistance des baies vitrées aux effractions, occultent la lumière lorsqu'ils sont fermés, et constituent de bons isolants thermiques et, en certains cas, phoniques. Quant aux stores extérieurs, ils permettent essentiellement de moduler les apports de lumière. Si une «persienne» est normalement définie comme un volet présentant des lames ajourées, les fabricants utilisent en général ce terme pour désigner les volets pliants, comptant plusieurs vantaux qui se replient en accordéon, qu'ils soient ou non persiennés.

Les deux grandes catégories de volets sont les battants et les roulants. Les uns et les autres peuvent être en métal, à savoir en acier ou en aluminium, en PVC, ou en bois. C'est ce dernier matériau qui présente les meilleures performances isolantes, protégeant de la chaleur l'été et limitant les déperditions calorifiques l'hiver. Il n'est toutefois pas toujours possible de choisir. Dans les immeubles collectifs ou certains lotissements, matières et couleurs autorisées sont le plus souvent précisées, dans un souci d'unité, par le règlement de copropriété.

Un volet persienné comprend des lames ajourées filtrant la lumière.

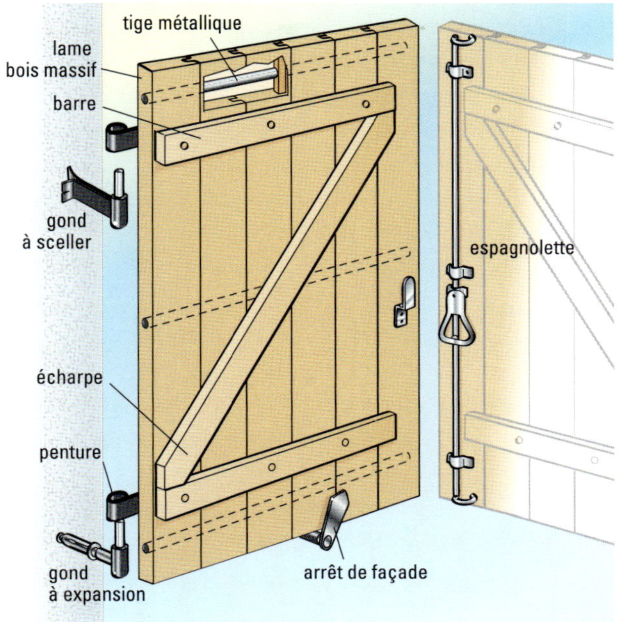

Un volet battant en bois massif montrant un assemblage en «Z», typique des maisons anciennes.

Les volets battants

Les volets battants équipent encore traditionnellement la grande majorité des maisons. Leur aspect varie souvent suivant les provinces, participant au caractère de l'habitat régional. Ils sont aujourd'hui fabriqués en usine suivant des dimensions standards. Mais si vous possédez des fenêtres hors normes, vous pouvez faire appel à un menuisier, ou les réaliser vous-même à partir de lames en bois massif, de préférence de châtaignier, et éventuellement de pin.

Les modèles les plus courants sont les volets dits pleins, généralement en bois (→ **CROQUIS**). Mais de nombreux modèles sont persiennés et comportent des lames ajourées horizontales (→ **PHOTO**). En position fermée, aux heures chaudes de la journée, ils laissent agréablement passer l'air tout en filtrant les rayons du soleil. Les lames sont dites américaines, françaises ou ajourées, suivant la largeur du pas. De manière générale, la rénovation des volets battants est plus aisée que celle des volets roulants.

Fenêtre et volet en un seul bloc

Le bloc-baie, ensemble monobloc préfabriqué en usine, se compose à la fois d'une fenêtre, en général isolante, et d'un volet roulant. Les professionnels l'installent parfois sur le dormant de l'ancienne fenêtre quand ce dernier est en bon état. Cette solution permet une pose très rapide, mais diminue légèrement les dimensions de l'ouverture d'origine et, par conséquent, la luminosité de la pièce.

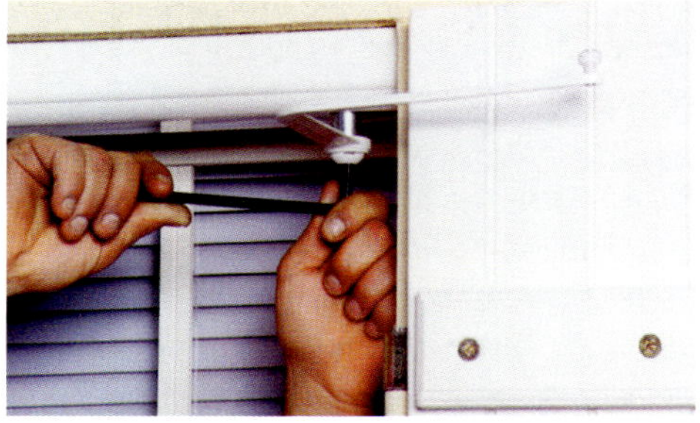

1. *Un système avec actionneur et bras articulés pour motoriser les volets battant.*

Motoriser des volets battants. Manœuvrer des volets battants oblige à ouvrir et fermer la fenêtre, et interdit donc logiquement toute commande à distance. Il existe toutefois un système, dit «actionneur», qui permet de les motoriser (➡ **PHOTO 1**). Installé sur le linteau et muni de deux bras articulés que l'on fixe sur les deux battants, il est ensuite raccordé au réseau électrique. Ce type d'installation peut être intéressant dans une grande demeure, pour fermer tous les volets à l'aide d'une télécommande, ou encore lors de la mise en place de systèmes de sécurité visant à simuler une présence par l'ouverture et la fermeture des volets à des heures préprogrammées.

Les persiennes pliantes

Les persiennes pliantes comprennent plusieurs vantaux qui se replient en accordéon sur l'épaisseur du mur de façade (➡ **PHOTO 2**). Elles peuvent être pleines ou ajourées. Les plus modestes comptent au moins quatre vantaux, et les plus grandes, jusqu'à douze, convenant ainsi aux différentes largeurs de fenêtres. Lorsqu'elles sont guidées en haut en bas par des rails, elles sont dites coulissantes : ces dernières n'occultent toutefois pas parfaitement la lumière en position fermée, des interstices subsistant entre les vantaux, d'où une plus grande vulnérabilité aux effractions.

Les volets roulants

Ce sont des volets roulants, qui, désormais, protègent le plus souvent les fenêtres ou portes-fenêtres des immeubles collectifs et des maisons modernes. Ils sont bien adaptés aux larges baies ou aux portes-fenêtres coulissantes (➡ **PHOTO 3**). Réalisés sur mesure, ils peuvent également occulter des fenêtres ou des verrières aux formes arrondies ou angulaires. Ils se manœuvrent en général de l'intérieur, au moyen d'une sangle ou d'une manivelle, ou à distance, avec une télécommande, si le volet est motorisé.
Un volet roulant est toujours monté dans un coffre fixé soit sous le linteau, soit en applique sur la façade au-dessus de la fenêtre. Le tablier s'enroule autour d'un cylindre et présente des lames horizontales articulées, reliées à la verticale par des sangles ou des chaînettes. Il est guidé de

2. *Une persienne pliante peut compter de quatre à douze vantaux articulés.*

part et d'autre par deux coulisses qui en assurent la stabilité.
Lors de l'achat, veillez à ce que ces coulisses soient munies de plusieurs joints brosses ; ils atténuent les bruits dus au frottement et limitent le flottement du tablier les jours de vent. Faites également attention aux qualités isolantes des lames ou aux différentes possibilités de verrouillage... Certains volets se bloquent automatiquement en rencontrant un obstacle : un animal, par exemple. D'autres sont bien protégés contre les effractions. Cela peut constituer des plus non négligeables, surtout pour les fenêtres de rez-de-chaussée. Pour une qualité garantie, n'hésitez pas à acquérir un produit bénéficiant de la marque NF Fermetures (→ **ENCADRÉ**).

Les stores extérieurs

La fonction essentielle d'un store est d'atténuer et de moduler la luminosité : il évite les éblouissements et protège ordinateur, tableaux ou tissus muraux des effets du rayonnement solaire. Constitué en partie, comme le volet roulant, d'un cylindre et d'un tablier, un store extérieur se termine par une barre de charge qui assure sa stabilité. Des bras articulés sur les côtés ou sous la toile permettent de le déplier (→ **PHOTO 4**). Il est actionné soit par une manivelle, soit à distance s'il est motorisé. Les stores extérieurs sont généralement en tissu : en toile, en polyamide ou en « screen », à savoir en fibres de verre enrobées de PVC. Parmi eux, les bannes, des stores à projection destinés aux grandes ouvertures, créent devant la façade un ombrage à la façon d'un auvent dont on peut régler l'inclinaison. ■

© Storistes de France

4. *Ce store de toile à projection ajustable de 90 à 180°, manœuvrable par manivelle, permet une protection solaire efficace, adaptée à tout moment de la journée.*

© Storistes de France

3. *Les volets roulants sont les volets les plus utilisés dans les constructions neuves, notamment celles pourvues de larges baies.*

Les produits certifiés NF

La marque NF Fermetures certifie notamment les volets roulants et les persiennes coulissantes. Elle se base pour cela sur la classification Vemcros, qui étudie et mesure les performances suivantes :
- **V** : *résistance au vent (de V1, pour la plus faible, à V3 pour la plus forte).*
- **E** : *endurance : elle estime la durée de vie du produit (de E1 à E3 : E1 correspond à 7 000 cycles d'ouverture/fermeture ; E3 à 14 000 cycles).*
- **M** : *facilité de manœuvre (M1 à M2).*
- **C** : *résistance aux chocs (C1 à C3).*
- **R** : *bon comportement à l'ensoleillement (pas d'échelle).*
- **O** : *bonne occultation de la lumière en position fermée (pas d'échelle).*
- **S** : *corrosion (S1 à S2).*

Rénover les volets battants

LES OUTILS

Outils décapage
- brosse métallique
- ponceuse triangulaire ou à double pointe
- racloir
- spatule

Outils assemblage avec équerres
- ciseau à bois
- spatule
- tournevis

Exposés continuellement aux intempéries, les volets se dégradent vite. Une remise en état nécessite ainsi beaucoup de soin et l'utilisation de produits spécifiques. Peinture, vernis ou lasures ne masquant jamais les imperfections de la surface, la préparation par décapage et ponçage est en général indispensable. Elle garantit en outre une meilleure tenue dans le temps.

Décaper le bois et le métal

Dès que la peinture ou le vernis d'un volet s'écaille, présente des fissures ou des cloques, un décapage et une remise en état s'imposent. Cela vaut aussi bien pour les volets en métal que pour ceux en bois.

▶ Avant tout, démontez les volets et posez-les à plat sur deux tréteaux.

▶ Puis, à l'aide d'un grattoir et d'une brosse métallique, éliminez toutes les écailles de peinture déjà prêtes à tomber.

▶ Dépoussiérez avant d'appliquer un produit décapant au pinceau.

Si vous optez pour un décapant classique, à base de chlorure de méthylène par exemple, travaillez loin d'une flamme et à l'abri du soleil, tenez-vous dans un endroit ventilé et portez un masque filtrant. Avec les produits de nouvelle génération, ces précautions sont inutiles. Tout aussi performants, mais moins agressifs, ils ne sont ni inflammables, ni volatils mais solubles dans l'eau.

▶ Lorsque des cloques apparaissent, environ 15 minutes après l'application du produit, raclez la surface afin d'éliminer le décapant et la peinture désormais amollie (→ SÉQUENCE).

▶ Rincez à l'eau claire et laissez sécher.

● **À noter :** Si vous avez plusieurs volets à traiter, en bois ou en métal, vous pouvez les confier à un centre de décapage qui les trempera dans une solution corrosive.

Réparer un volet vermoulu

Après décapage, vous constaterez peut-être que votre volet est vermoulu et fendu par endroits, ou que les assemblages sont fragilisés. Il convient alors de le renforcer avant d'appliquer peinture, vernis ou lasure.

Reboucher les trous. Ôtez d'abord les parties malades au ciseau à bois ou avec une râpe.

Si le bois n'est vermoulu qu'en surface, vous pouvez utiliser pour unifier un mastic à bois synthétique appliqué avec une spatule humide.

Si le bois est vermoulu en profondeur, préférez une résine synthétique telle le Résibois. Ce produit liquide s'infiltre dans les inter-

Décaper un volet en bois

1 **Ôtez la couche de peinture.** Pour les surfaces facilement accessibles, utilisez une spatule ; pour les coins et les lames, un racloir ou un couteau de peintre.

2 **Finissez à la laine d'acier** ou avec une brosse métallique. Puis rincez abondamment à l'eau claire. Si des traces de peinture subsistent, repassez du décapant.

3 **Lissez à la ponceuse.** Après décapage, utilisez une ponceuse vibrante, par exemple triangulaire, pour ôter les échardes et aspérités et obtenir une surface lisse.

Du zinc contre les intempéries

Pour éviter que l'eau de pluie n'imprègne l'extrémité haute du volet et n'entraîne un pourrissement du bois, garnissez la partie supérieure du battant d'une feuille de zinc pliée en forme de « U ».

stices et forme, après séchage, une solide armature qui consolide toute la zone dégradée. Appliquez des couches successivement et laissez bien durcir ; recommencez autant de fois que nécessaire, jusqu'à ce que la fissure soit totalement bouchée.

Renforcer avec une équerre. Dans le cas d'un volet persienné, vous pouvez en outre renforcer l'assemblage des traverses et des montants avec des équerres plates assez longues (→ SÉQUENCE). Ces dernières doivent être vissées dans les angles et bien centrées. Faites une empreinte à l'aide d'un ciseau à bois pour les encastrer. Vous les masquerez ensuite avec de la pâte à bois ou de l'enduit à peinture.

Peindre des volets en bois

Vous ne pouvez peindre un volet sans le décaper que si la surface n'est en aucune façon écaillée ou fissurée et à condition d'utiliser la même peinture que celle d'origine. Sinon, vous devez décaper, poncer et, si le bois est poreux, appliquer au préalable une peinture d'apprêt ou un produit bouche-pores.

Les peintures les plus adaptées aux volets en bois sont les peintures glycérophtaliques ou les émails glycéros, traités spécialement pour ne pas jaunir. Pour plus de confort, utilisez une brosse avec des poils en soie de porc. La première couche doit être diluée avec 5 à 10 % d'un solvant de type white-spirit. Trempez la brosse dans la peinture jusqu'à moitié, essorez légèrement et essayez de couvrir un maximum de surface sans reprendre de peinture. Mieux vaut superposer deux ou trois couches minces, et éviter les coulures, plutôt que passer une seule couche épaisse. La deuxième couche est appliquée pure, sans solvant. Laissez sécher et durcir à l'abri de la poussière.

Peindre des volets en métal

Comme un volet en bois, un volet en métal doit être décapé avant d'être peint. Il convient ensuite de le traiter afin d'éviter la formation de points d'oxydation. En ce domaine, une peinture antirouille ne suffit pas. Par contre,

Renforcer l'assemblage avec des équerres

1 **Creusez le logement des équerres.** À l'aide d'un ciseau à bois, faites deux entailles assez profondes pour que l'équerre s'encastre dans le bois.

2 **Fixez les équerres.** Veillez à ce que les équerres s'ajustent bien dans leur logement, puis fixez-les solidement avec des vis en acier inoxydable ou en laiton.

3 **Recouvrez de pâte à bois.** Appliquez à la spatule jusqu'à masquer les équerres, et lissez bien. Attendez que la pâte soit bien sèche pour poncer.

© Xylochimie-Bondex

certains antirouilles incolores, tel le Rustol, non seulement stoppent l'oxydation, mais en outre transforment les points déjà existants en pigments protecteurs.

Appliquer l'antirouille. Avant de peindre, appliquez l'antirouille sur toute la surface, en insistant sur les zones oxydées. Laissez reposer une demi-heure. Avec une brosse métallique, éliminez alors les excédents de rouille. Appliquez une seconde couche sur les zones précédemment grattées. Laissez sécher.

Appliquer la peinture. Plutôt qu'une classique peinture antirouille, préférez ensuite une peinture à l'huile ou glycérophtalique mélangée avec l'antirouille. Pour la première couche, confectionnez une préparation à base de 50 % de peinture et de 50 % de Rustol. Appliquez et laissez sécher. La deuxième et la troisième couches, par contre, ne doivent plus être diluées qu'avec 5 % d'antirouille. Attention, opter pour cette solution interdit l'utilisation de tout autre diluant.

Appliquer un vernis

La préparation du bois avant l'application d'un vernis exige beaucoup de soin. Après décapage, le volet doit être finement poncé, jusqu'à présenter une surface lisse et sans défauts. N'utilisez des mastics à bois que s'ils se fondent dans la teinte générale. Certains vernis sont en outre incompatibles avec des produits antérieurs de formule chimique différente ; lisez bien les notices.

Le mode d'application peut différer d'un vernis à l'autre, mais, la plupart du temps, la méthode préconisée est la suivante, à mettre en œuvre de préférence dans un local tempéré plutôt qu'en extérieur.

La première couche : diluez le vernis avec 50 % de solvant pour obtenir un mélange très fluide. Avec une brosse à vernir de préférence large de 4 à 5 cm, étalez un premier film, le plus mince possible. Laissez bien sécher avant de poncer avec du papier abrasif fin trempé dans de l'eau savonneuse. Rincez à l'eau claire et séchez aussitôt avec une peau de chamois.

La seconde couche : diluez le vernis avec 25 % de solvant. Appliquez en tirant sur la brosse pour allonger le produit en une couche mince dans le sens des fibres du bois. Laissez sécher et durcir, pendant plusieurs jours si nécessaire, puis poncez et lavez de nouveau, comme précédemment.

Les dernières couches : appliquez les troisième et quatrième couches pures, ou seulement diluées à 5 %. Laissez sécher et durcir plusieurs jours.

Placez toujours le volet à l'abri du soleil. Ce dernier hâterait le séchage, au détriment de la bonne tenue du vernis.

Imprégner avec une lasure

La lasure imprègne le bois dont elle met en valeur le veinage en le teintant ou pas. Ne formant pas de film de surface, elle ne risque pas de se fissurer. Elle rend en outre le volet imperméable à l'eau. La plupart des produits protègent également des insectes et des moisissures. Un volet en bois lasuré est très facile à remettre en état. Nul besoin de décapage ni de ponçage, il suffit d'utiliser un produit de même nature et de même teinte, et de passer une nouvelle couche. Par contre, lasurer un volet anciennement peint ou vernis implique que le bois soit très sain, parfaitement décapé et poncé… et assez beau pour que le résultat soit à hauteur de la peine. ■

Sécuriser portes et volets

Une serrure de sûreté comporte au moins trois points de verrouillage : au centre, en haut et en bas.

La crainte du vol et des agressions suscite une offre abondante de dispositifs anti-intrusion, de la serrure traditionnelle renforcée aux systèmes d'alarme. Aucun n'est dans l'absolu inviolable, et tous visent surtout un effet dissuasif. La plupart des cambrioleurs procèdent en effet au hasard et reculent si l'effraction nécessite trop de temps ou génère trop de bruit. En ce cas, une porte blindée, une serrure de sûreté, renforcées éventuellement par un signal d'alarme, peuvent suffire à les déstabiliser. À condition, bien sûr, que l'occupant des lieux fasse preuve en parallèle de prudence…

Quelques règles de base

En matière de protection anti-intrusion, il faut avant tout montrer du bon sens. N'oubliez pas que le niveau de sécurité d'un ensemble ne dépasse jamais celui de son point le plus faible. À quoi bon installer une porte blindée si la fenêtre du rez-de-chaussée est dotée de volets mal ajustés? Vous devez donc tester la résistance de tous les accès : portes-fenêtres, vasistas situés à portée d'une échelle, portes de garage, soupirail de la cave, fenêtres de toit… L'état du chambranle, des gonds, l'ajustement des battants sont des points aussi importants que la présence d'une serrure de sûreté. Attention, plus le matériel est complexe, plus sa pose exige de l'expérience. Ne pas se surestimer en ce domaine est simple question de prudence.

Renforcer une porte

Sachant que la majorité des cambriolages en appartements s'effectuent par la porte d'entrée, la première mesure de sécurité consiste à renforcer ce point d'accès. La pose d'une serrure multipoints, si efficace soit-elle contre le crochetage, ne suffit pas. Encore faut-il s'assurer que la porte elle-même ne puisse être ni enfoncée, ni sortie de ses gonds. La solution la plus courante est le blindage, mais il en existe d'autres, moins onéreuses, valables notamment pour les portes à âme pleine, fabriquées à partir d'un matériau massif.

1. *Cornières antipinces pour portes palières.*

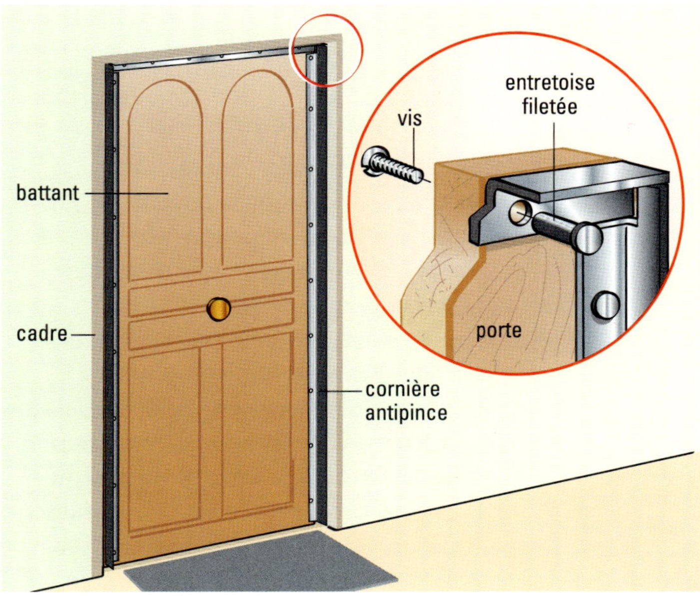

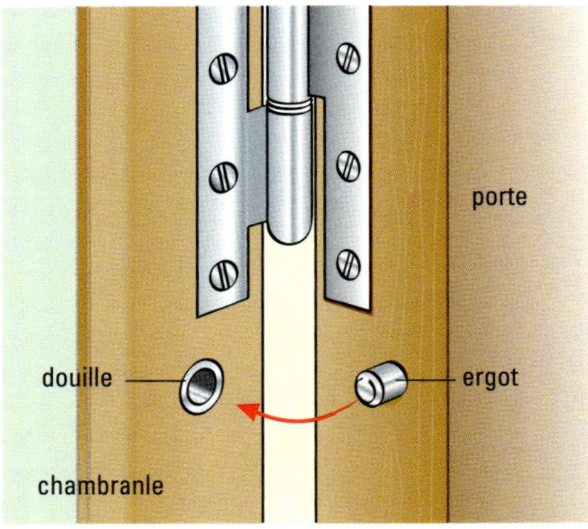

2. *Les renforts de paumelles évitent le dégondage.*

Les cornières antipinces. Installées sur tout le pourtour de la porte, les cornières antipinces sont des lames de fer en forme de «L» qui empêchent d'introduire entre le cadre et le battant un instrument qui ferait office de levier. Elles sont posées sur la face extérieure de la porte, mais fixées à l'intérieur. Après avoir percé les trous nécessaires, mettez en place la cornière avec des douilles sans prise et fixez-les de l'autre côté du battant par des vis (➡ CROQUIS 1 P. 215).

Les systèmes antidégondage. Après vous être assuré que l'huisserie est solidement fixée à la maçonnerie, vous pouvez aussi renforcer les charnières avec un système antidégondage, dit renfort de paumelles. Ce dernier se présente sous forme d'ergots fixés sur le chant de la porte : lors de la fermeture, ils viennent s'encastrer dans des trous percés à cet effet dans le chambranle, bloquant ainsi toute velléité de dégonder la porte par déplacement vertical (➡ CROQUIS 2). Il convient d'installer au moins autant d'ergots que la porte compte de paumelles.

Le blindage. Le blindage consiste à fixer une tôle d'acier sur la face intérieure de la porte. Il est quasi indispensable quand la porte se compose de différents panneaux, et non d'un bloc de matériau massif. Ce type de travail est en général du ressort d'un professionnel. Mais vous pouvez aussi choisir de l'effectuer vous-même et choisir en ce cas des kits adaptables aux vantaux de bois. En tous les cas, veillez à ce que votre porte soit dotée de gonds assez solides pour supporter la surcharge : une tôle d'acier de 1,5 mm pèse 12 kg au mètre carré !

Des portes de haute sécurité. Quand la porte est en trop mauvais état et conserve, quoi que vous fassiez, des points faibles, vous pouvez éventuellement la remplacer par un «bloc-porte» : les plus performants sont à la fois blindés, équipés de serrures à 5 points, munis de gonds renforcés, et vendus avec une huisserie métallique correspondante, à fixer dans la maçonnerie. L'opération est toutefois nettement plus coûteuse que la simple pose d'accessoires de renfort.

Les assureurs et le label A2P

Les contrats d'assurances comprennent toujours des conditions restrictives au remboursement en cas de vol : presque toujours, le cambriolage doit résulter d'une effraction ou d'une agression physique. Ils exigent aussi parfois des protections au niveau de la porte d'entrée et des fenêtres du rez-de-chaussée ; certains demandent notamment que les serrures bénéficient du label A2P (l'inscription A2P est gravée sur le pêne, le canon et les clés). Ce dernier, créé par les assureurs eux-mêmes, classe serrures, verrous et volets en fonction de leur temps de résistance à l'effraction. Une serrure notée A2P* est ainsi censée résister 5 minutes ; A2P**, 10 minutes ; et A2P, 20 minutes.***

Serrures et clés de sûreté

Les serruriers proposent un grand choix de matériels, des plus simples aux plus sophistiqués. Ceux-ci se divisent en deux catégories : les serrures en applique, posées en saillie ; les serrures à mortaiser ou à larder, encastrées dans l'épaisseur de la porte. Ces dernières sont toutefois déconseillées pour les portes d'entrée, car elles peuvent en affaiblir la résistance. Les serrures les plus simples comportent un seul pêne, mais celles dites de sûreté, plus souvent utilisées, comportent 3, 5 ou 7 points de verrouillage. Une serrure à 3 points comprend ainsi une fermeture centrale, qui actionne un pêne

1. *Avant de percer et visser, encastrez la têtière sur le chant de la porte en dégageant la feuillure correspondante au ciseau à bois.*

2. *Les coulisseaux intermédiaires, en haut et en bas, complètent le guidage de la tringle.*

3. *Lorsque vous fixez la gâche haute sur le cadre, veillez à bien visser les vis du bas en diagonale.*

latéral, et, par le biais de tringles, un pêne en partie haute et un en partie basse. Elle est en général complétée par une clé de sûreté. Certaines sont quasi impossibles à falsifier. Quand elles bénéficient du label de sécurité A2P, ce dernier est gravé dessus (➡ ENCADRÉ).

La pose d'une serrure à 3 points en applique

Les serrures de sûreté sont parfois vendues en kit prêt à poser, mais l'opération est difficile pour qui n'a jamais installé de serrure. Elle comprend trois phases : enlever l'ancienne serrure, poser le mécanisme central, ce qui équivaut à poser une serrure en applique, et installer les tringles et les gâches haute et basse.

Poser le mécanisme central. Définissez d'abord l'emplacement de la têtière, du coffret et du canon, éventuellement à l'aide du gabarit fourni par le fabricant. Considérez que la poignée doit être située environ à 1,05 m du bas de la porte.

▶ Percez le trou au diamètre du canon avec une scie cloche, entaillez le chant de la porte avec le ciseau à bois pour encastrer la têtière. Positionnez la serrure, tracez l'orifice du trou de la poignée et percez.

▶ Vissez la serrure sur le chant (➡ **PHOTO 1**) et le battant, après avoir creusé les emplacements des vis à la vrille. Veillez à ce que, sur le battant, les vis soient enfoncées aux trois quarts de l'épaisseur.

▶ Vissez la gâche sur l'huisserie, après avoir pratiqué une entaille au ciseau à bois pour encastrer la têtière. Vissez enfin le cache extérieur.

Installer les tringles et les gâches. Sauf s'il s'agit de tringles télescopiques, coupez d'abord les tringles à la longueur voulue et percez-les au niveau du point d'ancrage pour les accrocher à la serrure.

▶ Fixez les guides. Vissez d'abord les guides de pênes, de part et d'autre de la serrure, puis les guides en haut et en bas de la porte, et enfin les coulisseaux (➡ **PHOTO 2**), répartis le long de la tringle.

LES OUTILS

- marteau
- perceuse
- râpe demi-ronde
- tournevis
- vrille

▶ Creusez les logements haut et bas destinés aux gâches, après avoir défini leur emplacement en actionnant la tringle, porte fermée.

▶ Installez les gâches haute et basse des tringles dans leurs logements, puis fixez-les avec des vis longues (➡ PHOTO 3 P. 217).

La pose d'un verrou

La pose d'un verrou peut renforcer aussi bien une fenêtre, qu'un volet ou une porte. Il peut offrir un point de verrouillage supplémentaire ou encore permettre de fermer une barre de protection latérale. En cas de petit budget, à défaut d'acquérir une serrure de sûreté, vous pouvez par exemple adjoindre à une serrure simple existante deux verrous munis chacun de deux pênes, l'ensemble présentant ainsi cinq points de fermeture. La pose de tous les verrous suit le même principe (➡ SÉQUENCE). Avant l'achat, repérez bien le sens d'ouverture de la porte, et prenez le verrou correspondant.

Entrebâilleur et judas optique

Entrebailleur et judas optique permettent de vérifier l'identité de vos visiteurs avant d'ouvrir et peuvent ainsi éviter une éventuelle agression.

L'entrebâilleur est très facile à installer. Quelques vis suffisent pour poser ses deux éléments ; leur longueur doit être légèrement inférieure à l'épaisseur de la porte pour résister à une poussée vigoureuse (➡ ENCADRÉ). Avant la fixation définitive, vérifiez bien que le coulissement s'effectue sans heurt.

Le judas optique est constitué de deux cylindres, l'un muni d'un cache, pour l'intérieur, et l'autre d'une lentille (➡ PHOTO). Creusez d'abord le trou nécessaire avec une perceuse munie d'une mèche de la taille du cylindre avec lentille. Puis mettez les deux

La pose d'un verrou

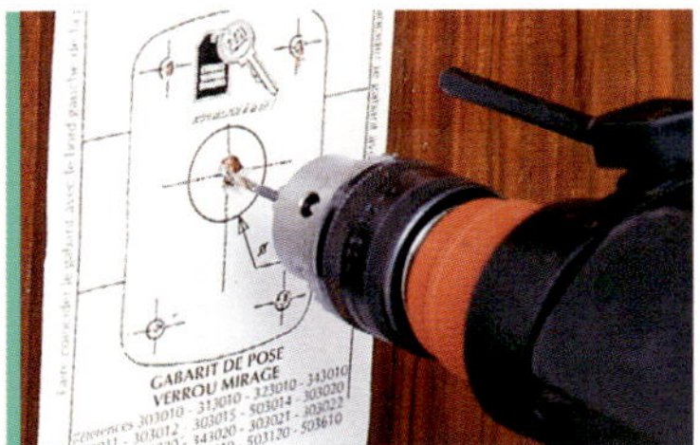

1 **Marquez les repères.** À l'aide du gabarit, marquez l'emplacement du canon et percez les trous de fixation. Attention à ne pas traverser l'épaisseur de la porte.

2 **Percez le trou du canon.** Pour ne pas dégrader le parement de la porte, percez d'abord à partir de la face intérieure, puis, à mi-parcours, à partir de l'extérieur.

3 **Insérez le canon.** Si besoin, rectifiez légèrement les contours du trou avec une râpe douce semi-ronde. Attention à ne pas écailler le parement.

4 **Vissez le coffre.** Insérez les quatre vis dans les avant-trous et vissez-les à fond. Leur longueur doit être légèrement inférieure à l'épaisseur de la porte.

5 **Positionnez la gâche.** Déterminez sa position en actionnant le pêne, puis marquez son contour au crayon et les points de perçage à l'aide d'une vrille.

6 **Fixez la gâche.** Percez les avant-trous dans le chambranle et mettez la gâche en place. Vérifiez que le pêne du verrou s'insère bien avant de visser à fond.

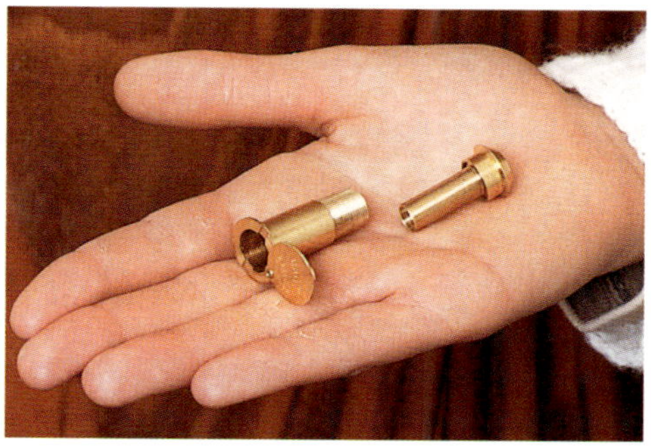

Un judas optique se compose de deux éléments à visser l'un dans l'autre.

éléments en place, en commençant par la lentille, et vissez-les l'un sur l'autre. Deux crans de serrage situés sur le cylindre avec cache permettent de bloquer l'ensemble à l'aide d'un gros tournevis ou d'une pièce de monnaie. Le choix de l'emplacement doit à la fois tenir compte de tous les utilisateurs et offrir le meilleur angle de vue.

Renforcer les volets

Toutes sortes de protections peuvent venir en renfort sur les persiennes et les volets battants. Les plus classiques sont les barres horizontales amovibles. Mais il existe aussi des bandeaux de sécurité fixes dotés d'un verrou et fermant à clé, des crémones sophistiquées et, comme pour les portes, des serrures à plusieurs points d'ancrage. Ces systèmes peuvent s'avérer d'un usage fastidieux au quotidien, mais protègent bien les fenêtres en cas d'absence prolongée. De façon générale, un volet battant en bon état est moins vulnérable à l'effraction qu'un volet roulant standard, en PVC ou aluminium, à paroi simple. C'est pourquoi beaucoup de volets roulants sont vendus équipés de dispositifs de sécurité. Le plus courant, à verrouillage manuel, consiste à intégrer des pênes latéraux dans la dernière lame ; les plus sophistiqués sont commandés électriquement.

Protéger les fenêtres

Quand les fenêtres ne sont pas protégées par des volets, une grille peut constituer un bon élément dissuasif à condition qu'elle soit robuste et solidement scellée à l'entablement. Si son esthétique vous semble discutable, une autre solution consiste à recourir aux vitrages antieffraction. Très épais, feuilletés à base de matériaux composites, ils peuvent, pour les plus solides d'entre eux, résister à des coups de hache ou de masse. Leur efficacité n'en est pas moins liée à celle des châssis, qui doivent être constitués d'une menuiserie très robuste et dotés de systèmes antidégondage. En revanche, mieux vaut oublier les films plastiques transparents dits « de sécurité », à appliquer sur le vitrage existant : ils faciliteraient plutôt la tâche du cambrioleur en lui permettant d'œuvrer sans bruit ! N'oubliez pas que toutes les impostes ou les fenêtres sont vulnérables, y compris celles de la cave et du toit. ■

LA POSE D'UN ENTREBÂILLEUR À TRINGLE

1. ***Posez le premier élément.***
La partie avec l'ergot doit être positionnée à quelques millimètres du chant de la porte. Percez les trous et vissez à fond.

2. ***Vissez le deuxième élément.***
Testez le bon fonctionnement de l'ensemble avant de fixer sur le chambranle la partie avec la tringle. Percez et vissez.

Les systèmes d'alarme

Les différents systèmes d'alarme ne peuvent pas remplacer une protection mécanique, telle que blindage ou serrures de sûreté. Mais ils peuvent en compenser les faiblesses ou en renforcer l'efficacité. Ils présentent un intérêt certain quand la maison comporte trop d'accès pour être totalement sécurisée.

Dissuader et appeler à l'aide

Un système de protection électronique comprend toujours des détecteurs et une centrale, l'ensemble étant activé ou désactivé grâce à un clavier codé, une clé, une carte magnétique ou une télécommande. Dès qu'ils perçoivent une présence, les détecteurs transmettent l'information à la centrale qui déclenche alors une alarme : des sons stridents, des flashes lumineux ou des fumées. L'effet est généralement dissuasif. La centrale peut être couplée avec un transmetteur téléphonique. Elle envoie alors en parallèle un message d'alerte vers trois ou quatre numéros de téléphone préenregistrés, ceux de voisins, par exemple, ou d'une centrale de surveillance, qui, après vérification, prévient si besoin la police. L'abonnement à une centrale de surveillance implique bien sûr un surcoût ; en contrepartie, la plupart des contrats prévoient des tests cycliques de bon fonctionnement.

Installation filaire ou radio

La centrale et les détecteurs peuvent être reliés soit par des câbles, soit par un système radio. Dans ce dernier cas, chaque appareil est autonome et fonctionne au moyen de piles au lithium de longue durée, à changer tous les deux à trois ans. Les deux procédés sont aujourd'hui considérés comme plutôt fiables. Le système radio reste nettement plus coûteux, mais aussi plus esthétique et facile à déposer en cas de déménagement. Si vous optez pour ce système, veillez toutefois à ce que l'ensemble montre une bonne résistance aux phénomènes parasites et à la fraude. Les appareils dotés d'une double fréquence (« twin-pass ») sont moins sensibles aux risques de brouillages, délibérés ou non.

Deux catégories de détecteurs

Il existe deux principaux types de détecteurs. L'un, dit « volumétrique », détecte la chaleur d'un corps dans une zone donnée ; bien placé, il peut balayer avec son faisceau infrarouge la quasi-totalité d'une pièce (→ **PHOTO 1**). L'autre, dit « périmétrique », contrôle un accès en particulier. Cette catégorie-là inclut les appareils suivants.

– Le contacteur : placé sur une porte ou une fenêtre, il réagit dès qu'un battant est entrouvert (→ **PHOTO 2**). Certains sont spécialement conçus pour les volets roulants.

– Le tapis contact : ce sont des bandes ou des pastilles, sensibles au poids, à glisser sous un paillasson, un tapis, une moquette.

– Le détecteur bris de vitre : collé sur une baie vitrée, il réagit au bruit et à l'onde de choc.

La pose d'un système sans fil

Il existe des « kits » assortis de notices qui permettent de poser sans trop de difficulté un système d'alarme radio avec centrale à sirène intégrée.

Le choix des emplacements. Déterminez d'abord les points-clés à surveiller. Au minimum, prévoyez un contacteur sur la porte d'entrée et un détecteur volumétrique dans la pièce principale, placé de manière à protéger la centrale. La distance entre la centrale et ses périphériques ne doit pas excéder 50 mètres. Pour éviter de fausses alertes, n'installez pas les détecteurs dans le champ d'un objet susceptible d'émettre ou de réfléchir des infrarouges, un miroir par exemple. La proximité de canalisations ou d'une installation électrique peut également perturber le fonctionnement de l'ensemble. Les faisceaux de deux détecteurs ne doivent absolument pas se croiser.

1. *Un détecteur de mouvement à infrarouge doit être placé dans un angle supérieur de la pièce à protéger.*

2. *Un détecteur d'ouverture peut fort bien être placé sur la partie supérieure de la porte d'entrée.*

La pose des détecteurs. Le contacteur périmétrique se compose d'un bloc central et d'un aimant. L'un est vissé sur l'ouvrant et l'autre sur le dormant (➜ PHOTO 2). Le détecteur volumétrique est toujours placé en hauteur (➜ PHOTO 1) : pour le fixer, percez le mur et insérez une cheville ; vissez ensuite le socle, sans trop serrer, mettez en place le capot et orientez-le suivant vos besoins, en vous aidant du bouton-test. Comme la centrale, les détecteurs doivent être codés.

La pose de la centrale. Pour mettre la centrale en service, placez les piles et attendez le signal confirmant le fonctionnement. Actionnez ensuite les micro-interrupteurs, pour sélectionner les options : déclenchement immédiat ou retardé, niveau sonore, fonctionnement en mode partiel ou total… Ces petits leviers peuvent être basculés à l'aide d'un tournevis. Entrez ensuite le code choisi et procédez à l'installation (➜ SÉQUENCE).

● **À noter :** Des dispositifs simulent une présence dans l'habitation, et peuvent notamment déclencher et stopper à heures déterminées l'éclairage, les appareils audiovisuels… ■

L'installation d'une centrale à système radio

1 Codez votre installation. Percez sur le gabarit 2 à 6 cases correspondant au code choisi. Positionnez le gabarit sur le circuit imprimé et donnez un tour de foret dans chaque case percée.

2 Marquez les points de fixation à l'aide d'un poinçon et du gabarit fourni par le fabricant. Avant la pose, utilisez le mode test et vérifiez que le haut-parleur n'émet pas de grésillements.

3 Vissez la centrale. Percez aux emplacements prévus et installez des chevilles avant de fixer la centrale avec les vis fournies. Au préalable, insérez l'antenne suivant la notice du fabricant.

Les revêtements

Les différents types de peintures

© Tollens

Une peinture satinée donne aux murs une apparence soyeuse pleine de finesse.

Les revêtements muraux présentent une si grande diversité que le choix de la décoration d'intérieur et d'extérieur semble illimité.

Simple et rapide à appliquer, la peinture est le produit décoratif le plus utilisé. Ce matériau offre une telle multitude de nuances qu'il serait impossible de ne pas trouver le coloris de son choix. Son emploi requiert une bonne préparation des fonds, sinon le résultat risque d'être décevant. Mais la technique de base est facile à maîtriser, le matériel nécessaire simple et peu coûteux et, avec un peu de pratique, vous pourrez obtenir les effets que vous souhaitez.

Vernis, teintures et lasures sont également des produits dont les particularités offrent beaucoup d'intérêt.

Les peintures classiques

Une peinture est une préparation plus ou moins fluide, composée de trois éléments principaux : des pigments, un liant et un solvant. Les pigments fournissent la couleur ; le liant donne à la peinture du corps et son adhérence ; le solvant conserve la préparation liquide jusqu'à son utilisation. Selon les peintures s'ajoutent certains ingrédients spécifiques : plastifiant pour donner de la souplesse au film, siccatif pour déclencher le séchage, charge pour améliorer le pouvoir couvrant, etc.

Outre leur couleur, les peintures se distinguent par leur fini : brillant, satiné ou mat.

Deux groupes de peinture :

– les peintures à solvants, appelées glycérophtaliques, dites en solution essence ou « solvantées » ;

– les peintures à l'eau, acryliques ou vinyliques, dites en phase aqueuse ou en « émulsion eau ».

Les peintures spéciales

À part les deux grandes catégories de peintures, il existe d'autres produits qui, tout en ayant un rôle décoratif, sont élaborés pour des destinations particulières.

Les peintures insecticides. Elles contiennent des principes actifs qui tuent les insectes volants quand ils entrent en contact avec elles et leur effet dure de quatre à cinq ans (Artilin ; Dip).

Les peintures antibactériennes. Initialement destinées au milieu hospitalier, elles détruisent les germes par contact durant plusieurs années (Artilin ; Dip).

Les peintures anti-acariennes. Particulièrement recommandées pour les chambres des personnes souffrant d'asthme, elles ont un double objectif : leurs microcristaux contribuent à détruire les acariens et leur composant fongicide empêche le développement des moisissures dont ils sont friands (Artilin).

Les peintures autolavables. Destinées aux ravalements de façades, ces peintures restent propres, car elles n'accrochent pas les poussières de la pollution et se trouvent nettoyées par les eaux de pluie (Bessier).

Les peintures antirouille. Elles empêchent l'oxydation des métaux ferreux par l'adjonction de composés très enrobants qui viennent renforcer les qualités initiales du produit de base. Certaines cumulent les effets de protection antirouille et microporeuse et s'appliquent indifféremment sur le bois et le métal : nul besoin de changer de peinture pour protéger un volet en bois doté de ferrures métalliques (Kiriol).

© Sika

Le système antigraffiti, préventif et nettoyant, assure une protection efficace des supports bruts contre l'imprégnation des tags et facilite leur effacement.

Les vernis

Il s'agit de produits à base de résines, destinés à protéger le bois et, accessoirement, à le teinter. Comme les peintures, les vernis existent en solution solvantée ou en phase aqueuse. En général, les produits en phase aqueuse protègent aussi bien de l'humidité que les vernis solvantés, mais ils résistent un peu moins à l'abrasion et ont tendance à redresser les fibres du bois, rendant sa surface légèrement rugueuse.

Les vernis « spécial lambris ». Cette mention indique qu'ils sont issus de formules adaptées aux bois résineux, ou que ce sont des vernis gélifiés qui évitent les coulures.

Les vernis « intempéries » et « marine ». Résistant à l'air salin, ils conviennent aux régions exposées aux intempéries. Mats, brillants ou satinés, ces vernis spéciaux existent tous dans une version incolore et dans les tons bois : chêne clair ou foncé, noyer, merisier, acajou, ébène, etc.

Les teintures

Leur objet est uniquement décoratif. À base d'eau ou d'alcool, elles sont proposées dans une grande variété de tons bois et de coloris. Les teintures miscibles entre elles permettent d'élargir la palette des teintes.

Le fini des teintures à l'alcool est satiné, celui des teintures à l'eau est mat.

Les lasures

La lasure peut être transparente ou opaque sans que le veinage disparaisse pour autant. Vous aurez le choix entre les lasures « maigres », à finition mate, et les lasures « riches », à effet satiné.

Ce sont des produits translucides destinés à colorer le bois, à mettre en valeur ses veinures et à le protéger. Les lasures se composent de solvant ou d'eau auxquels s'ajoutent des résines, des pigments, des filtres et parfois des adjuvants fongicides et insecticides. Leur gamme de coloris est également importante, l'effet obtenu dépendant du nombre de couches appliquées.

L'avantage de lasurer le bois réside dans la possibilité de le décorer et d'augmenter sa longévité. Appliquée sur des menuiseries extérieures par badigeonnage ou pulvérisation, la lasure empêche les infiltrations d'eau et évite au bois de devenir grisâtre ou noirâtre sous l'effet des rayons ultraviolets.

La lasure s'élimine naturellement en surface sans cloquer ni fendiller. Elle ne requiert donc ni décapage ni ponçage préalable à une remise en état : un simple dépoussiérage suffit. ■

© Dip

La peinture anticafards permet d'éradiquer ces insectes jusque dans leurs lieux de prédilection.

Les peintures à effets décoratifs

© Guittet

Appliquée à l'essuyé, cette peinture décorative semi-transparente offre la possibilité de produire sur des supports lisses ou non tout un ensemble d'effets.

L'art de la peinture murale a longtemps culminé dans la création de décors inattendus s'inspirant du monde minéral et végétal et jouant, ici et là, avec des trompe-l'œil. Ainsi peut-on encore admirer dans de belles demeures d'époque des pans de mur investis par le marbre, la pierre, le bois, l'écaille de tortue, les feuilles d'acanthe ou de vigne, aux textures et aux formes adroitement imitées. Cette technique, qui demande un long apprentissage et une main sûre, est toujours de mise chez les artisans chevronnés.

Le principe de base

On peut obtenir de nos jours à peu près le même résultat que celui des artistes d'antan. Si l'on veut rompre avec l'uniformité des pièces de son habitation, on aura recours à des peintures spéciales, relativement simples d'emploi et d'un conditionnement pratique. Muni d'un chiffon, d'un gant, d'un peigne ou d'une éponge, vous devriez pouvoir obtenir l'effet voulu.

Sur une peinture de fond d'un ton généralement clair et d'aspect mat, on applique un glacis teinté dont on travaille la surface avant séchage. Selon la technique choisie et l'accessoire utilisé, on obtient des surfaces épongées, chiffonnées, essuyées, des effets d'usure, des couleurs altérées, des aspects flous, etc.

Les produits nécessaires. En général, l'effet décoratif s'obtient en associant l'application de deux produits :

– une couche de fond qui peut être une peinture acrylique blanche ;

– un glacis qui est une peinture légère et transparente.

En remplaçant la peinture de fond par un enduit non lissé appliqué au couteau, on donnera à la surface des reliefs irréguliers. Teintée ou non, la surface ainsi obtenue présentera des tons surprenants et adoptera même, selon le cas, une texture originale.

Pour créer des effets matière

Il existe deux catégories de produits qui jouent non seulement sur la coloration mais aussi sur la texture en donnant un effet matière à leurs supports : les enduits à cirer et le badigeon à la chaux.

L'enduit à cirer. Particulièrement recommandé sur les murs en mauvais état, il en cache les défauts grâce à sa consistance épaisse de deux à trois millimètres. Vous trouverez dans le commerce soit des produits prêts à l'emploi, soit des produits à préparer soi-même. Ces enduits s'appliquent à la taloche ou directement à la main. Comme l'effet recherché est l'irrégularité, même les novices devraient parvenir à des effets décoratifs réussis.

© Tollens-Lafarge

L'essuyé à la chaux est une peinture à l'eau qui s'applique directement sur le badigeon à l'aide d'une éponge de mer.

La chaux. Elle connaît un regain d'intérêt, d'autant qu'elle ne laisse plus de traces blanches lorsque l'on passe la main sur un mur qui en a été revêtu. Comme l'enduit à cirer, la chaux peut s'utiliser avec ou sans colorants. Pour obtenir une coloration, on lui ajoute des pigments ou une préparation déjà teintée. Il est nécessaire de prévoir deux couches successives avec des dilutions différentes. Les proportions et le temps de séchage doivent être bien respectés. On devra aussi s'assurer que le fond sur lequel on travaillera est stable, sinon il faudra passer au prélable une couche de fixateur.

Réaliser un glacis à l'eau

- ***Mélanger un volume de peinture acrylique ou vinylique mate à trois volumes d'eau.***
- ***Pour obtenir la teinte souhaitée, on peut remplacer les pigments par de la gouache pour artistes.***

Obtenir un glacis traditionnel

- ***Mélanger 75 % d'essence de térébenthine avec 25 % d'huile de lin.***
- ***Ajouter quelques gouttes de siccatif par litre du mélange et des pigments colorants au choix.***
- ***Pour un glacis transparent, utiliser un mélange d'huile de lin et de white-spirit à parts égales.***

On peut préférer un mélange à l'eau, mais il faudra travailler plus vite car le temps de séchage sera réduit, contrairement au glacis à l'huile qui laisse plus de temps pour travailler.

Le glacis

C'est une couche de couleur transparente qui donne de l'éclat aux teintes couvrant déjà un support. Il en existe deux formules : à base d'eau ou d'huile. Le glacis à l'eau s'emploie avec des finitions à l'eau et se dilue à l'eau, le glacis à l'huile s'emploie avec des finitions à l'huile et se dilue au white-spirit. Il existe des glacis transparents ou teintés. On les trouve prêts à l'emploi dans le commerce ou on les prépare soi-même (➡ ENCADRÉS).

L'application. Une première couche de peinture glycérophtalique satinée de couleur claire servira de bon support pour le futur glacis. Ce dernier s'applique ensuite à la brosse sur toute la surface, puis on intervient aussitôt avec une éponge, un chiffon, un gant plastique ou caoutchouc, un peigne ou tout autre instrument se prêtant à la réalisation de l'aspect final désiré. Avant d'agir, il est recommandé de faire plusieurs essais sur une surface témoin.

● **À noter :** Il est préférable d'appliquer à la fin une couche de vernis sur une peinture à effet décoratif pour donner plus de profondeur aux couleurs et pour la protéger. L'ensemble des opérations est donc sensiblement plus long que l'application d'une peinture classique unie. ■

Le choix des peintures

La nature de la peinture à utiliser dépend avant tout du support (plâtre, bois, métal) et de l'effet décoratif recherché. L'opposition entre les partisans des peintures à l'huile et les adeptes des peintures à l'eau est en fait un faux problème dans la mesure où l'important est de réaliser avec succès la décoration souhaitée. Or, les caractéristiques des produits diffèrent ainsi que les moyens mis en œuvre pour obtenir l'effet voulu. Vous avez donc à votre disposition un choix très vaste de peintures et de méthodes décoratives.

© Tollens

Les deux grandes classes de peintures

Les peintures à l'huile. Appelées communément «glycéros», elles ont la faveur des professionnels car elles glissent bien sous la brosse, sont faciles à étaler et produisent en surface un film étanche qui les destine en priorité aux cuisines et aux salles de bains. Leur version brillante fournit l'aspect d'une surface «laqué-miroir» apportant une finition sans reproche. En revanche, les «glycéros» diffusent une odeur désagréable et l'évaporation des solvants issus du pétrole requiert en toute température une bonne aération des locaux durant le temps de séchage.

Les peintures à l'eau. Souvent acryliques, elles sont prisées des amateurs pour deux raisons : elles sèchent rapidement et sont presque toujours inodores. Moins étanche que celui d'une «glycéro», le film de surface laisse le support respirer à travers la peinture et permet à l'eau de s'évaporer. En revanche, le brillant de la surface n'est pas parfait. Il est donc préférable de choisir les produits de cette catégorie dans les versions mates ou satinées pour leur application sur le bois ou la maçonnerie. Conçues à base de résines synthétiques, ces peintures en phase aqueuse contiennent elles aussi des dérivés du pétrole, ce qui oblige à prendre également des précautions.

L'évaluation d'une quantité de peinture

Les peintures se présentent en pots ou en bacs de diverses contenances, le plus souvent en conditionnement de 0,5, 2,5, 5 et 10 litres. Les conditionnements destinés aux professionnels sont exprimés en kilos.

Pour évaluer la quantité de peinture :

– mesurez le périmètre de la pièce ;

– ôtez de ce total les grandes ouvertures vitrées ;

– multipliez le résultat par la hauteur sous plafond pour obtenir la surface à peindre ;

– divisez cette surface par le pouvoir couvrant indiqué sur le pot et vous obtiendrez le nombre de litres de peinture nécessaires pour couvrir – en une couche – tous les murs de la pièce. Si vous prévoyez de superposer deux ou trois couches, multipliez cette quantité par deux ou trois.

• Exemple :

Soit une pièce de 5 m x 4 m, d'une hauteur

sous plafond de 2,50 m et possédant une porte vitrée de 2 m de large. La peinture choisie porte l'inscription « 10 à 12 m^2 au litre » et vous désirez superposer deux couches.
Le périmètre à peindre est de :
$(5 + 4) \times 2 = 18$ m – 2 m = 16 m.
La surface à peindre est de :
16 m x 2,50 m = 40 m^2.
Pour une couche, il faut donc :
40 : 10 = 4 litres ou 40 : 12 = 3,33 litres, soit le double pour 2 couches : 7 à 8 litres. Dans ce cas, procurez-vous un seau de 10 litres, souvent plus économique que les petits conditionnements.

À noter : La surface couverte par la peinture que les fabricants indiquent sur l'emballage est souvent théorique et doit être révisée à la baisse. Si vous manquez de savoir-faire, vous ne parviendrez pas à couvrir la surface indiquée. Par exemple, si vous lisez « 10 à 12 m^2 au litre », considérez que vous ne peindrez en fait que 10 m^2.
Mieux vaut voir large lorsque vous divisez la surface à peindre par le nombre de mètres carrés indiqués sur le pot et n'oubliez pas qu'il s'agit d'une quantité pour une seule couche.

© Toupret

Les panneaux et les moulures ouvragés demanderont, bien entendu, plus de peinture que les parois planes. On estime que 6 m de moulure équivalent à une surface de 1 m^2. Enfin, vous achèterez la quantité nécessaire de peinture de la même teinte en une seule fois pour éviter les éventuelles différences de nuance, même s'il s'agit de peinture blanche. ■

CARACTÉRISTIQUES DES DIFFÉRENTES PEINTURES SELON LES SUPPORTS

	Peintures d'apprêt	Peintures solvantées	Peintures en phase aqueuse
Support	murs, plafonds neufs, poreux ou farineux	murs, plafonds, menuiseries, métaux (protégés par un antirouille)	murs, plafonds, menuiseries intérieures
Produit de dilution et de nettoyage du matériel	white-spirit pour peintures solvantées ; eau pour peintures en phase aqueuse	white-spirit ; pour la 1re couche, diluer à 10 ou 15 %	eau (ne pas diluer les peintures monocouches)
Temps de séchage/ d'attente avant la 2e couche	variable selon les composants	6 h ; attendre 12 h pour passer la 2e couche	20 à 30 min ; attendre 4 à 6 h pour la 2e couche
Avantages	évite l'absorption de la peinture par les fonds, masque les éventuelles taches	résistantes quel que soit leur aspect (mat, satiné, brillant)	facilité d'emploi, ne nécessite que de l'eau pour dilution et nettoyage, peu ou pas d'odeur
Inconvénients	nécessite une passe supplémentaire	odeur forte et emploi de solvant pour nettoyage du matériel, néfastes envers l'environnement	relativement fragiles pour certaines, ne conviennent pas pour les métaux

Les différents types de papiers peints

Mis en vogue par les enlumineurs du XVIe siècle, l'art du papier peint a bénéficié au fil du temps des progrès techniques de l'impression et subi l'influence des grands courants artistiques pour devenir un support d'expression incomparable dans la décoration d'intérieur. Uni, gaufré, plastifié, métallisé, adoptant l'apparence du velours, du bois ou du marbre, le papier peint revêt une telle variété d'aspects que l'on en arrive même à s'interroger sur sa véritable nature.

Les différents supports

La gamme de produits que diffusent les fabricants varie du papier blanc à peindre, destiné à unifier une surface fragile, au panoramique couvrant, lé par lé, la surface d'un mur entier. À cela s'ajoutent les frises qui se collent, après la pose, sur le papier peint, destinées à souligner la présence d'un plafond, d'une cimaise, d'un encadrement de porte ou de fenêtre.

Les papiers peints présentent une telle diversité de texture et de coloris qu'il est difficile de les classer. On retiendra cependant les trois catégories suivantes :

Les papiers peints traditionnels. Unis ou à motifs colorés, ils sont fins et légers ou, au contraire, épais, voire doublés et gaufrés. Ce type de papier peint est connu depuis toujours et se vend dans tous les commerces de détail qui se consacrent à l'aménagement d'intérieur, du modeste magasin de couleurs à la grande surface spécialisée. Le choix des motifs et la multiplicité des tons le destinent à toutes les pièces de la maison.

Les papiers « matière ». Leur originalité apporte une note de fantaisie ou d'exotisme appréciable lorsque l'on recherche de nouvelles textures. Pailles japonaises, floqués imitant le velours ou le daim, contrecollés recouverts de liège ou de feuille métallisée, ces papiers contribuent à créer de nouvelles ambiances selon son goût et le choix du support. Ils sont diffusés dans des points de vente spécialisés et livrés sur commande.

Échantillons de papiers « matière ».

Les papiers vinyles. Ce sont des papiers recouverts d'une couche de vinyle imprimée et colorée, expansée à chaud ou à l'aide d'encres gonflantes. La surface de ce type de papier aux reliefs souvent structurés est imperméable, ce qui le destine en priorité aux cuisines et aux salles d'eau. ■

Le choix des papiers peints

Le choix d'un papier peint repose naturellement sur la couleur et le motif recherchés. Il est également conseillé de tenir compte des autres caractéristiques comme le type du support, la technique de pose, ses qualités d'entretien et sa dépose.

© Forbo-murs

Les symboles à connaître

Au dos du revêtement apparaissent des symboles dont la signification vous donnera toutes sortes de renseignements, notamment sur sa résistance à la lumière, son taux de lavabilité, son mode d'application ainsi que les diverses difficultés qui peuvent se présenter lors de sa pose, etc. (→ TABLEAU CI-DESSOUS ET PAGE 234).

Soyez attentif au symbole précisant le mode de dépose : avec un revêtement pelable, par exemple, vous n'aurez aucune difficulté à changer de décor.

Les dimensions

Uni ou à motifs, le papier traditionnel se présente en rouleaux de dimensions normalisées (0,53 m de large sur 10,05 m de long). Ses côtés sont émargés, c'est-à-dire recoupés lors de la fabrication, afin d'obtenir un lé de papier possédant deux lisières parfaitement parallèles entre elles. Cette disposition permet d'afficher les lés bord à bord, sans qu'il soit nécessaire de les faire se chevaucher.

Les dimensions des revêtements moins traditionnels comme les papiers « matière » ne

SYMBOLES IMPRIMÉS AU DOS DES REVÊTEMENTS DANS LES CATALOGUES DE PRÉSENTATION

Lavabilité	Raccords et dessins	Mode d'application des adhésifs	Dépose	Solidité à la lumière
Lavage à l'éponge	Raccord libre	Adhésif appliqué sur le revêtement mural	Arrachable à sec	Satisfaisant
Lavable	Raccord droit	Adhésif appliqué sur le sujet à décorer	Pelable	Bon
Lessivable	Raccord sauté	Préencollé	Arrachable au mouillé	Très bon
Lessivable et brossable	Lés inversés			Excellent

© Casadeco

Cet assortiment de papiers peints offre un ensemble coordonné de couleurs sereines et chaleureuses pour une chambre d'enfant.

sont pas normalisées. Certains fabricants français, anglais ou italiens proposent des rouleaux de 0,68 m, 0,70 m, voire 1 m de large sous des longueurs variant de 8 à 25 m.

À noter : Soyez vigilant lors de la commande, car certains revêtements ne sont pas facturés au rouleau mais au mètre linéaire.

Le calcul des quantités

Pour calculer le nombre de rouleaux qui vous seront nécessaires, voici comment procéder :

▶ mesurez le périmètre de la pièce et déduisez du total la largeur des grandes ouvertures comme, par exemple, une baie vitrée ;

▶ notez la largeur des rouleaux du revêtement choisi ;

Les frises

Elles vous aideront à agrémenter votre décor en apportant du rythme aux volumes de la pièce et en créant des illusions intéressantes sous forme de corniche, de cimaise ou bien de cadre aux ouvertures. Certaines d'entre elles sont autoadhésives et se collent soit sur le papier peint, soit directement sur le mur peint. La simple pose d'une frise peut rajeunir une pièce qui n'a pas été refaite depuis des années.

© Forbo-murs

Nombre de rouleaux de papier peint nécessaires en fonction du périmètre à tapisser

Ce tableau reprend la méthode de calcul ci-dessous. Les chiffres indiqués ne sont valables que pour les papiers peints sans raccord. Pour les supports à motifs, commandez un ou deux rouleaux supplémentaires.

	PÉRIMÈTRE (EN MÈTRES) ET NOMBRE DE ROULEAUX CORRESPONDANTS											
HAUTEUR À TAPISSER	*10 m*	*11 m*	*12 m*	*13 m*	*14 m*	*15 m*	*16 m*	*17 m*	*18 m*	*19 m*	*20 m*	*21 m*
2 à 2,40 m	5	6	6	7	7	8	8	9	9	9	10	10
2,50 à 3,20 m	7	7	8	9	9	10	11	11	12	12	13	14

▶ divisez le périmètre à tapisser par la largeur d'un rouleau pour trouver le nombre de lés à afficher ;

▶ mesurez la hauteur du sol au plafond et calculez le nombre de lés que vous pouvez couper dans un rouleau entier.

Le nombre de lés nécessaires pour tapisser la pièce, divisé par le nombre de lés contenu dans un rouleau, donne le nombre de rouleaux à acheter.

Exemple :

Soit une pièce de 5 m x 4 m, d'une hauteur sous plafond de 2,50 m et possédant une baie vitrée de 3 m de large.

Le périmètre à tapisser est de :
(5 + 4) x 2 = 18 – 3 = 15 m.

Avec des rouleaux de papier peint de 0,53 m de large, il faut juxtaposer
15 : 0,53 = 28,3 soit 29 lés pour tapisser tous les murs.

Le rouleau de papier mesurant 10,05 m de long et la longueur nécessaire d'un lé faisant 2,50 m (hauteur sous plafond), vous pouvez donc couper 10,05 : 2,5 = 4 lés par rouleau.

Le nombre de lés total à afficher (29) divisé par le nombre de lés coupés dans un rouleau (4) donne le nombre de rouleaux à acheter : 29 : 4 = 7,25 soit 8 rouleaux.

● **À noter :** Ce calcul n'est valable que pour les revêtements unis ou les papiers peints sans raccord. Lorsqu'il y a des motifs à raccorder, il est impossible de couper quatre lés par rouleau, on n'en obtient que trois. Selon l'importance du motif qui détermine le raccord, il faut acquérir un ou deux rouleaux supplémentaires.

À l'achat, vérifiez que tous les rouleaux portent le même code. Notez les références du papier, elles sont indispensables pour acheter des rouleaux supplémentaires.

© Forbo-murs (Structures)

Jeu de couleurs entre ces papiers peints sobres et lumineux.

Animé d'un discret motif, ce papier peint apporte un ton printanier particulièrement réussi.

Les couleurs vives du canapé se reflètent en un écho harmonieux sur les papiers muraux.

« E » comme écologique.
Ce nouveau symbole désigne un revêtement sain, antipoussière, imprimé avec des encres sans solvant.

La norme « NF »

Le monogramme NF (normes françaises) apposé sur l'étiquette d'un revêtement mural garantit des informations fiables sur les dimensions indiquées, la lavabilité du matériau, l'indication du raccord, le type de colle à employer et son mode d'application, la dépose, la résistance à la lumière avec un indice minimum de 4 (sur une échelle de 1 à 7), la résistance à la traction à l'état humide et certains critères environnementaux.

La norme «NF entretien». Selon cette norme, est dit «épongeable» un revêtement mural sur lequel on peut éliminer les traces de colle lors de la pose avec une éponge humide sans dommage pour le revêtement (à condition d'opérer tant que la colle est encore humide). Un revêtement est «lavable» lorsque l'on peut éliminer certaines taches à base aqueuse avec un chiffon humide et de l'eau savonneuse. Les taches grasses seront indélébiles pratiquement dans tous les cas.

Un revêtement est dit «lessivable et brossable» si les taches à base aqueuse peuvent être éliminées à la brosse avec un détergent doux. Les graisses, huiles et solvants disparaîtront aussi facilement si l'opération de détachage est immédiate.

L'entretien régulier à l'eau savonneuse d'un revêtement lavable ou lessivable maintiendra sa fraîcheur et éliminera notamment les traces apparaissant habituellement près des radiateurs et des fenêtres. ■

EXEMPLES DE SIGNIFICATION DE SYMBOLES

	Le revêtement est lessivable. La surface et les couleurs résistent aux frottements d'un feutre (ou d'une éponge) imbibé d'eau savonneuse.
	La pose du revêtement nécessite l'encollage du mur et non du papier, avec un produit prescrit par le fabricant.
25 cm	Le revêtement possède un même motif imprimé, qui se reproduit – de haut en bas – tous les 25 cm. Lors de la pose, chaque lé doit être ajusté pour que ses motifs coïncident avec ceux du lé précédent. La pose terminée, tous les motifs du papier se situent sur des lignes horizontales espacées de 25 cm.
	Le revêtement est pelable et le décollage ne nécessite aucun produit. Il suffit de tirer sur chaque lé, en exerçant une traction de bas en haut, pour que le papier-support se dédouble : une pellicule part avec le décor, l'autre reste collée sur le mur, prête à recevoir le nouveau revêtement.

Les revêtements vinyliques

Autrefois plus fonctionnels que décoratifs et le plus souvent utilisés dans les bâtiments administratifs, les revêtements vinyliques offrent aujourd'hui des gammes plus flatteuses et mieux adaptées à l'habitat privé.

Trois types de vinyles muraux

On distingue trois sortes de revêtements vinyliques :

Les tissus vinyliques. Ils comportent une enduction vinylique sur un support textile ou non tissé. Unies ou à relief, leurs surfaces vont jusqu'à imiter à s'y méprendre les peintures décoratives à effet matière et leur avantage réside dans une pose bien plus rapide.

Les mousses vinyliques. Plus épaisses, elles absorbent les petits défauts de planéité et conviennent donc aux supports anciens. Souples, elles épousent volontiers les faibles variations du support, mais elles sont plus fragiles que les tissus vinyliques et plus exposées au déchirement. Certaines mousses possèdent un support en voile non tissé qui assure leur stabilité dimensionnelle et permet une dépose rapide de la mousse, qui est alors pelable.

Les vinyles compacts. Extrêmement résistants, ils sont constitués d'un support non tissé sur lequel est déposée la matière vinylique solide (qui n'est pas une mousse). Cette technique permet de réaliser des imitations saisissantes de matières (faïence, par exemple) grâce au relief et à la précision des motifs obtenus par ce procédé.

Les dimensions

Les revêtements vinyliques se présentent en rouleaux de dimensions variables, souvent plus grandes que celles des papiers peints. Les rouleaux mesurent 0,70 m, 1,30 m voire 1,50 m de large, pour des longueurs de 25 à 50 m. De ce fait, les modèles ne sont pas vendus au rouleau mais détaillés au mètre linéaire.

Le choix

Les revêtements vinyliques existent sous de nombreux modèles allant des unis (ou légèrement pigmentés) aux petits motifs, dont certains imitent les tissus. Ils sont très résistants à la lumière ainsi qu'aux éraflures, car la couche de PVC est teintée dans la masse. Tous sont lavables et les fabrications les plus recherchées reçoivent des traitements antitache, antimoisissure et antibactériens.

● **À noter :** Au moment de faire votre choix, consultez les notices d'emploi : étant donné la largeur des lés et le procédé d'encollage, il est souvent préférable de prévoir d'effectuer la pose à deux personnes. ■

Petit lexique

Pour bien lire les étiquettes et les modes d'emploi.

– **Collé-tendu :** *technique de pose consistant à coller le revêtement mural textile uniquement à la périphérie du support.*

– **Floqué :** *le flocage consiste à projeter sur une surface adhésive une multitude de fragments de fibres très courts qui, par procédé électrostatique, sont orientés verticalement par rapport au support, ce qui produit un effet de velours.*

– **Non-tissé (ou intissé) :** *nappe de fils ou de fibres arrangés de façon aléatoire et agglomérés par un procédé mécanique, chimique ou thermique.*

– **PVC :** *abréviation de l'anglais* polyvinylchloride*, en français : polychlorure de vinyle. Le PVC sert de base à de nombreuses matières plastiques. Il est sensible à la chaleur.*

– **Strippable (« pelable » en bon français) :** *revêtement déposable à sec par arrachage de la surface décorée. Seul le support reste fixé au mur, où il servira de base à la pose d'un nouveau revêtement.*

– **VER :** *le vinyle expansé à relief constitue un revêtement de sol haut de gamme.*

– **Vinyle :** *désigne un groupement chimique dérivé de l'éthylène [vin- + yle, d'après* éthyle*], constituant de nombreuses molécules organiques. Très employé dans l'industrie, le vinyle sert de base aux matières plastiques.*

Les revêtements textiles

Revêtement textile 100 % viscose en largeur 90 cm, sans raccord.

Apparus dans les années 1960, les revêtements à coller sont dus à l'initiative d'un fabricant de tissu lyonnais qui eut l'idée de coller sa moire sur un support en papier. Un revêtement textile mural est composé d'une surface décorative et d'un support (papier ou non-tissé) ou d'une enduction sur l'envers qui stabilise le textile et permet le collage sans traces sur l'endroit. Les tissus à tendre forment une autre gamme de revêtements textiles muraux disponible le plus souvent en lin, en coton ou en tissus synthétiques.

Les différents revêtements textiles à coller

On distingue principalement trois sortes de textiles à coller :

Le fil-à-fil. Il est constitué d'une nappe de fils collés verticalement sur un support papier. Généralement uni, flammé ou à rayures, son fini varie sensiblement en fonction de la nature du fil utilisé : gros fil de laine rustique, lin ou coton pour un aspect naturel, fine viscose ou soie pour des décors plus raffinés.

Les textiles tissés en petite largeur. De 0,70 m à 1,40 m de large, ils sont contrecollés sur du papier ou sur du non-tissé (à la fabrication, l'envers est collé à de la mousse synthétique qui leur constitue une doublure). Ils existent dans une gamme d'une variété infinie : unis, chinés, rayés, écossais, imprimés. Les fils sont souvent des mélanges de fibres naturelles et synthétiques : coton, lin, polyester, soie, viscose, acrylique…

Les textiles tissés en grande largeur. Ils ressemblent d'assez près aux précédents, mais ils comportent sur l'envers une enduction ou un support non tissé ou encore une mousse et, souvent intercalé entre les deux, un film antipoussière. Avec les grandes largeurs, on peut se contenter d'une pose «collée-tendue», c'est-à-dire d'un simple encollage de la périphérie des parois à recouvrir sur une largeur d'une vingtaine de centimètres.

Revêtement en papier tissé contrecollé sur un fond papier sans raccord, et tissu 100 % viscose sur support non tissé.

© Lesura

Ce tissu sur mousse 100 % coton grande largeur (2,60 m) se pose en collé-tendu sans raccord et apporte une bonne isolation acoustique et thermique.

© Lesura

Avec son enduction d'envers flock et son tissage jacquard, ce tissu mural (67 % coton et 33 % viscose) offre un relief et un toucher veloutés proches de celui de la peau.

Les dimensions

Contrairement à celle des papiers peints, la largeur des revêtements muraux textiles n'est pas normalisée. Elle varie généralement de 0,50 m à 1 m. Les tissus en grande largeur peuvent atteindre 3 m. Ils sont alors posés horizontalement, ce qui évite les raccords (on peut tapisser une pièce entière avec un seul rouleau). Quant à la longueur, certains sont commercialisés en rouleaux (de 30 à 50 m) tandis que d'autres sont vendus au mètre.

Le choix

La plupart des revêtements textiles jouissent d'une très grande stabilité dimensionnelle et résistent bien à la lumière, mais ils sont relativement fragiles à l'entretien. Les industriels essaient de pallier ce problème en faisant subir aux tissus des traitements antitache ou antisalissure. Certains reçoivent même un traitement à base de Teflon qui les rend pratiquement hydrofuges, d'autres reçoivent un traitement bactéricide ou antiacariens et sont ignifugés « M1 » (non inflammable).

Les tissus d'ameublement tendus

Le tapissier décorateur, habile à gainer les sièges et à confectionner les rideaux, s'occupe souvent aussi de la tenture murale. Une pièce ainsi décorée dégage une impression de confort douillet due principalement à l'effet molletonné de l'ensemble qui adoucit les angles et estompe la rectitude des surfaces. Une remarque cependant à propos de ce type de revêtement : sa propension à retenir la poussière, défaut qui lui vaut une relative désaffection du public.

Le choix

Tous les tissus d'ameublement peuvent convenir à la réalisation de tentures murales.

Textiles muraux : attention aux taches

Même traité antitache ou antisalissure, le textile reste un tissu et il nécessite un minimum d'entretien. Les taches doivent être éliminées le plus rapidement possible pour éviter l'absorption par les fibres. On en capte la plus grande partie avec un chiffon propre, le reste étant éliminé, si nécessaire, par un détachant préconisé par le fabricant.

Un dépoussiérage à l'aspirateur sera nécessaire une ou deux fois par an, plus souvent au-dessus des radiateurs où l'air est sans cesse en mouvement.

On trouve maintenant sur le marché des textiles muraux lavables ou lessivables (norme NF 233) qui supportent le nettoyage en profondeur avec un nettoyeur à la vapeur ou un injecteur-extracteur.

Toutefois, si vous décidez d'effectuer la pose vous-même, ne soyez pas trop ambitieux et contentez-vous de tissages simples, plus faciles à mettre en œuvre. Choisissez par exemple une toile munie d'un label vous garantissant la longévité des couleurs. Tentez un essai en gainant l'intérieur d'un meuble. Vous trouverez principalement des toiles de lin, de coton ainsi que des tissus synthétiques d'une parfaite tenue, souvent traités antitache. Par ailleurs, de nombreux fabricants proposent des coordonnés décoratifs où s'harmonisent le papier peint, le tissu, les accessoires, les frises, etc., ce qui fournit l'occasion d'une réflexion attentive sur le choix final du tissu d'ameublement.

Un cas à part : la toile de verre

Constituée d'un tissage de fibres de verre recouvert d'une enduction lui donnant de la souplesse, la toile de verre se distingue par une très grande résistance aux chocs et aux éraflures.

Vendue en rouleaux de 1 m de large, cette toile blanche d'une très bonne stabilité dimensionnelle se colle sur les murs pour consolider les fonds fragiles. Il s'agit en quelque sorte d' un calicot pour grande surface fissurée. Présentée sous différentes armures (chevron, losange, damassée, etc.) et recouverte de deux couches de peinture acrylique, la toile de verre peut constituer un élément décoratif à elle seule. C'est un produit sain, d'entretien facile qui possède un classement au feu M1.

Toutefois, on lui reproche de s'effilocher et de perdre des fibres irritantes pour la peau. De même, lors d'un changement de décor, la toile de verre se révèle difficile voire impossible à décoller sans malmener le support. Raisons pour lesquelles on observe quelque désintérêt pour la toile de verre au profit des vinyles et des non-tissés à peindre qui – eux aussi – possèdent une bonne stabilité et ne présentent pas de difficultés de pose.

Revêtement textile, 26 % polyester, 74 % acrylique en largeur 90 cm, raccord droit.

Les dimensions et les quantités

Les tissus d'ameublement se présentent en rouleaux de largeurs différentes. Vous trouverez principalement :

Des tissus en petite largeur. Ce sont des tissus traditionnels présentés en rouleaux de 1,30 à 1,50 m de largeur, dimension déterminante pour le calcul des besoins. La pose s'effectue en déroulant le tissu verticalement et en juxtaposant plusieurs lés cousus entre eux afin d'obtenir différents panneaux couvrant chacun les murs de la pièce. Le métrage nécessaire correspond au un nombre de lés de tissu multiplié par la hauteur sous plafond.

Des tissus en grande largeur. Ce sont des tissus principalement destinés à la tenture murale, vendus en rouleaux de 2,60 à 2,80 m de large. La pose s'effectue en déroulant le tissu horizontalement. Le métrage nécessaire équivaut au périmètre de la pièce, auquel il convient d'ajouter environ 1 mètre. Dans ce cas, ne déduisez pas la largeur des ouvertures, seule la baie vitrée occupant toute la hauteur de la pièce peut être décomptée.

À noter : Quand vous achetez votre tissu à tendre, prévoyez un métrage de molleton qui sera agrafé sur les murs avant la pose du tissu. Choisissez également un galon pour dissimuler les agrafes. ■

Les lambris

Le lambris désigne un panneau de bois fait d'un assemblage de planches comportant des cadres, des moulures, des reliefs, etc., afin de constituer un élément de décor mural. Orné de motifs ouvragés et de miroirs ajoutés, délimité par des cimaises ou des corniches, le lambris de bois était un revêtement décoratif de prestige qui habillait autrefois les murs des bibliothèques et des pièces de réception.

Les frisettes

D'une facture plus simple de nos jours, le lambris est formé de frises (ou frisettes) bouvetées, c'est-à-dire conçues avec des rainures et des languettes qui s'assemblent entre elles comme les lames d'un parquet. Brut, teinté ou coloré, il reste un décor mural chaleureux très apprécié.

Les frisettes sont des lames de bois massif de 7 à 10 cm de large pour une épaisseur de 10 à 12 mm. Elles sont vendues au mètre carré sous des longueurs variant de 1,50 à 5 m, selon l'essence de bois utilisée. La plupart des fabrications sont réalisées à base de pin ou de sapin, mais d'autres essences comme le châtaignier, le chêne ou certains bois exotiques sont également disponibles.

Lambris cirés ton miel : une esthétique très naturelle (aspect de bois brut et mat) assurée par le sapin.

Le choix et la qualité. Il existe un nombreux choix de frisettes dont la qualité et la couleur sont extrêmement diverses.

Les lames de lambris traditionnel (pin ou sapin) se classent selon quatre degrés de qualité indiqués par la norme AFNOR :

– A : sans nœud ;
– B : petits nœuds ;
– C : noueux ;
– D : déclassé.

La qualité de lambris « déclassé » risque de donner un revêtement inesthétique, trop chargé en nœuds ou comportant des défauts de rectitude rendant la pose difficile. Afin de minimiser ce risque, il est conseillé de combiner les choix (par exemple : 2/3 de « sans

Les normes européennes

La directive européenne « Produits de construction », matérialisée par le marquage « CE », implique que ces produits répondent à six exigences essentielles : résistance mécanique et stabilité, sécurité incendie, hygiène et environnement, sécurité d'utilisation, protection contre le bruit, isolation thermique et économie d'énergie.

nœud» + 1/3 de «petits nœuds»), ce qui vous donnera un aspect final plus agréable à l'œil.

Acheter des frisettes brutes ou apprêtées ? Par ailleurs, les frisettes de pin brut n'étant pas vernies, il est souhaitable d'appliquer une teinture, une lasure ou un vernis après la pose. Dans ce cas, l'envers du lambris n'étant pas protégé, le bois risque de se déformer. Pour toutes ces raisons, il est souvent préférable de choisir un lambris teinté, décoré ou verni en usine dont chaque lame – y compris la face arrière – a été traitée.

Soyez attentif au moment de votre choix, car le prix de vente de certains produits peut être trompeur : après avoir décoré vos lambris, il se peut que vous soyez déçu par la médiocrité de la finition qui ne reflétera pas la qualité escomptée.

Un lambris panoramique

Vous trouverez également dans le commerce des lambris teintés, imprimés ou sérigraphiés, dont les motifs respectent par transparence le veinage du bois. Ainsi sont reproduites des œuvres artistiques imprimées sur des lambris de plusieurs mètres carrés, dont la surface d'ensemble compose un panoramique assemblé, lame après lame, destiné à la décoration intérieure. Si vous déménagez, rien ne s'oppose au démontage du lambris panoramique, que vous remonterez ailleurs. Enfin, sûrs de la qualité des finitions appliquées en usine, certains fabricants offrent une garantie de 10 ans portant sur la résistance du vernis.

Lambris panoramique : décor imprimé sur pin maritime et verni 5 couches, comportant 32 lames numérotées dans l'ordre de la pose (2,90 m de large x 2,50 m de haut). On peut prolonger le lambris en utilisant des frisettes de couleur unie, coordonnées avec les tons du dessin.

Le calcul des besoins. Il dépend largement du type d'assemblage choisi : à coupe perdue ou à coupe de pierre (→ P. 229), et de la hauteur de la paroi (une seule ou plusieurs lames par hauteur). Le calcul, très simple, dépend de la surface que vous souhaitez revêtir puisque le lambris s'achète au mètre carré.

Les lambris synthétiques

D'autres décors muraux s'inspirent du même principe d'assemblage, sans offrir cependant le charme ni la chaleur du bois.

Lames de particules agglomérées ou de fibres MDF. Vous trouverez des revêtements constitués de lames de 20 à 25 cm de large sous des longueurs de 2,50 à 3 m. Fabriqués à partir de particules agglomérées ou de fibres MDF (moyenne densité), ils sont revêtus d'un papier décor stratifié imitant les veines du bois ou les couleurs des peintures décoratives.

Lames en matière plastique. Il existe également des lames en matière plastique creuses que l'on réserve aux locaux humides comme les salles de bains. Dans ce domaine, le lambris en PVC extrudé est considéré comme le nec plus ultra des fabrications synthétiques. Les lames massives et rigides mesurent de 12 à 14 cm de large sur des longueurs de 6 m. Elles présentent une surface blanc laqué qui fait de ce lambris un élément décoratif apprécié dont la stabilité dans le temps convient notamment à certains aménagements extérieurs (Alphacan). ■

Revêtement mural en lambris de pin bleu verni. Ce lambris existe en diverses couleurs.

Les carrelages céramiques

© Villeroy & Boch

Le grès cérame, une céramique très dure, résiste très bien à l'usure.

Vous souhaitez un sol facile à vivre, résistant aux chocs et facile d'entretien ; les murs peints de votre salle de bains souffrent de la condensation et vous voulez un revêtement plus résistant : vous pensez au carrelage… et vous avez raison. Le carrelage peut être exécuté avec de très nombreux matériaux. Mais, le plus souvent, ce sont des céramiques, obtenues par cuisson d'une pâte d'argile et de sable. La température de cuisson ainsi que les variantes de fabrication donnent ensuite à chacune ses qualités spécifiques : imperméabilité, résistance aux chocs, à l'acide, à la graisse, aux rayures… Connaître ces différentes caractéristiques est indispensable pour que le choix repose sur des critères non seulement esthétiques, mais aussi pratiques. Voici donc quelques points de repère pour discerner quel matériau convient le mieux aux sols d'une cuisine ou d'une salle de bains ou aux allées d'un jardin…

Le grès cérame

Le grès cérame est composé d'argiles riches en feldspath, de minéraux, additionnés le plus souvent d'oxydes responsables de la couleur. Ce mélange est cuit à environ 1 300 °C, température à laquelle se produit la vitrification ; c'est cette dernière qui donne au grès cérame refroidi ses principales qualités : éclat, dureté et non-porosité. Le matériau obtenu est en effet si dur qu'il peut rayer le verre, d'où une résistance appréciable à l'usure : un carrelage en grès cérame jouit d'une très longue durée de vie. En outre, son absence de porosité le rend insensible aux graisses et aux acides, et, parfaitement imperméable, il n'absorbe pas l'eau et ne craint pas le gel. Ce sont tout d'abord ces caractéristiques qui font choisir le grès cérame, quel que soit le lieu de la pose : il convient aussi bien pour les sols intérieurs et extérieurs que pour les pièces humides.

© Carré

Les demi-grès émaillés montrent des coloris plus variés que le grès cérame.

Le demi-grès et le demi-grès émaillé

La composition du demi-grès reste sensiblement la même que celle du grès cérame, mais sa cuisson s'effectue à une température plus basse, soit environ 1 000 °C, ce qui n'assure qu'une vitrification partielle. Moins durs, les produits obtenus présentent également une légère porosité : il convient donc d'éviter de les poser en extérieur. Pour pallier cet inconvénient, il existe toutefois des demi-grès émaillés, c'est-à-dire modifiés par l'adjonction d'oxydes métalliques : leur surface est recouverte d'un émail analogue à celui qui est appliqué sur les carreaux de faïence. Cette technique permet un choix de couleurs plus important et autorise également certaines utilisations en extérieur.

Formats et couleurs des grès

Disponibles dans des formes beaucoup moins variées que celles des terres cuites, les grès cérame et les demi-grès sont souvent carrés, avec des dimensions allant de 20 à 60 cm de côté. Ceux imitant la terre cuite se présentent toutefois en découpes rectangulaires. On trouve également des carreaux hexagonaux destinés à être associés à des cabochons. Comme les grès connaissent un certain succès, les industriels tendent à élargir la palette des coloris. Pour pallier l'uniformité des productions, ils ont mis au point une technique consistant à saupoudrer, avant cuisson, la surface avec des poudres de teintes différentes, donnant ainsi aux grès un aspect jaspé imitant parfois celui du marbre. L'évolution des techniques d'émaillage et de polissage a en outre contribué à diversifier le fini du produit : certains grès ressemblent aujourd'hui beaucoup à des terres cuites.

La pâte de verre

Composée en majeure partie de verre opacifié, la pâte de verre participe à la fois de la céramique et du verre. C'est donc un matériau dur et non poreux, proposé dans des tons multiples, très souvent translucides. Il s'agit en général d'éléments de petites dimensions utilisés pour la composition des mosaïques (→ ENCADRÉ).

Les émaux

Argiles et silices forment un mélange coloré qui, après vitrification dans la masse, fournit des éléments non poreux et inaltérables : les émaux. Ces derniers ne craignent ni le feu ni le gel, et leurs couleurs lumineuses permettent de les utiliser aussi bien en intérieur

© Émaux de Briare

Les émaux sont en général de petites dimensions – ici, des émaux de Briare.

qu'en extérieur. Comme les pâtes de verre, ce sont en général des éléments de petites dimensions, de formes carrée, ronde ou hexagonale, assemblés en plaques sous forme de mosaïques (➡ **ENCADRÉ**).

© Desvres-Cofrac

La faïence, sensible aux chocs, est surtout adaptée aux carrelages muraux.

La faïence

Les carreaux de faïence sont constitués de deux parties distinctes : le corps du carreau, mélange à base d'argile appelé « biscuit », et la couche d'émail appliquée sur une face. D'un entretien facile, ils sont imperméables, résistent aux acides et ne se rayent que difficilement. Par contre, ils ne supportent ni les brusques changements de température ni les chocs. De ce fait, ils ne conviennent pas pour un usage extérieur, ni même pour la couverture d'un plan de travail ou d'une table de cuisine. Dans ces derniers cas, il est préférable d'utiliser du grès cérame, de la terre cuite vernissée ou des émaux, qui montrent davantage de résistance et de dureté.

Les carreaux de faïence concernent principalement le carrelage mural et sont réservés aux murs intérieurs. Toujours recouverts d'un émail, que leur finition soit brillante ou mate, ils existent dans des gammes de formes, de couleurs et de motifs si étendues qu'il serait impossible de les détailler.

La mosaïque, un assemblage de petits éléments

Le terme « mosaïque » ne désigne pas un matériau particulier, mais l'assemblage de plusieurs éléments formant un dessin ou des motifs répétés. Par extension, on nomme « mosaïques » tous les carrelages réalisés à partir de petits éléments et vendus en plaques préassemblées. Suivant le fabricant, il peut donc s'agir de matériaux très différents : mosaïque d'émaux, mosaïque de grès cérame, mosaïque de pâte de verre, etc.

La mosaïque permet toutes les fantaisies : assemblage de carrelages brisés inspiré des réalisations de l'architecte catalan Gaudí, amalgame de débris de vaisselle ou de vases copié sur la maison du facteur Cheval, composition d'éclats de miroirs ou de verre... tout est possible. Mais ce sont les pâtes de verre, fondues à très haute température et découpées en petits carrés, qui sont le plus utilisées, ainsi que les émaux de Briare. Présentées assemblées sur des plaques ou des filets de papier kraft, ces mosaïques sont vendues prêtes à la pose, à moins qu'on ne veuille les utiliser pour réaliser des compositions plus recherchées. Les plaques présentent, en effet, des assemblages unis, en camaïeu ou contrastés. Les fabricants proposent même des motifs composés à la demande sur ordinateur à partir d'un croquis, d'une photo ou même d'un tissu que l'on veut assortir.

© Opiocolor Mosaïques

Les mosaïques rassemblent différents éléments en des compositions parfois très recherchées.

© Terres cuites des Rairies

Les carreaux en terre cuite séduisent par leur aspect mat et rustique.

La terre cuite

Avec leur aspect rustique et leur surface brute irrégulière, les carreaux de terre cuite séduisent un vaste public, mais imposent toutefois certaines précautions, à la pose comme à l'entretien. Composé d'argiles légèrement calcaires, le mélange est cuit à une température relativement basse, à environ 900 °C, ce qui ne permet pas le processus de vitrification. De ce fait, la terre cuite reste peu dure, relativement sensible aux chocs, légèrement poreuse et altérable. Si l'on tient absolument à l'utiliser dans un endroit humide ou susceptible de recevoir des projections d'eau (salle de bains, devant d'évier, extérieur...), il est nécessaire de la rendre moins vulnérable en l'imprégnant d'un produit isolant. Cette opération présente le mérite de garder à la terre cuite toute son originalité, car elle demeure mate en surface, à la différence des terres cuites vernissées (→ ENCADRÉ).

Formats et couleurs des terres cuites

Les terres cuites ont longtemps été proposées uniquement dans des formes carrées ou hexagonales – auquel cas elles sont nommées aussi « tommettes ». Puis sont apparus rectangles, navettes, losanges, cabochons et autres formes, avec des dimensions variant de 10 à 20 cm de côté.

Les feuillets, pour leur part, sont des carrés ou des rectangles de plus grande dimension (14 x 28 cm, 25 x 25 cm, 25 x 40 cm...), généralement en provenance d'Italie, d'Espagne ou du Portugal.

La terre cuite montre une grande variété de couleurs – liées à la proximité de la flamme pendant la cuisson. Allant du beige clair au brun-rouge, en passant par le crème, l'ocre, le rosé ou la terre de Sienne, ses teintes naturelles s'assortissent avec presque tous les décors. La diversité des modèles, des dimensions et des épaisseurs est telle qu'il est aisé de trouver le carreau désiré. Pour parfaire la décoration, il existe différents listels et cabochons coordonnés aux teintes des carrelages. ■

Les vernissées et les grésées

Pour compenser notamment la porosité de la terre cuite, certains fabricants proposent des terres cuites vernissées. D'aspect moins naturel, ces carreaux sont recouverts sur leur face décorative d'un vernis qui assure une protection contre l'humidité et facilite l'entretien. D'autres fabricants proposent dans le même esprit des terres cuites grésées. Mais il s'agit en fait d'une sorte de demi-grès, émaillé ou non, qui prend les tons chauds des terres cuites naturelles.

© Briques de Vaugirard

Pour un usage extérieur, la terre cuite est souvent imprégnée d'un produit isolant.

Les dallages en pierre naturelle

La pierre est le revêtement de sol le plus ancien et le plus résistant qui soit. Le marbre, le granit, le grès, le schiste, presque toutes les pierres peuvent être utilisés en plaques ou en dalles. La pierre est en général désignée par le nom de la roche dont elle est issue, et parfois par celui de sa localité d'origine.

Le marbre

Le marbre est une roche calcaire très dense, dure, à grain fin, qui prend facilement un beau poli. Mais il craint, comme la plupart des calcaires, les acides, les graisses, et les produits abrasifs qui ternissent sa surface. Ce matériau s'avère ainsi relativement fragile, et de surcroît coûteux. Il n'en demeure pas moins superbe. C'est la diversité des substances et des impuretés qui conditionne la couleur et le veinage de la pierre. Selon leur provenance, les marbres présentent un aspect très différent. Des marbres blancs ou noirs, qui offrent des surfaces parfaitement unies, jusqu'aux marbres verts ou rouges généreusement jaspés de blanc, il existe maintes colorations, discrètes ou affirmées ; il est d'ailleurs d'usage de désigner les marbres par leur couleur, parfois suivie de leur lieu d'extraction : blanc de Carrare ou vert des Alpes, par exemple. La finesse du grain permet de polir la roche jusqu'à obtenir une finition d'une brillance extrême, mettant en valeur tant le veinage que la teinte.

Taille et façonnage mettent en valeur le veinage des pierres naturelles (1. pierre adoucie du Portugal ; 2. pierre fine et dure de Saint-Pierre-Aigle ; 3. marbre rose de Norvège ; 4. pierre bouchardée du Portugal ; 5. calcaire gris clair d'Espagne ; 6. pierre flammée du Portugal ; 7. granit vert baptisé Gauguin).

Bien poli, le marbre peut atteindre une grande brillance et habiller les lieux les plus prestigieux.

Les pierres marbrières

Dans la catégorie des pierres marbrières, le travertin et le comblanchien sont également appréciés pour leur esthétique.

Le travertin est une roche calcaire compacte. Il montre le plus souvent une couleur beige foncé, crème ou brun rougeâtre, suivant le lieu d'extraction. Ses qualités et ses utilisations sont comparables à celles du

La différence entre dallage et carrelage

Le carrelage est une opération qui consiste à juxtaposer des carreaux de manière à former un revêtement de surface. Lorsque les dimensions des carreaux diminuent pour ressembler à celles de petits dominos, le revêtement devient une mosaïque. Au contraire, quand l'ensemble comporte des éléments de grandes dimensions, il s'agit d'un dallage.

Les finitions de la pierre

Selon le type de finition, l'aspect final de la pierre varie sensiblement : clivée, sa surface reste très irrégulière ; ciselée, elle présente des stries régulières ; sciée, elle montre de légères ondulations. Simplement adoucie, la surface de la pierre est parfaitement lisse et mate, tandis que polie, elle devient brillante.

marbre, mais il produit des effets décoratifs plus ordinaires.

Le comblanchien est une roche calcaire très dure, qui se polit bien. Son aspect gris jaunâtre est parfois rehaussé d'auréoles rosées. Mais, s'il fait preuve d'une grande résistance à l'usure, sa surface polie reste glissante pour un dallage au sol.

L'ardoise et le granit

L'ardoise est un schiste quartzeux à grains fins, généralement d'un gris bleuté. Sa surface peut être brute ou polie ; elle offre aussi une bonne résistance à l'usure et ne craint pas le gel. En revanche, l'ardoise se raie facilement.

Le granit, constitué pour l'essentiel de quartz, possède une grande dureté et se révèle quasi imperméable. De couleur grise, rose, ou même rouge, il se polit très bien et présente parfois certaines ressemblances avec le marbre. Il offre une résistance non négligeable aux graisses, aux acides ainsi qu'à l'usure.

Le grès

Ne confondez pas le grès et le grès cérame, qui est une céramique, et donc un matériau à base d'argiles. Le grès, de couleur grise ou rose, résulte de la transformation naturelle des sables siliceux. Il possède une bonne résistance à l'usure ; même polie, sa surface reste mate et antidérapante (par exemple : le rhune, l'armor…). Il est souvent utilisé sous forme de dalles ou de blocs pour constituer des allées ou des chemins carrossables. Sa composition naturelle lui confère un pouvoir abrasif que l'on utilise pour la fabrication des meules et de pierres à aiguiser.

Le basalte

D'origine volcanique, le basalte est une roche lourde et dure. Noir à l'état brut, il prend des tons verdâtres ou brun rougeâtre en s'altérant. Le basalte taillé en blocs ou en pavés convient bien à la réalisation de revêtements extérieurs : chemins, allées de jardin… Il présente une très grande résistance à l'usure.

Les formats des dalles de pierre

Les progrès réalisés dans les techniques de sciage permettent aujourd'hui la fabrication de dalles de pierre de faible épaisseur, qui se posent aussi facilement qu'un simple carrelage. La coupe est désormais suffisamment précise pour que l'on obtienne des dimensions standards et bien calibrées, la taille des carrés variant de 30 à 60 cm de côté. Les dalles d'épaisseur réduite – une dizaine de millimètres, voire moins si elles sont armées sur leur envers d'une toile de verre – sont mises en place à l'aide d'un simple mortier-colle, tandis que les dalles traditionnelles, épaisses de 15 à 20 mm, exigent une pose au mortier sur lit de sable. Étant donné la variété de roches présentes en Europe, il existe des dalles à tous les prix et, contrairement aux idées reçues, un sol en pierre n'est pas forcément plus coûteux que revêtu de céramique ou de parquet. ■

L'ardoise d'Angers ne craint pas les intempéries et conserve sa teinte bleutée durant des années.

Carreaux de ciment, dalles de béton, granito et pierre reconstituée

© Carocim

Revenus au goût du jour, les carreaux de ciment inspirent les designers, qui créent pour les fabricants d'élégantes compositions.

Fi des idées reçues ! Avec leurs coloris lumineux et leur variété de formes, carreaux de ciment et dalles de béton peuvent constituer des revêtements de sol à l'aspect très séduisant. Quant au granito, qui comprend des granulats de marbre, il se rapproche, par son apparence, des mosaïques…

Les carreaux de ciment

Les carreaux de ciment sont nés à Viviers, en Ardèche, en 1850. Ils occupent une place à part dans l'histoire des carrelages. D'abord utilisés sur le sol des maisons provençales, ils sont ensuite exportés au Maroc, puis font le tour du monde, déclinant ainsi motifs et couleurs en s'inspirant des traditions locales. Pratiquement abandonnés en France durant des décennies, ils reviennent au goût du jour. Composés de ciment, de silice, de poudre de marbre et de pigment, ils ne sont pas cuits, mais coulés dans des moules à compartiments (Carocim).

Les couleurs et motifs. Fabriqués à la main, les carreaux sont teintés dans la masse et offrent des motifs qui s'intègrent à de nombreux décors. Les carreaux de ciment n'existaient autrefois que dans des coloris rouge foncé, ocre brun, gris, noir et blanc, teintes souvent encore visibles dans les halls des maisons anciennes. La palette s'est aujourd'hui étendue grâce aux colorants synthétiques et comprend seize couleurs. Satinés, les carreaux sont d'un contact agréable.

Des formats bien calibrés. Le produit n'ayant pas subi de cuisson, mais un simple séchage, le calibrage des carreaux est parfait. Carrés, octogones, tommettes hexagonales, cabochons… unis ou décorés, le choix est immense. Vous trouverez des carrés de 17, 20 et 25 cm de côté ; des hexagones de 15 et 20 cm ; des octogones de 20 et 25 cm de côté. Ces modèles sont réservés aux revêtements de sol, du fait de leurs poids : un mètre carré de carrelage réalisé avec des carreaux de 16 mm d'épaisseur représente en effet une charge de 33 kg. Pour les murs, il existe des modèles moins épais (10 mm), d'un poids de 23 kg au mètre carré.

Les dalles de béton

Détrompez-vous, le béton n'est pas condamné à l'aspect terne et gris qu'on lui connaît généralement. Il peut être poli, coloré, et même ciré, pour former des revêtements de façades ou de sols à l'aspect très séduisant. Contrairement à une idée répandue, c'est un matériau naturel, constitué essentiellement de sable et de gravillons. Il est donc loin de mériter sa mauvaise réputation. Grâce à la sélection des agrégats, graviers et sables, on peut obtenir une grande variété de colorations. Avec un traitement de surface tel que polissage ou sablage, une dalle de béton prend l'aspect de la pierre… et se patine par la suite comme elle.

Couleurs et formats. Teinté dans la masse, le béton peut prendre des tons subtils d'ocre ou de brun ou s'égayer de coloris chatoyants. Sa finition est semblable à celle apportée à une pierre calcaire ou à un carrelage de terre cuite : une fois le béton poncé à l'aide d'une ponceuse à eau, tous ses éléments constitutifs sont lisses et apparents. Les formats les plus courants comprennent des dalles carrées de 40 à 50 cm de côté ou encore des pavés carrés ou rectangulaires de 12 à 16 cm de côté. Il existe également des pavés autobloquants dont le périmètre aux formes incurvées permet un assemblage rigoureux.

Le granito

La technique traditionnelle. Le granito est une technique originaire d'Italie que maîtrisent bien les maçons du midi de la France. Il s'agit de réaliser un mortier de ciment comportant des granulats de marbre. Coulé sur le sol et étalé tel un enduit, ce revêtement est – après durcissement – poncé à l'aide d'une meule à eau afin de mettre en valeur les grains de marbre. Parfaitement poli, le granito présente une surface décorative proche de celle d'une mosaïque. De nos jours, il n'est plus coulé sur place mais fourni en dalles calibrées. Elles se posent, comme un dallage de pierre, par collage sur une chape de ciment.

Le granito du XXIe siècle. La technique reste sensiblement la même, seuls les produits diffèrent : ce sont des résines de synthèse et des granulats de marbre, additionnés de pigments colorés. Étalée sur le sol en faible épaisseur (de 3 à 8 mm), cette chape adhérente forme un revêtement continu, sur mesure et sans joint. Des paramètres techniques intéressants (classement UPEC), la rapidité de mise en œuvre et des couleurs très lumineuses font de ce revêtement industriel un produit que l'on n'hésite pas à utiliser en décoration intérieure (AFFAR).

La pierre reconstituée

La pierre reconstituée suscite de plus en plus d'intérêt. Elle se compose d'un mélange de gravier et de pierres calcaires, broyés et liés à du ciment blanc. D'une densité équivalente à celle de la pierre naturelle, elle est très résistante, pour un prix deux fois moindre. Ses coloris sont presque aussi variés, mais chaque fabricant détient sa propre formule, qu'il garde jalousement. ■

En extérieur, les pavés de béton peuvent être posés sur un lit de sable, sans chape de mortier. Pour les sols intérieurs, les pavés sont souvent disponibles préassemblés sur une trame plastique.

Ces dalles en pierre reconstituée reproduisent fidèlement le sol d'une abbaye. Très résistantes, d'un ton blanc gris, de dimensions différentes mais assorties, elles forment après assemblage un dallage d'aspect rustique.

Le choix des carrelages

Parmi la très grande variété des produits destinés au carrelage et au dallage, tous ne sont pas adaptés à l'usage que vous souhaitez en faire. Mais, une fois définis les matériaux vous convenant le mieux, le choix porte essentiellement sur les formats et les coloris et, là, tous les coups de cœur sont permis...

© Villeroy & Boch

Certains matériaux, comme le grès cérame, conviennent à tous les usages.

Choisir le produit le plus adapté

Quel matériau ? Avant de vous laisser séduire par une couleur, considérez d'abord les caractéristiques du matériau. Si, pour une salle de séjour, les qualités esthétiques peuvent primer, un vestibule, une salle de bains ou une cuisine demandent des carreaux résistants, étanches et d'un entretien pratique. Si vous hésitez entre plusieurs modèles, donnez la préférence à celui qui possède le meilleur classement UPEC, indiqué sur le produit (→ ENCADRÉ).

Quelle forme ? Le choix de la forme et des coloris est d'ordre plus subjectif et lié à la décoration intérieure. Le carré et le rectangle sont les formes les plus répandues, notamment lorsqu'il s'agit de pierres naturelles taillées à la scie. Pour les autres produits moulés et cuits, toutes les formes géométriques sont possibles : trèfle, palmette, cœur, par exemple.

Quel format ? Oubliez les idées préconçues qui veulent que plus une pièce est petite, plus les dimensions du carrelage doivent être restreintes : un grand dallage peut au contraire agrandir visuellement une pièce exiguë, tandis que de vastes pièces acquièrent davantage d'intérêt une fois dallées de petits pavés. Rien n'interdit non plus d'associer des éléments de formats différents

L'intérêt de la norme NF UPEC

La norme NF UPEC concerne trois catégories de revêtements de sol : les revêtements de sol plastiques ; les revêtements de sol textiles ; les carreaux céramiques.

Cette norme donne un classement d'usage :

- *U pour usure à la marche ;*
- *P pour poinçonnement (poids d'un meuble, chute d'objet) ;*
- *E pour comportement à l'eau et à l'humidité ;*
- *C pour la tenue aux agents chimiques (produit de nettoyage, détachage).*

Chacune des lettres du classement UPEC est caractérisée par un indice numérique compris entre 0 et 4. Plus le coefficient est élevé, plus le revêtement est résistant.

Par exemple : pour une chambre à coucher, un revêtement classé U2 P2 E1 C0 est suffisant. En revanche, pour une cuisine, un revêtement classé U3 P2 E3 C1 convient mieux.

Corriger des murs dissymétriques

Pour « redresser » visuellement une pièce dont les murs sont légèrement dissymétriques, la solution « professionnelle » consiste à mettre en œuvre une bordure, de nature ou de teinte différente de celle de l'ensemble du sol, venant encadrer un espace central de forme parfaite, sans éléments ou motifs tronqués.

dans une composition qui donnera plus de caractère à l'ensemble.

L'usage de petits carreaux facilite la pose en réduisant le nombre et la complexité des découpes tandis que celui des grands formats limite la quantité des joints. Mais attention, plus le format est grand, plus le carreau est fragile.

Calculer au mieux ses besoins

Les prix des carrelages sont indiqués au mètre carré. Il suffit donc, avant l'achat, de prendre les mesures de la pièce.

Les cas de figure les plus simples. Quand le local est régulier et le carrelage uni, procurez-vous simplement une surface de carrelage identique à celle du local ou de la surface à carreler. Le tableau suivant vous aide à calculer le nombre de carreaux nécessaires. Par exemple : si vous devez carreler une pièce de 12 m² avec des carreaux de 20 x 20 cm de côté, procurez-vous : 12 x 25 (nombre de carreaux au mètre carré) = 300 + 10 % = 330 carreaux. Les 10 % ajoutés permettent de compenser d'éventuelles casses.

LE NOMBRE DES DIFFÉRENTS CARREAUX PAR MÈTRE CARRÉ

Dimensions du carreau	Nb carreaux au m²	Dimensions du carreau	Nb carreaux au m²
10 x 10 cm	100	20 x 25 cm	20
10 x 20	50	20 x 30	17
11,5 x 11,5	76	20 x 35	15
11,5 x 24	33	24 x 24	16
15 x 15	44	25 x 25	16
15 x 20	33	25 x 30	13
15 x 22,5	30	25 x 40	10
16 x 33	18	30 x 30	11
20 x 20	25	33,3 x 33,3	9
21 x 21	23		

Les cas de figure plus complexes. Si les locaux ont une géométrie particulière ou que vous désiriez installer un carrelage combinant des formes ou des couleurs différentes, vous devez nécessairement effectuer un calepinage (➡ PAGE 344). Le but de l'opération est de déterminer la dimension des dalles qui convient le mieux à la pièce et de concevoir la solution d'assemblage la plus judicieuse. Ce travail permet aussi de définir le principe de pose, droite ou en diagonale, et l'emplacement des découpes. Pour ce faire, utilisez du papier millimétré sur lequel vous reportez soigneusement les cotes de la pièce avant de dessiner les motifs imaginés pour la décorer. Vous pouvez aussi vous aider d'un logiciel. Lorsque vous avez déterminé sur le plan la surface à carreler et la position des carreaux, comptez le nombre d'éléments, puis augmentez-le de 10 % par précaution.

● **À noter :** Lors du calepinage, il faut s'efforcer de rechercher une certaine symétrie dans les découpes. Le plus simple est de les positionner en fonction des axes créés par les portes, fenêtres, appareils sanitaires, placards, angles et décrochements de cloisons… ■

QUELQUES EXEMPLES DE FORMES DE CARREAUX

1. *Les trèfles.*

2. *Les palmettes.*

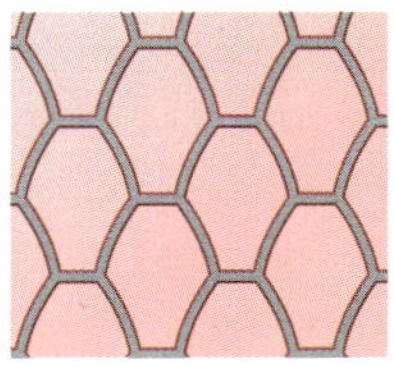

3. *Les étrusques.*

4. *Les canettes avec des hexagones.*

Les différents types de moquettes

Revêtement de sol textile posé de mur à mur sur toute la surface du sol de la pièce, la moquette se compose principalement d'un «dossier» (élément statique) supportant un «velours» (élément de confort). Nature des fibres, qualité du velours et mode de fabrication varient d'une moquette à une autre. Grâce aux progrès réalisés, tant dans la conception des fibres que dans la teinture ou les traitements antistatiques et antitache, les moquettes apparaissent de plus en plus séduisantes, agréables au toucher et faciles d'entretien. Leurs différences de densité et de texture permettent des usages divers, adaptés à chaque pièce de l'appartement ou de la maison.

Les différentes fibres

Les fibres peuvent êtres naturelles, synthétiques ou mélangées, chacune présentant des qualités et des défauts particuliers.

La laine. En matière de moquette, la laine est le matériau noble par excellence. La moquette de laine est moelleuse, naturellement antistatique, résistante au feu, et ses fibres ne s'écrasent pas. Elle montre de surcroît des coloris souvent plus chatoyants que ceux des moquettes synthétiques.

Les synthétiques. Le polyamide (Nylon) issu, comme le polyester, du pétrole et de la houille, est très utilisé, car il résiste à l'usure et bénéficie de fibres souples et moelleuses. Mais il doit être traité pour éviter les phénomènes électrostatiques.

Le polypropylène, lui aussi, est très résistant, mais ses fibres s'écrasent facilement. Hydrofuge, il convient bien aux salles de bains.

Quant aux fibres acryliques, leur aspect s'apparente à celui de la laine, mais elles sont plus sensibles à l'usure que les autres fibres synthétiques.

Une moquette en polyamide, l'un des produits synthétiques le plus utilisés.

Les procédés de fabrication

Les différentes techniques de fabrication permettent de définir plusieurs catégories de produits. On distingue le tissage, le touffetage et l'aiguilletage.

Le tissage. Le dossier de la moquette constitué par une toile de jute ou de coton est tissé sur un métier mécanique en même temps que le velours qui, lui, peut être exécuté avec des brins de soie, de laine ou avec un mélange synthétique. C'est la méthode traditionnelle utilisée pour la fabrication des moquettes de laine (→ CROQUIS 1). La qualité varie avec le nombre de points au centimètre. Une belle moquette tissée comporte 3 ou 4 points au centimètre. Le tissage peut être uni ou jacquard.

L'aiguilletage. Les fibres du velours, le plus souvent synthétiques, sont enchevêtrées sur elles-mêmes et plantées à travers une toile support par l'intermédiaire d'aiguilles à crans. Une enduction synthétique complète ensuite la cohésion de l'ensemble (→ CROQUIS 2). Ce procédé est utilisé pour les moquettes bas de gamme. La surface d'usure n'est pas réellement un velours mais un amalgame de fibres comprimées, souvent rêche au toucher. Si les fibres ne sont pas implantées verticalement, le revêtement ne bénéficie pas de l'appellation « moquette ».

LES DIFFÉRENTES TECHNIQUES DE FABRICATION

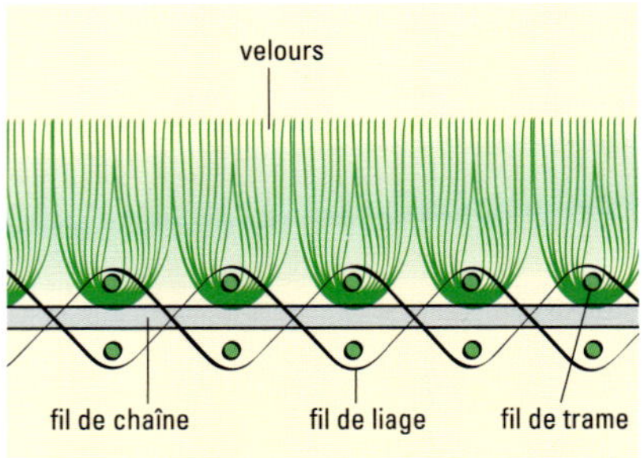

1. *Le tissage consiste à accrocher le velours sur les fils de trame du dossier comme s'il s'agissait d'un tapis à points noués.*

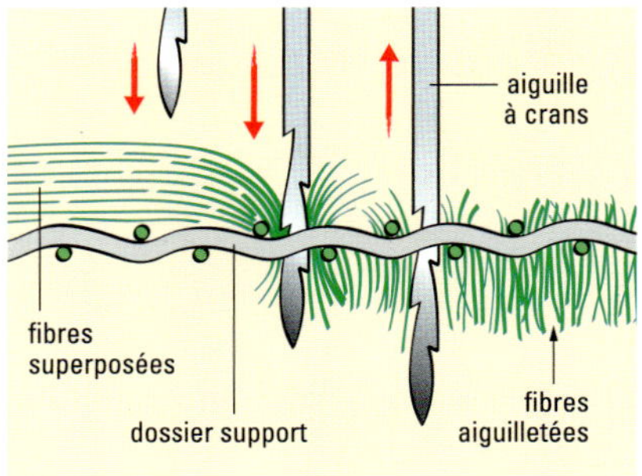

2. *Lors de l'aiguilletage, des aiguilles à crans enchevêtrent la nappe de fibres à travers un dossier support colmaté par une enduction.*

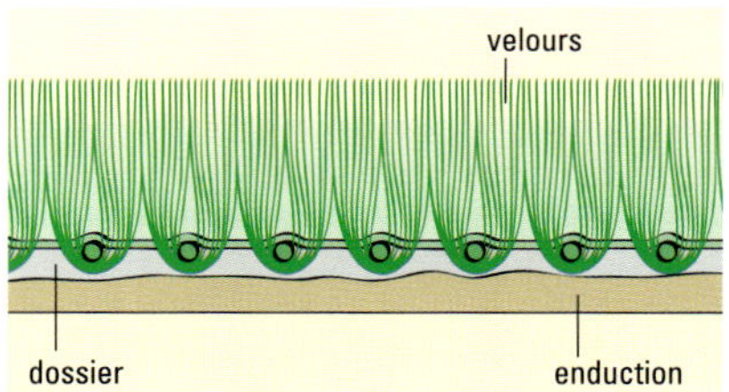

3. *Le touffetage consiste à piquer le velours à travers le dossier, puis à napper l'envers d'une enduction thermoplastique.*

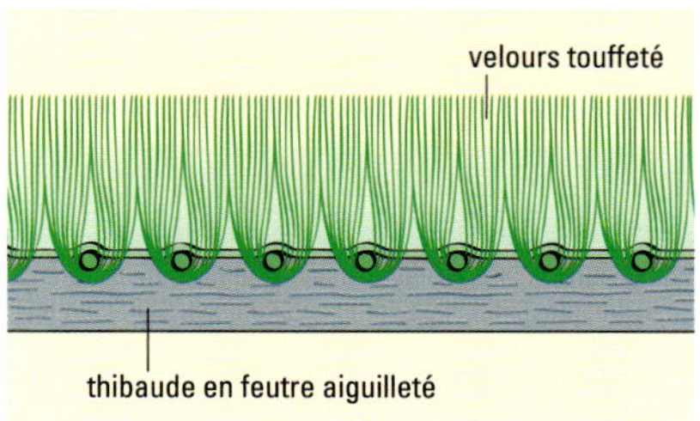

4. *Une moquette touffetée doublée d'une thibaude textile incorporée.*

Le touffetage. Le mot « touffetage » (ou « tuftage ») est la francisation de « tufting machine » (machine à faire les touffes). Les fils du velours, pour la plupart en fibres synthétiques, sont piqués à travers le dossier puis fixés sur l'envers par une enduction de matière plastique. L'ensemble est ensuite recouvert d'une couche de latex qui fait office de thibaude, à l'origine un tissu grossier servant de support aux tapis et moquettes (➡ CROQUIS 3).
C'est la méthode classique utilisée pour la fabrication des moquettes synthétiques. Le velours du touffetage peut être bouclé ou coupé (➡ ENCADRÉ).
Le touffetage à envers textile. Touffetage pour le velours, aiguilletage pour le feutre du dossier, les nouvelles moquettes sont des « sandwichs » tout textile, respectueuses de l'environnement (➡ CROQUIS 4). Elles sont fabriquées sans substance nocive et dépourvues d'odeur. Doublées d'une thibaude textile, elles procurent notamment à l'utilisateur un agréable confort de marche et conservent un toucher doux et souple, à l'inverse de certaines moquettes à enduction plastique. Ce mode de fabrication permet d'opter pour une pose tendue sur bandes Velcro – le feutre du dossier adhère sur les bandes auto-agrippantes préalablement fixées au sol. De telles moquettes sont bien adaptées aux pièces chauffées par le sol, et, lors d'un déménagement, revêtement et bandes peuvent être récupérés sans dommage pour le sol. ■

© Alfatex

Une moquette à envers textile peut être fixée sur des bandes auto-agrippantes.

Les différentes présentations

Les différents procédés de fabrication donnent des moquettes d'aspects variés. Plus ou moins épais, donc plus ou moins confortable, le velours peut être notamment bouclé, coupé ou frisé...

© Rhodia

Bouclé structuré : La combinaison de boucles de hauteurs différentes permet de créer des motifs.

Bouclé rasé : Sur un velours constitué à l'origine de boucles de différentes hauteurs, seules les boucles hautes sont rasées, d'où une moquette plus douce.

Coupé : Les boucles ancrées dans l'envers de la moquette sont ici coupées et rasées pour obtenir une surface à la fois lisse et douce.

Saxony : Ce velours coupé est constitué de fil retors dont les pointes sont coupées de manière à produire un aspect « grainé ».

Le choix des moquettes

L'association GUT se soucie du caractère écologique du produit d'un bout à l'autre de la chaîne. Outre l'attribution de labels, elle encourage la mise en place de procédés respectueux de l'environnement ainsi que le recyclage des moquettes usagées.

Label de la classification des moquettes selon leur résistance à l'usure.

Hormis la couleur, vous pouvez choisir une moquette pour le confort qu'elle procure. Au vu des différents aspects de son velours, vous constaterez qu'il existe un large éventail de modèles, du plus pratique au plus chaleureux. Tenez compte également des traitements, classements et labels indiqués sur les étiquettes. Que les moquettes se présentent en rouleaux ou en dalles, certaines qualités sont en effet particulièrement résistantes à l'usure, et d'autres presque insensibles aux taches…

Le label écologique GUT

L'association GUT teste les moquettes en traquant la présence de substances nocives et leur attribue, si tout est conforme, un numéro individuel. Ce label écologique permet aux organismes de contrôle agréés d'identifier et de vérifier – à tout moment – s'il s'agit bien d'un produit correspondant à l'échantillon testé, donc d'une fabrication sans substance nocive. Les moquettes certifiées GUT sont ainsi quasi inodores et présentent une grande sécurité d'utilisation.

La certification NF UPEC.A

Les moquettes, tant en rouleaux qu'en dalles, bénéficient de la certification NF UPEC (→ PAGE 249), notamment pour les caractéristiques d'usure (U) et de poinçonnement (P). Pour les pièces de séjour, un classement U2 P2 ou U3 P2 est recommandé ; pour les chambres, une moquette U2 P2 devrait suffire ; dans les lieux de fort passage (entrée, couloir, escalier), une moquette U3 P3 sera mieux adaptée. Dans une salle de bains, elle devra être imputrescible, avec une sous-couche imperméable ; le classement sera alors au minimum U2 P2 E2 C1 (E et C désignant respectivement le comportement à l'eau et la tenue aux agents chimiques). Depuis peu, cette norme tient aussi compte des qualités acoustiques inhérentes aux revêtements textiles et, plus précisément, de la réduction observée dans la transmission des bruits d'impact. Les moquettes certifiées sont étiquetées UPEC.A, l'efficacité acoustique étant exprimée en décibels.

En cas de chauffage au sol

Avant d'acheter une moquette destinée à un logement chauffé par le sol, il faut vérifier que le modèle choisi s'y prête bien. Les trois méthodes de pose, libre, collée et tendue, peuvent être mises en œuvre.
Mais, en cas de pose collée, il faut interrompre le chauffage 48 heures avant l'application de la colle ou attendre la fin de la saison de chauffe...

La classification T

La durabilité d'une moquette et sa tenue dépendent de la qualité du velours, de sa densité, de la technique de pose, mais aussi de l'usage que vous lui réservez. Ainsi, la moquette de l'escalier doit présenter une résistance à l'usure plus importante que celle de la chambre à coucher. La classification du symbole T vous aide à choisir le produit le mieux adapté. Les qualités T4 et T5 qui conviennent à la présence de sièges à roulettes doivent porter le symbole représentant ce type de mobilier.

LA RÉSISTANCE À L'USURE

Classes	Usage conseillé
T2	Léger : chambre à coucher
T3	Modéré : séjour, bureau privé
T4	Important : hall d'entrée, salle de jeux
T5	Très important : escalier, lieux de passages fréquents

Le label de protection Scotchgard

Le traitement invisible et inodore Scotchgard ne modifie pas le toucher de la moquette, mais facilite son entretien et son nettoyage. Les fibres traitées sont en effet imprégnées d'une substance qui réduit l'adhésion de la poussière et ralentit la pénétra-

Pour les chambres d'enfants, il peut être intéressant de choisir une moquette bénéficiant du traitement Scotchgard, qui réduit, entre autres, l'adhésion des poussières.

tion des liquides. En cas d'incident, le détachage est bien plus aisé.

La moquette en rouleaux

La moquette se présente soit en rouleaux, appelés « lés », soit en dalles.

Les dimensions. La largeur des rouleaux la plus courante est de 4 m, ce qui permet de revêtir d'un seul tenant une pièce de taille moyenne. Mais on trouve aussi souvent des rouleaux en 5 m de large, et en 2 m pour les moquettes destinées aux salles de bains. Les moquettes de laine échappent à la règle et sont le plus souvent vendues en 70 cm ou 1 m de large. Le temps de pose est plus long, mais il y a moins de chutes.

Le calcul des besoins. Si les surfaces à revêtir présentent des contours irréguliers ou si leurs grandes dimensions exigent des raccords, mieux vaut réfléchir à partir d'un plan tracé sur papier millimétré, en prévoyant toujours une marge de 10 cm sur tout le pourtour de la pièce. N'oubliez pas que la moquette a un sens, et que l'on ne peut réussir un raccord qu'en accolant deux pièces placées dans le même sens. En général, la moquette en rouleaux est vendue au mètre carré, mais, soyez attentif, certaines fabrications en petite largeur (70 cm) sont proposées avec un prix au mètre linéaire.

La moquette en dalles

Plombantes ou autoadhésives. La moquette en dalles est facile à poser. Il en existe de deux types : soit les dalles sont découpées dans des nappes de moquette et peuvent être collées au sol – à moins d'être autoadhésives ; soit les dalles sont « plombantes » et sont posées simplement sur la surface à

Pose délicate pour la laine

Si vous envisagez de la mettre en place vous-même, écartez de votre choix la moquette en laine tissée. Sa pose traditionnelle (tendue sur bandes à griffes) est trop difficile pour un amateur. N'oubliez pas qu'une moquette mal posée a une durée de vie réduite de moitié.

© Le tisserand/FMP

Ces moquettes en laine et polyamide, larges de 70 cm, sont conçues pour les escaliers et couloirs.

revêtir, où elles sont retenues par leur propre poids. En général, il s'agit de carrés de 50 cm de côté.

Si vous rénovez un appartement tout en l'occupant, vous apprécierez particulièrement le côté pratique des dalles, qui se transportent facilement et permettent une pose progressive. Par ailleurs, cette présentation facilite la création de décors au sol par le mélange de différents coloris ou motifs. Rien de plus aisé aussi que de remplacer une dalle détériorée par une autre.

La griffe des designers. Les dalles de moquette étaient autrefois des éléments unis d'une couleur plutôt sévère. De nos jours, des designers réputés ont créé toute une palette de dessins et de nuances qui ont transformé complètement son image. Vous trouverez entre autres des damiers, des chevrons, des entrelacs, aux couleurs chatoyantes. Certains motifs, constitués par l'assemblage de plusieurs dalles, peuvent même être modifiés à la demande. Il suffit de tourner les dalles d'un quart ou d'un demi-tour pour changer de décor, telle l'image produite par un kaléidoscope (Tarkett Sommer).

Le calcul des besoins. Pour calculer le nombre de dalles nécessaires, faites un calepinage de la surface, ce qui implique de dessiner au préalable un plan sur papier millimétré. Comptez ensuite le nombre d'éléments nécessaires, puis augmentez le résultat d'environ 10 %, afin de disposer d'une petite réserve de dalles neuves pour réparer un incident pendant ou après la pose. Les moquettes en dalles sont vendues au mètre carré. ■

Un entretien facile

L'entretien d'une moquette est aujourd'hui facilité par les traitements appliqués lors de la fabrication; les taches, le plus souvent, ne pénètrent pas en profondeur.

Pour l'entretien courant, ***le passage régulier de l'aspirateur, brosse rentrée, suffit amplement. Toutefois, dans les lieux de fort passage, tels escaliers ou vestibules, l'usage ponctuel d'une poudre absorbante répartie de manière uniforme aide à garder toute sa fraîcheur à la moquette.***

Pour tous les petits incidents, ***l'essentiel est de réagir rapidement. Le plus souvent, il suffit de tamponner plusieurs fois la tache avec du papier absorbant, surtout sans frotter. Si une auréole persiste, utilisez alors un chiffon propre avec quelques gouttes de détachant textile. Méfiez-vous toutefois des solvants, qui ne doivent jamais être versés directement sur la moquette, et travaillez toujours de l'extérieur de la tache vers l'intérieur. Pour enlever de la cire, vous pouvez utiliser un fer réglé au minimum sur du papier absorbant. Quant au chewing-gum, il peut être simplement gratté après avoir été refroidi avec un glaçon.***

© Nelca/FMP

Les dalles se présentent en général sous forme de carrés de 50 cm de côté. Les moquettes en dalles présentent bien des aspects pratiques, notamment lors de la rénovation progressive d'une pièce.

Des parquets en diverses essences

© Lapeyre

Revêtement sain, noble, durable et relativement facile à vivre, le parquet suscite de nouveau un engouement certain. Des essences de bois utilisées découlent une multiplicité de teintes et une résistance plus ou moins grande (➡ TABLEAU). Les plus usitées – chêne, châtaignier ou pin – proviennent d'Europe, tandis que les bois tropicaux aux tonalités plus chaudes – teck, wengé ou iroko – sont souvent privilégiés pour des réalisations de prestige.

Les essences européennes

Le bois de chêne, le préféré des Français, est caractéristique des parquets traditionnels. Il séduit par sa blondeur, sa résistance et sa facilité d'entretien. Le châtaignier est également très prisé. Aussi dur que le chêne, il se révèle pratiquement imputrescible et possède la faculté d'éloigner les araignées. Le hêtre est également recherché pour sa coloration, mais c'est une essence très sensible à l'eau. Quant au pin (➡ PHOTO), ses tonalités claires et ses nœuds le plus souvent apparents s'harmonisent bien avec les décors sans prétention, mais c'est un bois très tendre à réserver aux pièces où le passage est modéré, une chambre à coucher

QUELLES ESSENCES POUR LES DIFFÉRENTES PIÈCES ?

Essences	Séjour	Chambre	Entrée/ couloir	Cuisine	Salle de bains
Européennes					
Bouleau	non	oui	non	non	non
Châtaignier	oui	oui	oui	non	non
Chêne	oui	oui	oui	non	non
Érable	oui	oui	oui	oui	non
Frêne	oui	oui	oui	oui	non
Hêtre	oui	oui	non	non	non
Pin	oui	oui	non	non	non
Exotiques					
Iroko	oui	oui	non	non	non
Merbau	oui	oui	oui	oui	oui
Teck	oui	oui	oui	oui	oui
Wengé	oui	oui	oui	oui	oui

par exemple. Aucune des essences européennes, à la différence des essences tropicales, ne supporte l'humidité.

Les essences exotiques

Les bois exotiques possèdent une résistance à toute épreuve : le merbau, par exemple, est deux fois plus dur que le chêne. Tous sont naturellement protégés contre l'humidité ; c'est pourquoi leur usage convient également à une cuisine ou une salle de bains. La tonalité de ces bois, souvent intense, peut aller jusqu'au noir dans le cas du wengé. Ils décorent en général des pièces déjà très lumineuses, supportant un sol assez sombre.

En France, le teck est sans doute le plus connu. Naturellement imputrescible, résistant, il est, comme les autres essences tropicales, tout indiqué pour les pièces humides. Huilées en usines, certaines lames de teck massif, épaisses de 12 mm, s'assemblent comme pour couvrir un pont de bateau : en intercalant entre chaque élément un mastic adhésif qui assure le collage ainsi que l'étanchéité parfaite du revêtement. Un tel parquet, d'entretien aisé, confère un aspect haut de gamme très chaleureux à toutes les pièces de la maison (Marty). ■

Du bambou sur le sol

Le parquet de bambou se distingue par les positions irrégulières de ses nœuds et par ses reflets subtils. Grâce à ses fibres particulièrement serrées, le chaume de bambou donne naissance à un bois dur, lisse, et d'une douceur délicate. Transformé en lames de parquet, verni en usine, il peut prendre place dans les intérieurs de prestige comme dans les espaces très fréquentés. Les lames (bambou lamellé, collé) s'assemblent par rainures et languettes, et la pose s'effectue sur un sol parfaitement nivelé, sans ponçage ni vitrification. Ce parquet peut être collé sur une sous-couche acoustique afin de satisfaire à la nouvelle réglementation sur le bruit (Alizé).

Le bois de bambou, dur et lisse.

BOIS EXOTIQUES

Le teck, souvent associé au haut de gamme.

Le wengé, le plus sombre des bois tropicaux.

L'iroko, la moins connue des essences exotiques.

Les différents types de parquets

Essences et effet décoratif mis à part, on distingue les parquets suivant la forme de leurs éléments et la technique utilisée pour les assembler. Si les parquets traditionnels forment parfois des motifs très sophistiqués, les parquets mosaïques ou de recouvrement montrent davantage de sobriété mais sont plus faciles à poser.

© Panaget

Assemblage à l'anglaise, à coupe perdue. Il est caractérisé par ses lames de longueurs différentes posées bout à bout. Accessoirement, comme ici, la largeur des lames peut aussi être inégale.

Les parquets massifs en lames

Un parquet traditionnel est constitué de lames de bois massif, assemblées les unes aux autres par rainures et languettes. Cet assemblage est fixé par clouage sur une ossature de solives et de lambourdes, préalablement scellée au sol (→ CROQUIS). Les lames présentent des largeurs de 4 à 15 cm environ, et des épaisseurs variant, suivant l'essence du bois, de 15 à 35 mm, la norme étant de 23 mm. Elles sont débitées en longueurs allant de 50 cm à 3 m.

L'assemblage des parquets massifs

Dans le cas des parquets traditionnels, c'est la disposition des lambourdes et les différentes longueurs de lames qui permettent d'obtenir des motifs. En voici les principales représentations…

L'assemblage à l'anglaise. L'assemblage à l'anglaise s'exécute de deux façons :

Assemblage d'un parquet traditionnel sur lambourdes et solives.

– à coupe perdue, lorsque les lames de longueurs inégales sont disposées bout à bout sans tenir compte de la position des joints ;
– à coupe de pierre, quand les lames d'égales longueurs sont assemblées bout à bout en alignant les joints au-dessus des lambourdes.

La cote d'usure

Sur une lame en bois massif, la cote U correspond à l'épaisseur d'usure : 7 à 8 mm environ. Plus cette dimension est importante, plus il est possible de raboter ou de poncer le parquet en vue de sa remise en état totale, ce qui explique la grande longévité des parquets traditionnels.

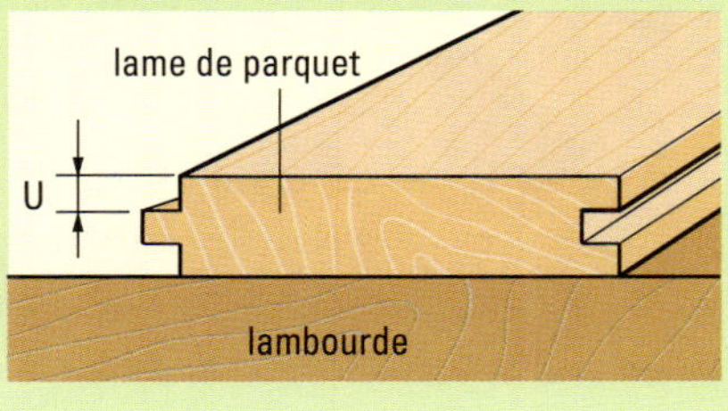

© Marty

Assemblage à bâtons rompus.

Assemblage à points de Hongrie.

L'assemblage à bâtons rompus. L'assemblage à bâtons rompus s'exécute avec des lames courtes, disposées suivant un angle de 45 degrés par rapport aux lambourdes, afin d'établir une succession de V formant une disposition en chevrons.

L'assemblage à points de Hongrie. Les lames courtes, aux extrémités coupées suivant un angle à 45 degrés, sont clouées sur les lambourdes. Et, comme pour le montage à bâtons rompus, elles forment une succession de chevrons. Notez que, pour réaliser cet assemblage, il faut prévoir deux types de lames : gauches et droites.

Les parquets mosaïques

Le parquet mosaïque est composé de petites lamelles de bois disposées côte à

Divers jeux d'assemblage

Suivant leur principe de pose, les parquets produisent des effets variés allant d'une grande simplicité à une sophistication extrême. Les compositions les plus recherchées ont pour nom « Versailles », « Chantilly » ou « Saint-Fargeau ».

© Émois et bois

Un panneau Versailles.

© Émois et bois

Un panneau Chantilly.

côte et préassemblées en plaques carrées de 10 à 30 cm de côté. Le préassemblage est obtenu à l'aide soit d'un filet collé en dessous, soit d'un papier kraft appliqué en surface, ce qui a pour fonction de maintenir les lamelles entre elles jusqu'à la pose. Ce type de parquet présente une épaisseur de 6 à 10 mm de bois massif. La pose s'effectue principalement par collage en plein sur une surface propre, plane et rigide.

Les parquets de recouvrement

Les parquets de recouvrement, appelés aussi « parquets flottants », se présentent en lames ou en dalles de faible épaisseur. Ils sont assemblés et posés sur le sol, sans aucun système de fixation, d'où leur qualificatif de « flottant ». La mise en œuvre doit être réalisée sur une sous-couche isolante acoustique.

Ces produits comportent généralement trois couches, collées les unes sur les autres. Audessus, la couche d'usure, soit quelques millimètres de bois massif ; au milieu, la couche plus résistante en lamellé, latté ou aggloméré ; puis, en dessous, une couche constituée de bois résineux déroulé. L'épaisseur totale varie de 8 à 15 mm environ. Avec ce type de parquet, bien calibré en épaisseur et verni en usine, nul besoin de ponçage ou de vernissage pour la finition de surface. ■

Un parquet en pavés en bois

Des pavés carrés sont parfois débités en bois debout, au cœur de l'arbre, pour constituer un revêtement sobre et robuste. Le bois utilisé dans ce sens révèle les cernes de croissance de l'arbre et offre un aspect décoratif inattendu ainsi qu'une bonne résistance à l'abrasion (Eristo).

© Eristo

Le bois est parfois utilisé sous forme de pavés.

© Kahrs

Différentes lames de parquet flottant.

Le choix des parquets

Un parquet en teck huilé, assemblé avec des joints en mastic polymère, présente une étanchéité parfaite.

L'aspect esthétique d'un parquet, lié tant aux essences qu'aux motifs d'assemblage, ne constitue pas le seul critère de choix. L'état du sol, la forme du local et son usage ont aussi leur importance.

Les contraintes techniques

La pose d'un parquet traditionnel, en lames de bois massif, demande une profondeur suffisante pour placer les solives et les lambourdes. La réalisation d'un parquet à la française nécessite une pièce de grandes dimensions, afin de loger correctement les panneaux à grands motifs. Tel autre type de parquet oblige à couler une dalle de béton... Autant de contraintes qui peuvent influencer le choix. Pour une mise en œuvre personnelle, il est conseillé de rester modeste, et d'oublier les assemblages compliqués. La mise en place de certains motifs relève des compétences d'un professionnel. En revanche, la pose d'un parquet de recouvrement ne demande pas un savoir-faire particulier. Certains s'assemblent sans colle ni clou, simplement par encliquetage des lames.

Le confort acoustique

Une sous-couche – liège, feutre, mousse synthétique... – posée sous le parquet atténue le bruit. Si l'ancien revêtement est une moquette, vous pouvez l'utiliser à cet effet, à condition qu'elle soit suffisamment rase et que sa structure ne soit pas trop dégradée.

La dureté des parquets

L'essai Brinell permet de classer les bois en fonction de leur densité (tendre, mi-dur, dur...). Plus le chiffre de ce test (exprimé en newton/mm²) est élevé, plus le bois est dur (→ **TABLEAU**), et meilleure est sa résistance au poinçonnement – chutes d'objets, empreintes de talons aiguille, etc. Ce classement aide à choisir l'essence en fonction de l'usage de la pièce. Un parquet est en effet bien plus sollicité dans un hall d'entrée que dans une chambre.

L'ESSAI BRINELL

Essences	Dureté*
Pin et sapin	1,5 à 2,5
Teck	2,8
Merisier	2,9
Bouleau	3
Chêne	2,4 à 3,8
Châtaignier	3,4
Hêtre	2,8 à 4,2
Bambou	4,65
Merbau	4,9
Wengé	4 à 5,1

* Exprimée en newton/mm²

Le calcul des besoins

L'évaluation d'une quantité de parquet se fait en mètres carrés, en augmentant quelque peu la surface calculée afin de pallier d'éventuelles imperfections de pose. S'il s'agit d'un parquet en dalles carrées, établissez un plan préalable sur papier millimétré et comptez le nombre exact de dalles nécessaires. Si vous passez commande, un relevé précis des cotes de la pièce suffit, car les revendeurs disposent de programmes informatiques qui leur permettent de calculer le nombre de colis à acheter pour couvrir une surface. ■

Le stratifié

Tel un « mille-feuilles », le stratifié est composé d'une superposition de plusieurs feuilles de papier, traitées et imprégnées de résines thermodurcissables (mélamine). Cet empilage, chauffé et soumis à de très fortes pressions, produit au final un revêtement mince du type Formica, Polyrey, etc. Contrecollé sur un support en fibres, il donne ensuite naissance à des panneaux stratifiés rigides à face décorative, utilisés entre autres… comme revêtements de sol.

© Pergo

Le stratifié est le plus souvent disponible en lames dont l'aspect rappelle l'essence de tel ou tel bois.

L'apparence d'un parquet

Confortables, relativement résistants, faciles à entretenir, les sols stratifiés tantôt montrent des couleurs unies (jaune, blanc, bleu…), tantôt imitent à la perfection les essences de tous les bois. Ils se présentent parfois en dalles, mais le plus souvent sous la forme de lames de 123 cm x 19 cm, et sont vendus au mètre carré. Ils reproduisent en général les types d'assemblage de parquet les plus connus, à l'anglaise ou à points de Hongrie, par exemple. Comme les parquets de recouvrement en bois, ce sont des produits finis en usine qui ne demandent ni ponçage, ni vitrification. Du fait de leur faible épaisseur, variant de 7 à 8 mm, ils se posent « en flottant » sur la plupart des sols. L'assemblage de certains stratifiés ne nécessite pas de colle, les lames étant encliquetées les unes dans les autres. Ainsi, le revêtement de sol peut être aussitôt utilisé et éventuellement démonté lors d'un déménagement.

Plusieurs critères de choix

Si l'aspect du stratifié reste un critère de choix important, sa résistance à l'usure ne doit pas non plus être négligée. Choisissez donc aussi votre revêtement en tenant compte de l'usage que vous lui réservez : la norme européenne EN 685 (→ TABLEAU) classe les produits en fonction de ce critère. Pour satisfaire pleinement à cette norme dans son usage domestique le plus intensif (classe 23), certains fabricants produisent des stratifiés « haute pression », dans lesquels sont incluses des particules d'oxyde d'aluminium, qui renforcent notamment la dureté du matériau. Dans ce cas, le produit bénéficie d'une garantie prolongée contre l'usure, les taches et la décoloration à la lumière.

● **À noter :** Un revêtement en stratifié n'est pas des plus adaptés aux salles de bains et autres locaux très humides. Bien que la surface soit étanche, l'eau peut s'infiltrer par les bordures et provoquer un gonflement du matériau. ■

LA CLASSIFICATION EUROPÉENNE

EN 685	Usage domestique
Classe 21	Usage modéré. Salon et chambres d'un appartement à faible fréquentation.
Classe 22	Usage normal. Toutes les pièces d'une maison occupée par un couple avec enfants (trafic moyen).
Classe 23	Usage élevé. Toutes les pièces d'une maison soumises à fort trafic avec des passages intenses.

EN 685 DOM

Les fibres naturelles

S'inspirant de la natte tissée avec des joncs ou des feuilles de palmier, les revêtements de sols en fibres naturelles, revus et corrigés grâce à quelques techniques avant-gardistes, connaissent un succès certain. Depuis une décennie, les fabricants ont considérablement étendu leur gamme de produits, qui rivalisent aujourd'hui avec les autres revêtements traditionnels, notamment les moquettes et les tapis. Issus de matières premières renouvelables, tous les revêtements de sols en fibres naturelles sont biodégradables et constituent de bons isolants phoniques. Jonc de mer, coco, jute, bambou… se distinguent néanmoins par bien des aspects : plus ou moins résistants, d'un contact plutôt rêche ou très doux, faciles d'entretien ou sensibles aux taches… ils atteignent aussi des prix qui peuvent varier du simple au quintuple. Même si vous êtes prêt à vous laisser séduire par leur aspect, prenez le temps de réfléchir et de comparer…

Le jonc de mer

Dénommé également « seagrass », le jonc de mer est originaire de Chine où il pousse dans des champs qui peuvent être inondés d'eau de mer. Il est lisse et doux au toucher. Assez résistant, il convient à toutes les pièces de la maison, y compris cuisine et salle de bains, car son origine aquatique l'a rendu naturellement imperméable. Un coup d'éponge suffit à l'entretenir, et, s'il devient terne, il retrouve tout son éclat et son aspect légèrement « ciré » dès qu'on l'humidifie à l'aide d'une serpillière.

D'un coût économique, il est disponible en général dans trois tonalités : les beiges, les jaunes et les verts. Mais il accepte mal la teinture et, de ce fait, est parfois associé à du sisal de couleur, tissé dans la trame. On trouve maintenant une gamme assez large de tissages : avec des boucles plus ou moins grosses, des fibres croisées, des chevrons avec ou sans fils colorés, etc.

Le coco

Élaboré à partir des fibres de la coque de la noix de coco, c'est un matériau robuste. Son tissage souvent grossier en fait un revêtement à l'aspect brut et rêche, mais on trouve maintenant des tissages plus sophistiqués. Il convient bien aux endroits de circulation importante (entrée ou couloir, par exemple). De couleur naturelle brun chaud, il peut être blanchi ou teinté. Il résiste bien à l'usure, sans se défraîchir. Mais il redoute les liquides, car il est très poreux.

Le jute

Issu de la tige de la plante éponyme qui pousse sur des terrains sablonneux en Inde et au Bangladesh, le jute possède une agréable texture, douce et lisse que n'offrent pas les autres revêtements naturels. Beaucoup plus raffiné que le coco, naturel ou teinté, il séduit par son effet très décoratif. Mais il présente deux inconvénients majeurs : sa grande rapidité d'usure et sa forte sensibilité aux taches. Il faut donc le réserver exclusivement aux endroits de faible passage.

QUELQUES EXEMPLES DE FIBRES NATURELLES

1. *Jonc de mer trame classique.*

2. *Jonc de mer chevrons.*

3. *Jonc de mer fibres croisées.*

4. *Coco bouclé.*

5. *Coco chevrons.*

6. *Jute bouclé.*

7. *Sisal bouclé.*

8. *Papier tissé.*

9. *Bambou.*

Un revêtement en laine et sisal. Ce dernier se prête à toutes les teintures.

Le sisal

Tissé à partir de la fibre de l'agave, cactée originaire du Mexique, cultivé au Brésil et en Afrique orientale, le sisal se distingue par son fini brillant. Doux et résistant, il fixe bien la teinture, mais il n'apprécie pas l'eau et absorbe avidement les taches. La gamme des tissages est très importante et les teintes vont du miel clair aux tons foncés qui permettent toutes sortes d'effets décoratifs.

La corde de papier et le bambou

Ersatz du rotin et de l'osier en périodes de pénurie, la corde de papier a fait son chemin. Réalisée à partir de pâte à papier, elle est additionnée de résine, puis tissée. Ainsi renforcée et imperméabilisée, elle résiste tant à l'humidité qu'à la poussière. Elle est agréable au toucher, mais reste sensible à l'usure, et son prix semble parfois hors de proportion avec son origine. La variété des teintes et des tissages s'applique aussi à la fabrication de tapis gansés.

Plus récente, l'utilisation de fines tiges de bambou, assemblées et cousues entre elles, permet la confection d'élégants tapis.

Différents niveaux de qualité

Pour un même matériau, les différences de prix paraissent souvent à première vue considérables. Elles s'expliquent, en partie, par des niveaux de qualité très variables, mais aussi par la valeur ajoutée de la création (teintures, tissage artisanal, etc.).

Les sources de production sont diverses. Par exemple, pour le jonc de mer, c'est la Chine qui a la meilleure réputation, tandis que les produits provenant du Viêt Nam présentent parfois des risques de moisissures, surtout placés dans des pièces humides dont l'aération n'est pas irréprochable.

Avant de vous décider pour tel ou tel produit, examinez la qualité de l'envers, c'est-à-dire de la sous-couche. Si le latex qui la compose le plus souvent n'est pas résistant, il va rapidement s'effriter. Outre les matériaux utilisés, veillez aussi à la qualité du tissage et à l'épaisseur du revêtement. Pour éviter les mauvaises surprises, mieux vaut faire confiance à des marques européennes connues qu'à une fabrication artisanale, importée par exemple d'Asie du Sud.

Une pose parfois délicate

Comme la moquette, les revêtements en fibres naturelles sont proposés pour la plupart en rouleaux d'une largeur de 4 m, avec ou sans sous-couche. Ils se posent ensuite selon les mêmes techniques, avec ou sans thibaude. Cependant, leur installation est un peu plus délicate que celle d'une moquette, en raison du risque de déformation. La pose collée est pratiquement la seule qui leur convienne, car elle fige le revêtement sur toute sa surface. La partie la plus délicate est la réalisation des joints, le tissage artisanal favorisant l'effilochage.

Si vous en êtes à votre coup d'essai, contentez-vous d'installer ce type de revêtement dans les pièces où il peut être posé d'un seul tenant, et sur une surface parfaitement lisse. Pour une mise à température, il est recommandé d'entreposer 24 heures avant la pose revêtement et colle dans la pièce à traiter. ■

Le linoléum, le liège et le caoutchouc

© Forbo Sarlino

Certains revêtements de sol, victimes de la mode, ont connu la gloire, puis le mépris. Il en a été ainsi, du moins en France, pour le linoléum comme pour le liège. Tous deux réapparaissent aujourd'hui, timidement. Le linoléum, constitué pour partie de dérivés de bois et de résines, a pour principal atout une grande résistance à l'usure. Quant au liège, issu de l'écorce d'arbres tels que le chêne-liège, il vaut surtout pour sa souplesse et ses qualités isolantes.

Le linoléum

Le linoléum a connu son heure de gloire dans les années 1930 jusqu'à ce que la moquette ne l'évince. Il connaît aujourd'hui de nouveau une certaine faveur.

Les différents linoléums. Fabriquée à partir de matériaux entièrement naturels – huile de lin, farine de bois, de liège et de résines –, la pâte de linoléum, teintée à l'aide de pigments, est calandrée sur une toile de jute. Outre le linoléum de couleur unie, il existe du linoléum incrusté, obtenu en provoquant des différences d'épaisseur en surface, ou encore du linoléum-liège, dans lequel le liège est incorporé sous forme de granulés et non de poudre. Les fabricants ont accompli d'étonnants progrès sur le plan esthétique : des systèmes d'incrustation, de calepinage et de fresques diverses permettent de trouver des décors tout faits ou à la carte, qui viennent s'ajouter aux finitions traditionnelles, unies ou marbrées.

Un parquet flottant en liège

Pour ce type de parquet, les lames sont le plus souvent composées d'une âme en fibres de moyenne densité, recouverte d'une épaisse couche de liège protégée par un vernis. Assemblées par rainures et languettes, elles sont posées « en flottant », comme pour un parquet de recouvrement. Décoratif, antistatique et antidérapant, un parquet en liège assure un confort moelleux lors des déplacements (Wicanders).

Le linoléum est vendu au mètre (dans une largeur de 2 m le plus souvent) ou se présente sous forme de dalles, sur un support combinant verre et polyester qui assure sa stabilité.

Les atouts du linoléum. Le linoléum est le revêtement le plus résistant après le carrelage et le parquet. Répondant aux normes françaises UPEC, il est classé U3 P3 ou U4 P3 (forte résistance à l'usure et au poinçonnement) lorsqu'il est de bonne qualité. Parfaitement sain, il présente des qualités antistatique et bactériostatique indéniables – certains micro-organismes cessant de se développer à son contact. Par ailleurs, la longévité d'un linoléum dépend essentiellement de la qualité de la pose. Le matériau exige d'être collé sur une surface parfaitement plane, tandis que les raccords entre les lés et avec les parois de la pièce doivent être effectués avec des cordons de soudure à chaud.

Le liège

Aujourd'hui peu utilisé, le liège a recouvert les sols et murs de bien des salles de bains françaises, au milieu du XXe siècle, avant de passer de mode. Par contre, en Europe du Nord, ce revêtement naturel, considéré comme respectueux de l'environnement et de la santé, reste très apprécié.

Caractéristiques. Souple, résistant et imperméable, le liège convient aux différentes pièces de la maison. Il plaît pour son contact agréable, sa faculté d'absorption des bruits d'impact ainsi que sa résilience – il ne se tasse pas sous le poids des meubles. Son aspect chaleureux varie selon que la finition est lisse ou bien à reliefs, depuis le granité jusqu'à l'effet d'écorce, à réserver aux murs. Si la matière première qui le constitue provient d'une unique source, il montre une apparence homogène ; et, en cas contraire, un aspect panaché.

Différentes qualités de liège. Le liège est vendu tantôt en dalles de 30 x 30 cm, épaisses de 3 à 12 mm, tantôt en rouleaux pour les épaisseurs les plus faibles, mais également sous d'autres présentations : panneaux, briques ou plaquettes… Il est important de vérifier, avant l'achat des revêtements

© Wicanders

Les différents formats de liège disponibles permettent de créer des décors variés.

Revêtement confortable, le liège constitue également un bon isolant phonique.

en liège, la résistance des bords, qui ne doivent pas s'effriter à la manipulation. Mieux vaut écarter aussi les produits dont l'épaisseur est inférieure à 3 mm, à moins qu'ils ne soient fixés sur un support, car ils risquent de manquer de stabilité. Plus les dalles sont épaisses et compactes, meilleures seront leurs qualités en matière d'isolation phonique, voire thermique. Le liège est parfois intercalé entre deux couches de chlorure de polyvinyle (PVC), la couche supérieure transparente conservant au matériau son aspect naturel. Bien que moins écologique, ce produit est extrêmement résistant.

Le liège en sous-couche. Outre les classiques dalles décoratives, il existe également du liège désigné sous le nom de « sous-couche résiliente », qui se présente en rouleaux ou en plaques de faible épaisseur, variant de 2 à 5 mm. Il s'agit là de liège aggloméré, surtout destiné à recouvrir les chapes de béton ou les sols rigides devant recevoir un dallage, un revêtement vinylique ou bien un parquet de recouvrement. Il fait alors office de semelle étanche et isolante, protégeant le revêtement de sol de l'humidité tout en apportant une isolation phonique contre les bruits d'impact.

Le caoutchouc

Un peu oublié, le caoutchouc possède pourtant, en partie grâce aux techniques de fabrication actuelles, de réels atouts en matière de confort et de solidité. Qu'il soit naturel, synthétique, ou constitué d'un panachage des deux, c'est un matériau souple et résilient. Il est bien adapté aux sols très sollicités et s'entretient sans problème. Coulés en nappe ou en dalles, les revêtements en caoutchouc présentent le plus souvent des reliefs : pastilles, rainures ou autres motifs. ■

Du caoutchouc dans l'escalier

Tous les revêtements de sol peuvent recouvrir les marches d'un escalier. Mais, surtout s'il s'agit d'un lieu de passage très fréquenté, les critères de résistance et d'entretien sont primordiaux. Le caoutchouc convient bien à cet usage.

Les revêtements dits pour marches intégrales couvrent sans discontinuité les marches et contremarches. Vendus en lés de 1 m de large en général, ils se posent par collage en plein.

Les revêtements avec « nez de marche » sont mis en place avec une découpe marche par marche : pour assurer la jonction, on fixe sur le nez de marche un profilé, plastique ou métallique, qui stabilise l'ensemble.

Les revêtements vinyliques

© Forlo Salino

Le chlorure de polyvinyle (PVC), matière plastique thermoplastique, a permis aux Américains de créer des «cushion-vinyle», que l'on pourrait traduire littéralement par «coussins de sol en vinyle». Tout d'abord diffusés dans une gamme réduite et peu colorée, ces revêtements souples ont longtemps pâti d'une mauvaise réputation, recouvrant uniquement les sols des bâtiments publics et des logements sociaux. Il est vrai que, dans les premiers prix, subsistent encore des revêtements de piètre qualité. Mais, dans leur grande majorité, les PVC, sans négliger l'effet décoratif, présentent des qualités fonctionnelles bien adaptées aux pièces où le sol est mis à rude épreuve, et surtout aux locaux humides.

Deux types de fabrication

Les revêtements de sol vinyliques sont fabriqués soit par calandrage, procédé qui transforme le plastique en feuille d'une épaisseur déterminée, soit par enduction, auquel cas le PVC est appliqué sur un support : fibre de verre, textile ou polyester. Cette dernière technique procure au produit un meilleur plombant et une bonne stabilité dimensionnelle, gage de qualité et de durabilité. Dans certains cas, une couche envers de mousse améliore le confort acoustique en réduisant les bruits d'impact. Mais le haut de gamme du vinyle destiné aux sols reste le VER (vinyle expansé à relief). Constitué de plusieurs couches de matériaux superposées, il est couvert en surface d'un vitrificateur transparent qui présente une excellente résistance au poinçonnement et aux rayures.

Deux techniques d'impression

Dans la large gamme de couleurs disponibles, il est aisé de trouver le revêtement PVC le plus en harmonie avec le décor et l'ambiance de la pièce. Deux techniques, la sérigraphie et l'héliogravure, sont utilisées pour imprimer les vinyles. Elles permettent de créer des décors originaux imitant l'aspect du bois, du liège, du carrelage ou encore du marbre… Simples ou sophistiqués, les sols vinyliques montrent parfois des «dessins-jeux» pour les chambres d'enfants, ou des aspects «métalliques» pour les bureaux. Quant au procédé dit «inlaid», il permet d'incruster dans le support PVC des particules de dimensions, formes et couleurs variées, qui donnent à la couche d'usure un effet granité ou craquelé souvent très réussi. Grâce à des systèmes de découpe élaborés, les fabricants peuvent proposer aussi des frises, filets et cabochons, et même des compositions sur mesure conçues à l'aide d'un logiciel, comme c'est le cas pour les moquettes et les parquets.

Les usages conseillés

Vous pouvez placer des revêtements vinyliques dans tous les locaux d'habitation. Toutefois, du fait de leur caractère imperméable et imputrescible, on conseille le

Imperméable et imputrescible, un sol en vinyle est particulièrement adapté aux salles de bains.

plus souvent de les utiliser pour les salles de bains, les toilettes, les buanderies, voire les cuisines. Mais ils conviennent aussi très bien à certaines pièces de séjour ou aux chambres d'enfants. Dans ce dernier cas, n'hésitez pas à utiliser des sols plastiques qui bénéficient de traitements spécifiques en matière d'hygiène et d'entretien. Les traitements fongistatiques et bactériostatiques (Sanitized, Sanosol) combattent mycoses et bactéries ; les traitements antisalissure (Protecsol, Topclean), en supprimant la microporosité, évitent les traces de pas et la pénétration des taches.

Différents niveaux de qualité

Sur le marché sont disponibles des produits apparemment très proches, qui, pour certains, n'apportent pas de satisfaction durable. Pour éviter toute méprise, ne vous laissez pas tenter par des prix trop bas et demandez à connaître le classement UPEC, qui indique, entre autres, la résistance à l'usure et au poinçonnement. Tenez compte également de la classification européenne NF EN 685 (→ **PAGE 263**) qui conseille, pour tel ou tel produit, un usage léger, moyen ou élevé. Pour durer, le revêtement doit avoir une certaine épaisseur, l'ensemble formé par la couche d'usure et l'éventuelle sous-couche pouvant varier de 1 à 4,5 mm.

Enfin, si votre logement est chauffé par le sol, pensez à vérifier si le revêtement choisi est compatible avec ce système de chauffage.

En rouleaux ou en dalles

Les vinyles sont vendus en rouleaux ou en dalles. Les rouleaux existent en différentes largeurs : 2, 3 ou 4 m. Vous choisirez l'une ou l'autre en fonction des dimensions de la pièce, de façon à générer le moins de chutes possible. Les présentations en rouleaux conviennent bien aux locaux de petite dimension, quand il n'est pas nécessaire de réaliser de joint pour couvrir toute la surface. Quant aux dalles, ce sont le plus souvent des carrés de 30 à 33 cm de côté. En rouleaux comme en dalles, la pose du vinyle ne présente pas de difficulté majeure : les bandes ou dalles sont collées en plein sur le support. Il existe même des dalles auto-adhésives.

Le calcul des besoins

Si vous optez pour un revêtement en rouleaux, achetez un certain nombre de mètres linéaires en fonction des dimensions de la pièce à couvrir. Ils seront facturés, selon l'usage, au mètre carré. Pour un revêtement en dalles, il est préférable, comme pour le carrelage, de calculer le nombre d'éléments nécessaires à partir d'un plan précis sur papier millimétré sur lequel ont été reportées au préalable les cotes de la pièce. ■

Certains revêtements vinyliques bénéficient de traitements spécifiques qui évitent la pénétration des taches et facilitent l'entretien.

Poser des

revêtements
sur les plafonds et les murs

LES PLAFONDS

LA PRÉPARATION DES MURS

LA PEINTURE DES MURS ET DES BOISERIES

LA POSE DU PAPIER PEINT

LA POSE D'UN TEXTILE MURAL

LA POSE D'UN LAMBRIS

LA POSE D'UN CARRELAGE MURAL

La préparation du chantier

Multifonctions, cette plate-forme de travail facilite la mise en peinture d'un plafond. N'oubliez pas cependant de commencer par protéger meubles et sol…

Si vous avez la bonne technique, refaire ses murs et ses plafonds apparaîtra une opération très simple, à condition de bien s'organiser. Il convient de choisir le moment opportun, de prévoir un temps suffisant pour terminer le travail d'un coup car les pièces seront inutilisables jusqu'à ce qu'elles soient terminées, et de respecter un certain ordre dans l'exécution des travaux.

Dans quel ordre effectuer les travaux ?

Pour refaire une pièce, et notamment le plafond et les murs, procédez toujours selon l'ordre suivant, impératif et valable aussi bien pour la préparation que la mise en œuvre des revêtements.

▸ Commencez par le plafond : préparation, pose des éléments décoratifs (corniche, rosace), puis décoration (peinture, poutres, dalles).

▸ Continuez par les boiseries, les portes, les fenêtres, les plinthes (dépoussiérage, décapage, etc.).

▸ Attaquez ensuite les murs : préparation (dépose des revêtements, lessivage, réparation des trous et fissures), pose des revêtements.

▸ Terminez par les sols.

Quelques jours avant les travaux

Vérifiez que tout est en ordre du point de vue électricité et chauffage. Sinon exécutez ou faites procéder aux travaux et réparations nécessaires.

– Si vous avez une cheminée, faites-la ramoner à moins que vous ne l'ayez fait faire récemment.

– Traitez les bois endommagés (chambranles, portes, fenêtres, plinthes).

– Prévoyez le matériel nécessaire pour travailler en hauteur confortablement et en toute sécurité : échafaudage solide (planche et tréteaux) pour peindre le plafond, échelle ou escabeau d'une hauteur correcte pour travailler les murs. En général une hauteur de 2 m suffit.

– Si vous devez louer une ponceuse, une décolleuse de papier peint ou une table à encoller, pensez à les réserver à l'avance.

– Si vous devez acheter du matériel, ne lésinez surtout pas sur la qualité, notamment celle des pinceaux.

– Vérifiez l'état du matériel en votre possession.

– Assurez-vous que vous avez les quantités suffisantes (pots de peinture, rouleaux de papier peint, etc.).

– Préparez le nécessaire pour nettoyer pinceaux et rouleaux si vous ne pouvez repeindre la pièce en une journée.

– Prévoyez de vieux vêtements et un couvre-chef usagé.

– N'oubliez pas une paire de gants et des lunettes si vous devez décaper une peinture ou un papier peint (les décapants sont des produits toxiques et dangereux).

La veille du chantier

Videz la pièce au maximum : vous devez absolument travailler dans une salle vide.

– Déménagez tout ce qui risque d'être abîmé (rideaux, tapis).

– Protégez le sol ou la moquette avec une bâche.

– Si vous ne pouvez pas tout déménager, regroupez les meubles volumineux au centre de la pièce. Recouvrez-les avec une bâche en plastique ou une feuille de polyane. Fixez l'une ou l'autre avec du papier adhésif. Vous pouvez aussi utiliser de vieux draps que vous plierez en deux car ils ne sont pas imperméables comme les bâches.

– Débarrassez les murs des tableaux, miroirs, appliques, clous, pitons.

– Retirez étagères, tringles, etc.

– Déposez vos lustres après avoir repéré les différents fils qui les alimentent.

Pour travailler en hauteur

Rénover un plafond oblige à utiliser un escabeau. Parfois, pour plus de confort, il vaut mieux improviser un montage à l'aide de deux échelles ou d'une échelle et d'un escabeau réunis par une planche ou utiliser un petit échafaudage pliant.

Un escabeau à larges marches est préférable à une échelle classique dont les barreaux ronds « fatiguent » la plante des pieds. La partie supérieure plate permet de poser le bac à peinture et des outils.
Faites attention lorsque vous descendez : si le sol est protégé d'une feuille de matière plastique, il devient glissant…

– Retirez les accessoires électriques, démontez les prises et les interrupteurs (n'oubliez pas de fermer le compteur). Isolez-les avec des dominos.

– Retirez les garnitures des portes en laissant toutefois l'axe et une poignée de remplacement. ■

Les différents types de plafond

Un plafond est un ouvrage qui compose la paroi horizontale supérieure apparente d'une pièce. Il en existe de nombreux types dont il convient de bien connaître la nature avant d'en entreprendre la rénovation.

Les plafonds aux solives apparentes

Dans les maisons rurales traditionnelles, les plafonds comportaient souvent des poutres apparentes et servaient de support au plancher de l'étage. Au XIXe siècle, ce type de plafond était signe de pauvreté : des planches étaient directement posées sur les solives pour constituer le plancher de l'étage supérieur ainsi que le plafond de la pièce inférieure. Ce parquet rustique aux lames disjointes laissait passer les poussières voire les détritus qui tombaient au-dessous. Pour éviter ces désagréments, on colmatait les parties entre les solives avec du torchis ou du plâtre.

Vrais ou faux plafonds

Selon le type de construction, les plafonds offrent des structures différentes, désignées par des termes particuliers. En voici quelques exemples.

Le plafond de plâtre armé **(➡ CROQUIS 1)**. C'est le type de plafond le moins moderne. Constitué d'un enduit de plâtre projeté sur une armature de lattis de bois, de roseaux, etc. ; il est réalisé en sous-face du plancher de l'étage supérieur, et totalement solidaire de lui.

Le plafond à caissons. Très courant, il est constitué par la sous-face des solives et des poutres dont les entrevous (espaces libres entre deux ossatures) composent des compartiments creux aux retombées souvent moulurées et décorées.

Le plafond à plaques de plâtre. Tout aussi courant, ce type de plafond comporte des plaques de plâtre, du type Placoplatre, vissées sous les solives du plancher.

Le plafond à hourdis **(➡ CROQUIS 2)**. Un hourdis est un corps de remplissage constitué d'aggloméré, de terre cuite, d'isolant, etc., posé entre les solives d'un plafond.

Le plafond en béton **(➡ CROQUIS 3)**. Fréquent dans les constructions modernes, il

Colmater les crevasses

Si le béton a été mal stabilisé, il peut se lézarder. D'importantes crevasses apparaissent alors par endroits, dont la largeur de plusieurs millimètres indique qu'il s'agit d'un défaut interne au béton atteignant peut-être le cœur de la dalle. Bien qu'elles ne nuisent pas à l'ouvrage, ces crevasses doivent être colmatées avec d'autres produits que les traditionnels reboucheurs. Il est préférable d'utiliser des mastics synthétiques qui adhèrent parfaitement au béton et conservent une certaine élasticité même après séchage. Si la crevasse a tendance à s'élargir ou à se resserrer, le mastic suit ces variations et la surface reste colmatée **(➡ P. 155).**

s'agit en réalité de la face inférieure de la dalle d'étage. Soit le béton de la dalle est coulé, soit la dalle de béton est monobloc.

Le plafond suspendu. C'est ce que l'on appelle un « faux plafond ». Construit sous le plancher à une certaine distance de celui-ci, il se compose en général d'une ossature métallique légère accrochée à intervalles réguliers par des attaches de suspente, et est habillé de matériaux légers, en plaques ou en panneaux fixes ou amovibles, en plâtre, en staff, en dalles acoustiques amovibles, etc.

Le plafond flottant. Réalisé sur une armature horizontale autoporteuse prenant appui sur les murs tout autour de la pièce, il n'est en aucun point solidaire du plancher supérieur. Il peut être aussi fait d'une toile tendue entre les murs.

Avant de remettre en état un plafond

Les plafonds anciens. Parfois, la partie supérieure de l'habitation n'était pas occupée (comme dans le cas d'un grenier) et le plancher n'existait pas. Seuls des augets en plâtre, armés de grillage ou de lattes de bois, maintenaient les solives entre elles. Il est alors déconseillé de marcher dans le grenier si vous ne voulez pas passer à travers le plafond !

Avant d'entreprendre la remise en état des lieux, renseignez-vous auprès d'un architecte car les travaux à effectuer sont souvent onéreux et parfois dangereux.

Les plafonds de construction récente. Dans la plupart des cas, il s'agit d'une dalle de béton de 15 à 20 cm d'épaisseur dont la face inférieure, doublée d'une couche de plâtre, fait office de plafond. Parfois, il n'y a pas de plâtre : seule une peinture est appliquée directement sur le béton. La remise en état s'effectue principalement avec de la peinture. Le béton étant moins sujet aux fissurations que les plafonds en plâtre, la préparation est souvent plus rapide car il y a moins de défauts à reboucher. ■

TROIS TYPES DE PLAFOND

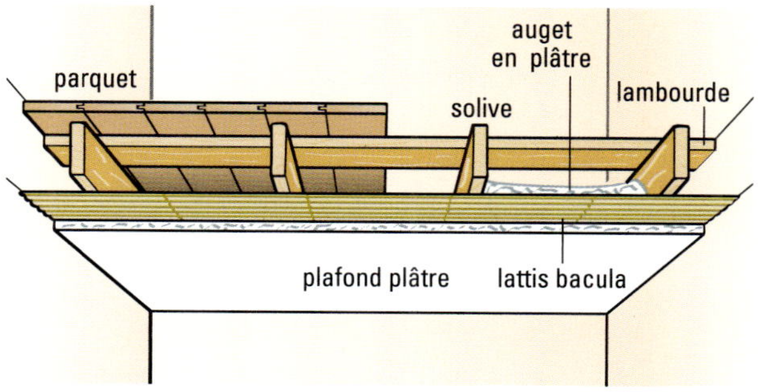

1. ***Structure d'un plancher ancien :*** *le plafond en plâtre projeté s'accroche sur le lattis bacula. Le parquet traditionnel de l'étage supérieur est cloué sur des lambourdes. Les augets en plâtre sont des scellements entre solives destinés à rigidifier l'ensemble devant recevoir un parquet.*

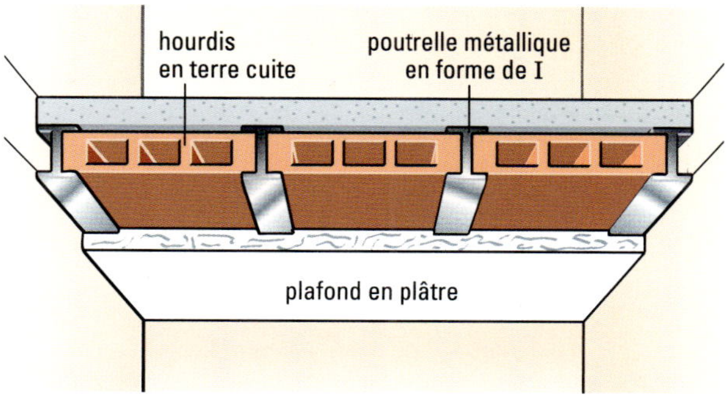

2. ***Plafond hourdé :*** *le plafond comporte ici des hourdis en terre cuite glissés entre les poutrelles métalliques. L'ensemble est recouvert d'une couche de plâtre projeté.*

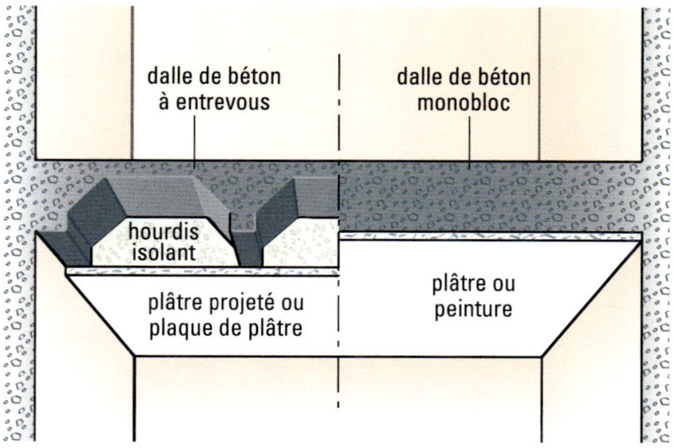

3. ***Plafond en béton.*** *À gauche, le béton de la dalle a été coulé en ménageant des entrevous dans lesquels sont glissés des hourdis isolants. L'ensemble est recouvert d'une couche de plâtre projeté ou d'une plaque de plâtre cartonnée.*
À droite, la dalle de béton est monobloc. La face inférieure servant de plafond est recouverte ou non d'une couche de plâtre. Dans certains cas, le béton est simplement peint.

La préparation d'un plafond

LES OUTILS
- calicot
- couteau à enduire
- couteau de peintre

Pour réussir la décoration de votre plafond, il faut qu'il soit prêt à recevoir le revêtement que vous avez choisi (peinture, laque, dalles, etc.). Dans tous les cas, qu'il soit en béton ou en plaques de plâtre, le support doit être solide, plan, sain, propre et sec.
Pour travailler en toute sécurité, préparez un échafaudage stable, avec deux ou trois tréteaux et une planche solide sur laquelle vous pourrez circuler. Pour ne pas vous fatiguer, votre tête doit arriver à 15 cm du plafond.

Le lessivage

Brossez le plafond et aspirez dans les angles, notamment à proximité des radiateurs, où les traces sont toujours plus marquées. S'il est très encrassé, n'hésitez pas à le lessiver avec une éponge puis rincez-le à l'eau claire. Utilisez de la lessive St Marc et de l'eau chaude qui accélère l'effet de nettoyage.
– Si vous êtes en présence d'un blanc gélatineux, n'employez pas de lessive mais seulement de l'eau.
▶ Humidifiez-le à l'eau pure, laissez-le se ramollir mais pas trop.
▶ Enlevez le produit à l'éponge en frottant énergiquement et en faisant attention à ne pas attaquer le plâtre.
▶ Rincez soigneusement.
– Toutefois, lorsqu'il s'agit d'un plafond en plâtre nu, préférez le nettoyage à sec. Le

Renforcer la réparation par un calicot

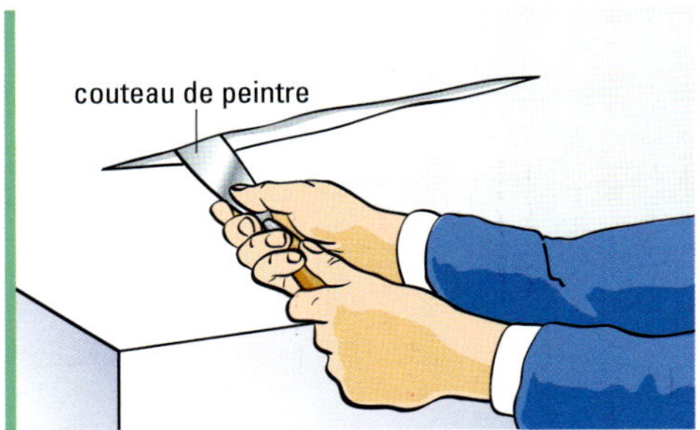

1 **Grattez la fissure.** Employez une lame métallique pour faire tomber toutes les parties non adhérentes.

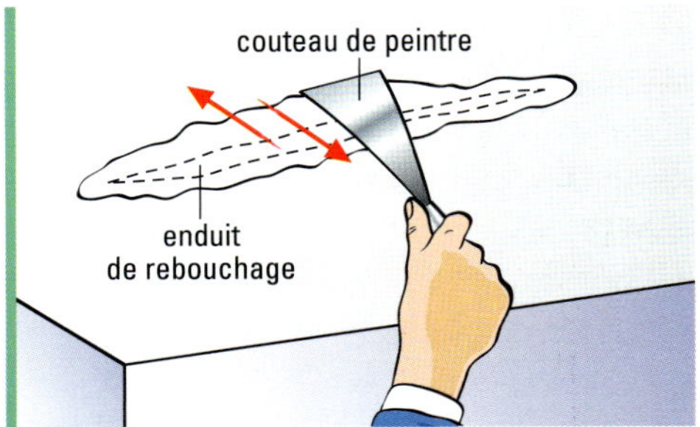

2 **Colmatez l'ensemble avec un enduit de rebouchage.** Laissez sécher et durcir.

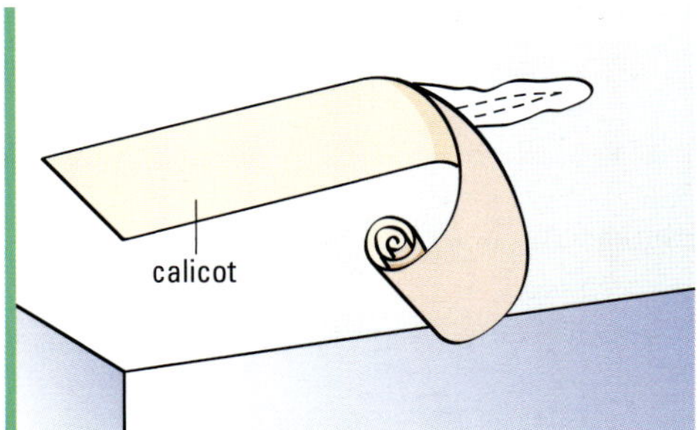

3 **Posez sur la fissure une bande de calicot.** Appliquez au couteau une couche d'enduit et, sans attendre, posez dessus une bande de calicot qui doit couvrir et dépasser la fissure de plusieurs centimètres.

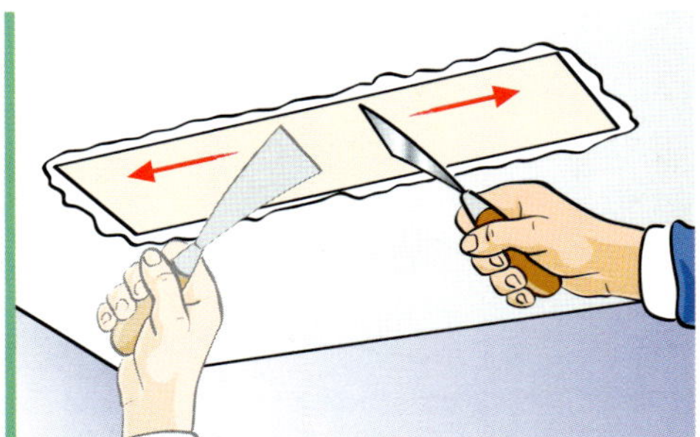

4 **Lissez le calicot.** Passez le couteau sur le calicot de façon que l'enduit, encore malléable, passe à travers la texture. Lissez toute la longueur et laissez sécher.

lessivage mouille le plâtre et il faut parfois plusieurs heures de séchage avant de pouvoir peindre.

● **À noter :** Utilisés pour décoller les papiers peints, les produits de détrempe conviennent bien pour supprimer le blanc gélatineux et les autres badigeons qui peuvent recouvrir certains plafonds.

La remise en état de la surface

Les fissures et les trous devront être grattés avec une lame métallique pour faire tomber toutes les parties peu adhérentes ou écaillées. Utilisez ensuite un produit de rebouchage et un couteau à enduire pour colmater les cavités profondes (plus de 5 mm). En revanche, un enduit de lissage suffit pour faire disparaître les défauts de faible épaisseur, tels que les écailles de peinture.

Pour colmater certaines crevasses particulièrement prononcées qui ont tendance à réapparaître peu de temps après leur rebouchage, il est conseillé de renforcer la réparation par une bande de calicot (→ SÉQUENCE). Le calicot est une sorte de bande de pansement en toile de verre que l'on utilise pour «armer» les lèvres d'une fissure.

Le rebouchage :

▶ Pour effectuer un travail soigné, utilisez un couteau afin de pousser le produit de remplissage dans le fond de la cavité. Lorsque celle-ci est très profonde (plusieurs centimètres), procédez en plusieurs passes. Laissez sécher et durcir le produit.

▶ Bouchez le reste de la cavité.

▶ Égalisez grossièrement la surface à l'aide du couteau à enduire.

▶ Laissez à nouveau sécher et durcir.

▶ Poncez la surface au papier de verre fin.

▶ Terminez la réparation en appliquant une mince couche d'enduit.

▶ Dès qu'il est sec, lissez le produit à l'aide d'une lame à enduire sur une surface dépassant largement l'endroit du rebouchage.

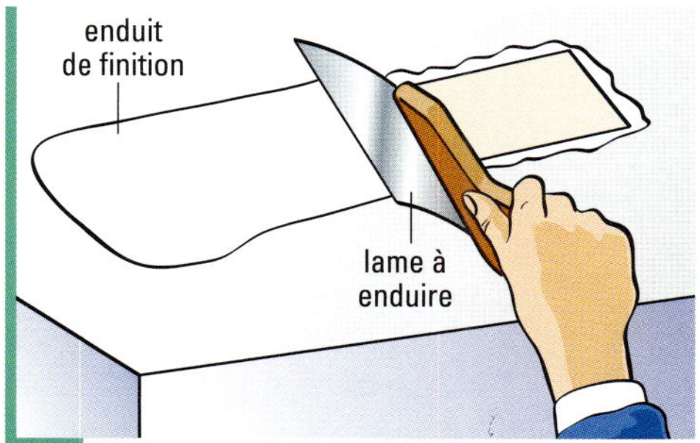

5 **Repassez une couche d'enduit de finition.** Poncez légèrement la surface puis repassez une couche d'enduit sur une largeur double de celle du calicot pour masquer totalement la réparation. Cette dernière passe de finition atténue les surépaisseurs.

La plaque de plâtre du type Placoplatre

Les grandes plaques de plâtre utilisées couramment pour le doublage des plafonds sont faites de sandwichs «carton-plâtre-carton». Cette conformation protège la mince âme de plâtre (10 mm) qui s'écroulerait au moindre choc. De ce fait, lorsque vous décollez un papier peint tapissant une plaque de ce type, restez vigilant.
Si vous utilisez la vapeur d'eau, faites-le avec parcimonie. Vous devez décoller le papier sans endommager le carton de la plaque. Exercice parfois délicat, surtout lorsque le papier a été collé directement sur le carton, sans préparation préalable de la surface. C'est l'un des cas où il est parfois nécessaire de renoncer au décollage. Si possible, préférez la solution de la peinture, du collage d'un nouveau revêtement sur l'ancien ou du montage d'un faux plafond.

● **À noter :** Si la surface est en trop mauvais état pour qu'un simple rebouchage des fissures suffise à permettre sa mise en peinture, il faut peut-être envisager de procéder au doublage du plafond (→ P. 282). ■

La mise en peinture d'un plafond

Une fois que le plafond est nettoyé et que ses fissures sont colmatées, une étape préparatoire à la peinture reste très souvent nécessaire. Elle consiste généralement à appliquer une peinture d'impression ou de finition modifiée avec du solvant.

La sous-couche

La peinture d'impression. Si vous êtes en présence d'un plafond de plâtre brut, n'oubliez pas de le «nourrir» par une première couche d'impression qui en atténuera la porosité. Cette première couche appliquée à même le plâtre peut être une peinture dite «d'impression», peinture spéciale plus fluide et moins onéreuse qu'un produit de finition.

La peinture de finition modifiée. Ou bien ce peut être la peinture de finition dans laquelle vous ajouterez 10 % de solvant (eau ou white-spirit) pour la rendre plus facile à étaler. Dans ce cas, prélevez une petite quantité de peinture, juste assez pour effectuer la première couche. Il est inutile de diluer le reste.

Les durcisseurs. Vous trouverez également des produits spécifiques comme les durcisseurs qui, appliqués en sous-couche, bloquent la porosité du plâtre, ce qui se traduit par une économie sur la consommation de peinture de finition.

Lorsque le plafond a déjà été peint, il n'est pas nécessaire de préparer une impression aussi fluide. Contentez-vous d'ajouter 3 à 4 % de solvant afin que la peinture ne soit pas trop pâteuse à étaler. Bien entendu, le fait de diluer la première couche vous oblige à en passer une seconde pour assurer un pouvoir couvrant correct.

Attention aux taches. Si des taches persistent après l'application de la sous-couche, badigeonnez-les avec de la gomme laque.

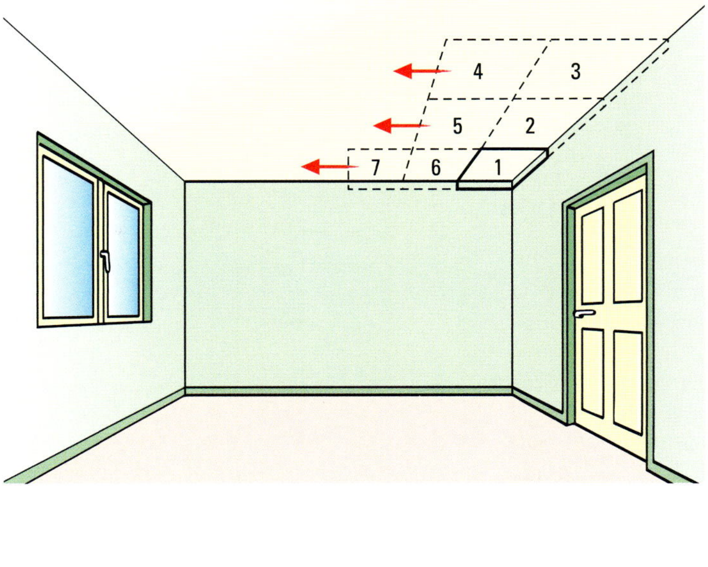

1. *Travaillez par carrés successifs d'environ 50 à 60 cm de côté, juxtaposés et toujours lissés dans le même sens. Progressez en direction de la source de lumière (la fenêtre). Soignez les raccords entre le plafond et les murs en appliquant la peinture au pinceau.*

Ce produit incolore évitera leur réapparition à travers la peinture de finition.

La mise en peinture

Commencez à peindre dans un angle à l'opposé de la fenêtre (➡ CROQUIS 1). À l'aide d'un pinceau, appliquez la peinture sur une bande de 4 à 5 cm de large en suivant l'angle formé par les murs et le plafond (➡ SÉQUENCE). Lorsque le projet de remise en état de la pièce comporte également l'habillage des murs, vous pouvez déborder sur le haut de ceux-ci.

Procédez ensuite comme suit :

▶ Travaillez par carrés successifs. Juxtaposez les différents carrés pour former de larges bandes sur toute la longueur de la pièce.

▶ Progressez vers la fenêtre. Évitez de revenir en arrière pour lisser une grande surface en une seule fois. Par exemple, quand vous peignez le carré n° 6, ne lissez pas la surface du carré n° 1, vous risqueriez de décoller la peinture qui commence à sécher.

▶ Lorsque le plafond est recouvert de sa première couche, observez bien le temps de séchage préconisé par le fabricant. Augmentez-le si la peinture a été très diluée.

▶ Après un séchage complet, vérifiez bien la surface : vous pouvez y déceler des « maigreurs » (manque de peinture) ou des marbrures souvent occasionnées par l'arrêt brusque du rouleau lorsque vous changez le sens du roulage. Ces détails vous inciterons à modifier votre façon de peindre pour appliquer la seconde couche.

▶ Appliquez la deuxième couche de peinture comme précédemment mais en croisant le sens de passage du rouleau. Pour finir, lissez la surface dans le sens de la lumière sans ajouter de peinture sur le rouleau.

● **À noter :** Les peintures et les enduits contenant beaucoup de résines synthétiques forment un revêtement légèrement flexible qui masque parfaitement les petits défauts et vieillit sans s'écailler à la moindre fissure. ■

Sur un plafond très sale

Si l'ancienne peinture du plafond est très sale :

– Nettoyez-la avec une solution de lessive St Marc très concentrée puis rincez à l'eau claire. Portez des gants de caoutchouc et des lunettes de protection.

– Laissez sécher plusieurs heures pour que la surface perde toute son humidité.

– Appliquez une première couche de peinture non diluée. Utilisez par exemple une peinture à fort pouvoir couvrant qui fera disparaître les petits défauts que le lessivage n'a pas supprimés.

Pour peindre un plafond

1 **Commencez par les corniches.** À l'aide d'une brosse (c'est-à-dire d'un pinceau), peignez sur tout le périmètre l'angle entre le plafond et les murs, où le rouleau ne peut pas aller.

2 **Poursuivez au rouleau.** Peignez de larges bandes sur toute la longueur de la pièce en progressant vers le côté où se trouve la fenêtre et en évitant de revenir en arrière.

3 **Appliquez une seconde couche.** Après séchage de la première couche, appliquez-en une seconde en croisant le sens du rouleau. Terminez en lissant dans le sens de la lumière.

Le doublage d'un plafond

Lorsqu'un plafond est en trop mauvais état pour qu'un rebouchage et un coup de peinture suffisent à le rénover, il convient d'envisager la solution du doublage. Cette technique consiste soit à recouvrir toute la surface d'un nouveau matériau, soit à construire un nouveau plafond juste en dessous de l'ancien, ce qui nécessite la pose de suspentes. Des plaques de plâtre aux dalles en bois, en liège ou en matière plastique, en passant par des toiles en PVC tendues, diverses possibilités existent. Et pourquoi ne pas profiter de cette remise en état pour décorer le plafond de rosaces, moulures ou corniches auxquelles on peut aussi faire jouer un rôle bien pratique pour dissimuler fils électriques et autres tuyaux inélégants ?

Les plaques de plâtre

Les plaques de plâtre du type Placoplatre peuvent servir à dissimuler une surface dégradée en réalisant un nouveau plafond juste en dessous de l'ancien. Pour ce faire (→ SÉQUENCE P. 283), on réalise une ossature métallique, suspendue au plafond existant, sur laquelle seront fixées les plaques de plâtre cartonné.
Quel que soit le matériau du plafond (plâtre, bois, béton, terre cuite, métal, etc.),

Le montage des suspentes

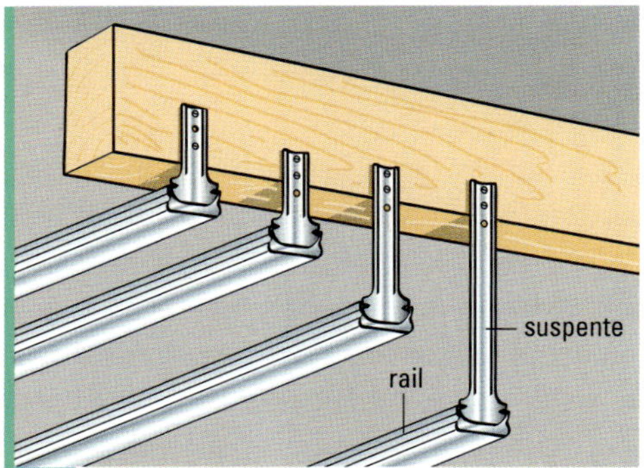

1 **Déterminez la hauteur du nouveau plafond.** Selon la longueur des suspentes, il se situera entre 2 cm et 20 cm de l'ancien. Pour choisir, tenez compte de la hauteur sol/plafond.

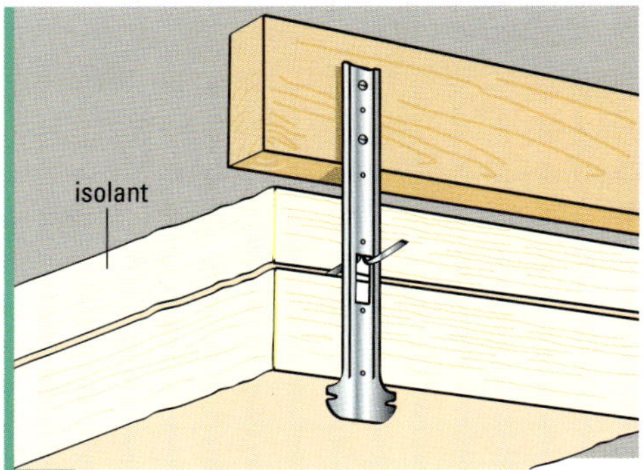

2 **Placez un isolant.** Avec des suspentes de grandes longueurs, les couches d'isolant sont embrochées et maintenues avant la mise en place des rails.

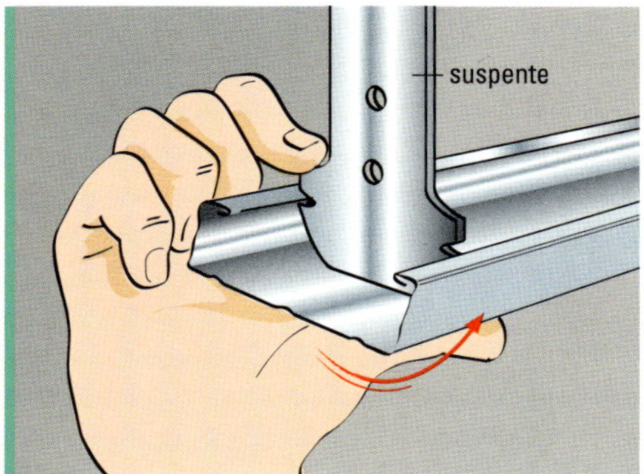

3 **Installez les rails.** Les profilés métalliques qui servent d'ossature au plafond sont clipsés sur les têtes des suspentes.

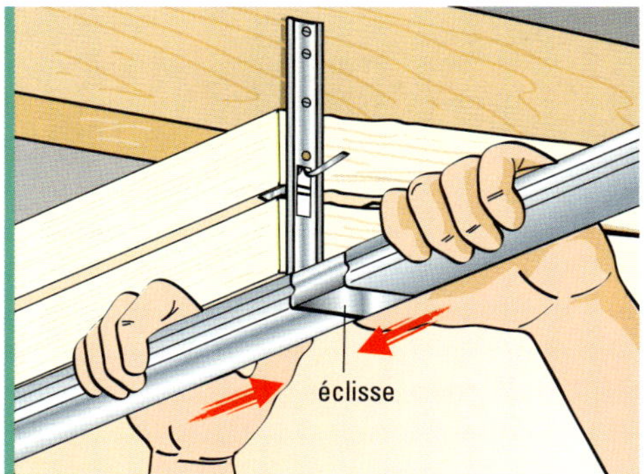

4 **Raccordez les rails entre eux.** Utilisez pour cela des éclisses, sortes de glissières qui permettent d'abouter les rails.

vous trouverez des suspentes adéquates de longueurs différentes qui vous permettront d'accrocher la nouvelle ossature à la hauteur désirée.

Les dalles de plafond

Isolantes et décoratives, les dalles de plafond permettent aussi de rectifier les irrégularités, de réhabiliter un plafond abîmé voire très dégradé. Il en existe de toutes sortes : en bois, en liège, en matière plastique (polystyrène expansé, thermoformée, etc.).
Votre plafond doit être propre et sec. Sinon préparez-le.
Calculez le nombre de dalles. Divisez la surface du plafond (référez-vous à celle du sol, c'est la même) par la surface d'une

Ce plafond en ogive a été réalisé avec des plaques de plâtre recouvertes d'un enduit fin.

La pose des plaques de plâtre

1 **Implantez les quatre suspentes aux angles du plafond.** Tendez un cordeau entre elles qui matérialisera le plan du futur plafond.

2 **Posez les suspentes intermédiaires.** Déplacez la ligne du cordeau pour les poser espacées de 60 cm. Montez les rails en les clipsant sur les têtes des suspentes.

3 **Glissez le matériau isolant.** S'il s'agit d'un isolant en panneaux, embrochez-le sur les suspentes avant de monter les rails.

4 **Montez les plaques de plâtre.** Vissez-les sur les rails de l'ossature. Espacez les vis de 10 à 15 cm.

dalle. Prévoyez un peu large pour les erreurs de coupe. La plupart des dalles sont des carrés de 30 à 50 cm de côté. Vous pouvez vous faciliter le travail en dressant un calepinage, c'est-à-dire un plan détaillé qui vous permettra de déterminer la position et le nombre de carreaux à acheter.

Si vous envisagez de peindre vos dalles, faites-le avant la pose, c'est plus facile. Choisissez une peinture à l'eau.

Procédez à la pose :

▶ Tracez les deux diagonales du plafond et les deux axes perpendiculaires passant par le centre (➡ CROQUIS A).

▶ Encollez l'envers des dalles (➡ CROQUIS B).

▶ Dans un des angles de l'intersection des axes, posez la première dalle.

▶ Pressez et marouflez avec la main pour répartir la colle sur toute la surface de la dalle.

▶ Travaillez par quartier et posez les dalles de façon jointive.

▶ Enlevez les traces de colle en rinçant à l'eau avant qu'elle sèche.

Les finitions. Procédez aux découpes nécessaires (pourtour du plafond, autour d'un tuyau, etc.) :

▶ Posez la dalle sur une table, à l'envers, découpez-la avec un cutter le long d'une règle métallique.

▶ Encollez-la et mettez-la en place.

Pour masquer les imperfections, il convient de coller tout autour du plafond une corniche en polystyrène. ■

LA POSE DES DALLES DE PLAFOND

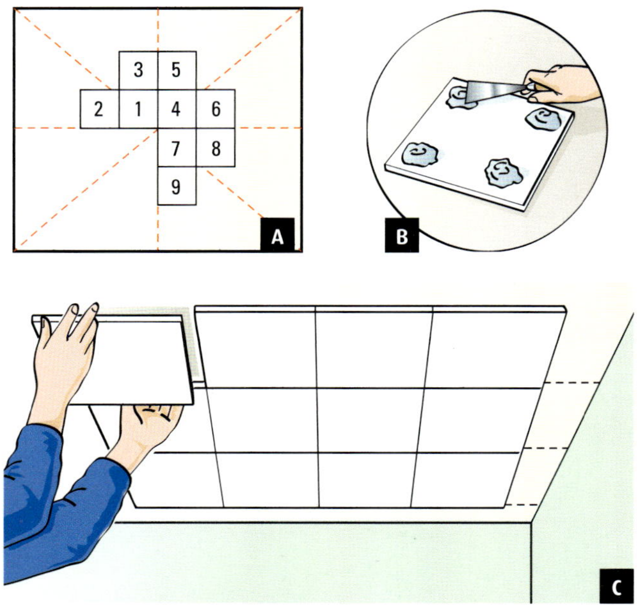

– Commencez la pose par le centre du plafond et travaillez par quartier en plaçant les dalles bord à bord. Pour trouver le centre du plafond, tracez les deux diagonales. À leur intersection, tracez deux autres droites perpendiculaires pour guider la pose des premières dalles (croquis A).
– Encollez les dalles avec de la colle-mastic déposée en plots (croquis B).
– Pressez chaque dalle au plafond pour répartir la colle. Posez ainsi toutes les dalles entières (croquis C). *Coupez et collez en dernier celles des bordures.*

Le plafond tendu

Cette technique consiste à tendre une toile en PVC, fixée entre les quatre murs d'une pièce, pour occulter le plafond existant, sans y toucher.
Le plafond tendu présente une surface parfaitement lisse disponible sous 140 coloris, en finition mate, satinée ou brillante. Le résultat est spectaculaire et souvent plus séduisant qu'une peinture laquée. La pose nécessite l'intervention d'un professionnel agréé : la toile PVC doit être exécutée sur mesure et chauffée à 40 °C lors de la pose afin d'obtenir une finition irréprochable (New Mat).

© New Mat

Corniches, moulures, rosaces

Gages de finition soignée, ces accessoires décoratifs apportent aux pièces une esthétique qui rappelle le cachet des habitations de style ancien. Ces décors habillent agréablement les «raideurs» des volumes trop stricts. Les corniches assurent la liaison entre les murs et le plafond. En plâtre, elles permettent notamment de dissimuler le passage d'éventuelles canalisations. Hormis le plâtre, les corniches et autres éléments de décor existent en polystyrène extrudé et en polyuréthane expansé. Ces dernières possèdent des reliefs d'une grande finesse, comparables à ceux des éléments en plâtre (N.M.C.).

En plâtre ou en matières synthétiques

Il est conseillé au non-professionnel d'utiliser des accessoires de base synthétique, car la manipulation d'éléments en plâtre présente souvent de réelles difficultés et la pose requiert un équipement de spécialiste. Le plâtre d'ornement est en effet lourd et fragile et, pour cette raison, plutôt réservé aux professionnels. Il reste d'ailleurs difficilement accessible dans le commerce. De plus, le prix de ces éléments est relativement élevé. En revanche, l'emploi des accessoires de synthèse offre plusieurs avantages : leur achat est peu coûteux et leur pose nettement moins délicate. Le seul inconvénient sera de ne pouvoir disposer d'un matériau d'une utilisation aussi «souple» que le plâtre moulé lorsque l'on se trouve confronté à d'importantes irrégularités de surface, qu'il peut épouser parfai-

Des corniches cache-misère

Elles servent à cacher les défauts des angles du plafond, les fils et câbles électriques ainsi qu'à abriter des luminaires. Placées devant une boîte à rideau, elles en dissimulent la raideur.

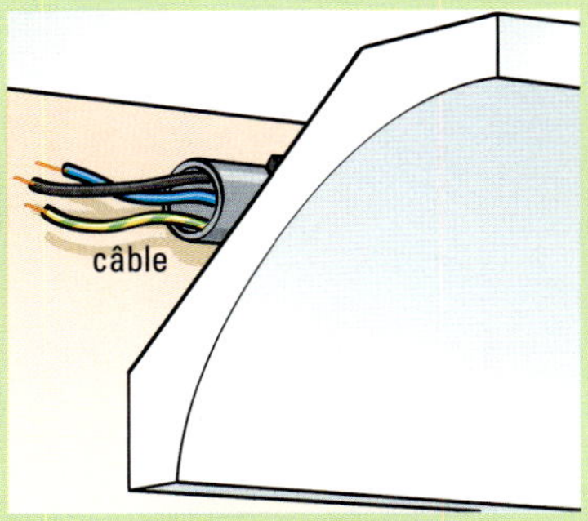

Collée dans l'angle du plafond, la corniche cache un câble électrique.

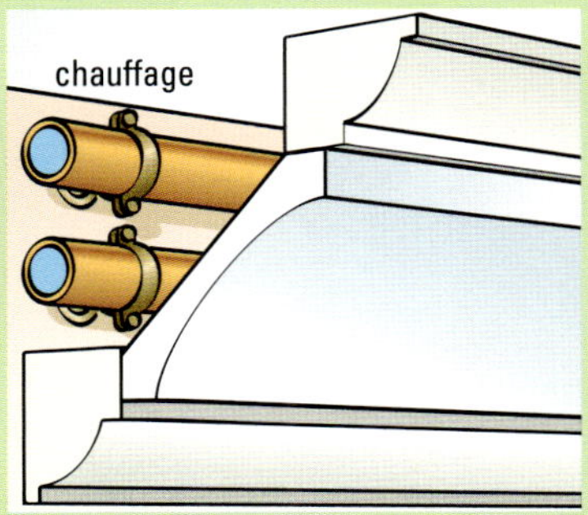

Associée à deux moulures en bois, la corniche masque les canalisations de chauffage central.

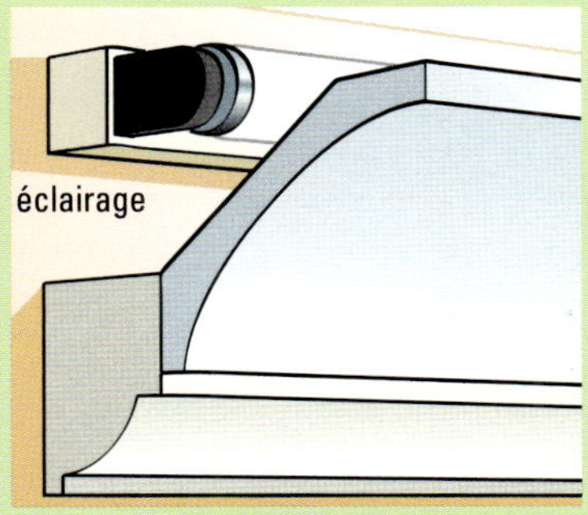

Fixée sur une moulure en bois dégagée du plafond, la corniche abrite un éclairage indirect.

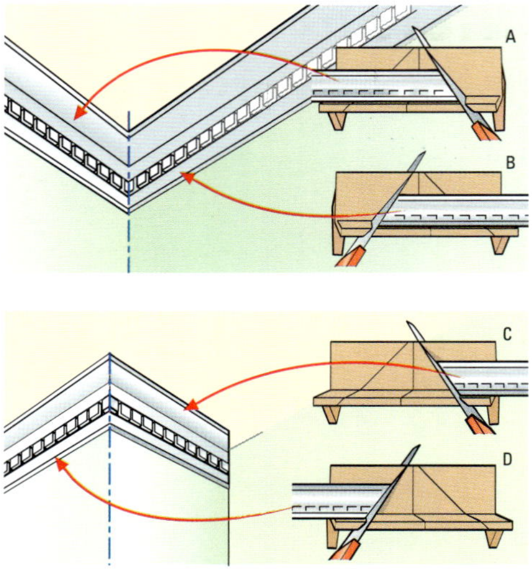

Coupe des moulures pour les angles à l'aide d'une boîte à coupe d'onglet.
- *angles rentrants : positions A et B.*
- *angles saillants : positions C et D.*

tement après ponçage ou combler aisément grâce à un enduit colle adapté.

Des outils pour la pose

La pose s'effectue par collage (→ SÉQUENCE) et nécessite certains outils, comme une scie égoïne à denture fine, un cordon à poudre, une fausse équerre et une boîte à coupe d'onglet spéciale « corniches », nécessaire pour scier les angles dans le bon sens. Orientez la boîte pour que les deux traits de coupe formant un V renversé se trouvent devant vous. Si les angles de la pièce ne sont pas droits, procurez-vous une boîte de coupe à inclinaison réglable de type professionnel.

La coupe des angles

Coupe des angles rentrants. Pour couper les moulures d'un angle rentrant, utilisez la boîte à coupe d'onglet en posant les moulures dans le sens précisé par les deux illustrations A et B.

Coupe des angles saillants. Pour couper les moulures d'un angle saillant, utilisez la boîte à coupe d'onglet en posant les moulures sur les extrémités, sans passer par le centre, comme le précisent les deux illustrations C et D.

Le collage

Procurez-vous une cartouche de colle adaptée à la nature de la corniche.

▶ Passer d'abord une éponge humide sur la surface que vous allez encoller.

▶ Vérifiez que la moulure s'adapte au mur avant de procéder à l'encollage.

▶ Alignez le moulage sur le repère que vous avez tracé. Appuyez bien pour faire déborder la colle.

▶ Raccordez les moulures entre elles si elles sont destinées à se suivre.

▶ Enlevez l'excès de colle à l'aide d'une spatule. Puis nettoyez à l'éponge humide.

▶ Lorsque la colle a séché (24 heures), il est temps, si vous le souhaitez, de peindre les moulures nouvellement installées. ■

Poser une corniche de plafond

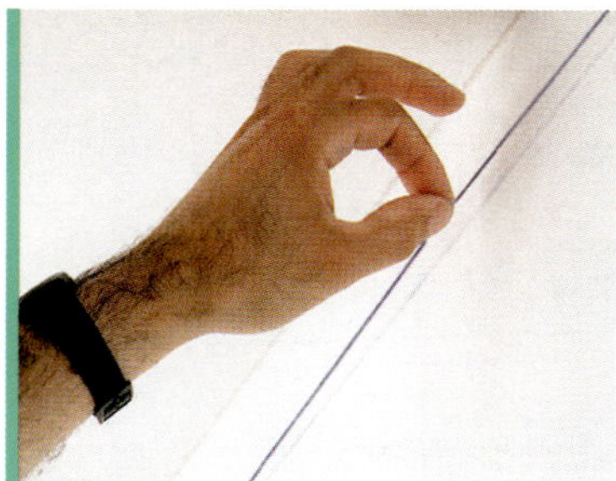

1 **Tracez la position de la corniche** sur le haut des murs tout autour de la pièce à l'aide d'un cordeau à poudre.

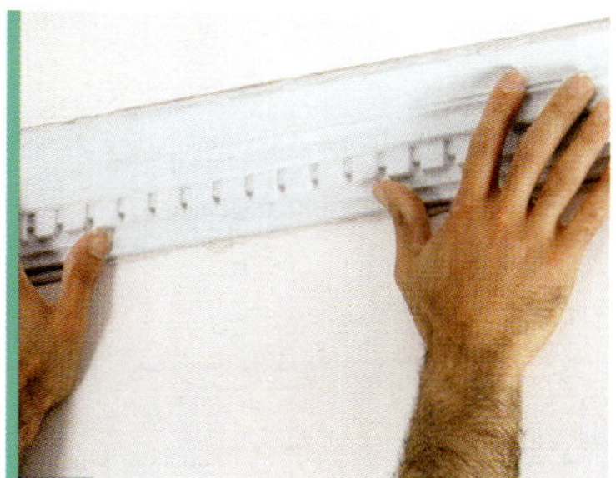

2 **Après avoir encollé le dos des moulures,** appliquez-les au ras du plafond en les alignant sur le tracé du cordeau.

3 **Ajustez les corniches bout à bout.** Encollez les extrémités au fur et à mesure de la pose. Réalisez des joints remplis de colle.

La préparation des murs dans les constructions anciennes

© Dulux-Valentine

Dans les constructions anciennes, les murs sont constitués de pierres ou de briques pleines, alors que les cloisons sont réalisées avec des briques creuses dites plâtrières. Murs et cloisons sont recouverts d'une couche de plâtre projeté et lissé. Un revêtement (peinture ou papier peint) en assure la décoration. Pour effectuer une remise en état correcte, il est nécessaire d'avoir des surfaces propres, planes et saines.

Les différents types de mur

C'est presque un réflexe : pour savoir si vous avez affaire à un mur ou à une cloison, vous tapotez dessus pour entendre si cela sonne creux ou plein. Il n'y a aucun risque de confusion.

Le mur intérieur, ou mur de refend. Dans un bâtiment, on distingue les murs de fondation ou de soubassement, les murs de façade et les murs de refend. Ces derniers ont un rôle porteur, car ils servent à soutenir planchers et plafonds. On ne peut ni les percer ni les alléger sans consulter un professionnel du bâtiment compétent.

La cloison. Toutes les parois verticales à l'intérieur d'un logement sont des cloisons à l'exception des murs porteurs. La cloison est une séparation plus ou moins légère (de 5 à 10 cm d'épaisseur) entre deux pièces. Qu'elle soit en brique, en carreaux de plâtre, en panneaux de contreplaqué, en panneaux de fibres, elle n'intervient pas dans la solidité générale de la construction.

Une bonne cloison doit être mince (pour ne pas empiéter sur la surface habitable), insonorisante (pour isoler les pièces entre elles) et suffisamment résistante pour supporter étagères et éléments suspendus. Elle est souvent recouverte d'un revêtement décoratif.

1. *L'usage d'une décolleuse à vapeur s'avère indispensable lorsque les surfaces sont importantes.*

Décoller le papier peint

Superposer deux papiers peints est une opération rarement conseillée. Il est souvent préférable de décoller l'ancien papier. Plusieurs techniques peuvent être utilisées.

Avec une décolleuse à vapeur. Branchée sur l'électricité ou alimentée au gaz butane, cette grosse «cocotte» fournit de la vapeur d'eau en continu (→ PHOTO 1). Ce matériel, indispensable pour traiter de grandes surfaces, se loue ou peut être prêté par le détaillant qui vend le papier peint.

Il suffit d'appliquer le bouclier perforé sur le papier pour que la vapeur d'eau réactive la colle et détrempe le papier qui se détache sans difficulté (→ SÉQUENCE). Sans attendre, vous pouvez, avec un couteau de peintre, gratter les morceaux de papier qui restent collés. Il ne reste plus qu'à laisser sécher le plâtre nu, puis à appliquer un durcisseur ou une couche de colle pour bloquer la porosité du mur.

- Avantage : le travail est effectué rapidement sur presque tous les types de papier (le matériel sert également à décoller les crépis synthétiques).
- Inconvénient : travailler avec une décolleuse à vapeur dégage une grande quantité d'humidité, ce qui ramollit le plâtre et

Décollage du papier peint à la vapeur

1 Appliquez le plateau de la décolleuse en bas d'un lé. Maintenez-le bien pour que la vapeur imbibe le papier.

2 Commencez à retirer le papier. Remontez le plateau au-dessus de la partie imbibée et décollez la base en glissant une lame sous le papier.

3 Décollez le papier lé après lé. Procédez de bas en haut, en tenant la lame bien à plat afin de ne pas marquer le plâtre fragilisé par la vapeur.

oblige à observer un temps de séchage avant de pouvoir à nouveau tapisser ou peindre.

Par ailleurs, certains papiers peints très anciens ont un décor imprimé avec des couleurs à l'aniline. La vapeur d'eau qui décolle le papier détrempe aussi les couleurs qui peuvent maculer l'environnement de façon irréversible.

Avec un produit de détrempe. Additionné d'eau, ce produit forme une solution à fort pouvoir mouillant qui permet de dissoudre la colle en passant à travers le papier. Le décollant s'applique à l'éponge ou au rouleau sur toute la surface du papier en observant ensuite un temps de détrempe variable avant de pouvoir détacher facilement le papier du mur.

2. *La roulette hérisson perfore les papiers lavables ou lessivables pour permettre à la vapeur ou au produit de détrempe d'imprégner la sous-couche.*

- Avantage : produit peu onéreux, d'emploi facile.
- Inconvénient : légère humidité du mur et chutes de papier mouillées qui peuvent maculer le sol.

Les papiers pelables

Il s'agit de revêtements appelés aussi « stripables », de qualité supérieure, dont le décor – souvent étanche – est imprimé sur une double couche de papier.

Pour en effectuer la dépose, il suffit de tirer sur un coin de la face décor et l'âme du papier se dédouble : une feuille part avec le décor, tandis que l'autre reste collée sur le mur, prête à recevoir un nouveau papier ou un autre revêtement.

À noter : En présence d'un papier lessivable (cuisine, salle de bains…) recouvert d'une enduction de PVC, le produit décollant n'aura aucune efficacité. Griffez le support avec une brosse métallique ou une roulette hérisson (**→ PHOTO 2**) afin que le produit pénètre sous la couche étanche. Procédez de même si vous utilisez une décolleuse à vapeur pour enlever un revêtement lessivable.

À sec. Bien qu'il puisse être posé depuis des décennies, voire avec une colle très fluide, il arrive parfois que le papier se décolle sans trop de difficultés. Il suffit de glisser un couteau derrière et de tirer dessus pour que la majeure partie du lé se détache du mur. Armez-vous de patience et poursuivez le décollage en vous aidant d'un outil plat et

Des revêtements à peindre

Il existe des papiers et des tissus conçus pour être peints. Pour la plupart, ce sont des revêtements en PVC, des non-tissés, des polypropylènes blancs. Ils se présentent en rouleaux, se collent comme du papier peint et sont destinés à être recouverts d'une peinture. Plusieurs avantages plaident en faveur de ce procédé car il simplifie la préparation des murs (→ PHOTO P. 293).

Ainsi, sur un mur fissuré, le collage d'un non-tissé dissimule toutes les petites imperfections et peut supprimer l'enduisage-lissage du support, souvent fastidieux.

L'application d'un papier blanc masque de nombreux défauts et la mise en peinture peut être immédiate ou, au contraire, différée de plusieurs mois, le mur étant tapissé.

légèrement coupant que les peintres désignent sous le nom de riflard.

- Avantage : aucune humidité dans le plâtre qui peut être immédiatement retapissé.
- Inconvénient : le travail peut être long et fastidieux.

Lessiver les peintures

Pour lessiver les anciennes peintures, utilisez de la lessive St Marc diluée dans de l'eau chaude.

– Diluez la lessive en fonction du degré de saleté de la surface à nettoyer. Une solution de 50 g de lessive par litre d'eau convient à la plupart des nettoyages. S'il s'agit d'une peinture très vétuste et encrassée, doublez la dose.

– Couvrez le sol avec une bâche pour ne pas le tacher.

– Lessivez en commençant par le bas du mur et en remontant, au fur et à mesure, vers le plafond afin d'éviter la formation de coulures de lessive qui, par la suite, se révèlent très difficiles à faire disparaître.

– N'oubliez pas de porter des gants de protection.

– Utilisez une grosse éponge naturelle ainsi qu'une brosse à lessiver pour nettoyer les reliefs (moulure, corniche, etc.). Une brosse à poils durs peut également vous aider à décaper les parties écaillées.

La lessive à la résine de pin

Dosages recommandés :

- *Nettoyage peinture à l'eau : 5 g/litre*
- *Nettoyage surfaces grasses : 10 g/litre*
- *Entretien courant : 20 g/litre*
- *Lessivage peinture : 50 g/litre*
- *Lessivage peinture très sale : 100 g/litre*

5 g = 1 cuillerée à café

50 g = 3 cuillerées à soupe

100 g = 1 verre à moutarde

L'avantage de la lessive St Marc est qu'elle ne mousse pas et ne contient pas de phosphate. Sans colorant, elle est biodégradable à 90 %.

– Ne lessivez pas tous les murs en même temps. Travaillez par petites surfaces et interrompez le nettoyage pour rincer à l'eau claire.

– Ne laissez pas la solution de nettoyage sécher sur le mur. Au fur et à mesure, rincez le fond à l'eau claire pour enlever toutes traces de produit de lessive s'opposant à l'application de la nouvelle peinture.

– Rectifiez à la fin la porosité du plâtre. Les badigeons se nettoient à l'eau claire ou à l'aide d'un produit de détrempe (décollant à papier peint).

– Après séchage complet de la surface, appliquez un durcisseur afin de neutraliser la porosité du plâtre.

Préparer et réparer les boiseries

Qu'il s'agisse d'huisseries de portes, de fenêtres, de plinthes ou de lambris, le bois, matériau de qualité mais aussi fragile, doit être soigneusement préparé avant de recevoir un revêtement, notamment une peinture.

Si le bois est peint et la peinture en bon état :

► Lessivez avec de la lessive St Marc (procédez de bas en haut et non l'inverse).

► Rincez à l'eau claire.

► Bouchez les fissures et les trous à la pâte à bois.

► Effectuez pour terminer un léger ponçage avec un abrasif extra-fin, de la laine d'acier, par exemple.

Si la peinture est écaillée :

► Décapez-la. Utilisez tout d'abord, une solution de lessive fortement concentrée pour faire tomber toutes les parties écaillées.

► Rincez puis essuyez la surface pour éviter au bois de prendre trop d'humidité. Si ce lessivage ne suffit pas à rendre la surface propre et lisse, utilisez un décapant chimique.

► Rincez à l'eau chaude.

► Laissez sécher complètement et traitez la porte, la fenêtre ou la moulure comme un bois neuf.

▶ Masquez les têtes de vis ou de clous enfoncés profondément dans le bois avec de la pâte à bois.

▶ Poncez puis appliquez une sous-couche ou un produit bouche-pores qui empêchera la peinture de pénétrer dans les pores du bois.

À noter : Sur les moulures comportant des reliefs dont la surface ne peut être traitée avec un couteau de peintre plat, utilisez un enduit semi-liquide. Appliquez-le à la brosse. Laissez sécher et poncez pour obtenir une surface parfaitement lisse, prête à recevoir une peinture-laque.

Reboucher trous et fissures

Trous ou lézardes de petites dimensions. Vous trouverez des enduits prêts à l'emploi (en tubes ou en pots) souvent à base de gel de cellulose dont la composition permet de colmater des anfractuosités sans qu'il se produise de retrait durant le séchage.

▶ Nettoyez la fissure pour la dépoussiérer ; il est inutile de l'humecter pour obtenir l'adhérence du produit.

▶ Tenez le couteau perpendiculairement au sens de la fissure et poussez le produit dans le fond.

▶ Lissez la surface pour enlever l'excédent et laissez sécher.

LES OUTILS

- calicot
- couteau à enduire
- couteau de peintre
- grattoir

Colmatage d'une fissure

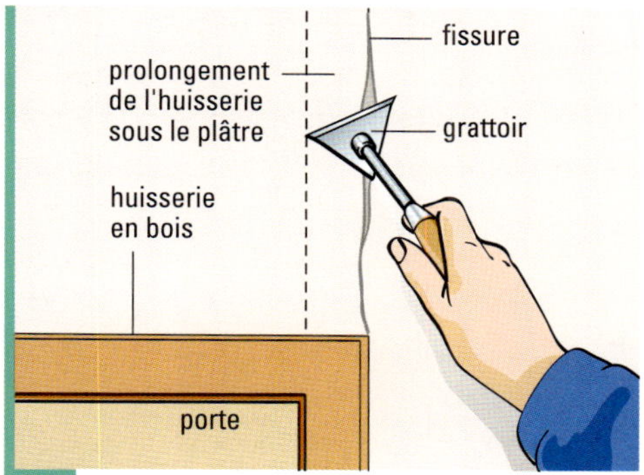

1 **Nettoyez la crevasse.** À l'aide d'un grattoir, ouvrez les lèvres de la crevasse pour atteindre le plâtre sain. Dépoussiérez l'intérieur avec un pinceau.

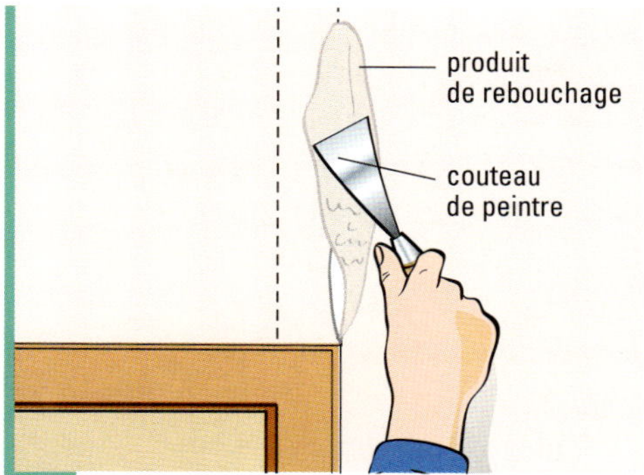

2 **Colmatez la crevasse.** Employez de l'enduit de rebouchage. Laissez sécher et durcir complètement avant de passer aux opérations suivantes.

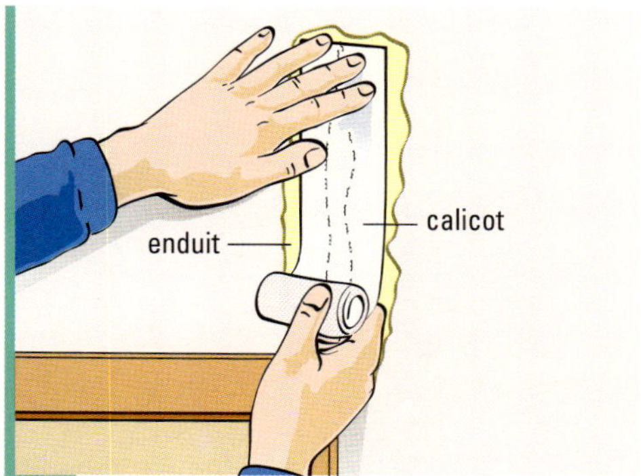

3 **Recouvrez l'ensemble d'un enduit de lissage.** Puis, sans attendre, appliquez une bande de calicot. Lissez la surface avec une lame à enduire pour que le produit passe à travers les mailles du calicot. Laissez sécher.

4 **Appliquez une nouvelle couche d'enduit.** Étalez-la sur une largeur double de celle du calicot afin qu'il disparaisse complètement sans créer de surépaisseur. Laissez sécher puis poncez avant de peindre.

Crevasses plus importantes. Ce sont celles, par exemple, qui sont situées au droit des portes, dans le prolongement de l'huisserie. Elles ont tendance à réapparaître périodiquement. Dans les constructions anciennes, les crevasses sont très fréquentes ; l'huisserie en bois se prolonge jusqu'au plafond et fait « sauter » le plâtre qui la recouvre. Vous avez intérêt à renforcer le rebouchage par une bande de calicot (➡ SÉQUENCE P. 292).

L'enduisage-lissage

Lorsque la surface à peindre ne comporte pas de gros dommages mais de multiples accidents de faibles profondeurs, il convient d'effectuer un ratissage à l'enduit. Cette opération délicate consiste à recouvrir toute la surface d'une mince couche d'enduit lissé sur laquelle la peinture s'étalera comme sur un miroir. C'est aussi l'opération que l'on doit impérativement réaliser lorsque l'on désire appliquer une laque brillante.

Un enduisage s'effectue en deux temps : l'empâtage et le lissage.

L'empâtage. Chargez la lame d'enduit et appliquez celui-ci sur le mur (➡ PHOTO 1). Tirez la lame en descendant et en décrivant un mouvement de bascule de haut en bas pour déposer une mince couche uniforme de produit. Progressez sur la gauche ou sur la droite en vous décalant, chaque fois, d'une largeur de lame (➡ CROQUIS 2).

2. *À l'empâtage, tirez la lame vers le bas en réduisant progressivement l'angle A, ce qui a pour effet de déposer plus ou moins d'enduit sur le mur.*

Le lissage. Sans reprendre d'enduit, lissez la surface en jouant sur la souplesse de la lame. Ne modifiez pas l'angle formé par l'outil et le mur, qui doit être d'environ 45 ° (➡ PHOTO 3). Exécutez plusieurs passages pour calibrer l'épaisseur de la couche d'enduit sans qu'apparaissent de « maigreur » ni de « sardines » en surface.

● **À noter :** Il y a « maigreur » quand l'enduit est mal calibré ; la surface forme des vagues dont les creux affleurent le mur. Une « sardine » est une sorte de virgule laissée par l'angle de la lame à enduire. ■

1. *À l'empâtage, chargez la lame d'enduit.*

3. *Au lissage, jouez sur la souplesse de la lame pour calibrer l'épaisseur d'enduit en vous décalant chaque fois d'une demi-lame.*

La préparation des murs dans les constructions récentes

Dans les constructions récentes, vous trouverez principalement des murs en béton plein, des murs de parpaings de ciment ou des constructions de briques creuses aux multiples alvéoles. Les cloisons sont réalisées avec des carreaux de plâtre (pleins ou alvéolés) mais, le plus souvent, murs et cloisons sont constitués de plaques de plâtre cartonnées, assemblées sur une ossature, sorte de complexe occupant la hauteur du sol au plafond.

Préparer des murs en plaques de plâtre

Les murs que l'on se propose de peindre ou de tapisser se préparent de la même façon que dans les constructions anciennes sauf lorsque vous êtes en présence de plaques de

Se prémunir contre l'humidité

Mieux vaudrait évidemment traiter les causes de l'humidité. Mais en attendant le diagnostic et l'exécution des travaux, il existe des produits pour empêcher humidité, mousses, moisissures et salpêtre de se développer, et éviter que les papiers peints se décollent ou que la peinture cloque, mais ils ne traitent pas l'humidité, seulement ses manifestations.

- *Aérez bien la pièce, les produits contiennent des solvants.*
- *Nettoyez le mur avec la lessive St Marc.*
- *Brossez-le pour éliminer les taches.*
- *Appliquez le produit (antisalpêtre, antimousses, antimoisissure, etc.) avec un gros pinceau ou un pulvérisateur.*
- *Commencez l'application par le bas du mur.*
- *Laisser sécher le plus longtemps possible.*

plâtre du type Placoplatre. Ces grandes plaques de plâtre utilisées pour édifier des cloisons ou doubler la surface des murs sont en réalité des sandwichs de « carton-plâtre-carton ». Sans cet emballage en carton, la mince âme de plâtre (10 mm) s'écroulerait au moindre choc. De ce fait, la préparation de ce type de matériau, par ailleurs très performant, exige quelques précautions.

Plaques neuves. Appliquez une première couche de peinture (spéciale plaques de platre) afin de nourrir le carton qui pourra, par la suite, accepter la finition que vous lui destinez (peinture, papier peint, carrelage, etc.). S'il s'agit de papier peint, vous pourrez l'enlever facilement le jour où vous déciderez d'en changer.

Plaques peintes. Procédez à un lessivage pour raviver la peinture. S'il y a des parties écaillées ou déchirées, n'insistez pas : il ne faut pas que l'eau de lessive pénètre sous le carton de la plaque. Rincez la surface nettoyée et laissez sécher en essuyant immédiatement les parties jugées trop humide.

Plaques tapissées de papier peint. Procédez au décollage mais restez vigilant. Si vous utilisez l'eau ou la vapeur d'eau, faites-le avec parcimonie. Vous devez décoller le papier sans endommager le carton de la plaque. Exercice parfois délicat, surtout lorsque le papier a été collé directement sur le carton, sans préparation préalable de la surface.

Réparer une plaque endommagée

1 Découpez un morceau de plaque de plâtre. Il doit recouvrir largement la réparation à effectuer. Posez cette découpe « A » sur le trou et tracez le pourtour au crayon.

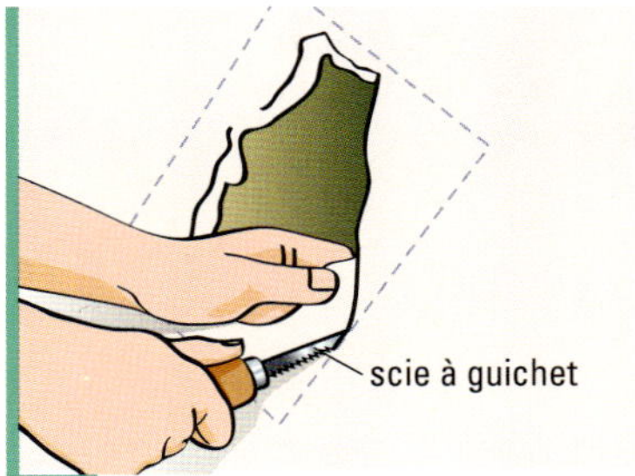

2 Découpez la plaque endommagée. À l'aide d'une scie à guichet, suivez le tracé précédent pour obtenir une « fenêtre » aux bords francs.

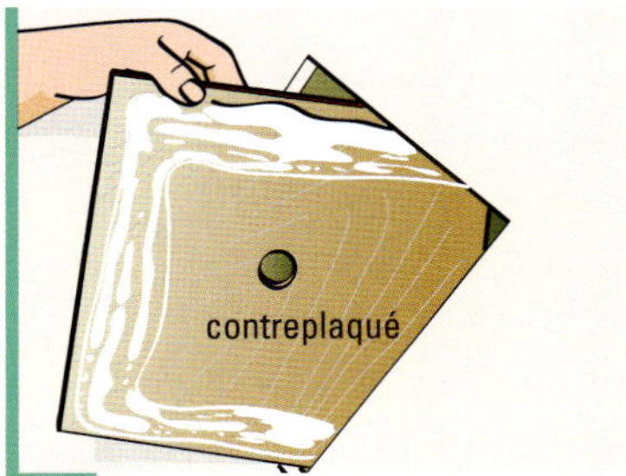

3 Découpez un morceau de contreplaqué mince. Sa surface sera légèrement supérieure à la découpe A. Badigeonnez d'un enduit à jointoyer et glissez l'ensemble en biais, derrière la plaque.

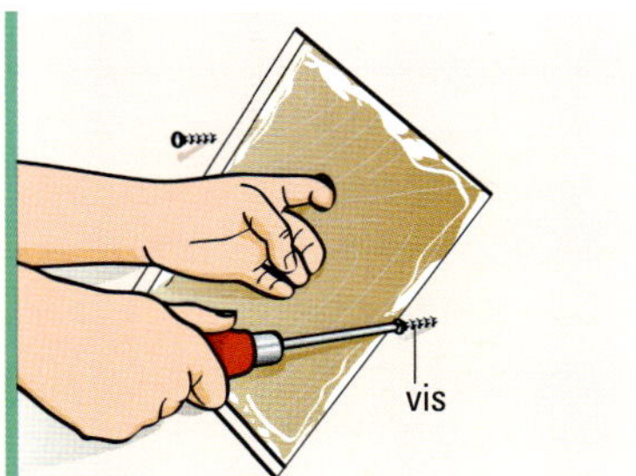

4 Mettez en place le contreplaqué. Retenez-le en tirant au centre pour que son périmètre se colle derrière la plaque de plâtre. Posez deux vis pour le maintenir en place.

5 Mettez en place la découpe A. Étalez l'enduit à jointoyer tout autour de ce morceau de plaque de plâtre et fixez-le. Appuyez afin qu'il se colle au contreplaqué.

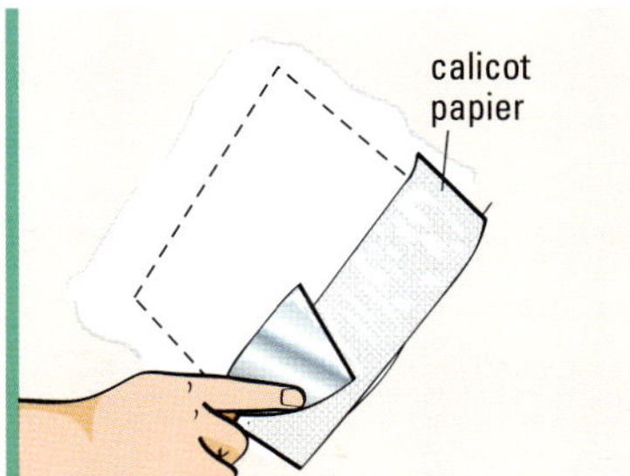

6 Garnissez les quatre côtés de la découpe. Utilisez de l'enduit et une bande de calicot en papier. Repassez de l'enduit sur tout le périmètre. Lissez avec soin puis laissez sécher avant de poncer.

Si vous rencontrez de grosses difficultés, renoncez au décollage et préférez la solution qui consiste à peindre l'ancien papier ou à coller un nouveau revêtement par-dessus.

Réparer des plaques de plâtre

Plaques endommagées couvertes de papier peint. Si vous ne parvenez pas à décoller l'ancien papier, vous pouvez unifier la surface en appliquant une peinture acrylique.
Faites un essai dans un endroit peu visible (derrière un meuble ou derrière une porte). Laissez sécher pendant une nuit et observez les réactions du papier avant de prendre votre décision. La plupart du temps, le papier demeure stable et supporte parfaitement les 2 ou 3 couches de peinture indispensables pour obtenir une surface unie. Cependant deux cas peuvent vous obliger à renoncer à cette pratique :
– sur un papier fin, non lavable, la peinture détrempe le support et il se forme des cloques ;
– sur un papier à motifs, les dessins réapparaissent à travers la peinture et la couleur diluée forme des auréoles.

Plaques trouées ou déchirées. Procédez au rebouchage. Procurez-vous un enduit en pâte tel le MAP que l'on utilise pour fixer les plaques aux murs. Vous serez assuré d'une parfaite adhérence.
Lorsque la plaque a subi un choc important, il se produit un enfoncement du carton. Peu étendue, cette perforation disparaît avec un produit de rebouchage ou un enduit de lissage.
Pour supprimer un trou béant, il peut être envisagé de changer une partie de la plaque, en remplaçant la zone endommagée par un morceau similaire (→ SÉQUENCE).

À noter : En présence de plaques de plâtre endommagées à de très nombreux endroits, prévoyez le doublage de toute la surface par un non-tissé à peindre. Ce calicot géant redonnera rigidité et unité à une surface par trop dégradée (→ ENCADRÉ P. 238).

© Henkel

Boucher les trous avec du plâtre

Si vous en maîtrisez bien la préparation, vous pouvez utiliser le plâtre pour reboucher de très gros trous. C'est moins onéreux que les produits de rebouchage prêts à l'emploi, mais faites attention : le plâtre durcit rapidement. Les plus grosses réparations sont effectuées avec du plâtre de Paris.
– Éliminez les particules de plâtre qui tiennent mal à la brosse métallique.
– Dépoussiérez.
– Mouillez abondamment le trou.
– Préparez le plâtre selon le dosage et le mode d'emploi.
– Déposez le plâtre avec une petite truelle à partir du bas et en remontant pour bien garnir la fissure.
– Dès que le plâtre a pris, lissez avec une éponge humide.
– Laissez sécher puis finissez avec une couche d'enduit.

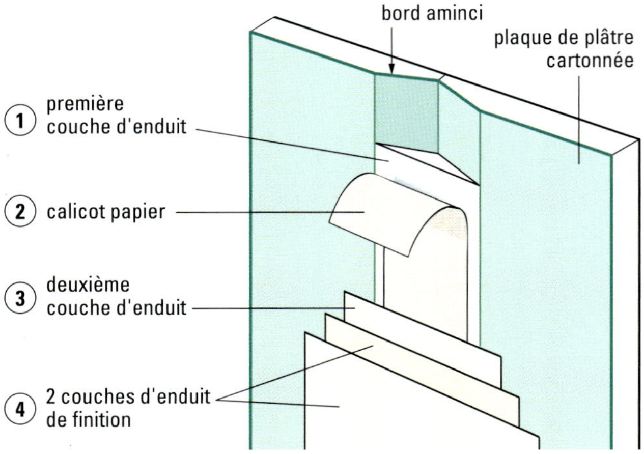

Réalisation d'un joint entre deux plaques de plâtre.

Jointoyer les plaques de plâtre

Pour réaliser le doublage d'un mur ou effectuer une remise en état, vous serez peut-être amené à poser des plaques de plâtre neuves. Dans ce cas, vous serez contraint de réaliser des joints (→ SÉQUENCE).

Pour réussir dès le premier essai, il convient de suivre scrupuleusement la méthode préconisée par le fabricant des plaques.

Vous constaterez que les bords des plaques sont amincis sur toute la hauteur. Cette conception a pour but de créer un creux qui recevra une épaisseur d'enduit adéquate (→ CROQUIS). ■

Exécution d'un joint

1 **Remplissez le joint.** Garnissez d'enduit le creux que forment les bords amincis des plaques jointives à l'aide d'un couteau de 10 cm de large. Étalez de haut en bas en maintenant la lame du couteau à 45°.

2 **Fixez la bande pour joint.** Placez aussitôt la bande, face lisse vers vous. Appliquez-la de haut en bas sur l'enduit à l'aide du couteau. Retirez l'excédent d'enduit.

3 **Recouvrez la bande.** Servez-vous d'un couteau plus large pour appliquer sans attendre la nouvelle couche d'enduit. Lissez en retirant l'excédent puis laissez sécher.

4 **Passez à la finition.** Passez deux couches fines d'enduit avec le couteau large de manière à déborder la précédente. Veillez à ne fournir que peu d'enduit et à traiter une plus large surface.

La mise en peinture d'une pièce

Avant de commencer, votre chantier doit être prêt ainsi que les surfaces destinées à être peintes. Préparez la peinture avant de l'utiliser. Versez-la dans un seau métallique ou un bac. Mélangez bien en tournant dans différents sens avec une longue tige (agitateur) pour obtenir une couleur uniforme et une consistance homogène.

Peindre un mur

La surface doit être lisse, plane et sèche. Les parties qui ne sont pas à peindre seront masquées avec un ruban adhésif. Travaillez de préférence le jour, à la lumière naturelle.

Les principes de base. Procédez toujours d'une façon logique. Il est recommandé de travailler de haut en bas en progressant par petites surfaces et en débutant par un angle (➡ SÉQUENCE). Si vous êtes droitier, commencez par l'angle droit en allant vers la gauche. Vous pourrez appuyer votre main gauche sur le mur avant qu'il soit peint.

Commencez par peindre les angles des murs et du plafond avec une brosse, puis

Comment peindre les murs

1 **Attaquez d'abord les angles.** À l'aide d'une brosse, peignez les angles des murs et du plafond aux endroits que le rouleau ne peut pas atteindre.

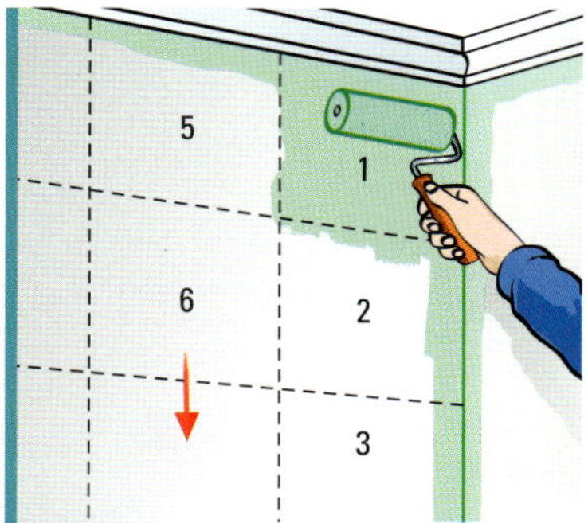

2 **Traitez de petites surfaces.** Avec un rouleau, peignez en travaillant sur des carrés symboliques n° 1, 2, 3, etc., de 60 à 80 cm de côté. Croisez les mouvements mais évitez de revenir en arrière trop souvent.

3 **Travaillez verticalement.** Appliquez la peinture par passes verticales en vous décalant sur la gauche d'une largeur de rouleau puis…

4 **… reprenez horizontalement.** Repassez sur la même surface en décrivant des mouvements horizontaux.

5 **Unifiez l'ensemble.** Sans reprendre de peinture, lissez verticalement pour unifier les différents carrés symboliques déjà peints.

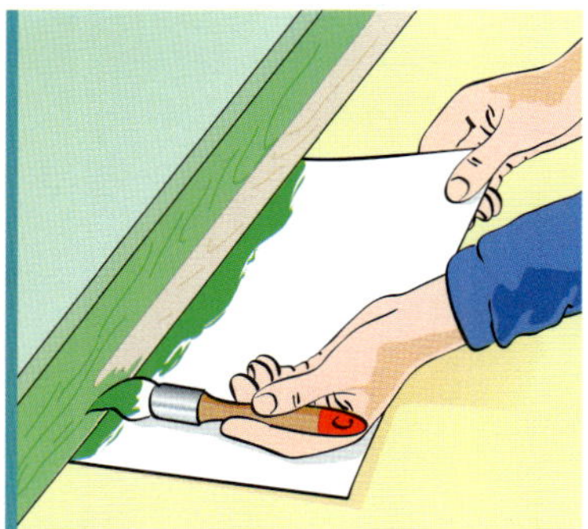

6 **Protégez le sol.** Pour peindre les plinthes, glissez à la base un carton rigide et déplacez-le au fur et à mesure pour éviter de tacher le sol.

continuez au rouleau. Vous constaterez souvent une différence d'aspect sur la surface entre le passage du pinceau et la trace laissée par le rouleau. Pour pallier cet inconvénient, vous pouvez utiliser un mini-manchon dont l'une des extrémités n'a pas de monture, ce qui permet de peindre au ras des angles, ou bien vous emploierez un rouleau d'angle dont le manchon touche à la fois les deux côtés de l'angle.

La technique à suivre. Étalez la peinture par passes verticales avec le rouleau. Croisez par passes horizontales pour bien répartir la peinture. Sans recharger le rouleau, lissez verticalement pour raccorder avec les zones voisines. N'interrompez pas votre travail au milieu du mur mais continuez jusqu'à un angle. Enlevez immédiatement toute coulure avec une éponge humide. Le nombre de couches dépend de l'état du mur et du type de peinture.

Si les travaux durent plusieurs jours

Chaque soir, couvrez les pots et enveloppez les pinceaux et les rouleaux dans une feuille d'aluminium ménager ou dans un sac en matière plastique étanche. À l'abri de l'air, vos instruments ne sécheront pas immédiatement.

Vous pouvez également les immerger dans de l'eau ou du white-spirit (selon le diluant de la peinture utilisée). Ils pourront reprendre leur « service » le lendemain après avoir été essorés.

Faites attention, l'essorage est un travail fastidieux, difficile à réaliser parfaitement. Très souvent, il reste du diluant dans le pinceau (ou le rouleau) et la première application restitue une peinture trop fluide qui coule et s'égoutte aux alentours. Incident fort désagréable surtout si vous travaillez sur un plafond !

● **À noter :** Une seule couche suffit rarement. Il est toujours préférable d'en superposer deux, parfois trois, pour obtenir une teinte uniforme et un aspect de surface régulier.

Peindre les boiseries

Démontez tous les accessoires. Le support doit être sain et propre, sinon effectuez les préparations nécessaires. Peignez les éléments en une seule fois pour éviter les démarcations. Travaillez toujours dans le sens du bois.

Peindre une porte.

▶ Si vous le pouvez, dégondez la porte et posez-la à l'horizontale sur deux tréteaux : vous aurez une meilleure position de travail et vous éviterez les coulures de peinture.

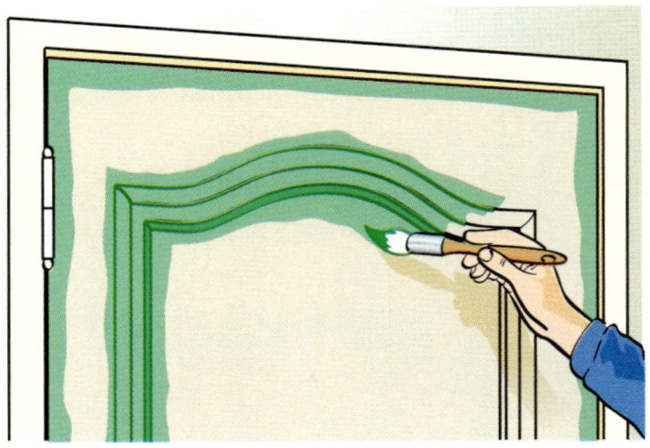

1. *Commencez par peindre les moulures avec une brosse à rechampir.*

2. *Répartissez la peinture au rouleau sur les panneaux, puis lissez à la brosse plate.*

▶ Peignez d'abord les moulures et les éléments en creux (➡ CROQUIS 1), puis les traverses et les montants verticaux et enfin les panneaux.
– Utilisez une brosse à rechampir pour les moulures et une brosse plate pour les surfaces planes comme les panneaux.
Ne chargez pas trop la brosse et n'essayez pas de couvrir la surface en une seule couche. Prévoyez deux ou trois couches et laissez bien sécher entre chacune d'elles.
– Pour les surfaces planes, utilisez un rouleau pour répartir la peinture (➡ CROQUIS 2). Toutefois, il est nécessaire de lisser la dernière couche à la brosse plate afin de faire disparaître le petit grain laissé par le manchon.
– Pour les portes planes, sans moulures et sans reliefs, utilisez un rouleau en croisant les passages.
▶ N'oubliez pas de peindre les chants de la porte bien que la tranche supérieure et la base ne soient pas visibles.
▶ Enfin, peignez l'huisserie et laissez sécher avant de remonter la porte.

Peindre une fenêtre. Commencez tôt le matin pour pouvoir fermer la fenêtre le soir une fois la peinture bien sèche.
▶ Si possible, démontez la fenêtre et posez-la à plat sur deux tréteaux.
▶ Avant de peindre, protégez le bord des vitres et les joints d'étanchéité (➡ SÉQUENCE). Effectuez ce travail avec soin pour que le ruban suive parfaitement le bord du verre.
▶ Commencez par peindre le châssis vitré : la traverse haute d'abord. Peignez à grands coups de brosse horizontaux. Enlevez les coulures. Croisez à petits coups de brosse verticaux et lissez.

Peindre un radiateur

Ne peignez pas un radiateur chaud mais fermez-le d'abord et nettoyez-le. Bien entendu, il est plus facile de peindre un radiateur démonté mais la dépose nécessite la vidange du circuit d'eau de chauffage qu'il est préférable de confier à un professionnel.
– Posez de vieux papiers entre le radiateur et le sol.
– Peignez la façade avec une brosse plate en travaillant du haut vers le bas.

– Utilisez une brosse spécialement destinée aux radiateurs. Évitez de laisser tomber des gouttes de peinture à l'intérieur.
– N'utilisez pas le radiateur pendant 48 heures.

Utilisez un pinceau coudé pour peindre la partie latérale et l'arrière. Vous pouvez aussi employer un mini-rouleau, appelé « queue de lapin », pour le glisser entre les différents éléments.

Comment peindre une fenêtre

1 **Préparez le support.** Grattez les écailles de peinture avec un grattoir. Poncez ensuite avec un papier de verre à gros grain.

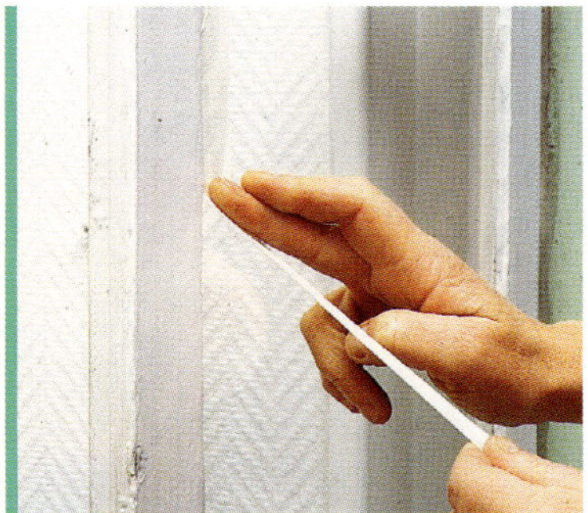

2 **Protégez les vitres.** Appliquez soigneusement sur le bord un ruban adhésif en papier crêpé.

3 **Peignez le châssis et les petits-bois.** Utilisez une brosse à rechampir de petite taille pour les encadrements des vitres. Changez de brosse pour peindre le reste.

▶ Peignez la traverse basse, puis, s'il y a lieu, les encadrements, appelés aussi « petits bois », entourant les vitres.

▶ Faites bien pénétrer la peinture entre le bois et le verre. Enlevez les bavures avant séchage à l'aide d'un chiffon propre non pelucheux.

▶ Peignez les montants à longs coups de brosse verticaux, croisez horizontalement et lissez verticalement, sans trop insister sur les chants ni sur les joints d'isolation.

▶ Terminez par le cadre fixe dormant (la traverse haute et la barre d'appui en bas).

Les ferrures se peignent en même temps que les montants et les traverses. Prenez garde de ne pas trop charger en peinture les gâches, le bord des crémones, les gonds. Essuyez avant séchage la peinture sur le pivot des gonds.

▶ Grattez la peinture séchée sur une vitre à l'aide d'une lame de cutter ou de rasoir.

▶ Attendez deux ou trois heures pour retirer le ruban ; découpez-le avec un cutter pour ne pas décoller la peinture.

Peindre une plinthe.

▶ Insérez un carton rigide entre la plinthe et le sol pour protéger ce dernier.

▶ Peignez et lissez dans le sens de la longueur à la brosse plate.

Ne chargez pas trop : deux à trois couches légères valent mieux qu'une épaisse.

▶ Laissez sécher entre chaque couche.

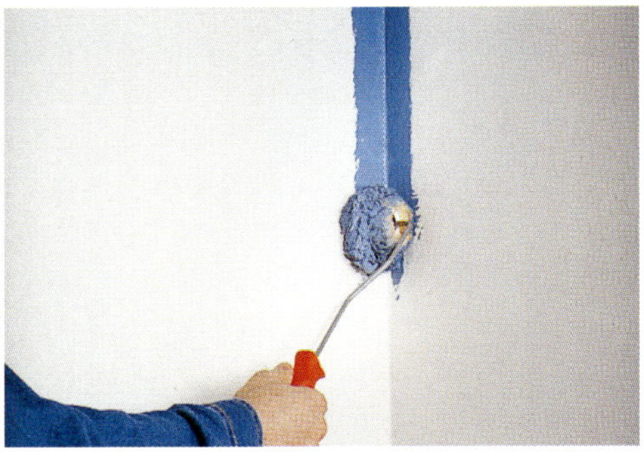

1. *Il existe des rouleaux spécialement conçus pour peindre les angles. La brosse à rechampir, avec ses poils de forme conique, est également utile.*

Peindre les angles et les bordures

C'est une des opérations les plus délicates qui soient. Il est en effet souhaitable d'unifier la couche de peinture et d'éviter les bavures en protégeant les surfaces proches qui ne doivent pas être peintes. Une fois les angles (ou les bordures de fenêtres et de portes) recouverts (➡ **PHOTO 1**), changez votre matériel pour reprendre le rouleau classique. Des écrans et des rubans de masquage permettent d'éviter bavures et coulures intempestives (➡ **SÉQUENCE**). ■

Comment peindre sans bavure

1 **Servez-vous d'un écran de masquage.** Cet outil vous aidera à guider votre main le long de bordures étroites. Faites-le glisser à mesure que vous déplacez le pinceau pour appliquer la peinture.

2 **Utilisez aussi l'écran en même temps que le rouleau.** Vous pourrez mieux contrôler la surface que vous désirez recouvrir, même s'il ne s'agit pas d'une zone étroite ou moulurée.

3 **Ôtez aussitôt le ruban de masquage.** Après la dernière couche, retirez le ruban adhésif sans attendre le séchage complet de la peinture.

Créer des effets décoratifs

Des peintures spécialement conçues offrent la possibilité de créer des effets similaires à ceux qu'obtenaient les maîtres du trompe-l'œil, du faux marbre et du *stucco antico* d'autrefois. Ces préparations spéciales sont destinées à l'amateur pour qu'il réalise un décor attrayant en utilisant des outils simples à manier. Inspirées des enduits à l'ancienne, les peintures à effets décoratifs offrent une grande variété de compositions et de couleurs.
Ce sont des revêtements composites (enduit, peinture, glacis, cire, etc.) dont l'application demande un certain tour de main, quelle que soit la méthode préconisée par le fabricant.

Des essais indispensables

Avant de vous lancer dans la décoration d'une pièce, procédez à des essais sur de grandes feuilles de papier (ou des plaques de plâtre) afin de vous familiariser avec les produits et les outils. Vous constaterez qu'il est parfois difficile de reproduire un même motif sur une grande surface tout en conservant une densité de teinte identique. Certains produits sèchent en quelques minutes, d'autres demandent plusieurs heures : tenez compte de ces laps de temps, ce sont eux qui déterminent votre cadence de travail. Les outils adaptés à ces techniques décoratives (rouleau, spatule, brosse, tampon, taloche, spalter, etc.) ne se manient pas aussi aisément qu'un simple pinceau. Dès que vous aurez maîtrisé la technique, vous travaillerez en progressant par petites surfaces de 2 à 3 m^2. Soignez particulièrement les raccords entre chaque zone. En fin de journée, évitez de vous arrêter au milieu d'un mur car, le

LES OUTILS

- couteau à enduire
- rouleau texturé
- spatule en plastique

© Guittet

1. Effets de matière marbrés imitant les stucs des enduits de l'époque antique.

lendemain, la reprise des applications peut se révéler délicate à effectuer sur un revêtement qui aura changé d'aspect en séchant.

Les effets marbrés du stuc

Cette composition spécialement élaborée imite le stuc, enduit très en vogue à l'époque romaine. Ceux qui apprécient les effets brillants du marbre et le raffinement des ambiances italiennes seront séduits par cette possibilité (→ PHOTO 1).

L'essentiel de la technique consiste à manier le couteau à enduire avec dextérité pour que le ferrage (le frottement d'un couteau sur la peinture sèche) donne à la surface une finition contrastée, mate et brillante (→ SÉQUENCE).

Lissage. Après l'application d'une première couche spéciale au rouleau, la surface sera lissée à l'aide d'une spatule. Le produit permet de travailler sans précipitation avant que le séchage intervienne.

Pastillage. La deuxième couche consiste en un pastillage, c'est-à-dire en un dépôt de noisettes de produit immédiatement écrasées par la lame du couteau.

Faites des applications courtes et rapprochées en variant le sens et le déplacement du couteau.

Le pastillage doit être alterné et doit ressembler à une succession irrégulière de petites surfaces juxtaposées telles les pièces d'un patchwork.

Ferrage. Après séchage complet, passez au ferrage de la surface. À l'aide d'un couteau propre et sec, frottez la peinture d'aspect mat pour la faire briller. Frottez plusieurs fois au même endroit, puis changez l'orientation du couteau pour faire ressortir une autre plage brillante.

Cette juxtaposition de zones mates et brillantes crée une douce variation monochrome imitant l'aspect marbré des stucs.

Créer un effet marbré

© Guittet

1 **Appliquez une couche de produit « spécial effet ».** À l'aide d'un rouleau texturé, empâtez la surface régulièrement.

2 **Lissez grossièrement la surface.** Avec une spatule en plastique, effacez ici et là le grain laissé par le rouleau. Changez fréquemment l'orientation de l'outil.

3 **Après séchage, égrenez la surface avec une lame métallique.** Puis appliquez au couteau une seconde couche de produit qui devra être sèche avant d'être ferrée irrégulièrement avec le même outil.

La pâte décorative : une affaire de week-end

La pâte décorative s'applique à la taloche (fournie par le fabricant) sur une épaisseur de 2 à 3 mm et sur tous les supports classiques (plâtre, bois, ciment, aggloméré, etc.).
Il s'agit d'un produit à l'eau, sans odeur, à préparer soi-même, juste avant la pose (1 seau de 10 kg couvre de 10 à 12 m^2 environ). Il suffit d'un week-end pour décorer une pièce.
La pâte décorative rebouche les trous, les fissures et recouvre les murs en adoucissant les arêtes trop vives. Utilisable pendant 6 heures, vous avez tout le temps d'étaler les 10 kg de pâte. Vous pouvez lisser la surface ou bien la « travailler » selon un relief en décrivant des mouvements irréguliers avec la taloche.
En cas de maladresse, n'hésitez pas à retoucher l'accroc : les raccords exécutés avant le séchage de la pâte restent invisibles. Laissez sécher et durcir l'ensemble pendant une semaine.
Le week-end suivant, appliquez une couche de cire vierge à l'éponge pour rendre le revêtement lavable et accentuer l'aspect nuagé des reliefs imitant l'usure et la patine des murs d'autrefois (R.M. Distribution).

La peinture à l'essuyé

Cette méthode requiert la superposition de deux ou trois couches de peinture afin de créer des effets de «nuançage» et d'obtenir une transparence comparable à un glacis (➡ PHOTO 2). L'aspect décoratif peut être obtenu à l'aide d'une moufle en peau de mouton, d'une éponge, d'une brosse à pocher, d'un tampon en mousse, etc., chaque outil produisant un dessin particulier.

Préparez la surface. Elle doit être stable, sèche et dure. Puis appliquez au rouleau une couche de peinture acrylique blanche. Laissez sécher et durcir cette sous-couche 12 h au minimum.

Appliquez une première couche de finition teintée. À l'aide d'un rouleau à poil ras, couvrez une surface de 2 à 3 m^2 environ.

Sans attendre, essuyez la finition. Entraînez une moufle dans un mouvement délicat en appuyant légèrement par endroits afin d'effacer la teinte et de créer des zones de transparence à travers lesquelles vous percevez la sous-couche blanche. Laissez sécher 12 h. Si l'effet nuancé vous semble insuffisant, appliquez une seconde couche de finition de même

2. *Peintures à l'essuyé d'aspect satiné, hautes en couleur et en effets « matière ».*

LES OUTILS

- rouleau à manchon texturé
- spalter
- spatule en plastique

1. *Beiges, ocres, bruns... les teintes douces de la nature se retrouvent dans cette décoration aux effets moirés.*

© Guittet

teinte (ou d'une teinte complémentaire) et «travaillez» la surface comme précédemment avec la moufle.

La peinture à effets de matières

Il s'agit d'un produit bicouche composé de peintures en phase aqueuse dont la superposition crée des effets nuancés dans des teintes brutes empruntées aux matériaux naturels : pierre, terre, roche, cuivre, etc. (→ PHOTO 1 ET SÉQUENCE).

Ces peintures à effets de matière sont sans odeur. Elles ont un aspect mat velouté et un temps de séchage (hors poussière) relativement court. La surface doit être propre.

– Progressez par petites surfaces de 2 à 3 m^2. Appliquez une première couche de peinture d'un ton clair.

– Les effets de matière s'obtiennent avec la seconde couche de peinture de couleur et de fluidité différentes de la couche de fond.

– Ne chargez pas trop le spalter. Travaillez à main légère comme pour épousseter la surface.

Les frises-pochoirs

Les frises à peindre sont des pochoirs adhésifs qui permettent de réaliser un motif de votre choix sur toutes les surfaces propres, lisses et sèches. L'opération est délicate. Sur une peinture fraîche, assurez-vous que la dernière couche est parfaitement sèche et dure.

▶ À l'aide d'un niveau à bulle, tracez des repères d'horizontalité pour placer la frise.

▶ Appuyez sur la frise adhésive avec un chiffon. De l'autre main, marouflez la surface à l'aide d'une spatule pour chasser les bulles d'air.

▶ Enlevez le film protecteur. Lorsque la frise-pochoir adhère parfaitement au support, tirez lentement en biais et vers le bas.

▶ Effectuez la mise en peinture à l'aide d'un mini-rouleau. Ne chargez pas trop le manchon, l'application doit être légère afin d'éviter les coulures et de donner à la peinture un aspect nuancé. Enlevez la frise adhésive dès la fin de l'application. ■

Créer des effets de matière

© Guittet

1 **Empâtez généreusement le mur avec un rouleau à manchon texturé.** Comptez 1 kg de peinture pour couvrir 5 m^2 d'une couche homogène. Laissez sécher 6 h au minimum avant d'effectuer le décor.

2 **Utilisez un large spalter.** Appliquez la seconde couche par touches, de-ci de-là, en sens contrarié et en déposant un grammage irrégulier.

3 **Lissez la surface à l'aide d'une spatule plastique souple.** Opérez après 10 à 15 mn, sans attendre le séchage. Écrasez la peinture qui forme des taches aux effets marbrés.

La pose du papier peint

Le papier peint offre des palettes exceptionnellement diversifiées de couleurs, de motifs et de textures. Hormis les critères esthétiques régissant son choix, un papier peint s'achète aussi en fonction de la nature de la pièce (séjour, chambre, cuisine, etc.).

La préparation des murs

Assurez-vous que les murs sont bien sains, propres, lisses, plans, sans aspérités et ne présentent ni trou ni remontées d'humidité.

– Retirez tous les crochets fixant tableaux, étagères et miroirs avant de tapisser. Si vous pensez les remettre au même endroit, enfoncez, avant la pose, des pique-olives dans les chevilles existantes qui serviront de repères.

– Si vous refaites les circuits électriques, ne posez ni les plaques des interrupteurs ni les appliques.

– Préparez la colle selon son mode d'emploi, sans grumeaux, puis laissez-la reposer 30 mn environ.

– La pose correcte du premier lé est capitale, d'elle dépend la réussite du travail. Commencez sur le côté d'une fenêtre, par exemple : tracez une ligne parfaitement verticale à l'aide d'un fil à plomb, à 50 cm d'un angle ou de la fenêtre. Ce sera la ligne de pose du premier lé.

Les différents types de raccord

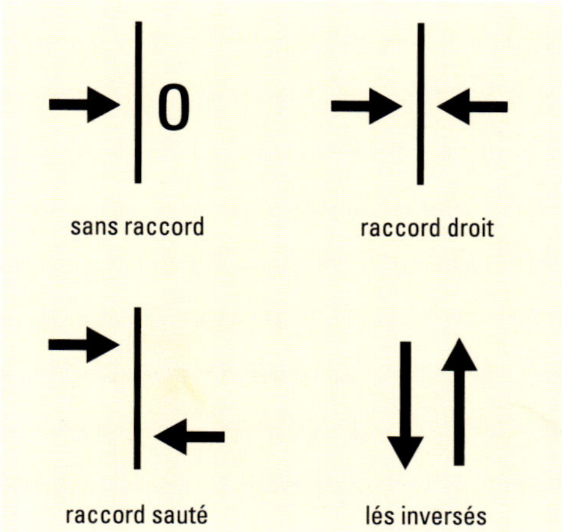

Raccord libre. Si vous êtes novice dans la pose du papier peint, vous avez intérêt à choisir un papier sans raccord, c'est-à-dire dont les différents lés placés côte à côte n'exigent pas l'ajustement d'un dessin particulier.

Raccord droit. Cette mention suivie d'une indication en centimètres signifie que le motif se reproduit tous les x centimètres et qu'il faut ajuster les lés, l'un par rapport à l'autre, pour que tous les motifs se trouvent sur des lignes horizontales.

Raccord sauté. Cette mention suivie d'une indication en centimètres signifie que les dessins se reproduisent tous les x centimètres et qu'il faut décaler verticalement chaque lé pour que ses motifs soient en concordance avec le lé précédent. Ainsi, tous les motifs du papier se trouvent sur des lignes obliques.

Lés inversés. Cette mention signifie qu'il faut coller le revêtement en disposant les lés tête-bêche. Cette précaution s'applique surtout aux matières naturelles – telles que les

Le choix de la colle

Il dépend du type de papier peint. N'employez pas n'importe quelle colle avec n'importe quel papier peint, sous peine de voir celui-ci se décoller rapidement. Respectez les indications du fabricant.

Type de papier	Type de frise	Type de colle correspondant
Papier peint épongeable ou lavable		colle à papier universelle
Papier peint lessivable (vinyle)		colle à papiers peints spéciaux et vinyles, colles prêtes à l'emploi conditionnées en seaux
Papier peint à fort relief		colle à papiers peints spéciaux et vinyles
Paille orientale, textile, mica		colle pour papiers spéciaux
	Frise à coller sur papier peint	colle à papier peint universelle
	Frise papier à coller sur papier vinyle	colle spéciale pour frise vinyle

pailles japonaises – n'ayant pas un aspect uniforme. Le fait d'inverser un lé sur deux minimise les différences de tons et redonne à l'ensemble une certaine unité de surface agréable à l'œil.

La découpe

Découpez tous les lés à l'avance pour ne pas perdre de temps pendant la pose. Prévoyez toujours 5 cm en haut et en bas pour procéder aux ajustements nécessaires et corriger une erreur.

Pensez à faire coïncider les motifs : n'hésitez pas à numéroter les lés au verso dans l'ordre de la pose. Tous s'affichent, c'est-à-dire se posent, dans le même sens. Au besoin, marquez d'une croix le haut de chacun d'entre eux afin de ne pas vous tromper, surtout lorsqu'il s'agit d'un raccord sauté.

L'encollage

Déroulez un lé sur la table en le laissant déborder de quelques millimètres pour encoller le papier jusqu'au bout (→ SÉQUENCE).

▶ Encollez grassement de façon uniforme la première moitié du lé avec la brosse. Commencez par le milieu du lé et progressez vers les bords. Insistez sur ces derniers. Veillez à ce que la colle ne vienne pas en contact avec l'endroit du lé. Si de la colle tombe de la table, enlevez-la immédiatement avec une éponge mouillée avant de passer au lé suivant.

▶ Rabattez la partie encollée sur elle-même, colle contre colle, sans écraser le pli formé, puis encollez l'autre moitié.

▶ Laissez le lé détremper pendant quelques minutes. Ce temps varie en fonction de l'épaisseur du papier peint : comptez de 2 à 5 mn pour les papiers légers et moyens, de 10 à 15 mn pour les plus épais. Ce temps doit être identique pour tous les lés (→ ENCADRÉ P. 308).

Encollez quelques lés à l'avance, la colle aura le temps d'imprégner le papier.

L'encollage du papier peint

1 **Déposez le lé bien à plat sur la table à encoller.** Procédez à sa découpe en fonction de la hauteur du plafond.

2 **Encollez uniformément la première moitié du lé.** Partez du milieu pour étendre la colle vers les bords. Procédez ensuite à l'autre moitié.

3 **Repliez le lé encollé sur lui-même.** Veillez à ne pas mettre de colle sur l'endroit. Rabattez à nouveau en deux la partie encollée pour former un paquet prêt à la détrempe.

● **À noter :** Selon la qualité du papier et celle de la colle, il est possible d'allonger ou de réduire le temps de détrempe ; il suffit de faire varier le nombre de lés encollés à l'avance.

La pose

Le premier lé. Montez sur une échelle ou un escabeau. Tenez le haut du lé par les coins et laissez-le se déplier (➡ SÉQUENCE).

▶ Posez le papier en haut du mur, en laissant repliée la moitié du lé.

▶ Repliez le haut du lé sur quelques centimètres. Suivez l'arête du plafond avec la pointe des ciseaux pour marquer le papier puis coupez. Éliminez la chute et collez le lé : celui-ci épouse la ligne du plafond sans le maculer de colle.

▶ Lorsque le premier lé sera posé, déplacez un cutter bien affûté le long d'une lame protégeant le décor pour découper la partie inférieure. Essuyez la plinthe avec une éponge humide.

Le deuxième lé. Posez le deuxième lé contre le premier lé de la même façon, en veillant à le jointoyer parfaitement et à bien aligner les motifs (➡ SÉQUENCE P. 308).

▶ Si le raccord entre deux lés colle mal, soulevez légèrement le bord du papier et

LES OUTILS

- balai de colleur
- ciseaux
- crayon
- cutter
- fil à plomb ou règle
- niveau à bulle

Pose du premier lé

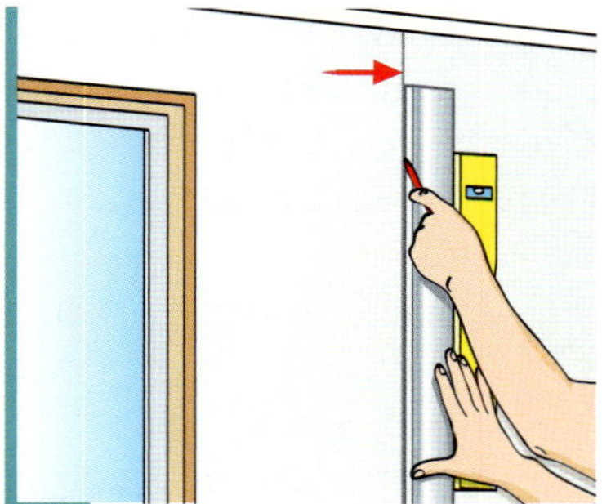

1 **Tracez une ligne de départ parfaitement verticale.** Utilisez un fil à plomb ou une règle et un niveau à bulle. Marquez le trait de crayon sur toute la hauteur du mur pour guider la pose.

2 **Affichez le premier lé.** Tenez-le par les deux coins et appliquez-le sur le haut du mur. Alignez le bord du lé le long de la ligne de départ. Lissez la partie supérieure puis dépliez la seconde partie du lé.

3 **Lissez la surface du lé de haut en bas.** Utilisez un balai de colleur. Déplacez-le en biais, à gauche puis à droite, en dessinant des mouvements en arêtes de poisson.

4 **Marquez le bord du lé contigu à la fenêtre.** Avec la pointe de ciseaux, faites les petites découpes nécessaires pour éviter au papier de faire des plis ou de se déchirer.

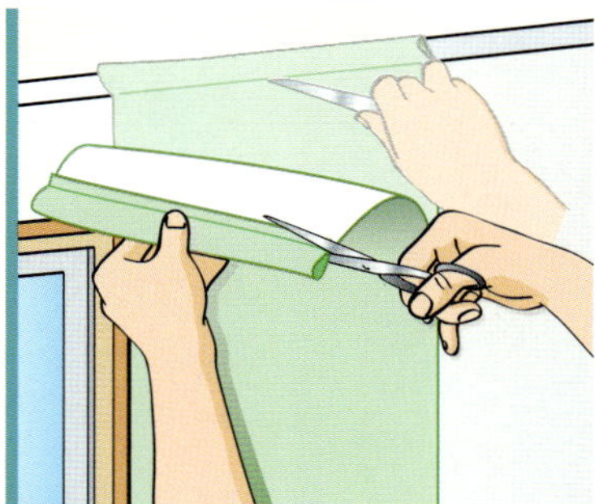

5 **Marquez le haut du lé le long du plafond.** Décollez légèrement le papier et coupez la chute avec les ciseaux. Rabattez le lé en place et essuyez immédiatement les bavures de colle.

6 **Lissez la surface.** Passez à nouveau le balai de colleur pour faire disparaître les petites imperfections (plis, bulles…). Insistez sur les parties précédemment découpées.

La valse des lés

Lors de la pose du papier peint, observez un temps de détrempe afin que la colle imbibe complètement le papier (de 5 à 15 min suivant la qualité du papier).
Pour ce faire, disposez entre la table à encoller et le mur un tabouret de stockage, sur lequel reposeront deux lés déjà encollés. Quand vous affichez le lé n° 2, les lés n° 3 et 4 sont stockés sur leur poste de détrempe ; puis encollez le lé n° 5, qui va venir rejoindre le n° 4 sur le guéridon, lorsque le lé n° 3 va être affiché, et ainsi de suite...

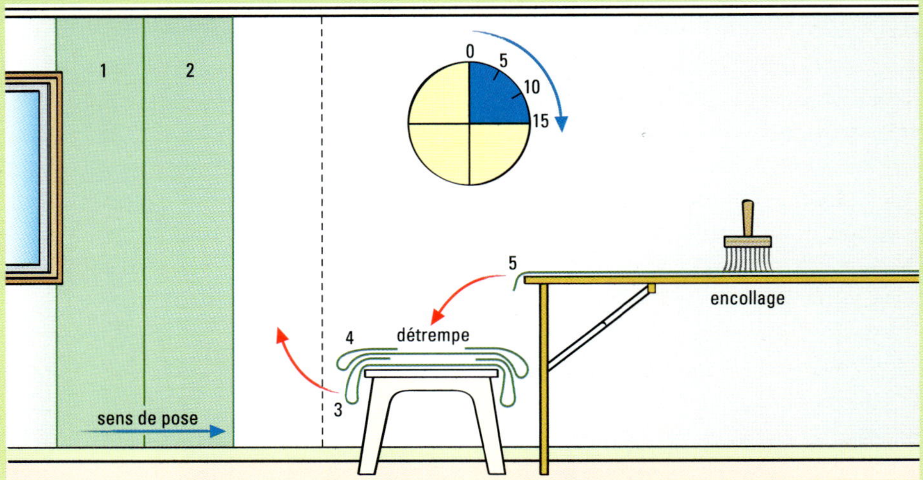

déposez un peu de colle avec un pinceau fin ; en cas d'erreur, décollez-le et repositionnez-le bord à bord.

▶ Enlevez les excédents de colle à l'aide d'une éponge humide sans attendre que la colle soit sèche.

▶ Soignez le raccord entre deux lés. Passez une roulette pour parfaire l'adhérence du joint (➡ PHOTO 1).

Pour ne pas tacher le plafond. Repliez l'extrémité supérieure du lé sur quelques centimètres. Suivez l'arête du plafond avec la

Pose des lés suivants

1 **Affichez le deuxième lé.** S'il y a lieu, veillez au raccordement des motifs. Guidez-vous sur la lisière du premier lé pour aligner le suivant. Essuyez les bavures de colle au niveau du joint.

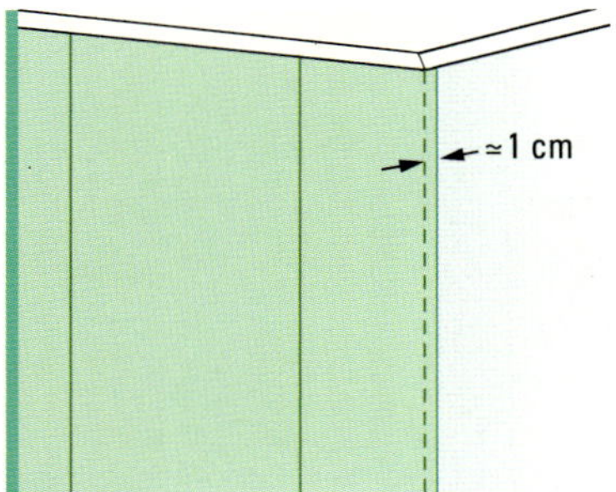

2 **Pour les angles, ne collez pas le lé entier sur les deux murs.** Coupez une largeur correspondant à la distance à tapisser, majorée d'un centimètre pour le retour. Appliquez cette première découpe puis…

3 **…tracez à nouveau une ligne de départ verticale.** Avant d'afficher la seconde partie du lé, tracez ce nouveau départ à chaque changement de direction. Ne vous fiez jamais à l'aplomb des murs.

1. *Afin d'éviter les décollements entre les lés, passez une roulette pour bien écraser la colle.*

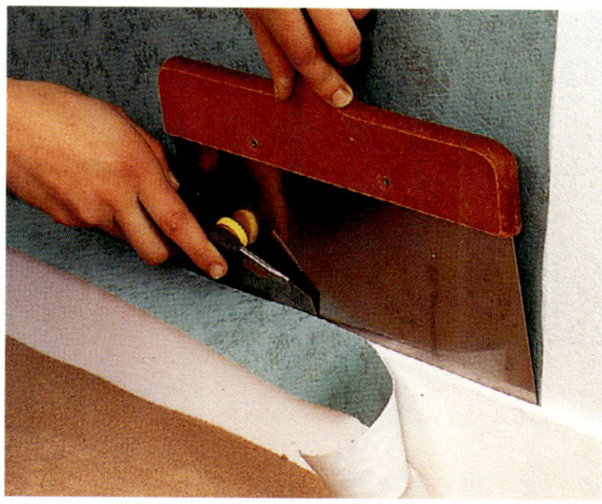

2. *Une lame à enduire ou un large couteau vous aidera à orienter la coupe du papier le long de la plinthe.*

pointe des ciseaux pour marquer le papier puis coupez-le suivant la marque. Éliminez la chute et collez le lé qui épousera la ligne du plafond sans le maculer de colle.

Pour réussir les angles. Dans l'angle de la pièce, ne collez pas le même lé sur les deux murs. Coupez le lé dans le sens de la longueur pour qu'il couvre le premier mur et forme un rabat de quelques centimètres sur le mur suivant. Utilisez l'autre morceau du lé découpé ou un lé entier (suivant le raccordement des motifs) pour tapisser le deuxième mur. Tracez à nouveau une ligne bien verticale. Guidez-vous sur ce tracé sans tenir compte de l'angle de la pièce qui n'est sans doute pas parfait.

Pour parfaire la finition au bord d'une plinthe. Servez-vous d'une lame à enduire pour guider la coupe du papier (➡ PHOTO 2).

Les difficultés à résoudre

Au fur et à mesure de la pose, vous rencontrerez quelques difficultés que vous résoudrez en fonction de la configuration des lieux.

Pour passer derrière un tuyau. Repliez le bord du lé sur toute la hauteur ; s'il y a un support de tuyau, marquez au crayon les emplacements des colliers de canalisation, fendez le papier par une découpe horizontale et glissez-le derrière (➡ CROQUIS 3). Au besoin, aidez-vous d'une spatule pour appliquer le papier sous le tuyau et dans l'angle du mur.

3. *La pose de papier derrière un tuyau nécessite de replier la lisière du lé.*

Autour des interrupteurs

Coupez le courant et démontez le couvercle des prises et des interrupteurs. Posez le revêtement en occultant l'emplacement de l'interrupteur. Incisez le papier en croix devant l'interrupteur. Sortez les fils électriques et repliez les bords du papier découpé en cornes à l'intérieur du boîtier. Remontez le mécanisme de l'interrupteur et posez l'enjoliveur par-dessus. Pensez à pulvériser les abords de l'interrupteur avec un produit imperméabilisant qui protègera le papier peint des salissures.

1. *Un manche à balai glissé dans un tube en carton facilite l'application du papier peint derrière un radiateur posé sur pieds.*

2. *Dans le cas où vous ne pouvez pas démonter le radiateur, posez le papier derrière après l'avoir fendu puis marouflez à l'aide d'une « queue de lapin ».*

Pour tapisser derrière un radiateur.
– Pour coller le papier derrière un ancien radiateur posé sur pieds, aidez-vous d'un tube de carton. Glissez le lé encollé derrière le radiateur et pressez un tube de carton pour appliquer le papier en place. Lorsque l'espace entre le mur et le radiateur est suffisant, enfilez le tube de carton sur un manche à balai, plus facile à manipuler (➡ **CROQUIS 1**). Vous pouvez aussi bien sûr utiliser une queue de lapin, rouleau de petit diamètre, munie d'un manchon propre et sec (➡ **PHOTO 2**).
– Derrière un radiateur suspendu sur des crochets, fendez le papier et glissez-le entre les supports à l'aide d'un rouleau de peintre ou d'un rouleau en caoutchouc doté d'un manche télescopique.

Ajouter des frises

Les frises contribuent au décor de la pièce en mettant en valeur le papier peint. Elles sont disponibles en différentes largeurs, teintes, motifs. La plupart se posent comme du papier peint après la pose de celui-ci (➡ **PHOTO 3**).

▶ Assurez-vous d'abord que le mur est parfaitement sec.

▶ Repérez la hauteur de la frise avec une règle, un niveau à bulle et un crayon et tracez une ligne horizontale pour la placer correctement.

▶ Encollez la frise à l'aide d'un petit pinceau (la colle pour frise sèche rapidement : la détrempe est inutile).

3. *Lorsque la frise est mise en place, marouflez-la en vous servant d'une spatule.*

▶ Posez-la immédiatement sur le tracé.

▶ Marouflez avec une spatule et enlevez les débords de colle avec une éponge humide.

Dans les angles, laissez les deux bandes de frise se superposer (en respectant le raccord), puis coupez au cutter.

Pour entourer des portes ou des fenêtres :

▶ Posez la frise verticalement le long des fenêtres ou des portes.

▶ Laissez-la dépasser aux angles d'une hauteur égale à la largeur de la frise horizontale dont vous allez ensuite appliquer directement l'extrémité dessus.

▶ À l'aide d'un cutter, coupez ensemble en diagonale l'extrémité des frises horizontale et verticale qui se chevauchent, et passez une roulette à joints pour bien écraser les bords à l'endroit de la coupe. ■

La pose d'un textile mural agrafé tendu

Une tenture murale réussie doit présenter une apparence de confort moelleux. Bien que le tissu agrafé et tendu dissimule certains défauts, la préparation du support ne doit pas être négligée.

La préparation des murs

Le tissu peut être tendu sans inconvénient devant un mur brut, sur un ancien papier peint, voire une surface carrelée. Il n'est donc pas nécessaire de réaliser une préparation aussi parfaite que pour les revêtements peints ou collés. Toutefois, vérifiez que la surface ne rejette pas d'humidité, ce qui risquerait de tacher le tissu.
Ensuite, faites la chasse aux «effets de souffle». Certains murs possèdent un conduit de fumée, un coffre de volet roulant, des fissures, des trous d'anciennes chevilles, etc. Si vous tendez du tissu devant ces endroits, la convection de l'air chargé de poussières provoquera des auréoles noirâtres. Pour combattre ces anomalies, colmatez ces prises d'air avec un produit de rebouchage ou à l'aide de ruban adhésif et de film plastique.
Faites attention de ne pas obstruer les entrées d'air destinées à la ventilation du local ni les bouches d'aération y compris celles déterminées par Gaz de France.

Déterminer un ordre d'habillage

Évaluation du parcours des lattes d'encadrement. Faites un plan à l'échelle réduite des quatre murs, représentés à plat. Tracez l'emplacement des lattes encadrant les murs, les portes, les fenêtres, etc., ainsi que la position des interrupteurs, prises de courant, etc., partout où il y a des agrafes (→ CROQUIS 1).
Puis, déterminez l'ordre d'habillage des murs. Sur le même plan, à échelle réduite, numérotez les différents panneaux dans l'ordre d'habillage. En principe, une numérotation logique est déterminée par la disposition des lieux. Par exemple, le mur faisant face à la porte d'entrée sera traité en premier (1). Au contraire, la partie cachée, derrière la porte, sera choisie pour terminer la pose (5). L'ordre intermédiaire est déterminé par le sens d'anglésage des coins.

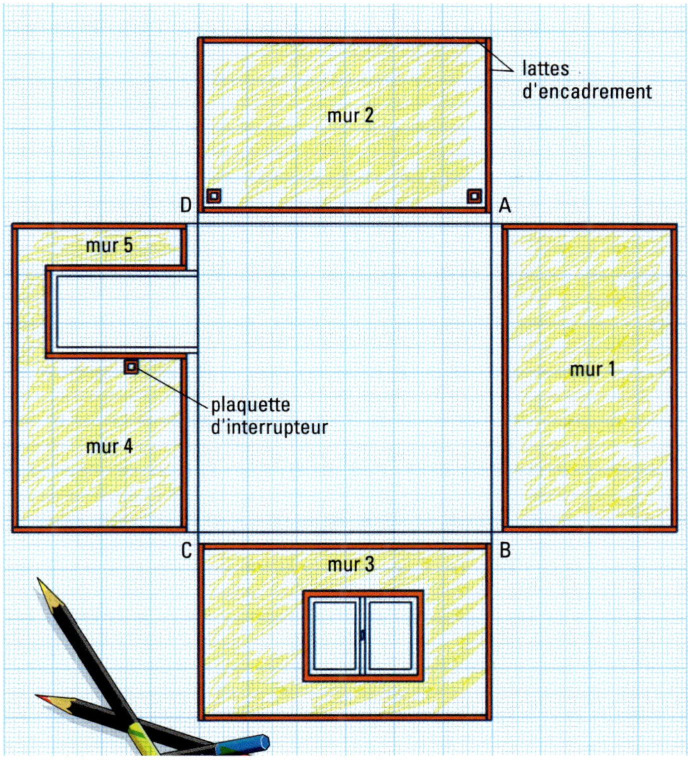

1. *Évaluation du parcours des lattes d'encadrement.*

La préparation du tissu

Préparez les panneaux de tissu dont la surface correspond aux dimensions de chaque mur.
Avec un tissu en petite largeur. Coupez plusieurs lés à la même longueur et cousez-les entre eux. Juxtaposez ainsi un nombre de lés suffisant pour couvrir le mur et pensez à répartir les coutures pour préserver l'esthétique de l'ensemble.
Avec un tissu en grande largeur. Coupez un panneau de tissu pour chaque mur, en

laissant de chaque côté une marge de 15 à 20 cm pour tirer sur le revêtement lors de la pose. Étiquetez ces différents panneaux dans l'ordre de pose, repérez l'envers de l'endroit et roulez-les sur un tube en carton en attendant l'agrafage.

La pose des lattes d'encadrement

Les lattes d'encadrement des murs sont des baguettes de contreplaqué de section rectangulaire (30 x 5 mm). Leur pose s'effectue par collage et agrafage sur tout le périmètre des murs, des portes, de fenêtres, partout où il est nécessaire de planter des agrafes.

Procurez-vous également des baguettes d'anglésage, minces baguettes de contre-plaqué de 3 mm d'épaisseur qui servent à « tourner » les angles et à dissimuler les agrafes (→ **CROQUIS 1**).

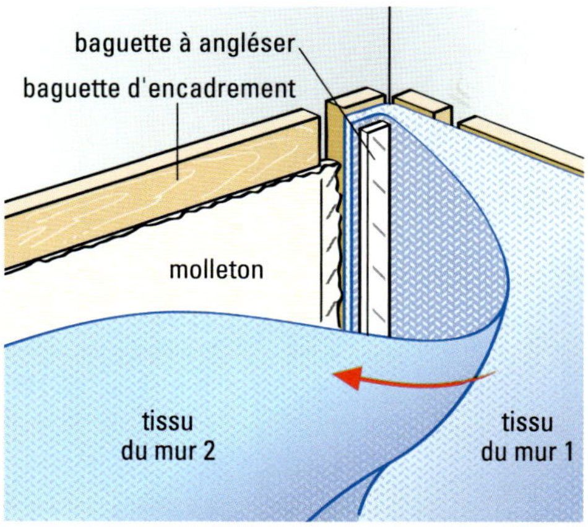

1. *L'anglésage permet d'obtenir des angles soignés sans que les agrafes soient apparentes.*

Deux précautions valent mieux qu'une

- Ne posez jamais un tissu à même le mur, mais doublez-le de molleton. Sans ce « molletonnage », le tissu perd du relief et présente une raideur similaire à un textile collé.

- Évitez l'agrafage direct sur le mur, mais préférez l'encadrement systématique du périmètre des murs, des portes, des fenêtres, etc., par des lattes de bois. Sans cette disposition, la pénétration des agrafes peut se révéler incertaine pour assurer une fixation solide.

Il est également nécessaire de posséder quelques plaquettes de contreplaqué destinées à l'entourage des interrupteurs et des prises de courant.

La pose des lattes. Fixez les lattes aux murs avec une colle ou un mastic au Néoprène et quelques agrafes pour les maintenir par endroits.

▶ Commencez par les angles de la pièce en fixant d'abord les lattes verticales.

▶ Placez ensuite les lattes horizontales ainsi que les encadrements de portes et de fenêtres.

▶ Terminez par la pose des plaquettes autour des boîtiers de prises et d'interrupteurs.

Les lattes horizontales qui suivent les lignes du plafond et de la plinthe ne sont pas en contact avec ces dernières. Conservez un espace de 1 à 2 mm afin d'y introduire la lame d'un cutter.

La pose du molleton

Choisissez un molleton synthétique antistatique, vendu en rouleaux de 1,5 m à 2 m de large.

▶ Déroulez-le sur chaque mur et agrafez-le sur les bords des baguettes d'encadrement.

▶ Couvrez toute la surface à tapisser et agrafez succinctement les différents lés entre eux (1 agrafe tous les 30 cm environ).

▶ Découpez le molleton à l'aide d'une grande paire de ciseaux et agrafez-le sans le tendre afin de ne pas créer de « maigreurs » de surface.

Malgré cela, si vous constatez que le décor de l'ancien revêtement reste visible à travers le molleton, faites un essai de transparence avec le tissu posé devant.

Si le phénomène subsiste, appliquez une couche de peinture blanche sur le fond du mur puis posez à nouveau le molleton et assurez-vous que le phénomène a disparu avant de continuer votre chantier.

Lorsqu'il s'agit de combattre une transparence, limitée à une petite surface, il suffit de doubler localement la couche de molleton pour faire disparaître le défaut.

L'habillage des murs

Mur n° 1. Maintenez le panneau de tissu aux quatre coins pour le centrer en hauteur et en largeur (→ **CROQUIS 2**).

▶ Commencez l'agrafage, à la partie supérieure, au milieu du mur.

Tendez le tissu alternativement sur la gauche et sur la droite, au ras du plafond.

Ne tirez pas sur le tissu, faites une mise à plat sans exercer de traction. Agrafez très serré, tous les 1 à 2 cm environ, et disposez les agrafes en biais.

▶ Tendez le tissu horizontalement et agrafez-le dans les angles A puis B, sur les murs adjacents.

▶ Descendez progressivement vers la plinthe en vérifiant très souvent le droit-fil du tissu avec un fil à plomb.

▶ Terminez la tension du panneau en agrafant la partie inférieure au ras de la plinthe. Cette tension verticale supprime les plis qui se forment parfois au cours de l'agrafage des angles.

Mur n° 2.

▶ Agrafez provisoirement le panneau de tissu sur le mur n° 1 venant d'être habillé, en le plaçant endroit contre endroit (→ **CROQUIS 3**).

▶ Placez le droit-fil du tissu dans l'angle A et par-dessus une baguette à angléser.

▶ Agrafez ensemble la baguette et les deux épaisseurs de tissu sur toute la hauteur.

▶ Décrochez le panneau de tissu et rabattez-le sur le mur n° 2 (→ **CROQUIS 3**).

▶ Tendez-le et agrafez la partie supérieure puis la partie gauche en l'agrafant dans l'angle D.

▶ Terminez par la tension verticale du panneau en vérifiant le droit-fil à l'aide d'un fil à plomb.

Mur n° 3. Pratiquez de la même façon pour angléser l'angle B puis rabattez le tissu sur le mur n° 3 (→ **CROQUIS 4**).

▶ Passez devant la fenêtre qui se trouve momentanément obstruée.

▶ Tendez le tissu en l'agrafant sur les quatre côtés : dans l'angle C, n'oubliez pas de placer les agrafes sur le mur n° 4.

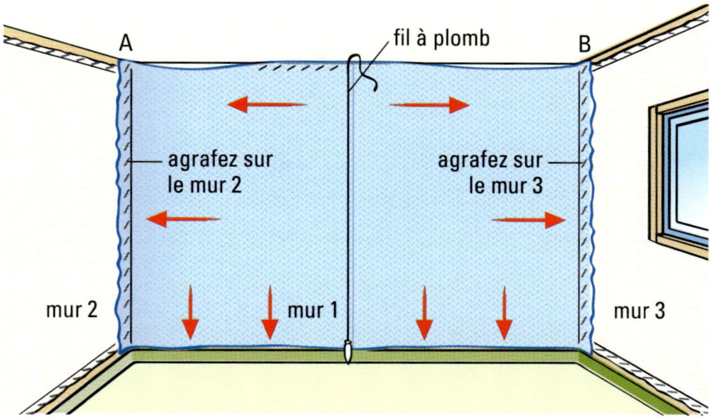

2. *Habillage du mur n° 1.*

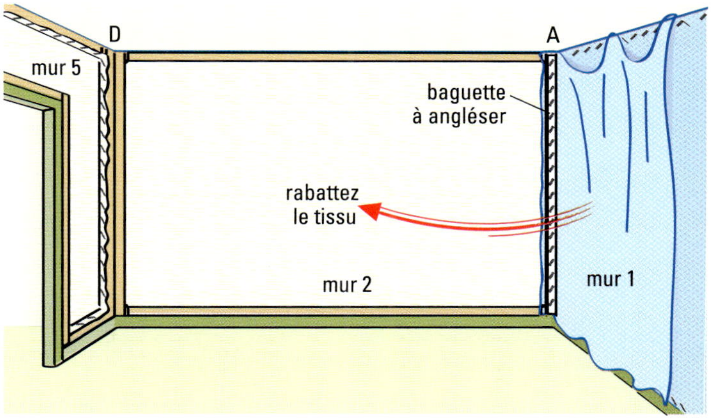

3. *Habillage du mur n° 2.*

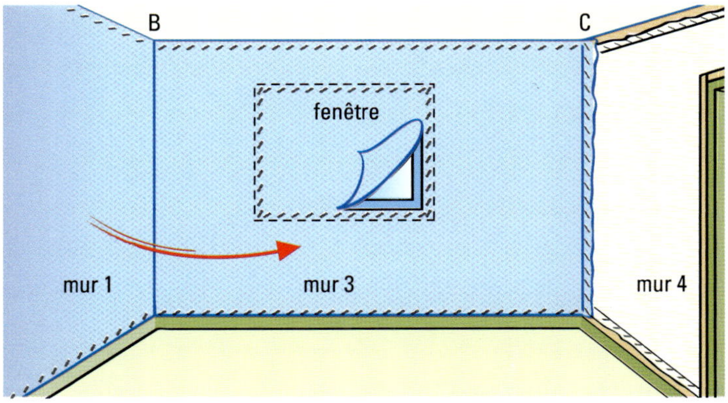

4. *Habillage du mur n° 3.*

▶ Agrafez également tout autour de la fenêtre.

▶ Libérez ensuite cette dernière en coupant le tissu à l'aide d'un cutter sur tout le périmètre.

▶ Conservez la chute, elle pourra éventuellement servir à habiller le coffre d'un volet roulant, par exemple.

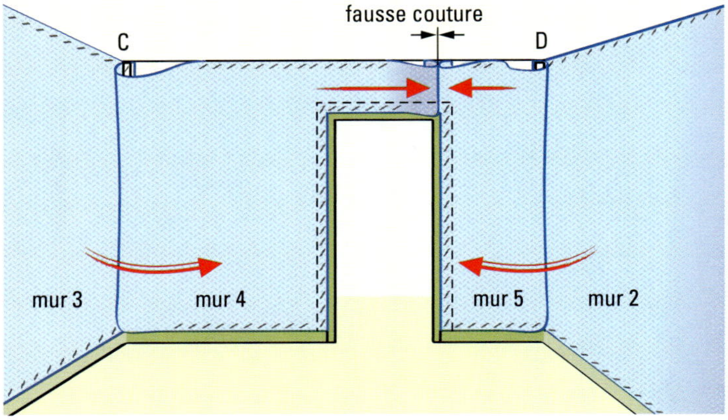

5. *Habillage du mur n° 4.*

Murs n° 4 et 5.

▶ Avec le panneau n° 4, anglésez l'angle C.

▶ Tendez et agrafez le tissu vers la porte (➡ CROQUIS 5).

▶ Avec le petit panneau n° 5, anglésez l'angle D, tendez et agrafez vers la porte. Les deux panneaux n° 4 et 5 se rejoignent sur une ligne située dans le prolongement de l'huisserie.

▶ Assurez la jonction par une fausse couture, sorte de charnière exécutée avec des baguettes d'encadrement (➡ ENCADRÉ).

Les finitions

Coupez les excédents de tissu à l'aide d'un cutter, au ras des plinthes et du plafond. Incisez les emplacements des prises électriques et des interrupteurs et rabattez les bords vers l'intérieur. Agrafez le tissu sur le chant des plaquettes de contreplaqué puis remontez les accessoires électriques à leur place.

Vous pouvez dissimuler toutes les agrafes par un galon de passementerie. Un galon classique se pose avec de la colle à tissu. Maintenez le galon au moyen de grosses aiguilles piquées dans la tenture pendant le séchage de la colle.

● **À noter :** Pour économiser du métrage de galon, vous pouvez dissimuler les agrafes de la lisière supérieure en clouant une fine baguette de bois de la couleur du plafond. ■

Fausse couture, vraie finition

Les lattes utilisées pour la pose de la tenture murale sont des baguettes de contreplaqué de bouleau (bois blanc), de section trapézoïdale, c'est-à-dire dont les chants sont biseautés (GP Réalisations). Cette particularité permet d'obtenir des finitions soignées, dignes d'un professionnel, telle cette fausse couture. Pour ce faire :

- Placez une baguette 1 sur la droite de la ligne de couture.

- Tendez le tissu de la droite vers la gauche et agrafez-le sur le chant biseauté de la baguette 1.

- Placez deux baguettes sur la gauche de la ligne de couture (faites attention au sens des biseaux) : la première 2 reste libre, la seconde 3 est collée et agrafée sur le mur.

- Tendez le tissu de la gauche vers la droite et enroulez-le autour de la baguette 2.

- Collez-le sous cette dernière et observez le temps de séchage de la colle.

- Basculez la baguette 2 en prenant appui sur la latte 3 pour fermer la charnière et obtenir une fausse couture parfaitement rectiligne.

- Maintenez la baguette 2 avec quelques clous sans tête qui disparaissent sous le tissu.

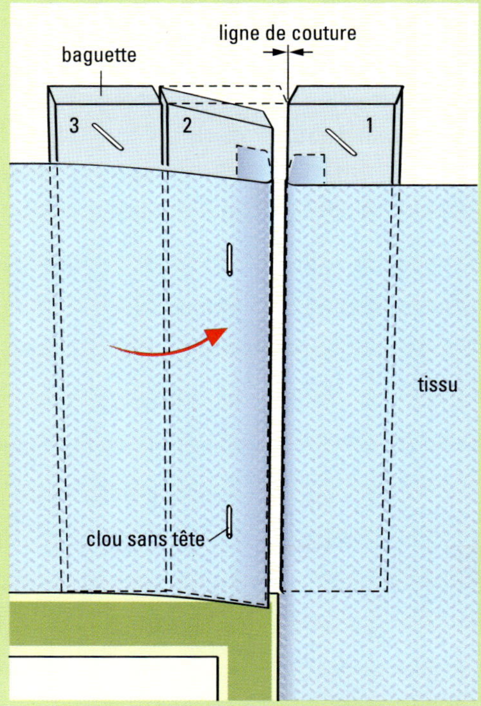

La tension de la tenture murale s'obtient en glissant les lisières du tissu entre les lèvres des baguettes.

La pose d'un textile mural collé en grande largeur

Le tissu en grande largeur (de 2,60 m à 2,95 m) est contrecollé sur une mousse et doublé d'un film étanche de polyéthylène. Déroulé à l'horizontale sur tout le périmètre de la pièce, il se pose par collage sur la périphérie des murs et des ouvertures. Doublé d'une mousse de 3 mm d'épaisseur, ce tissu se pose sur tous les supports y compris sur un mur de béton brut sans que le revêtement subisse de préjudice. Il existe aussi des textiles à coller en petite largeur.

La pose

Ne nécessitant ni baguette d'encadrement, ni agrafage, le tissu en grande largeur ne demande pas de préparation compliquée : il suffit que les murs soient propres et lisses sur les quelques centimètres nécessaires à l'application de la colle.

▶ Préparez les murs : rebouchez les trous, décollez les papiers et lessivez les peintures sur une largeur de 15 à 20 cm tout autour des murs.

▶ Coupez le rouleau de tissu (sans le dérouler) suivant la hauteur de la pièce à tapisser, de façon que le rouleau puisse tenir à la verticale.

▶ Encollez le mur : utilisez une spatule crantée pour étaler une fine couche de colle sur tout le périmètre du mur et autour des ouvertures ; il n'est pas nécessaire d'encoller toute la surface (→ SÉQUENCE).

▶ Déroulez le tissu tout au long du plafond et appliquez-le avec le plat de la main pour qu'il adhère sur la colle. Avec la spatule, marouflez le long de l'angle vertical, en descendant et en tirant légèrement le tissu vers le bas.

▶ Lissez toute la surface du mur de gauche à droite, à la main puis avec la spatule pour tendre et coller le tissu sur toute la périphérie. Passez devant les ouvertures sans découper le tissu. Terminez la tension par la partie inférieure en respectant le droit-fil.

▶ Découpez ensuite toutes les lisières.

La pose d'un textile mural collé en lés

Contrecollé sur un support papier, ce tissu mural se pose comme du papier peint. Le revêtement se coupe au cutter en tenant compte de la hauteur des murs. Une colle spéciale est appliquée sur le mur puis chaque lé est affiché à joints vifs ou chevauchés. ■

LES OUTILS

- ciseaux
- cutter
- spatule crantée

Poser un textile grande largeur

1 **Encollez les murs.** N'étalez la colle que sur une largeur de 10 à 15 cm.

2 **Appliquez le tissu sur le mur.** Marouflez délicatement le long de l'angle du plafond. Veillez à ne pas créer de tension dans le tissu.

3 **Terminez par l'arasement des lisières.** Utilisez un cutter appuyé sur une spatule pour serrer et découper le tissu dans les angles et éliminer les chutes.

La pose d'un non-tissé

L'utilisation des revêtements non tissés a bouleversé les habitudes des poseurs de papier peint. Ils apportent en effet une plus grande facilité de pose et se déclinent en une gamme de décors très étendue. La principale modification intéresse l'encollage du mur (et non du revêtement), ce qui dispense d'avoir à se servir d'une table à encoller et supprime le temps de détrempe, observé avec la pose du papier classique.

Les fibres entrant dans la composition des non-tissés étant insensibles à l'eau, la stabilité dimensionnelle du revêtement supprime le retrait observé lors du séchage de la colle. Par ailleurs, le non-tissé renforcé de fibres polyester affiche une résistance mécanique accrue qui autorise son installation dans toutes les pièces de la maison.

La préparation des murs

Soignez particulièrement la préparation des murs. Rebouchez les trous et les fissures et procédez à un ponçage minutieux car, avec ce type de revêtement très résistant mais peu épais, tous les défauts du mur apparaissent au travers. De même, si vous avez choisi un décor d'un ton pastel, faites attention aux effets de transparence.
Découpez plusieurs lés à l'avance et numérotez-les pour ne pas les intervertir. S'il s'agit d'un décor à effets de matière, indiquez le sens de la pose, notamment lorsqu'il est conseillé d'inverser un lé sur deux.
Préparez la colle avec de l'eau propre.

La pose

Préparez la colle (➡ ENCADRÉ) et marquez sur le mur la position des lés .

Poser un non-tissé

1 **Affichez le premier lé sur le mur.** Suivez le trait de repère indiquant la verticale. Lissez la surface avec un balai de colleur.

2 **Arasez le lé à la partie supérieure et inférieure.** Utilisez un cutter doté d'une lame neuve pour sectionner franchement le revêtement sans amorcer de déchirures.

▶ Tracez des traits verticaux à l'aide d'un fil à plomb, espacés de la largeur des lés. Ils vous serviront à positionner le premier lé puis à répartir la colle sur une surface correspondant à la position du lé suivant.
▶ Encollez le mur lé par lé.
▶ Appliquez ce dernier sur le mur.
▶ Lissez la surface avec une brosse de colleur.
▶ Guidez-vous sur le trait repère pour trouver la verticale. Faites glisser le lé sur la colle pour corriger sa position puis lissez la surface du centre vers les bords pour chasser les bulles d'air (➡ SÉQUENCE).
▶ Arasez la partie supérieure et la base du lé au-dessus de la plinthe. Utilisez une spatule métallique pour marquer le revêtement et un cutter muni d'une lame neuve pour couper les chutes. Appuyez sur la spatule et déplacer le cutter en le tenant dans une position proche de la verticale. Le cutter doit longer la spatule métallique sans passer dessous.
▶ Encollez le mur et posez le deuxième lé bord à bord.
▶ Marouflez la surface avec une brosse.
Si vous constatez des cloques ou des plis, n'hésitez pas à décoller le revêtement pour rectifier sa position : la consistance de la colle permet ce temps d'ajustement.
▶ Essuyez la jonction entre les deux lés avec une éponge légèrement humidifiée.

La colle pour non-tissés

La colle pour non-tissés est un produit spécifique présenté en poudre. Versez la quantité d'eau nécessaire dans un seau. Créez un tourbillon à l'aide d'une baguette en bois et versez la poudre en pluie fine dans l'eau sans cesser de tourner. Lorsque la préparation s'épaissit, laissez reposer 30 minutes environ avant son utilisation.
Encollez le mur avec une brosse ou, de préférence, à l'aide d'un rouleau pour déposer une couche uniforme de produit. Étalez la colle sur une surface équivalente au premier lé, puis progressez au fur et à mesure de la pose. Vous constaterez que la consistance de la colle permet un maintien immédiat du revêtement tout en autorisant le glissement du lé afin de procéder à une éventuelle rectification de sa position.

● **À noter :** On appelle « non-tissé » toute étoffe obtenue par liage mécanique, chimique ou thermique de fibres ou de filaments textiles disposés en nappes, en excluant le tissage. ■

3 **Appliquez le deuxième lé.** Ajustez-le bord à bord avec le premier et marouflez la surface à l'aide d'une spatule en matière plastique pour chasser les bulles d'air.

4 **Corrigez les erreurs.** Décollez légèrement le revêtement pour rectifier sa position. Ajustez le joint en passant une éponge humide pour enlever les bavures de colle.

LES OUTILS

- brosse de colleur
- cutter
- éponge
- fil à plomb
- spatule métallique
- spatule en plastique

La pose d'un lambris

Constitué le plus souvent de frisettes de pin, le lambris confère à la pièce qui en est recouverte chaleur et intimité. Si sa longévité est incomparable, sa pose demande en revanche plus de temps que celle des autres revêtements, car elle ne s'exécute pas directement sur le mur mais sur une ossature.

L'ossature du lambris

Pour réaliser une ossature rigide et plane apte à recevoir le lambris, il faut prévoir des tasseaux de section rectangulaire (de 15 x 30 mm à 20 x 40 mm environ). Selon l'état du mur, la réalisation peut comporter quelques différences (➡ CROQUIS 1).

Sur un mur d'une planéité correcte. Vous pouvez utiliser des tasseaux de faible épaisseur (de 10 à 15 mm), directement collés ou cloués sur le support afin que l'ensemble ne présente pas une surépaisseur trop importante à l'intérieur de la pièce, ce qui réduirait d'autant son volume.

Sur un mur brut ou présentant des inégalités de surface. Vous devez utiliser des tasseaux de section plus importante, suffisamment rigides pour supporter le lambris sans bénéficier d'appui continu sur le support bosselé. Dans ce cas, l'espace situé derrière le revêtement est souvent mis à profit pour y loger un isolant. Dans tous les cas, choisissez des bois traités contre l'attaque des insectes xylophages et des champignons (➡ CROQUIS 2).

Disposition des lames et modes de fixation

Disposition des lames. Le plus souvent, l'ossature est composée de tasseaux fixés horizontalement (espacés de 40 à 50 cm), sur les-

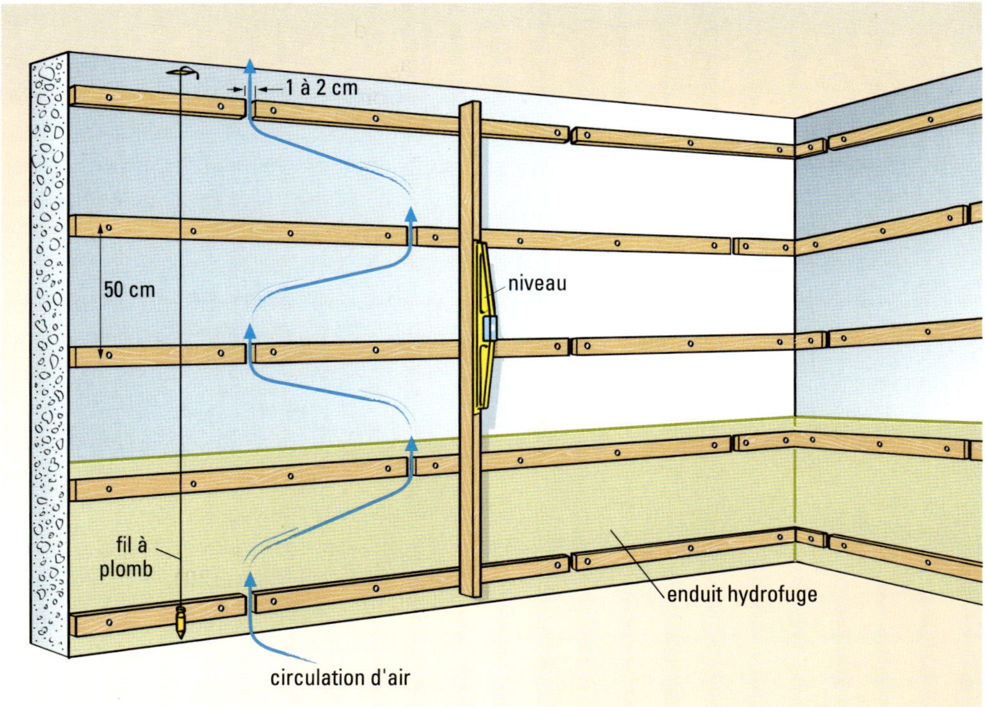

1. *Les différents tasseaux de l'ossature ne sont pas fixés bout à bout mais écartés de quelques centimètres, afin que l'air circule de bas en haut car il est important d'aérer l'arrière du lambris. Si la base du mur a tendance à être humide, appliquez un enduit hydrofuge avant de fixer les premières rangées de tasseaux.*

quels les lames du lambris sont posées verticalement. Mais vous pouvez choisir une autre disposition (horizontale, en diagonale) ; il suffit que l'ossature soit perpendiculaire au sens de pose du lambris (➡ CROQUIS 3).

La fixation de l'ossature s'effectue par vissage. Utilisez de préférence des chevilles et des vis prémontées pour assemblage traversant, ce qui supprime les deux perçages nécessaires avec des chevilles classiques.

N'oubliez pas de fixer des tasseaux autour des portes et des fenêtres. Les lames de lambris découpées pour épouser le périmètre des ouvertures doivent reposer sur des tasseaux supplémentaires et non sur les huisseries.

Les modes de fixation. Le mode de pose détermine la position de la première lame côté rainure ou côté languette.

Pour une pose clouée (méthode traditionnelle), les clous sont plantés en biais du côté de la languette. À l'inverse, pour une fixation

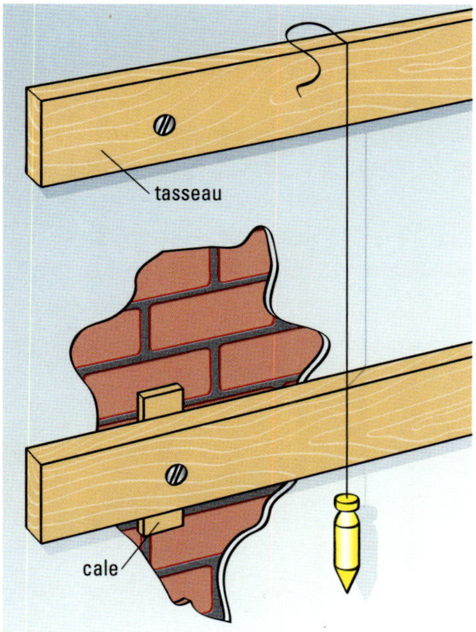

2. *Fixation sur mur bosselé. À l'aide d'un fil à plomb et d'un niveau à bulle, contrôlez la verticalité de l'ossature : tous les tasseaux doivent être sur un même plan. Si nécessaire, glissez de minces cales de bois sous les tasseaux pour rétablir un plan correct. Sachez que les chevilles et vis prémontées pour montage traversant sur ossature s'utilisent dans les matériaux pleins et creux.*

PROFIL DES LAMES ET MODES DE FIXATION

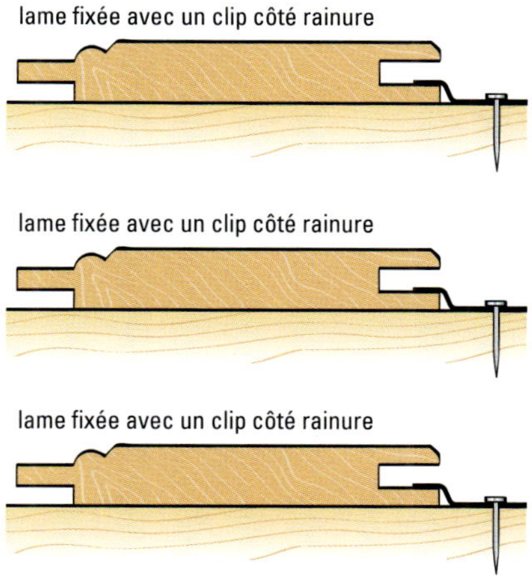

par clips, ces derniers s'engagent du côté de la rainure. Si vous choisissez des lames au profil décalé, vous disposerez d'une languette inférieure élargie qui accepte toutes les techniques de pose (clous, agrafes, clips) sans être obligé de retourner le profil. Le principe d'assemblage reste le même : le montage de la lame dissimule la fixation de la lame précédente.

● **À noter :** Un lambris posé avec des clips métalliques peut être démonté aisément et remonté sur un autre mur.

La pose de la frisette par clipage

Adoptez un sens de pose. De la gauche vers la droite ou vice versa selon que vous êtes droitier ou gaucher (➡ SÉQUENCE P. 320).

- ▶ Arasez l'extrémité de la première lame.
- ▶ Placez-la dans l'angle des murs à 5 mm en retrait du plafond.
- ▶ Vérifiez sa position à l'aide d'un fil à plomb (➡ CROQUIS 5 P. 320).
- ▶ Si nécessaire, rabotez la rive de la languette pour qu'elle épouse la forme du mur et que le côté rainure soit parfaitement vertical.
- ▶ Clouez cette lame, en façade, à l'intersection avec chaque tasseau.
- ▶ Placez des clous tête d'homme le plus près possible de l'angle.

3. *Le lambris peut être posé verticalement, horizontalement ou en diagonale. Les tasseaux de l'ossature doivent être perpendiculaires au sens de pose.*

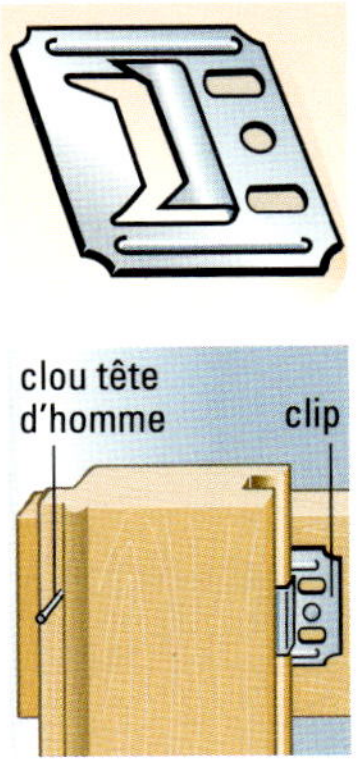

4. *Détail de la pose de la première lame et du clip (en haut).*

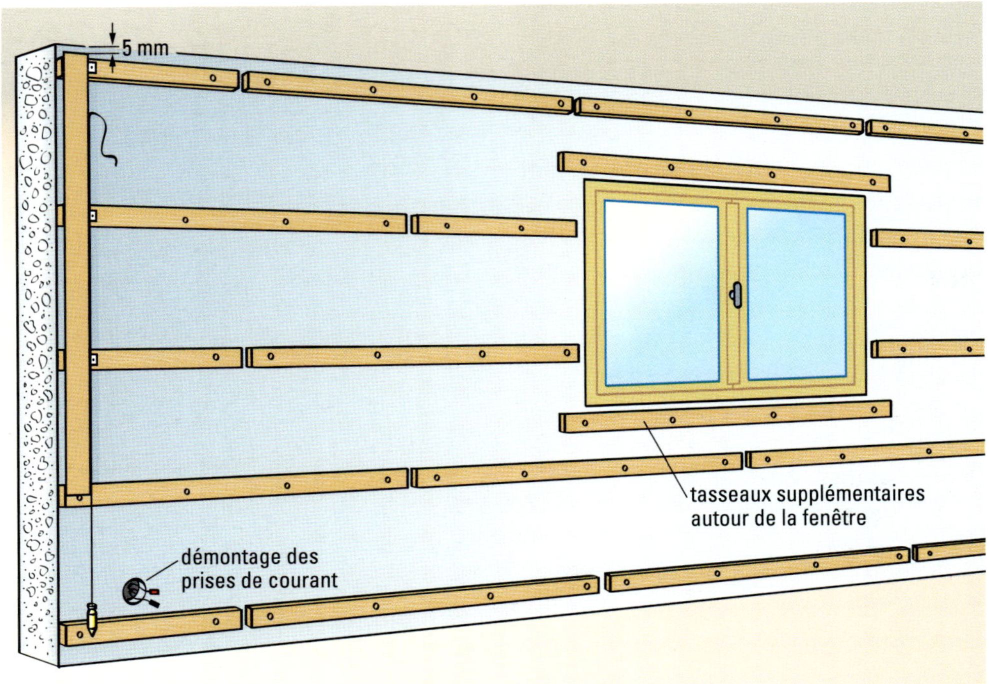

5. *La pose des lambris commence par un angle, en laissant un espace près du plafond.*

LES OUTILS

- agrafeuse
- cale de bois
- marteau

▶ Fixez le côté rainure avec des clips métalliques cloués ou agrafés sur les tasseaux de l'ossature (➡ CROQUIS 4).

▶ Coupez un morceau de la lame n° 2 (➡ CROQUIS 6) pour combler le reste de la première rangée.

▶ Emboîtez les deux extrémités l'une dans l'autre et clouez cette découpe sous la première lame.

▶ Placez le reste de la lame n° 2 à côté de la première.

▶ Emboîtez rainure et languette, serrez les deux lames et fixez-les avec des clips métalliques.

▶ Coupez la lame n° 3 pour terminer la deuxième rangée et placez la chute n° 3 à côté de la lame n° 2, près du plafond.

▶ Et ainsi de suite… pour toute la surface.

Pose des lames par clipage

1 **Procédez de gauche à droite.** Lorsque vous montez la lame suivante, engagez-la dans la rainure de la lame précédente. Utilisez une cale de bois pour amortir les coups du marteau.

2 **Engagez le clip dans la rainure.** Fixez le clip au niveau du tasseau, éventuellement à l'aide d'un marteau.

3 **Agrafez le clip.** Pour une bonne fixation, assurez-vous de bien centrer l'agrafeuse et pressez à fond sur la gâchette.

Détails et astuces

L'aboutage des lames. Les extrémités des lames comportent – comme les rives – des rainures et des languettes. L'aboutage de deux lames forme un assemblage rigide qui peut se situer, sans inconvénient, entre les tasseaux de l'ossature.

Quelle que soit la hauteur de la pièce et la longueur des lames, ce procédé d'assemblage permet d'utiliser un métrage de lambris ne concédant qu'un minimum de chutes. Toutefois, lorsque la longueur des lames est proche de la hauteur de la pièce, il n'est pas souhaitable de récupérer les chutes. En dessous de 15 cm de long, l'intérêt économique s'estompe.

La circulation d'air derrière le lambris. Veillez à ce que les lames ne touchent pas le plafond, ni le sol. Pour conserver un espace régulier tout au long de la pose, il est conseillé de fixer momentanément au plafond une mince latte de bois qui servira de cale.

Les lames du lambris étant maintenues par des clips, faites-les coulisser pour qu'elles touchent la cale, qu'il vous suffira d'enlever après la pose.

Attention aux appareils électriques. Au fur et à mesure de la pose du lambris, démontez les appareils électriques (interrupteurs, prises, etc.) après avoir coupé le courant. Dévissez-les et desserrez les bornes pour dégager les fils. Protégez ces derniers par un domino isolant et laissez-les en attente.

Continuez la pose du lambris. Fixez une ou deux lames supplémentaires puis découpez-les à l'aide d'une scie cloche (➡ CROQUIS 6). Faites un trou de 55 mm de diamètre pour y loger l'accessoire précédemment démonté.

Ressortez les fils de leur boîtier, passez-les à travers le lambris et remontez l'accessoire électrique en le fixant dans la découpe circulaire.Si vous avez prévu des modifications électriques importantes (nouveaux circuits, montage d'un va-et-vient, etc.), passez les nouvelles gaines le long du mur entre les tasseaux, elles seront dissimulées derrière le lambris. ■

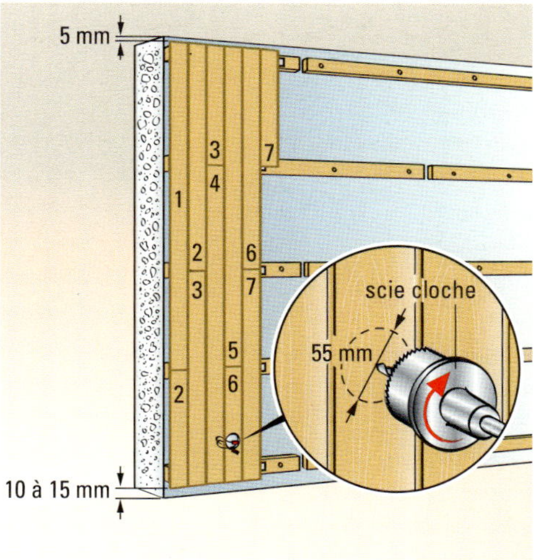

6. *Au fur et à mesure de la pose, percez le lambris à l'aide d'une scie cloche pour remonter les interrupteurs ou les prises à leurs emplacements respectifs.*

Les finitions

Les entourages des portes et des fenêtres, les angles saillants, les plinthes, etc., doivent être soulignés par des moulures qui assureront un habillage esthétique à l'ensemble. Pour ce faire, vous disposez de plusieurs profils qui vous permettront de résoudre chaque cas particulier.

Une cornière en bois collée sur un angle saillant cache le raccord et la découpe de la dernière lame.

Un profil à feuillure dissimule le contour d'une fenêtre ainsi que la tranche de lames découpées sur le pourtour.

Une plinthe ajourée habille la base du mur sans obstruer le passage de l'air circulant derrière le lambris .

Préparer un mur à carreler

La réalisation d'un carrelage offre de nombreuses possibilités grâce à l'existence d'une importante gamme de carreaux aux couleurs et aux formats variés. Cependant, si vous en êtes à votre premier essai, choisissez de préférence un modèle simple, plus facile à mettre en œuvre qu'une mosaïque artisanale aux éléments irréguliers.

Apprêter le support

Relevez d'abord les dimensions de la surface à carreler et établissez un plan détaillé qui vous permettra de déterminer la position et le nombre de carreaux à acheter.

Le carrelage est un revêtement lourd, il convient donc que le mur ou la cloison soient suffisamment épais et rigides pour supporter cette charge. Par ailleurs, l'emplacement à carreler doit présenter une surface plane, de manière que l'application régulière du mortier-colle et des carreaux ne modifie pas la planéité existante. Sinon, préparez le mur en conséquence et ne négligez pas les détails comme l'élimination des traces d'huile,

Frises et listels

Les frises et listels, équivalents des moulures en menuiserie, placés en haut des murs abaissent visuellement la hauteur de la pièce tandis que, s'ils sont placés à la hauteur des yeux, ils produisent l'effet inverse. Très flatteurs, les frises et listels ont un inconvénient : ils sont souvent aussi onéreux que la fourniture du carrelage lui-même. Si vous voulez rompre la monotonie d'un carrelage sans déséquilibrer votre budget, vous pouvez remplacer une frise par une rangée de carrelage d'une couleur contrastée ou en camaïeu venant encadrer un miroir, par exemple.

de graisse ou de produit d'entretien qui nuiraient à l'adhérence des carreaux. Sur un matériau absorbant (bois, aggloméré, plâtre, etc.), appliquez une couche de fixateur, au rouleau, que vous laisserez sécher de 3 à 4 heures.

Sur une ancienne peinture

- Si le revêtement est lisse et brillant, procédez à un lessivage puissant puis à un ponçage pour ternir le film de peinture.
- S'il s'agit d'un revêtement écaillé ou en partie décollé, décapez toute la surface et enduisez-la pour retrouver un plan correct. Cet enduisage peut-être effectué avec l'adhésif utilisé pour poser le carrelage : prélevez une petite quantité d'adhésif en pâte et (après l'avoir malaxé pour le rendre plus souple) étalez-le en couche régulière, à l'aide d'une lame à enduire, sur toute la surface à carreler. Laissez sécher de 2 à 3 heures.

Sur un ancien carrelage

Sondez d'abord la surface et réparez les carreaux fêlés ou manquants mais il n'est pas nécessaire de casser toute la surface.
Avec les qualités d'adhérence des mortiers actuels, il est possible de coller un nouveau carrelage sur un ancien. Assurez-vous toutefois de la planéité de la surface et procédez, avec un disque à poncer, au dépolissage des carreaux pour assurer un meilleur accrochage du mortier. ■

Les croisillons

Ils se présentent dans des dimensions standard. L'épaisseur de leurs branches varie selon les modèles et la largeur prévue des joints. Certains sont destinés à rester définitivement en place, d'autres se fixent temporairement jusqu'au séchage du joint. Astuce : si vous manquez de petits croisillons, des allumettes peuvent faire l'affaire.

LES COLLES À CARRELAGE

Trois critères vous aideront à sélectionner la qualité d'une colle à carrelage en fonction du travail à exécuter :

Le support	**Le local**	**Les carreaux**
Déterminez avec précision l'état du support. Est-ce du béton, du plâtre, du bois ? S'agit-il d'un support neuf ou ancien ?	Est-ce un carrelage intérieur ou extérieur ? S'agit-il d'un mur, d'un sol, d'un local sujet à l'humidité ?	Tenez compte de la nature des carreaux (grès, faïence, etc.). Sont-ils poreux ? Quel est leur format ?

Ces informations vous aideront à choisir parmi les différentes fabrications. Vous trouverez principalement :

Des mortiers-colles	**Des ciments-colles**	**Des adhésifs**
Produits en poudre composés de ciment, de sable, de cellulose, etc. Gâchés avec de l'eau, ils forment une pâte onctueuse grise s'adaptant à la plupart des supports.	Caséinés, produits en poudre composés de ciment blanc, de sable, de caséine, d'adjuvants, etc. Gâchés avec de l'eau, ils forment une pâte onctueuse blanche destinée aux supports en plâtre.	Produits en pâte composés de résines acryliques, de sable et d'adjuvants synthétiques. Prêts à l'emploi, ces adhésifs épais, de couleur blanchâtre s'utilisent à l'intérieur, principalement sur les supports n'acceptant pas l'eau (bois, aggloméré, plâtre, etc.).

Poser un carrelage mural

LES OUTILS
- batte de bois
- éponge
- équerre de maçon
- maillet
- 2 règles
- spatule crantée
- truelle

La mise en œuvre débute par la pose des carreaux entiers. L'ajustement des bordures impliquera de procéder à des découpes (➡ P. 326), et le jointoyage terminera l'opération (➡ P. 329).

Délimiter la surface à carreler

▶ Commencez par tracer deux lignes perpendiculaires matérialisant la première rangée de carreaux dans le sens horizontal et vertical. Utilisez un fil à plomb et un niveau à bulle (➡ SÉQUENCE).

▶ Bordez ces deux lignes par des règles fixées au mur.

Souvenez-vous qu'un triangle construit en observant le rapport 3.4.5. possède toujours un angle droit. Par exemple, si le côté AB mesure 4 unités, le côté AC = 3 unités et l'hypoténuse BC = 5 unités, le sommet A est un angle à 90°.

Préparer et poser le mortier-colle

Certains produits doivent être gâchés à l'avance puis laissés au repos.

▶ Pendant ce temps, triez les carreaux et écartez les pièces suspectes (couleurs, rayures, ébréchures, etc.) qui serviront aux coupes des bordures. Si vous prévoyez deux couleurs différentes, faites deux piles distinctes pour ne pas les mélanger.

▶ Appliquez le mortier à la truelle sur une surface limitée.

Étalez grossièrement la pâte sur une épaisseur de 4 à 5 mm car, bien que le mortier (ou l'adhésif) se travaille pendant une demi-heure environ, la souplesse du produit disparaît avec la chaleur ambiante et raccourcit d'autant le temps de pose.

▶ Rayez le mortier-colle avec une spatule crantée en décrivant des sillons horizontaux. C'est la taille des dents qui calibre la quantité d'adhésif déposé : par exemple, un peigne avec des dents de 6 x 6 x 6 mm dépose de 3 à 3,5 kg d'adhésif au mètre carré.

Poser les carreaux entiers

▶ Commencez par la première rangée horizontale en appuyant leur base sur la règle. Posez le carreau bien à plat puis pressez la surface avec les deux mains pour écraser les sillons du mortier-colle.

▶ Réglez l'écartement des joints en utilisant des croisillons en matière plastique. Placez un croisillon à chaque intersection de quatre

Pour poser un carrelage

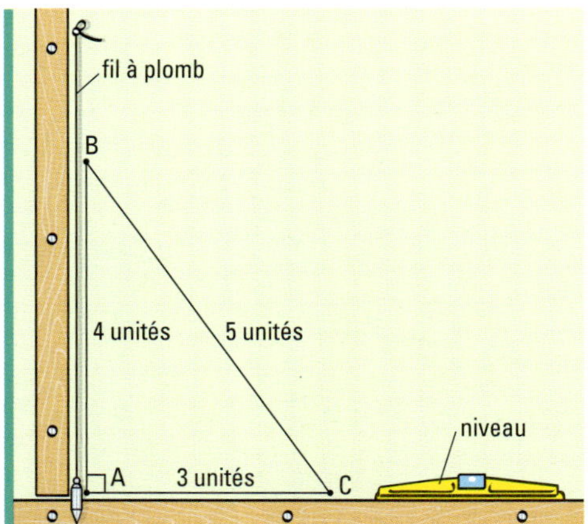

1 **Posez deux règles à angle droit.** Elles serviront à délimiter la surface à carreler. Contrôlez votre tracé avec une équerre de maçon ou bien en utilisant la règle 3.4.5.

2 **Malaxez le mortier-colle dans l'auge.** Puis étalez-le à la truelle sur une épaisseur de 4 à 6 mm environ. Pour un premier essai, limitez-vous à une surface d'environ 0,5 m^2.

carreaux et progressez en posant alternativement des rangées horizontales et verticales.

▶ Étalez à nouveau du mortier-colle.

▶ Égalisez son épaisseur avec la spatule et continuez la pose de tous les carreaux entiers. N'étalez pas de mortier sur les bordures, en dehors de la surface déjà carrelée. Sinon, raclez ce dépôt superflu avant qu'il ne durcisse. Après séchage, il vous serait impossible de l'enlever et de poser les carreaux des bordures.

Nettoyer les carreaux

Utilisez une éponge humide tout en surveillant le durcissement du mortier. Vous disposez de 30 à 45 min mais ne vous laissez pas surprendre car ce laps de temps est réduit par la chaleur. Lorsque le mortier commence sa prise, enlevez les croisillons. Agissez doucement pour ne pas déplacer de carreaux. Nettoyez les croisillons à l'eau chaude. Enlevez également les règles «guide» et laissez durcir pendant 12 h environ.

Ajuster les bordures

▶ Sans attendre, posez les carreaux des bordures. Ajustez chaque carreau en le coupant (➡ **P. 326**) selon l'espace disponible et faites une présentation à blanc (sans colle), sans oublier les croisillons d'espacement (➡ **CROQUIS 1**). Pour glisser un croisillon dans un espace étroit, raccourcissez ses branches avec une pince coupante. Afin de caler le premier (ou le dernier) carreau près du mur, plantez le croisillon verticalement en utilisant l'épaisseur d'une branche.

▶ Après avoir effectué la découpe du carreau et l'ajustement des croisillons, encollez le dos du carreau (et non le mur).

▶ Égalisez le mortier-colle avec la spatule crantée et posez l'élément en appuyant légèrement pour écraser la colle.

▶ N'oubliez pas d'enlever les croisillons avant le durcissement du mortier.

▶ Laissez sécher plusieurs heures. ■

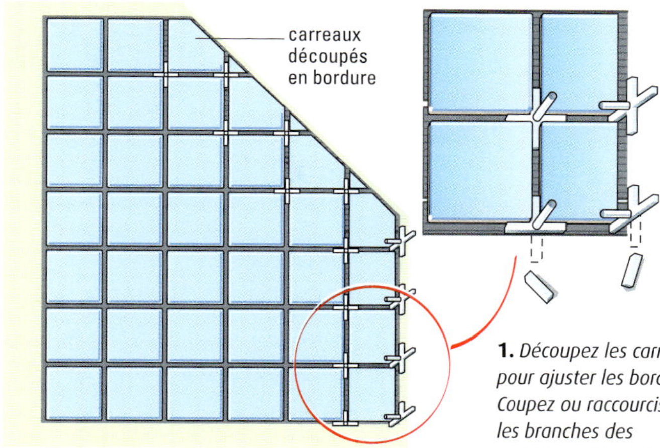

1. *Découpez les carreaux pour ajuster les bordures. Coupez ou raccourcissez les branches des croisillons afin de les glisser dans les joints situés près des murs.*

3 **Choisissez une spatule crantée adaptée aux carreaux.** Rayez le mortier-colle en imprimant des sillons horizontaux. Égalisez l'épaisseur d'adhésif sur toute la surface.

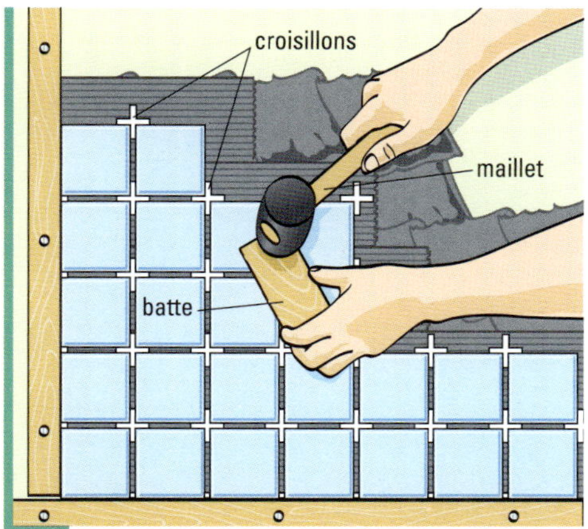

4 **Appliquez les carreaux.** Montez une rangée horizontale, puis une verticale. Tapotez les carreaux avec une batte de bois et un maillet pour les « asseoir » sur le même plan.

Découper des carreaux de faïence

Pour terminer une surface carrelée, vous serez contraint de découper certains carreaux. Avec de la faïence, vous n'aurez aucune difficulté à utiliser un matériel simple. Pour des éléments plus résistants (terre cuite, grès étiré, etc.), il vous faudra posséder (ou louer) un outillage adapté comme celui utilisé pour la découpe des carrelages de sol (→ PAGE 350).

La coupe droite

Couper un carreau en deux parties égales. Choisissez un outil effilé (pointe à tracer) pour rayer l'émail (→ CROQUIS 1).

▶ Appuyez-vous sur une règle pour réaliser un trait continu, sans hésitation, en exerçant une pression ferme et soutenue sur l'outil. Exercez plusieurs passages au même endroit.

▶ Placez ensuite le carreau en porte-à-faux : glissez juste sous le trait deux croisillons (ou deux clous) et appuyez de chaque côté d'un coup sec. Le carreau se casse en suivant la rayure de l'émail.

Couper un carreau en deux parties inégales. La méthode précédente ne donne pas toujours satisfaction. Préférez l'utilisation d'une pince à céramique dotée d'une molette en carbure de tungstène (→ CROQUIS 2).

▶ Posez le carreau sur une surface souple (caoutchouc, feutre, plastique, etc.) afin d'épargner des chocs à la molette.

▶ Rayez l'émail en appuyant fermement sur l'outil.

▶ Ouvrez la pince et placez la mâchoire droite juste sous le tracé. Serrez doucement et progressivement jusqu'à ce que la mâchoire en forme de V sépare les deux parties de la coupe.

La coupe d'une courbe

Faites un gabarit en carton pour relever le contour à découper ou bien utilisez un

pointe à tracer en carbure de tungstène

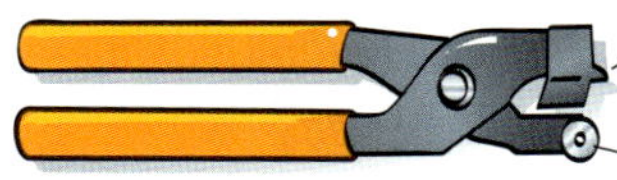

pince à céramique

1. *Pour couper un carreau en deux parties égales.*

2. *Pour couper un carreau en deux parties inégales.*

peigne à profil. Reportez la courbe sur le carreau avec une pointe (ou une roulette) au carbure de tungstène, puis rayez la partie à éliminer en la striant de petits carrés.

Avec une pince « bec de perroquet ».

▶ Grignotez la partie à enlever en supprimant petit à petit de minces brisures d'émail (➡ CROQUIS 3).

▶ Travaillez doucement surtout à proximité du contour.

▶ Terminez par un ponçage au papier d'émeri pour adoucir la coupe.

Ne soyez pas surpris si vous ne réussissez pas ce genre de découpe dès le premier essai, le maniement de la « pince perroquet » demandant une petite expérience.

Avec une scie à céramique. Pour des carreaux de faible épaisseur, préférez la scie à céramique (➡ CROQUIS 4), lame de scie en forme de fil de section ronde. En carbure de tungstène, ce fil souple coupe dans toutes les directions, ce qui permet de suivre aisément tous les tracés sinueux. ■

Remplacer un carreau

Un carreau peut être mal posé, écaillé, marqué ou brisé à la suite de chocs ou de percements. S'il vous reste quelques carreaux que vous aurez mis de côté, il suffit de faire sauter le carreau abîmé et de le remplacer. Sinon, le mieux sera de retirer plusieurs carreaux et de les remplacer par un motif aussi bien assorti que possible à votre décor.

Profitez de cette réparation pour rénover l'ensemble des joints en les nettoyant avec la lessive St Marc, puis en les rejointoyant.

– Dégagez les joints du carreau avec un objet pointu pour désolidariser le carreau de ses voisins.

– Avec une perceuse équipée d'un foret à carrelage ou d'une mèche à béton, percez plusieurs trous au centre du carreau.

– Faites tomber les restes de colle avec un vieux ciseau à bois et libérez un espace suffisant pour le nouveau carreau.

– Encollez l'envers du carreau de remplacement à l'aide d'un peigne ou d'une spatule crantée.

– Appliquez le carreau et mettez-le de niveau à l'aide d'un morceau de bois et d'un maillet. Il ne restera plus qu'à refaire les joints après durcissement de la colle.

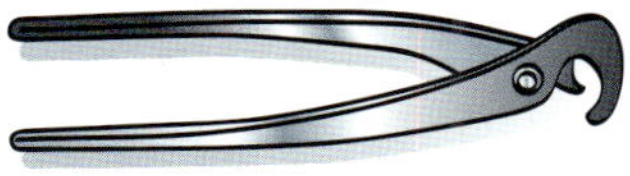

pince «bec de perroquet»

3. *Pour découper une courbe avec une pince.*

scie à céramique

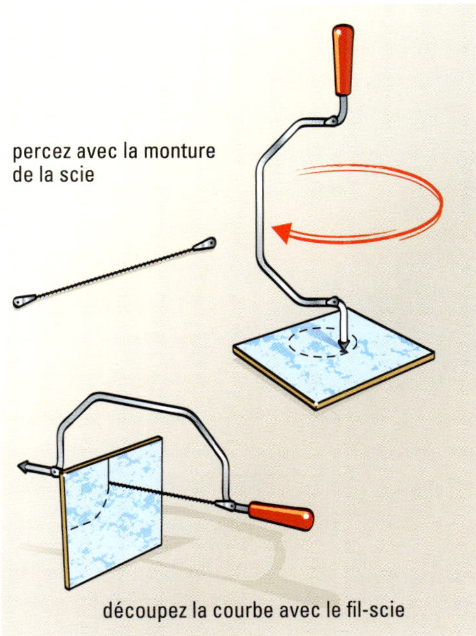

4. *Pour découper une courbe avec une scie.*

Réaliser les joints

LES OUTILS

- baguette de bois
- éponge
- raclette en caoutchouc
- truelle langue de chat

Le joint, qui vient, en phase finale, combler les interstices entre les carreaux, remplit une double fonction. Techniquement, il donne une certaine souplesse à l'assemblage et assure son étanchéité mais il a aussi un rôle décoratif. Les joints, longtemps négligés, étaient autrefois uniformément gris alors qu'aujourd'hui on dispose d'une palette de nuances allant du blanc à l'ocre.

L'application du mortier à jointoyer

▶ Préparez la pâte à jointoyer : versez la poudre dans l'eau et mélangez jusqu'à l'obtention d'une pâte.

▶ Déposez la pâte dans les joints (→ SÉQUENCE). Pressez sur le dos de la truelle pour faire pénétrer le produit entre les carreaux.

▶ «Beurrez» les joints puis, sans attendre, raclez la surface en utilisant une large spatule souple : déplacez l'outil selon les diagonales pour obtenir des joints réguliers.

▶ Nettoyez rapidement la surface ; le premier rinçage doit être terminé avant le début de la prise.

▶ Après le séchage complet des joints (2 h environ), frottez les carreaux avec un chiffon sec ou à l'aide d'un pad synthétique.

▶ Un ultime lissage, exécuté à main douce à l'aide d'une baguette de bois, a pour but de creuser légèrement les joints qui se trouvent ainsi en dessous de la surface du carrelage, donnant à l'ensemble un léger relief.

▶ Nettoyez enfin les carreaux.

La pose d'un plastificateur

S'il s'agit d'un carrelage exposé aux salissures et à des nettoyages fréquents, comme dans une cuisine, protégez les joints neufs en appliquant, au pinceau, un plastificateur. Étalez le produit – en deux couches – sur les joints blancs ou colorés, dès leur finition. Sachez que le plastificateur ne permet pas de rénover les joints préalablement tachés.

Précautions pour la pose d'un joint coloré

Si le mortier à jointoyer est coloré, protégez le carrelage contre l'incrustation du colorant, qu'il est parfois difficile voire

Poser la pâte à jointoyer

1 **Appliquez d'abord à l'éponge un produit de protection.** Cette précaution évite à la pâte à jointoyer de s'incruster dans la porosité de certains carreaux.
Pressez ensuite la pâte entre les carreaux avec une truelle « langue de chat ». Agissez délicatement pour éviter de rayer l'émail des carreaux.

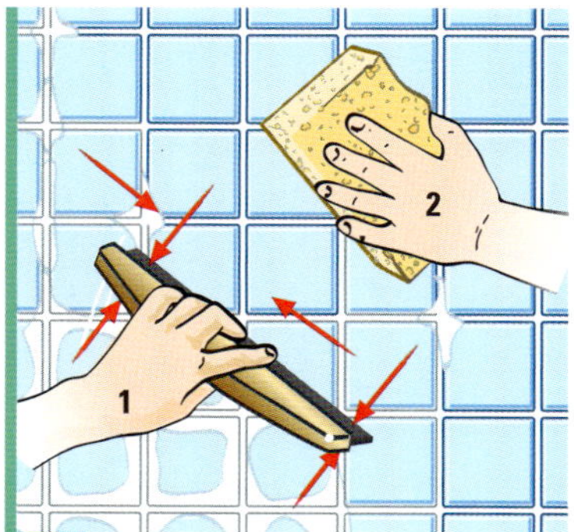

2 **Balayez la surface avec une raclette en caoutchouc.** Les joints doivent être réguliers et lissés sans être creusés. Évacuez le surplus de pâte.
Commencez le nettoyage avec une éponge humide fréquemment rincée.

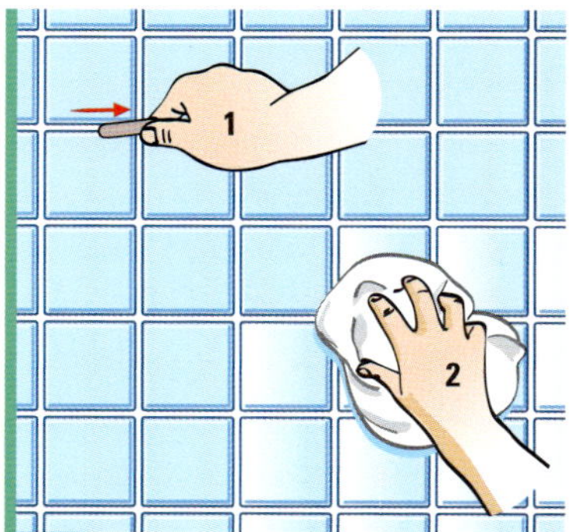

3 **Passez entre les carreaux une baguette de bois à l'extrémité arrondie.** Ce lissage s'effectue quand la pâte à joints commence à durcir.
Frottez ensuite les carreaux avec un chiffon sec. Enlevez ainsi toute trace de salissures et faites briller l'émail.

impossible de faire disparaître, surtout pour les teintes vives.

▶ Appliquez un liquide incolore à base plastique sur toute la surface.

▶ Passez deux couches à 10 min d'intervalle, à l'aide d'une éponge.

Les joints en silicones

Une fois le jointoyage du carrelage mural achevé, vous pouvez être amené, dans une cuisine ou une salle de bains, notamment, à ajouter un joint particulièrement étanche et résistant entre le carrelage et un appareil sanitaire. Vous réaliserez sa pose avec un mastic élastomère à base de silicones qui permet d'effectuer des joints sur mesure, parfaitement moulés autour des accessoires à étancher. Le mastic silicones se présente en cartouches dont vous trouverez deux modèles différents.

La cartouche manuelle. Elle doit être montée dans un pistolet extrudeur. La pression sur la gâchette pousse le mastic à travers le bec.

La cartouche automatique. Elle fonctionne sans pistolet. Un gaz sous pression, contenu en fond de cartouche, pousse le mastic vers la sortie (➡ PHOTO). À l'extrusion, le produit adhère sur tous les matériaux, sèche au contact de l'air mais ne durcit jamais complètement. Il conserve l'aspect élastique du caoutchouc, ce qui lui permet de suivre certaines déformations sans se rompre.

La mise en œuvre

Nettoyez l'emplacement du joint à l'aide d'un solvant pour éliminer toutes traces de corps gras.

▶ Montez la cartouche dans le pistolet. Sectionnez l'extrémité du bec, en biais afin d'obtenir un joint d'un diamètre adéquat.

▶ Appuyez sur la gâchette pour déposer un cordon continu et régulier sur toute la longueur du joint. Si vous ne parvenez pas à réaliser un cordon esthétique dès le premier essai, lissez la surface du joint pour obtenir la régularité souhaitée.

Les mortiers à jointoyer

Il en existe différentes sortes :

Des mortiers fins. *Ils sont composés de ciment gris ou blanc et conviennent à la plupart des réalisations classiques.*

Des mortiers colorés. *Ils sont composés de ciment blanc et d'hydrofuge plastique. Disponibles sous 24 teintes, ils sont conçus pour harmoniser les joints avec la couleur des carreaux.*

Des mortiers techniques. *Leur composition renferme des substances spécifiques destinées à renforcer la résistance du joint : résistance aux nettoyages fréquents, aux jets sous pression, aux solvants, aux températures élevées, etc. (Weber et Broutin).*

Cette opération délicate peut être effectuée et réussie de façons différentes.

Avec un doigt. L'extrémité mouillée de votre index suffit à lisser un joint de faible section, pour lui donner une surface légèrement incurvée. N'appuyez pas trop fort. Vous ne devez pas déplacer un bourrelet de mastic mais glisser sur la surface en un geste léger et continu. Pour réussir, gardez le doigt humide pendant le lissage.

Avec une spatule spéciale en matière plastique, ayant la forme d'une cuillère à dessert, disponible avec les cartouches de silicones. Pour éviter de coller la spatule sur le cordon de mastic, enduisez-la de quelques gouttes de liquide de vaisselle (Rubson).

Avec une raclette en polypropylène, d'un modèle mis au point par un artisan carreleur, grâce à laquelle on tire des joints d'une parfaite régularité, sans apprentissage fastidieux (Fugenboy). ■

© Sader

Poser de la mosaïque

LES OUTILS
- éponge
- spatule en caoutchouc
- taloche

La mosaïque murale est un décor composé de petits éléments de céramique ou de pâte de verre, préassemblés en plaques carrées de 30 à 35 cm de côté environ. Les petits carreaux (2 cm de côté environ) sont collés sur un filet ou contrecollés sur une trame de papier afin qu'ils conservent un écartement régulier.

La pose des plaques

Préparez et encollez le mur comme pour la pose des carreaux de faïence (→ P. 324). Rayez le mortier-colle avec une spatule crantée sur une surface équivalente à trois ou quatre plaques. Lorsqu'il s'agit d'une préparation sur filet, ce dernier sera « noyé » dans le mortier-colle.

Les plaques sont juxtaposées et espacées d'une valeur équivalente à la largeur des joints déterminée par le préassemblage.

– Veillez à bien aligner les plaques entre elles pour qu'il n'y ait pas de rupture entre les joints. Pour les faire coïncider, glissez la lame d'un platoir sous la base d'une rangée de plaques en donnant une légère pression vers le haut si nécessaire.

– Veillez au dosage de l'adhésif : son épaisseur doit être finement calibrée, le mortier de pose ne devant pas remonter dans les joints entre chaque plaque.

Pour une mosaïque contrecollée sur papier, laissez sécher avant de retirer le papier kraft ; il suffira, après la pose, de nettoyer la surface à l'eau afin que le papier se détache et vous pourrez alors appliquer le mortier à jointoyer.

Pour les surfaces difficiles

La mosaïque est à préférer aux carreaux lorsqu'il s'agit d'habiller des surfaces convexes ou concaves. Ses éléments de petites dimensions sont parfaits pour les surfaces incurvées des cabines de douche ou des bassins d'agrément.

L'ajustement des bordures

Après la pose de toutes les plaques entières, ajustez les bordures. S'il s'agit d'une mosaïque sur filet, découpez le filet d'une plaque à l'aide d'un cutter, pour séparer une bande de carreaux correspondant à la largeur de la bordure.

Si l'espace à combler vous oblige à couper les éléments de céramique, utilisez une machine coupe-carreaux « spéciale mosaïque », notamment s'il s'agit de pâtes de verre difficiles à couper en raison de leur grande dureté. À défaut, cassez les éléments un par un à l'aide d'une pince de carreleur équipée de mâchoires en carbure de tungstène. ■

La pose d'une mosaïque contrecollée sur papier

1 **Plaquez uniformément les carreaux sur le mur.** Servez-vous d'une taloche en tapotant à petits coups légers mais fermes sur toute la plaque encollée.

2 **Retirez le papier.** Au terme de 24 h, imbibez d'eau le papier kraft, ôtez-le puis rincez à l'aide d'une éponge humide pour enlever la colle du papier.

3 **Remplissez les joints.** Appliquez le mortier à jointoyer avec une spatule en caoutchouc. Finissez avec une éponge humide pour nettoyer les plaques, puis essuyez avec un chiffon sec.

Carreler un plan de travail

Pour carreler un plan de travail, choisissez des grès ou des pâtes de verre plus résistants que les faïences murales, souvent trop fragiles pour résister aux chocs et aux produits agressifs souvent utilisés dans la cuisine.
Suivant la surface à couvrir, optez de préférence pour des éléments de petites dimensions (de 5, 10 ou 15 cm de côté), qui seront moins difficiles à découper que les grandes dalles de sol.

Le calepinage

Un fois que vous aurez choisi a priori les carreaux, effectuez un calepinage pour vous faire une idée de leur disposition.
– Faites d'abord un dessin du plan de travail à échelle réduite.
– Sur une feuille de papier-calque, tracez le quadrillage représentant le carrelage, en respectant la même échelle.
– Superposez les deux plans pour trouver la meilleure disposition, c'est-à-dire celle qui vous paraît la plus esthétique, mais aussi celle où il y aura un minimum de carreaux à couper. Si vous faites, par exemple, glisser le calque pour disposer les carreaux entiers sur l'avant du plan de travail, les coupes seront situées à l'arrière, le long du mur.
Si possible, répartissez les carreaux sans prévoir de découpes trop étroites, toujours difficiles à réaliser ; l'idéal est de trouver la solution qui permette de ne poser que des carreaux entiers !
Pour parvenir à un résultat satisfaisant, vous pouvez utiliser trois possibilités :
– changer de format de carreaux ;
– modifier la surface à carreler ;
– « jouer » sur la largeur des joints entre les carreaux.

La préparation de la pose

Pour dissimuler la tranche des carreaux ainsi que l'épaisseur de l'adhésif, prévoyez des baguettes de bois à visser sur le périmètre du plan de travail.

DES BORDURES SOIGNÉES

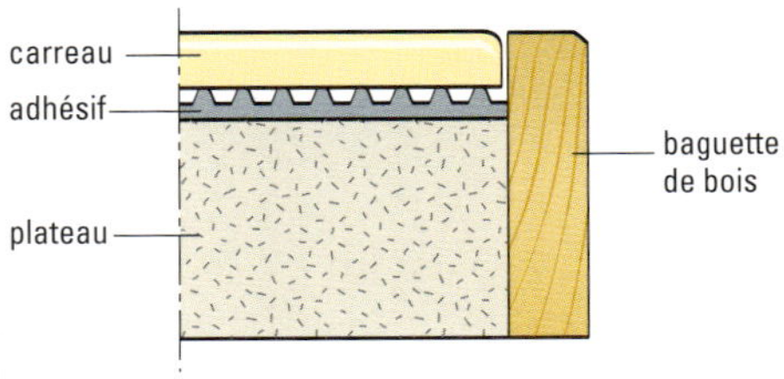

1. *Bordure en bois d'un plateau en aggloméré*

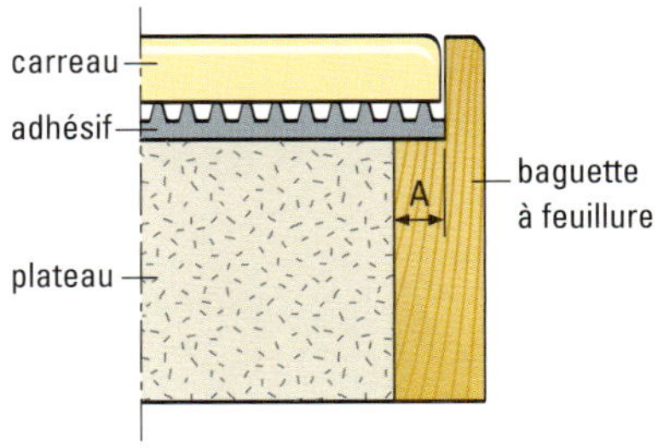

2. *Bordure d'un plateau avec une baguette à feuillure*

Vous pouvez choisir des baguettes simples, sortes de tasseaux de section rectangulaire (→ CROQUIS 1) ou des modèles à feuillure (→ CROQUIS 2). Dans ce dernier cas, la profondeur de la feuillure (A) permet de gagner quelques millimètres de débord par rapport au plateau, ce qui évite parfois d'avoir à couper une rangée de carreaux.

Lorsque le bois ne convient pas au décor de la cuisine, vous pouvez opter pour des profilés métalliques colorés assortis aux teintes des carreaux. Glissés sous le carrelage et scellés dans l'adhésif de pose, ils assurent une finition discrète en dissimulant la tranche des carreaux de bordure.

Et sur un support absorbant ?

Sur un support absorbant (paillasse en plâtre, table en bois, plan de travail en aggloméré, etc.), appliquez un fixateur à base de résines polyuréthane afin de durcir et d'isoler la surface avant le collage des carreaux. S'il s'agit d'un plateau en aggloméré, optez pour un modèle ignifugé (de couleur verdâtre) et protégez la face inférieure par un film ou un vernis étanche. Cette précaution s'appelle le « contrebalancement », indispensable pour que le plateau ne risque pas d'absorber l'humidité et de se déformer.

La pose

Pour les supports maçonnés (parpaings, briques, ciment, etc.), utilisez un mortier-colle. Pour tous les supports en plâtre, il est préférable de choisir un mortier-colle spécial plâtre, car les mortiers gris ne conviennent pas au plâtre. Pour tous les autres supports, non maçonnés (bois, aggloméré, médium, etc.), utilisez une pâte adhésive prête à l'emploi, toujours préférable à un mortier-colle gâché avec de l'eau.

Appliquez l'adhésif à la spatule crantée et choisissez la largeur des dents en fonction de la surface des carreaux (→ ENCADRÉ P. 347). Étalez de 2 à 3 kg d'adhésif au m^2, puis posez les carreaux en appuyant sur toute la surface et en vérifiant fréquemment la planéité de l'ensemble à l'aide d'un niveau à bulle.

Réglez l'écartement des joints en utilisant des croisillons en plastique (→ SCHÉMA P. 325). Nettoyez immédiatement les traces de colle avec une éponge humide car elles sont indélébiles après séchage. Laissez sécher 24 heures avant de réaliser les joints.

La mise en œuvre des joints

Réalisez les joints à l'aide d'une barbotine de ciment liquide, comme pour un carrelage de sol, et vous obtiendrez un scellement solide et durable. Mais la couleur grise de cette barbotine ne convient pas à tous les décors. Il est parfois préférable d'utiliser une pâte à jointoyer blanche ou colorée, diluable à l'eau, qui s'applique tel un mastic. Dans ce cas, protégez les joints dès qu'ils sont terminés avec un plastificateur. Appliquez le produit au pinceau, directement sur les joints neufs (jamais sur des joints usagés). Passez deux couches à 1 heure d'intervalle.

Des joints étanches

Pour une paillasse d'évier (ou un plan dans une salle de bain) subissant des agressions chimiques et des lavages fréquents, choisissez un mortier à jointoyer à base de résines époxydes. Plus délicat à mettre en œuvre qu'un mortier classique, il reste la bonne solution pour obtenir des joints parfaitement étanches. Préparez peu de produit à la fois, pour être certain de l'utiliser avant son durcissement, le temps de travail étant limité à environ 60 minutes.

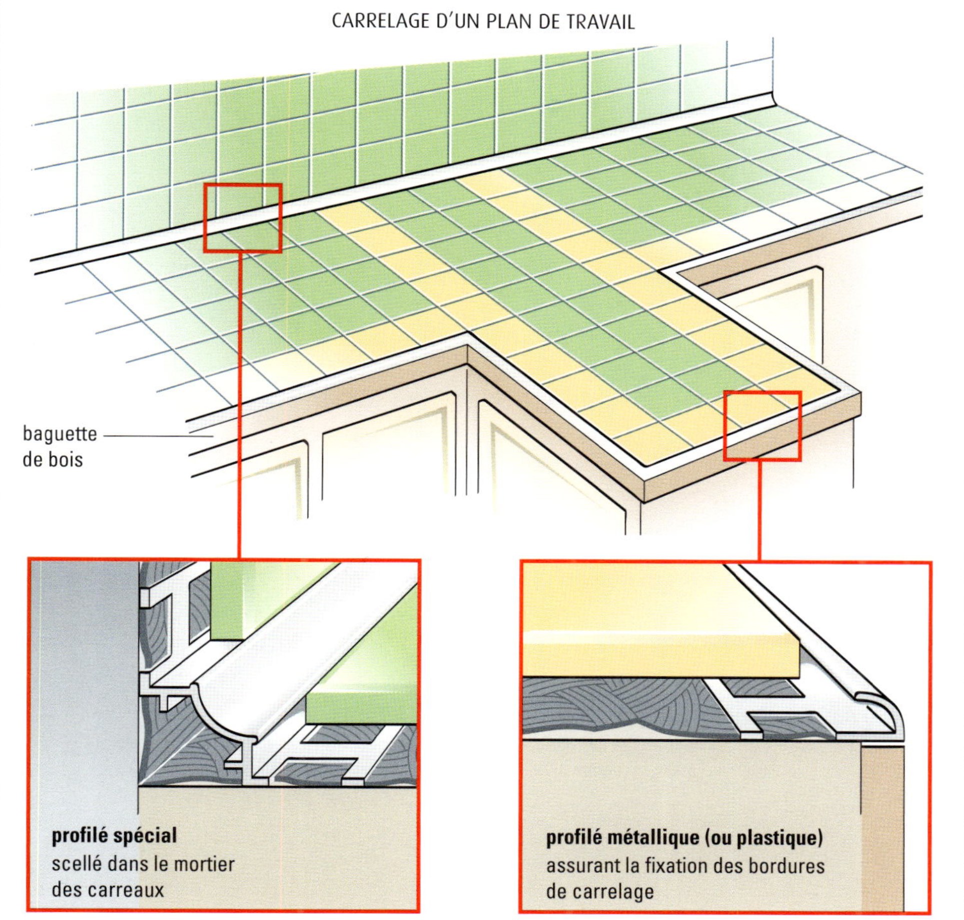

Établissez un calepinage du plan de travail pour préparer la pose. Prévoyez des baguettes en bois ou des profilés spéciaux pour border tout le périmètre. À l'arrière, scellez un profilé arrondi pour raccorder les carreaux horizontaux et verticaux d'une façon étanche.

Poser des

revêtements sur les sols

LA PRÉPARATION DES SOLS

LA POSE DES CARRELAGES DE SOL

LA POSE DU PARQUET

LA POSE DES MOQUETTES

LA POSE DES SOLS PLASTIQUES

LES PEINTURES DE SOL

Les différents types de sols

Le mot «sol» recouvre deux réalités bien différentes, souvent confondues : le «sol-plancher», à savoir la structure, et le «sol-revêtement». L'un comme l'autre exigent d'être sains, solides et préparés de manière adéquate pour accueillir un nouveau revêtement, sous peine de graves déboires.

Pour combler des creux importants, choisissez un mortier de nivellement et procédez à deux applications successives (Niveplus).

Le sol-plancher

Le sol-plancher est un élément architectural, un ouvrage horizontal porteur ou non porteur, conçu pour résister à de très lourdes charges. Ses deux grandes catégories sont le plancher en bois et le plancher en béton. Le plancher en bois est constitué d'une ossature (poutres, poutrelles, solives), d'un remplissage ou hourdis, et d'un ouvrage-plan formant le support du revêtement de sol. Le plancher en béton désigne tous types de planchers dont l'ossature, rigide et porteuse, est constituée de béton. Si le premier se rencontre surtout dans les immeubles ou maisons construits avant 1940, le second est caractéristique des constructions neuves.

Dans les maisons individuelles, il convient de distinguer les dalles de plain-pied – dalles en béton sur terre-plein ou dalles en béton sur vide sanitaire –, et le plancher. Ce dernier constitue le sol d'un étage et se présente soit sous la forme d'un parquet en lames posées sur solives et lambourdes en bois, le cas le plus fréquent, soit sous la forme d'un plancher en hourdis de béton. Ces planchers sont appelés à recevoir des revêtements de sol.

Le sol-revêtement

Le sol-revêtement est un produit manufacturé ayant une fonction à la fois décorative et protectrice. Les sols dits «durs» comprennent les parquets et carrelages, et les sols dits «souples», les moquette, vinyle, linoléum, caoutchouc ou liège… Sous certaines conditions, après une préparation adaptée, ces sols peuvent servir de base à la pose de nouveaux revêtements. Ils doivent dans ce cas présenter plusieurs qualités, valables aussi pour les sols-planchers (➡ **ENCADRÉ**). Mais, dans certains cas, s'ils ne sont pas assez sains ou résistants par exemple, il peut s'avérer nécessaire, voire obligatoire, de les déposer. En outre, il convient également de s'assurer de la compatibilité entre planchers et revêtements. ■

Les qualités d'un bon support

Pour recevoir un revêtement, le support, qu'il s'agisse d'un plancher ou d'un ancien revêtement, doit présenter les qualités suivantes…

Planéité, *pour éviter les défauts de pose, inesthétiques et préjudiciables à une bonne tenue du revêtement.*

Dureté et résistance, *pour éviter les fissurations et tout décollement ultérieur. Il faut vérifier tant la surface, en la rayant avec un outil pointu, que l'épaisseur, surtout pour les chapes anciennes.*

Stabilité, *pour éviter toute fissuration ou boursouflure. Cet aspect concerne surtout les planchers bois posés sur des lambourdes ou les panneaux de bois. Les lames de parquet ne doivent pas bouger lorsque l'on marche dessus.*

Porosité normale, *s'il s'agit d'un sol ciment. Ce dernier doit être normalement absorbant et, s'il est trop poreux, recouvert d'un primaire d'accrochage.*

Propreté et absence d'humidité. *Pour permettre l'adhérence du mortier ou de la colle, toute trace de plâtre, colle, vernis, cire ou peinture est à éliminer. Enfin, le support doit être totalement sec lors de la pose.*

Petites réparations préalables et ragréages

Simples fissures, défauts de planéité, mauvais état général… les sols peuvent présenter des défauts qui les rendent inaptes à recevoir un revêtement. Mais les solutions ne manquent pas : des petites réparations locales jusqu'au ragréage, qui consiste à appliquer un mortier pour aplanir la surface, à vous de choisir celle qui correspond le mieux à l'état de vos planchers et revêtements.

Les réparations locales

Tous les sols doivent présenter une surface plane, propre et solide pour que le nouveau revêtement garde une bonne tenue. Certains défauts mineurs ne nécessitent qu'une intervention légère. Les réparations locales citées ci-dessous sont en outre un préalable indispensable à tout ragréage.

Sur un sol ciment.

▶ Nettoyez soigneusement la chape de ciment et grattez les irrégularités, par exemple les traces de colle, à l'aide d'un couteau de peintre ou d'un riflard.

▶ Bouchez les trous et fissures avec un mortier de rebouchage (1 volume de ciment pour 3 volumes de sable), après les avoir si besoin élargis pour permettre une meilleure pénétration du produit. Vous pouvez utiliser aussi un ciment à prise rapide, appliqué à la spatule à l'intérieur de la fissure. Badigeonnez les bords du trou, lissez avec la truelle et laissez sécher. Dépoussiérez.

Sur un plancher en bois.

▶ Rebouchez les petites fissures et les fentes avec de la pâte à bois, de petites languettes ou encore de l'enduit polyvalent.

▶ Retirez les clous abîmés, enfoncez ceux qui dépassent. Si le logement du clou s'est élargi, remplacez-le par une vis. Utilisez une mèche à fraiser pour creuser l'emplacement de la tête. Vissez avec un tournevis de gros calibre.

▶ Remplacez les lames très endommagées, fendues ou cassées (➡ P. 337).

▶ Si besoin, poncez toute la surface pour retrouver un sol propre exempt de produits gras (cire, encaustique, vitrificateur…), sur lequel vous pourrez poser directement une moquette ou un vinyle souple.

© Weber et Broutin

Pour le ragréage des parquets, il existe un produit spécifique : un mortier autolissant armé de fibres synthétiques (Nivefor).

Sur un carrelage.

▶ Sondez les carreaux à l'aide d'un marteau pour déceler ceux qui sonnent creux. Éliminez-les ou cassez-les en morceaux pour les évacuer.

▶ Humidifiez le sol et comblez les emplacements vacants avec du mortier. Lissez la surface à la truelle pour retrouver un sol plan. Laissez sécher et durcir.

▶ Passez l'aspirateur puis lessivez l'ancien carrelage avec une solution de lessive St-Marc afin de faire disparaître toutes traces de gras et de produits d'entretien. Rincez à l'eau claire et laissez sécher.

Sur d'anciennes dalles en vinyle. Égrenez légèrement pour dépolir la surface et éliminez toute trace de produit d'entretien. Attention, si les dalles ne sont pas parfaitement collées, enlevez-les (➡ P. 344).

LES OUTILS

- lisseuse
- malaxeur électrique ou perceuse équipée d'un fouet mélangeur
- seau

Aplanir le sol par ragréage

Si le sol présente d'importants défauts de planéité (➡ ENCADRÉ), il devient nécessaire d'effectuer un ragréage, c'est-à-dire de couvrir la surface d'un enduit uniforme. Par précaution, le ragréage est en général précédé de l'application d'un primaire d'adhérence (Ibotac; Iboprim). Ce produit composé de résines époxydes facilite l'accrochage du ragréage sur la chape existante. Cette opération est indispensable sur un sol ciment friable ou trop poreux.

Il existe différents produits permettant d'effectuer le ragréage.

- Sur un sol ne comportant pas de gros défauts de planéité, c'est-à-dire inférieurs à 1 cm, optez pour un autolissant : ce mortier liquide s'étale de lui-même en une couche mince, épaisse au maximum de 10 mm (Niveliss). Certains autolissants armés de fibres synthétiques sont spécialement conçus pour les supports en bois (Nivefor).
- Sur un sol présentant des défauts importants, avec des creux supérieurs à 2 ou 3 cm, utilisez un enduit de nivellement (Niveplus).

À noter : Avant d'effectuer le ragréage d'un parquet, assurez-vous que la sous-face des lames est bien ventilée. En cas contraire, renoncez à cette rénovation : le bois privé d'aération serait gagné par la pourriture.

Vérifier la planéité

Pour vérifier la planéité du sol, utilisez une règle de 2 m de long. Pour permettre une pose collée directe, les défauts ne doivent pas excéder 7 mm sous la règle. Les imperfections ne dépassant pas 20 % de la surface totale, sur une surface continue de 1 m², sont dites « localisées ».

Appliquer un primaire d'adhérence

Au moment de l'application d'un primaire d'adhérence, le support doit être sain, solide, non fissuré, propre, exempt de traces de plâtre, d'huile, de peinture, et totalement sec. Sur un sol ciment, grattez bien les parties friables puis dépoussiérez et nettoyez soigneusement. Sur un plancher, par temps chaud, humidifiez légèrement le bois. Dans tous les cas, protégez le bas des murs avec un ruban de masquage. Le primaire d'adhérence peut alors être posé à l'aide d'un pinceau ou d'un rouleau de laine. Laissez-le sécher au moins 2 heures. Il est prêt lorsqu'il est légèrement poisseux.

Appliquer un mortier autolissant

▶ Préparez la pâte à l'aide d'un malaxeur électrique à vitesse lente (➡ SÉQUENCE). Respectez

L'application d'un mortier autolissant

1 **Gâchez le mortier et l'eau.** Vous pouvez utiliser, à défaut de malaxeur électrique, une perceuse électrique équipée d'un fouet mélangeur.

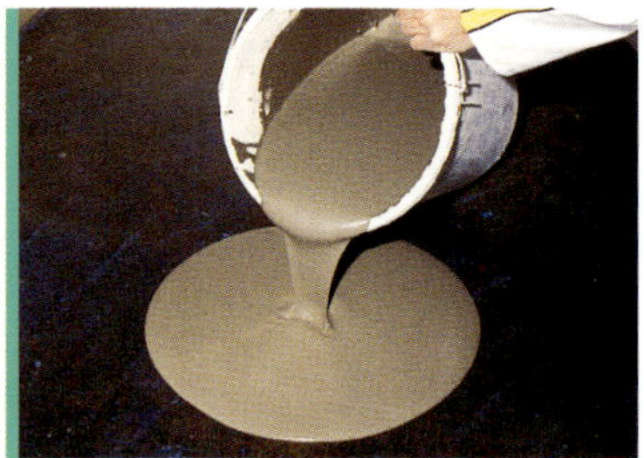

2 **Versez le mélange** sur le sol après l'avoir laissé reposer 2 minutes. Lorsque la pâte est suffisamment fluide, elle s'étale aisément de façon uniforme.

3 **Étalez le mortier** à l'aide d'une taloche lisseuse en une unique couche d'environ 3 mm. Cette opération simple doit être effectuée en 30 minutes.

bien les proportions d'eau et de mortier indiquées par le fabricant, afin d'obtenir un mélange fluide et homogène (environ 1,5 kg de poudre permet de couvrir 1 m² avec une couche de 1 mm). Laissez reposer 2 à 3 minutes, puis versez le produit sur le sol.

▶ Répartissez le mortier avec une taloche lisseuse (appelée aussi « flamande ») sur toute la surface. Tirez le produit de la gauche vers la droite, et vice-versa, pour étaler le mortier fluide en une couche uniforme d'environ 3 mm. Comme il s'agit d'un produit autolissant, il s'étale de lui-même sur un plan horizontal.

▶ Laissez sécher une demi-journée. Ensuite, vous pouvez, si nécessaire, poncer pour enlever ou estomper localement les surépaisseurs. L'enduit doit être protégé pendant les premières heures après la pose des courants d'air et de toute source de chaleur : les radiateurs doivent être éteints avant la mise en œuvre. Si, après un séchage de 2 à 3 heures, le ragréage couvre certaines zones de la pièce aux dépends d'autres parties plus dénudées, cela indique que le sol n'est ni plat ni horizontal. Prévoyez alors l'application d'une seconde couche afin de combler les inégalités.

▶ Attendez de 1 à 2 jours avant de poser un revêtement de sol si vous avez appliqué une seule couche, et de 3 à 4 jours si vous en avez posé deux.

Appliquer un mortier de nivellement

Après avoir mélangé la poudre et l'eau avec un malaxeur électrique pendant 2 minutes environ pour obtenir une pâte homogène, laissez reposer la préparation quelques instants, puis versez-la sur le sol.

Le mortier de nivellement est plus délicat à étaler qu'un mortier autolissant, surtout si les creux sont importants. De ce fait, il est préférable d'appliquer deux couches, en procédant chaque fois de manière spécifique (➡ SÉQUENCE).

Couler une première couche. Égalisez grossièrement la pâte avec une truelle lisseuse sur une épaisseur n'excédant pas 1 à 1,5 cm. Servez-vous d'une grande règle pour « tirer » une surface bien horizontale. Laissez sécher de 2 à 3 heures, laps de temps nécessaire pour obtenir un début de durcissement.

Couler une deuxième couche. Elle doit être appliquée quand la première est encore fraîche. Cette fois-ci tirez la surface d'abord avec une règle, puis avec une truelle lisseuse. Attention, l'épaisseur des deux couches superposées ne doit pas excéder 3 cm. N'attendez pas plus de 24 heures entre les deux applications. Dans le cas contraire, passez un primaire d'adhérence avant de couler la seconde couche.

Laissez durcir pendant au moins 3 jours avant de poser un revêtement. ■

LES OUTILS

- malaxeur électrique
- règle métallique
- seau
- truelle lisseuse

L'application d'un mortier de nivellement

1 **Gâchez le mortier** avec un malaxeur électrique à vitesse lente (500 tr/min). Comptez 4 à 5 litres d'eau pour un sac de 25 kg de poudre afin d'obtenir une pâte homogène.

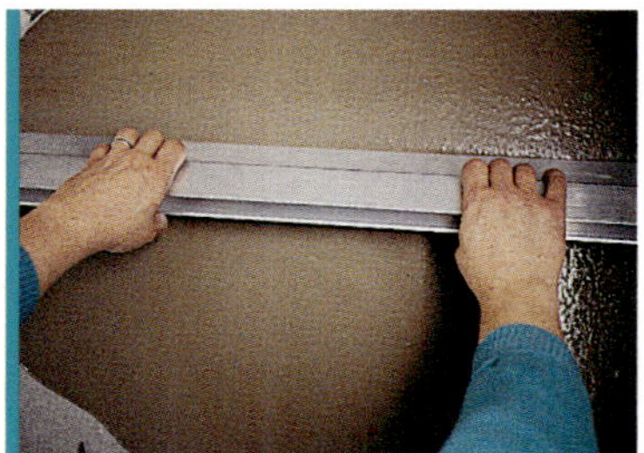

2 **« Tirez » la première couche.** Après avoir réparti grossièrement le mortier avec une truelle, aplanissez en « tirant » avec une règle métallique pour régulariser l'épaisseur. Laisser durcir 2 à 3 heures.

3 **Gâchez et lissez la seconde couche.** À l'inverse de ce que vous avez fait pour la première couche, égalisez la surface d'abord à la règle puis avec la truelle lisseuse.

La pose d'une chape sèche flottante

La pose d'une chape sèche flottante apparaît comme la solution la plus performante lorsque le sol comporte des défauts importants, tels que des lames déformées, une chape de mortier à plusieurs niveaux, ou encore une forte dénivellation avec la pièce contiguë… Ce type de chape se compose de plaques de plâtre rectangulaires de 1,50 x 0,50 m, assemblées les unes aux autres par collage-vissage et posées sur un lit de granules en béton cellulaire. L'épaisseur des plaques varie de 20 à 80 mm, certaines étant doublées d'un isolant de laine minérale ou de polystyrène. La chape sèche flottante, désolidarisée des murs et isolée en sous-face, peut ainsi nettement améliorer l'isolation thermique et phonique d'un plancher. La mise en œuvre se faisant à sec, sans gâchage de produit, le nouveau sol peut être immédiatement recouvert d'un revêtement et utilisé dès la fin de la pose.

2. *Coulissant sur les règles latérales, la règle de guidage, posée et tirée perpendiculairement, permet d'égaliser le lit de granules.*

Première étape : épandre un lit de granules

▶ Déterminez le niveau supérieur de la chape. À l'aide d'un niveau à bulle et d'une règle, tracez à la base des murs un trait matérialisant sa position.

▶ Collez une bande de matière résiliante (mousse polyester, laine minérale, etc.) sur tout le périmètre en suivant le tracé précédent. Vérifiez bien la hauteur de façon que les plaques de plâtre s'appuient lors de la pose contre cette bande et ne touchent pas les murs (➡ **CROQUIS 1**).

▶ Calez deux règles latérales de guidage pour matérialiser le niveau du futur sol. Posez dessus une règle de tirage, perpendiculaire, qui, en coulissant sur les deux autres, déterminera un plan horizontal.

▶ Versez les granules d'égalisation sur le sol (10 litres par mètre carré et par centimètre d'épaisseur). Si vous devez rattraper d'importantes inégalités du sol, vous pouvez verser jusqu'à 50 litres de granules au mètre carré, ce qui représente une épaisseur de 5 à 6 cm.

▶ Déplacez la règle de tirage au fur et à mesure en la faisant coulisser sur les deux autres afin d'égaliser l'épaisseur du lit de granules (➡ **PHOTO 2**) Travaillez en reculant vers la porte de sortie pour ne pas piétiner les granules.

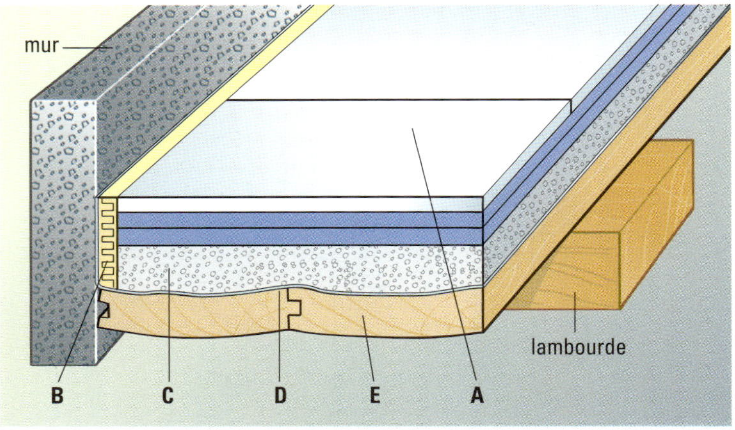

1. ***Une chape sèche posée sur un vieux parquet***
A. Plaque en plâtre avec isolant en sous-face.
B. Bande de laine minérale déroulée sur tout le périmètre.
C. Lit de granules d'égalisation (de 1 à 6 cm d'épaisseur).
D. Film évitant aux granules de passer sous le parquet.
E. Vieux parquet déformé.

Monter les plaques

L'étape suivante consiste à poser les plaques de plâtre.

▶ Posez les plaques de plâtre sur le lit de granules. Ces dernières possèdent une bonne stabilité provenant de la rugosité des grains. Vous pouvez donc poser la première plaque et monter dessus sans qu'elle perde son niveau horizontal. En revanche, il est impossible de marcher sur le lit de granules sans détruire son horizontalité. Cette constatation détermine le sens de pose des différentes plaques.

▶ Commencez la mise en place par la porte d'accès au local et déplacez-vous au fur et à mesure sur les plaques déjà posées (➡ CROQUIS 3).

▶ Pour assurer une liaison rigide à l'ensemble de la chape, appliquez un double cordon de colle sur chaque feuillure (➡ PHOTO 4). Posez immédiatement la plaque suivante à côté de la précédente : mettez-la à plat dans un mouvement de bascule en serrant les feuillures l'une contre l'autre (➡ PHOTO 5).

▶ Vissez les feuillures l'une sur l'autre pour les immobiliser avant le séchage de la colle. Utilisez des vis autoforeuses et espacez-les de 15 à 20 cm.

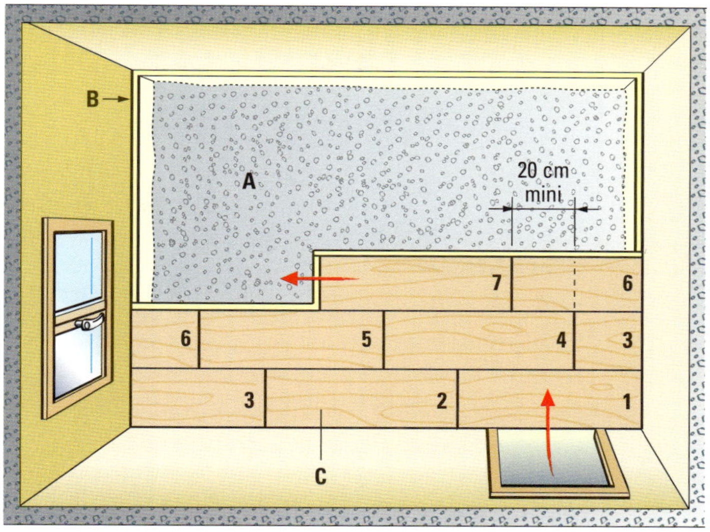

3. *L'ordre de pose des plaques de sol*
A. Lit de granules en béton cellulaire. Étalées sur toute la surface, ces granules permettent de rattraper les inégalités du sol et en assurent l'isolation.
B. Bande de laine minérale. Collée sur les murs au niveau des plaques de sol, cette bande évite la transmission des bruits d'impact.
C. Plaques de plâtre. Elles forment une chape sèche où l'on peut aussitôt circuler. Veillez à décaler les joints, d'une rangée à l'autre, d'au moins 20 cm.

Les finitions

Lorsque toutes les plaques ont été posées, laissez sécher la colle 12 heures environ. Après, il ne reste qu'à ratisser la surface à l'aide d'une lame métallique, c'est-à-dire recouvrir d'un enduit à jointoyer les joints entre les plaques et les têtes de vis. Lorsque l'ensemble est sec, vous pouvez poser le nouveau revêtement de sol : moquette, vinyle, parquet flottant, carrelage…

● **À noter :** Les granules de béton cellulaire sont stables, incombustibles et sans odeur. Les plaques Fermacell sont composées de produits naturels (gypse, cellulose, eau) ; ce système de chape sèche, d'un faible poids (25 kg/m^2), avantageux pour les vieux planchers, permet des réalisations de Haute Qualité Environnementale (HQE). ■

4. *Un double cordon de colle est déposé sur les feuillures avant la pose de la plaque suivante. Pour travailler, tenez-vous toujours debout sur les plaques et ne piétinez jamais les granules.*

5. *Pour poser une plaque, mettez-la à plat dans un mouvement de bascule en serrant les feuillures encollées l'une contre l'autre.*

Le revêtement des sols, l'ultime étape

La préparation du chantier

La pose du revêtement de sol est logiquement le dernier travail réalisé dans la pièce. Elle s'effectue après les peintures des plafonds et des murs, la pose des papiers peints, la menuiserie. Seul le ponçage du parquet brut doit être réalisé avant de tapisser ou de peindre.

1 Plusieurs jours avant la pose, *préparer les sols*

Une fois la pièce vide et propre, l'étape capitale est la préparation du sol. Sa durée varie selon que vous devez déposer l'ancien revêtement, poser une chape flottante, effectuer un ragréage ou de petites réparations (→ PAGES 323 À 327). *Profitez également de l'occasion pour vérifier l'étanchéité des tuyauteries et des radiateurs et faire éventuellement les travaux adéquats. Installez les câbles et lignes électriques. Si vous devez louer du matériel, pensez à le réserver.*

2 Deux jours avant la pose, *régler la température*

Si vous installez de la moquette ou du parquet, stockez-les dans la pièce, de façon à les acclimater à la température ambiante. Pour le parquet, arrêtez le chauffage, quelle que soit la saison. Dans tous les autres cas, réglez la température de façon à travailler à chaleur constante. Vous pouvez aussi, si besoin, ôter les plinthes.

3 La veille de la pose, *rassembler le matériel*

Vérifiez bien que vous avez tout le matériel nécessaire. N'oubliez pas vos gants et vos protections. Prévoyez un espace pour stocker les produits dangereux. Retirez les portes s'ouvrant à l'intérieur du local. Attention, avant de les remettre, vous serez peut-être obligé de les raboter. Si vous devez utiliser des colles ou des mortiers-colles, arrêtez le chauffage au sol.

Attention aux différences de niveaux

La pose d'un nouveau revêtement implique toujours de se préoccuper de l'épaisseur qu'aura le nouveau sol. Si les quelques millimètres de surépaisseur créés par une nouvelle moquette peuvent être minimisés sous une barre de seuil spéciale, les deux ou trois centimètres de différence entre le carrelage neuf de la cuisine et l'ancien du couloir peuvent provoquer des chutes. En ce cas, faut-il enlever l'ancien revêtement, pour diminuer l'épaisseur ? « Oui », répond le professionnel. Mais les amateurs peuvent réagir différemment et envisager par exemple de changer les revêtements des deux pièces concernées. Quelle que soit la solution, il faut étudier la question avant le début des travaux.

Les préparatifs

Choisir le matériel nécessaire, préparer le sol pour qu'il soit propre et plan, effectuer un calepinage afin d'établir un plan de travail précis sont autant d'étapes indispensables. Si vous n'êtes pas un poseur de carreaux chevronné, vous aurez choisi des formes et formats classiques, à savoir des carrés ou des rectangles de 10 à 20 cm de côté. Plus les formes sont compliquées et les dimensions importantes, plus la pose est délicate. Petit conseil : avant d'œuvrer, mélangez les carreaux des différents cartons pour obtenir un carrelage d'aspect plus harmonieux et éliminez ceux qui présentent un défaut.

Sur un ancien carrelage

Pour préparer un ancien carrelage à un nouveau revêtement, scellez d'abord les carreaux décollés, puis rebouchez les trous et les joints creusés. Lavez ensuite avec une lessive sodée, type St Marc, rincez soigneusement et laissez sécher. Après cette première phase, appliquez un primaire d'adhérence et procédez au ragréage de la surface (→ PAGE 338 ET CROQUIS CI-CONTRE). Laissez sécher et durcir.
Lorsque vous mettrez en place les carreaux neufs, il faudra faire attention à ce que leurs joints ne coïncident pas avec ceux de l'ancien carrelage, et, par conséquent, soit changer le sens de la pose, soit utiliser des carreaux d'un format différent.

Sur un ancien parquet

Si votre carrelage est posé sur un parquet, ce dernier ne doit pas présenter de fissures, de fentes ou de lames cassées. Après avoir effectué toutes les réparations nécessaires, poncez légèrement la surface pour éliminer toute trace de produits d'entretien. Appliquez ensuite un primaire d'adhérence. Laissez sécher de 1 à 2 heures et, lorsque le produit est encore poisseux, déroulez un treillis de verre. Sans attendre, coulez par-dessus un mortier de nivellement sur une épaisseur suffisante pour faire disparaître les défauts et noyer le treillis. Vous pouvez aussi choisir un mortier de ragréage armé de fibres synthétiques. Spécialement destiné aux supports en bois, ce dernier vous dispense d'utiliser un treillis de verre : les fibres contenues dans la poudre font office d'armature. Laissez sécher le ragréage de 10 à 12 heures. Si vous le laissez sécher plusieurs jours, voire plusieurs semaines, il perdra toute son humidité. Dans ce cas, prévoyez l'applica-

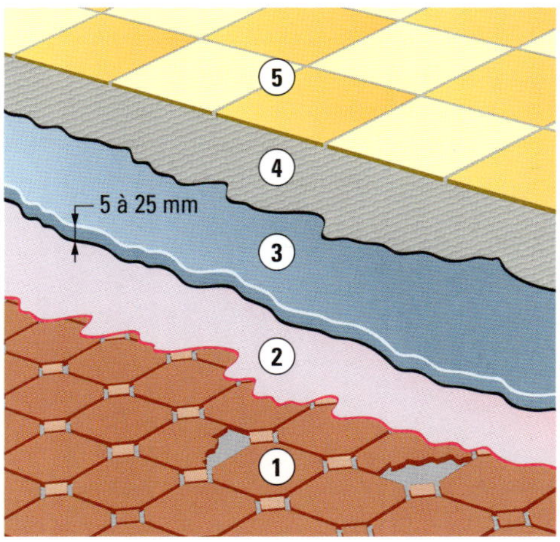

La pose sur un ancien carrelage
1. *Ancien carrelage.*
2. *Primaire d'adhérence.*
3. *Mortier de ragréage.*
4. *Mortier-colle.*
5. *Nouveau carrelage.*

tion d'un primaire d'adhérence avant la pose du carrelage. Utilisez des carreaux minces pour rénovation.

Sur d'anciennes dalles de vinyle

La pose d'un carrelage sur des dalles en vinyle peut créer d'importants problèmes si ces dernières ne sont pas parfaitement collées. Si vous avez le moindre doute à ce sujet, il faut les enlever. Si elles sont devenues cassantes, glissez une pelle en dessous et décollez-les par plaques. Sinon, chauffez le vinyle avec un décapeur thermique pour ramollir la colle et ôtez-les progressivement. Certaines dalles peuvent toutefois avoir été collées avec du bitume noir, particulièrement difficile à éliminer. Dans ce cas, appelez un professionnel ou renoncez à poser du carrelage sur ce revêtement.

L'opération peut en revanche être envisagée si le sol plastique adhère parfaitement et si aucune poche d'air n'est visible.

▶ Sur un vinyle brillant, égrenez alors légèrement pour dépolir la couche de surface.

▶ Éliminez ensuite toute trace de produit d'entretien en effectuant un shampooing, suivi d'un rinçage à l'eau claire. Le sol est alors prêt pour l'application d'un primaire d'adhérence, puis d'un mortier de ragréage autolissant en couche mince (1 cm maximum).

▶ Après séchage, posez le carrelage à l'aide d'un mortier-colle à prise rapide. Utilisez des carreaux minces pour rénovation.

Un carrelage bien isolé

Lorsque vous remplacez par un carrelage un revêtement de sol souple, tel que moquette, vinyle ou liège, vous devez respecter la nouvelle réglementation acoustique (NRA). Il convient de poser les carreaux sur un matériau résilient afin d'atténuer la transmission des bruits d'impact (chocs, bruits de pas, etc.). Cette obligation a conduit les fabricants à proposer des systèmes d'isolation de faibles épaisseurs, l'objectif étant de ne pas créer de surépaisseurs à l'entrée de la pièce. Certains systèmes minces ne dépassent pas 25 mm d'épaisseur (carrelage compris), tout en étant conformes à la réglementation. Proposés en kit, ils comportent notamment un matériau résilient, du mortier-colle, des bandes de mousse plastique... et sont conditionnés pour traiter une surface de 15, 30 ou 60 m².

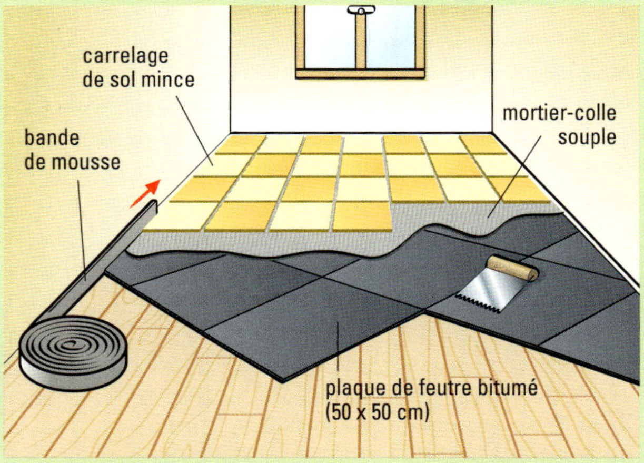

Pour atténuer les bruits d'impact, posez le carrelage sur un matériau isolant. Attention, les joints des plaques isolantes ne doivent pas concorder avec ceux des carreaux (système Soukaro).

Le calepinage

Avant de commencer la pose, il est impératif d'effectuer un calepinage. Ce dernier permet d'établir notamment le mode de pose (droite ou diagonale), la disposition des motifs ou encore l'emplacement précis des découpes. Voici comment procéder (→ SÉQUENCE).

▶ Relevez les dimensions de la pièce à carreler et établissez un plan à échelle réduite sur du papier millimétré. Dessinez également l'emplacement de la porte, de la fenêtre, du placard, de la cheminée, etc.

▶ Sur une feuille de papier-calque, tracez à la même échelle une grille représentant le carrelage terminé. Tenez compte de la largeur du joint séparant les carreaux entre eux.

▶ Superposez les deux plans, faites-les pivoter ou glisser l'un sur l'autre pour chercher la disposition logique par rapport aux murs, à la porte ou vis-à-vis du revêtement de sol de la pièce contiguë.

▶ Lorsque vous avez trouvé la bonne disposition, immobilisez les plans à l'aide de ruban adhésif. Délimitez le carrelage en suivant le périmètre de la pièce et comptez le nombre

Les produits de collage

Plusieurs produits permettent de coller le carrelage. Les mortiers-colles sont le plus utilisés :

– le mortier-colle classique est un mélange de ciment, de sable et de dérivés cellulosiques, qui, avec de l'eau, donne une pâte grise, facile à étaler ;

– le mortier-colle amélioré présente un pouvoir adhésif renforcé, particulièrement adapté à la pose du carrelage sur sol chauffant ;

– le mortier-colle HP contient des adjuvants augmentant le temps de pose : il est plus adapté au collage de carreaux de grands formats.

Mais un mortier-colle ne convient pas toujours. Par exemple, les sols anciens en terre cuite, très poreux, seraient tachés par les adjuvants du produit. Choisissez plutôt dans ce cas un mortier bâtard, mélange de ciment, de chaux et de sable.

de carreaux nécessaires. Prévoyez par précaution de 10 à 15 % de carreaux supplémentaires pour les raccords aux bordures et le remplacement de ceux qui sont abîmés ou cassés.

▶ Pour des raisons esthétiques, arrangez-vous pour que les découpes situées le long des murs latéraux soient d'égale largeur et terminez par une rangée de carreaux entiers au niveau de la porte d'entrée. À ce stade, vous pouvez aussi choisir d'alterner les couleurs, de dessiner un motif central, etc. ■

Le calepinage de la surface à carreler

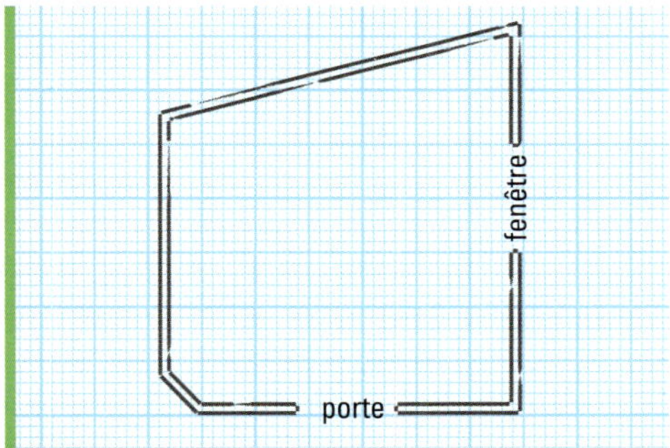

1 **Faites un plan de la pièce** à échelle réduite. Avec une échelle au 1/50e (1 m = 2 cm), un local de 4,5 m x 3 m correspond par exemple à 9 cm x 6 cm.

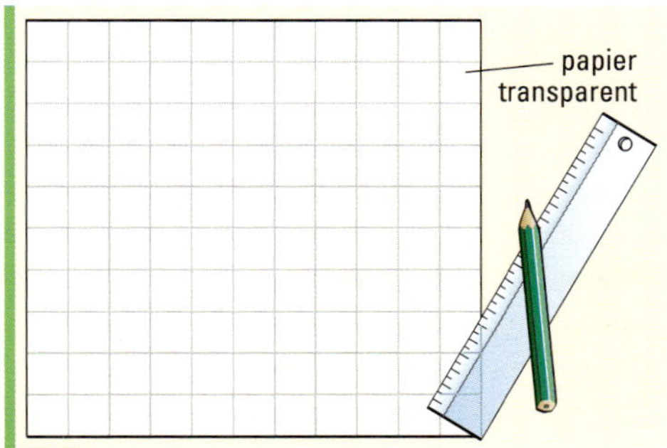

2 **Tracez le quadrillage** représentant le carrelage sur une feuille de papier calque. Dessinez suivant l'échelle que vous avez choisie pour le plan de la pièce.

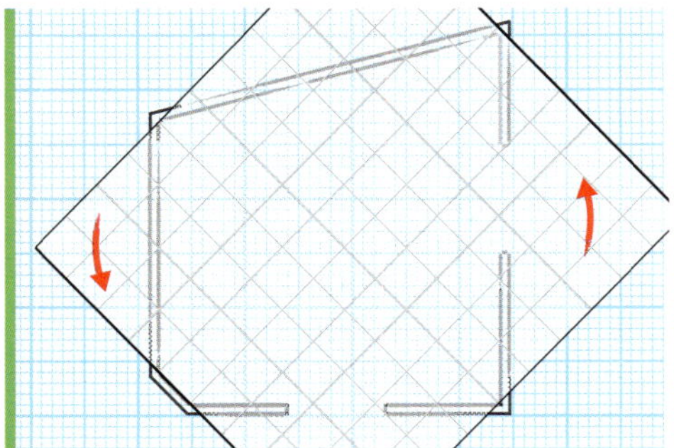

3 **Superposez les deux plans** et faites-les glisser l'un sur l'autre pour chercher la meilleure disposition des carreaux. Pose droite ou diagonale ?

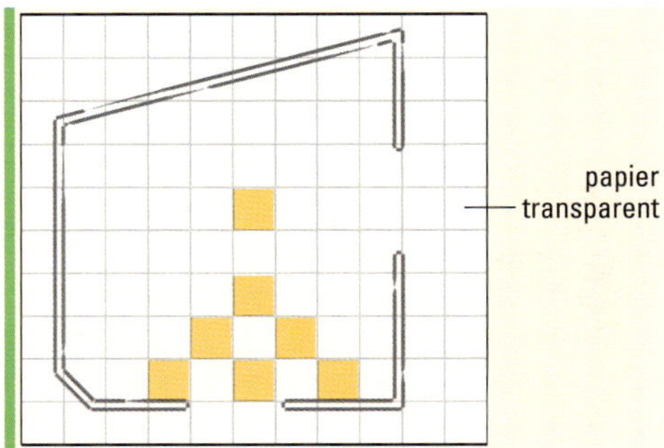

4 **Délimitez le carrelage** en traçant le périmètre de la pièce sur le papier calque lorsque la disposition convient. Comptez le nombre de carreaux nécessaires.

La pose des carreaux

LES OUTILS

- batte en bois
- maillet en caoutchouc
- règle
- seau
- spatule crantée

Le carrelage peut être mis en place soit en pose droite, soit en pose diagonale. Dans les deux cas, il est primordial de bien prendre appui, à l'aide d'une règle, sur les droites ou diagonales préalablement tracées au sol. Dans un premier temps, seuls les carreaux entiers sont installés et scellés avec du mortier-colle.

La mise en place à sec

La pose doit toujours démarrer selon deux axes parfaitement perpendiculaires. Pour la pose droite, tracez une droite à partir de la porte d'entrée. À l'aide d'un cordeau à poudre, tracez une ligne XY, perpendiculaire au seuil (→ **CROQUIS 1**). Disposez à sec, le long de cet axe, une rangée de carreaux, sans oublier les joints, en commençant par un carreau entier côté porte. Cette pose sans colle vous permet de choisir la solution la plus esthétique ou optimisant le mieux vos découpes. Tracez ensuite une autre ligne AB perpendiculaire à la première, matérialisant une première rangée de carreaux entiers. La disposition à sec de ces deux rangées perpendiculaires permet de régler la largeur des carreaux coupés se trouvant au bord des plinthes. La ligne ab doit se situer le plus loin possible de la porte afin de pouvoir sceller les premiers éléments sans marcher dessus en quittant la pièce. La pose en diagonale suit le même principe, mais le tracé des droites diffère. Lorsque la disposition vous convient, commencez la pose collée.

La pose droite

Une fois le traçage effectué, vous pouvez commencer à sceller les carreaux. Pour une pose droite (→ **CROQUIS 2**), procédez de la manière suivante.

▸ Placez une règle le long de la ligne AB, maintenez-la à l'aide de deux chevillettes plantées dans le sol ou, plus simplement, en posant une gueuse de fonte à chacune des extrémités. Calez-la pour qu'elle ne touche pas le sol en laissant un espace d'environ 1 cm.

▸ Préparez le mortier-colle. Scellez la première rangée en respectant scrupuleusement

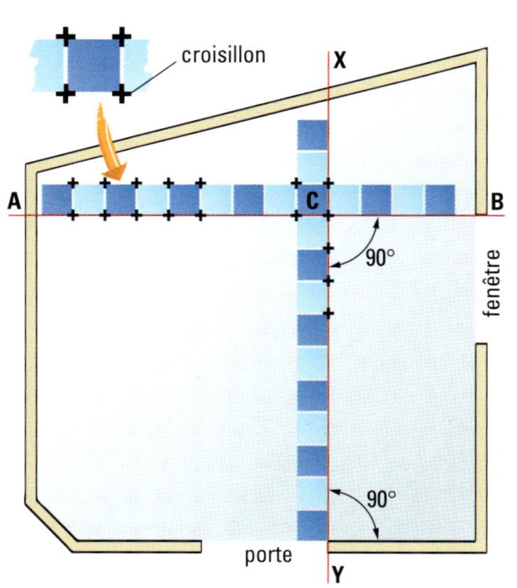

1. *Aligner les carreaux sans colle le long de deux axes perpendiculaires permet entre autres de définir précisément la largeur des découpes.*

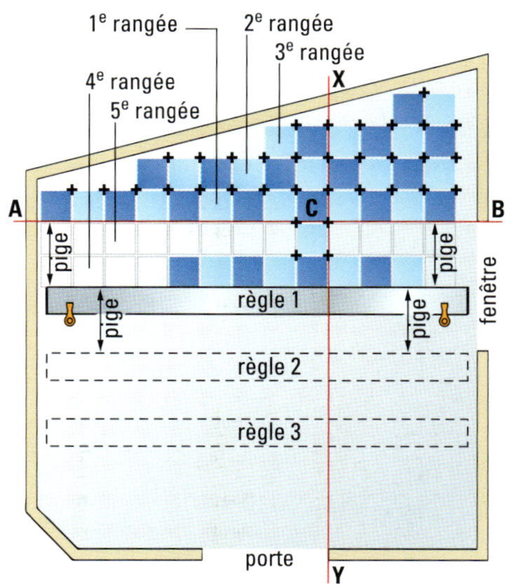

2. *En cas de pose droite, décalez toujours la règle vers la porte, en descendant de la valeur de la pige, égale à la largeur de deux carreaux et de deux joints.*

la position des carreaux déterminée par la pose à sec, et notamment celle du carreau C, à l'intersection des deux axes.

▶ Étalez le mortier-colle à la truelle sur une surface réduite correspondant à quelques carreaux, puis réglez son épaisseur à l'aide d'une spatule crantée (➡ **ENCADRÉ**). Tenez la spatule droite ou très légèrement inclinée par rapport au sol pour rayer le mortier de façon régulière.

▶ Appliquez les carreaux sur la colle. Calez-les en les tapotant avec le manche d'un outil. Enfoncez-les nettement dans l'épaisseur du mortier-colle. Pour les grands formats, prévoyez un double encollage, sol et carreaux. Rectifiez vos erreurs pendant que le produit est humide ; quand il sera sec, ce sera trop tard.

▶ Lorsque plusieurs carreaux sont posés, utilisez une batte pour tapoter toute la surface, et vérifiez fréquemment le nivellement avec un niveau à bulle posé sur une longue règle métallique. Nettoyez les bavures avec une éponge humide au fur et à mesure.

▶ Posez ensuite la deuxième rangée puis la troisième rangée de carreaux situées au-dessus de la ligne AB. Servez-vous de croisillons pour réserver des espaces réguliers et bien alignés entre chaque rangée.

▶ Une fois posées toutes les rangées situées au-dessus de l'axe AB, vous devez déplacer la règle pour continuer la pose. Au préalable, assurez-vous que le mortier-colle a commencé sa prise, c'est-à-dire qu'il n'est plus souple, mais pas encore tout à fait dur. Enlevez alors les croisillons et laissez-les tremper dans une bassine d'eau chaude, avant de les réutiliser pour la pose des rangées suivantes.

Le réglage de la pige

▶ Faites glisser la règle sans mouvements brusques, afin de ne pas déplacer les carreaux fraîchement scellés. Décalez-la de la ligne ab vers la porte en respectant la valeur de la pige (➡ **CROQUIS 2**). En principe, cette valeur correspond à l'écartement occupé par deux rangées de carreaux augmenté de la largeur de deux joints. Par exemple, pour un carrelage composé de carreaux de 15 x 15 cm séparés par un joint de 3 mm de

Les spatules crantées

Les spatules crantées ont des dents plus ou moins larges qu'il faut choisir à la fois en fonction du produit à étaler (colle à bois, colle à revêtement, mortier-colle...) et du type de carreaux à poser. Sur un sol plan, ce sont les dents de la spatule qui, en dessinant des sillons d'épaisseur constante, permettent en effet de poser les carreaux sur le même niveau. Le but est d'obtenir, après l'écrasement des sillons de mortier-colle, un film d'épaisseur continue qui adhère à la fois au sol et à la sous-face du carreau.

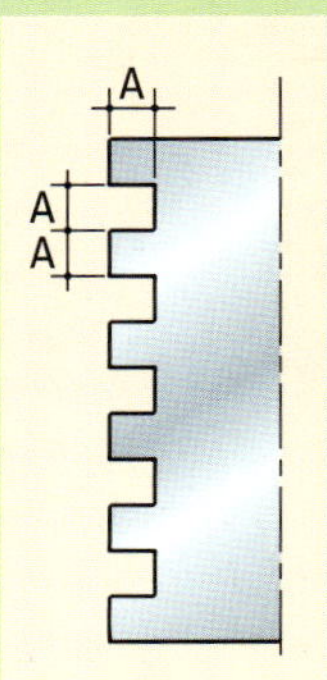

TYPE DE CARREAU	CONSOMMATION DE MORTIER-COLLE	DENTURE
Carreaux de petits formats jusqu'à 5 x 5 cm. (Mosaïque, pâte de verre, etc., dont la face inférieure reste lisse ou se trouve collée sur un filet.)	de 1,5 à 2 kg au mètre carré	Dents de 3 à 4 mm de large
Carreaux de formats classiques jusqu'à 15 x 15 cm. (Grès, faïence, dont la face inférieure est striée.)	de 1,5 à 3 kg au mètre carré	Dents de 4 à 6 mm de large.
Carreaux de grands formats jusqu'à 30 x 30 cm. (Grès étiré dont la face inférieure est fortement striée ou possède des plots en saillie.)	de 3 à 6 kg au mètre carré	Dents de 6 à 9 mm de large.
Carreaux de très grands formats 50 x 50 cm et plus.	Pratiquez un double encollage avec une spatule de 6 mm.	

large, la valeur de la pige est de 306 mm. Pour plus de précision, coupez deux morceaux de tasseaux à la longueur de la pige et utilisez-les telles des entretoises pour régler la position de la règle.

▶ Commencez à sceller la quatrième rangée, une fois que la règle est parfaitement parallèle à la ligne AB. Placez les carreaux contre la règle tout en utilisant des croisillons pour délimiter l'espace des joints. Scellez ensuite la cinquième rangée en posant les carreaux entre la première et la quatrième rangée. Cette disposition permet de cloisonner la surface et évite de cumuler les erreurs.

▶ Poursuivez ainsi la pose jusqu'au seuil de la porte en scellant tous les carreaux entiers. Laissez le sol dégarni à l'endroit des bordures, de façon à pouvoir utiliser de la colle « fraîche » au moment de la pose des carreaux découpés.

▶ Laissez sécher et durcir le mortier-colle pendant 24 heures, puis posez, après ce délai, une ou deux planches sur le carrelage pour marcher dessus sans craindre un enfoncement. Vous pourrez alors seulement passer aux finitions, à savoir les bordures et le jointoiement (→ **P. 350**).

La pose en diagonale

La pose en diagonale peut être effectuée suivant deux méthodes : l'une oblige à tourner autour d'un point central (→ **SÉQUENCE**), l'autre s'inspire de la pose droite.

Les premières étapes d'une pose en diagonale

1 **Tracez les diagonales** qui partagent la pièce en quatre zones, ainsi que les deux droites perpendiculaires aux murs. Cette première étape, le traçage, doit être effectuée sur un sol plan et sec.

2 **Disposez quelques carreaux à sec,** sans colle, pour respecter le dessin prévu par le calepinage. Rangez les carreaux par piles de couleurs différentes afin de ne pas les intervertir lors de la pose.

3 **Préparez le mortier-colle.** Malaxez l'eau et la poudre pour former une pâte homogène. Ne gâchez pas trop de mortier à la fois, certaines préparations ne sont plus utilisables après 1 à 2 heures.

4 **Utilisez une spatule crantée** pour rayer le mortier-colle de façon régulière. Tenez la spatule droite, ou très légèrement inclinée par rapport au sol, afin d'obtenir un film d'épaisseur continue.

5 **Posez les carreaux** et enfoncez-les pour écraser les sillons précédemment tracés avec la spatule. Il faut que le mortier, d'épaisseur constante, adhère à la fois sur le sol et sous le carreau.

6 **Tapotez la surface** carrelée à l'aide d'une batte en bois et d'un maillet en caoutchouc. N'hésitez pas à vous déplacer. Le but est de parfaire l'adhérence et d'unifier le niveau du carrelage.

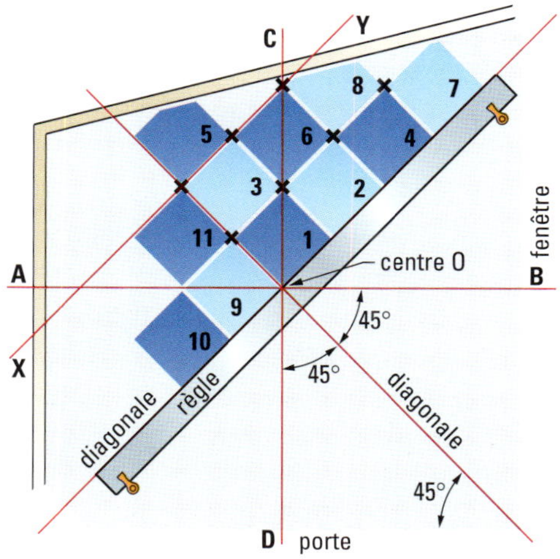

3. *Une des méthodes de pose en diagonale consiste à remplir successivement les quatre quarts de la surface en tournant autour du centre.*

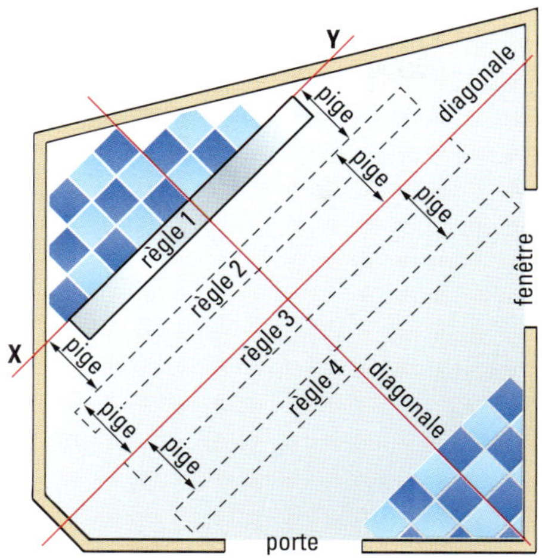

4. *La pose en diagonale peut aussi être traitée comme une pose droite en suivant l'inclinaison des diagonales.*

La méthode « tournante ».

▶ Comme pour la pose droite, vous devez d'abord effectuer un traçage. En vous appuyant sur le calepinage et à l'aide d'un cordeau à poudre, tracez au sol deux lignes perpendiculaires, AB et CD, qui partagent la pièce en quatre zones, puis deux diagonales qui donnent le sens de la pose. Les droites AB et CD ainsi que les diagonales déterminent un point O, qui se situe environ au centre de la pièce. Remarquez que, suivant la forme du local, les diagonales ne passent pas toujours par les angles (➡ CROQUIS 3).

▶ Placez maintenant une règle le long d'une diagonale, immobilisez-la à l'aide de deux chevillettes. Disposez à sec les carreaux sur le premier quart de la pièce en vous appuyant sur la règle et en respectant l'ordre indiqué par les nombres 1-2-3-4-5, etc. Ce montage à sec sert de répétition : vous est-il possible de poser les carreaux les plus éloignés de la règle, sans toucher aux éléments déjà posés ? Ainsi, vous devez placer le carreau n° 6 sans marcher sur le n° 2 ni sur le n° 3 ou 4.

Si l'essai est concluant, préparez le mortier-colle et posez tous les carreaux entiers du premier quart de la pièce. Poursuivez la pose en garnissant le deuxième quart (carreaux n° 9-10-11…), etc.

Attention, cette technique de pose séduisante et rapide, souvent utilisée pour la mise en place des dalles adhésives, ne convient pas toujours au carrelage, sur lequel il est impossible de marcher avant le séchage complet du mortier-colle. Si vous doutez de la réussite, préférez une méthode de pose plus classique.

La méthode classique. Le tracé des diagonales est le même que dans la méthode « tournante ». Mais la pose ressemble à une pose droite. Voici comment procéder (➡ CROQUIS 4). Tracez d'abord une ligne XY, parallèle à l'une des diagonales. Placez une règle le long de cette ligne et maintenez-la en place en posant un poids lourd à chaque extrémité. Préparez le mortier-colle et posez tous les carreaux entiers situés au-dessus de la règle. N'oubliez pas les croisillons pour réserver des joints réguliers. Descendez ensuite la règle jusqu'à la position 2 en respectant la valeur de la pige, comme pour la pose droite. Scellez les carreaux en les appuyant contre la règle et alignez-les perpendiculairement pour suivre la direction de la seconde diagonale. Progressez ainsi jusqu'au seuil de la porte (position 4), puis changez de sens de pose. Utilisez une règle courte et travaillez en reculant de la fenêtre vers la porte. Posez tous les carreaux entiers et laissez le mortier-colle durcir 24 heures avant de poursuivre. ■

Bordures, découpes, joints et plinthes

Un coupe-carreaux

Une tronçonneuse électrique

L'installation des bordures intervient à la fin de la pose, quand tous les carreaux entiers ont été mis en place et que le mortier-colle a séché pendant une journée. Mais c'est seulement lorsque tout le carrelage aura durci que vous pourrez remplir les joints avec du mortier hydrofuge, et nettoyer le tout.

Le matériel de découpe

Les carreaux de sol, généralement assez épais, ne se découpent pas facilement. Le mieux est donc de louer un matériel spécialisé. Il est aussi conseillé de porter un masque et des lunettes pour se protéger des éclats de céramique.

Le coupe-carreaux. Doté d'un chariot à levier portant une roulette en carbure de tungstène, cet outil manuel, appelé aussi « carrelette », coupe la plupart des carreaux de sol, sa qualité déterminant le degré de précision. Avant tout achat ou location, demandez à tester. Veillez à ce que le manche soit assez long pour transmettre un effort conséquent au séparateur. Tentez une coupe en diagonale : certains appareils mal conçus coupent les carreaux mais cassent les angles ! Pour utiliser le coupe-carreaux, installez le carreau sur le socle, réglez la butée graduée et poussez le chariot vers l'avant pour que la molette raye la surface. Revenez en arrière et appuyez sur le levier pour actionner le séparateur qui casse le carreau en deux selon le tracé.

La tronçonneuse électrique. Facile à transporter, cette petite machine (15 kg) est dotée d'un disque diamanté sans dent, lubrifié à l'eau. Cette technique permet de couper des matières les plus dures, telles que grès ou marbre, avec une précision remarquable. Avant d'acheter ou de louer ce type d'appareil, vérifiez l'état du disque, qui – pour réaliser des coupes précises – ne doit pas être voilé. Faites-vous confirmer la conformité du circuit électrique, car la machine fonctionne avec un réservoir rempli d'eau, qui évite l'échauffement du carreau et le dégagement des poussières.

Ce type de tronçonneuse est sans égal pour les coupes droites ainsi que pour biseauter les angles à 45 °. La plupart des modèles possèdent une table inclinable, accessoire indispensable pour bien réussir la découpe des plinthes en céramique.

Ajuster les bordures

Avant de commencer les finitions, posez quelques planches sur le carrelage pour vous déplacer dessus. Vous pouvez maintenant mesurer les espacements réservés aux carreaux de bordures. Coupez les carreaux sans oublier de décompter la largeur des joints. Préparez ensuite une peu de mortier-colle et scellez les carreaux de la périphérie venant d'être découpés. Si vous manquez de place pour déplacer la spatule crantée sur le sol, « beurrez » plutôt le dos du carreau à l'aide d'une truelle avant de le mettre en place. Tapotez la surface avec une batte pour un bon alignement avec les autres carreaux. Servez-vous de croisillons pour tenir la régularité des joints et n'oubliez pas de les enlever avant le durcissement total du mortier-colle.

Remplir les joints

Pour remplir les joints d'un carrelage de sol, le mieux est de se procurer du mortier hydrofuge de teinte classique (gris ciment, gris perle, gris acier), moins salissant et plus résistant que les produits de couleurs vives destinés aux carrelages muraux. Si vous avez prévu des joints de faibles largeurs (de 1 à 5 mm), choisissez un mortier hydrofuge fin, mais pour des joints larges (de 5 à 20 mm), préférez du mortier hydrofuge renforcé par du sable siliceux, d'une plus grande dureté. Puis procédez comme suit :

▶ Préparez le mortier, appelé aussi « barbotine », avec la quantité exacte d'eau préconisée par le fabricant. Ne fouettez pas le mélange mais malaxez-le lentement jusqu'à ce que sa consistance soit liquide.

▶ Étalez le mortier sur le sol, puis balayez-le en tous sens avec une raclette en caoutchouc pour le faire pénétrer dans les joints : il doit affleurer la surface des carreaux (➡ PHOTOS 1 ET 2).

▶ Laissez-le prendre de 15 à 20 minutes, puis retirez l'excédent avec la raclette en travaillant en diagonale par rapport aux carreaux.

▶ Nettoyez le carrelage avec une éponge ou une taloche éponge. Lavez minutieusement à l'eau avant le durcissement des joints. Pour obtenir des joints très durs, maintenez les humides jusqu'au lendemain. La taloche permet de nettoyer sans creuser les joints, afin de ne pas fragiliser les arrêtes des carreaux. Veillez à ne pas marcher sur les carreaux fraîchement jointoyés, et patientez 24 heures avant de circuler librement.

1. *Une truelle permet d'étaler le mortier.*

2. *La raclette fait pénétrer dans les joints.*

● **À noter :** Il est parfois conseillé de protéger le carrelage avec un plastifiant liquide, pour éviter les taches. Le produit s'applique à l'éponge après le jointoiement et se nettoie à l'eau. Prenez cette précaution si vous utilisez un mortier à joints très pigmenté (gris acier, anthracite…) ou si vous avez posé des carreaux légèrement poreux.

Poser une plinthe carrelée

La pose d'une plinthe n'est réellement utile que si les murs ne sont pas carrelés. Des carreaux spéciaux pour plinthes sont disponibles, avec un bord supérieur arrondi ; ils sont proposés en éléments rectangulaires ou carrés pour les angles. Leur pose est similaire à celle des carreaux ordinaires, à la colle ou au mortier, après un traçage préalable. Si le sol est en biais, tracez un trait horizontal à une hauteur de plinthe en partant du coin le plus bas : les carreaux seront découpés en conséquence. Lorsque le mur est déformé, guidez-vous avec une règle en appui sur deux carreaux extrêmes et posez les plinthes au mortier. Commencez toujours la pose par les angles saillants, il vaut mieux que les découpes soient situées dans les angles rentrants. Pour les angles saillants, utilisez des éléments d'angle qui présentent un côté arrondi. ■

Pose collée et pose flottante

© Kahrs

La plupart des parquets peuvent être soit collés, soit posés en flottant, les fabricants indiquant en général la méthode à privilégier. Montrant une bonne tenue sur presque tous les types de sols, ils n'exigent au préalable qu'une surface parfaitement propre et plane, si besoin ragréée.

© Bona

La colle doit être étalée à l'aide d'une spatule crantée en respectant scrupuleusement le dosage et les prescriptions du fabricant.

Les principes de la pose collée

La pose collée s'applique aux parquets formés de lamelles juxtaposées ou encore de planches massives de faible épaisseur. Le sol doit être solide, sec et propre. Pour effectuer une pose collée, vous disposez de deux techniques : soit le collage « en plein », soit le collage « en cordons ». La première est davantage destinée aux parquets dits mosaïques, composés de petites lamelles ; la seconde, aux lames d'une certaine longueur. Mais le mode de pose le plus adéquat, tout comme le type de colle (➡ ENCADRÉ) sont en général indiqués par le fabricant. Si la pièce est chauffée par le sol, il est encore plus important de respecter attentivement les consignes.

La pose collée en plein. La pose collée en plein consiste à étaler une couche de colle sur toute la surface du sol pour ajuster les lames, les plaques ou les dalles du parquet. Utilisez la colle préconisée par le fabricant du parquet et appliquez-la avec une spatule crantée, dont les dentures plus ou moins larges permettent de respecter scrupuleusement le dosage prescrit. Attention, un excès ou un manque de colle conduiraient au décollement prématuré du parquet!

Afin de réduire les bruits d'impact, il est conseillé de poser au préalable une sous-couche résiliente. Choisissez par exemple des plaques de liège de 4 à 5 mm d'épaisseur et disposez-les en diagonale par rapport au sens du parquet. Collez-les en laissant un jeu de 3 à 4 mm entre chacune d'elles. Laissez sécher 48 heures avant de procéder au collage du parquet.

La pose collée en cordons. La pose collée en cordons consiste à étaler des cordons de colle à l'aide d'une cartouche à buse. Lorsque le sens de pose a été choisi, disposez sur le sol des cordons de colle, espacés de 15 cm environ, perpendiculairement au sens des lames. Emboîtez ces dernières les unes dans les autres et pressez dessus pour écraser les cordons de colle. Veillez à ce que le parquet ne touche pas les murs en laissant, à l'aide de cales, un espace de 7 à 8 mm sur tout le pourtour de la pièce. Laissez sécher la colle 48 heures, puis retirez les cales. Clouez alors une plinthe pour masquer l'espace existant entre le parquet et le mur.

Des plaques acoustiques ajourées

Si vous voulez poser le parquet sur une sous-couche isolante, choisissez les plaques acoustiques ajourées. Ces plaques en fibres de bois bitumé (1,20 x 0,60 m), épaisses de 5 mm, possèdent des évidements rectangulaires destinés à la colle : elles constituent un bon isolant et garantissent par leurs évidements que les cordons de colle seront régulièrement espacés.

La pose est simple (➡ CROQUIS) : disposez les plaques sur le sol, injectez la colle dans les évidements prévus à cet effet, et posez perpendiculairement les lames par-dessus.

La pose en flottant

Ce type de pose qualifie un parquet mince, simplement posé sur le sol, sans fixation. Les différentes lames sont emboîtées et collées

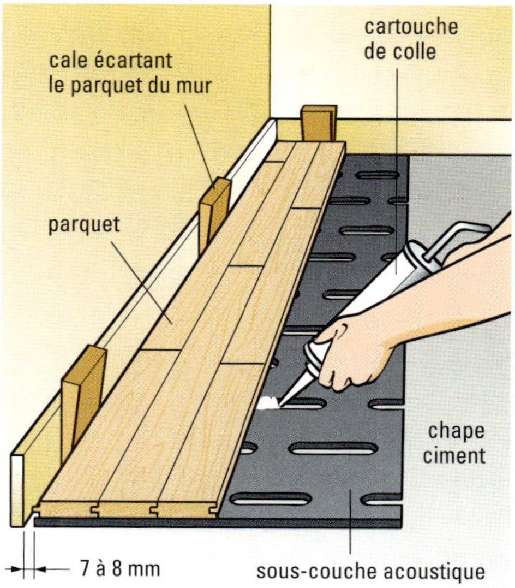

Le collage sur une sous-couche acoustique ajourée
Le parquet est collé au sol par l'intermédiaire de plaques acoustiques ajourées. Les cordons de colle sont disposés dans les évidements des plaques prévus à cet effet.

entre elles, mais l'ensemble du revêtement se trouve désolidarisé des murs et du sol afin de ne pas subir de contrainte : il flotte!

Avant de commencer, démontez les plinthes existantes et veillez à ce que le sol soit propre et plan. Si les creux et bosses excèdent 2 mm, n'hésitez pas à effectuer un ragréage. En cas de risque d'humidité,

Quatre types de colles

N'utilisez que des colles prescrites par le fabricant du parquet : la colle vinylique pour parquet brut, la colle spéciale pour parquet verni – et surtout jamais, pour un parquet verni, de colle à eau. Respectez également scrupuleusement les temps de séchage.

Il existe quatre types de produits :

– Colle aqueuse vinylique traditionnelle, qui fait sa prise par évaporation et absorption de l'eau (par le parquet et par le support).

– Colle vinylique solvantée, qui fait sa prise par évaporation et absorption des solvants par le support.

– Colle polyuréthanne à deux composants, qui fait sa prise par réaction chimique entre les deux composants. Elle est un peu plus chère que les vinyliques.

– Colle acrylique : la dernière née, non polluante.

déroulez au préalable un film de polyane : les différents lés doivent se chevaucher d'au moins 20 cm et remonter de quelques centimètres le long des murs. Pour améliorer l'isolation acoustique, couvrez ensuite ce film plastique par un matériau résilient tel du liège en rouleau.

Les premières lames. La première lame doit être mise en place le long du mur le plus long ou dans le sens d'arrivée de la lumière. Si le mur n'est pas rectiligne, découpez-la en fonction de ces déformations. Posez-la ensuite, rainure tournée vers le mur. N'oubliez pas d'installer des cales de 7 à 8 mm entre la lame et le mur, et de respecter ce joint de dilatation sur tout le périmètre de la pièce.

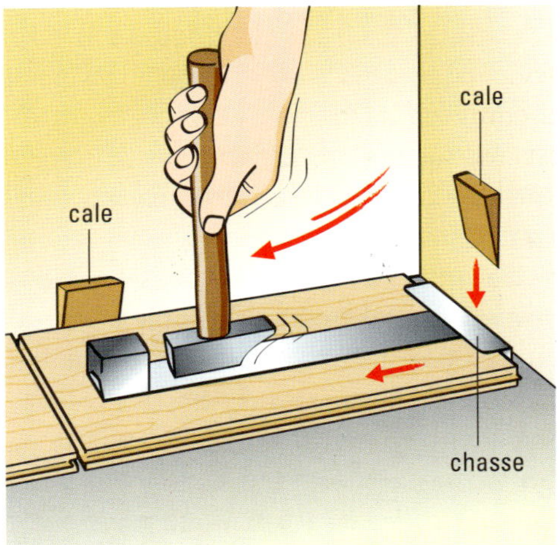

La fixation des lames en fin de rangée
Pour une meilleure tenue, emboîtez la lame avec une chasse métallique et un marteau.

LES OUTILS

- chasse métallique
- marteau
- martyr
- scie

La pose d'un parquet flottant

1 **Encollez du côté de la rainure.** Maintenez le biberon légèrement incliné pour bien déposer la colle sur les joues supérieures, et non pas sur le fond de la rainure, ce qui gênerait l'assemblage.

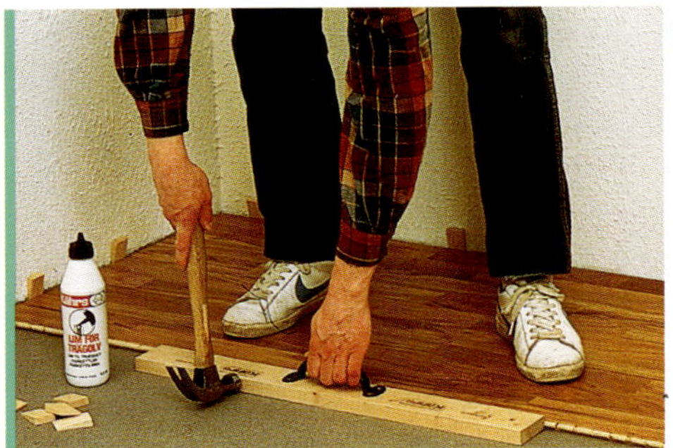

2 **Glissez la lame en place.** Emboîtez-la au marteau en interposant un martyr, afin de protéger la rive de la lame. Pour plus de commodité, n'hésitez pas à monter sur le parquet dès que possible.

3 **Débitez les dernières lames.** À l'aide d'une lame placée sur l'avant-dernière rangée et d'une chute appuyée contre le mur, définissez le tracé de la découpe. Décalez-le de la valeur du jeu et sciez.

4 **Glissez les dernières lames** en biais, une fois la rainure encollée. Emboîtez-les avec une chasse métallique et un marteau. Serrez-les contre les autres lames et respectez le jeu entre le mur et le parquet.

▶ Placez la deuxième lame dans le prolongement de la précédente : encollez la rainure et emboîtez la lame (→ CROQUIS). Si la lame est trop longue, sciez-la en tenant compte, toujours, de la valeur du jeu. Placez des cales pour maintenir le collage.

▶ Commencez la deuxième rangée avec le morceau de lame restant. Au fur et à mesure du montage, évitez d'aligner les joints d'une rangée sur l'autre ; espacez-les au contraire d'au moins 50 cm.

Les dernières étapes. La pose successive des différentes rangées suit les mêmes principes (→ SÉQUENCE P. 354).

▶ Veillez surtout à toujours bien positionner la colle sur les joues de la rainure ; une colle blanche conditionnée en biberon est tout à fait adaptée. Seuls la découpe et le serrage de la dernière lame sont un peu délicats.

▶ Une fois la pose terminée, laissez sécher la colle pendant 24 heures.

▶ Retirez les cales de la périphérie et posez les plinthes pour cacher le jeu laissé entre les lames et le mur. Clouez les plinthes sur les murs de façon à ce qu'elles ne contrarient pas un éventuel glissement du parquet.

À noter : Pour laisser le passage du parquet sous les chambranles des portes, posez un morceau de lame sur le sol et sciez la base des moulures en utilisant une scie égoïne à lame souple.

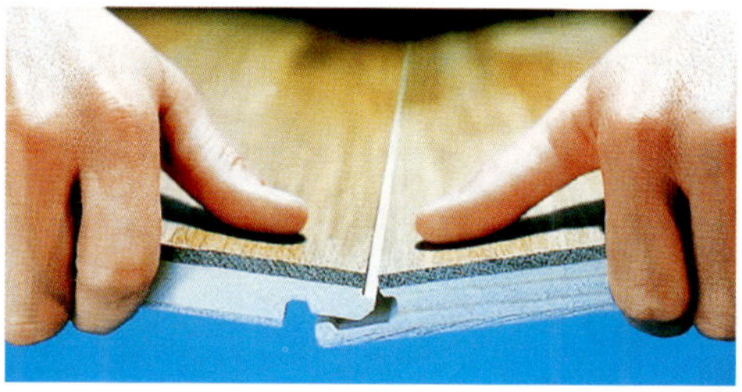

© Kahrs

Dans le cas d'un parquet flottant encliqueté, les lames s'emboîtent par simple basculement, profil mâle sur profil femelle.

Le parquet flottant encliqueté

Sur ce type de parquet en bois massif, le traditionnel système d'assemblage par rainure et languette est supprimé et remplacé par deux profils (mâle et femelle) qui s'emboîtent par encliquetage. Les lames sont ajustées à sec, sans colle, par simple basculement. Le système a pour double avantage sa simplicité de pose et sa possibilité de démontage. Il peut en effet être aisément démonté et remonté dans un autre lieu. Pour encliqueter les lames d'une rangée sur l'autre, il suffit de présenter la lame en biais, d'emboîter les deux rives et de basculer vers le sol ; appuyez pour entendre le « clic » de verrouillage. N'oubliez pas de prévoir sur tout le pourtour de la pièce un jeu permettant au parquet de se dilater. ■

La pose encliquetée

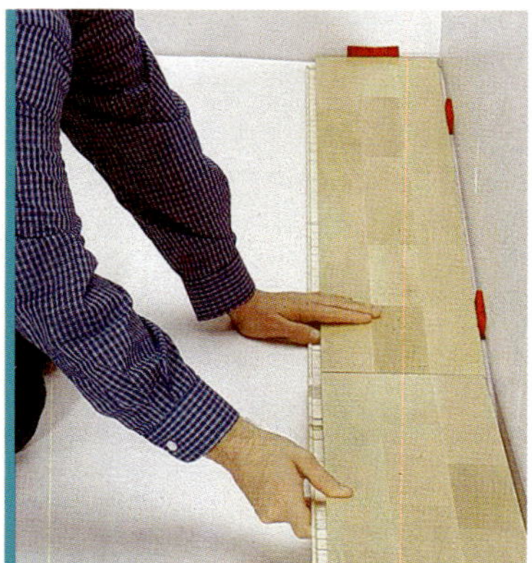

1 **Posez la première lame** le long du mur en positionnant les cales de dilatation. Emboîtez la lame suivante dans le prolongement pour terminer la première rangée.

2 **Commencez la deuxième rangée.** Présentez la lame en biais puis posez-la à plat et appuyez pour entendre le « clic » qui signale le verrouillage du système.

3 **Tapez en bout de lame** pour obtenir un léger glissement et ajuster avec l'extrémité de la lame précédente. Interposez un martyr pour ne pas endommager le bois.

© Kahrs

Pose clouée traditionnelle

À la différence des poses collées ou en flottant, qui ne présentent pas de difficulté majeure, la pose clouée est une technique plus ardue. Elle ne concerne que les parquets en bois massif. Ces derniers ne reposent pas sur le sol, mais sur un support de solives et de lambourdes, sortes de tasseaux qui quadrillent la pièce (➡ PAGE 259) : la mise en place nécessite de gros travaux et un investissement conséquent. À long terme, toutefois, les parquets massifs ne manquent pas d'attraits. Du fait de l'épaisseur des lames, ponçages et rénovations peuvent leur permettre de traverser les siècles. En outre, les canalisations peuvent être insérées dans l'espace qui isole le parquet du sol. Si vous emménagez dans une maison déjà dotée d'un parquet traditionnel, il serait dommage de ne pas en profiter. Même si quelques lames se sont effondrées, il est toujours possible de clouer quelques nouvelles lambourdes et des lames par-dessus.

Quels clous utiliser

Les lames de parquet sont clouées à chaque intersection avec une lambourde. Il existe deux sens de pose :

– Le clouage côté rainure s'effectue avec des clous tête plate de 3 mm de diamètre x 55 mm de long.

– Le clouage côté languette est réalisé avec des clous tête d'homme de 2,7 mm de diamètre x 55 mm de long.

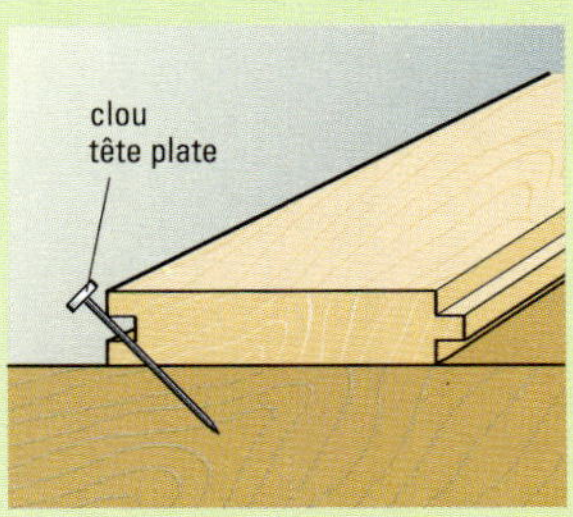

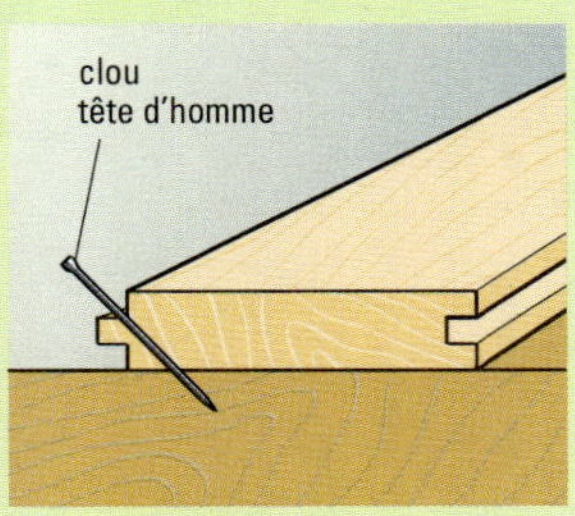

Quel que soit le sens du clouage, les clous sont enfoncés en biais avec un chasse-clou afin que leur tête disparaisse dans l'épaisseur du bois et ne gêne en aucune façon l'emboîtement de la lame suivante.

Un support de solives et lambourdes

Les lames des parquets massifs sont toujours clouées sur un support de lambourdes, traditionnellement clouées perpendiculairement sur des solives, elles-mêmes scellées dans la maçonnerie. Il arrive aussi qu'elles soient scellées directement sur une chape de mortier. Les lambourdes présentent des sections variables – allant de 40 x 25 mm à 80 x 50 mm –, leur format dépendant de la charge qu'elles doivent supporter, car le plancher ne doit pas fléchir.

Pour clouer des lames standard de 23 à 25 mm d'épaisseur, l'écartement séparant les lambourdes doit être au maximum de 45 cm. Lorsqu'il s'agit d'un parquet plutôt mince, avec des lames épaisses de seulement 16 mm, l'écartement des lambourdes ne doit pas excéder 30 cm.

Pour satisfaire aux exigences de la nouvelle réglementation acoustique, il est conseillé aujourd'hui de poser des lambourdes « flottantes », c'est-à-dire d'interposer entre les solives et les lambourdes des bandes de matériau résilient afin d'amortir les bruits d'impact : fibres asphaltées, caoutchouc, liège, feutre…

Le clouage des lames

Une fois installé le support en solives et lambourdes, le clouage des lames sur les lambourdes peut commencer. Les lames sont disposées parallèlement à la longueur de la pièce ou, à défaut, dans le sens d'arrivée de la lumière.

Aucune de ces lames ne doit être en contact avec la maçonnerie ou avec les plinthes : il convient en effet de respecter un espace de 5 à 8 mm sur tout le périmètre de la pièce pour permettre au bois de se dilater.

Les lames s'emboîtent entre elles par un système de rainures et de languettes, à la fois côte à côte et d'une rangée sur l'autre. Elles doivent être bien serrées les unes contre les autres. En outre, chaque lame doit être clouée sur les lambourdes sur lesquelles elle repose, à chaque intersection, et ce sans exception (→ **SÉQUENCE**). Une lame longue de 2 m est ainsi fixée sur au moins quatre lambourdes. C'est la partie du travail la plus délicate. Le clou doit toujours être bien enfoncé de biais dans le fond de la rainure (ou dans la languette) (→ **ENCADRÉ**), afin d'éviter tout risque de déboîtement, générateur par la suite de grincements.

Les finitions

Après la pose des lames, le parquet en bois massif doit être poncé. Louez le matériel nécessaire (→ **P. 359**) pour effectuer trois ponçages successifs, indispensables pour unifier la surface. Installez les plinthes, puis passez aux opérations de finition : teinte, cire, vitrificateur… ■

Un testeur d'humidité

Le parquet s'accommode mal de l'humidité, et il faut absolument s'assurer que les maçonneries alentours soient bien sèches. Pour ce faire, les fabricants proposent des dispositifs simples qui permettent de tester le niveau d'humidité du sol (Domosystem).

© Domosystem

LES OUTILS

- chasse-clou
- maillet de caoutchouc
- marteau
- pied-de-biche
- scie

La pose clouée d'un parquet massif

1 **Clouez la première lame en plein** sur la lambourde. La fixation sera masquée ultérieurement avec un peu de pâte à bois ou par la pose d'une plinthe.

2 **Clouez en serrant vers vous.** Rang après rang, calez les lames avec un maillet de caoutchouc, puis clouez à chaque intersection avec une lambourde.

3 **Relevez l'angle du mur** avant d'effectuer une coupe en bout de rangée. Reportez la mesure sur la lame à débiter en respectant bien son orientation.

4 **Placez la dernière lame** en force au pied-de-biche ou à l'aide de coins de bois enfoncés en périphérie et clouez-la à quelques millimètres du mur.

La rénovation d'un parquet massif

LES OUTILS

- burin
- marteau
- rabot
- scie à guichet ou scie sauteuse

Seuls les vieux parquets traditionnels en bois massif, du fait de leur épaisseur, peuvent être rénovés grâce à un ponçage, suivi d'un traitement de finition. La remise en état commence toujours par un nettoyage en profondeur, afin de bien enlever la cire ou l'encaustique résiduelles. Il suffit de brosser le sol avec un shampooing spécial ou une forte concentration de lessive St Marc (100 g/litre). Si le parquet était couvert d'une moquette, vous pouvez gratter les résidus de colle et de mousse synthétiques avec une spatule ou un grattoir à long manche. Si le parquet a été teint, employez un décapant pour ramollir et éliminer la peinture. Rincez puis laissez sécher. Il convient ensuite d'examiner la surface pour déceler, puis réparer, d'éventuels défauts : présence de fentes, têtes de clous qui dépassent…
Toutes les lames cassées ou fendues doivent être changées. La première étape consiste à dégager la lame cassée, non pas sur toute sa longueur, mais seulement sur la portion abîmée comprise entre deux lambourdes (➡ SÉQUENCE A). Travaillez avec une scie à guichet ou une scie sauteuse électrique. Lorsque vous poserez la nouvelle lame, veillez à bien raboter ses rives pour qu'elle

A. Enlever une lame cassée

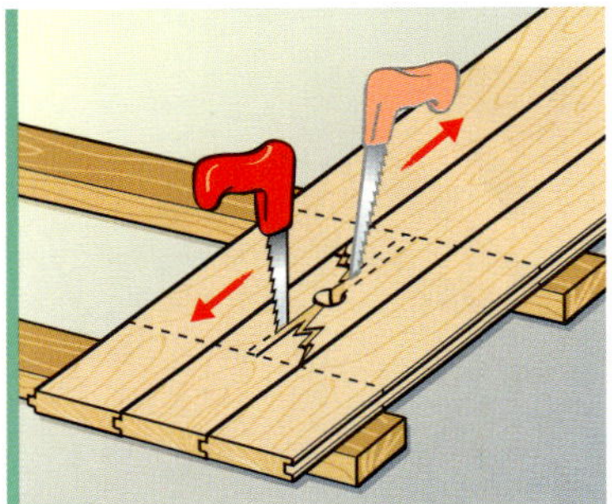

1 **Sciez la lame** jusqu'aux lambourdes à partir d'un trou percé près de la cassure. Faites deux découpes parallèles, distantes d'environ 1 cm.

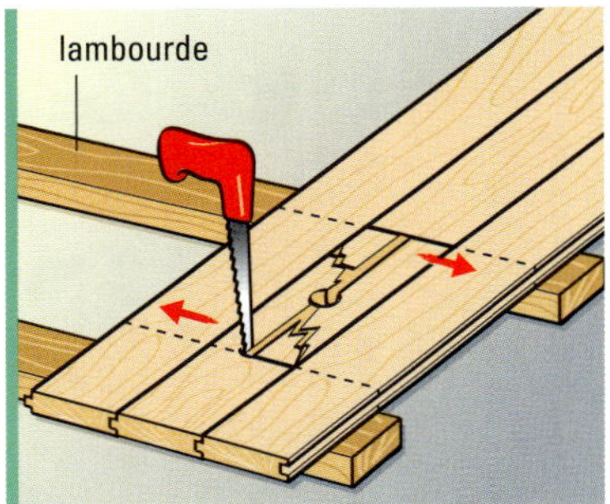

2 **Enlevez la partie centrale,** à savoir la partie comprise entre les deux traits de scie, puis sciez la lame perpendiculairement, juste au ras des lambourdes.

3 **Éliminez les morceaux** restants à l'aide d'un burin et d'un marteau. Dégagez-les de la rainure et de la languette des deux lames adjacentes.

B. Poser une nouvelle lame

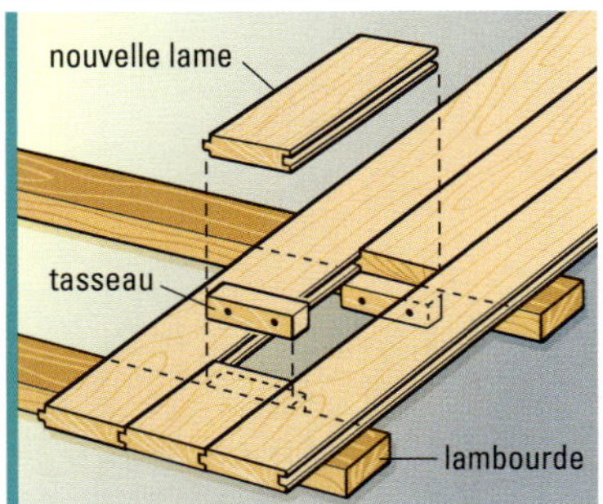

1 **Collez et vissez deux tasseaux** sur les côtés intérieurs des lambourdes. Ajustez une lame neuve en la découpant à la bonne longueur.

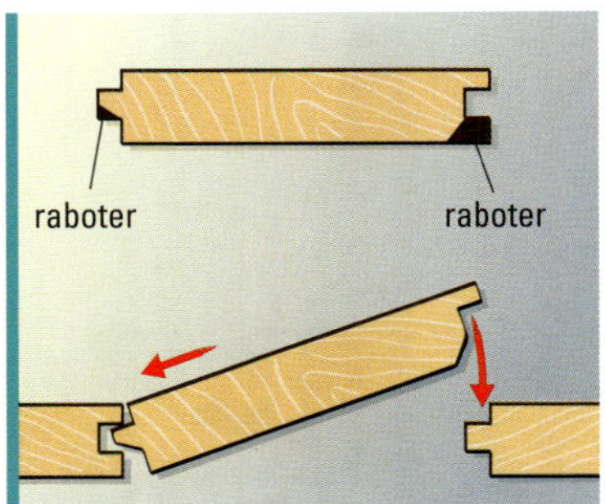

2 **Rabotez les deux rives** de la nouvelle lame : supprimez la partie inférieure de la rainure et amincissez le profil de la languette. Emboîtez en biais.

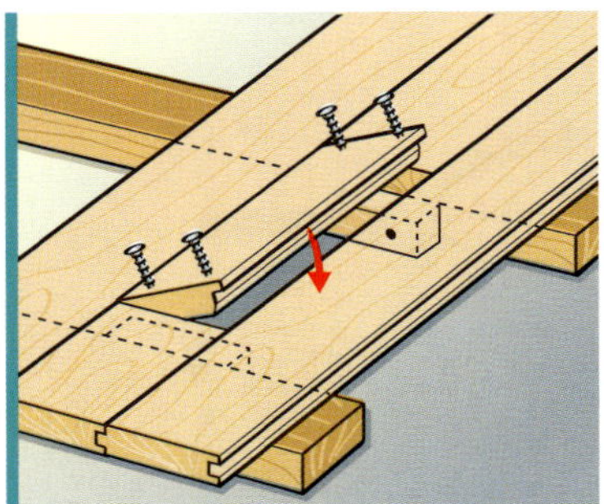

3 **Vérifiez l'horizontalité.** Vissez alors la nouvelle lame aux deux extrémités sur les deux tasseaux. Noyez les têtes de vis dans le bois et poncez.

s'insère plus facilement entre les lames adjacentes (➡ SÉQUENCE B). Enfin, quand tout est fini, après un dernier nettoyage – indispensable pour que les papiers abrasifs ne s'encrassent pas trop vite –, vous pouvez poncer.

● **À noter :** Sur un parquet traditionnel, les espaces entre les lames peuvent être considérés comme des joints de dilatation permettant au bois de « travailler ». Ne les comblez donc surtout pas avec de la pâte à bois.

Poncer le parquet

Se procurer le matériel adéquat. Pour poncer un parquet, louez un appareil robuste, et de préférence une ponceuse à rouleau, plus facile à manier que la rotative.
Procurez-vous également une bordeuse (➡ PHOTO 1), machine à disque déporté permettant de poncer au ras des plinthes ainsi que dans les endroits d'accès difficile, tels les dessous de radiateurs.
Pour aller dans les angles, vous pouvez vous servir d'une ponceuse à patin triangulaire ou, éventuellement, du fer d'un rabot en guise de racloir. Il est conseillé de porter un masque, des lunettes de protection et un protège-oreilles en raison du bruit.
Effectuer trois passages. Un ponçage soigné s'effectue en trois fois, avec des bandes abrasives de plus en plus fines : d'abord du gros grain (36), puis du grain moyen (56-60), et enfin du grain fin (100-120). Pour la mise en place, couchez la ponceuse sur le côté, dévissez la barre de serrage avec un tournevis, et placez la bande abrasive neuve. Basculez la ponceuse en arrière avant de commencer, puis reposez-la sur le sol doucement. Elle a tendance à « courir », mais tenez-la fermement des deux mains, et marchez derrière en faisant passer le câble électrique par dessus votre épaule. Quand vous atteignez les plinthes, inclinez la machine sur l'arrière avant de tourner. Dès que la ponceuse risque de faire du sur-place, il faut en effet relever le rouleau abrasif qui a tendance à creuser des « gouttières », impossibles à éliminer après coup. Si, par moments, la machine n'aspire plus correctement la sciure, arrêtez-la. Balayez le sol et passez l'aspirateur avant de reprendre.

1. *Une bordeuse à disque déporté, utile à la fois pour le bord des plinthes et les endroits difficiles d'accès.*

Tenir compte du sens des lames. Les trois ponçages successifs, chaque fois avec une bande abrasive plus fine, doivent aussi tenir compte du sens des lames.
– Pour poncer un parquet à lames droites, effectuez un premier passage en diagonale, un deuxième passage

© Bona

2. *Une ponceuse à bande ; elle appartient à la catégorie des ponceuses à rouleau.*

La céruse, donnant une légère teinte blanche, met en valeur le veinage du bois.

suivant la seconde diagonale, et un ponçage final dans le sens des lames.

– Pour poncer un parquet posé en diagonale, effectuez un premier passage dans le sens de la largeur, un deuxième passage dans le sens longitudinal, et un ponçage final dans le sens des lames.

Du mastic sur mesure

Mélangée avec de la colle vinylique, la poussière de ponçage forme un mastic qui permet de colmater les petits défauts du bois de façon invisible, car sa teinte est identique à celle du parquet. Il est mieux pour cela d'utiliser la sciure la plus fine, issue du dernier ponçage.

La mise en teinte

À moins que vous ne préfériez cirer ou vitrifier, vous pouvez après le ponçage teinter le bois ou appliquer une peinture pour sols.

La lasure. Elle laisse apparents les dessins de la fibre de bois tout en les colorant légèrement. Le produit s'applique en deux couches au pinceau et doit être ensuite protégé par un vernis.

La céruse. Elle est appliquée à la spatule, après avoir creusé les pores du bois avec une brosse métallique pour bien mettre en valeur le veinage des lames. Ce colorant blanc doit être ensuite fixé par deux couches de vernis.

La peinture. La plupart des peintures pour sols sont des résines polyuréthannes. Elles conviennent tout à fait pour un parquet. Passez une première couche au rouleau. Pour un support poreux, celle-ci doit être allongée au préalable avec 10 % de diluant de type white-spirit. Après un séchage de 8 à 12 heures, dépoussiérez soigneusement. Passez la deuxième couche sans dilution. Et éventuellement une troisième, si l'aspect brillant n'est pas uniforme. Laissez sécher durant 48 heures avant d'utiliser la pièce. Le durcissement définitif n'intervient qu'après 3 à 4 jours.

L'encaustiquage

La cire ou l'encaustique permettaient traditionnellement d'assurer la finition des parquets massifs. On les avait cru supplantées par la vitrification, mais, écologiques à souhait, elles rencontrent toujours des adeptes. Sachez toutefois que cire et vitrification sont totalement incompatibles.

Le plus pratique est d'utiliser de la cire liquide, diluée avec 10 % d'essence de térébenthine : elle est facile à appliquer même si l'on use un peu plus de produit. Sur un parquet fraîchement poncé, il est conseillé en outre de passer en première couche un fond dur : ce dernier bloque les pores du bois, ce qui permet de consommer moins d'encaustique tout en obtenant un brillant profond. Appliquez la cire diluée à l'aide d'un pinceau, en couches fines, laissez-la pénétrer et sécher environ 12 heures. Appliquez la deuxième couche au pinceau ou à la cireuse électrique. Faites briller avec un chiffon propre et sec.

La vitrification

La vitrification est une opération simple, mais longue. Elle a pour effets de protéger le parquet des agressions, d'apporter une meilleure résistance de surface et de permettre un entretien facile et économique – un parquet vitrifié peut être aisément nettoyé avec une éponge.

La vitrification s'effectue dans des conditions très précises :

– le bois ne doit pas dépasser 10 % d'humidité ;

– la température de la pièce ne doit pas être supérieure à 12 °C ;

– le chauffage doit être arrêté plusieurs jours avant.

Pour la première couche de vernis, travaillez au spalter dans le sens des fibres du bois (➡ SÉQUENCE). Laissez séchez de 2 à 6 heures. Poncez au papier de verre fin pour un meilleur accrochage. Dépoussiérez avant d'appliquer une deuxième couche. Laissez sécher au moins 24 heures. Pour une utilisation normale, deux couches suffisent. La principale difficulté est de travailler sans à-coups, avec des gestes amples et sans retour en arrière, de façon à appliquer le produit de manière uniforme. Le vernis atteint 80 % de sa dureté en deux jours : on peut alors marcher légèrement sur le parquet, même si le séchage définitif n'intervient que 8 jours plus tard. Attendez donc une semaine avant de remettre les meubles, et environ 2 à 3 semaines avant de poser des tapis. ■

Vernis et vitrificateurs

Pour vitrifier un parquet, il existe deux grandes catégories de vernis, qui se déclinent en finition mate, satinée ou brillante.

– Les vernis de type polyuréthanne sont souples et hautement résistants sur le plan mécanique et chimique. Ils sèchent en 12 heures, durcissent à cœur en 10 jours, mais jaunissent un peu avec le temps.

– Les vernis acryliques (en phase aqueuse) sont les vernis les plus récents. Ils ne dégagent pas d'odeur, ne sont ni nocifs ni polluants, et procurent au parquet une très grande résistance. Ils respectent en outre parfaitement la couleur naturelle du bois.

Évitez par contre les vernis de type urée-formol (à l'alcool), toxiques et polluants.

La vitrification

1 **Versez le vernis** destiné à la vitrification dans un récipient de bonne taille, comme cette cuvette en plastique.

2 **Appliquez le vernis** avec une brosse plate (spalter). Veillez à ne pas repasser deux fois au même endroit.

La pose de la moquette en lés

Le choix de la technique de pose dépend tout à la fois du genre de moquette, de son envers, de la surface à couvrir, de l'état du sol. Elle est primordiale pour l'aspect général de la moquette, son confort et sa durabilité. La moquette en rouleaux peut être posée de trois manières : libre, tendue ou collée. La pose tendue, très complexe, doit être confiée à un professionnel. Les poses libre et collée sont à la portée de l'amateur ; dans les deux cas, avant de fixer les lés, il convient de laisser reposer la moquette au moins 24 heures dans la pièce après l'avoir bien positionnée.

Préparer le sol

Comme les autres revêtements de sol, la moquette doit être posée sur une surface propre, aussi plane que possible, et sèche. L'état du support revêt encore plus d'importance quand il s'agit d'une pose collée, la présence de corps gras, par exemple, pouvant gêner l'adhérence.

– Si les lés sont à poser sur un parquet ancien, vérifiez la bonne tenue des lames, reclouez celles qui sont instables et éliminez avec soin toute trace de cire.

– Si le parquet vient d'être poncé, n'hésitez pas à appliquer une couche d'imprégnation à base de colle Néoprène diluée à 50 % de trichloréthylène et laissez sécher 24 heures avant de dérouler la moquette.

– Sur un sol en ciment, il convient de bien dépoussiérer et d'effectuer si besoin un ragréage, c'est-à-dire d'appliquer un mortier pour améliorer la planéité. Passez ensuite un fixateur ou un primaire d'accrochage afin d'éviter les remontées de poussières.

Dans tous les cas, comme la moquette nécessite d'être stockée dans la pièce concernée au moins 24 heures avant la pose, il est préférable de préparer la surface avant d'acheter les lés.

Laisser la moquette se stabiliser

Au moment de l'achat, il est possible que vous soyez contraint de plier la découpe, si vous ne pouvez pas la transporter sous forme de rouleaux. Veillez bien, dans ce cas, à ne

Attention au sens de la moquette

En mettant en place la moquette, faites attention au sens du poil, appelé aussi couchant, souvent indiqué par une flèche imprimée sur l'envers. Cette direction doit être orientée face à la fenêtre et correspondre au sens d'arrivée de la lumière naturelle. Toutefois, avec des moquettes en velours rasé ou des revêtements de grande largeur ne nécessitant pas de raccords, cette précaution est de moindre importance.

pas écraser les plis, et déroulez la moquette sitôt que vous êtes arrivé à domicile.

Positionner la moquette. Lorsque vous étalez la moquette, en tenant compte du sens de pose (→ ENCADRÉ), laissez-la remonter d'une dizaine de centimètres sur les plinthes. Pour bien la mettre en place (→ CROQUIS 1), vous devez procéder comme suit :

▶ Lissez le revêtement sur toute la surface à l'aide d'une cale en bois ou en matière plastique pour supprimer les plis et les poches d'air (→ PHOTO 2). Cette opération, nommée marouflage, est indispensable avant une pose libre, facultative avant une pose collée .

2. *Le lissage avec un maroufleur de tapissier.*

▶ Marquez le pli le long des plinthes à l'aide d'une paire de ciseaux fermés et repliez la moquette dans les angles pour qu'elle épouse toute la surface.

▶ Effectuez une première découpe au ras des plinthes : il ne faut pas araser sur toute la longueur, mais seulement sur 1 ou 2 m au milieu de chaque côté de la pièce ; le but est uniquement d'améliorer le positionnement des lés. Utilisez à cet effet un cutter, dont vous changerez fréquemment la lame (→ PHOTO 3) ; guidez le cutter en prenant appui sur la lame métallique d'un outil plat. Vous obtiendrez ainsi une coupe franche et éviterez un éventuel dérapage.

Patienter 24 heures. Une fois la moquette bien en place, il ne reste plus qu'à la laisser reposer durant une journée, le temps qu'elle se stabilise en fonction de la température ambiante. Ce n'est que passé ce délai que vous pouvez commencer la pose.

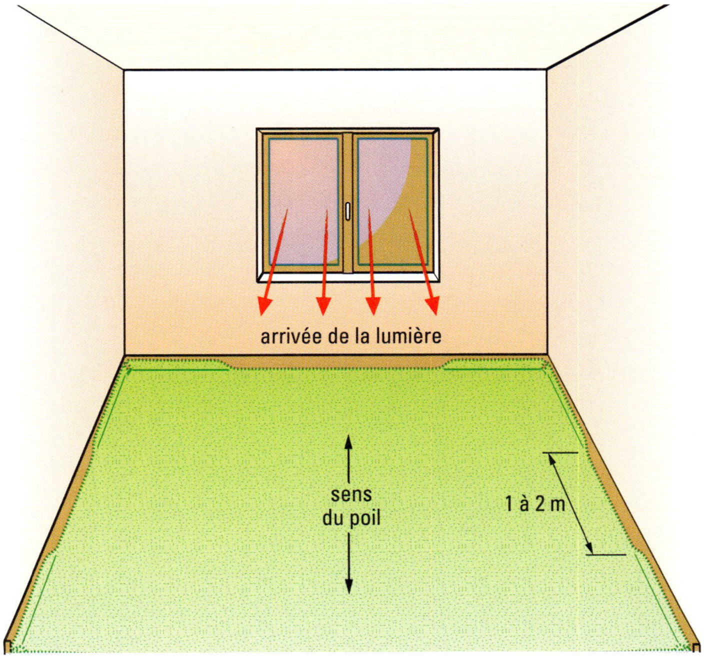

1. *Pour bien positionner la moquette, repliez les angles, comme ci-dessous, et effectuez des découpes de 1 à 2 mètres au ras des plinthes sur tous les côtés de la pièce.*

3. *L'arasage le long des plinthes.*

Colle ou fixateur ?

La pose collée a pour seul inconvénient la dépose. Pour changer de revêtement, il faut arracher la moquette et remettre la surface en état. Opération de nettoyage fastidieuse. Pour pallier ce problème, et lorsque le sol, bien préparé, est lisse et non absorbant, il est conseillé d'utiliser un fixateur. Ce produit liquide appliqué au rouleau présente un pouvoir d'adhérence suffisant pour maintenir au sol les moquettes ou les revêtements en fibres naturelles tels que coco ou sisal. Au moment de la dépose, il suffit de tirer sur le revêtement qui s'enlève facilement, sans dégrader le sol car le fixateur reste – pour l'essentiel – collé au dos de la moquette. Les quelques traces au sol disparaissent avec de l'eau chaude additionnée de lessive St Marc.

La pose sur bandes adhésives

Lors d'une pose libre, la moquette est simplement fixée sur le sol par un ruban adhésif double-face. Ce type de pose est réservé aux moquettes aiguilletées et aux moquettes à dossier mousse. Il ne convient qu'aux pièces d'une surface inférieure à 20 m². Pour les espaces inférieurs à 12 m² et soumis à un faible passage, une chambre par exemple, il suffit de poser le ruban adhésif sur tout le périmètre. Mais pour un espace de 12 à 20 m², moyennement fréquenté, il convient de quadriller toute la surface avec des bandes espacées environ de 1 mètre.

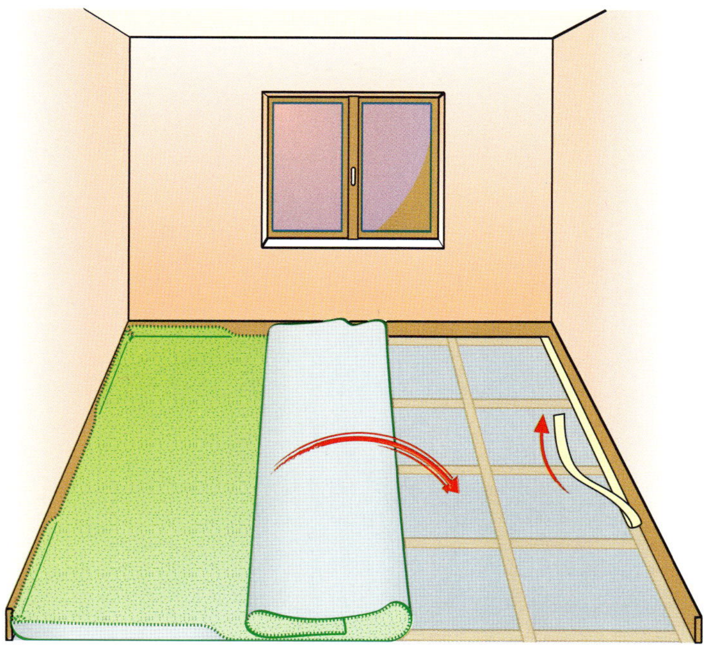

1. *En pose libre, quand la surface excède 12 m², il convient de quadriller toute la surface avec du ruban adhésif. Le film de protection est enlevé au fur et à mesure que l'on rabat le lé de moquette.*

Placer les bandes adhésives. Avant d'installer l'adhésif, vérifiez que la moquette soit bien tendue, et lissez si besoin de nouveau la surface. Procédez ensuite en deux temps. Relevez d'abord une moitié de lé, et repliez-la sur l'autre (→ **CROQUIS 1**). Collez le ruban adhésif double-face au ras des plinthes. Enlevez progressivement le film de protection en rabattant le lé et faites-les adhérer l'un sur l'autre. Arasez les angles. Relevez ensuite l'autre moitié, et procédez de même. En cas d'obstacle, un radiateur par exemple, faites au cutter les découpes nécessaires pour contourner les pieds (→ **PHOTO 2**). Placez le ruban adhésif au ras de la plinthe et rabattez la moquette sous le radiateur.

Effectuer les finitions. Une fois la moquette fixée sur les rubans adhésifs, il ne reste qu'à araser le surplus, le long des plinthes et au niveau de la porte. Pour les lignes droites, utilisez un araseur à inclinaison réglable, dont la position de la lame varie en fonction de l'épaisseur du revêtement : cet outil équipé d'une poignée permet de plaquer la moquette le long de la plinthe et de la couper de manière rectiligne (→ **PHOTO 5**).

Pour les petites découpes, préférez un cutter appuyé sur la lame métallique d'un outil

2. *La découpe au ras du pied d'un radiateur.*

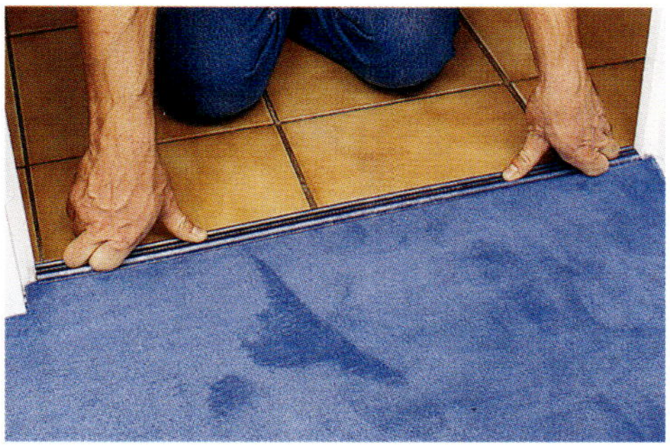

3. *La mise en place d'une barre de seuil plate.*

plat, ce dernier protégeant la moquette et guidant la coupe.

Au niveau du seuil, coupez la moquette au ras du revêtement de la pièce contiguë. Guidez-vous sur une règle métallique pour ne pas déraper. Vissez une barre de seuil pour maintenir le bord de la moquette (→ **PHOTO 3**). Si les deux revêtements montrent une différence d'épaisseur importante, choisissez un profil d'adaptation, mieux adapté qu'une barre de seuil plate.

La pose collée

La pose collée est réservée aux moquettes à envers double dossier et à envers mousse. Le choix de la colle ou du fixateur (→ **ENCADRÉ**) dépend des spécificités du revêtement. Le produit d'encollage est appliqué sur toute la surface du sol.

Encoller le sol. Il faut d'abord relever la moquette sur la moitié de la pièce en la repliant en portefeuille pour ne pas écraser les plis (→ **CROQUIS 4**). Vous pouvez alors encoller la partie du sol ainsi dégagée : avec une colle, utilisez une spatule crantée de manière à déposer environ 300 g de produit au mètre carré ; avec un fixateur, utilisez un rouleau et appliquez environ 120 g de produit au mètre carré.

Respectez le temps de gommage indiqué par le fabriquant, à savoir le temps imparti pour que la colle soit efficiente. Puis rabattez le revêtement sur la couche de colle. Lissez ensuite la surface avec les mains pour évacuer les poches d'air. Procédez de même pour l'autre moitié de moquette.

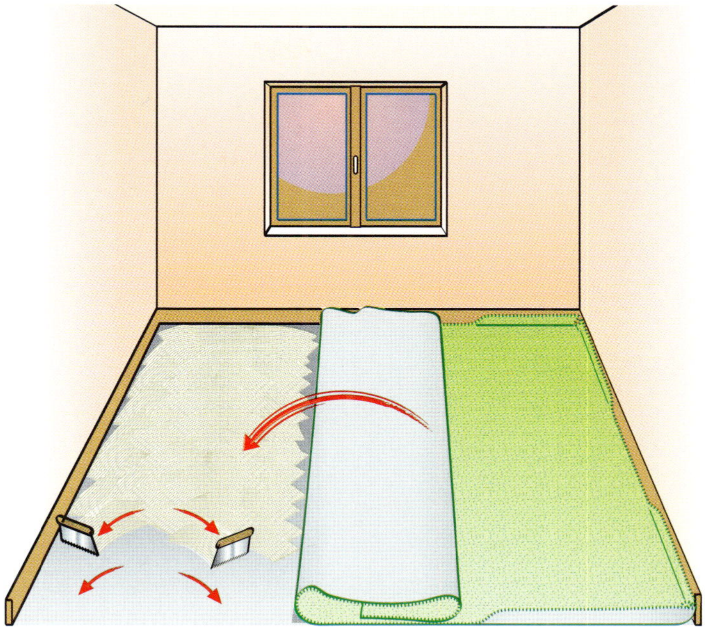

4. *En pose collée, il faut procéder en deux temps : encoller d'abord une moitié de la surface de la pièce, puis rabattre le lé avant d'encoller la zone restante.*

Maroufler et araser. Une fois la moquette en place, effectuez un marouflage soigné, c'est-à-dire lissez la surface pour améliorer l'adhérence du revêtement sur le film de colle. Utilisez à cet effet un maroufleur de tapissier, sorte de cale en bois ou en liège aux bords arrondis (→ **PHOTO 2 P. 363**), ou, à défaut, un rouleau à pâtisserie. Lissez toujours la moquette du centre vers les bords. Arasez ensuite avec un cutter ou un araseur, le long des plinthes et des différents obstacles : angle saillant, seuil de porte…

5. *L'arasage après encollage.*

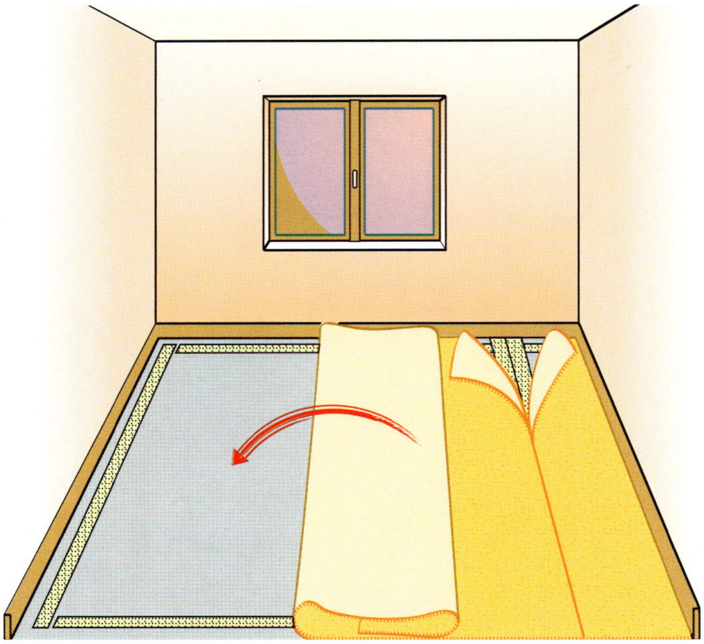

1. *Les bandes agrippantes (de type Velcro ou Alfa-grip) doivent être disposées à environ 3 cm en retrait des plinthes, sur tout le périmètre. Un quadrillage de la surface n'est indispensable que si la pièce excède 20 m².*

La pose sur bandes agrippantes

La pose sur bandes agrippantes est réservée aux moquettes à dossier textile en feutre aiguilleté. Elle n'utilise pas de produit nocif et permet, le cas échéant, d'ôter les lés sans dégrader le support.

Placer les bandes. La moquette est fixée sur tout le périmètre de la pièce grâce à des bandes agrippantes de type Velcro de 5 cm de large, positionnées à environ 3 cm des plinthes (→ **CROQUIS 1**).

Pour exécuter un joint entre deux lés, il existe des bandes agrippantes larges de 10 à 20 cm. Mais vous pouvez aussi bien coller côte à côte trois bandes de 5 cm au niveau de la jonction.

Si la surface de la pièce excède les 20 m², prévoyez, comme pour la pose libre avec adhésif double-face, un plus grand nombre de bandes espacées de 1 m et effectuez un quadrillage de la surface afin d'éviter l'ondulation du revêtement.

Fixer la moquette. Pour poser une moquette d'un seul tenant dans un local carré ou rectangulaire, vous devez la fixer successivement sur chacun des quatre côtés.

▶ Commencez par l'un des deux côtés perpendiculaires à la porte : coupez la moquette au ras des plinthes, puis fixez-la sur la bande agrippante en frappant dessus sur toute sa longueur à l'aide d'un maillet posé sur une cale en bois. Lissez toute la surface de la moquette en vous dirigeant vers le mur opposé, et, parvenu à ce dernier, arasez et fixez suivant la même méthode.

▶ Procédez de manière similaire pour les deux côtés restants : lissez toute la surface en allant de la porte jusqu'au mur qui lui fait face, puis arasez et fixez, toujours au maillet. Lissez ensuite en direction de la porte. Au niveau du seuil, veillez avec grand soin à ce que l'envers de la moquette s'incruste bien dans la bande agrippante. Puis vissez si besoin une barre de seuil.

2. *À l'endroit de la jonction entre deux lés de moquette, collez côte à côte deux ou trois bandes agrippantes.*

3. *Dans les angles, évitez de superposer l'extrémité des deux bandes qui se rejoignent perpendiculairement.*

Changer un morceau de moquette endommagée

Certains produits, tels que le tanin, l'eau de Javel ou la cendre brûlante d'une cigarette produisent des taches indélébiles qu'aucun détachant ne peut faire disparaître. La solution consiste alors à découper le morceau de moquette abîmé pour le remplacer par une pièce en bon état. Plusieurs outils spécifiques facilitent ce genre de travail en permettant la découpe de pièces de formes rondes (➡ **ENCADRÉ**). Vous pouvez par exemple utiliser un couteau circulaire ou un emporte-pièce (➡ **SÉQUENCE**). Ces derniers vous permettent également de ménager des trous pour le passage des canalisations.

Pour changer un morceau de moquette, l'opération est simple.

▶ Découpez un cercle autour de la tache, puis une rondelle de même diamètre dans une chute de moquette neuve.

▶ Nettoyez ensuite l'emplacement vacant et encollez-le avec un produit à base de latex.

▶ Placez alors la rondelle neuve en prenant soin d'orienter son velours dans le sens du velours d'origine. Après quelques instants de séchage, brossez la surface pour l'unifier. ■

DES OUTILS POUR RÉPARER LES MOQUETTES

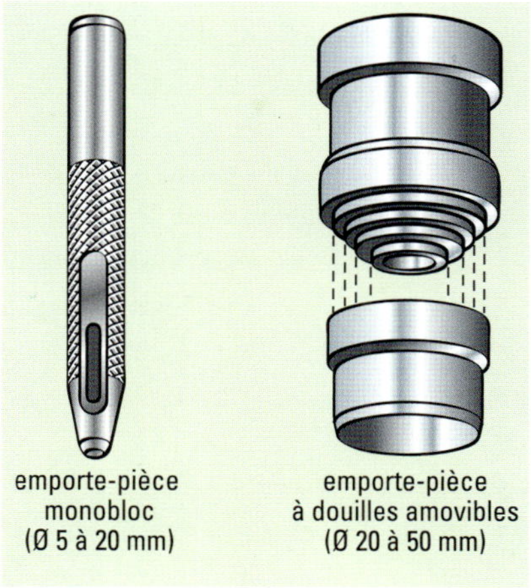

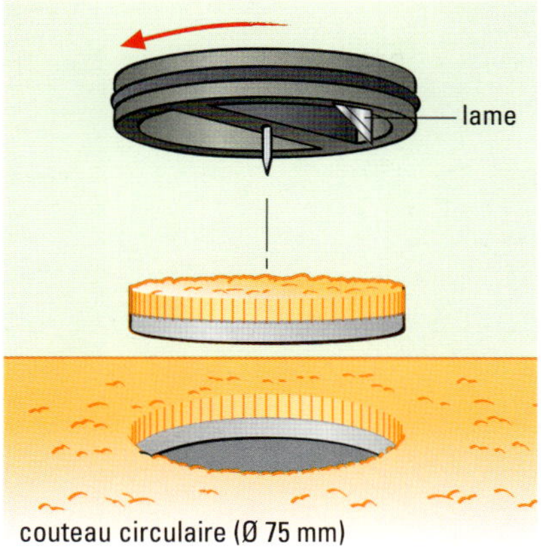

Découper au lieu de détacher

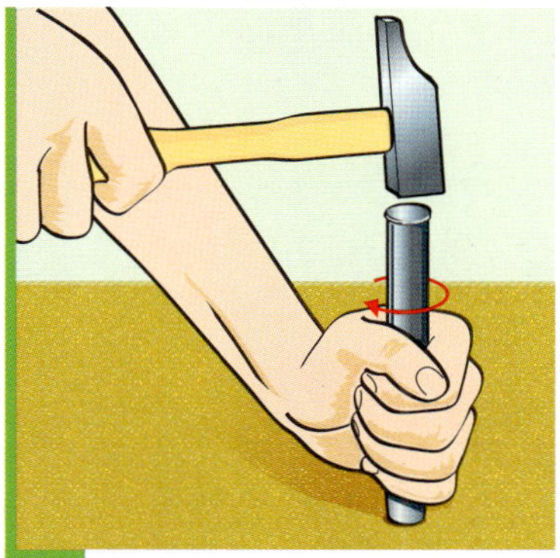

1 **Posez un emporte-pièce** d'environ 15 mm sur l'endroit taché ou brûlé de la moquette et frappez plusieurs coups de marteau en faisant légèrement pivoter l'outil pour faciliter sa pénétration.

2 **Découpez une rondelle de même diamètre,** dans une chute de moquette neuve ou dans un endroit peu visible comme le fond d'un placard ou à l'arrière d'une porte.

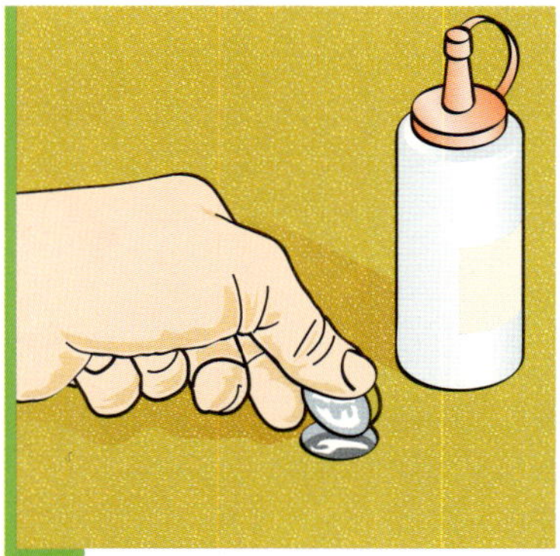

3 **Collez la rondelle neuve** sur l'emplacement de la tache en prenant soin d'orienter son velours dans le sens du velours d'origine, pour ne pas créer de différence de teinte.

La pose des dalles de moquette

Il existe deux sortes de dalles de moquette, les autobloquantes et les adhésives. Les autobloquantes, la majorité, sont fixées sur une sous-couche semi-rigide en asphalte ou PVC ; elles sont installées sur le sol avec des rubans adhésifs double-face (→ ENCADRÉ). Les dalles adhésives, elles, sont enduites sur l'envers d'une colle spéciale protégée par une pellicule qu'il suffit d'enlever lors de la pose. Comme tout type de moquettes, les dalles doivent être déballées et stockées pendant au moins 24 heures dans la pièce qui va les accueillir afin de se stabiliser en fonction de la température de la pièce. La pose ne peut intervenir que sur un sol lisse, plan et sec.

La pose droite

Calepinage et traçage. Cette première étape est indispensable pour définir l'agencement des dalles. Elle consiste à tracer deux droites perpendiculaires sur lesquelles vous vous appuierez lors de la pose (→ CROQUIS 1). Voici comment procéder :

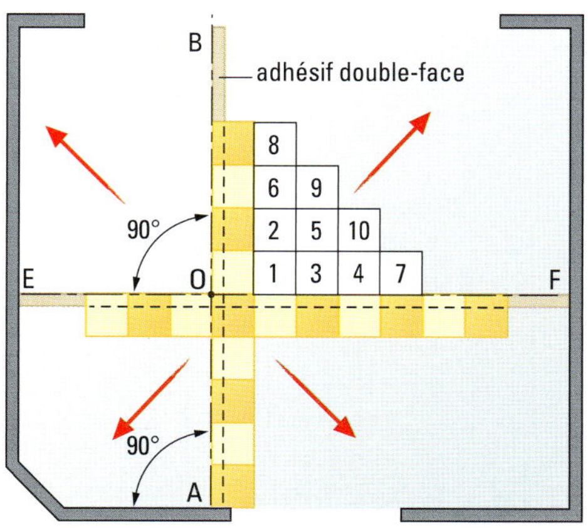

1. *Les principes de la pose droite.*

▸ Tracez d'abord une ligne AB, perpendiculaire à la porte. Disposez, sans les coller, une première rangée de dalles le long de cette droite. Déplacez-les jusqu'à trouver la bonne disposition : vous ne devez pas obtenir des découpes trop étroites aux extrémités, le minimum étant de 5 cm.

▸ Tracez ensuite une ligne EF, perpendiculaire à AB, en partant du centre de cette rangée (point O). Disposez au long, toujours sans coller, une seconde rangée de dalles. Si, à l'une des extrémités, il subsiste un espace trop mince entre la dernière dalle et le mur, décalez toute la rangée vers la gauche ou la droite, et recommencez le tracé d'une autre ligne AB puisque le point O aura changé de place.

La fixation des dalles. Quand les deux droites AB et EF et leur intersection O correspondent à la meilleure position souhaitée, disposez le long des deux perpendiculaires un ruban adhésif double-face, s'il s'agit de dalles autobloquantes, et collez dessus les deux premières rangées. Vérifiez avec une règle que le bord des dalles suit exactement le tracé. Travaillez ensuite secteur par secteur : appuyez-vous sur les rangées déjà fixées et placez les dalles en escalier suivant l'ordre numérique du croquis (→ CROQUIS 1). Il n'est désormais plus utile d'utiliser de ruban adhésif, les dalles se bloquant les unes les autres.

La découpe des bordures. Quand toutes les dalles entières sont posées, et seulement à ce moment-là, vous pouvez procéder à la coupe et à la mise en place des bordures (→ CROQUIS 2) : posez une dalle neuve A sur une dalle de l'avant-dernière rangée, et faites-les coïncider exactement. Posez ensuite sur cette dalle A une autre dalle entière B en la calant contre la plinthe. Maintenez l'ensemble, tracez et découpez la dalle A en suivant le bord

2. *Une découpe de bordure en pose droite.*

de B. La découpe A s'encastrera exactement entre la dernière dalle collée et la plinthe.

La pose en diagonale

Calepinage et traçage. La recherche d'un effet esthétique conduit parfois à poser les dalles en oblique ; mais, comme pour la pose droite, il faut d'abord définir le point O, centre de départ de la pose (→ **CROQUIS 3**) :

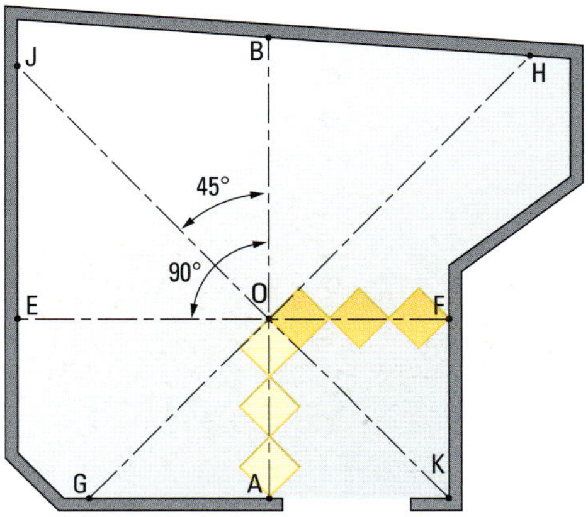

3. *Le traçage en pose diagonale.*

▶ Tracez une ligne AB perpendiculaire à la porte. En partant du point A, disposez sur cette ligne un certain nombre de dalles (ici, trois), dont la dernière s'approche du centre de la pièce et détermine un premier point O.

▶ Du point O, tracez une ligne EF perpendiculaire à AB et disposez un même nombre de dalles pour combler la distance OF. S'il y a lieu, déplacez le point O vers la gauche ou vers la droite jusqu'à ce qu'il se trouve à égale distance de A et de F, ce qui vous obligera parfois à tracer une nouvelle ligne AB.

▶ Faites enfin pivoter les droites AB et EF suivant un angle à 45 degrés pour tracer les deux lignes JK et GH qui donnent la direction de la pose en diagonale.

La fixation des dalles. La pose en diagonale se déroule ensuite comme la pose droite. Collez les deux premières rangées de dalles le long des diagonales GH et JK. Travaillez ensuite secteur par secteur, en escalier. Posez toutes les dalles entières et terminez par les bordures.

Un adhésif poissant

Lors de la pose de dalles autobloquantes, il est possible de remplacer l'adhésif double-face par un « adhésif poissant », un produit liquide qui s'apparente au Post-it. Il ne doit surtout pas être confondu avec une colle et s'applique au rouleau. Son principal avantage est de bloquer les dalles de moquette sans les piéger, facilitant ainsi, si besoin, leur remplacement.

La découpe des bordures. Pour la découpe des bordures (→ **CROQUIS 4**), vous pouvez vous aider avec un gabarit en carton rigide : faites un carré dont la longueur du côté est égale à celle de la diagonale d'une dalle. Posez une dalle neuve sur la dalle entière la plus proche du mur. Placez dessus le gabarit en le calant contre la plinthe. Coupez la dalle neuve en suivant le bord du gabarit : elle a désormais le format nécessaire pour s'insérer dans la bordure.

Changer une dalle abîmée

Si une dalle de moquette est abîmée, il est aisé de la remplacer. Pour éviter toutefois que l'opération soit visible, retirez, en même temps que la dalle abîmée, une dalle sous un meuble par exemple. Posez cette dalle à la place de la dalle détériorée et mettez la dalle défaillante sous le meuble. ■

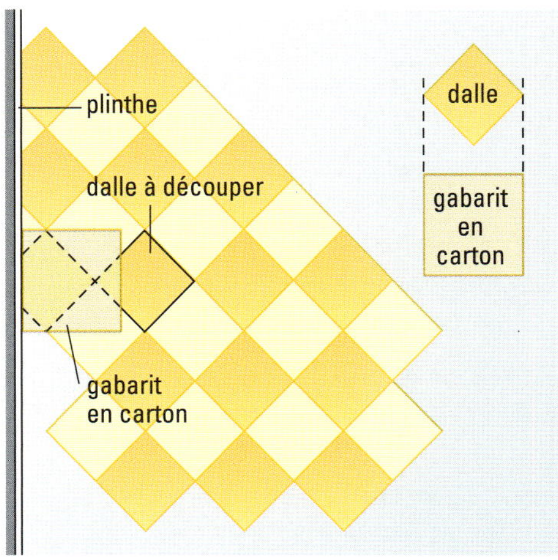

4. *Une découpe de bordure en pose diagonale à l'aide d'un gabarit en carton.*

La pose des dalles de vinyle

Revêtement relativement souple, les dalles et les lés de vinyle épousent plus ou moins les défauts du support, d'où la nécessité que ce dernier soit en parfait état : sain, absolument sec, plan, le plus lisse possible, et parfaitement propre. En outre, s'ils sont résistants et faciles d'entretien, ils supportent mal, comme tout revêtement synthétique, les brusques changements de température. Il est donc vivement conseillé de les entreposer au moins 24 heures à l'avance dans le local pour qu'ils s'adaptent à la température ambiante, l'idéal étant de régler celle-ci à 18 °C. Les dalles de vinyle, avec un format de 30 à 33 cm de côté, se présentent le plus souvent sous la forme de dalles adhésives, et plus rarement sous la forme de dalles à coller.

Le calepinage et le traçage

Comme pour la pose d'un carrelage ou de dalles de moquettes, la pose des dalles de vinyle est précédée d'un traçage au sol qui permet de définir les axes selon lesquels vous allez travailler.

Pour une pose droite, il faut d'abord diviser la pièce en quatre parties en traçant deux axes perpendiculaires AB et CD, et définir ainsi à leur intersection un point central O (➡ CROQUIS 1). Vous devez ensuite positionner les dalles à sec, sans ôter leur film adhésif ni les coller, le long de ces deux droites. L'objectif est que les espaces restants aux extrémités H, à savoir les bordures, soient équilibrés de part et d'autre. Pour y parvenir, vous allez devoir décaler les dalles jusqu'à obtenir un agencement satisfaisant, et, de ce

fait, déplacer le centre O. Lorsque vous êtes satisfait, tracez les deux axes définitifs AB et CD. Ils vous serviront d'appuis.
Si vous souhaitez effectuer une pose en diagonale, vous pouvez utiliser la même méthodologie que pour la pose en diagonale des dalles de moquette par exemple (→ P. 369).

À noter : Arrêtez le chauffage par le sol 24 heures avant la pose et ne le remettez en marche qu'une bonne journée après.

La pose des dalles

Les deux premières rangées de dalles doivent être alignées le long des axes perpendiculaires AB et CD, la première dalle étant posée à l'intersection des deux lignes.
S'il s'agit de dalles adhésives, retirez la pellicule protectrice avant la mise en place, et posez sans appuyer (→ SÉQUENCE). Une fois que la dalle est parfaitement positionnée, pressez-la fortement au sol avec une spatule plastique en allant du centre vers les bords. Posez les dalles suivantes en veillant à les accoler parfaitement à la première et vérifiez à l'aide d'une règle leur parfait alignement. Orientez-les toutes dans le même sens en vous aidant des flèches imprimées au dos de chacune d'elles.
Le principe est le même pour la pose collée : le sol doit alors être encollé, de préférence sur de petites surfaces, avant la mise en place des dalles.
Quand toutes les dalles entières ont été posées le long des deux axes perpendiculaires, remplissez successivement chaque quart de la pièce. Travaillez en escalier dans l'ordre précisé par le croquis (→ CROQUIS 1). Collez de cette manière toutes les dalles entières en terminant par la zone la plus proche de la porte.

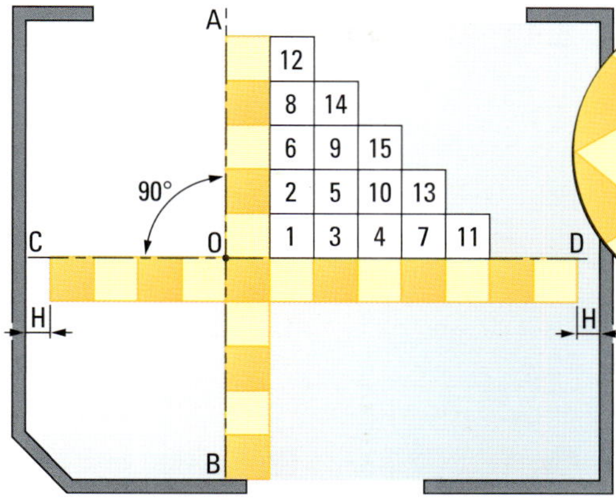

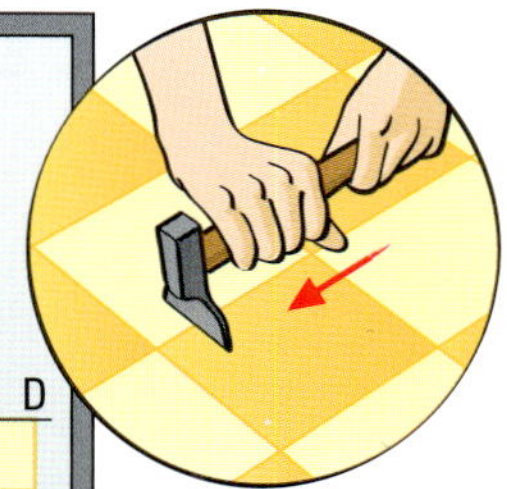

1. *Les premières dalles doivent être posées le long des deux axes perpendiculaires, et les autres en escalier suivant l'ordre indiqué ci-dessus. Marouflez les dalles au fur et à mesure de la pose.*

La découpe des bordures

Quand toutes les dalles entières sont posées, vous pouvez procéder à la découpe et à la mise en place des dalles destinées aux bor-

LES OUTILS

- cutter à lame rigide
- règle
- rouleau à pâtisserie ou marteau à large panne

La pose des dalles adhésives

1 **Débutez la pose** en disposant les dalles le long des deux axes perpendiculaires préalablement tracés au sol. Vérifiez avec une règle que les bords des dalles sont bien alignés le long du tracé.

2 **Décollez le film protecteur** en évitant de toucher l'adhésif. Manipulez les dalles par les côtés, du bout des doigts. Faites attention au sens de pose, indiqué au dos par une flèche imprimée.

3 **Lissez les dalles** au fur et à mesure avec une spatule, un marteau à large panne, ou, à défaut, un rouleau à pâtisserie. Cette opération garantit une bonne adhérence au sol des dalles.

© Tarkett

dures. Posez une dalle neuve, dite «A», sur une dalle de la dernière rangée collée. Faites-les coïncider. C'est dans la dalle A que vous effectuerez la découpe. Posez ensuite dessus une autre dalle neuve, dite «B», mais en l'appuyant, elle, contre la plinthe : la partie de la dalle A qui n'est pas recouverte par la dalle B correspond exactement aux dimensions de la bordure, et donc de la découpe. Maintenez l'ensemble, tracez la ligne de coupe sur la dalle A en suivant la bordure de la dalle B (→ CROQUIS 2 P. 368).

Après avoir posé la dalle A sur un plan de travail, il ne reste plus qu'à l'entailler profondément : utilisez une pointe à tracer ou un cutter à lame rigide et faites plusieurs passages. Puis cassez-la en la posant sur le bord d'une table ou en la tenant à deux mains pour la plier (→ SÉQUENCE). Vous êtes certain d'obtenir, en suivant cette méthode, une coupe franche et nette. ■

Effectuer une coupe nette

1 **Entaillez profondément.** Un cutter à lame rigide passé à plusieurs reprises permet d'entailler suffisamment la dalle avant de la casser.

2 **Cassez la dalle.** Pour casser une dalle, vous pouvez aussi bien vous aider du bord d'une table que la faire plier et la rompre avec les mains.

La pose des revêtements vinyliques en rouleaux

Les revêtements vinyliques se présentent parfois sous forme de rouleaux de 2, 3 ou 4 m de large. Cette variété de formats simplifie la pose, limite au minimum les raccords et la taille des chutes. Lorsqu'il est nécessaire de poser plusieurs lés, ils est préférable de les disposer perpendiculairement à la principale source de lumière naturelle. Frisante, celle-ci rend les raccords moins visibles. Tout comme les dalles, les lés de vinyle doivent être entreposés 24 heures à l'avance dans le local où doit avoir lieu la pose, à une température de 15 à 20 °C, maintenue lors de la mise en œuvre.

L'ajustement des lés

Les lés de vinyle doivent être bien ajustés le long des plinthes, et ce sur tout le périmètre de la pièce. Si plusieurs lés sont nécessaires au revêtement de la surface, vous devez les positionner en les faisant se chevaucher de 4 à 6 cm. Cette phase d'ajustement ne va pas toujours de soi. Les murs d'une pièce montrent rarement une géométrie parfaite. L'ajustement au profil des murs peut se faire après l'encollage (→ **SÉQUENCE**), mais le plus souvent, il faut reporter leur profil sur le revêtement et le couper en fonction avant.

La découpe au ras des plinthes. Le lé est d'abord déroulé sur le sol, sa lisière placée contre la plinthe. Pour copier sur ce lé le profil du mur, vous pouvez utiliser soit un trusquin improvisé (par exemple, une cale en bois percée pour laisser passer un stylo), soit un compas à pointes sèches. Dans ce dernier cas, ouvrez le compas d'une valeur correspondant au plus grand écart du profil et déplacez l'outil sur toute la longueur du lé : l'une des branches s'appuie sur la plinthe tandis que la seconde sert de pointe à tracer et grave le revêtement. Il ne reste ensuite plus qu'à découper le vinyle en suivant le tracé avec un cutter à lame crochet. Travaillez à main levée en inclinant légèrement le cutter, et avec précaution pour ne pas déraper.

Effectuez également les découpes nécessaires au contournement des tuyaux (→ **CROQUIS 1**). Découpez un cercle équivalent au diamètre du tuyau à l'aide d'un emporte-pièce, puis fendez le revêtement et chauffez-

LES OUTILS

- ciseaux
- cutter
- règle de tapissier
- spatule crantée

La pose des revêtements sur sols

Poser un lé de vinyle

1 **Découpez.** Posez sommairement le vinyle sur le sol. Ouvrez dans les angles et coupez les gros excédents en gardant une marge de 5 à 10 cm au-dessus des plinthes.

2 **Encollez.** Repliez le revêtement d'un côté pour encoller le sol. Utilisez une spatule crantée pour étaler la colle de manière uniforme. Rabattez le vinyle.

3 **Arasez.** Après avoir passé un rouleau à pâtisserie, du centre vers les bords, pour chassez les bulles d'air, arasez l'excédent de vinyle avec une règle et un cutter.

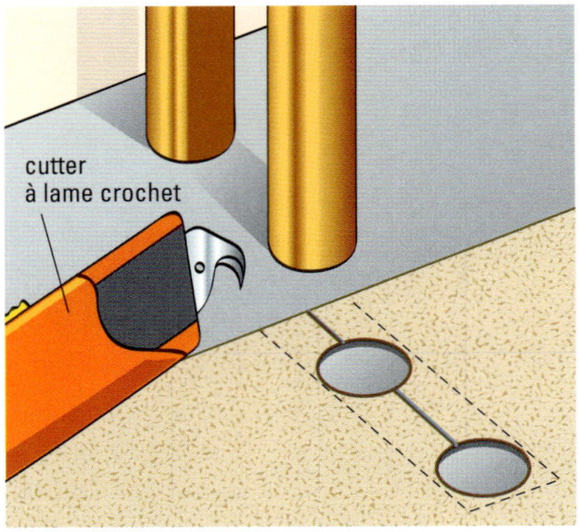

1. ***Le contournement des tuyaux.*** *Une fois les trous découpés à l'emporte-pièce, il suffit de fendre le vinyle à l'aide d'un cutter à lame crochet.*

le avec un sèche-cheveux. Assoupli par l'air chaud, le vinyle s'adapte et se met sa place sans aucune difficulté.

L'encollage des lés

Quand le vinyle a été bien coupé au ras des plinthes, vous pouvez procéder à l'encollage. Quand vous n'utilisez qu'un seul lé, l'opération est très rapide : il suffit d'encoller d'abord une moitié de la surface, puis l'autre, en repliant à chaque fois le vinyle sur lui-même. Si deux lés sont nécessaires au revêtement de la surface, l'opération se déroulera en trois temps : d'abord l'encollage partiel du premier lé, puis celui du second, et enfin, après la finalisation du raccord, l'encollage au centre. Les deux lés ont été préalablement placés en se chevauchant de 4 à 6 cm.

Pour la première étape, relevez le premier lé sur les trois quarts de sa largeur (➡ **CROQUIS 2**), et encollez le sol avec une spatule crantée pour bien doser le produit. Suivez le mode d'emploi en respectant notamment le « temps de gommage », à savoir le délai nécessaire avant de rabattre le revêtement sur la couche de colle. Une fois le vinyle en place, marouflez, c'est-à-dire lissez la surface pour parfaire l'adhérence. L'encollage et le marouflage du deuxième lé se déroulent exactement de la même manière. Laissez ensuite reposer l'ensemble avant de poursuivre la pose, à savoir couper et coller le raccord.

Attention aux chocs et au caoutchouc

La résistance d'un revêtement en vinyle n'est pas fonction de son épaisseur. Certains sols plastiques fins et compacts résistent bien aux chocs et aux poinçonnements. Mais même ces derniers peuvent être dégradés par des pieds ou des bords de meubles un peu trop pointus ou tranchants. N'hésitez pas à munir ce mobilier de protections en cuir, en matières plastique ou en feutre. En outre, évitez de laisser un sol en vinyle en contact avec un élément à base de caoutchouc, l'envers de certains tapis de bain par exemple.

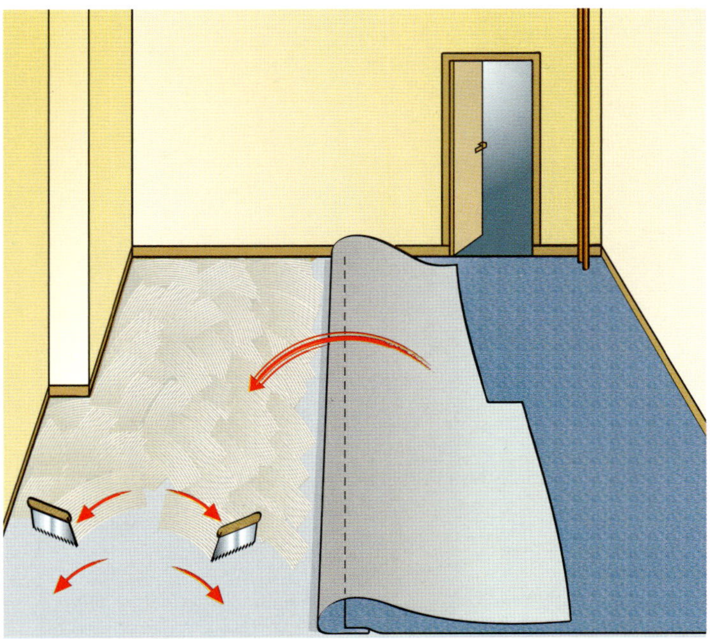

2. ***La pose de deux lés.*** *Ces derniers sont d'abord encollés l'un après l'autre sur les trois quarts de leur largeur. L'encollage au centre vient ensuite.*

Le raccordement des lés

Le raccordement s'effectue une fois que les deux lés ont été aux trois quarts encollés sur le sol. Pour cette opération un peu délicate, procédez comme suit :

▶ Soulevez les bords des lés et glissez en dessous une règle métallique plate : cette dernière a pour fonction de protéger la lame du cutter lors de la découpe. L'outil pourrait en effet achopper sur d'éventuelles petites imperfections du sol.

▶ Rabattez ensuite les deux lisières et placez une règle bombée sur la ligne où elles se chevauchent. Cette règle rigide servira d'appui à la lame du cutter. Coupez bien ensemble les deux épaisseurs du revêtement (➡ **CROQUIS 3**). Si vous devez déplacer la règle, faites-le sans sortir la lame du cutter de sa coupe, vous éviterez ainsi de fausses manœuvres.

▶ Ouvrez les deux lèvres du joint pour enlever les lisières coupées et sortir la règle métallique. Écartez les deux lés et encollez aussitôt le sol avec une spatule crantée.

▶ Rabattez le revêtement et posez à l'emplacement du raccord des objets lourds afin de faciliter la prise de la colle.

Les finitions. Pour que le raccord soit bien maintenu en place, il convient enfin de le recouvrir d'un ruban adhésif (➡ **SÉQUENCE**). Ce dernier doit ensuite être entaillé au cutter entre les deux lisières pour que vous puissiez déposer un filet de colle spéciale, une sorte de liquide incolore. Ce produit soude le vinyle sur lui-même et forme un joint étanche. Lorsque tout est terminé, vous pouvez enfin poser une barre de seuil au niveau de la porte. ■

Du Polish après la pose

Pour conserver au vinyle un aspect brillant longtemps, notamment dans une chambre d'enfants, appliquez en surface du Polish pour sol, juste après la pose. Repassez-en une couche de temps à autre, après avoir effectué à chaque fois un bon nettoyage. Vous pouvez aussi profiter de l'occasion pour éliminer en même temps d'éventuelles éraflures : il suffit pour cela de passer un tampon de laine d'acier OOO imprégné d'un peu de white-spirit.

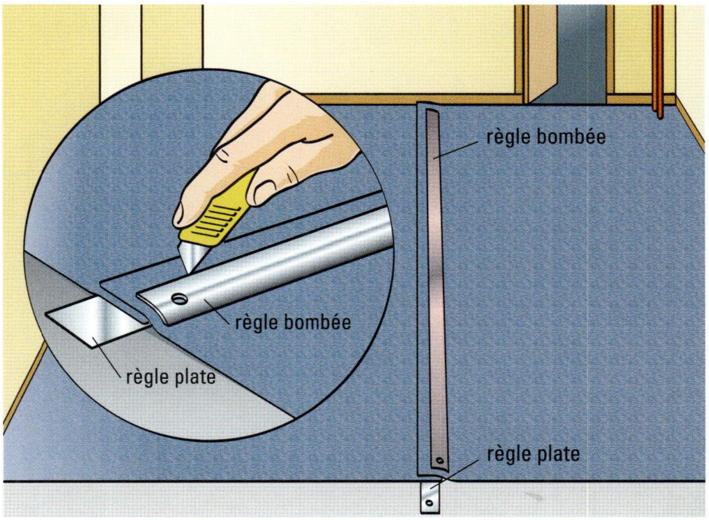

3. *Les deux épaisseurs du revêtement doivent être découpées en même temps pour obtenir un raccord discret.*

Finaliser le raccordement de deux lés

1 **Recouvrez le joint d'un ruban adhésif de masquage.** Ce dernier doit être étiré sur toute la longueur du raccord.

2 **Entaillez le ruban adhésif avec un cutter.** Procédez doucement, en passant la lame entre les deux lisières.

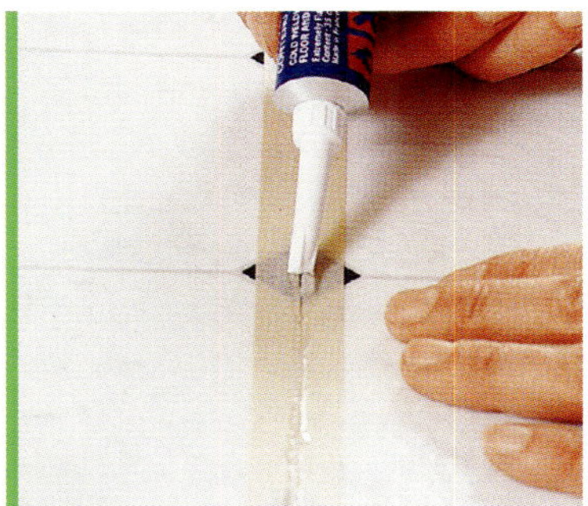

3 **Glissez un filet de colle dans l'interstice** ménagé par le cutter. Cette colle incolore spéciale soude le vinyle sur lui-même.

L'application des peintures de sol

Revêtu d'une résine synthétique, tel un polyuréthanne monocomposant, le sol de ce garage est bien étanche et protégé des taches et de l'abrasion.

Les peintures de sol classiques, proposées par tous les fabricants, malgré leurs qualités esthétiques, ne montrent pas, pour la plupart, une tenue exceptionnelle et s'abîment assez rapidement. Si vous souhaitez un revêtement résistant bien aux chocs, à l'abrasion et aux taches, mieux vaut opter pour des résines synthétiques, les époxydes ou les polyuréthannes. Les couleurs déçoivent parfois, car il est difficile de colorer les résines, et surtout les époxydes, dans des tons frais et éclatants. Mais le revêtement est étanche et dure longtemps !

Surveiller les étiquettes

Comme les résines synthétiques à l'état pur sont coûteuses, certains fabricants les utilisent avec parcimonie, et seulement pour renforcer les qualités de peintures plus classiques. Ainsi, les alkydes-uréthanes, par exemple, sont essentiellement des peintures à l'huile, renforcées par 15 % environ de polyuréthannes afin de doubler la durée de vie de la peinture. Évidemment, ces produits sont moins chers que des résines pures, mais moins satisfaisants. Quand le pourcentage de polyuréthannes ou d'époxydes devient abusivement faible, les performances mécaniques s'évanouissent au seul profit de la couleur ou de l'étiquetage.

La préparation du sol

Avant de peindre, il est nécessaire de préparer avec soin le support. Sinon, le revêtement n'adhérera pas de manière suffisante. En règle générale, le sol doit être solide, sec et parfaitement propre, la plupart des résines synthétiques étant incompatibles avec d'autres produits.

Sur une ancienne chape de ciment. Égrenez d'abord les parties non adhérentes, bouchez les éventuels trous ou fissures, puis dépoussiérez et lavez à grande eau. Enlevez ensuite les éventuelles taches de peinture et de graisse sur lesquelles les peintures de sol ne peuvent adhérer : utilisez à cet effet un décapant pour peinture ou des solvants de type benzol ou trichloréthylène.

Sur une chape de ciment neuve. Si la chape de ciment est neuve, veillez à ce qu'elle soit parfaitement sèche ; environ 21 jours sont nécessaires pour que toute humidité disparaisse. Après un brossage et un dépoussiérage, lavez avec une solution d'acide pour augmenter la porosité et faciliter l'accrochage de la première couche : privilégiez pour cela un acide en poudre cristallisée – sans dégagement de vapeur.

Diluez 1 kg de poudre dans 4 à 5 fois son volume d'eau, répandez la préparation et laissez agir de 15 à 20 minutes avant de rincer abondamment et de laisser sécher. Lors de l'application de l'acide, protégez-vous les mains avec des gants de caoutchouc et portez des bottes.

Les résines époxydes

Les peintures appartenant à la gamme des résines époxydes sont constituées de deux éléments qu'il faut impérativement mélanger juste avant l'emploi : une résine incolore ou teintée et un durcisseur. Une fois appliqué, le mélange forme un film étanche qui possède une très forte adhérence sur la plupart des supports et présente une surface dure, quelque peu flexible. Pour que l'appli-

Des conditionnements prédosés

Pour éviter des manipulations compliquées et des dosages erronés, certains fabricants proposent des conditionnements prédosés. Ainsi, des résines époxydes, comme le Matcosol, sont diffusées en kit pour couvrir des surfaces de 3 m², 8 m², 12 m², etc. Dans chaque kit se trouvent deux bidons, à utiliser à tour de rôle. Le bidon 1 est destiné à la première couche ; le bidon 2, à la seconde.
Mais il n'est pas possible de conserver les restes des pots qui durcissent en quelques heures.

cation soit possible, la température du sol doit se situer entre 15 °C et 35 °C. Les deux composants étant conditionnés sous forme de deux récipients superposés, vous devez crever le fond du premier récipient avec un tournevis afin que le durcisseur s'écoule dans la résine. Mélangez et laissez reposer pendant un quart d'heure, puis mélangez de nouveau avant l'application. Utilisez de préférence un pinceau brosse, jamais un rouleau. Vous disposez de quatre heures avant que le mélange ne durcisse. Après la première couche, laissez sécher 24 heures. Passé ce délai, vous pouvez appliquer une seconde couche. Laissez durcir pendant 24 heures, voire 48 heures, si la température ambiante est inférieure à 20 °C.

Les résines polyuréthannes

Les résines polyuréthannes se présentent parfois encore, comme les époxydes, sous forme d'une résine et d'un durcisseur à mélanger avant emploi. Mais ce sont le plus souvent des produits monocomposants prêts à l'emploi. Le produit est conditionné sous sa forme liquide, à l'abri de l'air. Le fait de l'appliquer provoque, au contact de l'humidité atmosphérique, une réaction chimique – la polymérisation – qui le solidifie.
Le film ainsi obtenu ne durcit jamais complètement ; il garde une élasticité permanente qui, à l'instar du caoutchouc, lui permet de suivre les éventuelles déformations du support. Il a aussi pour avantage d'être autosoudable : il s'accroche sur une ancienne couche de résine polyuréthanne sans décapage préalable.
L'application est quasi similaire à celle des résines époxydes (➡ SÉQUENCE). On estime en général que 150 à 250 g de peinture au mètre carré sont nécessaires pour une couche. Suivez les consignes du fabricant pour calculer vos besoins. Après la seconde couche, laissez durcir pendant 48 heures avant d'utiliser le local. ■

Appliquer une résine polyuréthanne monocomposant

1 **Versez la peinture nécessaire** à la première couche dans un bac à peindre. Mélangez-la avec 10 % d'un diluant de type white-spirit.

2 **Appliquez la première couche** au rouleau de laine, en croisant les passes. Laissez sécher au moins 12 heures avant de passer la seconde couche.

3 **Appliquez une seconde couche** à raison de 150 à 200 g de peinture au mètre carré. Laissez sécher et durcir la surface 48 heures avant d'utiliser le local.

La menuiserie

Les différentes essences

Le bois a toujours été un allié précieux de l'homme. Il lui apporte protection, chaleur – au sens propre comme au figuré – ainsi que confort et esthétique. C'est dire s'il tient une place de choix dans nos intérieurs. Il n'est pas rare qu'il soit, aujourd'hui encore, l'unique matériau utilisé dans la construction de certaines maisons. Présentant une grande variété d'essences, le bois est commercialisé sous de nombreuses formes. Chaque espèce possède des caractéristiques qui lui sont propres, servant de base à une classification simple d'emploi.

Les essences européennes

Également appelées « bois locaux », les essences européennes regroupent les espèces de feuillus qui poussent sous nos latitudes, les résineux formant une classe à part.

Les feuillus. Régulièrement utilisés dans l'ébénisterie et la fabrication des meubles, les feuillus laissent cependant de plus en plus place, dans les domaines de la construction, aux produits dérivés ou aux bois tropicaux. Ainsi le chêne, autrefois très employé, surtout pour les charpentes, ne l'est plus dorénavant que pour le placage, les parquets ou comme poutre de cheminée. Il sert toutefois en menuiserie pour la réalisation de portes et de fenêtres de haute qualité. Pour les autres essences, devenues rares dans le commerce, la même évidence s'impose. En général, le hêtre, le peuplier, le frêne, le noyer ou encore l'orme sont désormais réservés aux professionnels ou à la fabrication de produits dérivés comme le parquet flottant.

Les résineux. Bien présentes en Europe, des Landes à la Scandinavie, ces espèces ont pris tant d'importance au fil des ans qu'il convient de les classer ensemble. Le sapin, le pin, le mélèze ou encore le red cedar (appelé aussi « cèdre rouge », « pin rouge d'Amérique ») sont largement utilisés dans la vie quotidienne, aussi bien comme bois de construction qu'en ébénisterie, en menuiserie ou dans la fabrication de produits dérivés. Le pin, par exemple, fournit la quasi-totalité des éléments débités que l'on trouve dans le rayon menuiserie des grandes surfaces spécialisées dans le bricolage.

Les bois exotiques

Dans les forêts équatoriales et tropicales poussent des fûts de taille colossale rassemblés sous la dénomination de « bois exotiques ». Sous ce vocable se rangent un si grand nombre d'espèces aux caractéristiques si différentes que cette classification trop simpliste ne reflète pas toute la diversité de ces essences. L'ébène et, dans une moindre mesure, l'acajou, sont des bois exotiques fort prisés. L'okoumé, un arbre du Gabon, sert surtout à fabriquer du contreplaqué, comme l'élomba, le framiré, le limba, le samba et le tola. Bien d'autres essences sont exploitées comme le teck, le wengé, l'iroko, pour la fabrication de menuiseries, de portes et de fenêtres, ou en parqueterie, sans compter le curupixa, le doussié, le kosipo, le makore…

À noter : Les couleurs des bois qui figurent dans les tableaux ci-contre et p. 382 n'apparaissent qu'à titre indicatif. Une même essence peut présenter des nuances différentes en fonction de divers facteurs comme l'âge, l'habitat, le type, etc. ■

Différentes résistances de bois

Les bois se classent selon de très nombreux critères. Pour le bricoleur, dont le choix est limité, les indices de résistance aux insectes et aux champignons sont très importants. Ainsi, le chêne, le red cedar, le teck ou l'acajou, bois particulièrement résistants, n'ont pas besoin de traitement particulier, contrairement aux autres essences. Notez que plus le bois est tendre, plus il présente de risques d'être infesté de parasites.

ESSENCES DES RÉGIONS TROPICALES

Essences de bois		Provenance	Densité	Usages principaux
Acajou		Afrique, Amérique tropicale	0,6	Ébénisterie, menuiserie, agencement, décoration
Amarante		Amérique tropicale	1,0	Ébénisterie, menuiserie, tabletterie, parquets
Avodiré		Afrique	0,6	Menuiserie, agencement
Azobé		Afrique	1,0	Parquets
Balsa		Amérique tropicale	0,1	Isolant thermique et phonique
Bois de rose		Amérique tropicale	0,8	Ébénisterie, tabletterie, placage
Bois de violette		Amérique tropicale	0,9	Ébénisterie, tabletterie, placage
Ébène		Afrique, Asie tropicale	1,1	Ébénisterie, marqueterie
Okoumé		Afrique	0,5	Contreplaqué, menuiserie, moulures
Padouk		Afrique	0,7	Ébénisterie, charpente, menuiserie, placage
Palissandre		Amérique, Asie tropicale	0,9	Ébénisterie, tabletterie, placage
Sipo		Afrique	0,7	Ébénisterie, menuiserie, agencement, placage, contreplaqué
Teck		Asie tropicale	0,8	Ébénisterie

FEUILLUS DES RÉGIONS TEMPÉRÉES DE L'HÉMISPHÈRE NORD

Essences de bois		Provenance	Densité	Usages principaux
Bouleau d'Europe		indigène	0,6	Placage déroulé
Bouleau du Canada ou bouleau d'Amérique		Amérique du Nord, acclimaté en France	0,7	Contreplaqué
Châtaignier		indigène	0,6	Charpente, parquets, bois feuillards, ébénisterie massive, panneaux de particules et de fibres
Chêne		indigène	0,8	Placage décoratif, ébénisterie massive et plaquée, charpente, menuiserie extérieure, parquets, panneaux de particules
Chêne blanc, dit chêne d'Amérique		Amérique du Nord, acclimaté en France	0,8	Ébénisterie massive, menuiserie
Chêne-liège		indigène	(liège) 0,2	Revêtements et isolants, en plaques ou aggloméré
Frêne		indigène	0,7	Sièges, rampes d'escalier, placage décoratif
Hêtre		indigène	0,7	Meubles et sièges, cintrage, placage et bois améliorés
Merisier et merisier d'Amérique		indigène et Amérique du Nord	0,6	Ébénisterie massive et plaquée, sièges, placage décoratif et panneaux de lambrissage décoratif
Noyer et noyer noir (dit noyer d'Amérique)		Asie et Amérique du Nord (noyer noir), acclimatés en France	0,6	Placage, ébénisterie massive et plaquée, marqueterie
Orme		indigène	0,7	Placage décoratif (dont loupe), ébénisterie massive et plaquée, marqueterie, tabletterie
Peuplier		indigène et nombreux hybrides	0,4	Placage déroulé commun, âmes de panneaux lattés, contreplaqué, meubles, menuiserie
Platane	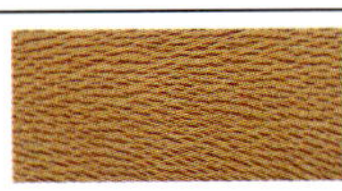	Moyen-Orient, acclimaté en France, hybride, indigène	0,7	Menuiserie, placage décoratif, ébénisterie massive et plaquée
Poirier	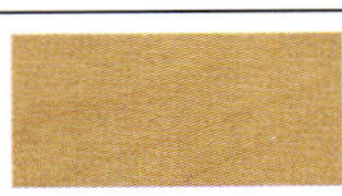	indigène	0,8	Petite ébénisterie massive et plaquée, tabletterie, placage décoratif (teinté)

RÉSINEUX DES RÉGIONS TEMPÉRÉES DE L'HÉMISPHÈRE NORD

Essences de bois		Provenance	Densité	Usages principaux
Pin maritime	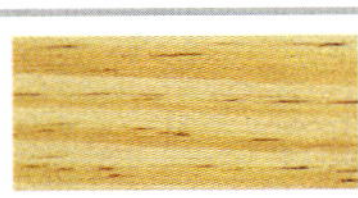	indigène	0,6	Moulures, parquets et lambris, contreplaqué, panneaux de particules et de fibres
Pin sylvestre		indigène	0,5	Menuiserie, lambris, charpente, coffrage, âmes de panneaux lattés, contreplaqué, panneaux de particules
Sapin		indigène	0,5	Moulures, charpente, menuiserie intérieure, panneaux de particules et de fibres

Le bois massif

Contrairement aux produits composites fabriqués à partir de différents matériaux, tels que les panneaux de fibres ou les agglomérés servant par exemple à la réalisation de plans de travail, le bois massif désigne tout ce qui est débité directement dans une bille de bois.

Dans tous les cas, les bois débités doivent être séchés. Un bois n'est sec que si son taux d'humidité est inférieur à 22 %.

Le débit du bois

Le langage de la menuiserie définit chaque pièce de bois en fonction de sa section et de sa forme. Ainsi, dans une bille, vous pouvez débiter des madriers, des bastaings, des chevrons, des planches, des lambourdes, des feuillets, des frises, etc. À partir de ces éléments, et après mise en forme, on obtient toute la gamme des moulures, plinthes ou corniches et tous les éléments tournés tels que les ronds, manches et autres pieds.

Le langage courant a considérablement simplifié ces dénominations. Le terme de tasseau est utilisé pour la plupart des éléments de menuiserie, pour peu qu'ils soient de section carrée ou rectangulaire. Subsistent encore la planche et le plateau, facilement reconnaissables. D'autres termes employés ne désignent pas une pièce particulière mais son utilisation. C'est le cas notamment pour le bois de charpente.

Repérer les défauts

Pour bien choisir les planches et les tasseaux, il est nécessaire de vérifier certains points :

– L'absence de gauchissement ou de vrillage des pièces en les posant à plat sur le sol. Vous distinguerez facilement les pièces courbes, à éliminer sans remords.

– L'absence de nœuds morts ou vicieux dont le cœur se détache et laisse un trou. Ils sont plus fréquents dans les résineux. Un nœud sain (ou adhérent) ne présente pas d'inconvénient pour la mise en œuvre du bois, à condition qu'il ne se trouve pas dans un assemblage ou sur une façade décorative.

– L'absence de fissures, fentes et autres gerces. Ces lignes de fracture d'origines diverses (dues à la croissance, au séchage, au débitage) traversent une pièce de part en part, la rendant fragile et inutilisable.

– Vérifiez enfin la couleur du bois : un semis de petites taches noires, des zones gris-bleu signalent l'apparition de champignons parasites.

● **À noter :** Les conditions du stockage des planches ont leur importance. Dans les grandes surfaces spécialisées dans le bricolage, le principe industriel du flux tendu conduit parfois à mettre sur le marché des bois qui finissent de sécher en rayon, dressés à la verticale et appuyés en porte-à-faux. Ne vous étonnez donc pas de ne pouvoir mettre la main sur une planche droite ! ■

Le traitement classe IV

Le bois reçoit toujours un traitement au cours de sa transformation. Sans chercher à assurer la pérennité des pièces, son but est de retarder leur dégradation avant leur commercialisation. C'est pourquoi un second traitement effectué par vos soins, en deux couches appliquées au pinceau, est toujours nécessaire pour préserver longtemps vos réalisations. Les seules exceptions concernent les bois naturellement résistants (→ P. 380*) et ceux destinés à être utilisés à l'extérieur, estampillés « Traité classe (ou grade) IV ». Cette indication signifie que les bois ont été traités par « imprégnation », en autoclave. Ces bois supportent sans inconvénients les changements climatiques saisonniers pendant plusieurs années.*

Toutefois, si vous devez recouper ou entailler des bois précédemment traités en autoclave, n'oubliez pas de badigeonner les découpes récentes au pinceau avec un produit de conservation, afin de leur redonner la protection d'origine.

Contreplaqués, agglomérés et panneaux de fibres

Panneau de particules, aggloméré standard (épaisseur : de 10 à 22 mm).

Panneau de fibres : isorel dur (épaisseur 3 mm).

Isorel dur perforé, laqué blanc sur une face (épaisseur : 3 mm).

Isorel dur à carreaux de 10 cm x 10 cm, laqué sur une face.

Panneau de fibres perforé (épaisseur : 3 mm).

Panneau Triply à trois couches croisées (épaisseur : de 6 à 22 mm).

Il existe de nombreux types de panneaux dérivés du bois comme les contreplaqués, les agglomérés, les panneaux de fibres, etc. Très souvent, ils sont classés suivant leur mode de fabrication.

L'invention du contreplaqué

Le bois est sensible aux variations atmosphériques qui modifient sa structure ; on dit qu'il « travaille ». Pour éviter ces modifications fâcheuses, les ébénistes fragmentaient la pièce de bois pour la reconstituer par collage, en inversant et en croisant le sens du fil. Ce procédé permet de minimiser, voire de neutraliser le retrait du bois, c'est-à-dire la diminution de sa dimension lorsque son état d'humidité change. Cette technique a donné naissance à l'industrie du contreplaqué.

Les différents types de contreplaqué

Leur disposition intérieure confère aux panneaux une bonne résistance et une excellente stabilité dimensionnelle.

Le contreplaqué latté. Le latté se compose d'une âme de forte épaisseur (de 10 à 15 mm environ) constituée de lattes de bois de section carrée ou rectangulaire. Les deux faces du panneau sont recouvertes d'un placage d'une essence décorative (➡ CROQUIS 1).

Le contreplaqué lamellé. L'âme du panneau est constituée de fines lamelles de bois placées sur chant et collées entre elles. Les deux faces du panneau sont recouvertes de une ou deux feuilles de placage d'essence décorative. Cette finition soignée fournit en quelque sorte un latté de luxe (➡ CROQUIS 2).

Le contreplaqué multiplis. Il se compose de minces feuilles de bois déroulées dans la bille, appelées plis. Ces feuilles (de 1 à 3 mm d'épaisseur) sont empilées, toujours en nombre impair, pour constituer une structure symétrique de chaque côté du pli central. Encollé et pressé à chaud, le multiplis existe sous différentes épaisseurs. Pour obtenir des panneaux plus épais, il suffit d'augmenter le nombre de plis (7, 9, 15, 17, etc.) et non de faire varier leur épaisseur (→ CROQUIS 3).

LES DIFFÉRENTS TYPES DE CONTREPLAQUÉ

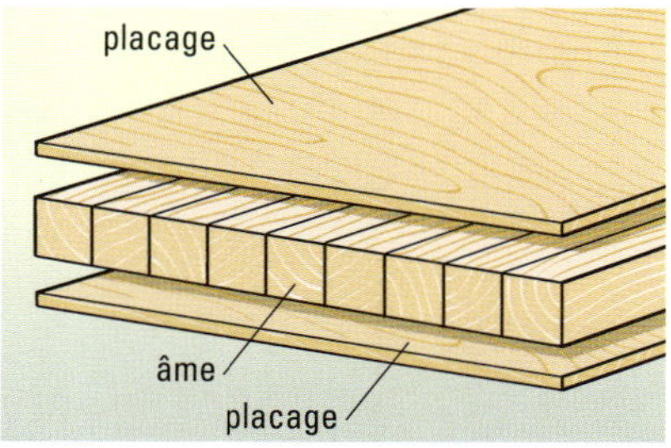

1. ***Structure d'un contreplaqué latté.*** *L'âme est constituée de tasseaux de section carrée, disposés à fil contrarié : alternativement incliné vers la droite et vers la gauche, et plus ou moins droit.*

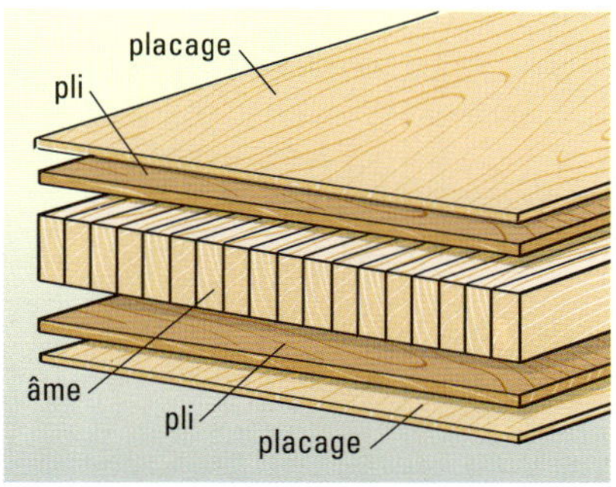

2. ***Structure d'un contreplaqué lamellé.*** *L'âme est composée de fines lamelles collées entre elles, ce qui donne une meilleure résistance au panneau.*

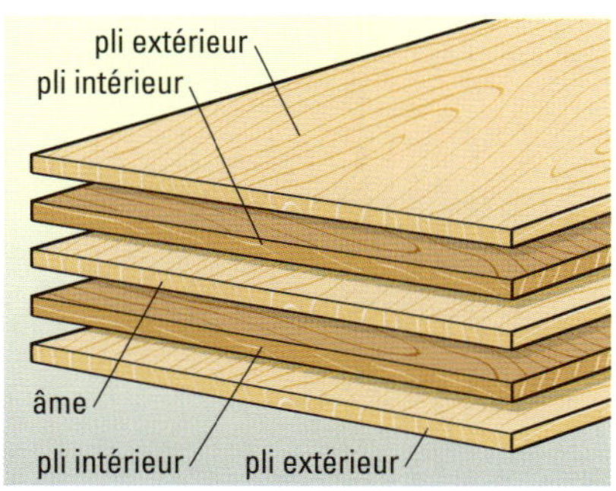

3. ***Structure d'un contreplaqué multiplis.*** *Plusieurs feuilles de bois sont empilées à fil contrarié : le fil d'un pli est toujours disposé perpendiculairement au fil du pli précédent.*

Du bon usage du contreplaqué

Le contreplaqué sert à peu près à tout.

Le contreplaqué standard. Il possède en général cinq plis et s'utilise à l'intérieur, dans des pièces sèches. Pour les pièces humides, il faut choisir un contreplaqué CTB-H. Pour l'extérieur, on choisira des fabrications spéciales comme le CTB-X, un contreplaqué marine dont les colles et les bois sont adaptés aux conditions extérieures.

Le contreplaqué replaqué bois. Il est recouvert d'une essence de placage fine, comme le chêne, à fonction décorative.

Le contreplaqué revêtu de PVC. Recouvert d'un placage décoratif, il est destiné à être utilisé dans la fabrication de plans de travail et de meubles de cuisine ou de salle de bains.

Il existe aussi des contreplaqués aux faces striées, pour les planchers antidérapants.

● **À noter :** La fabrication du contreplaqué utilise différentes essences de bois. Les plus courantes sont l'okoumé, le hêtre, le peuplier et le pin maritime. Pour un usage passe-partout, l'okoumé et le hêtre conviennent très bien. Pour des réalisations devant être teintées, lasurées ou vernies, préférez le peuplier dont la couleur – il est presque blanc – facilite la mise en teinte. ■

Quel format choisir ?

Aucune importance ! Seule l'épaisseur compte. En effet, la majorité des revendeurs disposent d'un atelier de découpe sur mesure. Il n'est donc pas nécessaire d'acheter les panneaux entiers. La plupart du temps, ce service n'est pas facturé à part mais compris dans le prix du mètre carré débité.

FORMATS DES PANNEAUX DE CONTREPLAQUÉ COURANT

	Épaisseur en mm										
Dimensions en cm	5	7	8	9	10	12	15	18	19	22	25
250 x 122	•		•		•	•	•	•	•	•	•
250 x 153	•		•		•	•	•	•	•	•	•
310 x 153	•		•		•	•	•	•	•	•	•

La fabrication de l'aggloméré

Les industries du bois exploitent les déchets de l'arbre (branches, chutes, copeaux, etc.) pour fabriquer des agglomérés. Ces déchets sont broyés en fines particules et mélangés à des résines synthétiques, pour être ensuite chauffés puis transformés en panneaux rigides. L'« agglo » se reconnaît à son aspect grumeleux caractéristique. À l'état brut, appelé aussi « poncé deux faces », il est proposé en panneaux ou en dalles pour la fabrication de planchers ou de cloisons. Il est aussi vendu au détail pour la réalisation d'étagères et de plateaux. C'est un produit économique, facile à découper, qui présente de bonnes caractéristiques mécaniques.

Différents types de panneaux

Les panneaux pressés. Ils sont obtenus par chauffage et pressage à plat de fines particules d'aspect granuleux ou en disposant de grands copeaux de bois minces parallèlement aux deux faces, ce qui contribue à l'aspect décoratif. C'est le cas du Triply (→ ENCADRÉ ET CROQUIS 1).

Les panneaux extrudés. La matière première chauffée et malléable est poussée à travers une filière déterminant la section du panneau. Cette méthode permet d'obtenir, outre des panneaux pleins, des fabrications à âme évidée comportant une série d'alvéoles tubulaires sur toute la longueur. Pour les panneaux épais (50, 70, 90 mm), souvent utilisés en cloison, cet allégement du poids est appréciable. C'est le cas du Fontex (→ CROQUIS 2).

L'usage de l'aggloméré

L'aggloméré est souvent utilisé par les industriels comme base pour des produits destinés à la parqueterie (parquets flottants) et à la tabletterie. La plupart des étagères et des

Le Triply

Il s'agit d'un panneau particulier composé de trois couches croisées de lamelles de pin tranchées et orientées.
Le tout est pressé et collé. C'est un matériau relativement économique, offrant les mêmes usages que l'aggloméré.
Il est disponible en épaisseurs de 6 à 22 mm.

FORMATS DES PANNEAUX DE PARTICULES AGGLOMÉRÉES

Tous ces panneaux sont diffusés sous des épaisseurs variant de 5 à 70 mm, les dimensions de 35, 40, 50 et 70 mm étant plus spécialement destinées aux éléments de cloison. Sur le marché de détail, vous trouverez plus couramment les épaisseurs suivantes : 12, 16, 19, 22 et 25 mm.

	Longueur en cm					
Largeur en cm	244 à 250	266 à 275	310 à 320	350 à 360	410 à 420	510
120 à 125	•	•	•	•		
135			•			
150 à 155			•	•	•	
170 à 175		•		•	•	
180 à 185	•			•	•	•

LES AGGLOMÉRÉS

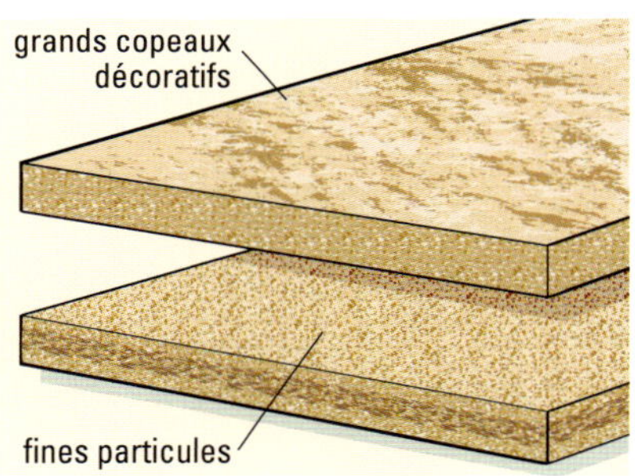

1. ***Aggloméré pressé à plat.*** *Les faces du panneau peuvent être constituées de fines particules ou de grands copeaux décoratifs.*

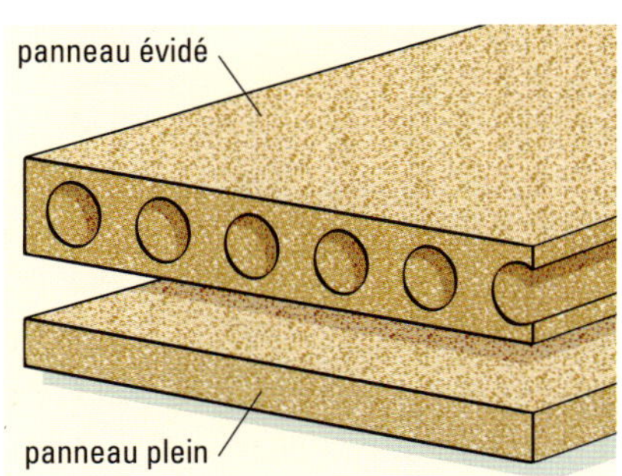

2. ***Aggloméré extrudé.*** *Les panneaux d'épaisseurs courantes sont pleins ; au-delà d'une certaine épaisseur (50 mm et plus), l'âme peut comporter des alvéoles tubulaires.*

plans de travail proposés aujourd'hui sont composés d'une âme en aggloméré recouverte d'un parement mélaminé, stratifié, lamifié ou en placage d'essence fine, sur une, deux ou quatre faces.
L'aggloméré entre aussi dans la composition de la plupart des meubles en kit et dans la structure de la plus grande partie de l'ameublement moderne (canapés, placards, etc.). Comme le contreplaqué, il existe en versions «standard» ou spécialement traitée contre l'humidité (panneaux de couleur verdâtre).

Les panneaux de fibres

Les particules utilisées pour la fabrication de panneaux peuvent être si fines qu'elles ne sont plus identifiables à l'œil nu : il s'agit de panneaux de fibres. Comme dans l'aggloméré, ces fibres sont mélangées à un liant puis pressées. Plus la pression exercée est importante, plus le panneau fabriqué résiste aux rayures. Mais il est aussi plus cassant. De ce fait, les panneaux de fibres se classent selon leur densité.

Les différents panneaux de fibres

Le panneau H.D.F. Ce type de panneau à haute densité de fibres est plus connu sous le nom d'Isorel ou de «panneau de fibres dures». Il n'est presque plus utilisé en l'état, mais s'emploie comme support de panneaux décoratifs ou de lames de parquet.
Le panneau M.D.F. Le panneau à moyenne densité de fibres, appelé aussi «médium», s'impose progressivement comme l'un des meilleurs matériaux de menuiserie. C'est un panneau d'aspect uniforme sur les quatre faces, parfaitement calibré.
Le médium se travaille aussi facilement que le carton, en remplaçant les ciseaux par une scie sauteuse. On peut le scier sans produire d'éclats ni d'échardes. Il ne présente pas de sens de fil, d'où des risques d'éclatement limités. Il se ponce facilement et peut être usiné (à la toupie, à la défonceuse) sans problème. Ses faces étant rigoureusement lisses, le médium ne réclame qu'un minimum de préparation avant décoration. Au pire, l'application d'une première couche d'impression est nécessaire pour limiter la porosité du matériau. Car c'est là son seul défaut : le médium est sensible aux atmosphères très humides, ce qui impose quelques précautions avant son utilisation dans une salle de bains, une cuisine, une buanderie, etc..

Le postformé et le «déco»

Le panneau postformé. Il est fabriqué à plat puis retravaillé à chaud et sous pression pour prendre la forme souhaitée. Selon l'épaisseur ou la qualité, il possède une âme en aggloméré ou en médium.
Le panneau décoratif. Il utilise aussi le médium ainsi que le contreplaqué fin. De faible épaisseur, il ne dépasse pas 5 mm. Il est généralement revêtu d'un décor mélaminé ou stratifié qui reproduit le fil d'essences fines ou des décors originaux. Ce panneau sert principalement en doublage décoratif pour les murs ou pour réaliser un faux plafond, etc.

Les dimensions

Le M.D.F. est proposé à partir de 3 mm d'épaisseur et jusqu'à 30 mm pour les usages courants. Fin, il se plie sans casser, ce qui permet la réalisation de formes arrondies, même avec un rayon de courbure prononcé. Épais, il présente des caractéristiques de résistance à la charge supérieures à celles de l'aggloméré.
Ce type de panneau est souvent utilisé en remplacement de l'aggloméré pour la fabrication d'éléments composites et notamment les plans de travail. ■

DIMENSIONS DES PANNEAUX DE FIBRES

	Épaisseur en mm										
Dimensions courantes en cm	3	5	8	10	12	16	19	25	30	40	45
260 x 130	•	•									
262 x 185			•								
370 x 185				•	•	•	•	•	•	•	•

Le sciage

LES OUTILS

- coin(s)
- guide de coupe
- pinces ou serre-joints
- planche martyr
- ruban adhésif
- scie

Dans la majorité des cas, toute réalisation de menuiserie commence par le sciage. Avant de commencer vos premiers travaux, il est primordial de bien aménager votre espace de travail. L'établi doit être parfaitement dégagé, notamment si vous travaillez sur de grands panneaux.

Dans quel sens placer le bois ?

Avec une scie circulaire, la lame en rotation coupe le bois de bas en haut. Les éclats apparaissent sur la face supérieure du panneau.

Pour bien scier, il faut d'abord orienter le bois. La face visible de la pièce (le parement) doit être placée sur le dessus. Le trait de scie pouvant provoquer des éclats sur le dessous, ceux-ci seront plus faciles à dissimuler lors de la finition. En revanche, avec une scie électroportative (circulaire ou sauteuse), placez le parement contre l'établi car la découpe est inversée : la lame coupe de bas en haut et les éclats se trouvent sur le dessus. Lorsque vous utilisez une scie circulaire, vous devez régler la profondeur de la lame avant de commencer à scier.

Les principes du sciage

Pour scier une pièce de bois, vous avez le choix entre les outils à main et les machines électroportatives. Les premiers sont économiques à l'achat et sont suffisants pour des interventions ponctuelles. En revanche, si vous avez l'habitude de travailler le bois régulièrement, la scie sauteuse et la scie circulaire sont indispensables.

Pour bien scier, il faut que l'un des deux éléments, la scie ou la pièce de bois, soit fixé. Avec une scie à main ou électrique, c'est généralement la pièce de bois qui est bloquée sur l'établi au moyen de pinces ou de serre-joints. Si vous utilisez un établi multifonctions ou une table de sciage, c'est l'outil qui est fixé à la table. Dans tous les cas, il ne faut jamais tenir la pièce d'une main pendant que vous sciez de l'autre. En procédant ainsi, vous avez tous les risques de scier de travers… ou de vous couper.

Scier en ligne droite

Avec une scie à main. Pour scier en ligne droite, il convient tout d'abord de réaliser un tracé net et précis.

Afin de le suivre fidèlement, vous avez intérêt à placer un guide de coupe, un tasseau bien droit par exemple, au ras du tracé. La lame se trouvant guidée, elle déviera moins. D'autre part, sur de grandes longueurs, les bords du trait de coupe ont tendance à se refermer, ce qui bloque la lame. Dans ce cas, vous pouvez les écarter au moyen d'un «coin» enfoncé en bout.

▸ Débutez la coupe en plaçant la scie égoïne sur le trait de coupe, à l'angle du panneau opposé à vous. Placez l'index dans le prolongement de la lame (➡ SÉQUENCE).

▸ Amorcez la coupe lentement, en tenant la scie presque parallèle par rapport au panneau jusqu'à ce que vous en ayez traversé l'épaisseur. Le sciage s'effectue en poussant, le retrait servant à dégager la sciure.

▸ Ensuite, redressez la lame à 45° environ et poursuivez la coupe le long du tracé, toujours en poussant sur la lame pour scier. Faites en sorte d'utiliser toute la longueur de la scie.

Si vous sciez un panneau mince (moins de 5 mm), utilisez une denture fine et ne redressez pas la lame. Plus le panneau est mince, plus la scie doit se situer près de l'horizontale.

▸ En fin de coupe, ralentissez la cadence et maintenez la chute pendant que vous terminez le sciage. En procédant ainsi, vous éviterez de faire des éclats à l'arrivée.

Avec une scie sauteuse ou une scie circulaire. L'usage d'un guide est indispensable pour scier droit (➡ ENCADRÉ).

▸ Réglez la machine sur le trait de coupe et la vitesse de l'outil selon les spécifications du fabricant et du matériau.

▸ Débutez la coupe lentement et progressez régulièrement sans à-coup et sans pousser (c'est le moteur qui coupe et pas vous!). Vous devez juste diriger la machine et l'empêcher de virer. Si vous forcez dessus, vous augmentez les frottements sur la lame, l'usure du moteur et, avec une scie sauteuse, vous risquez d'obtenir une coupe biaise.

Une règle indispensable

Pour scier de grandes longueurs et éviter à la lame de dévier, guidez-vous sur une règle placée au ras du tracé. Pour scier droit avec une scie électroportative, appuyez la machine le long d'une règle-guide.

Scier des formes courbes

Avec des formes courbes, l'usage d'un guide est le plus souvent impossible. Il faut donc travailler «à main levée», en suivant le tracé

Scier en ligne droite à la main

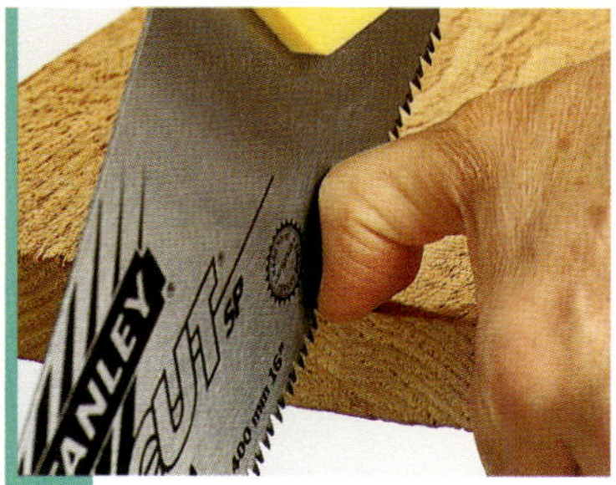

1 **Commencez en guidant la scie.** Servez-vous du pouce et tirez la lame vers vous pour marquer son empreinte dans le bois.

2 **Écartez les bords.** Lorsque la lame a tendance à coincer, placez un coin dans le trait de scie pour qu'il ne se referme pas.

3 **Ralentissez la cadence.** En terminant le sciage, tenez la chute avec l'autre main pour éviter les gros éclats.

1. *Avec une scie à guichet, tournez légèrement le poignet pour forcer la lame étroite à suivre le tracé courbe.*

2. *Avec une scie sauteuse, suivez le tracé en tournant progressivement le cul de la machine.*

au plus près. Avec une scie à guichet, il suffit de tourner un peu le poignet pour forcer la lame à suivre le tracé (→ PHOTO 1). Avec une scie sauteuse, suivez le trait en tournant le cul de l'outil et non sa lame (→ PHOTO 2). De ce fait, vous forcerez moins sur la lame et la découpe sera plus régulière. Paradoxalement, il est impossible de réaliser une courbe avec une scie circulaire.

À noter : Pour scier en plein panneau, en courbe ou en ligne droite, percez d'abord des trous dans les angles de façon à engager la lame de la scie sauteuse ou de la scie à guichet.

Pour éviter les éclats

Pour ne pas faire d'éclats lors du sciage d'une pièce de bois, placez une planche martyr du côté de la sortie de la lame. Bloquez l'ensemble avec des serre-joints. Les éclats se porteront sur le martyr (→ CROQUIS 3). Une autre solution pour limiter les éclats, notamment avec des panneaux fins, consiste à coller une bande de ruban adhésif sur le trait de coupe.

Prendre soin des outils

Les tasseaux et baguettes de pin sont souvent chargés de résine. Celle-ci englue la lame et la freine au sciage. Un nettoyage avec un tampon imbibé d'alcool à brûler corrige ce défaut. D'autre part, on ne pourra jamais scier correctement avec une lame émoussée. Une lame de scie doit être avoyée (on lui donne de la voie : chaque dent est déviée à droite ou à gauche du plan de la scie pour éviter le bourrage dû aux copeaux) et affûtée ou plus simplement remplacée. ■

Préservez votre santé

Veillez à vous équiper d'un système efficace pour récupérer la sciure, les copeaux ou les poussières du sciage comme du ponçage. Le bois utilisé n'est pas allergisant, mais ce n'est pas le cas des résines et des produits de traitement employés dans le bois. Pour votre santé, il est préférable d'éviter de les inhaler. Vous avez donc tout intérêt à collecter ces déchets dès leur production, au moyen d'un aspirateur-bidon, conçu spécialement pour le bricolage. Les travaux qui produisent beaucoup de poussière, comme le décapage mécanique d'anciennes couches de peinture, sont à réaliser de préférence à l'extérieur. Cette précaution limite en outre le ménage de l'atelier !

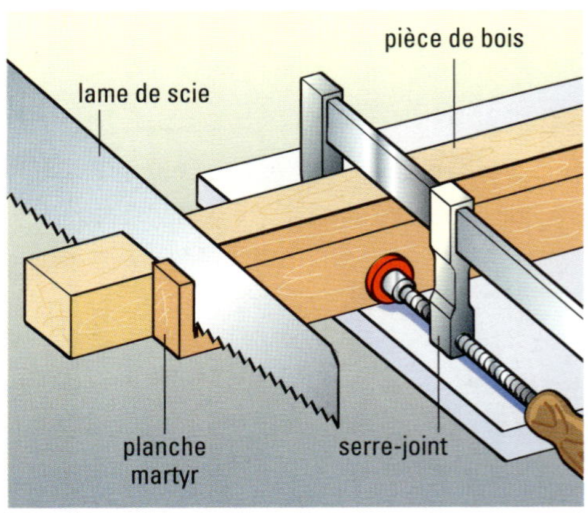

3. *Avant de scier une pièce de bois, serrez contre la pièce une planche martyr. Les éclats produits par les dents de la scie apparaîtront sur le martyr et non sur la pièce venant d'être coupée.*

Le clouage

L'usage du clou a sensiblement diminué avec l'apparition de la visseuse sans fil. La généralisation de cet outil électroportatif a facilité l'opération du vissage au détriment du clouage, qui reste fastidieux. Toutefois, les clous restent indispensables et ne disparaîtront jamais de l'établi.

Les clous le plus employés

Le plus courant des clous est celui à tête plate. Il s'en vend dans des longueurs et des diamètres très variables. L'autre type de clou, également très utilisé, le clou à «tête d'homme», présente une tête de forme conique. Plus discret que le premier, il peut être dissimulé dans le bois en l'enfonçant entièrement.

La méthode du clouage

Pour bien clouer, saisissez le marteau de menuisier par l'extrémité de son manche et non près de la tête. Tenez le clou bien droit, entre deux doigts.

– Plantez-le d'abord dans le bois avec quelques coups secs. Puis retirez les doigts et enfoncez-le définitivement. Utilisez votre avant-bras comme levier, en faisant travailler le coude et non le poignet.

– Si vous souhaitez bloquer un assemblage, plantez les clous de biais et en quinconce (→ CROQUIS 1).

Dans un bois tendre

Lorsque vous plantez des clous dans un bois tendre (sapin, peuplier, etc.), vous constaterez qu'ils ont tendance à fendre le bois. En effet, si la pointe est très effilée, elle pénètre entre les fibres et le diamètre du clou fait éclater la planche. Pour pallier cet inconvénient – qui n'existe qu'avec le bois massif – «mouchez» la pointe du clou avant de l'utiliser : frappez la pointe d'un coup de marteau léger; ainsi le bois n'éclatera plus.

– Décalez les clous par rapport au fil du bois de façon à ne pas ouvrir une ligne de faiblesse et de fracture (→ CROQUIS 2).

– Pour ne pas vous taper sur les doigts en tenant des pointes fines, plantez celles-ci sur une languette en carton et servez-vous d'une pince à clou (accessoire à ressort rappelant la pince à linge, tenant le clou entre ses branches).

Masquer un clou dans le bois

Pour faire disparaître un clou, il existe deux solutions : la première consiste à utiliser des pointes tête d'homme et à les enfoncer dans le bois à l'aide d'un chasse-clou ou d'un vieux tournevis cruciforme (→ CROQUIS 3).

▶ Plantez le clou au marteau de manière que la tête d'homme affleure la surface.

▶ À l'aide d'un chasse-clou, enfoncez la tête à l'intérieur du bois.

▶ Bouchez le trou avec du mastic à bois.

L'autre solution consiste à dégager un petit copeau à l'aide d'un ciseau à bois, à l'emplacement du clouage. Une fois le clou planté, le copeau est encollé et remis en place (→ CROQUIS 4). ■

LES OUTILS

- chasse-clou
- marteau de menuisier
- pince à clou

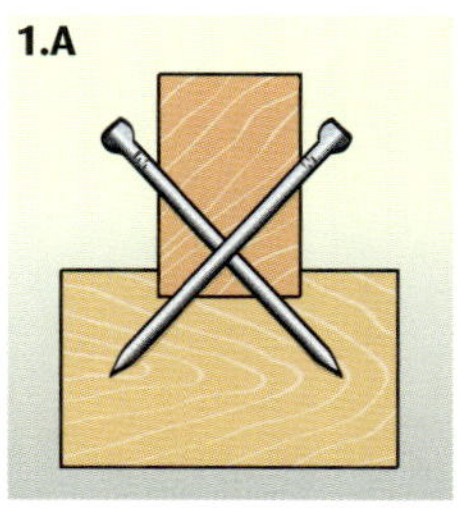

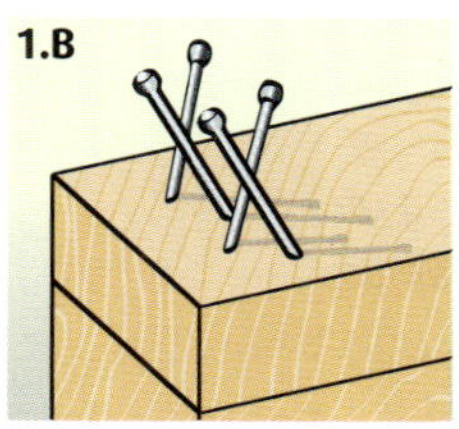

1. *Pour améliorer la fixation d'un assemblage, plantez les clous de biais **(A)** ou en quinconce **(B)**.*

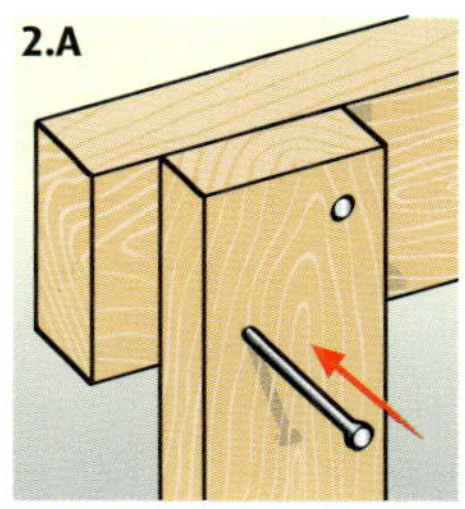

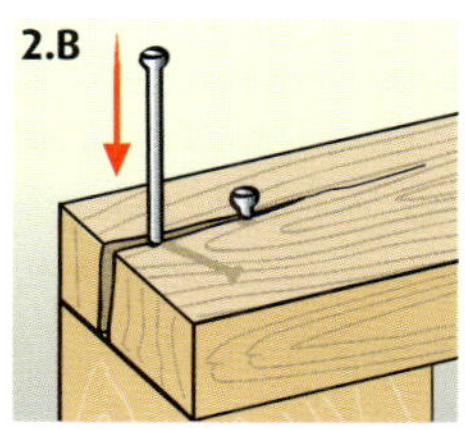

2. *Ne plantez jamais deux clous en ligne dans du bois de fil **(B)**. Décalez-les de quelques millimètres **(A)**.*

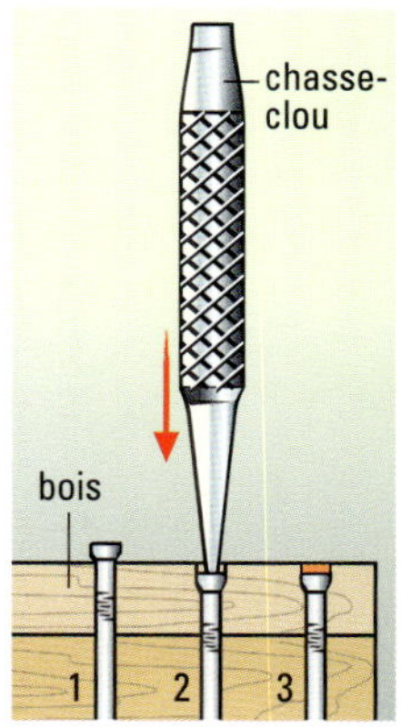

3. *Utilisez un chasse-clou pour faire disparaître le clou dans le bois.*

4. *Sur du bois massif, soulevez un copeau à l'aide d'un ciseau à bois. Plantez le clou et recollez le copeau à sa place.*

Le vissage

LES OUTILS

- bloc de paraffine
- mèche étagée
- pointe carrée
- tournevis
- visseuse électrique

Parmi les moyens d'assemblage dont dispose le bricoleur, la vis tient une place privilégiée. Ayant bénéficié de la modernisation de sa fabrication, la vis industrielle constitue une importante innovation dans l'univers de la menuiserie, car la diversité de son profilage et la précision de son filetage permettent de répondre à tous les besoins.

La modernisation de la vis

Auparavant, les vis présentaient toutes sortes de défauts et leur usage était peu commode. De plus, le bricoleur ne disposait pas d'outils comme ceux d'aujourd'hui. L'on se contentait du tournevis, qui limitait les opérations d'assemblage à leur plus simple expression. Le vissage était, au mieux, une opération hasardeuse conduisant à des montages peu sûrs. On revenait alors le plus souvent au clou et à la colle pour obtenir une solidité convenable. Cette époque est révolue. L'apparition de la vis autoforeuse (qui s'implante sans nécessiter d'avant-trou) et de sa compagne, la visseuse électrique, l'invention des têtes fraisées à empreinte cruciforme, le profilage des vis à corps cylindrique ont élargi le champ d'application du vissage.

Le vissage à la main...

Avant de procéder au vissage, on facilitera l'introduction de la vis en frottant son filetage sur un bloc de paraffine.

La mèche étagée

Si vous avez de nombreuses vis à implanter, faites des avant-trous précis. Pour ce faire, procurez-vous des mèches étagées qui percent simultanément deux diamètres et exécutent la fraisure de la tête.

Pour assembler deux pièces de bois l'une sur l'autre, vous percerez ainsi, en une seule fois, l'avant-trou de la vis, le trou de passage du corps de vis et la fraisure de la tête.

- Marquez ensuite le bois à l'aide d'une pointe carrée pour repérer l'emplacement du vissage.
- Présentez la pointe de la vis dans cet emplacement et engagez le tournevis dans l'empreinte de la tête.
- Maintenez la vis d'une main pendant les deux premiers tours de vissage pour vous assurer de sa bonne implantation.
- Continuez le vissage en poussant sur le tournevis et en vous assurant que la vis reste bien dans l'axe.

... ou à la visseuse électrique

Après avoir présenté l'embout de la machine dans l'empreinte cruciforme de la vis :

- Appuyez doucement sur la gâchette pour que la visseuse effectue deux ou trois tours à vitesse lente.
- Lorsque le filetage de la vis s'est accroché dans le bois, augmentez la pression et vissez jusqu'à ce que le contrôle de serrage se déclenche.

Petits problèmes à résoudre

L'emploi de vis autoforeuses ne permet pas toujours d'éviter quelques difficultés lors de leur implantation. Il arrive que, dans un bois dur et malgré l'enduction de paraffine, la vis reste coincée à mi-chemin sans que vous puissiez agir sur la rotation du tournevis. De même, avec une visseuse électrique et même après avoir augmenté le couple de serrage, la pénétration de la vis peut être incomplète. Elle peut même se casser !

Ces imprévus sont souvent imputables à une mauvaise qualité des autoforeuses utilisées. Mais il existe d'autres raisons. Lorsque l'on implante une vis, le volume de sa tige repousse la matière interne d'un volume équivalent. Ainsi, sur un panneau d'aggloméré, on constate un léger gonflement des faces (→ CROQUIS 1A). Dans un bois dur, il se crée un bourrelet autour de la vis (→ CROQUIS 1B).

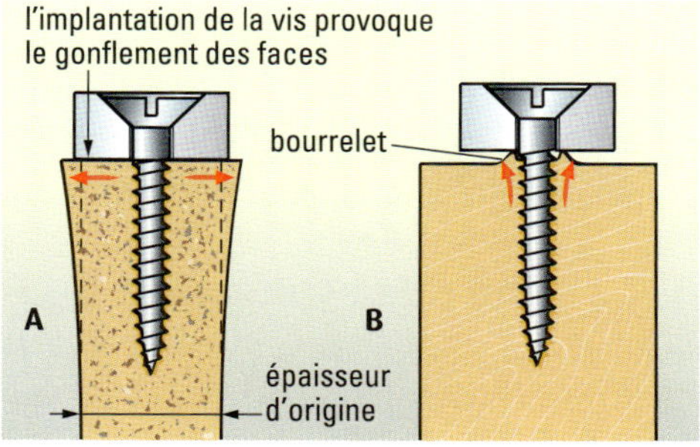

1 A. *Implantée directement dans l'aggloméré, sans avant-trou, la vis fait gonfler le panneau.*
1 B. *Lors de la pénétration de la vis, les fibres du bois dur remontent en surface et créent un bourrelet autour de la tête.*

Ces inconvénients nuisent à la parfaite exécution du travail. Il existe dans tous les cas une solution : le perçage d'un avant-trou.

Le rôle de l'avant-trou

Le perçage d'un avant-trou présente trois avantages à ne pas négliger : il facilite la pénétration de la vis, il donne une plus grande solidité à la fixation, il permet une finition esthétique. Sachez que le diamètre de l'avant-trou doit avoir une valeur comprise entre le tiers et la moitié du diamètre extérieur de la vis.

Fixation d'une équerre

La fixation d'une équerre métallique sur un tasseau en bois dur à l'aide de trois vis TF (tête fraisée) de 5 x 45 (5 mm de diamètre et 45 mm de longueur) requiert par exemple la préparation suivante :

▶ Assurez-vous d'abord que les vis choisies passent dans les trous de l'équerre et que le diamètre des têtes coniques affleure à la surface du métal. En général, les vis sont vendues avec les équerres ; la concordance est donc assurée (➡ CROQUIS 2).

▶ Posez l'équerre sur le bois et, à l'aide d'une pointe carrée, marquez le centre du premier trou.

▶ Percez un avant-trou dans le bois, de 2,5 à 3 mm de diamètre pour une profondeur égale ou supérieure à l'implantation de la vis, soit 35 mm au minimum (➡ CROQUIS 3).

▶ Enduisez le filetage de paraffine. Commencez le vissage avec un tournevis tout en vérifiant la position de la vis qui, guidée par l'avant-trou, doit pénétrer perpendiculairement à la face.

▶ Vissez à fond, sans bloquer.

▶ Vérifiez la position de l'équerre métallique. S'il y a lieu, rectifiez la direction : elle peut encore pivoter et devoir être ajustée.

▶ Avec la pointe carrée, marquez le centre du deuxième trou.

▶ Implantez la deuxième vis, bloquez-la ainsi que la première.

À ce stade, l'équerre est fixée dans sa position définitive. La troisième vis n'intervient pas dans le positionnement ; il est donc inutile de l'implanter avant, afin qu'elle ne contrarie pas le centrage et l'alignement effectués par les deux premières vis.

▶ Pour terminer, implantez la troisième vis et bloquez l'ensemble. Vérifiez que les vis et la face de l'équerre sont au même niveau.

Pour des raisons esthétiques, vous pouvez utiliser des vis à tête « goutte de suif » ■

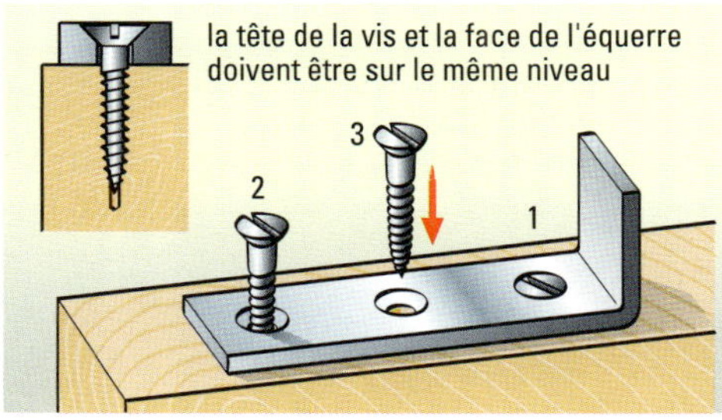

2. *Implantez les vis dans l'ordre. Commencez par la vis n° 1, poursuivez par la vis n° 2 après avoir vérifié la bonne position de l'équerre. La vis n° 3 ne doit pas contrarier l'alignement donné par les deux autres. Vissez-la en dernier.*

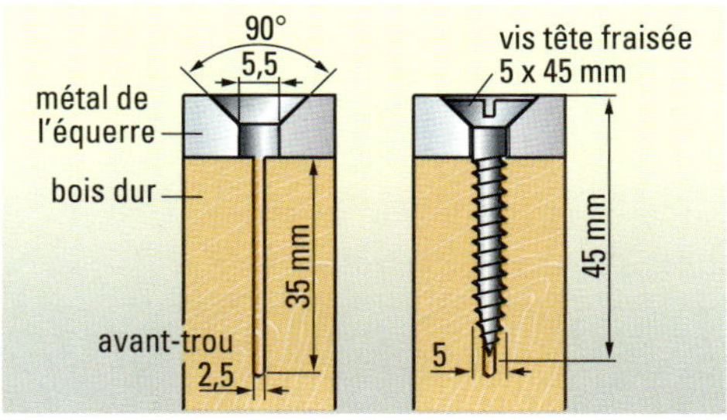

3. *Dans le bois dur, percez un avant-trou de 2,5 à 3 mm de diamètre sur une profondeur au moins égale à l'implantation de la vis. Enduisez la vis de paraffine et implantez-la.*

Le rabotage

Le rabot a longtemps occupé une place de choix dans l'univers de la menuiserie. Cet outil ancien joue encore un rôle important entre les opérations de la découpe et celles de la finition.

LES OUTILS

- ponceuse électrique
- rabot à main

Rabotage ou ponçage ?

L'usage du rabot permet d'obtenir une surface régulière, par corroyage (dégrossissage du bois) et dressage. Il simplifie les travaux de ponçage. Aujourd'hui, qu'il soit à main ou électrique, le rabot reste largement utilisé dans le monde professionnel. Mais son emploi est devenu anecdotique pour le bricoleur, qui l'a remplacé par les moyens de ponçage efficaces qu'offrent les ponceuses électriques de différents modèles.

Le rabot à main

Il existe différents modèles de rabots à main dans diverses tailles. Cela va du guillaume à fer (tout petit rabot) à la varlope à fût (grand rabot à poignée, sans nez) en passant par le petit rabot (20 cm de long), etc.

Le rabot électrique

Seul est nécessaire le réglage de l'épaisseur de passe. Démarrez le rabotage à une extrémité de la pièce, en soulevant légèrement le talon de l'outil. Guidez le rabot à une vitesse de déplacement constante. Ne vous arrêtez pas en chemin pour ne pas créer de relief.

Une cale astucieuse

Il arrive que vous cherchiez un appui pour raboter une pièce de bois de faible dimension comme un tasseau (→ **CROQUIS 1**). L'emploi d'une cale conviendra à cette tâche particulière, sans vous faire perdre de temps.

Raboter en bout

Si vous avez à raboter l'extrémité d'une planche (→ **PHOTO 2**), vous devrez éviter l'éclatement des fibres aux angles de la planche. Le seul moyen d'y parvenir est de raboter alternativement dans les deux sens. ■

La bonne position du rabot à main

Pour raboter une planche, la main droite pousse le rabot tandis que la gauche appuie sur le nez. Déplacez l'outil sans à-coup et, au fur et à mesure de l'avancement, relâchez la pression de la main gauche pour transférer l'appui sur le talon de l'outil. En fin de course, relevez le nez du rabot. Faites ainsi plusieurs passages en surveillant la qualité des copeaux, qui doivent être longs et fins.

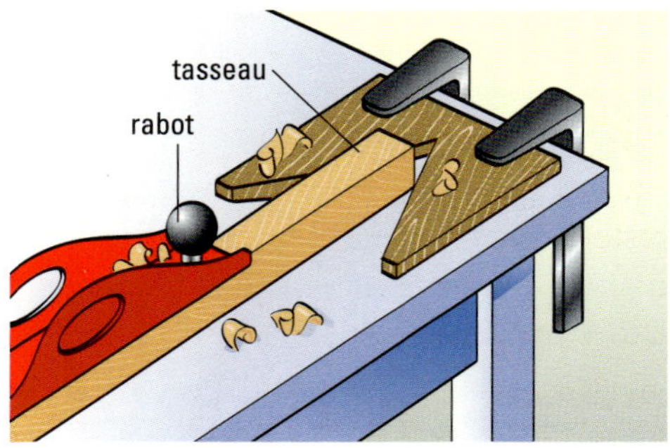

1. *Découpez dans une chute de contreplaqué une cale en V. Elle vous servira d'appui pour raboter la face d'un tasseau sans devoir le serrer dans une presse. Fixée sur l'établi ou sur tout autre support, la cale permet d'agir rapidement, quelle que soit la section du tasseau à raboter.*

2. *Pour ajuster l'extrémité d'une planche, rabotez à sens contrariés : de gauche à droite jusqu'à la moitié de la tranche, puis de droite à gauche. Cette précaution évite l'éclatement des fibres aux extrémités de la planche.*

Le ponçage

La ponceuse rotative s'adapte à tous les travaux de dégrossissage.

LES OUTILS

- cale rectangulaire
- laine d'acier
- mousse abrasive
- papier abrasif
- racloir

Aucune des machines, aussi diverses qu'efficaces, utilisées pour les travaux de ponçage, ne remplace la main qui reste le meilleur outil pour les applications de précision.
Dès que le relief à poncer se complique (gorges, moulures), travaillez au tampon de laine d'acier ou à l'éponge abrasive. Pour des petites surfaces planes, une cale rectangulaire doublée d'une bande de papier abrasif communément appelée « papier de verre » vous assurera un résultat sans reproche (→ CROQUIS 3 ET SÉQUENCE P. 396).

Les papiers abrasifs

La finesse du ponçage dépend du choix de l'abrasif. Pour faire un travail soigné, il est indispensable d'utiliser successivement deux ou trois papiers abrasifs de grains différents.
La granulométrie. Les papiers abrasifs ont des grains différents, désignés par un numéro (→ TABLEAU). Plus le numéro est petit, plus le grain est important. Ainsi, le papier d'ébauche, qui a le plus gros grain, porte le numéro 50 tandis que l'abrasif le plus fin est numéroté 600.

Le bon choix. Pour des ponçages successifs, prenez des papiers dont les écarts de granulométrie sont minimes (par exemple : 150, 180, 240), car il est difficile d'annuler les rayures provoquées par le premier numéro si le second est beaucoup plus fin.

LE CLASSEMENT DES ABRASIFS

La graduation actuelle, du grain le plus grossier au plus fin, s'échelonne du n° 50 au n° 600. L'ancien système utilisait une échelle de 1 à 9/0.

Grosseur d'abrasif	système actuel	ancien système
Gros grain	50	1
	60	1/2
Grain grossier	80	0
	100	2/0
Grain moyen	120	3/0
	150	4/0
	180	5/0
Grain fin	220	6/0
	240	7/0
	280	8/0
Grain très fin	320	9/0
	360	–
	400	–
	500	–
	600	–

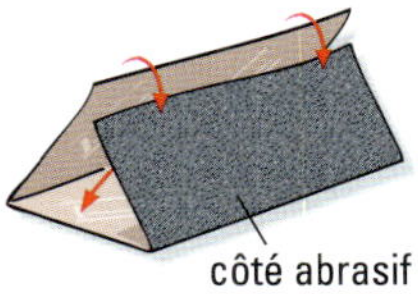

1. *Si vous utilisez du papier de verre à main nue pour poncer de petites surfaces, pliez la feuille en portefeuille selon trois volets. Ainsi elle ne vous glissera pas entre les doigts.*

2. *Cette lame bien affûtée assure une bonne finition. À l'inverse du papier abrasif fin, le racloir ne s'encrasse pas. Il est impératif qu'il soit finement aiguisé.*

3. *Pour conserver la planéité d'une surface, utilisez une cale de bois ou, mieux, un bloc spécial qui maintient la feuille abrasive et répartit la pression sur toute la surface.*

Une cale à poncer sur mesure

Pour des travaux soignés, fabriquez une cale à poncer épousant parfaitement la forme de l'objet (→ SÉQUENCE). En effet, si vous vous contentez d'appuyer simplement sur une feuille de papier de verre avec la main, l'abrasif n'agira que sur les points où la pression des doigts peut s'exercer, et le ponçage sera irrégulier.

Pour réaliser une cale à poncer adaptée au profil d'une moulure (→ SÉQUENCE) :

- ▶ Préparez trois ou quatre bandes abrasives.
- ▶ Collez-les sur le profil que vous devez poncer avec un adhésif puissant comme le Néoprène. Laissez sécher.
- ▶ Préparez un bloc de liège (ou une chute de polystyrène extrudé) et frottez-le sur la moulure en effectuant un mouvement de va-et-vient sur les bandes abrasives.

Peu à peu, le liège (ou le polystyrène) se creuse suivant le dessin de la moulure.

- ▶ Doublez votre cale d'une feuille de papier abrasif fin pour poncer les moulures à profil identique.

Les travaux délicats

Avec un racloir. Idéal pour la finition des bois durs et de certains placages précieux, le racloir assure une finition soignée. Simple lame métallique affûtée, il produit des copeaux microscopiques, ce qui permet d'atténuer les endroits rugueux ainsi que les différences de teintes (→ CROQUIS 2).

Pour les objets arrondis

Pour poncer un cylindre, découpez une bande de papier abrasif de 25 à 30 cm de long. Enroulez-la autour et tirez vers vous alternativement avec la main droite puis la gauche, tout en vous déplaçant de haut en bas. Changez de place pour poncer l'autre moitié.

Capable de s'adapter aux formes les plus délicates, la mousse abrasive vous apportera une aide précieuse pour poncer les objets arrondis. Ce tampon synthétique au grain extra fin (n° 600) permet de poncer les bois précieux et les placages délicats.

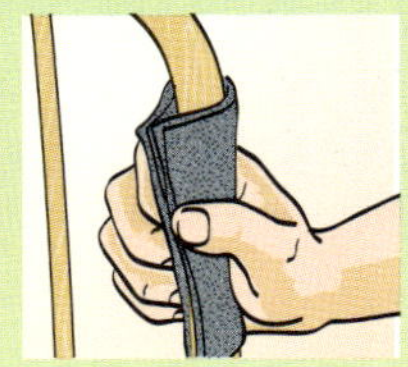

Avec de la mousse. Pour les objets aux formes arrondies, vous pouvez utiliser de la mousse abrasive (→ ENCADRÉ).

● **À noter :** Sur des panneaux recouverts d'un placage de bois décoratif, l'épaisseur de ce placage est trop faible pour supporter des ponçages successifs. Vous risqueriez de trouer le décor de surface. Utilisez de préférence des grains très fins (360 à 600). ■

Confection d'une cale à poncer sur mesure

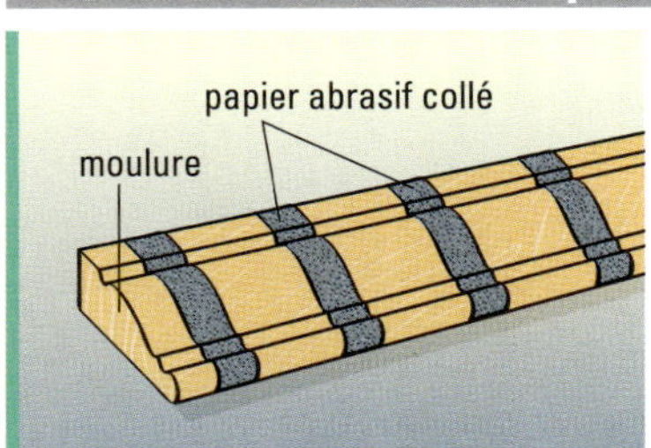

1 **Découpez trois ou quatre bandes abrasives.** Collez ces bandes de 5 à 6 mm de large sur le profil de la moulure à poncer.

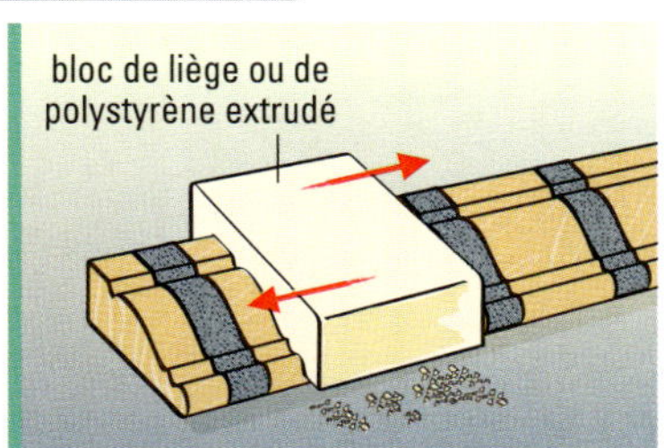

2 **Frottez dessus une chute de polystyrène extrudé** jusqu'à ce qu'elle épouse bien la forme de la moulure

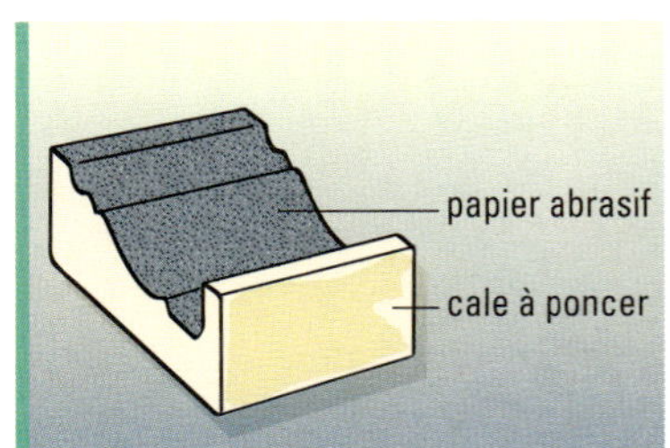

3 **Collez sur cette cale du papier abrasif.** Vous obtenez ainsi une cale à poncer sur mesure, prête à servir.

Le perçage

Cette technique, qui intervient à toutes les étapes du travail de menuiserie, est facilitée par l'usage, devenu habituel, de la perceuse électrique. La machine ne saurait cependant détrôner le vilebrequin qui reste fort utile dans la majorité des réalisations.

Le vilebrequin

Il s'utilise exclusivement avec une mèche à bois hélicoïdale spéciale (➡ CROQUIS 1). L'extrémité des mèches trois pointes possède une partie filetée qui se visse dans le bois lors de la rotation et tire la mèche en profondeur (➡ CROQUIS 2).

Pour percer un panneau ou une porte, il faut faire attention à ne pas produire d'éclats quand la mèche débouchera sur l'autre face. Pour éviter cela, placez une cale de bois dur sous le trou (un martyr), vous éviterez d'endommager l'autre face du panneau (➡ CROQUIS 2). La cale en place, tourner doucement.

Si vous n'avez pas la possibilité d'installer un martyr, percez en deux temps (➡ CROQUIS 3).

La perceuse électrique

Les perceuses électriques sont souvent dotées d'un variateur de vitesse. Équipez-les de forets à bois ou de mèches plates (➡ CROQUIS 4 ET 5) et réglez la vitesse en fonction du diamètre de perçage.

Si vous tournez trop vite, le foret s'échauffe et le bois noircit. Une vitesse de rotation de 500 tours/minute pour un foret de 10 mm de diamètre est convenable. Avec une mèche de 30 mm de diamètre, descendez la vitesse de rotation à 150 tours/minute environ.

À noter : Avec une perceuse électrique, n'utilisez jamais les mèches trois pointes réservées au perçage à main. Pour les perçages profonds, dégagez souvent le foret afin d'évacuer la sciure contenue dans les spirales. ■

LES OUTILS

- forets
- perceuse électrique
- serre-joint
- vilebrequin à main

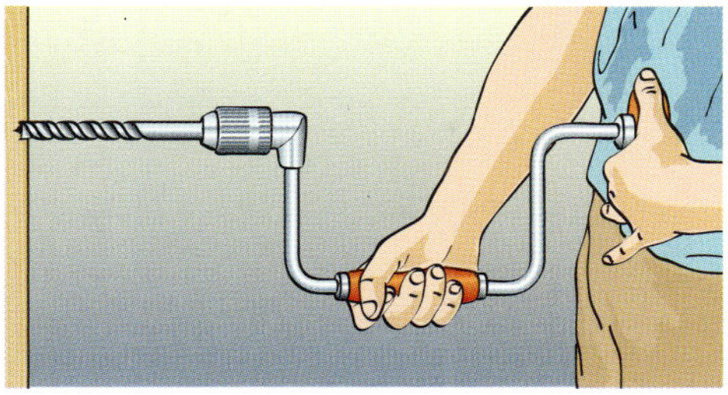

1. *Le vilebrequin à main n'accepte que des mèches à bois adaptées à ce type d'outil.*

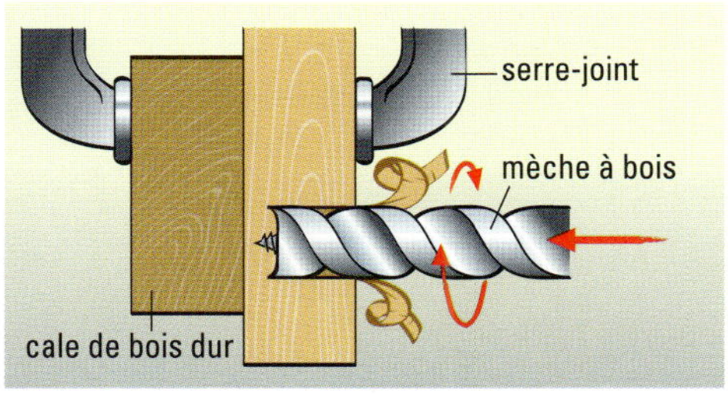

2. *Fixez une cale de bois à l'aide d'un serre-joint pour éviter les éclats au débouché de la mèche.*

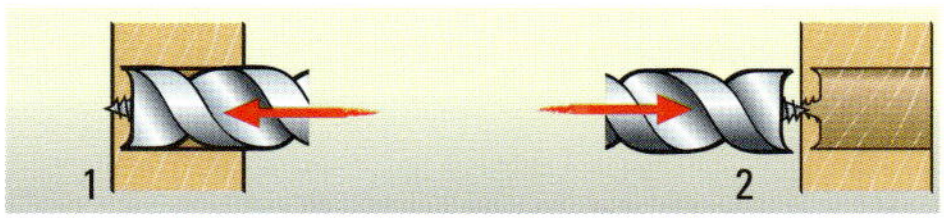

3. *Si vous n'avez pas de martyr, procédez en deux temps. Percez une face. Tournez jusqu'à ce que la pointe de la mèche apparaisse sur l'autre face. Stoppez la rotation. Reprenez le perçage par l'autre côté, en plaçant la mèche dans l'empreinte précédente.*

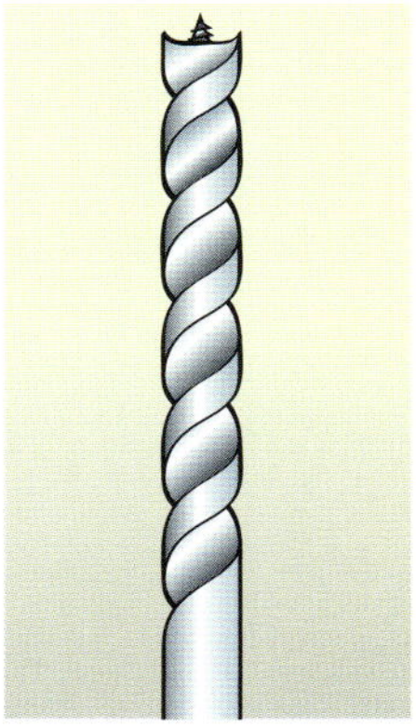

4. *Foret à bois pour mini-perceuse. Il comporte deux spirales terminées en pointe. Ce type de foret a l'avantage de ne pas « bourrer ».*

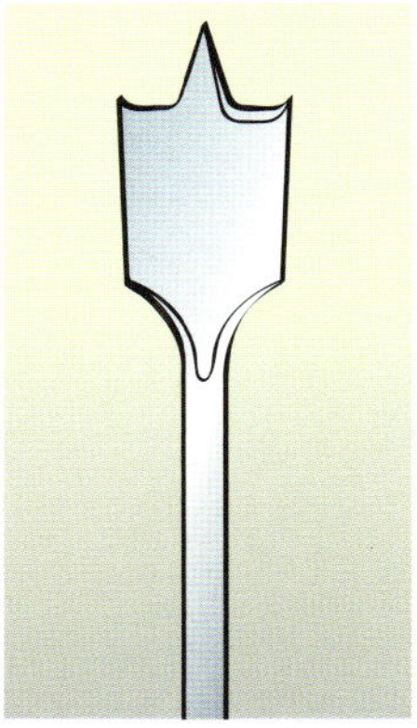

5. *Mèche à bois plate destinée à percer des trous de plus de 10 mm de diamètre, avec une perceuse électrique.*

Les assemblages simples

N'imaginez pas que la menuiserie est un exercice difficile. Certes, les artisans ébénistes et les charpentiers sont capables de créer un éventail étonnant d'assemblages. Mais leur expérience, héritée d'une longue tradition, fut durement acquise : en l'absence d'outillage moderne, leurs maîtres devaient produire des objets solides, durables et esthétiques.
Si les techniques d'assemblage ont toujours le même but, scier une planche ou visser deux tasseaux est devenu bien plus facile.
Avec quelques assemblages de base, il est possible de réaliser la quasi-totalité des travaux de menuiserie. Et, lorsque cette technique n'est pas suffisamment efficace, reste le recours à la quincaillerie d'assemblage.

« Collé-cloué » et « collé-vissé »

Ce sont les deux assemblages les plus simples puisqu'ils ne réclament aucun travail de découpe. Les deux éléments sont simplement superposés. Les faces en contact sont enduites de colle blanche puis placées sous presse après assemblage durant le séchage de la colle. Pour renforcer la résistance du montage à la traction et au cisaillement, le collage est complété par des clous plantés de biais ou par quelques vis.
Cette technique est principalement utilisée pour réaliser les assemblages pratiques comme la fabrication d'une clôture, d'un portillon de jardin, d'étagères pour l'atelier, d'un coffret en contreplaqué, etc.

Réaliser un collé-cloué

La réalisation d'un coffret ou d'une boîte débute souvent par l'assemblage à angle droit de deux planchettes. Cette première action conditionne la réussite de l'ensemble (➡ CROQUIS 1).

▶ Relevez l'épaisseur *e* des planchettes et reportez la moitié de cette dimension (*e*/2) sur le bord de la pièce A puis tracez une ligne XY matérialisant la position des clous.

▶ Plantez un clou à chacune des extrémités de la pièce A. Veillez à ce qu'ils soient bien perpendiculaires à la face supérieure.

▶ Présentez la pièce B sous la pièce A. Frappez sur les clous pour que les pointes traversent le bois et viennent se piquer au milieu du chant de la pièce B. Enfoncez les clous de quelques millimètres.

▶ Vérifiez la position des deux pièces A et B, dont les arêtes doivent coïncider.

▶ Séparez les pièces sans enlever les clous de la pièce A, mais de façon qu'il reste deux empreintes aux extrémités de la pièce B.

▶ Appliquez deux couches de colle blanche à 10 minutes d'intervalle. Ne couvrez pas les empreintes de clous, qui doivent rester visibles.

▶ Présentez la pièce A sur la pièce B en introduisant la pointe des deux clous dans les empreintes existantes. Enfoncez les clous 1 et 2 pour immobiliser les pièces puis ajoutez les clous 3, 4 et 5.

▶ Enlevez les bavures de colle et laissez sécher.

Le renfort par un tasseau

Lorsque les planchettes sont trop minces pour accepter la pénétration des clous dans l'épaisseur du bois, l'assemblage peut être renforcé par un tasseau collé et cloué dans l'angle.

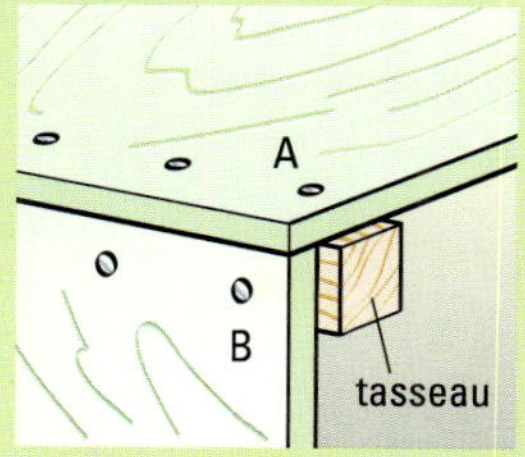

Réaliser un collé-vissé

Le montage « collé-vissé » s'utilise pour assembler des pièces difficiles à clouer et à immobiliser pendant le séchage de la colle. Par exemple, cette rosace A de bois dur doit être collée sur une planchette B de bois tendre (➡ CROQUIS 2).

▶ Préparez l'assemblage des deux pièces par des vis à bois de bonne dimension. Percez les trous de passage des vis dans la pièce B puis percez les avant-trous pour que les vis pénètrent aisément dans le bois dur de la rosace.

▶ Prévoyez des rondelles que vous interposerez sous la tête des vis afin que ces dernières ne fassent pas éclater les fibres du bois tendre. Sans cette précaution, lors du serrage, les têtes de vis risquent de passer à travers la planchette B.

▶ Défaites ce montage à blanc et encollez les surfaces en contact à la colle blanche.

▶ Serrez les vis et bloquez-les en place.

▶ Essuyez les bavures de colle et laissez sécher. ■

LES OUTILS

- marteau
- perceuse électrique
- presse
- tournevis

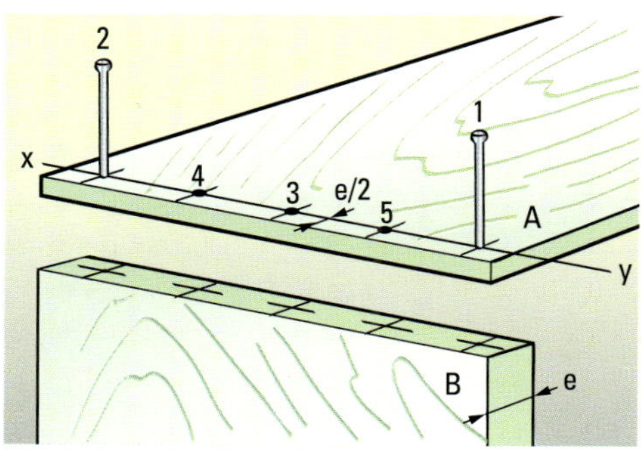

1. *Le respect exact de la procédure vous aidera à réussir un assemblage à angle droit.*

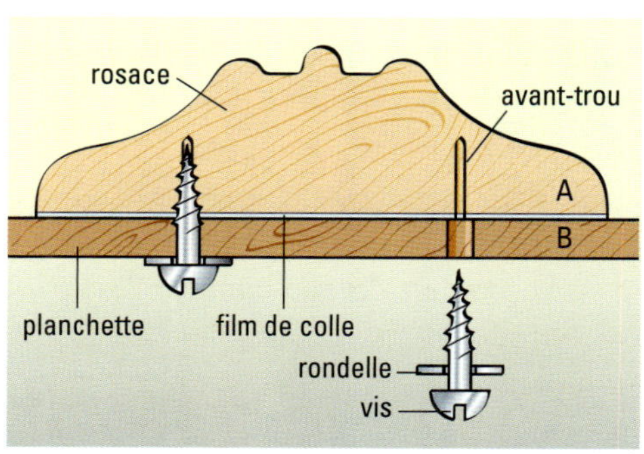

2. *Rien de plus facile que de réaliser ce montage avec de la colle et deux vis parfaitement implantées.*

Les assemblages à mi-bois et par tourillons

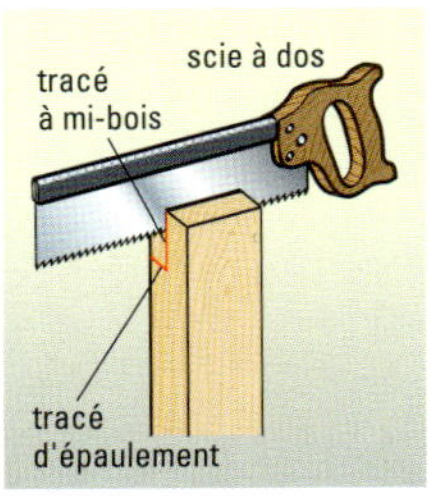

1. *Servez-vous d'une scie à dos. Coupez l'épaisseur en suivant le tracé à mi-bois et la ligne d'épaulement pour dégager la chute.*

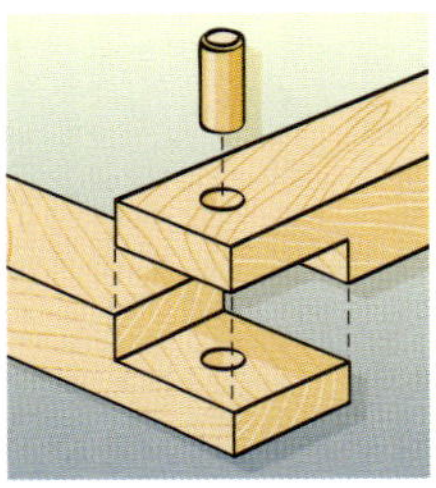

2. *Assemblage à mi-bois renforcé par un tourillon.*

L'assemblage à mi-bois sert à fabriquer des cadres (structure de meuble, par exemple) ou à raccorder des éléments de charpente, notamment pour les décors de jardin (pergola, treillage, etc.).

Principe de base

Dans un assemblage à mi-bois, les deux éléments emboîtés se trouvent sur le même plan : il faut en recouper les extrémités dans le sens de l'épaisseur. Ce type d'assemblage est généralement réalisé à angle droit, ou en about pour prolonger un tasseau trop court. La découpe des talons s'effectue à la scie à dos. Plus la découpe est précise, plus l'assemblage sera solide.
Une fois les deux éléments découpés, ils sont encollés, assemblés puis bloqués définitivement au moyen de vis, de clous, de chevilles ou de tourillons.

Réaliser un « mi-bois »

▶ Tracez avec un trusquin l'empreinte de chaque pièce l'une sur l'autre.
▶ À l'aide d'une scie à dos (➜ CROQUIS 1), découpez le bois de manière que le talon mesure la largeur et la moitié de l'épaisseur de l'autre élément.
▶ Emboîtez les deux pièces ainsi découpées.
▶ Vérifiez l'équerrage, et si le montage convient, encollez les deux faces en contact puis bloquez l'ensemble par un serre-joint pendant le séchage de la colle.
▶ Par la suite, renforcez l'assemblage par deux clous plantés en diagonale ou un tourillon traversant les deux pièces (➜ CROQUIS 2).

Réaliser un « mi-bois » en croix

Le « mi-bois » en croix s'utilise souvent pour construire un X dont la présence sur un panneau évitera à celui-ci de se mettre de guingois. Pour remplir leur rôle de renfort, les deux traverses en X doivent être ajustées très serré et emboîtées au maillet.
La réalisation des encoches demande un travail particulièrement soigné (➜ SÉQUENCE).

À noter : Pour obtenir une finition soignée, faites des entailles plus longues et recoupez les extrémités après l'assemblage.

Les assemblages par tourillons

L'assemblage par tourillons permet d'aborder tous les domaines de la menuiserie sans qu'il soit nécessaire d'apprendre les techniques de montage complexes réservées aux spécialistes. Ce type d'assemblage convient aux réalisations démontables.

Réalisation des encoches

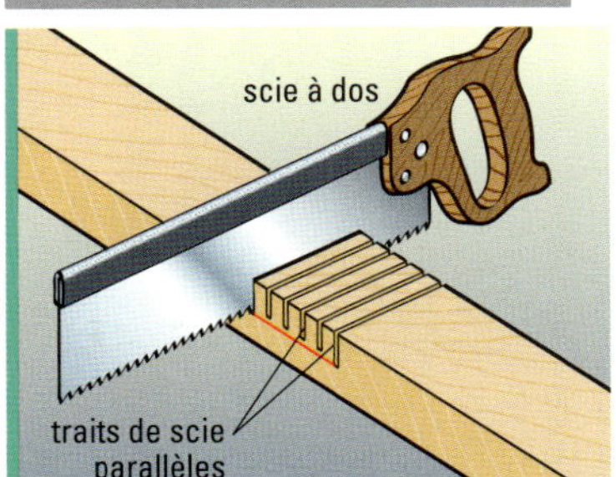

1 Amorcez l'encoche. À l'aide d'une scie à dos, faites plusieurs traits de scie parallèles sur toute la largeur de l'encoche.

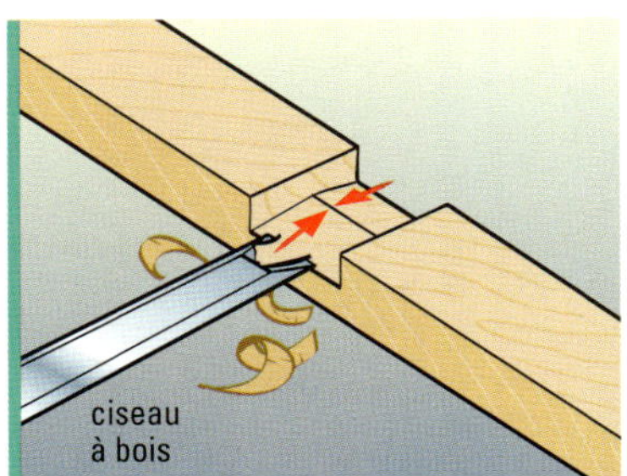

2 Entaillez la matière. Avec un ciseau à bois, dégagez l'intérieur en travaillant de part et d'autre jusqu'à obtenir un fond plat.

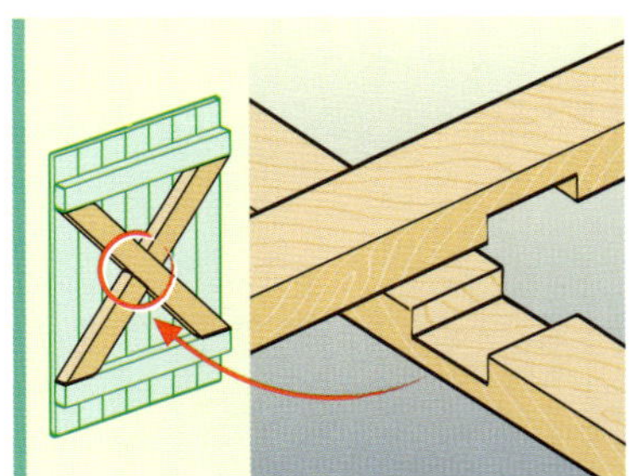

3 Ajustez les deux encoches. Elles doivent s'emboîter l'une dans l'autre, sans jeu, pour former un X.

Le rôle du tourillon

Le tourillon est une cheville ronde de 4 à 12 mm de diamètre et de 20 à 30 mm de longueur. Logé entre deux pièces de bois et introduit par moitié dans chacune d'elles, il sert de liaison dans un assemblage sans toutefois en assurer le blocage.

Un tel assemblage comporte souvent plusieurs tourillons (deux ou trois) implantés sur une même ligne droite. Ainsi, les deux pièces en présence peuvent être assemblées et démontées plusieurs fois sans qu'il y ait d'erreur de position : ce sont les tourillons qui garantissent un emboîtement précis. Dans ce cas, le blocage de l'assemblage – qui n'est pas collé – fait appel à un autre moyen de serrage (vis, goujons). Si vous devez réaliser de nombreux assemblages par tourillons, munissez-vous d'un guide de tourillonnage. Cet appareil perce les deux trous en vis-à-vis dans la même opération, ce qui limite les erreurs de report.

La réalisation

Toute la difficulté d'un assemblage par tourillons consiste à faire coïncider les trous nécessaires à leur mise en place dans une pièce puis dans l'autre. Le moindre décalage provoque un défaut d'assemblage. Pour l'éviter, la technique consiste à percer les trous sur l'une des pièces puis à reporter leurs positions sur l'autre pièce en utilisant des pointeaux de centrage.

Pour réussir l'opération, procédez en quatre étapes (→ SÉQUENCE).

À noter : Procurez-vous une mèche à bois spéciale tourillons et conservez-la précieusement pour ce type d'assemblage. Ne l'utilisez pas pour percer d'autres trous.

Si vous désirez coller cet assemblage, utilisez des tourillons cannelés, plus faciles à encoller et à enfoncer dans les trous borgnes. ■

LES OUTILS

Assemblage à mi-bois
- ciseau à bois
- équerre
- scie à dos
- serre-joint
- trusquin

Assemblage par tourillon
- équerre
- maillet
- mèche à bois spéciale tourillons
- perceuse électrique
- pointeaux de centrage
- serre-joint

Assembler deux pièces de bois par tourillons

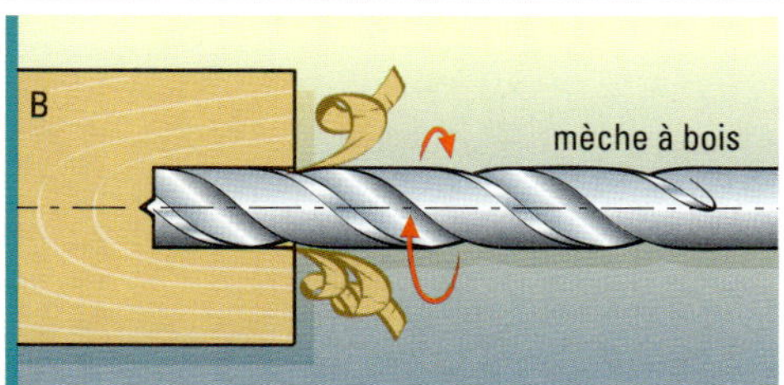

1 **Percez les trous dans la pièce B.** Utilisez une mèche à bois d'un diamètre correspondant à celui des tourillons. Veillez à réaliser des perçages bien perpendiculaires à la face d'assemblage.

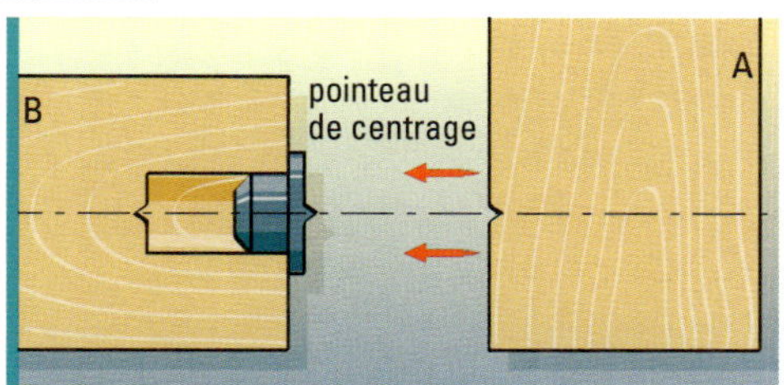

2 **Utilisez des pointeaux de centrage.** Introduisez-les dans les trous de la pièce B. Présentez la pièce A dans sa position d'assemblage et frappez dessus avec un maillet pour que chaque pointeau marque son empreinte dans la face inférieure.

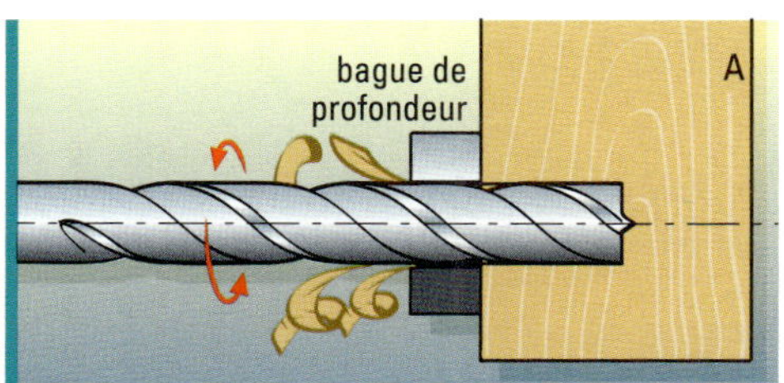

3 **Percez la pièce A.** Pratiquez les trous avec la même mèche à bois. La bague de profondeur limite le perçage à la longueur voulue.

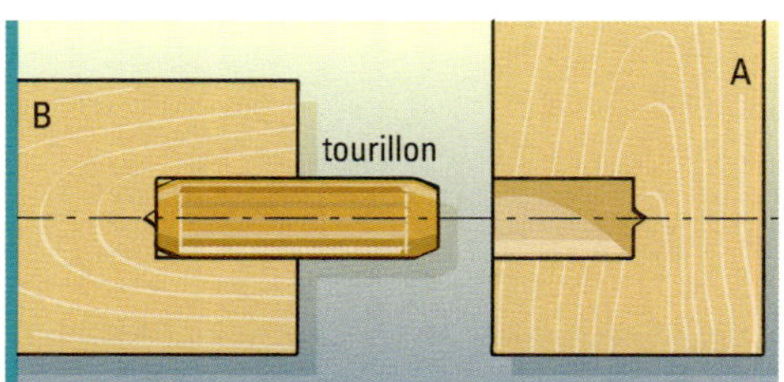

4 **Montez les tourillons dans la pièce B.** Présentez la pièce A et faites-y pénétrer les tourillons en utilisant un maillet en bois ou en caoutchouc pour ne pas marquer les faces.

Autres types d'assemblage

LES OUTILS

- ciseau à bois
- équerre
- lime plate
- maillet
- rainureuse
- règle-guide
- scie à bois
- scie circulaire
- serre-joint

Il existe d'autres systèmes d'assemblage très simples qui requièrent cependant une habileté certaine. Parmi ceux-ci, l'assemblage par rainure et fausse languette, et celui par enfourchement.

Rainure et fausse languette

L'assemblage par rainure et languette est utilisé pour joindre des éléments de faible épaisseur dans le sens de la longueur comme, par exemple, le parquet ou le lambris frisette (frises de parquet ou lames de bois murales). Le procédé est simple : chaque lame présente sur un côté une rainure qui correspond exactement à la languette de la lame suivante. Pour l'assemblage, il suffit d'emboîter l'une dans l'autre. Trop compliqué à réaliser pour un amateur, ce procédé sera délaissé au profit d'un autre demandant moins de précision : l'assemblage par rainure et fausse languette.

Les chevilles plates

Présentant la forme d'un calisson d'Aix-en-Provence, elles s'emploient de la même façon que les tourillons. De quelques millimètres d'épaisseur, les chevilles plates existent en bois dans diverses longueurs suivant les modèles, mais correspondent toujours à des entailles standards. Elles ne s'adaptent pas dans des trous mais dans des rainures ouvertes dans le chant du panneau à l'aide d'un accessoire spécial, à monter sur une perceuse ou une meuleuse.
Cet accessoire permet d'ouvrir en même temps les deux logements en vis-à-vis destinés à recevoir une cheville. Plus longue qu'épaisse et de forme ovale, la cheville autorise un très léger jeu à l'assemblage, amplement suffisant pour assurer un raccordement parfait et bien plus facilement qu'avec des tourillons. De plus, comme la cheville est plate et non ronde, elle peut servir à assembler des éléments de faible épaisseur, inférieure à 10 mm, sans nuire à la résistance du montage et sans abîmer les pièces.

Si vous envisagez de fabriquer régulièrement des éléments de mobilier, l'utilisation des chevilles plates vous sera rapidement familière. L'achat du kit nécessaire à leur emploi est alors indispensable (système Lamello).

Réalisation d'une traverse en « I »

Ainsi, la réalisation de cette traverse en forme de I (où les deux semelles figurent les barres horizontales d'un I et la fausse languette sa barre verticale) ne demande pas d'outillage compliqué, seulement une scie circulaire.

L'âme A est découpée dans du contreplaqué de 5 mm d'épaisseur et les deux semelles B dans un panneau de 20 mm d'épaisseur (➡ CROQUIS 1).

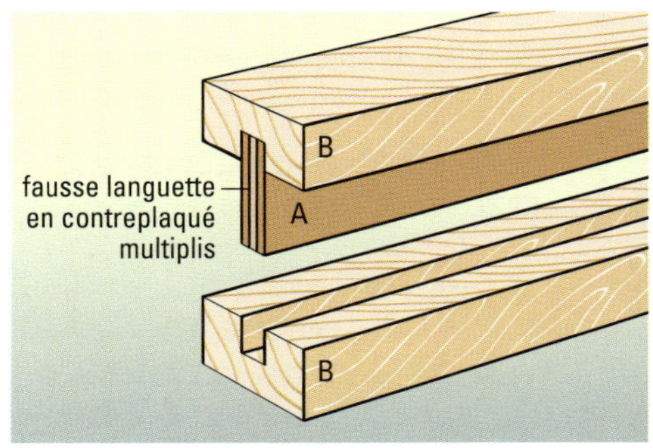

1. *Traverse en forme de « I » assemblée par rainure et fausse languette.*

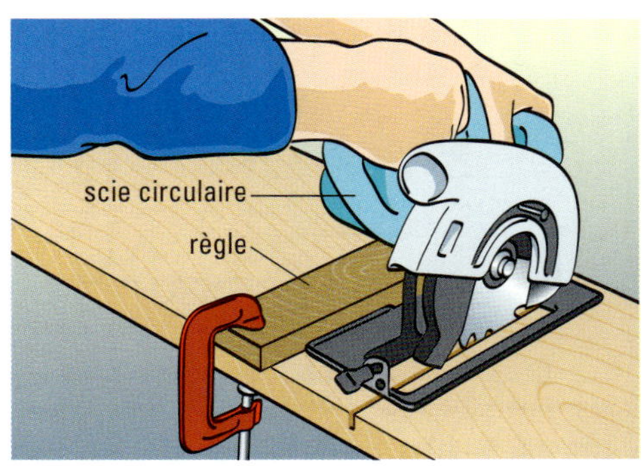

2. *En déplaçant une scie circulaire le long d'une règle, la lame découpe une rainure dont la largeur correspond à l'épaisseur de la lame.*

▶ Guidez la scie circulaire (➔ CROQUIS 2) le long d'une règle pour obtenir un trait rectiligne sur chaque semelle B. La largeur de la rainure est obtenue par la largeur de la lame de scie.

▶ Si la largeur est trop mince, faites plusieurs passages en déplaçant la règle de quelques millimètres afin d'obtenir la largeur exacte correspondant à l'épaisseur de la fausse languette A.

▶ Encollez les rainures et emboîtez les pièces les unes dans les autres à l'aide d'un maillet. Laissez sécher.

Montage par enfourchement

Souvent utilisé pour monter deux ou plusieurs planchettes à angle droit, cet assemblage se suffit à lui-même. Son avantage réside dans sa facilité de réalisation car il ne fait appel à aucune colle, ni clou ni vis, mais il demande une réalisation soignée : la moindre erreur fausserait le montage (➔ SÉQUENCE).

Pour un premier essai, utilisez des planches d'épaisseur identique.

L'assemblage sera suffisamment serré pour que les deux pièces tiennent l'une dans l'autre, sans tomber. ■

Montage d'étagères par enfourchement

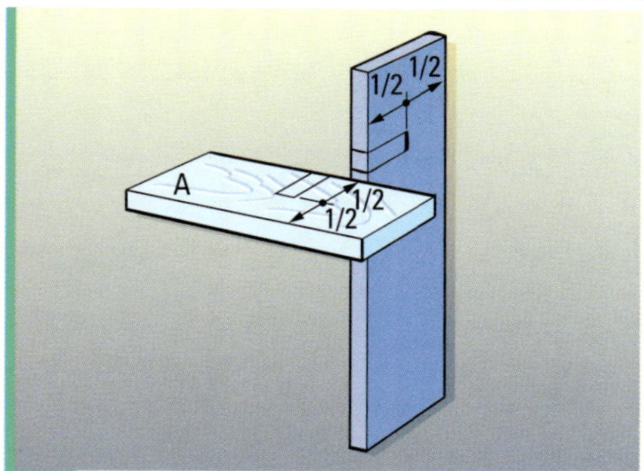

1 **Déterminez l'emplacement des entailles.** Dans l'assemblage par enfourchement, les deux entailles, de dimensions identiques, s'emboîtent l'une dans l'autre. Tracez précisément la position des entailles à mi-largeur.

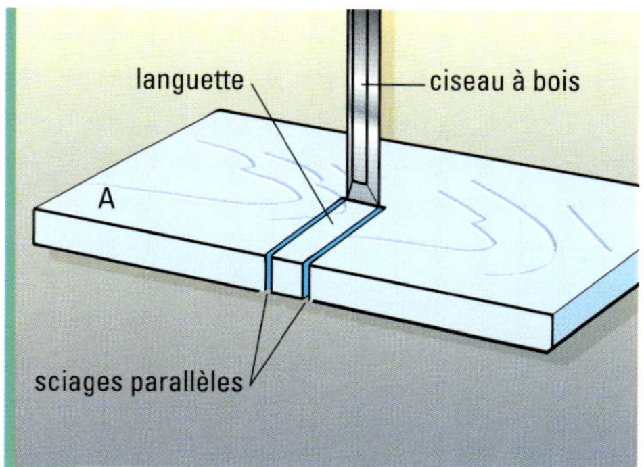

2 **Découpez la fente.** À l'aide d'une scie à denture fine, exécutez deux sciages parallèles. Puis faites sauter la base de la languette avec un ciseau à bois correspondant à la largeur de l'entaille.

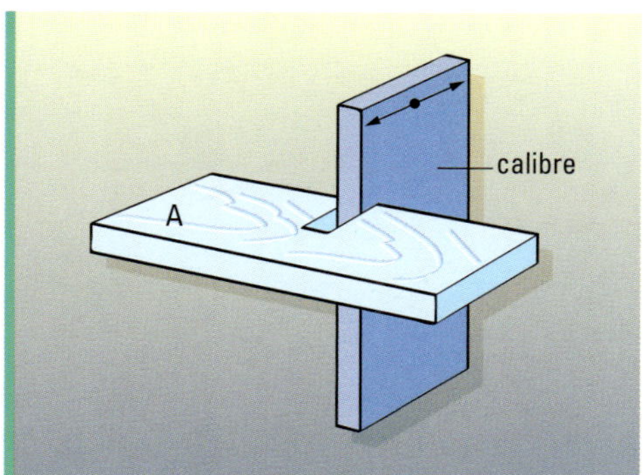

3 **Utilisez un calibre.** Ajustez la largeur de l'entaille avec une lime plate en prenant pour calibre une pièce témoin, de même épaisseur que la pièce à emboîter. De la même façon, ajustez la deuxième entaille dans la seconde pièce.

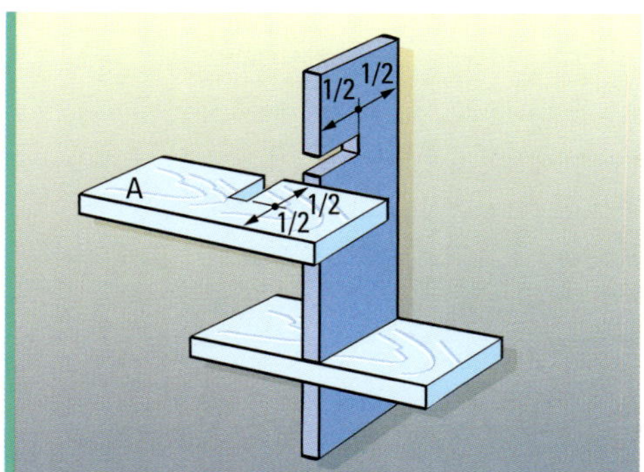

4 **Assemblez au maillet.** Après emboîtement des pièces dans les deux entailles en croix, l'assemblage se termine à l'aide d'un maillet afin d'obtenir le coincement nécessaire à la rigidité de l'assemblage.

La quincaillerie d'assemblage

L'ancienne queue-d'aronde, utilisée par les ébénistes d'antan, ne peut être employée sur les bois reconstitués. De nouvelles techniques d'assemblage se sont développées depuis l'avènement du mobilier en kit.

Pattes et équerres

Les pattes et équerres métalliques sont des accessoires simples et faciles à utiliser, notamment pour renforcer un assemblage ou remplacer une fixation défectueuse.

1. *Patte droite.* Diffusé sous différentes longueurs, ce type de patte métallique sert à réunir deux pièces de bois ou à les maintenir à écartement régulier. Ces pattes sont très souvent vendues avec des vis à bois.

2. *Équerre plate.* Elle est utilisée pour renforcer les angles des cadres ou un coin de meuble. L'équerre est placée au dos du cadre, dans les angles disjoints, et vissée en applique. Pour des raisons esthétiques, il convient de l'encastrer pour qu'elle disparaisse dans l'épaisseur du bois.

3. *Équerre double.* En forme de T, cette équerre s'utilise, comme la précédente, pour renforcer un assemblage défectueux. Pour obtenir une bonne rigidité, et sans souci d'esthétique, il est souhaitable de poser la même pièce sur l'autre face de l'assemblage. Ainsi l'assemblage, pris en sandwich entre les deux équerres, est bloqué par des vis et des écrous.

4. *Équerre coudée.* Cette simple pièce coudée à angle droit peut assurer le maintien de nombreux éléments : deux équerres vissées de chaque côté d'une entretoise renforcent un encadrement ; quatre équerres montées en vis-à-vis peuvent supporter une étagère, etc.

Systèmes pour meubles en kit

Les systèmes d'assemblage des meubles en kit sont en général d'une grande simplicité de montage ; ils exigent peu ou pas d'outils et conservent le plus souvent une possibilité de démontage.

5. *Bloc triangulaire.* Ce modèle en matière plastique, dont les pièces se vendent par quatre, porte les deux vis de fixation dissimulées par un couvercle.

6. *Ferrure à emboîtement trapézoïdal.* Cette ferrure est composée de deux éléments (mâle et femelle) s'emboîtant l'un dans l'autre. Le serrage de la vis assure la position

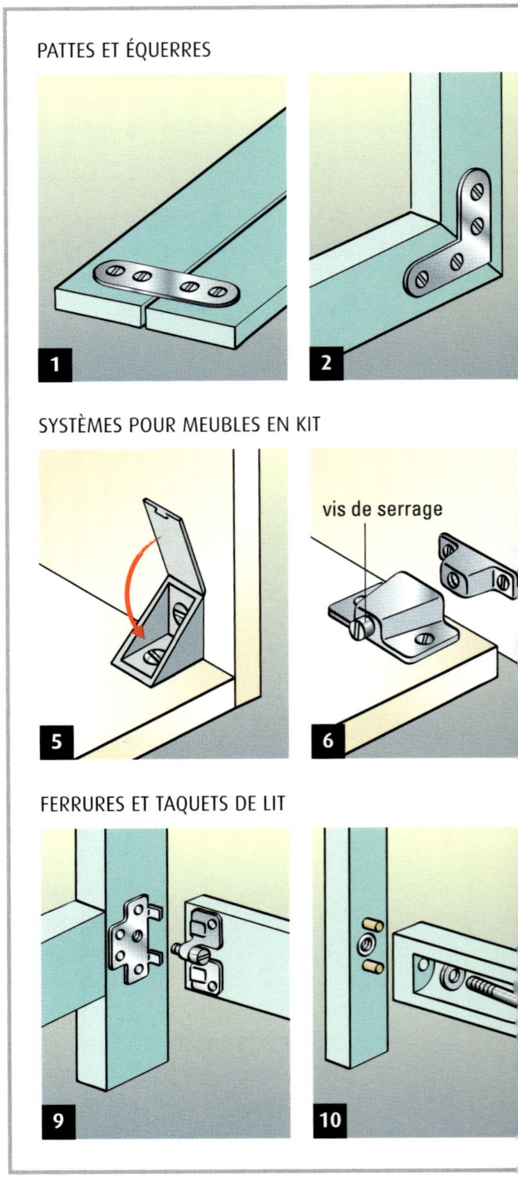

et le blocage des deux pièces de bois. Ce système permet le démontage du meuble.

7. *Ferrure à spirale.* Cette ferrure s'utilise pour le montage des panneaux de meuble et notamment pour les supports d'évier de cuisine. La rotation du disque interne taillé en spirale provoque le verrouillage des deux éléments, mais le meuble reste démontable.

8. *Ferrure à excentrique.* Cet ensemble se compose d'un goujon vissé sur l'une des pièces et d'un cylindre à excentrique logé dans la seconde pièce. La rotation de l'excentrique tire sur la tête du goujon et bloque l'assemblage. La seule difficulté d'exécution est le percement d'un trou borgne de 20 ou 25 mm de diamètre. L'assemblage peut être démonté.

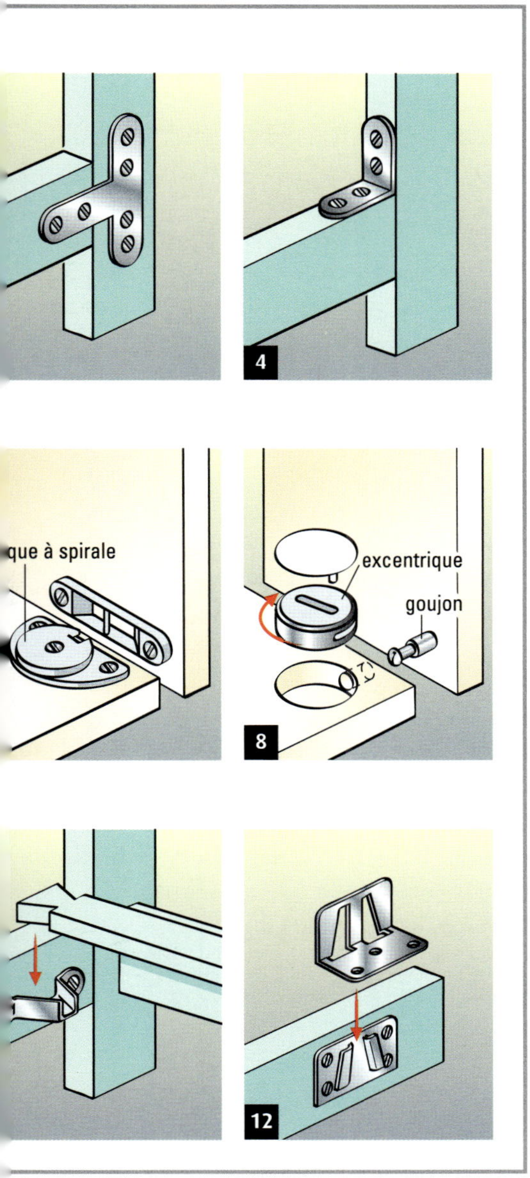

Ferrures et taquets de lit

Les ferrures d'assemblage métalliques des cadres de lit résistent aux sollicitations dans tous les sens. Elles restent démontables et peuvent servir à d'autres fins, notamment pour assembler les châssis d'autres meubles.

9. *Ferrure d'angle.* Les deux parties de la ferrure s'emboîtent l'une dans l'autre, guidées par deux ergots. L'assemblage est obtenu par une vis centrale assurant le blocage de l'angle.

10. *Vis à tête sphérique.* Longue vis en acier qui s'assemble avec une douille filetée préalablement implantée dans le meuble. La douille porte un filetage extérieur très coupant qui lui permet de se loger dans un avant-trou sur toute sa longueur. La vis, dissimulée dans l'épaisseur de la traverse, est invisible en façade : le blocage de l'ensemble s'obtient par la rotation de la tête, manœuvre effectuée par un gros clou ou un chasse-goupille introduit dans les trous de la tête.

11. *Taquet queue d'aronde.* Ces goulottes métalliques en forme de trapèze se fixent à l'intérieur du châssis et reçoivent les extrémités des traverses supportant le sommier. Le profil des traverses en queue d'aronde, taillé aux extrémités, assure la liaison des assemblages qui conservent ainsi le parallélisme des côtés du lit.

12. *Ferrure conique.* Comme le modèle précédent, ces ferrures à emboîtement s'utilisent pour monter les traverses de lit, mais sans nécessiter l'usinage de ces dernières. Les équerres vissées en bout des traverses sont enclenchées dans les ferrures des côtés. Lors du montage, le poids du sommier bloque les encoches en forme de V inversé les unes dans les autres, ce qui a pour effet d'immobiliser les côtés du lit. ■

Concevoir des étagères sur mesure

Lorsque les besoins de rangement sont importants, le mobilier composable vendu en kit s'avère une excellente solution. Le principe de ces meubles repose sur des modules de dimensions standard, qu'il est possible d'associer et de combiner de multiples façons. Vous pouvez ainsi adapter au mieux votre système de rangement en fonction de vos besoins et de la place disponible. Reposant sur des dimensions normalisées, ces meubles composables ne sont toutefois pas universels. Chaque logement recèle des particularités qui imposent des réalisations sur mesure.

Deux exemples sur mesure

La réalisation d'étagères indépendantes ou combinées ne présente guère de difficultés. En voici deux exemples. Le premier permet d'équiper un renfoncement ou un placard sans nécessiter de percer les murs. Le second cas est une idée d'aménagement dans une grande pièce qui vise à créer un volume important de rangement, par une séparation évitant de mobiliser une grande surface de mur.

Aménager un recoin avec des étagères

Pour aménager un recoin, la technique classique consiste à fixer des tasseaux sur les côtés du renfoncement puis à poser les tablettes dessus. Ici, des côtés sont ajoutés. Ce sont eux qui supportent les tasseaux vissés à des intervalles de 30 à 40 cm. Ils sont simplement dressés contre les côtés puis coincés par les tablettes haute et basse du rangement. Il n'y a donc pas de fixation aux murs. C'est là une solution idéale pour transformer une petite penderie ou un placard à balai. Attention, afin d'éviter toute difficulté, il est conseillé de ne pas dépasser 60 cm de largeur pour vos tablettes.

▸ ***Installez les panneaux.*** Mesurez la profondeur et la hauteur du renfoncement. Découpez les panneaux A en fonction de ces mesures. Répartissez les tasseaux B sur la hauteur. Dressez les panneaux, de chaque côté en appui sur la plinthe.

▸ ***Placez les tablettes du haut et du bas.*** Mesurez l'écartement des panneaux A, dressés et équipés de leur tasseaux. Coupez les tablettes C, du haut et du bas, en fonction de cette mesure augmentée de 3 mm. Coincez ces étagères contre les panneaux A ainsi plaqués contre les murs.

▸ ***Placez les autres étagères.*** Pour une hauteur moyenne, inférieure à 2 mètres, seules les tablettes du haut et du bas sont coincées (au-delà de 2 mètres, ajoutez une étagère C au milieu). Les autres tablettes sont simplement posées sur les tasseaux.

Réaliser des étagères pour un rangement-séparation

Placées perpendiculairement au mur d'appui, vos étagères deviennent un moyen de

AMÉNAGER UN RECOIN AVEC DES ÉTAGÈRES

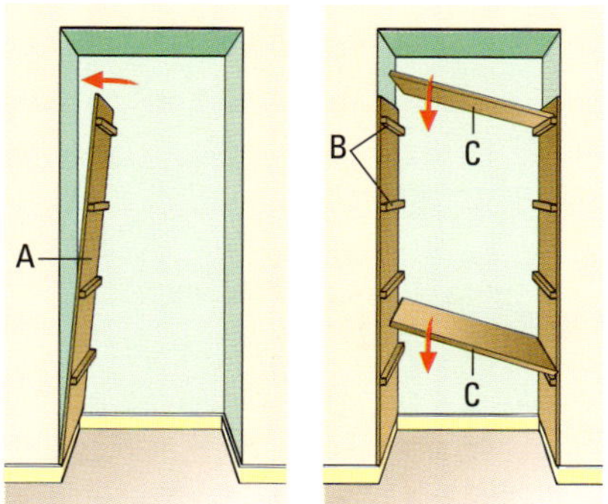

FEUILLE DE DÉBIT

Pour un recoin de profondeur P, de hauteur H et de largeur L :

- *2 côtés A [dimensions P x (H – 30 cm)] en contreplaqué ou aggloméré de 10 mm d'épaisseur.*
- *8 à 10 tasseaux carrés B (longueur égale à P) de 27 x 27 mm de section.*
- *2 tablettes C (largeur égale à P, longueur sur mesure) en contreplaqué ou aggloméré de 15 ou 22 mm d'épaisseur.*
- *2 ou 3 autres tablettes [dimensions P x (L – 25 mm)] en contreplaqué ou aggloméré de 15 ou 22 mm d'épaisseur.*

séparation pratique pour définir différents volumes au sein d'une grande pièce. Leur avantage est de ne pas perturber la répartition générale de la lumière naturelle.

À partir d'une structure simple, une grande diversité d'aménagement peuvent être envisagés. À la base, il s'agit de dresser des éléments verticaux fixés discrètement sur des sabots, puis de les relier par des tablettes. En soubassement, ces tablettes peuvent être remplacées par des rangements fermés. La séparation peut occuper toute la hauteur du sol au plafond. Elle peut aussi s'arrêter à mi-hauteur. Dans ce cas, les éléments verticaux seront reliés entre eux par un plateau supérieur vissé.

▸ ***Fixez les sabots.*** Les éléments verticaux sont arrimés à des sabots A, vissés au sol et au plafond. Repérez puis fixez les sabots au plafond. Reportez leur emplacement au sol à l'aide d'un fil à plomb et fixez les sabots inférieurs.

▸ ***Alignez les panneaux.*** Chaque élément vertical se compose de deux panneaux B vissés sur les sabots. Ils sont percés de trous parallèles qui serviront de support aux taquets d'étagère. Veillez au parfait alignement des éléments verticaux.

▸ ***Répartissez les taquets.*** Une pièce C couvre l'épaisseur des éléments verticaux. Elle est clouée sur le chant des panneaux B à l'aide de pointes sans tête. Répartissez les taquets d'étagère en fonction de l'organisation souhaitée puis posez les tablettes. ■

RÉALISER DES ÉTAGÈRES POUR UN RANGEMENT-SÉPARATION

FEUILLE DE DÉBIT

Pour chaque élément vertical :

- *2 sabots A de 30 cm de long coupés dans un chevron de 4 x 6 cm de section.*
- *2 panneaux B de 40 cm de large et de la hauteur du sol au plafond en aggloméré replaqué, en contreplaqué ou en médium de 16 mm d'épaisseur*
- *2 rives C de 10 cm de large et de la hauteur du sol au plafond en aggloméré replaqué, en contreplaqué ou en médium de 10 mm d'épaisseur.*

Remarque :

L'intervalle entre les éléments verticaux ne doit pas dépasser 60 cm. Il est possible d'adapter la largeur à 20 ou 30 cm.

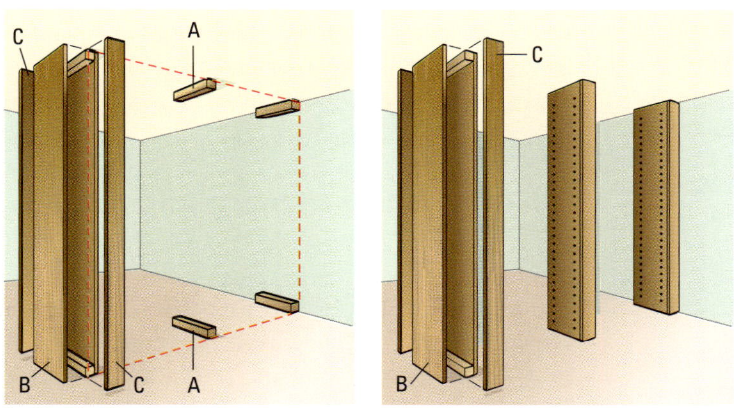

Pour les tablettes :

Les tablettes sont en aggloméré replaqué, en contreplaqué ou en médium de 16 mm d'épaisseur. Prévoyez 4 taquets par tablette, des vis VBA 4 x 40 mm, et des pointes sans tête de 25 mm de longueur.

La menuiserie

Réaliser une bibliothèque avec bureau d'ordinateur encastré

FEUILLE DE DÉBIT

Partie basse

- *8 tablettes mélaminées de 200 x 40 cm en 16 mm d'épaisseur (A). Dans ces tablettes seront découpés les étagères intérieures, les côtés et les portes.*
- *4 montants de 15 x 90 cm, en médium de 16 mm d'épaisseur (B)*
- *2 montants centraux de 6 x 60 cm, en médium de 16 mm d'épaisseur (C)*
- *2 plateaux de 150 x 60 cm, en médium de 22 mm d'épaisseur (D)*
- *1 tablette de 40 x 60 cm, en médium de 22 mm d'épaisseur (E)*
- *1 tablette de 30 x 60 cm, en médium de 22 mm d'épaisseur (F)*
- *4 fonds de 56 x 62 cm en contreplaqué de 5 mm d'épaisseur (G).*

Partie haute

- *6 tablettes mélaminées de 200 x 30 cm en 16 mm d'épaisseur (H)*
- *20 taquets d'assemblage en plastique 30 x 30 mm (I)*
- *3 sections de tube PVC de Ø 10 cm (J), longueur totale 1,20 m environ*
- *8 entretoises triangulaires de 15 cm de côté, en contreplaqué de 5 mm d'épaisseur (K).*

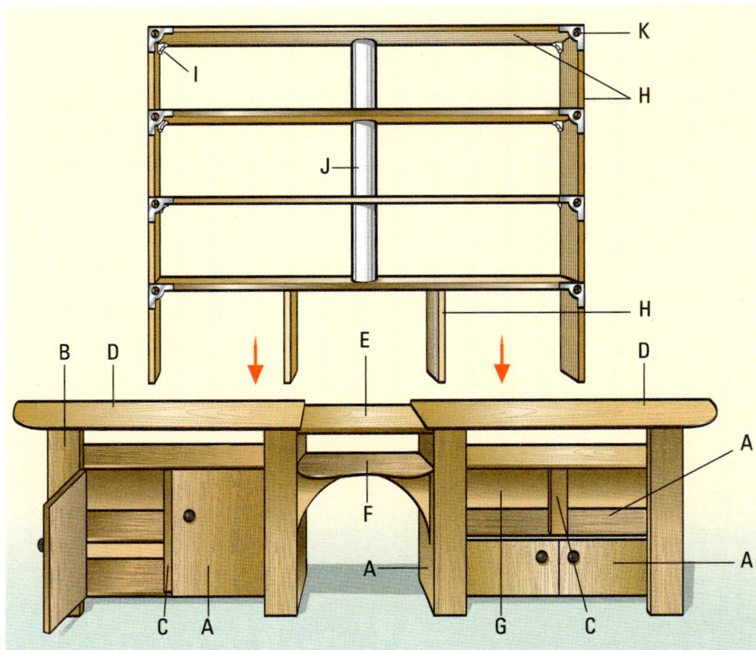

Remarque : *ce meuble peut être peint ou réalisé en bois naturel. On peut aussi lui ajouter une décoration originale : une pierre de rivière percée d'un trou borgne comme bouton, fixé avec de la pâte à coller sur un boulon formant la tige ; des coquillages peints ou vernis pour dissimuler les trous de passage des vis ; une tringle en aluminium doré fixée à la colle blanche sur les portes...*

LES OUTILS

- nécessaire de tracé
- perceuse-visseuse, forets à bois et embouts
- serre-joints ou pinces de serrage
- scie sauteuse

Ce meuble a été spécialement conçu pour offrir le maximum de surface de rangement tout en simplifiant les assemblages. De plus, sa conception en trois parties permet de l'adapter facilement aux particularités de votre intérieur.

Une conception en trois parties

Deux ensembles de placards fermés constituent la partie basse. Entre les deux, c'est la partie centrale, formant la liaison entre les placards fermés, qui fait office de bureau pour l'ordinateur.

La partie supérieure est constituée de rayonnages de bibliothèque, simplement posés sur la partie basse. Ces deux modules sont donc parfaitement indépendants.

Les matériaux

Tous les éléments blancs sont fabriqués à partir de tablettes en aggloméré recouvertes d'un revêtement mélaminé. Ces tablettes mesurent 16 mm d'épaisseur et 200 cm de longueur. Elles mesurent 40 cm de large pour la partie basse, et 30 cm pour la partie haute. Les éléments peints sont en médium, de 16 mm pour les pièces verticales et de 22 mm pour les plateaux.

La partie basse est assemblée par vissage direct, « face contre chant ». La partie haute est bloquée par des taquets en plastique. Ces taquets sont renforcés par des entretoises triangulaires en contreplaqué de 5 mm. Le centre des étagères est supporté par un tube en PVC de 10 cm de diamètre.

Pour les assemblages, utilisez des vis à bois et aggloméré de 4 x 40 mm de section en partie basse et de 3,5 x 15 mm en partie haute. Prévoyez un tube d'enduit prêt à l'emploi pour boucher les trous de vis et un pot de 500 ml de peinture acrylique, pour la décoration.

Les portes sont articulées au moyen de charnières à piano et fermées par des loqueteaux magnétiques ou à pince. Deux équerres métalliques maintiennent la tablette centrale en partie basse.

Les éléments bas

Chaque ensemble mesure 110 cm de largeur, 90 cm de hauteur et 40 cm de profondeur (plateau supérieur : 150 x 60 cm). La tablette supérieure laisse un espace de 18 cm environ, ce qui ménage une hauteur de 28,5 cm pour les deux autres. À gauche, ces dernières sont entièrement dissimulées derrière les portes. À droite, seul le rangement inférieur est fermé. À vous de choisir la solution qui vous convient le mieux ou, comme ici, de combiner les deux.

Construire les éléments bas

1 **Montez les étagères.** Sur les montants B, tracez des repères à 10 cm puis 40 cm et 70 cm, en partant du sol. Percez des avant-trous (Ø 3 mm). Vissez les montants sur le chant des tablettes A (longueur : 110 cm) servant d'étagères intérieures.

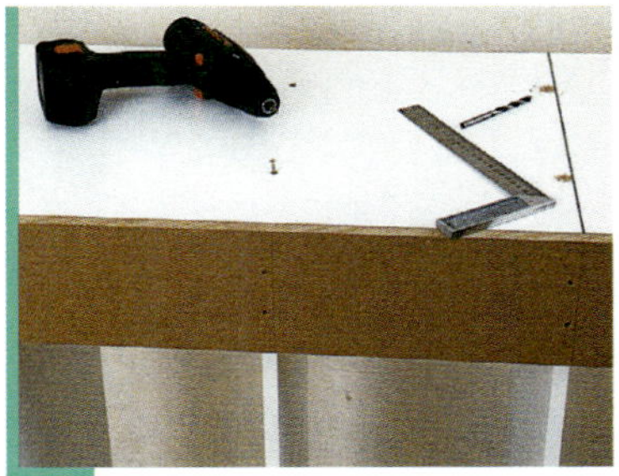

2 **Montez les côtés.** Les chutes des découpes des tablettes A, de 90 cm de long, constituent les côtés. Des lignes horizontales, tracées à l'équerre et respectant les intervalles précédents (10, 40, 70 cm), permettent de repérer les trous pour les vis.

3 **Placez les fonds.** Les fonds G, en contreplaqué de 5 mm d'épaisseur, doublent les deux rayonnages principaux. Ils sont vissés ou fixés à l'aide de fines pointes sans tête. Redressez l'élément bas et posez le plateau D, vissé sur le chant des montants B et des côtés.

Assembler les éléments bas

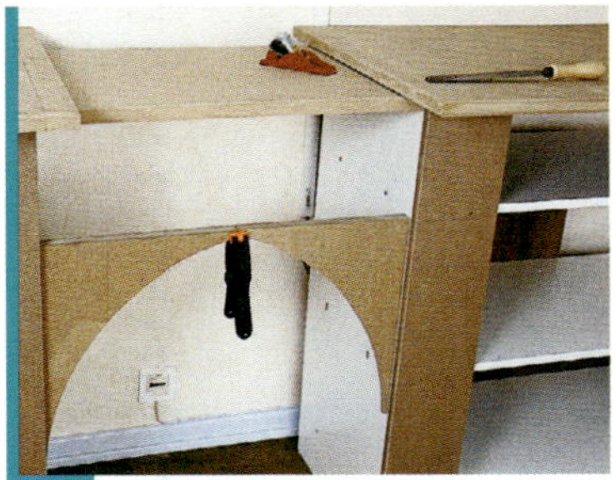

1 **Reliez les éléments bas.** Les deux éléments bas sont reliés par la tablette E vissée sous le débord du plateau, décalée de 10 cm par rapport au fond. L'arc est constitué par les chutes des découpes des plateaux.

2 **Fixez la tablette centrale et l'arc.** Celui-ci est vissé par l'intérieur des éléments bas. La tablette F est vissée sur l'arc et bloquée sur l'arrière avec deux petites équerres. Son contour est réalisé à la scie sauteuse.

3 **Montez les portes.** Elles sont posées en applique en fixant les charnières sur leur parement. L'entretoise C soutient les étagères. Le montage terminé, poncez au papier de verre et appliquez la peinture en deux couches.

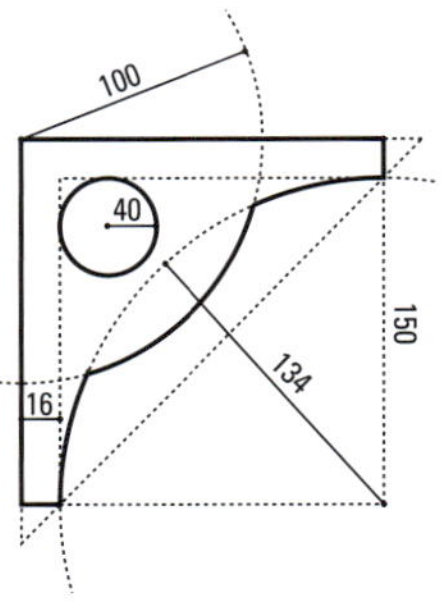

Pour tracer les contours des entretoises, fabriquez un gabarit sur une feuille de papier quadrillé (carreau 5 x 5 mm) ou un carton souple. Toutes les cotes indiquées sont en millimètres.

L'angle extérieur du plateau D est un arrondi de 40 cm de rayon.

L'espace informatique

Une petite tablette permet de disposer le clavier. Les différents périphériques, voire l'unité centrale, selon le modèle que vous possédez, trouvent facilement une place, en fonction de leur taille, en partie haute ou basse.

Les placards permettent de dissimuler tous les accessoires. La liaison qui supporte l'ordinateur n'est pas plaquée contre le mur et ménage un espace de 10 cm, afin de faciliter les branchements et le passage des câbles. Pour la même raison, il pourra être judicieux de supprimer tout ou partie du fond en contreplaqué des placards fermés.

La bibliothèque

La largeur totale des étagères en partie haute est de 200 cm (203,8 hors tout) pour 160 cm de hauteur. Si la place disponible est réduite, il est tout à fait possible d'adapter ces dimensions. Il suffit alors de réduire la largeur du meuble à celle d'un seul élément bas. L'ensemble ne mesure alors que 150 cm de large, au lieu de 400 cm comme ici. Vous pouvez aussi adapter la hauteur, en réduisant l'intervalle entre les étagères, sans toutefois descendre en dessous de 35 cm, afin de pouvoir installer les plus gros livres. N'oubliez pas cependant de laisser une hauteur suffisante au-dessous du premier rayonnage pour la mise en place de l'écran de votre ordinateur. ■

Constitué de trois modules indépendants, deux pour le buffet, un pour la bibliothèque, cet ensemble peut être facilement adapté aux dimensions de votre intérieur.

Construire la bibliothèque

1 **Installez les montants.** Coupez les éléments qui serviront pour les montants à 160 cm. Récupérez les chutes (40 cm). Vissez-les sous la première étagère, à 70 cm de ses extrémités.

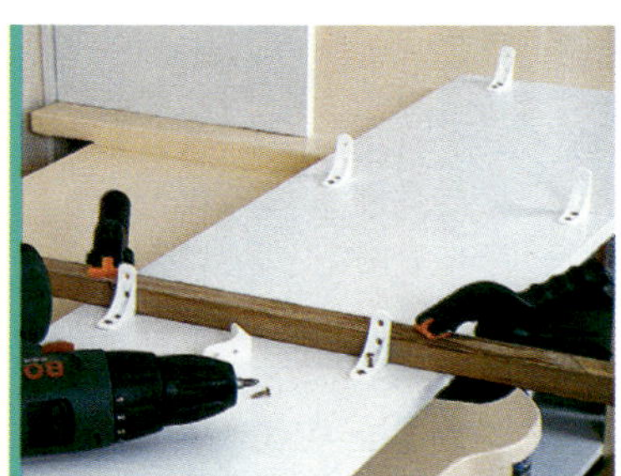

2 **Vissez les taquets** (4 par tablette). Ils sont placés tous les 40 cm en partant du bas, sauf ceux pour le dessus du meuble, à 38,4 cm seulement (16 mm en retrait de l'arête supérieure du montant).

3 **Montez les étagères.** Fixez-les sur les taquets. Coincez les tubes J, peints ou doublés de papier peint. Terminez en vissant les entretoises K dans les angles entre les étagères et les montants.

Réaliser un meuble de toilette avec une vasque posée

Discrète et élégante, cette table-vasque apporte une touche d'originalité au décor de votre salle de bains. Facile à fabriquer, vous pouvez la personnaliser comme bon vous semble.

La fabrication de ce meuble est à la portée du plus grand nombre. Elle constitue une excellente base pour exercer vos talents, de bricoleur comme de décorateur, que vous soyez débutant ou confirmé.

Une conception simple

Une grande table, de 90 cm de largeur, 60 cm de profondeur et 90 cm de hauteur, sur laquelle sont posés un mitigeur à bec haut et une vasque en céramique : le principe de ce meuble facilite sa réalisation. En effet, si vous n'avez pas l'expérience requise pour le fabriquer, rien ne vous empêche de l'acheter tout fait, ou de le récupérer dans un dépôt-vente ; une table de desserte ou une console de cuisine conviennent à merveille. Vous n'aurez plus qu'à procéder au montage et aux raccordements de la vasque et du robinet.

Bien sûr, fabriquer le meuble est bien plus gratifiant et guère plus difficile. La table comporte deux parties, soit un plateau, bordé de tasseaux, reposant sur une assise composée d'un cadre et de quatre pieds. Il n'y a pas d'assemblage compliqué, puisque tous les éléments sont collés, cloués, vissés ou reliés avec des équerres métalliques.

Le choix des matériaux

La même liberté vous est offerte concernant le choix des matériaux. Si vous souhaitez un meuble raffiné, fabriquez-le en chêne ou en teck, massif pour l'assise, en placage pour le plateau. Ces essences sont principalement vendues en négoces professionnels. Vous trouverez plus facilement, et pour moins cher, des tasseaux en pin dans les grandes surfaces de bricolage et les quincailleries spécialisées. Le pin, de couleur claire, accepte plus facilement tous les types de finition. Vous pouvez lui conserver son aspect naturel, avec un vernis satiné incolore, le teinter ou le peindre. Veillez simplement à choisir un produit de finition résistant à l'eau.

Le plateau présenté est fabriqué à partir d'un panneau de particules agglomérées, spécialement traité contre l'humidité et recouvert d'un placage en bois véritable. Une astuce consiste à utiliser un panneau de même nature, mais recouvert d'un décor

LES OUTILS

- scie sauteuse
- perceuse-visseuse
- scie cloche
- marteau
- chasse-clou
- clés
- tournevis
- pinceau
- nécessaire de tracé

Fabriquer la table

1 **Fabriquez le plateau.** Encollez et clouez d'abord le dos, puis posez les côtés de la même façon. Enfoncez les pointes au chasse-clou.

2 **Tracez l'emplacement de l'assise.** Sur l'envers du plateau, tracez l'emplacement de l'assise, à 5 cm en retrait des bords du panneau en aggloméré.

3 **Montez les ferrures.** Cette ferrure permet d'assembler l'assise et les pieds en une seule opération. Le montage varie selon le type de ferrure.

4 **Assemblez le plateau et l'assise.** Une fois les ferrures posées, encollez le tracé et ajustez l'assise. Bloquez le tout au moyen de 4 équerres en L vissées.

stratifié. L'aspect est préservé. Le stratifié résiste mieux à l'usure, aux taches et à l'eau. Il est déjà verni en usine et coûte moins cher. De très nombreux décors sont proposés, en imitation de bois véritable ou avec des motifs originaux (aspects marbrés, métallisés, etc.).

Les particularités de montage

Le meuble est fabriqué à l'envers, c'est-à-dire le dessus d'abord puis le dessous. L'envers du plateau sert ainsi de repère pour fixer l'assise (➡ PHOTO 2 P. 412). Les rebords du plateau sont de simples tasseaux collés et cloués, le plus petit étant placé à l'avant.

– Le cadre de l'assise se compose de tasseaux de même section que les pieds sur les côtés et sur l'arrière. À l'avant, un bandeau plus important, de 10 cm de largeur, permet de visser la tringle porte-serviettes. Cette traverse avant se compose donc de deux pièces, le bandeau et un tasseau de section carrée, collés ensemble avant l'assemblage final.

– Les équerres d'angle présentées sont des modèles spéciaux (➡ PHOTO 3 P. 412). Si vous ne parvenez pas à les trouver dans le commerce, remplacez-les par des équerres en L standards. Placez d'abord toutes les pièces sur les repères tracés sur l'envers du plateau. Assemblez ensuite les traverses entre elles aux quatre angles, puis ajoutez deux nouvelles équerres à chaque pied pour les solidariser avec les traverses. Ces équerres peuvent être encastrées dans l'épaisseur du bois en creusant leur emplacement avec un ciseau à bois.

– Pour assembler les deux parties du meuble, déposez une couche de colle blanche sur le tracé. Ajustez l'assise. Mettez sous presse avec des serre-joints, puis posez quatre équerres en L, une par traverse. ■

FEUILLE DE DÉBIT

Pour un meuble de 90 x 60 x 90 cm (largeur, profondeur, hauteur).

- *1 panneau en aggloméré hydrofugé, mélaminé ou replaqué de 87 x 57 cm, en 19 mm d'épaisseur*
- *2 tasseaux de 15 x 50 mm de section et 60 cm de long (côtés)*
- *1 tasseau de 15 x 50 mm de section et 87 cm de long (dos)*
- *1 tasseau de 15 x 20 mm de section et 87 cm de long (devant)*
- *2 tasseaux de 50 x 50 mm de section et 47 cm de long (côtés de cadre d'assise)*
- *1 tasseau de 50 x 50 mm de section et 77 cm de long (arrière de cadre d'assise)*
- *1 tasseau de 30 x 30 mm de section et 77 cm de long (avant de cadre d'assise)*
- *1 tasseau de 20 x 100 mm de section et 77 cm de long (bandeau avant)*
- *4 tasseaux de 50 x 50 mm de section et 88 cm de long (pieds)*
- *4 équerres d'angle, 4 équerres en L (30 x 30 mm)*
- *vis 4 x 30 mm, colle blanche, pointes tête d'homme 40 mm, vernis*
- *1 robinet mitigeur à bec haut*
- *1 vasque à poser*
- *1 tringle porte-serviettes.*

Équiper le plan de toilette

1 **Percez le passage des raccordements.** Placez la vasque au centre de la table. Repérez puis percez le trou de passage de la bonde. Faites de même pour le mitigeur.

2 **Protégez le bois.** Appliquez deux couches de vernis sur le meuble. Après séchage, posez la vasque, le mitigeur et procédez aux raccordements.

Réaliser un lit-podium avec un double couchage

Un couchage pour tous les jours, un autre pour les amis, cet ensemble aux nombreux rangements convient parfaitement à une chambre d'enfant.

LES OUTILS

- scie sauteuse
- perceuse-visseuse
- marteau
- guide de tourillonnage
- pinceau
- nécessaire de tracé

Entièrement réalisé en pin massif, cet ensemble complet, adaptable à volonté, dispose de deux couchages de 90 cm de largeur chacun, d'un petit bureau et de nombreux rangements. Selon la surface de la pièce, il occupera un recoin ou tout un pan de mur et dégagera ainsi tout le reste de la chambre.

Adaptable à volonté

Tel qu'il est présenté, l'ensemble mesure 3 m de longueur sur 1 m de largeur. La hauteur du podium est de 64 cm. La place dévolue au couchage mesure 2,10 m de long. Les étagères comportent un petit plan de travail, de 40 cm de profondeur, placé à 70 cm de hauteur par rapport au podium,

Fabriquer la structure

1 **La première rangée.** La planche intermédiaire est posée à plat puis vissée à la perpendiculaire, directement dans les traverses inférieures.

2 **La deuxième rangée.** Les cloisons des rangements supérieurs sont fixées par des tourillons. Faites de même pour la cloison du rangement inférieur.

3 **Les appuis de podium.** Le fond est posé sur la planche intermédiaire et vissé dans les cloisons. Le deuxième appui est vissé dans le mur, à la même hauteur.

et surmonté de deux étagères de 30 cm de profondeur. Cet ensemble convient parfaitement à un enfant de 7 à 12 ans.

Selon la place dont vous disposez, vous pouvez l'adapter en fonction de vos besoins. Par exemple, si vous êtes limité en largeur, supprimez tout ou partie du côté gauche pour ne conserver que les couchages. Il suffit alors d'adapter les longueurs des planches d'appui, à 2,10 m au minimum, au lieu de 3 m ou 2,70 m (➡ FEUILLE DE DÉBIT). Pour simplifier la réalisation, et permettre un accès plus facile au lit principal, vous pouvez également supprimer la deuxième rangée de rangement. Dans ce cas, les 10 planches du dessus du podium, posées perpendiculairement (➡ PHOTO 1 CI-DESSOUS), seront remplacées par deux nouvelles planches, de 30 x 270 cm, posées sur la longueur (➡ PHOTO 1 P. 414).

Des assemblages par tourillons

À la base, l'ensemble repose sur trois traverses inférieures qui délimitent l'emplacement du tiroir et des rangements. De droite à gauche, elles sont disposées respectivement à 0, 210 et 270 cm sous la planche intermédiaire. Celle-ci, qui constitue la séparation entre les deux niveaux de rangement, est fixée sur ces traverses au moyen de vis à bois à tête trompette de 50 mm de longueur. Notez que cette planche intermédiaire mesure 2,70 m au lieu de 3 m, ce qui permet d'aménager un rangement plus haut sur la gauche. Cette astuce vous offre en

FEUILLE DE DÉBIT

Pour un ensemble double couchage de 300 x 100 x 64 cm (largeur, profondeur, hauteur).
Tous les éléments sont en pin raboté de 22 mm d'épaisseur.

Pour la structure

- *1 planche de 270 x 40 cm (intermédiaire)*
- *13 planches de 100 x 30 cm (traverses inférieures, dessus)*
- *6 entretoises de 37,8 x 30 cm (cloisons rangement supérieur)*
- *1 entretoise de 40 x 30 cm (cloison inférieure)*
- *2 planches de 300 x 30 cm (fond de rangement, appui contre mur)*
- *1 planche de 60 x 30 cm (fond de rangement inférieur)*

- Pour les étagères

- *1 planche de 100 x 40 cm (plateau bas)*
- *2 planches de 100 x 30 cm (plateaux hauts)*
- *1 planche de 70 x 30 cm (montant bas)*
- *2 planches de 30 x 30 cm (montants intermédiaires)*
- *1 planche de 30 x 50 cm (montant supérieur)*
- *1 tasseau de 40 cm de long et 2 tasseaux de 30 cm (30 x 30 mm de section).*

Pour le lit tiroir

- *1 planche de 208 x 25 cm (dos)*
- *1 planche de 208 x 29,5 cm (devant)*
- *2 planches de 96 x 20 cm (côtés)*
- *4 tasseaux de 40 x 20 mm de section et 96 cm de long (lattes)*
- *2 tasseaux de 30 x 30 mm de section et 204 cm de long (appuis)*
- *1 panneau en contreplaqué standard de 204 x 96 cm en 10 mm d'épaisseur.*

Autres fournitures

- *Tourillons de 8 mm de diamètre, vis à bois de 4 x 50 mm et 4 x 40 mm, clous tête plate de 50 mm, 2 équerres en L (50 x 50 mm), 4 roulettes, 2 poignées, peinture acrylique satinée, colle blanche.*

Terminer la structure

1 Le dessus du podium. Des tourillons assemblent les planches du dessus entre elles. Des clous à tête plate complètent la fixation sur la structure.

2 Les étagères. À gauche, les montants sont tourillonnés. À droite, les tablettes reposent sur des tasseaux directement vissés dans le mur.

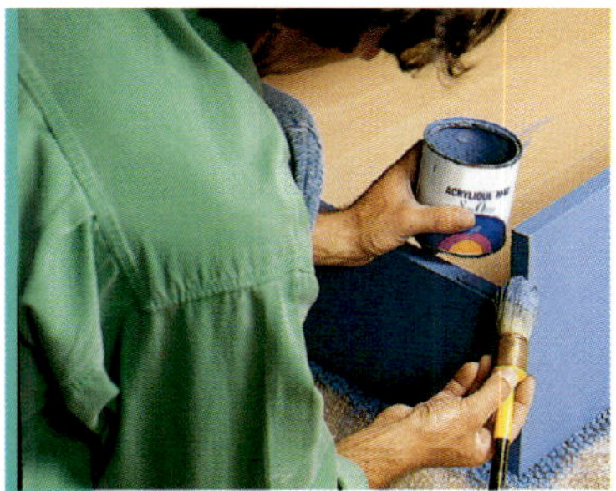

3 La décoration. Le meuble peut être verni ou peint. Dans tous les cas, deux couches sont nécessaires, appliquées au pinceau ou au rouleau.

outre 30 cm de marge afin d'adapter sur mesure la longueur totale de l'ensemble.

● **À noter :** Pour faciliter le vissage, percez des avant-trous de 3 mm de diamètre.

Le dessus du podium repose sur le second niveau du rangement, plus précisément sur les entretoises qui en constituent les cloisons, la grande planche qui en fait office de fond et une autre, vissée dans le mur. Pour être au même niveau que le reste, cette dernière est placée sur des cales de 22 mm d'épaisseur, collées sur les traverses inférieures.
Les cloisons ne mesurent que 37,8 cm de longueur. Elles permettent ainsi de poser le fond du rangement sur la planche intermédiaire précédente. Ces cloisons sont assemblées sur la même planche intermédiaire au moyen de tourillons (→ SÉQUENCE P. 401).
Sous le couchage, les cloisons sont disposées de façon à aménager deux rangements de 90 cm de large environ et un de 30 cm. Ainsi, de droite à gauche, les cloisons sont réparties de la manière suivante : 0, 90, 120, 210, 240 et 270 cm. La même technique d'assemblage par tourillons est utilisée pour les planches du dessus du podium (→ PHOTO 1 P. 415) et le montage du côté gauche des étagères (→ PHOTO 2 P. 415).

Le lit tiroir

Le dos du grand tiroir ne mesure que 25 cm de hauteur de façon à se glisser facilement dans son logement. Pour l'assemblage, commencez par poser les tasseaux d'appui en partie basse des planches de dos et de devant. Ces tasseaux sont vissés, mais vous pouvez aussi les assembler par tourillons. Ces derniers sont également utilisés pour assembler les côtés sur le devant et le dos. Ajoutez deux équerres métalliques pour renforcer la fixation du panneau avant, qui se trouve directement sollicité à chaque manœuvre du tiroir. Pour le dos, ce renfort n'est pas nécessaire. Les quatre lattes sont réparties sur la longueur du tiroir en respectant un espacement de 64 cm environ entre elles. Elles sont vissées dans les tasseaux d'appui.
Si les roulettes dépassent trop, le tiroir ne s'encastre pas dans son logement. À l'inverse, si elles ne dépassent pas assez, la manœuvre du tiroir risque d'être difficile notamment avec une moquette épaisse. Les dimensions du panneau avant indiquées dans la feuille de débit tiennent compte d'un dépassement de 5 mm au maximum, pour des roulettes de 35 mm de hauteur hors tout. Réduisez la largeur à 29 cm pour un dépassement de 10 mm. Si nécessaire, un petit coup de rabot ou de ponçage permet de rectifier les derniers frottements. ■

Fabriquer le lit tiroir

1 La structure. Les tasseaux d'appui sont d'abord vissés contre le devant et le dos. Puis les côtés sont ajoutés ainsi que les lattes.

2 Les accessoires. Les roulettes sont vissées dans les lattes. Elles sont choisies de façon à dépasser de 5 mm le dessous du tiroir.

3 Le fond. Le fond est simplement posé sur les lattes et reste amovible. Les poignées facilitent la manœuvre du tiroir.

Reboucher chocs et défauts

Rénover un meuble en bois requiert souvent d'entreprendre des opérations de décapage ou d'éclaircissage. Mais ces travaux font parfois ressortir les défauts et les traces de chocs qu'il faut alors éliminer. On en profitera pour appliquer ensuite au bois un traitement insecticide et antifongique (→ P. 421), en se protégeant lors de la manipulation de ces produits chimiques par des gants et un masque.

La pâte à bois

Les réparations les plus simples concernent les fentes, les nœuds mal taillés, les jeux entre deux pièces d'assemblage. Ces défauts sont facilement masqués avec de la pâte à bois, naturelle de préférence, destinée aux rebouchages.
La teinte de la pâte sera choisie en harmonie avec l'aspect général de votre meuble.

▶ Appliquez le produit à la spatule en garnissant bien le trou, préalablement gratté. Lissée, la pâte à bois sèche rapidement.

▶ Poncez la surface à réparer au papier de verre, d'abord à grain moyen pour égaliser l'aspect, puis fin (n° 200) pour satiner.

▶ Après le dépoussiérage, appliquez le produit insecticide et fongicide, en deux couches, à l'intérieur du meuble.

La gomme-laque

Lorsque le défaut n'affecte que la finition et ne justifie pas de la remplacer, utilisez un bâtonnet de gomme-laque (→ SÉQUENCE). Résine organique sécrétée par un insecte, la gomme-laque aide à colmater les petits défauts de surface. Plus dure que le bâtonnet de cire, cette résine est facile à ramollir par la chaleur et redurcit en refroidissant. Elle existe dans une très grande variété de teintes correspondant aux différentes essences de bois et s'utilise aussi pour le vernis au tampon. Choisissez une gomme-laque d'un ton légèrement plus foncé que celui du meuble.

Le feutre de retouche

Pour effacer des éraflures ou des incidents mineurs, procurez-vous des feutres de retouche ou des bâtonnets de cire.

– Choisissez la teinte adéquate, puis frottez le bâtonnet de cire sur l'éraflure. Malaxez le bâtonnet entre le pouce et l'index afin de ramollir la cire.

– Sur une rayure de vernis, utilisez un feutre de retouche. Masquez la rayure en le passant à main légère et laissez sécher.

– Frottez ensuite avec un tampon de mèche de coton pour que la cire (ou le vernis) retrouve son brillant. ■

LES OUTILS

- fer à souder
- papier abrasif extrafin
- racloir

La menuiserie

Réparer à la gomme-laque

1 **Chauffez le bâtonnet de gomme-laque** à l'aide d'un fer à souder (pas de flamme). Réglez la puissance du fer électrique pour faire fondre la résine sans la faire bouillir.

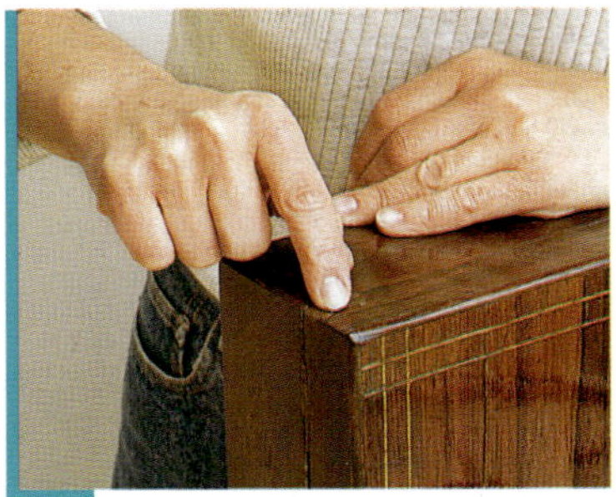

2 **Remplissez l'interstice.** Faites couler la résine liquide dans le trou. Laissez-la figer. Ne l'essuyez pas. Pressez avec un doigt en laissant une surépaisseur.

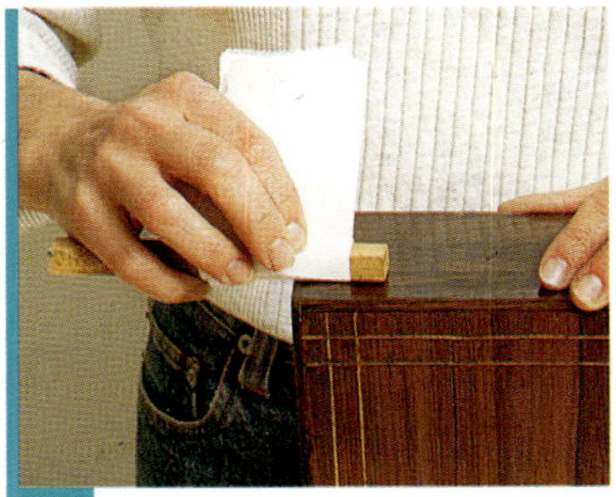

3 **Aplanissez la surface.** Après quelques heures, vous constaterez sa grande dureté. À l'aide d'un racloir, enlevez l'excédent et poncez avec un papier abrasif extrafin.

Réparer des pieds endommagés

LES OUTILS

- maillet
- marteau
- mèche à bois
- rabot
- serre-joint
- scie à dos
- vilebrequin

Les pieds des vieux sièges, buffets et armoires sont habituellement victimes des outrages du temps, quand ils n'ont pas subi l'attaque des insectes. Ce sont en effet les parties les plus fragiles et il leur arrive souvent aussi d'être malmenés dans les déménagements. Qu'ils soient vermoulus ou rongés par l'humidité, il existe toujours une solution. Mais quelle que soit la réparation envisagée, récupérez tous les morceaux brisés, sinon vous n'obtiendrez pas une bonne restauration, solide et esthétique.

Réparer un pied cassé

Cassure en biais. Lorsque le pied est cassé en biais, la section de la cassure est plus étendue que le diamètre du pied. La réparation par collage est la meilleure solution (→ CROQUIS 1).

▶ Ôtez délicatement les petites échardes qui se détachent.

▶ Encollez la cassure à l'aide d'une colle vinylique.

▶ Emboîtez les deux morceaux en les serrant l'un contre l'autre.

Implanter un tourillon

1 **Percez le pied.** À l'aide d'une mèche à bois montée sur un vilebrequin, commencez le perçage. Tournez doucement et tenez la mèche parfaitement perpendiculaire à l'établi.

2 **Installez le tourillon.** Ébavurez l'extrémité du tourillon. Enduisez-le de colle blanche et enfoncez-le au marteau sur toute la profondeur du trou. Essuyez les bavures de colle et laissez sécher.

3 **Assemblez à blanc.** Percez le deuxième trou sur la deuxième face de la cassure. Coupez le tourillon à la bonne longueur puis assemblez à blanc les deux parties du pied. Prenez des repères et démontez l'ensemble.

4 **Encollez et assemblez.** Encollez le tourillon ainsi que les faces de la cassure. Assemblez les pièces au maillet et mettez sous presse à l'aide de grands serre-joints. Essuyez les bavures de colle et laissez sécher 48 heures.

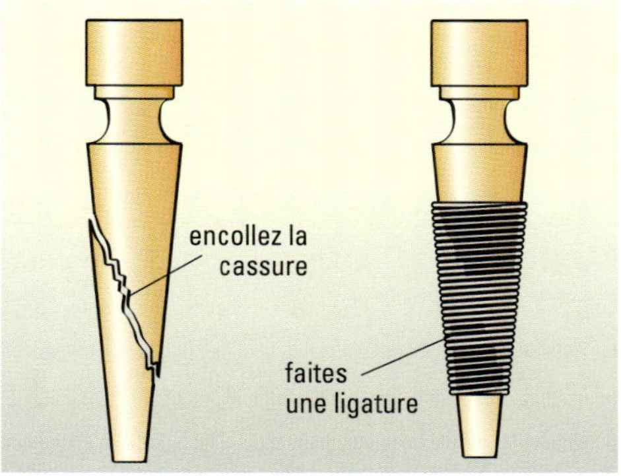

1. *Un pied cassé en biais se répare le mieux par collage. La ligature assurera la prise de la colle pendant une douzaine d'heures.*

- Enlevez les bavures de colle avec un chiffon humide.
- Maintenez le collage en réalisant une ligature à l'aide d'une cordelette.
- Laissez sécher 12 heures puis enlevez la cordelette.
- Procédez aux opérations nécessaires pour que le pied retrouve sa finition.

Cassure nette près du châssis. Dans ce cas, la section de la cassure est plus réduite que celle du pied. Un simple collage n'aurait pas assez de résistance pour supporter le poids du meuble. Vous devez renforcer le collage par l'implantation d'un tourillon de bois cylindrique introduit de part et d'autre de la cassure (→ CROQUIS 2).

En principe, le tourillon doit avoir un diamètre minimum correspondant au tiers du diamètre de la cassure. Veillez à ce qu'il soit introduit sur plusieurs centimètres de profondeur dans chacune des deux pièces (→ SÉQUENCE).

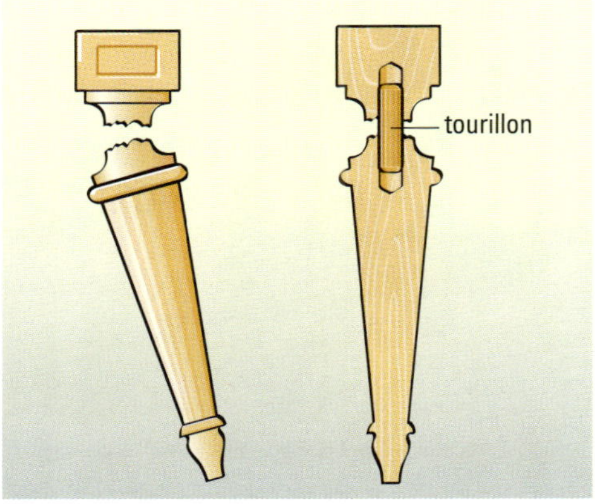

2. *Si le pied est rompu net au ras du châssis, un tourillon de bois cylindrique introduit de part et d'autre offre la meilleure solution.*

Laissez tremper les pieds vermoulus de votre meuble dans un liquide insecticide pour qu'ils s'imprègnent du produit.

Consolider un pied vermoulu

- Posez le pied du meuble dans une boîte de conserve vide ou une assiette creuse (→ PHOTO) remplie d'un liquide de traitement du type xylophène. Au bout de quelques jours, le pied vermoulu aura pompé par capillarité le produit de traitement, qui s'infiltre dans les fibres du bois.
- Recommencez l'opération plusieurs fois, jusqu'à ce que le bois soit saturé.
- Laissez sécher une semaine, puis retournez le meuble pour percer le pied malade.
- Pratiquez un trou d'un diamètre équivalent au tiers du volume du pied.
- Comblez ce trou avec de la résine synthétique liquide : le produit s'infiltrera dans tous les pores du bois vermoulu.
- Laissez durcir plusieurs jours avant de remettre le meuble sur ses pieds.

Réparer un pied rongé par l'humidité

Quand le pied est entièrement rongé par l'humidité ou des insectes, le bois a perdu sa résistance et le meuble risque de s'effondrer. Il faut remplacer la partie atteinte par du bois sain. C'est une réparation délicate (→ SÉQUENCE).

L'idéal serait d'utiliser le même bois que celui du meuble ou, à défaut, un bois à grain fin pour sa dureté.

▶ À l'aide d'une scie à denture fine, coupez la partie dégradée du pied. Faites une entaille en sifflet.

▶ Taillez ensuite la pièce de bois sain pour former un biseau à une extrémité, afin d'obtenir le même angle que la précédente découpe.

▶ Ajustez les deux biseaux l'un sur l'autre. Lorsque la position des pièces vous semble satisfaisante, encollez les deux faces de l'assemblage et mettez-le sous presse le temps que la colle sèche.

▶ Recoupez le nouveau pied en longueur pour qu'il se trouve sur le même plan que les autres. Effectuez les finitions nécessaires qui vous apparaissent appropriées (teinte, cire, vernis, etc.). ■

LES OUTILS

- rabot
- serre-joint
- scie

Réparer un pied rongé par l'humidité

1 **Enlevez la partie malade du pied.** Fixez un morceau de tasseau à l'aide d'un serre-joint pour guider la lame de la scie afin d'obtenir une coupe rectiligne en sifflet de la partie endommagée.

2 **Taillez une nouvelle section du pied.** Sur un morceau de bois dur, reportez les dimensions du nouveau pied ainsi que la coupe en biais, qui doit être à la même inclinaison que la première découpe.

3 **Encollez et laissez sécher.** Encollez avec une colle vinylique ou une colle chaude les deux faces de la réparation et serrez l'ensemble avec un serre-joint pendant le séchage de la colle.

4 **Égalisez les faces.** Rabotez les quatre faces de la réparation pour qu'elles correspondent à la section du pied. Poncez au papier de verre fin jusqu'à l'obtention de surfaces planes.

Rénover et réparer un placage

Pour optimiser l'action du produit, enveloppez le meuble traité pendant plusieurs jours dans une bâche de plastique hermétiquement fermée.

Maîtrisée depuis fort longtemps, la technique du parement a connu son plus bel aboutissement dans l'art de la marqueterie. De nombreux meubles anciens sont revêtus de placages décoratifs d'une essence ou d'une autre. Collées sur un support plus simple, les compositions de fines feuilles de bois noble sont évidemment délicates à réhabiliter.

Une rénovation délicate

Le placage est sensible aux chocs, qui le fendent, et à l'humidité, qui provoque son décollement. Grattage et ponçage sont donc proscrits, sous peine de traverser le décor. Les taches et les défauts de surface peuvent être masqués en refaisant la finition, généralement au vernis au tampon.

Traitements insecticides et fongicides

Lorsque vous rénovez un placage, vous pouvez en profiter pour traiter le bois : les traitements fongicides et insecticides s'appliquent avant la finition. Si possible, agissez au printemps, avant la ponte des insectes xylophages. Insectes et champignons sont parfois invisibles (ou bien dissimulés), attendant un peu d'humidité ou la chaleur du chauffage central pour attaquer le bois. Pour les combattre, vous trouverez des produits spécifiques ainsi que des cires et des encaustiques spécialement dosés en insecticides.

Avec des produits du type xylophène, badigeonnez le meuble par l'intérieur pour ne pas agresser la finition. Insistez sur les angles, le dos et le dessous. Ce sont les

LES OUTILS

- ciseau à bois
- couteau à mastic
- cutter
- éponge
- fer à repasser
- marteau à plaquer
- papier abrasif moyen
- pinceau
- spatule

endroits où les larves se développent facilement. Si vous devez traiter l'extérieur du meuble, choisissez un produit non gras (Easy Lab) qui ne s'opposera pas à la finition cirée.

Pour un bois piqué de trous d'insectes, vous pouvez avoir recours à une bombe aérosol. Dotée d'une fine aiguille, cette bombe permet d'injecter un insecticide sous pression dans les galeries creusées par les larves. Toutefois, n'espérez pas de résultat spectaculaire, car les trous observés sont des orifices de sortie : les insectes ne sont plus dans le bois et, s'il reste des larves, elles ne se trouvent probablement pas dans cette galerie où il n'y a plus rien à manger !

En cas de concentration de trous à un endroit précis, comme dans un pied, utilisez une résine fongicide (Résibois). Appliqué au pinceau ou à la seringue, ce produit liquide a la propriété de se solidifier par polymérisation en 24 heures. Introduit dans les galeries des insectes, il y durcit et forme une armature interne qui consolide le pied et interdit l'attaque des autres larves.

Réparer le placage abîmé

Lorsque le placage seul est abîmé, il est nécessaire de le remplacer et la pose d'une pièce s'impose (→ SÉQUENCES). En effet, la technique de décapage d'un placage récalcitrant est trop agressive. Sur un placage fin, il

Remplacer un placage simple

1 **Décapez.** Sur un placage récalcitrant, appliquez une épaisse couche de décapant. Couvrez avec des feuilles de papier journal mouillé et enveloppez la surface dans un sac en plastique. Le lendemain, vous constaterez que le placage boursouflé se décolle sans difficulté.

2 **Décollez les parties abîmées.** Humidifiez avec une éponge trempée dans l'eau chaude puis posez un fer chaud sur la surface pour faire réagir la colle du placage. Glissez un ciseau à bois sous le placage et soulevez les parties qui se détachent.

3 **Réparez le support.** Grattez les résidus de colle. Rebouchez les trous et les fentes avec de la pâte à bois. Laissez sécher puis poncez la surface à l'aide d'un papier abrasif de grain moyen. Dépoussiérez.

4 **Encollez.** Humidifiez le nouveau placage à l'eau chaude. Encollez-le à l'aide d'une colle chauffée au bain-marie. Appliquez la colle au pinceau puis égalisez-la à la spatule. N'utilisez pas de colle Néoprène, impossible, par la suite, à décoller.

5 **Appliquez le nouveau placage sur le meuble.** Chauffez-le à l'aide d'un fer à repasser. Lissez toute la surface avec la panne d'un marteau à plaquer pour chasser d'éventuelles bulles d'air et assurer le collage. Laissez sécher sous presse.

6 **Faites les finitions.** Après séchage, arasez les bords du placage puis passez aux opérations de finition : ponçage soigné, remise en teinte (ici : noir ébène), application d'un bouche-pores, vernis gomme-laque, etc.

convient d'utiliser une méthode douce. La pièce de remplacement sera de même essence que le placage d'origine. Les colles utilisées pour fixer le placage sont d'origine animale et se ramollissent sous l'effet de la chaleur. Détrempez le placage à l'eau claire à l'aide d'une éponge. Passez un fer chaud en protégeant la semelle.

Si le placage se décolle, seule la zone touchée doit être réparée. Veillez à ne pas déborder sur les parties en bon état. Engagez la lame d'un ciseau à bois bien affûté puis déplaquez la zone à refaire en évitant de déborder sur les parties voisines saines. Si placage et parement sont abîmés, remplacez-les par de nouvelles pièces ■

Éliminer une cloque

Si une cloque s'est formée dans le placage :

– Découpez la cloque sur sa longueur d'un trait de cutter.

– Glissez de la colle sous le placage avec une petite baguette de bois.

– Mettez sous presse.

– Laissez sécher 24 heures et poncez légèrement.

Réparer un accident de placage

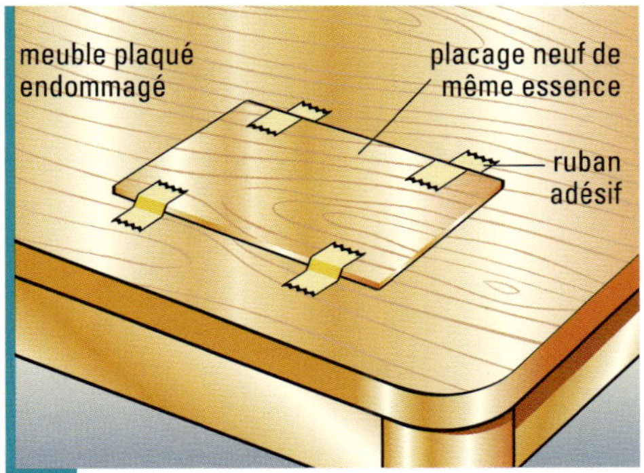

1 **Fixez la pièce de remplacement.** Choisissez un morceau de placage de la même essence et, si possible, comportant un veinage similaire à celui du meuble. Humidifiez-le à l'eau chaude et fixez-le avec du ruban adhésif, juste au-dessus de la réparation.

2 **Découpez ensemble les deux pièces superposées.** À l'aide d'un cutter bien aiguisé, découpez ensemble le nouveau placage ainsi que le parement du meuble. Choisissez une forme géométrique simple, facile à reproduire (par exemple, un losange).

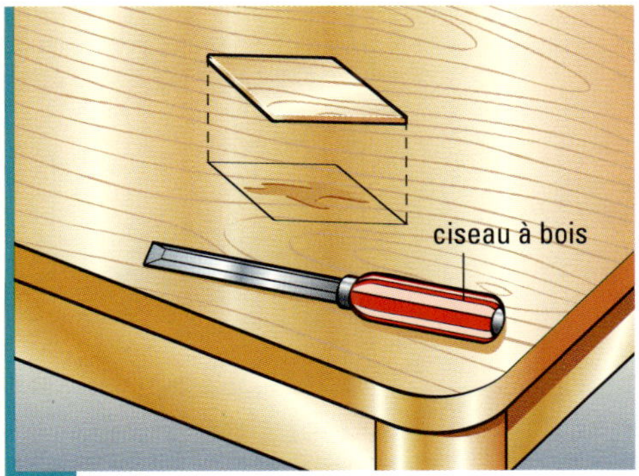

3 **Enlevez le vieux placage abîmé.** Soulevez la découpe et entaillez à nouveau le contour de la zone abîmée. À l'aide d'un ciseau à bois, grattez la surface pour faire disparaître le placage d'origine et les traces de colle.

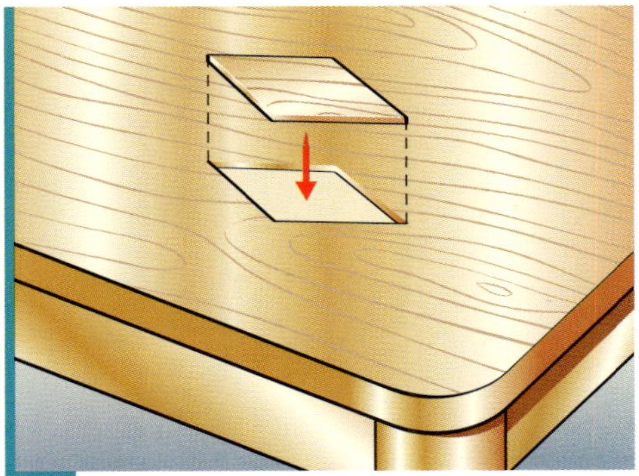

4 **Placez la nouvelle pièce.** Présentez-la dans son emplacement. Soyez précis sur l'ajustement des arêtes. Laissez sécher sous presse, avant d'entreprendre les finitions : collage, ponçage, vernissage, etc.

Humidité

ventilation, isolation, chauffage

Les sources d'humidité

Déterminer l'origine de l'humidité est essentiel, car rien ne sert de refaire peintures et autres revêtements si le mal n'est pas soigné à la source. Seul un diagnostic précis permet une action efficace. Si tout un pan du bâti, voire les fondations, sont atteints, l'aide d'un professionnel s'avère souvent indispensable.

Les infiltrations d'eau de pluie

L'humidité est parfois liée à l'infiltration des eaux de pluie dans la maçonnerie ou la charpente. Les façades très exposées à de fortes averses peuvent facilement comporter des taches d'humidité si elles ne sont pas protégées d'un enduit étanche. En d'autres cas, l'eau peut s'infiltrer par une cheminée défectueuse, une tuile cassée, une fissure, ou provenir d'une descente de gouttière dégradée ou de raccords de canalisations usés. L'eau cheminant progressivement dans la maçonnerie, il est parfois difficile de trouver la source de l'infiltration, qui peut se situer loin des dégradations. Lors de fortes pluies, n'hésitez pas à bien examiner les combles, la tuyauterie extérieure et les façades afin de déceler l'origine d'une éventuelle fuite.

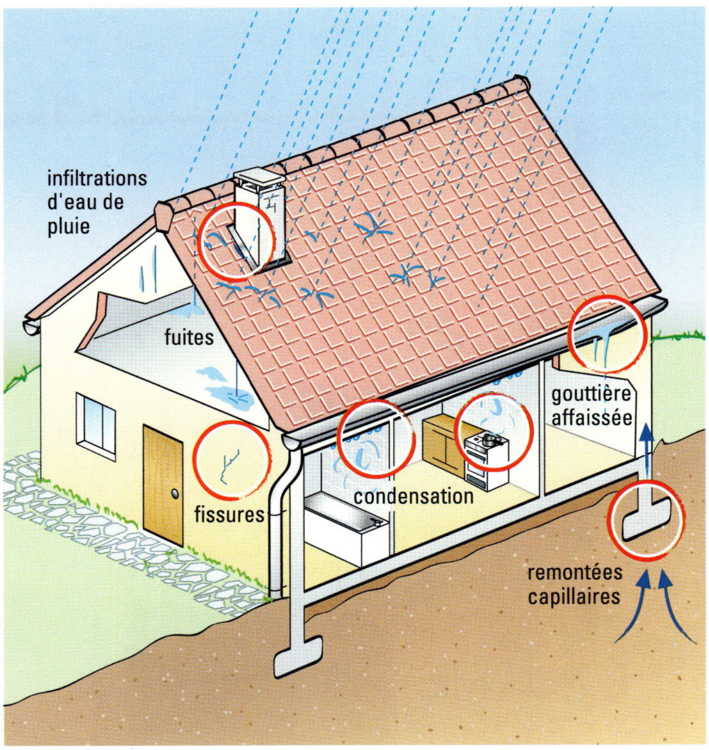

L'humidité a trois causes principales : la condensation, le ruissellement ou l'infiltration des eaux de pluie, et les remontées capillaires.

Les remontées capillaires

L'humidité la plus difficile à traiter est celle provenant du sol. Elle remonte par capillarité dans le matériau, telle l'eau dans une éponge. Elle est d'autant plus redoutable qu'elle touche en premier lieu les fondations et ne se manifeste pas aussitôt. Quand apparaissent au pied des murs les taches blanchâtres de salpêtre, constituées de dépôts de sel, les enduits, voire les mortiers de jointoiement, se boursouflent et sont déjà près de s'effriter. Ce type d'humidité souterraine peut avoir pour origine la proximité d'une nappe phréatique et d'un sol argileux, une fuite de canalisation ou encore l'accumulation des eaux de pluie au pied des fondations. Dans tous les cas, elle exige la mise en œuvre d'importants travaux, à la fois d'assainissement et d'étanchéité.

Le ruissellement et la condensation

Quand des signes d'humidité apparaissent dans une salle d'eau ou dans une cuisine, leur origine est liée le plus souvent soit à une fuite dans une canalisation, générant un ruissellement d'eau, soit à une mauvaise étanchéité des appareils sanitaires et ménagers, soit à la condensation. Cette dernière est provoquée par la rencontre d'un air surchargé de vapeur d'eau chaude avec une surface froide, une paroi mal isolée par exemple. Elle est en partie liée à un manque de ventilation et de chauffage. La présence fréquente de buée sur les murs est le premier signe d'alerte, avant même que n'apparaissent des moisissures. ■

Prévenir et traiter l'humidité intérieure

L'humidité trouve parfois sa source à l'intérieur même de l'habitation. Les taches de moisissures apparaissant dans les cuisines et salles de bains peuvent être provoquées par contact direct, quand éviers ou lavabos, par exemple, présentent une étanchéité déficiente. Sinon, elles sont liées à la condensation, phénomène caractéristique des locaux mal ventilés. Dans une situation comme dans l'autre, il convient de réagir vite, avant que les dommages ne prennent trop d'ampleur.

Pourvue d'une aération naturelle, cette salle de bains présente peu de risques de condensation. Le placage en bois isolant bien le lavabo et la baignoire limite les risques d'infiltration d'eau dans les parois.

Prévenir les risques

Certaines précautions limitant les risques de stagnation, d'infiltration ou de ruissellement peuvent être prises lors de la conception des pièces dites humides : réaliser une pente, installer des plinthes à gorge, monter des socles, positionner lavabos, éviers et baignoires à une certaine distance du mur… Si la pièce comporte des cloisons en plâtre, vous pouvez les prémunir, en partie basse, contre les lavages à grande eau ou les débordements par une garde au sol d'au moins 2 cm. La présence d'un rang de carreaux de plâtre hydrofugés dispense toutefois de ce type de protection. Enfin, dans les salles de bains, le meilleur revêtement reste le carrelage, au moins autour des appareils sanitaires. Ce dernier peut être posé sur une feuille de polystyrène isolante.

Veiller à l'étanchéité

De manière générale, toute rupture dans le revêtement doit être rendue étanche, qu'il s'agisse des traversées de tuyaux, des fixations de meubles ou de chauffe-eau. Les canalisations peuvent être isolées avec des manchons de mousse. Surtout, une bonne étanchéité autour des appareils sanitaires ou ménagers est primordiale. Cela implique que les raccords, joints ou mastics d'étanchéité ne présentent aucune discontinuité et soient bien entretenus. Veillez, par exemple, à ce que le joint entre la baignoire et le carrelage ne présente pas la moindre trace de moisissure, et, en cas contraire, remplacez-le en utilisant du mastic silicone fongicide ou des profilés en plastique. Surveillez également l'état des joints du carrelage. S'ils se dégradaient au point que l'humidité gagne la cloison, le revêtement devrait être refait.

Limiter la condensation

La concentration de vapeur d'eau sur les murs crée à terme des taches noirâtres et des moisissures. Ce problème de condensation peut survenir aussi bien dans de petits logements, quand les salles d'eau et les cuisines n'ouvrent pas sur l'extérieur, que dans de grands appartements mal chauffés ou souvent inhabités. Les solutions préconisées font en général appel à une amélioration conjointe de la ventilation, de l'isolation et du chauffage.

La ventilation. Pour éviter que l'air ne se charge trop d'humidité, il convient qu'il circule et se renouvelle, d'où la nécessité d'installer au moins des grilles d'aération quand il n'y a pas d'ouverture. Un système de ventilation mécanique contrôlée est toutefois plus efficace (➡ P. 436). Vous pouvez le compléter par des entrées d'air et bouches d'extraction hygroréglables : actionnées par des capteurs d'humidité, celles-ci commandent des débits d'air plus ou moins importants en fonction du taux d'hygrométrie de la pièce.

L'isolation et le chauffage. Un logement doit être correctement chauffé pour ne pas être saturé d'humidité. La buée étant générée par la rencontre entre la vapeur d'eau chaude et une paroi froide, l'isolation thermique joue également un rôle. Limitant les brusques variations de température dans un même local, elle contribue à éviter la condensation. Attention toutefois : si vous renforcez l'isolation, vous devez en parallèle augmenter les débits de ventilation.

À noter : Pour vérifier que l'humidité est liée à la condensation, vous pouvez fixer avec du ruban adhésif une feuille d'aluminium sur la paroi : si, après une journée, de la buée apparaît sur la face extérieure, votre diagnostic était bon ; sinon, l'humidité provient de l'extérieur.

Attention à la mérule

La mérule est le pire des champignons liés à la présence d'humidité. Il se développe en général dans les sous-sols humides et se manifeste sous forme de traînées blanches qui s'étendent jusqu'à rencontrer des menuiseries; ces traînées peuvent atteindre plus de dix mètres. Dès qu'elles entrent en contact avec le bois, elles s'insinuent à l'intérieur et le désagrègent, ce pourrissement générant une forte odeur de moisi. Il faut alors détruire toutes les parties atteintes puis traquer l'origine du champignon. Faites-vous en ce cas conseiller par un professionnel.

Traiter les moisissures

Avant de remplacer un revêtement dégradé par l'humidité, il convient d'abord de déterminer la source du problème, d'effectuer les travaux nécessaires, et d'assécher le mur. Ce n'est qu'à ce moment-là que vous pouvez envisager sereinement de réparer les dégâts occasionnés.

Nettoyer le support. La manière d'enlever les moisissures est fonction du revêtement, du mur et de l'état de détérioration : le papier peint doit être arraché ; la peinture, lessivée avec du détergent ; le plâtre ou le mortier, grattés ou brossés. Si des traces noirâtres persistent, vous pouvez soit utiliser des produits antimoisissure, soit brûler lesdits champignons avec une lampe à souder.

Les traces de moisissures sont parfois liées à une mauvaise ventilation. Sur de la peinture, elles peuvent être enlevées avec du détergent.

Le salpêtre est lié à des remontées capillaires, et donc difficile à traiter. Il se manifeste par des efflorescences blanchâtres.

Appliquer des fongicides. Avant de poser ou d'appliquer un nouveau revêtement, vous devez appliquer un produit fongicide curatif sur la surface. Imbibez le matériau jusqu'à refus, si besoin en deux ou trois applications au pinceau. Si toutefois les moisissures ont eu le temps d'imprégner le mur, vous devez injecter le produit en profondeur, en perçant à cet effet des trous un peu inclinés vers le bas, tous les 35 centimètres. Après injection, rebouchez les trous et attendez que la surface soit sèche. Il est par ailleurs conseillé de chauffer la pièce concernée durant plusieurs jours avant de repeindre ou de retapisser.

Traiter les boiseries. Les menuiseries aussi peuvent être rongées par différentes sortes de champignons (→ ENCADRÉ P. 428), et pourrir. Le bois se contracte, puis se craquelle dans le sens des fibres. Pour le traiter, grattez et brossez les parties atteintes jusqu'à obtenir une surface lisse et saine, séchez et appliquez un produit fongicide adapté. Si les dégradations sont plus profondes, vous pouvez effectuer des rattrapages à l'aide d'une pâte à bois, voire même, si besoin, remplacer tout un pan de la menuiserie.

Assécher localement une cloison

Il peut exister certaines situations où le traitement de l'humidité à la source s'avère délicat, notamment en cas de remontées capillaires exigeant de lourds travaux d'assainissement. Vous pouvez alors appliquer localement un durcisseur hydrofuge, qui formera une barrière étanche. Ce n'est toutefois qu'un pis-aller, car l'eau se faufilera ailleurs. Si vous traitez de cette manière une cloison intérieure, sachez bien qu'il ne s'agit que d'une solution temporaire.

Après avoir mis à nu la partie de la cloison rongée par l'humidité, appliquez le produit hydrofuge (→ SÉQUENCE). Laissez ensuite sécher, puis comblez les creux, s'ils ne sont pas trop profonds, avec un enduit alliant rebouchage et lissage. Par sécurité, patientez quelques semaines avant de repeindre ou de poser un autre revêtement mural. ■

LES OUTILS

- brosse métallique
- grattoir triangulaire
- pinceau
- riflard ou couteau de peintre
- rouleau

Assécher localement une cloison en plâtre

1 **Ôtez les parties friables** avec un couteau de peintre à lame rigide. Il convient de déposer les plinthes si elles rendent un son mat lorsqu'on les sonde avec le manche d'un outil.

2 **Grattez avec une brosse métallique** les dernières particules non adhérentes. Poncez grossièrement le reste du mur pour ôter la peinture et le rendre perméable au produit durcissant.

3 **Appliquez le durcisseur** au pinceau sur les parties mises à nu, jusqu'au refus. Traitez ensuite l'ensemble de la cloison au rouleau. Protégez le sol et les plinthes avec une bâche.

Traiter le bâti contre les infiltrations

Qu'elles soient au sol ou en façade, les fissures doivent être colmatées, sous peine d'infiltrations.

Selon que l'humidité provient de l'infiltration des eaux pluviales ou d'eaux souterraines, dites remontées capillaires, les solutions à mettre en œuvre diffèrent totalement. Dans le premier cas, changer une tuile, dégorger une gouttière, colmater une fissure peuvent traiter le mal à la source. Dans le second cas, seuls des travaux lourds, telle la création d'une coupure de capillarité, permettent de régler le problème.

Protéger la façade des intempéries

Prévenir les infiltrations et ruissellements d'eau, tant sur les façades que sur les toitures, passe par certaines précautions dans les régions très pluvieuses : apposer un bardage sur les façades les plus exposées, rajouter des débordements de toiture ou des «casquettes» maçonnées. Vous pouvez aussi planter des arbres ou des arbustes qui feront, à terme, écran à la pluie, mais veillez en ce cas à ce que les arbres soient assez éloignés pour ne pas menacer le toit. Pour renforcer l'étanchéité du bâti, appliquez un traitement hydrofuge de surface. Les produits disponibles à cet effet sont maintenant performants et respectent les deux règles d'or : rendre le mur étanche tout en le laissant respirer. Ce procédé protège également les surfaces des mousses, lichens, salissures et détériorations. Incolore, il ne modifie pas l'aspect extérieur.

Réparer les fuites et fissures

Une gouttière qui déborde, une cheminée mal jointoyée, un appui de fenêtre ou une terrasse fissurés sont autant d'éléments favorisant les infiltrations, d'où l'importance de bien entretenir le bâti. Remédier à une fuite passe ainsi par des solutions très variées, selon que le problème provient du toit, de la façade ou d'une ouverture. Parmi elles figurent le renforcement des liaisons entre la maçonnerie et les menuiseries, le changement d'une tuile, ou encore le colmatage des microfissures : enduits et mastics synthétiques conviennent bien quand celles-ci ne dépassent pas 10 mm. Au-delà, mieux vaut utiliser un produit renforçant l'étanchéité. Dans tous les cas, il convient de régler le problème à la source avant de refaire les revêtements intérieurs.

Pallier l'humidité en sous-sol

En cas d'humidité dans un sous-sol enterré, vous ne serez pas toujours en mesure de traiter l'infiltration à la source. Pour retrouver au moins un local propre, vous pouvez toutefois appliquer sur la paroi intérieure un

Un traitement hydrofuge de surface, incolore, renforce l'étanchéité du bâti.

enduit hydrophobe (➡ ENCADRÉ), ou monter une contre-cloison. L'humidité ne disparaîtra pas, mais elle ne sera plus visible.

Installer une contre-cloison. Pour ce faire, utilisez des plaques de plâtre de 10 mm d'épaisseur revêtues d'une feuille d'aluminium contre la condensation et procédez comme suit :

▸ Vissez sur le mur une ossature de tasseaux en bois traité ou de profilés métalliques en acier galvanisé. Disposez-la en chicane afin que l'air puisse passer d'un compartiment à l'autre.

▸ Vissez les plaques de plâtre sur l'ossature. Avec ce système, la contre-cloison est distante du mur « malade » de quelques centimètres ; la maçonnerie peut ainsi « respirer ».

▸ Prévoyez en partie haute et basse deux grilles d'aération : vous renforcez ainsi la circulation d'air derrière le revêtement, ce qui contribuera à assainir la pièce.

Prévenir les remontées capillaires

Les remontées capillaires se manifestent par la présence, à la base des murs, de salpêtre et de boursouflures qui peuvent s'élever jusqu'à 2 m au-dessus du sol.

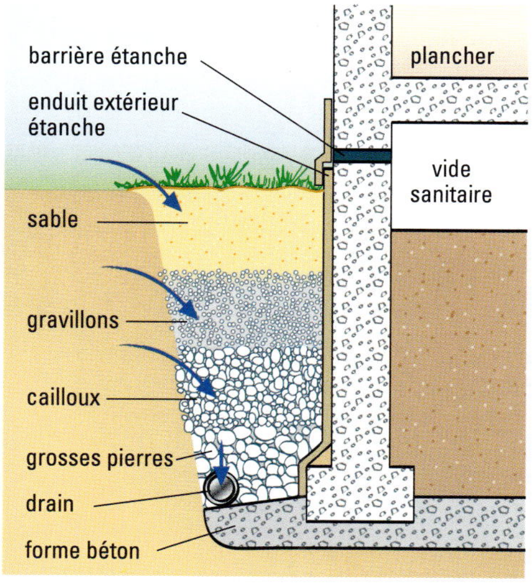

Les constructions neuves doivent comporter au moins une coupure de capillarité à 15 cm au-dessus du sol, de préférence un revêtement étanche le long des parois enterrées, et si besoin un système de drainage destiné à évacuer les eaux de ruissellement.

© Sika

Doubler les murs enterrés d'un revêtement bitumineux prévient les remontées capillaires.

Les règles constructives. Pour prévenir ce type de problème, les règles de construction imposent de prémunir le bâti avec une coupure étanche horizontale, dite « coupure de capillarité », installée sans discontinuité à la base des murs. Ce joint d'étanchéité doit se situer à 15 cm au-dessus du sol et peut être constitué de feutre bitumé ou de mortier de ciment incluant un produit hydrofuge. Pour renforcer encore l'étanchéité du bâti, il est en outre conseillé de doubler les murs enterrés d'un revêtement étanche : peinture, enduit bitumineux ou feuille alvéolée en polyéthylène.

Drainer avant de bâtir. Sur certains terrains perméables, retenant davantage les eaux de ruissellement, les risques de remontées capillaires sont plus importants. Mieux vaut alors drainer avant de construire… Un drainage peut toutefois être réalisé à tout

Les produits de cuvelage hydrophobes

L'enduit hydrophobe est notamment utilisé pour réaliser l'étanchéité des bassins. Appliqué sur un mur humide, il forme une barrière étanche au passage de l'eau. N'hésitez pas à passer si besoin deux ou trois couches sur la maçonnerie humide, à l'aide d'un balai ou d'un rouleau.

Assécher avec des siphons

Pour remédier aux infiltrations d'eau par le sous-sol, il est également possible d'assécher la partie basse de la maçonnerie au moyen de siphons atmosphériques.
Le procédé consiste à creuser des trous assez profonds à la base du mur, tous les 50 cm, et à introduire à l'intérieur des drains légèrement inclinés vers le bas. L'ouverture est ensuite protégée par une grille (➡ CROQUIS).
Selon ce principe, l'air sec entrant dans le drain se charge de l'humidité contenue dans le mur, puis l'évacue vers l'extérieur. Cette méthode parfois controversée est en général utilisée pour compléter d'autres types de traitement.

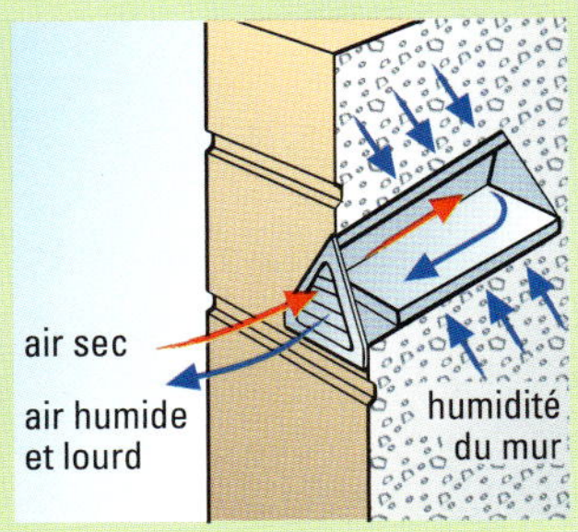

moment. Il consiste à installer dans une tranchée autour de la maison des tuyaux poreux ou perforés, destinés à recueillir les eaux d'infiltration et à les évacuer, par exemple vers un fossé. La tranchée est comblée avec des matériaux, soit naturels, soit synthétiques, faisant office de filtre ; le sol est ensuite égalisé juste en dessous du niveau du revêtement étanche placé à la base des murs (➡ CROQUIS).

Créer une coupure de capillarité

Si vous habitez une maison ancienne, il se peut que le bâti ne soit pas protégé par une coupure de capillarité. Remédier à cela implique d'engager des travaux longs et coûteux, qu'il vaut mieux confier à un professionnel. La mise en œuvre peut être mécanique ou chimique.

Une barrière mécanique. Le bas du mur est en effet enlevé, tronçon par tronçon, et remplacé au fur et à mesure par un matériau hydrofuge. Une autre solution consiste à le scier à sa base et à introduire une feuille étanche, par exemple de feutre bitumé, avant de remplir la coupure avec du mortier.

Une barrière chimique. Il est aussi possible de créer une coupure d'étanchéité de nature chimique. On utilise alors des produits hydrofuges, constitués d'un mélange de ciment, de quartz et de résine. Ces derniers fonctionnent selon le principe suivant : dans un premier temps, ils se chargent d'eau, puis durcissent et se transforment en cristaux hydrophobes, avant de remplir toutes les microfissures et de faire barrage aux remontées capillaires. Ils sont introduits par écoulement gravitaire ou injectés sous pression, dans des trous percés à la base des murs. Ce procédé vaut également si le bâti présente déjà des traces d'humidité, ou quand il s'agit de renforcer un joint d'étanchéité déjà existant.

À défaut de traiter le mal à la source, on peut appliquer en sous-sol un enduit hydrophobe.

Renforcer une coupure de capillarité

À long terme, la coupure de capillarité peut se détériorer. Il est alors conseillé de la renforcer avec un produit hydrofuge. Si vous décidez d'effectuer les travaux, louez une machine à injecter et comptez environ

3 litres de produit par mètre carré. En cas de murs pleins, pratiquez l'injection par l'extérieur. S'ils sont creux, traitez sur les deux faces. Si l'humidité atteint les revêtements internes, travaillez de préférence par l'intérieur, en procédant comme suit :

▶ Enlevez le revêtement. Mettez à nu les pierres ou les briques le long du joint existant, sans toucher les éventuels câbles et canalisations.

▶ Percez au-dessus du joint d'étanchéité des trous espacés de 12 cm et d'une profondeur d'environ 75 mm (aidez-vous par un repère sur la mèche de la perceuse). Veillez à ne pas traverser le mur, ce qui l'affaiblirait ; s'il est très épais, repercez ensuite à partir de l'extérieur.

▶ Injectez le fluide selon le mode d'emploi de la machine, dotée en général de plusieurs injecteurs. Une fois ces derniers en place, faites fonctionner la pompe et arrêtez-la dès que le produit affleure en surface. Procédez de même pour tous les trous.

▶ Laissez sécher pendant au moins deux jours. Quand les pierres ou les briques traitées retrouvent leur aspect d'origine, bouchez les trous avec du mortier. Laissez durcir avant de refaire le revêtement mural.

Les systèmes d'électro-osmose

Techniques éprouvées, les systèmes d'électro-osmose utilisent les phénomènes électromagnétiques pour faire refluer l'humidité dans le sol. L'eau remonte en effet du sol dans la maçonnerie par l'effet d'un courant électrique, comme il s'en produit dans une pile. Si l'on crée une inversion de polarité, ce mouvement est annulé et l'eau amorce une descente.

Dans la pratique, des sondes, reliées entre elles, sont installées à la base des murs et branchées dans le sol à une prise de terre (→ **CROQUIS**). Les sondes (électrodes) font office de pôle positif, et la prise de terre, de pôle négatif. L'eau alors cesse de monter et l'assèchement commence (Elkinet). Dans sa mise en œuvre la plus simple, le procédé est nommé « électro-osmose passive ». Si l'on ajoute, pour plus d'efficacité, un générateur électrique, on parle alors d'« électro-osmose active ». Parmi les évolutions les plus récentes figure également l'électrophorèse, qui, aux effets précédents, ajoute l'obturation progressive du réseau capillaire de la maçonnerie au moyen de particules métalliques en suspension. Tous ces systèmes doivent être mis en œuvre par un professionnel. Leurs effets sont visibles en quelques mois à peine. ■

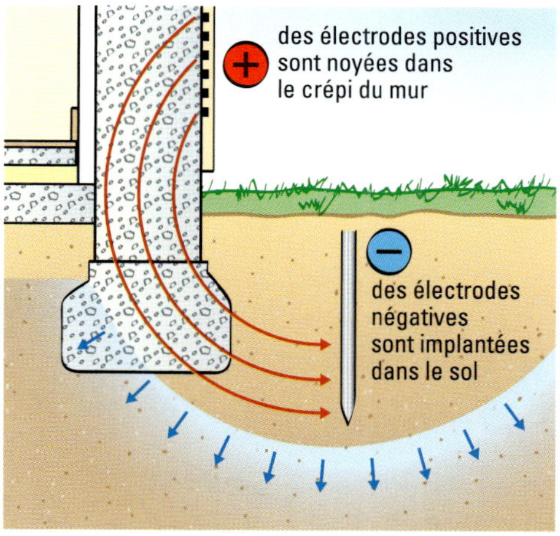

Un système d'assainissement par électro-osmose active. Alimenté par une tension électrique, ce système assèche le mur.

RENFORCEMENT D'UNE COUPURE DE CAPILLARITÉ

L'injection d'un produit hydrofuge à la base du mur permet de créer une barrière chimique étanche face aux remontées capillaires.

La ventilation statique

La ventilation dite « naturelle » ou « statique » est basée sur l'installation de grilles d'aération non motorisées, bien réparties en différents points de l'appartement ou de la maison. Même si elle s'avère moins efficace qu'une ventilation mécanique, elle peut suffire à assurer un bon renouvellement de l'air.

De l'intérêt de ventiler

La ventilation a différentes fonctions : éliminer les gaz et odeurs, les polluants, balayer la vapeur d'eau, renouveler l'air… Elle évite notamment les phénomènes de condensation, liés aux différences de température entre l'intérieur et l'extérieur : peintures et papiers peints peuvent être complètement dégradés si l'air chargé d'humidité n'est pas convenablement évacué.
Depuis quelques années, la ventilation est devenue un des éléments essentiels de confort du logement. Ce phénomène est pour partie lié aux progrès croissants de l'isolation, en liaison avec les économies d'énergie (→ ENCADRÉ). Un système de ventilation bien pensé devient indispensable dans les appartements modernes tout à fait clos. S'ajoute à cela un besoin croissant d'hygiène et de santé… Les systèmes considérés comme les plus efficaces font appel à des appareils motorisés, mais la ventilation dite « naturelle » ou « statique » trouve encore des adeptes. Elle peut être soit localisée, pièce par pièce, soit centralisée.

À noter : L'ouverture des fenêtres chaque jour ne constitue pas un palliatif à une ventilation permanente, même dans le cas idéal où chaque pièce de la maison posséderait une ouverture sur l'extérieur.

La ventilation pièce par pièce

Dans un studio ou un petit appartement, on peut éventuellement installer une ventilation pièce par pièce. Le principe est simple : pour circuler, l'air doit être soumis à une différence de pression. Il convient donc de placer deux grilles d'aération : l'une en partie basse, à moins de 0,50 m du sol, et l'autre, en partie haute, à plus de 1,80 m. La présence d'un seul orifice, à la fois pour l'entrée et la sortie, ne créerait pas de ventilation, mais une simple aération. Pour un bon brassage de l'air, ces grilles doivent être de préférence situées sur des murs opposés. Elles doivent être aussi de valeurs identiques, c'est-à-dire laisser passer le même débit d'air. Cette valeur, précisée sur le produit, s'exprime en principe en centimètres carrés. Remplacer la grille haute par un conduit débouchant en toiture est une seconde option, tout aussi, voire plus efficace. Ventiler localement implique toutefois que toutes les pièces aient un mur donnant sur l'extérieur – ou que certaines ne seront pas traitées. Mieux vaut donc, si possible, mettre en place un schéma de ventilation. En ce cas, la circulation d'air sera pensée en fonction de toutes les pièces.

Le schéma de ventilation

Quand un appartement bénéficie d'un schéma de ventilation, les grilles et conduits d'aération sont positionnés de manière que l'air entre par certaines pièces, en ressorte

Isolation et ventilation

L'émergence de nouveaux besoins en matière de ventilation est liée pour une bonne part aux progrès de l'isolation, et par conséquent aux nouvelles économies d'énergie. Autrefois, portes et fenêtres laissaient naturellement passer l'air. Les bienfaits d'une ventilation spécifique s'imposaient avec moins de force, même si les flux d'air généraient une forte consommation d'énergie en hiver, des apports d'air chaud en été, ou, à l'inverse, des phénomènes de condensation. L'arrivée sur le marché d'ouvrants de nouvelle génération, en bois, aluminium ou PVC, a changé la donne; les logements sont devenus plus étanches, d'où la nécessité de créer une véritable ventilation.

par d'autres, et circule dans tout l'appartement (→ CROQUIS 1). Les pièces d'entrée sont les pièces dites sèches : chambres, séjour, salle à manger... Les pièces de sortie sont les lieux les plus humides : toilettes, salle de bains, cuisine. Avec une telle répartition, on évite la propagation d'humidité et d'odeurs désagréables.

Les grilles d'entrée sont plutôt placées en partie haute des fenêtres, tandis que les grilles de sortie sont de préférence situées au plafond avec un débouché en toiture. Le transfert de l'air d'une pièce à l'autre s'effectue par le détalonnage des portes (c'est-à-dire en recoupant le bas de la porte), l'espace vacant devant être au minimum de 1,5 cm. La diminution du passage sous les portes, par le changement d'une moquette ou la mise en place d'un parquet, peut ainsi nécessiter de recréer un détalonnage, sous peine de casser le schéma de ventilation. Il faut également veiller à ne jamais obturer une entrée ou une sortie d'air, même en hiver... Le non-respect de ces deux postulats entraîne irrémédiablement de graves problèmes de condensation et de dégradation.

Installer une grille d'aération

Poser une grille d'aération implique de percer le mur extérieur. Cette opération peut être réalisée à l'aide d'une perceuse électropneumatique, d'une carotteuse ou d'un burin et d'un marteau. L'intérieur du trou peut ensuite soit être laissé tel que, soit enduit. En ce cas, les deux grilles fermant l'ouverture sont fixées sur le mur avec quatre vis ou avec du mastic de silicone. Il est aussi possible d'installer dans l'orifice un tube PVC, sur lequel seront collées les deux grilles (→ CROQUIS 2). Cette solution a l'avantage de diminuer la nuisance sonore. Si possible, évitez de poser une grille d'aération sur une façade exposée aux vents dominants : cela générerait d'importantes variations de débit et de fortes entrées d'air froid en hiver. Dans un immeuble, ne faites rien sans l'avis du syndic. ■

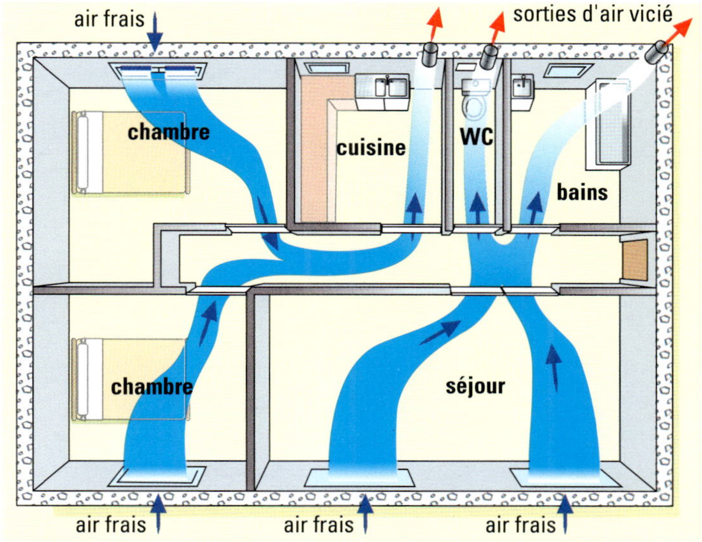

1. *Selon un schéma de ventilation, l'air doit entrer par toutes les pièces sèches et ressortir par toutes les pièces humides.*

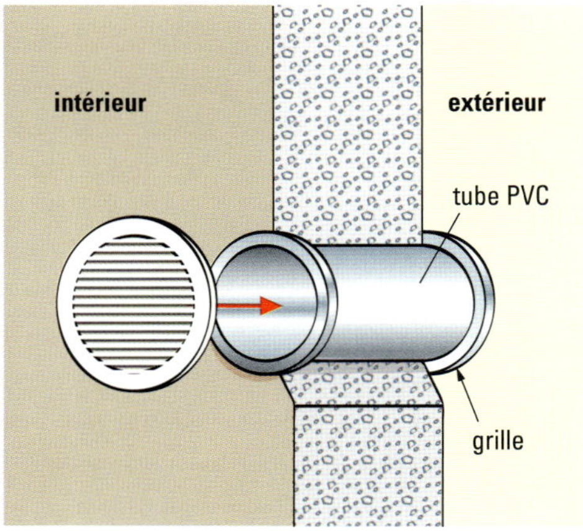

2. *Un conduit d'aération simple, constitué d'un tube PVC et de deux grilles à coller aux extrémités.*

Des grilles dans l'huisserie

Les entrées d'air peuvent être installées en partie haute des fenêtres en bois, ce qui est plus aisé que de percer le mur. En général autoréglables, elles laissent entrer un débit d'air précis. Les fenêtres en PVC, elles, sont souvent vendues prééquipées de grilles d'entrée d'air.

La ventilation mécanique

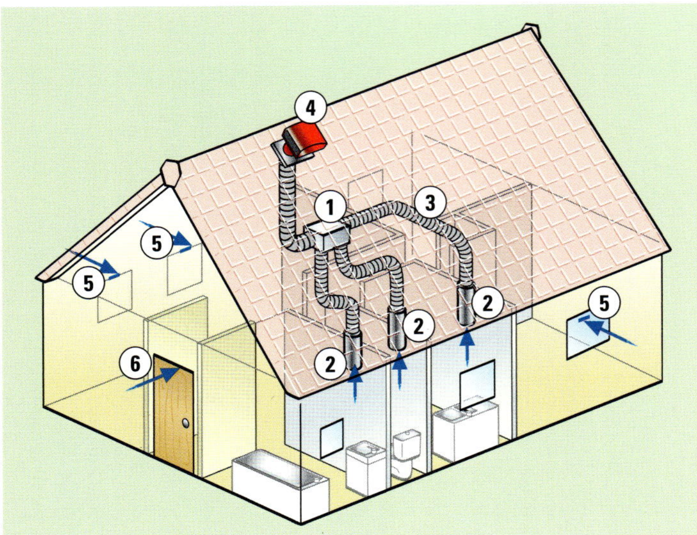

1. *Un système de ventilation mécanique contrôlée comprend toujours au moins un caisson central (1), raccordé à des bouches d'extraction autoréglables (2), par le biais de conduits (3), avec débouché en toiture (4). Des grilles d'aération sur le montant des fenêtres (5) ou des portes (6) complètent l'ensemble.*

Avec la ventilation mécanique, l'extraction se fait au moyen d'un ventilateur motorisé, qui crée une dépression au sein du logement ; l'air entre ainsi encore plus facilement par les grilles d'aération. Entre autres avantages, elle permet de réguler les débits d'air de manière automatique. On distingue deux catégories de systèmes : ceux dits de VMP (ventilation mécanique ponctuelle), destinés à une seule pièce, et ceux dits de VMC (ventilation mécanique contrôlée) qui visent à organiser la ventilation de l'ensemble de la maison.

Attention au gaz

Pour des questions de sécurité, la ventilation peut devenir obligatoire : c'est le cas si un local est chauffé avec des poêles à mazout ou à charbon, ou si les appareils de cuisson, de chauffage et d'eau chaude fonctionnent au gaz. La mise en place de tels appareils doit en effet être complétée par des dispositifs spécifiques permettant l'évacuation du gaz vers l'extérieur en cas de fuite accidentelle ou de mauvaise combustion ; leur installation obéit à des règles précises. Obstruer ces ouvertures pourrait provoquer de très graves accidents...

Les systèmes centralisés

La ventilation mécanique contrôlée (VMC) comprend toujours un ventilateur central, placé de préférence dans les combles. Il est relié à différentes bouches d'extraction par des conduits souples ou rigides, et rejette l'air par une ouverture en toiture (➡ **CROQUIS 1**). Comme en ventilation naturelle, les bouches d'entrée, appelées aérateurs, sont situées dans les pièces sèches, et les bouches d'extraction, ou extracteurs, dans les pièces humides. Les premières sont placées en partie haute du dormant des fenêtres ou dans le coffre du volet roulant ; les secondes, en haut des murs ou au plafond. Tous les appareils doivent être dotés de bouches autoréglables laissant entrer ou sortir un débit d'air bien précis.

Parmi les règles essentielles au bon fonctionnement de l'ensemble : n'oublier aucune pièce, ménager des passages sous les portes et équilibrer les débits d'entrée et de sortie, qui doivent être équivalents. Des kits prêts à la pose, comprenant un ventilateur, un ensemble de bouches autoréglables et de conduits souples, sont aujourd'hui disponibles sur le marché.

● **À noter :** Certains appareils offrent la possibilité de choisir entre deux vitesses d'extraction, par simple manipulation d'un bouton à deux positions. Cette option permet notamment d'assurer un débit d'air plus important lorsqu'on cuisine.

Un entretien limité

L'entretien d'un réseau de ventilation se limite à un dépoussiérage annuel. Les entrées d'air et les bouches d'extraction sont alors démontées, nettoyées puis remontées. Veillez également à la propreté des conduits, du caisson central et du débouché en toiture. Pour dégraisser les grilles, de l'eau chaude savonneuse convient tout à fait ; n'employez jamais de produit abrasif, qui rayerait le plastique. Pour les pales et l'entourage du moteur, aidez-vous d'une vieille brosse à dents ou d'un petit pinceau. Les pannes sont dues le plus souvent à un défaut électrique sur le moteur. Il suffit de vérifier si le fusible de protection n'a pas sauté ou si les connexions électriques ne sont pas desserrées.

Les débits réglementaires

Les débits minimaux réglementaires sont régis par un arrêté du 28 octobre 1983. Ces valeurs correspondent au débit minimal qui doit être assuré en permanence dans un logement, même inoccupé (→ TABLEAUX). Elles s'expriment en mètres cubes par heure. À partir de ces données ont été notamment définis les débits d'extraction convenant aux pièces humides dans des conditions climatiques moyennes d'hiver. Référez-vous à ces valeurs pour déterminer l'extracteur dont vous avez besoin. Les indications nécessaires figurent sur les appareils, mais, en cas de doute, n'hésitez pas à demander conseil. Seules les bouches autoréglables permettent une véritable maîtrise du débit.

Éviter les nuisances sonores

Pour qu'un système de ventilation mécanique génère le moins de nuisances sonores possible il convient de prendre certaines précautions lors de la pose ; elles visent à limiter la propagation des vibrations :

– Suspendre le caisson central de façon qu'il ne touche ni la charpente, ni les murs, ni le sol ;

– Éloigner le caisson central du voisinage, en le plaçant de préférence loin des murs mitoyens ;

– Raccorder les conduits rigides avec des manchettes souples, installées avec des colliers et une bande adhésive ; ou utiliser des conduits souples…

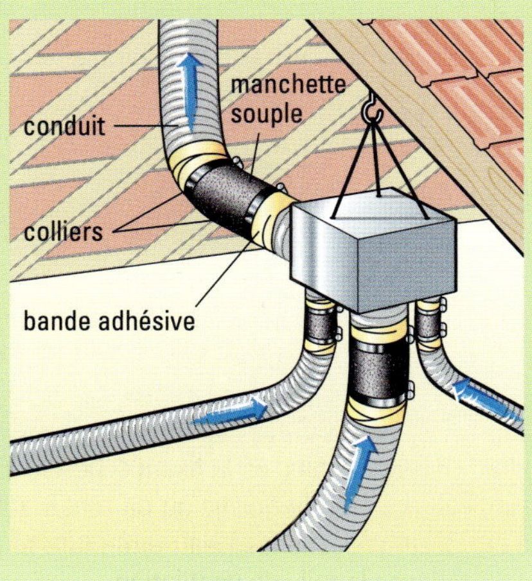

La ventilation ponctuelle

La ventilation mécanique ponctuelle consiste à installer des extracteurs électriques indépendants, par exemple dans les cuisines ou les salles de bains. Elle vaut pour les studios ou les petits appartements. Parmi les différents types d'appareils, les plus courants sont les extracteurs centrifuges, munis d'un moteur actionnant une hélice. Ils sont installés soit en haut du mur, avec ouverture directe sur l'extérieur, soit reliés à un conduit traversant le grenier avec débouché sur le toit. Ils doivent être couplés avec une bouche d'entrée de l'air, placée dans la pièce adjacente, la porte étant détalonnée.

La pose d'un extracteur centrifuge. Avant d'installer l'appareil, préparez le raccorde-

LES DÉBITS D'AIR RÉGLEMENTAIRES

Débits (m³/h)	Nombre de pièces principales						
	1	2	3	4	5	6	7
DT*	35	60	75	90	105	120	135
DR*	20	30	45	45	45	45	45

* DT = débit total du logement ; DR = débit réduit en cuisine.

LES DÉBITS D'EXTRACTION DES PIÈCES DE SERVICE

Débits (m³/h)	Nombre de pièces principales				
	1	2	3	4	5 et plus
Cuisine	75	90	105	120	138
Salle de bains ou douche	15	15	30	30	30
WC unique	15	15	15	30	30

En ventilation mécanique contrôlée (VMC), toutes les bouches d'extraction, placées dans les pièces humides, sont reliées par des conduits à un ventilateur ou caisson central placé dans les combles.

LES OUTILS

- perceuse
- râpe à bois
- scie sauteuse
- tournevis

ment au réseau électrique. Il est conseillé de tirer une ligne indépendante depuis une boîte de dérivation alimentant les circuits de prises (→ PP. 514-517). L'extracteur sera ainsi doté de son propre interrupteur. Pratiquez les saignées adéquates pour le passage des gaines et installez l'interrupteur. Cela fait, vous pouvez commencer la pose de l'extracteur (→ SÉQUENCE). Lorsque vous installerez dans les combles le conduit d'extraction fourni avec l'appareil, veillez à ce que son cheminement soit rectiligne. Pour le débouché en toiture, posez une tuile percée spéciale, dite « de ventilation ». ■

Le conduit d'extraction fixé sur la buse de l'appareil traverse les combles, ici isolés avec de la laine de verre, et débouche en toiture à travers une tuile de ventilation.

La pose d'un extracteur électrique avec débouché en toiture

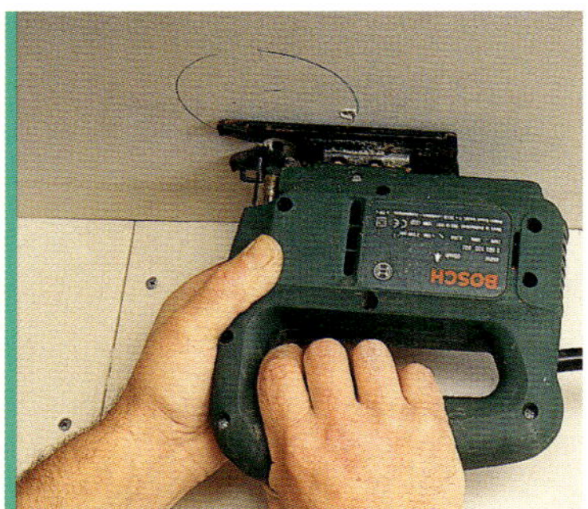

1 **Tracez le contour et percez.** Utilisez une scie sauteuse, ou un perforateur burineur si le matériau est dur. Élargissez le diamètre de 3 mm avec une râpe à bois pour que le conduit coulisse bien.

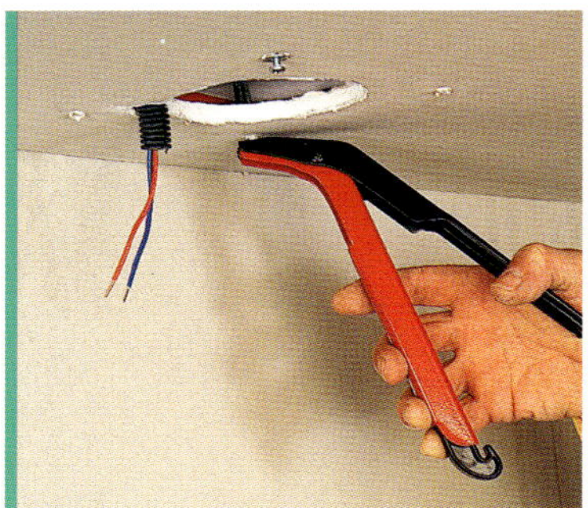

2 **Préparez les fixations.** En vous aidant de la platine, repérez la place des fixations et insérez des chevilles. Créez le débouché des fils électriques en pratiquant une saignée dans le plafond.

3 **Insérez le conduit sur la buse.** Introduisez le conduit métallique à partir des combles à travers le toit, puis insérez-le en force sur la buse. Fixez si besoin avec du ruban adhésif métallique.

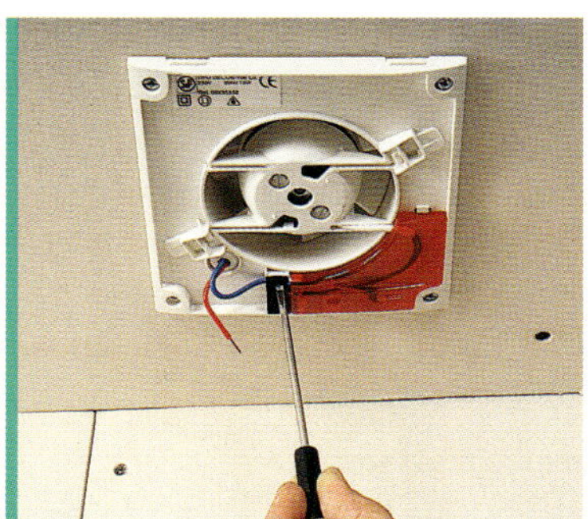

4 **Vissez et connectez.** Vissez fermement la platine après avoir inséré les fils électriques dans l'emplacement prévu. Engagez les extrémités dénudées dans leurs logements et vissez sans forcer.

5 **Clipsez le couvercle.** Faites un rapide test de fonctionnement, par exemple avec une feuille de papier toilette : si l'extracteur fonctionne bien, elle restera en place. Puis clipsez le couvercle grillagé.

6 **Ajustez la gaine en toiture.** Montez sur le toit, ajustez la gaine en la fixant si besoin avec un point de mastic ou du ruban adhésif. Posez le chapeau anti-pluie fourni avec la tuile de ventilation.

Les matériaux isolants

Les divers points d'isolation d'une maison : *1. isolation des combles habitables; 2. isolation des combles perdus; 3. parois vitrées; 4. isolation des murs par l'intérieur; 5. isolation des planchers sur un local non chauffé; 6. isolation des murs par l'extérieur.*

Un bâtiment bénéficiant d'une bonne isolation thermique consomme moins d'énergie et participe indirectement à la protection de l'environnement, par une réduction des émissions de gaz à effet de serre. Mais les isolants ne conservent pas seulement la chaleur, ils peuvent également limiter les nuisances sonores ou absorber l'humidité présente dans l'air. D'où une grande variété de produits… La nature et la qualité des isolants, leur épaisseur, la méthode de pose choisie sont autant de paramètres déterminant le niveau de confort.

Les laines minérales

Les laines minérales, qu'il s'agisse de la laine de verre ou de la laine de roche, assurent à la fois une protection thermique et acoustique, une caractéristique intéressante que ne présentent pas tous les isolants. Elles peuvent protéger la maison du sous-sol au grenier. En témoigne la grande variété des présentations disponibles : panneaux, matelas, rouleaux, coquilles, laines en vrac et produits cousus, tous adaptés à des usages différents. La souplesse de la laine de verre permet d'épouser les irrégularités de la maçonnerie. Qu'elle soit en rouleaux ou en panneaux, son épaisseur doit être au minimum de 6 à 10 cm pour être efficace, voire de 20 cm dans les combles. Les panneaux rigides de laine de roche présentent davantage de stabilité et une plus grande résistance. Incombustibles en cas d'incendie, les laines minérales peuvent même être placées près d'une cheminée. En revanche, vulnérables à la vapeur d'eau, elles doivent être complétées par un pare-vapeur en papier kraft ou en aluminium, tourné vers l'intérieur du logement.

Les plastiques alvéolaires

Les plastiques alvéolaires comprennent le polystyrène expansé, le polystyrène extrudé et la mousse de polyuréthane. Le polystyrène expansé (PSE) est souvent privilégié pour sa souplesse, sa facilité de pose et son coût. Il existe des produits de différentes épaisseurs associant polystyrène et plaques de plâtre. Pour davantage de performance thermique, choisissez du PSE Th ; pour davantage de performance acoustique, préférez du PSE dB. En comparaison, le polystyrène extrudé et la mousse de polyuréthane montrent de meilleures performances thermiques et résistent davantage à la compression.

Les isolants écologiques

Avec l'engouement pour les produits dits écologiques, les isolants naturels se développent, en particulier ceux à base de chanvre ou de lin.

La chènevotte, obtenue par défibrage du chanvre, offre une bonne isolation thermique et acoustique ; elle est ininflammable, imputrescible, hydrofuge et non comestible par les rongeurs.

Les produits à base de lin permettent également d'obtenir une isolation thermique et phonique efficace ; tout comme la brique et le bois, ils ont la capacité d'absorber l'humidité en fonction de la température et de l'hygrométrie ambiantes.

Disponibles sous forme de rouleaux de ouate ou de feutre, de plaques semi-rigides, ou en vrac, ces isolants existent en différentes largeurs et épaisseurs. Certains fabricants proposent en outre des panneaux sur mesure, particulièrement utiles pour les travaux de rénovation, quand la surface à couvrir présente des dimensions particulières.

Les maçonneries isolantes

Si vous devez monter des murs, vous pouvez opter aussi pour des maçonneries isolantes, soit en terre cuite, soit en béton cellulaire. Ce dernier est constitué d'agrégats de sable siliceux, de chaux et de ciment, broyés et mêlés à de l'eau ; le mélange est ensuite allégé au moyen d'un agent d'expansion.

Par sa légèreté, ce matériau est particulièrement adapté aux travaux de rénovation. Microporeux, il présente de grandes qualités thermiques et acoustiques, ce qui rend inutile toute isolation complémentaire. Il est en outre coupe-feu. Par rapport à la terre cuite, il présente toutefois une moindre résistance mécanique, une plus grande sensibilité aux chocs et n'accepte pas tous les enduits de surface.

Le recours à une technique de maçonnerie isolante permet, quel que soit le matériau, un gain de temps de pose considérable, puisque la structure et l'isolant sont mis en place en même temps.

À noter : L'isolation thermique permettant des économies d'énergie, vous pouvez bénéficier d'une réduction d'impôts si vos travaux sont agréés. Renseignez-vous auprès du percepteur… ■

La certification ACERMI

Tous les isolants de qualité bénéficient de la certification ACERMI. Les produits portent une étiquette informative précisant la résistance thermique R, qui dépend de l'épaisseur de l'isolant et de sa conductibilité thermique (➡ ENCADRÉ P. 403)***. Est aussi indiqué le classement ISOLE qui détaille les niveaux d'aptitude à l'emploi.***

Ces caractéristiques sont :

I : ***pour incompressibilité, noté de 1 à 5 ;***
S : ***stabilité dimensionnelle, de 1 à 4 ;***
O : ***comportement à l'eau, de 1 à 3 ;***
L : ***limite des performances en traction, de 1 à 3 ;***
E : ***comportement aux transferts de vapeur d'eau, de 1 à 4.***
Pour chaque catégorie, plus la note est élevée, plus l'isolant est performant.

L'isolation des murs

Différents panneaux, simples ou composites, permettent l'isolation thermique et acoustique des murs. La technique de pose dépend bien sûr du type d'isolant, mais aussi de l'état de la surface. La pose collée, la plus simple, est ainsi réservée aux parois planes. Dans tous les cas, le support doit être sec, un isolant perdant toutes ses qualités s'il est imprégné d'humidité. Pour cette même raison, la plupart des panneaux en fibres minérales sont revêtus d'un pare-vapeur, qui, tourné vers la chaleur, et donc vers l'intérieur, évite les phénomènes de condensation. Ce qui n'exclut pas d'installer un bon système de ventilation.

Les exigences de la réglementation thermique imposent que les résistances thermiques des toits, des murs et des sols soient déterminées ensemble (➡ ENCADRÉ).

© Isover

L'isolation des murs au plafond. L'isolant est toujours muni d'un pare-vapeur évitant la condensation.

L'isolation par l'intérieur

Les avantages d'une isolation par l'intérieur sont la facilité et la rapidité de la mise en œuvre ainsi qu'un coût compétitif. Si les panneaux composites séduisent par leur aspect pratique, les panneaux simples permettent de sélectionner l'isolant le plus adapté à vos besoins.

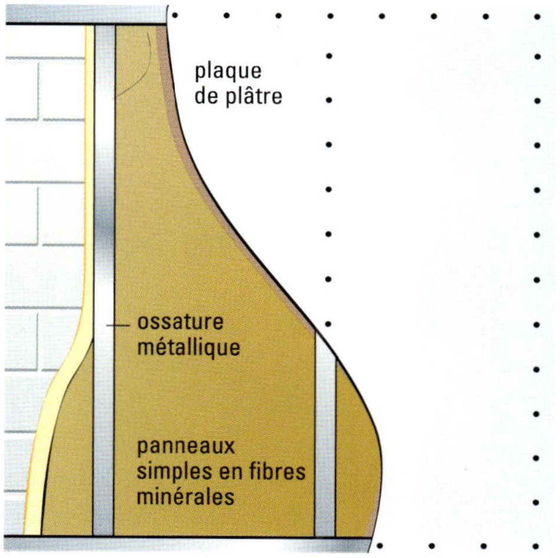

Les panneaux de laine minérale sont insérés dans l'ossature métallique destinée à la fixation des plaques de plâtre.

Les panneaux simples. Les panneaux les plus utilisés sont les panneaux rigides, en polystyrène expansé ou en mousse de polyuréthane, et les panneaux semi-rigides de fibres minérales munis d'un pare-vapeur. Ces panneaux peuvent être soit collés directement sur le mur lorsque ce dernier est sain et plan, soit mis en place derrière une ossature métallique (➡ P. 151), soit posés sur des tasseaux fixés préalablement à la paroi. Une cloison de doublage, en carreaux de plâtre ou en briques plâtrières, est ensuite montée devant l'isolant. Lorsqu'il existe des risques d'humidité, l'isolant doit être séparé du mur pour créer une lame d'air.

Des kits d'isolation sont disponibles, comprenant de la laine de verre, des ossatures métalliques, le parement et les accessoires de fixation.

Les panneaux composites. Ce sont des panneaux isolants doublés d'une plaque de plâtre. Du fait de la faible épaisseur du parement, ils présentent l'avantage de ne diminuer que très légèrement la surface

Les panneaux composites en polystyrène sont collés sur les murs intérieurs.

intérieure de la pièce, nettement moins que ne le ferait une contre-cloison. L'isolant peut être du polystyrène, du polyuréthane ou de la laine minérale. La pose ne présente pas de difficulté majeure. Les panneaux sont simplement fixés sur le mur avec un mortier-colle (➡ P. 150) : on peut les découper aux dimensions voulues, soit la hauteur sous plafond moins 1 cm. Ils peuvent également être vissés sur des tasseaux lorsque la paroi n'est pas assez sèche et plane.

Les panneaux « sandwich ». Les panneaux « sandwich » comprennent une couche d'isolant insérée dans un double parement. Plus rigides que les panneaux composites, ils permettent d'isoler des murs fortement exposés ou présentant des irrégularités importantes. Leur pose s'effectue par vissage sur des tasseaux, une lame d'air étant ménagée entre le panneau et le mur.

Questions d'épaisseurs

La conductivité thermique *est la capacité d'un corps à transmettre la chaleur. Elle est exprimée par la lettre grecque λ (= coefficient lambda). Le cuivre, bon conducteur, a un λ de 390 ; le sapin, mauvais conducteur, un λ de 0,12 ; l'air sec, très mauvais conducteur, un λ de 0,024.*

La résistance thermique, *indiquée par la lettre R, désigne le pouvoir d'un matériau à s'opposer au passage de la chaleur. Elle dépend de l'épaisseur du matériau et de son coefficient λ ; soit R = épaisseur en mètres divisée par λ.*

Par exemple : 0,20 m de laine minérale, avec un λ de 0,040, a une résistance thermique de R = (0,20 : 0,04 =) 5 ;

0,12 m de polystyrène extrudé, avec un λ de 0,030, a une résistance thermique R = (0,12 : 0,030 =) 4.

Plus le chiffre R est élevé, meilleures sont les qualités isolantes du produit : pour être efficace, un isolant thermique est nécessairement épais.

Des cloisons antibruit

Les différents panneaux simples et composites peuvent offrir une isolation tantôt thermique, tantôt acoustique, ou cumuler les deux, notamment dans le cas de la laine de verre. On considère que l'affaiblissement acoustique, indiqué sur les produits, doit être au moins de 40 dB (A) pour réduire la propagation des bruits d'une pièce à l'autre, et par exemple étouffer un bruit de conversation. Pour une isolation sur un mur mitoyen, il doit être au minimum de 50 dB (A). Si vous montez une nouvelle cloison, deux solutions sont jugées particulièrement performantes. La première consiste à utiliser des blocs de béton cellulaire, sans autre isolant. La seconde préconise de placer une couche isolante entre deux parois en carreaux de plâtre ou en briques plâtrières, montées chacune sur une ossature métallique indépendante ; cette technique facilite en outre le passage des gaines électriques. Dans les deux cas, pour limiter au mieux la propagation des ondes sonores, il convient également d'isoler les parois latérales.

L'isolation par l'extérieur

L'isolation par l'extérieur consiste à envelopper la maison d'un mur-manteau protecteur. Elle est très performante car elle limite autant que possible les ruptures d'isolation. Elle limite les échanges thermiques entre l'intérieur et l'extérieur, et, de ce fait, participe aussi au confort du logement en mi-saison et en été. Néanmoins, une isolation extérieure ne peut être appliquée sur toutes les façades, dont elle modifie en général l'aspect extérieur. Elle doit obligatoirement faire l'objet d'une déclaration de travaux ou d'un permis de construire. Mieux vaut donc profiter d'un ravalement ou d'une rénovation du bâti pour engager ce type de travaux.

Enduit, vêture ou bardage. Un mur-manteau est constitué d'une épaisseur d'isolant et d'un revêtement extérieur de protection. Quand l'isolant et le parement sont préassemblés en usine, il s'agit d'une vêture ; cette dernière peut être directement chevillée à la façade. Quand l'isolant et le revêtement sont dissociés, deux solutions peuvent être envisagées :

– Projeter un enduit : sur les panneaux isolants préalablement collés au mur, vous pouvez appliquer soit un enduit hydrofuge traditionnel, de 10 à 30 mm d'épaisseur, soit un enduit mince, de 3 à 7 mm, mais projeté sur un treillis ;

– Mettre en place un bardage : l'isolant est alors placé entre la façade et une ossature, par exemple en PVC, fixée au mur. Celle-ci peut supporter un parement de terre cuite, de pierre ou de bois. L'isolant est plaqué sur la façade, mais doit être séparé du parement par un espace d'environ 3 cm, cette lame d'air évitant entre autres la formation de points de condensation.

Attention aux raccords

Quel que soit le matériau choisi, la pose d'un isolant doit obéir à certaines règles de base. La première d'entre elles est de poser la couche isolante en continu, sans laisser d'interstices, ni entre les panneaux, ni entre le plafond et les murs, ni entre le sol et les murs. Une fois les panneaux isolants mis en place, n'hésitez pas, par exemple, à remplir de mousse de polyuréthane les quelques millimètres de mur à nu, en bas de la paroi. Dans le même esprit, placez une bande adhésive sur le joint entre deux panneaux en fibres minérales. Le soin apporté aux raccords garantira en effet la suppression des ponts thermiques, ces points froids qui favorisent la condensation. Dans le même esprit, il convient aussi de veiller particulièrement au calfeutrage des portes et des fenêtres (➡ P. 178 ET P. 196). ■

© Isover

Certains produits, comme la laine minérale noire, semi-rigide, sont destinés à l'isolation acoustique.

Le classement REVÊTIR

Le classement REVÊTIR attribue aux isolants destinés aux murs extérieurs des niveaux de qualité variant de 1 à 4. Il prend en considération les caractéristiques suivantes :

R : *facilité de réparation*
E : *facilité d'entretien*
V : *résistance aux effets du vent*
E : *étanchéité à l'eau de pluie*
T : *tenue aux chocs*
I : *incendie et comportement au feu*
R : *résistance thermique*

Isoler de la toiture au sous-sol

© Harnois

Environ 30 % de la chaleur s'échappe par la toiture, d'où l'importance d'une isolation au niveau des combles. La méthode diffère selon que le grenier est, ou non, destiné à devenir une pièce habitable. Quant aux sols, il n'est important de les protéger du froid qu'en rez-de-chaussée ; les planchers intermédiaires n'exigeant qu'une isolation acoustique, à placer sous le revêtement.

Isoler des combles habitables

Une isolation de la toiture par l'extérieur ne peut être envisagée que si vous souhaitez refaire la charpente ou la couverture ; elle doit en ce cas être mise en œuvre par un professionnel. Le plus souvent, on isole la charpente à partir des combles, sur toute la sous-face de la toiture. Cette protection est indispensable si vous souhaitez transformer votre grenier en une pièce habitable.

L'épaisseur de la couche isolante varie suivant les régions ; il existe, en France, trois zones climatiques qui permettent d'effectuer les calculs. Sachez aussi qu'une habitation chauffée à l'électricité exige une isolation plus performante qu'une maison équipée d'un chauffage central.

Les méthodes de pose diffèrent souvent selon le type de produit. Mais toutes respectent certains principes :

– une lame d'air d'au moins 3 cm doit être ménagée entre l'isolant et la toiture, pour éviter les surchauffes en été ;

– l'isolation doit être effectuée en continu, sans négliger le moindre centimètre ;

– les isolants en laines minérales doivent toujours comporter un pare-vapeur, tourné vers l'intérieur des combles ;

– les isolants en polystyrène doivent être recouverts au final de plaques de plâtre qui joueront un rôle de coupe-feu.

La pose d'une seule couche

Poser une seule couche d'isolant est évidemment la solution la plus simple. Elle implique que vous utilisiez des produits dits « monocouches » de bonne épaisseur. Certains rouleaux de laines minérales munis d'un

pare-vapeur à languettes sont bien adaptés à cet usage. Il suffit d'agrafer les bandes sur la face interne des chevrons, à savoir sur les pièces de bois allant dans le sens de la pente (➡ CROQUIS 1). Prévoyez de placer une agrafe, ou tout autre type de fixation, environ tous les 5 cm, le pare-vapeur tourné vers vous.
Si vous optez pour des panneaux de polystyrène ou de polyuréthane, vous devrez les clouer ou les visser sur les chevrons. Vous pouvez aussi les glisser entre lesdites poutres, après les avoir découpés aux bonnes dimensions. Les panneaux composites ne nécessitent pas de protection particulière. Les panneaux simples, par contre, seront recouverts d'un parement en plâtre coupe-feu (➡ CROQUIS 2 P. 446).

La pose de deux couches

La pose de deux couches d'isolant implique en général d'installer la première entre les chevrons, et de fixer la seconde perpendiculairement. Pour la première couche, vous pouvez choisir un isolant en laine de roche, présenté par exemple sous forme de panneaux triangulaires (➡ SÉQUENCE). Pour obtenir avec deux morceaux un rectangle dont la largeur correspond à l'espace entre les chevrons, faites coulisser les deux triangles et coupez les pointes. Posez les panneaux rangée par rangée, du bas vers le haut, en ménageant une

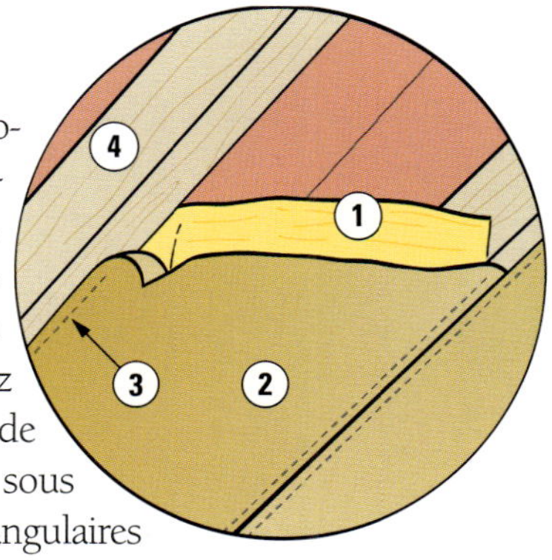

1. ***Pose de laine de verre entre chevrons :***
1. laine minérale ;
2. pare-vapeur (papier kraft) ;
3. agrafage ;
4. chevron.

La pose de panneaux de laine de roche triangulaires

1 **Découpez les panneaux** suivant le tracé que vous avez défini au préalable. Travaillez ganté car la laine de roche est un matériau irritant.

2 **Positionnez le premier panneau.** Placez-le pointe vers le haut, avant d'insérer le second panneau.

3 **Comprimez les panneaux.** Pour que les panneaux se positionnent bien, comprimez-les avec une planchette.

4 **Découpez les bordures.** Découpez de préférence le matériau avec un couteau denté plutôt qu'avec une scie.

LES OUTILS
- paire de gants
- scie à denture fine ou couteau denté

2. *Pose de panneaux isolants classiques en sous-face de* ***toiture :*** *1. panneaux de polystyrène ou de polyuréthane ; 2. chevron ; 3. lame d'air (entre les chevrons, sous les panneaux) ; 4. plaque de plâtre cartonné.*

3. *Recouvrement des solives dans des combles perdus sans plancher par des rouleaux de laine minérale.*

4. *Mise en place d'isolant entre les solives en attente de la pose d'un futur plancher.*

lame d'air sous la toiture. Quand tout l'espace entre les chevrons a été revêtu, vous pouvez installer les fixations destinées à la seconde couche. Les systèmes disponibles sont extrêmement variés suivant les fabricants ; certains permettent de clipser l'isolant entre des rails métalliques, d'autres de l'embrocher sur des tiges fixées dans les chevrons... La seconde couche, munie d'un pare-vapeur, est placée en général perpendiculairement. La mise en place d'une ossature métallique permet ensuite de visser sur l'ensemble un parement en plâtre.

Isoler des combles perdus

Si vous n'avez aucune intention ou aucune possibilité de transformer les combles en espace aménagé, isolez le plancher, et non pas la charpente. La barrière thermique et acoustique isolera ainsi mieux les lieux de vie. Pour la mise en œuvre, différentes options sont possibles :

En présence de solives apparentes. Si vos combles n'ont pas de plancher mais des solives apparentes, vous pouvez soit placer l'isolant entre les solives, soit le dérouler simplement dessus, perpendiculairement, en recouvrant toute la surface (➡ **CROQUIS 3**). La première solution vous permettra, si vous le souhaitez, de revêtir ensuite le sol d'un parquet ou de plaques de plâtre ; en ce cas, la couche d'isolant ne doit pas dépasser le haut des solives.

Avec une hauteur réduite. Il se peut que les combles soient difficilement accessibles, ou, du fait d'une très faible hauteur, ne permettent pas de travailler dans de bonnes conditions. En ce cas, vous pouvez simplement déverser un isolant en vrac, par exemple de la vermiculite, sur le plancher ou entre les solives, et aplanir à l'aide d'un râteau ou d'une planche (➡ **CROQUIS 4**). De la laine de verre en vrac peut également être soufflée à l'aide d'un appareillage approprié.

En présence d'un plancher. C'est le cas de figure le plus simple. Si vos combles sont munis d'un plancher en bois, il suffit d'installer sur cette surface plane une ou deux couches d'isolant. Si vous avez opté pour des rouleaux de fibres minérales, posez une première couche équipée d'un pare-vapeur, ce dernier étant placé contre le sol. Installez ensuite la deuxième couche, sans pare-vapeur, perpendiculairement à la première. Si vous avez opté pour des panneaux de polystyrène ou de polyuréthane, séparez-les du logement par un parement coupe-feu et disposez-les, joints très serrés, sur le plancher.

Isoler une toiture-terrasse

La réfection des toitures-terrasses est souvent l'occasion de poser ou de renforcer une isolation. Si le travail mené à l'extérieur est réservé aux professionnels, la pose d'un isolant à l'intérieur est accessible au bon bricoleur. Quand la hauteur sous plafond le permet, on peut intégrer l'isolant dans un faux plafond. La face comprenant le pare-vapeur doit être tournée vers la pièce. Pour assurer une protection correcte, l'épaisseur du faux plafond et de l'isolant doit être de 7 à 10 cm au minimum.

L'isolation du plancher bas

Les rez-de-chaussée mal isolés, qu'ils soient sur caves, garages ou parkings, peuvent entraîner des déperditions de chaleur. L'isolation peut être réalisée au choix sur deux zones : sur le sol même du rez-de-chaussée ; ou, par-dessous, en protégeant le plafond du sous-sol. Une troisième solution consiste à isoler le vide sanitaire, dans sa partie supérieure ou au niveau des murs extérieurs enterrés. Elle doit toutefois être mise en œuvre par un professionnel.

Par le sol du rez-de-chaussée. Pour isoler le sol du rez-de-chaussée, un système efficace consiste à placer des panneaux en fibres minérales ou en matière plastique alvéolaire avant de poser le nouveau revêtement. En cas de rénovation d'un plancher massif, le matériau d'isolation est posé entre les solives avant de reclouer les lames.

Enfin, si l'ensemble du sol doit être refait, c'est l'occasion de réaliser une « chape flottante », plus performante qu'une dalle en matière d'isolation acoustique et thermique. La chape peut être composée d'une association de granulés de béton cellulaire et de plâtre (→ P. 340) ou être coulée en béton. Elle est dite « flottante » car elle est désolidarisée des murs et du sol. Dans ce cas, la bande d'isolant est en effet posée sur toute la surface et remonte de quelques centimètres tout autour de la pièce.

Par le plafond du sous-sol. Vous pouvez poser sur le plafond du sous-sol des plaques d'isolant rigides ou semi-rigides. Qu'il s'agisse de panneaux en fibres minérales ou de panneaux composites en polystyrène, ils doivent être alliés à un parement de fibragglo qui les protégera d'éventuelles attaques de rongeurs. Les panneaux sont vissés, collés ou encore cloués.

Vous pouvez également projeter, à l'aide d'un appareil adapté, l'isolant en vrac et un liant destiné à le fixer. Quand l'isolant est assez épais, protégez-le avec une nouvelle couche de liant. Privilégiez surtout cette solution quand le plafond présente d'importantes irrégularités ou supporte des câbles et des canalisations. Cette méthode s'adresse à des bricoleurs confirmés.

● **À noter :** Si vous utilisez de la laine minérale en vrac dans une atmosphère confinée, protégez-vous le visage avec un masque et portez des gants et des vêtements amples à manches bien fermées. Cela vous évitera d'éventuelles irritations de la peau, liées aux poussières émises par le produit. ■

Bien choisir son isolant

Intéressez-vous à la résistance thermique (Rth), chiffre indiqué sur l'emballage (→ ENCADRÉ P. 442)*. La France est divisée en trois zones climatiques. À chacune d'elles correspond une Rth recommandée et la réglementation thermique précise que l'isolation d'un habitat doit être globale, c'est-à-dire qu'une moindre isolation des murs sera compensée par une meilleure performance du toit et vice versa.*

Choisir une source d'énergie

Le chauffage d'un logement consiste à compenser les pertes de chaleur naturelles, un courant d'air chaud étant toujours attiré par une température plus froide. Mais tous les systèmes ne procurent pas le même niveau de confort. Bénéficier d'une température constante, en été comme en hiver, suppose des installations parfois sophistiquées, faisant également appel à la climatisation. Certaines énergies, comme le charbon, ne permettent pas un tel niveau de qualité. Ces considérations mises à part, le choix est fonction de plusieurs paramètres : la région où l'on habite, le type de logement, le niveau de l'équipement initial ou la qualité de l'isolation... Sachez toutefois que vous pouvez combiner différentes énergies, et que toutes permettent soit d'alimenter des appareils individuels ou d'appoint, soit d'alimenter un chauffage central à circulation d'eau chaude fonctionnant avec une chaudière – ou avec une cheminée moderne à foyer fermé –, qui redirigera la chaleur vers plusieurs radiateurs.

Quelques critères de choix

Le lieu d'habitation. Le choix de telle ou telle énergie est bien souvent limité par le lieu d'habitation et le type de logement ; ainsi, certaines énergies renouvelables ne sont pas accessibles au particulier résidant dans un immeuble urbain. Dans les zones rurales, le gaz naturel est souvent exclu, faute de raccordement au réseau. En ville, par contre, pour des questions de surface disponible, seuls conviennent en général le gaz naturel et l'électricité ; quelques grandes villes ont aussi un réseau de chauffage urbain.

Les aspects pratiques. Le second critère de choix est davantage affaire de confort personnel (→ TABLEAU P. 449). Acceptez-vous d'effectuer les manipulations quotidiennes qu'implique un chauffage au bois ou au charbon ? Êtes-vous gêné par les émanations du fioul ? Exigez-vous de maîtriser au degré près la température de votre appartement, ce que ne permettent pas toutes les énergies (→ ENCADRÉ).

Le coût. À ces considérations s'ajoute bien sûr la délicate question financière. Il faut savoir que si les prix varient beaucoup d'une énergie à l'autre, lesdites énergies n'ont pas toutes le même pouvoir calorifique. Avant de vous décider, n'hésitez pas à demander aux différents revendeurs combien de litres de fioul, de mètres cubes de gaz ou de kilowatts d'électricité sont nécessaires pour chauffer une surface donnée pendant les mois d'hiver... Quant à l'investissement qu'exige telle ou telle installation, il est aussi à prendre en considération en fonction des éventuelles économies d'énergie qu'il permettra de réaliser.

Le charbon et le bois

Bois et charbon sont des combustibles dits solides. Ils exigent tous deux un lieu de stockage au sec (particulièrement important pour le bois qui représente un volume considérable) et un entretien quotidien du poêle ou de la cheminée qu'ils alimentent. De ce fait, ils présentent trop de contraintes pour chauffer des appartements citadins, mais conviennent plutôt pour des maisons

en zone rurale où ils sont également employés dans certaines chaudières. En outre, ces deux combustibles ne permettent pas de régler précisément la température.
Même s'il présente un pouvoir calorifique supérieur au bois, le charbon est de moins en moins utilisé, sa saleté et son poids le rendant désagréable à manipuler. Le bois, bien plus « propre », séduit toujours autant. Mais mieux vaut l'utiliser dans des régions où l'approvisionnement ne posera pas de problème (transport et coût).

Le fioul et le gaz liquéfié

Se chauffer au fioul domestique ou au gaz de pétrole liquéfié – butane et propane – nécessite également un lieu de stockage : une citerne, soit en plein air (si elle n'excède pas une capacité de 1 000 litres), soit enterrée, soit placée dans une cave ou un local technique en respectant certaines consignes de sécurité. On considère que, en moyenne, 2 000 litres de fioul assurent le chauffage annuel d'une maison de 100 mètres carrés. Par rapport au fioul, le butane ou le propane

© Supra

Poêle à fioul. *Le fioul est incorporé à l'appareil, dans un réservoir d'une dizaine de litres.*

présentent un avantage non négligeable, à savoir l'absence totale d'odeur.
Une fois l'installation faite, l'entretien des appareils se limite à un ramonage annuel des conduits d'évacuation, et celui de la cuve, à un contrôle décennal.
Des radiateurs mobiles d'appoint. Il existe en outre des radiateurs à butane, qui renferment dans l'habillage leur propre source de combustible. Offrant un bon chauffage d'appoint, ils fonctionnent par catalyse, sans flamme, et ne nécessitent donc pas de conduit d'évacuation. Ils concurrencent sans peine les chauffages d'appoint électriques. Mais attention à la ventilation de la pièce qui doit être bien assurée, car nombre d'in-

Régulation et inertie

Pouvoir régler la température en fonction de ses besoins, et ce à chaque instant et pour chaque pièce, apporte non seulement un confort non négligeable, mais permet aussi de substantielles économies d'énergie. Tous les systèmes de chauffage n'offrent pas en ce domaine les mêmes possibilités. Les appareils à bois ou à charbon n'autorisent qu'une intervention limitée, à la différence de ceux fonctionnant au gaz, à l'électricité ou au fioul. À l'inverse, ils peuvent montrer une meilleure inertie : un insert ou un poêle en fonte, par exemple, conservent et diffusent la chaleur plusieurs heures après n'être plus alimentés en énergie. Ce qui peut aussi présenter certains avantages...

CONTRAINTES ET AVANTAGES LIÉS AUX DIFFÉRENTES SOURCES D'ÉNERGIE

Énergie	Lieu de stockage	Entretien des appareils	Possibilité de régler la température
Bois	Sous abri	Quotidien et annuel	Difficile
Charbon	Sous abri	Quotidien et annuel	Difficile
Fioul	En citerne	Ramonage biannuel	Bonne
Butane et propane	En citerne	Ramonage annuel	Bonne
Gaz naturel	Aucun	Ramonage annuel	Bonne
Électricité	Aucun	Aucun	Bonne

Cette cuve de plus de 1 500 litres peut être enterrée.

toxications dues au monoxyde de carbone sont imputables à des appareils mobiles (→ ENCADRÉ).

À noter : Une cuve destinée au stockage du fioul ne peut être simplement laissée à l'abandon si vous décidez de changer de mode de chauffage. Elle doit être démontée par un professionnel, et, en cas d'impossibilité, vidangée et remplie de matériaux inertes, tels que sable ou béton maigre.

Détecter le monoxyde de carbone

Tous les appareils à combustion, qu'il soient alimentés au fioul, au gaz ou au charbon, produisent des émissions gazeuses, dont l'élément le plus nocif est le monoxyde de carbone, totalement inodore. Au-delà d'un certain taux dans l'air, ce dernier peut tuer. Pour une sécurité optimale, vous pouvez vous équiper d'un détecteur adapté (Proxitherm). Une alerte sonore vous préviendra en cas de danger. L'appel à un professionnel devrait ensuite permettre de régler le problème.

Le gaz naturel

Un chauffage au gaz naturel convient pour tout type de logement. Pour en bénéficier, il suffit de pouvoir se raccorder au réseau, ce qui ne pose pas le moindre problème en ville mais peut être difficile à la campagne, les zones rurales étant mal équipées en la matière.

Même s'il existe des radiateurs à gaz individuels, cette énergie est souvent utilisée pour alimenter les systèmes de chauffage central à circulation d'eau chaude. Si vous disposez d'une ancienne installation, il suffira parfois de changer la chaudière pour rendre l'ensemble plus performant. Si ce n'est pas le cas, la mise en place sera plus onéreuse, mais les coûts de fonctionnement, par la suite, bien moindres que ceux d'un chauffage tout-électrique. En outre, les chaudières destinées au chauffage peuvent fournir également de l'eau chaude sanitaire : elles sont dites alors « à double service ».

Comme pour tout combustible, il faut prévoir un conduit d'évacuation pour les gaz brûlés, ainsi que des grilles d'aération dans la pièce.

L'électricité

L'électricité est considérée comme la plus propre de toutes les énergies. À la différence des autres, elle ne produit aucune émission, n'exige ni lieu de stockage ni conduit d'évacuation, et est disponible jusque dans les hameaux les plus isolés. En dehors du coût de cette énergie elle-même, le seul inconvénient des radiateurs électriques est un assèchement de l'atmosphère, plus important qu'avec d'autres systèmes de chauffage, qui peut être tempéré par un humidificateur d'air, à placer par exemple dans les chambres d'enfants. Pour montrer de bonnes performances, un chauffage tout-électrique implique que le logement soit très bien isolé et bien ventilé. Il est aussi conseillé de prévoir un appareil d'appoint alimenté par une autre énergie, à utiliser en cas de coupures d'électricité.

Les autres énergies

D'autres sources permettent de diversifier la production d'énergie (géothermie, énergies éolienne et solaire...). Ces énergies, qui offrent l'avantage d'être écologiques, restent encore marginales pour les particuliers, bien que l'énergie solaire puisse fournir un appoint appréciable, surtout dans le Sud.

La géothermie. Elle consiste à aller puiser une source d'eau chaude dans le sous-sol. L'énergie géothermique nécessite un investissement important pour le forage à grande profondeur, mais est économique à la longue car elle ne consomme ensuite que l'électricité pour la pompe. Elle est encore peu utilisée dans nos régions.

L'énergie éolienne. C'est une énergie d'appoint fournie par des générateurs à hélices qui captent le vent dans les régions où celui-ci est très présent. Il convient de demander une autorisation (accord avec EDF).

La maison du futur

Dans la maison du futur, dont les premiers prototypes apparaissent déjà sur le marché, la notion de chauffage sera remplacée par la notion de « confort quatre saisons ». Grâce aux progrès de la domotique (ensemble des techniques visant à intégrer à l'habitat tous les automatismes en matière de gestion de l'énergie, de sécurité, de communication, etc.), un ordinateur central maintient la température souhaitée, été comme hiver, garantit une parfaite qualité de l'air, signale les anomalies et affiche la consommation d'énergie (Eliope)...

L'énergie solaire. Parmi tous les moyens permettant de chauffer de l'eau, l'énergie solaire est de plus en plus amenée à jouer un rôle de complément dans les régions bénéficiant d'un bon ensoleillement. Sa mise en œuvre passe par l'installation de panneaux solaires à cellules photovoltaïques, sur le toit généralement. Mais, une fois le système en place, elle peut par exemple aisément alimenter un plancher « chauffant-rafraîchissant ». De telles installations peuvent être financièrement encouragées dans le cadre de programmes européens en faveur des énergies renouvelables. Renseignez-vous. ■

Capteurs solaires sur le toit d'une maison.

Le chauffage au bois

La cheminée donne une chaleur particulière au salon d'une ancienne demeure modernisée.

L'installation d'une cheminée à foyer fermé, d'un insert ou même d'un poêle à bois doit être réalisée selon des règles très strictes pour éviter tout risque d'incendie ou d'intoxication par les fumées. Mieux vaut donc la confier à un professionnel. Les cheminées fonctionnent toutes suivant le même principe : les gaz chauds de combustion s'élèvent, attirés par l'air froid ; du fait de la différence de pression, appelée « tirage », l'air comburant (qui permet la combustion) est aspiré et les gaz dégagés par la combustion évacués vers l'extérieur. Plus ces gaz sont chauds par rapport à la température extérieure, plus le tirage est important. Lors de l'installation, plusieurs précautions permettent à la cheminée de jouer ce rôle en toute sécurité. Le conduit doit être le plus long possible et suivre de préférence une ligne droite ; il doit supporter des températures très élevées et conserver la chaleur des gaz de combustion. Les parois doivent résister à la corrosion et être totalement étanches ; la circulation de l'air au sein de l'habitation doit être étudiée avec soin…

Allumer le feu

Pour allumer un feu, il vous faut du papier (un journal, par exemple, mais tous papiers colorés ou glacés sont à bannir), des morceaux de petit bois et des bûches fendues de toutes dimensions. Placez tout d'abord le papier. Puis disposez le petit bois sur lequel viendront s'appuyer les bûches. Veillez à laisser des espaces entre les bûches pour que l'air circule bien, sinon votre feu risque de s'éteindre. Enfin, allumez en différents endroits le papier en commençant par le fond.

La cheminée ouverte

La traditionnelle cheminée à foyer ouvert, surtout utilisée en appoint, est davantage un agrément qu'un mode de chauffage performant. Elle demande un entretien quotidien et ne permet aucune régulation de la température. Ses dimensions doivent tenir compte tant de la taille de la pièce que des entrées d'air. Sachez d'ailleurs qu'un système de ventilation mécanique peut perturber le tirage de la cheminée, en créant une dépression : le foyer pourrait alors refouler l'air froid, ce qui se traduirait par la présence de fumées dans la pièce.

Les récupérateurs de chaleur à air. Pour améliorer le rendement des cheminées à foyer ouvert, il est possible d'ajouter un récupérateur de chaleur à air. Ces appareils, couvrant le sol et le fond du foyer, sont d'un aspect discret et accroissent l'efficacité du tirage. Encore faut-il que le conduit et l'habillage du foyer soient à même de supporter cette surcharge calorifique. Avec ce système, l'air ambiant passe dans le récupérateur et se réchauffe en circulant sous le feu et derrière les flammes, avant d'être restitué dans la pièce à travers des grilles placées sur les côtés de la cheminée (→ **CROQUIS 1**).

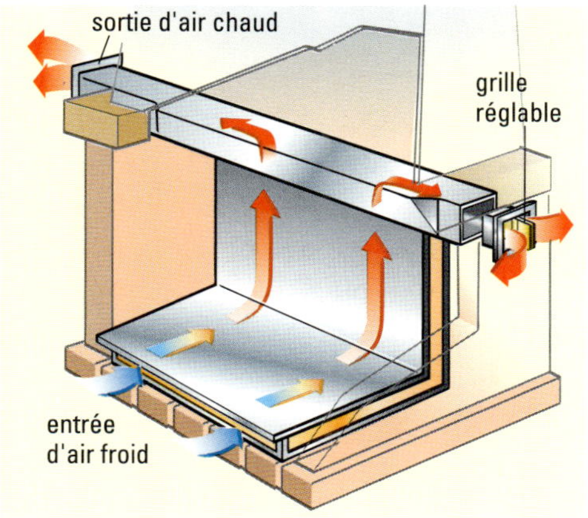

1. *Récupérateur de chaleur à air chaud.*

À noter : Le bois dur, par exemple le chêne, est considéré comme le meilleur bois de chauffage. Le bois tendre, tel le bouleau, constitue cependant un excellent combustible pour le printemps ou l'automne. De toutes façons, n'utilisez que du bois ayant séché après la coupe pendant au moins dix-huit mois.

L'insert et le foyer fermé

Inserts et foyers fermés permettent une meilleure régulation de la température qu'un foyer ouvert, le niveau d'entrée de l'air pouvant être modulé manuellement.

L'insert. Ce bloc est constitué d'un foyer enfermé dans un caisson métallique. L'air entre par des ouvertures réglables, circule entre les parois du foyer et celles du caisson, et ressort, réchauffé, par des grilles. D'une apparente simplicité quant à sa pose, il améliore le rendement du foyer ouvert déjà existant. Mais sa mise en place exige le respect de normes spécifiques, dont le bon fonctionnement du conduit d'évacuation et l'écart au feu des parois maçonnées de la cheminée, qui doit être au moins de 16 cm.

Le foyer fermé. C'est autour de cet appareil, plus performant, qu'est construit le corps de la cheminée lorsqu'il n'y a aucun foyer existant au préalable. Comme dans le cas de l'insert, l'air frais de la pièce est réchauffé dans les parois du foyer et restitué par des grilles (➡ CROQUIS 2). Raccordée à un système de canalisations, l'installation peut également

Foyer fermé dans une cheminée de style campagnard.

© Richard Le Droff

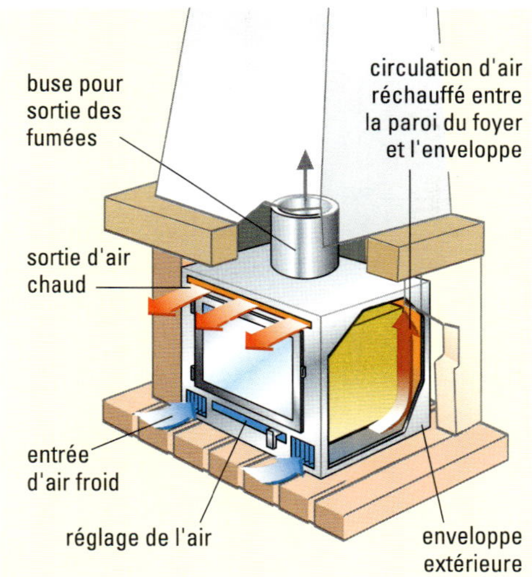

2. *Foyer fermé à récupération d'air chaud.*

Nettoyer la vitre d'un insert

La porte des inserts est constituée d'un matériau céramique transparent qui peut résister à des températures très élevées et à de petits chocs. Elle doit être nettoyée quand l'insert est froid, en moyenne toutes les une ou deux semaines. Pour enlever la poussière de cendres ou les taches brun clair, un simple linge ou du papier humide suffisent. Pour les taches plus foncées et plus tenaces, vous pouvez utiliser un produit de nettoyage conçu spécialement à cet effet.

Poêle à bois aux formes géométriques offrant une large vision du feu et doté d'une grande puissance de chauffe.

distribuer l'air chaud dans d'autres pièces. Elle peut en outre accueillir des tuyauteries alimentant des radiateurs en eau chaude.

Les poêles à bois

Bien des caractéristiques des poêles à bois se rapportent plus à l'esthétique et au goût personnel qu'à la performance. Aucune différence nette ne distingue les appareils en fonte des modèles en plaques d'acier, les revêtements peints des revêtements émaillés, les portes en verre des portes massives, et ainsi de suite. Les deux critères essentiels de choix sont la capacité de l'appareil et le mode de chauffage : par rayonnement ou par convection. Un appareil radiant surdimensionné peut générer une chaleur étouffante dans une petite pièce. En général, un appareil à convection assurera dans l'habitation une meilleure distribution de l'air chaud, si des grilles sont aménagées en haut des portes.

Ramonage et entretien

Selon la période de chauffe, les appareils à bois sont soumis à des contraintes différentes. En automne et au printemps, la combustion est plus lente, ce qui favorisera la formation de dépôts dans le conduit et la cheminée. Par contre, durant les mois les plus froids, l'ensemble fonctionne à sa capacité thermique maximale, ce qui exerce des contraintes sur les éléments qui composent l'intérieur de la cheminée (parois, conduit, etc.). Le moyen le plus sûr de connaître l'état d'une cheminée – et de la nettoyer – est de faire appel à un ramoneur. Ce qui n'exclut pas une surveillance et un entretien réguliers.

Les dépôts de suie. Les dépôts de suie, gênant le tirage, peuvent entraîner des feux de cheminée dévastateurs. Nettoyez donc la cheminée et le conduit lorsque les dépôts atteignent une épaisseur supérieure à 4 mm. Les vieilles installations ou celles présentant souvent des feux qui couvent peuvent nécessiter des ramonages fréquents, espacés de seulement quelques semaines. Mais la plupart des appareils récents n'ont besoin que des deux ramonages légaux, au printemps et en hiver. La prudence reste pourtant le maître mot…

L'état de la cheminée. Vérifiez régulièrement l'état de la cheminée et du conduit afin de déceler tout signe de détérioration. Pour les cheminées en métal, recherchez les traces de corrosion, les taches de rouille et le gonflements sur les parois extérieures. Pour les cheminées en maçonnerie, recherchez les taches noires ou blanches sur les briques extérieures et faites attention aux fissures. Si vous décelez des problèmes, faites réparer par un technicien qualifié. Une cheminée doit être vérifiée à fond au printemps, à la fin de la saison de chauffe. Si des dépôts demeurent, l'air humide entraînera la corrosion des pièces d'acier. ■

L'étanchéité des appareils fermés

Tous les joints et produits d'étanchéité sont à vérifier durant le grand nettoyage de printemps et, par sécurité, une seconde fois en hiver. Les joints défectueux réduisent l'efficacité de l'appareil. N'oubliez pas de remplacer le joint d'étanchéité de la vitre de la porte s'il est trop usé.

Le chauffage électrique

© Acova

Radiateur électrique adoptant la forme d'un radiateur classique à circuit d'eau.

Les radiateurs électriques peuvent aussi bien chauffer l'ensemble d'un appartement que servir de radiateurs d'appoint. Même s'ils assèchent l'atmosphère, ils séduisent beaucoup par la simplicité de leur pose et par l'absence d'entretien spécifique. En outre, l'esthétique s'est nettement améliorée ces dernières années, tout comme les possibilités de bien réguler la température : on peut en effet gérer la chaleur d'une pièce au demi-degré près ou encore déclencher l'appareil à des horaires préprogrammés. L'inconvénient majeur reste la consommation d'énergie. On estime en général qu'un appareil de 1 000 W convient au chauffage d'une pièce de 20 m^2. Mais cette donnée varie suivant la qualité de l'isolation, primordiale avec ce type de chauffage…

Plusieurs types d'appareils indépendants

Il existe une multitude d'appareils électriques disponibles sur le marché. Voici les principales catégories (la plupart existent en versions fixes ou mobiles).

Le convecteur. C'est le radiateur le plus vendu. D'un prix très abordable, il consomme toutefois beaucoup d'énergie, et son rendement n'est pas excellent. Les appareils suivants en sont des variantes plus performantes.

Les planchers chauffants

Les sols chauffants ne concernent pas le bricolage, puisqu'ils sont incorporés dans les chapes de béton lors de la construction du bâtiment, transformant le sol en un gigantesque radiateur. Sachez cependant que certains sont parcourus par de fines canalisations alimentées par une chaudière, d'autres, par des câbles électriques chauffants.
Un sol chauffant électrique emmagasine la chaleur la nuit (lorsque l'énergie est moins chère) et la restitue le jour.
Par sa conception, ce système ne fournit qu'une chaleur ambiante entre 12 et 14 °C et doit donc être complété par des convecteurs d'appoint.
L'inconvénient des planchers chauffants est l'inertie : si la nuit il fait très froid, le plancher stocke la chaleur produite en conséquence et la restitue le lendemain, même si la température extérieure est remontée de manière significative, ce qui entraîne alors une surchauffe du local.

– Le soufflant, muni d'un ventilateur interne, assure un brassage homogène de l'air, même au ras du sol, et permet une montée rapide de la température.
– Le radiant, comme le rayonnant, diffuse la chaleur par le biais d'une plaque de verre ou de pierre installée sur la face avant de l'appareil. Ce système atténue l'impression d'assèchement de l'atmosphère et évite le brassage des poussières. De plus, il ne présente aucun risque de brûlure au toucher et fonctionne de façon tout à fait silencieuse.
– Le céramique est pourvu d'une résistance en céramique, qui augmente sa puissance ; il permet d'obtenir la chaleur voulue dans des délais très courts.

L'accumulateur. Ce type de radiateur emmagasine la chaleur durant la nuit, lorsque l'énergie est moins chère, et la restitue progressivement dans la journée. Pourvu ou non d'un ventilateur, il est hélas encombrant et lourd et il est conseillé d'installer une plaque isolante sur le revêtement de sol avant sa mise en place.

Le radiateur à bain d'huile. Cher à l'achat, cet appareil fonctionnant par réchauffement d'un liquide caloporteur se rapproche le plus du niveau de confort offert par un chauffage central. Dans cette catégorie figurent aussi bien des radiateurs classiques, pour les pièces principales, que des appareils spécifiques, tel le sèche-serviettes, destiné aux salles de bains ou aux cuisines.

Ce convecteur de type radiant, au thermostat électronique intégré, assure une température bien régulée et homogène, favorisant les économies d'énergie.

Radiateurs sèche-serviettes fonctionnant à l'électricité.

À noter : Si vous avez souvent froid aux pieds, préférez les appareils rayonnants aux convecteurs simples. Ces derniers réchauffent l'air, qui se déplace naturellement vers le haut, tandis que les premiers émettent une chaleur plus homogène.

La pose d'un radiateur

Quel que soit le type d'appareil, un radiateur mural doit être posé de préférence contre un mur de façade. Il doit être distant d'au moins 15 cm du sol, des meubles avoisinants et d'une éventuelle tablette murale, et n'être en aucune manière recouvert par des rideaux ou tentures. Pour ne pas gêner le fonctionnement du thermostat, mieux vaut aussi éviter la proximité d'une bouche d'aération ou d'une porte ouvrant sur l'extérieur. La pose est simple et suit toujours le même principe (→ SÉQUENCE). Des gabarits sont même souvent fournis par le fabricant afin de faciliter le repérage. Concernant le branchement électrique, veillez à ce que les fils débouchant sur le boîtier de raccordement soient encastrés dans la maçonnerie ou placés sous une plinthe normalisée. Il est conseillé de cumuler des appareils de moyenne puissance (750 à 1 000 W) plutôt que d'installer un seul radiateur à 3 000 W, par exemple, dans une grande pièce.

Réguler la température

La régulation, en matière de chauffage, consiste à maintenir une chaleur constante. Pour cela, on utilise des thermostats. Mesurant la température, ils déclenchent ou stoppent l'alimentation du radiateur de façon que le niveau de chaleur souhaité soit respecté. Électromécaniques, ils sont précis à 2 degrés près ; électroniques, au dixième de degré. La plupart sont intégrés à l'appareil, avec un bouton de commande placé sur ce dernier. Quand ce n'est pas le cas, le thermostat doit être placé à environ 1,20 m du sol, à l'écart de toute source de chaleur, qu'elle soit solaire ou électrique. L'électronique permet maintenant de gérer facilement l'ensemble des radiateurs d'un logement, l'électricité concurrençant ainsi le chauffage central au gaz. À partir d'un programmateur général, on peut ainsi définir pour chaque radiateur un fonctionnement différent selon l'heure, préciser notamment des périodes de plus ou moins forte chauffe, ou d'arrêt, et ce pour chaque pièce, en fonction de ses habitudes de vie. ■

LES OUTILS

- marteau
- perceuse
- pince à dénuder

Poser un radiateur électrique

1 **Tracez les repères bas.** Calez la patte d'accrochage sur la plinthe et pointez les deux trous qui correspondront aux fixations inférieures.

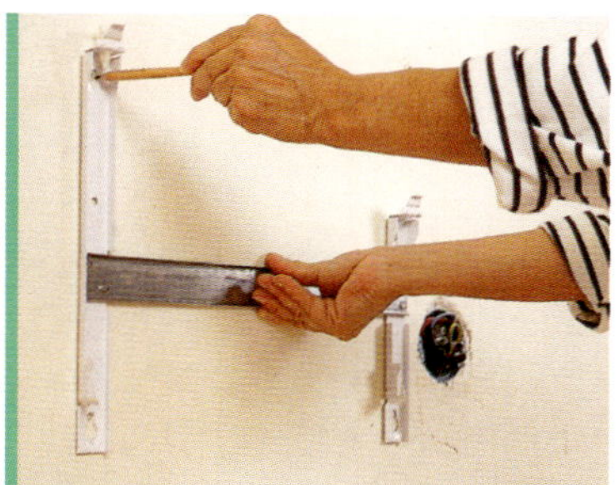

2 **Tracez les repères hauts.** Faites coïncider les attaches basses de la patte avec vos repères, afin de définir la place des fixations supérieures.

3 **Percez et placez les chevilles.** La fixation devant être solide, prévoyez des chevilles en rapport avec la nature du mur (ici, le mur est doublé de Placoplâtre). Enfoncez au marteau.

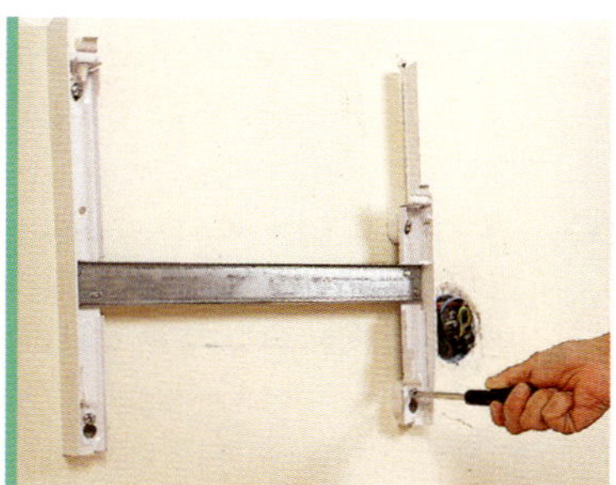

4 **Vissez les fixations.** Engagez les quatre vis et poussez légèrement vers le bas jusqu'à venir en butée. Vissez l'ensemble, en serrant sans excès.

5 **Raccordez au boîtier.** Raccordez les fils suivant leur couleur au boîtier de raccordement, muni d'un capot passe-fil, et masquez avec le cache.

6 **Bloquez le panneau.** Posez simplement l'appareil sur la patte d'accrochage. Bloquez la vis de verrouillage si le modèle en comprend une.

Le chauffage central à circulation d'eau chaude

Faible encombrement de cette chaudière murale à gaz qui se fond dans le mobilier de la cuisine et fournit une eau chaude disponible en permanence.

Un chauffage central traditionnel est constitué de plusieurs radiateurs, reliés entre eux par un réseau de canalisations en acier noir, en cuivre ou en polyéthylène réticulé. L'ensemble est rempli d'eau, chauffée par une chaudière, et dispense sa chaleur dans toute la maison ou l'appartement. La chaudière peut être alimentée par différentes sources d'énergie, les plus fréquentes étant le gaz ou le fioul.

Isolation et canalisations

Les canalisations ne nécessitent une isolation que quand elles traversent une pièce extérieure au logement proprement dit et qui n'a pas besoin d'être chauffée, le local technique où se trouve la chaudière, par exemple. Vous pouvez utiliser pour les petites tuyauteries des gaines en mousse fendues, et pour les plus importantes, des demi-coquilles en mousse isolante, recouvertes ensuite d'un film aluminium.

Principes de fonctionnement

L'eau contenue dans un chauffage central tourne en circuit fermé. L'eau chaude sort de la chaudière pour alimenter les radiateurs, qui restituent les calories que l'eau leur a transmises. Lorsque l'eau devient tiède, elle retourne à la chaudière pour reprendre des calories, et ainsi de suite. Autrefois, la chaudière restait allumée en permanence, et l'eau circulait par effet de thermosiphon – l'eau chaude pousse l'eau froide. De nos jours, pour que cet échange de calories soit plus rapide, on équipe le réseau de canalisations d'un accélérateur, ou pompe de circulation, sorte de moteur à hélice qui propulse l'eau à la sortie de la chaudière. De ce fait, l'eau chaude porte ses calories aux radiateurs et revient en fin de circuit à une température parfois suffisante pour repartir de nouveau dans le circuit, sans passer par la chaudière. Ce système suppose le montage d'une vanne trois voies. Il est plus économique, car il évite que la chaudière fonctionne en permanence.

Le choix de la chaudière

Qu'elles fonctionnent au gaz ou au fioul, différents types de chaudières sont disponibles. Leur aspect et leur volume mis à part, elles se distinguent essentiellement par leur puissance, les caractéristiques des brûleurs ou des circuits d'évacuation. Certaines, comme les chaudières à condensation, permettent de réaliser d'importantes économies d'énergie, mais le coût à l'achat s'en ressent fortement.

Les brûleurs. La chaudière peut être munie soit d'un brûleur atmosphérique, soit d'un brûleur à air soufflé. Le premier ne concerne que les chaudières à gaz. Il fonctionne sur le même principe que les gazinières, avec une combustion silencieuse. Le second, pulsant l'air ambiant vers le foyer par l'intermédiaire d'un moteur, génère des nuisances sonores, mais montre de meilleures performances. Il concerne les chaudières à gaz ou au fioul, qu'il convient alors d'installer dans un local bénéficiant d'une isolation phonique.

Les évacuations. La chaudière peut évacuer les fumées de combustion, soit par un conduit classique débouchant en toiture, soit par un conduit spécifique, appelé aussi ventouse et placé à l'arrière de l'appareil. Ce dernier système a un double avantage : la ventouse peut déboucher à l'extérieur en façade ; elle assure à la fois l'alimentation en air et l'évacuation des rejets, ce qui permet d'installer éventuellement la chaudière dans un lieu confiné. Les systèmes d'évacuation propres aux appareils ne dispensent pas d'installer une ventilation dans la pièce, ne serait-ce que par des grilles d'évacuation.

Murale ou au sol. Une chaudière alimentée au gaz naturel peut être murale ou posée au sol. La première s'intègre parfaitement dans les éléments d'une cuisine, par exemple. La seconde trouve plus facilement place dans un garage ou une buanderie.

Le choix des radiateurs

Déterminer quelle puissance de radiateur nécessite la pièce implique de prendre en compte plusieurs données, telles que la structure des parois, la présence de surfaces vitrées ou d'ouverture, la mitoyenneté avec d'autres locaux non chauffés, le renouvellement d'air… Les diagnostics sont généralement faits par les chauffagistes. Reste ensuite à choisir le matériau. Les radiateurs en fonte sont les plus performants : leur durée de vie est quasi illimitée et ils présentent une inertie importante – ils conservent et diffusent longtemps la chaleur, même après l'arrêt de la chaudière ou du radiateur lui-même. Viennent ensuite ceux en fonte d'aluminium, bien plus légers et de belle finition, et ceux en acier, dont les fameux radiateurs sèche-serviettes. Tous peuvent être équipés de robinets thermostatiques permettant de régler la température. Un thermostat d'ambiance placé dans la pièce principale et un système programmable au niveau de la chaudière permettront d'affiner encore le chauffage des différentes pièces selon les heures de la journée.

© Viessmann

Chaudière à fioul. Son encombrement oblige à la placer, au sol, dans un sous-sol, une buanderie ou un garage.

© Acova

Radiateur plat, équipé d'un robinet thermostatique pour en régler la température. Sa couleur ajoute une note décorative dans la chambre.

Bruits et canalisations

Il peut arriver que les canalisations de chauffage émettent de temps en temps des claquements désagréables. Ce phénomène est simplement dû à la dilatation. Il est toutefois possible d'atténuer le bruit en desserrant simplement les vis des colliers qui maintiennent les tuyaux le long des murs.

Purger l'installation

Il peut arriver que votre installation fasse entendre de désagréables « glougloutements ». Cette anomalie est due à la présence de bulles d'air dans le circuit. Ces dernières peuvent perturber la répartition de l'eau chaude de sorte que certains radiateurs ne chauffent qu'à moitié. Il convient alors de purger les radiateurs (→ SÉQUENCE).

PRESSION MINIMALE CONSEILLÉE	
Rez-de-chaussée	1 bar
1er étage	1 bar
2e étage	1,5 bar
3e étage	1,7 bar
4e étage	2 bars

Note : ne pas excéder 3 bars.

Vérifier la pression. S'il manque de l'eau dans le circuit, la purge ne pourra pas être effectuée dans de bonnes conditions. La pression en cours est indiquée par le manomètre placé près de la chaudière. Si elle est en deçà, ouvrez la vanne d'arrivée d'eau jusqu'à obtenir la pression voulue (→ TABLEAU). Puis refermez-la. Arrêtez la chaudière avant de purger, les bulles d'air remonteront en haut des radiateurs.

Comment procéder. Munissez-vous d'un récipient vide. Sur tous les radiateurs, le bouton de purge se trouve en haut, du côté opposé au robinet. Dévissez-le à la main, s'il s'agit d'une vis à molette, ou à l'aide d'un tournevis ou d'une clef à carré dans les autres cas. Attention, il suffit de l'ouvrir environ d'un huitième de tour ; une ouverture trop importante risquerait de faire sauter la vis en dehors de son filetage sous l'effet de la pression. Laissez couler jusqu'à obtenir un filet continu. À ce moment-là, vous pouvez refermer le purgeur. Procédez ainsi pour tous les radiateurs.

En cas de fuite au robinet

Sous peine d'inondation, démonter un robinet de radiateur implique d'arrêter la chaudière et de vidanger totalement l'installation, ce qui est affaire de professionnel. Vous pou-

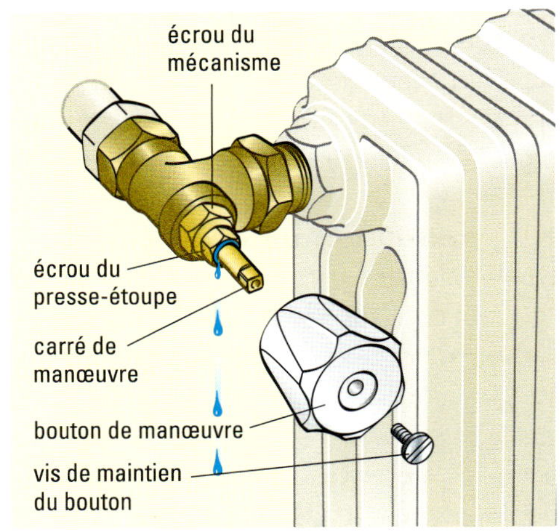

1. *Fuite sur un robinet manuel de radiateur.*

Vérifier la pression et purger les radiateurs

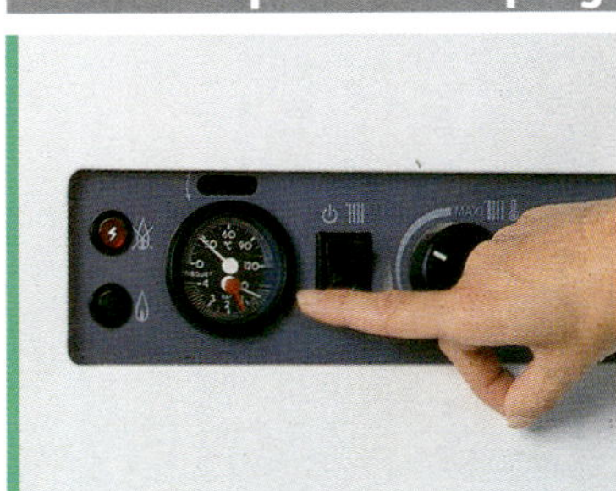

1 **Vérifiez la pression.** Sur les manomètres, l'aiguille mobile indique la pression de service. Placez l'aiguille rouge sur la valeur de votre installation à titre de repère.

2 **Ouvrez l'arrivée d'eau** en observant le manomètre ; fermez dès que vous atteignez le bon niveau de pression : veillez à ne pas dépasser 3 bars.

3 **Purgez les radiateurs.** Une fois la chaudière arrêtée, tournez la vis de purge et maintenez-la ouverte jusqu'à l'obtention d'un filet d'eau continu.

vez toutefois, en cas de fuite, tenter une opération simple, à savoir resserrer l'écrou du presse-étoupe (→ **CROQUIS 1**). Fermez d'abord le robinet, puis desserrez la vis au centre de la poignée. Ôtez la poignée pour découvrir le mécanisme. Dans le cas d'un robinet classique, vous verrez deux écrous : ne touchez surtout pas à l'écrou du mécanisme, mais resserrez l'écrou du presse-étoupe. Si la fuite persiste, vous pouvez à l'inverse desserrer cet écrou pour accéder au joint, après avoir placé dessous un récipient. Mais attention, durant l'opération, la tige ne doit absolument pas bouger. Remplacez le joint « fatigué » par quelques brins de filasse enduits de suif, puis remontez l'écrou du presse-étoupe et la poignée. Ces opérations ne sont toutefois possibles que sur les robinets d'ancien modèle. Les plus récents, dits à joint torique, ne peuvent être réparés que par un chauffagiste. Si, après avoir ôté la poignée, vous ne voyez qu'un seul écrou, renoncez.

Démonter un radiateur

Un radiateur peut être isolé totalement du circuit si l'on ferme les points d'entrée et de sortie de l'eau, à savoir le robinet et la vanne intégrée au raccord d'équilibrage. De ce fait, il peut être démonté sans crainte, lorsque, par exemple, vous souhaitez repeindre la pièce. Avant de commencer, fermez le robinet du radiateur. La deuxième opération

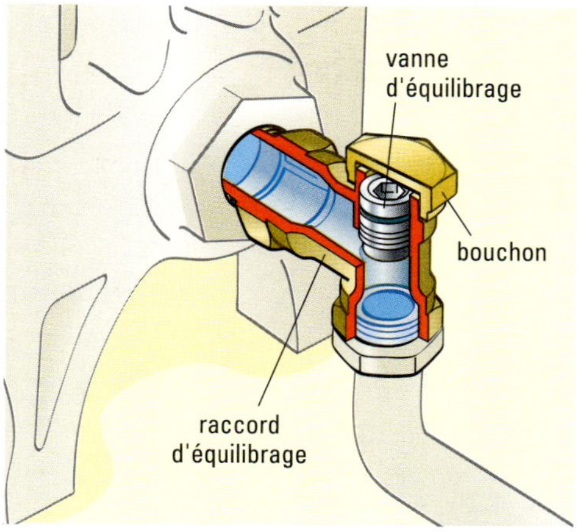

2. *Le raccord d'équilibrage permet de doser le débit de l'eau chaude en fonction de la position du radiateur dans le circuit du chauffage.*

consiste à fermer la vanne de sortie (→ **SÉQUENCE**). Avant de desserrer l'écrou de raccord et de vidanger, ouvrez le bouton de purge pour laisser entrer l'air. Quand toute l'eau a été vidangée, desserrez également l'écrou de raccord situé au niveau du robinet, dévissez les attaches au mur, et ôtez l'appareil. Ce type de manipulations a toutefois un inconvénient : lors du remontage de l'appareil, il faut rerégler la vanne intégrée au raccord d'équilibrage (→ **CROQUIS 2**) pour obtenir un débit d'eau correspondant à une bonne chauffe. Si vous l'ouvrez trop ou pas assez, vous devrez ensuite appeler votre chauffagiste pour corriger un éventuel mauvais fonctionnement de l'appareil. ■

LES OUTILS
- clé six pans
- cuvette
- pince multiprise

Fermer la vanne et vidanger le radiateur

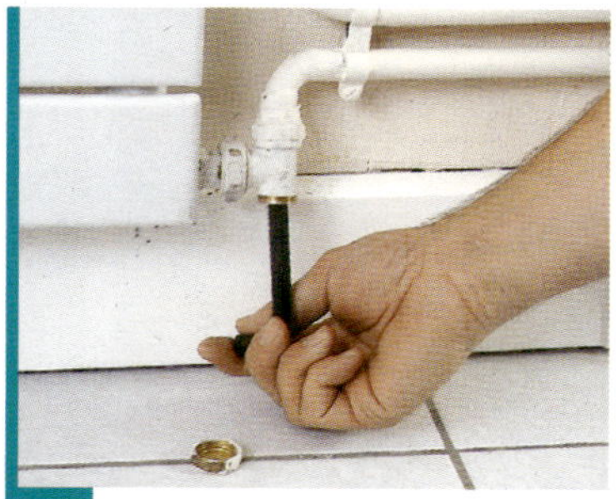

1 **Fermez la vanne.** Dévissez le cache et fermez, avec une clé six pans, la vanne intégrée au raccord d'équilibrage – ce dernier sert notamment à régler le débit.

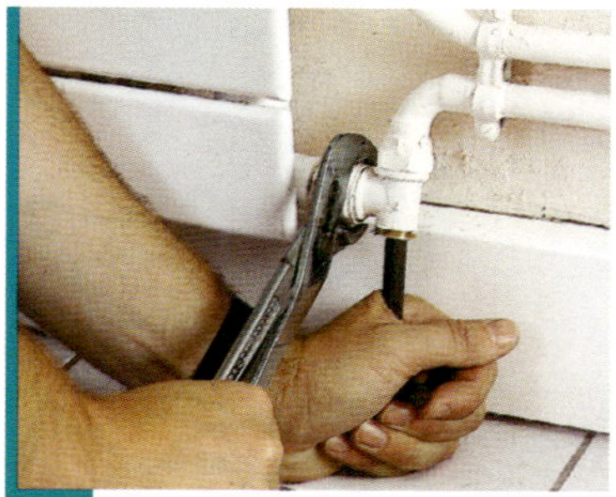

2 **Dévissez le raccord.** Desserrez doucement l'écrou en maintenant le raccord d'équilibrage avec la clé six pans. N'oubliez pas d'avoir une cuvette à portée de main.

3 **Vidangez l'appareil.** Prévoyez un récipient de bonne contenance, et laissez s'écouler toute l'eau contenue dans le radiateur, avant de finir de le démonter.

La plomberie

L'EAU DANS LA MAISON

TUYAUTERIES ET RACCORDEMENTS

DÉPANNAGES COURANTS

L'arrivée d'eau dans l'habitation

La plomberie concerne la pose et l'entretien des conduites et des appareils de distribution et d'évacuation d'eau. L'origine du mot vient du fait que l'eau était véhiculée dans des canalisations en plomb. L'usage de ce matériau est désormais interdit, car il entraîne un risque d'intoxication appelé « saturnisme ». À la place de ce métal est préconisé l'usage d'autres matériaux comme le cuivre, l'acier ou, plus récemment, les matériaux de synthèse. Synonyme de confort, la plomberie est aussi parfois source de tracas lorsqu'un lavabo ou une baignoire se met à fuir. Pourtant les dépannages sont relativement faciles à effectuer… pourvu que l'on sache comment s'y prendre.

Autres sources d'approvisionnement

Il est possible de s'alimenter en eau par d'autres moyens comme une source, un puits ou une rivière. Cette possibilité est soumise à certaines conditions : s'assurer de la propriété de cette source, faire procéder aux contrôles sanitaires de l'eau, contrôler la régularité du débit de manière à être alimenté toute l'année. Il convient donc de s'assurer que l'eau possède des qualités physio-chimiques qui la rendent potable et utilisable.

L'alimentation en eau

De manière générale, la distribution de l'eau est assurée par des sociétés privées ou communales par l'intermédiaire d'un réseau de tuyauteries enterrées sous le sol. Chaque habitation est raccordée à ce réseau qui comporte, soit à l'intérieur du logement, soit au niveau d'un regard à l'extérieur, une vanne d'arrêt général et un compteur (→ **PHOTO 1**). Cet appareil est, la plupart du temps, installé entre deux vannes, ce qui permet d'interrompre la circulation d'eau mais aussi d'isoler le compteur pour procéder à son échange. Mis sous scellés, il sert également à comptabiliser la consommation d'eau dans la maison.

À partir du compteur, c'est le propriétaire et/ou l'utilisateur qui doi(ven)t assurer l'installation et l'entretien des tuyauteries et des équipements connexes.

Le premier élément existant sur ce circuit est la vanne d'arrêt général. Cette vanne permet de procéder aux opérations d'entretien et de remplacement et d'isoler l'installation, le cas échéant en cas de fuite importante ou d'absence prolongée.

Les vannes d'arrêt

Les vannes sont de gros robinets utilisés de façon épisodique. Les modèles les plus usités sont des vannes à vis (→ **PHOTO 2 P. 465**) dont le mécanisme interne fonctionne comme celui d'un robinet de puisage.

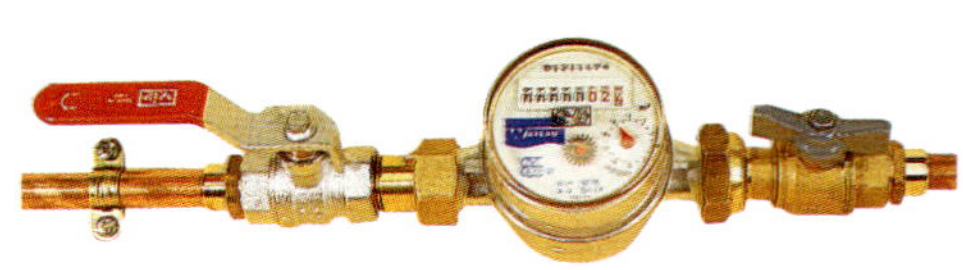

1. *Compteur d'eau installé sur une canalisation entre deux vannes d'arrêt.*

Il arrive qu'une vanne soit hors d'usage simplement parce qu'elle n'a jamais été manipulée.
La première précaution consiste à vérifier une ou deux fois par an la rotation de la vis : ouvrez, fermez, ouvrez… chaque vanne pour vous assurer de son bon état. Si vous constatez des anomalies (fuite, fermeture incomplète, etc.), échangez cette vanne à vis pour un nouveau modèle à bille (→ PHOTO 3). Ce type de fabrication assure une étanchéité parfaite et ce modèle ne possèdant plus de presse-étoupe, il n'y a plus de fuite (→ P. 484).

● **À noter :** Dans une habitation, il est conseillé d'installer des vannes d'arrêt par secteur. Cela permet d'effectuer une réparation ou une modification d'une partie du réseau sans avoir à couper complètement la distribution de l'eau. Il est aussi recommandé de placer une vanne d'arrêt sur chaque branchement de l'installation générale, ainsi que sur chaque canalisation alimentant un appareil sanitaire.

Le pH de l'eau

C'est la mesure de l'acidité de l'eau. L'échelle s'étend de 0 à 14, ce chiffre étant le plus fort taux de basicité (→ TABLEAU).
Cette mesure ne détermine aucune toxicité éventuelle.
Le pH de l'eau diffère selon les zones géographiques : dans les régions granitiques et forestières, l'eau est habituellement acide, contrairement aux régions aux sols calcaires où elle est plus alcaline. L'idéal est d'avoir un pH situé entre 6,5 et 9.

ÉCHELLE DU PH DE L'EAU	
Eau acide	de 0 à 7
Eau neutre	de 7
Eau alcaline (ou basique)	de 7 à 14

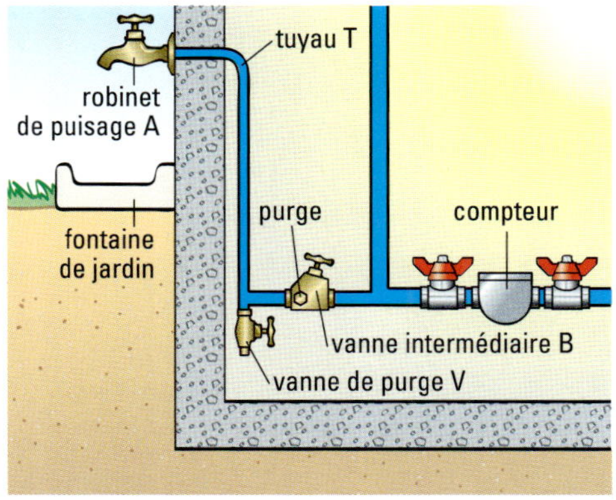

Sur un circuit alimentant un poste d'eau extérieur, le complément indispensable à la vanne d'arrêt est le petit robinet de purge qui permet, l'hiver, de vider totalement la canalisation de son eau. Sans cette précaution l'eau risque de geler et la glace fera éclater le tuyau.

Les vannes de purge

Elles complètent l'utilité des vannes d'arrêt, car elles permettent la vidange de la partie de l'installation fermée par une vanne d'arrêt. La vanne de purge peut être installée perpendiculairement sur la canalisation ou directement incorporée à la vanne d'arrêt elle-même, ce qui est plus simple (→ PHOTO 4).
Comment purger une canalisation ? Pour protéger, par exemple, la fontaine du gel, procédez de la façon suivante (→ CROQUIS) :

▸ Ouvrez le robinet de puisage A. L'eau coule.

▸ Fermez la vanne intermédiaire B. La fontaine est privée d'eau, mais le tuyau T reste rempli et son eau risque de geler. Pour compléter la manœuvre :

▸ Ouvrez la vanne de purge V afin de vider totalement la canalisation. N'oubliez pas de laisser le robinet A ouvert.

Si vous ne disposez pas d'une vanne de purge V, il est conseillé d'installer une vanne intermédiaire B dotée d'une purge incorporée.

Le détendeur

Un détendeur sert à réduire la pression de l'eau dans le circuit (→ PHOTOS 5 ET 6). Ce réducteur de pression fonctionne pour l'eau froide et pour l'eau chaude jusqu'à une température de 70 °C. Normalement, l'eau

2. *Vanne d'arrêt à vis.* *Elle comporte une flèche indiquant la direction du circuit de l'eau.*

3. *Vanne à bille.* *Une rotation d'un quart de tour suffit pour ouvrir ou fermer la vanne.*

4. *Vanne d'arrêt avec purge.*

5. *Détendeur de pression.*

6. *Détendeur de pression* *avec le manomètre de contrôle.*

Adoucisseurs et purificateurs d'eau

L'initiative d'adoucir ou de purifier l'eau de son habitation revient au particulier.

Les adoucisseurs d'eau. *Ils sont conçus pour réduire la dureté de l'eau. Si votre eau se situe en dessous de 15 °f ou si l'entartrage de vos équipements est nul ou peu important, l'utilisation d'un adoucisseur n'est pas justifiée.*

Les purificateurs d'eau. *L'intérêt de ce type d'appareil est de filtrer les substances qui altèrent la qualité de l'eau : micro-organismes, traces chimiques, minéraux et autres substances indésirables en suspension, souvent responsables du mauvais goût. La purification de l'eau est réalisée grâce à deux types de traitements.*

– Appareil branché entre le compteur et le robinet. Ce sont des professionnels qui installent ce type d'appareil destiné à un long usage et pour des quantités importantes d'eau.

– Appareil branché après le robinet. D'usage ponctuel, il ne filtre qu'une petite quantité d'eau, notamment celle destinée à être bue ou servant à la cuisine. Ces appareils existent aussi en appareils portables.

qui circule dans les canalisations est distribuée sous une pression de 3 bars environ (3 kg/cm²). Une pression plus importante

7. Filtres : *à cartouche (à gauche), à tamis métallique (à droite).*

(pouvant dépasser 7 bars, la nuit, période où l'eau est moins utilisée) entraîne la détérioration prématurée de la robinetterie et des nuisances sonores dans les tuyaux. Vous éviterez ces inconvénients en installant un détendeur. Généralement préréglé en usine à 3 bars, il peut être réglé à une autre pression par l'intermédiaire d'une vis de réglage. Une pression de 2 bars reste tout à fait suffisante pour la plupart des installations domestiques.

Le filtre

Ce dispositif sert à retenir les impuretés véhiculées dans le réseau de distribution général comme le sable, la rouille, etc. Il fonctionne selon différents principes, le système le plus répandu étant le filtre à cartouche (→ PHOTO 7). Le filtre ne doit pas être confondu avec un purificateur d'eau (→ ENCADRÉ) : il ne traite pas l'eau. On le remplace généralement tous les ans, selon l'importance de son encrassement.

Qualités de l'eau potable

La dureté de l'eau. Une eau est dite « dure » lorsqu'elle est riche en minéraux (sels de calcium et de magnésium). Elle mousse difficilement, dépose du tartre sur les ustensiles ménagers et les résistances des chauffe-eau électriques lorsqu'elle est chauffée mais n'est pas nocive pour la santé. Peu minéralisée, l'eau « douce » mousse facilement et ne dépose pas de tartre à chaud. En revanche, elle pose des problèmes de corrosion aux canalisations. Il est souhaitable pour la santé d'utiliser une eau douce évaluée à 15 °f (→ TABLEAU).

L'échelle hydrotimétrique. Le titre hydrotimétrique (mesure de la liquidité), qui qualifie la dureté de l'eau, est déterminé en degrés français (°f). Il correspond à la somme des concentrations en sels. Chaque degré correspond à 4 mm³ de calcium ou à 2,4 mm³ de magnésium par litre d'eau. ■

ÉCHELLE HYDROTIMÉTRIQUE

Qualité de l'eau	Taux de concentration en sels
très douce	0 à 10 °f
douce	10 à 20 °f
moyennement dure	20 à 30 °f
dure	30 à 40 °f
très dure	> 40 °f

Les différents circuits de l'eau

Les circuits d'eau dans une habitation sont au nombre de trois. On distingue le circuit d'alimentation qui achemine l'eau vers tous les postes d'utilisation, le circuit de chauffage (→ P. 458) et le circuit d'évacuation qui recueille l'eau de pluie, les eaux usées et les eaux-vannes.

© Acova

L'alimentation...

Le circuit d'alimentation d'eau froide distribue l'ensemble des appareils sanitaires, les postes d'eau intérieurs et éventuellement extérieurs pour le jardin, ainsi que les appareils de production d'eau chaude et la chaudière. À partir des appareils de production d'eau chaude, un circuit alimente de nouveau les appareils sanitaires, mais cette fois en eau chaude (→ CROQUIS). L'alimentation de la chaudière permettra le remplissage du réseau de chauffage et des radiateurs. Ces trois réseaux sont sous pression constante.

... et l'évacuation

En revanche, les circuits d'évacuation ne sont pas sous pression et ne contiennent de l'eau que lorsque l'on vide un appareil sanitaire. On distingue :

– le circuit des eaux usées pour l'évacuation des lavabos, baignoires, éviers, etc. ;

– le circuit des eaux-vannes pour l'évacuation des W.-C. ;

– le circuit des eaux pluviales.

Ces trois circuits doivent être séparés jusqu'au collecteur du tout-à-l'égout. Il est en effet interdit d'évacuer l'eau usée d'une salle de bains dans une descente des eaux-vannes ou de brancher l'écoulement de l'évier dans la descente des gouttières.

Les tuyaux des circuits d'alimentation

Les matériaux. La distribution interne utilise des canalisations en cuivre, en acier ou en matériaux de synthèse. Le tube d'acier équipe les installations importantes (immeuble) tandis que la plupart des réseaux des habitations particulières sont réalisés en cuivre.

Toutefois, les matériaux de synthèse de qualité alimentaire présentent l'avantage d'être insensibles à la corrosion. Ils sont souvent utilisés pour l'équipement des kits de branchement (baignoires encastrées, sanitaires

Le débit de l'eau

Le débit est la quantité d'eau passant dans une canalisation, sous une pression régulière, dans un temps donné. Plus la section de passage est grosse, plus le débit est important. Par exemple :

- une canalisation de 10 mm de diamètre débite 3 m³/heure ;

- une canalisation de 16 mm de diamètre débite 9,5 m³/heure ;

- une canalisation de 20 mm de diamètre débite 15 m³/heure ;

- une canalisation de 100 mm de diamètre débite 300 m³/heure.

Lorsque le diamètre double, le débit est multiplié par 5. Quand le diamètre est décuplé, le débit peut être 100 fois plus important. Ainsi, pour modifier le débit d'un appareil sanitaire, il est conseillé de faire varier le diamètre de la canalisation et non de modifier la pression d'alimentation.

suspendus, etc.) où ils demeurent invisibles. Dans d'autres cas comme les installations classiques, ils sont apparents, ce qui nuit à l'esthétique.

Les différents diamètres des canalisations. Dans une installation, il importe que chaque accessoire sanitaire reçoive une quantité d'eau suffisante, principalement déterminée par le diamètre de la canalisation d'alimentation. Ainsi, il est recommandé d'utiliser les diamètres ci-dessous (→ TABLEAU), dont les valeurs sont données à titre d'exemple. Pour des cas précis, consultez les abaques des professionnels.

DIAMÈTRES RECOMMANDÉS DES CANALISATIONS D'ALIMENTATION

Canalisations d'alimentation en cuivre	Diamètre minimal (en mm)	Diamètre de confort (en mm)
Baignoire	14 x 16	16 x 18
Douche	12 x 14	14 x 16
Lavabo	10 x 12	12 x 14
Bidet	8 x 10	10 x 12
W.-C.	8 x 10	10 x 12
Évier de cuisine	12 x 14	12 x 14
Machine à laver	10 x 12	12 x 14
Robinet de puisage extérieur	12 x 14	14 x 16

Le bruit de l'eau

Dans un circuit sanitaire, l'élévation de la pression occasionne des bruits, car elle augmente la vitesse de déplacement de l'eau dans les canalisations. En revanche, l'augmentation du diamètre d'une canalisation diminue la vitesse de passage et supprime les sifflements.

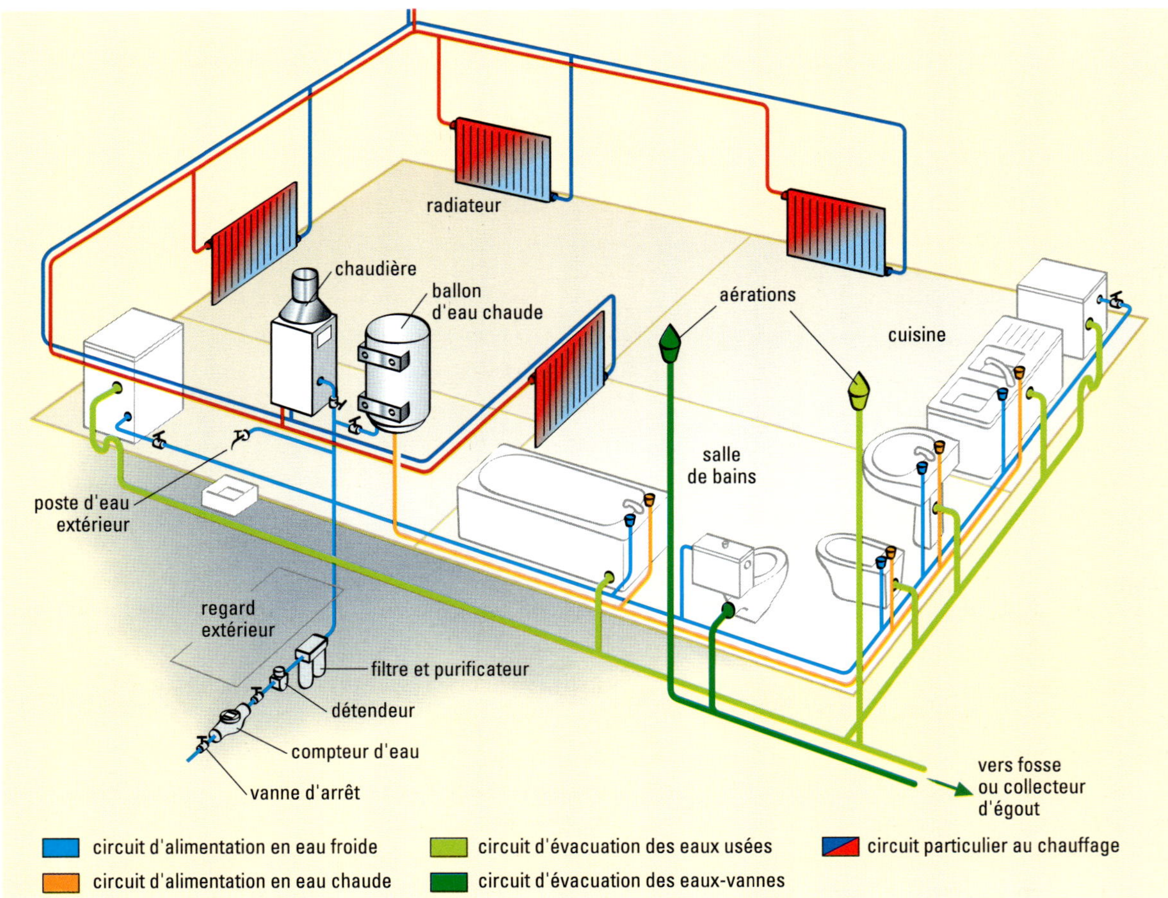

Schéma de principe des différents circuits d'eau dans la maison.

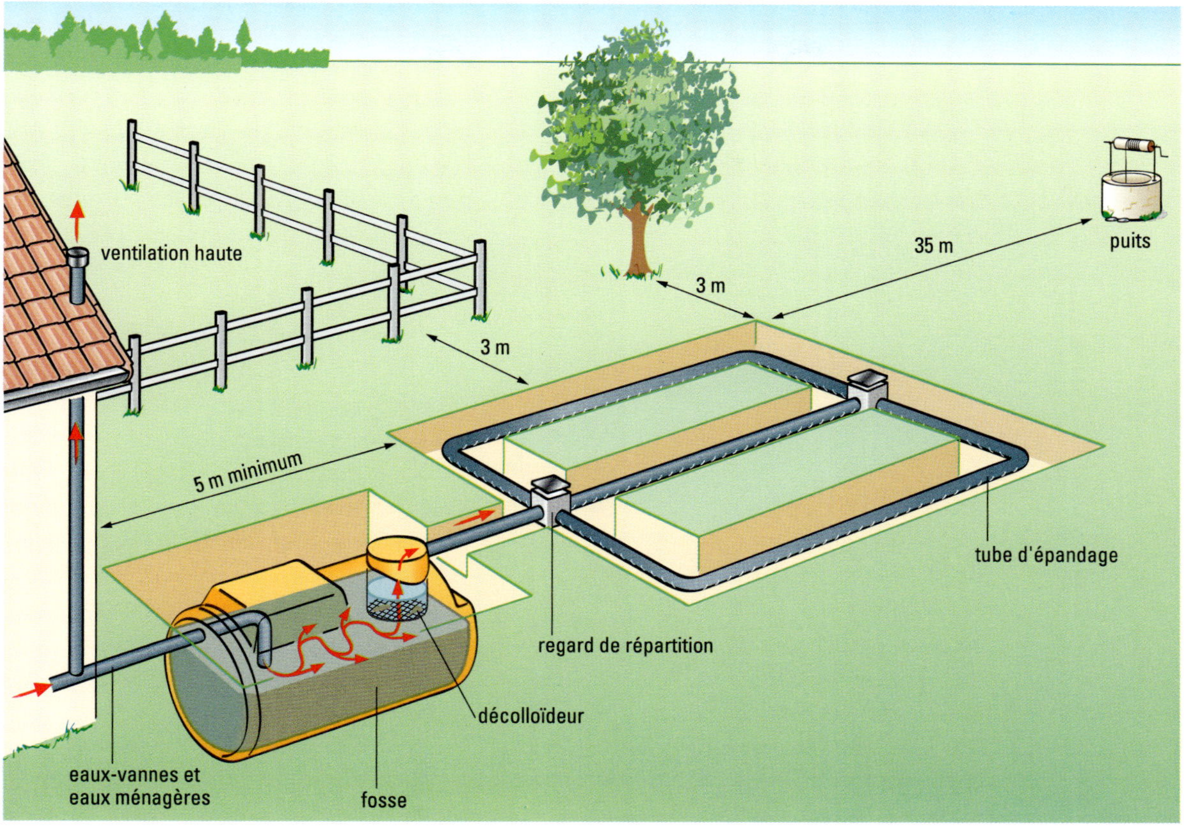

Un exemple de fosse septique avec épandage.

Organisation du réseau d'évacuation

Plusieurs éléments distincts participent dans l'habitation à l'évacuation des eaux usées, ménagères (provenant des éviers, douches, appareils ménagers) et eaux-vannes (provenant des W.-C.). Vient d'abord le tuyau d'évacuation individuel de l'appareil d'utilisation, puis le collecteur d'appareil, de section horizontale, sur lequel se branche l'évacuation des postes d'utilisation, puis les canalisations verticales recevant les descentes d'eaux usées et les chutes d'eaux-vannes et, enfin, les collecteurs principaux, à section horizontale, recevant au niveau de la cave l'ensemble des rejets pour les acheminer à l'égout.

Le réseau d'évacuation peut comporter des canalisations de descente (eaux ménagères) et de chute (eaux-vannes), séparées ou non. Dans le premier cas, les deux systèmes d'évacuation réunissent leurs rejets dans le collecteur principal. Il s'agit du système le plus répandu à l'heure actuelle car le plus simple à monter.

Principe de montage d'un circuit d'évacuation

Les canalisations horizontales. Il est nécessaire de respecter une pente de 3 cm par mètre pour les réseaux d'évacuation des appareils. Les réseaux d'évacuation situés en

Séparer les 3 types de circuits d'évacuation

Vous devez impérativement séparer :

- ***Les eaux usées provenant des éviers, douches, baignoires, lavabos, bidets, etc.;***
- ***Les eaux-vannes provenant des W.-C.;***
- ***Les eaux de pluie provenant de la toiture.***

La mise en place d'un broyeur sur des W.-C. n'autorise pas à brancher son évacuation sur une canalisation destinée aux eaux pluviales ou aux eaux ménagères.

Les siphons

Les siphons sont adaptés aux accessoires sanitaires auxquels ils sont destinés : siphon à culot pour lavabos, éviers et bidets, siphon en « V » pour bidets, siphons en « S » pour baignoires, éviers et lavabos, etc.

Siphon à culot.

Siphon en « V ».

Siphon en « S ».

sous-sol, qui ont un diamètre plus important, peuvent se contenter d'une pente minimale de 1 cm par mètre.

Pour faciliter l'écoulement rapide et sans encombre des rejets, les coudes doivent être aussi peu nombreux que possible. Il est donc préférable de monter plusieurs coudes d'angle faible qu'un seul coude à 90°.

Les colonnes verticales. Elles sont réalisées en diamètre 100 mm, les diamètres plus importants étant réservés à l'évacuation collective de plusieurs appartements.

Toutes les colonnes verticales doivent être mises à l'air libre par l'intermédiaire d'une ventilation débouchant sur le toit. Cette précaution permettra d'équilibrer les pressions jouant à l'intérieur des canalisations et d'éviter aussi bien les bruits intempestifs tels que le désamorçage des siphons (cas où la garde d'eau dans le siphon a disparu) responsable de mauvaises odeurs (→ P. 494). Bien entendu, la sortie d'air ne devra jamais se trouver au-dessus d'une fenêtre ou d'une ventilation. L'installation de tampons de visite facilite par ailleurs l'intervention en cas d'engorgement (canalisation bouchée).

Les eaux sont évacuées soit sur rue par un réseau communal de tout-à-l'égout, soit dans le jardin par l'intermédiaire d'une fosse septique avec épandage (→ CROQUIS).

DIAMÈTRES RECOMMANDÉS DES CANALISATIONS D'ÉVACUATION

Ces valeurs sont données à titre d'exemple. Pour des cas précis, consultez les abaques des professionnels.

Postes d'utilisation et canalisations verticales	Diamètre minimal (en mm)	Diamètre de confort (en mm)
Lavabo	32	40
Bidet	32	40
Baignoire	40	60
Douche	40	60
Machine à laver	40	60
Évier de cuisine	40	40
Descente des eaux ménagères	50	80
W.-C.	100	100
Chute des eaux-vannes	100	125

Des règles à respecter

Quel que soit le type d'évacuation adopté, les règles d'installation suivantes s'imposent :

– Les chutes et les descentes sont réalisées à l'intérieur de l'habitation pour éviter le risque de gel.

– Les matériaux employés dans la réalisation des réseaux doivent être adaptés à leur fonction : PVC ou fonte, la plupart du temps.

– Les coudes encastrés dans les murs ou le plancher sont à éviter autant que possible et doivent être équipés de tampons ou bouchons de visite en amont.

Les tuyaux du circuit d'évacuation

Comme pour l'adduction d'eau, l'évacuation depuis les appareils domestiques est réalisée par l'intermédiaire de tuyauteries existant dans divers matériaux. S'il existe aussi des canalisations en cuivre, en fonte et en acier, on utilise plus couramment le PVC.

Le PVC rigide. De couleur grise, il se présente sous différents diamètres : 32, 40, 50, 60, 80, 100 mm, etc., et est commercialisé en barres de 2, 4 ou 6 m de long. De nombreux raccords correspondant aux diamètres des tubes permettent de monter des installations d'évacuation sur mesure. ■

Couper et couder les tubes en cuivre

Les canalisations d'alimentation en eau des appareils sont réalisées dans différents matériaux. L'usage du plomb, autrefois omniprésent, est désormais interdit pour des raisons de santé publique. L'Inox, l'aluminium, le verre sont employés pour des applications spécifiques ; l'acier galvanisé est en principe réservé aux grandes installations. Les matériaux plastiques (de qualité alimentaire) se sont beaucoup développés ces dernières années, mais le cuivre reste le matériau le plus présent. Il a l'avantage d'être un matériau souple et esthétique qui se prête à de nombreuses manipulations, pourvu que l'on maîtrise la technique de la coupe et du cintrage.

Les deux formes de cuivre

Le cuivre est commercialisé sous deux formes : le cuivre écroui et le cuivre recuit. Le métal écroui est un métal qui a été travaillé (frappé, étiré, etc.) en dessous de sa température de recuit pour le rendre plus résistant. Le métal recuit est un métal qui a été remis au feu afin de lui donner de meilleures qualités techniques.

Le tube en cuivre écroui. Il est vendu en barres rigides longues de 4 ou 5 mètres. Dans les grandes surfaces spécialisées, vous pourrez également en trouver conditionné en barres de un mètre de long. Ce cuivre est destiné à être utilisé dans toutes les parties visibles de la distribution.

Le tube en cuivre recuit. Vendu en couronnes de 5, 10, 25, 35 et 50 mètres, c'est un cuivre malléable. On peut l'installer dans le sol ou dans les faux plafonds. Son installation est relativement aisée et est facilitée par la longueur que l'on peut modifier à volonté. La mise en place du cuivre encastré dans le sol ou dans les murs sera réalisée sous un fourreau en plastique.

Les dimensions des tubes en cuivre

Le tube de cuivre est toujours désigné par les dimensions de ses diamètres intérieur et extérieur. Par exemple, un tube de 12 x 14 a un diamètre intérieur de 12 mm et un diamètre extérieur de 14 mm. La différence entre les deux chiffres est toujours égale à 2. L'épaisseur du métal est donc de 1 mm. Pour un tube d'alimentation en eau, les diamètres de départ sont 8 x 10. Les diamètres suivants augmentent de deux en deux millimètres. Ceux les plus utilisés sont : 8 x 10, 10 x 12, 12 x 14, 14 x 16, 16 x 18, 18 x 20 et 20 x 22.

Au-delà de ces chiffres, le tube de cuivre n'est commercialisé que sous la forme de tube écroui, avec des diamètres de 26 x 28, 30 x 32, 34 x 36, 38 x 40, 40 x 42 et 50 x 52.

Couper un tube en cuivre

Le tube de cuivre se coupe facilement, soit à la scie à métaux, soit au coupe-tube.

Avec une scie à métaux. Cette technique ne pose pas de problèmes particuliers. Il faut toutefois une main ferme pour éviter de couper le tube de travers et prendre soin, à la fin de la coupe, de bien ébarber (enlever les bavures de métal) le tube à l'intérieur et à l'extérieur. Selon le diamètre du tube, vous réaliserez cette opération avec une lime ou avec un ébarbeur.

Avec un coupe-tube. Cet appareil convient pour tous les diamètres.

▶ Mettez le tube en place. Dévissez le coupe-tube et mettez le tube en contact avec les rouleaux de l'appareil.

▶ Serrez le bouton de manœuvre. Amenez la molette au contact du tube : le point de serrage entre le tube et la molette correspond à l'endroit où sera effectuée la coupe. Resserrez d'un huitième de tour environ afin que la molette entame un peu le métal.

▶ Faites tourner le coupe-tube autour du tube (➡ PHOTO 1). Ce dernier est alors marqué d'une rainure par la molette. Si vous n'arrivez pas à faire pivoter le coupe-tube, desserrez légèrement le bouton de manœuvre.

▶ Terminez la coupe. Resserrez le bouton

1. *Tournez le coupe-tube sur le trait de coupe en serrant progressivement la molette jusqu'à sectionner le tube.*

LE COUPE-TUBE ÉBARBEUR

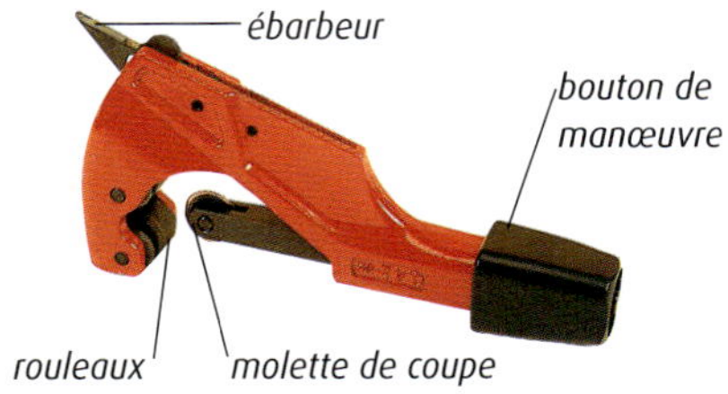

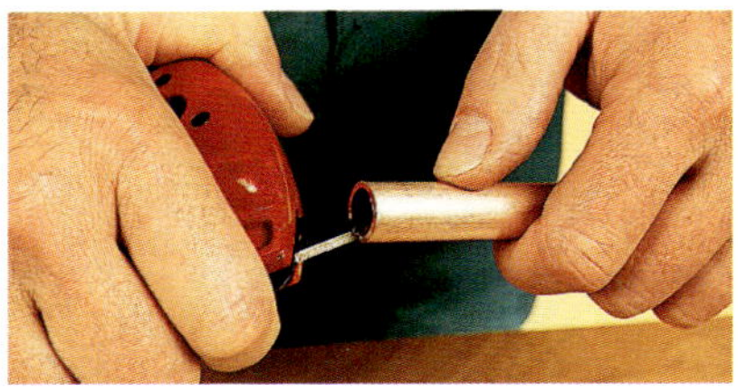

Insérez l'ébarbeur dans le tube et faites faire une rotation à ce dernier pour enlever les bavures dues à la coupe.

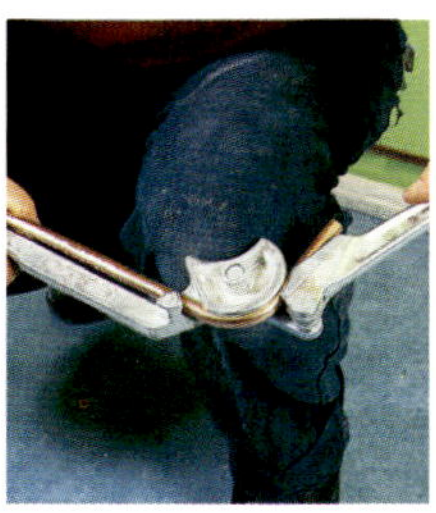

2. *Pour couder un tube en cuivre, l'utilisation d'une cintreuse à main est indispensable pour obtenir des courbes régulières sans risquer d'écraser le diamètre intérieur du tube.*

de manœuvre et répétez l'opération jusqu'à ce que le tube soit entièrement coupé.

▶ Ébarbez l'intérieur du tube. Pour cela, maintenez le tube tout en faisant faire un tour complet à l'ébarbeur (➡ **ENCADRÉ**).

▶ Passez l'extérieur à la toile émeri ou à la laine d'acier. Le tube sera ainsi prêt à recevoir un raccord mécanique ou une soudure.

Couder un tube en cuivre

L'avantage du cintrage est d'éviter la multiplication des raccords et des brasures (soudures). Il permet en outre de réaliser des pièces présentant des angles particuliers dont les modèles n'existent pas dans le commerce. Cette opération s'exécute soit avec un ressort à cintrer, soit à l'aide d'une cintreuse à main. Si vous utilisez du tube écroui, il faut le chauffer puis le tremper dans l'eau pour le refroidir avant de le cintrer. Avec le tube recuit, cette préparation est inutile.

Avec une cintreuse à main. La cintreuse, ou pince à cintrer (➡ **PHOTO 2**), donne la possibilité de réaliser des courbes allant d'une dizaine de degrés jusqu'à 180° sans aucune difficulté. Plus le diamètre du tube est faible, plus la courbe est facile à obtenir. Il existe autant de cintreuses que de diamètres de tube ; au-delà du diamètre 16 mm, la cintreuse à main doit laisser la place à la cintreuse d'établi, un matériel de professionnel.

▶ Chauffez au rouge cerise la partie du cuivre écroui que vous désirez courber.

▶ Faites-la refroidir dans un seau d'eau.

▶ Repérez sur le tube le début de la courbe.

▶ Ouvrez la cintreuse et placez le tube à l'intérieur. Faites coïncider la marque que vous avez tracée sur le tube avec le point zéro repéré sur le galet de la cintreuse.

▶ Fermez le loquet de la cintreuse afin de maintenir le tube en place.

▶ Prenez la cintreuse par ses deux manches. Appuyez-la contre un de vos genoux.

▶ Tirez vers vous le manche de droite. Faites-le coulisser le long du tube. Arrêtez dès que le repère placé sur ce manche arrive au droit de l'angle désiré.

Avec un ressort à cintrer. Il s'agit d'une opération très simple qui ne nécessite pas d'outillage particulier si ce n'est un ressort à cintrer (➡ **SÉQUENCE**). ■

L'utilisation d'un ressort à cintrer

1 **Commencez par chauffer** la partie du tube écroui à couder à l'aide d'un chalumeau.

2 **Enfilez le tube dans le ressort** après l'avoir refroidi dans l'eau ou avec un chiffon mouillé.

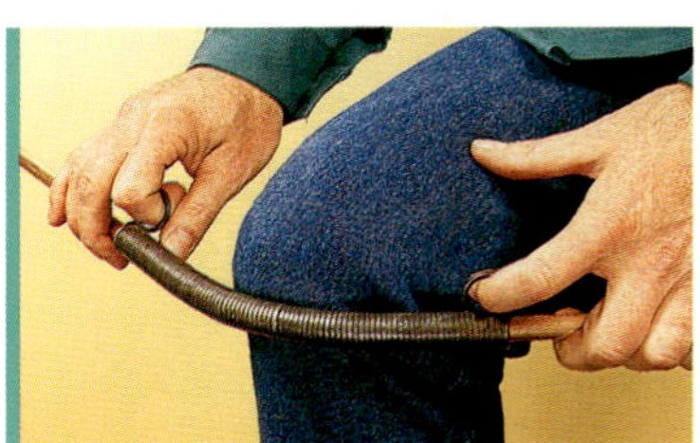

3 **Cintrez l'ensemble** en vous aidant du genou. Le tube est cintré sans être aplati.

Le soudage et le brasage

LES OUTILS

- chalumeau
- lunettes de protection
- toile émeri

Pour raccorder les tubes de cuivre entre eux, les professionnels utilisent le soudage et le brasage. Si vous voulez les imiter, il est conseillé de suivre un stage afin de vous familiariser avec la flamme et la technique du chalumeau avant de vous équiper du matériel adéquat.

La soudure consiste à assembler deux pièces métalliques par l'intermédiaire d'un métal porté à son point de fusion. Il existe différents types de soudage selon le métal d'apport utilisé. Le phénomène de capillarité fait que la soudure s'étend autour du tube et épouse sa forme, dans toutes les directions, quelle que soit la position du tube.

Le principe de capillarité

La soudure et la brasure fonctionnent sur le principe de capillarité. C'est un phénomène naturel que l'on observe par exemple avec la sève d'un arbre qui monte des racines jusqu'aux extrémités des branches, en dépit de la pesanteur. Selon ce principe, le métal d'apport se répandra équitablement, sous l'effet de la chaleur, entre les deux pièces destinées à être soudées. Il est donc important que ces dernières soient parfaitement ajustées. C'est la raison pour laquelle le diamètre intérieur des raccords standards des tubes en cuivre que l'on veut souder ou braser est calibré de manière très précise. L'espace existant entre un tube et son raccord est de l'ordre de 5/100 de millimètre.

La soudure tendre ou soudure à l'étain

Dans ce type de soudure, le métal d'apport est un alliage d'étain fondant vers 180-200 °C. La soudure ainsi réalisée est étanche mais sa résistance mécanique est faible. En effet, une traction de 5 kg par millimètre carré suffit à la rompre.

La soudure forte ou brasure

Le métal d'apport est à base de cuivre ou d'argent fondant vers 650-750 °C. On ne peut employer cette méthode que sur des pièces métalliques tolérant des températures de cet ordre. La résistance mécanique de la soudure est dix fois supérieure à celle effectuée avec l'étain. Ce type d'opération requiert un outillage de professionnel onéreux (chalumeau oxyacétylénique). Elle permet d'assembler de nombreux raccords que l'on trouve dans le commerce et d'assembler différents éléments de tuyauterie. ■

Brasure sur tubes en cuivre par capillarité

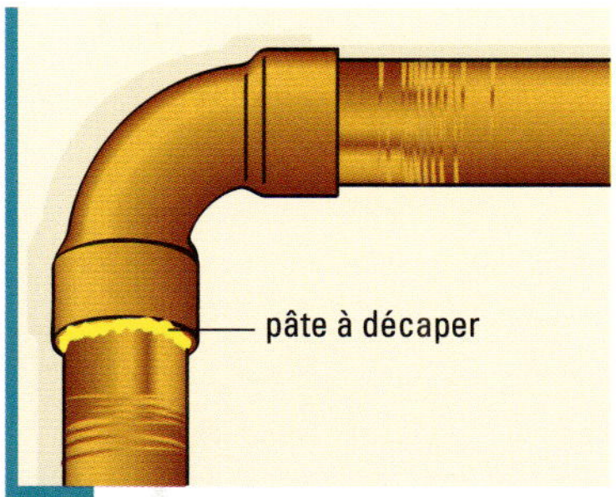

1 **Assemblez le tube et son raccord.** Après avoir décapé les surfaces à assembler avec de la toile émeri ou de la laine d'acier, enduisez le tube et son raccord de pâte à décaper en veillant à ce que le décapant soit bien réparti.

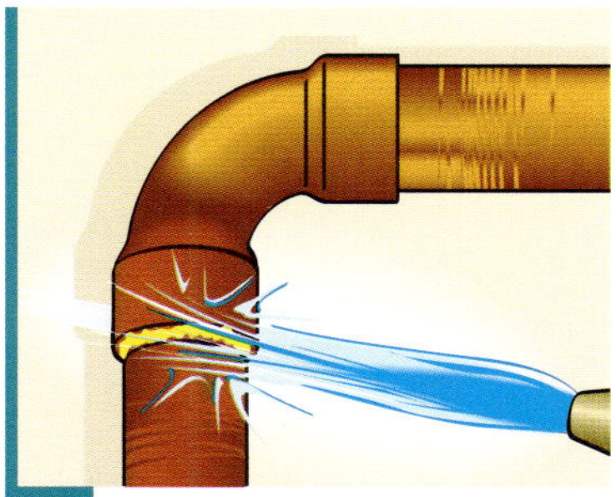

2 **Chauffez jusqu'à environ 700 °C.** Le cuivre devient rouge sombre. Une fois cette température atteinte, éloignez légèrement la flamme.

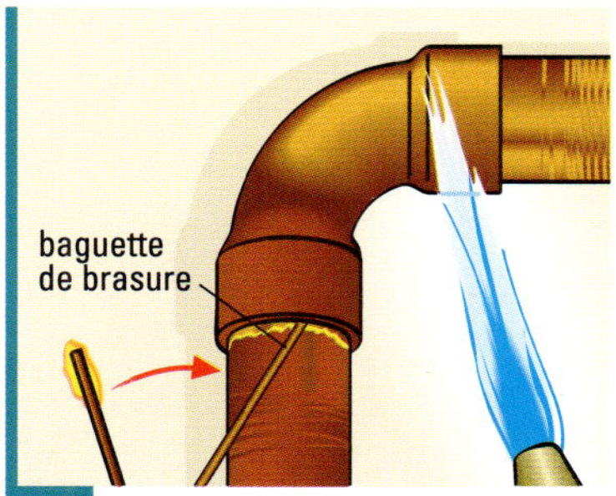

3 **Ajoutez de la pâte à décaper** avec la baguette de brasure. Trempez-la dans le décapant et présentez-la au bord du raccord. Laissez refroidir, puis éliminez les traces de décapant à l'eau.

Raccorder les tubes en cuivre

LES OUTILS

- clef à molette
- lampe à gaz ou chalumeau
- marteau à garnir (ou mandrin)
- matrice
- toupie

Une grande variété de raccords mécaniques sont disponibles dans le commerce. Ils dispensent d'avoir à se lancer dans des opérations de soudage toujours difficiles à entreprendre et à réussir pour une personne non expérimentée.

Les raccords mécaniques : assembler sans soudure

Le montage d'un raccord mécanique doit s'effectuer sur des tubes préparés à cet effet. Il faut veiller notamment à la propreté de la jonction, car la présence d'impuretés peut entraîner un défaut d'étanchéité lors de la mise en eau. La plupart des raccords sont éprouvés pour résister à une pression de 10 bars, ce qui est largement suffisant puisque la pression de distribution d'eau est d'environ 3 bars. La majorité des raccords mécaniques sont vendus sous des diamètres correspondant aux dimensions des principaux tubes en cuivre. De même, vous trouverez des raccords droits, des coudes, ou des tés (raccords en forme de T) permettant de suivre la ou les directions imposées par l'installation.

Il existe trois principales techniques de raccords mécaniques : les raccords bicônes, les raccords Gripp ou joints américains, et, plus couramment utilisés par les professionnels, les raccords à joint plat ou raccords à collet.

À noter : Par sécurité, n'utilisez jamais de vieux raccords récupérés sur une ancienne installation, surtout au niveau d'un joint d'étanchéité, même si ce dernier vous paraît en bon état.

Exécution d'un collet battu

1 **Enfilez l'écrou sur le tube en cuivre.** Ce dernier aura préalablement été recuit (chauffé puis refroidi) à son extrémité.

2 **Placez le tube dans la matrice du côté chanfreiné.** Choisissez le bon diamètre et laissez dépasser le tube de 2 à 3 mm. Serrez la matrice.

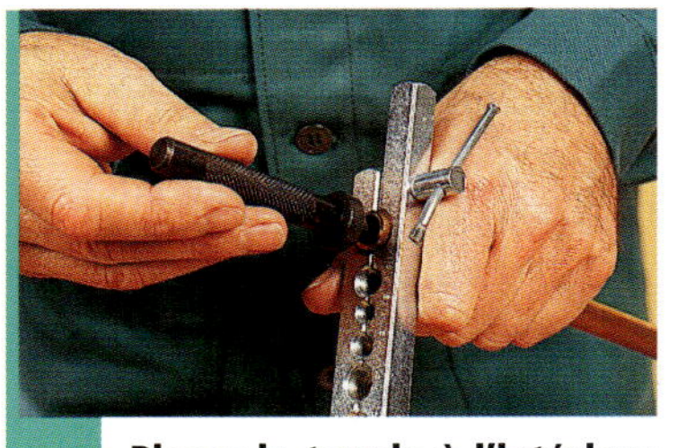

3 **Placez la toupie à l'intérieur du tube.** Maintenez l'ensemble d'une main ferme.

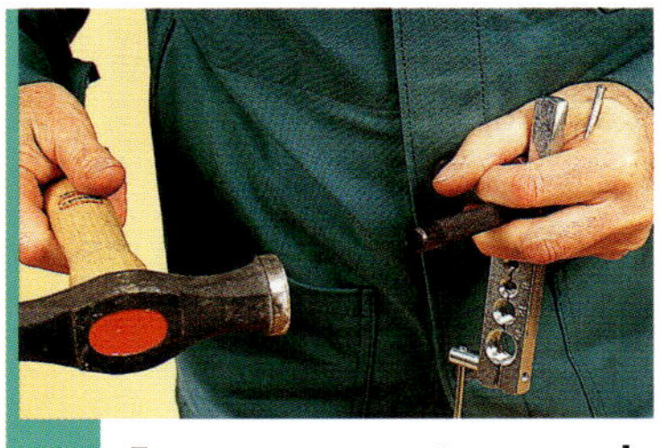

4 **Frappez au marteau sur la toupie.** Continuez jusqu'à ce que le tube s'évase et prenne la forme de la matrice.

5 **Ouvrez la matrice et retournez-la.** La partie du tube dépassant de la matrice correspond à la largeur du futur collet.

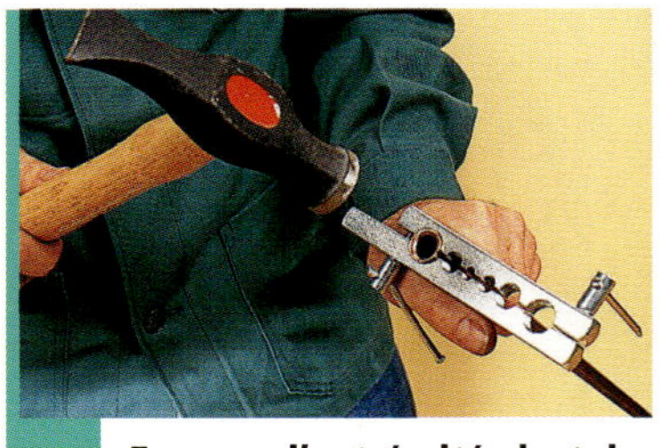

6 **Frappez l'extrémité du tube** pour aplatir le collet. Vous pouvez utiliser un marteau à garnir ou un mandrin calibré au diamètre du tube.

Le raccord à joint plat et la réalisation d'un collet battu

Ce type de raccordement, qui sert également à raccorder une vanne ainsi que divers autres appareils, requiert un outillage spécial (➡ **ENCADRÉ**). Économique et universel, il s'utilise souvent car il conserve la possibilité d'être facilement démontable et remontable, contrairement aux autres techniques de raccord. Il suffit d'échanger le joint pour retrouver l'étanchéité du raccordement.

Dans sa version la plus simple (raccord d'une vanne), le raccordement se compose d'un écrou et d'un joint qui s'appuie sur l'extrémité aplatie du tube en cuivre. Le fait d'évaser l'extrémité du tube pour réaliser une collerette plate s'appelle « battre un collet » (➡ **PHOTO 1**).

La réalisation d'un collet battu. La première chose à faire, comme pour les autres raccords, est de mettre en place l'écrou de serrage, sa partie filetée dirigée vers le raccord à serrer (une fois le collet battu, vous ne pourriez plus enfiler l'écrou sur le tube). L'écrou doit correspondre parfaitement au diamètre du tube, sinon l'étanchéité du raccord serait compromise. Vous devrez également « recuire » l'extrémité du tube.

▶ Chauffez le tube sur 2 cm environ. Comme la chaleur monte, prenez la précaution de diriger la partie à chauffer vers le haut et tenez-la avec un chiffon, une pince ou serrée dans un étau.

▶ Trempez le bout de cuivre chauffé dans un seau rempli d'eau pour le refroidir.

Ces deux opérations s'appellent le « recuit ».

▶ Passez à la réalisation du collet proprement dit (➡ **SÉQUENCE**). À la place du marteau à garnir, vous pouvez utiliser un mandrin au diamètre approprié.

▶ Si vous êtes satisfait du résultat, enlevez la matrice et faites glisser le collet jusqu'au fond de l'écrou.

▶ Si le collet est trop petit pour le logement de l'écrou, coupez le tube et recommencez l'opération.

Si le collet est trop grand pour l'écrou, ajustez-le en limant les bords du collet.

▶ Mettez un joint en place et serrez la pièce ou le raccord à l'aide d'une clé à molette.

Accessoires pour « battre » un collet

La matrice. *Ce petit étau qui s'ouvre en deux est percé d'orifices de différents diamètres correspondant aux différentes grosseurs des tubes. Ces orifices sont évasés d'un côté afin d'amorcer le collet. Les matrices existent selon diverses tailles pour offrir le plus grand choix possible dans le diamètre recherché.*

La toupie. *Cet axe en acier se termine par une extrémité conique qui sert à évaser le tube. Cet instrument s'adapte à tous les orifices d'une même matrice.*

Le mandrin. *Cet axe, qui se termine par un épaulement, sert à parfaire la réalisation du collet en l'aplatissant. Il existe autant de mandrins qu'il y a de diamètres de tube. Le mandrin peut être remplacé par le marteau à garnir.*

Le marteau à garnir. *Sa tête bombée et ronde est conçue de manière à ne laisser aucune marque qui entraînerait un défaut d'étanchéité dans le raccord.*

Le raccord bicône

Ce type de raccord se compose de deux éléments seulement : une rondelle bicône et un écrou de serrage (➡ **PHOTO 2**).

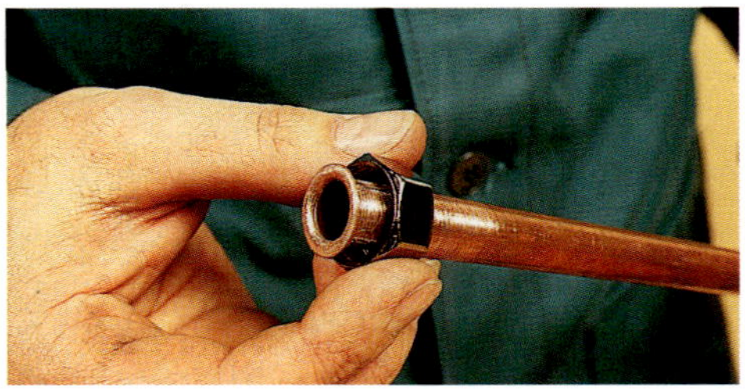

1. *Collet battu.*

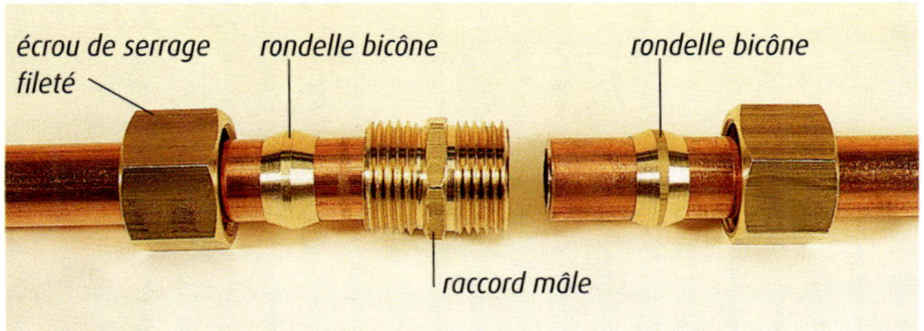

2. *Raccord bicône double.*

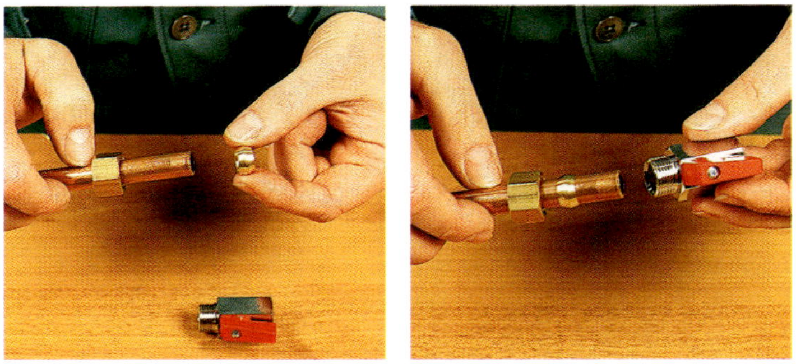

3. La mise en place d'un raccord bicône permet par exemple d'installer aisément une mini-vanne d'arrêt sur un tuyau d'alimentation.

L'écrou utilisé doit là aussi correspondre au diamètre du tube pour garantir l'étanchéité par l'effet de pression. L'opération de raccordement est très facile à exécuter.

▶ Mettez en place l'écrou de serrage, la partie filetée orientée vers le raccord à serrer (→ PHOTO 3).

▶ Enfilez la rondelle bicône sur le tube.

▶ Placez le raccord sur le tube en l'enfonçant jusqu'à la butée d'arrêt.

▶ Serrez l'ensemble avec deux clefs en maintenant le raccord afin qu'il ne tourne pas.

En cas de fuite, ce raccord n'est pas réparable : il faut couper le tube plus loin et procéder à un nouveau raccordement.

Le raccord Gripp

Ce type de raccord est également très simple (→ SÉQUENCE). Il est constitué de trois éléments : un joint en caoutchouc contribuant à l'étanchéité du raccord, une rondelle crantée dont les dents en cuvette s'incurvent et viennent mordre sur le tube au moment du vissage et un écrou de serrage qui, en s'insérant dans le filetage du raccord à visser maintient en place les deux premiers éléments. Lorsque le raccord fuit, il suffit de changer le joint. ■

4. Raccord Gripp.

Raccordement par le système Gripp

1 **Enfilez l'écrou de serrage sur le tube.** La partie filetée doit être orientée du côté du raccord à serrer.

2 **Enfilez la rondelle crantée.** Sa denture est à orienter du côté du raccord. **Enfilez ensuite le joint de caoutchouc.**

3 **Placez le raccord sur le tube.** Enfoncez-le jusqu'à la butée d'arrêt.

4 **Serrez l'ensemble avec deux clefs** de manière à maintenir le raccord afin qu'il ne tourne pas.

Les tubes en matériaux plastiques et leur raccordement

Outre le cuivre, très présent dans les canalisations d'amenée d'eau, divers matériaux de synthèse entrent désormais dans la composition des tubes de distribution d'eau : PER, PVC-C, polyéthylène. D'un usage plus aisé que le cuivre pour le non-professionnel, ils permettent d'effectuer de nombreuses opérations de rénovation, d'autant que leur assemblage avec les matériaux antérieurs se trouve facilité par des raccords adaptés.

Le PER

Le PER est un tube en PolyÉthylène Réticulé opaque teinté en rouge pour l'eau chaude, en bleu pour l'eau froide. Il sert surtout à l'alimentation des appareils sanitaires dans les systèmes hydrocâblés (amenée d'eau par flexible). Ce produit est particulièrement intéressant lorsqu'on entreprend une rénovation importante, par exemple la réfection complète d'une salle de bains.

C'est un tube semi-rigide qui ne doit pas rester apparent car il est sensible aux rayons ultra-violets. Il se présente sous la forme de couronnes gainées, ce qui lui permet d'être encastré dans une dalle de béton ou dans un mur. Son utilisation s'apparente à celle du tube en cuivre recuit.

Les diamètres existants. Le PER est disponible sous trois diamètres :

– tube de 10 x 12 mm pour éviers, lavabos, W.-C. ;

– tube de 13 x 16 mm pour baignoires, douches ;

– tube de 16 x 20 mm pour les circuits d'arrivée.

Installation et raccordement. Chaque appareil est alimenté à partir d'un collecteur placé dans une gaine technique, sous une baignoire ou dans un placard. Le collecteur est un distributeur (ou répartiteur) à partir duquel le principal tuyau d'arrivée d'eau se divise et repart dans diverses directions pour acheminer l'eau vers différents postes d'utilisation comme le lavabo, la baignoire d'une salle de bains et les W.-C.

Si le collecteur n'est pas muni de robinets incorporés, vous pourrez y installer un robinet d'arrêt par départ. Ainsi, chaque appareil pourra être isolé en cas de problème ou lors de son remplacement.

Le raccordement des tubes en PER avec le collecteur ou avec la robinetterie s'effectue à l'aide de raccords spéciaux. Il est conseillé d'utiliser les raccords de la même marque que le tube. Les tubes se coupent simplement au cutter ou avec une pince coupante, spécialement prévue pour ce matériau.

Le montage d'un raccord. Ce raccordement nécessite deux pinces spéciales : une pince à emboîture et une pince à sertir.

▶ Enfilez tout d'abord la bague de serrage sur le tube.

▶ Mettez la pince à emboîture dans le tube selon le diamètre et évasez l'extrémité du tube en faisant tourner la pince d'1/8 de tour à chaque fois.

▶ Mettez en place le raccord.

▶ Mettez en œuvre la pince à sertir et actionnez-la jusqu'à ce que la

▲ ◀ *Les tubes en PER, de différentes tailles, sont intéressants à utiliser lors d'une rénovation ; leur gaine permet de les encastrer dans une dalle ou un mur.*

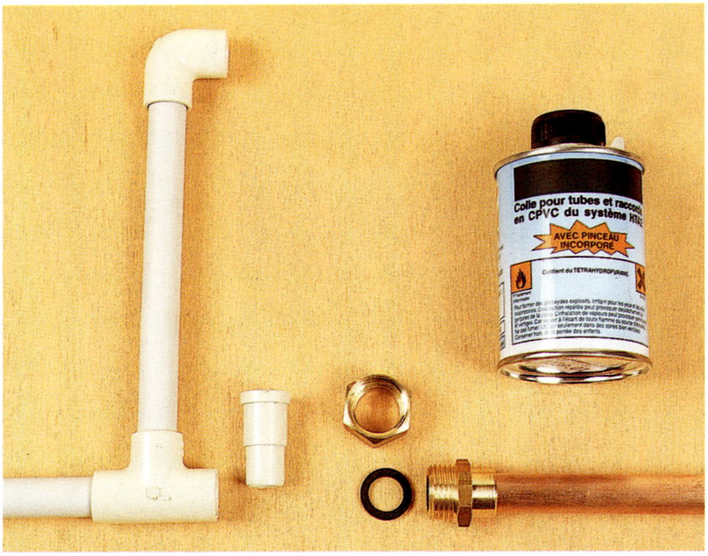

Tubes de PVC-C, raccords et colle pour réaliser un soudage à froid avec un tube en cuivre.

bague de serrage arrive en butée contre le raccord.

Le PVC-C

À l'inverse du PER, ce matériau rigide se présente sous l'aspect de barres. On trouve de nombreux raccords et accessoires dans le commerce, permettant de réaliser ou de prolonger une installation qui restera apparente. Sa mise en œuvre est simple.

Les diamètres existants. Le PVC-C (ou CPVC : Chlorure de PolyVinyle surChloré), de couleur beige (ou grise), est disponible sous trois diamètres :

– tube de 10,8 x 14 mm pour les lavabos, bidets, W.-C. ;

– tube de 12,4 x 16 mm pour les éviers, douches ;

– tube de 15,4 x 20 mm pour les baignoires.

La coupe d'un tube. Le PVC-C se coupe facilement à l'aide d'une scie à métaux. Tracez au préalable la circonférence de la coupe afin de réaliser un ouvrage bien perpendiculaire. Comme il n'est pas toujours facile de tracer une coupe autour d'un gros tuyau, procédez comme suit :

▶ Marquez la cote sur le tuyau.

▶ Coupez une large bande de ruban à la manière d'un galon de couturière. Vous pouvez aussi utiliser un papier épais à la place du ruban.

▶ Placez le ruban autour du tube en faisant coïncider son bord avec la cote.

▶ Tracez le trait de coupe en suivant le bord du ruban.

▶ Coupez en suivant la circonférence ainsi tracée.

▶ Il ne vous reste plus qu'à ébarber avec soin à l'aide d'une lime, d'un cutter ou d'un morceau de toile émeri.

▶ La poussière ou les particules qui restent collées au tube à cause de l'électricité statique du plastique devront être retirées avec un chiffon.

Le montage d'un raccord. Le principe d'assemblage fait appel à une importante variété de raccords normalisés tels que coudes, tés, réductions, manchons.

Raccorder des tubes de PVC-C par soudure à froid

1 **Ébavurez le tube et le raccord.** Frottez les extrémités à assembler avec du papier de verre, ce qui rendra la surface rugueuse et augmentera l'adhérence.

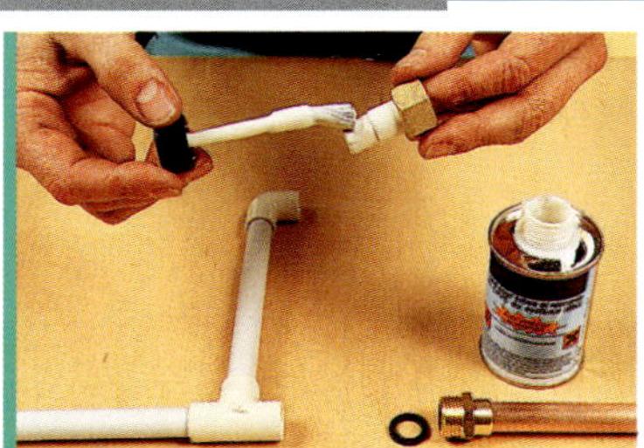

2 **Encollez les éléments à assembler.** Appliquez la colle spéciale PVC-C sur la partie du tube concerné et sur le raccord en prenant soin de bien la répartir.

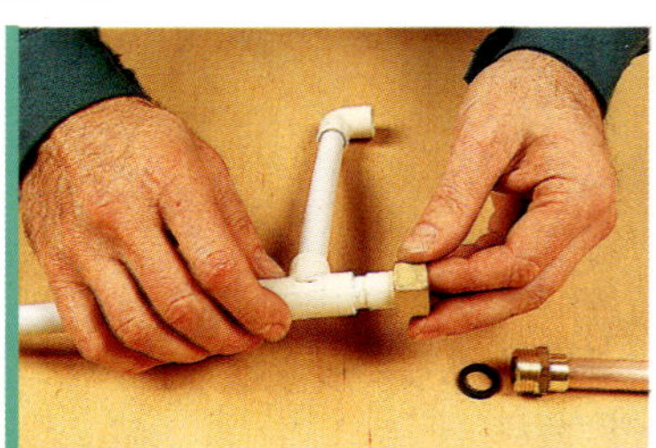

3 **Emboîtez.** Allez-y à fond et maintenez l'ensemble en place pendant une dizaine de secondes.

L'assemblage des tuyaux en PVC-C est réalisé par soudure à froid (➡ SÉQUENCE). La technique est la même que celle utilisée pour le PVC des tuyauteries d'évacuation (➡ P. 480). On emploie une colle spéciale : un ciment solvant qui assure à la fois la soudure et l'étanchéité du raccord.

Le polyéthylène semi-rigide

Présenté en couronne, jusqu'à 100 m de long, ce matériau semi-rigide s'utilise pour l'alimentation en eau avant et après le compteur. Il s'encastre dans le sol, à l'extérieur de la maison, ou sert de canalisation de passage dans les caves. Sa rigidité ne se prête pas en effet à un montage esthétique, mais il convient bien à des installations pratiques comme celles alimentant un système d'arrosage enterré. Lorsqu'il est destiné à l'alimentation en eau potable, le matériau (qualité alimentaire) porte des bandes bleues sur toute sa longueur.

Les diamètres existants. Le polyéthylène semi-rigide, de couleur noire, est disponible sous divers diamètres dont les principaux sont : 20 mm, 25 mm, 32 mm. Mais certains peuvent atteindre 315 mm.

La coupe d'un tube. On utilise une scie ou une pince spéciale. Si la coupe est réalisée à la scie, il conviendra d'ébarber l'extrémité à l'aide d'un cutter ou d'une lime. Cette coupe doit être bien perpendiculaire au tube : l'étanchéité devant être assurée sur une petite longueur, tout défaut à cet endroit entraînerait des fuites.

Le montage d'un raccord. L'assemblage est rendu possible grâce à une grande variété de modèles de raccords.

- ▶ Choisissez le raccord en fonction du diamètre extérieur du tuyau.
- ▶ Dévissez presque complètement l'écrou de serrage.
- ▶ Coupez nettement le tuyau à angle droit.
- ▶ Ébavurez l'extérieur du tube à l'aide d'une lime.
- ▶ Enfoncez le tuyau jusqu'à la butée.
- ▶ Serrez l'écrou à l'aide d'une clé.

Avantages et inconvénients des tuyaux plastiques alimentaires

Ce tableau résume les qualités et les défauts des matériaux de synthèse (PER, PVC-C, polyéthylène semi-rigide) de qualité alimentaire destinés aux installations domestiques, en comparaison avec le cuivre.

Avantages	Inconvénients
Ne nécessitent pas de techniques de soudure	Diamètre extérieur important, surtout au niveau des raccords
Insensibles à la corrosion	Fragiles
Procurent une meilleure isolation thermique et phonique	Lorsqu'ils véhiculent l'eau chaude, ils subissent des dilatations importantes et ont tendance à s'allonger
Moins onéreux pour de grandes longueurs	Rayon de cintrage important

Les raccords mixtes

Il est possible d'assembler des tubes en cuivre avec des tuyaux d'autres matériaux. Presque tous les raccords sont réalisables (➡ CROQUIS). Il est indispensable de respecter l'ordre dans lequel doivent s'effectuer ces raccords ; par exemple, afin d'éviter un effet d'électrolyse entre les matériaux, et donc de probables percements, l'acier devra toujours se trouver en amont du cuivre.

● **À noter :** Ces raccords devront être accessibles pour permettre le remplacement éventuel des joints en cas de fuite. ■

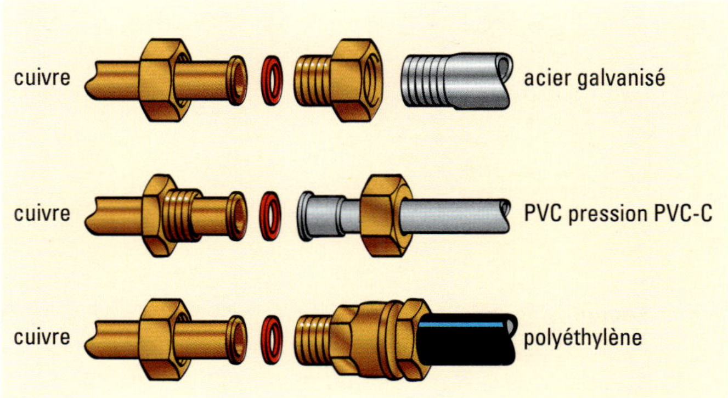

Différents raccords mixtes.

Réaliser un circuit d'évacuation en tubes PVC rigides

LES OUTILS

- crayon noir gras ou feutre
- cutter
- mètre
- niveau à bulle
- perceuse et forets
- pince multiprise
- pinceau plat
- règle métallique
- scie à lame guidée ou scie à métaux
- tournevis

Pour réaliser un circuit d'écoulement en PVC rigide, choisissez de préférence des tubes de gros diamètres (40, 50, 60 mm…) : une canalisation qui recueille l'eau de plusieurs appareils doit avoir une section sensiblement égale à la somme des sections des canalisations des différents appareils. Éliminez les petits diamètres ou réservez-les aux parcours très courts, tel celui qui réunit un lavabo à son aérateur à membrane.

Réalisation en deux temps

Ce circuit sera généralement fixé au mur : commencez par tracer son parcours au crayon. Pour les parcours horizontaux, respectez une pente pour l'écoulement d'environ 3 cm par mètre linéaire. Cela permettra un bon écoulement des eaux usées. Puis coupez les tubes, vissez les colliers en place et réalisez un assemblage à blanc, c'est-à-dire sans colle. Une fois l'ensemble convenablement placé et repéré, démontez ce circuit.

Montage à blanc

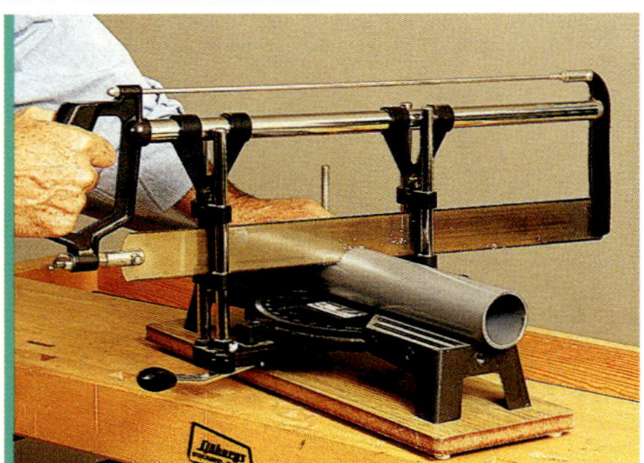

1 **Coupez les tubes à longueur.** Pour obtenir une coupe franche parfaitement d'équerre, indispensable à un bon collage, utilisez une scie à lame guidée (ou, éventuellement, une scie à métaux).

2 **Ébavurez les tubes.** Faites un chanfrein à l'intérieur et à l'extérieur des extrémités des tubes à l'aide d'un cutter.

3 **Montez les tubes.** Emboîtez-les pour obtenir le circuit complet et marquez au fur et à mesure la profondeur d'emboîtement dans les raccords avec un feutre.

4 **Cas particulier.** Lorsqu'il s'agit d'un coude, marquez deux repères afin de retrouver sans hésiter la bonne orientation au moment du collage définitif.

Passez l'ensemble des assemblages à la toile émeri, puis au solvant. Lorsque ce stade est franchi, ne remontez plus ce raccord sous peine de ne plus pouvoir le retirer. Travaillez dans une zone bien ventilée : les colles sont facilement inflammables et très toxiques.

Précautions lors du montage définitif

Lorsque, après l'encollage, vous procédez à l'assemblage définitif, emboîtez les deux éléments en prenant bien soin de ne pas les tordre : une rotation aurait pour effet de sectionner le film de colle et de créer une fuite. D'où l'intérêt, lors du montage à blanc, de marquer les tubes et les raccords nécessitant une orientation : au moment du montage, emboîtez-les en faisant coïncider les repères.

▶ Éliminez soigneusement les excédents de colle avec un chiffon imbibé de solvant.

▶ Au fur et à mesure du collage, montez le circuit dans les colliers fixés au mur. N'oubliez pas que l'eau chaude fait dilater le PVC : les tubes s'allongent de quelques millimètres, puis se rétractent sous l'effet de l'eau froide. Si vous installez plus de 5 mètres de tubes, il convient de poser un manchon de dilatation sur la canalisation.

▶ Attendez ensuite une heure avant de mettre le circuit en eau. ■

Montage définitif

1 **Nettoyez les surfaces.** À l'aide d'un solvant approprié, nettoyez l'extrémité du tube et l'intérieur du raccord afin d'éliminer toutes traces de corps gras.

2 **Encollez le tube.** Encollez l'extrémité du tube à l'aide d'un pinceau plat (parfois fourni avec le pot de colle). Déposez soigneusement la colle sur tout son périmètre.

3 **Encollez le raccord.** Procédez de même pour encoller l'intérieur du raccord.

4 **Assemblez immédiatement.** Sans attendre, emboîtez les deux éléments l'un dans l'autre sans les tordre, et maintenez-les en place pendant quelques secondes.

Le branchement d'une machine à laver

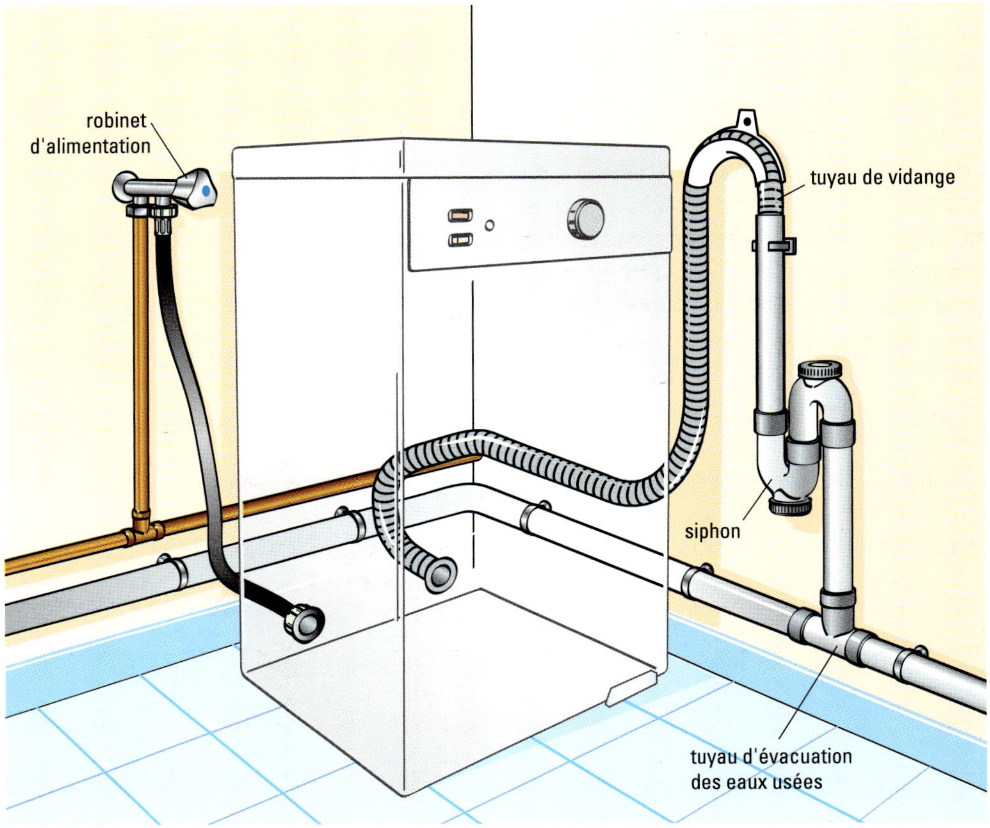

Exemple d'un branchement de lave-linge

Le raccordement d'une machine à laver le linge ou la vaisselle ne présente pas de difficultés, surtout si les canalisations d'arrivée et d'évacuation d'eau sont aisément accessibles dans la cuisine ou la salle de bains. Le plus simple est d'utiliser un robinet autoperçant qui se visse directement sur le tuyau en cuivre d'alimentation en eau de l'évier ou du lavabo. Mais un raccordement plus professionnel n'est pas hors de portée de l'amateur et assure une installation beaucoup plus fiable (→ SÉQUENCE).

Le branchement comme un pro

Le montage du robinet. L'alimentation est assurée par un robinet sur applique spécialement conçu pour le raccordement. Avant de le fixer au mur et de le raccorder à la tuyauterie en cuivre, n'oubliez pas que le robinet d'alimentation d'une machine à laver doit demeurer accessible une fois la machine en place.

Le montage du siphon. Pour l'évacuation, utilisez un siphon spécial en PVC, équipé dans sa partie basse d'un bouchon de dégorgement. Il s'adapte par collage au tuyau d'évacuation. Prévoyez son raccordement de façon que le bouchon reste facile d'accès.

● **À noter :** Les compagnies d'assurances ne prennent pas en compte les sinistres si les flexibles d'évacuation des machines s'écoulent directement dans un lavabo ou une baignoire. Il faut obligatoirement passer par un siphon.

Avec un robinet autoperçant et une prise rapide d'évacuation

Il vous suffit de choisir les bons emplacements sur les tuyaux existants avant d'installer les deux prises d'amenée et d'évacuation d'eau.

Attention, une fois installé, le robinet autoperçant n'est pas démontable…

Ce type de robinet, doté d'un système de perçage, effectue un trou calibré dans le métal (➡ **PHOTOS 1 ET 2**). Assurez-vous que le robinet autoperçant est bien fermé avant de le fixer sur le tuyau d'alimentation. La partie de métal qui sera automatiquement percée lors du vissage tombera dans le tuyau d'alimentation.

Vous aurez aussi besoin de vous munir d'une prise d'évacuation de l'eau usée utilisant le même principe : elle se fixe sur le tuyau d'évacuation de la pièce dans laquelle vous installez votre machine. Un outil de perçage vous aidera à découper une ouverture dans ce tuyau. ■

1. *Après avoir fermé l'arrivée d'eau, fixez le support du robinet autoperçant sur le tuyau de cuivre comme s'il s'agissait d'un collier.*

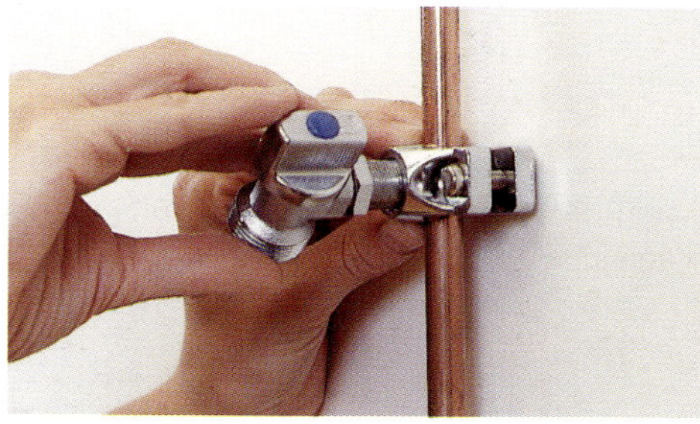

2. *Vissez ensuite le corps du robinet sur son support : à mesure du vissage, une pointe tranchante perfore le cuivre pour permettre le passage de l'eau.*

Raccordement d'une machine à laver

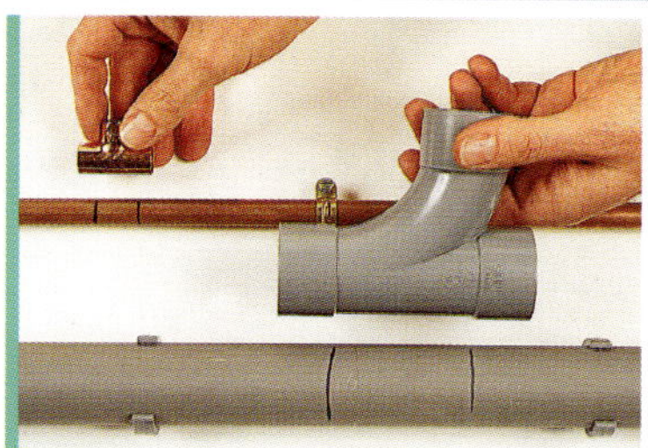

1 **Marquez l'emplacement des raccords** à mettre en place sur les tuyauteries (alimentation/cuivre et évacuation/PVC).

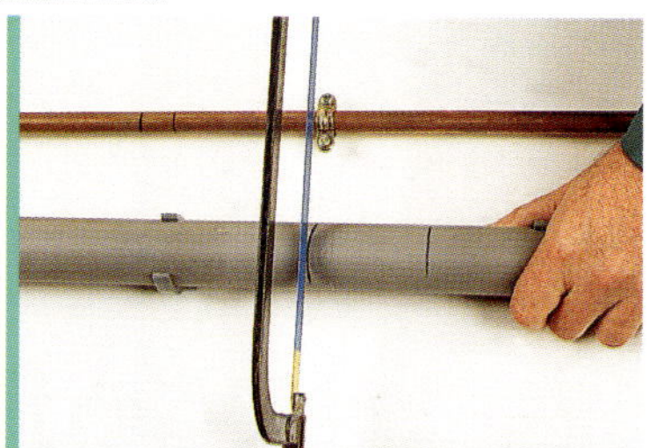

2 **Coupez les tuyaux** à l'aide d'une scie en les tenant fermement. Nettoyez soigneusement les extrémités à raccorder.

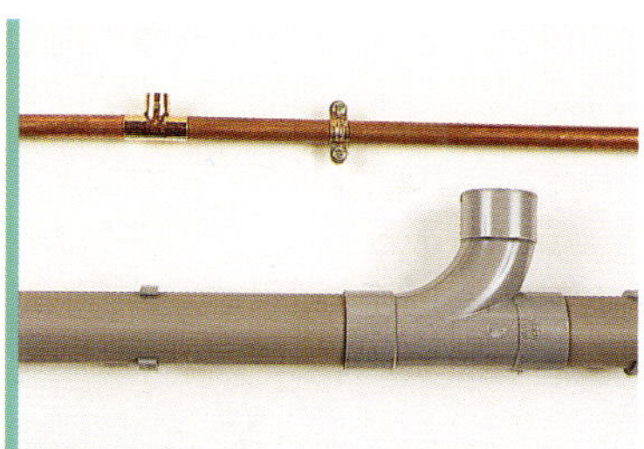

3 **Raccordez les tuyaux.** Procédez à l'assemblage, par soudure ou raccords du té au cuivre et par collage du raccord PVC.

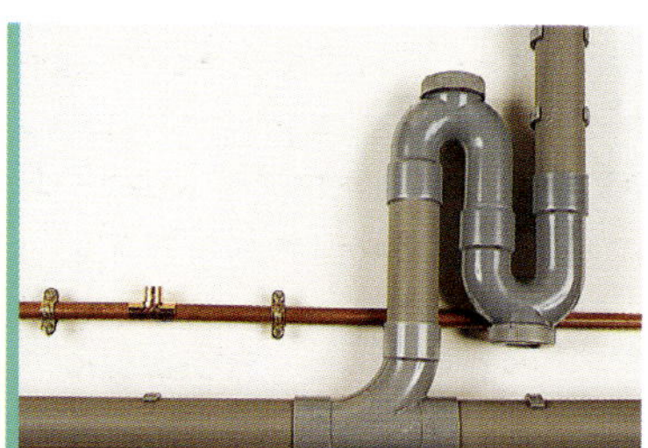

4 **Mettez en place les colliers** de fixation des tuyaux. **Ajustez le siphon** d'évacuation sur le raccord PVC.

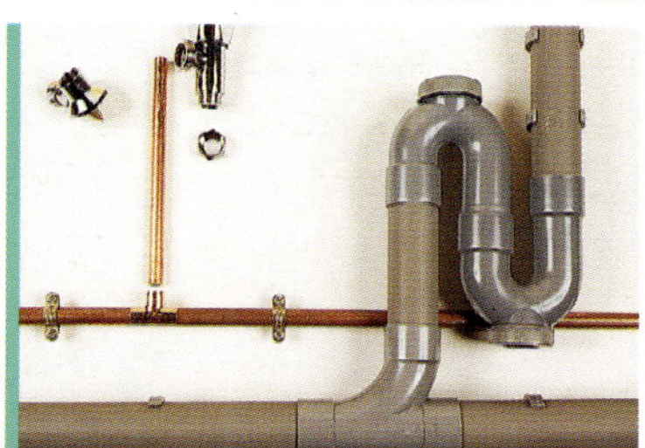

5 **Installez le tube d'alimentation** du robinet dans le té après l'avoir coupé. Fixez au mur l'applique du robinet.

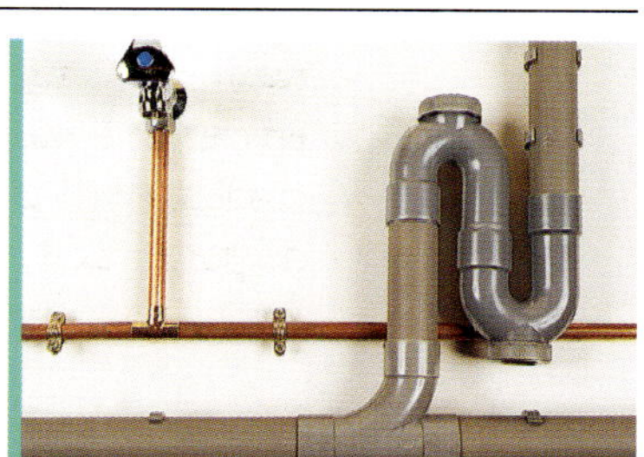

6 **Raccordez le tube d'alimentation** par soudure ou raccord rapide. Mettez en place le robinet sur l'applique.

Réparer les fuites au robinet

Lorsque vous constatez une fuite ou une anomalie sur un circuit d'alimentation d'eau chaude ou d'eau froide, une intervention s'impose. Il faut d'abord couper la pression de l'eau dans le secteur concerné en fermant la vanne située près du compteur ou en agissant sur une vanne intermédiaire se trouvant en amont de la partie défectueuse.

Les fuites aux vannes d'arrêt

Si vous découvrez qu'une vanne fuit ou qu'il est impossible de la fermer totalement, prévoyez l'échange de la tête ou de la vanne complète.

▶ Avant tout, coupez l'alimentation en eau dans le circuit. S'il s'agit de la vanne principale, faites intervenir la compagnie de distribution d'eau qui isolera votre installation pendant la réparation.

▶ Démontez le mécanisme interne de la vanne et échangez-le contre un neuf.

Veillez à choisir un modèle qui corresponde bien à la vanne et faites attention au joint en vissant la nouvelle pièce. Si vous ne trouvez pas de mécanisme identique, changez toute la vanne contre un modèle à bille (➡ ENCADRÉ).

Les fuites aux robinets de puisage

Il s'agit de robinets classiques en laiton jaune qui équipent le sous-sol des habitations ou le poste d'eau du jardin. Sur ce type de robinet, vous constaterez principalement deux types de fuite (➡ CROQUIS) :

– Bien que le robinet soit fermé, le nez laisse échapper un filet d'eau : c'est une fuite au clapet.

– Quand le robinet est ouvert, l'eau s'échappe le long de la tige : c'est une fuite au presse-étoupe.

Réparation d'une fuite au clapet. L'opération est la même que celle qui consiste à réparer une fuite sur un robinet (➡ CI-APRÈS : Le remplacement d'un joint de robinet). Commencez par couper l'eau, ouvrez le robinet en grand, desserrez l'écrou du mécanisme et procédez au remplacement du joint (➡ SÉQUENCE P. 488).

Réparation d'une fuite au presse-étoupe. En premier lieu, ne démontez rien. Resserrez l'écrou du presse-étoupe : cette manœuvre peut suffire à comprimer le joint et à supprimer la fuite.

Si ce n'est pas le cas :

Vannes à bille et mini-vannes d'arrêt : au quart de tour

Aujourd'hui, il est plus pratique de remplacer les robinets d'arrêt par des vannes d'arrêt à bille, encore appelées vannes à sphère ou à boisseau sphérique (➡ PHOTO 3 P. 465). Leur manette de manœuvre que l'on pivote sur un quart de tour seulement rend leur fermeture parfaitement étanche. Elles ne comportent pas de presse-étoupe (assurant l'étanchéité de l'axe de manœuvre par rapport au robinet), à l'origine de fuites intempestives sur les robinets classiques.

Par ailleurs, si vous équipez un accessoire sanitaire d'une nouvelle robinetterie, n'hésitez pas à utiliser des raccords mécaniques dotés d'une mini-vanne d'arrêt (➡ PHOTOS CI-CONTRE). Chaque circuit (eau chaude, eau froide) possèdera ainsi un « verrou » qui permet d'isoler la robinetterie sans couper l'eau dans toute l'habitation.

Le montage s'effectue sans soudure

Alimentation d'une robinetterie par l'intermédiaire de raccords mécaniques dotés d'une mini-vanne d'arrêt individuelle. Il suffit de tourner d'un quart de tour pour couper l'eau.

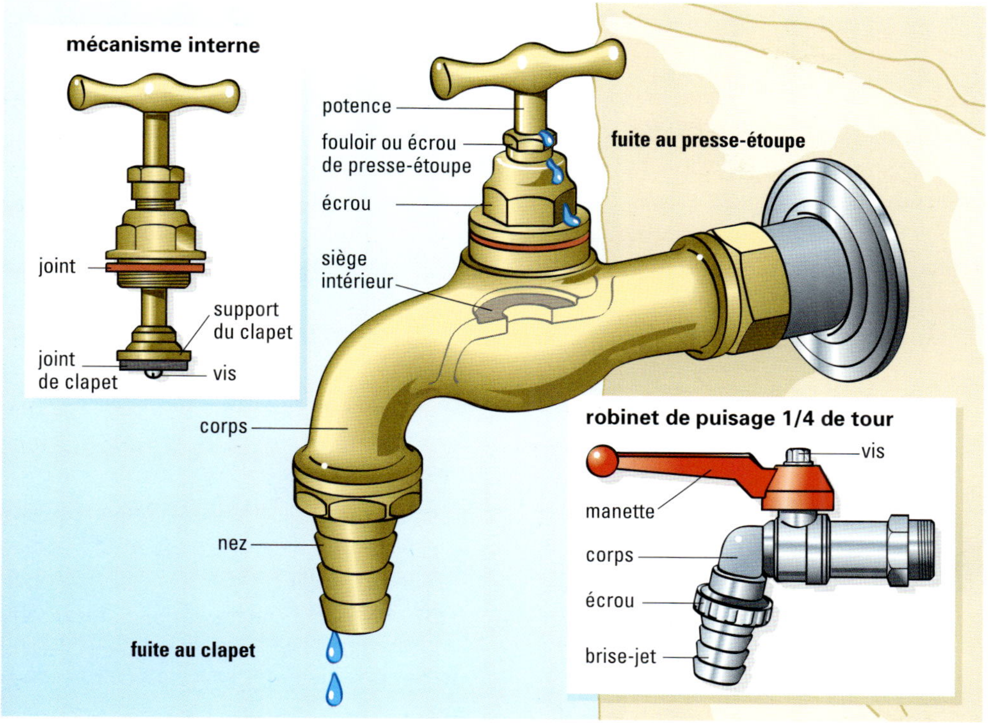

Deux fuites sont possibles sur un robinet de puisage classique : au clapet et au presse-étoupe. Sur un modèle de robinet 1/4 de tour, il n'y a pas de presse-étoupe ni de clapet, donc pas de risque de fuite.

Robinet pour dépendances

Ce robinet de puisage en laiton est doté d'un bec permettant d'y relier facilement un tuyau d'arrosage (Fribaud). Les embouts de connexion rapide qui équipent la plupart des accessoires de lavage ou d'arrosage se montent directement sur le bec usiné du robinet. Ce dispositif évite l'interposition d'un raccord mâle et diminue le risque de fuite.

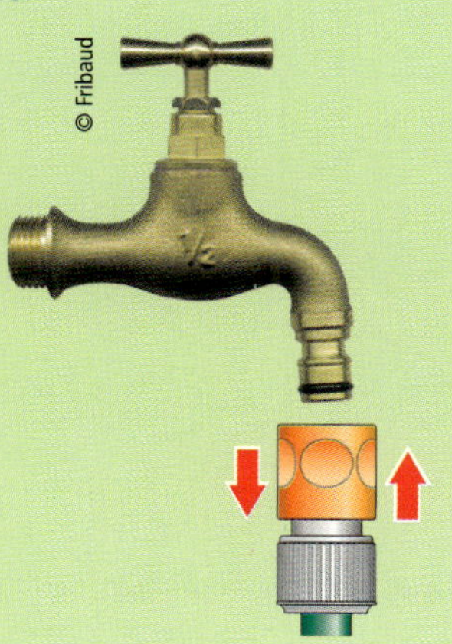

© Fribaud

▶ Ouvrez le robinet à fond puis refermez-le sur un quart de tour.

▶ Resserrez l'écrou du presse-étoupe dans le sens des aiguilles d'une montre : un huitième de tour suffit.

▶ Passez l'axe à la toile émeri, puis manipulez le robinet (ouvrez, refermez) à plusieurs reprises. Si celui-ci fuit toujours, resserrez à nouveau d'un huitième de tour.

Si l'écrou se trouve en butée sur le corps du robinet, il est temps de remplacer ce dernier par un modèle 1/4 de tour (il est toujours possible de redonner de l'étanchéité au presse-étoupe, mais le jeu n'en vaut pas la chandelle).

Le remplacement d'un joint de robinet

Dans un robinet classique, le mécanisme intérieur contient un joint, ou clapet, en caoutchouc qui s'appuie sur un siège et le comprime pour obstruer le passage de l'eau. Lorsqu'un robinet de puisage ou de lavabo se met à goutter, le resserrer périodiquement ne résoud pas le problème. La cause est la

Des joints de secours

Il est sage de conserver un assortiment de joints pour pouvoir intervenir dès qu'une fuite se déclare. Les joints de clapet sont en caoutchouc, percés ou non, ceux destinés aux cols et têtes de mélangeurs sont toriques (au profil arrondi). Si vous ne possédez pas de joint de clapet adapté pour remplacer celui d'un robinet classique, retournez l'ancien dans sa cuvette pour assurer une étanchéité de secours.

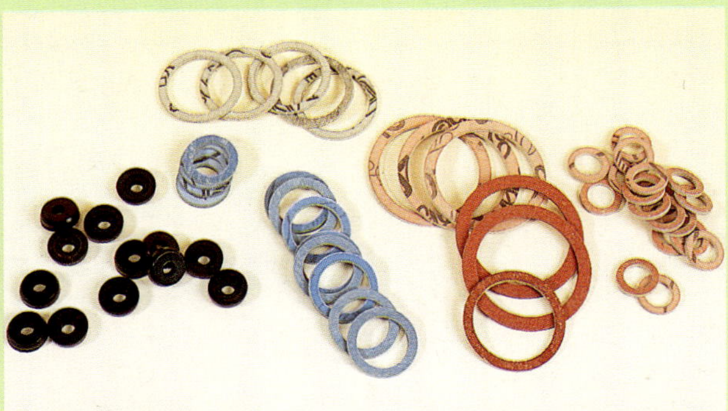

plupart du temps une défectuosité du joint qui assure l'étanchéité du mécanisme : il se peut qu'il soit usé, écrasé ou cassé.

La réparation est très simple (➡ SÉQUENCE).

▶ Avant d'intervenir, fermez le robinet d'alimentation sous le lavabo ou l'évier ; s'il n'y a pas de robinet d'arrêt intermédiaire, coupez l'alimentation principale et ouvrez les autres robinets pour vidanger l'eau contenue dans l'installation.

▶ Retirez le cache de la tête du robinet sur lequel vous allez intervenir. Selon le modèle, dévissez-le d'un quart de tour dans le sens inverse des aiguilles d'une montre ou tirez-le assez fortement dans l'axe du robinet. Vous avez alors accès à la tête du robinet.

Si vous devez glisser un tournevis pour retirer le cache du robinet, protégez la tige métallique du tournevis avec un chiffon pour ne pas rayer le chrome ou la peinture de la robinetterie.

Remplacer un joint de robinet

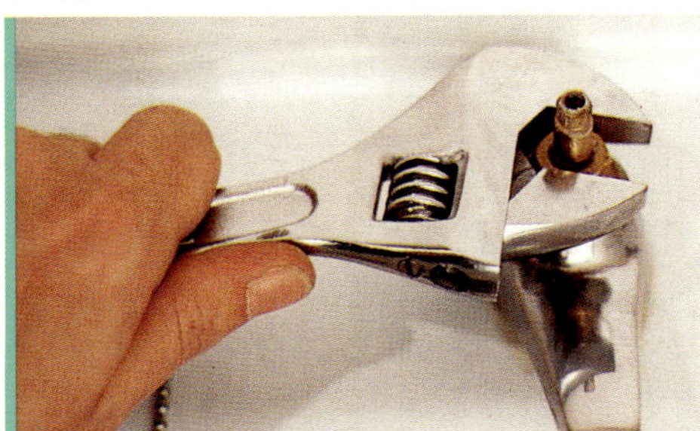

1 **Dévissez la tête du robinet** après avoir enlevé le cache. Puis avec une clé à molette, desserrez l'écrou de la tête.

2 **Démontez à la main la tête de robinet.** Dévissez le petit écrou qui maintient le clapet de siège.

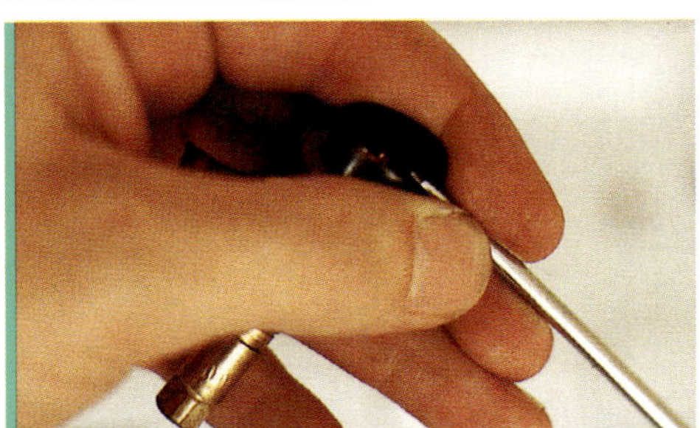

3 **Retirez le joint de clapet usagé.** À l'aide d'un tournevis, dégagez-le de son emplacement et changez-le.

4 **Changez aussi le joint de tête** s'il est défectueux. Puis remontez l'ensemble en procédant en sens inverse.

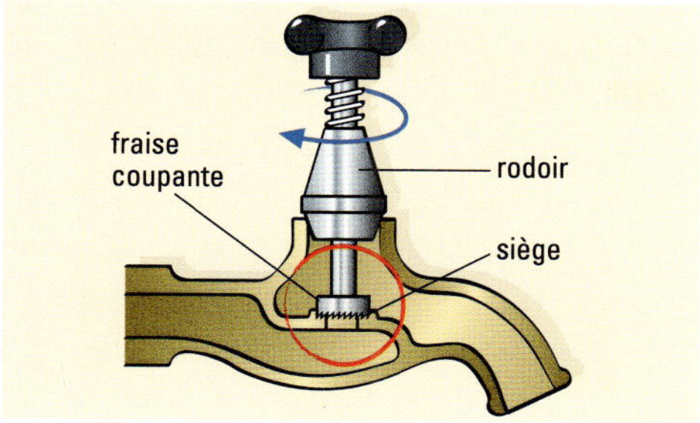

Pour aplanir le siège du robinet, faites tourner le rodoir en exerçant une pression vers le bas.

Réparation d'une fuite à répétition

Si, peu de temps après avoir posé un clapet neuf, vous constatez que le robinet fuit à nouveau, vérifiez l'état du siège situé à l'intérieur du corps. Parfois, ce siège est imprégné de calcaire dont les aspérités détériorent rapidement le joint de clapet venant à son contact. La réparation consiste à rectifier le siège à l'aide d'un rodoir, pour lui redonner une surface plane correspondant au diamètre d'un clapet neuf (➡ SÉQUENCE).

Fonctionnement du rodoir. Cet appareil à main se compose d'un cône en escalier traversé par un axe dont l'extrémité inférieure porte une fraise coupante (➡ CROQUIS).

▶ Glissez le cône dans le corps du robinet.

▶ Tournez la poignée pour faire pivoter l'axe et la fraise.

▶ En mordant dans le métal du siège du robinet, la rotation de la fraise lui redonne une surface plane et propre sur laquelle viendra s'appuyer un nouveau clapet sans qu'il soit détérioré. Cette opération peut être renouvelée. Toutefois, il faudra finir par remplacer tout le robinet ■

Ruban de caoutchouc autovulcanisant pour fuite sur tuyau

Une fuite d'eau sur un tuyau peut causer d'importants dégâts. Pour la colmater en attendant le plombier, utilisez un ruban adhésif autovulcanisant qui présente la particularité de se souder sur lui-même.

– Après avoir coupé l'eau et nettoyé le tuyau, enroulez le ruban en commençant et en terminant plusieurs centimètres avant et après la fuite.

– Tirez sur le ruban pour l'allonger et réduire sa largeur d'un tiers. Formez chaque spire en recouvrant la précédente sur la moitié de sa largeur.

– Patientez quelques minutes avant d'ouvrir l'eau de nouveau. Lorsque la pression est importante, renforcez ce colmatage en le doublant d'un ruban adhésif toilé (Fribaud).

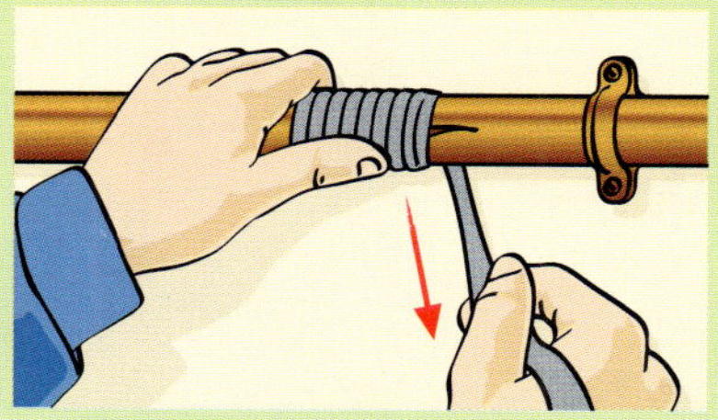

Étirez le ruban avant de l'enrouler

Le rodage du siège d'un robinet entartré

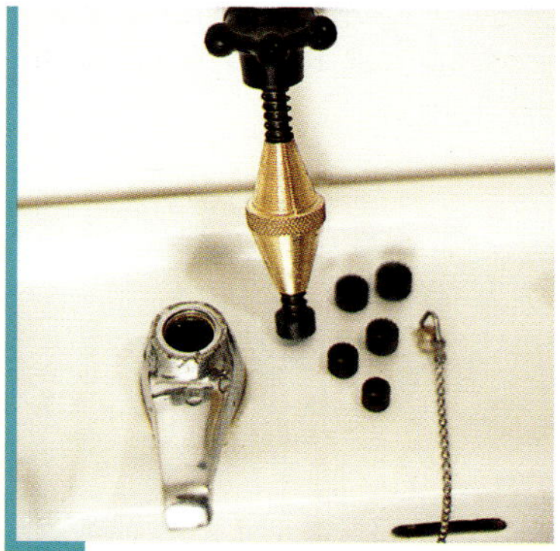

1 **Fixez la fraise adaptée** au diamètre du siège sur l'embout du rodoir après avoir démonté avec précaution la tête du robinet.

2 **Vissez à la pince le filetage du rodoir** dans le corps du robinet. Tournez la poignée dans le sens des aiguilles d'une montre en pressant vers le bas.

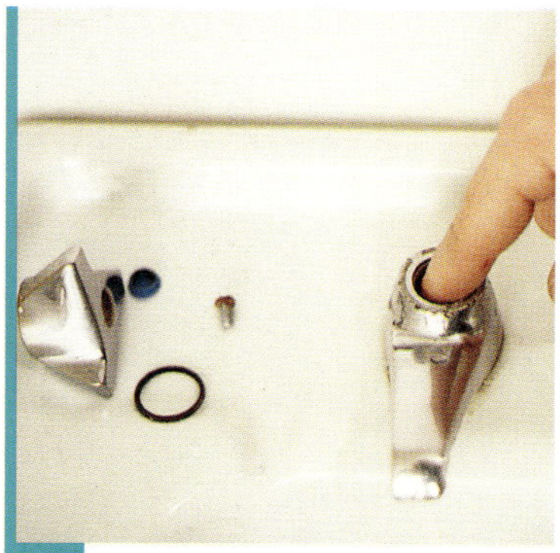

3 **Vérifiez que le siège est bien lisse** et supprimez éventuellement les dépôts de tartre sur le filetage. Puis replacez le joint et remontez la tête du robinet.

Les dépannages sur les mélangeurs et les mitigeurs

© Grohe

© Grohe

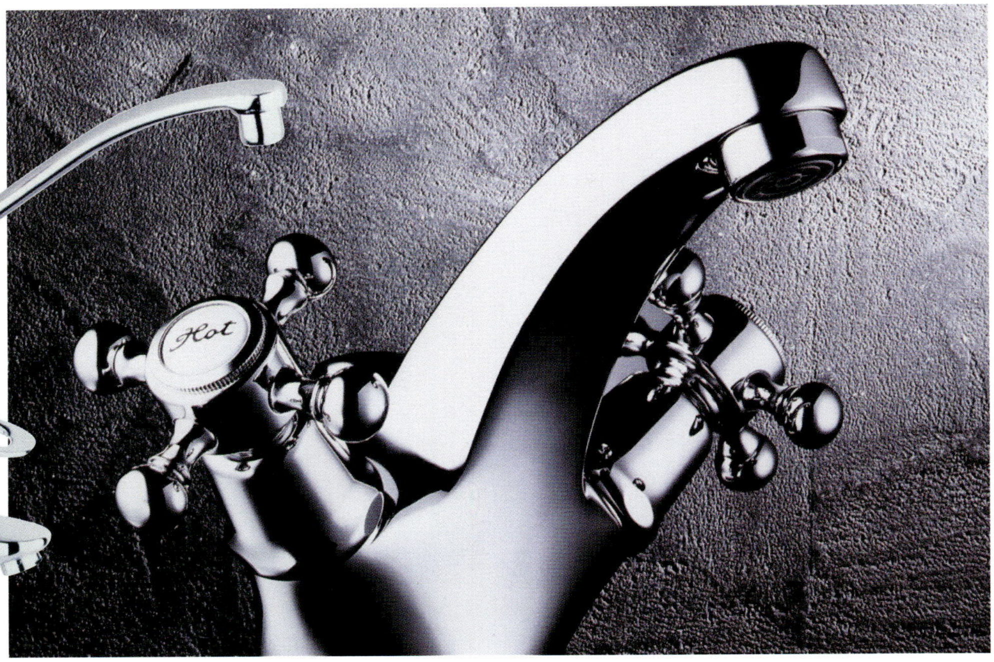

© Grohe

Mitigeurs et mélangeurs. *Ci-dessus, deux mitigeurs monocommande : modèle pour évier (en haut) et pour lavabo (en bas). À droite, un mélangeur, dont les deux têtes - eau chaude, eau froide - sont montées sur le même corps.*

Parmi la grande variété de robinets existants, qui fonctionnent presque tous selon le même principe, les mélangeurs et les mitigeurs sont très souvent utilisés.

- Sur un mélangeur, les deux têtes – eau chaude, eau froide – peuvent être montées sur le même corps ou séparées.
- Sur un mitigeur mécanique, il n'y a qu'une seule tête que l'on fait pivoter pour passer du chaud au froid. Certains sont équipés d'une cartouche céramique dont le principe de fonctionnement est différent de celui du robinet à clapet.

Protection optimale

Pour assurer la protection et la longévité des mitigeurs et des mélangeurs dotés de têtes céramiques, il est conseillé d'équiper votre réseau d'alimentation en eau d'un filtre à sédiments juste après le compteur.

Chaque constructeur de robinetterie utilise des cartouches différentes, mais la technologie reste la même. Ces pièces sont fragiles et doivent être manipulées avec soin.

Les éléments de robinetterie adoptent aussi des principes de fixation différents suivant les modèles. La fixation de la tête de manœuvre peut être une fixation par vissage à droite, vissage à gauche, clipsage, vis centrale, vis sous tête, blocage 1/4 de tour.

Dépannage sur un mélangeur à col de cygne

Avec un mélangeur à col de cygne, vous rencontrerez trois types d'anomalies fréquentes, consécutives à l'usure :

– le joint du clapet du mécanisme est usé ;
– l'aérateur du bec est obstrué ;
– le ou les joints toriques du col de cygne sont fatigués.

Changer un joint ou une tête de robinet. Cette opération est la même que pour un

NETTOYAGE D'UN AÉRATEUR

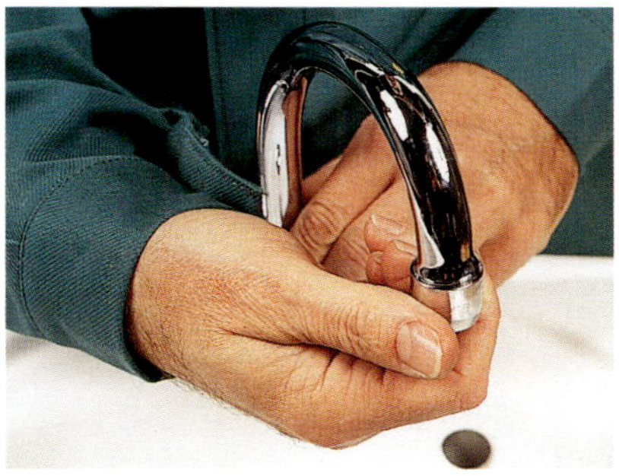

Dévissez le bec du col de cygne pour dégager l'aérateur que vous ferez tremper dans un produit anticalcaire.
Ci-dessous, l'aérateur, le joint et la bague qui les maintient sur le bec.

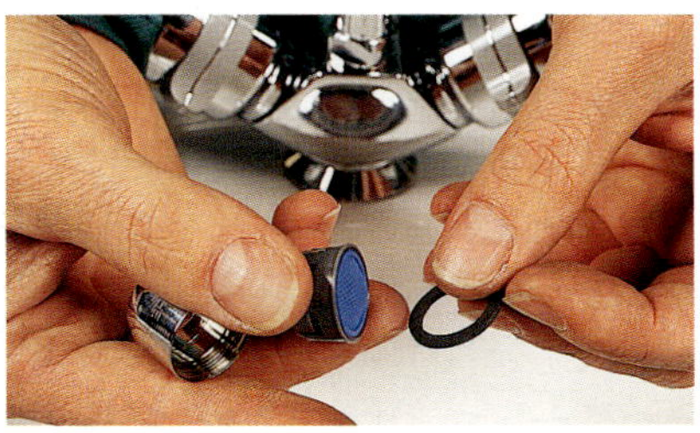

robinet classique. Profitez de l'occasion pour vérifier l'état du siège et en rectifier au besoin la surface à l'aide d'un rodoir (➡ SÉQUENCES PP. 486-487).

Nettoyer l'aérateur du bec. L'aérateur, sorte de fin tamis métallique, permet d'obtenir un jet d'eau calibré atténuant les éclaboussures.

▶ Si vous constatez qu'un robinet ne débite pas un jet d'eau suffisant, dévissez son bec et enlevez l'aérateur obstrué par des dépôts de calcaire (➡ ENCADRÉ).

▶ Laissez tremper ce dernier dans du vinaigre chaud ou dans le produit utilisé pour détartrer une cafetière.

▶ Pendant ce temps, remontez un aérateur neuf pour retrouver un débit d'eau normal. Lorsque le tamis précédent est propre, conservez-le pour un futur échange.

Échanger les joints toriques. Sur certains modèles, le col de cygne pivote de gauche à droite et cette rotation finit par blesser les joints d'étanchéité : l'eau s'écoule à la base du tube.

▶ Desserrez l'écrou situé à la base du col de cygne pour dégager ce dernier du corps du mélangeur (➡ SÉQUENCE).

▶ Nettoyez l'extrémité du tube.

▶ Échangez les joints toriques contre des neufs.

▶ Appliquez un peu de graisse siliconée pour faciliter la rotation avant de remonter le col de cygne.

En cas de fuite sur un mitigeur

Dans certains mitigeurs, le mécanisme traditionnel du clapet est remplacé par deux

© Grohe

© Grohe

© Grohe

Trois modèles de mélangeurs (de haut en bas) : *mélangeur à trois trous, à têtes à disques en céramique et à bec coulé orientable pour lavabo ; mélangeur d'évier à bec tube orientable brise-jet; mélangeur de lavabo monotrou.*

Changement d'un joint torique

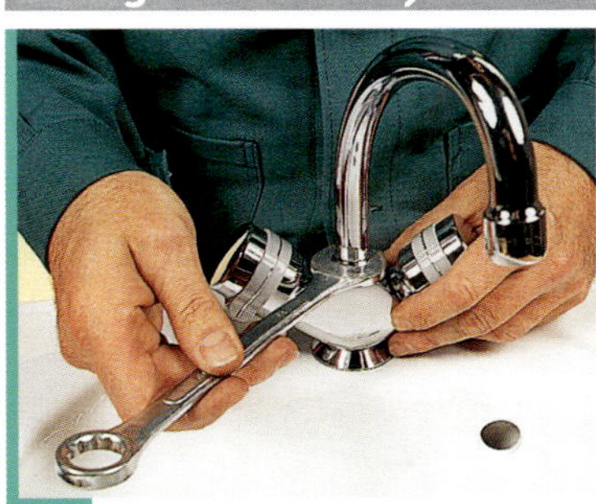

1 **Dévissez le col de cygne.** Desserrez l'écrou situé à la base du col de cygne pour extraire ce dernier du corps du mélangeur. Prenez soin de maintenir fermement le corps du robinet.

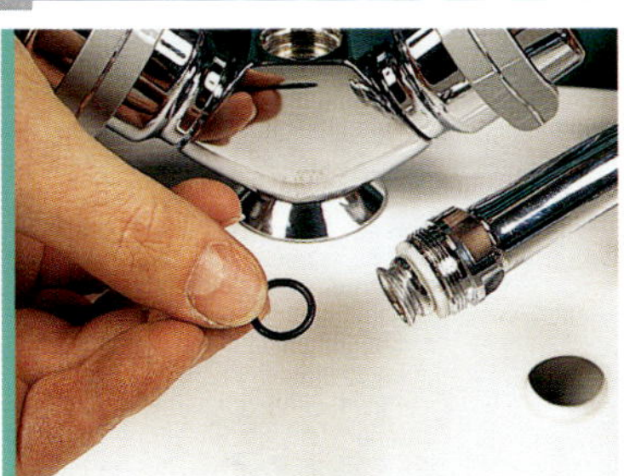

2 **Ôtez le joint torique.** Dégagez le col de cygne du robinet et sortez à la main, ou à l'aide d'un petit tournevis, le joint défectueux.

3 **Replacez à la main le joint neuf** et appliquez une graisse siliconée pour lubrifier et faciliter la rotation. Remontez le col de cygne.

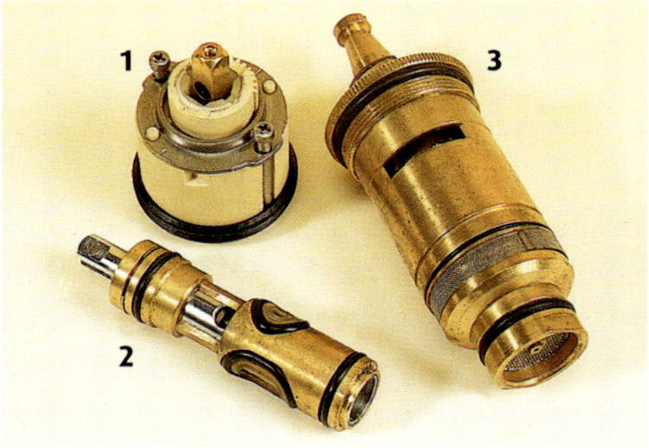

Cartouches de mitigeurs : *1. cartouche céramique ; 2. cartouche de laiton classique ; 3. cartouche thermostatique.*

disques en céramique qui glissent l'un sur l'autre, coupant ou ouvrant le passage de l'eau par cisaillement. Il arrive qu'une fuite se produise au niveau des disques. En ce cas, le mieux est de remplacer le système en changeant la cartouche usée (→ SÉQUENCE). Avant d'intervenir, fermez les robinets d'alimentation en eau chaude et eau froide sous le lavabo ; s'il n'y a pas de robinets d'arrêt intermédiaires, coupez l'alimentation principale et ouvrez les autres robinets pour vidanger l'eau contenue dans l'installation. Si vous devez glisser un tournevis pour retirer le cache, enveloppez la tige métallique du tournevis d'un chiffon afin de ne pas rayer le chrome ou la peinture des robinets. Sachez que ce type de cartouche est muni de filtres à tamis qu'il faut nettoyer régulièrement (environ deux fois par an). ■

Remplacer une cartouche de mitigeur

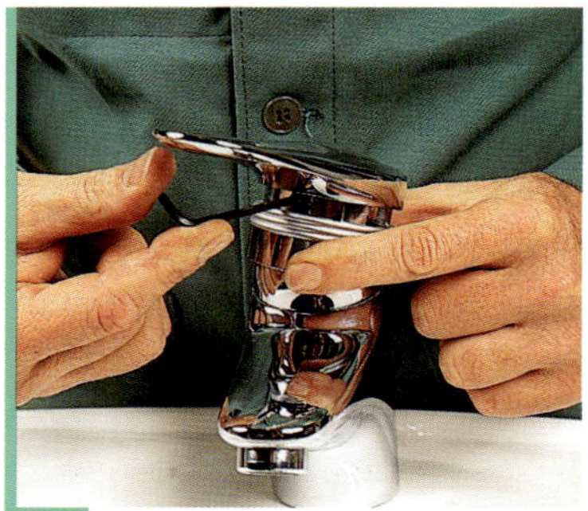

1 **Enlevez le cache** de la tête du mitigeur en le tirant vers le haut ou en le dévissant d'un quart de tour dans le sens inverse des aiguilles d'une montre.

2 **Dévissez la vis de maintien** de la platine supérieure et enlevez la manette de commande en la tirant vers le haut.

3 **Retirez ensuite le capot ou enjoliveur** qui couvre la cartouche en le tirant vers le haut ou en le dévissant, selon les modèles.

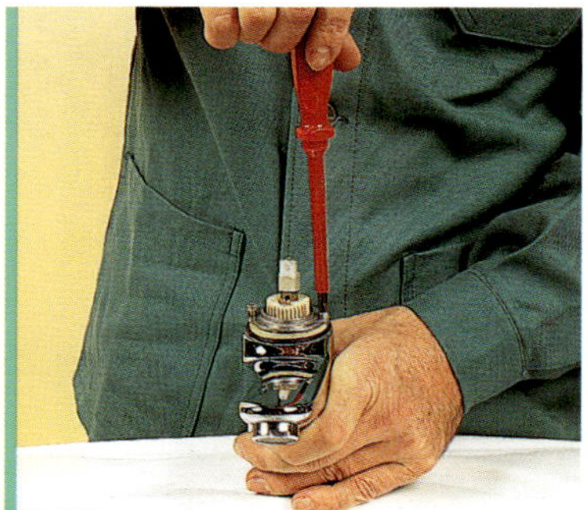

4 **Desserrez les deux vis** de maintien de la cartouche, ou l'écrou, selon le cas.

5 **Ôtez la cartouche** et nettoyez l'intérieur du robinet avec un chiffon et un peu de produit détartrant du commerce.

6 **Insérez la cartouche neuve** après l'avoir graissée à l'aide du tube ou de la pochette fournis avec le kit de remplacement, et remontez le tout.

Changer le groupe de sécurité du ballon d'eau chaude

Si vous êtes équipé d'un ballon d'eau chaude, il est important de veiller à la maintenance de cet appareil. Si vous êtes amené à changer le ballon d'eau chaude, vous devrez aussi changer le groupe de sécurité ; de même, s'il se produit une fuite permanente au niveau de l'évacuation.

Entretenir le groupe de sécurité

Sous le ballon se situe un groupe de sécurité dont la présence remplit trois fonctions : évacuer le surplus d'eau provenant du chauffage dans le ballon, éviter la surchauffe, donc l'explosion, et enfin permettre la vidange de la cuve. Les fabricants conseillent souvent de manœuvrer le robinet une fois par mois environ, pour vous assurer qu'il fonctionne toujours et qu'il ne se grippe pas. Placez une cuvette sous le robinet pour recevoir les inévitables éclaboussures.

Changer le groupe de sécurité

Avant tout, fermez la vanne principale et coupez l'alimentation électrique du ballon au tableau électrique ou à l'interrupteur placé à proximité. L'opération commence par la vidange de la cuve. Pour effectuer celle-ci, tournez la molette rouge du groupe sur la position vidange. Le ballon commence à se vider. Le temps de vidange sera proportionnel au contenu du ballon. Le raccord situé au-dessus du groupe est de type diélectrique (jouant le rôle d'isolant) ; il permet de séparer les tuyauteries en cuivre et le ballon (➡ SÉQUENCE). En effet, le contact entre ces deux éléments créerait un phénomène électrolytique (comme dans une batterie de voiture) qui entraînerait le percement prématuré du ballon. La présence de deux raccords sur l'arrivée de l'eau froide et sur le départ de l'eau chaude du ballon évite ce phénomène. ■

Entartrage

Si vous habitez en zone très calcaire et que votre chauffe-eau semble accuser une surconsommation, contrôlez sa résistance. Il se peut qu'elle soit entartrée. Au bout de 3 ou 5 ans (tous les ballons sont garantis 5 ans pour les cuves), le tartre peut former une coque rigide autour de la résistance, réduisant sensiblement son efficacité. Un nettoyage mécanique s'impose alors. C'est une opération lourde qui nécessite d'ouvrir la trappe de visite du ballon.

Remplacer le groupe de sécurité

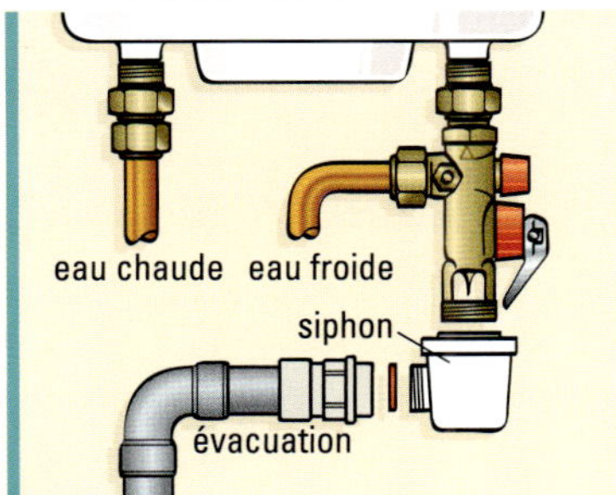

1 **Séparez la tuyauterie du siphon.** Dévissez l'écrou de liaison entre les deux. Déposez le siphon en tirant vers le bas ou en le dévissant dans le sens inverse des aiguilles d'une montre.

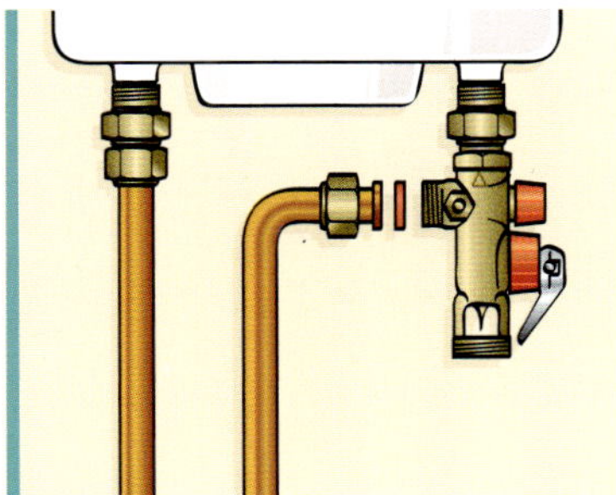

2 **Séparez la tuyauterie d'alimentation et le groupe de sécurité.** Pour ce faire, il suffit de desserrer l'écrou correspondant.

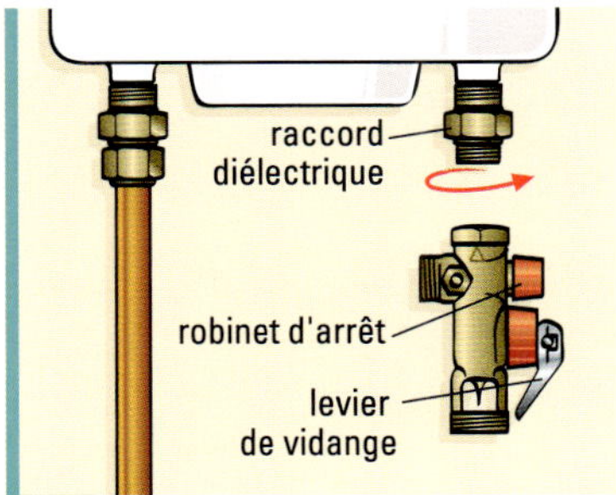

3 **Dévissez le groupe de sécurité.** Tournez l'écrou diélectrique dans le sens inverse des aiguilles d'une montre. Procédez en sens inverse pour le remontage.

L'entretien des siphons, des canalisations et des circuits d'évacuation

Il est quelquefois nécessaire de démonter un siphon de lavabo ou de nettoyer une canalisation pour les déboucher. La technique diffère selon le modèle mais le principe reste le même (➡ SÉQUENCE).

Vider un siphon

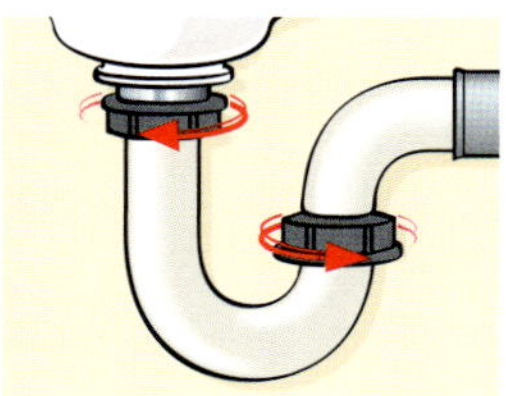

1. *Siphon intégral.*

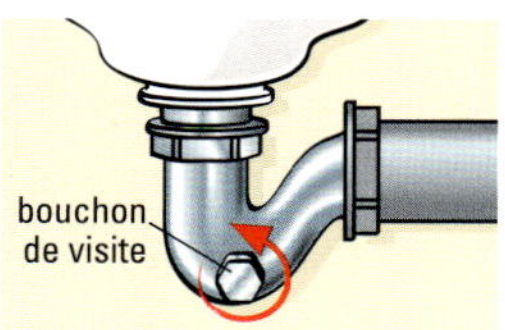

2. *Siphon avec bouchon de*

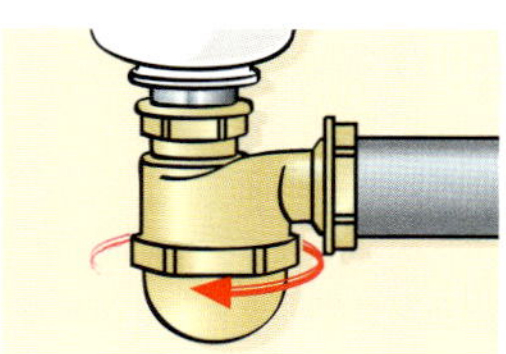

3. *Siphon à culot.*

Le siphon intégral. C'est le modèle le plus simple. Il est fixé à ses deux extrémités par des écrous ou des bagues moletées (➡ CROQUIS 1). Pour le nettoyer, on doit le démonter complètement. Manipulez avec soin les joints en fibre qui assurent l'étanchéité ; s'ils sont cassés, vous devez les remplacer.

Le siphon avec bouchon de visite. Il diffère peu du modèle intégral mais comporte un bouchon de visite fileté, situé sur la paroi ou à la base du coude (➡ CROQUIS 2). Ce dispositif facilite l'accès au siphon et sa vidange sans avoir à le démonter. L'utilisation d'un crochet en fer permet en général de déboucher le siphon, mais le démontage peut être nécessaire pour le nettoyer entièrement.

Le siphon à culot. Ce modèle de siphon a la forme d'un cylindre dans lequel l'eau parcourt un chemin sinueux (➡ CROQUIS 3). Le corps du siphon se dévisse par sa base, au moyen d'une bague moletée à six pans, à l'aide d'une clé. D'autres modèles en plastique se dévissent à la main. Le principe du nettoyage reste le même (➡ SÉQUENCE).

Si vous avez des difficultés en dévissant la bague, enroulez-la d'un morceau de toile émeri et munissez-vous d'une pince multiprise. Serrez légèrement l'ensemble qui doit ainsi se débloquer.

L'étanchéité du siphon est assurée par un joint : manipulez-le avec soin et changez-le si possible à chaque intervention.

Déboucher une canalisation

Si le nettoyage du siphon n'a pas permis de retrouver un écoulement normal, l'engorgement se situe probablement en aval, c'est-à-dire dans la canalisation. La plupart du temps, le bouchon se forme au niveau d'un changement de direction (coude, té, etc.). Pour l'atteindre, utilisez un câble souple, appelé « furet », afin de sonder le tuyau (vous pouvez soit enlever le siphon, soit utiliser un

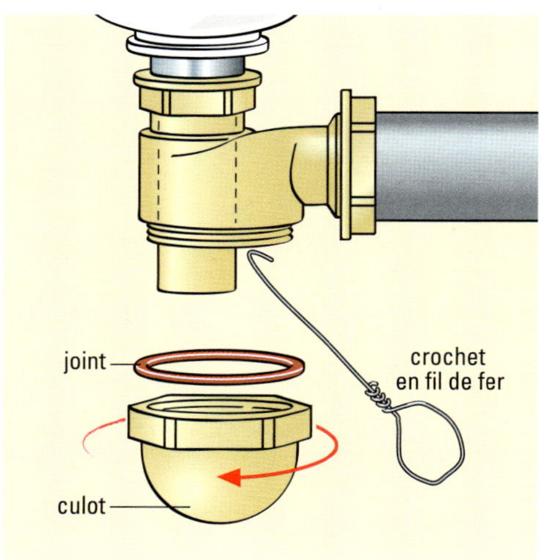

4. *Nettoyage d'un siphon à culot.*

Siphons normalisés

La taille des siphons doit répondre à des normes précises fixées dans chaque pays. La norme française D. 18.201 indique que tous les siphons doivent avoir une garde d'eau minimale de 5 cm de haut, faute de quoi le siphon est facilement désamorcé. Vous constaterez que les fabrications courantes n'offrent pas toujours cette garantie...

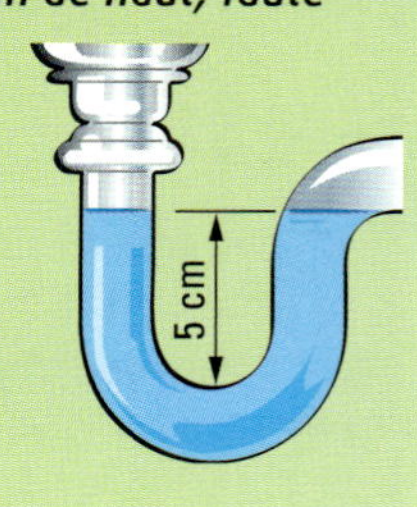

bouchon de visite). Prévoyez un récipient pour recevoir l'eau encore contenue dans la canalisation.

L'utilisation d'un furet. Il existe plusieurs modèles de furet. Le plus courant est celui dont la longueur du câble flexible se loge dans un boîtier. Il est muni à une de ses extrémités d'une «queue de cochon» ou d'une brosse (➡ CROQUIS P. 494), et à l'autre d'une manivelle.

▶ Desserrez la manivelle dans le sens inverse des aiguilles d'une montre et tirez sur le câble pour le faire sortir.

▶ Introduisez le câble dans la canalisation.

▶ Puis tournez la manivelle dans le sens des aiguilles d'une montre tout en poussant le câble à l'intérieur de la tuyauterie.

Produits chimiques de débouchage : danger

Le débouchage d'un siphon peut être tenté à l'aide d'une ventouse en caoutchouc, dont la déformation provoque une légère pression, ou d'une pompe. Il existe aussi des produits déboucheurs, souvent à base de soude caustique, qui, au contact de l'eau, produisent un dégagement gazeux. Il faut savoir que ces interventions sont rarement efficaces et que l'association ventouse-déboucheur chimique peut provoquer des projections dangereuses pour l'entourage.

D'autre part, lorsque vous entreprenez de démonter un siphon, assurez-vous qu'aucune tentative de débouchage chimique n'a été faite dans le passé. Vous risqueriez d'être éclaboussé aux mains et au visage et de vous brûler.

En cas de siphon bouché, le seul bon réflexe consiste à procéder à son démontage.

Démonter et nettoyer un siphon à culot

1 **Dévissez l'écrou de serrage** situé en haut du corps du siphon, sous le lavabo ou l'évier. Prévoyez un récipient pour recueillir l'eau résidant dans le siphon.

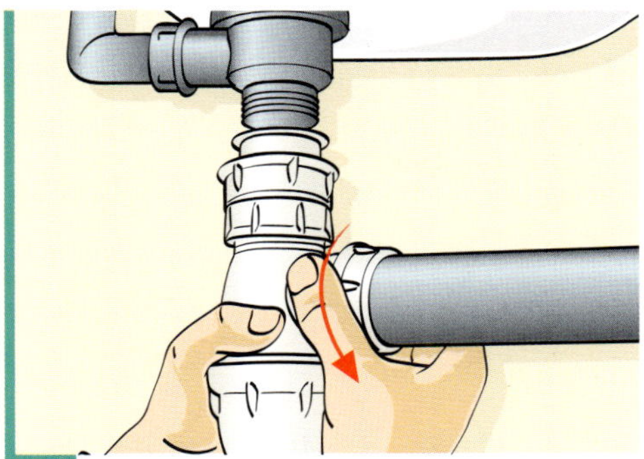

2 **Désolidarisez le siphon de la canalisation.** Dévissez l'écrou de raccordement au tuyau d'évacuation et tirez le siphon vers vous en restant dans l'axe du tuyau.

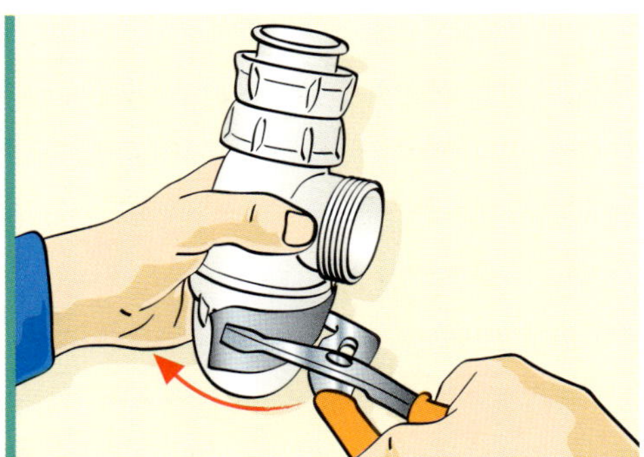

3 **Démontez le culot du siphon à la main.** S'il s'agit d'un siphon en laiton, dévissez-le avec une grande pince multiprise en prenant la précaution de placer un chiffon autour.

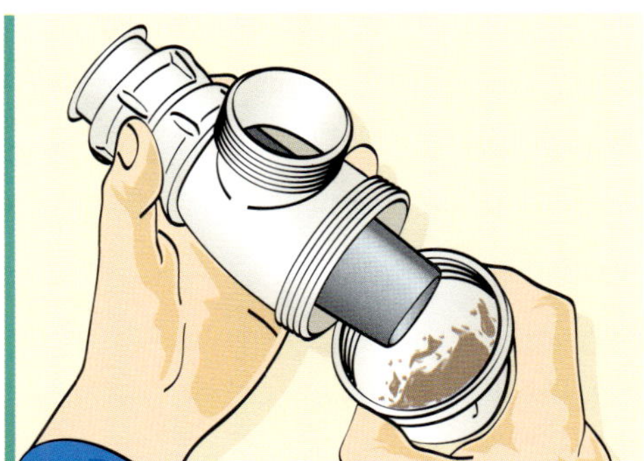

4 **Videz le culot et nettoyez l'intérieur du siphon.** Rincez à grande eau. Contrôlez l'état du joint sur la tuyauterie et du joint du culot. Remplacez-les si besoin.

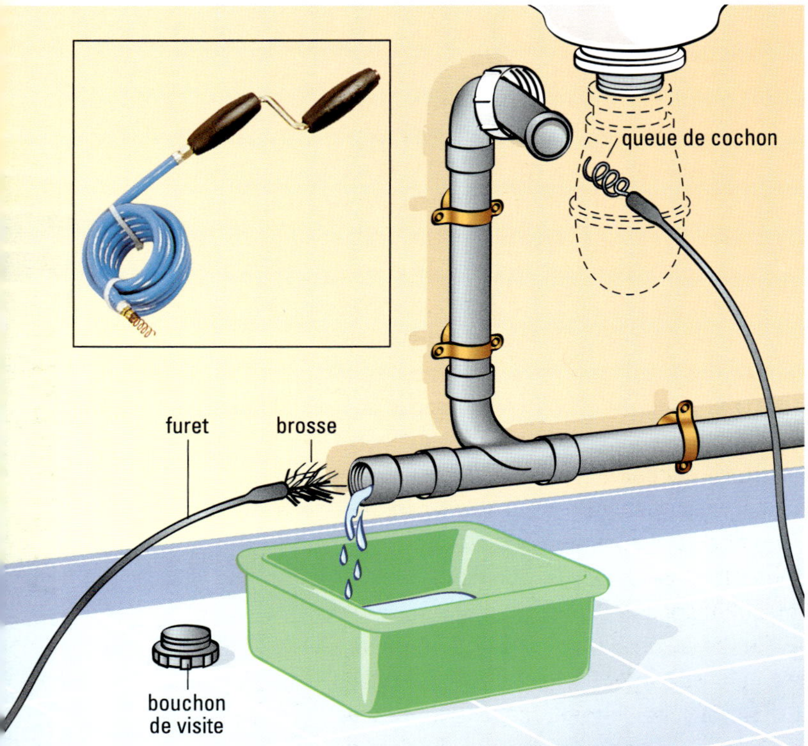

Utilisation d'un furet pour déboucher une canalisation.

Attention aux débordements

Il arrive que plusieurs appareils sanitaires soient bouchés. Dans ce cas, c'est au niveau du collecteur que se situe généralement le bouchon. Procédez alors comme pour déboucher un appareil sanitaire. Mais, avant de dévisser le tampon de visite, il convient de s'assurer que la canalisation n'est pas pleine d'eau. Sondez le collecteur en tapotant sur sa paroi à l'aide d'un manche en bois à divers endroits. Une canalisation pleine donne un bruit mat, contrairement à un tuyau vide qui résonne. Si le tampon de visite de la canalisation bouchée est situé en partie basse, vous devrez trouver un autre tampon situé plus haut.

▶ La résistance que rencontre le câble indique la présence d'un bouchon : actionnez le furet d'avant en arrière jusqu'à ce que le bouchon disparaisse.

Circuits d'évacuation : éliminer les mauvaises odeurs

Les appareils sanitaires, la baignoire de la salle de bains, le spa (bain chaud bouillonnant) de la terrasse, le poste d'eau du garage, etc., tous ces équipements sont reliés à un circuit d'évacuation des eaux usées, en direction d'un tout-à-l'égout.

Lorsque leur raccordement n'est pas convenablement réalisé, les siphons laissent échapper de mauvaises odeurs. Ce désagrément peut pourtant facilement être évité si l'on prend soin de respecter quelques règles.

Un principe simple. Sous chaque appareil sanitaire se trouve un siphon. De forme incurvée, cet accessoire retient en permanence une petite quantité d'eau, sorte de tampon qui empêche l'air vicié des égouts de remonter vers le local d'utilisation. Si cette garde d'eau est insuffisante, le siphon est désamorcé et laisse alors passer des odeurs déplaisantes. Deux phénomènes accentuent le désamorçage des siphons :

– l'évaporation de l'eau due à la température du local ;

– la dépression qui règne dans certaines canalisations. Lorsque plusieurs appareils sanitaires (baignoire, lavabo, bidet, etc.) sont raccordés sur une même canalisation d'écoulement, ce défaut se produit fréquemment (➡ **CROQUIS 1 ET 2**).

Pour pallier ces inconvénients, plusieurs solutions existent :

Remplir les siphons. Après chaque utilisation d'un appareil sanitaire, remplissez systématiquement tous les siphons raccordés sur le même circuit. Il suffit de laisser couler de l'eau pendant quelques secondes afin de compléter la garde d'eau du lavabo, du bidet, de la baignoire, de la douche, etc. Cette méthode est fastidieuse mais efficace.

ODEURS ET CIRCUITS EN DÉPRESSION

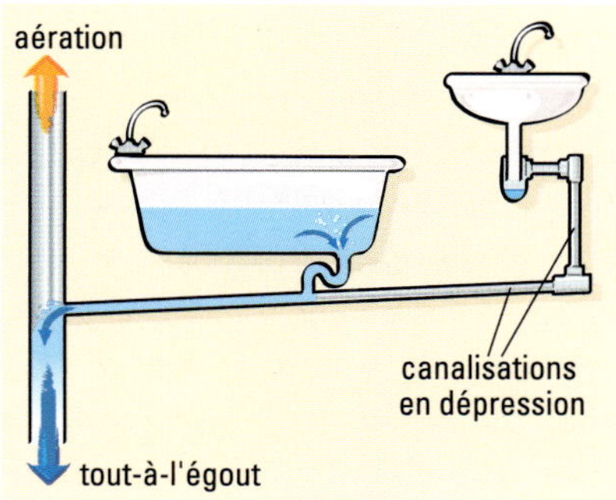

1. *Lorsque la baignoire se vide, l'écoulement de l'eau agit comme le piston d'une pompe, ce qui met la canalisation en dépression.*

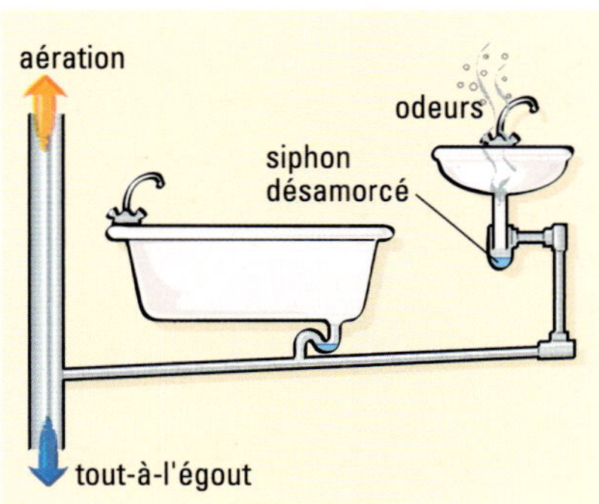

2. *Quand la baignoire est vide, le siphon du lavabo se trouve désamorcé. La garde d'eau a été aspirée par l'effet de dépression.*
Les odeurs remontent des égouts et envahissent la salle de bains.

Changer les siphons ou le diamètre des canalisations. Vérifiez le circuit d'évacuation des eaux usées. Remplacez les siphons défectueux par des modèles normalisés ; de même, remplacez les canalisations en PVC dont le diamètre se révèle trop petit.

En effet, lorsque plusieurs appareils sanitaires s'écoulent dans une même canalisation, le diamètre de celle-ci doit augmenter en fonction du nombre d'appareils. Par exemple, le tube de 32 mm de diamètre qui permet l'écoulement du bidet devient une canalisation de 40 mm de diamètre lorsqu'elle rencontre l'eau du lavabo et une canalisation de 50 ou 60 mm de diamètre quand elle reçoit l'eau du bac à douche ou de la baignoire… Dans la pratique, le plus simple est d'opter pour le plus gros diamètre et de l'installer sur toute la longueur du local, ce qui permet de recueillir simultanément l'eau de plusieurs appareils. De cette façon, l'eau remplit les 2/3 du tuyau au maximum. La partie supérieure de la section étant occupée par l'air, il se forme un mélange (eau + air) qui parcourt la canalisation sans bruit et sans créer de dépression.

Monter un aérateur à membrane. Si vous êtes dans l'impossibilité de modifier le circuit existant, vous pouvez améliorer l'écoulement en posant un aérateur à membrane. Cet aérateur se fixe à l'extrémité supérieure d'un circuit d'écoulement, au-dessus du siphon le plus haut de la salle de bains.

Lorsqu'un appareil sanitaire se vide, le clapet de l'aérateur se soulève et laisse entrer l'air, évitant ainsi la dépression et par conséquent le désamorçage des siphons. Le vidage terminé, le clapet se referme automatiquement pour obstruer la canalisation et supprimer les mauvaises odeurs (➡ CROQUIS).

Les aérateurs à membrane (Nicoll, par exemple) existent sous différents modèles (➡ PHOTOS). Choisissez-les en fonction du diamètre de la canalisation existante. Certains fonctionnent en position verticale, d'autres en position horizontale. Quel que soit votre choix, vous constaterez que cet accessoire ne comporte aucun mécanisme compliqué. ■

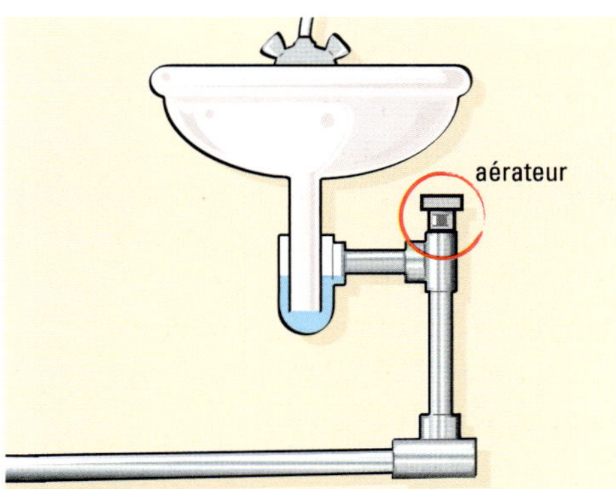

Le montage d'un aérateur à membrane évite le désamorçage des siphons. Seul le passage de l'air assure l'ouverture ou la fermeture de cette soupape.

Aérateurs en position horizontale (en haut) et en position verticale (en bas). Il suffit de dévisser la tête de l'aérateur pour avoir accès à la membrane.

Les fuites à l'intérieur du réservoir des W.-C.

La chasse d'eau est à l'origine de la majorité des problèmes rencontrés en plomberie. Même si ces pannes ne causent pas forcément des dégâts aussi graves que les fuites qui peuvent se produire à l'extérieur du réservoir, il convient de ne pas les laisser se développer. N'oubliez pas qu'une chasse qui coule en permanence entraîne d'importantes consommations d'eau.

Principe de fonctionnement d'une chasse d'eau

Dans une chasse d'eau sont présents deux systèmes distincts : le premier libère la réserve d'eau, le second assure le remplissage du réservoir. Lorsque vous tirez sur le bouton, vous soulevez par l'intermédiaire de la tirette la soupape du système de chasse. L'eau s'engouffre vers la cuvette et le réservoir se vide rapidement **(→ CROQUIS 1 A)**. Lorsque le réservoir est vide, la soupape retombe sur son siège et le flotteur qui a atteint son niveau le plus bas ouvre le robinet d'arrivée d'eau : le réservoir se remplit **(→ CROQUIS 1 B)**. Au fur et à mesure, le flotteur monte avec le niveau et, en fin de remplissage, coupe l'arrivée d'eau. La chasse est à nouveau prête à fonctionner.

Les raisons des fuites à l'intérieur du réservoir de chasse

Le mécanisme de la chasse étant immergé en permanence, il n'est pas rare que certaines de ses pièces subissent la corrosion ou soient victimes d'entartrage, ce qui gêne leur bon fonctionnement. Avant d'interve-

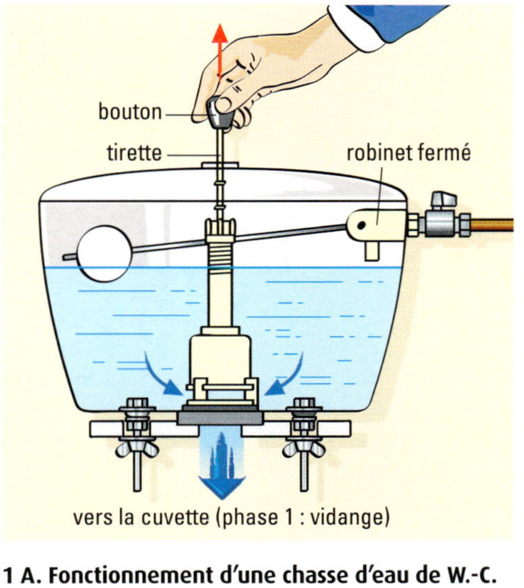

1 A. Fonctionnement d'une chasse d'eau de W.-C.
Réservoir plein : la chasse d'eau est prête à fonctionner.

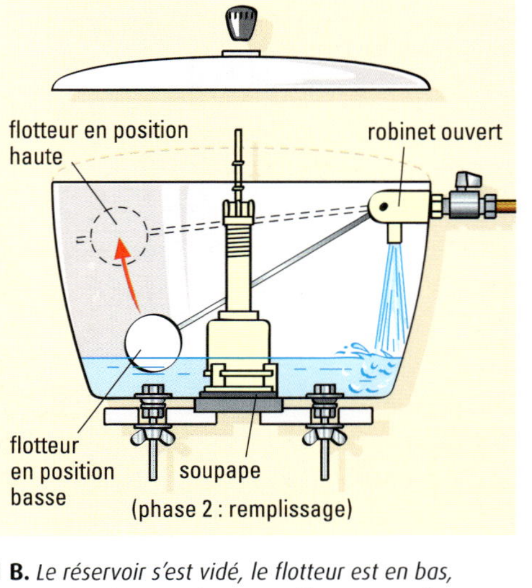

1 B. *Le réservoir s'est vidé, le flotteur est en bas, ouvrant le robinet, et la chasse d'eau se remplit.*

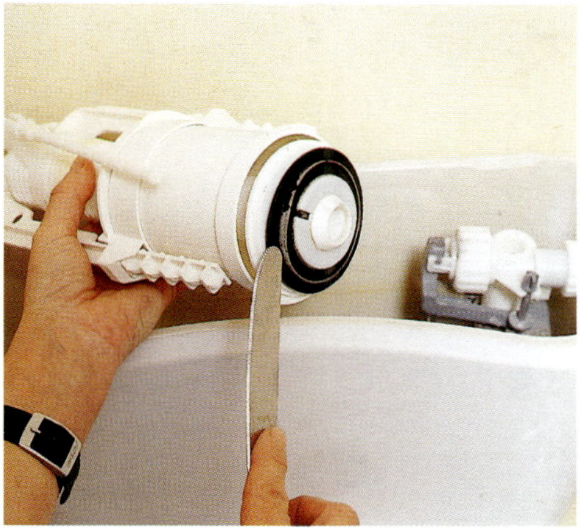

2. *Vérifiez la présence d'un éventuel dépôt de calcaire sous le joint du mécanisme central. Le cas échéant, n'hésitez pas à changer cette soupape de caoutchouc.*

nir, actionnez plusieurs fois le mécanisme en observant ce qui se passe à l'intérieur du réservoir de chasse.

La chasse d'eau ne s'arrête pas et l'eau coule en permanence dans la cuvette mais il n'y a pas de fuite à l'extérieur. Trois raisons principales expliquent ce phénomène (➡ CROQUIS 2) :

– le joint du robinet flotteur est défectueux ;

– la tige du flotteur est cassée ou tordue ;

– la soupape en caoutchouc est défectueuse.

Dans les deux premiers cas, le niveau de l'eau continue de monter, passe par l'orifice du trop-plein et tombe dans la cuvette. Dans le dernier cas, la fermeture n'est plus assurée et l'eau coule sans cesse.

Si la soupape est défectueuse

Coupez l'eau à la vanne d'arrêt de la cuve (robinet situé le plus souvent près du réservoir) et tirez la chasse pour vider complètement le réservoir.

▶ Enlevez le couvercle du réservoir. En principe, il suffit de dévisser le bouton de manœuvre pour libérer le couvercle et accéder au mécanisme interne.

▶ Démontez le mécanisme central pour avoir accès au siège inférieur. Saisissez le mécanisme interne d'une main. Faites-lui faire un quart de tour dans le sens inverse des aiguilles d'une montre et soulevez-le pour l'extraire du réservoir.

▶ À l'extrémité inférieure de ce modèle à poussoir se trouve la soupape en caoutchouc (➡ PHOTO 2). Nettoyez-la. Si cette rondelle en caoutchouc souple présente le moindre défaut, remplacez-la par une neuve.

Une chasse d'eau économique

Parmi les différentes solutions permettant d'économiser l'eau, le modèle ci-contre présente un intérêt certain. D'une installation et d'un réglage faciles, ce mécanisme de chasse économiseur d'eau est conçu pour équiper les réservoirs attenants normalisés en céramique (passage bouton de 13 à 40 mm), dans lesquels il remplacera avantageusement les anciens mécanismes. Le bouton poussoir à double commande libère soit le volume total de l'eau contenu dans le réservoir (nettoyage utilisant 6 litres), soit la moitié du contenu (rinçage utilisant 3 litres), ce qui est souvent suffisant. Ce système permet d'économiser chaque jour l'équivalent de 80 litres (ou 30 m³ d'eau par an) pour un foyer de 4 personnes. Mais, attention : les mécanismes économiques ne s'adaptent pas à tous les réservoirs de chasse.

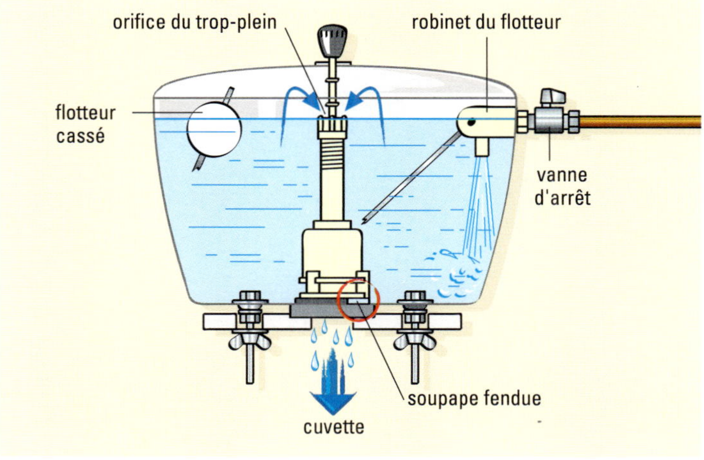

2. Trois pannes fréquentes : *le robinet du flotteur reste ouvert ; le flotteur est coincé, crevé ou cassé ; la soupape est fendue. Dans ces trois cas, l'eau coule en permanence.*

Les anomalies liées au flotteur

Le remplacement du robinet du flotteur ou du flotteur détérioré. Pour remédier aux problèmes, la plupart du temps, il suffit d'échanger l'ancien robinet par un modèle à flotteur incorporé (➡ PHOTOS 3 ET 4). Vous bénéficierez ainsi d'un débit plus important et d'une meilleure précision de réglage du niveau d'eau.

▶ Choisissez un modèle qui s'adapte à la forme du réservoir et notamment à la hauteur du couvercle.

▶ Coupez l'arrivée d'eau et videz le réservoir en actionnant la tirette.

▶ Enlevez le couvercle du réservoir. Généralement, il suffit de dévisser le haut de la tirette.

▶ Dévissez le raccord sur l'arrivée d'eau et démontez le robinet interne et son flotteur.

▶ Montez le nouveau mécanisme de robinet à flotteur incorporé à la place de l'ancien.

Le réglage du niveau d'eau de la chasse. Les robinets à flotteur incorporé comportent une vis de réglage qu'il suffit de visser ou de dévisser pour que le niveau de l'eau dans le réservoir se situe plus bas que l'orifice du trop-plein (➡ PHOTO 5).

S'il s'agit d'un flotteur attaché à une tige qui actionne le robinet, le réglage de la hauteur d'eau s'effectue en tordant la tige, vers le haut pour faire monter le niveau ou vers le bas pour le faire baisser (➡ CROQUIS 3). ■

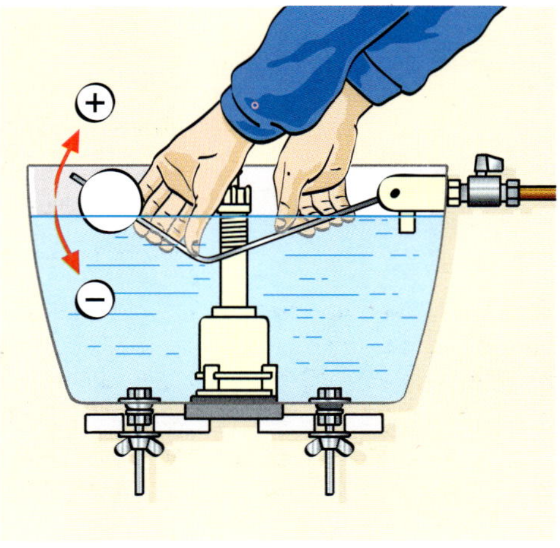

3. *Si le flotteur est mal ajusté, agissez sur son bras : tordez la tige vers le bas pour faire baisser le niveau de l'eau dans le réservoir.*

3. *Sur ce modèle de robinet à flotteur incorporé, il suffit de dévisser une couronne de plastique pour libérer l'ensemble du mécanisme d'alimentation.*

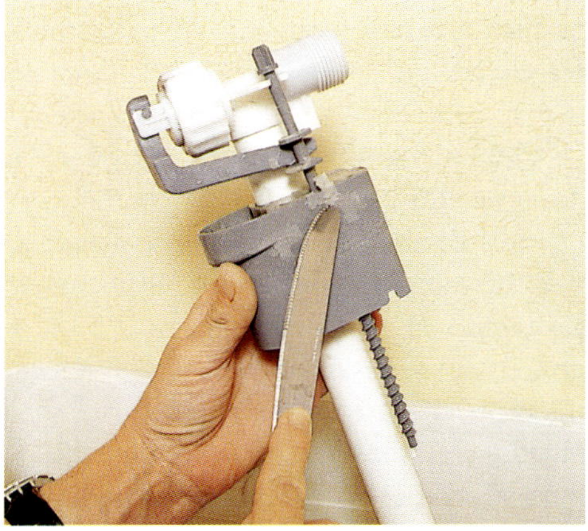

4. *Parfois, un dépôt de calcaire se forme sur le flotteur (empêchant celui-ci de remonter), que vous pouvez gratter avec le dos d'une lame de couteau.*

5. *La vis en plastique de ce robinet à flotteur incorporé permet de corriger la hauteur d'arrêt de l'eau dans le réservoir.*

Les fuites à l'extérieur du réservoir des W.-C.

aciles à déceler, les fuites qui se manifestent à l'extérieur du réservoir ou de la cuvette peuvent conduire à des dégâts sérieux, bien plus importants qu'une anomalie de flotteur. Il est donc capital de savoir comment les résoudre. Si vous constatez que le réservoir, souvent humide, perd quelques gouttes d'eau qui marquent le sol, réagissez sans attendre. Très souvent, le problème vient du joint situé sous le réservoir, à l'arrière de la cuvette ; parfois, ce sont les vis de fixation qui n'assurent plus l'immobilisation parfaite du réservoir ou de la cuvette (→ CROQUIS 1).

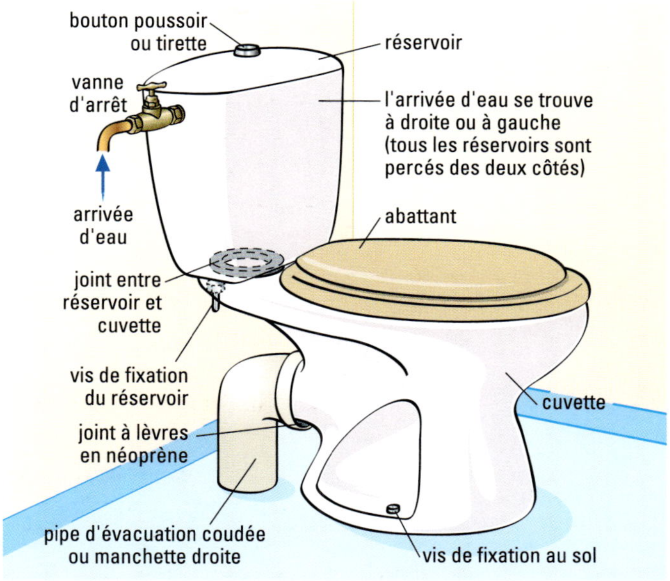

1. *Points sensibles à l'origine d'une fuite à l'extérieur du réservoir de chasse d'eau.*

Problème d'étanchéité entre la cuvette et le réservoir

F Le dépannage consiste à démonter le réservoir pour le séparer de la cuvette afin de remplacer le joint d'étanchéité, voire les vis de fixation, et le mécanisme de la chasse d'eau (→ SÉQUENCES).

Si vous devez procéder à cette opération, profitez-en pour échanger le mécanisme interne de la chasse contre un modèle économique à deux vitesses qui permet de ne tirer que 3 litres d'eau au lieu de 8 à 10 litres (→ ENCADRÉ P. 497).

Rétablir l'étanchéité entre la cuvette et le réservoir. Notez la marque de votre chasse d'eau ainsi que la hauteur interne du réservoir. Procurez-vous un kit complet comprenant tous les éléments nécessaires à la remise en état.

Le démontage du réservoir

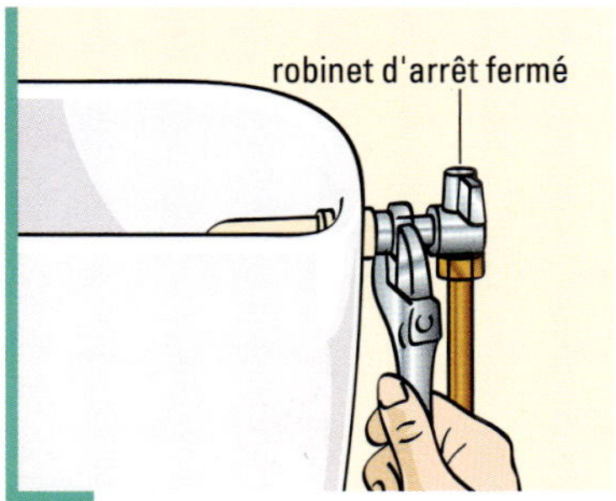

1 **Fermez l'arrivée d'eau.** Tirez la chasse pour vider complètement le réservoir. Dévissez l'écrou du robinet d'arrêt pour désolidariser le réservoir de son alimentation. Étalez une serpillière sur le sol.

2 **Desserrez les deux vis** fixant le réservoir à la cuvette à l'aide d'une pince multiprise pour débloquer les écrous souvent rouillés. Tirez vers le haut pour dégager le réservoir et disposez-le à plat sur un matelas de chiffons.

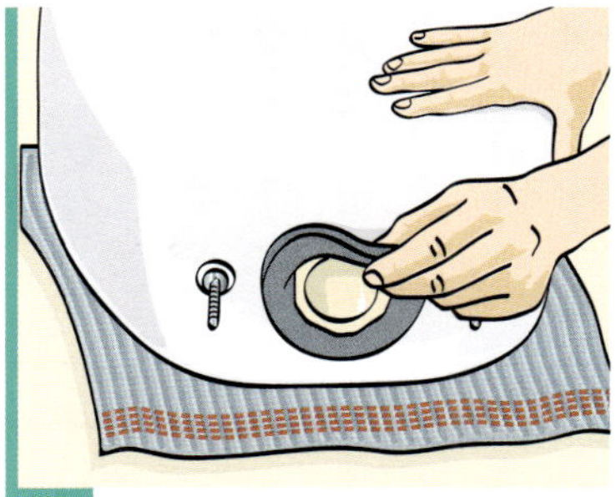

3 **Enlevez l'ancien joint** en mousse qui assurait l'étanchéité entre la cuvette et le réservoir. Nettoyez les abords de l'orifice, à l'intérieur comme à l'extérieur, pour supprimer les dépôts de calcaire.

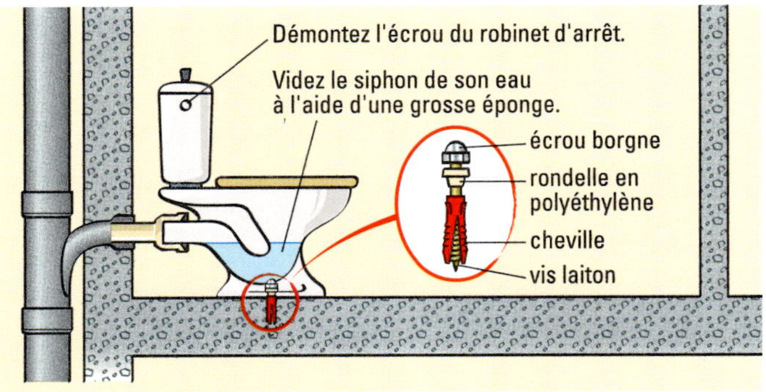

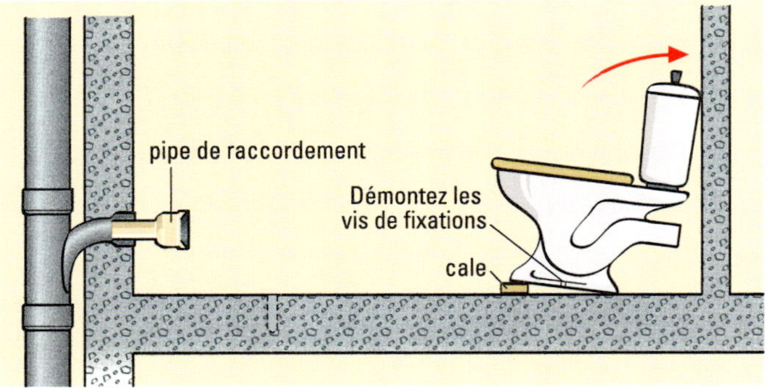

2. *Lors d'une intervention impliquant de démonter la cuvette des W.-C., calez la cuvette contre le mur pour éviter qu'elle bascule.*

▶ Quand vous introduirez le nouveau mécanisme de chasse d'eau dans le réservoir, veillez à ce que le joint appuie sur une surface propre et plate.

▶ Sur le nouveau mécanisme, après avoir dévissé le gros écrou en PVC, montez le joint à la base du filetage. Plaquez-le contre la collerette en veillant à ne pas le déformer.

▶ Avant de remonter le réservoir sur la cuvette, changez les deux vis de fixation, si elles sont rouillées ou tordues, par des modèles en inox ou en plastique.

▶ Une fois l'opération effectuée, branchez à nouveau le robinet d'arrêt sur le côté du réservoir. Ouvrez l'arrivée d'eau et procédez au remplissage. Vérifiez le bon fonctionnement avant de remonter le couvercle.

▶ N'oubliez pas, après la remise en eau, de régler le niveau de l'eau dans le réservoir pour éviter qu'elle s'écoule par le trop-plein, en manipulant la vis de réglage ou la tige du flotteur (➡ P. 498).

Fuite entre la cuvette et la manchette d'évacuation

L'emplacement des vis de fixation de la cuvette peut être le siège d'une importante humidité, non seulement en cas de fuite, mais aussi à cause de l'infiltration d'eau de lavage du sol.

L'intervention implique de démonter la cuvette (➡ CROQUIS 2). Avant d'intervenir, fermez le robinet d'arrêt du réservoir et actionnez le mécanisme de chasse pour vider le réservoir. Puis, à l'aide d'une éponge, videz partiellement le siphon de la cuvette de son eau.

Démonter la cuvette et remplacer le joint de la manchette de raccordement.

▶ Démontez l'écrou de serrage du robinet

Le remontage du réservoir

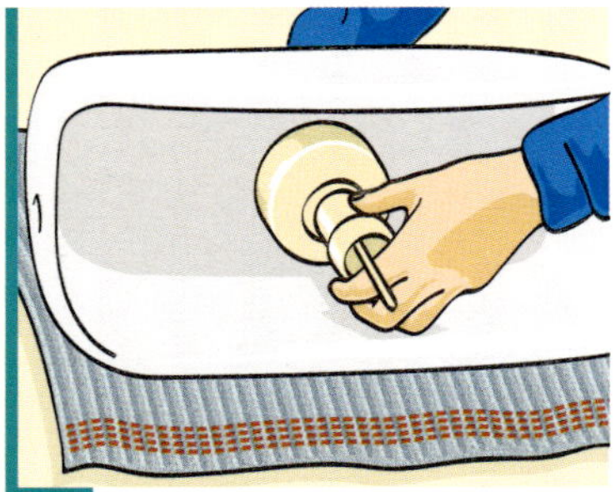

1 **Introduisez le nouveau mécanisme** par l'intérieur du réservoir. À l'extérieur, montez l'écrou en PVC sur le filetage. Centrez le mécanisme et vissez l'écrou à l'aide de la clé spéciale fournie avec le kit. Bloquez pour comprimer le joint.

2 **Posez le joint** en mousse sur l'écrou en PVC. Maintenez-le en place en l'engageant sur le pourtour de l'écrou pour qu'il tienne provisoirement sans fixation.

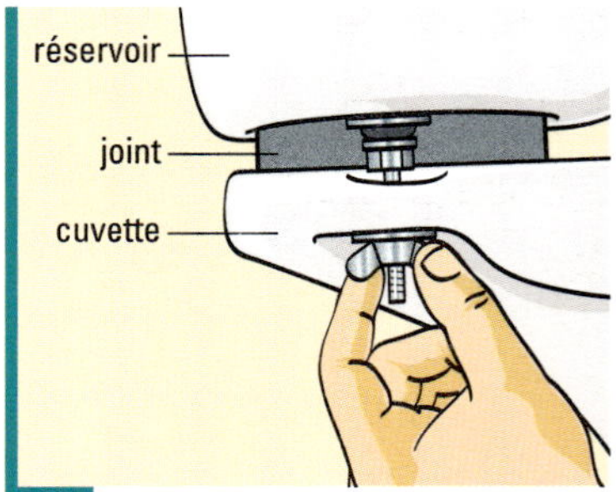

3 **Remettez le réservoir** en position verticale. Introduisez les deux vis au travers de la cuvette et vissez les écrous papillons. Serrez alternativement l'écrou de gauche puis celui de droite pour comprimer le joint d'une façon équilibrée.

d'arrêt pour désolidariser le réservoir du circuit d'arrivée d'eau.

▶ Dévissez les vis de fixation de la cuvette. Si les fixations sont devenues indémontables, coupez-les en passant une lame de scie entre la cuvette et le sol.

▶ Retirez la cuvette en déboîtant le manchon de raccordement. Veillez à appuyer le réservoir contre un mur et à caler le pied de la cuvette afin d'éviter tout risque de basculement et de casse.

Rétablir l'étanchéité entre la cuvette et la manchette d'évacuation.

▶ Parfois, il suffit de remplacer le joint d'étanchéité (⇒ SÉQUENCE). Dans le cas d'un manchon à joint interchangeable, démontez la bague de serrage et sortez le joint usagé de son emplacement. Remplacez le joint et la bague de serrage et remontez l'ensemble.

▶ Très souvent, le manchon lui-même ou le coude sont trop vétustes pour être conservés. La réparation consiste alors à scier le tube d'évacuation en PVC au ras du manchon puis à emboîter et à coller un nouveau manchon de diamètre identique.

Pour démonter la cuvette, opérez comme indiqué précédemment.

Pour procéder au remontage, introduisez la sortie de la cuvette dans le joint du manchon que vous aurez préalablement enduit de graisse silicone. Vous pouvez ensuite raccorder le réservoir au robinet d'alimentation et fixer à nouveau la cuvette au sol.

Si, au cours du remontage, la cuvette n'occupe pas le même emplacement qu'auparavant, vous ne parviendrez pas à visser la bague du robinet d'alimentation. Dans ce cas, il suffit de rectifier la position de la cuvette sur le sol ou de modifier le parcours du tuyau d'alimentation. ■

Pour les cas de raccords difficiles

Vous trouverez tout un assortiment de coudes et de manchons adaptés à tous les modèles de cuvettes. Ces accessoires vous aideront à résoudre un problème d'alignement des tuyaux d'évacuation.

Il manque parfois quelques millimètres pour que la cuvette coïncide parfaitement avec la canalisation d'évacuation. Dans ce cas, utilisez une sortie excentrée, un coude articulé, un flexible, etc. – autant d'accessoires qui vous permettront de réaliser un raccordement satisfaisant et étanche.

© Nicoll

Coude articulé pour raccorder cuvette et canalisation.

© Nicoll

Pipe en PVC flexible pour raccordement complexe (spécial rénovation).

Remplacer le joint élastomère sur une sortie W.-C.

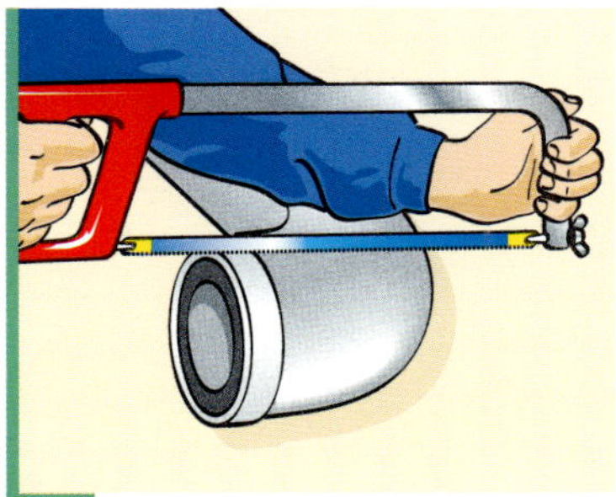

1 **Enlevez le joint usagé.** Après avoir démonté la cuvette des W.-C., coupez la bague à l'aide d'une scie à métaux. Déposez le joint.

2 **Enfilez la nouvelle bague** sur l'extérieur de la pipe de la manchette de raccordement. Emboîtez le joint élastomère en veillant à le positionner dans la gorge prévue à cet effet.

3 **Ramenez la bague sur l'avant** en la faisant passer au-dessus des bossages coniques afin d'immobiliser le joint dans sa gorge.

L'électricité

Le langage électrique : volts, ampères, watts...

Avant d'intervenir dans les circuits électriques d'un logement, mais aussi pour comprendre leur fonctionnement, il est indispensable de connaître quelques notions de base. Elles vous permettront, par exemple, de bien faire la différence entre la tension, l'intensité et la puissance d'un appareil. Ces notions peuvent être décrites par analogie avec un circuit d'eau.

La tension

La tension permet au courant électrique de circuler, comme la pression permet à l'eau de jaillir d'une canalisation (➡ **CROQUIS 1**). Elle se mesure en *volts* (V). On précise, avec la tension, la nature du courant :

Le courant continu. Il circule du pôle + (positif) au pôle – (négatif). C'est le cas des piles, ou des accumulateurs, dont la tension peut être de 1,5 V, 3 V, 4,5 V, 6 V ou 9 V.

Lorsque vous achetez des piles 1,5 V, faites attention aux dimensions ; il existe trois tailles différentes. Si vous utilisez à leur place des piles dites rechargeables, sachez que leur tension est inférieure, à savoir 1,2 V. Pour obtenir une tension de 6 V, par exemple, il faudra donc 5 piles rechargeables pour remplacer 4 piles 1,5 V.

Le courant alternatif. Il s'inverse (par convention) cinquante fois par seconde, ou à une fréquence de 50 hertz en Europe continentale. On ne parle donc plus de pôles positif et négatif, mais de phase et de neutre.

Le courant électrique qui arrive dans chaque habitation par l'intermédiaire du compteur-disjoncteur est en général un courant alternatif de 230 V et de 50 hertz. (La

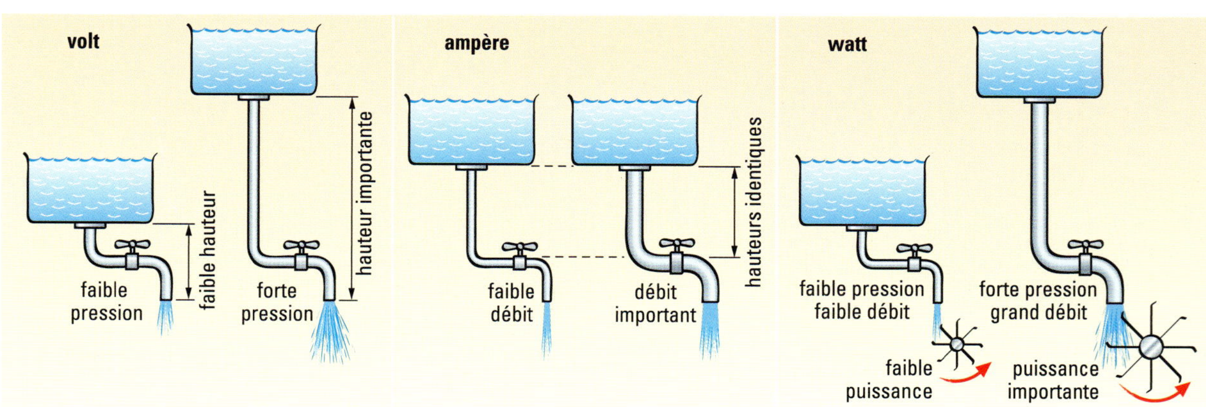

1. *De même que la pression fait jaillir l'eau, la tension fait circuler le courant électrique.*

2. *Une différence d'intensité du courant électrique correspond à une différence de débit.*

3. *Comme la pression et le débit combinés, la tension et l'intensité fournissent une puissance.*

tension du réseau EDF a été progressivement portée à 230 V pour diminuer les pertes en ligne.)

L'intensité

L'intensité du courant électrique est analogue au débit de l'eau qui s'écoule, par exemple, d'un robinet (➡ CROQUIS 2). Elle se mesure en *ampères* (A). Une lampe de 100 W, par exemple, est traversée par un courant de 0,5 A, un fer à repasser par un courant de 5 ou 6 A.

La puissance

La puissance électrique équivaut au travail accompli grâce à la pression et au débit de l'eau qui s'écoule (➡ CROQUIS 3). Elle est le produit de la tension et de l'intensité ; son unité de mesure est le *watt* (W) :

Tension (V) x Intensité (A) = Puissance (W)

La puissance de vos appareils électriques est inscrite sur leur plaque signalétique en watts ou kilowatts (1 kW = 1 000 W). Celle d'une lampe d'éclairage fait, par exemple, 75 ou 100 W, celle d'un fer à repasser 1 000 ou 1 200 W, celle d'un radiateur électrique 750, 1 000 ou 1 500 W.

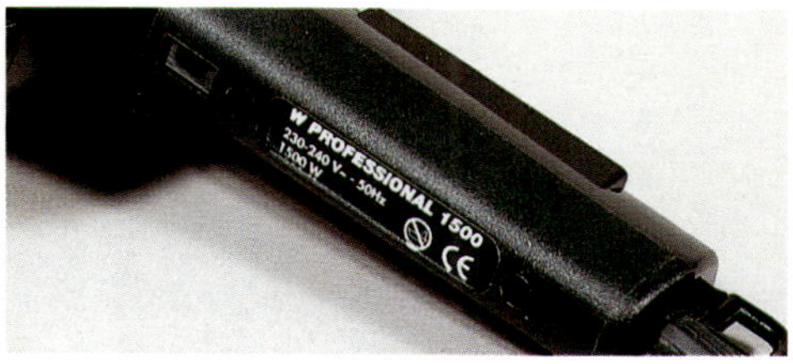

Plaque signalétique d'un séchoir électrique.

L'énergie consommée

L'énergie électrique consommée est mesurée en *kilowattheure* (kWh). Le nombre de kWh utilisés est le produit du nombre de kilowatts (puissance) par le nombre d'heures d'utilisation :

Énergie (kWh) = Puissance (kW) x Temps (h)

Une lampe de 100 W consomme ainsi en 4 heures une énergie de 0,4 kWh (ou 0,1kW x 4 h). ■

Monophasé ou triphasé

La distribution de l'électricité véhicule le courant électrique sous deux tensions. On dit que le réseau est en 230/400 volts.

La plupart des appartements sont alimentés en 230 V, avec deux fils, le fil de phase et le fil neutre (➡ CROQUIS 1) : on est en monophasé.

Pour les puissances importantes en chauffage ou pour alimenter des moteurs électriques, on utilise le triphasé (➡ CROQUIS 2).

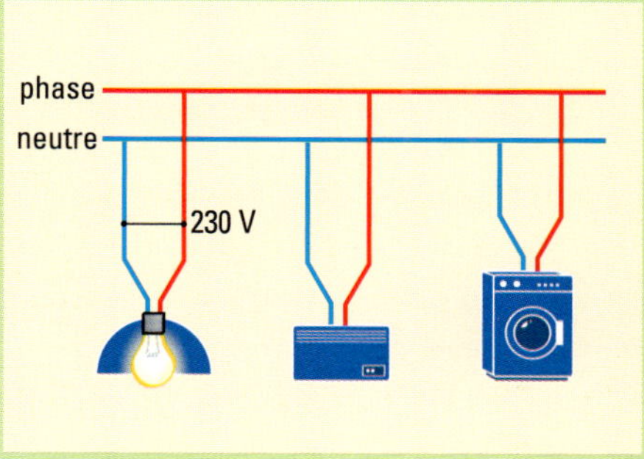

1. *Chaque appareil est branché entre la phase et le neutre (230 V).*

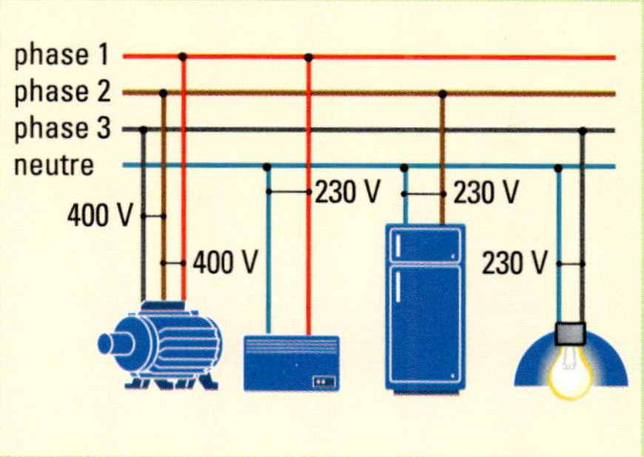

2. *Chaque appareil est branché entre les 3 phases (400 v) ou entre une phase et le neutre (230 V).*

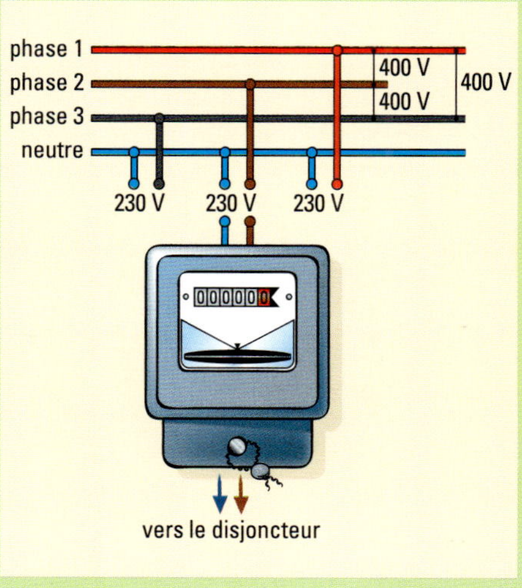

3. *Réseau triphasé 400 V : exemple de répartition des points d'utilisation en 230 V.*

La distribution du courant

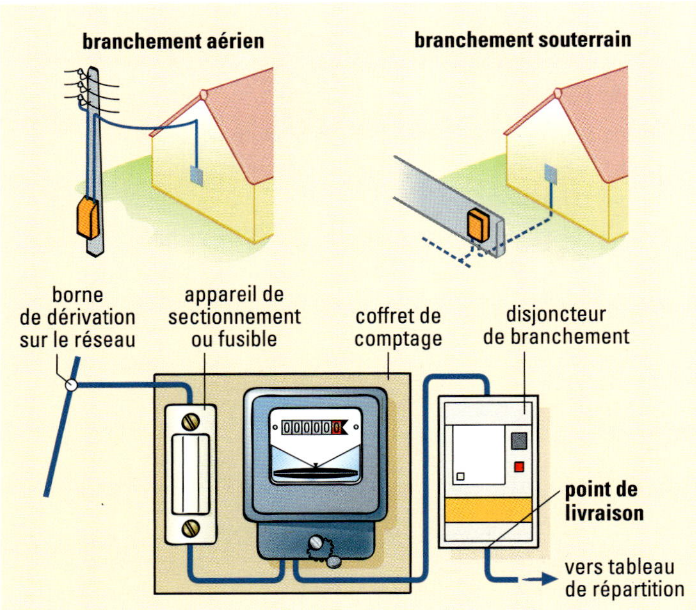

Exemple d'un point de livraison avec coffret de comptage.

Que ce soit par réseau aérien ou souterrain, le courant électrique arrive dans chaque habitation par l'intermédiaire du compteur-disjoncteur. En Europe continentale, il s'agit d'un courant alternatif de 230 V et 50 hertz, mis à disposition du particulier à partir des bornes de sortie du disjoncteur : c'est le point de livraison (→ CROQUIS).

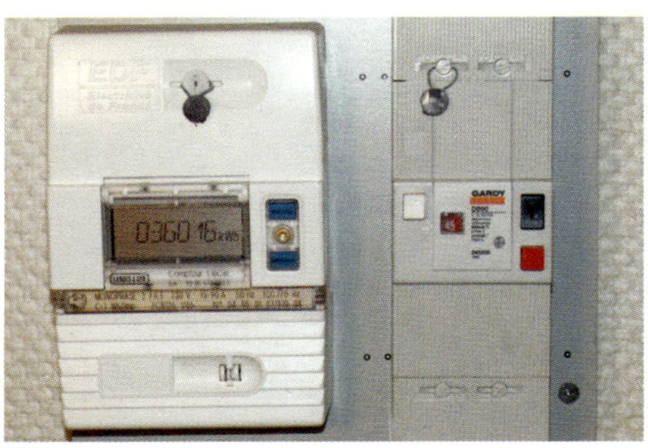

À gauche, compteur électrique.
À droite, disjoncteur de branchement.

RÉGLAGE DE L'INTENSITÉ DU DISJONCTEUR DE BRANCHEMENT SELON LA PUISSANCE SOUSCRITE

	Monophasé 230 V						Triphasé 230/400V	
Réglage du disjoncteur (A)	15	30	45	60	75	90	30	60
Puissance souscrite (kW)	3	6	9	12	15	18	18	36

Le compteur

Le compteur est destiné à enregistrer la quantité d'énergie consommée par l'utilisateur et se trouve dans un coffret (maison individuelle) ou dans une colonne montante (appartement). Il peut être placé à l'extérieur de l'habitation pour faciliter les relevés de consommation en l'absence du propriétaire.

Le disjoncteur de branchement

Le disjoncteur de branchement, ou disjoncteur général, contrôle et protège votre installation électrique. Son réglage (→ TABLEAU), indiqué sur une plaque, correspond à la puissance à laquelle vous avez souscrit (→ ENCADRÉ). Lorsqu'il y a un court-circuit, une surcharge ou une fuite d'électricité importante dans votre installation, ce disjoncteur coupe automatiquement l'arrivée du courant, que vous pouvez rétablir à l'aide d'un bouton de commande ou d'un levier dès que la panne est réparée. ■

Calcul de la puissance souscrite

La puissance dont vous disposez dans votre logement est le produit de l'intensité (réglage du disjoncteur) par la tension (indiquée sur le compteur). Lorsque votre disjoncteur est par exemple réglé à 30 ampères, la puissance disponible est alors de 30 A x 230 V, soit 6 900 W (ou 6,9 kW). Vous paierez un abonnement correspondant à la puissance souscrite la plus proche dans la gamme tarifaire, c'est-à-dire 6 kW. Comme vous n'utilisez pas tous vos appareils électriques en même temps, la puissance souscrite correspond seulement à la puissance de l'ensemble des appareils susceptibles d'être utilisés au même moment.

Le tableau de répartition

Le tableau de répartition, ou tableau divisionnaire, comporte tous les circuits de votre installation, chacun d'eux étant protégé contre les surintensités ou les courts-circuits par un disjoncteur ou un fusible. De cette façon, si une panne intervient dans un des circuits, elle n'engendre pas la coupure générale de l'installation. Suivant la surface habitable, le confort souhaité et le contrat souscrit avec le distributeur, le tableau de répartition occupe un emplacement qui peut varier du simple au triple (→ CROQUIS).

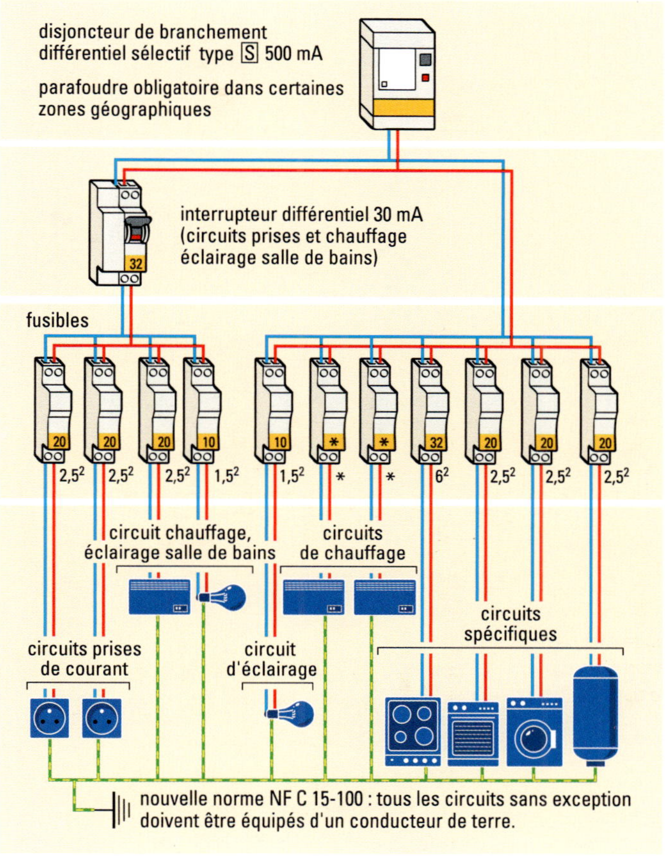

Tableau de répartition. La configuration adoptée dans cet exemple présente une solution économique avec fusibles ; seuls les circuits de la salle de bain et les prises de courant sont protégés par un interrupteur différentiel. (: calibre et section selon la puissance des convecteurs de chauffage)*

Les différents circuits

Les circuits d'une installation électrique domestique sont spécialisés par fonction. On distingue ainsi :
- les circuits d'éclairage ;
- les circuits de prises de courant ;
- les circuits spécialisés (chauffe-eau, lave-linge, appareil de cuisson) ;
- les circuits d'alimentation du chauffage électrique éventuel.

Pour chaque circuit, un nombre maximal de points d'utilisation est défini (→ TABLEAU P. 508). Un circuit d'éclairage ou de prises de courant, par exemple, peut alimenter 8 points d'utilisation selon la norme NF C 15-100 et 5 points d'utilisation s'il porte le label Promotelec. Un appareil d'éclairage comportant plusieurs lampes ne constitue qu'un seul point d'utilisation. Une prise de courant commandée par un interrupteur lumière, destinée à l'alimentation électrique d'appareils d'éclairage, de lampadaires ou de lampes de bureau, est considérée comme un point d'éclairage.

Un circuit monophasé comporte toujours deux conducteurs actifs, un conducteur de phase (Ph) et un conducteur neutre (N), ainsi qu'un conducteur de terre (T).

Tableau de répartition. Chaque circuit doit être repéré par une indication écrite ou un symbole placé à proximité du disjoncteur ou du fusible correspondant (« éclairage chambre », « cuisinière », etc.).

Composition du tableau

Le tableau de répartition est raccordé par des conducteurs à partir des bornes de sortie du disjoncteur de branchement. En général,

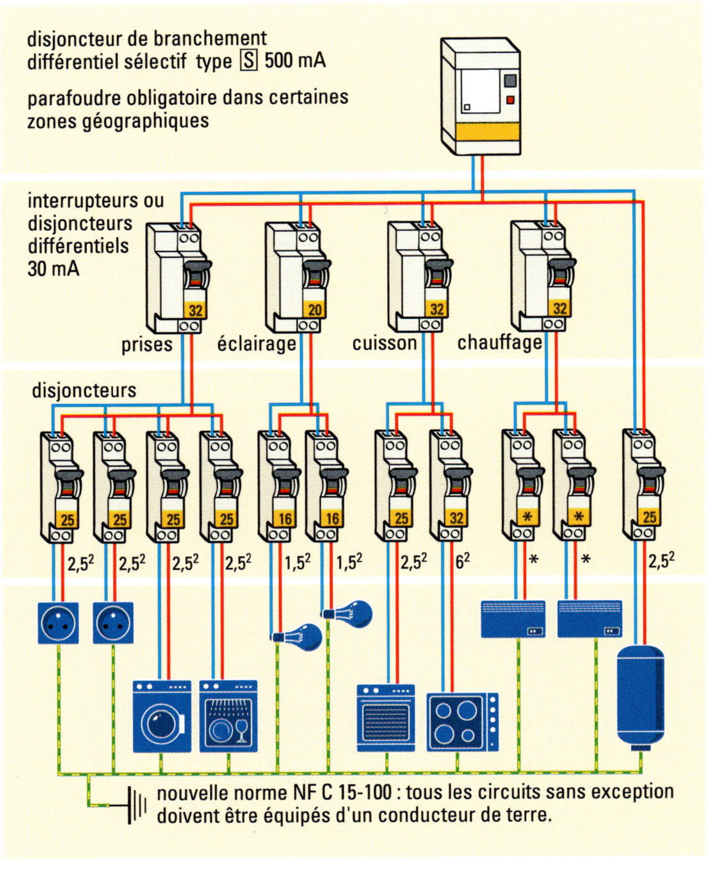

Composants d'un tableau de répartition avec disjoncteurs différentiels (: selon puissance des radiateurs).*

La protection contre la foudre

Dans les régions où la foudre frappe plus de 25 jours par an, l'installation d'un parafoudre « haute énergie », monté directement sur le tableau de répartition, est obligatoire. Une telle protection est également conseillée lorsque le courant arrive par réseau aérien ou d'un transformateur sur poteau, alimenté par un réseau aérien. Il existe en outre des parafoudres et des prises de parafoudre qui permettent de protéger les circuits sensibles, notamment contre les surtensions, assez fréquentes, qui peuvent endommager un appareil électrique. Le moyen le plus sûr reste cependant de débrancher les appareils sensibles (micro-ordinateur, chaîne hi-fi, etc.) pendant l'orage ou avant de partir en vacances.

l'alimentation électrique s'effectue par les bornes du haut, le départ par les bornes du bas. Le tableau de répartition (→ CROQUIS) comporte :

NOMBRE DE POINTS D'UTILISATION PAR CIRCUIT

Fonction	Nombre maximal de points d'utilisation par circuit		Section (mm²) des conducteurs (Ph, N, T) (cuivre)
	Norme NF C 15-100	Label Promotelec	
Éclairage et prises de courant commandées	8	5	1,5
Prises de courant	8	5	2,5
Lave-linge	1	1	2,5
Cuisinière (four + plaques) ou plaques de cuisson	1	1	6
Four seul	1	1	2,5
Plaque 2 feux studio	1	1	2,5
Chauffe-eau à accumulation	1	1	2,5 ou 4
Chauffage : convecteurs, panneaux radiants	5	5	2,5 ; 4 ou 6

– les bornes formant répartiteur, une pour la phase, une pour le neutre, une pour le conducteur de terre ;
– le ou les dispositifs de protection différentiels haute sensibilité (→ P. 513) ;
– les fusibles ou les disjoncteurs de protection de chaque circuit ;
– les appareils modulaires complémentaires éventuels tels que parafoudre, télérupteurs, contacteurs, relais heures creuses, délesteur, transformateur de sonnerie, programmateur de chauffage ;
– des barres de pontage (peigne isolé) permettant d'alimenter les fusibles ou disjoncteurs modulaires ;
– des emplacements libres prévus afin de pouvoir ajouter d'autres appareils modulaires ou l'alimentation d'autres circuits.

Emplacement du tableau. Le tableau de répartition doit être posé à l'intérieur du logement ou de la maison et raccordé directement à la prise de terre. Il est interdit de le placer dans une salle d'eau, un placard, une penderie ou au-dessus d'un évier ou d'un appareil de chauffage ou de cuisson. Les boutons de manœuvre doivent être situés entre 1 m et 1,80 m du sol.

Les fusibles et les disjoncteurs

Les fusibles et les disjoncteurs ont pour rôle d'interrompre le passage du courant dès qu'ils détectent une anomalie de fonctionnement (surcharge, court-circuit).

Les fusibles. Le principe du fusible repose sur la création d'un point faible sur un circuit. Un fil conducteur de faible diamètre va fondre dès que l'intensité du circuit dépasse de 10 à 20 % la valeur prévue. Il fond d'autant plus rapidement que le courant de surcharge ou de court-circuit est important.

Le coupe-circuit à fusible comporte :

- un socle avec des bornes de raccordement et la fixation sur un rail ;
- un porte-fusible mobile qui sectionne aussi le neutre ;
- une cartouche de fusible qui est calibrée pour un courant nominal (→ **TABLEAU**).

À noter : Chaque calibre a ses propres dimensions. On ne peut donc remplacer une cartouche de fusible par une autre de calibre plus élevé (→ **P. 526**).

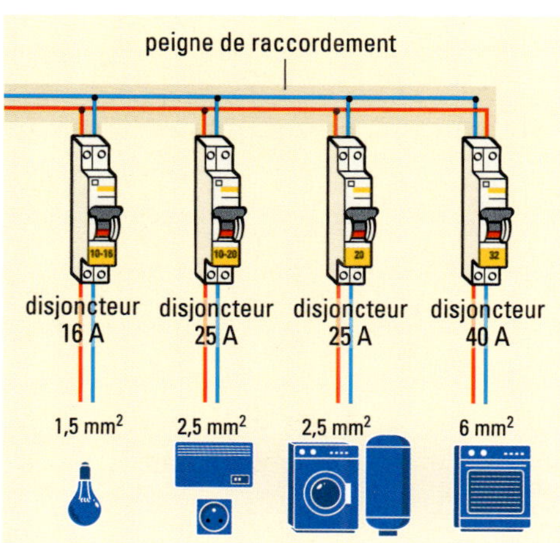

Détail d'un tableau de répartition avec disjoncteurs divisionnaires magnéto-thermiques.

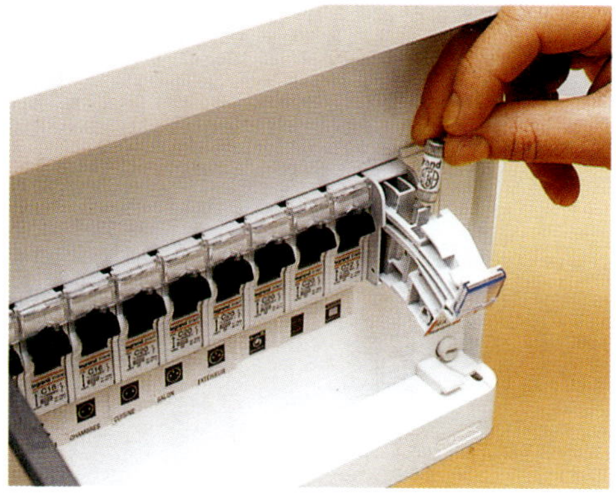

Coupe-circuits à cartouches fusibles.

Les disjoncteurs. Il s'agit de disjoncteurs divisionnaires, appelés aussi « disjoncteurs magnéto-thermiques », à ne pas confondre avec le disjoncteur général ou de tableau. Les surcharges sont détectées par un dispositif fondé sur la dilatation différente de deux lames métalliques ; les courts-circuits, par un électro-aimant provoquant l'ouverture de contacts qui peuvent couper un courant de court-circuit de 3 000 à 5 000 A. Ces disjoncteurs sont adaptés à la section du conducteur (→ **TABLEAU**) et assurent la coupure de la phase et le sectionnement du neutre.

Une fois la panne réparée, la remise en service est simple et rapide : il suffit d'actionner un levier ou un presse-bouton pour enclencher de nouveau le disjoncteur.

À noter : Ne pas confondre disjoncteurs divisionnaires (peu coûteux) et disjoncteurs ou interrupteurs différentiels (dix fois plus chers). Les premiers protègent contre les courts-circuits, les seconds contre les risques d'électrocution (→ **P. 513**). ■

CALIBRE DES FUSIBLES ET DES DISJONCTEURS SELON LA SECTION DES CONDUCTEURS

Section du conducteur	1,5 mm²	2,5 mm²	4 mm²	6 mm²
Calibre du fusible	10 A	20 A	25 A	32 A
Calibre du disjoncteur	10 ou 16 A	20 ou 25 A	32 A	32 ou 40 A

Les risques et les précautions

Chaque année, l'électricité est à l'origine de nombreux incendies, accidents corporels et même de morts des suites d'une électrocution (une vingtaine de décès par an en France). La qualité du matériel électrique de protection et une bonne connaissance des règles de sécurité doivent permettre d'éviter de tels risques.

Le choc électrique

On désigne par «choc électrique» l'effet ressenti par une personne lors du passage du courant à travers son corps. La grandeur du choc dépend de l'intensité du courant qui traverse le corps et de la résistance que celui-ci présente au passage du courant. Cette résistance, mesurée en ohms, peut aller de 1 000 ohms (humidité, pieds nus) à 50 000 ohms (milieu sec, mains calleuses), la moyenne se situant autour de 5 000 ohms.

Effets physiologiques d'un choc électrique.

– Dans le cas d'un courant dont l'intensité (mesurée en milliampères, mA) est de 10 à 20 mA : picotements puis crispation des muscles ; danger dû aux réactions incontrôlées (geste violent, chute) ;

– De 25 à 30 mA : tétanisation des muscles avec une contraction au niveau de la cage thoracique (risque d'asphyxie) ;

– Au-delà de 40 mA : brûlures et fibrillation cardiaque pouvant entraîner la mort, sauf intervention immédiate.

Les deux causes du choc électrique

Le contact direct. Il se produit avec un fil ou une borne électrique sous tension. Le courant s'établit à travers le corps de la personne, soit entre deux fils de polarité différente, soit entre la partie du fil sous tension et la terre (➡ CROQUIS 1 ET 2).

Le contact indirect. Il se produit avec un appareil qui se trouve être sous tension par suite d'un défaut d'isolement, par exemple, un lave-linge dont un fil touche le châssis métallique (➡ CROQUIS 3). C'est un risque d'autant plus traître qu'on ne s'attend pas à recevoir une décharge électrique.

Les moyens de protection

Le principal recours est l'isolation des parties sous tension : conducteurs isolés, conduits isolants, interrupteurs et prises de courant en matière isolante, isolation des parties électriques des appareils électroménagers...

L'utilisation de la très basse tension permet également de réduire les risques. La tension de sécurité est alors de :

– 50 V en milieu sec (salle de séjour) ;

– 25 V en milieu humide (cuisine) ;

– 12 V en milieu mouillé (salle de bains).

Contre les risques de contacts indirects, toutes les masses métalliques doivent être reliées à un conducteur de protection électrique relié à la terre (➡ P. 512), et un disjoncteur différentiel (➡ P. 513) assure la coupure automatique en cas de défaut d'isolement. ■

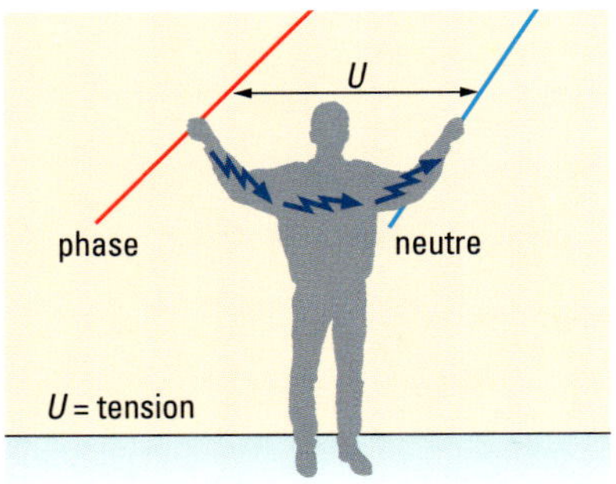

1. *Contact direct par deux conducteurs sous tension.*

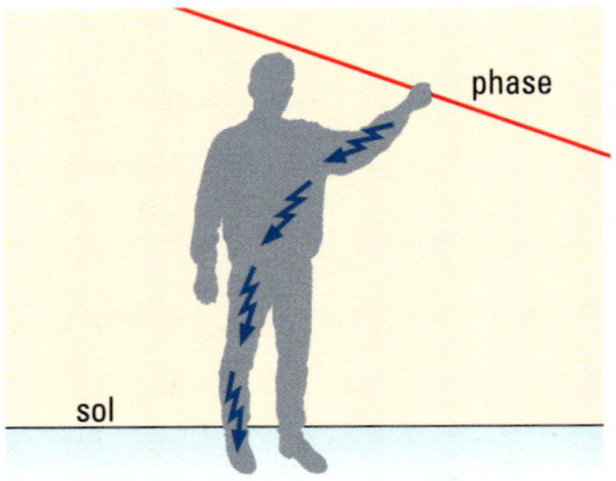

2. *Contact direct avec un conducteur dénudé.*

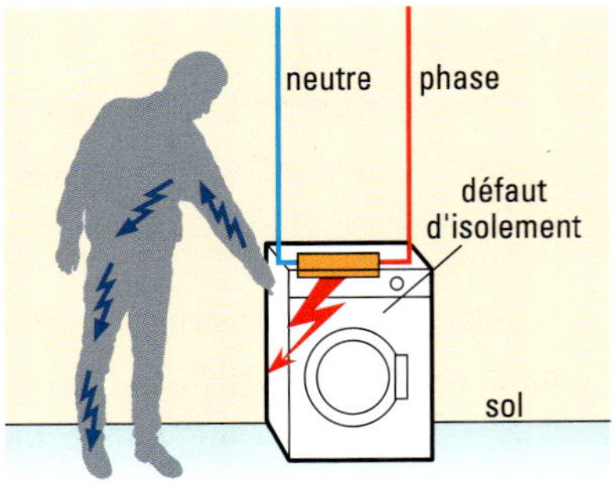

3. *Contact indirect : appareil présentant un défaut d'isolement et non relié à la terre.*

CONSEILS DE SÉCURITÉ

Pour réduire les risques d'accident et d'incendie, une installation électrique conforme aux normes de sécurité en vigueur est indispensable. Dès qu'une partie de votre installation est défectueuse (fils dénudés, prise cassée, etc.), procédez à la réparation nécessaire.
N'utilisez que du matériel et de l'appareillage certifiés par les logos NF USE et NF Électricité.
Avant d'effectuer une intervention sur votre installation électrique, coupez toujours le courant au disjoncteur général ou débranchez l'appareil à réparer.

ÉLECTRICITÉ

logos NF USE et NF Électricité

Précautions dans l'emploi courant des appareils électriques

- *N'utilisez jamais un appareil électrique les mains mouillées ou pieds nus sur un sol mouillé : vous risquez l'électrocution.*
- *Débranchez toujours un appareil électrique portatif dès que vous ne l'utilisez plus pour éviter ainsi tout démarrage accidentel.*
- *Débranchez toujours un appareil électrique avant de le nettoyer, notamment si vous vous servez d'un chiffon ou d'une éponge humides.*
- *Pour débrancher un appareil alimenté par une prise, tirez toujours par la fiche et jamais par le fil : vous risquez d'endommager le cordon et son raccordement à la fiche.*
- *Faites attention aux prises multiples et aux prolongateurs : lorsque trop d'appareils sont branchés sur une prise, ils peuvent échauffer la prise et provoquer un incendie.*
- *Si vous avez des enfants, installez des prises de courant à éclipses de protection. Les deux volets de ces prises ne s'ouvrent en même temps que sous la poussée des deux broches d'une fiche.*

Odeur de brûlé, étincelles, flammes...

Si un appareil électrique dégage une odeur de brûlé, produit des étincelles ou s'enflamme :
- *Coupez aussitôt le courant au disjoncteur général ou débranchez l'appareil en déconnectant la prise ou en actionnant l'interrupteur correspondant.*
- *En cas d'incendie, étouffez les flammes avec une couverture, un tissu ou, mieux, un extincteur à poudre sèche.*
- *Ne touchez jamais un appareil ou un fil enflammés.*
- *Inspectez ensuite tous les fils, câbles et raccordements. S'ils ont été endommagés, remplacez-les. Si nécessaire, faites appel à un professionnel pour la vérification.*

Que faire en cas d'électrocution ?

- *Coupez aussitôt le courant en actionnant le levier ou le bouton de commande du disjoncteur général, qui se trouve en principe près du tableau de répartition.*
- *Si vous ne trouvez pas le disjoncteur général, essayez de dégager la victime à l'aide d'un bâton ou d'une chaise en bois, d'une corde sèche ou d'un tissu en prenant soin de vous placer sur un sol sec (tapis ou parquet à l'intérieur, paillasson ou caisse en bois à l'extérieur).*
- *Évitez surtout de toucher la victime directement, car vous deviendriez vous-même conducteur d'électricité.*
- *Si la victime présente des brûlures, se sent mal ou a perdu connaissance, même temporairement, appelez immédiatement les secours (Samu ou pompiers).*

La prise de terre

Toute installation électrique doit aujourd'hui être équipée d'un raccordement à la terre. Selon la norme NF C 15-100, toutes les prises de courant et même les circuits d'éclairage doivent désormais disposer d'un conducteur relié à la terre.

Pourquoi la mise à la terre ?

La prise de terre assure que la terre (au potentiel zéro volt) est utilisée comme conducteur de retour pour les courants de fuite en cas de défaut d'isolement. En son absence, l'usager lui-même risque de devenir conducteur et de recevoir un choc électrique qui peut être mortel à partir de 24 V sous 0,5 A dans des conditions défavorables (pieds nus, milieu humide). La prise de terre permet en outre le déclenchement des dispositifs de sécurité (disjoncteurs ou interrupteurs différentiels), qui coupent le courant en cas d'incident. Elle est donc essentielle pour votre sécurité.

Si vous n'êtes pas sûr que votre installation électrique dispose d'un raccordement à la terre, faites-la vérifier par un électricien ou renseignez-vous auprès de votre syndic de copropriété, si vous vivez dans un appartement. Dans le cas d'un immeuble collectif, vous pouvez également vérifier s'il existe à chaque étage un petit boîtier de couleur jaune ou marqué « terre » (les fils dans ce boîtier sont toujours de couleur vert/jaune).

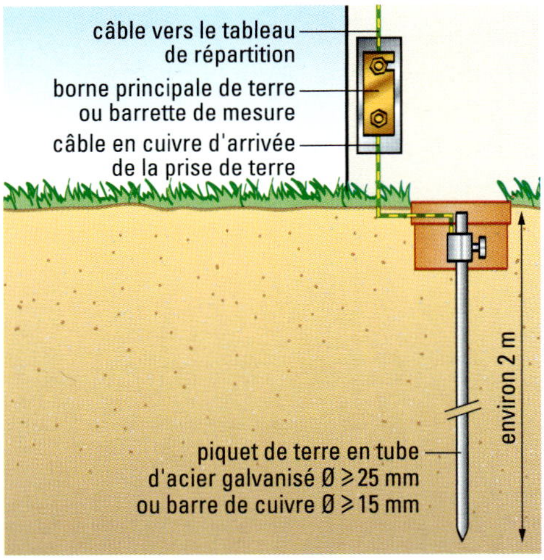

1. *Piquet de terre.*

Le raccordement à la terre

Dans les constructions récentes, le raccordement à la terre est toujours prévu. Il s'agit d'un câble en cuivre nu enfoui à fond de fouilles et raccordé à une borne de terre (➡ **CROQUIS 2**). Dans les autres cas, la prise de terre peut être réalisée à l'aide d'un piquet métallique enfoncé dans le sol (➡ **CROQUIS 1**) ou d'un câble enterré dans une tranchée (➡ **CROQUIS 3**), toujours raccordé à la borne de terre. Le raccordement s'effectue à l'aide d'un câble nu en cuivre de section 16 à 25 mm².

● **À noter :** Il est interdit d'utiliser pour le raccordement principal à la terre les canalisations d'eau, de gaz ou de chauffage central ainsi que les gaines de câbles. ■

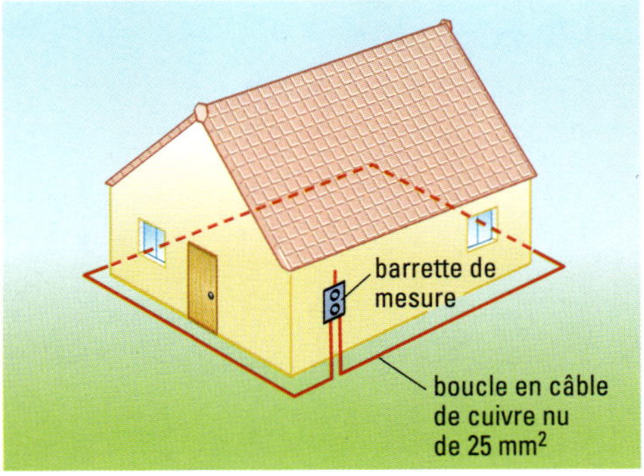

2. *Boucle à fond de fouilles.*

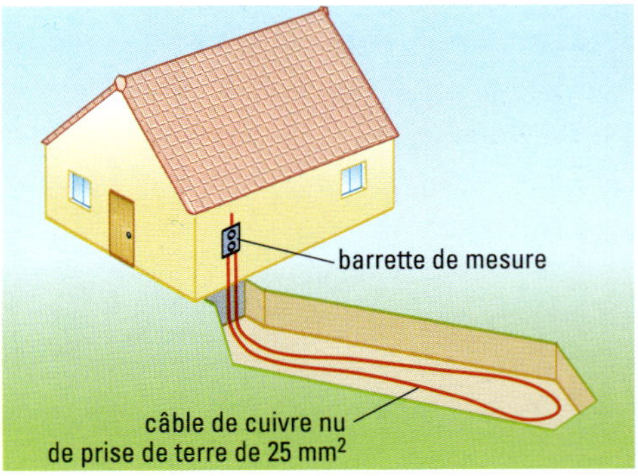

3. *Conducteur en tranchée.*

La protection différentielle

Les dispositifs différentiels, interrupteurs ou disjoncteurs différentiels, assurent la protection des personnes en cas de fuite de courant. Une telle fuite peut se produire lorsque l'enveloppe métallique d'un appareil électrique (un lave-linge, par exemple) se trouve sous tension à la suite d'un défaut d'isolement. Dans ce cas, ni le fusible ni le disjoncteur magnéto-thermique ne réagiront, le courant étant trop faible.

Le principe

Le principe de fonctionnement du dispositif différentiel repose sur l'équilibre entre le courant d'entrée (phase) et le courant de retour (neutre). Dès qu'il y a un défaut d'isolement, il se produit un courant de fuite à la terre. À ce moment, le courant de retour est plus faible et le dispositif différentiel détecte le déséquilibre et coupe le circuit.

Interrupteur ou disjoncteur différentiel. Alors que l'interrupteur différentiel n'assure qu'une protection différentielle, le disjoncteur différentiel protège également contre les surcharges et les courts-circuits.

Calibre et sensibilité. Le calibre d'un interrupteur différentiel définit l'intensité du courant que l'interrupteur laisse passer en temps normal (par exemple, 10, 16, 25, 32 ou 40 A). La sensibilité est la valeur limite qui déclenche l'action de l'interrupteur (10, 30, 100, 300 ou 500 mA).

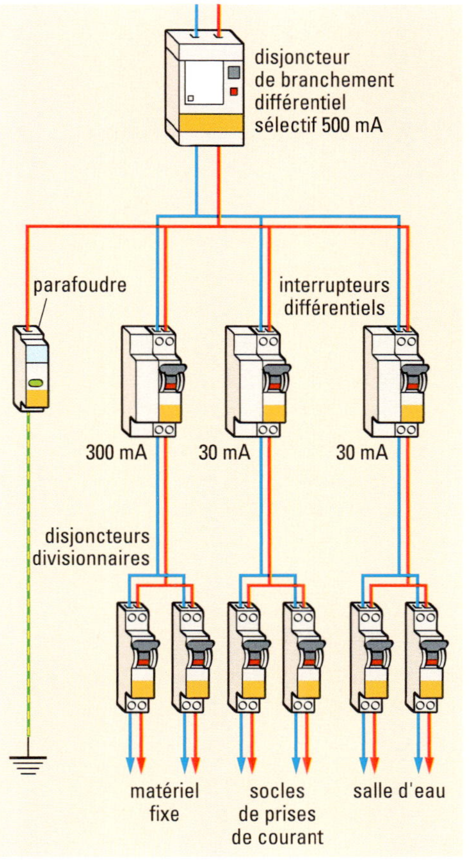

Disposition des interrupteurs différentiels dans une installation (tableau de répartition).

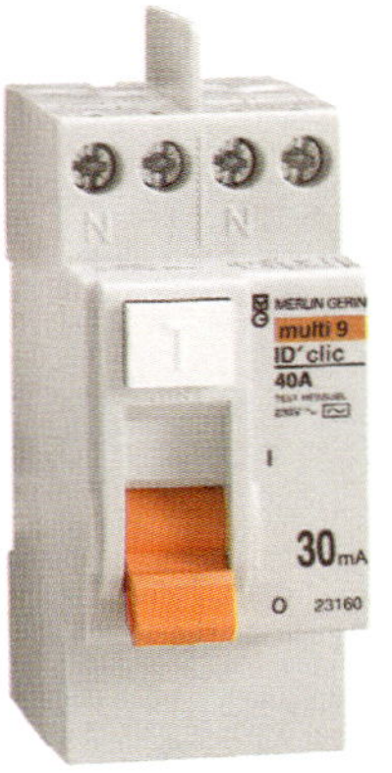

© Schneider-Electric

Interrupteur différentiel.

Quelle protection différentielle ?

La compagnie distributrice d'électricité oblige aujourd'hui à installer un disjoncteur différentiel d'une sensibilité de 500 mA, qui porte alors la mention « disjoncteur différentiel ». En général, ce n'est pas le cas dans une ancienne installation.

L'installation d'un dispositif différentiel de haute sensibilité (30 mA) est par ailleurs obligatoire pour les prises de courant, les circuits de la salle d'eau, les appliques lumineuses de la cuisine et les câbles chauffants (chauffage par le sol). Pour améliorer la protection et le confort (une coupure moins sélective), il est souhaitable d'augmenter le nombre de dispositifs différentiels et de protéger le reste de l'installation et/ou de prévoir un dispositif pour les différents circuits spécialisés (gros appareils électroménagers), mais cela représente un coût nettement plus élevé. L'installation d'un disjoncteur différentiel doit toujours être accompagnée d'un branchement à la terre de toutes les masses métalliques. Si la masse d'un appareil n'est pas reliée à la terre, la protection n'est pas assurée !

À noter : Le dispositif différentiel n'offre pas une protection absolue contre l'électrocution. Il protège uniquement en cas de contact indirect. ■

Les circuits classiques

Les circuits permettent d'acheminer l'électricité à chaque point d'utilisation. Chacun des montages (prises de courant, simple allumage, va-et-vient, télérupteur, etc.) est toujours alimenté à partir d'une boîte de connexion. Ces boîtes de connexion reçoivent leur alimentation par différentes lignes électriques qui sont issues du tableau de répartition (→ **P. 507**). Chaque ligne électrique doit posséder trois conducteurs : la phase, le neutre et la terre. Depuis 1991, le conducteur de terre est obligatoire pour tous les circuits, y compris l'éclairage.

On distingue les circuits classiques, tels les prises de courant et l'allumage, et les circuits spécialisés, qui alimentent les gros consommateurs d'énergie, comme la cuisinière ou le lave-linge (→ **P. 520**). Pour les locaux humides (salle de bains, cuisine), il existe une réglementation plus stricte (→ **P. 518**).

Prise de courant et allumage simple

La prise de courant. Elle est alimentée par un circuit (→ **CROQUIS 2**) avec trois fils :

– la phase (conducteur de couleur rouge ou brun) ;

– le neutre (conducteur de couleur bleu clair) ;

– la liaison à la terre (conducteur de couleur vert jaune).

Tous ces conducteurs sont de section 2,5 mm². Ils sont connectés sur le socle de la prise ; la phase et le neutre sur les bornes femelles, la terre sur la borne mâle (→ **CROQUIS 2A**).

Le nombre de prises par circuit est limité à huit (norme NF C 15-100) ou cinq (label Promotelec), les prises doubles étant considérées comme une seule. Les alvéoles d'une prise doivent se trouver à 5 cm du sol au moins.

1. *Exemple de répartition des circuits d'une installation électrique.*

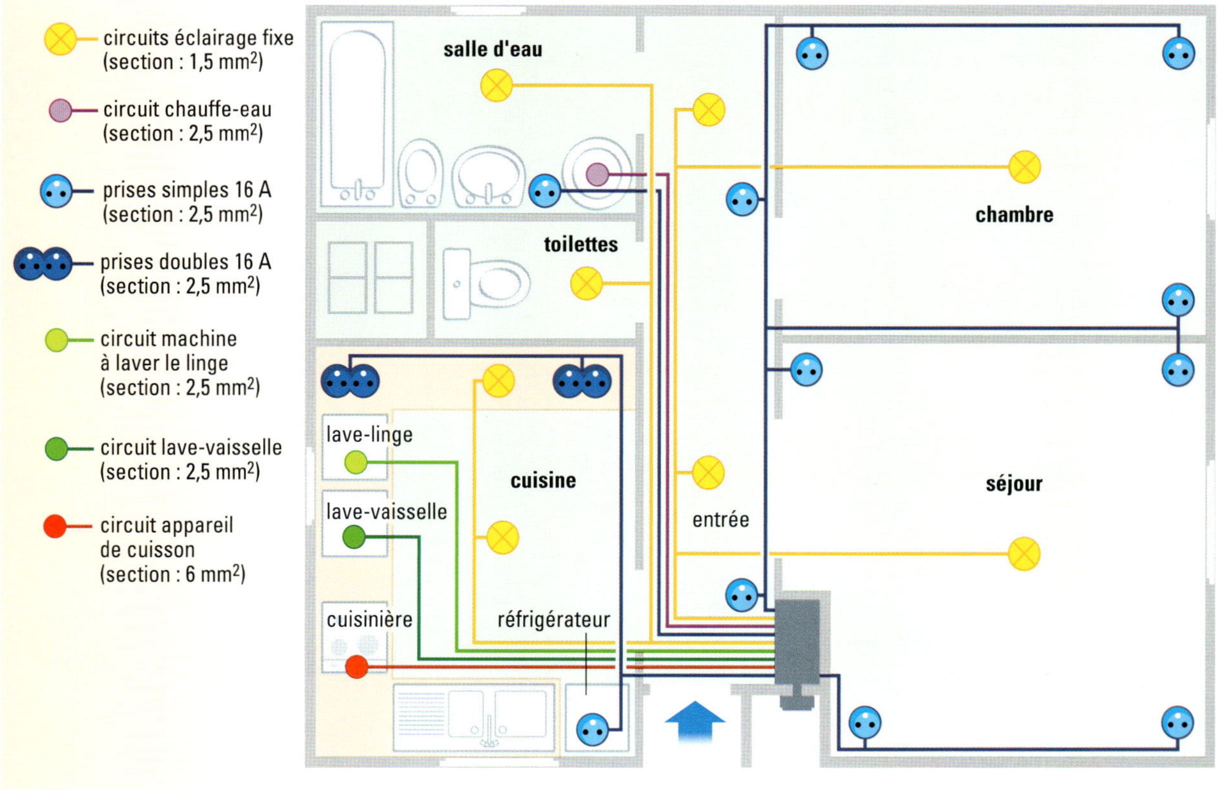

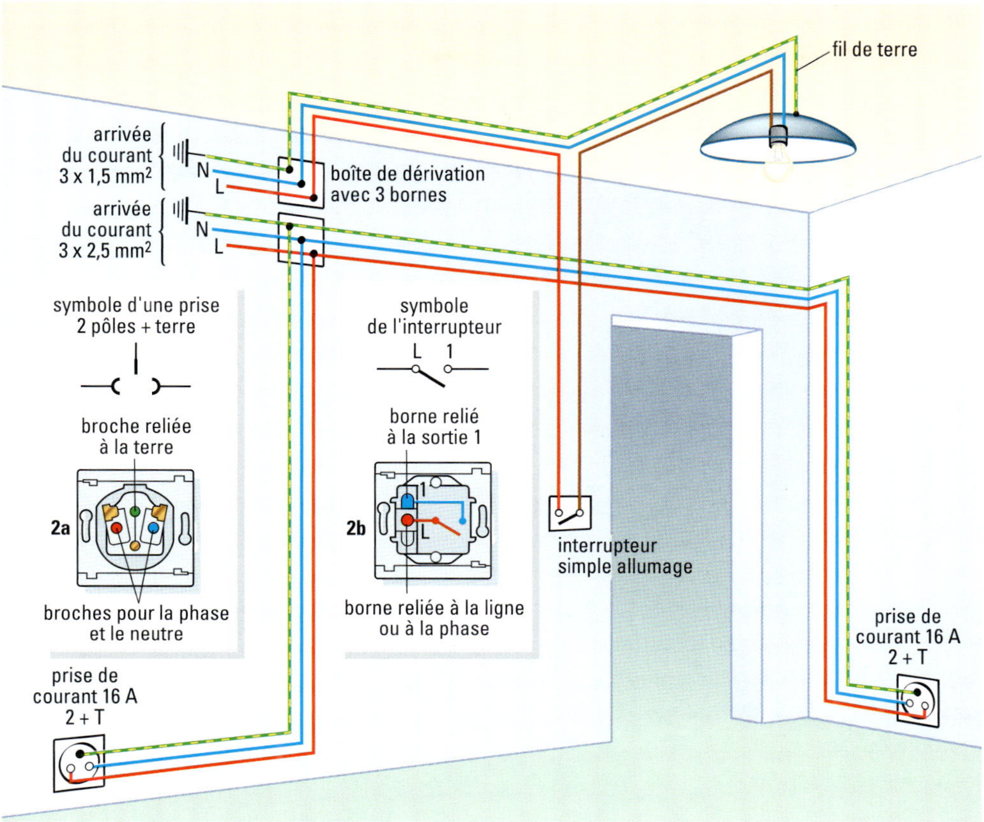

2. Exemple de deux circuits alimentant, l'un deux prises et l'autre un circuit de simple allumage avec la boîte de dérivation. En gros plan, à gauche (2 a), prise vue de l'arrière, avec deux pôles (phase et neutre) et terre. En gros plan au centre (2 b), interrupteur vu de l'arrière.

La prise de courant commandée. Il s'agit d'une prise de courant commandée par un interrupteur (par exemple, pour l'éclairage d'une lampe de chevet). Le fil rouge de la phase ressort de l'interrupteur en fil brun.

Le simple allumage. Le fil de phase passe par l'interrupteur, le fil neutre (bleu clair) et le fil de terre (vert/jaune) vont directement au luminaire (➡ CROQUIS 2B). Les conducteurs sont tous de section 1,5 mm².

Simple allumage avec voyant lumineux

Pour ne pas laisser éclairée une lampe à l'extérieur d'un logement ou dans une cave, par exemple, vous pouvez ajouter un voyant lumineux à l'interrupteur. Ce voyant est alimenté entre le fil de phase (rouge ou marron) et le neutre.

Double allumage

L'interrupteur double allumage permet de commander séparément deux groupes de lampes d'un même luminaire.

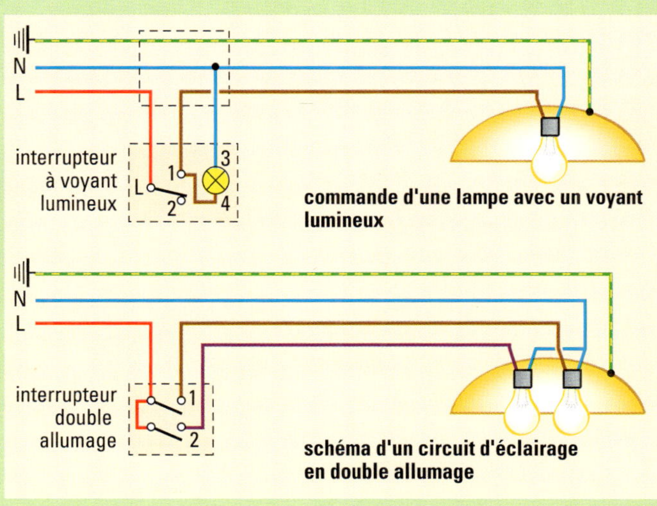

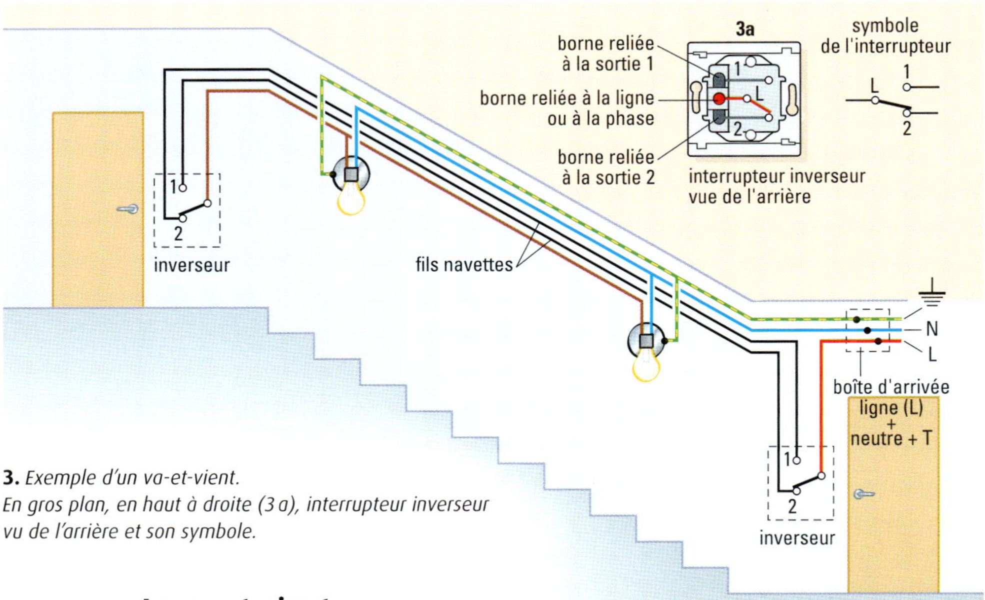

3. *Exemple d'un va-et-vient.*
En gros plan, en haut à droite (3 a), interrupteur inverseur vu de l'arrière et son symbole.

Le va-et-vient

Pour commander une ou plusieurs lampes depuis deux endroits différents, vous pouvez utiliser deux interrupteurs inverseurs (➡ CROQUIS 3). Quel que soit l'ordre dans lequel vous actionnez l'un des inverseurs, vous allumez la lampe si elle est éteinte et vous l'éteignez si elle est allumée.

Télérupteur et minuterie

Le télérupteur. Lorsqu'il s'agit de commander l'éclairage d'une ou de plusieurs lampes depuis plus de deux endroits (dans un couloir ou un escalier, par exemple), vous pouvez installer un télérupteur dans une boîte de connexion ou sur votre tableau de répartition (➡ CROQUIS 4). C'est un électro-aimant qui, à chaque impulsion de courant qu'il reçoit par l'intermédiaire de boutons-poussoirs, ouvre ou ferme un contact.

La minuterie. C'est un interrupteur temporisé : en appuyant sur un bouton-poussoir, on commande la fermeture d'un contact qui s'ouvrira automatiquement au bout d'un temps préréglé (par exemple, de 30 s à

Monter les interrupteurs inverseurs d'un va-et-vient

1 **Repérez les trois fils qui arrivent** dans la boîte d'encastrement du premier interrupteur : la phase (rouge) et les deux fils de navette (noir).

2 **Raccordez le fil de la phase** (rouge) à la borne du milieu du premier interrupteur et les deux fils de navette de chaque côté.

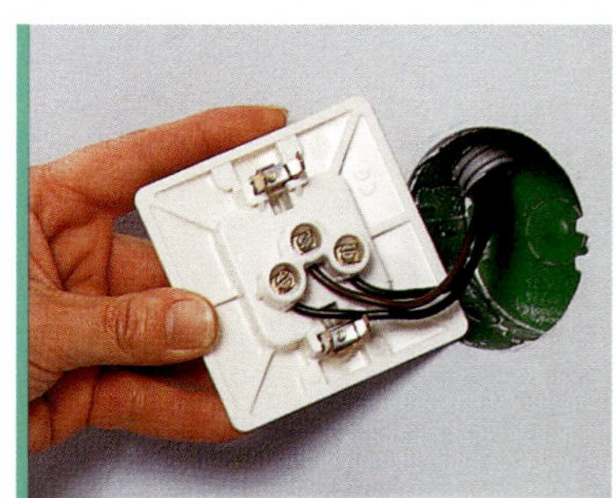

3 **Raccordez la liaison** vers la lampe (marron) à la borne du milieu du deuxième interrupteur et les deux fils de navette de chaque côté.

5 min). La minuterie, placée dans un tableau de répartition, est protégée par un fusible ou un disjoncteur (➡ CROQUIS 4).

L'éclairage automatique

L'éclairage automatique permet d'allumer automatiquement une lampe lorsque la nuit tombe ou dès qu'une personne entre dans un local. Il nécessite l'emploi d'une cellule photoélectrique ou d'un détecteur de présence.

L'éclairage par cellule photoélectrique. Pour ce type d'éclairage, appelé aussi « interrupteur crépusculaire », un module placé dans un tableau permet d'ouvrir et de fermer un contact lorsque le seuil de luminosité détecté par la cellule est atteint (➡ CROQUIS 5). Le module est alimenté en 230 V et relié à une cellule photoélectrique placée à l'extérieur. (Veillez à ce que la cellule photoélectrique ne soit pas éclairée car cela aurait pour effet de commander l'extinction de la lampe.) Un bouton permet de régler le seuil de luminosité ; une temporisation évite les fonctionnements intempestifs.

L'éclairage par détecteur de présence. Pour l'éclairage extérieur, des lieux de passage ou des escaliers, vous pouvez utiliser un détecteur de présence par infrarouge, qui commande une ou plusieurs lampes (➡ CROQUIS 6). Le détecteur doit être alimenté sous une tension de 230 V ; il peut aussi remplacer un interrupteur simple allumage.

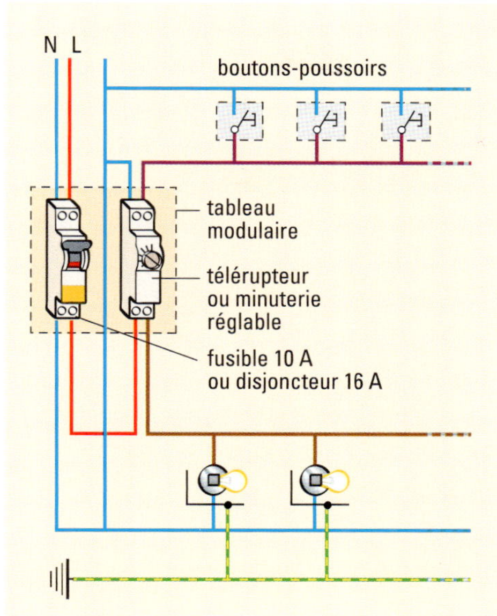

4. *Montage d'une minuterie ou d'un télérupteur dans un tableau modulaire.*

À l'achat, veillez aux caractéristiques suivantes du détecteur :
– la portée, à savoir la distance à laquelle une personne peut être détectée (de 2 à 12 m) ;
– le secteur de détection, à savoir l'angle d'ouverture de la détection (de 10° à 180°) ;
– la temporisation, à savoir le temps de maintien de la fermeture du contact après la fin du mouvement précédemment détecté (de 4 secondes à 15 minutes) ;
– la capacité de détection de l'obscurité réalisée par la cellule photoélectrique, dont le seuil doit être réglable. ■

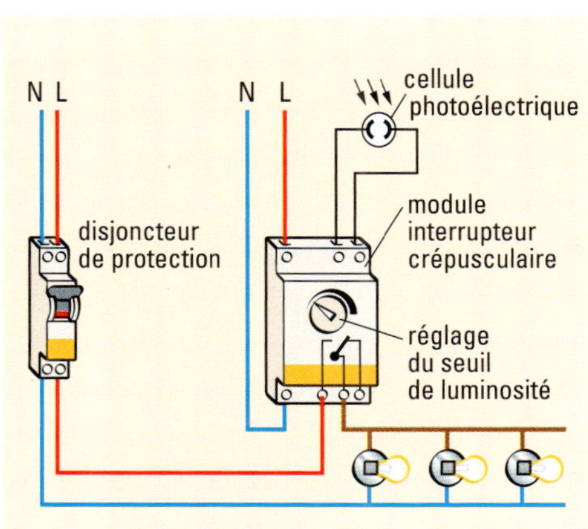

5. *Commande d'éclairage par interrupteur crépusculaire.*

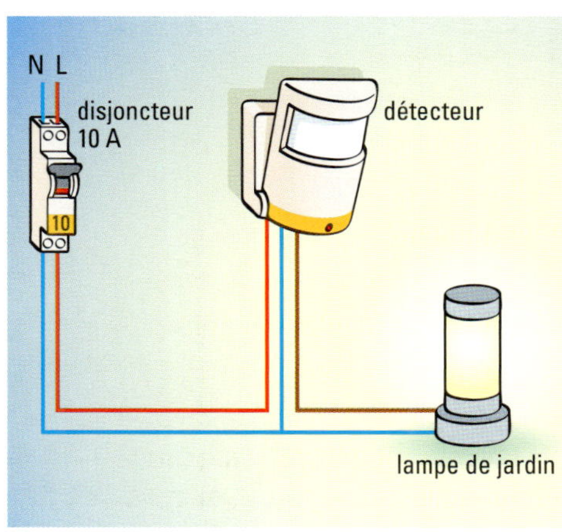

6. *Détecteur de présence alimenté en 230 V.*

Détecteur de présence.

Le cas particulier de la salle de bains

MATÉRIEL ÉLECTRIQUE AUTORISÉ DANS LES DIFFÉRENTS VOLUMES D'UNE SALLE DE BAINS

Matériel	Mesures de protection	Dans les volumes 0	1	2	3
Lave-linge, sèche-linge	Classe I	Interdit	Interdit	Interdit	Autorisé
Appareils de chauffage	Classe I	Interdit	Interdit	Interdit	Autorisé
	Classe II	Interdit	Interdit	Autorisé	Autorisé
Éclairage (1)	Classe I	Interdit	Interdit	Interdit	Autorisé
	Classe II	Interdit	Interdit	Autorisé	Autorisé
	TBTS 12 V	Autorisé	Autorisé	Autorisé	Autorisé
	Transformateur de séparation	Interdit	Interdit	Autorisé	Autorisé
Chauffe-eau instantané	Classe I	Interdit	Autorisé	Autorisé	Autorisé
Chauffe-eau à accumulation	Classe I	Interdit	Autorisé	Autorisé	Autorisé
Interrupteur	TBTS 12 V	Interdit	Autorisé	Autorisé	Autorisé
Prise (2P + T)		Interdit	Interdit	Interdit	Autorisé
Prise rasoir (20 à 50 VA)	Transformateur de séparation	Interdit	Interdit	Autorisé	Autorisé
Transformateur de séparation		Interdit	Interdit	Interdit	Autorisé

Tous ces matériels sont alimentés par un dispositif différentiel de 30 mA
(1) Le transformateur doit être placé en dehors des volumes 1 et 2.

Appareils interdits
Appareils autorisés

Pour des raisons de sécurité, la salle de bains, ou salle d'eau, est soumise à une réglementation particulière qui définit des zones où sont interdits certains appareils électriques (→ TABLEAU ET CROQUIS 1). Toutes les parties métalliques d'une salle de bains doivent en outre être reliées à la terre.

Les volumes de protection

Volume 0. Il s'agit du volume intérieur de la baignoire ou du bac de douche.

Volume 1. Il comprend le volume au-dessus de la baignoire ou du bac de douche (sur une hauteur de 2,25 m à partir du fond de la baignoire ou du bac de douche).

Volume 2. C'est le volume contigu à la baignoire ou au bac de douche (plans verticaux à 0,60 m des bords de la baignoire et/ou du bac de douche).

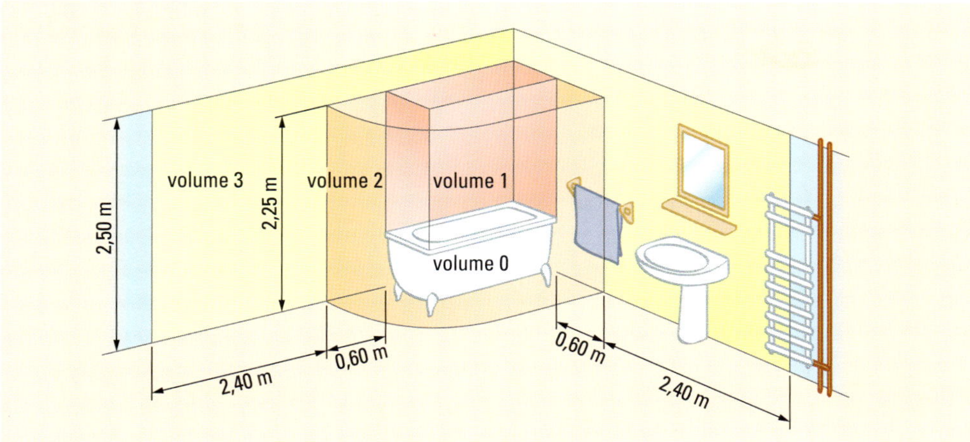

1. *Disposition des volumes 0, 1, 2 et 3 autour d'une baignoire.*

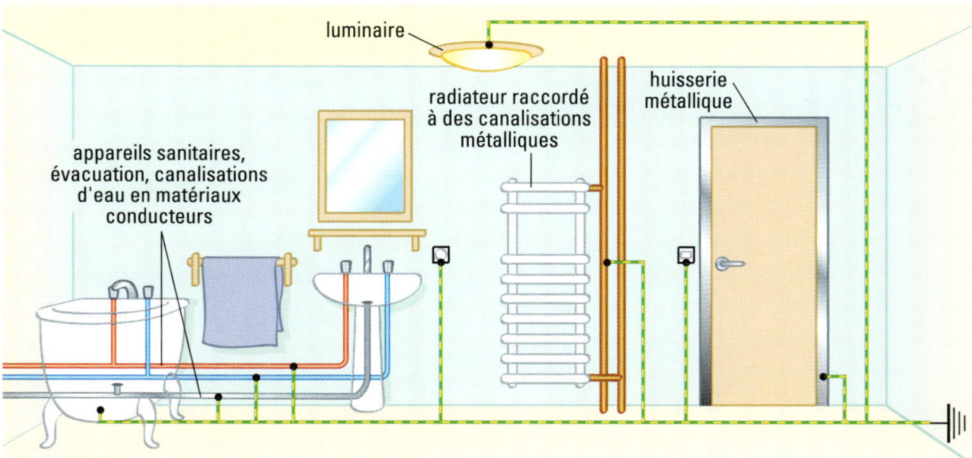

2. *Éléments de la salle d'eau devant être reliés à la liaison équipotentielle.*

Volume 3. Cette zone d'une profondeur de 2,40 m entoure le volume 2.
L'espace situé sous la baignoire, s'il est fermé et accessible seulement par une trappe nécessitant un outil pour être ouverte, ne fait pas partie des volumes 0 à 3.

La liaison équipotentielle

Huisseries métalliques, masse des radiateurs, chauffe-eau, canalisations d'eau vers la baignoire, la douche et le lavabo, évacuations métalliques, baignoires métalliques, appliques ou lampes doivent tous être reliés entre eux par un conducteur de terre (de section 2,5 mm^2 s'il est posé sous moulure ou dans un conduit, sinon de 4 mm^2). Cette liaison, appelée « équipotentielle » **(→ CROQUIS 2)**, est ensuite reliée à la barrette de terre du tableau de répartition. ■

Matériel électrique et protection contre les chocs électriques

Certains appareils électriques portent un symbole indiquant le niveau de protection contre les contacts des personnes et contre la pénétration d'eau :

1 – *matériel de classe II à double isolation qui dispense de le relier à la terre (rasoir électrique, sèche-cheveux, appareils d'éclairage pour salle d'eau, etc.) ;*

2 – *matériel de classe I devant être relié à la terre (réfrigérateurs, appareils de cuisson,etc.) ;*

3 – *matériel protégé contre les chutes verticales de gouttes d'eau (condensation), à utiliser dans les locaux humides et notamment dans les caves ;*

4 – *matériel protégé contre les éclaboussures d'eau (projections), à utiliser dans les salles d'eau ;*

5 – *matériel protégé contre les jets d'eau, à utiliser en particulier à l'extérieur des bâtiments.*

Les gros appareils électroménagers

Les gros appareils électroménagers (plaques de cuisson, four électrique, lave-linge, etc.) sont de gros consommateurs d'énergie. Les appareils ne dépassant pas 3 kW peuvent être branchés sur les prises de courant ordinaires 16 A + T de votre installation. Celles-ci font partie d'un circuit spécialisé avec conducteur de terre, et la section des câbles qui les alimentent est de 2,5 mm². Pour les appareils dépassant 3 kW, le problème est différent.

Quel type de raccordement ?

- Pour un gros appareil électroménager dépassant 3 kW, et jusqu'à 4,5 kW, on utilise en général une prise d'une puissance de 20 A et un câble avec une section de 4 mm² ; un coupe-circuit à fusible de 25 A ou un disjoncteur divisionnaire de 32 A assure la protection du circuit.
- Pour un très gros consommateur d'énergie (entre 4,5 et 7 kW), il faut prévoir une prise de 32 A et un câble avec une section de 6 mm², ainsi qu'un coupe-circuit à fusible de 32 A ou un disjoncteur divisionnaire de 38 ou 40 A (indications valant pour une tension monophasée de 230 V).

N'oubliez pas de couper le courant au disjoncteur général avant d'intervenir. Le raccordement proprement dit peut s'effectuer directement (→ SÉQUENCE) ou avec une prise et une fiche spéciales (fiche à deux broches plus grandes et une lame épaisse rectangulaire pour la terre). Dans ce dernier cas, vous devez en général démonter la plaque frontale de la prise murale de la platine de raccordement avant de connecter les fils à leur borne respective : la terre (vert/jaune) en bas, le neutre (bleu) à gauche et la phase à droite. Vissez ensuite la platine sur le mur (ou sur le boîtier encastré) et fixez la façade. Pour monter la prise à l'extrémité du câble de l'appareil (s'il est fourni sans prise), passez le câble par l'ouverture dans le couvercle, puis connectez les fiches en correspondance avec les fils de la prise murale. Bloquez ensuite le serre-câble et revissez la prise. ■

L'efficacité énergétique

Une norme européenne (Eurolabel) rend obligatoire la présence d'un étiquetage informatif sur la consommation d'énergie des appareils électroménagers.
La classification qui en résulte s'exprime par des lettres. Cet étiquetage vous informe immédiatement du niveau de consommation :
de « économe » (A) à « peu économe » (E).

Raccordement direct d'un gros appareil électroménager

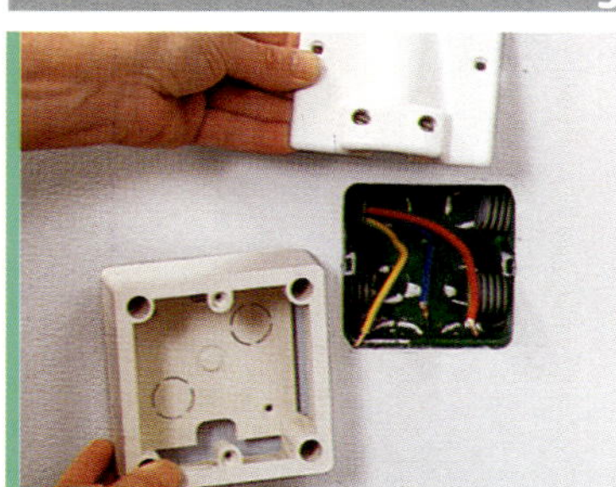

1 **Choisissez le type de boîtier** que vous voulez utiliser (encastré ou en applique). La façade est toujours une simple plaque ; le câble passe par le bas.

2 **Raccordez les fils** de même couleur sur des barrettes d'une taille adaptée au diamètre des fils (6 mm² pour une cuisinière à quatre plaques de cuisson et un four).

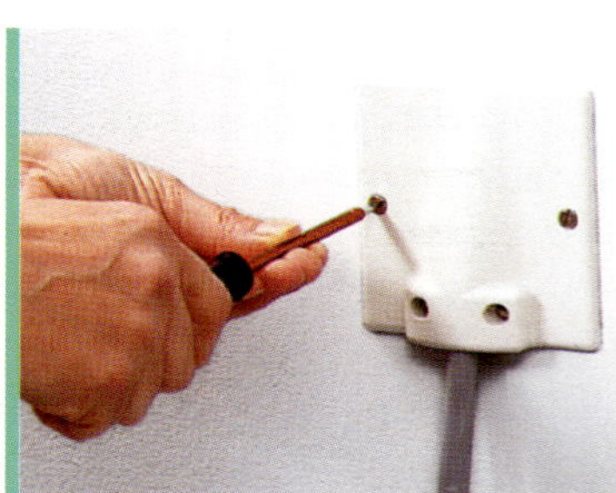

3 **Bloquez le serre-câble** et fixez la plaque de façade au mur à l'aide des deux vis prévues à cet effet. Ce boîtier encastré s'adapte bien à une cuisine intégrée.

L'éclairage

© Osram

Le choix de l'éclairage met en jeu non seulement des critères esthétiques mais avant tout la notion de confort visuel. Pour cette raison, il convient de bien étudier l'emplacement et la puissance des différentes sources lumineuses, le style d'éclairage souhaité (direct, indirect, diffus) et la nature de la lumière procurée (lumière blanche d'une lampe halogène, plus chaude d'une lampe à incandescence, etc.).

Lampes à incandescence et spots

Les lampes à incandescence possèdent un filament de tungstène, enfermé dans une

Choisir une lampe à incandescence

Les éléments suivants sont à prendre en compte :

– la tension : 230 V ou, en basse tension, 12 ou 24 V ;

– la puissance : 25 W, 40 W, 60 W, 75 W, 100 W, 150 W, 200 W, 300 W, 500 W ;

– le culot : à baïonnette (B 22), à vis (E 27) ou à petite vis (E 14) ;

– la forme de l'ampoule et sa présentation (claire, dépolie, opalisée, colorée, à calotte argentée, à réflecteur incorporé).

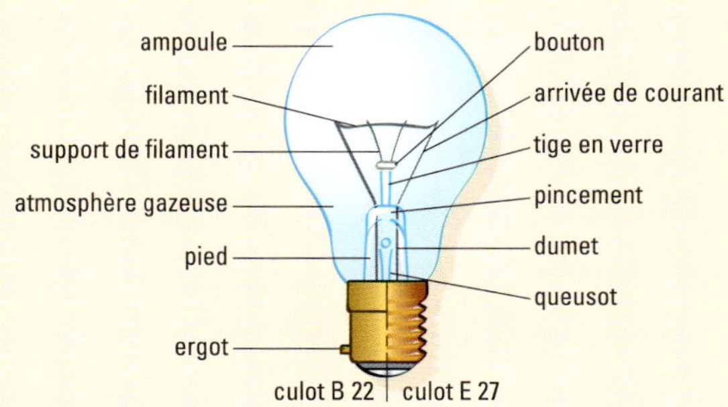

Lampe à incandescence.

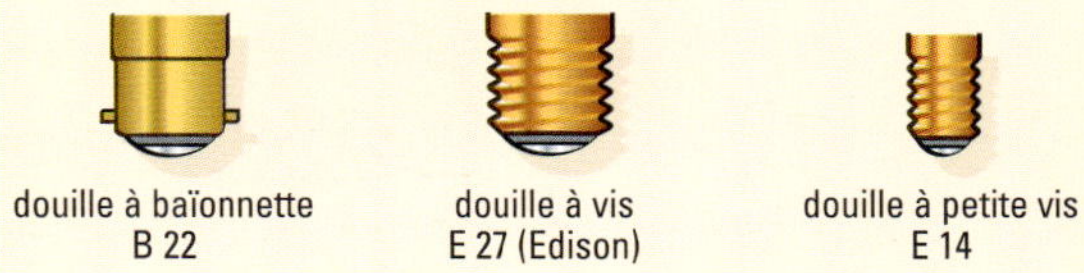

Principales formes de culot d'une lampe.

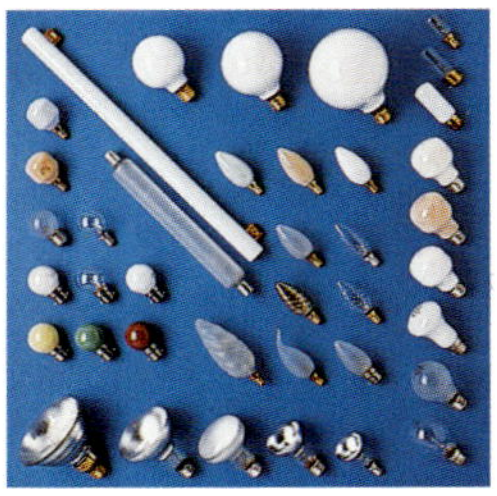
© Osram

1. *Différentes formes de lampes à incandescence ordinaires et de spots.*

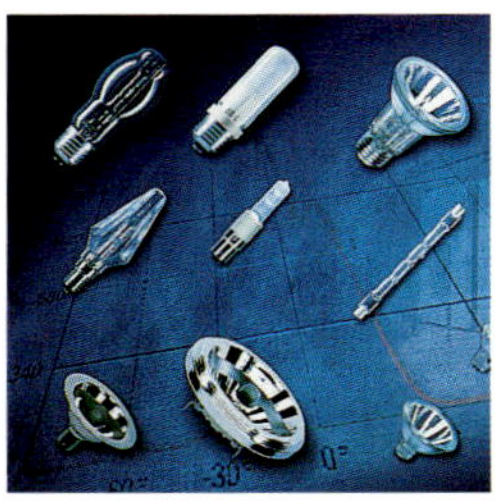
© Osram

2. *Lampes halogènes.*

ampoule de verre, éventuellement coloré, remplie de gaz inerte (azote ou argon). Le passage du courant électrique dans ce filament le porte à l'incandescence (blanc éblouissant). Le culot assure la fixation de la lampe et sa connexion électrique. À titre d'exemple : une lampe à incandescence de 100 W, placée au-dessus d'une table, offre une lumière suffisante pour effectuer même des travaux minutieux. La durée de vie moyenne d'une lampe à incandescence est de 1 000 heures environ. Il existe une vaste gamme de formes et de modèles (→ PHOTO 1).

Les spots. Ce sont des lampes à incandescence de forme conique et munies d'un réflecteur incorporé. Celui-ci a pour effet de concentrer la lumière sur une surface précise. Les spots sont donc employés pour obtenir un éclairage très localisé.

Lampes halogènes

Les lampes halogènes sont des lampes à incandescence qui émettent une lumière blanche proche de celle du soleil. Elles utilisent un verre spécial à base de quartz et une atmosphère constituée d'un gaz halogène, l'iode. Ces deux éléments permettent de porter le filament à une température plus élevée tout en évitant sa destruction. La durée de vie d'une lampe halogène est environ deux fois supérieure à celle d'une lampe à incandescence ordinaire. On trouve des ampoules halogènes avec des formes et des culots classiques ou spéciaux (→ PHOTO 2).

Lampes très basse tension (T.B.T.)

Ce sont des lampes qui sont alimentées par un transformateur qui réduit la tension de 230 V à une valeur de 12 V, sans danger pour les personnes (→ CROQUIS 3). L'avantage de ces lampes est d'avoir un filament de section plus importante et donc plus robuste, ce qui se traduit par une durée de vie plus longue.

La puissance du transformateur dépend de la puissance des lampes à alimenter. Pour quatre lampes de 40 W, par exemple, il faudra un transformateur 4 x 40 W, soit 160 W.

Tubes fluorescents

Sans filament, le tube fluorescent (à ne pas confondre avec le néon des enseignes lumineuses) est rempli d'un gaz à basse pression, qui contient de la vapeur de mercure. Une décharge électrique active la fluorescence de la poudre déposée à l'intérieur du tube. L'allumage du tube peut être instantané ou différé (allumage par starter). Son alimentation s'effectue par un ballast qui permet de créer une surtension au moment de l'amorçage du tube, puis de régler la tension en fonctionnement normal (→ CROQUIS 5).

La douille la plus courante est en général à deux broches, et à une seule broche pour les tubes à allumage instantané (→ CROQUIS 4).

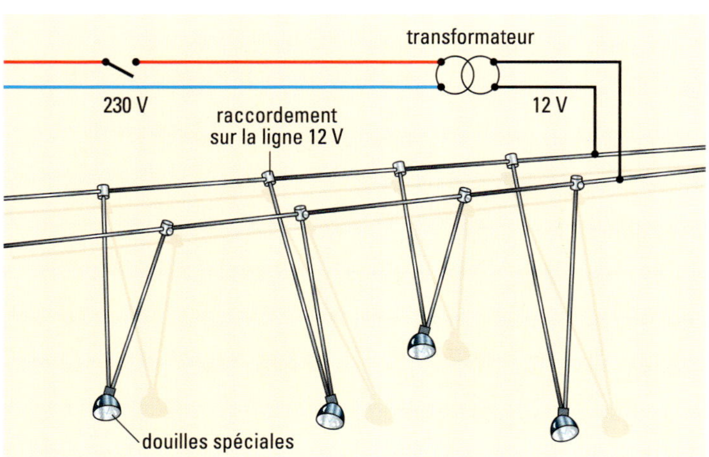

3. *Disposition des lampes T.B.T. entre les fils de ligne.*

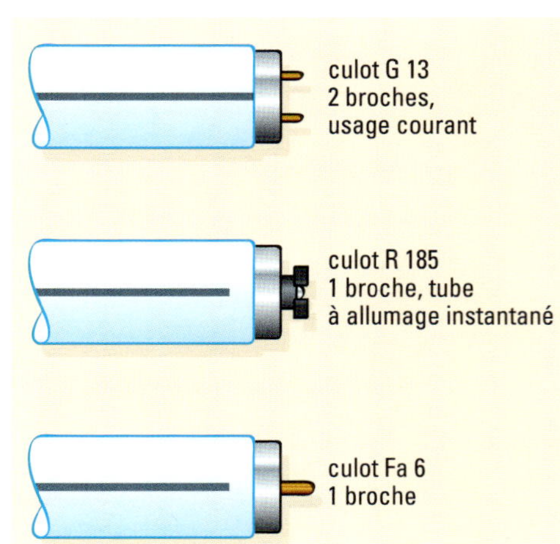

4. *Culots de tube fluorescent.*

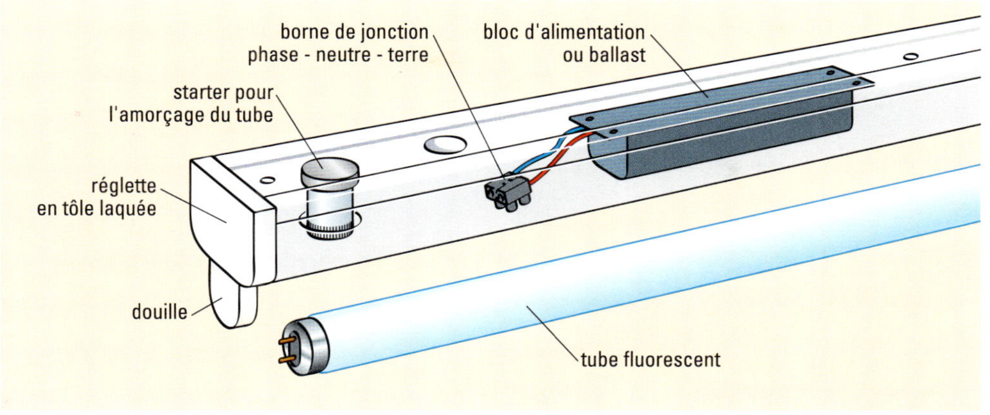

5. *Ensemble (ou réglette support) et alimentation d'un tube fluorescent.*

Chaque longueur de tube correspond à une puissance spécifique (→ TABLEAU). À longueur égale, on peut changer un tube de 38 mm de diamètre (ancien standard) par un tube de 26 mm.

PUISSANCE (W) ET LONGUEUR (m) DES TUBES FLUORESCENTS

W	6	8	13	18, 20*	32	36, 40*	58, 65*
m	0,20	0,30	0,50	0,60	0,90	1,20	1,50

* Ancien standard (tubes de diamètre 38 mm)

Lampes compactes

Ces nouvelles lampes (→ PHOTO 6), reconnaissables à leur forme de tube en U, sont très économiques : leur durée de vie moyenne est de 5 à 10 fois plus élevée que celle d'une lampe ordinaire et elles délivrent plus de lumière (la luminosité d'une lampe compacte de 10 W équivaut à celle d'une lampe ordinaire de 50 W). Si elles restent plus chères que les autres, leur prix a cependant baissé.
Les lampes compactes fonctionnent selon le même principe que les tubes fluorescents, mais leur lumière est plus « chaude ». Les progrès techniques ont permis de remplacer le dispositif d'allumage (starter) et l'alimentation (ballast) par un ensemble électronique intégré dans la douille. Pour fixer la lampe dans la douille, tenez-la par la partie supérieure et non par les parties tubulaires. À l'allumage, il faut attendre 2 ou 3 minutes pour que ce type de lampe donne sa pleine luminosité. Évitez également d'allumer et d'éteindre immédiatement une lampe compacte, car ce faisant vous diminuerez considérablement sa durée de vie. ■

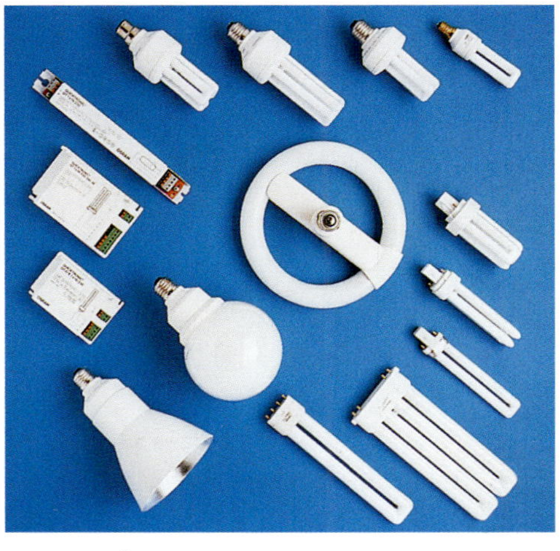

6. *Lampes fluocompactes.*

Si un tube fluorescent ne s'éclaire pas

- Si le tube est noirci aux extrémités, il est usé et il faut le changer.
- Il peut y avoir un mauvais contact. Faites tourner le tube d'un quart de tour dans un sens, puis d'un quart de tour dans l'autre sens. Ne mettez jamais les doigts dans une douille.
- Si une petite lueur apparaît aux extrémités, le starter est peut-être défectueux. Changez-le.

Les principales pannes

Les causes de panne d'une installation électrique sont nombreuses. Certaines sont difficiles à détecter, même pour un électricien, mais la plupart des pannes peuvent être résolues par une intervention simple. Dans d'autres cas, il est possible de remettre en fonction une installation au moins partiellement, en attendant une réparation définitive. Assurez-vous d'abord que la coupure du courant n'est pas due au distributeur. Si ce n'est pas le cas, deux situations peuvent se présenter :

– soit vous êtes devant une panne générale de votre installation (→ DIAGRAMME 1) ;

– soit seule une partie de votre installation est en panne (→ DIAGRAMME 2).

La majorité des pannes relèvent en effet d'un des trois principaux types de défauts.

Comment procéder en cas de panne ?

Quelle que soit la panne, ne tirez pas de conclusions trop hâtives, mais procédez selon les étapes suivantes.

1. ***Que s'est-il passé exactement ?***
2. ***Quelles en sont les causes possibles ?***
3. ***Que faut-il faire pour remédier à la panne ?***
4. ***Intervenez en fonction de vos hypothèses ou de vos déductions.***
5. ***Vérifiez si votre intervention a eu les résultats escomptés.***

La coupure d'un circuit

Dès qu'un fil est coupé, plus aucun courant ne circule dans le circuit.

Une telle coupure est souvent due à un mauvais serrage des conducteurs dans un appareillage (prise de courant, interrupteur) ou à la détérioration d'un interrupteur.

Elle peut également résulter de l'endommagement accidentel d'une ligne lors de travaux (percement d'un trou dans le mur, pose d'une vis ou d'un clou, etc.).

Enfin, dans une vieille installation non conforme aux normes, un mauvais raccordement par épissure (au lieu d'un dispositif de connection) ou l'insuffisance de la section des conducteurs, entraînant la dégradation du matériel, peuvent être à l'origine d'une coupure.

Le mauvais contact. Lorsqu'une borne se desserre ou que le contact d'un interrupteur se détériore, cela peut provoquer une coupure occasionnelle ou par intermittence. Dans le cas d'un interrupteur, on peut souvent observer un grésillement ou un vacillement du luminaire qu'il commande.

Le court-circuit

Il se produit quand deux fils de polarités différentes (phase et neutre, deux phases) se touchent. Cela se traduit par un arc électrique et la fusion des fils, mais le plus souvent les fusibles fondent ou le disjoncteur se déclenche. Souvent, on peut entendre un bruit qui ressemble à une détonation.

Le court-circuit correspond en général à un fait précis, tel le branchement d'un appareil électrique défectueux, l'allumage d'un luminaire par un interrupteur ou l'endommagement d'une ligne électrique lors du percement d'un trou dans le mur. Mais il peut être également la conséquence d'un dégât des eaux qui affecte les lignes électriques ou, dans une vieille installation, résulter de la détérioration d'un matériel électrique non conforme. ***En cas de court-circuit,*** il est impératif d'identifier et d'éliminer la cause de la panne, avant de remettre sous tension le circuit défaillant. Effectuez d'abord la réparation, puis réenclenchez le disjoncteur ou changez le fusible.

– Si un appareil défectueux est à l'origine de l'incident et que vous ne pouvez pas le réparer, laissez-le déconnecté.

– Si vos recherches sur un circuit défaillant n'aboutissent pas, laissez-le hors tension et remettez uniquement en service les autres circuits en attendant l'intervention d'un électricien.

La surcharge

Elle peut se produire quand un nombre trop grand d'appareils est branché sur un même circuit. Il suffit alors de déconnecter quelques gros consommateurs d'énergie pour rétablir le courant. Lorsque ce type de panne arrive trop fréquemment, demandez au distributeur d'augmenter la puissance à laquelle vous avez souscrit ou faites installer un délesteur qui coupera les circuits non prioritaires en cas de surcharge. ■

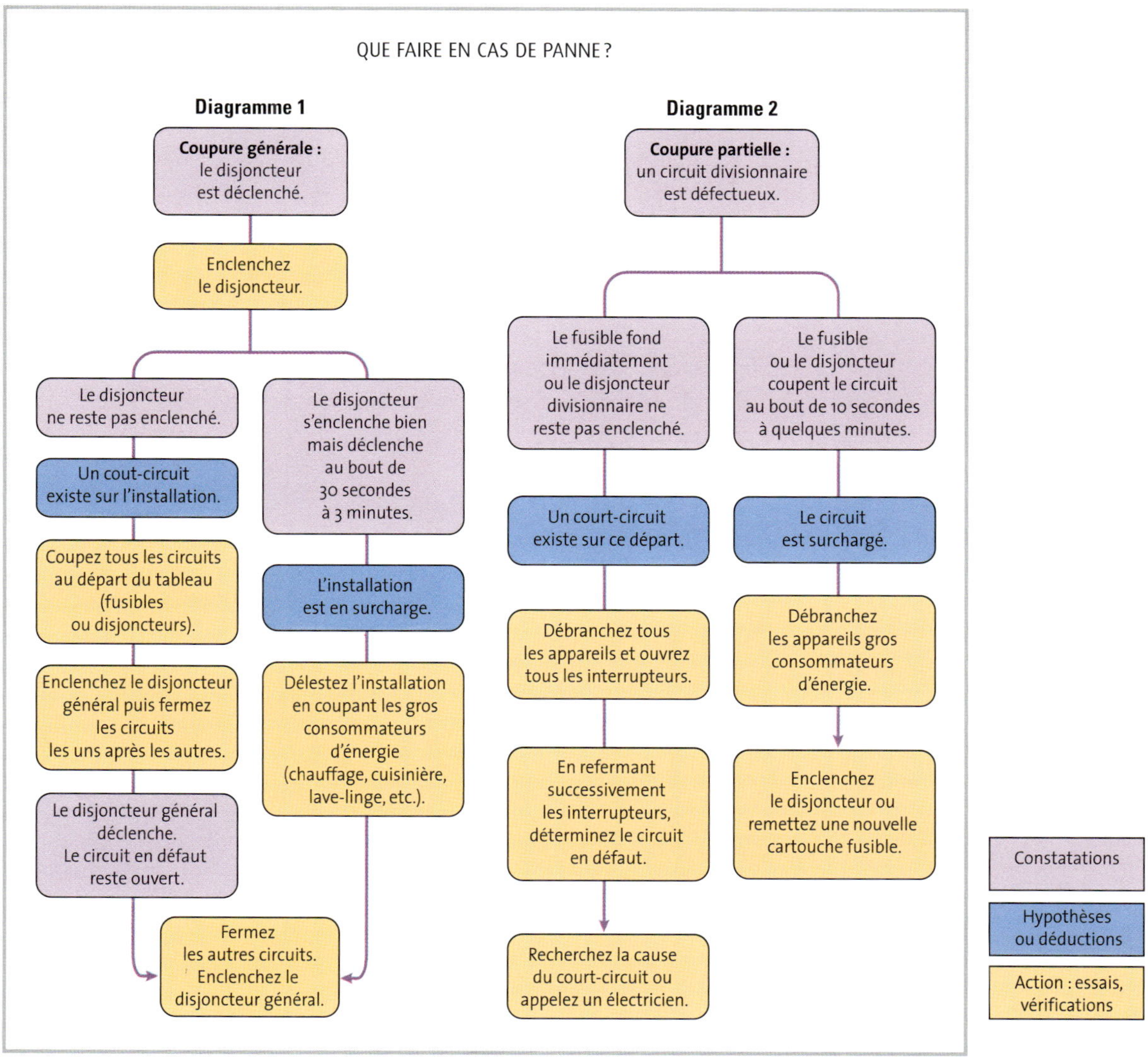

Changer un fusible

Le coupe-circuit à fusible est composé d'un porte-fusible et d'un fusible. Ce dernier comporte un fil conducteur calibré en fonction du circuit qu'il doit protéger. Lorsque l'intensité du courant qui le traverse dépasse la valeur pour laquelle le fusible est réglé, ce fil s'échauffe et finit par se détruire, entraînant la coupure du circuit.

Différents calibres de cartouches

Dans les coupe-circuit modernes, le fusible prend la forme d'une cartouche dont la taille (diamètre et longueur) correspond à une intensité (A) (→ **TABLEAU**). En changeant un fusible défectueux, il faut impérativement respecter son calibre. Installer un fusible de rechange de mauvais calibre, voire le bricoler, revient à remettre en question la protection du circuit et peut être la cause d'un incendie.

Un fusible a sauté : que faire ?

Coupez toujours le courant au disjoncteur général avant de remplacer un fusible.

Identifier le circuit défaillant. Si les fusibles de votre tableau de répartition portent une étiquette indiquant la fonction du circuit (« cuisinière », « éclairage chambre », etc.) ou si vous utilisez des fusibles comportant un témoin lumineux ou un voyant de fusion (éjection d'une pastille de couleur en cas d'incident), vous pouvez facilement identifier le circuit défaillant. Sinon, vous devez tester les fusibles les uns après les autres jusqu'à ce que vous ayez trouvé celui qui est défectueux.

Tester une cartouche. À défaut d'un testeur de fusibles, réglez votre multimètre (ou contrôleur universel) sur ohmmètre et mesurez la résistance de chaque cartouche. Une résistance infinie indique un fusible défectueux.

Identifier la cause de la panne. Avant de remplacer un fusible défectueux, il faut toujours repérer la cause de la panne (→ **PP. 524-525**) et effectuer les réparations nécessaires.

– En cas de surcharge, débranchez quelques appareils, remplacez le fusible détruit et remettez l'installation en service.

– En cas de court-circuit, il vous faudra d'abord en éliminer la cause. Si la panne ne s'est pas produite au moment où vous avez mis en marche un appareil précis, vous devez déconnecter tous les appareils du circuit et les inspecter. Si ces recherches restent sans résultat, remplacez le fusible détruit et remettez l'installation sous tension, mais en laissant déconnectés tous les appareils du circuit. Si le circuit est à nouveau coupé, vous devrez procéder à une vérification de la ligne. ■

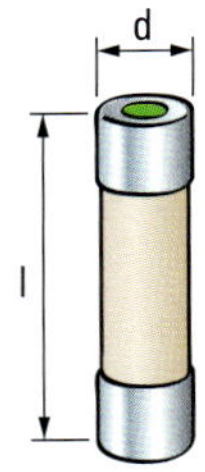

Cartouche-fusible.

CALIBRAGE ET DIMENSION DES FUSIBLES

Dimensions en mm (d x l)	Calibres en ampères	Tension maximale d'utilisation en volts	Principales utilisations
6,3 x 23	de 2 à 10	250	circuit de commande
8,5 x 23	de 2 à 10	250	circuit de commande
8,5 x 23	10	250	circuits d'éclairage
10,3 x 25,8	16	250	circuits de prises
8,5 x 31,5	20	400	chauffe-eau
10,3 x 31,5	25	400	lave-linge
10,3 x 38	32	400	cuisinière

Des fusibles à remplacer

Certains systèmes vétustes n'offrent pas une protection suffisante en cas de surcharge ou de court-circuit et doivent être remplacés impérativement par des coupe-circuit à cartouche calibrée ou, mieux, par des disjoncteurs divisionnaires.

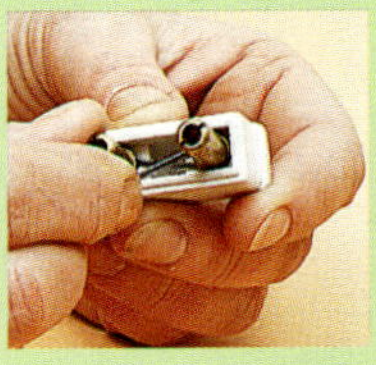

Fusible à broches en porcelaine avec fil monté en S.

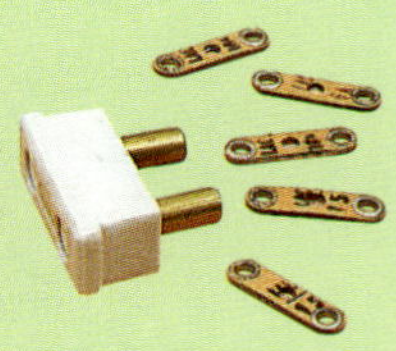

Fusible à plaquette.

Changer une douille de lampe

Outre une ampoule grillée, le mauvais raccordement des conducteurs au niveau de la douille est la raison la plus fréquente pour laquelle un luminaire ne fonctionne plus. À la suite de la coupure d'un fil, d'un mauvais contact ou d'un court-circuit dans une douille, il est préférable de remplacer la douille plutôt que de la réparer.

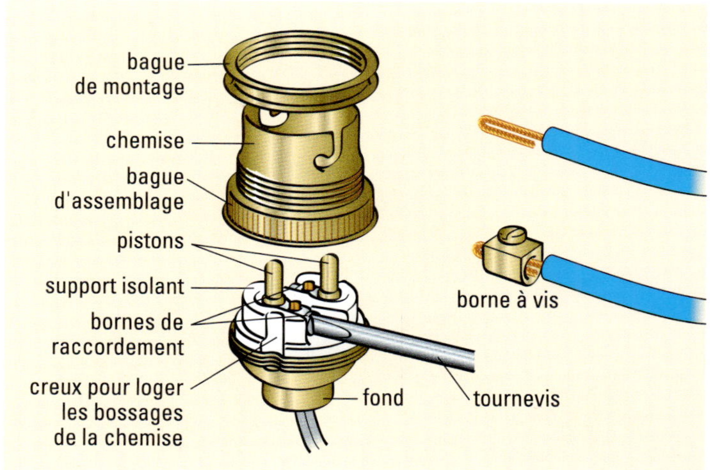

Douille baïonnette de type B 22 avec double bague en laiton. À droite : raccordement du fil à la borne de connexion.

Matériel et outils

Les douilles les plus utilisées sont les douilles à vis E 27 ou les douilles à baïonnette B 22 (➡ P. 521). Dans les deux cas, le raccordement s'effectue sur des bornes à vis. Pour remplacer la douille, vous avez besoin d'un tournevis, d'une pince coupante et d'une pince à dénuder (ou d'un couteau).

Remplacer la douille

Coupez d'abord le courant au disjoncteur général et sur le départ de l'éclairage concerné, ou débranchez la prise de courant s'il s'agit d'une lampe sur pied.

Le démontage de la douille. Dévissez les bagues et la chemise de la douille défectueuse. Les douilles en plastique pour les ampoules à vis sont en général dotées d'un cliquet ou d'un ergot qui bloque la douille lorsqu'on dévisse l'ampoule. Pour pouvoir enlever la chemise, il faut appuyer sur l'ergot ou enfoncer le cliquet.

Le raccordement des fils. Débranchez les fils. Vérifiez leur état ; n'hésitez pas à couper un fil à l'endroit où l'isolant est noirci. Dénudez les fils sur une longueur de 10 à 12 mm, torsadez-les et repliez-les avant de les introduire dans les bornes de la douille (➡ CROQUIS) et de serrer la connexion. N'oubliez pas de passer d'abord les fils par le fond de la douille et, pour les douilles à baïonnette, de bien positionner les bossages de la chemise dans les creux du support isolant. Remontez la douille en la fixant sur son support et mettez une ampoule. Remettez le courant ou rebranchez le lampadaire et effectuez un essai.

À noter : Pour le choix des ampoules, respectez les indications figurant sur l'étiquette du luminaire. Une ampoule trop puissante peut calciner le câble d'alimentation et la douille, voire produire un court-circuit. ■

Changer une ampoule halogène

Débranchez le luminaire et laissez refroidir l'ampoule. Enlevez le verre ou la grille de protection et ôtez l'ampoule en la poussant d'un côté puis de l'autre. Pour monter l'ampoule neuve, saisissez-la par le centre avec un chiffon épais, jamais à main nue, puis introduisez le premier culot et poussez à fond avant d'engager le second. Profitez-en pour nettoyer la parabole du luminaire.

Changer un interrupteur mobile

LES OUTILS

- pince à couper
- pince à dénuder ou couteau
- tournevis

Les lampadaires sont le plus souvent raccordés par un cordon et une prise de courant avec trois conducteurs (phase, neutre et terre). La commande est effectuée par un interrupteur à pied ou par un variateur de lumière. Pour une lampe à poser (une lampe de chevet, par exemple), on préférera un interrupteur olive (→ SÉQUENCE).

Interrupteur à pied.

Variateur de lumière.

Remplacer un interrupteur à pied

Commencez par débrancher le lampadaire, puis démontez l'interrupteur existant et débranchez les fils. Démontez l'interrupteur neuf et dévissez les vis des bornes de connexion. Raccordez le fil ou les fils, selon que l'interrupteur est unipolaire ou bipolaire, puis remontez l'interrupteur dans son boîtier et faites un essai.

Installer un variateur mobile

Le montage d'un variateur mobile s'effectue selon le schéma ci-contre (→ CROQUIS). Le câble qui vient de la prise comporte trois fils (brun, bleu clair et vert/jaune). Une fois ceux-ci dénudés, raccordez-les aux trois bornes d'entrée (L = ligne, N = neutre, T = terre) et procédez de même pour les trois bornes de sortie. Remontez le capot du variateur et effectuez un essai. Pour les lampadaires halogènes, veillez à vous assurer que la puissance des lampes reste inférieure à celle commandée par le variateur. ■

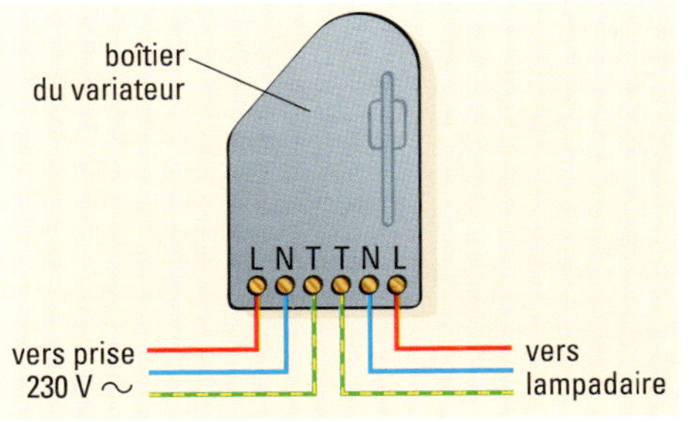

Branchement d'un variateur de lumière pour lampadaire.

Le choix de l'interrupteur

L'interrupteur commandé au pied est très fragile sur les plans mécanique (car assez petit) et électrique (2 A, 250 V), ce qui limite son utilisation à un éclairage avec des lampes d'une puissance de seulement 40 W à 100 W. En cas de puissance supérieure des lampes, pour un éclairage avec une lampe halogène de 500 W ou de 1 000 W, par exemple, il convient donc d'installer un variateur mobile couplé avec un interrupteur.

Monter un interrupteur olive bipolaire

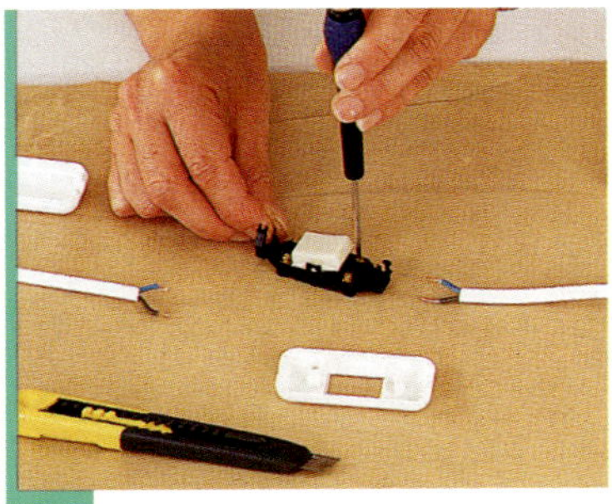

1 **Démontez l'interrupteur,** puis déclipsez les serre-câbles et dévissez les bornes de l'interrupteur. Si vous utilisez un câble neuf, placez l'olive à environ 20 cm de la lampe.

2 **Fixez les fils dans les bornes** du côté de l'arrivée, puis du côté de départ. Si possible, repliez chaque fil avant de l'insérer dans la borne. Serrez les vis des serre-câbles.

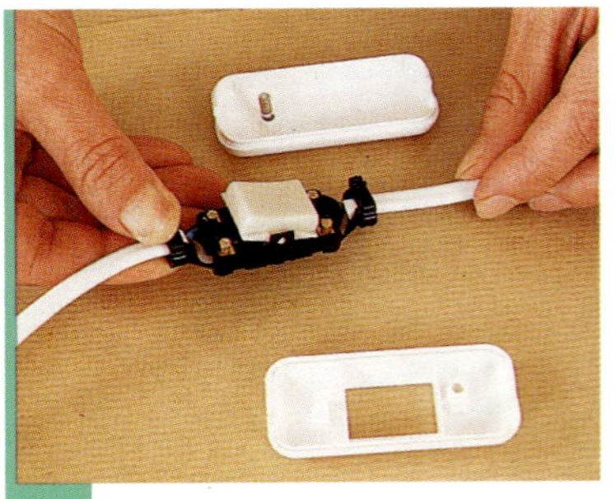

3 **Clipsez les serre-câbles** pour renforcer la protection contre les risques d'arrachement. Remontez les capots de l'interrupteur et fixez-les avec les vis prévues à cet effet.

Changer un interrupteur mural

Le mécanisme d'un interrupteur se détériore au bout d'un certain nombre de manœuvres, et il faut alors le changer. Cette opération est facile à effectuer, tout comme le remplacement d'un interrupteur simple par un variateur de lumière ou par un détecteur de présence (➞ ENCADRÉ).

Remplacer un interrupteur par un variateur de lumière

Il existe des variateurs de lumière de la même taille qu'un interrupteur. (Faites attention à la profondeur du boîtier, qui doit être de 40 mm.) Ces variateurs n'ont pas besoin d'être alimentés entre phase et neutre et peuvent donc remplacer un interrupteur simple.

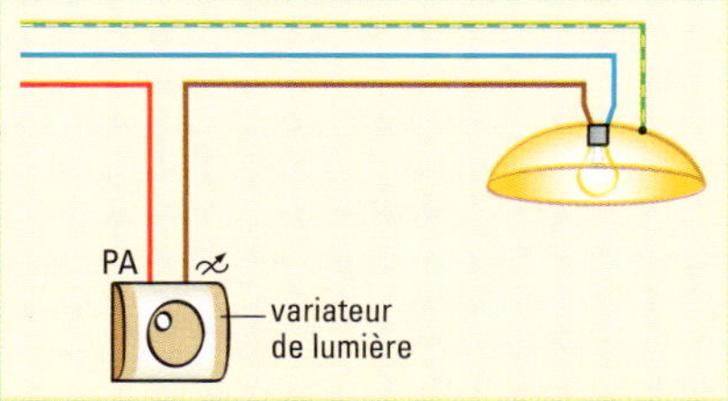

Schéma de montage d'un interrupteur variateur.

... ou par un interrupteur automatique

Un interrupteur automatique comporte un détecteur de présence infrarouge. Il ferme le circuit d'éclairage et allume une lampe dès qu'un mouvement se produit dans la zone de surveillance et le coupe après un délai qui peut être réglé de 6 secondes à 6 minutes.

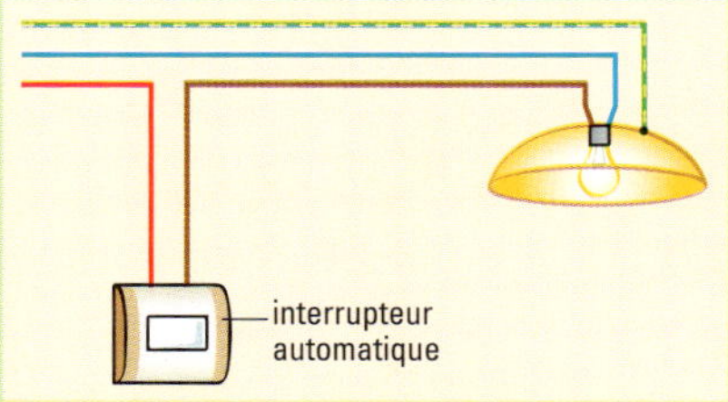

Montage d'un interrupteur automatique.

Matériel et outils

Un interrupteur mural peut être encastré ou monté en apparent. Dans le premier cas, la boîte d'encastrement est fixée au mur avec des griffes ou des vis ; dans le second, veillez à choisir un interrupteur qui peut être monté sur le boîtier. S'il s'agit d'un circuit de va-et-vient, procurez-vous un interrupteur inverseur. Un simple tournevis suffit pour remplacer un interrupteur.

Remplacer l'interrupteur mural

Coupez le courant au disjoncteur général. Dévissez la fixation de l'interrupteur ou faites sauter son cache à l'aide d'un tournevis. Si nécessaire, retirez l'interrupteur de sa boîte. Vérifiez s'il s'agit d'un interrupteur simple ou d'un inverseur (va-et-vient). Dans ce dernier cas, repérez la couleur du fil qui est raccordé à la borne commune. Débranchez les fils de l'ancien interrupteur. Dévissez ensuite les bornes de l'interrupteur neuf, engagez-y les fils et serrez les vis de chaque borne (➞ PHOTO) ; dans le cas d'un va-et-vient, les fils de navette sont de la même couleur, noir ou brun (➞ P. 516). Remettez l'interrupteur dans sa boîte et fixez la face avant en applique sur le mur. Enclenchez le disjoncteur général et effectuez un essai. ■

Fils, câbles, conduits et appareillage

Pour assurer la sécurité de votre installation électrique, respectez toujours les normes en vigueur pour le matériel et l'appareillage électriques que vous allez utiliser avant de procéder à une intervention. Un équipement mal choisi risque de devenir source de pannes ou d'accidents.

Fils et câbles : les conducteurs

Les conducteurs électriques permettent de transporter l'énergie électrique vers les lieux d'utilisation. Ils peuvent être souples (comme pour un rasoir électrique) ou rigides (pour une prise de courant, par exemple). On distingue le fil et le câble.

Fil et câble. Un fil comporte uniquement le conducteur en cuivre et son isolant. Il peut être rigide (un seul conducteur) ou souple (plusieurs brins). Le câble est un ensemble de 2, 3, 4 ou 5 fils assemblés en torons (ensemble des conducteurs assemblé en hélice) et recouverts d'une ou de plusieurs gaines.

Section et puissance. La section d'un conducteur dépend de l'intensité du courant qui doit le parcourir. Sous une tension de 230 V, cette intensité correspond à une puissance transportée donnée. Pour une prise de courant (10 ou 16 A), par exemple, la section est toujours de 2,5 mm^2 (→ **TABLEAU P. 508**).

La partie isolante. Elle est en polychlorure de vinyle (PVC) ou en polyéthylène réticulé (PR) ou caoutchouc synthétique. Elle isole les fils sous tension les uns des autres et protège l'usager contre le contact direct avec un fil sous tension. La couleur de l'isolant sert à identifier la fonction d'un fil (→ **ENCADRÉ**).

Le choix des conducteurs

Le choix d'un fil ou d'un câble se fait en fonction de son utilisation (→ **TABLEAU**). Pour une canalisation électrique fixe (installation sous tube ou moulure), on emploie de préférence des conducteurs rigides ; pour une canalisation mobile (raccord d'un appareil électrique ou d'une lampe à une prise de courant), surtout des câbles souples. Pour les installations téléphoniques, la hi-fi et la télévision, il existe des câbles spécifiques (→ **PP. 537-538**). Une suite de lettres et de chiffres indique les caractéristiques du fil ou du câble : conformité aux normes internationales ou nationales, tension nominale et type d'isolant, âme du conducteur, etc.

Les couleurs des conducteurs

Pour faciliter l'identification des différents fils conducteurs, les couleurs de leur isolant ont été normalisées :

- *bleu clair : conducteur neutre;*
- *vert/jaune : conducteur de protection, qui relie les parties métalliques à la terre;*
- *pour le ou les conducteurs de phase, le choix de la couleur est libre, à l'exception du vert, du jaune et du bleu clair. On utilise souvent le rouge, mais aussi le gris, le noir, le violet, le marron ou l'orange.*

QUELQUES EXEMPLES DE FILS ET DE CÂBLES

Les conducteurs de courant fort

Dénomination	Nombre de conducteurs et section	Mode de pose	Utilisation
U 1 000 R 02V rigide 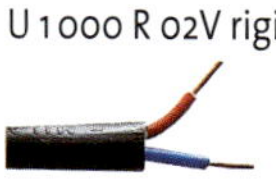	De 1 à 5 conducteurs, section de 1,5 mm^2 à 300 mm^2	Câble enterré sous gaine ICD orange en apparent mural, fixation par colliers ou attaches	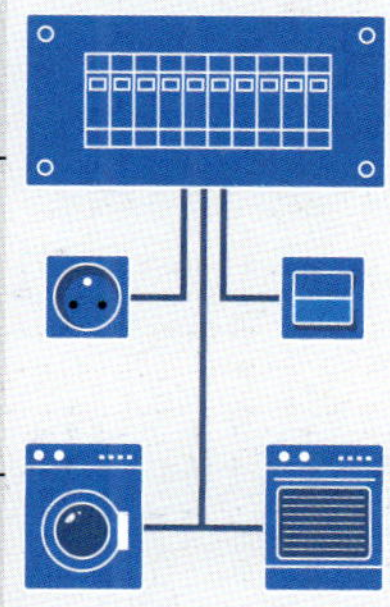
A 05 VV-U ou A 05 VV-R 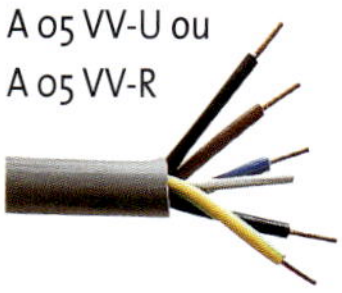	De 2 à 5 conducteurs, section de 1,5 à 35 mm^2	Canalisation apparente sous gaine ou non, fixation par attaches ou colliers	
H07 V-U rigide H07 V-R 	Monoconducteur 1,5 – 2,5 – 4 mm^2 (VU) conducteurs torsadés de 6 à 400 mm^2 (V-R)	Fils dans canalisations, sous conduits encastrés ou non et sous moulures apparentes	
H 03 VVH-2F	2 conducteurs méplats, section 0,75 mm^2 (900 W maxi en 230 V)	Câble souple en apparent pour raccordement lampe de chevet, poste de radio et de TV	
H 05 VV-F 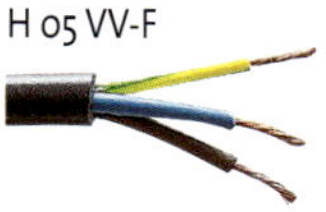	De 2 à 5 conducteurs, section de 0,75 à 6 mm^2	Câble souple pour raccordement aspirateur, réfrigérateur, machine à laver	
H 07 RN-F	De 1 à 5 conducteurs, section de 1,5 à 300 mm^2 avec ou sans conducteur de terre	Câble souple pour raccordement cuisinière, tondeuse à gazon	

Les conducteurs de courant faible

Dénomination	Nombre de conducteurs et section	Mode de pose	Utilisation
Paire téléphone 	1 paire, 2 paires, 4 paires Ø 0,6 mm	Pose en apparent sous gaine ou non, fixation par cavaliers ou par collage	Téléphone, carillon, portier 
Câble coaxial standard 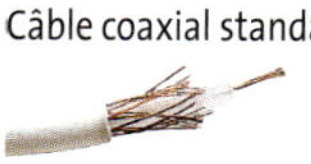	Âme principale en cuivre et conducteur de masse sous forme de fils tressés	Pose en apparent sous gaine ou non, fixation par cavaliers	Antenne TV-FM 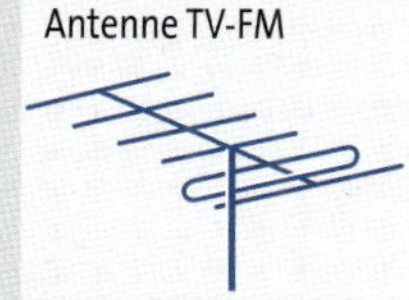
Câble coaxial blindé 	Âme principale en cuivre, protégée par une feuille métallique, et conducteur de masse sous forme de fils tressés	Pose en apparent sous gaine ou non, fixation par cavaliers	Antenne TV-FM ou satellite 

Pour comprendre les dénominations des conducteurs :

H = harmonisé, conforme aux normes internationales
A (ou FR-N) = autorisé en France et reconnu à l'étranger
U = reconnu en France

03 = 300 V
05 = 500 V
07 = 700 V

V = isolant en PVC
VV = isolant et gaine en PVC
RR = isolant et gaine en élastomère
RN = fils isolés en élastomère, gaine en néoprène

Accessoires de fixation.

Tubes et conduits

Les conduits sont destinés à protéger les conducteurs. L'ensemble formé par un tube et des conducteurs électriques constitue une canalisation électrique.

La désignation des conduits. Elle comporte essentiellement 2 chiffres suivis de 3 ou 4 lettres.

– Les 2 chiffres font référence au diamètre extérieur (en mm) : 16, 20, 25, 32, 40, 50, 60.

– Les 3 (ou 4) lettres indiquent les caractéristiques du conduit (→ CROQUIS) :

1re lettre	2e lettre	3e lettre
I : isolant C : composite M : métallique	R : rigide C : cintrable CT : transversalement élastique S : souple	L : lisse A : annelé

La pose des conduits. Les conduits peuvent être posés en apparent, en encastré ou dans les vides de construction (huisseries). L'espace occupé par les conducteurs ne doit pas dépasser le tiers de la section intérieure du conduit, et le nombre de conducteurs par conduit est limité (→ TABLEAU).

Pour avoir une protection des conducteurs sans discontinuité, le raccordement des conduits entre eux s'effectue à l'aide d'accessoires de raccordement (tés de dérivation, manchons, coudes). La fixation des conduits est assurée par des attaches, des clips ou des colliers adaptés au diamètre extérieur des conduits (→ ENCADRÉ).

NOMBRE DE CONDUCTEURS HO7 V-U ADMIS DANS LES TUBES EN PVC

Diamètre extérieur des tubes		16 mm		20 mm	
Type de tube		ICTL/ICTA	IRL	ICTL/ICTA	IRL
Section des fils :	1,5 mm²	3	5	5	5
	2,5 mm²	2	3	4	4
	4 mm²		2	3	3
	6 mm²			2	2

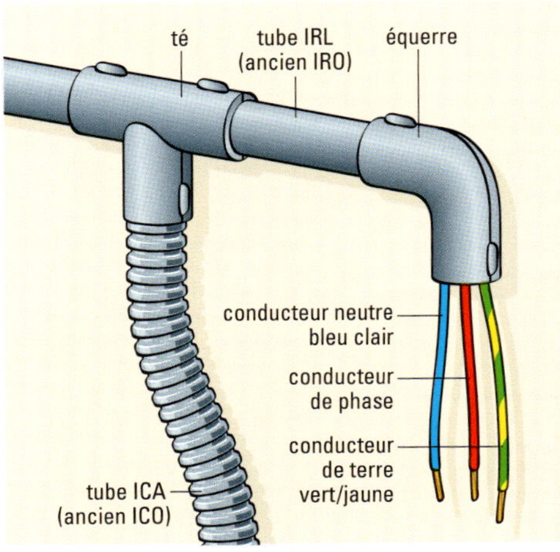

Exemple d'utilisation de tubes isolants ou conduits usuels (ancienne désignation entre parenthèses).

Prises et interrupteurs : l'appareillage

Le terme « appareillage » désigne tout le matériel qui sert au raccordement (prises de courant, prises téléphoniques, etc.) ou à la commutation (interrupteurs, variateurs). Il existe un très grand choix de modèles pour toutes les fonctions et pour toutes les formes de montage : en apparent, en encastré ou à poser dans une plinthe. Une réglementation plus stricte régit l'emplacement et la pose de l'appareillage dans la salle de bains (→ P. 518).

Les appareillages en saillie. Ils sont plus faciles à installer ou à remplacer puisque leur montage n'endommage pas la décoration. La fixation sur la paroi est effectuée par des vis et des chevilles. La pose en saillie est obligatoire pour les prises téléphoniques.

Les appareillages encastrés. L'installation dans un boîtier rond (Ø 60 mm) avec une fixation à griffes permet en général de conserver l'ancien boîtier lors d'un remplacement de l'appareillage, mais celui-ci résiste alors moins bien à l'arrachement. La fixation à vis – dans un boîtier carré pour la maçonnerie, ou rond pour une cloison creuse – constitue une meilleure solution, mais oblige à sceller le nouveau boîtier au plâtre dans la paroi. ■

Le raccordement des conducteurs

La qualité d'une installation électrique dépend de la bonne exécution des connexions : quand un contact se desserre, l'installation tombe en panne. Pour cette raison, la connexion des conducteurs doit être uniquement réalisée soit par un dispositif de connexion approprié tel qu'une barrette de connexion, un répartiteur ou un bloc de jonction, soit sur les bornes d'un appareillage tel qu'une prise de courant ou un interrupteur. Dans tous les cas, les épissures sont interdites.

Les dispositifs de connexion

Le choix du dispositif de connexion s'effectue en fonction de la section des conducteurs et de l'intensité du courant (→ TABLEAU). Ces dispositifs peuvent être placés :
- soit dans les boîtes de connexion,
- soit dans les boîtes d'encastrement de l'appareillage lorsque les dimensions de celui-ci le permettent,
- soit dans les profilés (moulures, plinthes, etc.), lorsque leurs dimensions intérieures le permettent.

Comment réaliser une connexion ?

Dénuder un conducteur ou un câble. Afin de pouvoir raccorder les conducteurs à un dispositif de connexion ou à un appareillage, il est nécessaire de les dénuder proprement. S'il s'agit d'un câble, incisez-en la ou les gaines extérieures avec une lame de couteau ou de cutter – attention à ne pas toucher aux isolants des conducteurs –, puis tirez la gaine vers l'extrémité. Dénudez ensuite chacun des conducteurs à l'aide d'un couteau ou cutter, d'une pince à dénuder ou d'une pince automatique (→ SÉQUENCE). Veillez bien à ne jamais entamer la section du conducteur en cuivre, qu'il soit massif ou souple (plusieurs brins). En effet, chaque entaille constitue une amorce de rupture du conducteur, pouvant entraîner la coupure du circuit.

Raccorder les conducteurs. La connexion la plus simple à réaliser consiste à utiliser une barrette de jonction, ou domino.

Accessoires de raccordement. Barrettes de connexion Hypo™ et barrettes coffrets.

CARACTÉRISTIQUES DES BARRETTES DE CONNEXION

Capacité (mm^2)	Section du conducteur (mm^2)	Intensité maximale (A)
4	2,5	24
6	6	41
10	10	57
16	16	76
25	25	101

Dénuder un conducteur ou un câble

1 **Si vous utilisez un couteau ou un cutter** pour dénuder un câble, découpez l'isolant sur tout le pourtour puis tirez-le vers l'extrémité. Veillez à ne pas entailler les isolants des conducteurs.

2 **Si vous utilisez une pince à dénuder,** réglez d'abord la butée de la pince au diamètre du conducteur, puis fermez la pince sur le conducteur isolé et retirez l'isolant.

3 **Si vous utilisez une pince automatique,** placez le fil dans l'ouverture correspondant au diamètre du conducteur. La fermeture de la pince provoquera la coupure de l'isolant et son extraction.

▸ Dévissez la vis puis introduisez les deux ou trois fils du même côté.
▸ Serrez ensuite énergiquement les deux vis.
▸ Puis tirez sur les fils pour vérifier leur bonne fixation.

Lorsque vous raccordez des conducteurs aux bornes d'un appareillage, respectez toujours la fonction de chaque conducteur (phase, neutre, terre, fil de navette), indiquée par la couleur de son isolant.

Si vous installez plusieurs prises sur une même ligne, vous pouvez effectuer un repiquage (➡ ENCADRÉ).

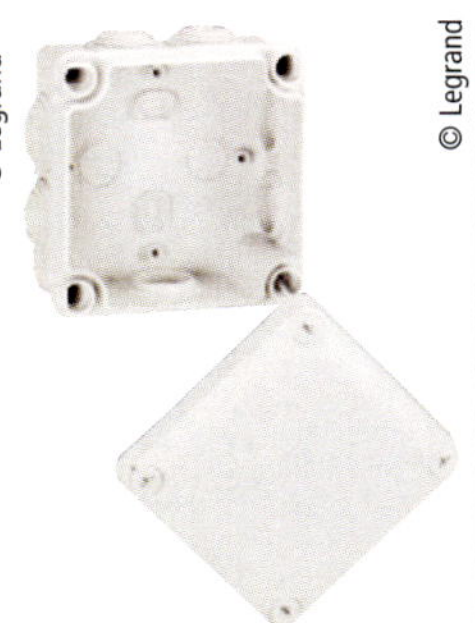
© Legrand

Boîtier en saillie étanche.

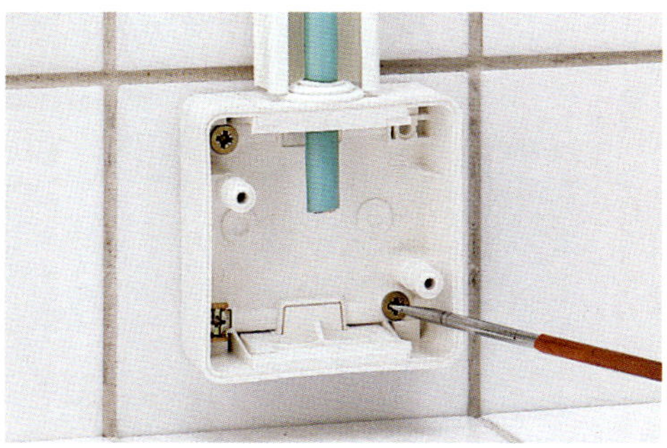
© Legrand

Boîtier d'appareillage.

Quelques règles de pose

Les couvercles des boîtes d'encastrement doivent toujours rester accessibles. Leur démontage doit pouvoir s'effectuer à l'aide d'un outil ou par une action manuelle importante.
Toute canalisation encastrée doit être terminée par une boîte de connexion.
Si une boîte est fixée au plafond pour servir à alimenter un luminaire, la suspension doit pouvoir supporter une charge d'au moins 25 kg.

© Legrand

Boîte de dérivation encastrable.

Les boîtes de connexion

Les boîtes de connexion sont destinées à recevoir un appareillage, tels une prise de courant ou un interrupteur, ou à réaliser une connexion, comme dans le cas d'une boîte de dérivation. Elles comportent sur leurs faces latérales une ou plusieurs entrées destinées au passage d'un câble sous tube ou sous moulure, que vous pouvez faire sauter à l'aide d'un tournevis ou d'un poinçon, une fois que vous avez choisi l'emplacement le plus approprié. Une installation d'éclairage avec deux interrupteurs montés en va-et-vient comportera ainsi la canalisation d'arrivée de courant, la canalisation de départ vers la lampe et les canalisations de départ vers les deux interrupteurs. Les boîtes de connexion qui seront montées dans un local humide ou à l'extérieur du logement doivent être étanches et munies d'un couvercle vissé ou enclipsable.

Des montages différents. Selon le type de boîte de connexion, celle-ci peut être montée en apparent ou en encastré. La boîte d'encastrement pour cloison sèche convient ainsi aux cloisons de type Placoplatre ; elle est immobilisée à l'aide de vis. La boîte d'encastrement, utilisée pour les murs ou les cloisons, est scellée au plâtre ■

Le repiquage

Le repiquage des conducteurs est la connexion sur les bornes d'un matériel d'utilisation des conducteurs servant à l'alimentation d'autres matériels. Il n'est admis que pour les socles de prise de courant.

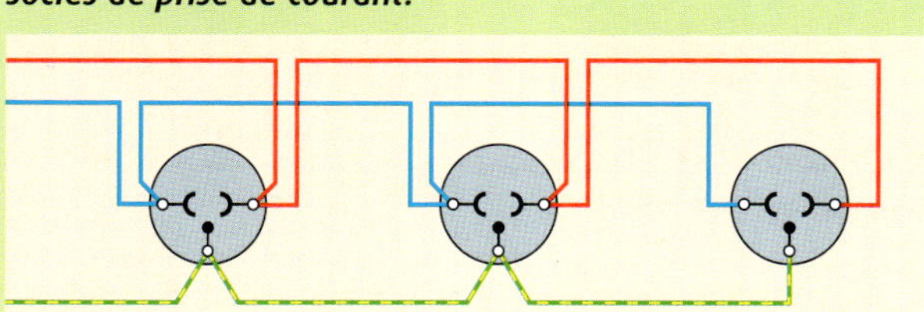

Repiquage entre trois socles de prise de courant.

La pose sous moulure

Réalisées au moment de la construction, la plupart des installations électriques sont encastrées dans les murs ou les cloisons. L'encastrement de nouveaux conduits et boîtes d'appareillage pour ajouter une ou plusieurs prises supplémentaires reste cependant une solution onéreuse : creuser des saignées dans un mur ou une cloison relève plutôt de la grande rénovation. Par ailleurs, une ligne apparente, fixée par des cavaliers, est peu esthétique et n'assure aucune protection mécanique. La pose sous moulure offre alors un bon compromis (→ P. 540).

Les moulures plastiques

Un système de profilés (moulures et plinthes en matière plastique) comprend le profilé (socle et couvercle) et les accessoires permettant de réaliser les fonctions de jonction, de dérivation, de changement de direction et d'arrêt en bout. Les moulures existent en différentes épaisseurs (12,5, 16 et 20 mm) et largeurs (20, 32, 40, 60 et 75 mm).

La découpe et la fixation. Pour une découpe optimale, utilisez de préférence une scie à lame guidée ou une scie à denture fine (scie à métaux ou à dos) et une boîte à onglets. Le socle et le couvercle seront réunis à l'aide d'un ruban adhésif; les socles fixés au mur avec une colle, des pointes ou des vis.

La peinture. Pour les assortir à la décoration de la pièce, les plinthes fournies en blanc peuvent être peintes, directement avec une peinture glycéro ou après l'application d'une sous-couche spécifique pour PVC.

L'appareillage. Il existe des appareillages (prises et interrupteurs) spécifiquement conçus pour les moulures, qui facilitent une bonne continuité de la protection des canalisations tout au long de leur parcours.

Les moulures en bois

Pour la rénovation de bâtiments anciens, on peut utiliser des moulures en bois (plinthes, chambranles rainurés). Elles sont caractérisées par le nombre de rainures et leur section (→ CROQUIS). Il est interdit d'installer ce type de moulures dans un chalet en bois. ■

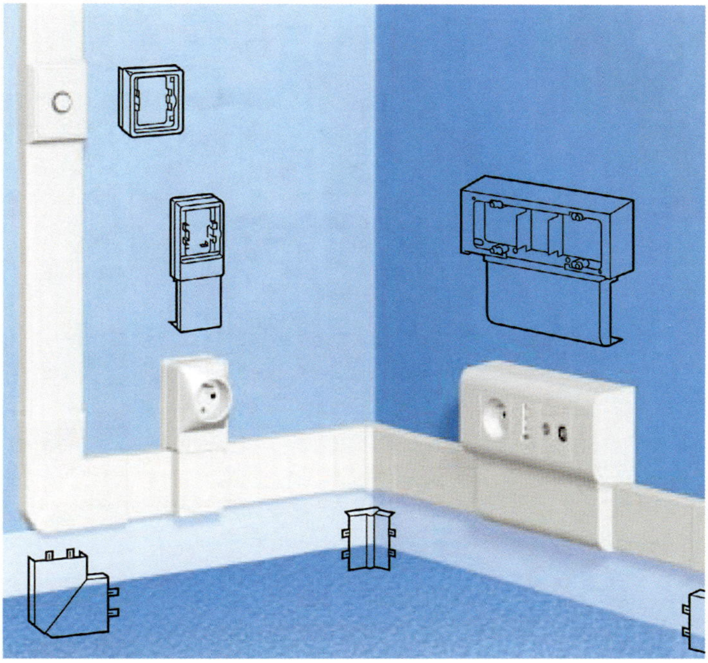

Moulures-surplinthes : système de profilés plastiques avec accessoires.

Moulure en bois.

Les règles à respecter

- ***Les moulures en plastique ou en bois sont interdites dans les locaux humides, à l'extérieur et dans les locaux où il existe un risque d'incendie ou d'explosion.***
- ***Dans le cas de goulottes (moulures de large taille) posées en plinthes, le conducteur situé le plus bas doit se trouver à une distance minimale de 1,5 cm du sol fini.***
- ***Les conducteurs de l'installation électrique doivent être posés dans des compartiments différents de ceux utilisés pour le téléphone ou la télévision.***
- ***Les moulures ne doivent pas être noyées dans la maçonnerie; le couvercle doit toujours rester apparent et facilement accessible.***
- ***La hauteur minimale des alvéoles des prises de courant au-dessus du sol fini doit être de 5 cm pour les socles de prise 16 A et 20 A et de 12 cm pour les socles de prise 30 A.***

Ajouter une prise de courant

L'installation d'une prise supplémentaire peut se faire de deux façons : à partir d'une boîte de dérivation ou par repiquage sur une prise existante (➡ P. 534). La difficulté du montage réside souvent dans le passage d'une porte. En utilisant un système de moulures et de plinthes préfabriquées, le raccordement de la nouvelle prise se trouve considérablement simplifié. Les caches fournis avec un tel système facilitent l'établissement de la liaison entre la moulure et la boîte d'appareillage ainsi que le passage d'un angle. Si la prise existante est encastrée, il vaut mieux la monter en apparent en fixant un cadre sur le boîtier existant.

Installer une prise électrique par repiquage

La pose des moulures et de l'appareillage. Après avoir repéré l'emplacement de la nouvelle prise, coupez les plinthes et les moulures à retailler avec une scie et une boîte à onglets ou une scie à lame guidée.

▶ Enlevez les éventuelles plinthes et moulures existantes. Fixez les socles des plinthes et des moulures entre la prise existante, sous tension, à laquelle on ne touche pas, et l'emplacement de la nouvelle prise avec une colle spéciale et des vis (➡ P. 541).

▶ Préparez le cadre de la nouvelle prise en y pratiquant une ouverture pour l'arrivée des fils et fixez-le au mur avec des chevilles et des vis.

Le raccordement des fils. Coupez les fils à longueur en prévoyant 10 cm de fil à chaque extrémité pour le raccordement.

▶ Dénudez les conducteurs des deux côtés. Raccordez-les aux bornes de la nouvelle prise ; le conducteur vert/jaune doit être relié à la fiche mâle de la prise.

▶ Passez ensuite les 3 fils dans les deux rainures de la moulure, la phase dans l'une, le neutre et le conducteur de terre dans l'autre.

▶ Coupez le courant au disjoncteur général, puis sortez la prise existante de son socle.

▶ Dévissez-en les bornes et introduisez les fils de même couleur dans leurs bornes respectives, puis revissez et remontez le socle.

▶ Fixez les caches des deux prises et posez les couvercles des plinthes et des moulures.

▶ Remettez le courant et effectuez un essai. ■

Le matériel adéquat

– Prenez du fil H07 V-R en trois couleurs (rouge, bleu clair, vert/jaune). La section des conducteurs doit toujours être de 2,5 mm².

– Choisissez une moulure plastique d'une largeur de 32 mm, pouvant abriter les trois fils de 2,5 mm² employés pour une prise de courant.

– Prévoyez une prise montée en apparent dans un boîtier plastique appelé « cadre », qui correspond à la série d'appareillage.

Les caches fournis avec un système de plinthes préfabriquées permettent d'éviter des coupes d'angle difficiles à effectuer et garantissent une bonne protection des conducteurs.

Ajouter une prise téléphonique

Chaque pièce d'un appartement ou d'une maison peut comporter une prise téléphonique, sauf les salles d'eau. L'installation d'une ou de plusieurs prises supplémentaires est une opération facile à réaliser.

L'installation téléphonique

La réglette d'appartement. L'installation téléphonique a pour origine la réglette d'appartement sur laquelle France Télécom vient raccorder le câble de branchement. Ce dispositif peut comporter une ou deux branches (→ CROQUIS **1** ET **2**), auxquelles sont reliées les prises. Dans les deux cas, le nombre de prises ne doit pas dépasser dix. Si vous raccordez plus de trois appareils (téléphone, répondeur, télécopieur), demandez l'installation d'une deuxième ligne.

La prise téléphonique. Elle se caractérise par une fente en forme de T inversé. Elle peut être posée en saillie et encastrée dans une boîte à vis (la fixation à griffes est interdite), à une hauteur de 8 à 25 cm du sol.

La prise téléphonique comporte huit bornes. Dans le cas d'une ligne simple, on utilise en général les bornes 1 et 3 (→ CROQUIS **3**) ; pour une deuxième ligne, on se sert des bornes 6 et 8 (les deux lignes sont distribuées par le même câble et les mêmes prises). Les autres bornes sont destinées à de futures utilisations liées à la domotique.

Le câble téléphonique. Il s'agit d'un câble particulier dont les fils sont en cuivre et d'un diamètre de 0,6 mm. Il comporte quatre paires de conducteurs, chaque paire étant identifiée par deux couleurs différentes. À chaque fil est attribué un contact (→ TABLEAU). Il est impératif de respecter ces indications lors de toute intervention. ■

RACCORDEMENT DU CÂBLE TÉLÉPHONIQUE

N° des paires/bornes	Couleur
1/1	gris (G)
1/3	blanc (Bc)
2/2	incolore (I)
2/5	bleu (Be)
3/8	orange (O)
3/6	jaune (J)
4/7	violet (V)
4/4	marron (M)

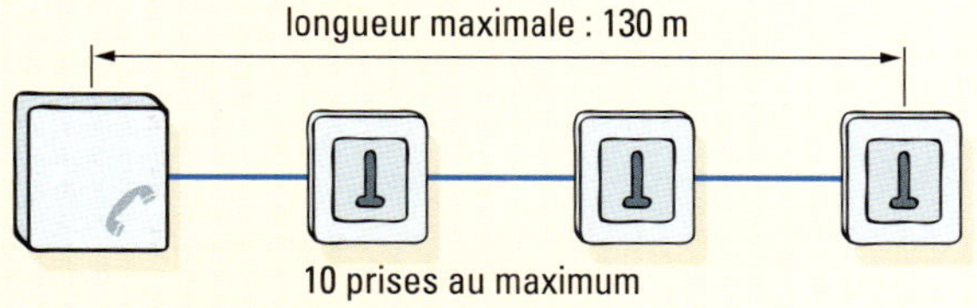

1. *Installation avec une seule branche.*

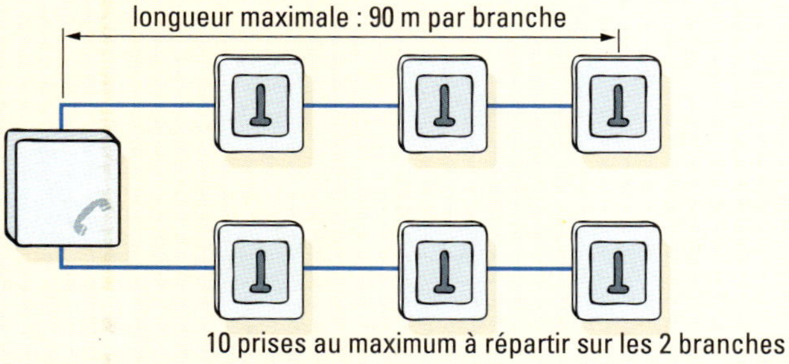

2. *Installation avec deux branches.*

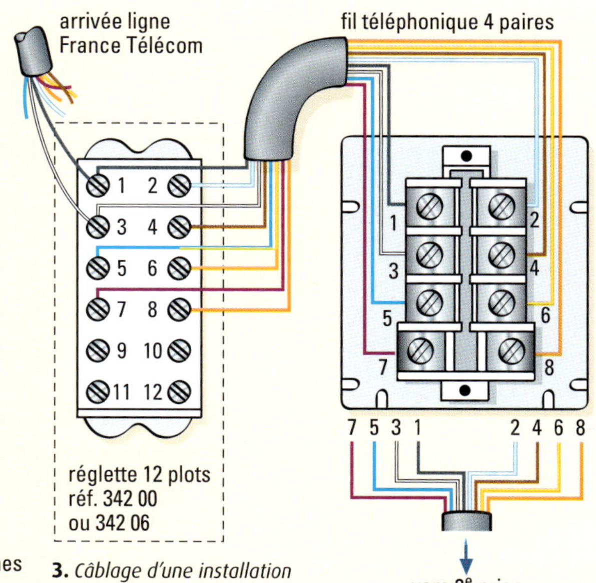

3. *Câblage d'une installation téléphonique (réglette et prise).*

Modifier un circuit de télévision

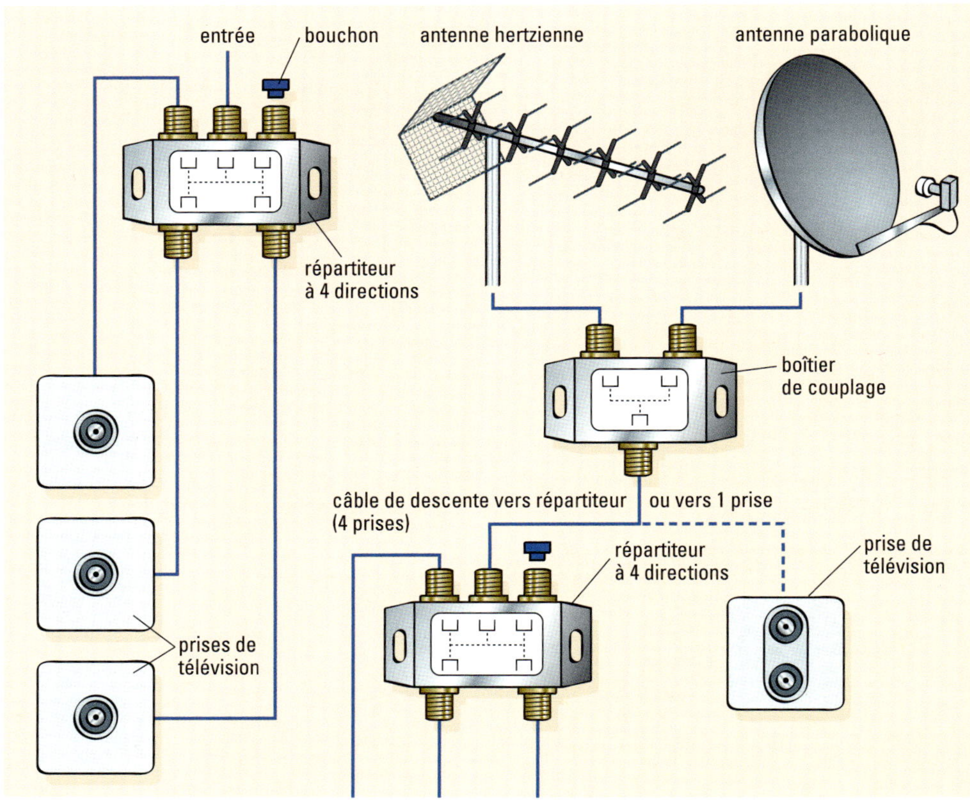

1. *Répartiteur avec 3 prises de télévision.*

2. *Couplage d'une antenne hertzienne et d'une antenne parabolique.*

L'introduction du magnétoscope, du lecteur de DVD, du câble et de l'antenne satellite ont rendu plus complexe l'installation d'un circuit de télévision. Quelques interventions simples restent cependant à la portée de tous.

Deux interventions simples

Rajouter des prises de télévision. Pour installer plusieurs prises de télévision (ou prises FM), on utilise un répartiteur. C'est un boîtier qui possède une arrivée et deux, trois ou quatre départs ; son rôle est de rendre indépendante chacune des prises (→ CROQUIS 1).

Coupler deux antennes. Pour ne pas modifier un circuit de télévision, il est possible de relier une antenne hertzienne avec une antenne satellite au moyen d'un boîtier dit de couplage. On obtient ainsi un seul câble de descente qui peut aboutir à un répartiteur à plusieurs directions, ou à une prise TV (→ CROQUIS 2).

À noter : La pose d'une antenne parabolique est régie par le code d'urbanisme et, dans le cas d'un appartement, nécessite une autorisation des copropriétaires.

Choisir le bon matériel

Préférez les câbles pour antennes satellites à ceux pour antennes hertziennes ; ils sont plus performants (moins de pertes) et conviennent dans les deux cas. Faites très attention aux fiches mâles et femelles ainsi qu'aux diamètres correspondants.

Le câble coaxial

Pour relier les différents éléments d'un circuit de télévision, on emploie un câble spécial appelé. Ce câble, dit coaxial, possède en son centre un conducteur en cuivre entouré d'un isolant, lui-même recouvert d'une tresse en cuivre. Le tout est protégé par une gaine plastique. Le câble arrive sur une prise de télévision appelée « embase », qui peut être encastrée ou montée sur un socle que l'on fixe au mur. Cette prise peut être mâle ou femelle. Le téléviseur ou le magnétoscope est branché par une fiche, mâle ou femelle (→ CROQUIS 3).

Pour dénuder un câble coaxial, enlevez d'abord la gaine extérieure à l'aide d'un cutter ou d'un couteau, puis rabattez la tresse métallique. Dénudez ensuite le câble central avec un cutter ou une pince à dénuder, en respectant bien les dimensions (→ CROQUIS 4). Veillez soigneusement à ne pas entailler la tresse métallique ou à sectionner l'âme de cuivre. ■

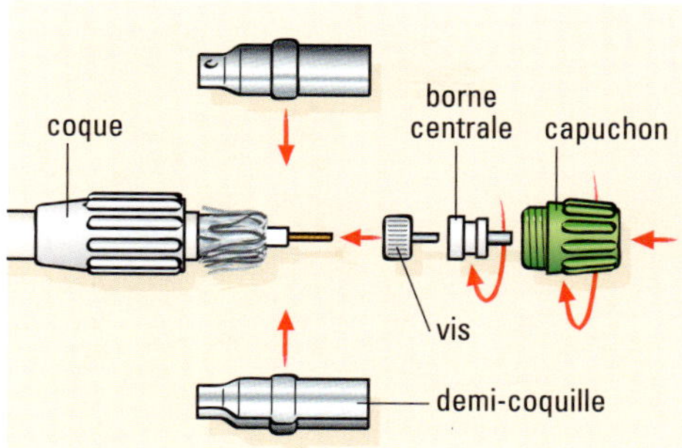

3. *Pièces constituant une fiche de télévision mâle.*

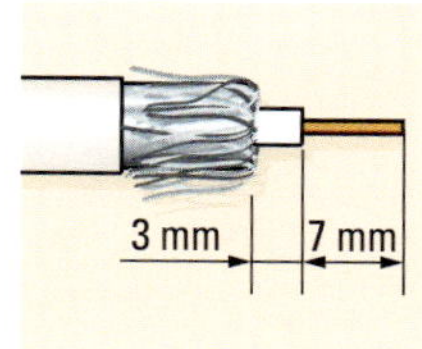

4. *Dénudage d'un câble coaxial.*

LES OUTILS

- cutter, couteau ou pince à dénuder
- perceuse
- tournevis

Connecter une prise de télévision fixe

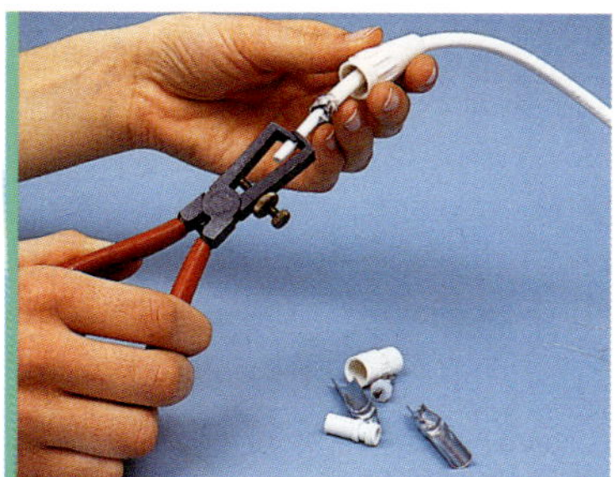

1 **Dénudez le câble** en enlevant la gaine extérieure et en rabattant la tresse sur la gaine, puis ôtez l'isolant central.

2 **Enfilez le câble dénudé dans le socle** de la prise de télévision après avoir fixé celui-ci au mur.

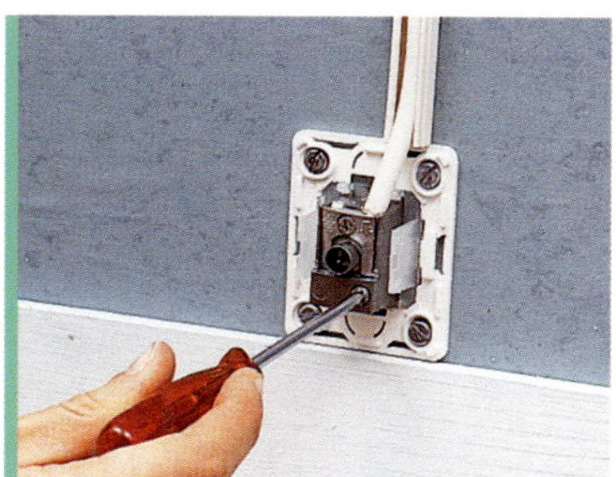

3 **Serrez la vis** qui maintient en place le câble et la tresse métallique, puis remontez le boîtier.

Connecter un câble coaxial mobile

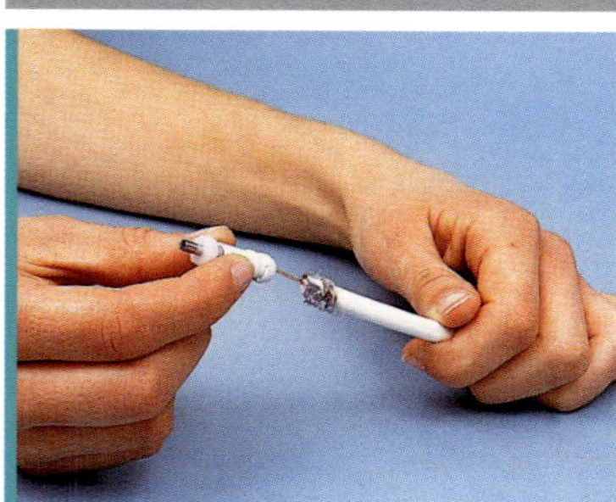

1 **Dénudez le câble et introduisez l'âme** en cuivre de l'autre extrémité du câble dans la borne centrale de la fiche mâle, puis serrez l'écrou.

2 **Placez les deux demi-coquilles** de la fiche le long de la cartouche (douille et écrou). Leurs extrémités coniques doivent être en contact avec la tresse.

3 **Remontez la coque** de façon à maintenir en place les broches de la borne de masse, puis vissez le capuchon de la fiche.

L'ordinateur sans fils baladeurs

Lors de l'installation d'un ordinateur multimédia, le nombre et l'emplacement des prises existantes (prises de courant électrique, de téléphone ou de réseau numérique) s'avèrent souvent insuffisants. Pour éviter les rallonges et les prises multiples, peu sûres et peu esthétiques, mieux vaut regrouper toutes les prises au même endroit en installant les différents fils et câbles sous des plinthes et des moulures.

Matériel et outils

Les fils. Pour raccorder une nouvelle prise de courant, la section des conducteurs est de 2,5 mm^2 (H07 V-R). Pour la liaison au réseau numérique, utilisez un câble coaxial ; pour ajouter une prise téléphonique, un câble multibrin. Pour dénuder et raccorder les différents conducteurs, prévoyez un tournevis à lame isolée, une pince coupante et une pince à dénuder ou un couteau.

Les conduits et l'appareillage. Choisissez des plinthes électriques (et, pour le passage d'une porte, des goulottes) de section suffisamment large (80 x 20 mm par exemple) : il est interdit de loger les câbles électriques dans la même rainure que les câbles téléphoniques, d'antenne ou de réseau numérique (➡ CROQUIS). Prévoyez en outre les accessoires de finition (embouts, pièces d'angles) nécessaires pour empêcher qu'un objet puisse s'introduire à l'intérieur, ainsi que des prises spéciales appropriées au système de plinthes.

Pour découper plinthes et goulottes, utilisez une scie à lame guidée, et pour ébarber ensuite les bords, une lime fine. Si vous souhaitez assortir les plinthes et les goulottes à la décoration, vous pouvez les colorer avec une peinture glycéro, lisse ou à effets.

Respecter les normes en vigueur

Assurez-vous d'abord que le nombre de prises de 16 A reste conforme à la norme (8 selon la norme NF C-15 100, ou 5 selon le label Promotelec). S'il s'agit d'une vieille installation avec des conducteurs de section 1,5 mm^2, mieux vaut ne pas dépasser le nombre de 5 prises. Si le nombre maximal de prises est déjà atteint, il faudra installer une nouvelle ligne et la protéger par un disjoncteur divisionnaire ou par un coupe-circuit (➡ P. 509).

La pose des plinthes et goulottes

▸ Repérez d'abord l'emplacement des nouvelles prises et calculez la longueur des plinthes et goulottes ainsi que celle des câbles dont vous aurez besoin. Pour les câbles, prévoyez une marge d'au moins 10 cm à chaque extrémité afin de rendre plus facile le raccordement des différents conducteurs. Pour découper les plinthes, réunissez le socle et le couvercle avec du ruban adhésif afin d'obtenir un résultat plus précis.

▸ Commencez par enlever les plinthes et moulures existantes à l'aide d'un arrache-clou et d'un petit pied-de-biche en protégeant le mur par une petite cale en bois.

▸ Puis découpez les plinthes et goulottes aux mesures appropriées et posez-les les unes après les autres (➡ SÉQUENCE).

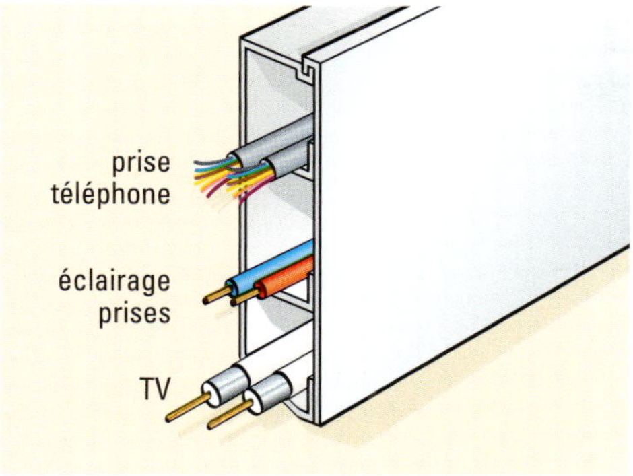

Plinthes électriques en plastique pour câbles électriques, téléphoniques et d'antenne.

Le raccordement des conducteurs

Raccorder les conducteurs aux bornes des nouvelles prises. Vissez les socles des nouvelles prises à l'endroit prévu, à l'extrémité du dernier socle de plinthe. Si nécessaire, utilisez des chevilles. Puis raccordez les différents conducteurs dans les borniers :

– pour la prise de courant, dénudez le câble et utilisez le fil rouge ou noir pour la phase, le fil bleu pour le neutre et le fil vert/jaune pour la terre ;

– pour une prise d'antenne ou de câble, dénudez le câble coaxial (→ p. 539) et connectez l'âme en cuivre sur la broche centrale et les brins de la tresse sur l'autre borne ;

– pour une prise téléphonique (→ p. 537), raccordez seulement deux conducteurs (en général, de couleur blanc et gris) sur les bornes 1 et 3 de la prise.

Placer les câbles dans les plinthes. Glissez ensuite les nouveaux conducteurs dans les rainures des plinthes électriques jusqu'aux prises existantes, en veillant à bien séparer les conducteurs de courant fort (230 V) de ceux de courant faible (téléphone, réseau numérique, antenne).

Raccorder à la prise existante.

▶ Coupez le courant au disjoncteur général.

▶ Démontez la prise existante et sortez-la de son boîtier. Dans le cas où la prise d'origine est située à 8 cm au-dessus du sol fini, pratiquez à l'aide de la pince coupante une petite encoche dans la plinthe pour faire passer les nouveaux conducteurs. Sinon, il faudra les protéger par un morceau de goulotte ou les encastrer en creusant une saignée et en les faisant passer dans une section de gaine (ICA ou ICTA).

▶ Reliez les conducteurs du nouveau câble aux bornes de la prise.

▶ Montez ensuite les couvercles des plinthes et des prises et effectuez un essai.

● **À noter :** Pour brancher l'ordinateur et ses périphériques (imprimante, écran, modem), utilisez de préférence une barrette de prises avec un interrupteur, éventuellement équipée d'un parafoudre. ■

Poser des plinthes électriques

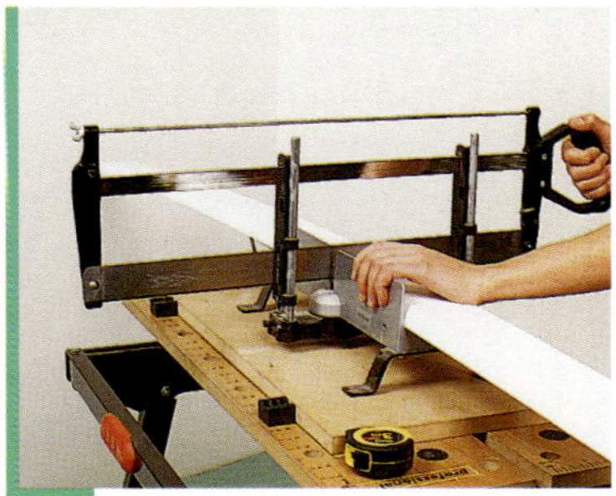

1 **Coupez les nouvelles sections de plinthe** à bonne longueur avec une scie à lame guidée (ou une boîte à onglets), en attachant ensemble le socle et le couvercle avec du ruban adhésif.

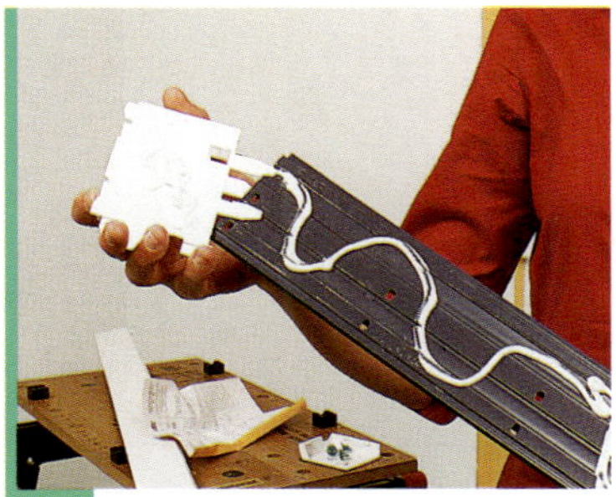

2 **Encollez l'envers du socle** et l'embout qui sert de jonction avec la goulotte, avec du mastic-colle que vous appliquez en zigzag, afin que le socle adhère mieux au mur.

3 **Placez le socle de plinthe** contre le mur pour transférer le mastic, puis ôtez-le, laissez sécher pendant 10 min et replacez-le. Ensuite, fixez-le au mur avec des chevilles et des vis.

L'électricité

Entretenir

estaurer, décorer

ENTRETENIR MEUBLES ET OBJETS

RESTAURER LES MEUBLES

RESTAURER LES OBJETS

LES ENCADREMENTS

Nettoyer et entretenir les cuirs

LES OUTILS

- bâtonnets de coton
- brosse
- brosse demi-dure
- chiffon
- éponge
- mèche de coton
- tampon à lustrer

Si le cuir vieillit bien au fil du temps, fauteuils, canapés ou livres reliés ont besoin d'être nourris, ravivés et parfois détachés.

Les cuirs d'ameublement

Avant d'entreprendre le nettoyage d'un cuir d'ameublement, distinguez-en la qualité. Pour cela, frottez la surface du cuir avec un Coton-Tige imprégné de décapant spécial cuir. Si vous ne constatez aucune différence de couleur, il s'agit probablement d'un cuir teinté à l'aniline : teinté dans la masse, il possède une structure poreuse. Si votre essai fait disparaître la couleur, il s'agit d'un cuir teinté pigmenté : teinté en surface, il présente une face étanche et un aspect verni ; il ne doit pas être soumis à des produits agressifs.

Les cuirs teintés à l'aniline. Nettoyez avec le décapant, en frottant toute la surface avec un tampon de mèche de coton. Insistez sur les taches rebelles. Couvrez les taches

1. *Une fois décapé, le cuir de ce canapé retrouvera belle allure grâce à une application de teinture que vous ferez pénétrer avec un tampon de mèche de coton.*

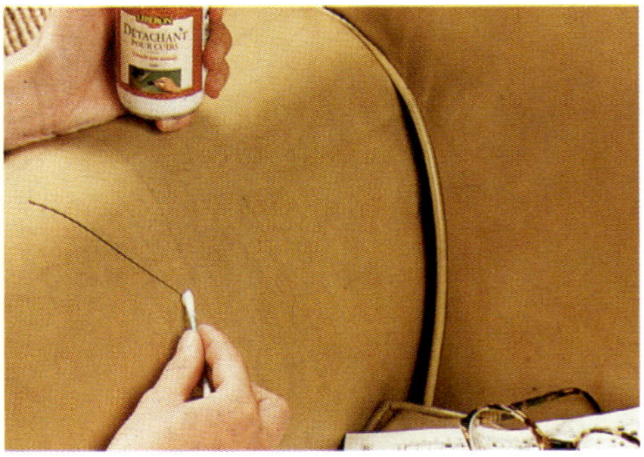

2. *La trace d'encre d'un feutre disparaîtra avec un détachant appliqué à l'aide d'un simple bâtonnet de coton.*

grasses de terre de Sommières légèrement chauffée. Si la surface décapée comporte des auréoles ou des différences d'aspect, procédez à une remise en teinte avec une teinture spéciale cuir. Choisissez une couleur légèrement plus foncée que celle d'origine et appliquez-la à la mèche de coton. Faites pénétrer en profondeur et laissez sécher plusieurs heures. Appliquez un lait d'entretien (ou une crème nourrissante), puis un imperméabilisant liquide (Les Frères Nordin).

Les cuirs teintés pigmentés. Appliquez un lait d'entretien avec un tampon de lustrage, en le changeant dès qu'il s'encrasse. Moins agressif que le décapant, le lait spécial cuir nettoie, nourrit et assouplit la peau. Faites briller avec un tampon propre puis à l'aide d'une brosse.

En cas de décoloration de la peausserie, n'utilisez pas de teinture mais une patine pour cuir. Passez le produit avec un tampon à lustrer puis faites-le pénétrer en utilisant une brosse demi-dure.

Conseils de rénovation

- Lorsqu'un cuir est éraflé, utilisez un marqueur de retouche d'une couleur adaptée pour estomper la griffure.
- Pour rendre un peu de souplesse à un cuir ancien, fortement desséché et prêt à se déchirer, appliquez de l'huile de pied de bœuf. Laissez pénétrer et renouvelez plusieurs fois l'opération si nécessaire.

Lutter contre les insectes

Pour chasser les « poissons d'argent » des vieux livres ayant séjourné à l'humidité, disposez à proximité du thym frais ou une soucoupe contenant quelques gouttes d'huile essentielle de thym.

Pour le débarrasser des mites, enfermez pendant plusieurs jours le livre dans une boîte hermétique contenant du formol ou de l'insecticide versé dans un bol ou un verre.

Les reliures des livres anciens

Pour rénover de vieux livres tachés, moisis ou abîmés, soyez très minutieux et traitez-les délicatement. Si la reliure est salie mais pas endommagée, passez un chiffon imprégné d'essence de térébenthine. En cas de taches rebelles, employez un détachant spécifique. Nourrissez le cuir avec un lait d'entretien ou une crème à la lanoline et lustrez doucement, mais n'appliquez jamais de cirage, même incolore. ■

Nettoyer des livres anciens

1 **Dépoussiérez le livre.** Commencez par nettoyer l'ouvrage (plats, dos, tranche y compris chaque page) avec une brosse, puis frottez délicatement le cuir avec une éponge à peine humide ou un chiffon.

2 **Continuez à frotter.** Poursuivez le nettoyage avec une éponge propre ou de la mèche de coton imprégnée de savon. Changez de coton dès qu'il est sale. Éliminez le produit en surplus avec un chiffon sec.

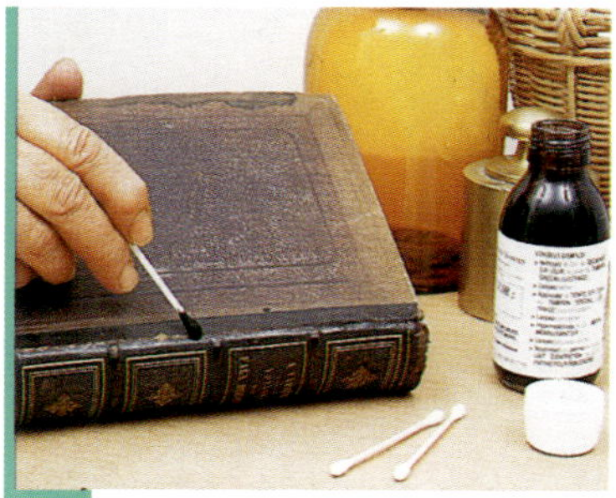

3 **Retouchez la reliure.** Masquez les défauts et les endroits où le cuir est arraché, pelé ou éclairci à l'aide d'un crayon à retouche ou d'une teinte liquide appliquée à l'aide d'un bâtonnet de coton.

Nettoyer et traiter les métaux

Cette statuette en régule (alliage de plomb et d'antimoine), très sensible à l'oxydation, noircit facilement.

Les objets en métal dénichés dans les brocantes ont souvent besoin d'être dégraissés, dépoussiérés, décapés puis traités de façon appropriée afin de recouvrer leur aspect séduisant.

L'argenterie

Pour désoxyder l'argenterie, utilisez un produit spécial, qui contient un agent désoxydant et un agent polissant. Vous pouvez aussi la polir avec une mousse à poncer très fine et lui redonner son éclat à l'aide de chiffonnettes préimprégnées d'un produit spécial. Pour les objets ciselés, employez une brosse à dents douce.

Pour ralentir l'oxydation des couverts en argent, protégez-les de la lumière en les enveloppant dans du papier de soie foncé ou dans du velours, et placez-les dans un écrin.

Ne procédez jamais vous-même à la réargenture des objets destinés à un contact alimentaire (plats, couverts...).

L'étain

Attention, l'étain ancien est fragile et se raye facilement.

Pour obtenir un aspect mat, nettoyez-le à l'eau additionnée de quelques gouttes de liquide à vaisselle. Éliminez les taches de graisse avec de l'alcool à brûler. Essuyez bien et lustrez avec un chiffon de laine.

Pour faire briller l'étain, utilisez un désoxydant approprié. Éliminez les traces noires avec un chiffon et lustrez vigoureusement.

Le cuivre et le laiton

Le cuivre (métal pur) et le laiton (alliage de cuivre et de zinc) se corrodent à l'air. Le premier en « vert-de-gris » et le second en brun verdâtre. Désoxydez-les avec un liquide spécial appliqué à la brosse, au chiffon ou à la mèche de coton et lustrez soigneusement. Éventuellement, protégez-les avec un vernis pour métaux en aérosol.

Le bronze et le régule

Lavez les objets à l'eau savonneuse ou à l'essence de térébenthine. Décollez les salissures avec une petite brosse de Nylon et rincez.

Pour patiner l'objet, appliquez de façon irrégulière une crème à dorer ou une crème à patiner les métaux. Laissez sécher et lustrez.

Pour faire briller, appliquez une couche de cire d'abeille et lustrez avec une brosse à poils de soie.

Lutter contre l'oxydation de l'argent

1 **Désoxydez** avec un liquide spécial argenterie appliqué à la brosse. Laissez agir quelques minutes puis effacez les traces noires. Utilisez des chiffons ou du papier absorbant que vous jetez au fur et à mesure. Rincez avec de l'alcool à vernir.

2 **Réargentez** les objets décoratifs. Utilisez pour cela un produit de réargenture à froid que l'on trouve dans les magasins spécialisés. Appliquez-le uniformément avec une mèche de coton et rincez à l'eau chaude.

3 **Polissez.** Enduisez un tampon de mèche de coton de blanc d'Espagne, ou d'un produit destiné au polissage de l'argenterie et frottez. Lustrez à la peau de chamois. Lavez à l'eau savonneuse et séchez avec soin.

Le zinc et le fer-blanc

N'utilisez ni brillant ni décapant. Lavez tous les objets à l'eau savonneuse, éventuellement additionnée de lessive de soude.

Pour détartrer, utilisez du vinaigre d'alcool blanc tiède. Grattez avec une spatule en bois sans marquer le métal. Rincez à l'eau claire et séchez.

Si le fer est peint, passez d'abord un décapant chimique, brossez avec une brosse métallique et rincez.

La fonte

S'il s'agit d'un objet peint, décapez la peinture et éliminez toute trace de rouille avec un dérouilleur. Brossez l'objet avec une brosse métallique.

Protégez-le ensuite avec un vernis si vous voulez le garder tel, ou couvrez-le d'une couche de fond et d'une peinture.

Le fer forgé

Décapé, brossé ou poncé, le fer forgé retrouve une couleur grise légèrement brillante par endroits. Pour le conserver en l'état, protégez-le à l'aide d'un vernis polyuréthane incolore. Si vous le préférez noir, trois finitions sont possibles :

– recouvrez-le d'une pâte noire, sorte d'encaustique spéciale qui convient aux objets exposés aux fortes températures ;

– appliquez à la mèche de coton un brunisseur chimique, qui teinte la surface d'un noir bleuté ;

– utilisez un transformateur de rouille, qui protège la surface en lui donnant une apparence oxydée.

À noter : Utilisez vos brosses à dents usagées pour nettoyer en profondeur rainures et ciselures des objets métalliques. Lavez-les après chaque intervention pour pouvoir les réutiliser. ■

Écologiques, efficaces, rapides

Non toxiques, sans acides ni phosphates, sans odeur, biodégradables, non testés sur les animaux et sans danger pour les mains : de nouveaux produits d'entretien permettent le nettoyage facile des métaux, des sanitaires, des meubles de jardin et même des voitures ! À base d'éléments naturels, comme l'argile blanche, le citron, les huiles végétales, ils se présentent sous la forme d'un bloc compact (Pierre de Cristal, Pierre blanche fantastique, en vente par correspondance et dans certaines drogueries). Ils s'utilisent avec une éponge humide et forment une mousse blanche que l'on rince à l'eau claire. Pour nettoyer les vitres, les miroirs, le cristal, l'argenterie, les chromes et les bibelots délicats, utilisez un chiffon en microfibres (Smart, Temps L...) trempé dans de l'eau chaude sans détergent puis essoré. Les traces d'eau s'enlèvent avec un chiffon sec de même qualité. Ces tissus en polyamide et polyester sont lavables en machine à 60 °C.

LES OUTILS

- brosse en Nylon souple
- brosse à poils de soie
- brosse métallique
- chiffons en coton et en laine
- mèche de coton
- mousse à poncer
- peau de chamois
- spatule en bois

Lutter contre l'oxydation du cuivre

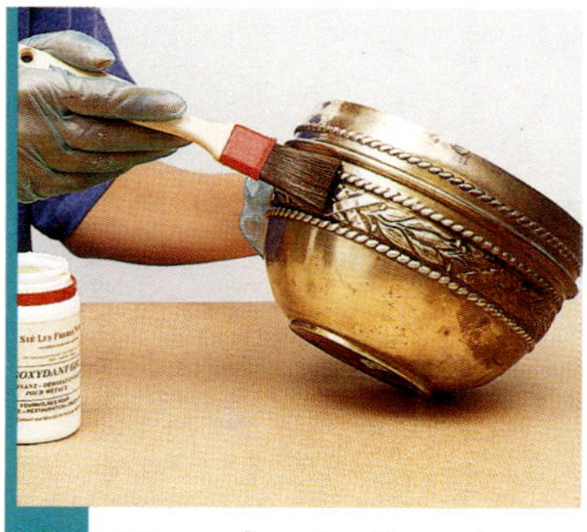

1 **Désoxydez.** Appliquez le produit désoxydant à la brosse en insistant sur les reliefs. Rincez avec de l'alcool à vernir.

2 **Polissez.** Utilisez un chiffon doux non pelucheux, enduit de blanc d'Espagne ou d'une pâte à polir.

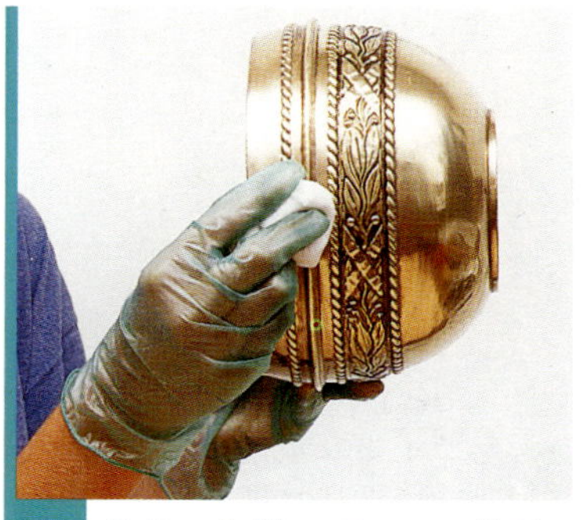

3 **Faites briller.** Exposez l'objet en plein soleil toute une journée avant de le lustrer délicatement avec une peau de chamois.

Entretenir la quincaillerie d'ameublement

Les produits utilisés pour remettre en état les pièces métalliques d'un meuble peuvent tacher le bois. Le démontage de la quincaillerie évite cet inconvénient et vous permet de parfaire votre finition cirée ou vernie.

Pour faire briller

Les sabots des pieds, les entrées de serrures, les ceintures des plateaux, etc., sont autant d'accessoires en cuivre qui, après un long séjour au grenier, prennent une couleur verte virant au noir. Pour éliminer l'oxydation et leur redonner leur éclat, utilisez un désoxydant, une sorte d'acide atténué, présenté en gel.

▶ Appliquez le gel au pinceau de Nylon. Vous constaterez que l'effet est presque immédiat.

▶ Avec du coton, repoussez le gel pour retrouver la couleur brun-rouge du cuivre.

À chaque style ses crémones, targettes, pentures, becs-de-cane, etc. Toujours copiés et bien choisis, ces éléments utiles et décoratifs signent une restauration soignée.

▶ Rincez la surface à l'alcool puis appliquez une pâte à polir à l'aide d'un tampon à lustrer.

▶ Faites briller puis rincez à l'eau savonneuse afin d'éliminer les restes de pâte qui, au contact de l'air, accéléreraient l'oxydation du cuivre.

▶ Protégez ensuite la surface brillante par un film incolore de vernis à métaux.

Pour atténuer la brillance

À l'inverse, le côté astiqué et clinquant de certaines quincailleries neuves ne convient pas à tous les meubles. Si vous souhaitez donner un aspect vieilli à ces accessoires métalliques, utilisez un brunisseur chimique, solution liquide qui transforme à froid la couleur des principaux métaux (fer, acier, zinc, bronze, cuivre, etc.).

Lorsqu'il s'agit de pièces neuves, badigeonnez-les avec un décapant.

▶ Rincez à l'eau pour faire disparaître le vernis d'origine (portez des gants de protection).

▶ Dégraissez les pièces à traiter au trichloréthylène. Laissez sécher.

▶ Appliquez le brunisseur à l'aide d'un coton à lustrer ou d'un pinceau. Le brunissement de la surface apparaît rapidement (moins d'une minute).

▶ Rincez à l'eau et laissez sécher.

▶ Frottez les pièces avec de la laine d'acier extrafine pour dégrader par endroits le brunissement et créer des effets de surface.

▶ Terminez par l'application d'une mince couche de cire vierge afin d'obtenir un aspect vieilli et lustré.

À noter : Lorsqu'on remet en état de la quincaillerie d'ameublement, on est parfois confronté à un problème avec les vieilles serrures : il est difficile de retrouver les clés qui leur correspondent. Il est alors préférable de changer les serrures. ■

Cirer, teindre et patiner le bois

Il serait faux de prétendre que la cire « nourrit » le bois. En revanche, elle le protège efficacement du dessèchement et de la décoloration en régulant l'évaporation d'eau.

L'encaustique

Cire et encaustique sont aujourd'hui devenus synonymes. En réalité, une encaustique est de la cire en pâte, ramollie par un mélange avec de l'essence, le plus souvent de térébenthine. Cette dernière pourrait être remplacée par un produit inodore, mais on la garde justement à cause de son odeur caractéristique. Que cela ne vous empêche pas d'aérer largement la pièce pendant l'application puis le séchage.

La cire d'antan

Nos grands-mères avaient l'habitude de cirer fréquemment leurs meubles, tant et si bien qu'ils s'encrassaient à la longue et ne brillaient plus.

Vous pouvez appliquer la cire directement sur le bois parfaitement poncé au préalable, mais, pour obtenir un résultat plus régulier, appliquez d'abord une fine couche de gomme-laque à l'aide d'un tampon en mèche de coton.

Selon sa consistance, la cire s'applique à la brosse ou au chiffon de coton.

- Faites ramollir la cire sur un radiateur ou au soleil.
- Appliquez-la dans le sens du bois, sans faire de surcharge.
- Essuyez la couche de cire fraîche avec un chiffon propre, non pelucheux.
- Grattez les reliefs s'il le faut, puis laissez sécher au moins une nuit complète.
- Le lendemain, lustrez à la peau de mouton. Si le séchage est correct, vous n'aurez aucune peine à faire briller.

● **À noter :** Les bois fruitiers et certains bois au veinage serré, tel l'acajou, méritent une « finition antiquaire » qui, plus subtile qu'un simple encaustiquage, permet d'obtenir un beau brillant satiné (→ SÉQUENCE).

Teindre le bois

Grâce aux teintes, il est possible de mettre en valeur à peu de frais un meuble d'apparence quelconque. À l'eau ou à l'alcool, ces produits existent dans une très grande variété de coloris. La patine, quant à elle, rehausse un bois courant en lui donnant plus de caractère.

Pour obtenir un fini régulier, il faut appliquer la teinte de manière uniforme. C'est pourquoi le tampon et l'éponge sont préférables au pinceau.

▶ Mélangez soigneusement la teinte avant de l'appliquer.

▶ Préparez un gros tampon de mèche de coton. Trempez-le dans la teinte et essorez-le entre les doigts.

▶ Frottez le tampon sur la surface du bois, d'un geste régulier et dans le sens du veinage. Ne repassez pas sur une section déjà teintée.

▶ Avec une éponge sèche, essuyez sans tarder afin d'uniformiser l'aspect de la teinte

Cirer un meuble façon antiquaire

1 **Poncez le meuble** avec un papier abrasif fin ou avec de la laine d'acier pour obtenir une surface uniforme sans taches.

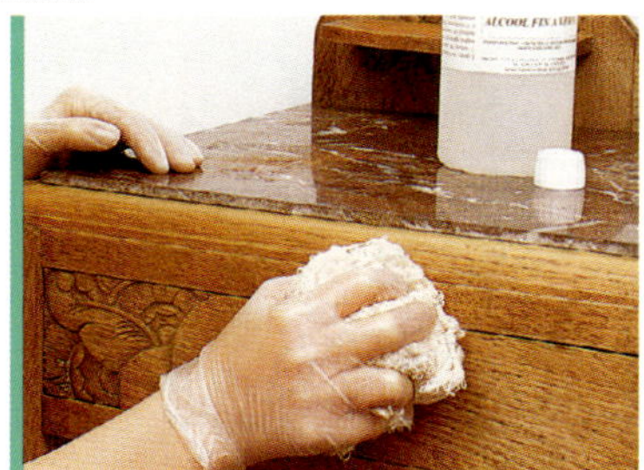

2 **Dégraissez le bois.** Passez sur le bois un tampon imbibé d'alcool à vernir. Changez le tampon dès qu'il s'encrasse.

3 **Appliquez un fond dur.** Imbibez un tampon de mèche de coton et déposez le produit en une couche uniforme. Recommencez deux ou trois fois. Adoucissez la surface avec de la laine d'acier extra-douce.

4 **Unifiez la couleur du bois.** Appliquez de la mattine, finition riche en gomme-laque, avec un autre tampon de mèche en une ou deux couches. Adoucissez la surface avec un tampon de laine d'acier.

5 **Cirez.** Après un séchage complet, faites réchauffer une boîte de cire au-dessus d'un radiateur et appliquez-en une couche légère avec une brosse à poils souples. Éliminez l'excédent avec de la mèche de coton.

6 **Lustrez.** Laissez sécher toute la nuit puis lustrez la surface à l'aide d'une peau de mouton. Si l'encaustique est parfaitement sèche, vous n'aurez aucune difficulté à obtenir le brillant désiré.

LES OUTILS

Pour cirer le bois
- brosse à poils souples
- chiffon de coton
- laine d'acier extra-douce
- mèche de coton
- papier abrasif
- peau de mouton

Pour teindre et patiner le bois
- brosse
- chiffon de coton
- éponge
- laine d'acier extra-douce
- papier abrasif
- peau de mouton
- pinceau fin

appliquée. N'oubliez pas les chants. Si vous souhaitez renforcer la couleur et faire disparaître les nuances, passez une seconde couche en suivant la même technique.

▶ Attendez le séchage complet du produit et poncez-le légèrement avec un tampon de laine d'acier afin de rabattre les fibres éventuellement relevées. Dépoussiérez avec soin. Une surface teintée peut recevoir une finition vernie ou cirée.

Patiner le bois

L'opération consiste à fournir au bois les ombres et reliefs que créent habituellement de longues années d'entretien. C'est un art tout en finesse, facile à maîtriser grâce aux produits modernes.

L'idéal est de partir sur un bois bien décapé et dégraissé à l'alcool.

▶ Poncez le bois finement.

▶ Appliquez un fond (une couche de teinte régulière) d'un ton clair.

▶ Après séchage, égrenez (polissez) légèrement la surface avec un tampon de laine d'acier, avant de compléter le « maquillage ». La laine d'acier nettoie et ponce sans rayer. Passez-la dans le sens du veinage.

▶ Pour faire ressortir les reliefs, repassez ceux-ci avec une patine à ombrer appliquée au pinceau fin. Essuyez immédiatement avec de la mèche de coton.

▶ La patine à ombrer se fixe en appliquant par-dessus un fond dur. Incolore dès qu'il est sec, ce produit bouche les pores du bois et bloque teinte et ombres. Appliquez-le avec de la mèche de coton.

▶ L'opération suivante consiste à appliquer une mattine, mélange de cire et de gomme-laque. Appliqué en trois couches fines à la mèche de coton, ce produit accentue les reliefs les plus fins et sert de support à la cire.

▶ Il ne reste plus qu'à cirer, à la brosse ou à la mèche, selon la consistance. Veillez à ne pas gorger les reliefs.

▶ Finissez en essuyant puis laissez sécher et, enfin, lustrez. ■

Vernir le bois

La qualité des vernis modernes bénéficie des fruits de la recherche dans le domaine des solvants industriels. L'alcool, qui était autrefois utilisé, a laissé place aux solvants aromatiques, puis aux produits inodores. Cette évolution a été marquée par la mise au point de nouvelles résines entrant dans la composition des vernis.

Les vernis modernes

Les vernis d'aujourd'hui sont d'autant plus faciles à appliquer que les outils se rincent à l'eau. Ils vous permettent d'obtenir de nombreux effets : satiné, ciré, brossé, brillant ou «bistrot», sans oublier la gamme de couleurs, aussi large que possible.

Mis à part les vernis actuels, composés de substances chimiques modernes qui les rendent efficaces et moins dangereux, la technique ancestrale du vernis au tampon (à l'alcool) existe toujours et garde un aspect purement traditionnel.

Vernir au pinceau

Le vernis s'applique au pinceau plat, une queue-de-morue de préférence, en plusieurs couches fines croisées sur une surface bien poncée et dépoussiérée (→ SÉQUENCE).

LES OUTILS

- chiffon de laine
- laine d'acier extrafine
- papier abrasif fin
- queue-de-morue (pinceau plat)

Le vernissage au pinceau

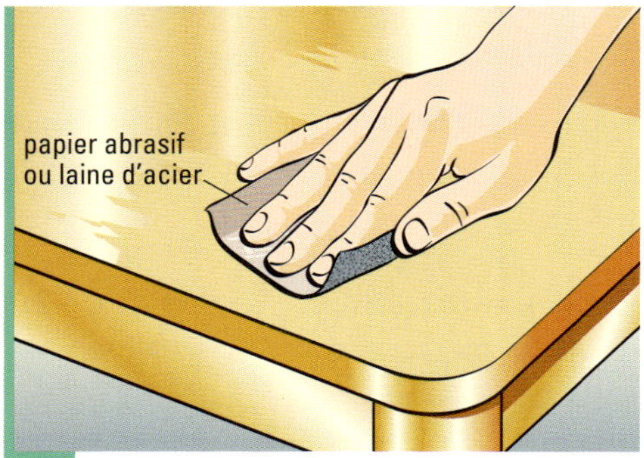

1 **Préparez la surface à vernir.** Avec un papier abrasif ou une laine d'acier, poncez parfaitement la surface et dépoussiérez-la.

2 **Appliquez le vernis en 3, 4 ou 5 couches.** Utilisez une queue-de-morue pour tirer le vernis sur toute la longueur de la table sans laisser de surcharge.

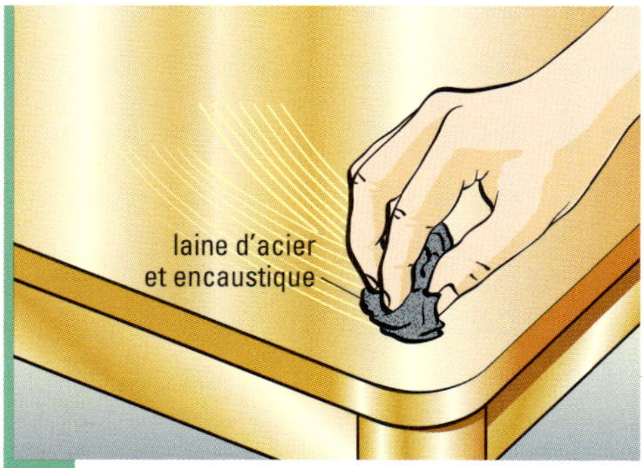

3 **Réglez le brillant du vernis.** Si l'éclat du vernis vous semble trop brillant, polissez la surface à l'aide de laine d'acier extrafine imbibée d'encaustique vierge, en faisant des mouvements doux et réguliers.

4 **Lustrez à la fin.** Laissez sécher l'encaustique puis lustrez avec un chiffon de laine. Le chiffon de laine assure un lustrage du vernis en douceur.

– Laissez sécher entre chaque couche, puis unifiez avec du papier abrasif fin (n° 320) ou de la laine d'acier extrafine. Le ponçage de la surface unifie le vernis et assure l'adhérence de la couche suivante.
– Dépoussiérez et répétez ces opérations trois ou quatre fois.
– Utilisez le vernis sans le diluer et ne chargez pas trop le pinceau : les couches doivent être minces.
– Après la dernière couche, laissez sécher et durcir plusieurs heures.

Attendez plusieurs jours que le vernis soit parfaitement sec avant d'installer votre meuble dans la chambre ou le salon.

Vernir au tampon

Ce type de vernissage met particulièrement en valeur les meubles délicats, le placage en loupe et la marqueterie.

Soyez patient, vernir au tampon demande des heures d'assiduité.

Les préparatifs. Avant le vernissage, la surface doit être minutieusement préparée et totalement exempte de cire. Les petits accidents (enfoncements, griffures…) seront colmatés avec un bâton de gomme-laque d'une couleur adaptée. Sur des bois neufs ou lorsqu'il s'agit d'un nouveau placage, le ponçage sera particulièrement soigné avec des papiers abrasifs très fins (n° 400). Dépoussiérez la surface et ôtez toute la sciure avec un chiffon légèrement humide.

Le tampon à vernir. Tout vernisseur réalise lui-même ses tampons en vue du travail qu'il veut accomplir. Traditionnellement, ils sont composés d'une boule de laine vierge enveloppée dans un carré de toile usagée. Vous pouvez également confectionner votre tampon avec de la mèche de coton et un morceau de drap blanc (→ SÉQUENCE).

● **À noter :** Après chaque utilisation, ouvrez le tampon, garnissez-le d'alcool et conservez-le dans une boîte hermétique (un pot de verre muni d'un couvercle vissé convient bien). Sans cette précaution, la toile imbibée de vernis durcit et devient inutilisable.

Termes de métier

Ponce-soie : *pierre ponce finement broyée servant à boucher les pores et à déposer sur le bois un film lisse qui unifiera le vernissage.*
Popote : *préparation dont les ébénistes gardent jalousement le secret. Elle contient notamment de l'alcool, de la poudre de pierre ponce et de la gomme-laque. La popote sert à éclaircir et à nettoyer le bois.*
Queue-de-morue : *large pinceau plat également appelé « queue à vernir ».*

La confection d'un tampon à vernir

1 **Garnissez de laine une toile.** Déposez un morceau de laine au centre d'un carré de toile de coton d'environ 20 cm de côté, un mouchoir ou un vieux drap blanc.

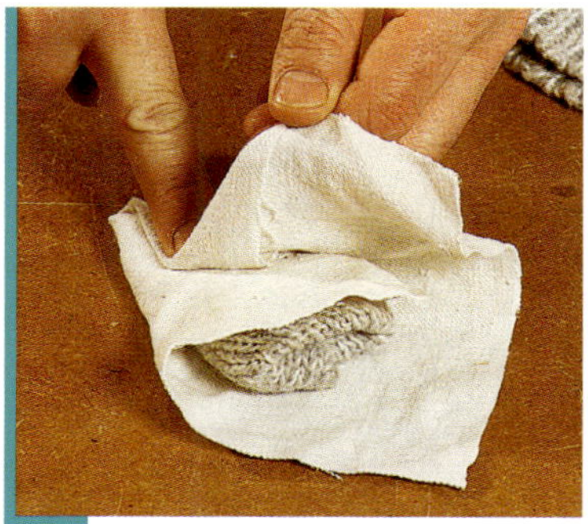

2 **Refermez la toile.** Relevez les quatre coins de la toile et torsadez-les pour emprisonner la laine.

3 **Modelez la forme du tampon.** Tenez le tampon dans la main et entre le pouce et l'index, malaxez-le pour lui donner la forme oblongue d'une petite souris.

LES OUTILS

- chiffon de laine
- éponge
- laine d'acier extrafine
- mèche de coton
- papier abrasif très fin
- tampon à vernir

La réalisation du vernis

Elle se déroule en trois grandes étapes.

Le remplissage. Il consiste à obstruer les pores du bois avec de la pierre ponce finement broyée.

▶ Chargez le tampon d'alcool à vernir et éparpillez des pincées de « ponce-soie » à la surface du meuble. Passez le tampon en décrivant des cercles de plus en plus petits. Ajoutez de la ponce-soie puis de l'alcool, et polissez ainsi toute la surface jusqu'à ce que les pores du bois soient remplis.

▶ Pour terminer, ajoutez quelques gouttes de vernis au tampon et tournez jusqu'à son assèchement. Laissez reposer le meuble une dizaine de jours.

Le vernissage. Effectué avec un tampon, il permet de déposer une mince pellicule de gomme-laque ayant le poli d'un miroir.

▶ Chargez le tampon de vernis.

▶ Décrivez de petits cercles, puis élargissez votre geste pour terminer par des allers et retours dans le sens du veinage.

▶ Passez ainsi plusieurs couches de vernis (5 ou 6 au minimum) à quelques heures d'intervalle.

▶ Pour que le tampon glisse bien, déposez de temps à autre une goutte de vaseline du bout du doigt sur la toile humide.

▶ Pour terminer, humectez très légèrement le tampon avec de l'alcool et faites un ultime passage pour unifier la surface.

Le vernissage au tampon

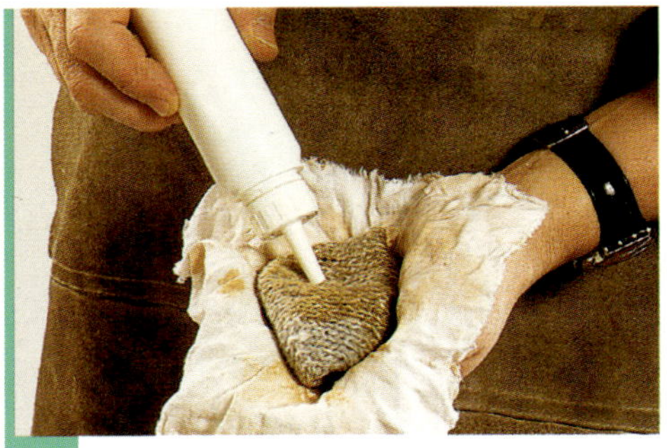

1 **Chargez le tampon d'alcool à vernir** (alcool éthylique à 95°) et repliez les quatre coins de la toile. Puis prenez de la « ponce-soie » entre le pouce et l'index et dispersez-la sur toute la surface du meuble, comme pour saler des aliments.

2 **Remplissez les pores du bois.** Après avoir éparpillé les pincées de cette poudre, polissez la surface avec le tampon imbibé d'alcool, en décrivant des cercles dans un mouvement régulier. Laissez reposer le meuble plusieurs jours.

5 **Poursuivez le vernissage.** Rechargez le tampon et passez-le en décrivant de grands 8 pour déposer, chaque fois, une fine pellicule de vernis (au moins 5 ou 6 couches).

6 **Ne vous arrêtez pas sur le meuble.** Lorsque vous désirez interrompre le mouvement, quittez la surface vers l'extérieur en partant d'un geste vif.

Mettez le meuble à l'abri et laissez « tirer » le vernis une dizaine de jours.

L'éclaircissage. Il consiste à polir parfaitement la surface ainsi qu'à éliminer les éventuelles remontées de vaseline.

- Confectionnez un tampon neuf et chargez-le d'alcool pur.
- Caressez le vernis pour que l'alcool dissolve les imperfections de surface et fasse monter le brillant.
- Renouvelez cette opération par trois fois, en espaçant les tamponnées de quelques minutes.
- Terminez en passant, avec de la mèche de coton, un peu de popote douce pour achever de polir le vernis. ■

Le vernis facile

Si vous êtes débutant, n'achetez pas votre vernis n'importe où. Chez les professionnels, vous trouverez des vernis au tampon irréprochables, mais trop bien dosés pour un apprenti, et vous risquez de passer des heures à rester collé sur le tampon.

Orientez-vous de préférence vers une enseigne qui assure des cours d'initiation. Vous aurez la possibilité de vous perfectionner sur l'un de vos meubles. De plus, vous y trouverez des kits comme « le tampon facile », diffusés en petits conditionnements et dont les préparations ont été « adoucies » afin d'obtenir une plus grande souplesse d'utilisation (Les Frères Nordin). Elles vous éviteront les déboires dus à votre manque d'expérience.

3 **Chargez le tampon de vernis gomme-laque,** refermez-le et passez-le sur toute la surface en longues passes rectilignes. Pressez légèrement sur le tampon et continuez les allers et retours, sans oublier les angles.

4 **Aidez le tampon à bien glisser.** Si le tampon a tendance à coller, déposez une petite goutte d'huile de vaseline sur la toile pour qu'il glisse mieux, mais n'abusez pas de cette astuce, car l'huile risque de tacher le vernis.

7 **Reprenez le polissage après avoir laissé reposer le vernis** quelques jours. Pour une finition parfaite, changez de tampon et rechargez-le uniquement avec de l'alcool.

8 **Éclaircissez l'ensemble de la surface** en caressant le vernis par de longues passes. Renouvelez trois fois l'opération et laissez le meuble à l'abri de la poussière.

Décaper, détacher et entretenir un meuble

Après une application d'encaustique, il convient d'attendre 24 h avant de brosser puis de lustrer au chiffon doux.

Taché, rayé, fendu ou de guingois… un meuble ancien, en si piteux état qu'il semble n'est pas irrémédiablement perdu. Il est possible de réhabiliter vos vieux fauteuils, votre ancienne table paysanne ou la commode de votre grand-mère sans faire appel à un spécialiste, toujours difficile à trouver. Vous apprécierez d'autant plus vos meubles que c'est à votre initiative, à votre patience et à votre savoir-faire qu'ils devront leur nouvelle jeunesse.

Décirer ou décaper un meuble

Les vieux meubles sont souvent encrassés par des apports réguliers de cire et des nettoyages intermittents à l'essence de térébenthine, qui a facilité la pénétration de la cire dans le bois. Avec le temps, la cire et le vernis finissent par s'assombrir. Pour leur redonner un nouvel éclat, vous renouvellerez leur aspect en leur apportant une nouvelle finition. Le décirage et le décapage s'effectuent selon des méthodes similaires, seuls les produits changent.

Les meubles cirés. Pour ôter la cire d'un meuble, vous avez besoin d'un décireur que vous trouverez chez un droguiste averti. Ce produit contient du savon liquide et du solvant. Avant de commencer à travailler, rassemblez un lot important de chiffons propres et de mèches de coton.

▶ Appliquez le décireur à l'aide d'un pinceau plat.

▶ Frottez la surface avec de la laine d'acier en suivant le fil du bois et en repoussant la cire diluée. Changez le tampon de laine d'acier dès qu'il est encrassé.

▶ Le bois devant être mis à nu, renouvelez l'opération si toute la cire n'est pas partie.

▶ Rincez la surface décirée avec une mèche de coton imbibée d'alcool à vernir.

Les meubles vernis. Pour enlever le vernis, vous avez besoin d'un décapant. Vous devez connaître le type de vernis que vous voulez éliminer : de sa composition dépend en effet le produit à employer. L'alcool à vernir dissout le vernis au tampon, le décapant chimique vient à bout d'autres qualités de vernis plus dures.

Afin de ne pas commettre d'erreur, procédez à des essais dans un coin discret. Si l'un et

Avant de décirer ou de décaper

– N'intervenez que sur des meubles ou des objets sans grande valeur. Confiez ceux qui sont signés ou d'époque à des professionnels.

– Si des taches apparaissent pendant le décapage, éliminez-les avant de procéder aux finitions cirées ou vernies.

– Quelle que soit la finition prévue, attendez que les solvants se soient évaporés.

– Ne décapez jamais un meuble recouvert de placage : les minces feuilles de bois qui composent ce dernier se décolleraient inévitablement.

l'autre produit sont inefficaces, vous devrez adopter un décapant approprié aux vernis polyesters.
Le bon produit sélectionné, vous pouvez agir ; la technique est la même dans tous les cas (➡ SÉQUENCE). Portez des gants de protection et travaillez dans un local aéré.

▶ Quand vous aurez étalé le décapant à l'aide d'un pinceau en Nylon, attendez que le produit travaille (le vernis formera des cloques) pour le repousser avec un tampon de laine d'acier, avec une spatule en bois ou avec un couteau de peintre, dans le sens du fil du bois.

▶ Recommencez l'opération jusqu'à ce que le bois soit mis à nu.

▶ Rincez avec une mèche de coton trempée dans de l'alcool à vernir (l'eau est à bannir) ou avec du white-spirit.

À noter : Le bois n'aime pas l'eau !
Le bois et l'eau ne font pas bon ménage. Abandonnez la (mauvaise) idée de laver un meuble (ou un objet en bois) avec de l'eau savonneuse. Cela aurait pour effet de faire gonfler les fibres du bois, de soulever un éventuel placage, de nuire aux assemblages. Mais, si vous avez déniché un meuble de campagne sans valeur et que vous désiriez le peindre, n'hésitez pas (➡ P. 564-566).

Précautions à prendre

- Si vous désirez une finition vernie, traitez la décoloration avec du coton imbibé d'une teinture à l'alcool.
- Surveillez la décoloration. Si elle dépasse vos désirs en se révélant plus pâle que le bois, traitez-la comme une tache claire avant de passer aux opérations de finition, cire ou vernis.

Détacher un meuble

Une fois mis à nu, le bois d'un meuble peut révéler des taches plus ou moins prononcées que ni le décireur ni le décapant ne font disparaître. Vous pouvez les éliminer en prenant quelques précautions.
Les taches claires. L'eau et certains détergents peu agressifs laissent des traces et décolorent les essences de bois. Pour unifier la différence de ton, employez de la cire teintée ou une teinture à bois d'une teinte légèrement plus foncée que celle du meuble.

▶ Avec un tampon de laine d'acier n° 0, appliquez la cire sur la tache décolorée.

▶ Frottez avec énergie de manière à bien faire pénétrer la cire en profondeur.

▶ Lorsque la tache aura disparu, cirez le meuble.

LES OUTILS

- couteau de peintre (ou spatule en bois)
- gants de caoutchouc
- laine d'acier
- pinceau de Nylon

Décaper un meuble verni

1 Étalez le décapant. Utilisez un pinceau en Nylon pour appliquer le produit en couche épaisse. Laissez travailler le produit quelques minutes.

2 Raclez la surface. Lorsque le revêtement se craquelle et se ramollit, repoussez-le avec un tampon de laine d'acier. Raclez le bois en suivant le sens du fil.

3 Travaillez à l'horizontale. Si vous utilisez un décapant liquide, pensez à incliner le meuble pour travailler sur une surface horizontale. Vous pouvez racler au couteau le vernis qui se décolle.

Les taches foncées. L'eau décolore le bois, mais le vin, l'encre, l'alcool, le parfum, etc. provoquent l'effet inverse : ils laissent des taches sombres qu'il faut décolorer pour retrouver la teinte d'origine du bois nu. Plusieurs éclaircisseurs sont à votre disposition : eau de Javel, eau oxygénée, acide oxalique ou éclaircisseur chimique.

Portez des gants de protection et agissez avec minutie afin d'éviter les éclaboussures.

Comme tout acide, l'utilisation d'un éclaircisseur ou décolorant requiert de respecter strictement des consignes de sécurité : portez des vêtements enveloppants, des gants et des lunettes pour vous protéger des éclaboussures.

▶ Appliquez l'éclaircisseur de votre choix et laissez-le pénétrer dans le bois pendant de longues minutes.

▶ S'il s'agit d'une tache très ancienne ou fortement incrustée, recommencez plusieurs fois l'opération.

▶ En cas d'échec, couvrez la tache d'un cataplasme confectionné avec de la terre de Sommières généreusement mouillée d'éclaircisseur. Ce dernier sera plus efficace, la terre ralentissant son évaporation.

▶ Rincez à l'alcool pour éliminer le produit éclaircisseur.

Éclaircir le bois

L'éclaircisseur a pour fonction de redonner leur couleur d'origine aux bois anciens et de faire disparaître les taches dues en particulier à l'humidité. Il peut être appliqué sur des essences diverses. Pour utiliser ce produit liquide incolore et inodore, portez des gants et des lunettes de protection. En cas de contact accidentel avec la peau, rincez abondamment à l'eau claire.

▶ Disposez la pièce de bois à l'horizontale et appliquez l'éclaircisseur à la brosse. Ajoutez du produit pour couvrir copieusement toute la surface, afin d'obtenir un éclaircissement uniforme.

▶ Laissez agir le produit quelques minutes, temps nécessaire pour qu'il imprègne le bois.

▶ Ce délai passé, éliminez l'éclaircisseur en rinçant la surface avec un tampon de coton imbibé d'alcool à vernir. Laissez sécher. Vérifiez l'uniformité de la couleur et renouvelez l'opération si besoin.

● **À noter :** En présence d'un meuble composé de bois d'essences différentes, il est difficile d'obtenir une décoloration uniforme : pour y parvenir, vous serez contraint d'éclaircir certaines essences alors qu'il vous faudra teinter les autres.

Conseils d'entretien et produits de finition

Sur les finitions cirées. Utilisez exclusivement des produits d'entretien à base de cire d'abeille. Pour éviter les taches, vous appliquerez un imperméabilisant spécifique

1 2 3 4 5

1. © *Leman*
2. © *Leman*
3. © *Veraline*
4. © *Syntilor*
5. © *Les Anciens Ébénistes*

Une cire d'entretien conservera à vos meubles tout leur éclat retrouvé.

après l'encaustiquage. Par la suite, une recharge en cire n'est pas nécessaire si le meuble est régulièrement entretenu.

Sur les finitions vernies. Les anciens vernis à l'alcool ne nécessitent qu'un simple dépoussiérage. Les taches d'humidité peuvent être masquées en passant un tampon imbibé d'alcool en petits mouvements circulaires. Rechargez en vernis si la zone reste visible. Les vernis modernes se nettoient à l'éponge humide et supportent la plupart des produits d'entretien.

L'encaustique. C'est un mélange de cire et de solvant dont l'application s'effectue au tampon de laine d'acier, à la mèche de coton ou au pinceau. Pour bien faire briller une encaustique, laissez-lui le temps de sécher, au moins une nuit.

Les vernis. Ceux utilisés industriellement n'ont pas la même composition que les produits proposés aux bricoleurs. Choisissez des produits en phase aqueuse, qui sèchent plus rapidement, avec le minimum d'odeur.

Les huiles. Cette technique de finition, plus récente, consiste à gorger le bois d'huile naturelle. Particulièrement indiquée pour les essences exotiques, elle confère au meuble un reflet unique. Mais, attention, une finition huilée est très difficile à décaper. ■

Les produits de fixation

Les colles. *Les colles traditionnelles sont fabriquées à base de peau ou d'os. Elles sentent mauvais et doivent être ramollies au bain-marie avant l'application. Pour la plupart des assemblages, elles sont aujourd'hui remplacées par la colle vinylique blanche. Évitez d'utiliser les colles Néoprène. Leur trop forte adhérence interdit les démontages ultérieurs et l'on risque d'arracher le bois des pièces assemblées.*

La fixation mécanique. *Autrefois, le collage était souvent renforcé par des chevilles ou des tourillons en bois, plus faciles et moins chers à fabriquer que des vis. Désormais, les meubles modernes, en kit par exemple, sont le plus souvent assemblés par des systèmes mécaniques vissés.*

Peindre, céruser ou décorer au glacis un meuble en bois

Peindre un meuble neuf ou ancien, qui n'a pas de valeur ou qui manque de caractère ou auquel on veut donner un effet décoratif, en soulignant ses contours et son relief, est une façon simple et peu coûteuse de le valoriser.

En cas d'échec du décapage

Astuce classique des ébénistes pour limiter la consommation de cire, certains meubles ont été vernis avant d'être cirés. Vous vous en rendez compte facilement, car le décireur est inefficace sur le vernis. Le plus simple est alors de peindre le meuble par-dessus son vernis. Assurez-vous d'abord de la résistance du vernis et de la compatibilité de ses composants avec la peinture que vous souhaitez utiliser.
Éliminez les résidus de cire avec un solvant. Appliquez de l'alcool à vernir sur une petite surface à l'aide d'un morceau de coton. Si le vernis reste intact, appliquez une couche de peinture acrylique épaisse et laissez sécher une heure environ. S'il y a incompatibilité entre les deux produits et que la peinture se craquelle ou si le vernis devient poisseux et colle au coton, reprenez alors le décapage.

De la préparation...

Procédez avant tout au nettoyage voire au décapage du meuble : la réussite et la tenue de la patine en dépendent.

- Si le meuble a été peint récemment et s'il est simplement encrassé, nettoyez-le à la lessive St Marc. Rincez abondamment et poncez légèrement.
- S'il est ciré, vernis ou recouvert de plusieurs couches de peintures anciennes, à l'huile ou écaillées, procédez à un véritable décapage avec un produit décapant, une brosse en Nylon et une brosse métallique (→ P. 556).

Protégez le sol avec des journaux et placez des cales sous les pieds du meuble pour qu'ils n'adhèrent pas au papier.

... à la mise en couleur

Employez de la peinture acrylique, car les peintures à l'huile ne tolèrent pas les patines à la cire.

– Quelle que soit la couleur dont vous voulez peindre le meuble, il est préférable d'utiliser pour la première couche un blanc mat, qui constitue une base facile à recouvrir. Diluez-la légèrement (à 10 % d'eau) pour lui permettre de pénétrer dans le bois. Poncez la surface au papier abrasif fin (grain 240) ou à la laine d'acier n° 000 pour éliminer les imperfections.

– Appliquez ensuite deux couches de peinture de la couleur choisie (→ SÉQUENCE P. 561). Choisissez des couleurs en harmonie avec la couleur du fond pour mettre en valeur un motif sculpté ou réaliser une décoration originale. Laissez sécher plusieurs jours avant de réaliser la patine.

La patine à la cire

L'aspect final du meuble dépend de la finition cirée. Pour souligner les reliefs du bois, appliquez d'abord de la cire foncée,

puis de la cire blanche. N'encrassez pas les sculptures.
Attention : la cire foncée tache ! Veillez à l'utiliser sur des objets ou surfaces exposés loin des lieux de circulation.

Créer un effet cérusé

Céruser un meuble consiste à colorer son veinage en blanc pour qu'il se détache du fond plus foncé. Cette technique (→ **SÉQUENCE P. 562**) s'applique à des bois au veinage prononcé, comme le chêne, le frêne, le châtaignier, etc., mais est déconseillée sur des bois aux pores serrés, tels que le hêtre et le merisier, qui présentent peu de veines. Pour creuser les veines, servez-vous d'une brosse métallique, mais opérez en douceur, il ne s'agit pas d'ouvrir le bois. Contentez-vous de gratter la

La céruse moderne

La céruse existe depuis l'Antiquité. Utilisée dès le IIe siècle comme cosmétique, cette pâte blanche à base de carbonate de plomb est à l'origine de nombreux empoisonnements. De nos jours, la céruse proprement dite est interdite. Elle est remplacée par le blanc à céruser, élaboré à partir de résines naturelles, qui se classe parmi les produits non toxiques. Il peut être teinté à partir de terres à décor ou d'oxydes.

Peindre et patiner une console

1 **La mise à la couleur.** Commencez par le piétement et en insistant sur le fond des reliefs. Lissez dans le sens du bois. Laissez sécher. Égrenez (poncez) avec un papier abrasif fin avant d'appliquer la seconde couche.

2 **L'effet de patine.** Poncez à nouveau la surface avec un tampon en laine d'acier. Insistez sur les sculptures et donnez-leur un effet usé en faisant ressortir la peinture de fond. Laissez bien sécher.

3 **La cire.** Appliquez une couche de cire avec un pinceau ou de la laine d'acier n° 000. Après six heures au minimum, appliquez une seconde couche. Laissez sécher.

4 **Le lustrage.** Brossez énergiquement avec une brosse en sanglier ou des chiffons non pelucheux en coton. Terminez dans le sens du bois, puis lustrez avec un chiffon doux.

LES OUTILS

- brosse en sanglier
- brosse en Nylon
- brosse métallique
- chiffons
- éponge
- laine d'acier n° 000
- papier abrasif (grain 240)
- pinceaux

surface, toujours dans le même sens.

Mais avant de commencer, préparez le support avec soin. Si le travail de préparation n'est pas parfait, la céruse fera ressortir les défauts. La surface doit être propre et dégraissée, notamment si le meuble était vernis ou ciré.

▶ Poncez toute la surface avec une ponceuse vibrante, grattez le veinage à la brosse métallique et adoucissez à l'aide d'un tampon de laine d'acier n° 0 ou un papier abrasif fin, et dépoussiérez soigneusement.

▶ Appliquez la céruse de façon uniforme. Éliminez le surplus de produit frais au racloir (un gratte-vitre convient aussi très bien) et laissez sécher.

▶ Après la céruse, la finition peut se faire, indifféremment, à la cire ou au vernis. La première donne toutefois un résultat plus soigné, même s'il réclame un peu d'entretien.

À noter : Il ne faut pas confondre cérusé et essuyé. Les motifs dessinés sur un bois cérusé sont incrustés dans la masse, tandis que ceux d'un bois peint à l'essuyé sont dessinés en surface dans le glacis (➡ SÉQUENCE P. 563).

LES OUTILS

- brosse métallique
- couteau à mastic
- laine d'acier n° 0
- papier abrasif fin
- pinceau plat
- ponceuse vibrante

Céruser un meuble

1 **Préparez le bois.** Avant de céruser, poncez soigneusement. Décapez, détachez et réparez la surface pour faire disparaître les rayures, les enfoncements et les trous.

2 **Brossez.** À l'aide d'une brosse métallique douce à fil laitonné, agissez dans le sens des fibres pour vider les veines, plus tendres que le bois massif. Adoucissez la surface avec un papier abrasif fin pour supprimer les fibres soulevées par la brosse. Dépoussiérez.

3 **Appliquez la céruse.** Toujours dans le sens des fibres et à l'aide d'un pinceau plat, faites pénétrer le blanc de céruse dans les pores creusés puis couvrez toute la surface. Laissez sécher un bon quart d'heure.

4 **Atténuez l'effet.** Poncez la surface pour éliminer la majeure partie du blanc. Utilisez une poignée de laine d'acier fine et travaillez en tournant pour ne pas vider les pores précédemment blanchis. Dépoussiérez souvent.

Peindre à l'essuyé

Les peintures à effets décoratifs intéressent la décoration murale, mais s'appliquent également aux meubles. Ce bahut de cuisine du siècle dernier comportant des bois d'essences différentes a été réparé puis repeint avec des glacis colorés reprenant les couleurs des carreaux-ciment du sol.

▶ Dans un cas semblable, unifiez les fonds avec deux couches de peinture acrylique blanche.

▶ Après séchage, appliquez le glacis jaune à l'aide d'une petite éponge, en veillant à ce que la peinture de fond apparaisse par transparence. Deux ou trois couches de glacis peuvent être superposées afin de renforcer l'effet essuyé, sans toutefois estomper le fond.

▶ Pour peindre la façade avec plus de facilité, démontez les portes et les tiroirs et disposez-les à plat sur des tréteaux. Vous pourrez exécuter les panneaux les uns après les autres avec un maximum de similitude.

Les panneaux des portes sont essuyés à l'éponge, la moulure des cadres reçoit une peinture d'un ton soutenu alors que les cadres sont traités façon faux bois.

▶ Après séchage complet, essuyez la surface du meuble avec un chiffon imbibé de glacis très dilué afin de «salir» les fonds et d'estomper les endroits trop blancs ou trop nets.

Ce vieux bahut a été réparé avec des bois d'essences différentes. Peint et décoré, le meuble rénové s'intègre à son nouveau décor.

▶ Terminez en recouvrant l'ensemble d'une couche de cire vierge ou d'un vernis incolore du type polyuréthanne qui protégera le décor. ■

En cas de forte chaleur

Si vous constatez que le glacis a tendance à sécher trop rapidement – notamment par forte chaleur –, diluez-le avec de la base retardante qui augmentera le temps de travail nécessaire à une finition soignée.

Peindre un buffet avec des glacis colorés

1 **Peignez à l'essuyé** la façade ainsi que les panneaux des portes avec une petite éponge. Déplacez-vous dans le sens du fil du bois, par petites passes successives en évitant de créer des surépaisseurs.

2 **Rehaussez la moulure** des portes avec une peinture d'un ton soutenu emprunté à celui des carreaux de sol. Utilisez un pinceau fin et une lame métallique pour protéger la partie centrale des bavures.

3 **Traitez les cadres en faux bois.** Étalez le glacis coloré au pinceau, puis passez une boisette en caoutchouc sur la couche de peinture fraîche pour reproduire les veines et les nœuds d'une planche de bois.

Rajeunir une vieille armoire

LES OUTILS

- gants en caoutchouc
- 1 brosse en Nylon
- 2 ou 3 brosses métalliques de différentes duretés
- chiffons
- couteau à mastic
- 1 ou 2 écheveaux de laine d'acier (n° 0 et 000)
- éponge
- 1 sachet de mèches de coton
- 2 ou 3 pinceaux en Nylon de différentes tailles
- tournevis

Cette armoire a été décapée puis repeinte. Un jeu de couleurs met en valeur le relief des portes et le bandeau supérieur.

Déniché aux puces, chez un brocanteur ou dans un grenier, un meuble ancien peut, avec du temps et quelques moyens, connaître une nouvelle jeunesse. C'est le cas de ce meuble-vitrine, qui, une fois restauré, reprendra avantageusement sa place dans un intérieur.

Le démontage

▶ Démontez les portes : ouvrez-les perpendiculairement au châssis puis, à l'aide d'un tournevis, ôtez les vis des charnières. Tirez en effectuant un mouvement de bascule vers le haut pour dégager la porte.

▶ Collectez précieusement la quincaillerie (poignées de tiroirs et de porte, entrées de serrures, etc.) au fur et à mesure du démontage. Numérotez les pièces pour ne pas les intervertir au moment du remontage. Si nécessaire, profitez-en pour les rénover (→ **P. 548**).

Le décapage à l'ancienne

Si votre meuble est vernis ou ciré :

▶ Essayez d'abord d'enlever sa vieille finition avec de la lessive St Marc (3 cuillerées à soupe par litre d'eau chaude).

▶ Rincez à l'eau claire. Laissez sécher.

Le recours à un cataplasme. Si la cire ou la peinture d'origine résiste à ce traitement, recouvrez le meuble d'un cataplasme :

▶ Confectionnez ce dernier avec 150 g de farine par litre d'eau.

▶ Amenez à ébullition et laissez épaissir.

▶ Mélangez alors de la lessive St Marc (dans les mêmes proportions que précédemment) à la préparation.

▶ Enduisez généreusement le bois de cette pâte à l'aide d'une brosse.

▶ Laissez agir. Le délai d'attente dépend de l'épaisseur des couches de finition précédentes.

▶ Rincez à l'eau claire. Laissez sécher.

Le décapage moderne

Si vous n'avez pas réussi l'opération, utilisez un décireur ou un décapant chimique (→ **PP. 556-557**).

S'agissant d'un meuble ciré, utilisez un décireur puissant et renouvelez l'opération jusqu'à la disparition totale de la cire. Vérifiez que le meuble n'est pas verni sous la cire, auquel cas vous serez dans l'obligation d'utiliser un décapant.

S'agissant d'un meuble peint ou verni, sachez que les décapants récents, présentés sous forme de gel, sont aussi performants que les anciens, mais ils sont moins agressifs pour l'environnement, ininflammables et solubles dans l'eau.

Le détachage

Le décapage d'un meuble révèle parfois des taches de tanin ou des bois de couleurs différentes. Si vous optez pour une finition peinture, deux ou trois couches suffiront à unifier la surface.

En revanche, si vous préférez une finition semi-transparente conservant le veinage du bois, détachez le bois avec un éclaircisseur (➡ P. 558).
Vous pouvez choisir un éclaircisseur à l'eau (Net-trol) élaboré sans solvant et dont les résidus de rinçage sont biodégradables.

● **À noter :** Décapants et éclaircisseurs sont des produits toxiques et irritants.
– Travaillez à l'extérieur ou dans un local bien aéré.
– Protégez-vous en portant un masque, des lunettes et des gants.
– Ne fumez pas. Ne manipulez pas de flamme.
– N'hésitez pas à recouvrir le sol et les meubles d'une bâche polyane.

Les réparations

Vérifiez la solidité de l'ensemble et effectuez les réparations nécessaires (➡ SÉQUENCE).
– Renforcez les pieds cassés (➡ P. 418). Remplacez les fonds affaissés. Changez les glissières des tiroirs. Reconstituez des parties abîmées avec du mastic.
– Contrôlez la quincaillerie, nettoyez les serrures et dégrippez-les avec un dégrippant puis huilez-les avec de la vaseline.
Profitez de la remise à plat du meuble pour appliquer un traitement fongicide et insecticide (➡ P. 421).

La mise en couleur

Peignez l'intérieur puis l'extérieur de l'armoire avec une sous-couche blanche spéci-

Rénover et peindre une armoire

1 **Réparez les parties abîmées.** Pour les reconstituer, appliquez au couteau un mastic à base de fibres de bois. Laissez sécher 24 heures avant de cirer, peindre ou vernir.

2 **Rénovez la quincaillerie.** Pour polir les pièces métalliques, utilisez un tampon de laine d'acier fine n° 000, ou une brosse adaptée sur une miniperceuse.

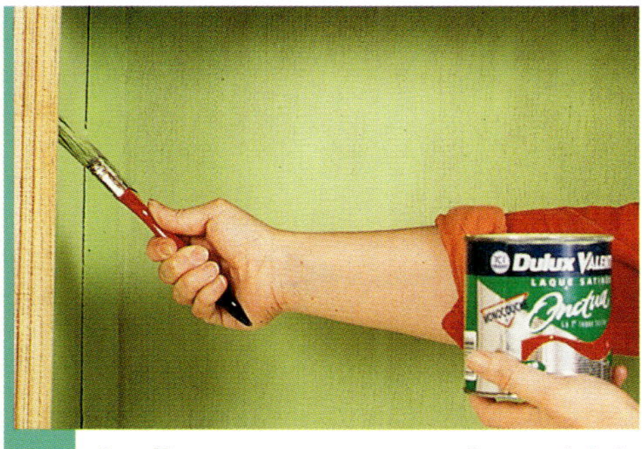

3 **Appliquez une sous-couche spéciale bois.** Diluez-la légèrement pour faciliter sa pénétration. Commencez par l'intérieur du meuble. Peignez ensuite les différents éléments.

4 **Appliquez deux couches de peinture glycérophtalique d'aspect satiné.** Ignorez le dos et le fond. Laissez sécher plusieurs jours. Effectuez ensuite les décorations extérieures à l'aide de vernis décoratifs.

fique au produit de finition. Cette première application bloque le fond et facilite l'accrochage de la couche décorative. Peignez ensuite l'ensemble, ici en vert (➡ **SÉQUENCE P. 565**). Laissez sécher.

– Si vous optez pour une finition à plusieurs couleurs, procurez-vous des récipients en verre (pots de confiture) pouvant être fermés hermétiquement et préparez les différentes couleurs de peinture, laque ou vernis : nous avons utilisé deux tons de « vieux rose » et trois de vert.

– Peignez d'abord les parties les plus claires pour terminer par les plus foncées en observant entre chacune un temps de séchage de 6 à 8 heures.

Les finitions

Prenez le temps de parachever les détails (➡ **SÉQUENCE**) : réaliser des éléments décoratifs à fixer sur le bas des portes ou le bandeau supérieur de la vitrine, poser de nouvelles vitres, remonter les portes sur des pivots lubrifiés, installer des rideaux.

Vous pouvez aussi en profiter pour gainer les étagères et les tiroirs avec un revêtement lessivable qui facilitera leur entretien. Choisissez, par exemple, un revêtement en PVC souple. Enroulez-le autour de l'étagère : passez dessus, puis dessous la planche et agrafez le revêtement tendu – sans le coller – sur le chant arrière de l'étagère. Ainsi la fixation demeure invisible. ■

Réaliser les finitions

1 **Mettez en valeur les médaillons sculptés.** Encadrez-les avec des moulures coupées d'onglet. Peignez les moulures et fixez-les à la colle vinylique à prise rapide.

2 **Posez les vitres.** Maintenez-les dans leur feuillure avec des baguettes 1/4 de rond. Protégez le verre avec du carton et fixez les baguettes avec des pointes fines.

3 **Installez la porte.** Installez le pivot dans sa ferrure, en position d'ouverture. Soulevez la porte pour engager son articulation supérieure, puis faites glisser le bas de la porte sur le pivot.

4 **Posez les rideaux.** Passez des câbles à ressort terminés de pitons ronds dans les ourlets haut et bas des rideaux. Accrochez-les à des pitons ouverts, vissés à l'intérieur des montants des portes.

Nettoyer et réparer des chaises en paille, en rotin ou en osier

On trouve facilement des fauteuils anciens, paillés, en rotin tressé ou en osier, mais ils nécessitent souvent un nettoyage et une réparation avant de prendre place dans un salon, sous une véranda ou sur une terrasse.

Les chaises paillées

Vérifiez le bon état de l'ensemble : siège, dossier, pieds, barreaux. Assurez-vous de la solidité des pieds. Réalisez les petites réparations, mais confiez les réparations importantes de menuiserie et le rempaillage des chaises à un professionnel.

Pour raviver la paille :

▶ Passez l'aspirateur avec la petite brosse pour déloger le maximum de poussière.

▶ Mélangez 3 litres d'eau tiède et le jus d'un demi-citron. Imbibez une grosse éponge (brune) et passez-la dans le sens des brins de paille, sans trop appuyer.

▶ Laissez agir une dizaine de minutes puis rincez avec l'éponge et de l'eau claire.

Laissez sécher dans un lieu aéré, loin de toute source de chaleur.

Pour protéger une paille vieillie et endommagée, passez au pinceau un vernis naturel qui fixe les fibres échevelées sans changer la couleur.

Les chaises en osier

– Lavez l'osier à l'eau savonneuse ; installez-vous si possible à l'extérieur.

Pour blanchir un osier terni, ajoutez le jus d'un demi-citron dans l'eau de rinçage.

Laissez sécher complètement à l'air libre, à l'abri du soleil.

– Refaites les ligatures des pieds, souvent relâchées, avec une tige d'osier neuve ou du raphia que vous fixerez solidement par un clou sans tête à chaque extrémité.

– Si vous le souhaitez, peignez l'osier avec une bombe de peinture.

Les chaises cannées

Le nettoyage. Le traitement diffère selon la nature du matériau employé pour le cannage.

● La canne, constituée de l'écorce d'un palmier, le *Calamus rotang*, est principalement utilisée pour le mobilier de jardin.

▶ Nettoyez-la énergiquement avec une brosse en Nylon et de la lessive St Marc diluée dans de l'eau chaude.

▶ Éventuellement, désinfectez avec une solution d'eau de Javel. Rincez à l'eau tiède.

▶ Séchez, puis cirez à la cire d'abeille et lustrez au chiffon.

LES OUTILS

- brosse de Nylon
- chiffon à lustrer
- éponge
- marteau
- pointes en laiton
- serpette de vannier ou cutter

• Le cannage en rotin est constitué du cœur du *Calamus rotang*. Il est plus fragile et, en général, verni, parfois peint.

– S'il est naturel, nettoyez le rotin à l'eau froide, citronnée ou salée ; pour lui ôter son aspect terne, essuyez-le avec un chiffon humide imbibé de quelques gouttes d'eau oxygénée à 20 vol.

– Nettoyez le rotin peint ou verni à l'eau additionnée de savon liquide.

Les réparations. Achetez dans les magasins spécialisés des bottes de rotin de façon à procéder aux petites réparations : ligature cassée, brin manquant… (➡ SÉQUENCE). Attention, le rotin se casse facilement. Trempez les brins dans une cuvette d'eau pour les ramollir avant de les utiliser. ■

Retendre une toile de chaise longue

Assurez-vous de la solidité de la toile. Si elle est en bon état, dégrafez-la et fixez-la de la même façon sur le châssis, avec de grosses agrafes. Si elle est usée, changez-la en prenant pour patron l'ancien morceau de tissu. Fixez des barres de soutien aux deux extrémités, en les agrafant à la toile.

Nettoyer et réparer un fauteuil en rotin

1 **Lavez le rotin.** Passez sur le cannage une éponge imbibée d'eau salée (1 cuillerée à soupe de gros sel pour 1 litre d'eau tiède) ou d'eau citronnée. Rincez à l'eau claire, sans détremper.

2 **Nourrissez le rotin.** Après séchage (au moins 24 heures à l'ombre, dans un local ventilé), appliquez au pinceau un mélange d'huile de lin (1 vol.) et d'essence de térébenthine (2 vol.), ou de l'huile pour teck. Lustrez grossièrement.

3 **Réparez les ligatures.** Ôtez la vieille ligature. Fixez la nouvelle ligature à l'aide d'une pointe de laiton. Faites un tour mort pour dissimuler la pointe et poursuivez l'enroulement en tirant le brin de rotin à chaque tour.

4 **Terminez la ligature.** Coupez le rotin en biais, en laissant une marge pour le nœud. Passez l'extrémité sous le dernier tour et tirez sur le brin. Le chevauchement doit se trouver sur le côté caché de la chaise. Placez une pointe et coupez à ras.

5 **Remplacez les brins manquants.** Choisissez un brin de rotin du même diamètre que le brin manquant, et coupez-le un peu plus long que nécessaire. Dégagez les extrémités cassées sur l'envers du meuble et coupez-les proprement.

6 **Tressez le brin d'osier.** Mouillez le brin pour éviter qu'il ne se casse, puis insérez-le dans la trame à la place du brin manquant. Coupez ses extrémités en veillant à ce qu'elles prennent appui sur les brins transversaux.

Entretenir une lampe de jardin

Les déflecteurs en teck de cette lampe de jardin demeurent toute l'année en plein air. Recommandé pour les réalisations extérieures, ce bois exotique n'en exige pas moins des soins. Après quelques saisons, le teck grisaille et il peut être taché.

LES OUTILS

- brosse en Nylon
- 1 jeu de clés plates
- 1 jeu de clés à douille
- cutter
- écheveau de laine d'acier
- gants de protection
- papier de verre
- pince à dénuder
- pinceau plat
- pinceau en Nylon
- tournevis
- petit tournevis d'électricien

Nettoyage et détachage

– Si le bois n'a jamais été traité, brossez-le et nettoyez-le à l'aide d'un solvant pour le dégraisser.

– Si le bois est taché, utilisez un produit éclaircisseur (acide oxalique, eau oxygénée, eau de Javel, etc.) pour unifier la surface : appliquez, à l'aide d'un pinceau en Nylon, une couche d'éclaircisseur (portez des gants de caoutchouc). Laissez pénétrer le produit en redoublant l'application aux endroits tachés. Laissez sécher, puis rincez le bois avec de l'alcool dénaturé.

– Poncez légèrement l'ensemble avec du papier de verre fin pour faire disparaître les petites aspérités de surface.

Finitions à l'huile

À l'aide d'un pinceau, passez une première couche d'huile exotique (ou de l'huile de teck) et laissez-la pénétrer dans le bois, puis une deuxième et ainsi de suite jusqu'à ce que l'huile reste en surface. Soyez patient ! La pénétration totale de l'huile peut demander 24 heures entre deux couches.

Une fois cette opération terminée, laissez sécher plusieurs jours avant de remettre la lampe en service. Vous observerez que l'huile exotique laisse en surface un film satiné et étanche qui repousse l'eau mieux qu'un produit pelliculaire du type vernis.

Tous les ans, sans démonter la lampe, passez une nouvelle couche d'huile, ce qui évitera au teck de grisailler. ■

Protéger le bois

1 Démontez la lampe. Retirez les quatre anneaux de bois exotique afin de les brosser, de les nettoyer puis de les poncer. S'ils sont tachés, utilisez un éclaircisseur, de l'eau de Javel, par exemple.

2 Traitez à l'huile exotique. Badigeonnez le bois avec de l'huile exotique jusqu'à refus. Lorsque le bois est totalement imbibé, essuyez l'excédent avec un chiffon. Plusieurs couches sont nécessaires.

3 Remontez la lampe et son circuit électrique. Profitez-en pour l'équiper d'une lampe fluo-compact, plus économique et aussi éclairante qu'une ampoule à incandescence.

Restaurer une lanterne métallique

Dénichée dans un grenier, cette lanterne en fer forgé a besoin d'être remise en état pour retrouver son bel aspect et disposer d'un circuit électrique conforme aux normes en vigueur.

LES OUTILS

- brosse métallique à main
- brosse métallique rotative
- cutter
- pince à dénuder
- 3 pinceaux
- tournevis
- petit tournevis d'électricien

La restauration de la lanterne

Traitement contre la rouille. Décapez la lanterne puis stabilisez la surface du métal avec un transformateur de rouille plutôt qu'avec un antirouille. Ce liquide, d'un blanc laiteux, convertit la rouille du fer en couche de protection et empêche pour longtemps l'oxydation du métal.

Mise en peinture. Le transformateur de rouille donne aux parties anciennement rouillées une belle teinte d'un noir brillant. Les autres parties, bien que protégées, conservent leur teinte d'origine. Ce manque d'uniformité peut vous décider à appliquer une peinture de finition sur l'ensemble. Vous pouvez utiliser la plupart des peintures classiques. Une sous-couche préalable aide la peinture à résister aux intempéries. Si vous optez pour une laque, diluez-en légèrement la première couche pour en faciliter l'application. Laissez durcir la peinture plusieurs jours avant d'équiper la lanterne de son circuit électrique.

Restaurer la lanterne

1 **Préparez votre travail.** Nettoyez et démontez la lanterne pièce par pièce, ainsi que le circuit électrique trop vétuste.

4 **Stabilisez la corrosion.** Appliquez au pinceau deux couches d'un liquide transformateur de rouille, à une heure d'intervalle. Laissez sécher 24 heures.

Le circuit électrique

Pour répondre aux normes de sécurité, cette lanterne métallique doit être équipée d'une douille à vis E 27 et d'un câble à trois conducteurs, dont un conducteur terre (jaune et vert) raccordé à la carcasse.

▶ Fixez le conducteur terre à l'aide d'une vis (ou d'un petit collier de serrage) sous le chapeau de la lanterne, à un endroit peu visible et dépourvu de peinture, afin de bien établir le contact.

▶ Équipez l'autre extrémité du câble d'une fiche 2 pôles + terre et branchez l'ensemble sur un circuit protégé par un disjoncteur différentiel de 30 mA. N'hésitez pas à demander à un électricien de vérifier votre montage. ■

À savoir

***Attention !** Versez la quantité de transformateur de rouille dont vous avez besoin dans un pot en verre. Le pinceau qui a été au contact de la rouille ne doit pas pénétrer dans le flacon d'origine : le produit restant perdrait toute efficacité.*

2 **Décapez la lampe.** Éliminez la rouille et les parties friables à l'aide d'une brosse métallique, puis badigeonnez la surface décapée avec un solvant (white-spirit) pour éliminer d'éventuelles traces de corps gras.

3 **Gagnez du temps.** Choisissez la forme et la dureté de la brosse en fonction de l'objet à décaper. Si sa forme s'y prête, utilisez une brosse rotative montée sur une machine électroportative.

5 **Préparez la surface.** Avant de peindre la lanterne, appliquez une sous-couche qui facilite l'accrochage de la peinture. Laissez sécher 10 heures.

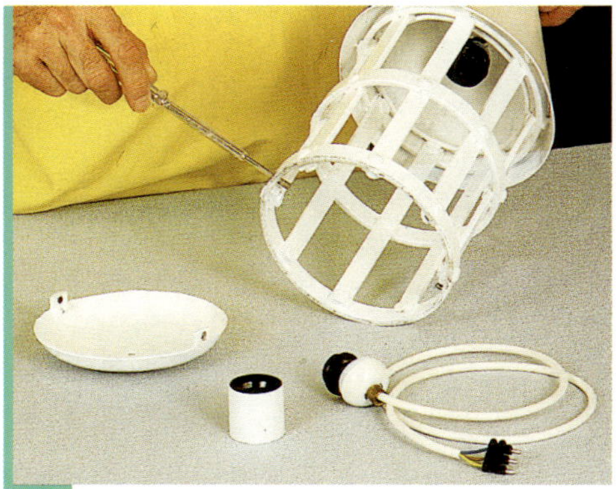

6 **Peignez la lanterne.** Appliquez une première couche de laque diluée dans quelques gouttes de solvant puis, après 24 heures, une seconde couche non diluée.

Bien protégée, cette lanterne en fer forgé résistera aux intempéries.

Nettoyer et recoller le marbre

LES OUTILS

- chiffon non pelucheux
- mèche de coton
- meuleuse
- peau de chamois
- peau de mouton ou gant à lustrer
- spatule en bois
- tampon ou papier abrasif très fin

Les marbres des dessus de commode ou des plateaux de table de bistrot doivent être entretenus pour durer en beauté. Il faut recoller ou maquiller les marbres cassés, reboucher les éclats, ôter les taches et faire briller les pièces devenues ternes avec le temps.

Le nettoyage

C'est l'étape préalable indispensable. Commencez par passer un décireur, puis ôtez les taches rebelles selon leur nature (➡ **ENCADRÉ**). Si le marbre a reçu plusieurs applications de cire ou de silicones, utilisez un tampon abrasif léger imbibé de savon noir et d'eau tiède. Après avoir réparé les éventuels dommages, traitez la surface avec un produit lustrant.

Les réparations

Le mode de réparation d'un plateau en marbre dépend de son épaisseur et de son poids.

Le rebouchage des éclats. Rebouchez les petits éclats à la bougie. Pour des éclats plus importants, utilisez un produit de restauration composé d'une résine liquide et d'une poudre de marbre (➡ **SÉQUENCE**) :

- ▸ Faites une pâte consistante.
- ▸ Teintez-la avec des pigments pour lui donner une couleur proche de celle du marbre à réparer.

Nettoyer le marbre

1 **Retirez tout produit cirant ou lustrant.** Appliquez un décireur sur la surface du marbre, à la mèche de coton. Poursuivez l'opération jusqu'à ce que le coton reste propre.

2 **Rebouchez les petits éclats.** Si de tout petits éclats de surface apparaissent, colmatez-les avec de la colle spéciale composée de poudre de marbre et de résine.

3 **Polissez la surface.** Poncez doucement le marbre avec un abrasif à grain très fin et un peu d'eau, en formant des huit. Rincez.

4 **Traitez en douceur.** Appliquez de l'acide oxalique à la mèche de coton, toujours en effectuant des mouvements circulaires. Rincez de nouveau.

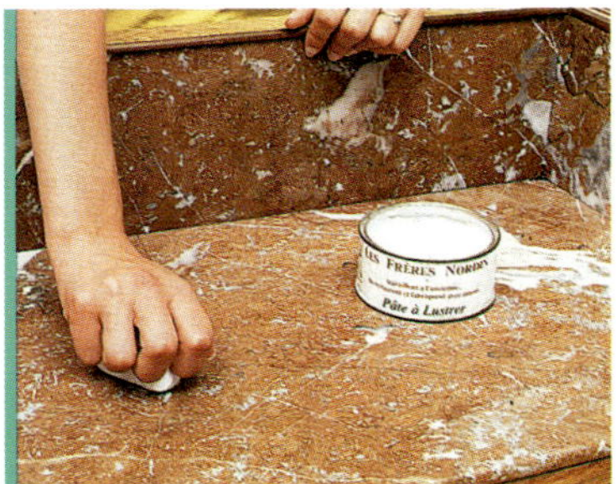

5 **Protégez le marbre.** Avec un chiffon non pelucheux ou de la mèche de coton, appliquez sur la surface bien sèche un produit lustrant spécial marbre.

6 **Faites briller.** Attendez le séchage complet du produit, puis lustrez au gant à lustrer ou à la peau de mouton. Une seule couche de produit lustrant suffit.

▸ Remplissez les creux en déposant le mélange avec une spatule en bois.

▸ Lissez soigneusement la surface à la spatule.

▸ Laissez durcir avant de poncer.

Les petites réparations. Les petites pièces se recollent aisément (➡ **SÉQUENCE**) :

▸ Préparez une colle époxy en mélangeant ses deux composants (une résine et un durcisseur) juste avant utilisation.

▸ Appliquez le mélange sur les deux surfaces à mettre en contact.

▸ Maintenez en place, serré, à l'aide d'un serre-joint, d'un élastique ou d'une sangle.

Les grandes réparations. Si des éléments importants sont cassés (un plateau de table, par exemple), renforcez les réparations :

▸ Ouvrez des saignées à la meuleuse sur l'envers du marbre, perpendiculairement à la cassure, tous les 20 cm environ.

▸ Placez-y des clavettes métalliques et noyez-les dans l'épaisseur du marbre avec un mastic époxy.

▸ Après durcissement, doublez la plaque d'un tissu calicot (ou d'un voile de verre) collé sur toute la surface inférieure. ■

Le détachage du marbre

Pour ôter les taches rebelles d'un marbre, ayez recours à quelques astuces.

- Pour une tache de vin ou de café, appliquez une solution de jus de citron et de gros sel. Si la tache résiste, procurez-vous un antirouille utilisé pour le détachage du linge.

- Contre un produit très colorant (encre, teinture...), utilisez de l'extrait de Javel ou de l'eau oxygénée. Renouvelez l'opération plusieurs fois et donnez au produit le temps d'agir.

- Couvrez une tache grasse de terre de Sommières, et arrosez d'acétone ou de trichloréthylène. Laissez cet emplâtre plusieurs heures. De temps en temps, ajoutez du solvant et de la terre.

Recoller un marbre cassé

1 **Le collage.** Nettoyez au solvant les deux côtés de la cassure. Préparez la colle époxy. Pour un marbre coloré, teintez la résine, avant mélange, avec un pigment d'une couleur voisine de celle du marbre. Avec une spatule de bois, badigeonnez les deux faces de la cassure et assemblez sans attendre.

2 **Le séchage.** Pressez fortement les deux morceaux l'un contre l'autre, puis mettez en place un moyen de serrage (ici improvisé avec deux poids). Essuyez immédiatement les bavures avec de l'acétone. Laissez durcir plusieurs heures. Accélérez le séchage en chauffant la surface du marbre au sèche-cheveux.

3 **La finition.** Le lendemain, poncez d'abord avec un papier n° 200, puis avec un papier n° 400. Dépoussiérez. Enfin, mouillez un tampon de toile de coton et imbibez-le d'acide oxalique en poudre. Frottez le marbre jusqu'à obtenir un lait blanchâtre. Rincez à l'eau claire, séchez à la peau de chamois et lustrez.

Nettoyer et réparer les cadres dorés

LES OUTILS
- chiffon doux
- coton de lustrage
- mousse à poncer extrafine
- pinceau doux
- pointe en bois
- pointe métallique
- scie à métaux

Avec le temps, les cadres dorés perdent de leur éclat et, bien souvent, voient leur relief se détériorer. Avec un minimum de savoir-faire et de la patience, on peut leur redonner leur beauté d'autrefois.

Le nettoyage

La dorure à la feuille ne supporte pas les produits agressifs et autres recettes de grand-mère : son nettoyage demande de la douceur.

▶ Dépoussiérez le cadre à l'aide d'un pinceau doux, par exemple un pinceau en soie.

▶ Appliquez au pinceau un produit nettoyant «spécial dorure» de professionnels : ces produits sont onéreux mais toujours efficaces. Insistez sur les déjections d'insectes.

▶ Sans attendre, nettoyez l'ensemble avec un coton de lustrage. Frottez d'une main légère pour ne pas brusquer la dorure et changez de tampon dès que celui-ci est souillé.

Les réparations

● Pour réparer le relief d'un cadre, utilisez du «blanc collé» (mélange de blanc de Meudon et de colle animale) chauffé au bain-marie : déposé par petites gouttes sur

Réparer le relief d'un cadre

1 **Rebouchez les trous.** Utilisez du blanc collé ou de la pâte à bois synthétique pour combler les manques dans le cadre. La pâte à bois durcit en 15 minutes environ.

2 **Sculptez les reliefs.** Avant la solidification du produit, recréez les reliefs avec une pointe en bois. Après séchage, poncez avec de la mousse à poncer extrafine.

3 **Appliquez le fond de dorure.** Après avoir soigneusement dépoussiéré le cadre, appliquez au pinceau le fond de dorure, en prenant soin de ne pas engorger les reliefs.

4 **Réalisez les finitions.** Employez de la cire ou du vernis à dorer. Veillez encore à ne pas boucher les reliefs. Laissez sécher une nuit et lustrez avec un chiffon doux.

le cadre, ce produit pâteux se solidifie au contact du plâtre pour reconstituer le relief manquant. Vous pouvez aussi utiliser de la pâte à bois (➡ SÉQUENCE P. 574).

- Pour réparer une moulure sur un cadre présentant des symétries, la méthode la plus simple consiste à copier par moulage avec une pâte à modeler spéciale une partie non endommagée, remplir ce moule de plâtre à modeler et à ajuster celui-ci, une fois durci, à la partie manquante (➡ SÉQUENCE CI-DESSOUS).

Quand les retouches sont terminées, appliquez une couche de fond de dorure puis de la cire ou du vernis à dorer. ■

L'alginate du dentiste

L'alginate est un extrait d'algues marines, non toxique et biodégradable, apprécié en dentisterie pour les prises d'empreintes. Appliqué sur une partie intacte de la moulure d'un cadre à réparer, il permet de copier tous les détails du relief et forme après séchage (de 4 à 6 min) une empreinte caoutchouteuse dans laquelle il suffit de couler du plâtre afin d'obtenir une reproduction d'une grande fidélité (Rougier et Plé).

Restaurer une moulure cassée

1 Fabriquez le moule. À l'aide de pâte à modeler spéciale, relevez l'empreinte d'une partie intacte de la moulure. Laissez durcir la pâte. Démoulez avec précaution.

2 Coulez la pièce. Après avoir obstrué les deux extrémités du moule, coulez à l'intérieur du plâtre à modeler (50 % plâtre + 50 % eau). Laissez durcir, puis démoulez.

3 Ajustez les dimensions. Sciez la pièce de plâtre et poncez-la pour qu'elle corresponde exactement à l'emplacement de la partie manquante, dans l'angle du cadre.

4 Vérifiez l'ajustement de la pièce. Laissez sécher le plâtre jusqu'à ce qu'il devienne bien blanc. Fixez la pièce de remplacement sur le cadre à la colle Néoprène.

5 Retouchez le raccord. Sculptez le décor avec une pointe métallique. Dépoussiérez. Appliquez une couche d'assiette à dorer pour teinter le plâtre et préparez la finition.

6 Cirez. Appliquez de la cire à dorer au pinceau. Choisissez une nuance qui correspond à celle du cadre pour que la réparation soit invisible. Laissez sécher et lustrez.

Maquiller un objet en plâtre

LES OUTILS

- brosse à adoucir
- chiffon
- chiffon non pelucheux
- éponge
- mousse abrasive très fine
- pinceau pochoir
- pinceaux brosses

Vous pouvez maquiller à peu de frais et sans savoir-faire particulier un banal ornement de plâtre ou de bois, à l'aide de la technique du «faux bronze». La méthode traditionnelle utilise une peinture dorée additionnée de poudre de métal. Celle présentée ici lui substitue une superposition de teintes acryliques, patinées à la cire à dorer.

Le faux bronze

Pour commencer, passez un durcisseur spécifique ou une gomme-laque. Choisissez un produit coloré ou faites dissoudre une pincée de pigments (terre de Sienne) pour teinter le mélange. La mise en peinture se fait en deux temps :

– une teinte marron de fond ;

– un jeu de couleurs de «patine» non uniforme, appliquée de façon à se rapprocher de l'effet du vrai bronze : les résidus de vert-de-gris se situent en général dans les parties en creux.

Utilisez des peintures acryliques. Les pinceaux de type «beaux-arts» permettent de réaliser un travail minutieux, mais vous pouvez aussi utiliser une éponge ou un chiffon roulé en boule, en insistant dans les creux.

La patine

Sur le visage du dieu Éole présenté ici, les parties saillantes (nez, joues, front...), usées

Patiner un plâtre

1 **Poncez le plâtre.** Éliminez d'éventuelles irrégularités en ponçant la figure à patiner avec une mousse abrasive très fine. Essuyez soigneusement la poussière avec un chiffon sec ou un pinceau.

4 **Mélangez les couleurs.** Préparez plusieurs teintes de patine sur une palette. Avec un pinceau pochoir, tamponnez le plâtre jusqu'à obtenir l'effet voulu.

par le frottement des tampons à lustrer, brillent d'une belle couleur dorée. Plus en retrait, les zones ondulées apparaissent avec des reflets jaune verdâtre, tandis que les creux ciselés conservent la couleur de l'oxydation apportée par le vert-de-gris.
En utilisant de la cire à dorer, que vous étalez avec le doigt en taches circulaires, de la crème et de la poudre de bronze, du vert Véronèse, etc., vous parviendrez à créer des contrastes qui accentueront le modelé du visage et donneront à ce plâtre l'illusion d'un métal patiné. ■

Les moulages teintés

Les moulages s'exécutent avec du plâtre à grain fin comme le plâtre de Paris, reconnu pour sa dureté et la pureté de son gypse.
Pour les moulages teintés, il convient d'employer du plâtre de synthèse, poudre qui imite les couleurs de la pierre, de la chair, de l'ivoire, etc., afin d'obtenir des copies d'objets teintés dans la masse. On sera ainsi surpris de constater que la réparation d'une tête de poupée en porcelaine offre les mêmes aspect, couleur et dureté que l'original grâce à une formule élaborée de plâtre de synthèse (Céramofix).

2 **Préparez la surface.** Appliquez uniformément, avec une brosse large, un durcisseur spécifique. Ce produit hydrofuge bouche les pores du plâtre et le durcit en surface.

3 **À vos pinceaux !** Mouchetez la surface d'une première couche de peinture marron très diluée. Laissez sécher 2 heures et appliquez une seconde couche, non diluée et homogène.

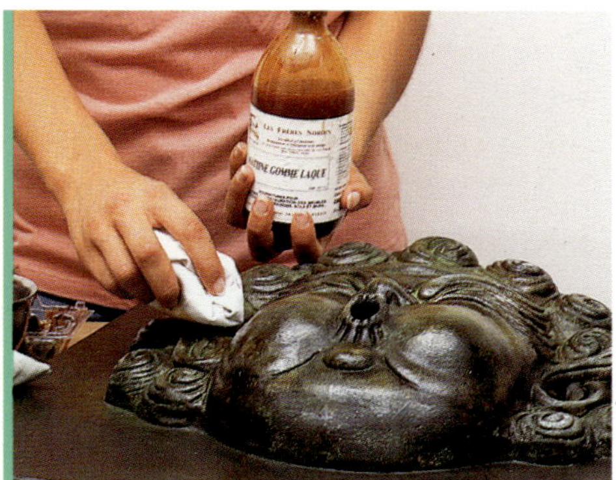

5 **Protégez.** Appliquez une couche de gomme-laque (diluée à l'alcool à brûler si nécessaire) avec un chiffon non pelucheux, ou posez un vernis acrylique à la brosse.

6 **Accentuez les reliefs.** Déposez au doigt des taches circulaires de cire à dorer sur les reliefs saillants et des filets sur les arêtes, pour simuler l'effet de vert-de-gris. Estompez avec une brosse à adoucir.

Le b.a.-ba de l'encadrement

Réaliser un encadrement sous-verre est à la portée de tout un chacun. Un peu de minutie, quelque attrait pour le travail manuel et un minimum d'outillage permettent de valoriser une gravure, un poster, une lithographie ou une aquarelle. Une fois maîtrisées les techniques de base indispensables, tout un champ de possibilités s'offriront à l'amateur : jouer sur les formes et les volumes, donner du relief ou de la profondeur, combiner les couleurs…

Les notions de base

Qu'il soit simple ou bien plus élaboré, un encadrement sous-verre se décompose toujours en deux parties : un cadre fait de baguettes feuillurées et un ensemble d'éléments que l'on nomme « le paquet ». Dans sa version minimale, ce dernier comprend au moins un carton de fond, le document, bien sûr, fixé sur un support appelé carte-bulle, et un verre protecteur (→ **ENCADRÉ P. 579**). À cette base s'ajoute le plus souvent un cache, nommé aussi « passe-partout ». Évidé à la manière d'une fenêtre, il entoure l'œuvre de bordures, colorées ou non, masquant ainsi le fond et évite que le verre touche la gravure. Dans ses versions très élaborées, le paquet peut comprendre une dizaine d'éléments.

Les différentes étapes

La découpe, l'habillage des cartons, l'assemblage du paquet, la réalisation du cadre sont les principales techniques de base à maîtriser pour l'encadrement sous-verre. Certaines étapes sont incontournables, quel que soit l'encadrement réalisé ; elles font toutes appel à ces techniques. Ce sont :

– la découpe du verre, des cartons et papiers (→ **PP. 580-581**) ;
– la fixation du document sur son support et la fixation d'une attache sur le carton de fond (→ **PP. 582-583**) ;
– l'assemblage du paquet avec du papier kraft gommé (→ **PP. 582-583**) ;
– la fixation du paquet dans le cadre (→ **PP. 584-585**).

Quelques outils spécifiques

Pour réaliser des encadrements et des sous-verre, un certain nombre d'outils sont indispensables : un cutter, une règle lourde, une règle graduée… Parmi les plus humbles figure le plioir : sa pointe effilée mais non tranchante permet de tracer des rainures facilitant le pliage, et son manche arrondi aide à lisser et presser le papier lors des collages. Parmi les plus sophistiqués apparaît la scie à onglet, dont les serre-joints et le rail de guidage permettent une coupe sans souci des baguettes. Enfin, dès que vous envisagez des encadrements un peu plus travaillés, l'appareil à biseauter, avec sa lame qui coupe en biais, est un auxiliaire particulièrement précieux…

Le plus simple des sous-verre

Les sous-verre sans passe-partout, composés uniquement d'un carton de fond et d'une vitre, assemblés par des pattes métalliques, servent en général à présenter des gravures de petite ou grande taille, des posters ou des reproductions de tableaux par exemple. Ils ne comprennent même pas de cadre : un adhésif décoratif permet alors de fermer le paquet et l'attache est prévue sur le carton de fond.

Pour réaliser un encadrement un peu plus élaboré, comme celui présenté sur la photo ci-contre :

– fixez le document sur une carte fine avec quelques pointes d'adhésif double-face, afin de le récupérer quand bon vous semble ;

– munissez le carton de fond d'une attache pour fixer le tout au mur, un anneau de Saumur par exemple (➡ P. 583) *;*

– placez le document entre la vitre et le carton de fond ;

– insérez le tout dans le cadre.

Les matériaux nécessaires

L'encadrement sous-verre ne nécessite que du matériel spécifique.

Les incontournables. Parmi les articles indispensables figurent :

– du papier kraft gommé, entre autres pour l'assemblage du paquet ;

– une attache, tels qu'anneaux à riveter ou anneaux de Saumur, pour que l'encadrement puisse être accroché au mur ;

– de la colle vinylique blanche, pour fixer notamment papiers et cartons lors de l'habillage ;

– du verre fin de 2 mm ;

– des baguettes feuillurées pour le cadre.

Les cartons et papiers. Cartons et papiers sont pléthores. Mais chacun correspond à un usage précis. Voici les principaux :

– Le carton gris sert à confectionner les cartons de fond.

– Le carton-bois, à la fois tendre et rigide, peut être utilisé comme carton de fond, mais aussi pour tailler les biseaux. De couleur ocre, il existe dans des épaisseurs de 2, 3 ou 4 mm.

– La carte-bulle, ou carton neutre, épaisse de seulement 0,7 mm, sert le plus souvent de support pour les documents.

– Les contrecollés comportent sur une face un décor ou une couleur. Épais de 0,8 mm, ils sont traditionnellement utilisés pour réaliser les passe-partout. Épais de 1,5 mm, ils permettent de découper des biseaux directs.

– Les papiers colorés servent essentiellement à habiller les passe-partout ou les biseaux des fenêtres. Il en existe de grammage, de texture et de teintes très variés. Si vous les prenez trop fins, ils risquent de « gaufrer » après quelque temps.

Les qualités de verre

Le verre utilisé dans les encadrements est en général un verre blanc, épais de seulement 2 mm, apprécié pour sa transparence et sa rigidité. Un verre épais de 3 mm alourdirait trop l'encadrement, surtout pour les réalisations de grandes tailles. Il existe également des panneaux en verre organique, c'est-à-dire en matière plastique, légers, comportant une face dépolie dans laquelle rien ne se reflète. Leur souplesse a toutefois un inconvénient : si les baguettes du cadre viennent à se déformer, le verre organique épousera cette déformation alors qu'un verre classique gardera sa rigidité. ■

La découpe et l'habillage

LES OUTILS

- crayon
- cutter
- équerre
- pinceau
- règle lourde antidérapante
- réglet gradué

La mesure des marges, le traçage et la découpe des cartons sont les premiers gestes que doit apprendre l'encadreur amateur. La mise aux bonnes dimensions du carton de fond, de la carte-bulle supportant le document, ou encore du passe-partout, exigent beaucoup de minutie et de précision. Il est indispensable que tous les cartons ou papiers soient coupés parfaitement d'équerre. Pour y réussir sans trop de peine, il existe des outils et des méthodes appropriés.

Les premières mesures

La première étape consiste à définir la dimension du carton du fond, qui correspond aux cotes du document, complétées par la largeur de la marge tournante. Certaines illustrations seront mieux mises en valeur par une marge étroite, d'autres par une marge plus large. En ce domaine, fiez-vous à votre œil. Une fois cette donnée précisée, mesurez la taille du document, ajoutez de chaque côté la valeur de la marge, et vous obtiendrez ainsi, non seulement la dimension du carton de fond, mais aussi celle de la carte-bulle, du passe-partout ou du verre qui protégera l'ensemble…

Sur les passe-partout, la marge prédéfinie correspondra aux bordures. Avant de créer la fenêtre, vous pouvez faire varier la taille de cette marge de part et d'autre du document, en centrant comme bon vous semble.

– En largeur, mieux vaut cependant bien positionner l'image bien au centre.

– Mais en hauteur, vous pouvez au contraire la décaler légèrement de façon que la bordure inférieure soit un peu plus grande que la bordure supérieure. Vous éviterez ainsi une impression visuelle de tassement et l'ensemble paraîtra plus « aéré » et mieux équilibré.

Le traçage et la découpe

Les dimensions définies doivent être soigneusement reportées sur le matériau à découper et les lignes de coupe tracées avec un crayon sec (→ SÉQUENCE). Un réglet gradué adossé à une équerre vous permettra d'obtenir des angles droits.

– N'hésitez pas à prendre appui sur une règle lourde, épaisse d'environ 3 mm ; celle-ci, lors de la découpe, vous permettra aussi, par son poids, de couper sans déraper. Placez la règle sur la partie à conserver : si votre cutter dévie pendant la découpe, vous éviterez ainsi de

Traçage et découpage

1 **Tracez les repères.** Placez le réglet gradué perpendiculairement à la règle lourde, en l'adossant à une équerre, et tracez la ligne de coupe. Procédez ainsi pour chacun des côtés.

2 **Faites glisser le cutter.** Placez la règle lourde le long de la ligne à couper. Pressez fortement dessus et faites glisser la lame du cutter. Effectuez plusieurs passages pour traverser l'épaisseur.

l'abîmer. Appuyez fortement dessus lorsque vous faites glisser le cutter.
– Pour protéger votre plan de travail, il est conseillé d'utiliser une plaque de coupe antiglisse à la structure en PVC.

● **À noter :** Pour créer une fenêtre ronde dans un passe-partout, utilisez un compas-cutter. La mise en œuvre exige toutefois plus de dextérité qu'une coupe droite.

Habiller les passe-partout

Le passe-partout est la bordure destinée à mettre en valeur le document. Il est le plus souvent réalisé dans un contrecollé (carton fin recouvert d'une feuille de couleur). Mais il faut parfois coller vous-même la feuille choisie sur un carton. Cette dernière opération s'appelle l'habillage.

Voici comment procéder.

▶ Une fois le passe-partout découpé, posez-le sur la feuille colorée préalablement encollée au pinceau (➡ SÉQUENCE). Lissez bien.

▶ Avec la pointe d'un cutter, découpez ensuite le papier coloré à l'intérieur de la fenêtre pour faire les rabats. Procédez côté après côté : coupez pour chacun d'eux une bande d'environ 3 cm et faites à chaque extrémité un angle à 45 degrés, de manière à bien pouvoir rabattre au dos du passe-partout – si besoin, vous pouvez vous aider d'un gabarit d'angle ou d'une équerre. Quand c'est fini, coupez tous les débords, et mettez le passe-partout sous presse, entre deux cartons, pour assurer un bon maintien pendant le séchage.

▶ Laissez sécher une nuit environ. ■

Des fenêtres multiples

Les passe-partout peuvent comprendre plusieurs fenêtres. Cette solution est souvent choisie pour mettre en valeur des sujets de petites tailles. Les mesures de tracé doivent alors être prises et reportées avec beaucoup de soin, pour qu'au final tous les éléments concordent. Dans l'encadrement ci-dessus, le passe-partout est complété par un carton à biseaux recouverts de papiers de différentes couleurs. Conçus pour donner du relief, les biseaux doivent être découpés et habillés suivant des techniques spécifiques (➡ P. 586).

L'encollage d'un papier sur un carton-support

1 Encollez la feuille de papier. Placez-la sur un brouillon de grandes dimensions et utilisez une colle vinylique blanche, diluée avec de l'eau dans une proportion deux tiers/un tiers.

2 Posez le passe-partout. Posez doucement le passe-partout prédécoupé aux bonnes dimensions sur le papier coloré, en lissant au fur et à mesure pour que les deux éléments adhèrent bien.

3 Faites les rabats au cutter. Pour chaque côté, découpez à la pointe du cutter une bande d'environ 3 cm dans le papier encollé et rabattez-la sur le carton pour en couvrir l'épaisseur.

L'assemblage du paquet

LES OUTILS

- crayon
- coupe-verre
- cutter
- emporte-pièce
- marteau
- matrice à riveter
- 10 à 12 pinces à dessin
- règle

Fixer le document sur son support, munir le carton de fond d'une attache sont deux étapes importantes de l'encadrement ; elles doivent nécessairement intervenir avant l'assemblage du paquet, tous les éléments étant alors réunis avec des bandes de papier kraft gommé pour une insertion plus aisée dans le cadre.

Fixer le document

L'encadrement et l'illustration doivent pouvoir être dissociés dès que vous le souhaitez. Pour récupérer sans dommages votre document, vous ne devez jamais le fixer directement sur le carton de fond, mais le placer sur une carte-bulle ou au dos du passe-partout. Surtout, évitez de coller en plein, a fortiori une aquarelle ou une lithographie, mais préférez du ruban adhésif double-face ou du papier kraft gommé, qui ne laisseront pas de traces.

Sur une carte-bulle. Après avoir découpé une carte-bulle au format du carton de fond, délimitez l'emplacement de la fenêtre. Positionnez le document, mettez un poids dessus et maintenez-le avec une bande de papier kraft gommé posée à cheval sur la carte et le bord supérieur de l'image. Vous pouvez aussi le fixer dans les coins supérieurs avec deux morceaux de ruban adhésif double-face, ou, si l'illustration est de bonnes dimensions, placer le ruban sur toute la largeur.

Sur le dos du passe-partout. Il est aussi possible de fixer directement le document au verso du passe-partout. Placez-le dans un premier temps sous la fenêtre et faites des essais avec du ruban adhésif. Lorsqu'il est correctement placé, retournez la fenêtre et le document, et fixez-les ensemble par une bande de papier kraft gommé à cheval sur le bord supérieur du document et la fenêtre.

À noter : Ne coupez jamais les marges d'une gravure, elle perdrait de sa valeur.

Un emporte-pièce (à gauche) permet de percer le carton de fond pour mettre en place l'attache.

Poser l'attache

Pour fixer l'attache d'un tableau, il faut visser deux pitons de gainerie dans le cadre et y faire passer un câble fin galvanisé. Ce procédé n'est toutefois utilisé que quand l'objet présente un certain poids. En général, l'élément de fixation doit être placé au dos du carton de fond, aux deux tiers de la hauteur et au milieu de la largeur. Pour les petits panneaux sans verre, une attache gommée peut suffire. Mais dans la plupart des cas, il faut fixer une attache rivetée ou un anneau de Saumur.

L'attache rivetée. Pour la mettre en place, faites d'abord un trou dans le carton de fond avec un emporte-pièce, ou à défaut un gros clou. Introduisez ensuite dans cet orifice le

La coupe de la vitre

Couper le verre est une opération délicate (→ P. 59), et une vitre de 2 mm d'épaisseur est très fragile. Tracez vos repères au feutre. Positionnez la règle lourde sur la partie à conserver à 2 mm en retrait de vos marques, de façon que la roulette du coupe-verre soit parfaitement positionnée. Démarrez du point le plus éloigné et faites glisser l'outil vers vous en exerçant une pression régulière ; il doit être proche de la verticale. Prenez enfin le verre bien en main de chaque côté de la fissure, et cassez-le comme une plaque de chocolat.

Des attaches rivetées.

Des anneaux de Saumur.

corps du rivet. Positionnez au-dessus la pièce de métal avec l'anneau, insérez la tête du rivet. Placez sur ce dernier une matrice à riveter, pour éviter toute déformation, et écrasez au marteau pour fixer l'ensemble.

L'anneau de Saumur. Comme précédemment, la fixation nécessite de trouer le carton de fond. Rapprochez d'abord les deux branches du lacet métallique de façon à emprisonner l'anneau. Faites ensuite passer les branches par l'orifice, puis écartez-les et fixez-les sur l'autre face avec du papier kraft gommé.

Assembler le paquet

Une fois que tous les éléments sont prêts, vous pouvez les assembler dans le bon ordre : d'abord le carton de fond muni de son attache, puis le document sur son carton-bulle, le passe-partout habillé si besoin d'un papier de couleur, et enfin le verre découpé aux bonnes dimensions (➡ ENCADRÉ). Cet ensemble est appelé le « paquet » : il devra être bordé d'un papier kraft gommé pour ne plus former qu'un seul élément. Avant l'assemblage définitif, nettoyez le verre avec soin, et surélevez les différents éléments. Dans un premier temps, maintenez avec des pinces à dessin (➡ SÉQUENCE). Vous placerez ensuite les bandes de kraft, l'une après l'autre, après les avoir mouillées dans un bol d'eau, à cheval sur le carton de fond et le verre. Elles ne doivent pas occuper plus de 2 mm sur la vitre, sauf si la profondeur du cadre le permet : l'essentiel de la bande est ainsi rabattu sur le chant et sous le carton. Chaque fois qu'un côté est terminé, essorez avec un chiffon et remettez les pinces pour maintenir la pression pendant le séchage. ■

L'assemblage du paquet

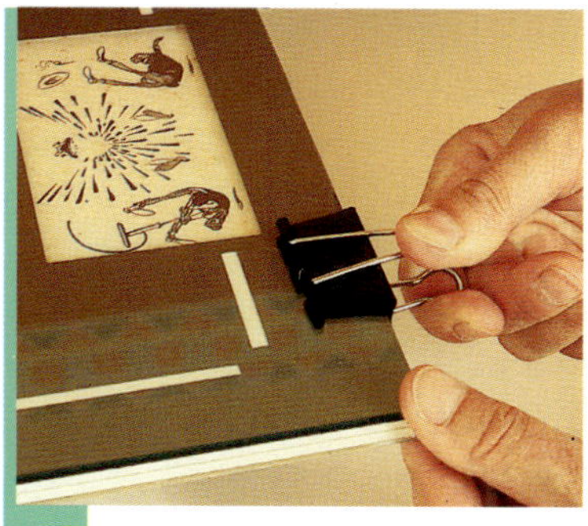

1 Maintenez avec des pinces à dessin. Serrez provisoirement le paquet avec plusieurs pinces à dessin, et surélevez-le, par exemple avec des livres.

2 Découpez quatre bandes de kraft gommé. Préparez quatre bandes de même longueur que les côtés du paquet. Enlevez les pinces sur l'un des côtés.

3 Positionnez le kraft mouillé. Placez et lissez au plioir 2 mm de bande mouillée sur le bord du verre et rabattez le reste sur le carton de fond.

La réalisation du cadre

LES OUTILS

- chasse-clou
- éponge
- marteau
- pinceau
- presse à cadre
- scie à onglet

Le choix du cadre est affaire de goût. Il en existe de toutes formes, des plus sobres aux plus ouvragés, et ce dans tous les styles. Vous pouvez le préférer discret, pour qu'il s'efface au profit du document encadré, ou au contraire présentant de riches moulures, pour qu'il produise un effet de contraste. Si vous le réalisez vous-même, vous pouvez le peindre, le passer à la céruse, l'habiller de papier ou de tissu pour qu'il soit totalement à votre convenance…

Réaliser le cadre

Lors de l'achat des baguettes destinées au cadre, les critères esthétiques ne sont pas les seuls à prendre en compte. Il faut aussi veiller à ce que le montant de la feuillure (→ CROQUIS) soit plus haut que le paquet qui viendra s'y loger.

L'intérêt d'une scie à onglet

Utilisez de préférence une scie à onglet pour couper les baguettes d'encadrement. Cet outil est en effet muni de dispositifs de guidage qui facilitent grandement la coupe des angles. Outre des serre-joints incorporés, il comprend en général aussi des guides de butée : placés au bout de la première baguette coupée, ils permettent que la seconde, calée dessus, soit exactement de la même longueur. Pour que votre scie soit plus efficace, pensez à la fixer sur une table de travail, soit en la vissant, soit en la maintenant avec des serre-joints. Veillez également à utiliser la lame la plus adaptée : certaines sont davantage destinées au gros bois, d'autres au bois fin et d'autres encore au métal.

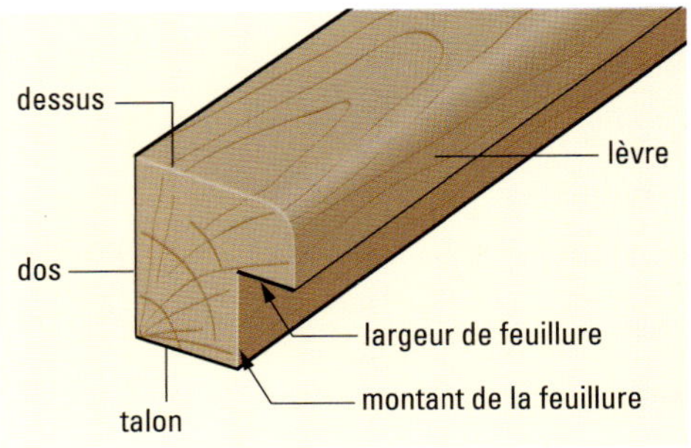

La structure d'une baguette d'encadrement. Les dimensions du montant de la feuillure sont particulièrement importantes : si elles sont trop étroites, le paquet débordera du cadre.

Les mesures préalables. Avant de procéder à la coupe, mesurez la longueur et la largeur du paquet. Pour chacune des quatre baguettes, ajoutez deux fois la largeur du talon. Cette mesure supplémentaire donne la dimension du bout de coupe – chaque baguette est en effet coupée en biais à ses extrémités, afin de former un angle à 45°. Par sécurité, ajoutez encore 2 mm. Ce petit rajout permettra d'avoir un cadre un peu plus grand que le paquet, afin que ce dernier s'y loge bien ; ce jeu disparaîtra ensuite dans la feuillure.

La découpe des baguettes. D'abord, maintenez bien la baguette sur le montant de la scie à onglet (→ ENCADRÉ) avec les serre-joints ; la pression doit être forte pour qu'elle ne bouge pas malgré le va-et-vient de l'outil. Un morceau de carton placé entre le montant et la baguette évitera que les serre-joints ne marquent le bois. Effectuez ensuite un mouvement régulier et sans à-coup, pour obtenir une coupure nette. Comme certaines baguettes peuvent s'écailler en surface sous l'effet de la lame, placez par précaution, à l'endroit de la coupe, un morceau de ruban adhésif dont vous aurez atténué l'adhérence en l'utilisant plusieurs fois sur d'autres supports. Enfin, commencez toujours par couper une longueur : en cas d'erreur, il sera toujours possible d'y recouper une largeur.

L'assemblage des baguettes. Quand les quatre baguettes sont coupées, elles peuvent être assemblées avec de la colle vinylique, puis consolidées avec des pointes fixées aux quatre coins (→ SÉQUENCE).

Placer le paquet dans le cadre

Une fois que les baguettes du cadre sont solidement assemblées, vous pouvez y insérer le paquet. Pour ce faire, placez le cadre à l'envers et emboîtez-y le paquet, le carton de fond muni de son attache face à vous.

Fixer avec des pointes. Piquez ensuite une première pointe dans le paquet, à environ 3 à 4 mm du bord, et enfoncez-la de biais jusqu'à ce qu'elle pénètre dans le bois de la baguette. Terminez en utilisant un chasse-clou pour éviter que le fer du marteau ne touche le cadre et le carton de fond. Attention, n'enfoncez pas le clou verticalement : il ne doit pas atteindre le verre ! Pour une bonne fixation, prévoyez en moyenne trois pointes dans le sens de la longueur et deux pointes dans le sens de la largeur. Pour conforter l'ensemble, vous pouvez ensuite poser sur le carton de fond des bandes de papier kraft gommé, à 2 mm du bord du cadre, à cheval sur la baguette et le bord du paquet. Cette barrière de kraft couvre les pointes et fait obstacle à la poussière.

La marie-louise

Pour l'encadrement des toiles sur châssis, on place parfois un cadre intérieur entre le cadre classique et la toile. Le plus souvent en bois, parfois entoilé, ce cadre appelé « marie-louise » augmente l'effet de profondeur et permet de « rentrer » dans l'image, commme les passe-partout utilisés pour l'encadrement sous-verre. Peinte, la marie-louise reprend en général l'un des tons déjà présents dans l'œuvre encadrée.

Fixer avec des tournettes. Il peut arriver que le paquet, du fait de son épaisseur, dépasse du montant de la feuillure. En ce cas, vous le maintiendrez en vissant au dos du cadre des petites tiges en laiton ou en acier bleui, appelées « tournettes », qui presseront le paquet et le maintiendront dans son logement. ■

Assembler les baguettes

1 **Encollez les angles.** Badigeonnez généreusement de colle vinylique blanche les angles coupés des baguettes sur les deux faces à assembler. Le pinceau devra être nettoyé rapidement dans un peu d'eau.

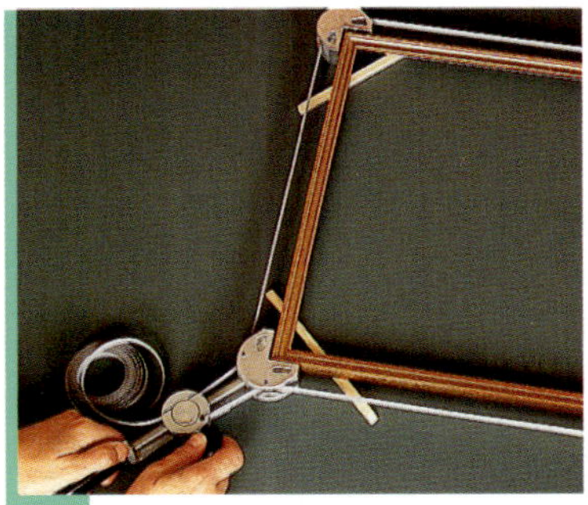

2 **Maintenez avec une presse à cadre.** Rehaussez les baguettes d'un petit bout de carton pour que le cadre soit bien au milieu des coins de la presse. Patientez une bonne demi-heure. Ôtez à mesure la colle qui dégorge avec une éponge humide.

3 **Fixez quatre pointes.** Après séchage, fixez une pointe à chaque coin. Achevez d'enfoncer les pointes au chasse-clou pour ne pas abîmer la baguette. Si celle-ci est large, fixez deux pointes de tailles différentes, la plus petite près du coin.

Un encadrement avec passe-partout et biseaux

LES OUTILS

- appareil à biseauter
- chasse-clou
- coupe-verre
- crayon
- cutter
- emporte-pièce
- équerre
- marteau
- pinceau
- 10 à 12 pinces à dessin
- plioir
- presse à cadre
- règle lourde antidérapante
- réglet gradué
- scie à onglet

L'encadrement avec passe-partout et biseaux à 45° est certainement le plus utilisé à la fois par les professionnels et par les encadreurs amateurs. Le biseau donne de la profondeur à l'image, lui permettant de se détacher avec davantage de force. Habillé de papier coloré, en harmonie avec le passe-partout et la teinte des baguettes, il peut mettre en valeur n'importe quel type de document.

Les étapes en bref

L'encadrement avec passe-partout et biseaux à 45° fait appel à toutes les techniques de base, auxquelles il faut adjoindre la coupe et l'habillage des biseaux. Voici un récapitulatif des principales étapes.

▶ Découper le carton de fond sur un carton-bois ou un carton gris et le munir d'une attache.

▶ Découper la carte-bulle qui va servir de support au document et y fixer l'aquarelle avec quelques points d'adhésif double-face.

▶ Découper les biseaux dans du carton-bois et les habiller de papier coloré.

▶ Découper le passe-partout dans une feuille de contrecollé de 0,8 mm.

▶ Découper le verre.

▶ Assembler tous les éléments avec du papier kraft gommé dans l'ordre indiqué ci-dessous (→ CROQUIS).

▶ Assembler les baguettes feuillurées pour réaliser le cadre.

▶ Fixer ensemble le paquet et le cadre.

La découpe des biseaux

L'épaisseur du biseau cernant le document dépend du carton que vous aurez sélectionné pour la découpe. Elle varie en général de 2 à 5 mm, créant ainsi plus ou moins de relief. Le carton-bois, particulièrement tendre, est idéal pour ce type de travail. Il doit être découpé avec un outil spécifique, nommé appareil à biseauter (→ SÉQUENCE) ; certains ne peuvent être utilisés qu'avec des règles préalablement rainurées. Avant de découper, tracez bien sûr les dimensions de la fenêtre à ouvrir. Puis positionnez la règle lourde, pressez fortement dessus et faites coulisser l'appareil en poussant la lame dans le carton, petit à petit, avec votre pouce. Faites autant d'allers-retours que

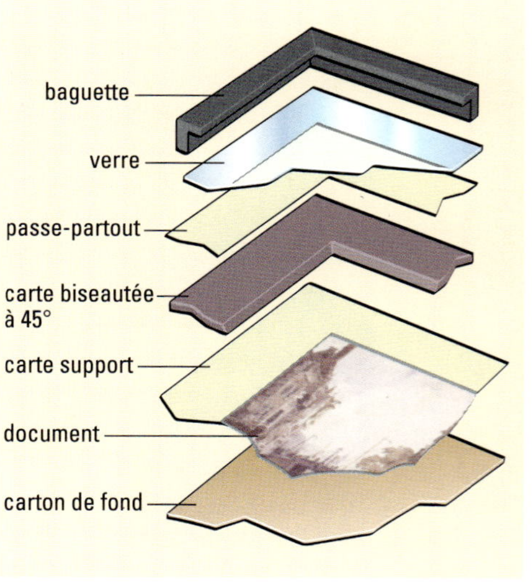

La position des différents éléments dans le cadre.

nécessaire. Pour que la coupe des angles soit impeccable, n'hésitez pas à dépasser votre tracé d'environ 3 mm à toutes les extrémités.

● **À noter :** Pour protéger votre plan de travail, vous pouvez placer sous le carton-bois un carton dit « martyr ». Une plaque de coupe en PVC serait en effet inadaptée, la lame en biais pouvant sectionner les minuscules fibres verticales dont elle se compose.

L'habillage des biseaux

Quand vous avez découpé la fenêtre en biseaux dans le carton à bois, vous pouvez les revêtir de papier coloré. Pour ce faire, découpez quatre bandes larges d'environ 4 cm et pliez-les en deux en vous aidant d'un plioir – ce petit outil effilé mais non tranchant, appuyé sur une règle, permet de tracer une rainure bien droite. La longueur de chaque bande doit excéder celle du côté à revêtir, afin que vous disposiez de suffisamment de marge pour découper chaque extrémité suivant un angle à 45°. Quand les quatre bandes sont prêtes, encollez l'intérieur de la pliure avant de les positionner. Placez chacune d'elle à cheval sur le carton-bois et faites-la adhérer en la pressant avec le plioir. Ôtez au fur et à mesure le surplus de colle avec un chiffon propre, afin de ne pas tacher le papier encollé. Soyez particulièrement vigilant pour le collage des angles. ■

Les principales étapes d'un encadrement avec biseaux

1 **Fixez le document.** Découpez une feuille de carton-bulle et fixez-y l'œuvre à encadrer par quelques points d'adhésif double-face.

2 **Découpez les biseaux.** Ouvrez les biseaux en faisant glisser l'appareil à biseauter contre une règle lourde fermement maintenue.

3 **Habillez les biseaux.** Découpez des bandes de 4 cm dans le papier d'habillage. Pliez-les, coupez les extrémités à 45°, encollez.

4 **Pressez au plioir.** Placez les bandes une à une en les pressant doucement au plioir et en ôtant le surplus de colle au chiffon.

5 **Assemblez le paquet.** Assemblez tous les éléments, d'abord avec des pinces à dessin, puis fixez côté par côté avec du kraft gommé.

6 **Fixez sur le cadre.** Fixez le paquet dans le cadre avec quelques pointes enfoncées en biais au marteau. Finissez au chasse-clou.

Une maison

ûre et saine

UNE MAISON SÛRE

UNE MAISON SAINE

Prévenir les risques d'incendie

© Sicli

Un extincteur à poudre vaut pour tout type d'incendie : feu de solides (catégorie A), de liquides (B), de gaz (C).

En France, les incendies domestiques sont loin d'être un risque négligeable. Ce sont les jeunes enfants qui en pâtissent les premiers, victimes de l'asphyxie par les fumées. La plupart des feux, liés à des imprudences ou des défaillances du système électrique, pourraient être pourtant aisément évités.

Les principales causes

Nombre d'incendies domestiques sont liés à des imprudences : un briquet laissé à la portée d'un enfant, un torchon oublié près d'une cuisinière allumée, un fumeur qui s'endort le mégot à la main... Mais beaucoup proviennent aussi des différentes sources de chaleur ou d'énergie.

Les courts-circuits électriques. Un tiers des incendies domestiques, en France, sont dus à une installation électrique défaillante ou à la présence d'appareils défectueux (➡ **P. 511**). Méfiez-vous ainsi de la moindre odeur de roussi ou d'un radiateur soufflant encrassé. En outre, lorsque les multiprises sont utilisées à l'excès, au-delà de la capacité du circuit électrique, les risques sont accrus.

Les feux dans les conduits. Qu'il s'agisse d'un insert, d'un poêle à charbon, d'un chauffe-eau à gaz ou d'une chaudière de chauffage central, les feux dans les conduits d'évacuation restent fréquents. Déclenchés par l'accumulation de suie, et donc une mauvaise combustion, ils peuvent être évités si l'on effectue tous les ramonages et contrôles obligatoires de ces appareils.

Les produits inflammables. L'usage de produits explosifs ou inflammables, qu'ils soient liquides comme les solvants ou les essences, ou solides, tels les allume-cheminées, présente un risque non négligeable. L'incendie généré par une mauvaise manipulation de ces produits ne doit pas être éteint avec de l'eau, mais avec du sable, de la terre ou un extincteur pour corps gras.

L'appareillage anti-incendie

Les trois premières minutes suivant le déclenchement d'un incendie sont décisives, soit pour maîtriser le feu, soit pour prendre la fuite. Détecteurs de fumée et extincteurs permettent de réagir vite, d'où leur intérêt...

Les détecteurs de fumée. Perturbés par la moindre fumée, qui précède toujours les flammes, ils émettent en ce cas un signal sonore. Si vous décidez de vous équiper, sachez que chaque étage doit disposer de son détecteur. Les appareils sont installés au plafond, de préférence au centre de la pièce, dans tous les cas à plus de 60 cm de ses angles et à une distance d'au moins 20 cm de tout obstacle.

Les extincteurs. L'efficacité des extincteurs ou des bombes aérosol, plus faciles à manier, dépend de la vitesse avec laquelle on réagit. Il est important de les laisser toujours au même endroit, de préférence à proximité de la cuisine et des chambres, lieux statistiquement les plus exposés. Choisissez de préférence un extincteur à poudre non toxique pouvant éteindre des feux de différentes natures, et estampillé NF, complété d'un extincteur spécifique si votre activité risque de provoquer un certain type de feu : à eau pour le bois et le tissu par exemple, ou à dioxyde de carbone pour les incendies d'origine électrique.

Les extincteurs doivent être vérifiés périodiquement. Respectez la fréquence des contrôles indiquée par votre assureur. ■

Un détecteur de fuite de gaz

L'installation des appareils à gaz étant soumise à des normes précises et leur entretien par un spécialiste étant obligatoire, les incendies liés aux fuites de gaz se font plus rares. L'installation d'un détecteur de fuite n'en reste pas moins utile, notamment parce qu'il coupe aussitôt l'électricité au niveau du disjoncteur.

Garantir la sécurité des jeunes enfants

Dès que l'enfant commence à se déplacer, ne serait-ce qu'à quatre pattes, tout devient pour lui objet de curiosité et donc, éventuellement, source potentielle d'accidents. C'est entre 18 mois et 3 ans qu'il encourt le plus de risques, la cuisine restant par excellence le lieu de tous les dangers. Comme il serait dommage de freiner totalement son besoin de découverte, à vous de faire preuve d'organisation, de ranger de manière rigoureuse, et de réaliser quelques petits aménagements qui accroîtront sa sécurité… et votre tranquillité.

Limiter les risques de chute

Dès qu'il commence à marcher, l'enfant fait en même temps ses premières chutes. Ce qui n'est pas bien grave, sauf s'il tombe d'une certaine hauteur. Pour réduire les risques, vous pouvez toutefois appliquer sur les parquets de la cire antidérapante ou fixer les tapis au sol avec des bandes adhésives, une précaution aussi utile pour les personnes âgées (➡ ENCADRÉ). Surtout, n'hésitez pas à installer des tapis antidérapants dans la baignoire ou la douche, et veillez

© SWS

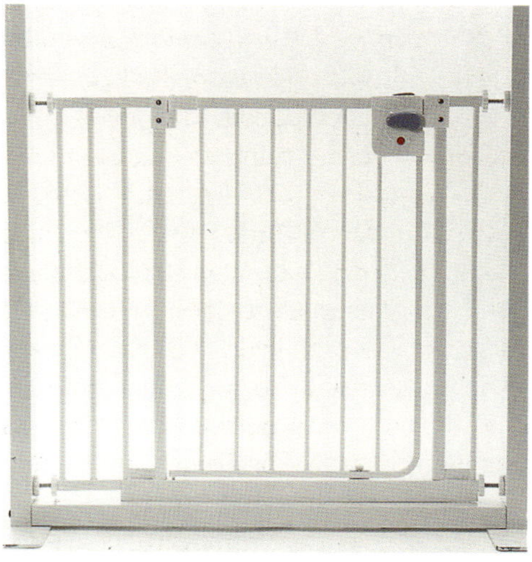

Pour être efficaces, les barrières de sécurité doivent être munies d'un système de verrouillage.

© Vibel

Attention aux lits superposés. Le lit supérieur est proscrit pour les moins de 6 ans : pour les enfants plus âgés, il doit être muni d'une barrière de sécurité, être accessible par une échelle stable et placé loin de tout meuble à angles aigus.

tout particulièrement à limiter l'accès aux fenêtres et aux escaliers…

Attention aux fenêtres… Les tout-petits montrant souvent un goût prononcé pour l'escalade, ne laissez pas de chaises ou autres meubles près des fenêtres. Installez à l'extérieur un garde-corps de sécurité, par exemple en Plexiglas, si la fenêtre est située à moins de 1 m du sol. De même, équipez la rambarde du balcon d'un grillage de protection, sauf si elle est pleine.

… et aux escaliers. Si vous habitez un logement à plusieurs niveaux, fixez une barrière en haut et en bas de l'escalier : elle doit être assez haute, ne pas comprendre d'éléments horizontaux faciles à escalader, être dotée de lattes espacées de moins de 11 cm afin que les petits ne puissent y passer la tête. Si la rampe – indispensable ! – n'est pas accessible à l'enfant, vous pouvez lui en poser une seconde à 40 cm du sol.

Classiques de la prévention pour enfants :
1. *taquet de tiroir ;*
2. *coin de protection ;*
3. *bloque-porte ;*
4. *protège-bec de robinet gonflable.*

Prévenir les chocs et autres blessures

Tous les enfants se blessent, mais, pour que les chocs, pincements et autres incidents désagréables restent dans les limites du raisonnable, divers aménagements peuvent être envisagés.

Le risque de chute concerne aussi les personnes âgées

Le risque de chute concerne au moins autant les personnes âgées que les enfants. Premières précautions à prendre : les revêtements de sol doivent être tout à fait plans et non glissants. Les sols plastiques et les moquettes sont de loin les plus sûrs, et, pour un carrelage, les céramiques de petite dimension conviennent mieux, la multiplication des joints ayant un effet antidérapant. Les différences de niveau d'une pièce à l'autre, comme les barres de seuil mal fixées, sont à proscrire.

Le deuxième point important concerne la multiplication des points d'appui : des meubles positionnés le long des murs peuvent aider à se déplacer ou, si besoin, à se relever ; dans les salles de bains et les toilettes, la présence d'une barre de maintien est souvent fort utile.

Stabiliser les meubles. Miroirs et étagères doivent être bien sûr solidement fixés au mur. Mais la règle vaut aussi pour tous les meubles étroits et de petites dimensions que l'enfant pourrait pousser et faire chuter à ses dépens. Mieux que des cales, une fixation murale évitera les équilibres instables…

Des bloque-tiroirs aux anti-pince-doigts. Les magasins spécialisés proposent différents produits visant à sécuriser une habitation pour les jeunes enfants. Voici les plus courus, tous très faciles à installer :
– les bloque-tiroirs ou taquets empêchant que, même ouvert, le tiroir ne tombe ;
– les coins de protection en plastique souple à poser sur les angles aigus des tables et autres meubles ;
– les protège-becs gonflables qui forment un coussinet protecteur sur les robinets de la baignoire ;
– les bloque-portes qui fonctionnent comme des cales et maintiennent la porte en position ouverte, ou encore les anti-pince-doigts à placer près des charnières.

Méfiez-vous des cordons des stores. Pensez à ne pas laisser pendre les cordons des rideaux ou des stores : maintenez-les toujours en hauteur ou, mieux, remplacez-les par une tige en plastique pour éviter tout risque d'étranglement.

● **À noter :** Collez une bande adhésive de couleur sur vos baies vitrées, à environ 70 cm du sol, pour signaler à l'enfant la présence de la porte-fenêtre.

Mettre hors de portée

Dès les premiers mois, il convient de mettre hors de la portée de l'enfant toute une série d'objets avec lesquels il pourrait se blesser. Cela va des couteaux et fourchettes aux limes à ongles et aux outils, sans négliger les briquets, les petits objets faciles à ingérer ou encore les sacs plastiques, parfois cause d'étouffement… Les appareils électriques, tels les fers à repasser, doivent, bien sûr, être rangés aussitôt après usage.

Les produits dangereux. Tous les liquides, tels que les produits d'entretien, doivent être mis sous clef et hors de portée. Ne sont pas seulement dangereux les détachants, détergents ou autres, mais aussi les médicaments, les cosmétiques ou les colles. Si, malgré vos précautions, l'enfant ingère un liquide dangereux, ne lui faites surtout pas boire de l'eau ni du lait, et ne le faites pas vomir. Appelez aussitôt le centre antipoison. Enfin, n'utilisez pas non plus en présence des petits enfants des produits aux émanations toxiques, même à très faible dose, tels les solvants.

© SWS

Le bloque-poignée, facile à poser, interdit l'accès aux placards contenant des produits dangereux.

Bloquer les portes des placards. Pour condamner tel ou tel placard ou tiroir sans serrure dans les meubles de cuisine, vous disposez de diverses solutions : des bloque-poignées à poser à l'extérieur, des crochets à visser à l'intérieur, ou encore des loqueteaux à aimant puissant commandés par une clé magnétique.

© SWS

Siège de tous les dangers, la cuisinière peut être sécurisée grâce à un pare-flammes démontable.

Prévenir les brûlures

Les brûlures sont parmi les accidents les plus fréquents survenant aux jeunes enfants. La cheminée et les poêles sont particulièrement dangereux, l'attrait du feu aidant : n'hésitez donc pas à équiper ces derniers d'écrans de protection, et la première d'un pare-feu fermant le foyer ouvert.

Dans la salle de bains. Réglez l'installation d'eau chaude sanitaire de manière à ce que la température n'excède jamais 50 °C, voire 40 °C. Vous pouvez intervenir soit au niveau du chauffe-eau, soit en posant des robinets équipés de mitigeurs thermostatiques. En outre, veillez particulièrement à l'installation électrique (→ ENCADRÉ) et ne laissez pas traîner d'appareils tels que sèche-cheveux et rasoirs.

Dans la cuisine. La cuisine détient le record des accidents domestiques. Pour sécuriser en particulier les appareils de cuisson :

– orientez les queues des casseroles vers le centre de la cuisinière ;
– rehaussez d'un pare-flammes les rebords de la cuisinière ;
– posez des cache-plaques ;
– installez une grille devant le four ou une porte de protection dite « porte froide ». ■

Masquer les prises d'électricité

© SWS

Pour prévenir les risques d'électrocution, veillez à équiper vos prises de cache-prises efficaces, c'est-à-dire à ventouse ou à clé (→ PHOTO). Vous pouvez aussi les remplacer par des prises à éclipses dont les orifices ne s'ouvrent que sous la poussée des deux broches d'une fiche qui en permettent l'ouverture. Cette solution élimine tout risque d'électrocution par contact direct. En outre, ne laissez jamais de rallonge branchée et non raccordée à un appareil, et préférez les rallonges de sécurité dont la fiche comporte une « jupe » qui protège les trous.

Les principaux entretiens

Qu'il s'agisse d'économiser l'eau ou l'énergie, d'accroître votre confort, ou tout simplement d'éviter les pannes et de retarder l'usure des différents appareils ménagers, un certain nombre de contrôles doivent être faits régulièrement (→ TABLEAU P. 596).

Surveiller le circuit d'eau

La vanne d'arrêt. Deux fois par an, actionnez la vanne d'arrêt située après le compteur d'eau, de façon à vérifier que cette manœuvre, peu fréquente, ne provoque pas une fuite. Si tout va bien, manœuvrez ainsi la vanne à plusieurs reprises, jusqu'à obtenir un fonctionnement souple de la vis, qui a tendance à se gripper. Si une fuite se produit, resserrez l'écrou du presse-étoupe (→ PP. 464-465) : en cas d'insuccès, vous devrez remplacer la vanne défectueuse.

Attention au gel. S'il se trouve à l'extérieur, protégez le compteur d'eau contre le gel. Si le circuit d'adduction d'eau extérieur n'est pas enterré, fermez la vanne et purgez les robinets et les tuyaux pour éviter les conséquences du gel.

Les robinets. Deux fois par an, nettoyez les mousseurs de vos robinets, ces petits tamis métalliques situés dans le bec qui aèrent le jet d'eau et évitent les éclaboussures (→ P. 489). Changez aussi la cartouche de sel régénérant de l'adoucisseur d'eau en respectant les indications fournies par le fabricant.

Les gouttières. Débarrassez chaque automne les gouttières des feuilles mortes et autres débris (→ P. 167). Un conduit obstrué peut en effet déborder et favoriser les infiltrations d'eau en façade.

Veiller aux joints d'étanchéité

© Sader

Avec l'usure et l'humidité, il arrive que les joints d'étanchéité raccordant aux murs les baignoires, lavabos ou éviers se couvrent de légères moisissures ou se décollent et s'effritent, perdant toutes leurs qualités d'origine. Avant que ce ne soit le cas, mieux vaut enlever ledit joint en utilisant si besoin un produit ramollissant et en raclant légèrement au couteau, et le remplacer par un nouveau raccord. Pour ce faire, procurez-vous du mastic silicone dans une cartouche à autoextrusion et coupez la buse en biais au diamètre voulu. N'hésitez pas à pousser le mastic à fond de joint avec la pointe de la buse, et lissez aussitôt après l'application : à défaut de lisseur, un doigt savonné ou une pomme de terre taillée pour la circonstance feront l'affaire.

Accroître le confort thermique

Le chauffage central. Pour votre confort, au début de la saison de chauffe, purgez les radiateurs de chauffage central (→ P. 460) : cette manœuvre diminue les bruits et augmente la surface chaude des radiateurs. En été, par contre, ouvrez au maximum les robinets thermostatiques, afin d'éviter que leur mécanisme ne se bloque.

● **À noter :** Un contrat d'entretien annuel avec un chauffagiste est une sage précaution. Celui-ci effectue un démontage partiel de la chaudière, son nettoyage, son réglage et son ramonage. Il établit un « certificat de conformité », justificatif obligatoire, précieux en cas de litige avec votre assureur.

Les bourrelets d'isolation. Tous les ans, avant les grands froids, vérifiez le calfeutrage des portes et des fenêtres (➡ P. 178 ET P. 196). L'efficacité de certains bourrelets diminue avec le temps ; les plinthes de bas de porte s'usent et se dérèglent. Remplacez les bourrelets défectueux et changez les joints usés.

Les extracteurs d'air. Ne négligez pas de nettoyer au moins une fois par an les extracteurs et autres grilles d'aération, ne serait-ce que pour enlever les poussières accumulées dans le filtre (➡ PP. 436-438).

Entretenir les appareils ménagers

Tous les appareils ménagers nécessitent un entretien régulier. Cela passe souvent par des opérations très simples : changer le filtre de la hotte aspirante ou de l'aspirateur, par exemple. Ne négligez pas ces petites interventions qui, effectuées avec soin, suffisent en général à la bonne marche du matériel et évitent ainsi le recours à un dépanneur.

La cuisinière à gaz. Vérifiez régulièrement la date de péremption inscrite sur le tuyau d'alimentation de gaz de la cuisinière et changez-le tous les quatre ans, car le caoutchouc devient poreux avec le temps. Mieux, pour annuler tout risque de fuite, remplacez le tuyau de caoutchouc par un flexible métallique, garanti à vie (➡ PHOTO).

Les machines à laver. Nettoyez la pompe et le filtre de votre lave-linge ou votre lave-vaisselle dès qu'ils donnent des signes de fatigue et ne se vidangent pas entièrement. Cela ne nécessite qu'un petit démontage, à la portée de tous (➡ ENCADRÉ), et règle en général le problème.

Avant d'intervenir, n'oubliez pas de fermer le robinet d'arrêt et de débrancher la machine de sa prise électrique. ■

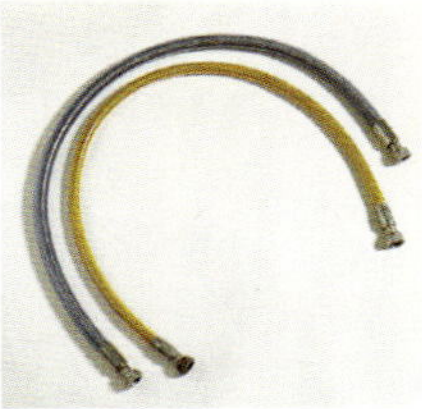

Pour plus de sécurité, sur les cuisinières à gaz, remplacez les flexibles en caoutchouc par des flexibles métalliques à durée de vie illimitée.

Maintenance des machines à laver

Voici quelques conseils pour prolonger le bon fonctionnement des machines à laver, notamment par un nettoyage des filtres...

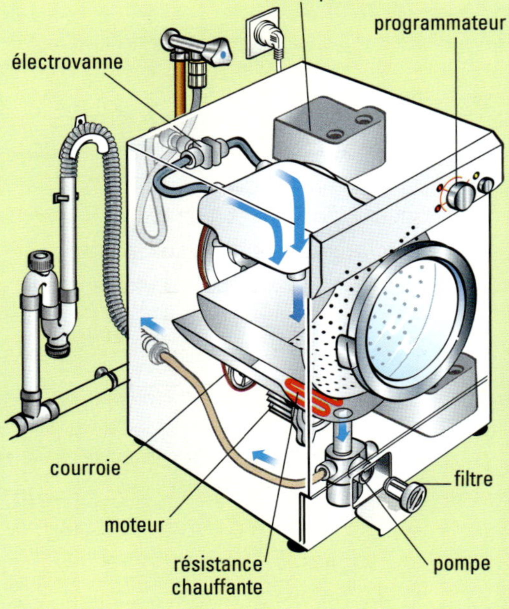

Le lave-linge. *Démontez la pompe située sur le devant ou le côté de l'appareil, derrière la trappe de visite (➡ CROQUIS). En général, ce démontage s'effectue simplement à la main. Prévoyez une cuvette et une serpillière pour éponger l'eau restant dans le circuit et procédez au nettoyage de la crépine ; vous serez surpris de son contenu... Vous pouvez aussi vérifier les écrous de fixation des lests en béton après avoir démonté le dessus ou les côtés de la machine : mal serrés, ils génèrent un surplus de vibrations.*

Le lave-vaisselle. *Démontez et nettoyez le filtre, généralement placé au fond de la cuve. Vérifiez également les bras d'aspersion qui doivent tourner librement et ne pas buter sur le bord d'une assiette ou le pied d'un verre. Démontez-les et veillez à ce que les trous ne soient pas entartrés ou obstrués par un pépin de citron ou d'autres résidus que le filtre aurait laissé passer. Si votre appareil permet l'accès à la pompe de vidage, ouvrez le couvercle, nettoyez l'intérieur et vérifiez la rotation de la turbine. Remontez le tout.*

LES PRINCIPAUX ENTRETIENS

	Tous les 3 à 6 mois	Tous les ans	À savoir
Distribution de l'eau	• Nettoyez les filtres des becs de robinet. Laissez-les tremper dans du vinaigre d'alcool chaud pour les détartrer. • Nettoyez ou échangez la cartouche de l'adoucisseur d'eau. • Actionnez la vanne d'arrêt située près du compteur pour éviter son grippage. Si elle se révèle difficile à manœuvrer, remplacez-la par une vanne à bille d'un fonctionnement plus fiable.	• Purgez les circuits d'eau extérieurs non isolés ou bien isolez les canalisations vulnérables. Profitez de cette intervention pour vérifier l'isolation du compteur d'eau contre le gel. • Assurez-vous qu'aucune des canalisations d'eau n'est en plomb, dorénavant interdit.	À l'achat d'une maison, exigez les trois certificats qui précisent l'absence de plomb, d'amiante et de termites.
Eaux pluviales	• Suivant le nombre d'arbres qui entourent la maison, vous pouvez être contraint de doubler votre fréquence de nettoyage : la chute des feuilles mortes se déroule – suivant les essences – d'août à décembre, voire au-delà pour les charmes. • Curez les caniveaux et les regards d'écoulement situés au pied des descentes de gouttières.	• Débarrassez les gouttières des feuilles mortes et autres débris accumulés durant l'année. Vérifiez que chaque descente de gouttière est munie d'une « araignée » en fil de fer, sorte de filtre qui évite aux débris de passer dans l'écoulement. • Surveillez les écoulements des toitures, terrasses qui – lorsqu'ils sont obstrués – produisent des dégâts des eaux importants.	Détournez l'eau d'une gouttière permet de constituer une réserve dépourvue de calcaire. Un mètre carré de toit donne environ 500 litres d'eau par an (➡ TABLEAU P. 128).
Chauffage	• Manœuvrez la purge du ballon d'eau chaude. Portez des gants pour éviter les brûlures. • En début de saison : purgez les radiateurs de chauffage central. Le circuit contient parfois de l'air générateur de « glouglou » !	• En fin de saison : ouvrez totalement tous les robinets thermostatiques pour éviter leur fonctionnement sous la chaleur du soleil. • Faites ramoner les conduits des cheminées, des poêles, des chaudières, etc., et conservez la facture comme justificatif pour l'assurance.	Pour la chaudière, un contrat d'entretien annuel reste moins onéreux qu'un dépannage hivernal urgent.
Gaz – Fioul	• Changez régulièrement le tuyau souple de la gazinière (4 ans maxi). Si possible, optez pour un flexible métallique vissé, garanti à vie.	• Pensez à jauger la cuve de fioul avant qu'elle se vide totalement. Cela permet : 1. de surveiller la consommation de la chaudière ; 2. d'éviter la panne sèche et un réamorçage du brûleur.	La cuve de fioul possède une aération encore appelée « mise à l'air libre ». Ne la laissez pas s'obstruer.
Électricité	• Vérifiez l'état des cartouches de parafoudre. • Faites fonctionner le « circuit terre » des disjoncteurs.	• Vérifiez l'état de la réserve de fusibles (suivant modèles) ainsi que le fonctionnement de la pile électrique nécessaire en cas de coupure de courant.	Demandez à votre électricien une mise à jour de votre installation qui doit correspondre à la norme NF C 15.100.
Électroménager	• Nettoyez les filtres de la hotte aspirante. • Nettoyez ou changez les filtres de l'aspirateur. Certains modèles sont équipés d'une cartouche parfumée. • Nettoyez le filtre de la pompe du lave-linge.	• Nettoyez les filtres de la V.M.C. (ventilation mécanique contrôlée) et vérifiez le bon fonctionnement du moteur.	Lorsque la chaudière à gaz s'arrête, assurez-vous – avant d'appeler le dépanneur – que le ventilateur d'extraction d'air fonctionne. Parfois, il suffit de changer le fusible de la V.M.C. pour que la chaudière se rallume.

Préserver son environnement

La qualité de l'air que l'on respire est un souci de plus en plus souvent partagé. Chez soi, cela passe avant tout par une bonne ventilation. Mais, plus largement, l'usage limité de produits dégageant des vapeurs nocives, la préférence donnée aux nettoyants biodégradables ou encore le tri des déchets permettent à chacun de participer à l'effort collectif en faveur de l'environnement.

Sus à l'humidité et aux mauvaises odeurs

La meilleure garantie d'une habitation saine est un bon système de ventilation (➡ PP. 434-438). L'air qui circule régénère l'atmosphère et, surtout, évite la condensation, et donc l'humidité. En complément, vous pouvez aussi aérer dix minutes chaque jour, et placer des absorbeurs d'humidité à base de cristaux de chlorure de calcium dans les placards ou les caves : les cristaux absorbent l'humidité et se transforment en saumure que l'on jette quand le bac est plein.

Quant aux mauvaises odeurs, elles peuvent être éliminées par des désodorisants naturels : le papier d'Arménie, par exemple, qui combat efficacement les odeurs de cuisine ou de tabac et assainit l'air dans les chambres des malades ; les sachets de lavande, à placer dans les placards ; ou encore les oranges piquées de clous de girofle, à la fois désodorisants et antimites à l'égal du bois de cèdre.

Utiliser des produits sans danger

Préserver l'environnement passe par l'usage au quotidien de produits moins nocifs. Pour l'entretien de la maison, il existe des produits biodégradables, comme la Pierre de cristal, des nettoyants sans chlore, des lessives sans phosphate… ou encore des nettoyeurs à vapeur sans produit ajouté. De même, pour le petit bricolage, il est possible de privilégier les produits « doux », telles les colles animales ou les peintures en phase aqueuse, dont les taches se nettoient à l'eau. Par contre, méfiez-vous des aérosols ou produits à base de lindane et de ceux montrant le pictogramme « Danger » ou portant les mentions « Ne pas utiliser dans un local fermé », « Ne pas inhaler les vapeurs » : vous préserverez l'environnement… et vos poumons.

Trier et recycler les déchets

Le tri des ordures ménagères se généralise en Europe. Dans les communes équipées en la matière, les particuliers jettent désormais leurs déchets dans des poubelles sélectives, séparant ainsi cartons, plastiques, verres et restes alimentaires. La plupart des produits seront ensuite recyclés. Si votre commune ne pratique pas encore le tri sélectif, vous pouvez tout de même apporter vos déchets toxiques (piles, huiles de vidange, batteries usagées…) dans une déchetterie spécialisée, ou confier vos objets encombrants (appareils ménagers, téléviseurs, ordinateurs) au service d'enlèvement de la mairie. Ce sont autant de gestes qui contribueront à préserver l'environnement.

● **À noter :** À la campagne, déposez les épluchures et coquilles d'œufs sur un compost que vous utiliserez la saison suivante pour enrichir vos cultures. ■

De plus en plus de foyers européens s'équipent de poubelles différentes pour le tri sélectif des ordures.

Un absorbeur d'humidité à base de cristaux de chlorure de calcium. Les cristaux doivent être renouvelés dès qu'ils sont saturés d'eau, faute de quoi l'humidité est réinjectée dans le local.

Nettoyer les tapis, moquettes et tissus d'ameublement

La terre de Sommières, pure ou diluée avec du trichloréthylène sur les tissus naturels, élimine les taches grasses.

Les nettoyants en aérosol à mousse sèche conviennent bien à l'entretien annuel des canapés et des tapis.

Beaucoup de tissus d'ameublement, telles les housses de canapé, peuvent être aujourd'hui lavés en machine, et leur entretien ne présente pas de caractère spécifique. Par contre, quand il s'agit de revêtements de sièges inamovibles, de moquettes ou de certains tapis, le détachage implique l'usage de produits adaptés. La solution à retenir dépendra alors du textile et de la nature de la tache.

Entretenir et détacher

L'entretien des tapis, moquettes et sièges tapissiers présente bien des similitudes. Voici quelques conseils…

Prévenir. Prévenez les taches persistantes en appliquant un traitement antitaches, par exemple avec un aérosol Scotchgard, y compris sur les sièges tapissiers.

Nettoyer. Utilisez de temps en temps un nettoyeur à vapeur, en complément de l'aspirateur. Une à deux fois par an, appliquez avant d'aspirer une poudre adsorbante pour les moquettes, ou des shampooings à mousse sèche sur les tapis et canapés.

Évitez par contre de battre les tapis, à plus forte raison s'ils sont en laine : cela abîme la trame.

Détacher. Quel que soit le type de tache, mieux vaut :

– agir vite et éponger aussitôt avec du papier absorbant ou du buvard ;

– tamponner toujours des bords vers le centre, et ne jamais frotter, sous peine d'agrandir la tache ;

– n'employer jamais ni eau chaude ni sel, qui « cuisent » les taches ;

– essayer le détachant sur un tissu identique ou sur un endroit invisible ;

– ne jamais mélanger du chlore et de l'ammoniac, ce qui produirait un gaz toxique.

Raviver. Pour en raviver les couleurs, humidifiez vos tapis à l'eau gazeuse ou parsemez-les de feuilles de thé infusées, puis laissez sécher et aspirez. L'autre possibilité consiste à utiliser de l'ammoniaque (alcali) diluée dans de l'eau.

Attention aux solvants

Les solvants volatils (trichloréthylène, essence, benzine, alcool, éther, acétone…) ne sont pas inoffensifs. Protégez vos mains avec des gants de caoutchouc. Éloignez les enfants et les animaux domestiques. Aérez. S'ils sont inflammables – seuls les produits à base de chlore ne le sont pas –, ne fumez surtout pas et méfiez-vous de la veilleuse du chauffe-eau.

Agir suivant le type de tache

Qu'il s'agisse de détacher un tapis, une moquette ou un tissu d'ameublement, les solutions varient selon que la tache est grasse – huile, beurre, lait, cirage… – ou maigre – alcools, café, thé, encre, jus de fruits…

Les taches grasses. En ce cas, le détachage s'effectue en général à sec, avec une poudre que l'on étale et laisse pénétrer avant d'aspirer. L'une des plus connues est la terre de Sommières, produit naturel qui absorbe les graisses par capillarité.

Les taches maigres. Elles nécessitent l'usage de produits liquides, souvent des solvants volatils (➡ ENCADRÉ), à manier avec précaution, ou encore des solutions d'ammoniaque (alcali). Les uns et les autres ne doivent jamais être versés directement sur la tache, mais toujours appliqués au préalable sur un chiffon propre, blanc de préférence et qui ne peluche pas. N'utilisez surtout pas de chlore ou d'ammoniac sur de la laine, ni de chlore sur de la soie ou du caoutchouc.

À noter : Vous pouvez remplacer le trichloréthylène par du vinaigre blanc ou du jus de citron, sauf s'il s'agit de traiter un support blanc. ■

Réagir face aux acariens et aux bactéries

Les acariens, souvent présents dans la literie, ainsi que certaines bactéries pathogènes sont invisibles à l'œil nu, mais peuvent être à l'origine de maladies. Même si les uns et les autres ne peuvent être totalement éliminés, il reste donc nécessaire de les combattre, surtout dans les habitations où vivent des enfants, et d'empêcher leur prolifération grâce à différentes mesures d'hygiène adaptées.

La chasse aux acariens

Apparentés aux araignées, les acariens sont des parasites microscopiques parfois responsables de crises d'asthme chez les sujets allergiques. Ils craignent les températures extrêmes, mais se développent rapidement dans les endroits chauds et légèrement humides ; aussi affectionnent-ils particulièrement les literies, les tapis, les moquettes ou les rideaux épais. Voici des solutions pour limiter leur présence…

Le nettoyeur à vapeur. Une fois par semaine, utilisez un nettoyeur à vapeur : les fortes températures éliminent partiellement les acariens.

Les divers acaricides. Ils sont vendus sous forme de fumigateurs, pulvérisateurs ou aérosols dans les grandes surfaces et en pharmacie (➡ **ENCADRÉ**). Lisez attentivement les recommandations inscrites sur les conditionnements et ne traitez jamais en présence d'enfants ou d'animaux domestiques. N'hésitez pas à interroger un médecin ou un vétérinaire.

Une literie adaptée. On trouve des oreillers, traversins, alèses, draps, housses de couette traités avec une substance acaricide puissante, dont l'efficacité résiste aux lavages. Certaines moquettes présentent les mêmes qualités.

Des peintures spéciales. Si vous envisagez de peindre ou de repeindre une pièce, en particulier la chambre d'un enfant asthmatique, optez pour une peinture acaricide (Artilin, Dip). Il existe aussi des peintures antibactériennes et insecticides (➡ **P. 194**). Ces produits lavables existent en version mate, brillante ou satinée et dans différentes teintes.

Les acariens sont responsables de 70 % des accès d'asthme.

● **À noter :** Pour éliminer les acariens des nounours et autres peluches, enfermez-les pendant une nuit dans un congélateur !

La chasse aux bactéries

Comme les acariens, les bactéries ne sont visibles qu'au microscope. Certaines sont utiles, d'autres néfastes (bactéries pathogènes). Pour les éliminer ou, tout au moins, freiner leur reproduction, respectez une hygiène très stricte.

– Utilisez des produits d'entretien « antibactériens ».

– Pensez aux lingettes jetables pour nettoyer les toilettes, le couvercle des poubelles, et autres lieux en contact avec des déchets.

– Employez du formol si une désinfection totale s'impose (Laboratoire Diverseylever). Respectez les précautions d'emploi indiquées sur le conditionnement. ■

© Glenn Dimplex

Le nettoyeur à vapeur, utilisé régulièrement, élimine partiellement bactéries et acariens.

Les produits efficaces

La réglementation est stricte. Un produit est dit « acaricide » ou « bactéricide » s'il a été prouvé en laboratoire qu'il détruit 99 % des acariens ou des bactéries. S'il les détruit dans une moindre mesure, il est qualifié d'« anti-acariens » ou d'« antibactériens ».

Exterminer les insectes prolifiques

Certains insectes provoquent des nuisances qui vont de l'invasion des denrées alimentaires aux piqûres, voire jusqu'aux maladies infectieuses. Pour s'en débarrasser, il convient de choisir un insecticide adapté au type d'insectes et au lieu à traiter. Les insecticides prêts à l'emploi existent sous forme de laque, de gel, de fumigène, de vaporisateur, d'appât et de poudre. La rémanence du produit doit faire progressivement disparaître les insectes et leurs larves. On peut aussi appliquer les peintures insecticides (➡ P. 225) utilisées notamment dans les milieux hospitaliers, qui sont disponibles pour les particuliers.

Les blattes

Appelées aussi « cafards », « cancrelats » ou encore « meuniers », les blattes sont friandes de chaleur et d'humidité ; elles quittent leurs repaires la nuit pour s'attaquer à la nourriture, aux livres, aux tissus… Elles sont difficiles à éliminer car elles ont une capacité de survie (un mois sans nourriture, une semaine sous l'eau) et de reproduction extraordinaire (une femelle peut avoir un million de descendants). Elles souillent les denrées alimentaires et peuvent transmettre des maladies infectieuses (dysenterie, gastro-entérite…).

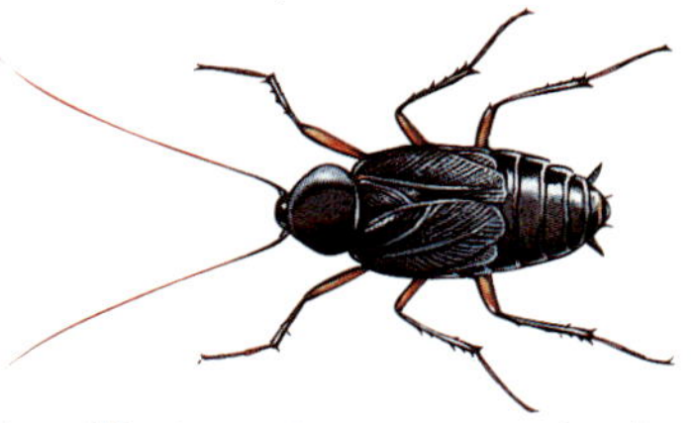

Les éliminer. Les insecticides les plus utilisés sont les laques à pulvériser, plus efficaces, et les gels, plus chers et moins faciles d'emploi, mais aussi moins toxiques et moins odorants. Les gels sont préconisés en prévention ou pour lutter contre une faible infestation. On trouve aussi des « pièges à cafards » et des fumigènes. Mais si, au-delà de votre seul appartement, c'est tout l'immeuble qui est infesté, il faudra avoir recours aux services de professionnels.

Les puces

Véhiculées par les chats et les chiens, les puces se propagent rapidement dans une maison bien chauffée ou en période estivale. Elles montrent une grande capacité de survie au point de demeurer longtemps en léthargie. C'est ainsi qu'un logement inoccupé depuis des semaines, voire des mois, peut abriter une colonie de puces vivant dans les interstices du plancher. Réveillées par la moindre vibration, elles sauteront sur les visiteurs pour se nourrir de sang, qu'il s'agisse d'humains ou d'animaux.

Les éliminer. Traitez l'animal domestique infesté, nettoyez et lavez tous les textiles (vêtements, literie, tapis…), puis pulvérisez un produit adapté partout où les puces peuvent se nicher. N'oubliez pas les interstices

La chasse aux moustiques

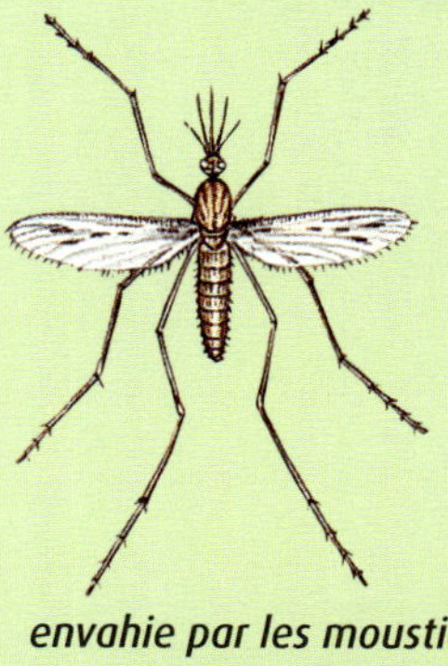

Chacun sait qu'il suffit d'un moustique pour passer une nuit blanche… Dans les régions à moustiques, il peut être judicieux de mettre aux portes et aux fenêtres des moustiquaires enroulables ou fixes, enlevées après la période concernée puis reposées l'année suivante. Si vous arrivez, pour passer l'été, dans une maison déjà envahie par les moustiques ou les mouches, faîtes brûler des spirales antimoustiques dans chaque pièce. Vous pouvez aussi brancher sur une prise de courant un chasse-moustiques électronique, qui les élimine au moyen d'ondes sonores à hautes fréquences. Les mouches ne résistent pas non plus à ce traitement.

entre les lames de parquet, où certaines aiment à s'installer; aussi, n'hésitez pas à les gratter au couteau, puis à passer l'aspirateur avant de traiter. En ôtant poussières et débris, vous éliminerez déjà des milliers de larves. Continuez à protéger le chat ou le chien avec un collier antipuces à changer tous les quatre à six mois, même après avoir enrayé l'infestation.

À noter : Pour protéger vos animaux domestiques, à défaut d'insecticides naturels à base de roténone ou de pyrèthre, vous utiliserez des produits chimiques parfois plus rapides dans l'élimination des insectes. Dans ce cas, interrogez votre vétérinaire qui vous informera sur les dangers qu'ils peuvent présenter pour vos chiens et chats.

Les punaises

Parasites de l'homme, les punaises se cachent, à l'abri de la lumière, dans les vieux parquets, placards, sommiers, matelas, tapis… Comme les puces, les punaises se nourrissent de sang. Elles dégagent une odeur âcre et repoussante quand on les écrase.

Les éliminer. Des insecticides spécifiques permettent de s'en débarrasser.

À noter : Nos grands-mères badigeonnaient les boiseries avec un mélange d'huile de lavande et d'essence de géranium (*Pelargonium rosat*) pour anéantir les punaises.

Les fourmis

Les fourmis créent volontiers une fourmilière à votre porte ou même à l'intérieur de votre habitation. Il est vain de vouloir protéger la nourriture enfermée dans vos placards de cuisine par des «barrages» comme une assiette creuse remplie d'eau avec le pot de confiture au centre. Certaines se sacrifient et forment un pont que les autres membres de la colonie franchiront. L'aliment contaminé présente alors un affreux goût d'acide formique et doit être jeté.

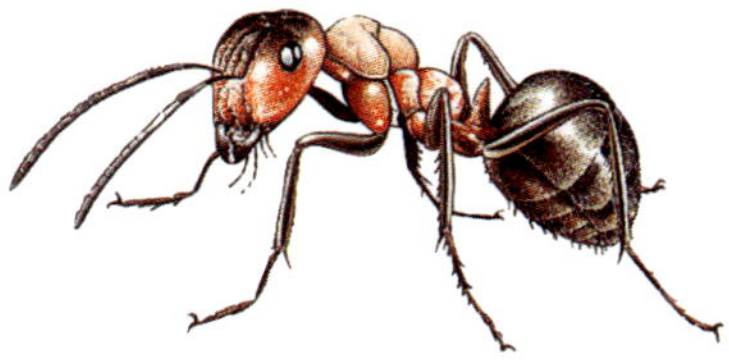

Les éliminer. Appliquez un insecticide approprié (poudre, pulvérisation), avant qu'elles investissent votre cuisine. Pulvérisez-le directement sur les fourmis ou sur leur passage. Éloignez les enfants et les animaux domestiques. Mettez les aliments à l'abri si vous agissez dans une cuisine. Fermez et quittez la pièce une vingtaine de minutes. Ensuite, aérez en grand.

À noter : Des moitiés de citron décomposées et déposées sur le passage favori des fourmis les rebutent et les empêchent de pénétrer dans votre habitation. ■

Destruction d'un nid de guêpes ou de frelons

Guêpes et frelons peuvent construire leurs nids près des maisons ou à même les fondations, voire sous la charpente ou la gouttière s'il s'agit de guêpes maçonnes. Les frelons, avec leur venin puissant, sont les plus dangereux; leur piqûre est cinq fois plus douloureuse que celle de la guêpe. Lorsque l'essaim est important, il est prudent d'appeler les pompiers. Si vous envisagez de détruire le nid, attendez la nuit et éloignez vos proches et les animaux domestiques. Protégez-vous d'un chapeau muni d'une moustiquaire, portez des gants, des manches longues et glissez les bas des pantalons dans les chaussettes. Vaporisez à distance l'ouverture du nid jusqu'à saturation avec un insecticide approprié. N'ôtez le nid le lendemain que si vous êtes persuadé que tous les insectes sont morts. Si le nid est intégré à la structure du bâtiment, et donc invisible, pulvérisez le produit dans le passage utilisé par les insectes, et tout autour.

Lutter contre les ennemis du bois

Traitement d'une charpente avec un insecticide appliqué au moyen d'un pulvérisateur de jardin muni d'une lance télescopique et d'une buse.

Les insectes xylophages comme les capricornes, les vrillettes, les lyctus et les termites sont de redoutables ennemis du bois de construction. Ils pondent leurs œufs dans le bois, donnant ainsi naissance à des larves, qui pour se nourrir creusent des galeries. Les parties contaminées perdent leur résistance, compromettant dangereusement la solidité des structures. Les champignons lignivores, comme la mérule, ne sont pas moins à craindre.
D'une manière générale, la propreté, la lutte contre l'humidité et une aération régulière sont des actions de prévention moins coûteuses qu'un traitement curatif. Mais, au moindre soupçon, réagissez rapidement : l'infestation par certains parasites pratiquement invisibles tourne vite au cauchemar !

1. *Le capricorne adulte, brun foncé ou noir, mesure de 10 à 20 mm de long.*

Des spécialistes agréés

***En France, plus d'un million de charpentes sont détruites chaque année par les larves d'insectes xylophages ! Pour s'en débarrasser, il est plus prudent de s'adresser à des entreprises spécialisées, qui possèdent des agréments spécifiques.
Le Centre scientifique et technique du bâtiment (CSTB) en fournit sur demande une liste classée par spécialité.***

Les capricornes des maisons

Les capricornes des maisons s'attaquent à l'aubier des résineux, apprécient l'humidité et des températures comprises entre 10 °C et 28 °C. Ils causent d'importants dégâts, notamment aux charpentes (→ **PHOTOS 2 ET 3**).
Les repérer. L'insecte parfait, né de la métamorphose de la larve, puis de la nymphe, sort de juin à septembre, au moment des fortes chaleurs. Il émerge des galeries creusées au stade larvaire par des trous ovales de 4 à 7 mm de diamètre, d'où sortent des résidus de poudre de bois.
Les éliminer. Détachez et brûlez les parties vermoulues. Dépoussiérez les endroits mis à nu, puis injectez en profondeur un produit insecticide adéquat (→ **ENCADRÉ P. 605**). Terminez par une application en surface au pinceau.

● **À noter :** L'hespérophane, proche du capricorne des maisons, cause les mêmes dégâts, s'élimine de la même manière mais niche dans les feuilles ; il sort par des trous plus grands et plus nombreux.

2. *La larve du capricorne, une sorte de gros ver blanc, mesure entre 20 et 25 mm de long.*

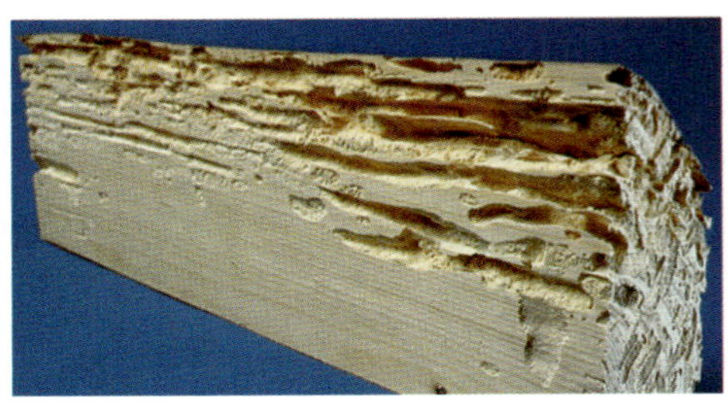

3. *Les bois attaqués par des capricornes, des résineux, présentent des galeries ovales, parallèles au fil du bois.*

4. *La grosse vrillette adulte mesure de 6 à 11 mm de long. Roux foncé, trapue, elle porte des élytres non striés.*

6. *La petite vrillette, longue de 2,5 à 3 mm, est de couleur marron plus ou moins foncé.*

5. *Exemple de dégâts dus à la grosse vrillette : l'insecte creuse des galeries circulaires dans un morceau de bois déjà très infesté par des champignons.*

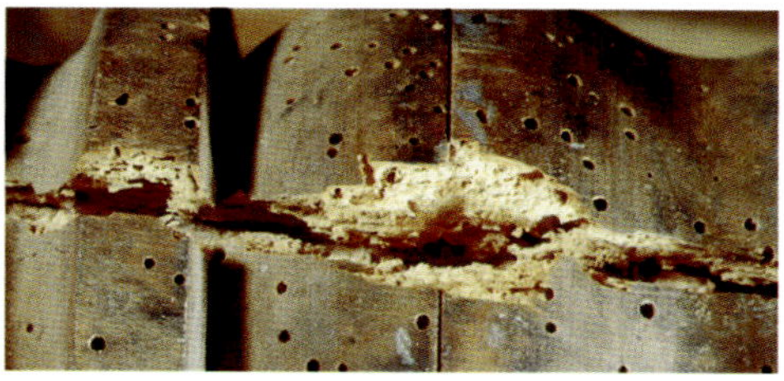

7. *De nombreux trous, les « trous de vers », signalent la présence de galeries creusées dans un meuble par des larves de vrillettes.*

Les grosses vrillettes

Les grosses vrillettes se développent dans les bois de feuillus et de résineux déjà altérés par des champignons, lorsque l'humidité ambiante est importante et la chaleur estivale (→ **PHOTOS 4 ET 5**).

Les repérer. L'insecte parfait sort en avril-mai par des trous ronds de 2 à 4 mm de diamètre. Au printemps, les bruits réguliers des mâles qui « frappent » le bois pour attirer les femelles sont facilement repérables.

Les éliminer. Créez des circuits d'aération naturelle et installez une ventilation mécanique (VMC) pour supprimer l'humidité (→ **P. 436**). Agissez comme pour les capricornes avec un insecticide approprié.

Les petites vrillettes

Comme les grosses vrillettes, les petites vrillettes aiment l'humidité et une température autour de 25° C. Elles s'installent de préférence dans les vieux bois, les planchers et les meubles (→ **PHOTO 6**).

Les repérer. Les insectes s'envolent tout l'été par des trous ronds de 1 à 3 mm de diamètre, laissant derrière eux de minuscules tas de « farine » de bois.

Les éliminer. Décapez les meubles cirés (→ **P. 556**), brossez-les et badigeonnez-les, intérieur comme extérieur, avec un produit spécifique. À l'aide d'une seringue, injectez l'insecticide par les trous de sortie. Après séchage, cirez à nouveau. Traitez les meubles peints comme les meubles cirés. Pour les meubles vernis, traitez seulement l'intérieur.

8. *La larve de la petite vrillette, blanc crème, est couverte de fins poils blonds.*

Les lyctus

Les lyctus vivent dans les bois de feuillus, dans certains arbres fruitiers et bois tropicaux (→ **PHOTOS 9 ET 10 P. 604**).

Les repérer. L'insecte parfait sort au printemps et en été par des trous ronds de 1 à 2 mm de diamètre. On remarque des renflements, constitués d'une fine poussière, à

Des aides financières

Les travaux de prévention et de lutte contre les termites et autres insectes xylophages, dans les résidences principales, peuvent, sous certaines conditions, bénéficier d'aides à l'amélioration de l'habitat. Pour toute précision, vous pouvez vous adresser à la direction départementale de l'Équipement (DDE).

9. *Le lyctus, de 2,5 à 6 mm de long, est de forme allongée et de couleur brun foncé.*

10. *Le lyctus creuse dans les bois de feuillus des*

Les termites et la loi

Le législateur a déclaré la guerre aux termites pour ralentir leur progression, voire les éradiquer. Tout occupant d'une habitation doit déclarer à la mairie la présence de termites (ou d'éventuels indices faisant soupçonner leur présence). Il est, sinon, passible d'une contravention. Le maire peut prendre en outre un arrêté demandant la recherche de termites dans les habitations. Les propriétaires doivent fournir un état parasitaire réalisé par un expert, et non par un professionnel spécialiste. La recherche donne lieu à des travaux, à la suite desquels une attestation établie par un spécialiste est remise à la mairie. En cas de non-réalisation des recherches et des travaux demandés, le contrevenant est passible d'une contravention. Le maire peut également décider de faire exécuter recherches et travaux aux frais du propriétaire défaillant.

Au moment de la vente d'un immeuble ou d'une maison, dans les zones délimitées par le préfet, le vendeur doit fournir un certificat de non-contamination établi par un expert et datant de moins de trois mois.

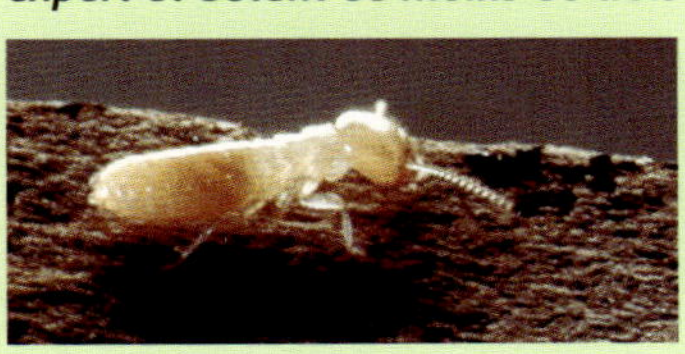

Vous référer aux textes de la loi concernant les termites vous apportera d'utiles précisions **(➡ P. 613).**

la surface du bois. Attirés par la lumière, les lyctus sont parfois visibles sur les voilages de teinte claire.

Les éliminer. Pulvérisez un insecticide spécifique, mais sans grand espoir de succès : l'éradication de ces insectes impose le plus souvent d'importants travaux, comme la dépose des parquets et des lambourdes. De préférence, faites appel à un spécialiste.

Les termites

Il existe 2 700 espèces de termites dans le monde ; la plupart vivent dans les régions chaudes et humides. Sous nos climats, on rencontre principalement les termites souterrains, qui logent dans le sol, et les termites de bois sec. Ils vivent en colonie, aiment l'obscurité et recherchent en permanence de la nourriture : cellulose du papier, du carton, et surtout du bois.

Les repérer. Les termites sont très difficiles à détecter, mais certains indices font craindre leur présence : excréments, cordonnets de sciure, insectes ailés sortant d'un mur. Lors

11. *Les termites reproducteurs, noirs, longs de 10 mm, possèdent quatre ailes qu'ils perdent lors de l'essaimage.*

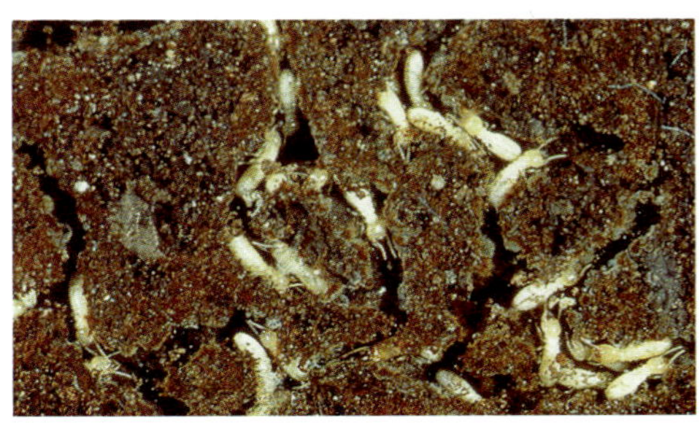

12. *Les ouvriers, blancs, longs de 4 à 6 mm, sont aveugles. Ils construisent les galeries et assurent le ravitaillement en ingérant eau et cellulose, qu'ils restituent dans la termitière au profit de l'ensemble de la colonie.*

13. *Traitement fongicide préventif de la charpente.*

14. *Les bois attaqués par les insectes xylophages nécessitent l'injection au pistolet d'un insecticide adapté.*

de l'essaimage, des individus de couleur foncée parcourent une faible distance avant de perdre leurs ailes, visibles sur le sol. Pour établir un diagnostic ou un constat d'infestation, les professionnels utilisent un stéthoscope électronique qui permet de détecter leurs crissements, inaudibles pour l'homme.

Les éliminer. Leur extermination relève de professionnels spécialisés. Il est, sinon, impossible de s'en débarrasser. À titre préventif, évitez de laisser des souches de bois et des emballages en carton dans votre jardin, votre cour ou votre cave. Éloignez la réserve de bois de chauffage de votre habitation. Surveillez les sources d'humidité : fuites, infiltrations, remontées capillaires.

● **À noter :** Si vous êtes acquéreur d'une construction neuve, soyez exigeant, en particulier dans les régions infestées ou menacées, quant aux précautions destinées à décourager les termites (bois de charpente traité, barrière d'étanchéité autour de la maison, etc.).

Les champignons

Les champignons du bois sont relativement nombreux. Le plus redoutable est la mérule, appelée aussi « champignon des maisons ». Aucune essence de bois ne lui résiste si des conditions favorables lui sont offertes : forte humidité, obscurité, chaleur, manque d'aération. Avec ses filaments, la mérule transporte de l'eau pour ramollir les bois et perforer leurs cellules. Sa progression ne connaît pas d'obstacle, franchit les maçonneries (par les joints), passe d'une pièce à l'autre et d'immeuble en immeuble.

Repérer la mérule. Une sorte de toile d'araignée formée de filaments grisâtres (les hyphes) ou des cordonnets grisâtres recouvrent la surface des bois infectés. Un stade ultérieur présente des espèces de larves, à bords blancs, réunies en éventail à l'aspect feutré (➡ ENCADRÉ P. 429).

L'éliminer. Supprimez les sources d'humidité. Aérez. Laissez libre les orifices d'aération. Assurez la ventilation des locaux. Grattez puis brossez les maçonneries très soigneusement, sans omettre les joints.
Brûlez les bois atteints. Pulvérisez un produit fongicide anticryptogamique sur les parties concernées, en débordant largement alentour. Ou mieux, faites appel à un spécialiste ! ■

La mérule a envahi de façon spectaculaire ces bouteilles entreposées dans la cave.

Attention aux émanations

Les produits insecticides et fongicides sont plus au moins toxiques, selon leur composition. Préférez les produits CTB P + à la toxicité limitée. Mettez des gants et un masque afin de ne pas respirer leurs émanations et d'éviter toute projection sur la peau et les yeux. Faites en sorte que le local où vous travaillez soit bien aéré. Enfin, douchez-vous et changez-vous lorsque vous avez fini. Des produits à base de sel de bore, non toxiques, peuvent suffire à protéger le bois neuf.

Chasser les rongeurs

Les rongeurs, en particulier les souris, les rats et les surmulots, visiteurs indésirables des maisons, possèdent une intelligence bien supérieure à la moyenne de celle des mammifères et un odorat très fin, qui les aide à localiser la nourriture.

Les souris s'aventurent rarement loin de leur gîte.

Les principaux rongeurs

À défaut de voir les rongeurs eux-mêmes, on identifie leur présence à leurs excréments, à leur habitat, à la nourriture qu'ils consomment et surtout aux dégâts qu'ils occasionnent.

Les souris. Agiles et de petite taille, les souris grimpent et se faufilent partout. Elles se reproduisent rapidement et en grand nombre, et causent d'importants dégâts aux papiers, cartons, isolants et fils électriques. Elles sont difficiles à appâter et à capturer, mais ont la faiblesse de ne pas s'aventurer à plus de quelques mètres de leur gîte.

Les surmulots. Les surmulots, au pelage gris, sont plus répandus dans les villes qu'à la campagne. Également appelés « rats d'égout », ils sont voraces et ne peuvent vivre loin de l'eau. On les rencontre surtout dans les caves, le long des murs et aux abords des égouts.

Les rats. Les rats noirs, en réalité gris foncé, préfèrent les parties hautes et sèches des bâtiments, comme les charpentes, le faîte des murs, les vides entre plancher et plafond... Ils mesurent entre 16 et 20 cm et sont prolifiques (3 à 5 portées par an de 5 à 12 petits). Omnivores et voraces, ils peuvent percer le béton et certains métaux grâce à leurs incisives.

Décourager les rongeurs

Identifiez la cause de leur apparition : vérifiez qu'il ne manque pas un soupirail, que les joints des canalisations sont hermétiques, que les gaines techniques ne sont pas détériorées... et remédiez à ces problèmes. Favorisez la ventilation des caves humides. En règle générale, plus l'hygiène règne, moins les rongeurs sont attirés. Inspectez régulièrement cave, cour, local à poubelles et combles. Supprimez ou enfermez tout ce qui peut être grignoté.

Pièges et rodonticides. Si vous avez affaire à un petit nombre de rongeurs, disposez des pièges, tels que tapettes ou nasses, sur les lieux de passage. Appâtez-les avec ce qu'ils mangent chez vous ou avec du pain pour les rats. Si vous êtes envahi, déposez aux endroits fréquentés des rodonticides adaptés aux caractéristiques et aux habitudes des rongeurs concernés : grains de céréales, granulés, poudre, blocs hydrofuges à utiliser en milieu humide... Les produits les plus utilisés sont les rodonticides à action immédiate ou à action retardée, à base d'anticoagulants. Dans la maison, placez ces produits à l'intérieur de boîtes en carton conçues pour cet usage.

Précautions d'usage. Évitez de toucher les produits avec les doigts nus et ne les laissez pas à portée des enfants.

En cas d'intoxication, consultez un médecin en lui précisant le libellé de l'étiquette. Demandez l'avis de votre vétérinaire si vous craignez que vos animaux domestiques aient ingurgité un rodonticide ou un cadavre de rongeur. ■

Halte aussi aux pigeons !

La fiente des pigeons ronge les façades, en particulier celles en pierre. Pour protéger le rebord des fenêtres et de la toiture, vous pouvez tendre des fils ou des filets en inox qui empêchent les pigeons de se poser de façon stable. Vous pouvez également coller ou clouer des bandes en matière plastique munies de petites tiges métalliques avec un effet de ressort. Si vraiment vous êtes envahi, il ne restera qu'à installer un système électronique basé sur des fils électriques recevant des signaux haute tension de durée et intensité très faibles émis par un générateur. Quasi invisibles à distance, ils n'altèrent pas l'aspect de la maison.

Annexes

Habitat et législation

Produits : normes et labels

Certains produits portent une marque qui certifie leur qualité : la marque NF par exemple, en France, NBN en Belgique, et SIA ou SNV en Suisse. Ces dernières sont toujours délivrées par un organisme indépendant mandaté par les pouvoirs publics, et visent principalement à aider le consommateur dans ses choix.
Si, en France, la norme NF est la plus connue, les autres certifications n'en ont pas moins de valeur : Acermi pour les isolants, Acotherm pour les menuiseries extérieures, Upec pour les moquettes, CSTbat pour divers produits de la construction, par exemple. Toutes sont reconnues par l'Association française de normalisation (Afnor).

La marque NF. Apposée sur un produit, la marque NF signifie qu'il satisfait à un certain nombre de critères en matière de sécurité, de fiabilité, de longévité, autant de performances définies par rapport à une norme de référence. Quelque 140 catégories de produits sont concernés, dont les outillages, les échelles, les moquettes, le matériel et les appareils électriques, les chaudières, les radiateurs ou encore les inserts. La marque NF Environnement intègre en outre des critères liés à la protection de l'environnement ; parmi les produits concernés figurent notamment les colles pour revêtements de sol ainsi que les peintures et vernis.

Attention à l'absence de logo. Seuls les produits portant le logo NF ont été bien vérifiés et contrôlés par l'Afnor ; quand seule figure la mention « conforme à la norme NF XXX », il ne s'agit que d'une auto-déclaration du fabricant.

L'Ecolabel. C'est la première certification de qualité environnementale mise en place, et donc reconnue, par toute l'Union européenne. Elle ne concerne encore que peu de produits, dont certaines peintures, vernis ou détergents, mais devrait s'étendre progressivement à de nouveaux domaines.

Le marquage CE. Il devra progressivement figurer sur tous les produits faisant l'objet d'une réglementation au niveau européen : les appareils électriques de basse tension, les chaudières à eau chaude ou les appareils à gaz par exemple. Il est apposé par le fabricant lui-même et est censé garantir que lesdits produits sont bien conformes à la législation, que ce soit en matière de santé, de sécurité, ou de protection de l'environnement. Ce marquage obligatoire, lié à la libre circulation des marchandises, ne remplace en aucune façon une certification de qualité, telle que la marque NF ou l'Ecolabel.

▶ **Pour plus de précisions,** renseignez-vous pour la France auprès de l'Afnor, pour la Belgique, auprès de l'IBN.

Travaux : les déclarations obligatoires

En France, certains travaux ne peuvent être effectués sur les constructions existantes qu'à condition soit de déposer une demande de permis de construire, soit d'effectuer une déclaration préalable. Il en est ainsi chaque fois que l'on veut changer la destination d'une construction, en modifier l'aspect extérieur, le volume ou créer des niveaux supplémentaires.

Le permis de construire. Une demande de permis de construire est obligatoire dès que la modification est supérieure à 20 m^2 : rajouter une pièce attenante ou une très grande terrasse par exemple entrent dans ce cas de figure. En outre, toute construction, de quelque nature qu'elle soit, doit faire l'objet d'une demande de permis de construire. Même s'il s'agit d'édifier une simple cabane à outils au fond de son jardin… Celle-ci devra par ailleurs respecter par ses dimensions les règles de la mitoyenneté.

La déclaration préalable. Elle concerne toutes les modifications inférieures à 20 m^2, qu'il s'agisse d'ouvrir une fenêtre ou une porte extérieure, de construire un balcon, ou d'effectuer un ravalement de fa-

La norme belge NBN

NBN est la seule norme en Belgique qui pourrait être équivalente à la norme NF en France. L'adhésion à ce système de normes est cependant purement volontaire. Le marquage NBN est donc moins connu du grand public. Il est en revanche bien connu dans le secteur de la construction où les produits et matériaux utilisés doivent correspondre aux normes édictées par les cahiers de charge.

çade. La procédure est toutefois plus lourde si vous habitez un site classé ou protégé ou si vous vous trouvez à moins de 500 mètres d'un monument historique. En ce cas, tous vos choix, de teinte ou de matériaux notamment, devront être approuvés par un architecte des Bâtiments de France.

▶ **Pour plus de précisions** sur tous ces points, renseignez-vous à la mairie ou à la direction départementale de l'Équipement dont dépend votre domicile.

Libre chez soi... ou presque

Tous les travaux que vous effectuez à l'intérieur de votre habitation, a priori, ne concernent que vous – à condition toutefois de ne pas contrevenir aux règles de la mitoyenneté ou de la copropriété…

Les règles de mitoyenneté. Un mur ou une clôture séparant deux terrains contigus est dit mitoyen : il appartient en commun aux deux propriétaires. De cette notion de mitoyenneté découlent un certain nombre de règles, précisées dans le Code civil. Par exemple, « l'un des voisins ne peut pratiquer dans le corps d'un mur mitoyen aucun enfoncement, ni y appliquer ou appuyer aucun ouvrage sans le consentement de l'autre […] » (article 662). En outre sont aussi réglementées les vues sur la propriété d'autrui. On ne peut créer de fenêtres ou balcons donnant sur le fonds du voisin sans respecter une certaine distance : 1,90 m en vue droite (en se plaçant dans l'axe) et 0,60 m en vue oblique (en se penchant à droite ou à gauche). Si le mur forme une limite séparative, seuls « les jours de souffrance » sont autorisés, à savoir des fenêtres à châssis fixe, non ouvrant, munies de verres interdisant de voir à l'extérieur et garnies d'un treillis de fer. Sur le mur mitoyen, toute ouverture est bien évidemment interdite.

▶ **Pour plus de précisions,** consultez les articles 653 à 680 du Code civil.

Les règles en copropriété. Attention, si vous êtes copropriétaire, vous ne pouvez pas effectuer de travaux touchant aux parties communes ou à l'aspect extérieur de l'immeuble sans l'accord préalable de l'assemblée générale des copropriétaires (si l'assemblée refuse de donner son accord, vous pouvez, en dernier recours, saisir le tribunal de grande instance). Sont concernés par exemple les travaux sur les planchers ou les murs, la mise en place d'un système de chauffage individuel dans un immeuble bénéficiant d'un équipement central, l'installation d'un compteur d'eau individuel, la construction sur une terrasse…

Ainsi, l'autorisation de l'assemblée générale sera obligatoire si vous voulez remplacer votre moquette par un parquet ou un carrelage : on vous demandera alors en général de poser un matériau isolant afin que la qualité acoustique initiale ne soit pas dégradée. Pour tous les travaux touchant aux canalisations, une fois l'autorisation acquise, il peut être en outre judicieux de faire effectuer chez vos voisins un état des lieux avant travaux par un huissier : cela apportera à tous une garantie supplémentaire.

▶ **Pour plus de précisions,** voyez l'article 25b et l'article 30 alinéa 4 de la loi 65-557 du 10 juillet 1965 fixant le statut de la copropriété des immeubles bâtis.

Matériaux : plomb et amiante sont prohibés

L'amiante et le plomb, considérés comme nocifs pour la santé, font l'objet en France d'une réglementa-

Déclarations obligatoires en Belgique

Dans la région de Bruxelles capitale, *la rénovation de logement ne nécessite a priori pas de permis particulier, tant qu'aucune modification visible en façade n'est réalisée et que les murs porteurs ne sont pas modifiés. Dès qu'il y a modification visible en façade, qui ne soit pas un remplacement à l'identique (ex : remplacement de châssis en bois par du PVC), un permis d'urbanisme est nécessaire. La modification des murs porteurs entraîne l'intervention d'un architecte et la demande de permis d'urbanisme.*

Dans la région wallonne, *aucun permis ne doit être demandé pour les transformations intérieures, tant qu'il n'y a pas d'atteinte aux structures portantes, pas de modification de volumes, ni de l'aspect architectural, et que la stabilité n'est pas mise en danger.*

La construction ou la démolition de volumes secondaires, la création ou l'obturation de fenêtres ou baies sont soumises à l'obtention d'un permis d'urbanisme.

Pour tout détail complémentaire, *renseignez-vous au service Urbanisme de la commune dont dépend votre domicile.*

Deux dispositifs d'aide à l'amélioration de l'habitat en France

Les deux dispositifs d'aide ci-dessous concernent particulièrement les personnes dites mal logées. La liste des travaux aidés est très conséquente.

– **La prime d'amélioration à l'habitat** *(PAH) est destinée aux propriétaires occupants et soumise dans la plupart des cas à des conditions de ressources. Le logement doit dater de plus de vingt ans, sauf s'il s'agit de travaux d'accessibilité pour des personnes handicapées. Pour tous renseignements, adressez-vous à la direction départementale de l'Équipement (DDE) ou, pour Paris, à la préfecture.*

– **La subvention de l'Anah** *(Agence nationale d'amélioration de l'habitat) est destinée aux propriétaires bailleurs qui s'engagent à louer leur bien pendant au moins dix ans, ou aux locataires ayant reçu mandat de leur propriétaire. Le logement doit dater de plus de quinze ans et nécessiter des travaux, soit parce qu'il manque un ou plusieurs éléments de confort, soit parce que les installations sont vétustes. Renseignez-vous auprès de l'Anah ou de la DDE.*

tion spécifique. Leur usage est interdit dans les constructions neuves et leur présence surveillée de près dans l'habitat ancien.

L'amiante. Depuis le 31 décembre 1999, tous les bâtiments collectifs, qu'ils appartiennent à des personnes privées ou publiques, doivent avoir fait l'objet d'un diagnostic de présence d'amiante. Ce dernier, effectué par un technicien qualifié, conditionne les éventuelles mesures à prendre. La réglementation ne concerne pas les maisons individuelles. Mais rien n'interdit de faire effectuer une telle vérification. L'amiante était notamment souvent utilisée pour les faux-plafonds, les flocages ou les calorifugeages (isolation thermique).

▶ **Pour plus de précisions,** voyez notamment le décrets 96-97 du 7 février 1996 sur la protection dans les immeubles collectifs, ou renseignez-vous auprès de l'Anil (Agence nationale pour l'information sur le logement).

Le plomb. Au-delà d'un certain seuil, l'inhalation ou l'ingestion de particules de plomb peut conduire à des intoxications. D'où les mesures prises par les pouvoirs publics. La lutte contre les effets nocifs du plomb concerne essentiellement les anciennes canalisations en plomb et certaines peintures et enduits utilisés avant les années 1950.

– Dans les canalisations d'eau. La mise en place de canalisations en plomb est désormais interdite, tout comme l'utilisation de joints ou de raccords de canalisations contenant du plomb pour la rénovation du réseau existant. Par sécurité, un particulier peut installer un filtre au niveau de chaque robinet.

– Dans les peintures. Seul l'habitat d'avant-guerre peut contenir des peintures au plomb, qui deviennent nocives quand elles se dégradent. Dès que la santé publique est en jeu, si un mineur par exemple est atteint de saturnisme, le préfet peut ordonner le diagnostic de l'immeuble et tous travaux appropriés.

▶ **Pour plus de précisions,** voyez, parmi les textes les plus récents, la directive européenne 98-83/CE du 3 novembre 1998 relative aux eaux de boisson, les articles L32-1 à L32-5 du Code de la santé publique sur le diagnostic du plomb ou les décrets n° 99-483 et n° 99-484 du 9 juin 1999 sur la lutte contre le saturnisme infantile, ou renseignez-vous auprès de l'Anil.

Travaux subventionnés par l'État

Même si les dispositifs en vigueur varient dans le temps, tout ce qui vise soit à accroître la sécurité, soit à économiser l'énergie, bénéficie en général du soutien de l'État français. Voici quelques exemples de travaux susceptibles de bénéficier de subventions, de crédits d'impôt ou de prêts… Sachez toutefois que l'obtention d'une aide implique que vous fassiez appel à un professionnel pour la réalisation des travaux.

▶ **Pour plus de précisions** sur les programmes d'aide en vigueur, vous pouvez vous adresser en priorité à l'Anil ou au Pact-Arim, mais aussi aux centres d'impôt, aux caisses d'allocations familiales, aux caisses de retraite, aux conseils généraux ou régionaux… ou encore demander conseil à un entrepreneur.

Sécurité et salubrité. Les raccordements au réseau d'eau, la sécurisation des installations de gaz et d'électricité, les travaux liés aux problèmes d'étanchéité, l'installation d'un système de ventilation dans une pièce aveugle sont autant de projets susceptibles d'être aidés. Dès que votre santé ou votre sécurité sont menacées au vu des normes actuelles, vous pouvez songer à l'obtention d'une subvention, notamment de la part de l'Anah (→ ENCADRÉ P. 610).

Travaux d'accessibilité. Les travaux permettant d'adapter un logement pour une personne handicapée (ou à mobilité réduite), ou de le rendre plus accessible, bénéficient de soutiens de plus en plus nombreux auprès d'organismes et d'associations spécialisées. De même sont encouragés tous les projets facilitant l'autonomie ou la sécurité des personnes âgées, ne serait-ce que l'installation d'une barre d'appui le long des murs. Faites-vous conseiller, par exemple par le Pact-Arim, pour le montage financier, car les organismes susceptibles de vous aider sont nombreux.

Amélioration acoustique. En habitat ancien, les travaux d'isolation acoustique peuvent bénéficier de déductions fiscales. En outre, la PAH (→ ENCADRÉ P. 610) est parfois attribuée aux travailleurs de nuit qui souhaitent effectuer des travaux d'isolation phonique ou d'occultation de la lumière, telle la pose de volets pleins.

Économies d'énergie. L'amélioration du rendement thermique d'une installation de chauffage, la pose de robinets thermostatiques ou autres systèmes de régulation, le recours aux énergies renouvelables, les travaux liés à l'isolation thermique, en bref tout ce qui permet d'économiser l'énergie est vivement encouragé. Renseignez-vous notamment auprès d'EDF, de l'Ademe, ou de la direction départementale de l'Équipement. ■

Aides aux travaux en Belgique

À Bruxelles, *un centre régional d'information, le Centre urbain, promeut un cadre de vie de qualité et conseille les particuliers sur tous les aspects de l'habitat urbain, et notamment :*

- *les primes (à la rénovation, à l'embellissement des façades, à l'acquisition),*
- *l'utilisation rationnelle de l'énergie et les énergies renouvelables, primes à l'installation de panneaux solaires (ABEA, Agence bruxelloise de l'énergie),*
- *le conseil technique, urbanistique et architectural.*

En région wallonne :

La Division de l'aménagement et de l'urbanisme octroie des aides à la rénovation et à l'embellissement extérieurs des immeubles d'habitation.

Les travaux doivent être réalisés par des entreprises enregistrées du secteur de la construction ou peuvent être exécutés par le demandeur.

- *La Division du logement octroie des primes à la réhabilitation des logements (en faveur des propriétaires et des locataires) et à leur restructuration.*
- *Le régime de subvention Mébar II de la Région wallonne propose des primes aux ménages à revenus modestes pour leur permettre de réaliser des travaux visant à utiliser rationnellement l'énergie. La demande de subvention doit être introduite auprès du CPAS.*

Adresses utiles en France

Informations générales, conseils

Ministère de l'Équipement, des Transports et du Logement Direction générale de l'Urbanisme, de l'Habitat et de la Construction
Arche de la Défense - paroi Sud
92055 La Défense cedex
tél. 01 40 81 21 22
site : www.logement.equipement.gouv.fr
Sur le site figure une abondante documentation concernant notamment la copropriété, les règles locatives ou les modes d'accession à la propriété.

Ministère de l'Emploi et des Solidarités Direction générale de la Santé
8, avenue de Ségur
75007 Paris
tél. 01 40 56 60 00
site : www.sante.gouv.fr
La sécurité domestique et les risques liés au plomb figurent parmi les dossiers abordés sur le site.

Anil (Agence nationale pour l'information sur le logement)
2, bd Saint-Martin
75010 Paris
tél. 01 42 41 15 10
site : www.anil.org
L'Anil fournit un conseil gratuit aux particuliers sur tous les problèmes de logement, qu'ils soient juridiques, financiers ou fiscaux. Elle dispose d'antennes départementales appelées Adil.

FNCAUE (Fédération nationale des conseils d'architecture, d'urbanisme et de l'environnement)
20-22, rue du Commandeur
75014 Paris
tél. 01 43 22 07 82
fax : 01 43 21 42 89
site : www.fncaue.asso.fr
Il existe des CAUE dans chaque département. Le particulier pourra y trouver une aide et un conseil gratuits pour tout problème concernant la construction ou la rénovation d'un logement (ravalements, isolation, permis de construire, etc.).

Anah (Agence nationale pour l'amélioration de l'habitat)
8, avenue de l'Opéra
75001 Paris
tél. 0826 80 39 39
fax : 01 49 27 07 30
site : www.anah.fr
Pour obtenir les coordonnées de l'Anah dans les divers départements – et déposer une demande de subvention –, vous pouvez vous adresser à la direction départementale de l'Équipement ou aller voir sur le site Internet.

Fédération nationale des Centres Pact-Arim
27, rue de La Rochefoucauld
75009 Paris
tél. 01 42 81 97 70
fax : 01 40 23 93 06
site : www.pact-arim.org
Le mouvement Pact-Arim est présent dans toutes les régions de France. Il a entre autres objectifs d'aider les personnes mal logées, au sens large, en leur fournissant conseils et soutien administratif pour obtenir des prêts ou subventions à l'amélioration de l'habitat.

Lutte contre le bruit

CIDB (Centre d'information et de documentation sur le bruit)
12-14, rue Jules-Bourdais
75017 Paris
tél. 01 47 64 64 64
fax : 01 47 64 64 63
site : www.infobruit.org
Le CIDB est à même de fournir toute information sur la réglementation en matière de bruit, les démarches à effectuer en cas de problème, mais aussi sur les différentes techniques d'isolation acoustique.

Aide aux personnes handicapées

Algi (Association pour le logement des grands infirmes)
11, rue Saint-Florentin
75008 Paris
tél. 01 42 96 45 42
fax : 01 42 96 45 96
L'association aide à la recherche de logements et participe aux frais induits par les travaux d'adaptation ou d'aménagement.

APF (Association des paralysés de France)
17-21, bd Auguste Blanqui
75013 Paris
tél. 01 40 78 69 00
fax : 01 45 89 40 57
site : www.apf.asso.fr

Défense des consommateurs et associations d'usagers

INC (Institut national de la consommation)
80, rue Lecourbe
75732 Paris cedex 15
tél. 01 45 66 20 20
site : www.conso.net

CSC (Commission de la sécurité des consommateurs)
Cité Martignac –
111, rue de Grenelle
75353 Paris 07 SP
tél. 01 44 97 05 63
fax : 01 43 19 56 66
site : www.securiteconso.org
Ce site présente l'avantage de donner les coordonnées de nombreuses associations.

La CSC a pour objectif de recenser les accidents et risques de la vie courante. Toute personne physique ou morale peut la saisir en cas d'accident lié à un produit ou à un service.

Centres techniques régionaux de la consommation
CTRC Île-de-France
6, rue de Chantilly
75009 Paris
tél. 01 42 80 96 99
site : www.ctrc-idf.asso.fr
Les associations de consommateurs étant trop nombreuses pour que nous puissions vous en communiquer la liste complète, vous pouvez vous adresser au CRTC de votre région pour plus de précisions. Ces centres fédèrent la majorité des associations d'usagers partout en France.

CGL (Confédération générale du logement)
14, rue Fréderick-Lemaître
75020 Paris
tél. 01 43 66 49 11
fax : 01 40 31 92 74
Association de défense des locataires, copropriétaires et accédants.

CNL (Confédération nationale du logement)
8, rue Mériel BP 119
93104 Montreuil cedex
tél. 01 48 57 04 64
fax : 01 48 57 28 16
site : lacnl.com
Association de défense des locataires.

UNPI (Union nationale de la propriété immobilière)
11, quai Anatole-France
75007 Paris
tél. 01 44 11 32 42
fax : 01 45 56 03 17
Site : www.unpi.org
Fédération de plusieurs syndicats de propriétaires et copropriétaires.

Économies d'énergie

Ademe (Agence de l'environnement et de la maîtrise de l'énergie)
27, rue Louis-Vicat
75737 Paris cedex 15
tél. 01 47 65 20 00
fax : 01 46 45 52 36
site : www.ademe.fr
L'Ademe a notamment mis en place dans toute la France une centaine d'Espace-Énergies où le particulier peut trouver informations et conseils sur les modes de chauffage, l'isolation, et la meilleure façon de réaliser des économies d'énergie. La liste est disponible en appelant un numéro Azur : 08 10 06 00 50.

Promotelec (Association pour la promotion de la qualité des installations électriques dans les bâtiments neufs et anciens)
Tour Chantecoq
5, rue de Chantecoq
92808 Puteaux cedex
tél. 01 41 97 42 22
fax : 01 41 26 56 79
site : www.promotelec.com
L'association décerne notamment les labels Promotelec : quand il s'agit de sécurité ou d'économies d'énergie, EDF peut participer financièrement aux travaux conditionnant l'obtention du label. Promotelec propose aussi aux particuliers un diagnostic Sécurité Électricité dans l'habitat ancien (service payant).

Lutte contre les termites

CTBA (Centre technique du bois et de l'ameublement)
10, avenue de Saint-Mandé
75012 Paris
tél. 01 40 19 49 19
fax : 01 43 40 85 65
Sites : www.ctba.fr ;
www.termite.com.fr
Pour obtenir si besoin la liste des entreprises spécialisées dans la lutte contre les termites titulaires d'une certification de qualité délivrée par le CTBA.
Références utiles à consulter :
– la loi n° 99-471 du 8 juin 1999 (« JO » du 9 juin 1999) ;
– le décret n° 2000-613 du 3 juillet 2000 (« JO » du 5 juillet 2000) ;
– l'arrêté du 10 août 2000 (« JO » du 31 août 2000).

Normes, marques et certifications

Afnor (Association française de normalisation)
11, avenue Francis-de-Pressensé
93571 Saint-Denis-La-Plaine cedex
tél. 01 41 62 80 00
fax : 01 49 17 90 00
sites : www.afnor.fr ; www.marque-nf.com
L'Afnor est en France l'organisme de référence en matière de normalisation. Il est notamment responsable de l'attribution de la marque NF.

UTE (Union technique de l'électricité et de la communication)
33, avenue du Général-Leclerc BP23
92262 Fontenay-aux-Roses cedex
tél. 01 40 93 62 00
fax : 01 40 93 44 08
site : www.ute-fr.com
L'UTE s'occupe de la normalisation des produits électriques et électrotechniques, secteur non couvert par l'Afnor.

Qualibat
55, avenue Kléber
75784 Paris cedex 16
tél. 01 47 04 26 01
fax : 01 47 04 52 83
site : www.qualibat.com

Qualibat est l'organisme de qualification et de certification des entreprises de bâtiment en France; la liste des entreprises certifiées est disponible sur demande. N'oubliez pas toutefois que, pour obtenir une certification, il faut en faire la demande, et que toutes les entreprises ne jugent pas une telle démarche nécessaire : les entreprises non certifiées ne sont donc pas nécessairement à exclure.

Qualifelec
109, rue Lemercier
75017 Paris
tél. 01 53 06 65 20
fax : 01 53 06 65 21
site : www.qualifelec.fr
Qualifelec est l'Association technique et professionnelle de qualification des entreprises de l'équipement électrique en France; la liste des entreprises certifiées est disponible sur demande.

Sécurité de l'habitat

APS (Assureurs, Prévention, Santé)
26, bd Haussmann
75311 Paris cedex 09
tél. 01 42 47 90 23
fax : 01 42 47 94 82

CEPR (Centre européen de prévention des risques)
18, rue Marcel-Paul
79000 Niort
tél. 05 49 04 66 77
site : www.cepr.tm.fr
De la documentation est disponible sur la sécurité domestique.

Organismes professionnels

Tous les organismes cités ci-dessous sont essentiellement destinés aux professionnels du bâtiment. Leurs publications peuvent toutefois vous intéresser si vous recherchez des renseignements assez pointus.

CSTB (Centre scientifique et technique du bâtiment)
4, avenue du Recteur-Poincaré
75782 Paris cedex 16
tél. 01 40 50 28 28
fax : 01 45 25 61 51
site : www.cstb.fr
Le CSTB est avant tout un organisme d'études. Il édite notamment «CSTB Magazine» disponible au CSTB, service Publications Diffusion; BP 02 77421 Marne-La-Vallée cedex 2 (fax : 01 64 68 84 78).

CEGIBAT (Centre d'information de Gaz de France pour l'industrie et le bâtiment)
44-46, rue du Rocher
75008 Paris
tél. 01 47 54 75 75
fax : 01 43 87 96 78
site : www.cegibat.com
Le centre diffuse une information technique sur toutes les utilisations et la réglementation touchant au gaz naturel.

CNDB (Comité national pour le développement du bois)
6, avenue de Saint-Mandé
75012 Paris
tél. 01.53.17.19.60
site : www.cndb.org
Voué à la promotion du bois, ce centre édite notamment plusieurs ouvrages sur les différentes essences, les produits dérivés et leur usage.

Costic (Comité scientifique et technique des industries climatiques)
Domaine de Saint-Paul
102, route de Limours
Batiment 16
78471 St Rémy-lès-Chevreuse Cedex
tél. 01 30 85 20 10
fax : 01 30 85 20 38
site : www.costic.asso.fr
Pour obtenir des informations pointues sur les dernières innovations et réglementations en matière de chauffage, ventilation et climatisation.

Espace Elec
Tour Chantecoq
5, rue de Chantecoq
92808 Puteaux Cedex
tél. 01 41 26 56 56
fax : 01 41 26 56 58
site : www.espace-elec.com
Pour s'informer de toute l'actualité ayant trait à l'électricité.

Quelques sites juridiques

www.service-public.fr *: ce portail de l'administration française est une mine de renseignements dans différents domaines, dont le logement, la consommation, les impôts, etc. La plupart des articles donnent les références des textes officiels auxquels ils se rapportent.*
www.legifrance.gouv.fr *: ce site est un auxiliaire précieux pour tous ceux qui s'intéressent à la législation francaise. Tous les textes des codes, lois et règlements y figurent in extenso, sans commentaire. Très utile si on dispose deja des références du texte recheché.*

Adresses utiles en Belgique

Défense des consommateurs

Ministère des Affaires économiques
Administration de la qualité et de la sécurité
boulevard du Roi Albert II, 16
1000 Bruxelles
tél. 02/206 41 11
site : http://mineco.fgov.be
Plainte de consommateurs relative à la sécurité des produits et des services peut éventuellement être introduite auprès de :
Administration de l'inspection économique
boulevard Simon Bolivar, 30
1000 Bruxelles
tél. 02/208 36 11

Normes

IBN (Institut belge de normalisation)
avenue de la Brabançonne, 29
1000 Bruxelles
tél. 02/738 01 05
fax : 02/733 42 64
site : www.ibn.be
L'IBN est l'organisme d'élaboration des normes belges.

CEN (Comité européen de normalisation)
36, rue de Stassart
B-1050 Bruxelles
tél. 02/550 08 11
fax : 02/550 08 19
site : www.cenorm.be (en anglais)
Le CEN élabore notamment les normes européennes, sauf celles concernant les télécommunications et le domaine électrotechnique ; ce dernier secteur dépend du Cenelec, organisme situé à la même adresse.

Aides aux travaux

Centre urbain, Asbl
Halles St Géry, Place St Géry, 1
1000 Bruxelles
tél. 02/512 86 19
fax : 02/219 35 91
www.curbain.be
Le centre urbain offre des conseils aux particuliers qui désirent rénover leurs habitations.

Ministère de la Région wallonne
Division générale de l'Aménagement du territoire, du Logement et du Patrimoine (DGATLP)
1, rue des Brigades d'Irlande
5100 Jambes
tél. 02/8133 21 11
fax : 02/81 33 21 10
site : www.mrw.wallonie.be/dgatlp

Direction générale des technologies, de la recherche et de l'énergie
Division de l'énergie (DGTRE)
avenue Prince de Liège, 7
5100 Jambes
tél. 02/8133 50 50
fax : 02/81 30 66 00
http://recherche-technologie.wallonie.be
courriel : energie@mrw.wallonie.be
Les « Guichets de l'Énergie » répondent aux questions relatives à l'énergie. C'est un service gratuit, qui informe et qui réalise des études personnalisées en matière : de construction et de rénovation.

> ### Quelques sites juridiques
>
> **www.just.fgov.be** *: ce site du ministère de la Justice belge renvoie à tous les textes de lois en vigueur en Belgique.*
> **http://europa.eu.int/eur-lex/fr** *: pour tout savoir sur les traités, la législation et la jurisprudence au niveau communautaire, et lire notamment les textes des directives en vigueur. Mais là encore, mieux vaut ne pas checher à l'aveuglette.*

Aide aux personnes handicapées

Certaines primes peuvent être octroyées en matière de réhabilitation et de restructuration du logement.

COCOF (Commission communautaire française)
Service bruxellois francophone des personnes handicapées
Rue des Palais, 42
1030 Bruxelles
tél. 02/800 80 00
courriel : sbfph@cocof.irisnet.be
site : www.cocof.be

AWIPH (Agence wallonne pour l'intégration des personnes handicapées)
Administration centrale
Rue de la Rivelaine, 21
6061 Charleroi
tél. 071/ 20 57 11
fax : 071/20 51 02
site : www.awiph.be

Organismes professionnels

CSTC (Centre scientifique et technique de la construction)
Boulevard Poincaré, 79
1060 Bruxelles
tél. 02/502 66 90
site : www.bbri.be ■

Index général

D

CRÉDITS PHOTOGRAPHIQUES

1re de couverture, fonds : Radiateur © Acova ; Rouleau © Studio 2001 ; Remplacer un joint de robinet © HC/Système D ; Pose d'un film de protection solaire G. Rouget/Système D ; Pose de papier peint © O. Perrot/Système D ; Peindre et patiner une console © M. Loiseau/Système D ; Chaudière murale © E.L.M. Leblanc ; Profilés plastiques © Legrand ; Pose collée d'un revêtement © Bona ; Rideau © 3 Suisses
Dos de couverture : Marteau © Ingram/ BSIP/T © Guittet
4e de couverture :
Coller des panneaux isolants © Y. Robic/BPB Placo ; Cuisine © Tollens ; Scier avec une scie rotative © B. Simon/Système D ; Dallage en terre cuite © Briques de Vaugirard

10 ht : © B. Simon/Système D – 10 m et 11 © Studio 2001 - 12 à 43 : 36 photos © Studio 2001 - 22 et 23 : 4 photos © B. Simon/Système D - 48 et 49 : 7 photos © A. Fuksa/Maison Bricolage - 51 bas 2 photos © Fischer - 55 ht © Fischer - 55 © A. Fuksa/Maison Bricolage - 56 et 57 : 9 photos © Fischer - 58 : 3 photos © A. Fuksa/Maison Bricolage - 62 © Studio 2001 - 65 dr © Sader - 65 g © B. Simon/ Système D - 66 : 5 photos © A. Fuksa/Maison Bricolage - 67 et 69 : 3 photos © A. Fuksa/Maison Bricolage - 68 : 2 photos © Sader - 81 © Syndicat des énergies renouvelables - 83 © PBM - 84 : 4 photos © PBM - 85 © Général Marine/T - 86 : 2 photos © Rétitech - 87 © Isoroy – 88 : 4 Photos © Technichanvre - 89 : 6 photos © Habitat végétal - 90 : 2 photos © Daemwool - 91 © J. Guillard/Scope – 92 : 3 photos © Akterre - 93 © Weinerberger pour Demeures Terre et Tradition - 95 : 8 photos © Imerys Structure - 96 ht © La Guilde des Métiers de la Chaux - 96 bas © CAEB - 97 © La Guilde des Métiers de la Chaux - 98 : 3 photos © Yves Robic - 99 ht © Lafarge - 99 bas © BPB Placo – 100 : 2 photos © BPB Placo - 100 bas © Lafarge - 101 © Xella-Thermopierre - 102 : 4 photos © Xella-Thermopierre - 103 : 2 photos © Xella-Thermopierre - 104 © Avi 3000 - 105 : 2 photos - © Biofa - 106 © Photo 12.com/Alamy - 108 © France Système - 109 © Imperfrance - 110 © Isover-Saint Gobain - 111 ht © Nap'tural/T - 111 bas : 3 photos © Photothèque Isoroy – 112 : 2 photos © Daemwool - 114 © Philippe Royer/Hoa Qui - 115 © Focus - 117 © Cheminées Seguin Duteriez/T - 118 © Supra-119 © Primagaz/T - 122 © Sofath - 124 © Photo 12.com/Alamy - 127 © Fred Jocker/ Hoa Qui - 129 © E.A. Janes/Fotostock/Hoa Qui-130 ht © Y. Robic/BPB Placo - 130 m © A. Chaignon/Système D - 131 : 2 photos © Studio X - 132 © Imerys Structure - 133 ht : 5 photos © Imerys Structure - 133 ht d © Pacema - 133 bas © Imerys Structure - 137 : 6 photos © Weber et Broutin - 139 ht : 2 photos © Siporex-Hebel - 140 © Brique de Vaugirard - 140 bas : 3 photos © J. Bottet/ Archives Larbor - 144 et145 : 7 photos © A. Chaignon/Systeme D - 146 à 151 : 22 photos © Y. Robic/BPB Placo - 152 © F. Willig/Studio X-154 ht © F. Willig/ Studio X - 154 bas © Saugnac - 156 © Lafarge Bétons – 158 ht © J. Clapot/Maison Bricolage – 158 m © E. Sampers/Hoa Qui – 159 d © B. Clarisse – 159 m g © W. Manning/Corbis - 160 : 2 photos © B. Clarisse - 161 ht : 2 photos © B. Clarisse - 161 bas g © Velux - 162 ht © Imerys Toiture - 162 bas : 2 photos © Onduline - 163 : 7 photos © A. Fuksa/Maison Bricolage – 164 © Nicoli - 168 © M. Loiseau/Système D - 169 © A. Fuksa/ Maison Bricolage - 170 ht © J. Clapot/Maison Bricolage - 170 bas : 6 photos © A. Fuksa/Maison Bricolage – 172 ht © A. Fuksa/Maison Bricolage – 172 m © Th. Perrin/Hoa Qui – 173 bas g © Lapeyre – 173 d © Storistes de France - 175 © Lapeyre - 176 © X. Boymond/Technal – 177 © I. Sistiaga/ RBA/T - 178 : 4 photos © J. Goalbert/Maison Bricolage - 179 et 180 : 6 photos © A. Fuksa/Maison Bricolage - 182 et 186 : 10 photos © A. Fuksa/Maison Bricolage - 188 : 6 photos © G. Rouget/Système D - 189 : 4 photos © J. Goalbert/Maison Bricolage - 190 : 4 photos © BPB Placo - 193 © Xylochimie-Bondex - 194 © Tryba - 194 ht d © X. Boymond/Technal - 196 et197 : 8 photos © J. Goalbert/Maison Bricolage - 201 et 202: 6 photos © Studio 2001 - 204 et 205 : 7 photos © G. Rouget/ Système D - 204 bas 3 photos © J. Renard/ Système D – 206 et 208 : 3 photos © Tryba - 209 © Xylochimie-Bondex - 210 ht © Voltec - 210 bas © Lapeyre - 211 : 2 photos © Storistes de France - 212 et 213 - 6 photos © G. Rouget/Système D - 214 © Xylochimie-Bondex - 215 et 217 : 4 photos © A. Fuksa/ Maison Bricolage - 218 et 219 : 9 photos © F. Renault/Système D - 221 : 5 photos © A. Fuksa/Maison Bricolage – 222 ht © Forbo-Murs – 222 m © Carocim – 223 g © Artépy – 223 d © Tollens - 224 : © Tollens - 225 bas © Dip - 225 ht © Sika - 226 © Guittet-227 m g © Tollens-Lafarge - 228 © Tollens - 229 © Toupret - 230 bas et 231 : 2 photos © Forbo Murs - 230 ht et 232 ht : 2 photos © Casadeco – 232 ht et 233 : 2 photos © Forbo Murs – 234 g © Texdecor - 234 d © Nobilis - 236 ht © Tiffanie - 236 bas J. Bottet © Archives Larbor - 237 : 2 photos © Lesura - 238 ht © Tiffanie - 238 bas © Studio Gourmel/ Zolpan - 239 ht © M. Fernin/Maison Bricolage - 239 bas © Lapeyre - 240 bas g © Verniland - 240 bas d © Lapeyre - 241 © Villeroy & Boch - 242 ht © Carré - 243 ht © Desvres-Cofrac - 243 bas © Opiocolor Mosaïques - 244 ht © Terres cuites des Rairies - 244 bas © Briques de Vaugirard - 245 : 2 photos © Marbriers Façonniers - 246 © Ardoisières d'Angers - 247 © Carocim - 248 bas g © Versailles de PPL - 248 bas d © Modulo - 249 © Villeroy & Boch - 251 © Studio X - 252 © BerryTuft/France Moquette Promotion - 253 ht © Alfatex - 253 bas 4 photos © Rhodia - 255 © Berry Tuft/France Moquette Promotion - 256 ht © Le Tisserand/France Moquette Promotion - 256 bas © Nelca/France Moquette Promotion - 257 © Lapeyre - 258 ht g © Bambou d'Artépy - 258 bas d : 3 photos © Emois et Bois - 259 © Panaget - 260 ht : 2 photos © Marty - 260 bas : 2 photos © Emois et Bois - 261 ht © Eristo - 261 bas © Kahrs - 262 © Marty - 263 © Pergo - 264 © Studio X – 265 © Crucila Trading - 266 © Le Tisserand/France Moquette Promotion – 267 © Forbo Sarlino - 268 et 269 : 2 photos © Wicanders - 270 © Forbo Sarlino – 271 : 2 photos © Sommer – 272 ht © O. Perrot/Système D – 272 m et 273 bas d : 2 photos © Studio X – 273 bas g © Sommer - 274 © Centaure - 276 © Studio X-280 © Dulux Valentine - 283 ht © J. Clapot/Maison Bricolage - 283 bas : 4 photos © BPB Placo - 284 © Newmat - 285 et 286 : 4 photos © NMC Group - 287 © Dulux Valentine - 288 et 289 : 2 photos © B. Simon/Système D - 292 : 2 photos © A. Fuksa/Maison Bricolage - 293 © Sommer - 295 © Henkel - 296 : 4 photos © Y. Robic/BPB Placo - 298 : 2 photos © J. Clapot/Maison Bricolage - 299 : 3 photos © J. Goalbert/Maison Bricolage - 300 ht © J. Clapot/Maison Bricolage - 300 bas : 3 photos - © A. Fuksa/Maison Bricolage - 301 © Studio X-302 : 4 photos © Guittet - 303 ht : 2 photos © R.M. Distribution - 303 bas © Seigneurerie - 304 : 4 photos © Guittet - 306 ht © Essef - 306 bas : 3 photos © A. Fuksa/ Maison Bricolage - 309 ht : 2 photos © A. Fuksa/Maison Bricolage - 309 bas et 310 : 4 photos © G. Rouget/Système D - 315 : 3 photos © M. Fernin/Maison Bricolage - 316 et 317 : 6 photos : O. Perrot/Système D - 320 : 3 photos © A. Fuksa/Maison Bricolage - 322 © Studio X - 329 © Sader - 330 : 3 photos © Opiocolor – 331 © Tile of Spain keramia Ceramicas – 332 © Lapeyre – 334 ht © J. Goalbert/Maison Bricolage – 334 m © Desvres-335 bas g © Studio X – 335 bas d © Marty - 336 à 339 : 8 photos © Weber et Broutin - 340 et 341 : 3 photos © Fermacell - 343 à 351 : 11 photos © A. Fuksa/Maison Bricolage - 352 ht © Kahrs - 352 bas © Bona - 354 et 355 : 7 photos © Kahrs - 357 ht © Domosystem - 357 bas 4 photos © J. Goalbert/Maison Bricolage - 359 ht © M. Loiseau/Système D - 359 bas © Bona - 360 © Marty - 361 : 2 photos © A. Fuksa/ Maison Bricolage - 362 © A. Fernin/Maison Bricolage - 363 et 364 : 3 photos © G. Rouget/ Système D - 365 ht © J. Goalbert/Maison Bricolage - 365 bas © G. Rouget/Système D - 366 : 2 photos © Alfatex – 370 et 372 ht : 2 photos © Tarkett - 371 à 375 : 11 photos © A. Fuksa/Maison Bricolage - 376 et 377 : 4 photos © Weber et Broutin – 378 ht © J. Goalbert/Maison Bricolage – 378 m © 12.com/Alamy – 379 bas g © B. Simon/ Système D – 379 bas d © Studio X - 381 et 382 : 2 photos © Coll. Archives Larbor - 384 © Castorama - 388 à 395 : 11 photos © B. Simon/Système D - 398 © J. Clapot/Maison Bricolage - 402 © A. Fuksa/Maison Bricolage - 406 © Studio X – 409 et 410 : 11 photos © Agence PIP - 411 à 416 : 17 photos © Y. Robic - 417 à 418 : 7 photos © J. Goalbert/ Maison Bricolage - 419 à 421 : 6 photos © B. Simon/Système D - 422 : 6 photos © J. Goalbert/Maison Bricolage – 424 ht © N.Sorel/Système D – 424 m et 425 bas g © 12.com/Alamy – 425 bas d © Richard le Droff - 427 © Studio X - 428 et 429 : 5 photos © M. Loiseau/ Système D - 430 à 432 : 4 photos © Sika - 432 ht © M. Loiseau/ Système D - 433 : 2 photos © G. Goharian/ Domosystem - 438 : 7 photos © N. Sorel/ Système D - 441 © Isover - 442 © Promo Pse - 443 © Isover - 405 © Harnois - 445 : 4 photos © Rockwool - 448 © C. Bat - 449 © Supra - 412 © Primagaz - 451 et 452 : 4 photos © Studio X - 453 © Richard le Droff - 454 © Supra - 455 et 456 ht : 2 photos © Acova - 456 bas © Fondis - 457 : 6 photos © A. Fuksa/Maison Bricolage - 458 © ELM Leblanc - 459 ht © Viessmann - 459 bas © Acova - 460 et 461 : 6 photos © A. Fuksa/ Maison Bricolage - 462 ht © Studio 2001 – 462 m © Norenberg/Picture Press/StudioX/T – 463 bas g © Schitt – 463 bas d © J.C. Moschetti/Rea/T - 464 ht © Schmidt - 464 bas © M. Gounot - 465 et 466 : 6 photos © M. Gounot - 467 © Acova - 470 : 3 photos © A. Fuksa/Maison Bricolage - 471 et 472 ht : 3 photos © M. Gounot - 472 m © O. Perrot/ Système D - 472 bas : 3 photos © M. Gounot - 474 à 476 : 15 photos © M. Gounot - 477 © Acome - 478 : 4 photos © M. Gounot - 480 et 481 : 8 photos © Studio 2001 - 483 et 484 : 8 photos © M. Gounot - 483 ht : 2 photos © A. Fuksa/Maison Bricolage - 485 © Fribaud - 486 et 487 : 7 photos © HC/Système D - 486 ht © M. Gounot - 488 et 489 : 6 photos © Grohe - 489 et 490 : 12 photos © M. Gounot - 495 ht © Nicoll - 496 © Allia - 497 et 498 : 4 photos A. Fuksa/Maison Bricolage - 498 © Clara - 501 : 2 photos © Nicoll – 502 ht © J. Renard/Système D – 502 m © Studio X – 503 bas g © Osram – 503 bas d © F. Freixa/RBA/T - 504 © Osram - 505 © J. Bottet/ Archives Larbor - 506 © J. Abadie - 507 © G. Rouget/Système D - 508 © Legrand - 509 © G. Rouget/Système D - 513 © Schneider Electric - 516 et 517 : 4 photos © A. Fuksa/ Maison Bricolage - 518 © Studio X - 520 : 3 photos © A. Fuksa/Maison Bricolage – 521, 522 et 523 : 4 photos © Osram - 524 © A.M. Lemaire/Maison Bricolage - 526 : 2 photos © G. Rouget/Système D - 527 © M. Loiseau/ Système D - 528 ht : 2 photos © Legrand - 528 bas : 3 photos © A. Fuksa/ Maison Bricolage - 529 © J. Renard/Système D - 530 et 531 : 8 photos © G. Rouget/Système D - 532 et 533 : 4 photos © Legrand - 533 : 3 photos © A. Fuksa/Maison Bricolage - 534 et 535 : 5 photos © Legrand - 536 : 2 photos © J. Renard/ Système D - 539 à 541 : 10 photos © G. Rouget/Système D - 542 ht © B. Simon/Système D - 542 m © Cactus Studio/T – 543 bas g © Archives Larousse - 543 bas d © J. Goalbert/Maison Bricolage - 544 ht et 545 : 5 photos © G. Rouget/Système D - 544 bas g © Les Anciens Ebénistes - 544 bas d © Liberon-546 et 547 : 7 photos © J. Goalbert/Maison Bricolage - 548 © Studio 2001 - 549 à 551 : 8 photos © J. Goalbert/Maison Bricolage - 553 à 556 : 12 photos © B. Simon/Système D - 557 : 3 photos © J. Goalbert/Maison Bricolage - 558 ht © Britt/Système D - 558 bas et 559 : 2 photos B. Simon/Système D - 560 et 561 : 5 photos © M. Loiseau/Système D - 562 : 4 photos © J. Goalbert/Maison Bricolage - 563 : 4 photos © Studio 2001 - 564 à 566 : 9 photos © Britt/Système D - 567 et 568 : 7 photos © B. Simon/Système D - 569 à 571 : 12 photos © Studio 2001 - 572 à 575 : 22 photos © J. Goalbert/Maison Bricolage - 576 et 577 : 7 photos © G. Rouget/Système D - 578 © J. Bottet/Coll. Archives Larbor - 579 à 587 © Zarza – 588 ht © Studio X – 588 m © Vibel – 589 m © SWS – 589 bas d © B. Paget/ Système D - 590 © Sicli - 580 ht © Vibel - 591 bas, 592 et 593 : 8 photos © SWS - 594 bas © Sader - 594 ht et 595 © J. Bottet/Archives Larbor - 597 ht © Rubson - 597 bas © Bilderdienst/Studio X - 598 : 2 photos © G. Rouget/Système D - 599 bas © Glen Dimplex - 599 ht, 600 et 600 : © Coll. Archives Larbor - 602 ht © B. Paget/Sytème D - 602 bas, 603 et 604 : 13 photos © CTBA - 605 : 2 photos © B. Paget/Système D - 605 ht d © CTBA - 606 © Archives Larbor.

LISTE DES MARQUES DÉPOSÉES CITÉES DANS L'OUVRAGE

Akterre ®, Alphacan®, Artilin®, Avi 3000 ®, Biofa®, Bocama®, CAEB ®, Caoutchouc Mousse®, Carborundum®, Caroplâtre®, Carrobric®, Centaure®, Clara ®, Coton-Tige®, Crochets X®, Crucial Trading ®, Daemwool ®, Dip®, Diverseylever®, Domosystem®, Dralon®, Élastomère®, Eliope®, El Kinet®, Émaux de Briare®, Eristo®, Fermacell®, Fischer®, Focus ®, Fontex®, Formica®, France Système ®, Général Marine ®, GPI®, Gripp®, Harnois®, Imperfrance ®, ISO®, Isorel®, Isoroy ®, Isover®, Javel®, Kiriol®, Knoll®, Kraft®, La guilde des métiers de la chaux ®, Lamello®, Leman®, Les Anciens Ebénistes®, Liberon®, Loctite®, Marty®, Matcosol®, Metalux Debeaurain Emery Gollot Bloscop®, Microsoft®, Monomur®, Nap'tural ®, Nicoll®, Nivefor®, Niveliss®, Niveplus®, Néoprène®, Net-Trol®, New Mat®, Nicoll®, N.M.C®, Nordin®, Nylon®, Osram ®, Papier d'Arménie Ponsot®, PBM ®, Pentium®, PER®, Phillips II Phillips 2®, Pierre blanche fantastique®, Pierre de cristal®, Placoplatre®, Placostil®, Polyrey®, Post-it®, Pozidriv®, Primagaz ®, Prisunic®, Promotelec®, Protecsol®, Proxitherm®, PVC®, Rétitech ®, Rubson votre maison respire la santé®, Rubson Mastic®, Rustol®, St Marc®, Sanitized®, Les jauges Saugnac®, Scotchgard®, Sika®, Smart®, Sofarth ®, Soukaro®, Spiralux®, Supra ®, Syntilor®, Tarkett Sommer®, Téflon®, Tergal®, Terrasane®, Thermisorel ®, Topclean®, Triply®, Tubiflex®, Velcro®, Velux®, Véraline®, Weber et Broutin®, Weinerberger ®, Wicanders®, Windows®, Xella-thermopierre ®, Xylophène®, Zamak®.

REMERCIEMENTS

Pour le matériel fourni et leur aide à la réalisation d'une partie des photos de l'ouvrage :
Établissements BERGAMASCHI, Boulogne
Établissements BERGER Bricolage, Davézieux
Maison DALVERNY, Annonay
SDPB CHAZALET, Davézieux

Photogravure Nord Compo, Villeneuve d'Ascq
Imprimé en Espagne par Mateu Cromo, Madrid
Dépôt légal : février 2006
300129/01-11002666 février 2006